FRANCE

Tourist & Motoring Atlas

CONTENTS

Inside front cover : Key to map pages

Main roads and safety

Main road map... **2-3**
Petrol stations on motorways... **4-17**
ABC of Road Safety.. **18-21**
Distances and Driving times chart.................................. **22**

Atlas to France at 1 : 200 000

Key & Useful terms when driving in France.................... **1**
France – 1 : 200 000.. **2-203**
Complete index of communes - 50 towns plans.......... **204-256**

Michelin's selected addresses

1,000 restaurants, hotels and guest houses selected
by Michelin, within 6 mi of motorway exits..................... **1-55**
Paris and Suburbs... **56-57**

Town plans

204 Aix-en-Provence
204 Ajaccio
205 Amiens
205 Angers
206 Avignon
208 Besançon
208 Béziers
209 Bordeaux
210 Bourges
210 Brest
211 Caen
212 Calais

212 Cannes
213 Châlons-en-Ch.
215 Clermont-Ferrand
216 Colmar
218 Dijon
221 Grenoble
222 Le Havre
224 Lille
225 Limoges
226 Lyon
227 Le Mans
228 Marseille

229 Melun
229 Metz
230 Montpellier
231 Mulhouse
231 Nancy
232 Nantes
233 Nice
233 Nîmes
234 Orléans
236 Paris
238 Pau
238 Perpignan
239 Poitiers

240 Reims
241 Rennes
241 La Rochelle
242 Roubaix
243 Rouen
244 Saint-Étienne
250 Strasbourg
251 Toulon
252 Toulouse
252 Tourcoing
253 Tours
254 Valence
255 Versailles

Main road map

PLEASE NOTE
The route nationale and route départementale road numbers are currently being changed in France.

FRANCE DÉPARTEMENTALE ET ADMINISTRATIVE

ALSACE
67 Bas-Rhin
68 Haut-Rhin

AQUITAINE
24 Dordogne
33 Gironde
40 Landes
47 Lot-et-Garonne
64 Pyrénées-Atlantiques

AUVERGNE
03 Allier
15 Cantal
43 Haute-Loire
63 Puy-de-Dôme

BOURGOGNE
21 Côte-d'Or
58 Nièvre
71 Saône-et-Loire
89 Yonne

BRETAGNE
22 Côtes-d'Armor
29 Finistère
35 Ille-et-Vilaine
56 Morbihan

CENTRE
18 Cher
28 Eure-et-Loir
36 Indre
37 Indre-et-Loire
41 Loir-et-Cher
45 Loiret

CHAMPAGNE-ARDENNE
08 Ardennes
10 Aube
51 Marne
52 Haute-Marne

CORSE
2A Corse-du-Sud
2B Haute-Corse

FRANCHE-COMTÉ
25 Doubs
39 Jura
70 Haute-Saône
90 Territoire-de-Belfort

ILE-DE-FRANCE
75 Ville de Paris
77 Seine-et-Marne
78 Yvelines
91 Essonne
92 Hauts-de-Seine
93 Seine-Saint-Denis
94 Val-de-Marne
95 Val-d'Oise

LANGUEDOC-ROUSSILLON
11 Aude
30 Gard
34 Hérault
48 Lozère
66 Pyrénées-Orientales

LIMOUSIN
19 Corrèze
23 Creuse
87 Haute-Vienne

LORRAINE
54 Meurthe-et-Moselle
55 Meuse
57 Moselle
88 Vosges

MIDI-PYRÉNÉES
09 Ariège
12 Aveyron
31 Haute-Garonne
32 Gers
46 Lot
65 Hautes-Pyrénées
81 Tarn
82 Tarn-et-Garonne

NORD-PAS-DE-CALAIS
59 Nord
62 Pas-de-Calais

BASSE-NORMANDIE
14 Calvados
50 Manche
61 Orne

HAUTE-NORMANDIE
27 Eure
76 Seine-Maritime

PAYS DE LA LOIRE
44 Loire-Atlantique
49 Maine-et-Loire
53 Mayenne
72 Sarthe
85 Vendée

PICARDIE
02 Aisne
60 Oise
80 Somme

POITOU-CHARENTES
16 Charente
17 Charente-Maritime
79 Deux-Sèvres
86 Vienne

PROVENCE-ALPES-CÔTE D'AZUR
04 Alpes-de-H.-Provence
05 Hautes-Alpes
06 Alpes-Maritimes
13 B.-du-Rhône
83 Var
84 Vaucluse

RHÔNE-ALPES
01 Ain
07 Ardèche
26 Drôme
38 Isère
42 Loire
69 Rhône
73 Savoie
74 Haute-Savoie

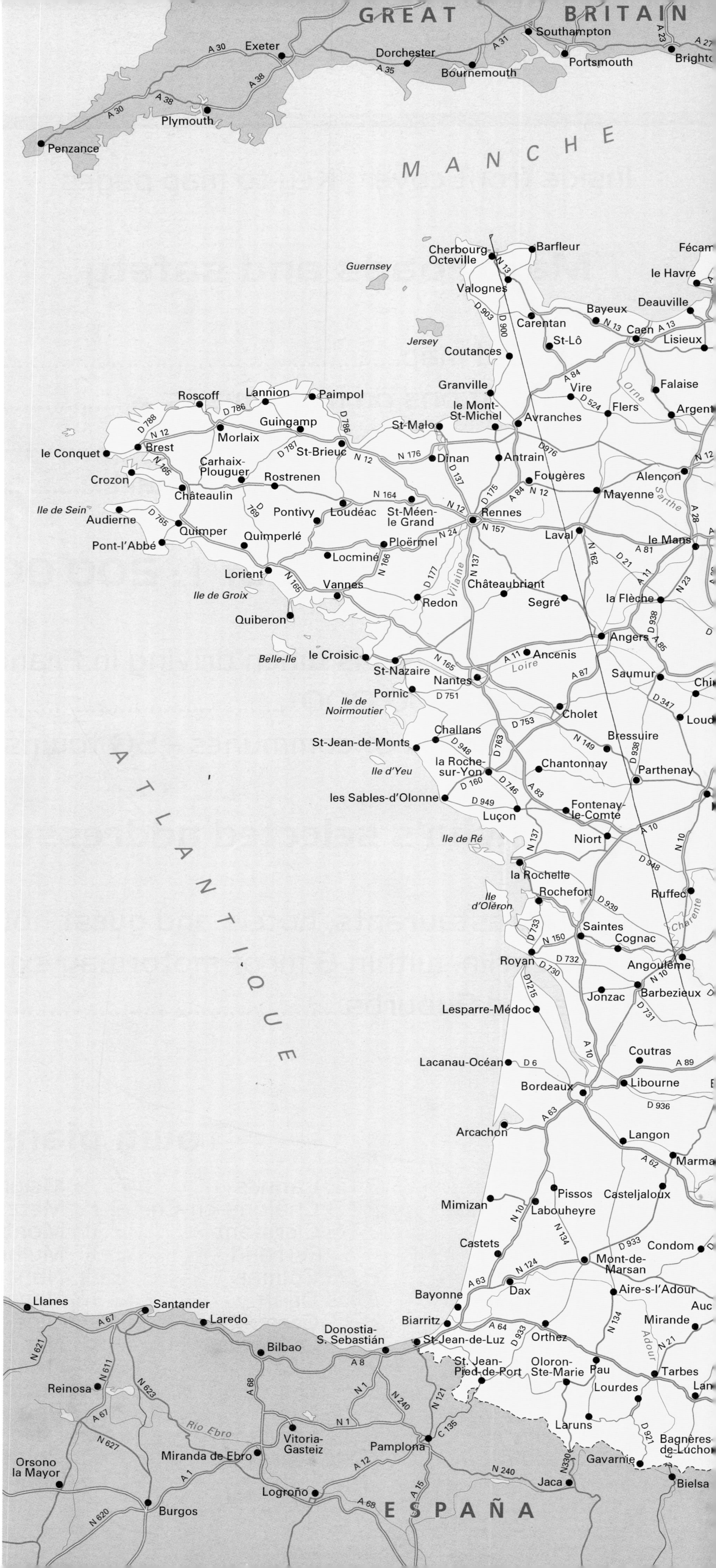

Petrol stations
on motorways

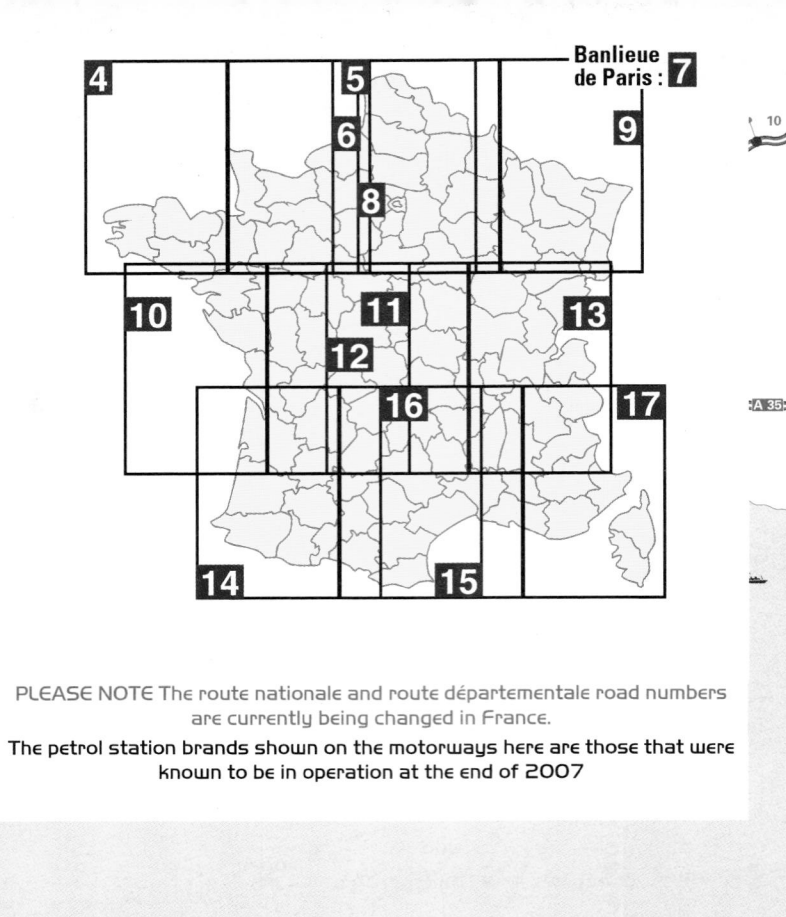

Banlieue
de Paris : 7

① Complete interchange with number	🛏 Hotel
▼⑩ Limited interchange (entry and exit) with number	✗ Restaurant
Restricted interchange: entry or exit only	☕ Cafeteria
Toll barrier on the motorway	ℹ Tourist information office with booking service
🇫🇷 Police - Gendarmerie	ℹ Tourist information office
⓪ Free tyre inflation	ⓩ ATM cash dispenser
NEMOURS • Service area	🛒 Regional products for sale
⛽ Elf Petrol station and brand	🏊 Relaxation area
GPL LPG pumps	👶 Children's play area
🔧 Repair shop	Ⓔ Overnight stop

The brand name logo for **E.LECLERC** Ⓛ
is shown as Ⓛ

The brand name logo for 🌼 bp
is shown as BP

PLEASE NOTE The route nationale and route départementale road numbers
are currently being changed in France.

The petrol station brands shown on the motorways here are those that were
known to be in operation at the end of 2007

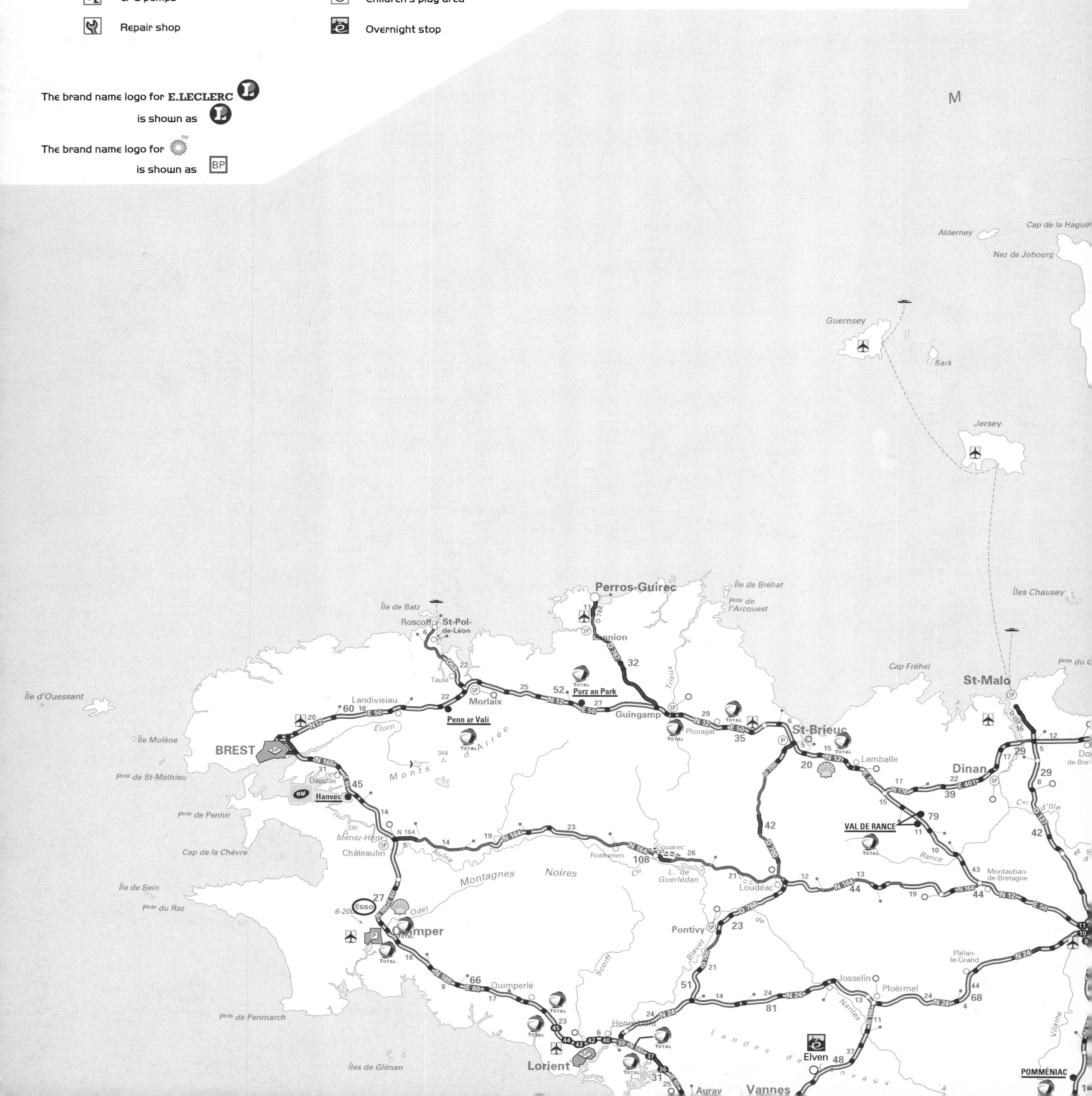

M

Guernsey

Sark

Jersey

Alderney

Cap de la Hague

Nez de Jobourg

Îles Chausey

Île de Batz

Roscoff

St-Pol-de-Léon

Perros-Guirec

Île de Bréhat

Pnte de l'Arcouest

Cap Fréhel

St-Malo

Île d'Ouessant

Landivisiau

Morlaix

Taule

Lannion

Porz an Park

Guingamp

Plouagat

St-Brieuc

Lamballe

Dinan

Île Molène

BREST

Penn ar Vali

Monts d'Arrée

Elorn

Pte de St-Mathieu

Hanvec

Daoulas

Pte de Penhir

Cap de la Chèvre

Ménez-Hom

Châteaulin

Aulne

N 164

Gouarec

Rostrenen

L. de Guerlédan

Montagnes Noires

Loudéac

Val de Rance

Rance

Montauban-de-Bretagne

Île de Sein

Pte du Raz

ESSO

Odet

Quimper

Pontivy

Blavet

Scorff

Josselin

Ploërmel

Plélan-le-Grand

Quimperlé

Hennebont

Elven

POMMÉNIAC

Lorient

Îles de Glénan

Pte de Penmarch

Auray

Vannes

Landes de Lanvaux

Nantes

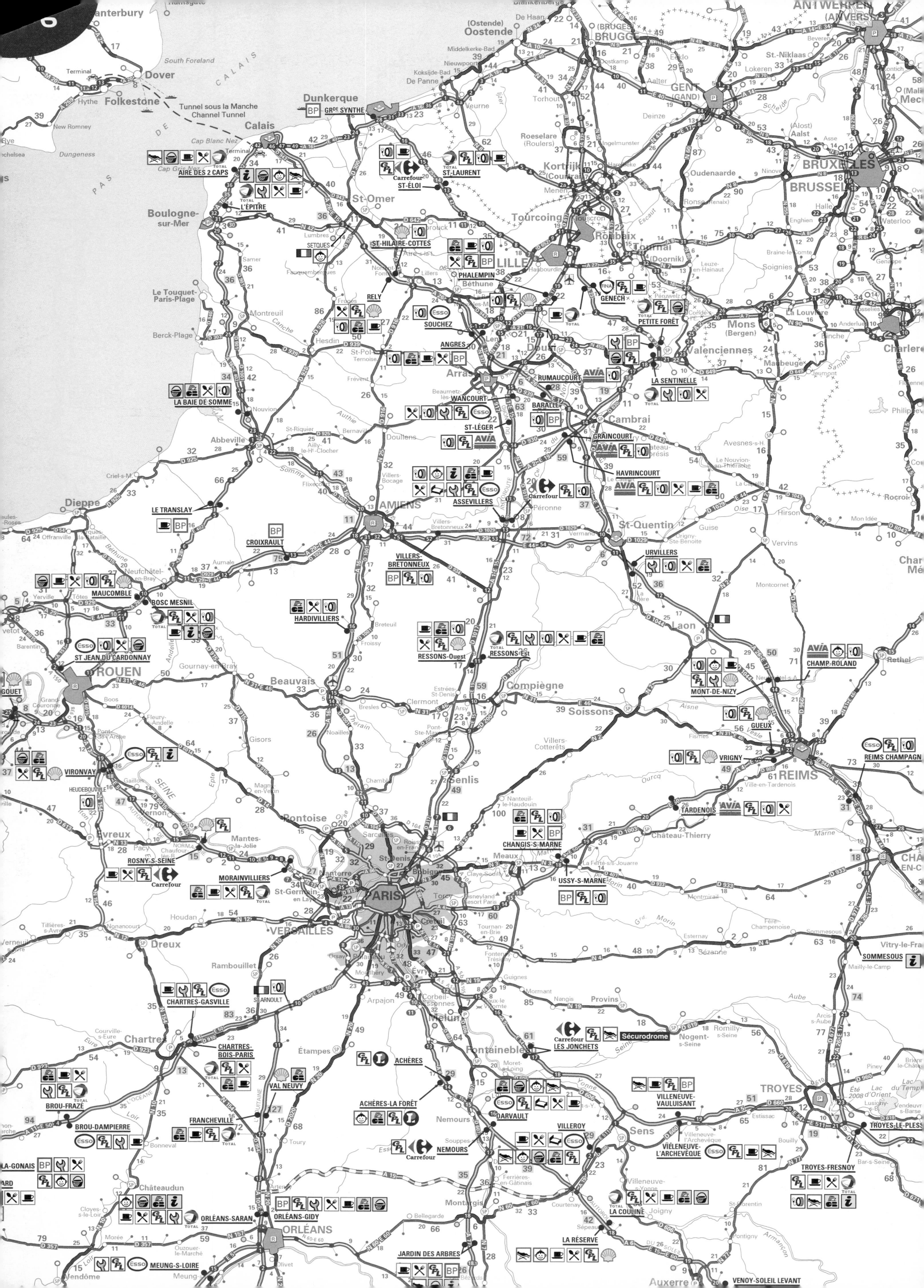

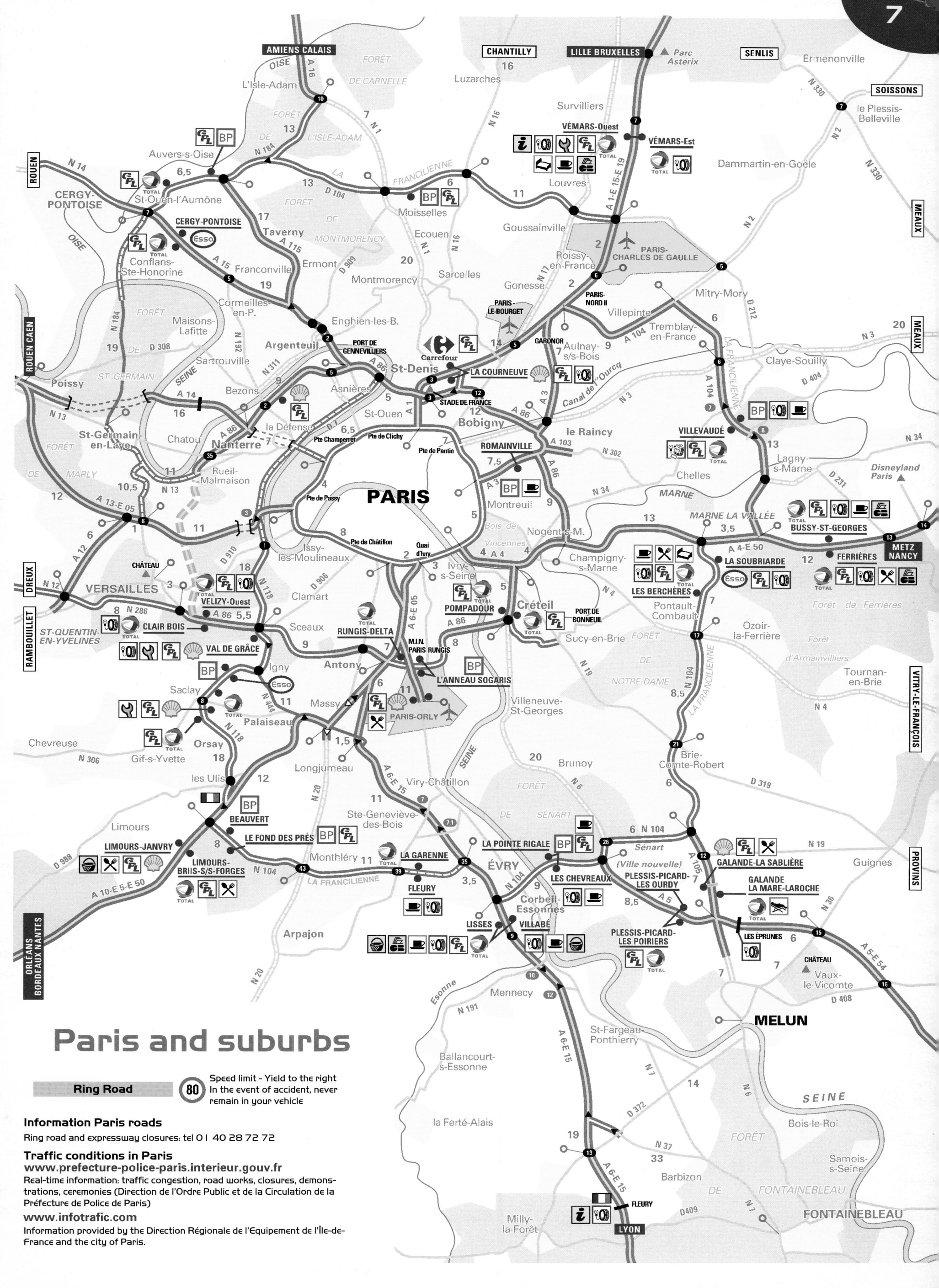

Paris and suburbs

Ring Road

(80) Speed limit – Yield to the right
In the event of accident, never
remain in your vehicle

Information Paris roads
Ring road and expressway closures: tel 01 40 28 72 72

Traffic conditions in Paris
www.prefecture-police-paris.interieur.gouv.fr
Real-time information: traffic congestion, road works, closures, demons-
trations, ceremonies (Direction de l'Ordre Public et de la Circulation de la
Préfecture de Police de Paris)

www.infotrafic.com
Information provided by the Direction Régionale de l'Equipement de l'Île-de-
France and the city of Paris.

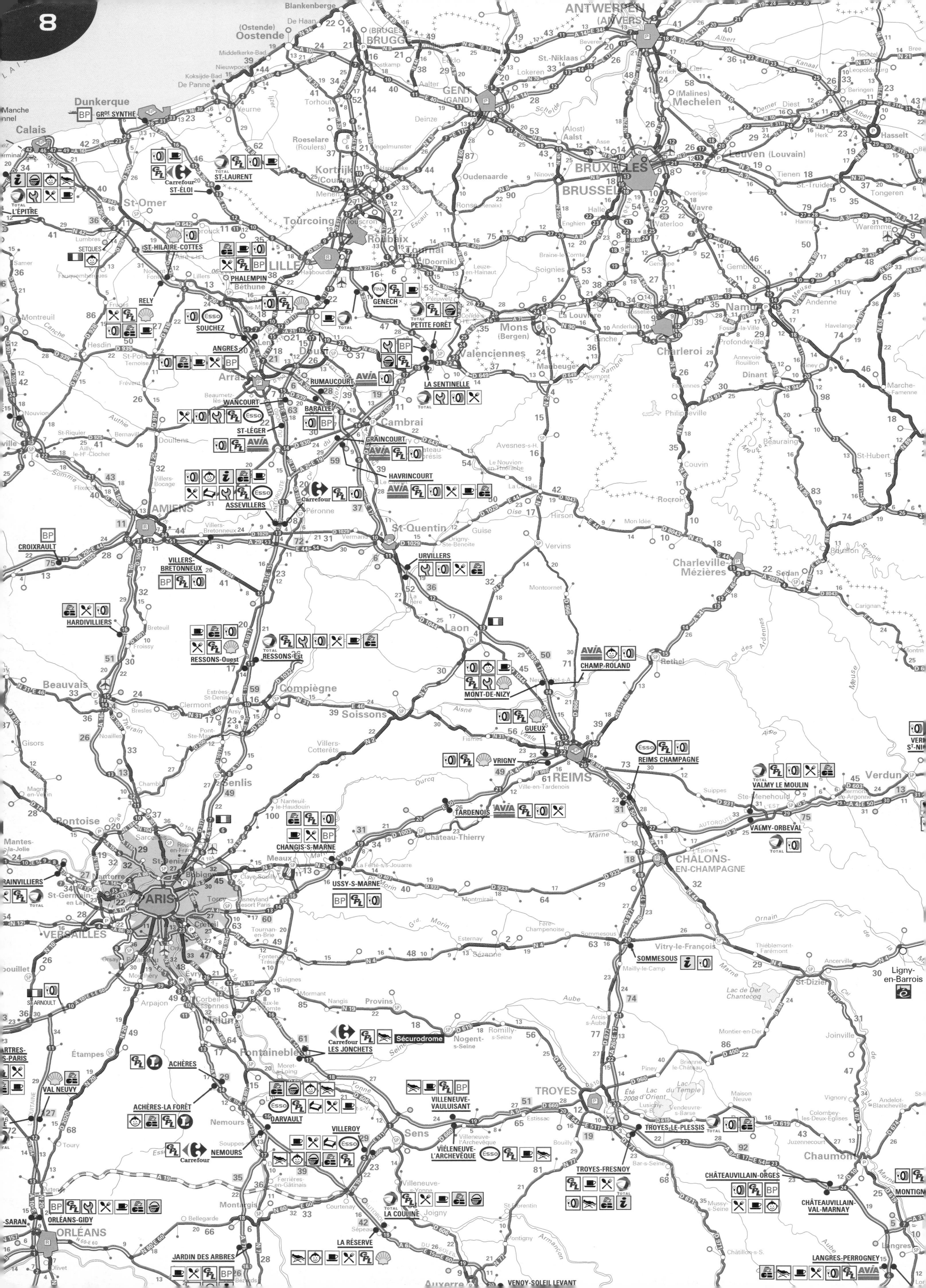

Lorient

Elven 48
POMMÉNIAC
Château-
Gontier

Auray
Vannes
TOTAL 107
Segré
127

Île de Groix
Mégalithes
Pouancé
Derval
Nozay

Houat
Vilaine
La Roche-Bernard
Pontchâteau
Erdre
ANCENIS
VARADES-LE GENETAIS

Hœdic
Belle-Île

La Baule
LOIRE
Ancenis
VARADES-LA-BÉDOIRE

St-Nazaire
NANTES

Pnte de St-Gildas
Pornic
LA GRASSINIÈRE
Cholet

Bourgneuf-en-Retz
LE BIGNON
Aigrefeuille-Maine
CHAVAGNES-EN-PAILLERS

Île de Noirmoutier
Machecoul
Maulèon

Challans
LES BROUZILS
Les Herbiers
LES HERBIERS

Île d'Yeu
LA ROCHE-S-YON
dyneff

Aizenay
La Roche-s-Yon
Chantonnay

VENDÉE
Les Sables-d'Olonne
Esso
Fontenay-le-Comte

Chaillé-les-Marais
Lay
POITOU-CHARENTE

Île de Ré
Marans
Mauzé-s-le-Mignon

La Pallice
LA ROCHELLE

Châtelaillon-Plage
Carrefour
FENIOUX Oues

CABARIOT
Rochefort
Île d'Oléron
Tonnay-Charente

Pont-d'Oléron
St-Agnant
St-Porchaire

Zoo de La Palmyre
Saujon
Sal

Pnte de la Coubre
Seudre
Royan
Cozes
ST-LÉGER Ouest
Pnte de Grave

GIRONDE

OCÉAN ATLANTIQUE

SAUGON Ouest
AVIA

VIRSAC

L'ESTALOT

RELAIS D'AQUITAINE

THOUARS

BORDEAUX-CESTAS
BASSIN D'ARCACHON
Arcachon
ST-SELVE

La Teste-de-Buch
A 660
LES

LILAIRE
LE MURET
Esso

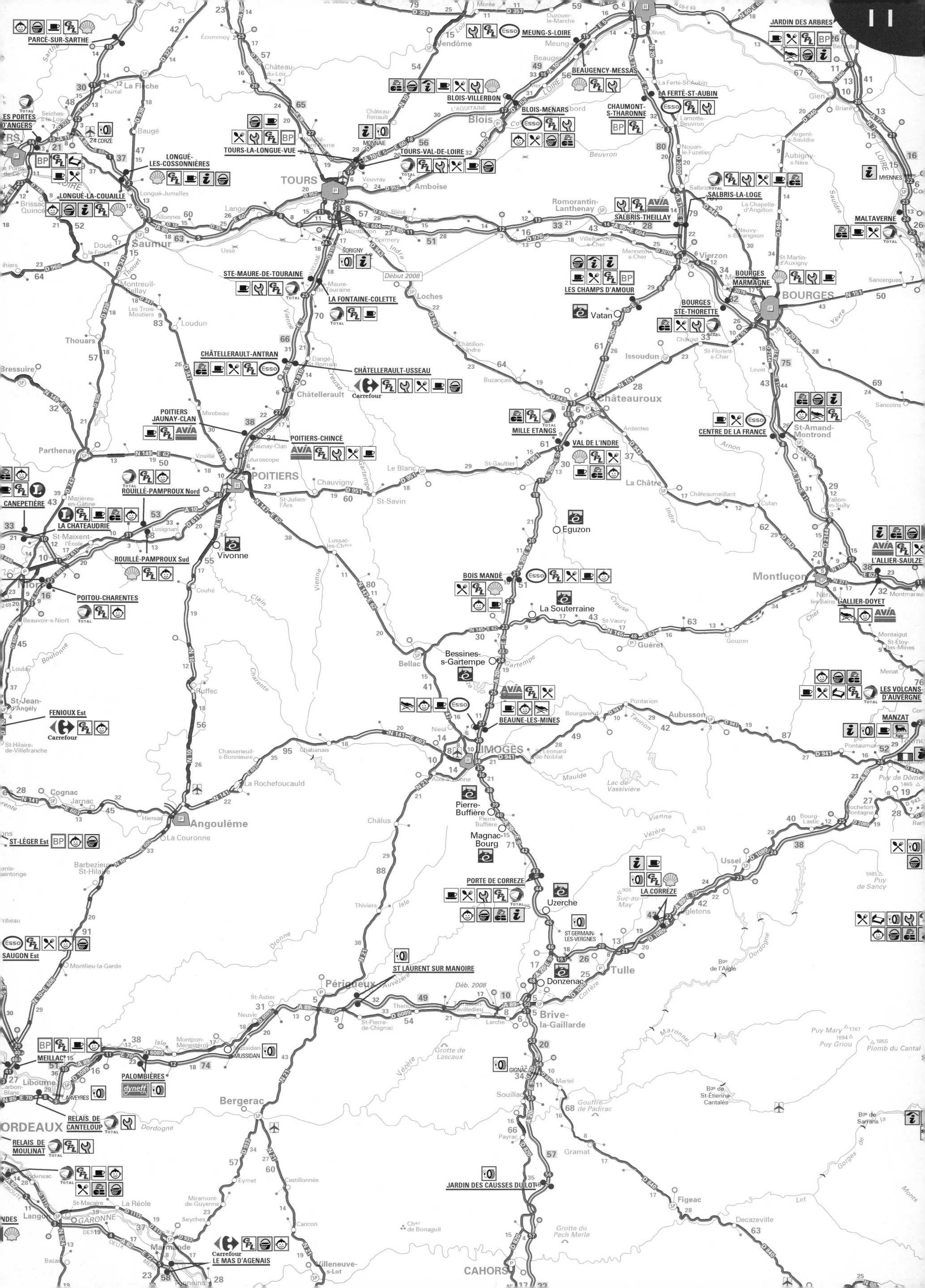

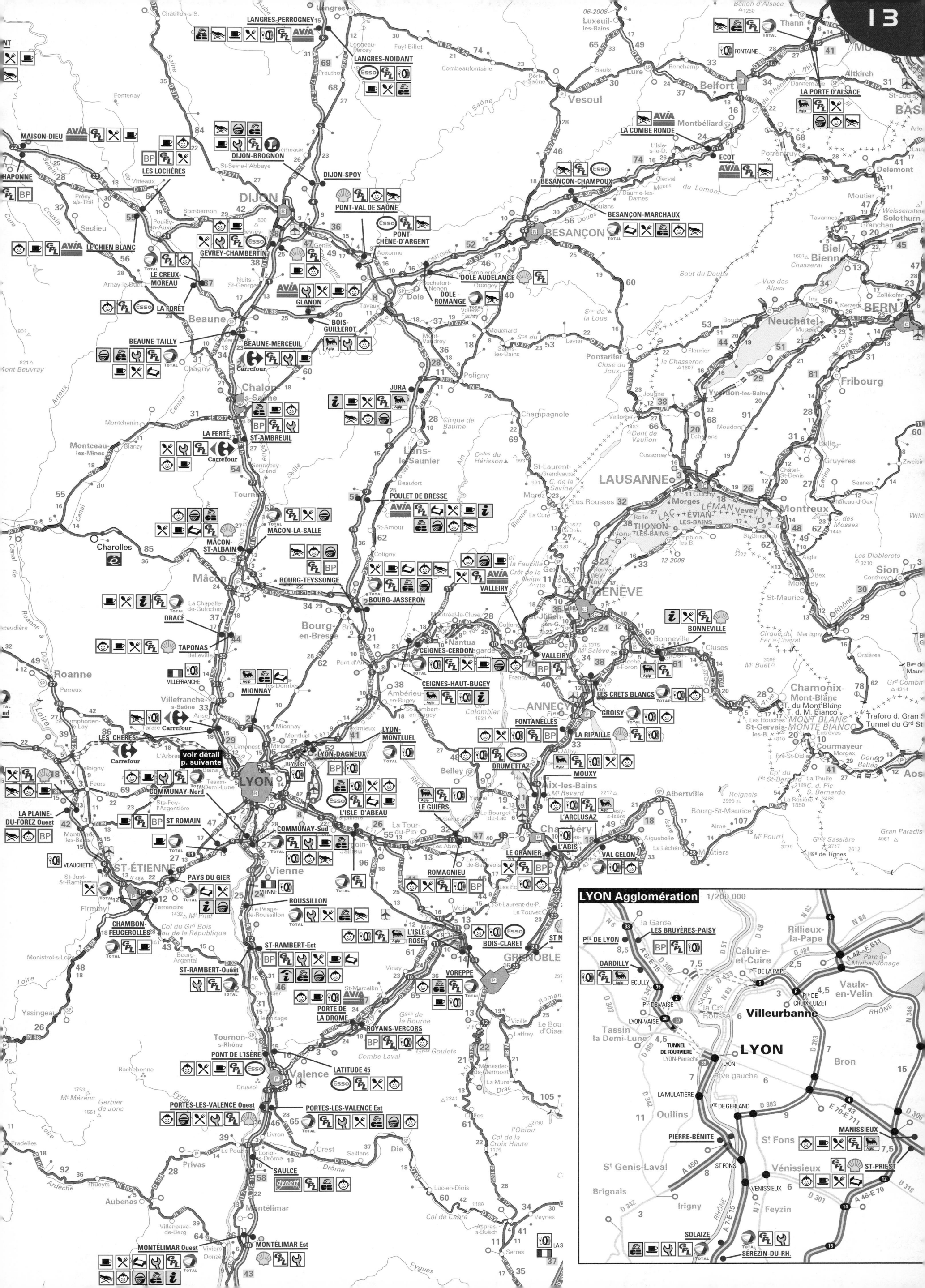

Michelin has drawn up the following pages in partnership with the French government's road safety department to provide a recap of the essential rules of road safety and good driving. Advice on subjects ranging from tyre maintenance to driving in rainy conditions is also offered. The themes covered have been organised like a dictionary, in alphabetical order.
Adhering to these rules and continued vigilance will go a long way to ensuring you a safe and problem-free journey.

To drive safely in France, remember that:
– traffic drives on the right
– at junctions on secondary roads, and in the absence of traffic lights, give way to vehicles coming from the right

You are required to carry the following documents: driver's licence, registration papers or rental papers, insurance papers, nationality plate.

(A) ACCIDENT

(What to do in the event of an accident or breakdown)

1| Protect

- Switch on your hazard warning lights.
- Pull over carefully, and avoid blocking the way for the emergency services.
- Get passengers to safety outside of the vehicle; use the doors nearest the road shoulder.
- On the motorway, stay behind the security barriers or well away from the road and go immediately to the nearest emergency telephone.
- On other roads, signal the accident with a warning triangle 200m/220yd back down the road, provided it is possible to do this without compromising your safety. To avoid the risk of fire do not smoke near the scene of the accident.

2| Notify

Call from an emergency telephone; these are located about every two kilometres (every mile or so).

If there is no emergency telephone, dial 112 from a landline, a phone box or mobile phone.

This emergency number is toll free and valid for all EU countries.

15 SAMU (emergency medical services)
17 Police, Gendarmerie
18 Fire Brigade
112 All emergencies

3| First aid

- Do not move victims, except if danger is imminent (e.g. fire).
- Do not remove helmets from motorcyclists or other two-wheel vehicle users.
- Do not give food or drink to victims.
- Do not tug off clothes from burn victims.

ALCOHOL
(drinking and driving)

In 85% of fatal accidents caused by alcohol, those responsible are occasional drinkers leaving a party, drinks with friends, or a meal washed down with plenty of alcohol.
Yet there remains a simple solution, namely the "designated driver" system, whereby one of the group volunteers to stay sober and drive the others home safely.

It is against the law to drive with an alcohol level higher than 0.5g per litre of blood.
Breathalyser tests are used to measure the alcohol per litre of breath: the legal limit to keep below is 0.25mg per litre of exhaled air. Drivers under the influence of alcohol who are responsible for an accident will not be compensated for any injuries they may sustain, nor for any damage to their vehicle. They can have their insurance premiums increased steeply or even have their insurance contract terminated.

Driving under the influence of alcohol has immediate consequences:

- poor perception of reality and risk;
- decreased vigilance;
- poor estimation of distances;
- reduced field of vision;
- trouble coordinating and synchronising gestures; slower reaction time.

The difficulties are accentuated and the risk of causing a fatal accident is multiplied:

- by 2 as of 0.5g/litre (2 drinks on average);
- by 10 between 0.8g/litre and 1.2g/litre (3 drinks on average);
- by 100 or more above 2g/litre (8 drinks on average).

(F) FATIGUE
(driving when tired)

Tiredness can creep up on you suddenly when you are behind the wheel. On the motorway, one fatal accident in four is caused by fatigue. Learn to recognise the tell-tale signs.

- Keep both hands on the wheel.
- Stop at least every two hours. Stretch, take a nap or stroll for at least fifteen minutes.
- Remember that certain medications can cause drowsiness; the "take care behind the wheel" symbol on the packaging and accompanying information note indicates this risk.
- Do not heat the passenger compartment too much, and air frequently.
- Avoid heavy meals before driving. Take extra care when driving at night as the onset of sleep can catch you out.

(F) FOG (driving in)

Before setting out, check your vehicle's lights; on the road, switch on your dipped headlights or foglights. Reduce speed according to visibility and respect increased stopping distances with the vehicle in front of you.

- Use your windscreen wipers frequently.
- Switch on your hazard warning lights if you have to stop on the road (breakdown, traffic jam, accident etc).

(I) INFLATING TYRES

Incorrect tyre pressure means increased braking distances and reduced stability. It is a major factor in the safety of all road users.

To combat the risk of deflated tyres, here are 10 preventative measures:

1. **Check and adjust tyre pressure once a month.** A tyre deflates naturally by up to 70g a month. In the interests of safety, it is important to respect manufacturers' recommended tyre

pressure. These are indicated on the vehicle or in the service manual. Recommended pressure applies to "cold tyres", i.e. when the vehicle has been driven for less than 3km/2mi at a low speed (in an urban area) or if the vehicle has been stationary for more than 2 hours.

2. **Have a professional check the whole tyre and wheel fitting if a tyre loses more than 100g a month.** This suggests an abnormal deflation as a tyre should lose pressure slowly and regularly.

3. **Never deflate a hot tyre.** Tyre temperature and therefore air pressure increase naturally as the vehicle is driven. Thus for hot tyres, to reach an equivalent, pressure levels must be increased by 0.3 bar in relation to those recommended for cold tyres.

4. **Do not overinflate your tyres.** Given the regular and natural deflation of tyres, it might be tempting to overinflate them. But be careful: this reduces the surface area in contact with the road and stiffens the sidewalls. As a result, steering, comfort level and tyre wear are altered.

5. **Do not forget to check the pressure of the tyre on the spare wheel.** The spare wheel is not always accessible. When possible, and when servicing the vehicle, check the pressure of the spare tyre: it should be at the highest pressure level recommended for front and rear tyres, increased by 0.3 bar.

6. **Ensure that all wheels have valve caps.** Valve caps are indispensable for the tyre to remain airtight. They protect the inside of the valve and thus facilitate reinflation of tyres.

7. **For nitrogen-filled tyres follow the same rules that apply to tyres filled with air.** The mixes of rubber are slightly more airtight with nitrogen than with air. A nitrogen-filled tyre deflates more slowly but also requires regular checks. The rules and pointers given with respect to air-filled tyres also apply.

8. **Tyres should be inflated according to driving conditions.** For motorway driving, or with a full car, look for the vehicle manufacturer's instructions specific to these circumstances. Increase manufacturer's instructions by 0.3 bar if tyres are hot.

9. **For camper vans, be particularly vigilant as to recommended tyre pressure.** Camper vans are used occasionally during the year and are often overloaded. It is imperative to check tyre pressure after a long stationary period and the manufacturer's or vendor's recommendations should be followed. If recommended tyre pressure is above 4.7 bars ensure that the valves used are metal.

10. **For vehicles towing a caravan, increase the pressure of the back tyres.** Refer to manufacturers' recommendation specific to this type of use. In the absence of specific recommendations, increase basic pressure of the back tyres by 0.4 bar. Increase by a further 0.3 bar if tyres are hot. For the caravan itself, save for the manufacturer's particular recommendations, adopt pressure of 3 bars, adding a further 0.3 bar if tyres are hot.

> Stations on the motorway where you can check the air in your tyres free of charge are shown on the maps on pages 4 to 17.

R RAIN (driving in)

In the rain, the risk of an accident is three times higher as visibility is reduced, braking distances are extended by 50% (at 100kph/60mph, braking distance increases from 100m/110yd to 150m/165yd). Above 80kph/50mph, a film of water can form between the tyre and the road: this phenomenon is known as "aquaplaning", which is even more dangerous as it can affect steering.

As a general rule, in rainy weather, speed should be reduced by at least 20kph/15mph, headlights should be switched on (and dipped), safe headway distances respected and braking should be progressive by applying pressure to the brake pedal several times in succession.

S SAFE HEADWAY (BRAKING DISTANCE)

It is mandatory to leave safe headway equivalent to at least two seconds between yourself and the vehicle in front in order to leave time to anticipate and react in case of danger.
To calculate this distance:

- off the motorway, note a point (a tree, sign or post, for example) as the vehicle in front passes it and count at least two seconds before reaching the same point.

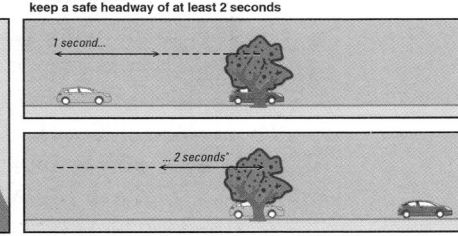

SAFE HEADWAY:
keep a safe headway of at least 2 seconds

- on the motorway, leave a distance of two road markers between your own vehicle and the vehicle in front.

S SEAT BELT

At 20kph/12mph and above, an impact can prove fatal if you are not wearing a seat belt. The mortality rate is twice as high among passengers not wearing a seat belt, hence its mandatory nature for all passengers, in the front and back seats, whether on major roads or in built-up areas, and even on short journeys (art. R 412-1 French Highway Code). Passengers in both the front and back seats are at risk of injury or death. A passenger in the back seat who is not wearing a seat belt is thrown forward into the front seat, or the passenger sitting there, with the force of several tonnes.

- Since 2003, this law extends to all passengers of vehicles transporting goods fitted with seat belts and of over 3.5 tonnes (decree no. 2003-440 of 14 May).
- all vehicles used to transport the public, coaches and buses of over 3.5 tonnes (decree no. 2003-637 of 9 July).
- If they do not wear their seat belt, driver and passengers are liable to a 4th class contravention, incurring a fine of 135 euro (around £90). Each individual, as opposed to the driver alone, is held personally responsible for this offence.
- Drivers holding a French licence are subject to a three-point penalty for failure to wear a seat belt.
- The driver is responsible for ensuring that all passengers below 13 years of age wear a seat belt or have an appropriate means of protection. This measure will soon be extended to all passengers up to the age of 18.

Children:

Children who cannot wear a seat belt must be secured by means manufactured in compliance with European Union standards.

- To be effective and comfortable, the seat must be matched to the child's age, morphology and weight.
- From birth to 13kg/29 lb: cradle or seat facing backwards.

0 to 9 months

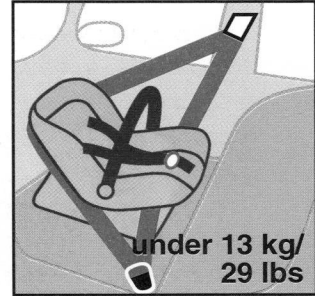

under 13 kg/ 29 lbs

Infant seat facing backward or cradle

- From 9kg/20 lb to 18kg/40 lb: child seat with harness or overhead shield car seat.

9 months to 4 years

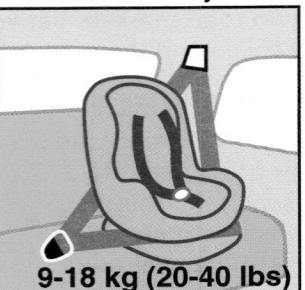

9-18 kg (20-40 lbs)

Child seat with harness
in the back seat

■ More than 15kg/33 lb (up to
10 years of age): seat or cushion
with adult seat belt.

4 to 10 years

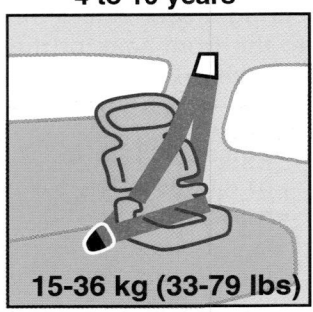

15-36 kg (33-79 lbs)

Seat or cushion with adult
seat belt

Attention: if the seat is placed in the
front it is crucial to disactivate your
car's airbag system.
Non-compliance is also sanctioned by
a fine (category 4).
The thrust is such that during a crash
at 50kph/30mph, a child of 20kg/44 lb
becomes a half-tonne projectile if
not retained by an appropriate safety
system.

ⓢ SNOW (driving in)

Be aware of your limits and those
of other drivers. Concentrate on
outside conditions. Do not make
abrupt movements, avoid sudden
accelerations (accelerate gradually
and gently), harsh braking and high
speeds.
Increase the distance between your
vehicle and the one in front.
To avoid the risk of spinning while
driving uphill, use a higher gear than
you would in dry weather.

Braking

Anticipation is vital: evaluate the
braking distance necessary, opt for
a low gear and use the brake pedal
and engine braking alternately.

It is essential to brake gradually to
avoid the wheels locking, which could
provoke skidding and loss of control
of the car.
If the wheels lock and the car skids,
ease off the brake pedal to regain
roadholding, then brake again gently,
while staying in a low gear. To reduce
the risk of the wheels locking when
driving downhill, use a lower gear
than you would in dry weather.
Before tackling any difficulties on the
road (tight bend, slowing down)
anticipate the need to brake in order
to be able to do so as gradually as
possible, and use a low gear.

Setting off

When starting your vehicle in snow,
it is vital to accelerate gradually to
avoid skidding. If the wheels spin,
move to a higher gear to decrease
the force applied to the wheels and
to get the vehicle going satisfactorily.

Bends

Before going into a bend, slow down,
ensuring that you keep in a straight
line as you do so. To take the bend,
turn the steering wheel fluidly and
consistently to avoid the tyres losing
contact with the road and no longer
responding to steering.
In the bend, keep to a slow and
regular speed to avoid the car losing
its balance. If the front is no longer
steering, you need to regain
roadholding so reduce your speed
by easing off the accelerator and, if
necessary, gently press the brake
pedal without causing the wheels
to lock. If the car skids from behind
(front-wheel drive), accelerate to
regain its equilibrium. Do not brake as
this would accentuate the imbalance
from behind.

When should snow chains be used?
If you have not yet purchased any,
ensure that you buy chains that are
suited to your vehicle's bodywork and
tyre size.

Preferably, choose chains with the
maximum number of components
(links) in the contact area (lattice chain
or chains with at least a dozen bars
on an average tyre).
Once you have purchased your
chains, practise putting them on and
removing them. It's always easier in
warm weather and daylight than in
the snow and at night.
Put them in an easily accessible part
of the boot, next to a pair of gloves
and pocket lamp, just in case...

@ **www.michelin.fr**

ⓢ SPEED (Limits in France)

Speed and field of vision
90% of the information necessary
to driving is visual. Our visual
perception capacities diminish in
proportion to speed: the faster we
move, the more our field of vision
decreases.
Thus, at a pedestrian's speed,
the field of vision is 180°, or more.
A driver's field of vision goes down
to 100° at 40kph/25mph, 75° at
70kph/45mph, 45° at 100kph/60mph
and 30° at 130kph/80mph: "tunnel
vision".

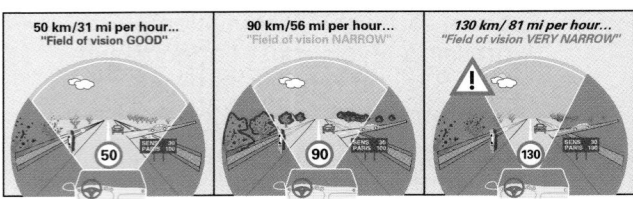

SPEED LIMITS		Motorways	Expressways	Other roads	Urban areas
	Clear weather conditions	130 / 81	110 / 68	90 / 56	50 / 31
	During rainfall	110 / 68	100 / 62	80 / 50	50 / 31
	Poor visibility (less than 50 m/55 yards)	50 / 31	50 / 31	50 / 31	50 / 31

Speed increases the number of
images transmitted to the brain.
It becomes difficult to process and
analyse all the information the images
present (the presence of other
motorists, pedestrians, motorcycles,
signs etc).

Our reaction time cannot be reduced.
On average, it takes one second for a
piece of information to go from the
eye to the brain of a driver in a state
of normal vigilance and trigger a
reaction. That is to say that even
before a driver starts to brake or avoid
an obstacle he/she will have covered
14m/15yd at 50kph/30mph, 25m/27yd
at 90kph/56mph and 36m/40yd at
130kph/80mph.
Fast driving is tiring! Contrary to
commonly-held views, it is not
moderate speeds that provoke
sleepiness through boredom, but
rather fast driving, which forces
drivers to process a large amount of
information in a short space of time
and to constantly adapt their vision,
thereby leading to significant stress
which in turn results in tiredness and
a loss of vigilance, two main factors
causing accidents.

ⓢ SPEED CHECKS

*The French government showed its
commitment to combatting road
violence in the law of 12 June 2003.
By bringing harsher sanctions for
infractions and abolishing the notion
of a driving licence "for life", the aim
of the provisions of this new law is to
promote awareness and to educate all
road users for a stricter compliance
with regulations in order to ensure
greater road safety all round. The
implementation of automatic speed
checks since October 2003 is part of
this plan. The automation of checks
has proved to be an effective tool in
getting drivers to slow down: a
significant drop in the average speed
has been recorded in areas where the
first speed cameras were installed.*

Two types of speed checks
Among the 1 000 automatic speed
cameras installed since the end of
2005, 70% are immobile and 30%
are mobile, that is to say transported
on board police vehicles.

The most effective measure
Contrary to those countries that
introduced fully automated speed
checks earlier (United Kingdom,

Netherlands, Switzerland), the French system uses the latest technology incorporating digital cameras, which offers numerous advantages.

- Digital cameras can be used to take photos of only those vehicles exceeding the speed limit, without taking into account those who are driving within the speed limit (in the United Kingdom the use of video does not make this distinction). This system carries out an objective selection from the outset.

- Digital cameras necessitate neither a change of film nor development, thereby helping reduce the risk of human error. The exclusive use of digital also provides continuity in checks.

- The system offers maximum security and reliability. Data is transmitted via a secure high-speed line then analysed by readers with optical recognition software, similar to those used by banks. Even if the automated procedure guarantees a level of reliability never before reached, it is monitored by police officers or agents of the French Criminal Investigation Department.

The map of France's immobile speed cameras is updated regularly and can be consulted on the government's Road Safety department websites

@ www.securiteroutiere.equipement.gouv.fr

As well as the transport department

@ www.equipement.gouv.fr

And Home Office sites

@ www.interieur.gouv.fr

S STOPPING DISTANCES

Not to be confused with braking distance (see "Safe Headway"). "Stopping distance" means the

distance covered during a driver's reaction time PLUS the vehicle's braking distance. Even vehicles equipped with ABS (anti-lock brake system) do not stop instantaneously before an unexpected obstacle. ABS allows drivers to retain steering control, even when the brakes are applied harshly, but does not enable them to stop any more quickly.

And of course, the laws of physics are inescapable: stopping distance increases according to the vehicle's load and speed.

On average, on dry roads, with brakes and tyres in a good state of repair, braking distances are as follows:

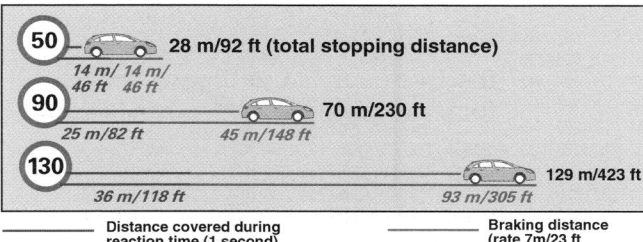

50 — 28 m/92 ft (total stopping distance)
14 m/14 m/
46 ft 46 ft
90 — 70 m/230 ft
25 m/82 ft 45 m/148 ft
130 — 129 m/423 ft
36 m/118 ft 93 m/305 ft

Distance covered during reaction time (1 second)
Braking distance (rate 7m/23 ft per second*)
(* NB: results are for dry weather conditions)

T TUNNELS (driving in)

Respect the speed limit.
Always switch on your headlights, even if the tunnel is well lit.
Whether you are moving or stationary, observe the safe headway zone indicated. This enables smoke to be contained if fire breaks out and facilitates access for emergency services.
Respect the allocation of lanes signalled.
Come to a complete stop at steady or flashing red lights and stop barriers.

What to do in case of fire

If your vehicle catches fire:
Drive your vehicle out of the tunnel. If this is not possible, raise the alarm using one of the emergency telephones located in the recesses

to be found at regular intervals along the tunnel.
Put out the fire in its early stages with a fire extinguisher; these are located next to the emergency telephones.

If thick smoke spreads in front of you:

Turn off your engine and leave the key in the ignition.
Leave your vehicle and make your way to the emergency exit with your passengers.
Once at the emergency exit do not go back into the tunnel, except if you are told to do so by a member of the emergency services or tunnel employees.

What should I do if my car breaks down?

If possible drive to the nearest zone designated for emergency stops. Some tunnels have such zones located at regular intervals.
If this is not possible, park your vehicle as close to the edge of the road as you can.
Call for help via the emergency telephones. Switch on your hazard warning lights. Leave the tunnel in your vehicle, if you can do so without risk to other motorists.

What if there is a traffic jam?

When traffic slows down significantly, switch on your hazard warning lights. Even when at a standstill maintain safe headway. Put on the radio and listen for traffic news.

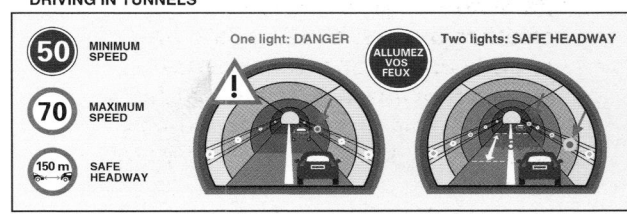

DRIVING IN TUNNELS

50 MINIMUM SPEED
70 MAXIMUM SPEED
150 m SAFE HEADWAY

One light: DANGER   Two lights: SAFE HEADWAY
ALLUMEZ VOS FEUX

To find out more:
www.securitroutiere.equipement.gouv.fr

French school holidays in 2007-2008

Holidays	Zone A	Zone B	Zone C
Christmas	22/12/2007 to 7/01/2008	22/12/2007 to 7/01/2008	22/12/2007 to 7/01/2008
Winter	16/02 to 03/03/2008	09/02 to 25/02/2008	23/02 to 10/03/2008
Spring	12/04 to 28/04/2008	05/04 to 21/04/2008	19/04 to 05/05/2008
Summer	03/07 to 02/09/2008	03/07 to 02/09/2008	03/07 to 02/09/2008

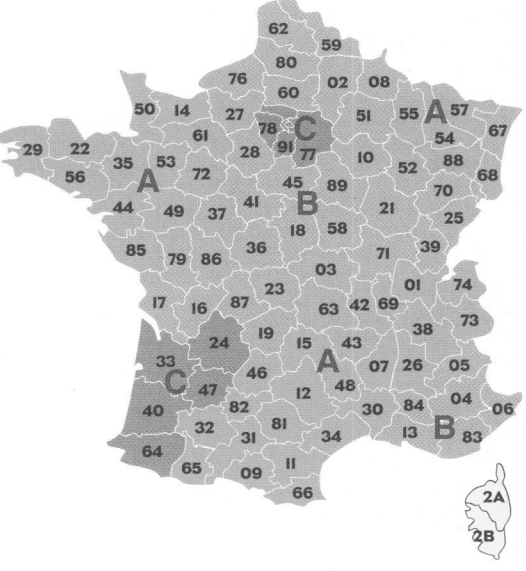

School holiday zones

A Caen - Clermont-Ferrand - Grenoble - Lyon - Montpellier
Nancy - Nantes - Rennes - Toulouse

B Aix-en-Provence - Amiens - Besançon - Dijon - Lille - Limoges
Nice - Orléans - Poitiers - Reims - Rouen - Strasbourg

C Bordeaux - Créteil - Paris - Versailles

Distances

Distances are shown in kilometres and are calculated from town/city centres along the most practicable roads, although not necessarily taking the shortest route

Example: Bourges – Mulhouse: 477 km

	Amiens	Bayonne	Beaune	Besançon	Bordeaux	Boulogne-sur-Mer	Bourges	Brest	Brive-la-Gaillarde	Caen	Calais	Chambéry	Cherbourg	Clermont-Ferrand	Dunkerque	Gap	Genève	Grenoble	Le Havre	Lille	Limoges	Lyon	Le Mans	Marseille	Metz	Mulhouse	Nancy	Nantes	Narbonne	Nice	Nîmes	Orange	Orléans	Paris	Pau	Perpignan	Poitiers	Reims	Rennes	La Rochelle	Rodez	Rouen	Saint-Étienne	Strasbourg	Toulon	Toulouse	Tours	Troyes	Valence
Bayonne	884
Beaune	447	799
Besançon	558	916	109
Bordeaux	705	192	616	737
Boulogne-sur-Mer	129	1004	568	658	824
Bourges	378	598	252	355	418	507
Brest	628	831	860	963	633	687	655
Brive-la-Gaillarde	618	388	411	515	209	739	288	740
Caen	256	776	547	651	596	315	436	375	579
Calais	161	1036	611	654	857	40	536	720	772	348
Chambéry	703	863	258	265	681	824	410	1116	476	796	832
Cherbourg	377	879	668	772	681	436	558	423	698	124	467	924
Clermont-Ferrand	558	561	267	371	381	679	194	830	176	610	712	294	732
Dunkerque	201	1044	618	661	865	80	543	760	779	388	48	835	510	718
Gap	834	832	389	441	782	955	541	1247	607	927	997	188	1049	423	1003
Genève	676	896	231	176	714	797	392	1088	509	769	758	89	891	325	765	274
Grenoble	708	823	263	315	686	829	415	1121	481	801	871	58	923	297	877	124	145
Le Havre	185	853	509	612	673	244	398	469	634	96	275	764	218	573	316	895	737	769
Lille	124	968	542	584	788	119	467	762	702	390	114	758	512	642	80	923	686	797	319
Limoges	526	408	396	500	228	647	196	648	97	486	680	537	605	227	686	668	508	542	540	609
Lyon	600	750	155	237	568	721	307	1013	363	693	763	109	815	179	769	240	157	114	655	693	423
Le Mans	335	615	476	579	435	394	261	397	418	165	425	710	284	436	465	841	704	715	243	425	326	564
Marseille	912	698	467	541	648	1033	653	1286	524	1005	1075	331	1132	477	1081	180	418	275	967	1004	610	316	887
Metz	368	1074	308	269	895	471	485	917	712	571	467	524	693	569	440	689	452	563	543	367	717	457	532	768
Mulhouse	554	1041	233	139	859	657	477	1028	637	708	687	377	831	493	670	563	290	434	671	596	620	381	643	695	233
Nancy	384	1065	254	211	880	486	471	891	658	553	483	471	675	515	494	636	386	510	558	420	642	403	505	714	57	178
Nantes	511	515	635	738	336	570	375	297	441	292	601	824	340	551	641	955	794	829	385	602	349	678	185	971	709	823	723
Narbonne	923	444	542	616	394	1044	559	1032	354	922	1077	441	1082	376	1083	393	537	384	937	1006	440	391	754	259	843	775	793	717
Nice	1075	861	631	668	811	1197	817	1449	688	1168	1238	384	1290	640	1244	234	536	328	1131	1168	773	479	1051	212	932	686	881	1134	422
Nîmes	853	582	409	482	532	975	578	1169	408	951	1016	307	1073	395	1022	258	403	250	909	946	494	257	812	123	710	635	659	854	142	287
Orange	798	633	353	427	583	919	539	1175	460	891	961	251	1013	363	967	241	347	194	853	890	608	202	773	118	654	580	604	906	193	282	55
Orléans	275	628	306	409	448	396	125	540	361	318	421	561	440	300	427	692	534	566	281	350	269	459	142	759	457	535	442	334	664	923	683	644
Paris	135	752	313	416	572	256	250	595	486	234	297	568	357	426	303	699	541	573	197	226	394	466	209	777	333	481	314	386	789	941	714	662	134
Pau	890	114	807	928	198	1010	672	817	395	781	1040	775	867	564	1050	728	871	718	858	973	480	725	613	593	1125	1053	1074	520	340	757	477	528	634	757
Perpignan	984	498	603	676	448	1105	620	1086	408	975	1138	501	1135	437	1143	454	597	444	998	1067	493	451	808	319	904	835	853	771	66	483	203	254	726	851	394
Poitiers	472	416	515	619	236	591	256	517	218	362	622	602	481	329	632	733	572	607	440	555	126	441	195	787	662	744	652	220	561	951	698	672	216	339	420	615
Reims	174	886	339	382	706	276	353	729	620	382	273	555	505	535	279	720	483	594	348	203	528	488	343	799	192	381	206	520	874	963	736	684	268	145	890	935	473
Rennes	441	630	622	726	451	500	417	242	556	188	531	878	235	592	572	1008	851	882	280	574	419	776	161	1051	679	793	661	110	832	1215	969	936	301	356	635	887	292	490
La Rochelle	606	368	649	752	188	669	389	440	368	443	700	746	490	472	741	877	716	751	518	689	248	584	285	823	795	878	785	144	569	987	706	758	350	472	372	624	142	606	260
Rodez	793	453	519	561	385	915	429	891	162	729	947	423	848	246	953	500	482	405	807	877	248	336	562	365	820	749	770	594	230	529	249	300	536	660	350	291	369	785	710	525
Rouen	124	822	444	548	642	184	333	501	569	128	214	699	251	509	255	830	673	704	91	257	477	597	211	909	481	615	495	388	872	1073	846	794	217	132	826	933	409	292	313	489	744
Saint-Étienne	621	719	214	288	537	742	324	960	332	740	822	150	862	148	828	280	208	154	702	751	393	63	558	334	515	441	465	678	409	498	271	219	430	486	627	470	458	548	721	607	280	641
Strasbourg	524	1153	345	251	971	626	590	1073	749	726	623	477	849	606	596	663	389	534	698	523	733	494	687	807	163	116	157	864	882	788	739	687	570	489	1163	943	791	348	834	929	858	636	550
Toulon	975	761	530	604	711	1096	716	1349	588	1068	1138	385	1190	540	1144	235	473	329	1030	1068	673	379	950	67	831	763	781	1034	321	157	187	182	823	840	657	382	851	864	1114	893	429	969	397	873
Toulouse	812	299	617	738	245	933	482	883	205	772	966	588	932	374	972	541	684	531	826	895	290	538	605	406	935	863	884	568	153	570	290	341	554	679	195	207	412	813	684	427	149	765	424	973	469
Tours	381	515	416	519	336	492	162	497	318	263	523	611	382	337	533	742	551	616	341	456	227	465	96	796	563	645	552	213	661	960	720	681	117	240	520	716	103	374	259	240	470	310	464	690	859	511
Troyes	301	827	226	268	647	404	235	728	511	408	400	442	530	366	406	607	370	481	371	330	419	374	343	686	253	309	214	519	761	849	623	571	195	171	831	821	414	126	490	551	618	310	433	382	749	750	315
Valence	700	732	255	328	654	821	441	1077	449	792	863	150	915	265	869	219	249	93	755	792	509	103	675	217	556	482	505	795	292	381	154	102	547	565	628	353	575	588	838	724	316	694	122	591	280	440	583	474
Valenciennes	131	954	512	555	774	170	453	748	688	376	163	728	498	628	129	893	656	767	305	53	596	661	411	972	329	571	382	588	991	1136	909	857	336	206	958	1052	541	176	560	678	863	243	720	485	1035	881	442	299	761

Driving times chart

The driving time between two towns is given at the intersection of horizontal and vertical bands.

Example: Bourges – Mulhouse: 5:13

	Amiens	Bayonne	Beaune	Besançon	Bordeaux	Boulogne-sur-Mer	Bourges	Brest	Brive-la-Gaillarde	Caen	Calais	Chambéry	Cherbourg	Clermont-Ferrand	Dunkerque	Gap	Genève	Grenoble	Le Havre	Lille	Limoges	Lyon	Le Mans	Marseille	Metz	Mulhouse	Nancy	Nantes	Narbonne	Nice	Nîmes	Orange	Orléans	Paris	Pau	Perpignan	Poitiers	Reims	Rennes	La Rochelle	Rodez	Rouen	Saint-Étienne	Strasbourg	Toulon	Toulouse	Tours	Troyes	Valence
Bayonne	8:38
Beaune	4:18	8:05
Besançon	4:58	8:54	1:06
Bordeaux	7:00	1:56	6:15	7:11
Boulogne-sur-Mer	1:16	9:22	5:17	5:52	7:45
Bourges	4:00	6:28	3:15	4:11	4:50	4:54
Brest	5:57	7:49	7:51	8:47	6:16	6:27	6:28
Brive-la-Gaillarde	5:54	3:40	4:35	5:31	2:03	6:55	3:08	7:34
Caen	2:23	7:44	4:55	5:51	6:06	2:53	4:23	3:44	6:11
Calais	1:35	9:41	5:20	5:46	8:04	12:31	5:02	6:46	7:00	3:11
Chambéry	6:35	8:06	2:28	3:06	6:18	7:36	4:37	10:06	4:39	7:06	7:48
Cherbourg	3:43	8:18	6:15	7:11	6:46	4:13	5:43	4:26	7:27	1:28	4:31	8:28
Clermont-Ferrand	5:23	5:25	3:15	4:11	3:48	6:24	1:57	7:56	2:09	5:49	6:30	2:52	7:09
Dunkerque	1:55	9:54	5:31	5:56	8:16	12:52	5:11	7:06	7:10	3:31	12:36	7:55	4:51	6:39
Gap	8:15	7:26	4:07	4:50	7:01	9:16	6:17	11:45	6:18	8:45	9:15	2:20	10:06	4:34	9:25
Genève	6:19	8:50	2:11	2:11	7:01	7:19	4:33	9:49	5:23	6:49	7:27	1:07	8:09	3:38	7:37	3:20
Grenoble	6:36	7:10	2:28	3:11	6:18	7:36	4:38	10:06	4:39	7:06	7:36	12:37	8:26	2:55	7:46	1:46	1:37
Le Havre	1:48	7:59	4:39	5:35	6:22	2:17	4:07	4:38	6:05	1:03	2:35	6:52	2:23	5:35	2:55	8:32	6:41	6:52
Lille	1:32	9:09	4:46	5:11	7:32	1:33	4:27	7:08	6:25	3:33	1:14	7:10	4:53	5:55	12:56	8:36	6:52	6:57	2:58
Limoges	5:03	4:21	4:24	5:20	2:44	6:04	2:17	6:42	12:59	5:19	6:09	4:55	6:34	2:19	6:18	6:35	5:31	4:55	5:14	5:34
Lyon	5:35	7:23	1:27	2:31	5:35	6:36	3:37	9:05	3:56	6:06	6:36	1:09	7:26	2:11	6:46	2:49	1:40	1:10	5:51	6:02	4:13
Le Mans	3:12	5:58	4:16	5:12	4:21	3:41	2:49	3:55	4:25	2:01	3:59	6:44	3:16	4:18	4:18	8:25	6:18	6:45	2:18	4:03	3:35	6:13
Marseille	8:20	6:10	4:13	5:12	5:45	9:21	5:56	11:40	6:09	8:51	9:21	3:38	10:15	4:24	9:31	1:46	4:38	3:09	8:36	8:47	6:50	2:53	8:21
Metz	3:19	9:59	2:45	3:07	8:21	4:16	5:15	8:27	7:06	5:13	4:07	5:09	6:33	5:45	4:13	6:35	4:50	4:55	4:51	3:32	6:24	4:00	4:52	6:43
Mulhouse	5:58	10:01	2:13	1:28	8:13	6:54	5:13	10:03	6:34	7:05	6:49	3:52	8:25	5:13	6:54	6:05	2:57	4:23	6:49	6:13	6:22	3:28	6:28	6:11	2:47
Nancy	3:55	10:12	2:25	2:37	8:26	4:51	5:08	9:08	6:47	6:02	4:43	4:50	7:22	5:26	4:48	6:16	4:46	4:36	5:27	4:08	6:35	3:41	5:33	6:24	12:40	2:16
Nantes	4:48	4:57	6:06	7:02	3:19	5:18	4:01	3:13	4:34	2:54	5:35	7:56	3:33	5:29	5:55	9:36	8:15	7:57	3:46	5:39	3:44	7:25	1:55	8:45	6:28	8:05	7:02
Narbonne	8:34	3:57	4:49	5:48	3:32	9:35	5:08	9:26	3:15	9:08	9:40	4:01	9:52	3:33	9:49	3:38	4:56	3:24	8:45	9:05	3:56	3:29	7:29	2:23	7:20	6:49	6:56	6:33
Nice	9:49	7:39	5:41	7:14	7:14	10:50	7:24	1:08	7:38	10:20	10:50	5:13	11:40	5:52	10:59	3:21	5:28	4:44	10:05	10:15	8:18	4:21	9:50	2:03	8:12	6:54	7:48	10:15	3:51
Nîmes	7:50	5:08	3:42	4:41	4:43	8:51	5:22	10:37	5:07	8:24	8:51	2:54	9:45	3:47	9:00	2:30	3:50	2:17	8:06	8:17	5:47	2:22	7:47	1:15	6:13	5:45	5:50	7:44	1:20	2:44
Orange	7:19	5:30	3:11	4:11	5:05	8:20	4:55	10:54	5:29	7:50	8:20	2:24	9:10	3:23	8:30	2:27	3:19	1:47	7:35	7:46	5:25	1:52	7:20	1:06	5:42	5:14	5:19	8:06	1:42	2:35	12:39
Orléans	2:48	6:04	3:07	4:03	4:26	3:49	1:19	5:56	3:18	3:21	4:02	5:19	4:41	2:47	4:10	7:00	5:08	5:20	3:06	3:26	2:27	4:24	2:13	6:46	4:15	5:06	4:18	3:14	5:56	8:15	6:13	5:44
Paris	1:37	7:12	2:54	3:49	5:35	2:38	2:30	5:41	4:28	2:21	2:48	5:06	3:41	3:58	2:56	6:47	4:55	5:07	2:06	2:12	3:37	4:11	2:06	6:54	3:01	5:04	3:50	3:42	7:07	8:23	6:27	5:52	1:29
Pau	9:29	1:14	7:59	8:55	2:47	10:15	6:36	8:45	3:45	8:34	10:32	7:00	9:11	5:26	10:44	6:37	7:55	6:23	8:51	10:00	4:25	6:28	6:55	5:22	10:30	9:59	10:07	5:47	3:09	6:51	4:21	4:42	6:55	8:04
Perpignan	9:05	4:24	5:20	6:19	4:00	10:06	5:39	9:54	3:43	9:36	10:11	4:32	10:19	4:04	10:20	4:09	5:27	3:55	9:16	9:36	4:23	4:00	7:56	2:54	7:51	7:20	7:27	7:00	12:41	4:23	1:53	2:14	6:29	7:40	3:33
Poitiers	4:39	4:16	4:56	5:52	2:39	5:25	2:51	5:07	2:39	3:44	5:42	6:19	5:00	3:52	5:54	7:59	6:38	6:20	4:01	5:10	1:48	5:45	2:05	7:51	5:59	6:55	6:07	2:09	5:35	9:20	6:47	6:49	2:05	3:14	5:06	6:02
Reims	1:43	8:22	3:01	3:26	6:45	2:39	3:49	6:51	5:38	3:37	2:31	5:25	4:57	5:22	2:40	6:51	5:06	5:11	3:15	1:57	4:47	4:16	3:16	6:59	1:45	4:25	2:19	4:52	7:34	8:27	6:31	5:57	2:39	1:28	9:12	8:05	4:23
Rennes	4:02	6:08	5:33	6:29	4:30	4:31	4:11	2:32	5:45	1:49	4:49	7:46	2:28	5:39	5:08	9:26	7:35	7:47	2:41	5:10	5:15	6:51	1:39	9:37	6:09	7:46	6:55	1:20	7:43	11:06	8:55	8:35	3:38	3:24	6:58	8:10	3:38	4:32
La Rochelle	5:52	3:30	6:09	7:04	1:53	6:22	4:04	4:43	3:28	4:30	6:40	7:40	5:09	5:13	6:59	9:20	7:59	7:40	4:59	6:23	3:08	7:06	3:00	7:18	7:12	8:08	7:20	1:45	5:05	8:47	6:17	6:38	3:18	4:27	4:20	5:32	1:34	5:35	2:54
Rodez	7:34	4:27	5:26	6:47	3:50	8:35	4:09	9:47	2:31	8:24	8:41	5:15	9:39	2:34	8:49	4:58	5:56	5:23	7:46	8:06	3:12	4:28	6:45	3:42	7:57	7:26	7:33	6:49	2:25	5:11	2:42	3:02	4:59	6:10	3:36	2:56	4:53	7:32	7:58	5:44
Rouen	1:14	7:43	4:05	5:01	6:05	1:43	3:33	4:52	5:32	1:17	2:01	6:18	2:37	5:02	2:20	7:58	6:07	6:19	1:02	2:22	4:41	5:23	2:01	8:06	4:15	6:18	4:49	3:38	8:11	9:35	7:39	7:04	2:33	1:33	8:33	8:41	3:43	2:38	2:57	4:44	7:15
Saint-Étienne	6:36	6:44	2:06	3:05	4:56	7:37	3:04	9:03	3:17	6:56	7:14	1:33	8:16	1:32	7:24	3:13	2:14	1:33	6:41	6:40	3:34	12:46	5:30	3:05	4:37	4:08	4:13	6:34	3:40	4:34	2:37	2:03	3:55	5:12	7:25	4:11	5:01	4:53	6:45	6:25	3:56	6:09
Strasbourg	4:38	10:59	3:10	2:26	9:10	5:35	6:10	9:46	7:32	6:32	5:27	4:42	7:52	6:11	5:33	6:56	3:47	5:14	6:10	4:53	7:20	4:25	6:12	7:09	1:34	1:09	1:38	7:47	7:45	7:48	6:42	6:08	5:39	4:23	10:51	8:15	7:32	3:05	7:28	8:48	8:24	5:36	5:05
Toulon	8:53	6:42	4:45	5:44	6:18	9:53	6:28	12:12	6:41	9:23	9:53	4:08	10:44	4:56	10:03	2:16	5:07	3:38	9:08	9:19	7:22	3:25	8:53	12:45	7:16	6:46	6:52	9:18	2:55	1:37	1:49	1:39	7:18	7:28	5:51	3:25	8:25	7:32	10:09	7:56	4:16	8:36	3:38	7:45
Toulouse	7:39	2:46	6:17	7:13	2:20	8:40	4:53	8:14	2:03	7:56	8:46	5:20	8:39	3:44	8:54	4:58	6:16	4:43	7:51	8:10	2:43	4:48	6:17	3:43	8:48	8:16	8:24	5:20	1:30	5:12	2:42	3:02	5:04	6:15	1:55	1:57	4:24	7:23	6:29	3:58	1:52	7:18	5:39	9:15	4:15
Tours	3:36	5:02	3:59	4:55	3:24	4:28	1:53	4:42	3:29	2:48	4:46	5:48	4:03	3:21	4:57	7:28	6:14	5:49	3:05	4:14	2:38	5:17	1:09	7:20	5:03	5:59	5:11	2:15	6:25	8:49	6:47	6:18	1:09	2:18	5:52	6:52	1:02	3:26	2:24	2:19	5:46	2:48	4:27	6:35	7:52	5:13
Troyes	2:51	8:11	2:07	2:32	6:33	3:47	3:05	6:48	5:26	3:49	3:39	4:31	5:10	4:51	3:48	5:57	4:13	4:18	3:34	3:04	4:35	3:22	3:13	6:05	2:21	3:34	2:29	4:49	6:41	7:34	5:38	5:03	2:18	1:55	9:00	7:11	4:11	1:17	4:30	5:27	7:05	3:02	4:01	3:43	6:38	7:11	3:16
Valence	6:33	6:24	2:26	3:25	6:00	7:34	4:09	10:08	4:21	7:04	7:34	1:36	8:24	2:37	7:44	2:39	2:33	12:59	6:49	7:00	4:39	1:06	6:34	2:00	4:57	4:28	4:33	7:39	2:36	3:29	1:33	12:58	4:59	5:09	5:32	3:06	6:05	5:12	7:50	7:30	4:38	6:16	1:19	5:27	2:33	3:57	5:33	4:18
Valenciennes	1:19	9:02	4:31	4:56	7:24	1:51	4:19	7:01	6:18	3:26	1:41	6:55	4:46	5:47	1:23	8:21	6:37	6:41	2:51	12:39	5:27	5:46	3:55	8:29	3:13	5:35	3:45	5:31	8:57	9:58	8:01	7:27	3:19	2:04	9:52	9:27	5:02	1:38	5:05	6:19	8:01	2:17	6:24	4:33	9:01	8:02	4:08	2:48	6:41

Useful terms when driving in France

- Aire de repos : rest stops
- Allumez vos feux : turn on your headlights
- Attention au feu : beware of traffic signal
- Attention travaux : beware of roadwork
- Autres directions : other directions
- Chaussée déformée : bumpy road ahead
- Cédez le passage : give way (give priority to the other road)
- Centre ville : town center
- Col : mountain pass
- Fermé : closed
- Gendarmerie : police station
- Gravillons : loose chippings
- Haute tension : electric line

- Interdit aux piétons : no pedestrians
- Nids de poules : potholes
- Ouvert : open
- Rappel : remember
- Route barrée : road closed
- Sens-unique : one-way
- Serrez à droite : keep to the right
- Sortie : exit
- Suivre : follow
- Sur : on
- Toutes directions : all directions
- Voie unique : one lane road
- Voitures : cars

KEY

Mapping

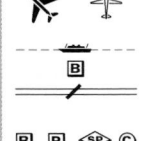
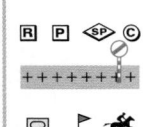

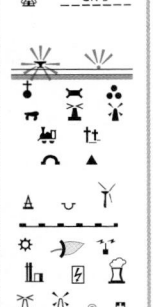

Roads
Motorway - Petrol station - Rest area
Dual carriageway with motorway characteristics

Interchanges : complete, limited
Interchange numbers
International and national road network
Interregional and less congested road
Road surfaced - unsurfaced
Rough track - Footpath
Motorway - Road under construction
(when available : with scheduled opening date)

Road widths
Dual carriageway
4 lanes
2 wide lanes
2 lanes
1 lane

Distances (total and intermediate)
Toll roads
on motorway
Toll-free section
on road

Numbering - Signs
European route - Motorway
National road - Departmental road

Obstacles
Steep hill (ascent in direction of the arrow)
5 - 9%, 9 - 13%, 13% +
Pass and its height above sea level
Difficult or dangerous section of road
Level crossing: railway passing, under road, over road
Height limit (under 4.50 m)
Load limit of a bridge, of a road (under 19 t)
Swing bridge - Toll barrier

One-way street - Speed camera
Street subject to restrictions
Prohibited road

Transportation
Railway - Station
Airport - Airfield
Transportation of vehicles:
by boat
by ferry
Ferry (passengers and cycles only)

Administration
Administrative district seat

National boundary - Customs post

Sport & Recreation Facilities
Stadium - Golf course - Horse racetrack
Pleasure boat harbour - Bathing place - Water park
Country park - Racing circuit
Cycle track / Country footpath
Mountain refuge hut - Long distance footpath

Sights
Principal sights: see THE GREEN GUIDE
Viewing table - Panoramic view - Viewpoint - Scenic route
Religious building - Historic house, castle - Ruins
Prehistoric monument - Lighthouse - Windmill
Tourist train - Military cemetery
Cave - Other place of interest

Other signs
Oil or gas well - Quarry - Wind turbine
Industrial cable way
Factory - Dam - Telecommunications tower or mast
Refinery - Power station - Nuclear Power Station
Lighthouse or beacon - Windmill - Water tower - Hospital
Church or chapel - Cemetery - Wayside cross
Castle - Fort - Ruins - Stopover village
Cave - Monument - Mountain airfield
Forest or wood - State forest

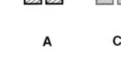 Source: Association Française des Véloroutes et Voies Vertes

Town plans

Sights
Place of interest
Interesting place of worship :
Church - Protestant church

Roads
Motorway , dual carriageway
Numbered junctions : complete, limited
Major thoroughfare
One - way street - Unsuitable for traffic or street subject to restrictions
Pedestrian street - Tramway
Shopping street - Car park - Park and Ride
Gateway - Street passing under arch - Tunnel
Station and railway - Motorail
Funicular - Cable - car
Lever bridge - Car ferry

Various signs
Tourist Information Centre - Multiplex Cinema
Mosque - Synagogue
Tower - Ruins - Windmill - Water tower
Garden, park, wood - Cemetery - Cross
Stadium - Golf course - Racecourse - Skating rink
Outdoor or indoor swimming pool
View - Panorama - Viewing table
Monument - Fountain - Factory - Shopping centre
Pleasure boat harbour - Lighthouse Communications tower
Airport - Underground station - Coach station
Ferry services : passengers and cars, passengers only
Reference number common to town plans and Michelin maps
Main post office with poste restante and telephone
Hospital - Covered market - Barracks
Public buildings located by letter :
A C   - Chamber of Agriculture - Chamber of Commerce
G H J   - Gendarmerie - Town Hall - Law Courts
M P T   - Museum - Prefecture or sub-prefecture - Theatre
U   - University, College
POL   - Police (in large towns police headquarters)
                   Low headroom (15 ft . max .) - Load limit (under 19 t)

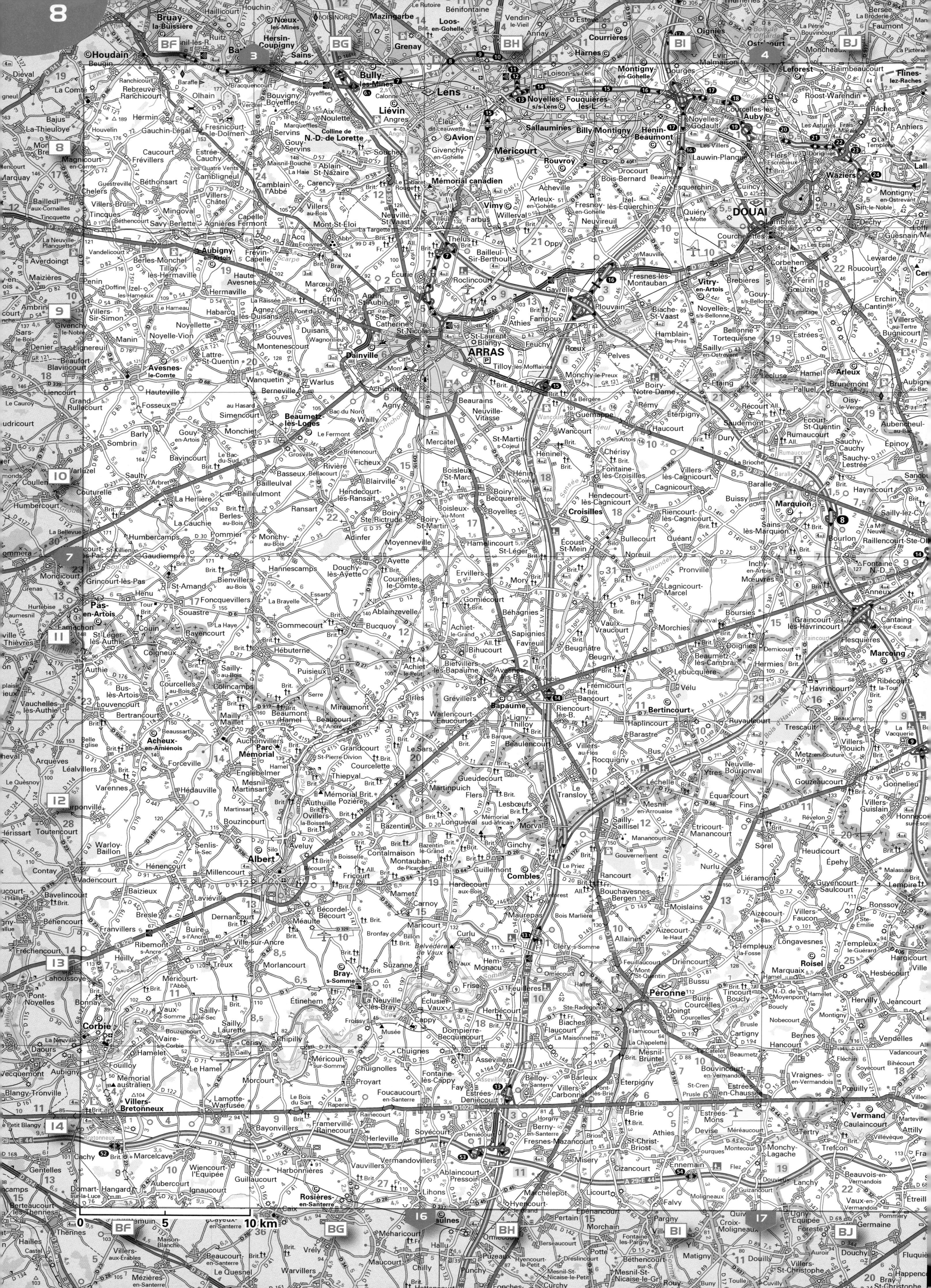

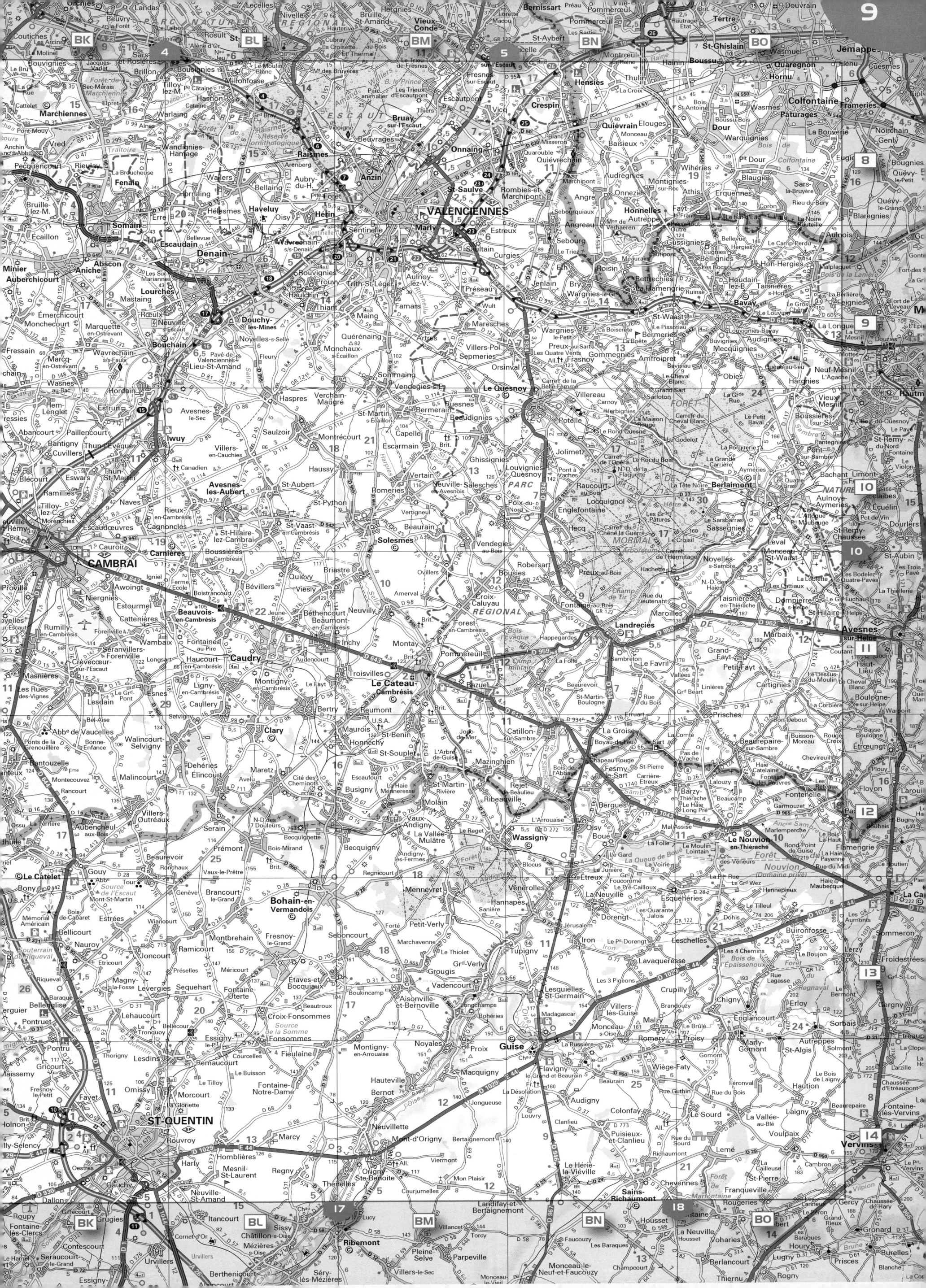

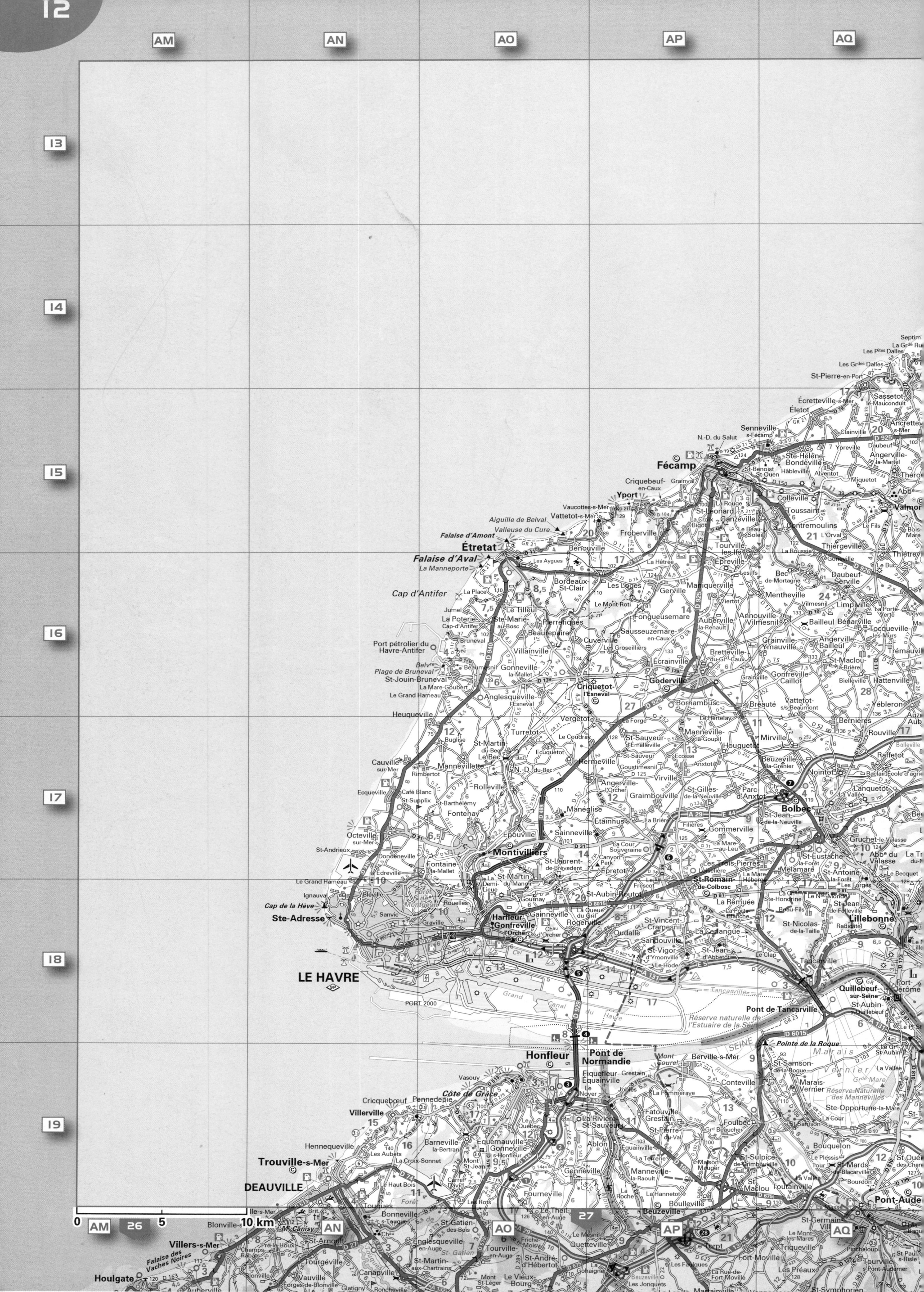

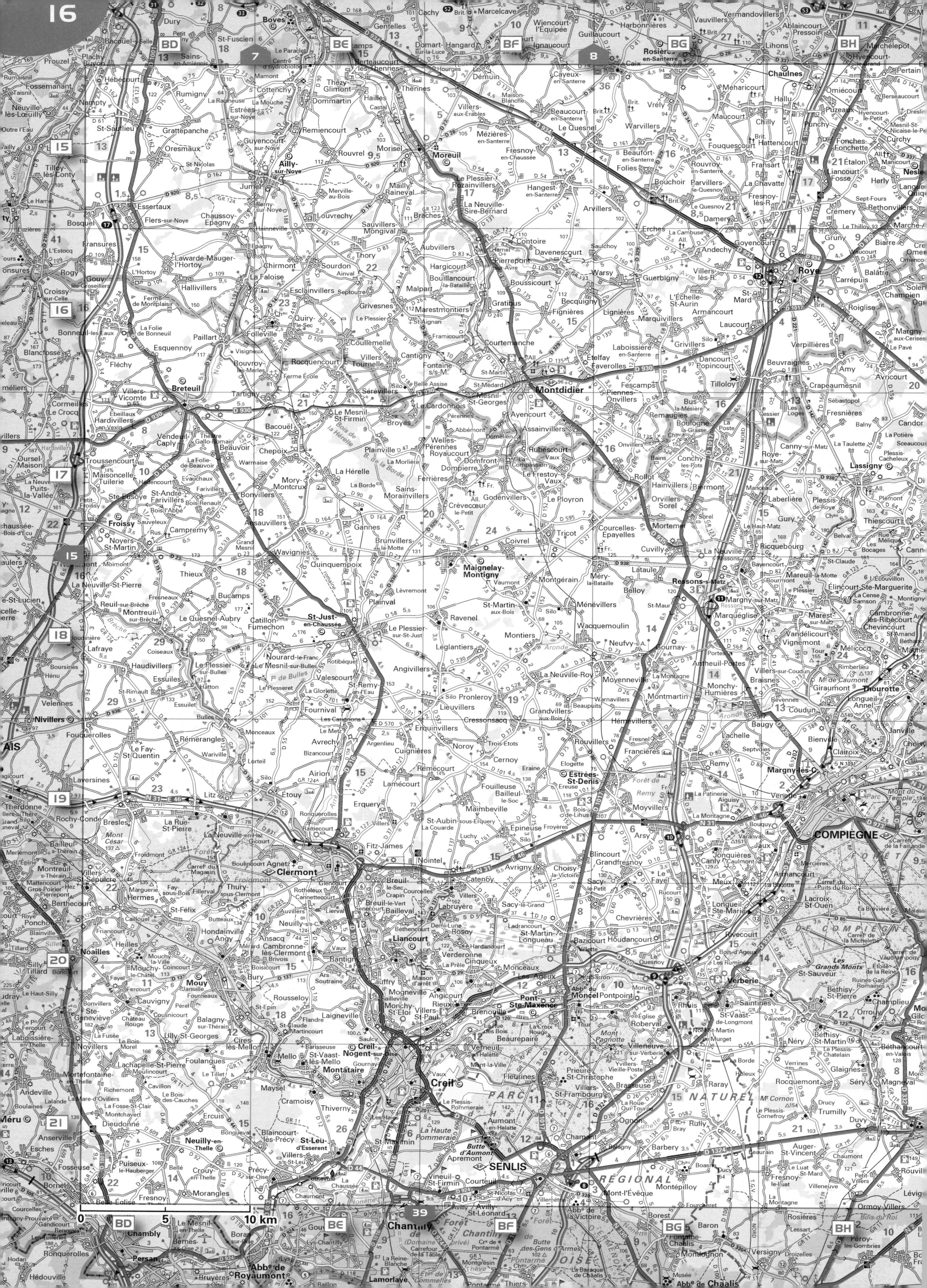

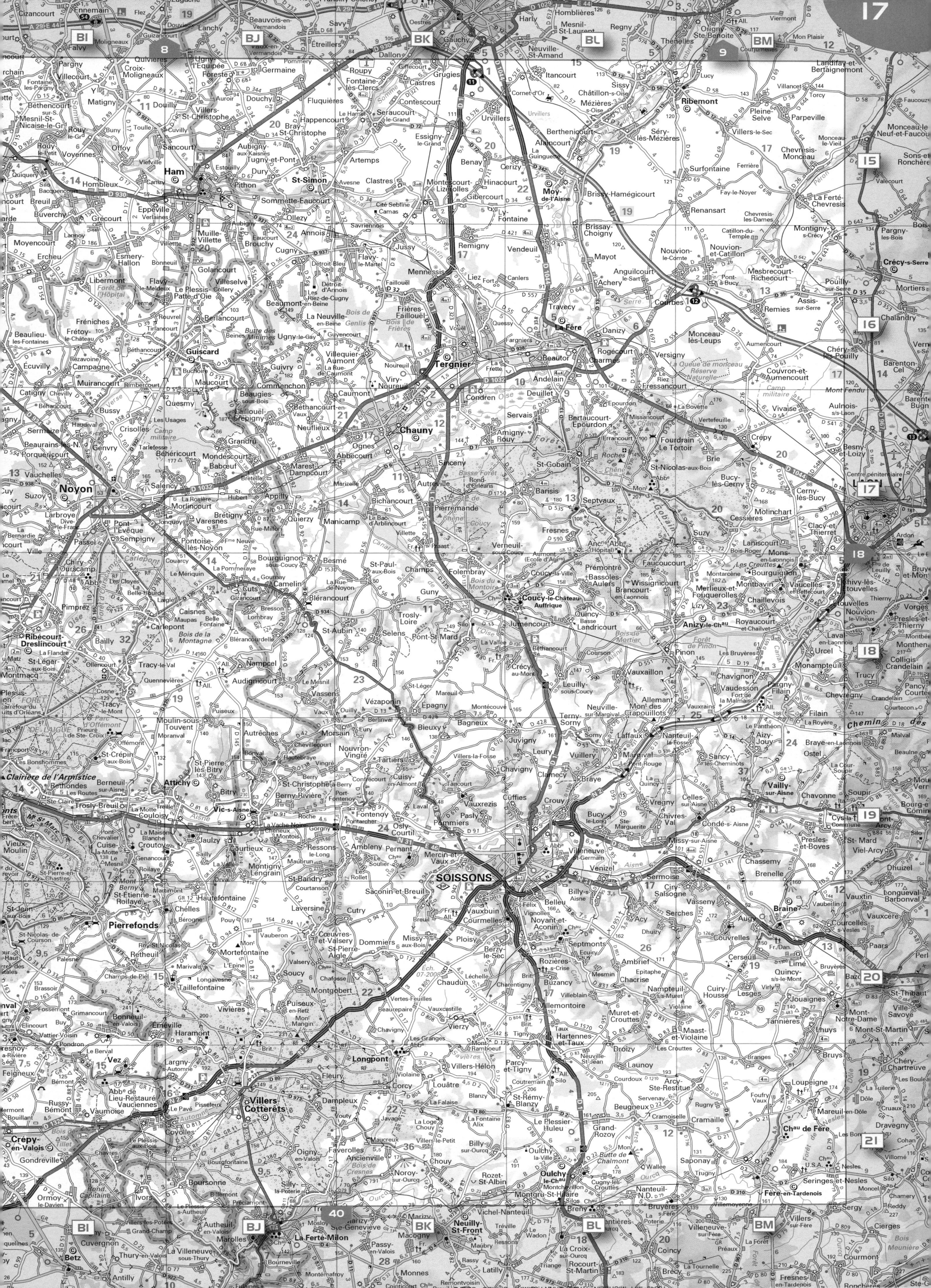

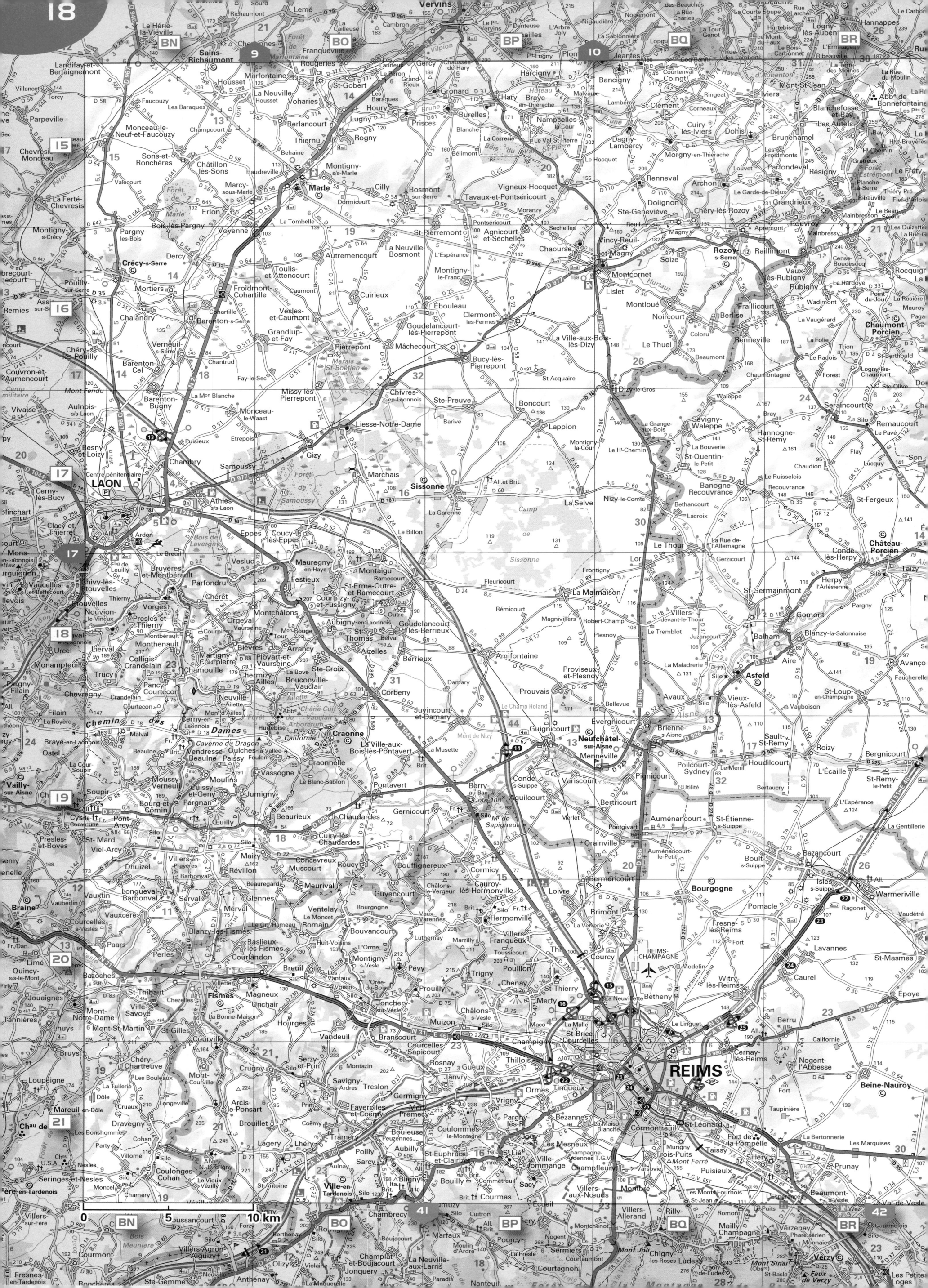

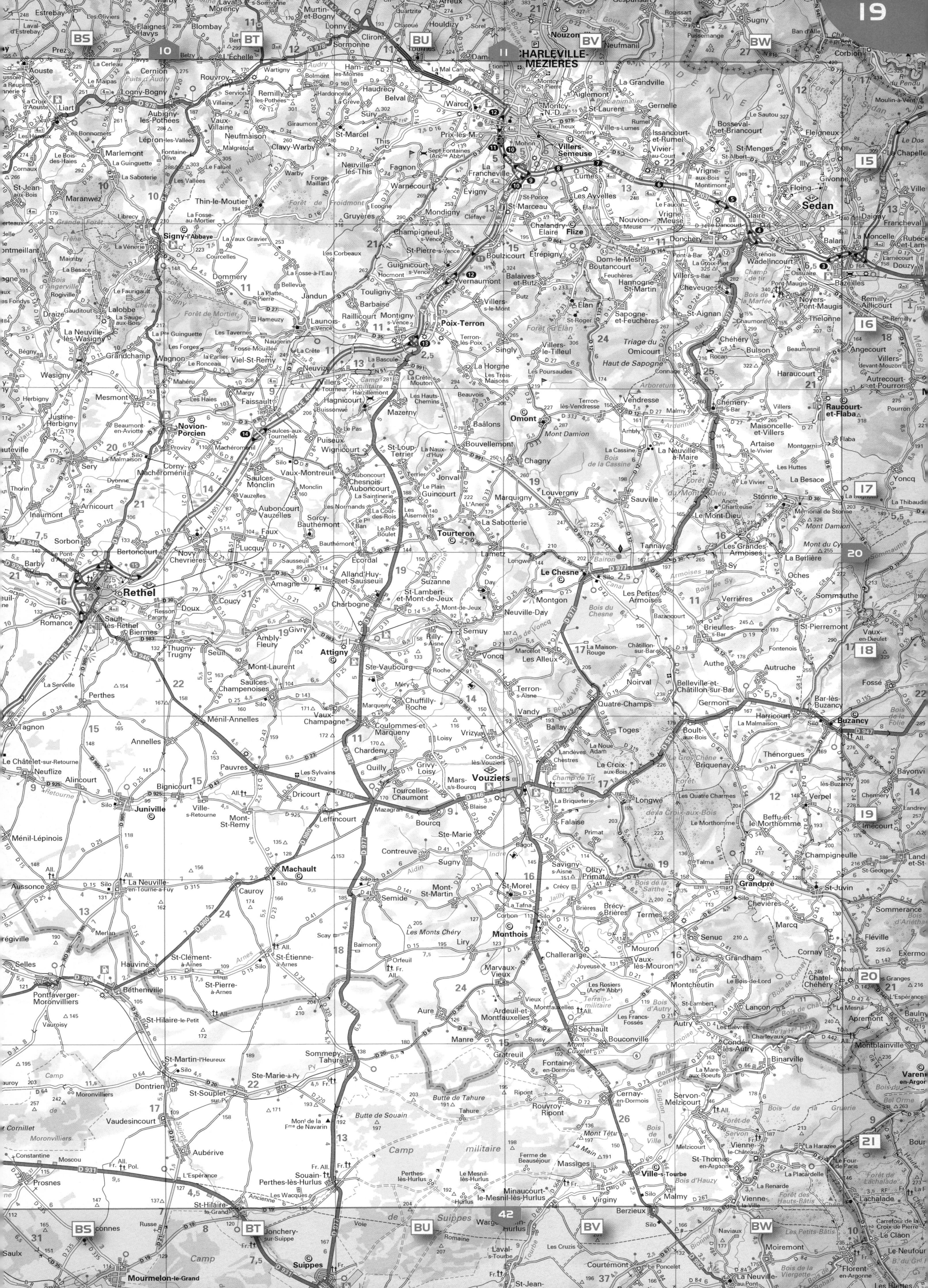

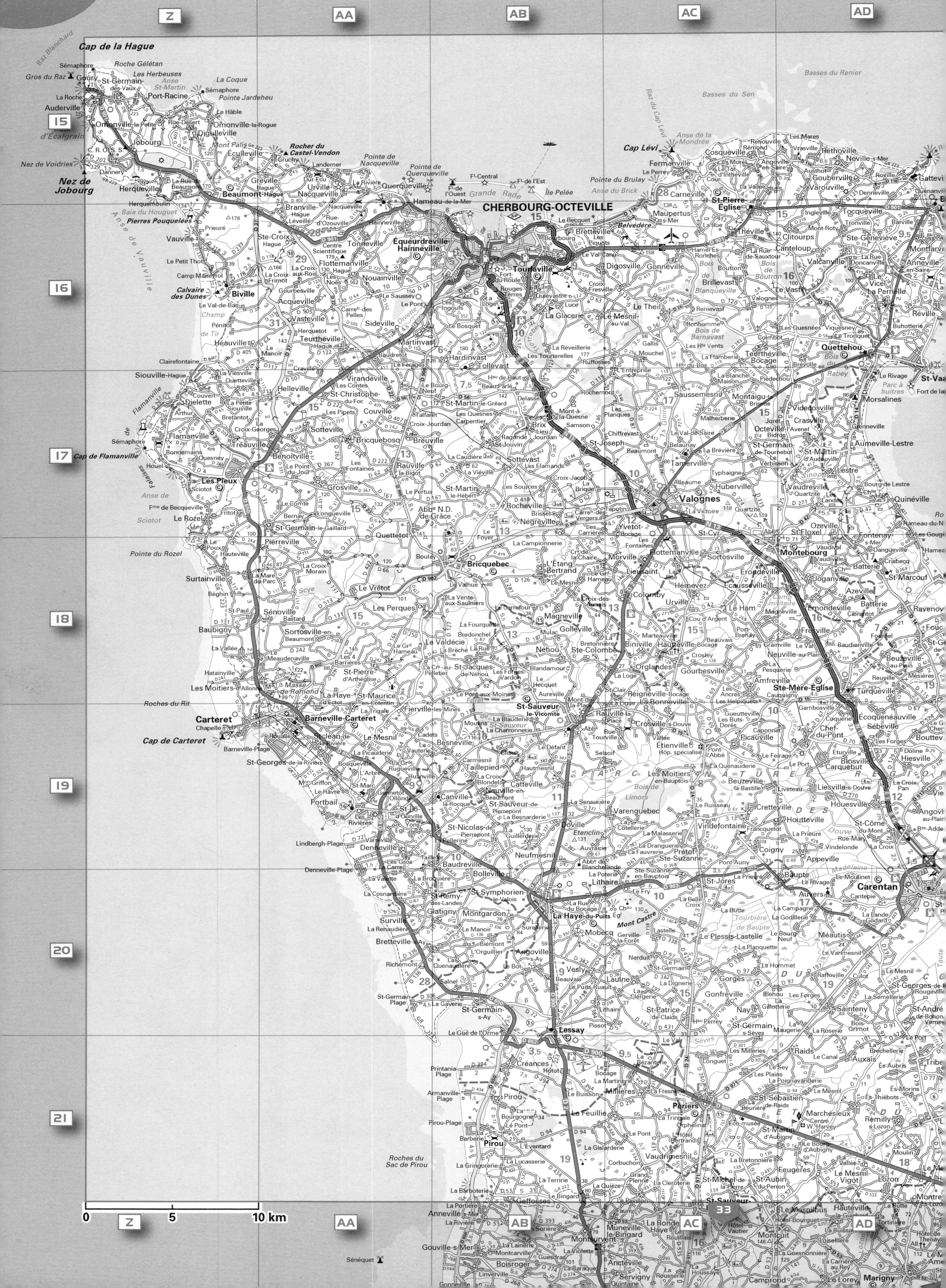
Z
AA
AB
AC
AD
15
16
17
18
19
20
21
Cap de la Hague
Nez de Jobourg
Beaumont-Hague
CHERBOURG-OCTEVILLE
Équeurdreville-Hainneville
Tourlaville
Cap Lévi
St-Pierre-Église
Quettehou
Biville
Les Pieux
Cap de Flamanville
Flamanville
Valognes
Bricquebec
Montebourg
Ste-Mère-Église
St-Sauveur-le-Vicomte
Carteret
Cap de Carteret
Barneville-Carteret
Portbail
Carentan
La Haye-du-Puits
Lessay
Périers
Pirou
Créances
Montsurvent
St-Sauveur-Lendelin
Marigny
Grande Rade
Anse de Vauville
33
0
5
10 km

AE AF AG AH AI

15

16

17

18

26

19

20

21

Pointe de Barfleur
Me-Phare
Fleur
bretonne
Landemer
Pointe du Moulard
Maltot
rasvillerie
de-Rue
Yon
Jonville
Pointe de Saire
le de Tatihou
Fort de l'Ilet
la-Hougue
ugue
es St-Floxel
Îles St-Marcouf
accès interdit
u-Sud
noville-Plage
Mont Leclerc
Les Dunes-de-Varreville
ile
ville
St-Martin-de-
Varreville
La Madeleine
ouville-
Musée

MARAIS

Banc du
Grand Vey
Roches de Grandcamp
Grandcamp-
Maisy
Pointe du Hoc
St-Pierre-du-Mont
Le Fèvre
Pointe et raz de la Percée
Omaha Beach
Le Hd Chemin
Boisset
Vierville-s-Mer
Englesqueville
Létanville
La Percée
Asnières
en-Bessin
Les Moulins
Cricqueville-
en-Bessin
U.S.A.
Commune
Poix
Le Douet
Chse de
Beaumont
Vaumicel
Mont 5 th E.S.B.
Montmirel
Louvières
Montigny
St-Laurent-
s-Mer
Ste-Honorine-
dés-Pertes
Port-en-Bessin-
Huppain
Le Chaos
Batterie
Cap
Manvieux
Gold Beach
Plateau du
Géfosse
Fontenay
Cardonville
Cambe
Chantier
Deux-Jumeaux
Le Val
Colleville-
s-Mer
Huppain
Tour
Bouffay
Arromanches-
les-Bains
Longues-
s-Mer
Tracy-
s-Mer
Paisty-Vert
La Rivière
Chefdeville
St-Clément
Raiton
Longueville
La Rivière
Normanville
Formigny
Le Hamel
Russy
Commes
Marigny
Manvieux
Le Pt
Fontaine
Asnelles
Mont Fleury
Ver-s-Mer
Osmanville
Isigny-
s-Mer
Canchy
Le Bord
du Marais
Surrain
Vieux Pont
Etreham
Ste-Marie
Fontenailles
La Rosière
Meuvaines
Crépon
Ste-Croix-
s-Mer
Banville
Brévands
La Saline
Écrammeville
Lagnerville
Trévières
La Vieville
Mosles
Vaubadon
Le Carel
Argouges
Aunay
Vaux-
s-Aure
Magny
Ryes
Pierre-
Artus
Bazenville
Tierceville
Catz
Les Veys
La Blanche
Fontaine
Poulain
Coupard
La B
Rivière
Le Beau
Moulin
Engranville
Bellefontaine
Tour
Escures
Maisons
Vaux-
s-S.
Sommervieu
Villiers-le-Sec
Colombiers-
s-Seulles
La
Fourchette
Madeleine
Monfréville
Le Fournay
Dungy
Mandeville-
en-Bessin
Moulagny
Le Coudray
Sully
Vaucelles
Cussy
St-Sulpice
BAYEUX
St-Vigor-
le-Gd
Manoir
Esquay-
Creully
St-Pellerin
Rupalley
Neufbourg
Pont-Bernard
Colombières
Bricqueville
Hameau
Beaumont
Grévilly
Tour-en-
Bessin
Ste-Anne
Barbeville
St-Martin-
des-Entrées
Vienne-
en-Bessin
St-Gabriel-
Brécy
Rucqueville
Lantheuil
Le Fresne-
Camilly
Montmartin-
en-Graignes
Neuilly-
la-Forêt
La Belle Croix
Landes
du Rosey
Les Longs
Champs
Vouilly
La Hérennerie
Castilly
Mestry
Malicorne
Saonnet
Saon
Blay
Le Vase
Le Breuil-
en-Bessin
Moulin
Cottun
Haley
Pont-Roch
Nihaou
Loup-Hors
Cremel
Vieux Pont
Martragny
Cully
Lison
Le Carrefour
St-Marcouf
Le Molay
Le Mesnil
Goville
Longueau
Fontenay
Le Molay-Littry
Les Ruisseaux
Campigny
Subles
Guéron
Monceaux-
Nonant
Arganchy
Ducy-
Ste-Marguerite
Secqueville-
en-Bessin
St-Jean-
de-Daye
Airel
Le Chêne
Les Landes
Cartigny-l'Épinay
St-Martin-
de-Blagny
Musée de
la Mine
La Vallière
Condé
Coulombs
St-Fromond
La Potelaie
Govin
L'Épinay-
Tesson
Baynes
Cateaubrayé
Desnoyers
Le Tronquay
No-Poterie
Juaye
Ellon
Carcagny
Ste-Croix-
Tonne
Loucelles
Bretteville-
l'Orgueilleuse
Cavigny
Moon-
Elle
St-Clair-
s-Elle
Ste-Marguerite-d'Elle
Moulin l'Evêque
Cottun
Laval
Vaubadon
Le Bas
Mougard
La Rue
aux-Vaches
St-André
Juaye-
Mondaye
Doué
Pont-Roch
Chouain
Audrieu
Brouay
Putot-
en-Bessin
Le Hommet-
d'Arthenay
Cerisy-
la-Forêt
St-Jean-
de-Savigny
Vaubadon
Castillon
Trungy
St-Paul-
du-Vernay
Barbesières
Verrières
Cristot
Le Dézert
La Meauffe
Villiers-
Fossard
St-André-
de-l'Epine
Cloville
Montfiquet
Balleroy
La Platière
La Commanderie
La Bazoque
Romesnil
Le Sapin
La Belle Epine
St-Pierre
Hottot-les-
Bagues
Le Mesnil-
Patry
Norrey-
Cheux
Pont-Hébert
Le Mesnil-
Rouxelin
St-Quentin
Mont-Briaume
Rouxeville
Cahagnolles
Lingèvres
Tilly-s-Seulles
Fontenay-
le-Pesnel
Juvigny
St-Lô
Agneaux
Bérigny
Planquery
Litteau
Ste-Honorine-
de-Ducy
Foulognes
Cormolain
Longraye
Le Lion
Vert
Tessel
St-Gilles
La Luzerne
La Barre-
de-Semilly
St-Pierre-
l'Evêque
La Croix-
Rouge
Vilday
Loucelles
St-Martin-
des-Landes
Sermentot
Tournay-
Quesnay
Rauray
Cheux
St-André-
de-l'Epine
N.-D.-
Montrabot
Rouxeville
La Jamerie
Launay
Feuguerolles
Monceaux
Noyers-
Bocage

A   B   C   D   E

24

25

L'Île V

Le Libenter   Î. Stagadon

Chenal de l'Aber Wrac'h

Î. de la Croix   Î. Vrac'h

Presqu'île de St-Marguerite   Î. Cézon

Roches de Portsall   Dunes   Î. Fort

Corn Carhai   Île Guenioc   Poull

Î. Tariec   des A

Rosservor   Î. du   Île

Bec   Trevors   Î. Garo   4 Gouv

Île Carne   Brouënnou

d'Argenton   Dunes de   Land

Île Verte   Corn-ar-Gazel   Prat

Porsguen   Lampaul

Roches   Tumulus   Ploudalmézeau   St-Pab

Trémazan   Treompan   Aber

26   de Portsall   Portsall   Streat   6 5

Pointe de Landunvez   6   Chau   Bar-ar-Lan   Kerlanou   Veur   49   28   13

St-Samson   Keisaint   5 5

St-Gonvel   Penfoul   10   Landunvez   St-Röch   5 5

Île d'Iock   Argenton   Kergastel   14   Ketnevez   26   Plouguin

Le Four   Presqu'île   Keroustat   71   68   Plourin

St-Laurent   Kergadiou   8 3   13   Couloudouarn   Tréue

Porspoder   St-Röch   Trégourat

Les Liniou   Kergadiou   66   74   15   Guipronvel

27   Île Melon   Melon   Bréles   268   Lanrivoaré

N.-D. de Bon Voyage   Créac'h   Rocher du Crapaud   Lanildut   Kergroadès   91 268   Milizac

Pnte de Perr   Porscave   258

Nividic   23   Brescanvel   Lanvenec   101   Kéranflech

Baie de Lampaul   Porsguen   Grève de   74   Porspaul   Lampaul-Plouarzel   St-Eloi   2,5   94   2 5

Pointe de   Pointe de   Gouérou   Lokornou-Vian   29 D   D 39   99

Porz Doun   Pen-ar-Roc'h   PARC   Kéréon   Chenal de la Hélie   Île Ségal   9,5   St-Renan

La Jument   Passage du Fromveur   Île de Bannec   La Hélle   Les Plâtresses   Trézien   Trézien   104   Kervéatoux   Ty-Colo

Le Faix   Trézien   Plouarzel   143   Lamber   D 5   G

Île de Balanec   Ruscumunoc   Kerloas   35   Langongar   Trégorff   12

Les Trois Pierres   Pointe de Corsen   Porsmoguer   75   Kerouzien   94   Bodonnou

NATUREL   Lédénès de Molène   Grève de   Cohars   Pont-   105

22   Petit Port   Porsmoguer   Kervadéza   L'Hôpital   43   Pont-Cabic

Les Pierres Vertes   Île-Molène   Illien   Kernorvan   13   Kerzévéon   Plouzané   Castel   2

Lédénès de Quéménès   Lanfeust   16   Moguéric   Kerscao   Nivez   Fort Montbarey

Île de Trielen   Île de Lytiry   Plage des Blancs   St-Sébastien   Kergounan   Mémorial

28   Île de   Île de Morgol   Sablons   Grande-Vinotière   Kerfili   du Finistère

Les Serroux   Quéménès   L'Ilette   Trébabu   Goasmeur   Locmaria-   la Trinité

RÉGIONAL   Pnte de Kermorvan   Berbougris   Plouzané   le Cosqu

Île de Béniguet   Le Conquet   Ste-Anne-

Pnte des Renards   Lochrist   Porsmilin   du-Poctzic

Plage de   Kérinou   Trégana   Technopole

Porsliogan   Trez-Hir   Brest-Iroise   Pnte du l

D'ARMORIQUE   Stèles   Plougonvelin   Kersaluun   Le Mengant

Les Pierres Noires   Kervouroc   Pointe de   St-Mathieu   Anse de Bertheaume   Pointe du   73

St-Mathieu   Abbatiale   Pointe de   Pnte du Grand Minou   Petit Minou

Chaussée des Pierres Noires   Les Vieux Moines   Creac'h-Meur   Kerviniou

Goulet de   Bre

29   Pointe des Capucins   63

Champ

de Tir

Camp

militaire   Î

Pointe du   Quélern Me

Grand Gouin   Anse

Pointe du Toulinguet   de   Notre-Dame   3

La Parquette   Camaret   de Rocamadour   Lambezen

Alignements de Lagatjar   sur-Mer   D 55   Kerloch   Kerna

Véryach   501   44   9

3,5   Lannilien

Chenal du Conoeou   PARC

Pointe de Penhir   Chenal du Petit Leac'h   Gaoularc'h   Gouli

Les Tas de Pois   Anse de Dinan

Château de Dinan

Pointe de Dinan   Tromel

30   (65)   Lost-Marc'h

Brégoulou

La Palud

Plage de la Palud   Kerdreux

GR 3   103

Cap de la Chèvre   Rostudel

0   5   10 km

A   B   C   D   E

ÎLE D'OUESSANT ©

O   P   Q   R   S

23
24
25
26
32
27
28
29

Pointe du Château
Le Gouffre
Pors-Bugalez
Le Four
Île St-Gildas · Île Illiec
Île Loaven · Îles d'Er
Créac'h Maout
Québo
Pors-Hir
Pointe de Talbert
Sillon de Talbert
Pors-Scaff
Anse de Ploumanac'h
Kermagen
L'Armor
Le Rosédo
Le Paon
Port-Blanc
Buguélès
Gourmel Plage
Kerpresch
L'Île à la Poule
St-Gonéry
Pleubian
St-Antoine
Lanmodez
Pors-Guyon
Île Maudez
Île de Bréhat
Le Royau
Trestel
Pellinec
Port-Béni
Phare de la Croix
Île Béniguet
Le Bourg
Île Logodec
Trévou-Tréguignec
Sémaphore
St-Guénolé
Pleumeur-Gautier
Le Bodic
Pors-Even
Île St-Riom
La Corderie
St-Michel
Penvénan
St-Gonva
Bellevue
St-Adrien
Le Guiler
Perros-Hamon
Launay
Loguivy-de-la-Mer
Pointe de l'Arcouest
L'Arcouest
Plouguiel
Keralio
Pleumeur-Gautier
Kermenguy
Ploubazlanec
Port-Clos
Grève du Guerzido
Ker-Ham
St-Nicolas
Le Bilo
Tréguier
Trédarzec
Camlez
Kerborsoù
Kermassac'h
Tour
Paimpol
Pnte de Guilben
Île Lemenez
Mez de Goëlo
Minihy-T.
Ste-Anne
La Croix-Neuve
Lézardrieux
École de Trieux
Plouézec
Abbe de Beauport
Côte du Goëlo
Coatreven
Langoat
Camarel
Kergrist
Pleudaniel
Ste-Barbe
Pointe de Bilfot
Pont-Losquet
Pouldouran
Troguéry
Plourivo
Ruclé
L'Armorizel
Pointe de Minard
La Roche-Derrien
Hengoat
Vieux-Bourg
St-Yves
St-Riom
Lanmérin
Pommerit-Jaudy
La Roche-Jagu
Kergorlay
Penhoat
Bourg Blanc
Pointe Berjule
Kervosquer
Quemperven
Quatre-Vents
Coat-Nevezel
St-Jean
Kerfot
La Guestel
Pors Pin
St-Paul
Quatre-Vents
Ploëzal
Kermaria
La Madeleine
Le Taureau
Bréhec-en-Plouha
Confort
Mantallot
Pabu
Penlan
Quemper-Guézennec
Yvias
Danot
St-Loup
Pointe de la Tour
N.-D. de Confort
Trévoazan
Kerrot
Pontrieux
Tumulus
Petit St-Loup
La Noë-Verte
Lanloup
Plage Bonaparte
Cavan
Prat
Runan
Kervic
Kerorgan
Temple
La Trinité
Kérougant
Port-Moguer
La Trinité
Coatascorn
Kervéc
Plouëc-du-Trieux
La Corderie
Le Faouët
Lanleff
Pléhédel
Pnte de Plouha
Trévos
Brélidy
La Belle-Église
Kerouzever
St-Jacques
Kergresquen
St-Laurent
Kérouziel
Le Palus-Plage
Port-Goret
Pnte du Bec de Vir
Crec'h-Allain
Lanneven
Trézelan
St-Clet
Kerivan
Kérognan
Préméven
Plouha
Kéréggal
Île Harbour
Bégard
Landebaëron
Kerprovost
Clérin
Trévérec
Croix Kérizel
Lannebert
Pludual
St-Yves
Trévéneuc
Pnte de St-Quay
Roches de St-Quay
Guénézan
Armoripark
Parc d'attractions
St-Gilles-les-Bois
Gommenec'h
Liscorno
Lanvollon
Nonen
Pléguien
Beaugouyen
Froideville
Kertugal
St-Quay-Portrieux
Rohein
Squiffiec
Kermaria
Kerhon
Pommerit-le-Vicomte
Rangaré
Carrefour
N.-D. de l'Espérance
Le Moulin
St-Barnabé
Pédernec
Le Vieux Poirier
Trégonneau
Kerpert
Folgoat
Paradis
La Croix Blanche
Tressignaux
Coat-Aroa
Kerbellec
Le Roha
Plourhan
Étables-sur-Mer
Les Godelins
Ménez-Bré
St-Hervé
Plouisy
Pabu
St-Patern
La Croix Pierre
Carroual
Tréguidel
Lantic
St-Roch
Binic
Pnte de la Rognouze
Gollot
St-Efflam
Runévarec
Kerhre
Kerlan
St-Yves
Goudelin
Riboté
N.-D. de la Cour
Trévenais
Ste-Marguerite
SAINT-   BRIEUC
BAIE   DE
Tréglamus
Kernilien
St-Jean
Le Merzer
Le Traou
La Grandville
Bringolo
St-Quay
Les Courtillons
La Corderie
Le Vaudic
Pnte de Pordic
Pen-Stang
Keridret
Guingamp
Le Vau-Louais
La Ville-Rouault
La Perrine
Mousteru
Guern-Hervé
Gurunhuel
Gurunhuel
Graces
St-Agathon
Malaunay
St-Jean-Kerdaniel
Le Ville-Chevalier
La Foville
La Tose
Pordic
Les Rosaires
Rocher des Tablettes
Danouët
Ploumagoar
Locmaria
St-Hernin
Kerguillerm
Resmarec
Kertedevant
Ville-Pied
Trégomeur
Tréméloir
Tournemine
Plélo
L'Isle
Martin-Plage
Pnte du Roselier
Coadout
Bel-Air
Ste-Brigitte
Lanrodec
Kerstern
Quinquis
Kerhamon
Goëlo
St-Mathurin
Les Rampes
La Ville-Agan
La Ville-Hervy
Pointe des Guettes
Kergaër
Kerambellec
Dourlan
Runanbuan
Kerguiniou
Goudemail
Seignaux
Pont-Camp
Ville-Blanche
Le Sépulcre
2 Mines
Plérin
Sous-la-Tour
Pnte de Cesson
Le Vallet
Réserve naturelle
Marinarium
Kerambuan
St-Adrien
Vaugoufor
La Croix-des-Maisons
La Croix Kerambuan
Senven
Plouvara
St-Ignace
La Méaugon
Plerneuf
St-Hervé
Trémuson
Ginglin
St-Ilan
Hillion
Boutdeville
Bellevue
Logoray
Bourbriac
Ville-Neuve
Roscaradec
St-Péver
N.-D. de Restudo
Kervery
Boqueho
La Vallée
Le Vau-Martin
ST-BRIEUC
Langueux
L'Etivy
La Granville
Coscaraës
Guerduel
Tumulus
Tout-an-Sollet
Crec'h-Metern
Le Rumain
Pleudihen
Plérin
Cesson
Trégueux
La Croix Gibat
St-Donan
Ste-Anne-du-Houlin
Le Pont-Noir
Ploufragan
Tréfois
Caux
La Croix Bertrand
Ste-Anne
Bulat-Pestivien
Étang du Blavet
Cosquer-Jehan
Plésidy
La Gare
Kerhenry
Kerdaniélou
Ville-Blanche
Ville-Davy
Les Chatelets
La Houssaie
La Croix de-Piruit
La Ville-Davy
Kaolin
Pommeret
Kerouzac'h
Kerligan
Kerlivin
St-Connan
Le Grand-Chesnay
Plaine-Haute
St-Julien
Camp de Péran
Pledran
Madray
Bel-Air
La Ville Neuve
Le Prest
Crézouard
Norgant
Kervezennec
Kerfouët
Coldevennec
Abbé
Beaumanoir
Senven-Léhart
Le Leslay
St-Gildas
La Ville-Collo
Crénan
Mauguéran
Gloret
Meudon
Pestivien
Kerlivio
Kerigan
Coat-Mael
Kerien
Coat-Piquet
La Clarté
Quélen
Ville-Juhel
Croix-de-Botudo
Plaintel
Les Chatelets
St-Guihen
Le Blavet
Catuelan
St-Blaise
Kersimon
Kermorvan
Kersolec
Kerpert
St-Gilles-Pligeaux
Robien
St-Eutrope
St-Brandan
Lanvia
St-Carreuc
Hénon
Le Rocher
Quessoy
Loc'h
Peumerit-Quintin
Le Reste
Guerdavet
Kergrist-Lan
Quintin
Caron
Ville-Bresser
La Croix-Bretrand
Neauvais
La Ville Davy
Le Vau-Jan
La Gare
St-Antoine
Lanrivain
Loguettes
Ker-Anna
St-Bihy
Carestremble
Le Plessis
La Hutte
Caribet
La Ville Bruyères
Les Gris Salles
Beau-Soleil
Les Gr. Moulins
Bellevue
Le Moncontour
Trémargat
Georg Toul-C.
Pors-Porret
St-Nicolas-du-Pélem
Kergoten
Kergoubleau
Le Bout-du-Pont
La Croix
La Harmoye
Lorges
Hermitage-Lorge
Plœuc-sur-Lié
Trédaniel
Kristivel
Kerhinan
Le Haut-Corlay
Le Bodéo
Le Grand-Roz
La Touche-Oisel
La Hazaie
N.-D. du Haut
Corlay
Crémesven
Ville-Morvan
Le Poteau
La Rouvenaie
La Roncière
Gatinais

Forêt
Côte du Goëlo
Grand Léjon

51

ILES ANGLO-NORMANDES
(CHANNEL ISLANDS)

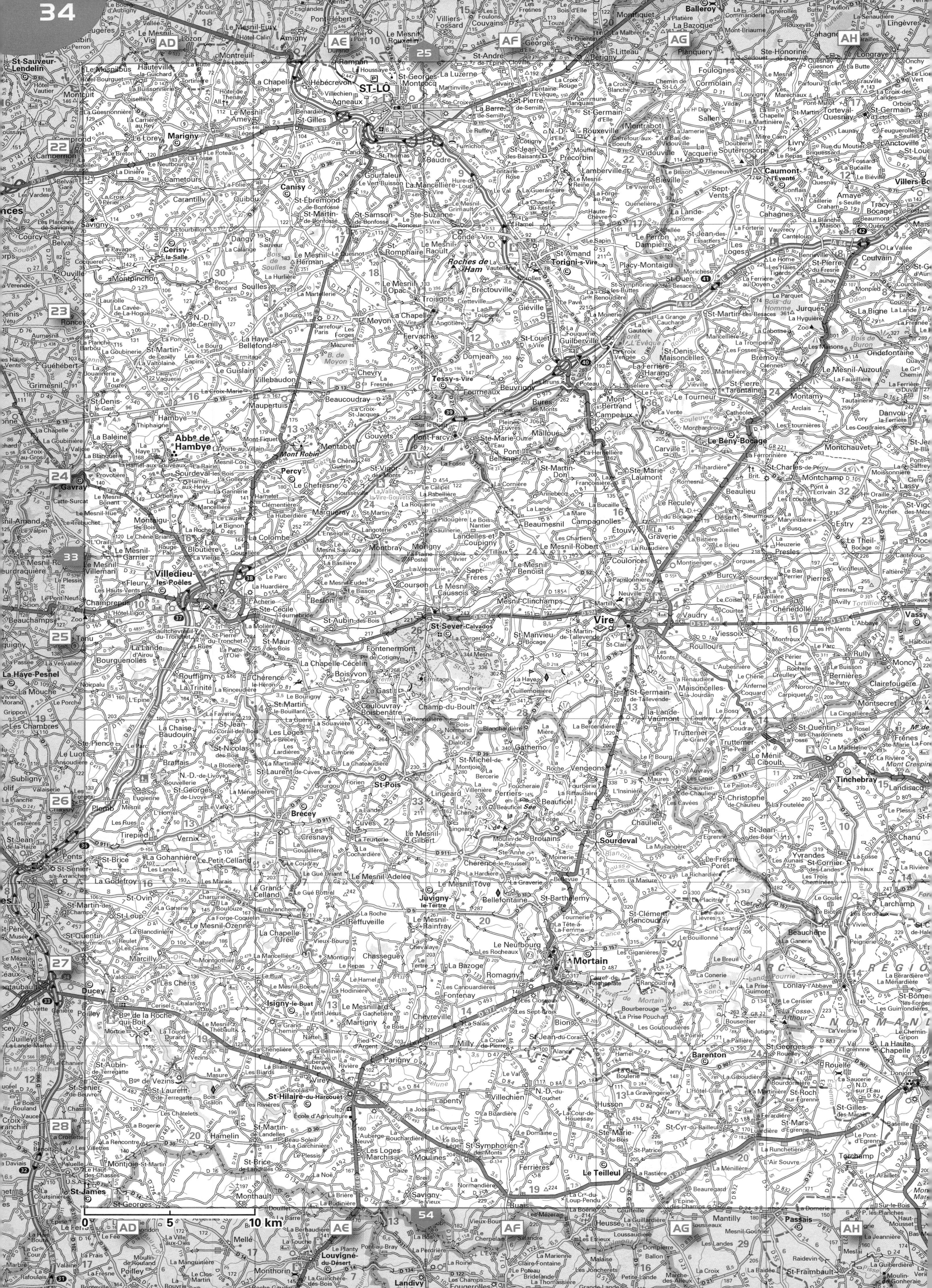

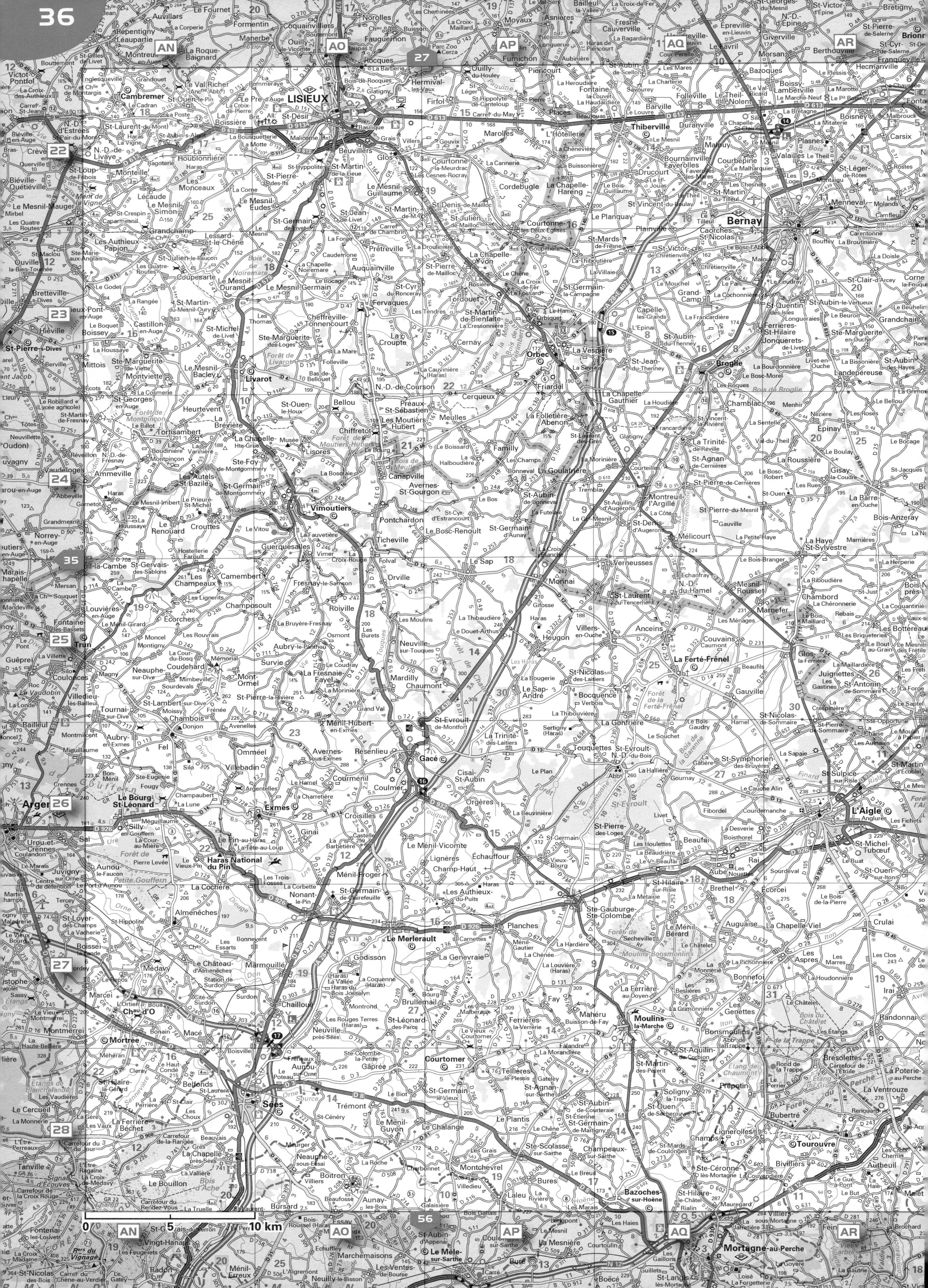

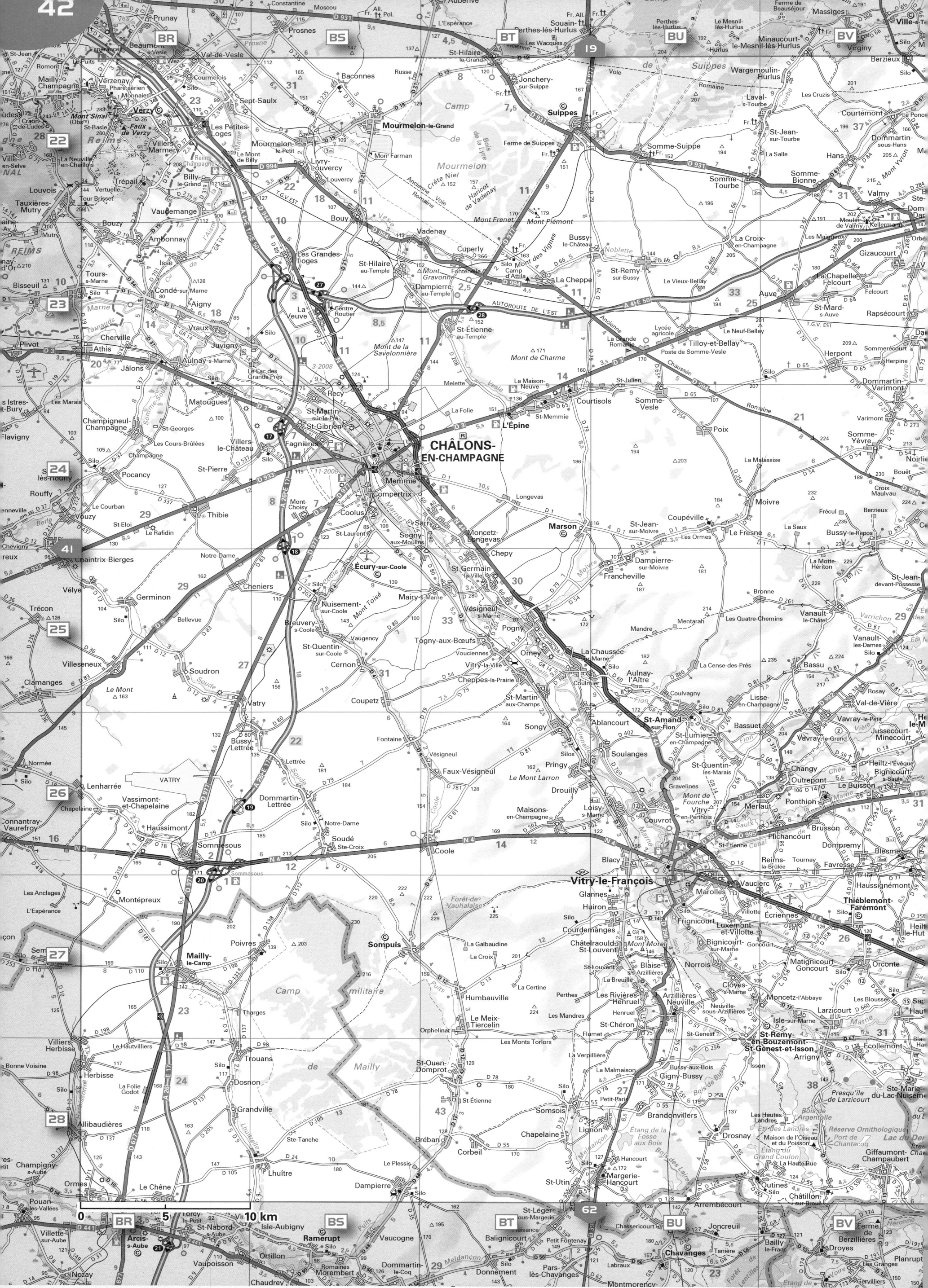

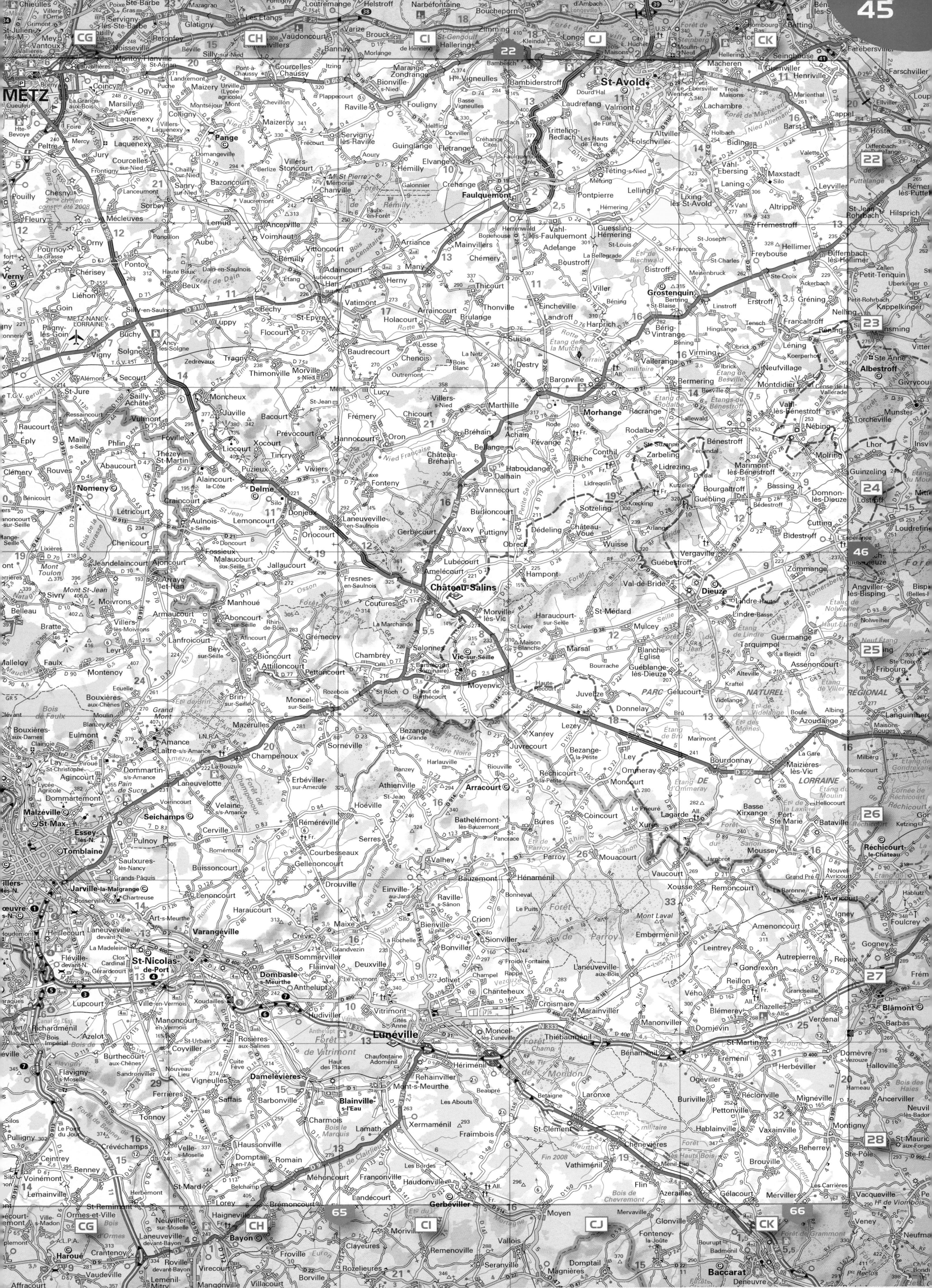

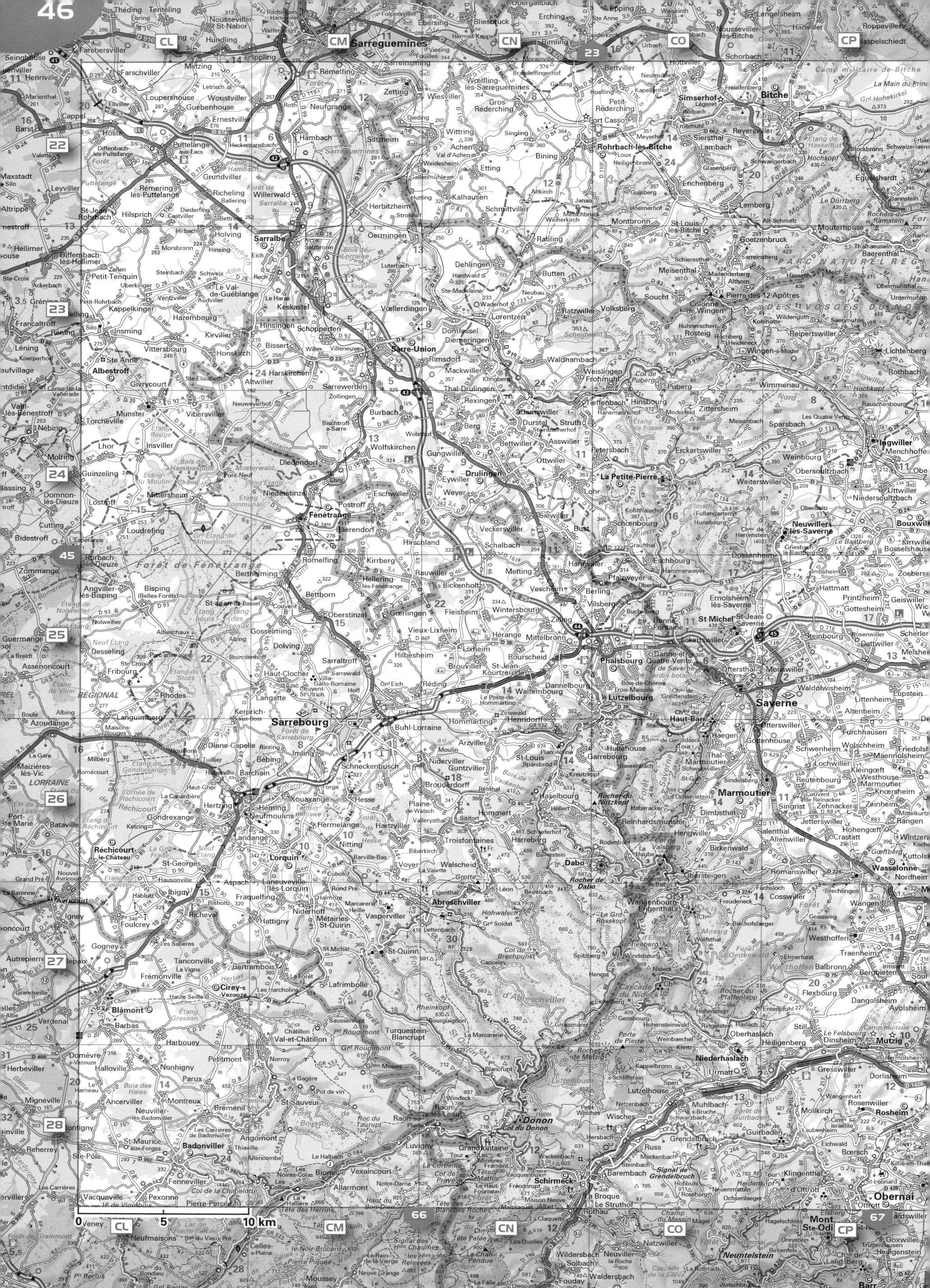

	A	B	C	D	E

30

31

32

33

34

35

36

Pointe du
Grand Gouin
Pointe de Toulinguet
Alignements de Lagatjar
Camaret-
sur-Mer
Pointe de Penhir
PARC
Les Tas de Pois
Château de Dinan
Pointe de Dinan (65)
Tromel
Lost-Marc'h
Brégoulou
La Palud
Plage de la Palud
Kerdreux
Rostudel

Cap de la Chèvre

Tévennec
Ar Men *PARC NATUREL*
Pointe de
Brézellec
Pointe du Van
Pointe de
Castelmeur
St-They
RÉGIONAL
Île-de-Sein
Chaussée de Sein
D'ARMORIQUE
Raz de Sein
la Vieille
Sémaphore
Lescoff
Pointe du Raz
Pont des Chats
Port de
Bestrée
Pointe de
Feunteunod
Penneac'h
St-Tugen
Custren
Ste-Evette
Poulgoazec

Pointe de
Luguénés
Pnte de
Penharn *Réserve du*
Cap Sizun
Moulin
de Kerharo
Lesven
Mescran
Goulien
Cléden-Cap-Sizun
Quillivic
Lannourec
Moulin
Castel
Beuze
Cap-Siz
Lescleden
Plogoff
Quatre-Vents
24
St-Tremeur
Trevenouen
Pont-
Pendreff
Landrer
Lézurec
Keraudierne
13
Primelin
Esquibien
21
St-Tugen
Audierne

Pointe de Lervily
Plage de Kersigny
Plage de Mesperleuc

BAIE

D'AUDIERN

0   A   5   10 km

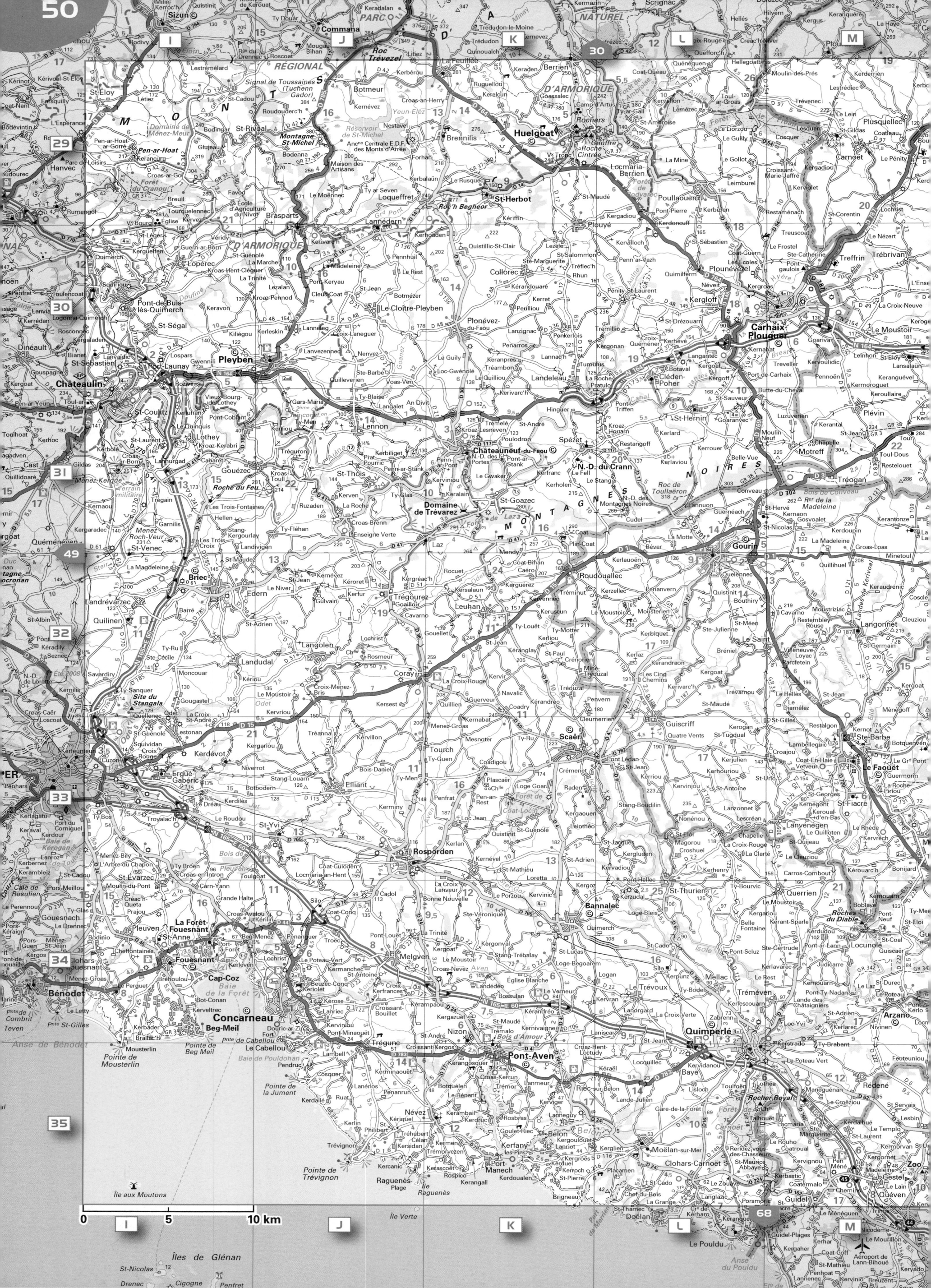

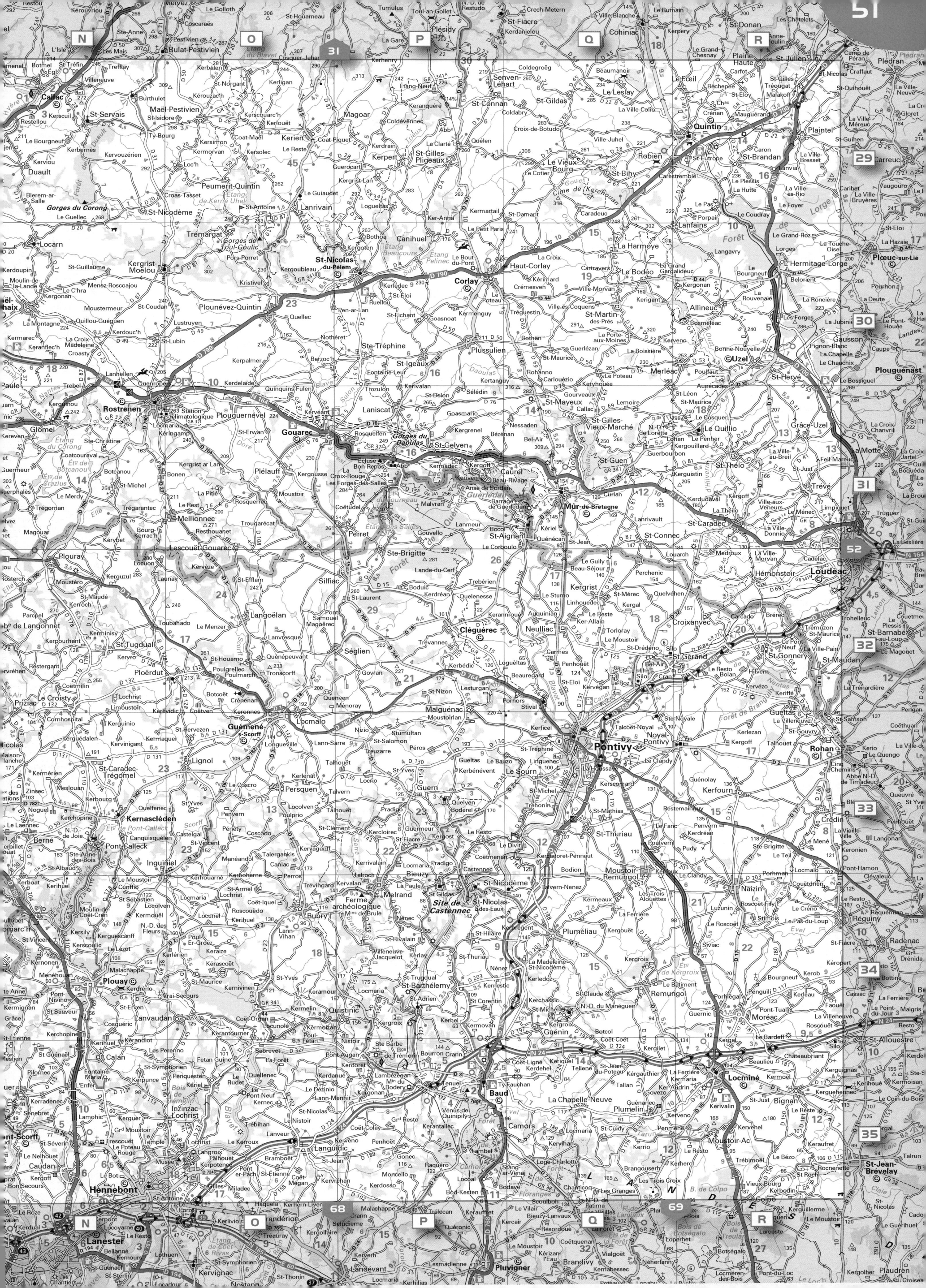

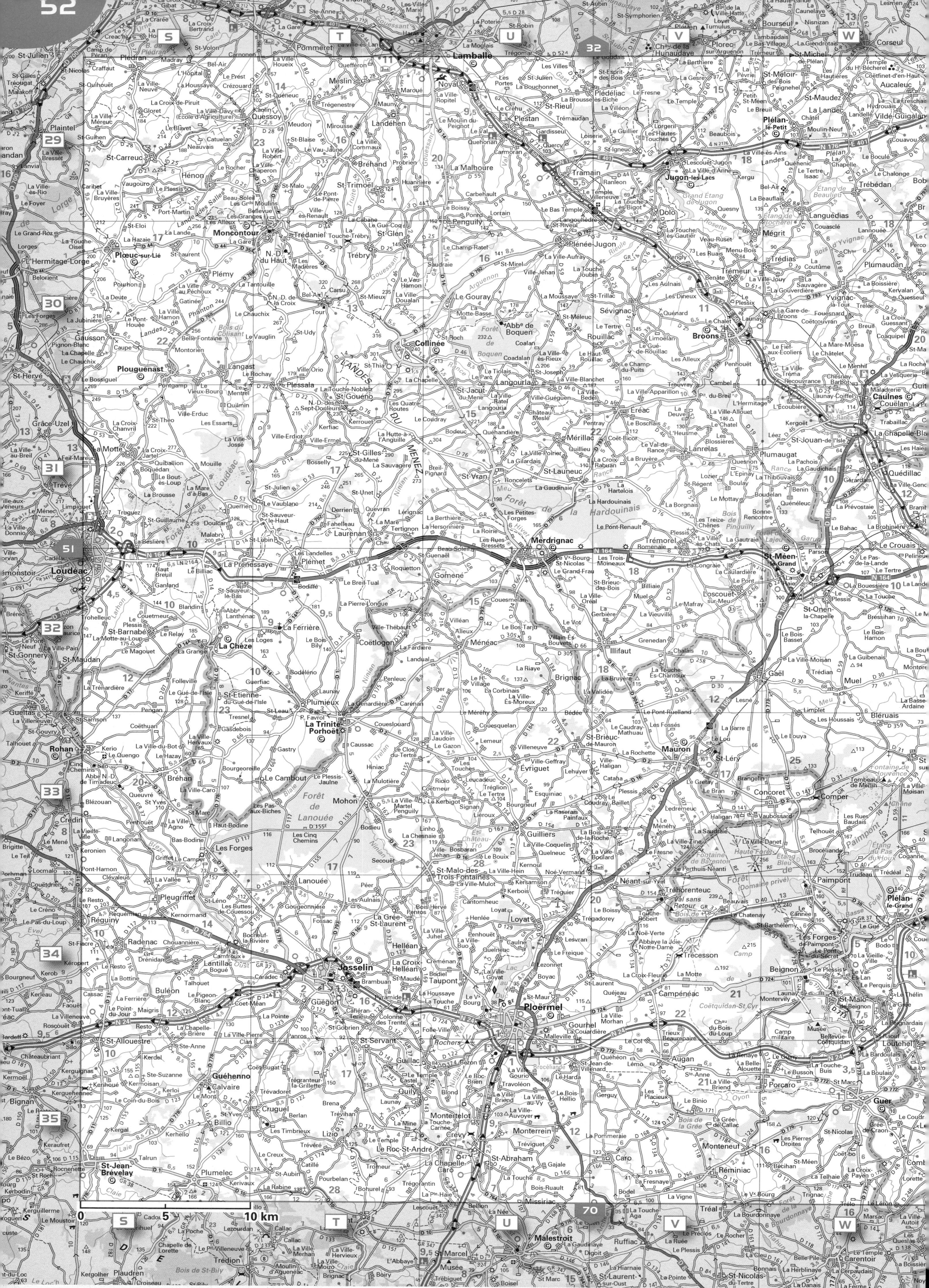

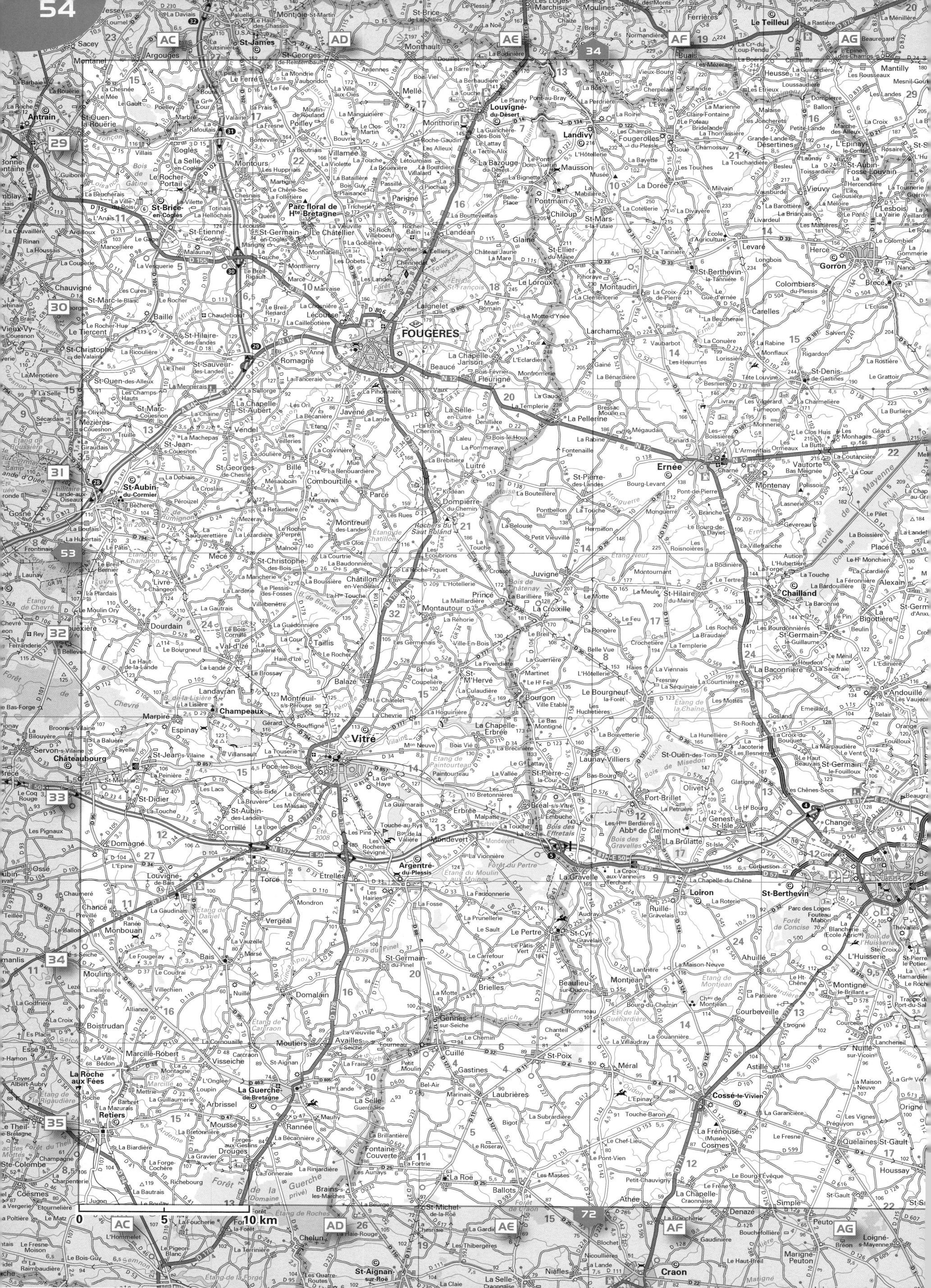

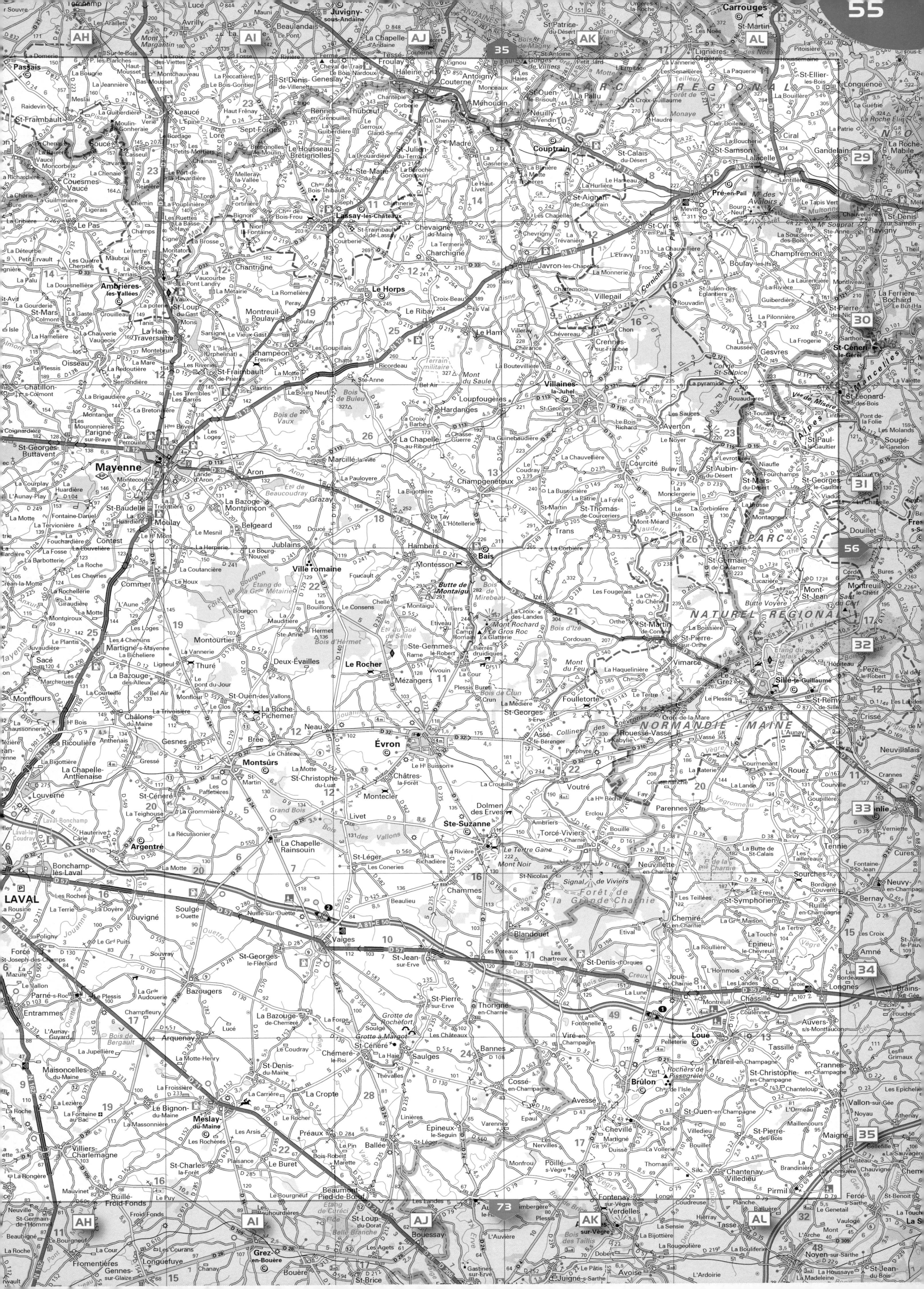

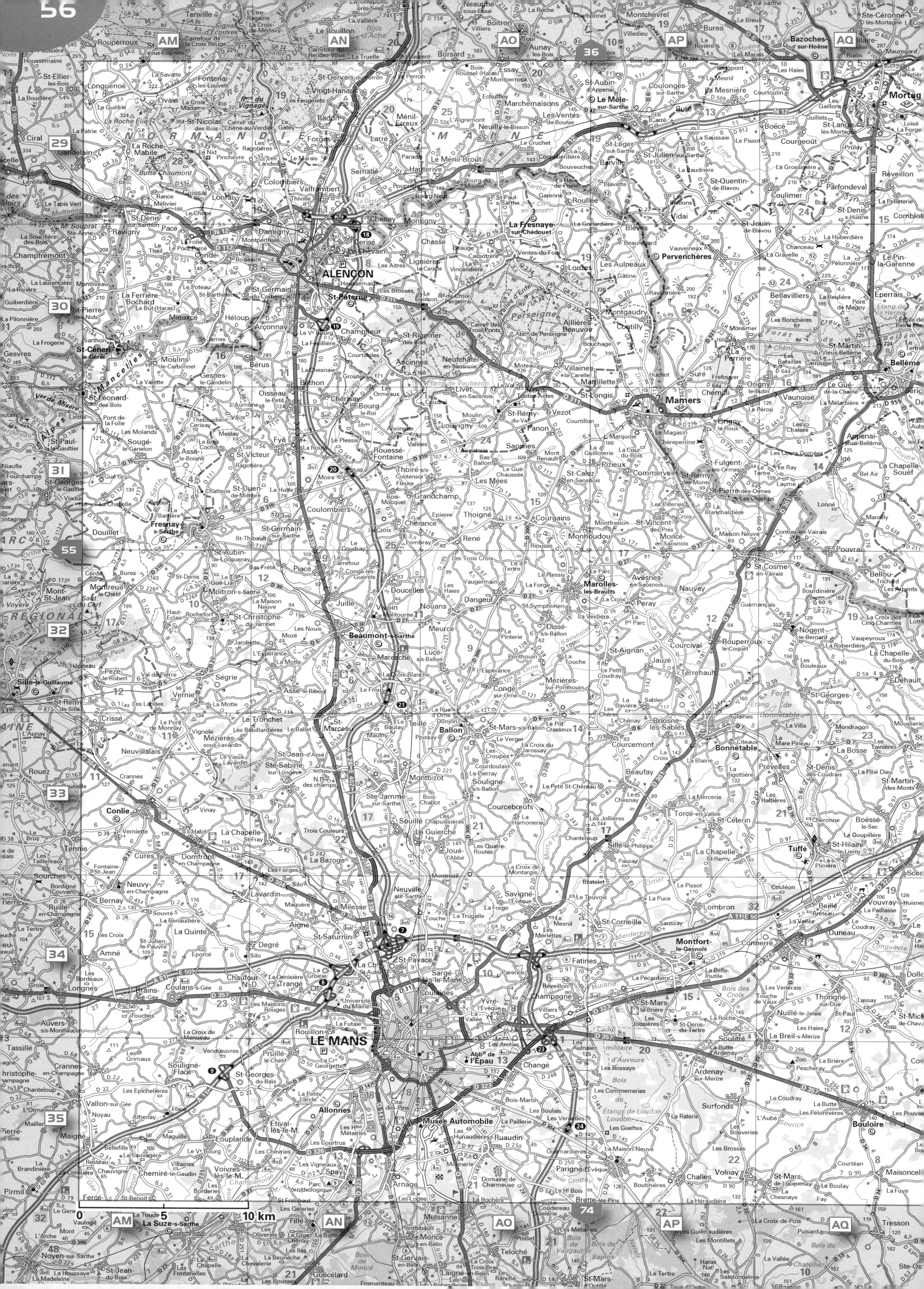

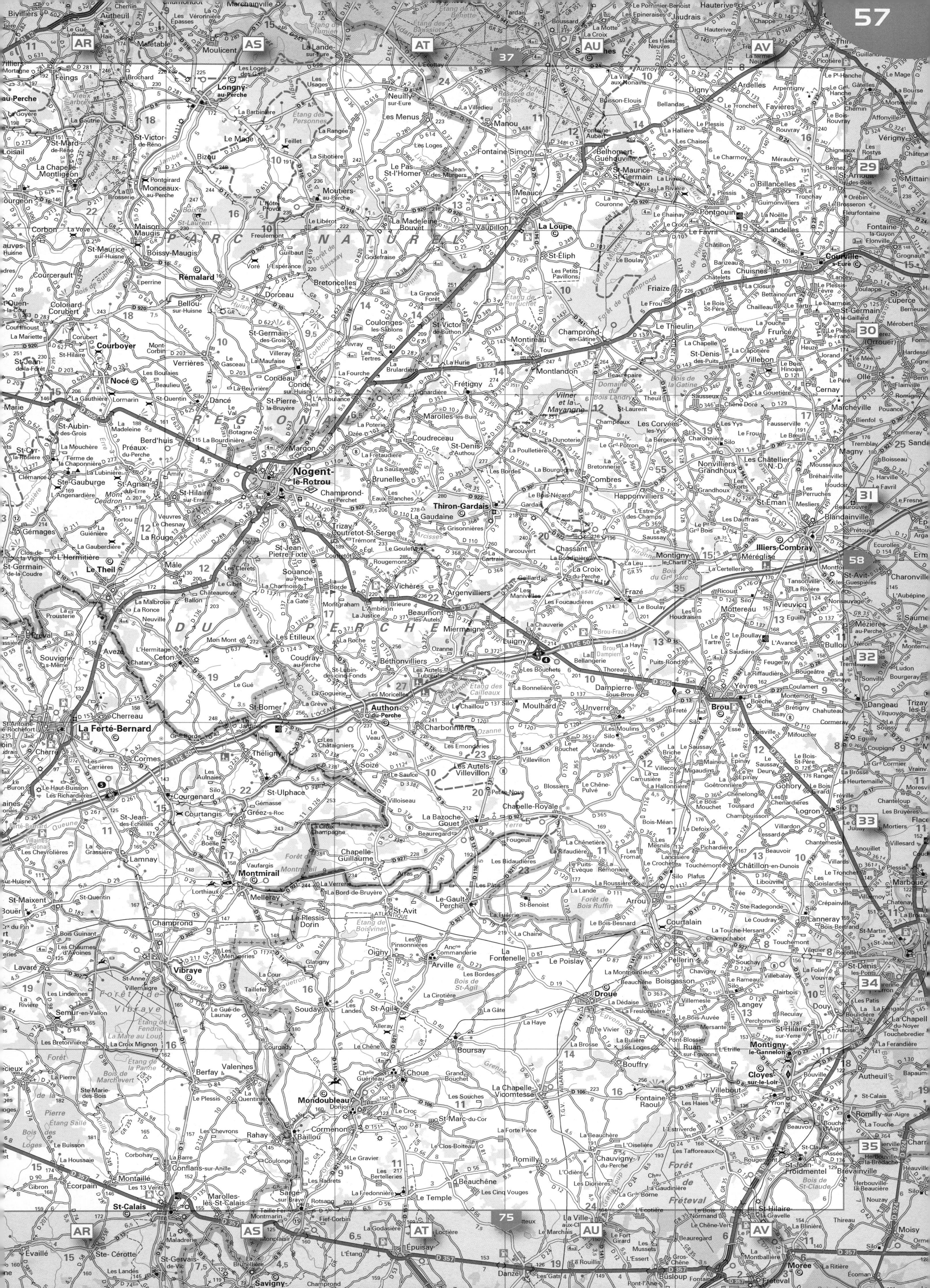

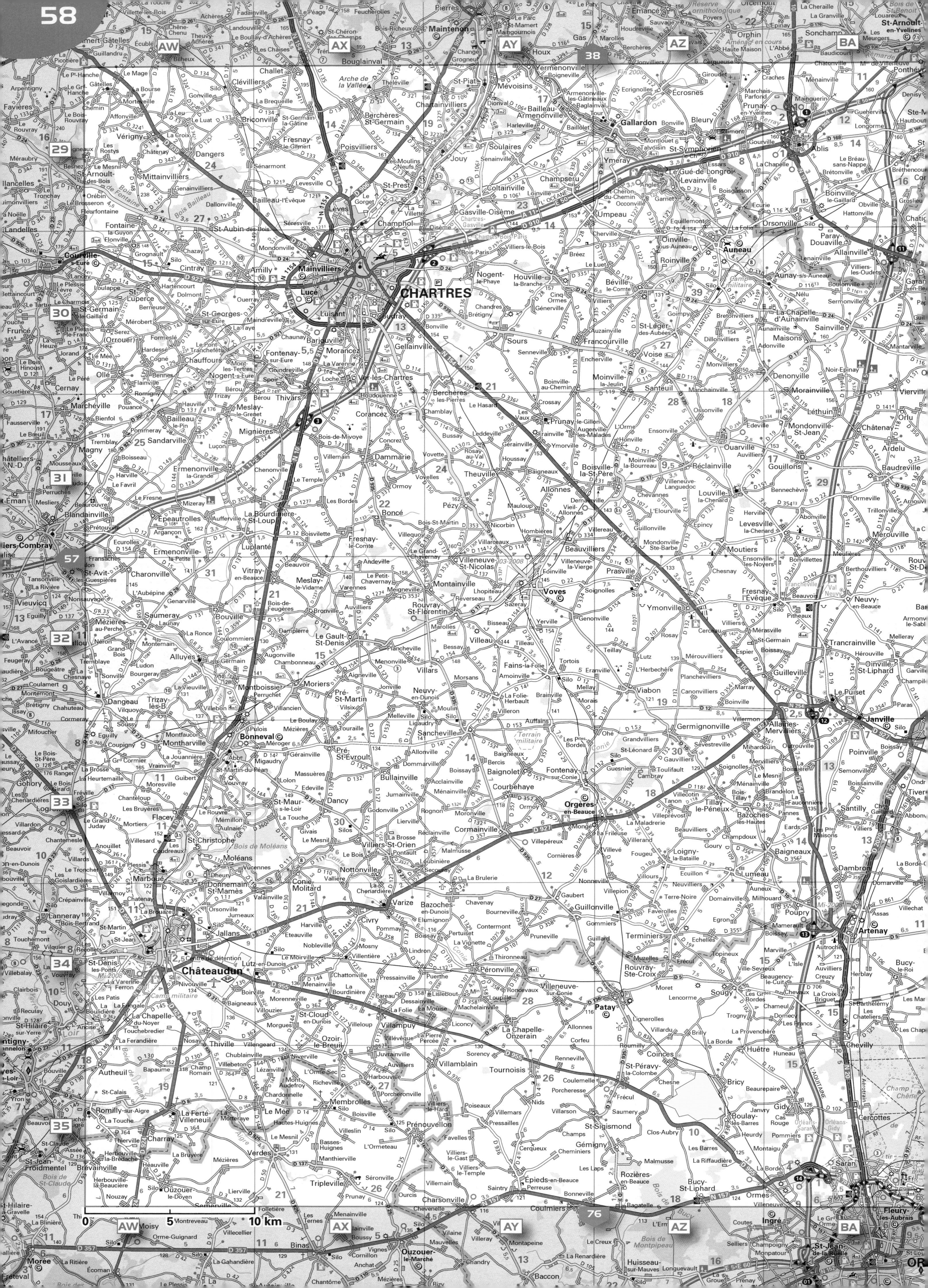

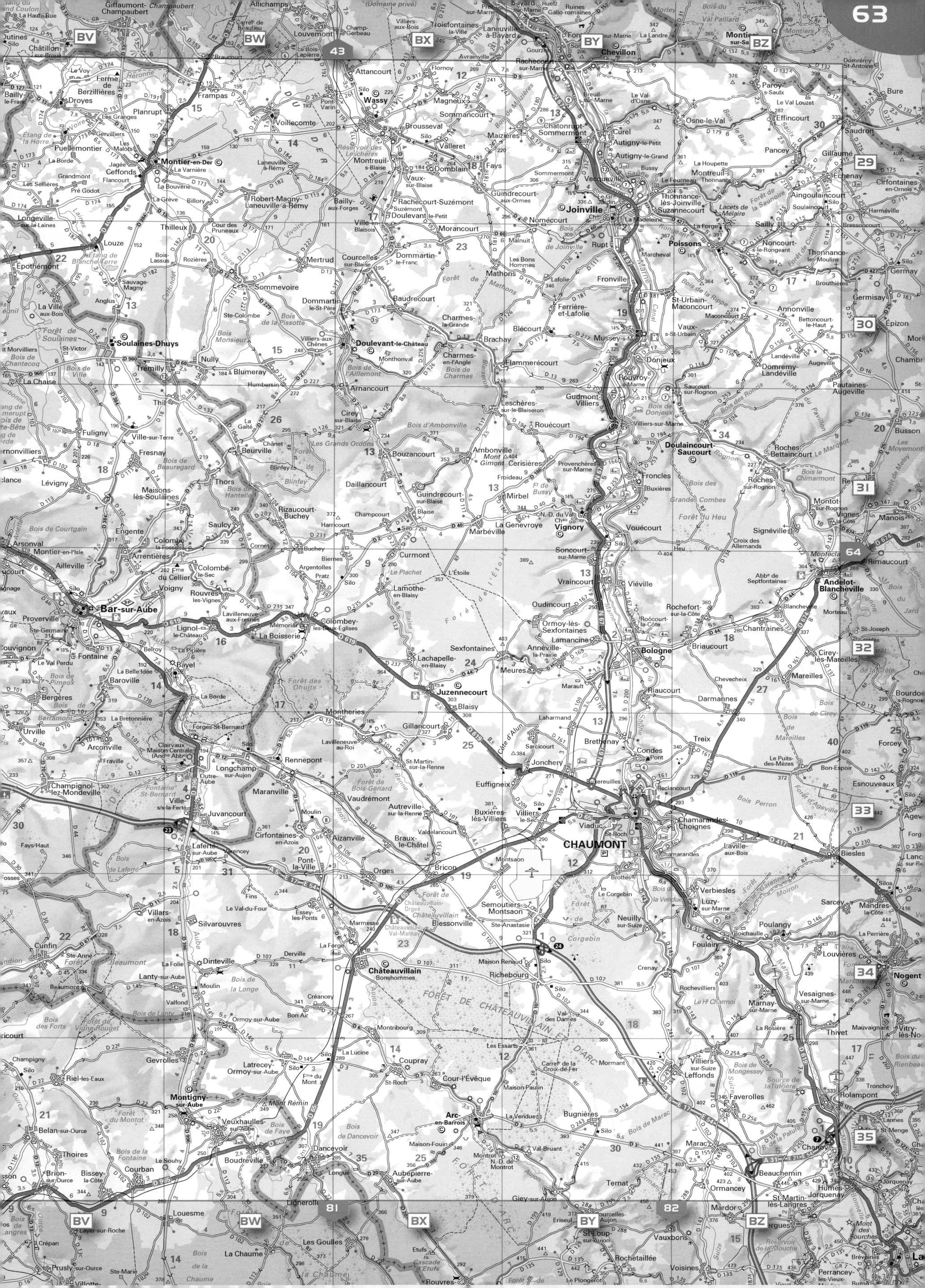

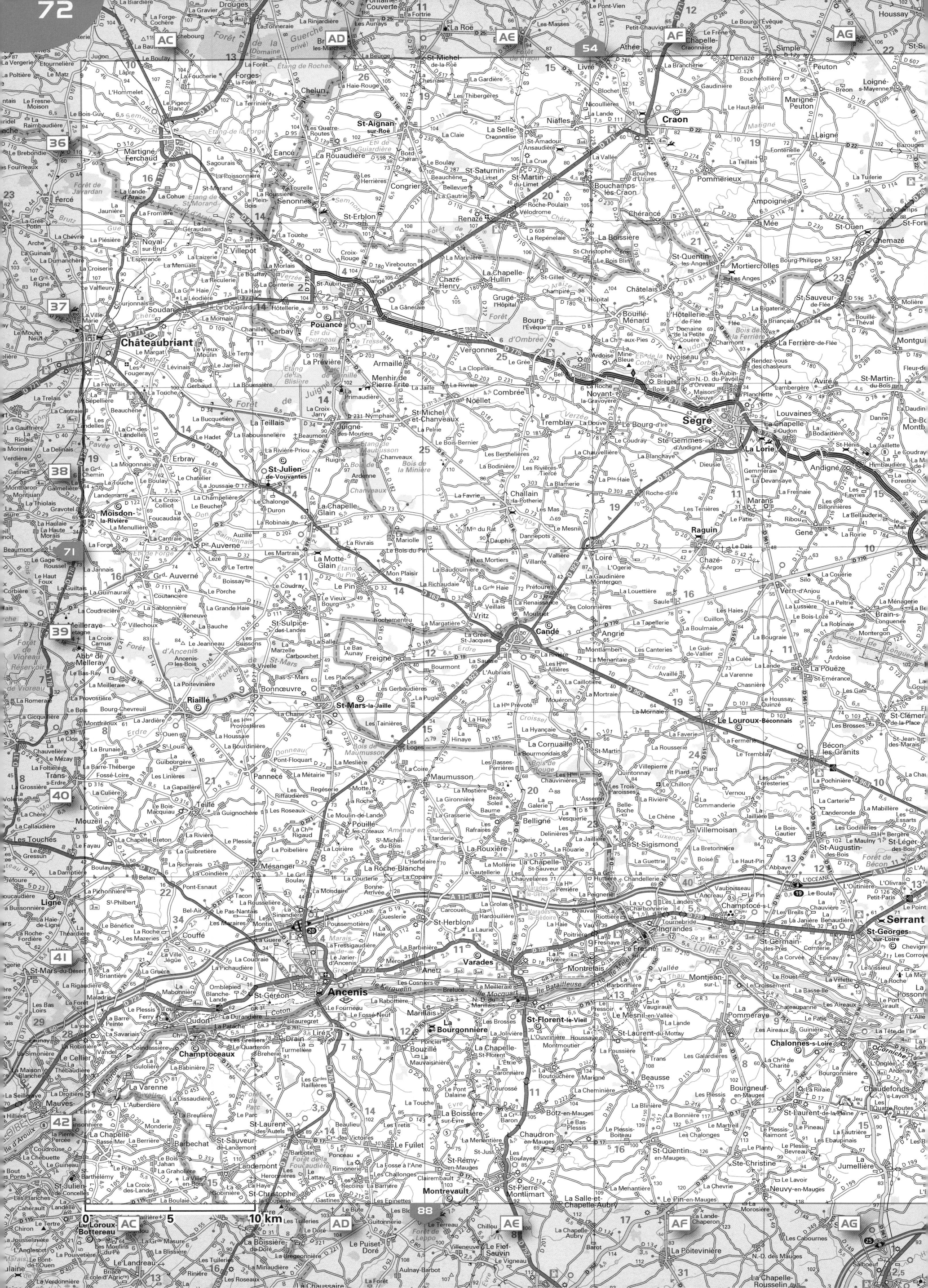

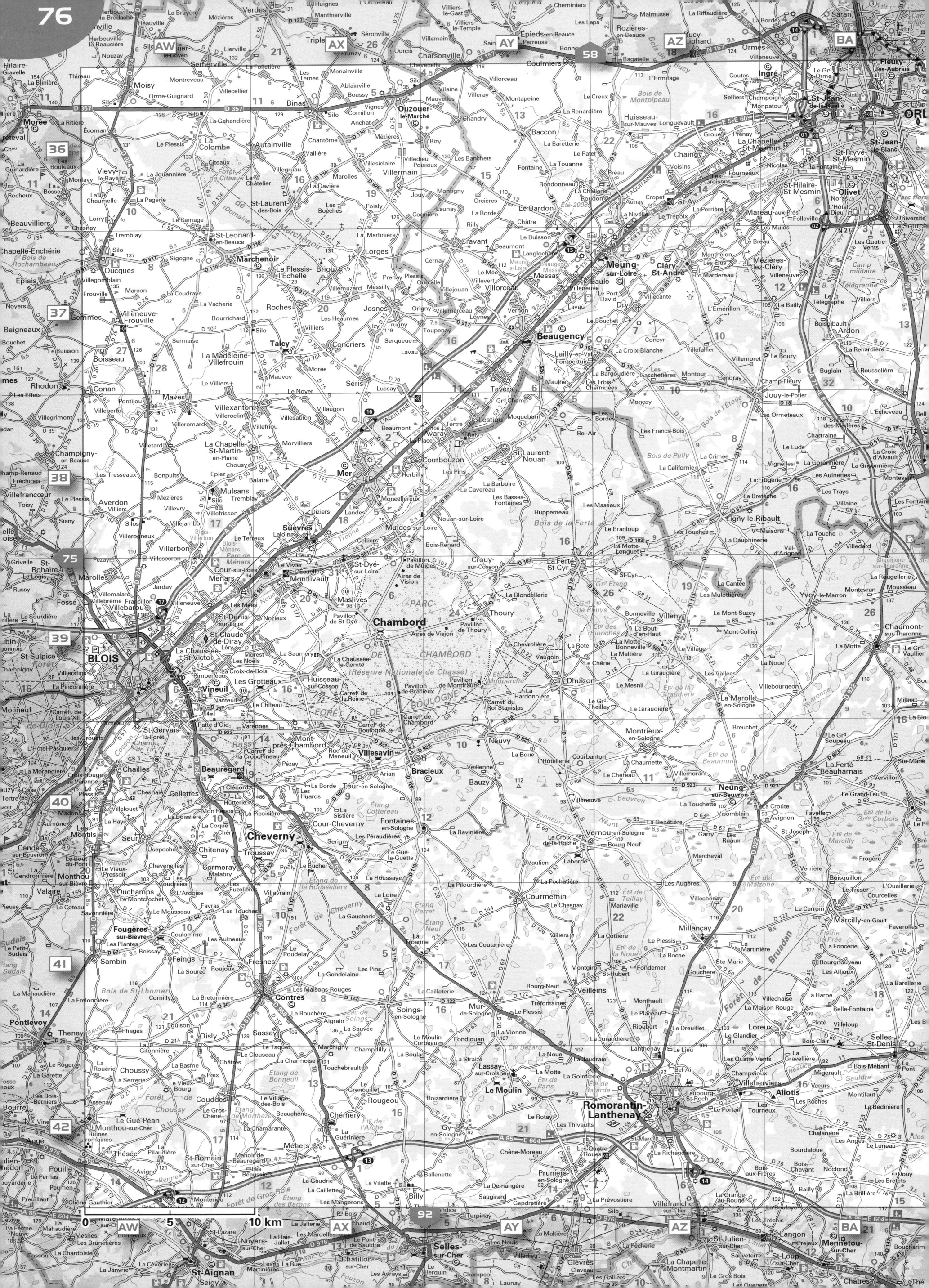

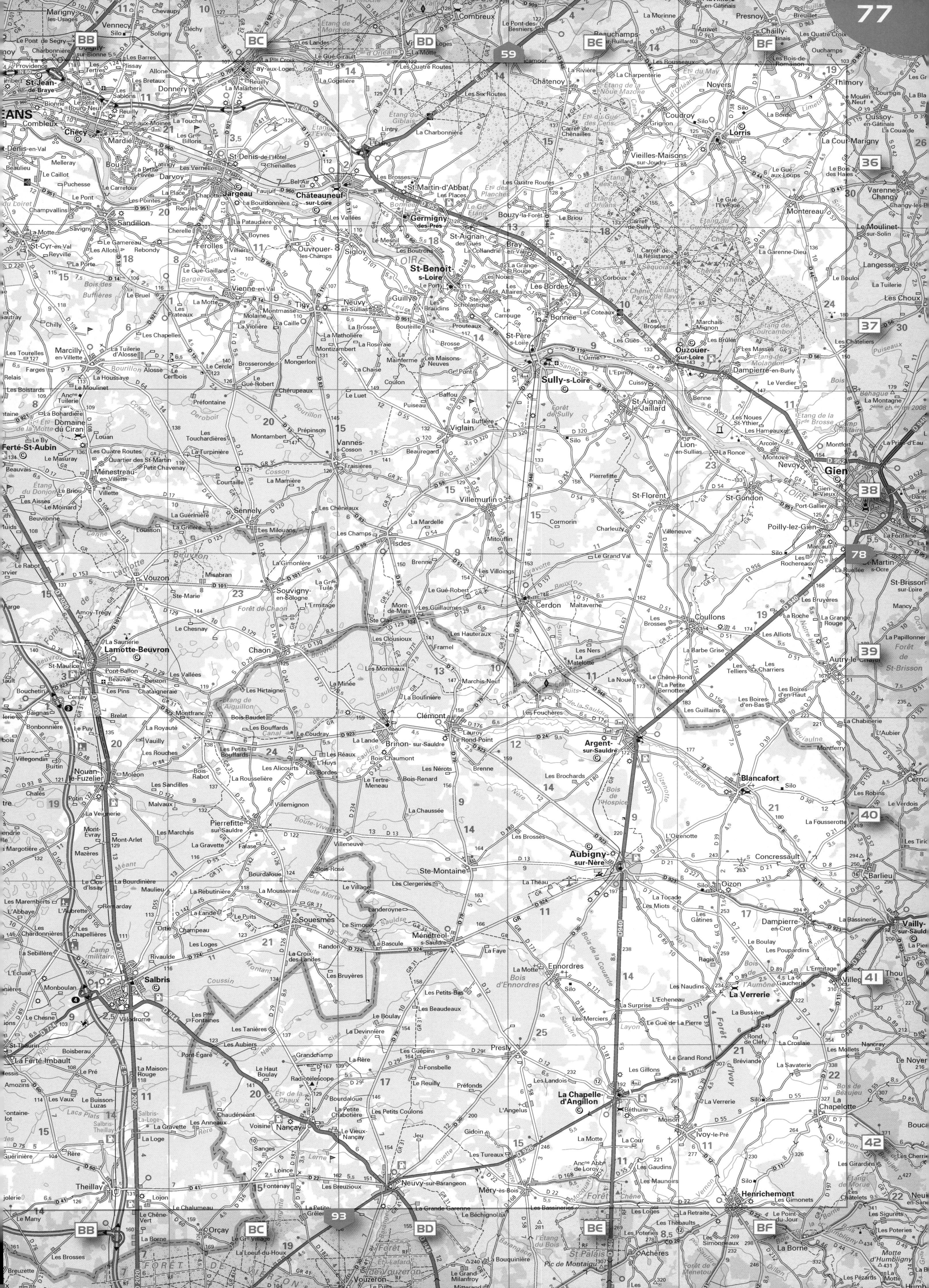

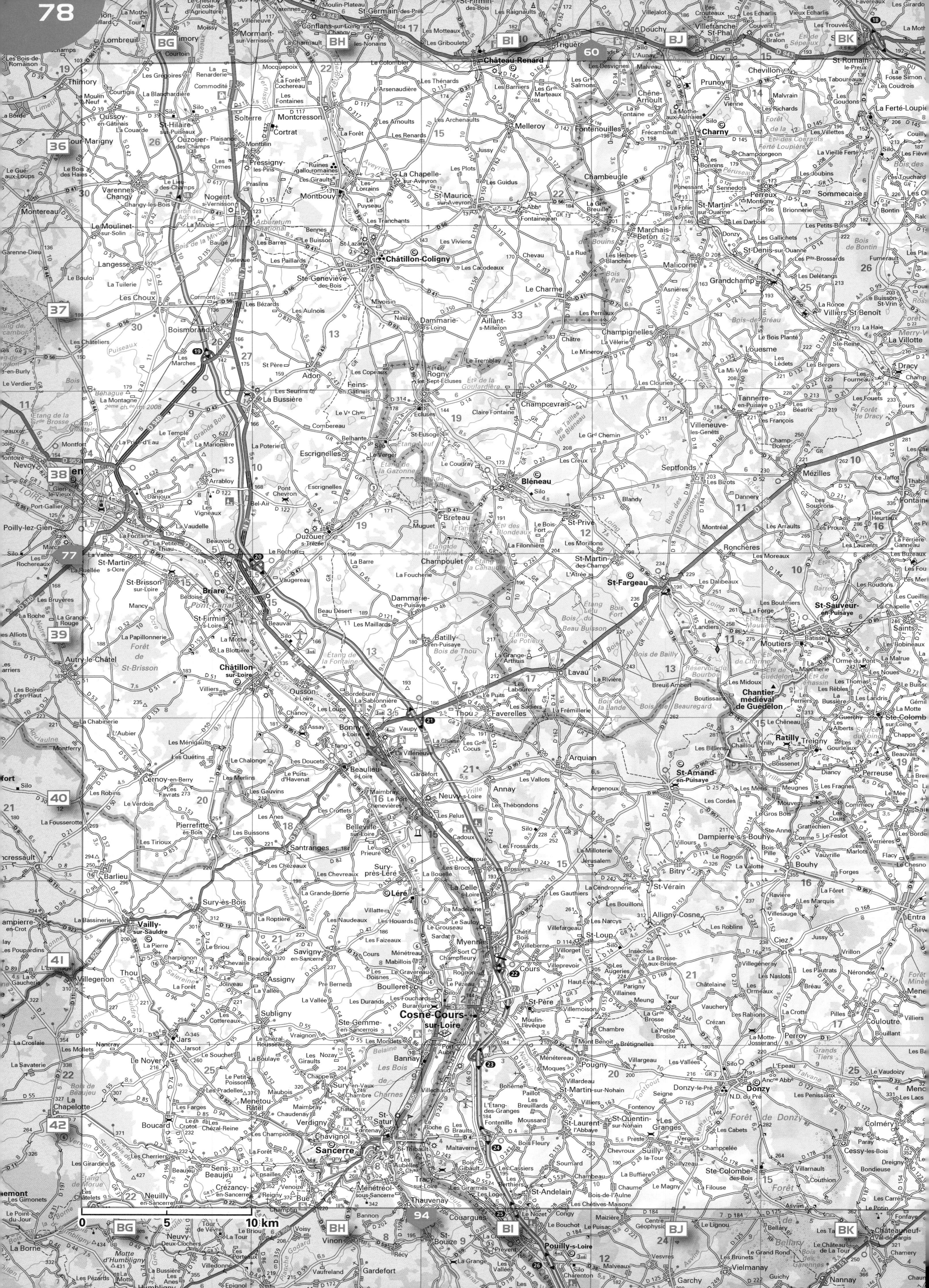

BL
BM
BN
BO
BP
61
95
36
37
38
39
40
41
42
80
Champvallon
Paroy-s-Tholon
Charmoy
Bonnard
Cheny
Mont-St-Sulpice
Rebourseaux
Forêt de Pontigny
Villiers-Vineux
Épineau-les-Voves
Malesherbes
Senan
Volgré
Neuilly
Villemer
Bassou
Beaumont
Seignelay
Pontigny
Varennes
Ligny-le-Châtel
Carisey
Roffey
Tronchoy
Cheney
Dannemoine
Bernouil
Dyé
Méré
Chichery
Chemilly-s-Yonne
Héry
Rouvray
Venouse
Guerchy
Laduz
Branches
Appoigny
Gurgy
Maligny
Vézannes
Vézinnes
Junay
Épineuil
Tonnerre
Aillant-s-Tholon
Poilly-sur-Tholon
Fleury-la-Vallée
Sougères-s-Sinotte
Montigny-la-Resle
Villy
Lignorelles
Fontenay-près-Chablis
Chassy
Monéteau
Villeneuve-St-Salves
La Chapelle-Vaupelteigne
Tissey
Collan
Serrigny
St-Maurice-Thizouaille
St-Maurice-le-Vieil
Charbuy
Perrigny
Bleigny-le-Carreau
Beine
Poinchy
Fyé
St-Martin-s-Ocre
Egleny
Merry-la-Vallée
Beauvoir
Lindry
St-Georges-s-Baulche
Venoy
Chablis
Fleys
Viviers
Béru
Yrouerre
Villefargeau
AUXERRE
Montallery
Chichée
Courgis
Chemilly-s-Serein
Poilly-sur-Serein
Fresnes
Parly
Pourrain
Vergeot
Augy
Quenne
Chitry
Préhy
Ste-Vertu
Toucy
Chevannes
Vallan
St-Bris-le-Vineux
St-Cyr-les-Colons
Môlay
Annay-sur-Serein
Diges
Escamps
Gy-l'Évêque
Champs-sur-Yonne
Irancy
Lichères-près-Aigremont
Aigremont
Moulins-s-Ouanne
Escolives-Ste-Camille
Vincelottes
Vincelles
Coulanges-la-Vineuse
Cravant
Vermenton
Sacy
Nitry
Leugny
Coulangeron
Migé
Val-de-Mercy
Bazarnes
Accolay
Chastenay
Ouanne
Merry-Sec
Mouffy
Charentenay
Ste-Pallaye
Prégilbert
Trucy-sur-Yonne
Lucy-sur-Cure
Sementron
Fontenoy
Fontenailles
Courson-les-Carrières
Fontenay-s/s-Fouronnes
Fouronnes
Sery
Bessy-sur-Cure
Arcy-sur-Cure
Joux-la-Ville
Lain
Taingy
Molesmes
Mailly-le-Château
Mailly-la-Ville
Précy-le-Sec
Coutarnoux
Thury
Druyes-les-Belles-Fontaines
Festigny
Merry-s-Yonne
St-Moré
Voutenay-s-Cure
Thory
Ste-Colombe
Provency
Forêt de Frétoy
Sougères-en-Puisaye
Coulanges-sur-Yonne
Châtel-Censoir
Brosses
Bois-d'Arcy
Sermizelles
Girolles
Annay-la-Côte
Andryes
Étais-la-Sauvin
Pousseaux
Lucy-s-Yonne
Faulin
Montillot
Blannay
Givry
Avallon
Etaule
Surgy
Asnières-s/s-Bois
Asquins
Vézelay
Domecy-s-le-Vault
Pontaubert
Magny
Clamecy
Billy-s-Oisy
Oisy
Armes
Chamoux
St-Père
Fontette
Island
Tharoiseau
Trucy-l'Orgueilleux
Chevroches
Dornecy
Foissy-lès-Vézelay
Pierre-Perthuis
Menades
Breugnon
Rix
Corvol-l'Orgueilleux
Sardy-les-Forges
La Maison-Dieu
Fontenay-près-Vézelay
St-Germain-des-Champs
Courcelles
Villiers-s-Yonne
Brèves
Asnois
Metz-le-Comte
Nuars
Domecy-s-Cure
Chastellux
St-André-en-Morvan
La Chapelle-St-André
St-Pierre-du-Mont
Villiers-le-Sec
St-Germain-des-Bois
Amazy
Tannay
Vignol
Neuffontaines
Bazoches
Quarré-les-Tombes
Varzy
Cuncy-lès-Varzy
Beuvron
Flez-Cuzy
St-Didier
Empury
St-Martin-du-Puy
Marigny-l'Église
Oudan
Talon
Grenois
Monceaux-le-Comte
Ruages
Moissy-Moulinot
Pouques-Lormes
Chalaux
Marcy
Parigny-la-Rose
Asnan
Challement
Dirol
Anthien
Lormes
Taconnay
Champlemy
Corvol-d'Embernard
Chazeuil
Brinon-sur-Beuvron
Moraches
Germenay
Marigny-sur-Yonne
Héry
Chaumot
Dompierre-sur-Héry
Gorges de Narvau
Michaugues
Authiou

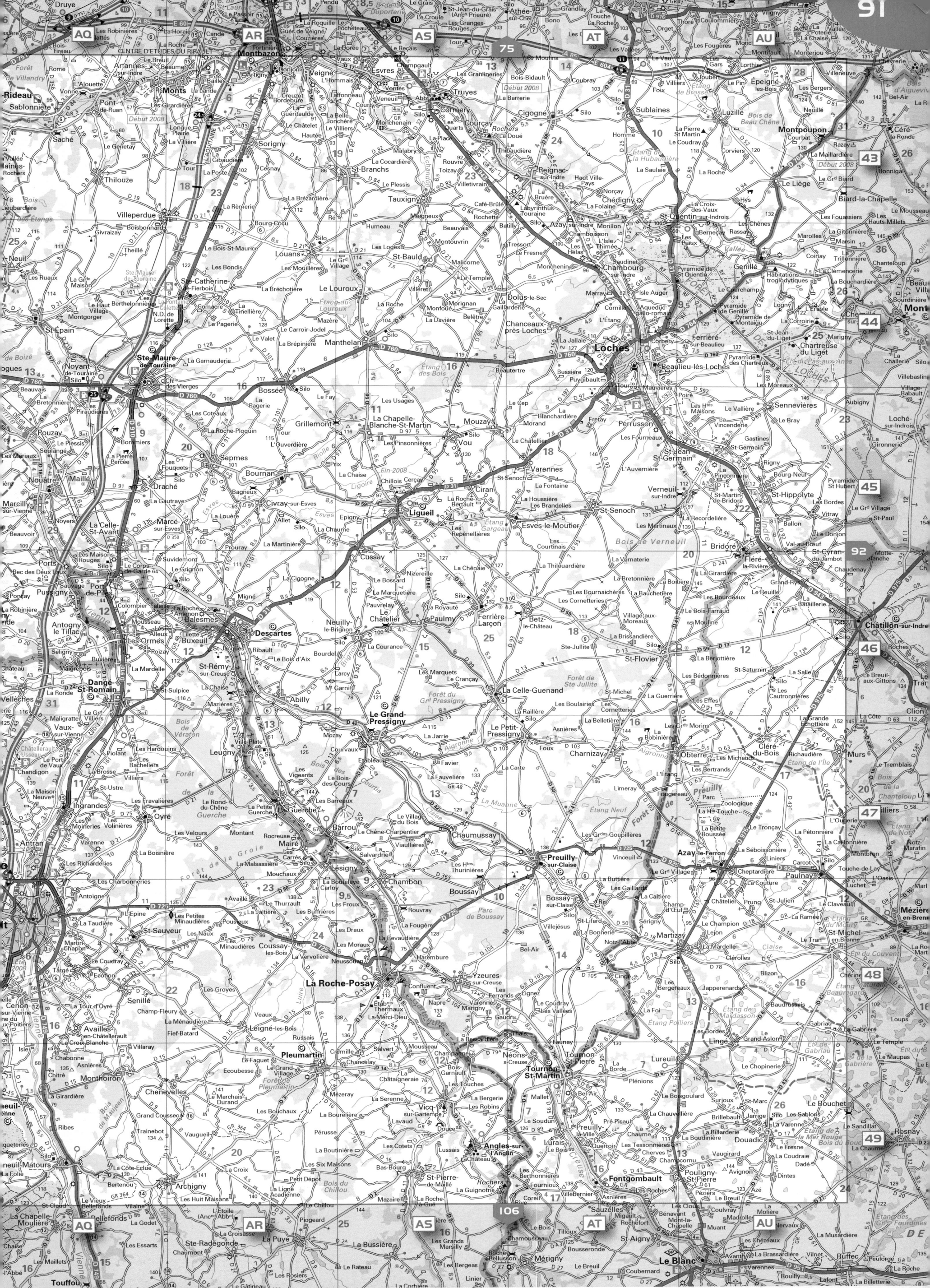

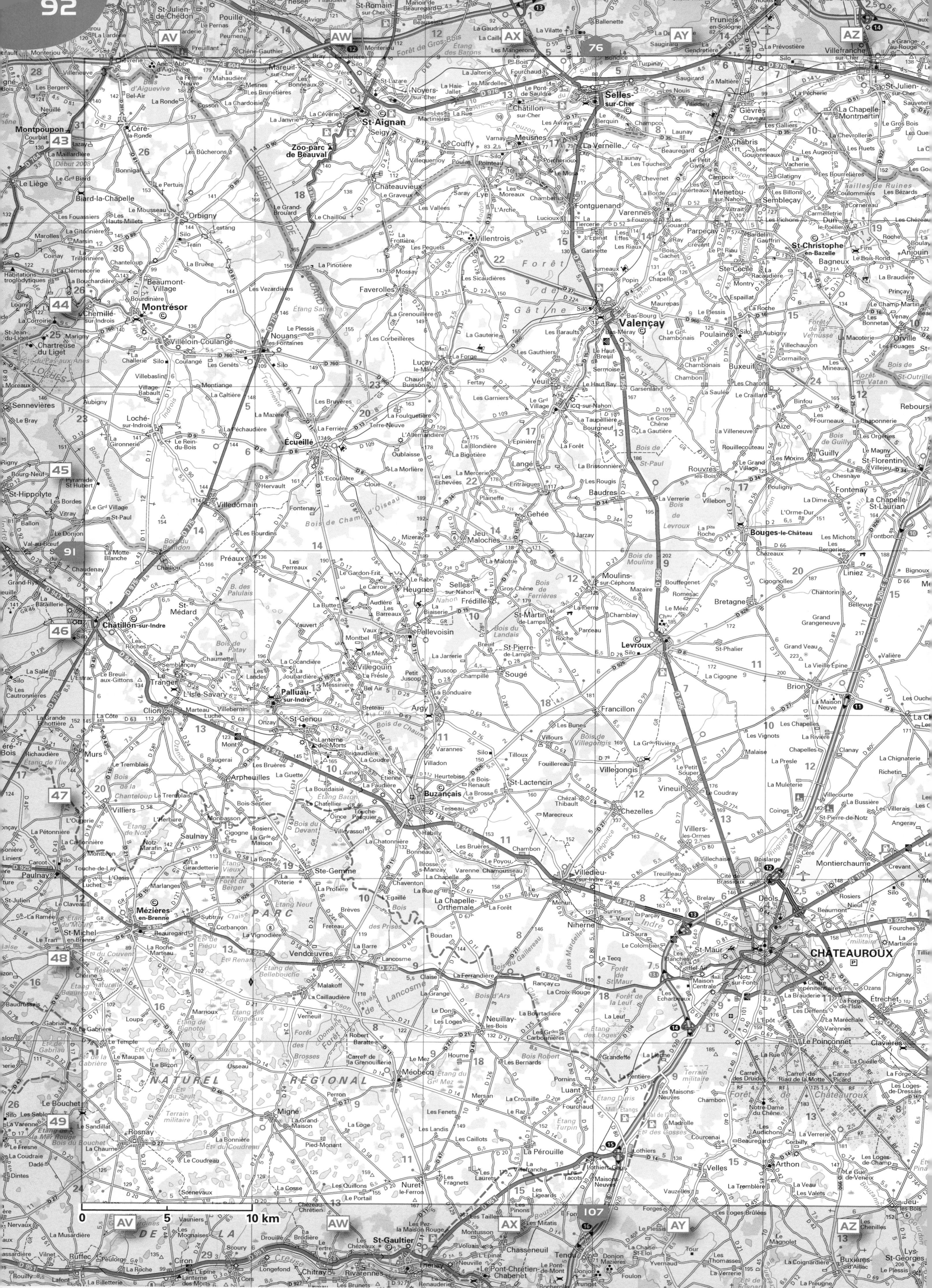

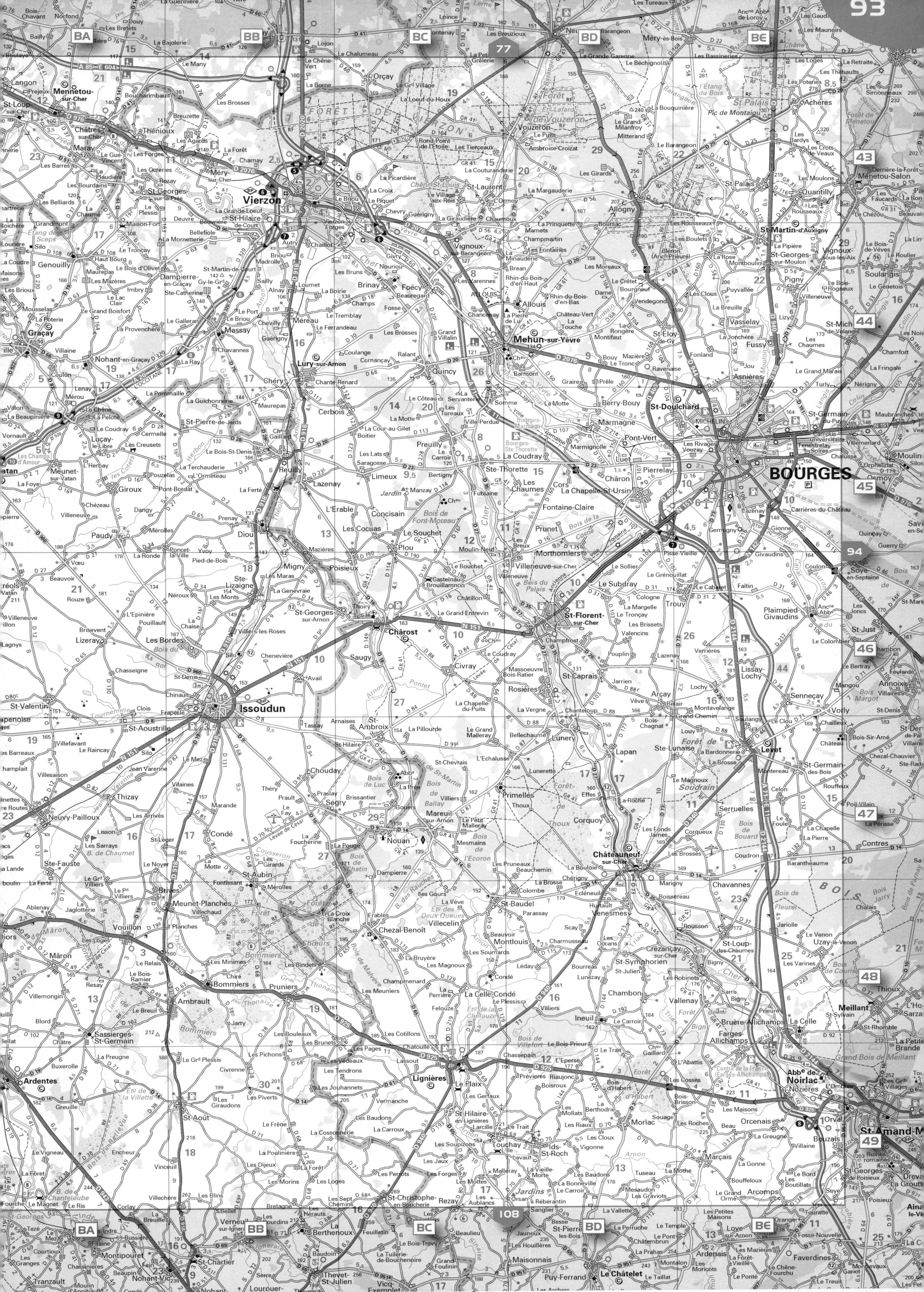

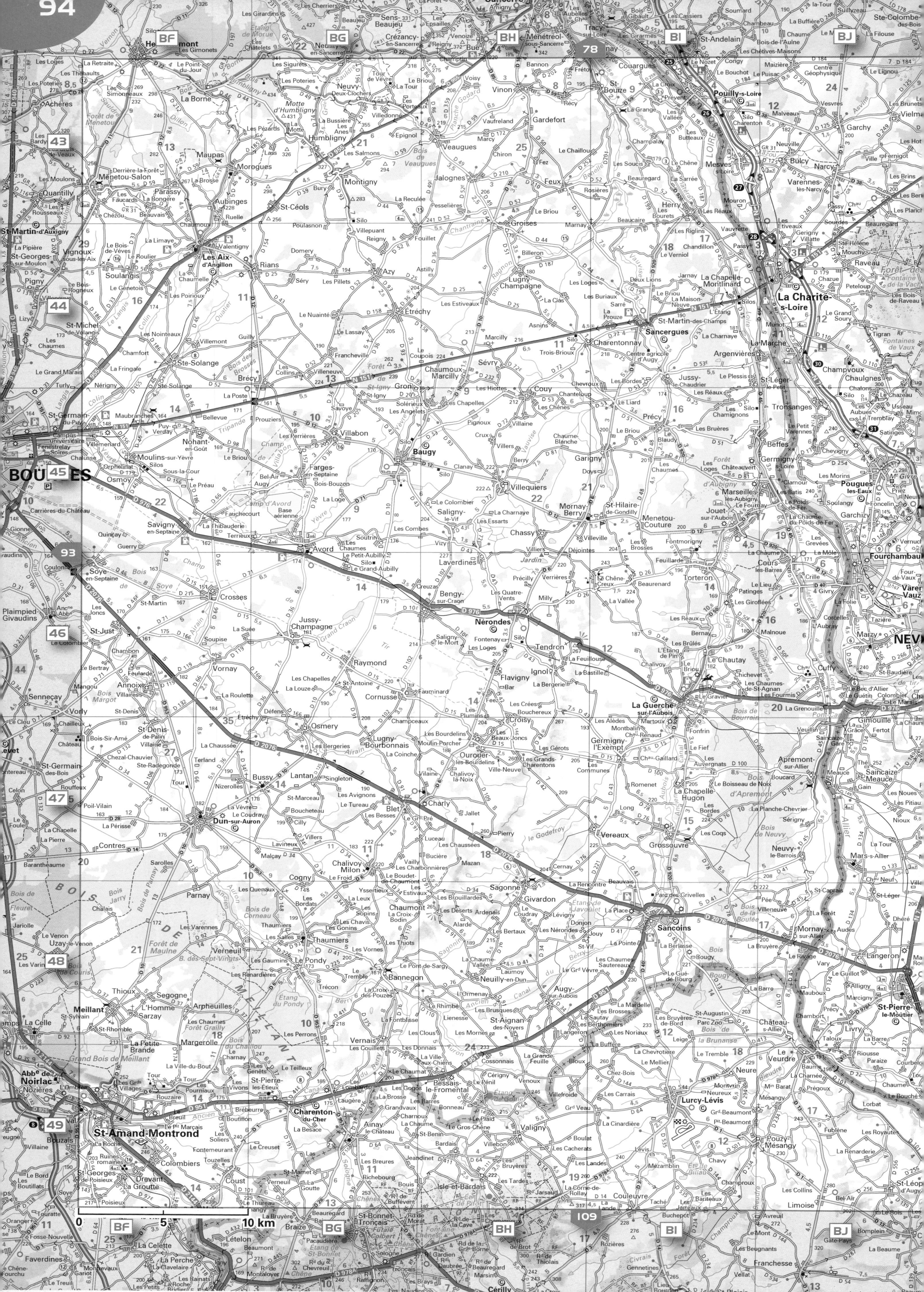

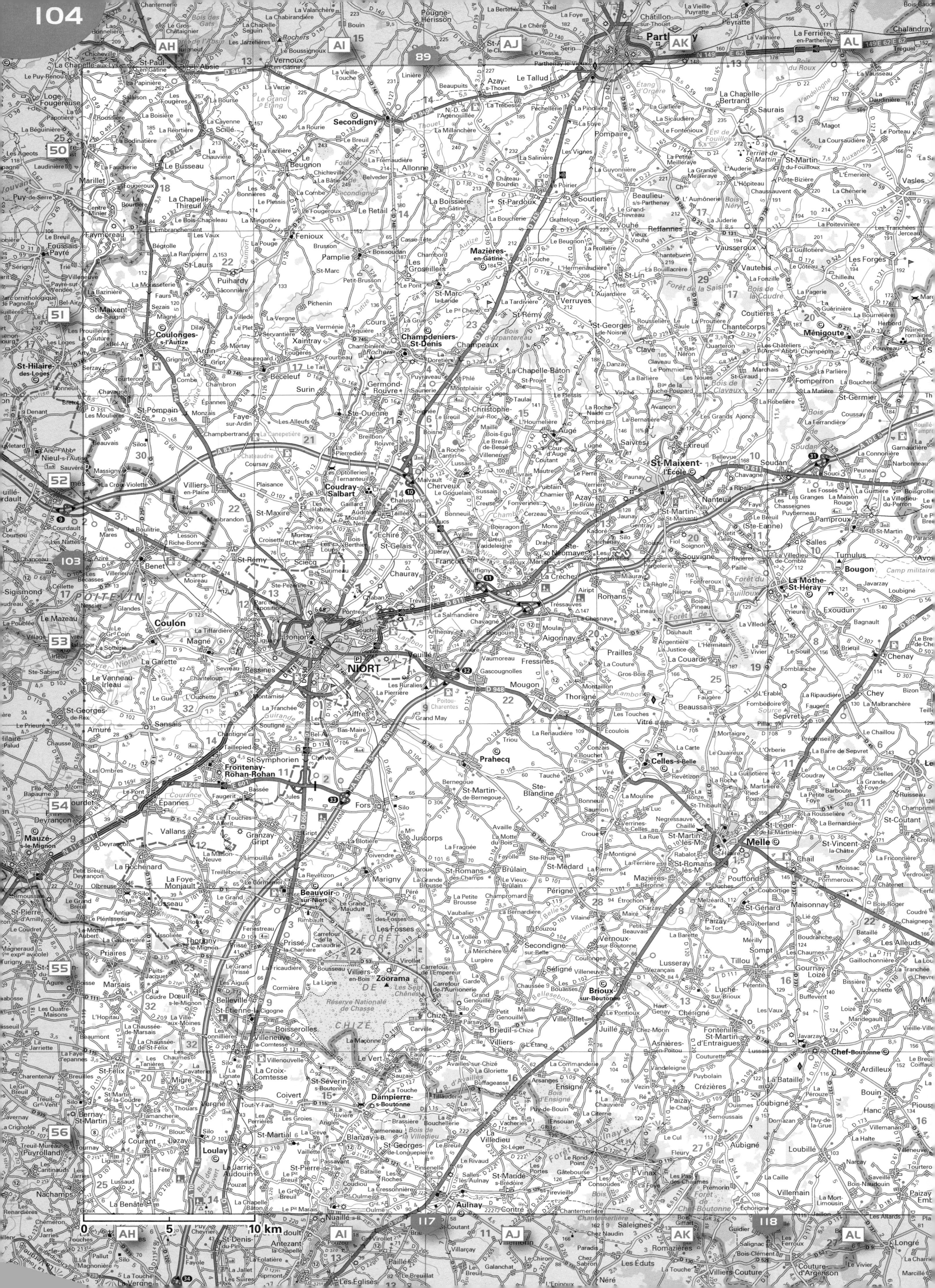

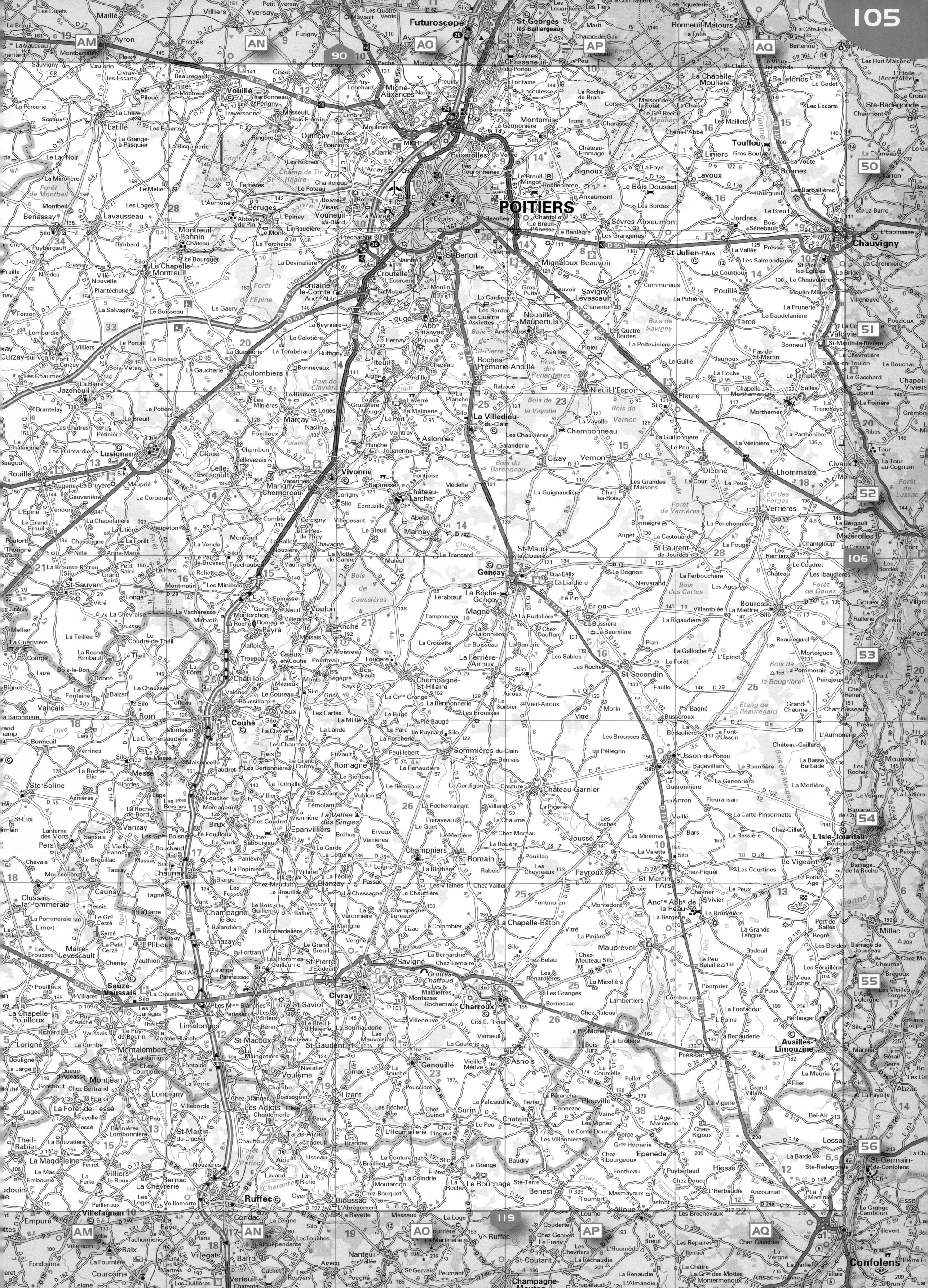

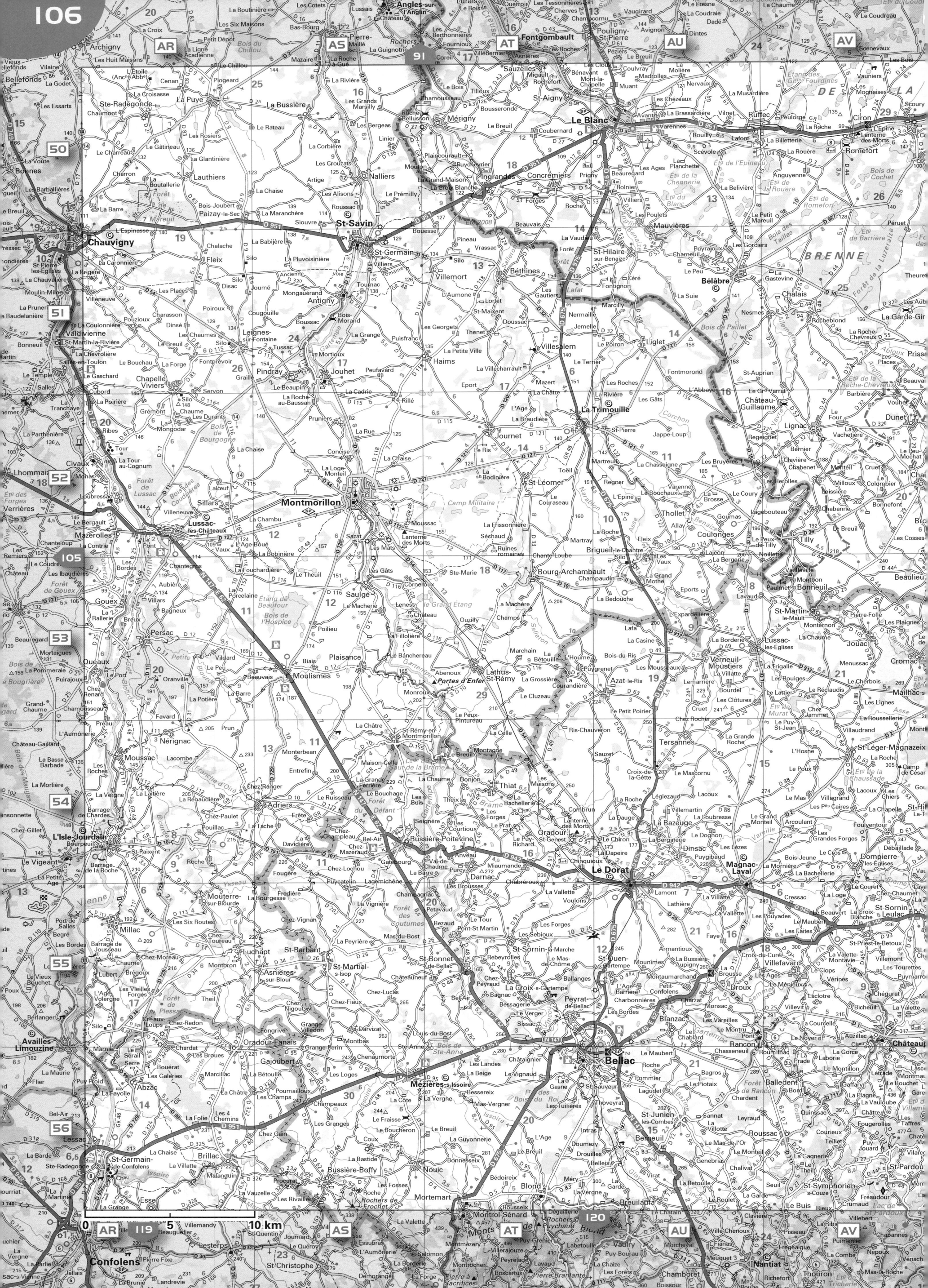

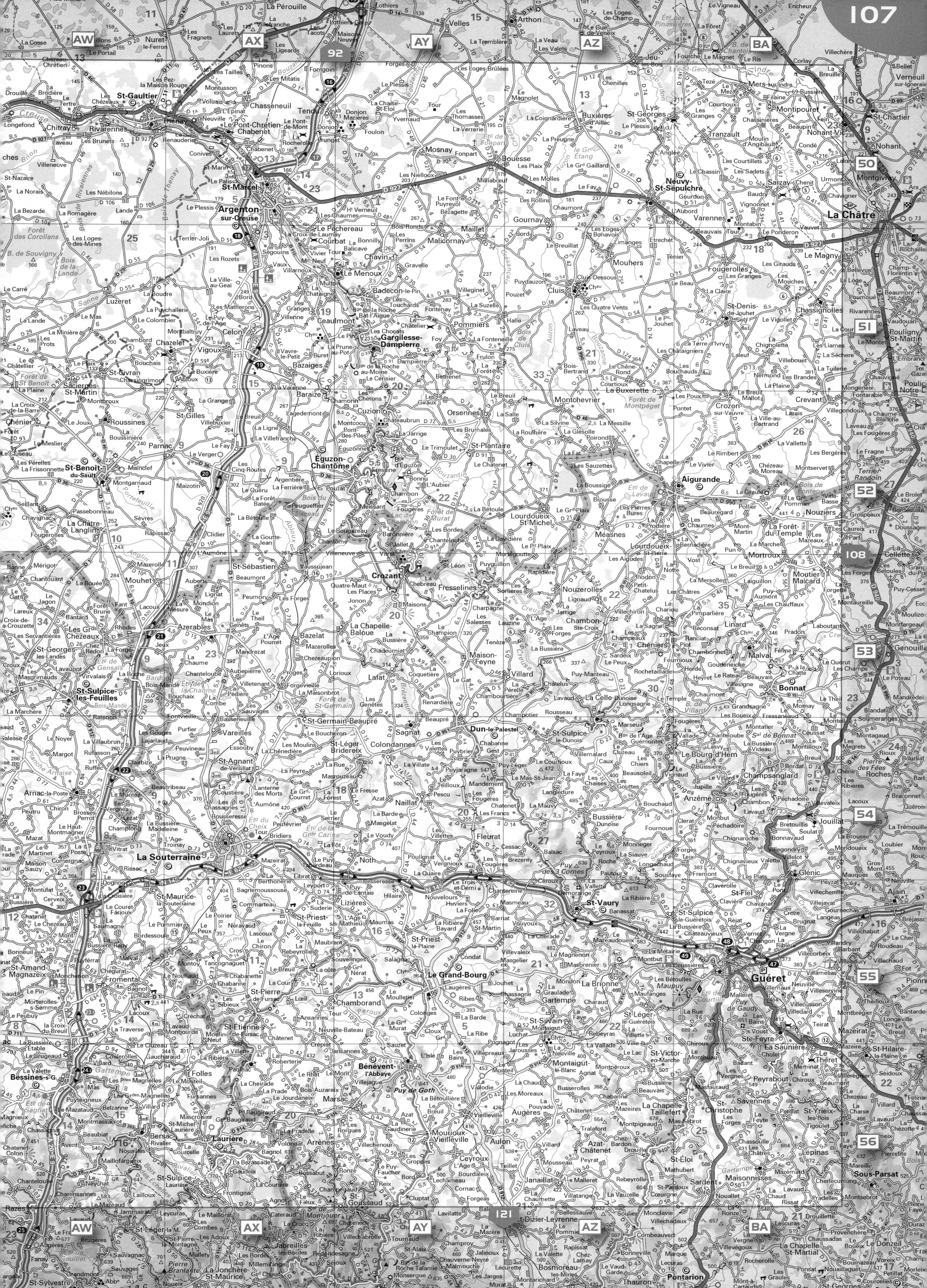

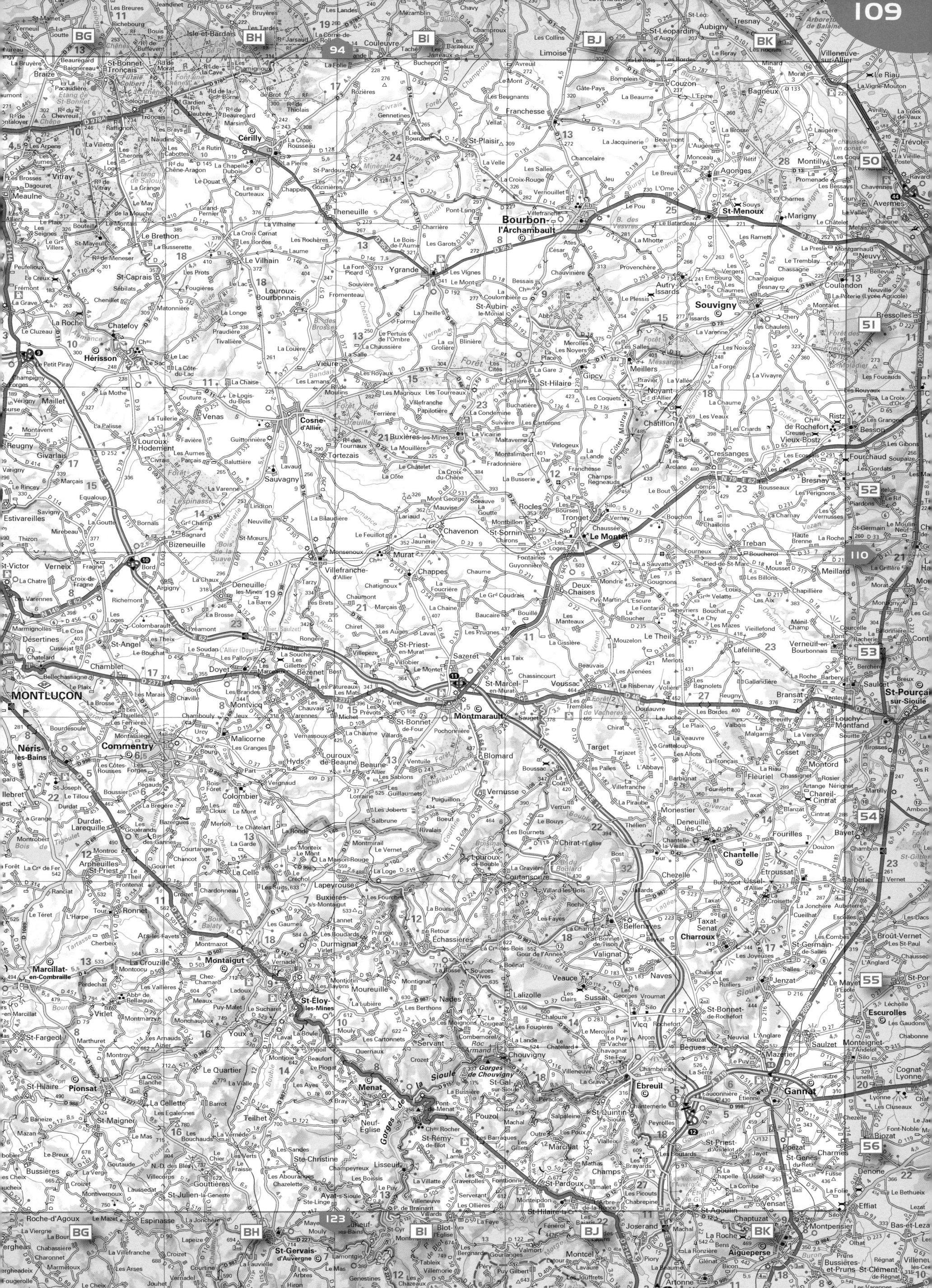

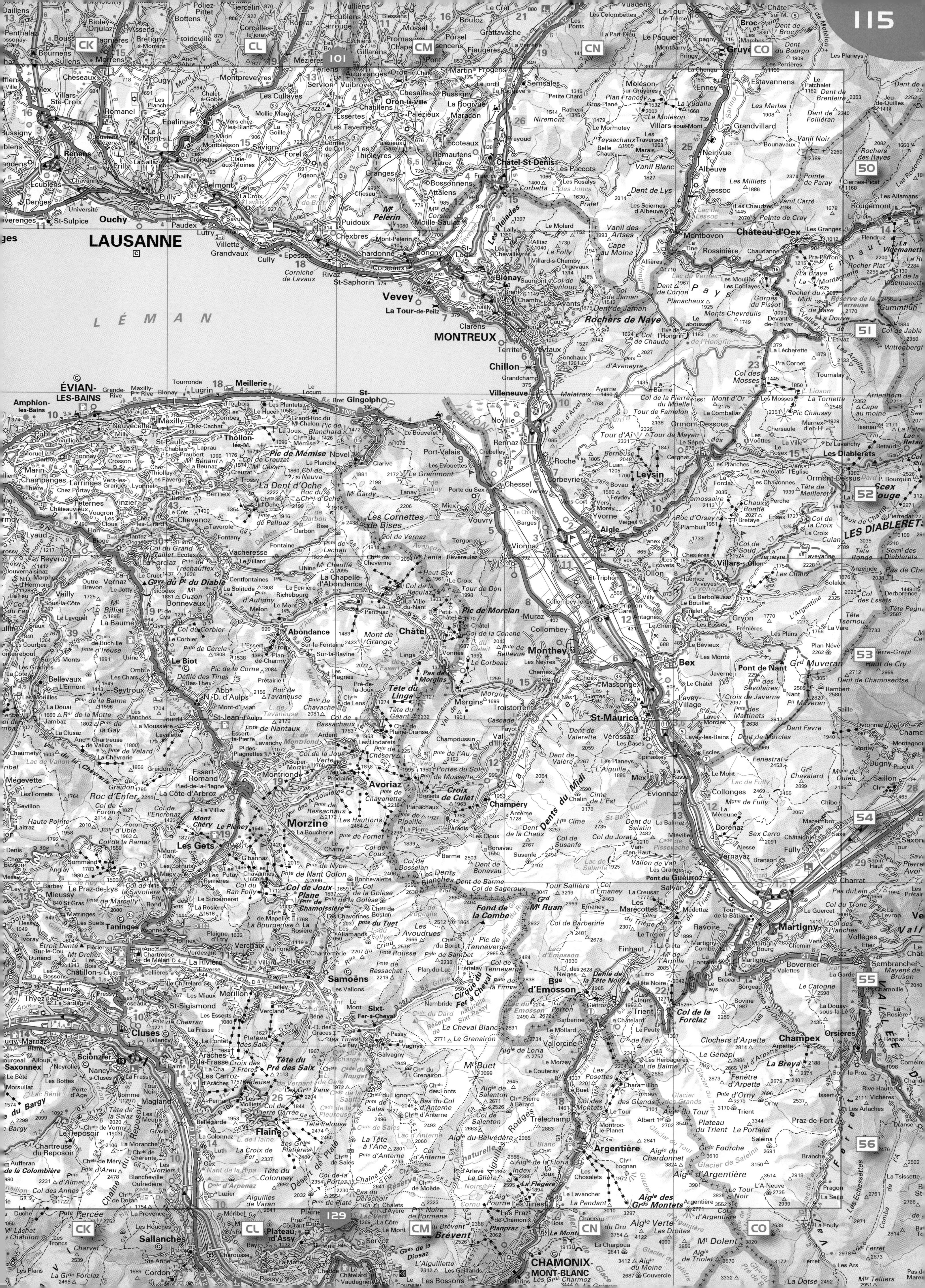

LAUSANNE

LÉMAN

Vevey

MONTREUX

Chillon

ÉVIAN-LES-BAINS

Amphion-les-Bains

MARTIGNY

CHAMONIX-MONT-BLANC

Argentière

Morzine

Les Gets

Samoëns

Cluses

Taninges

Châtel

Monthey

St-Maurice

Bex

Aigle

Leysin

LES DIABLERETS

Château-d'Oex

Montbovon

Châtel-St-Denis

Gruyère

Champéry

Avoriaz

Abondance

Flaine

Sallanches

Chamonix-Mont-Blanc

Champex

Orsières

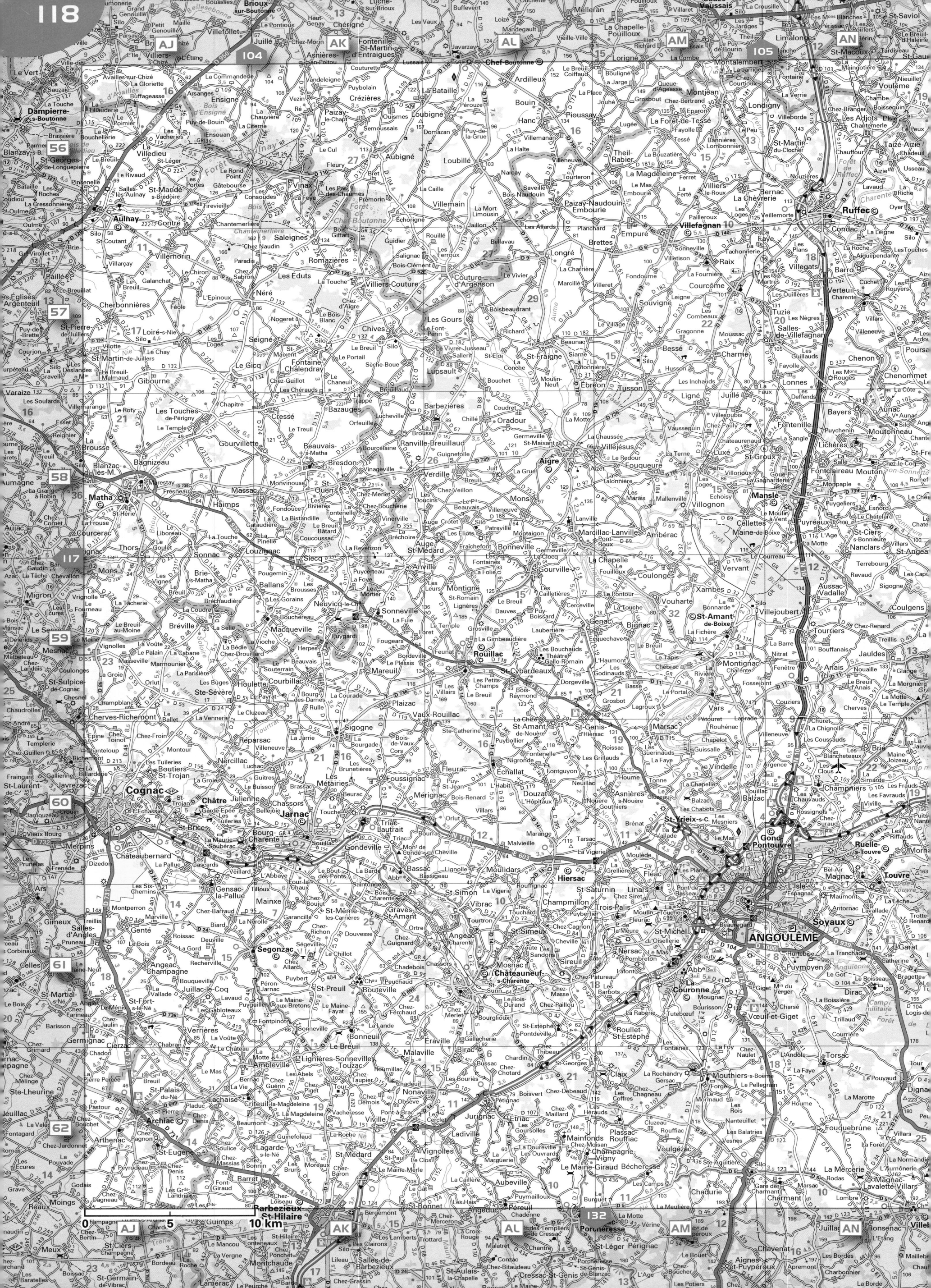

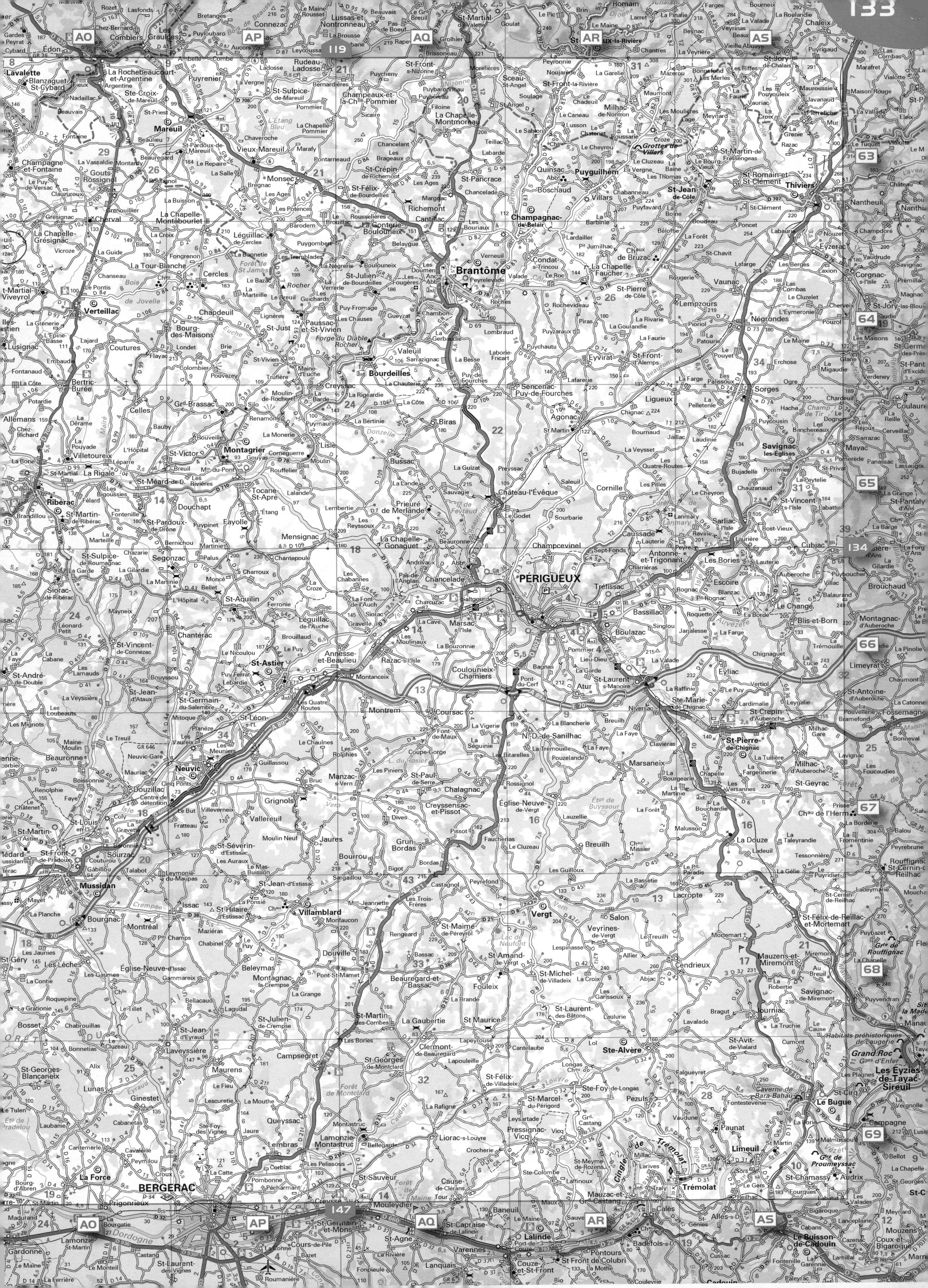

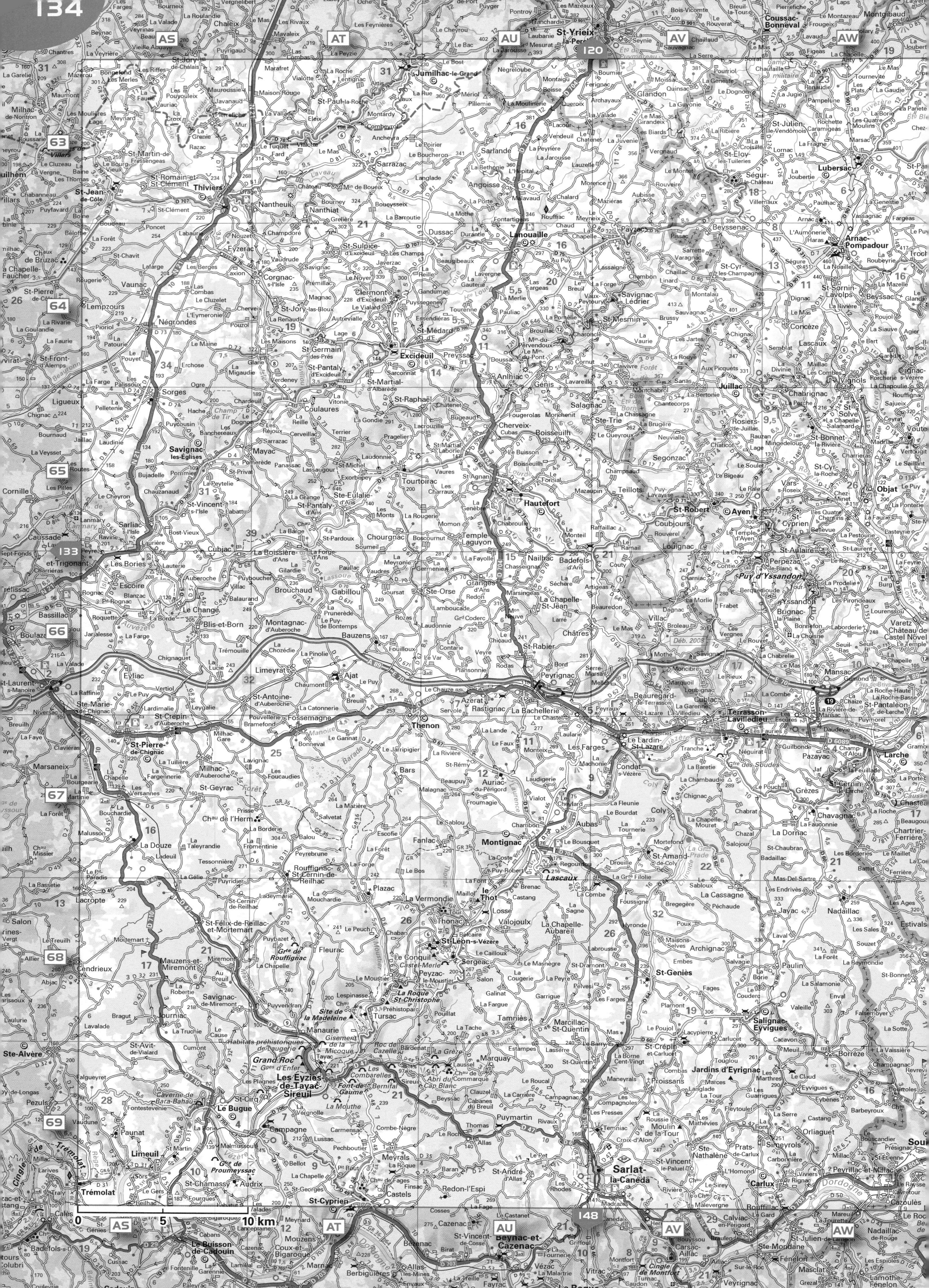

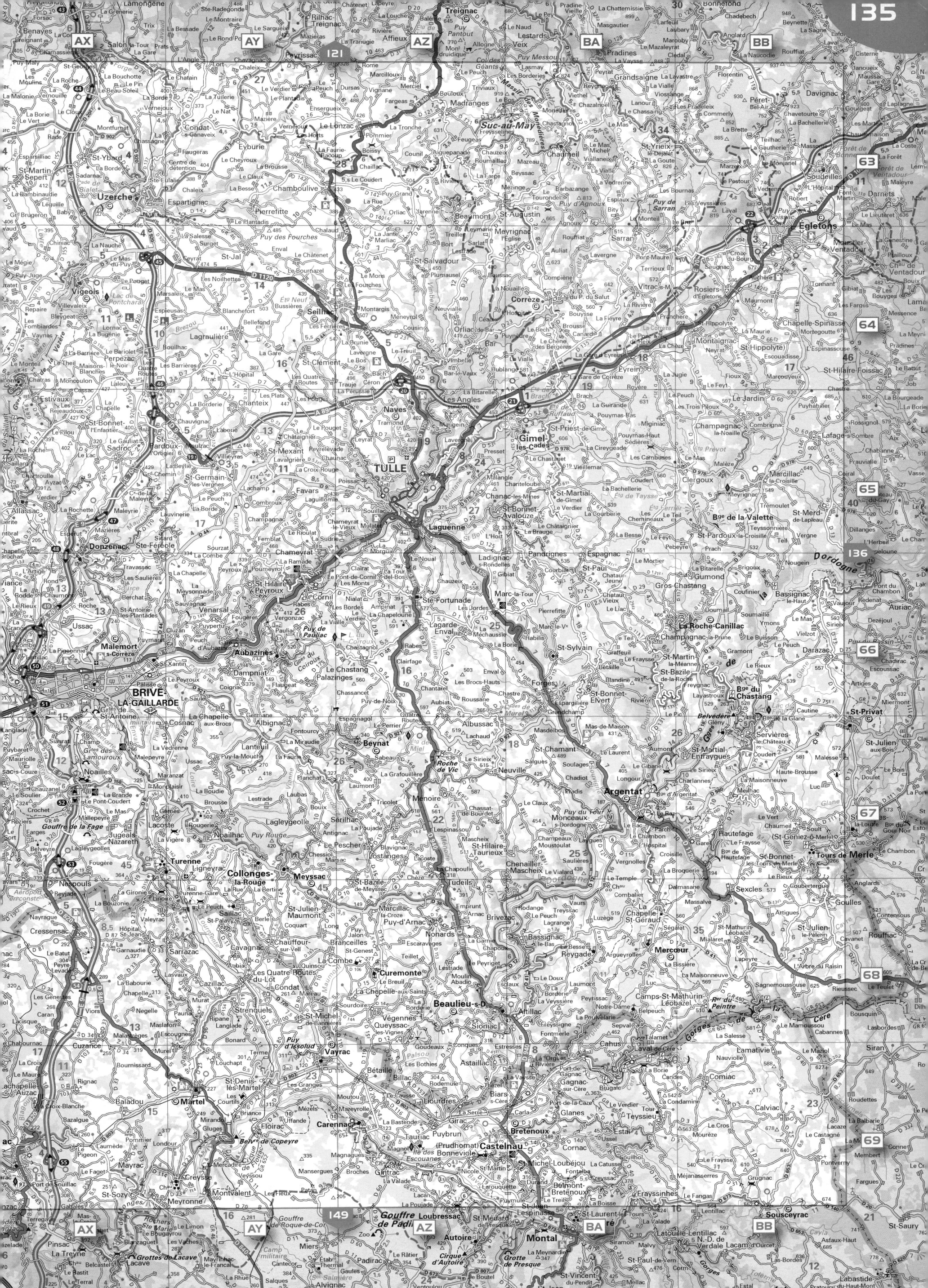

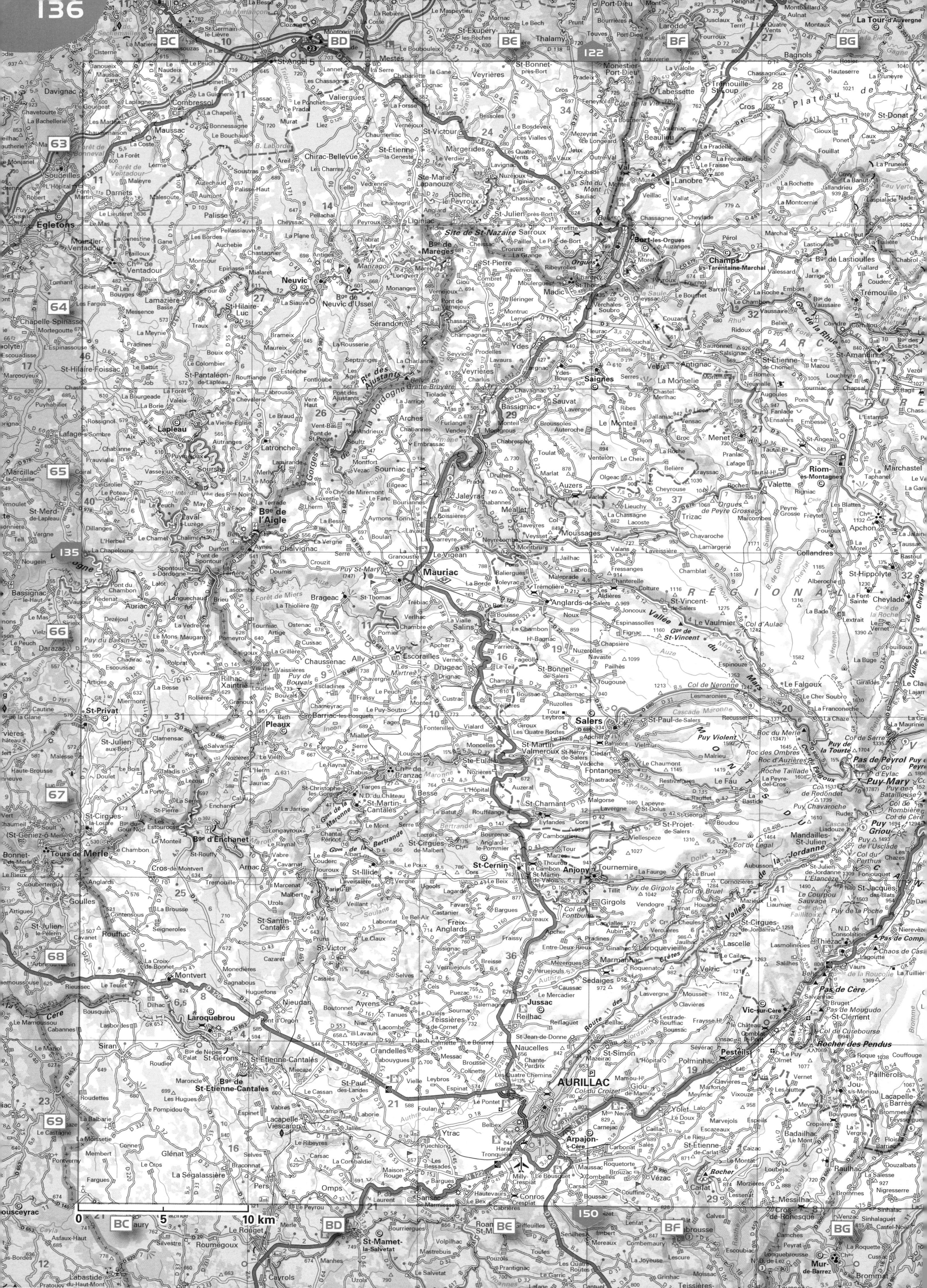

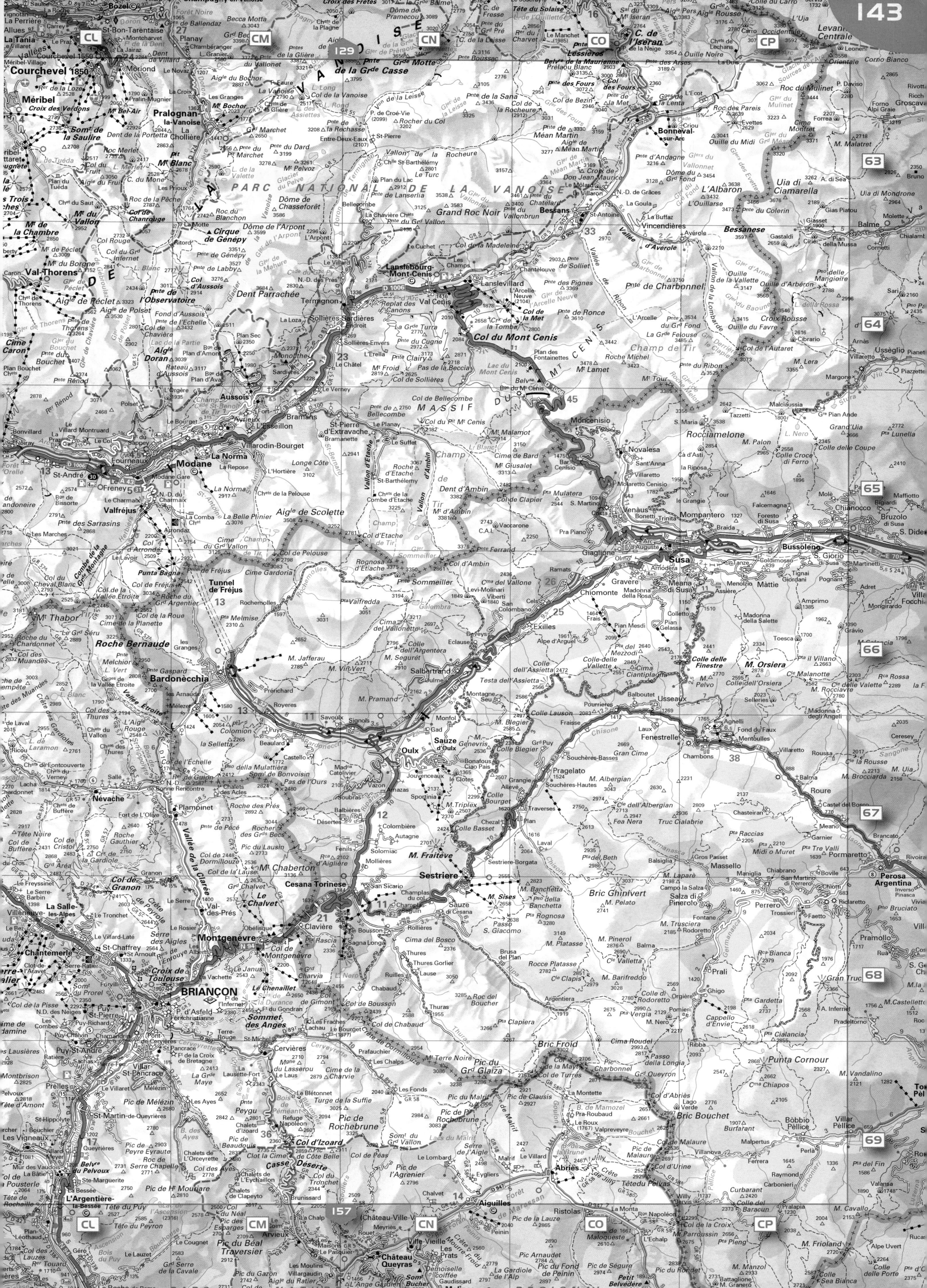

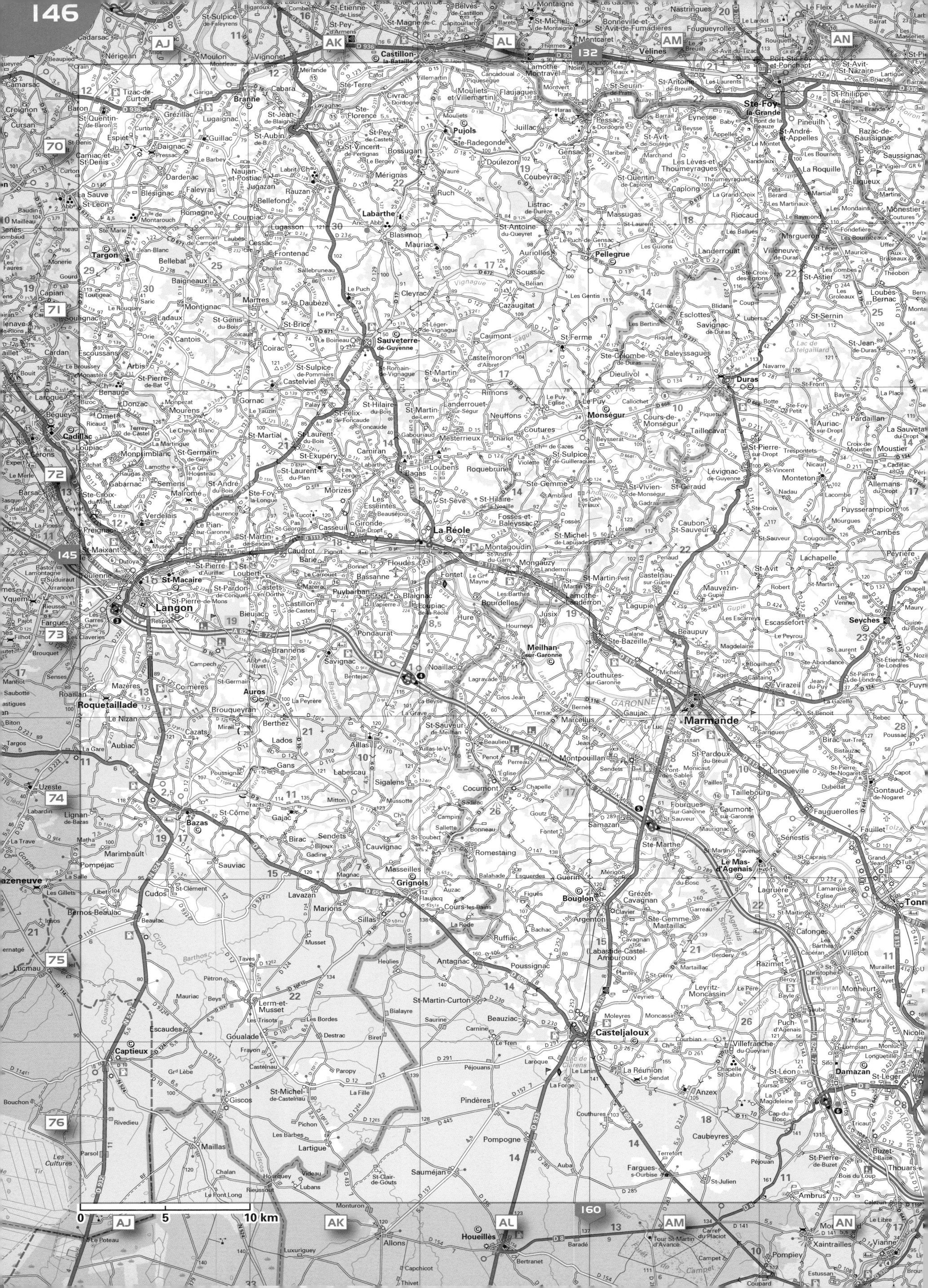

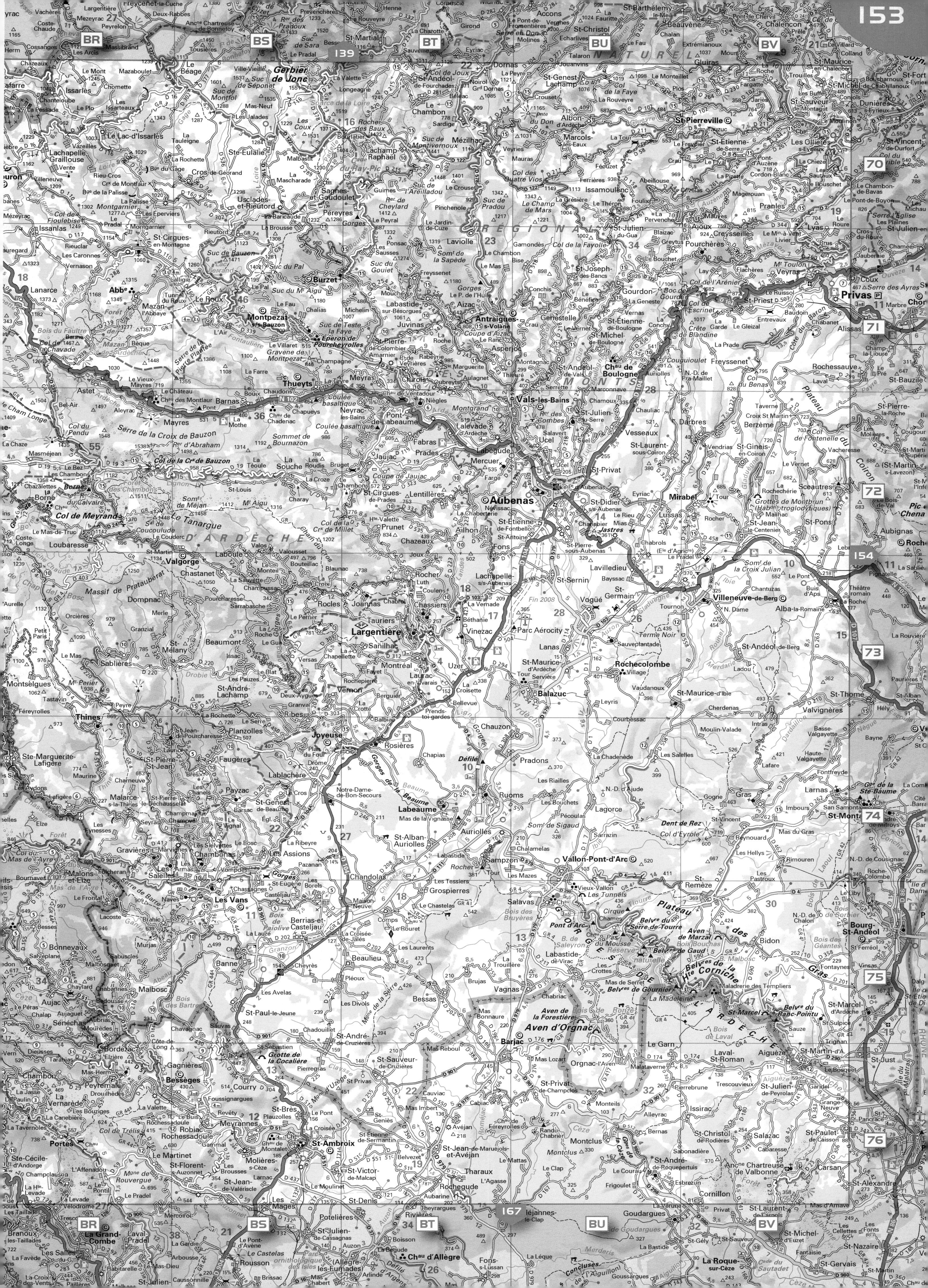

BR BS 139 BT BU BV

Privas

Gerbier de Jonc

Aubenas
Vals-les-Bains
Largentière
Joyeuse
Les Vans
Vallon-Pont-d'Arc
Aven d'Orgnac
Barjac
Villeneuve-de-Berg
Bourg-St-Andéol

BR BS BT 167 BU BV

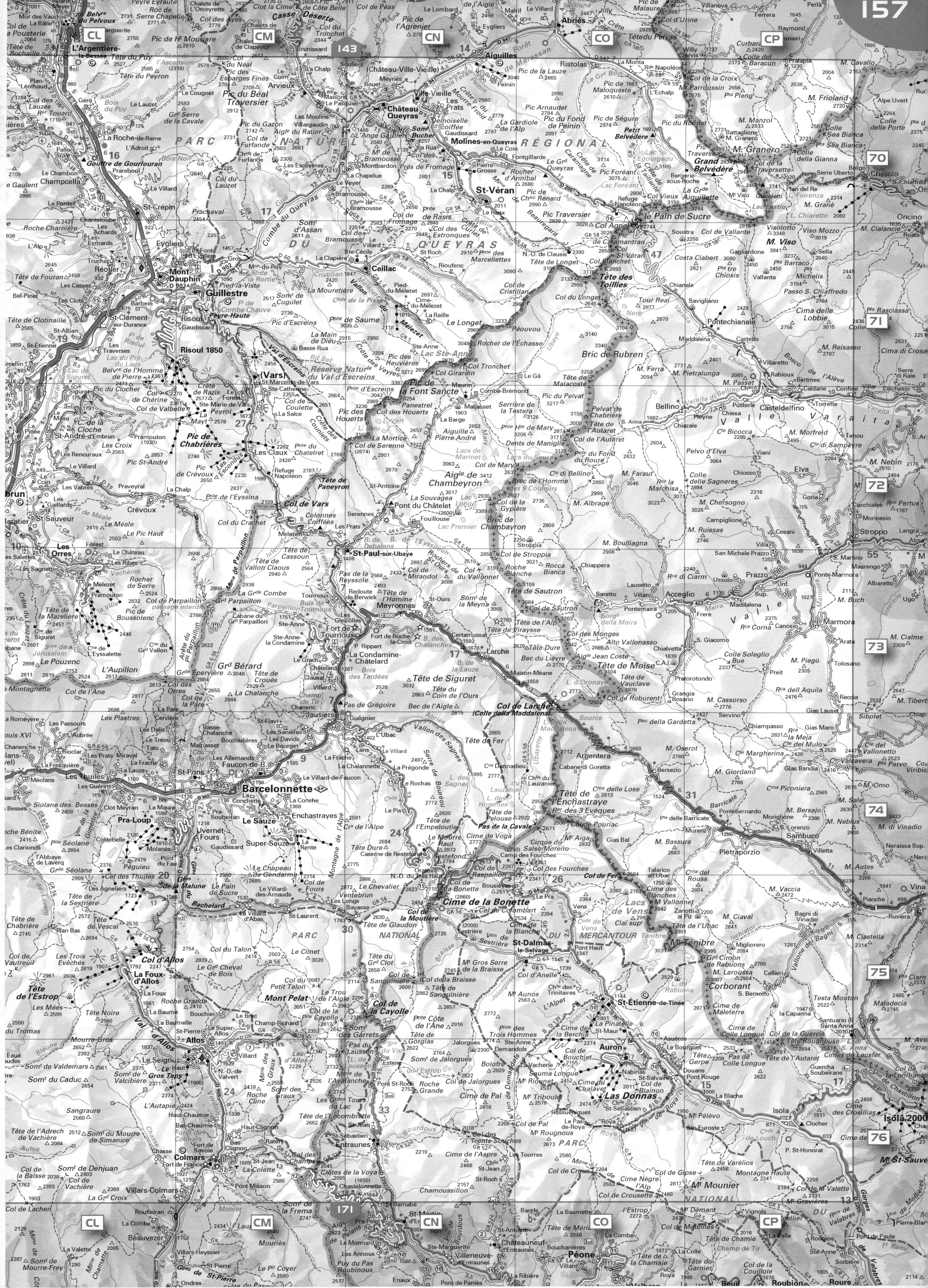

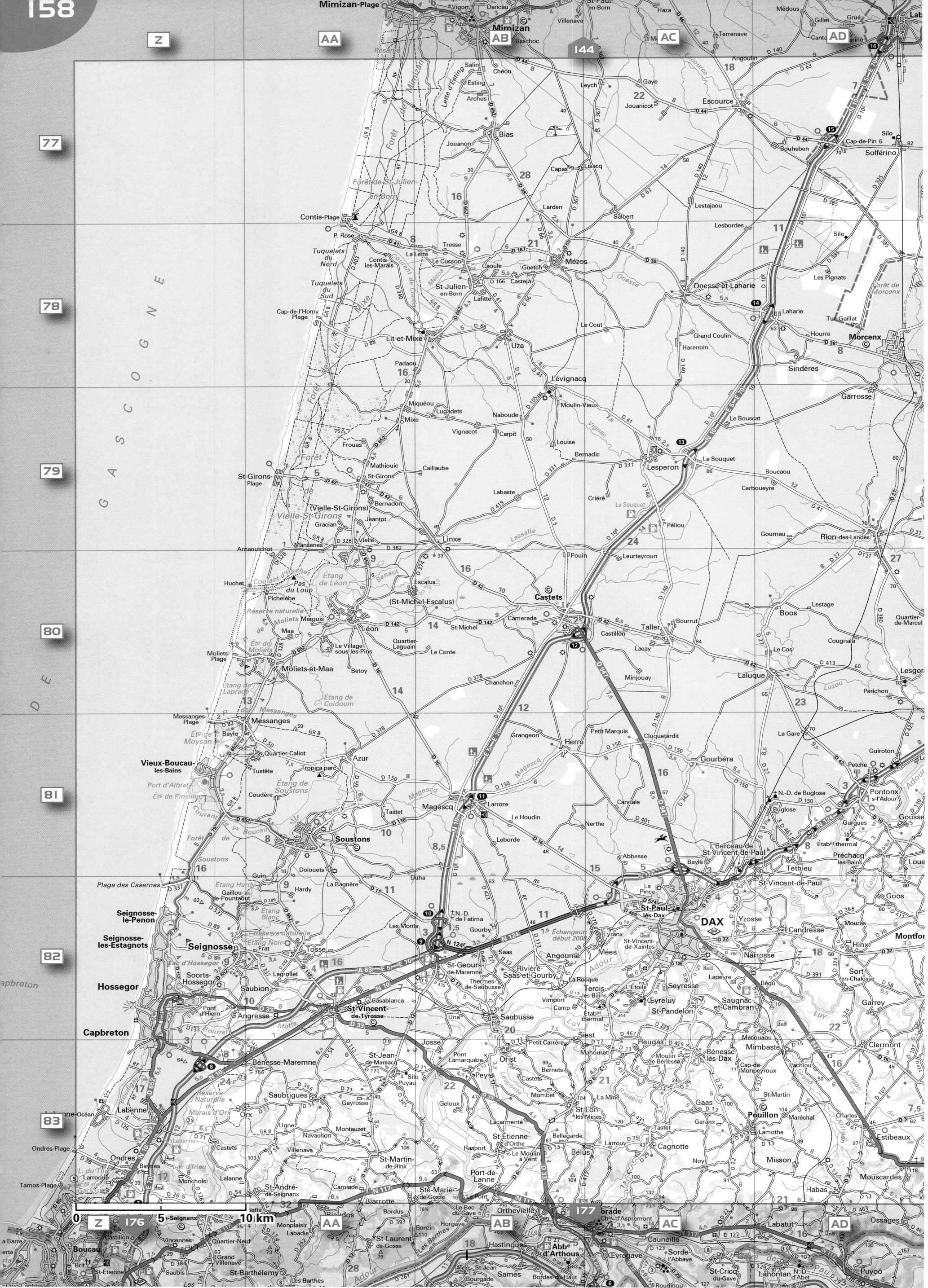

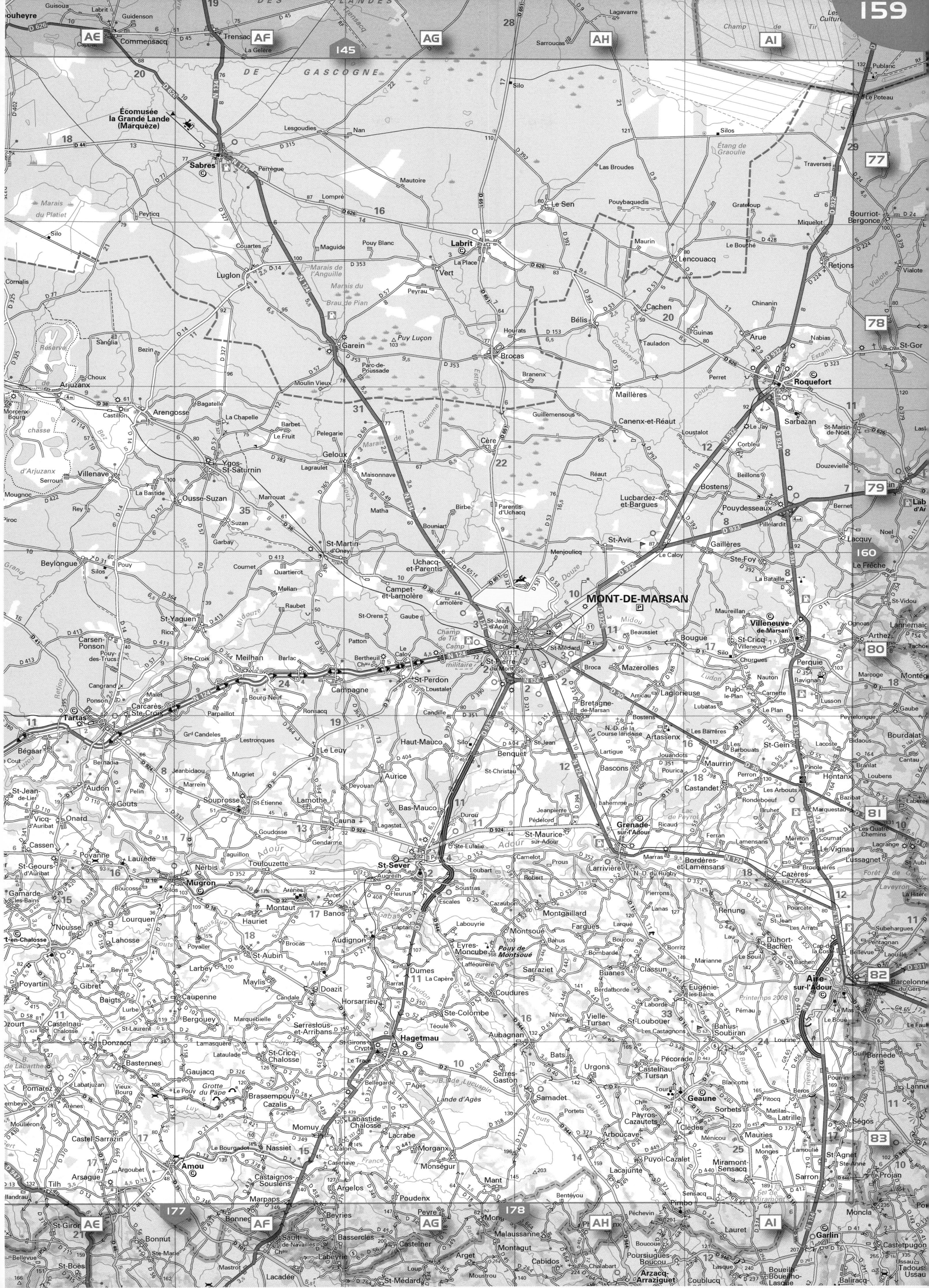

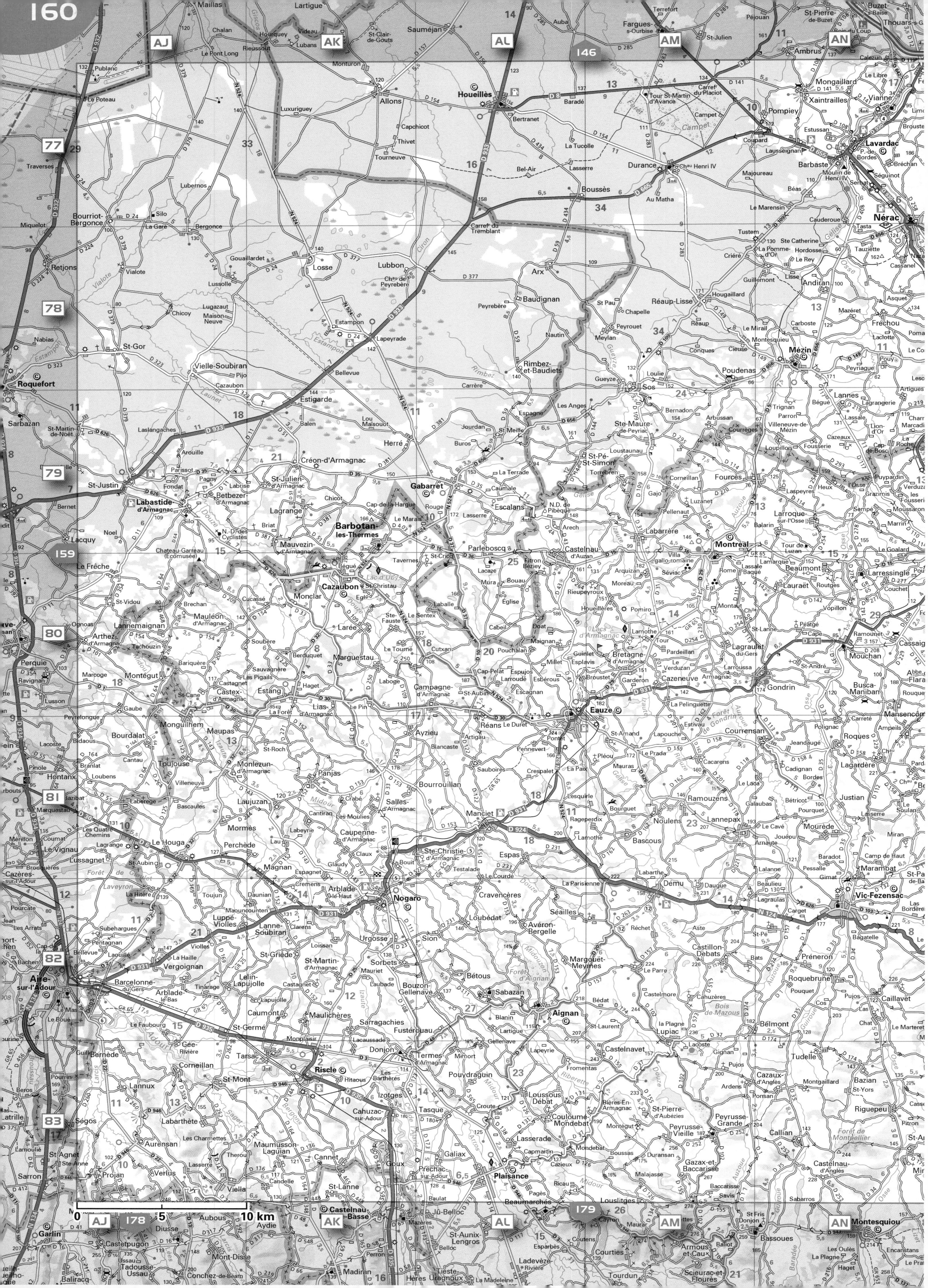

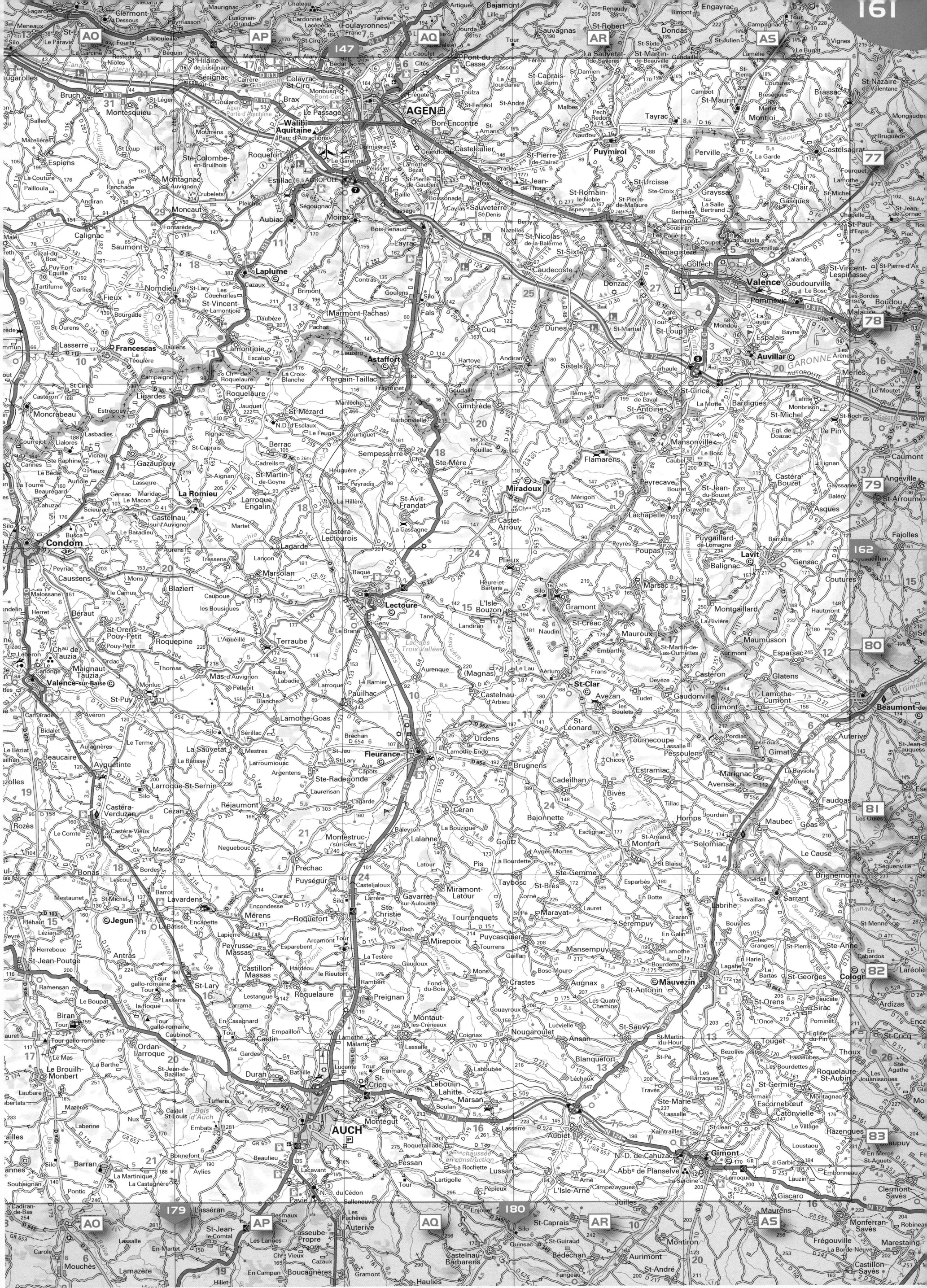

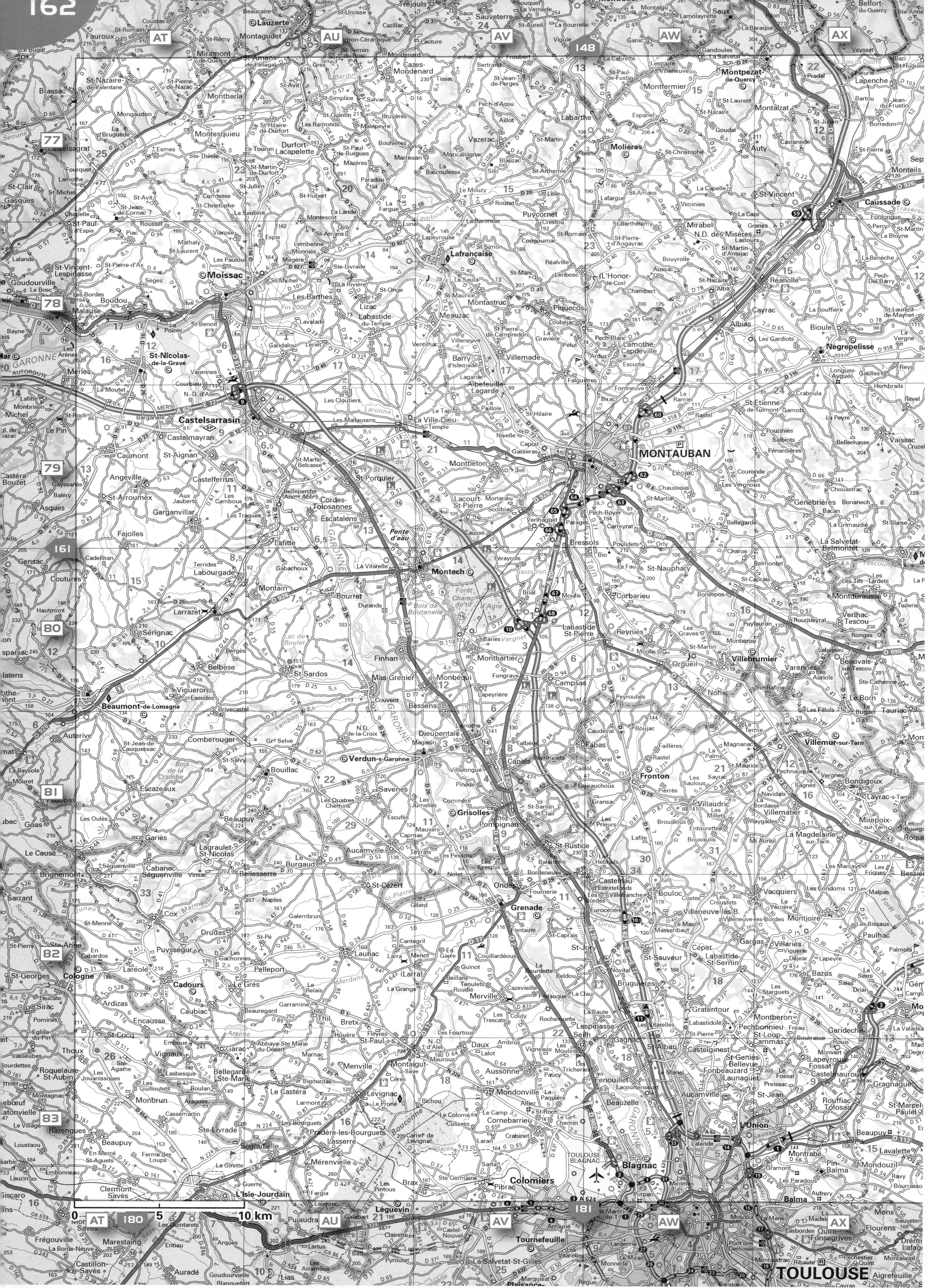

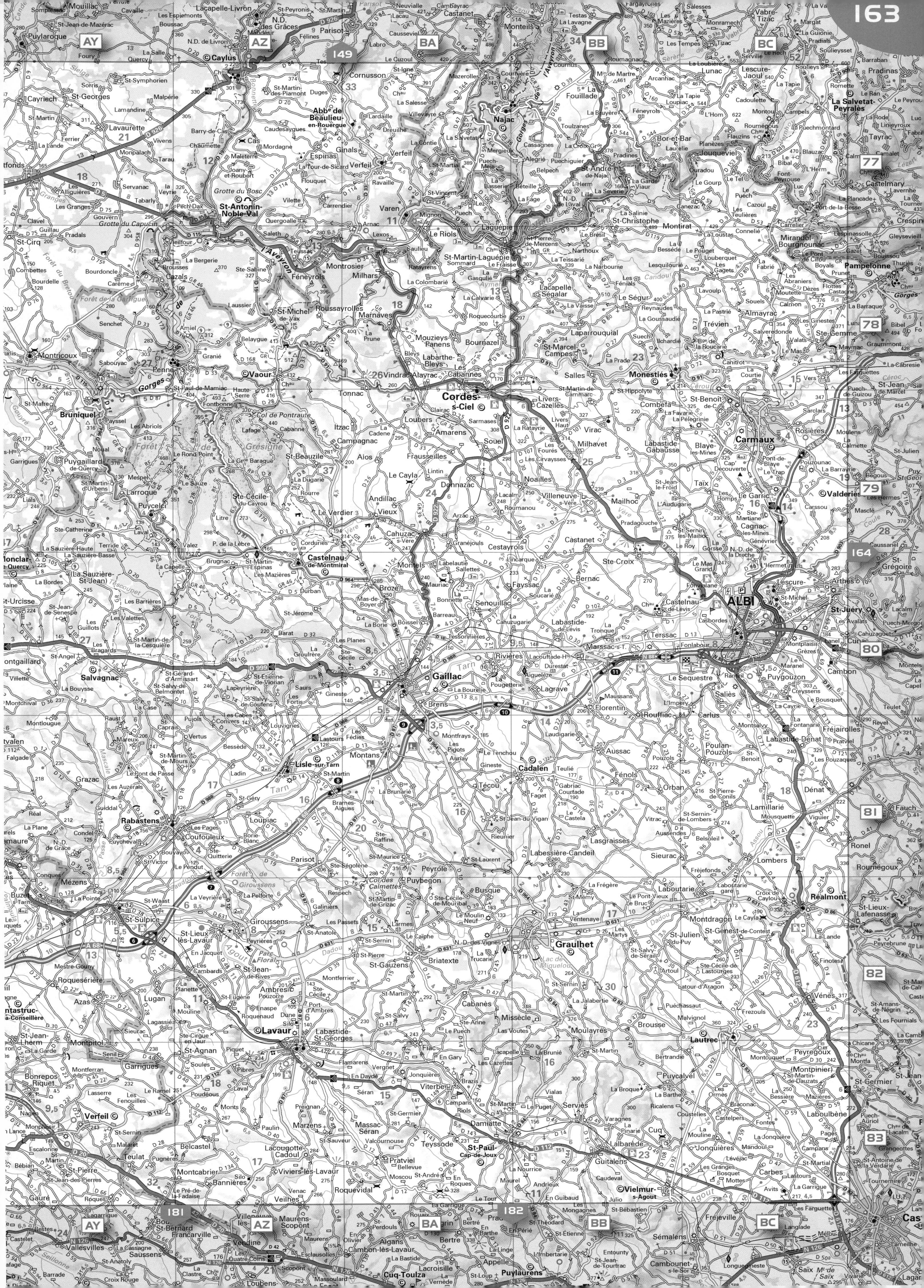

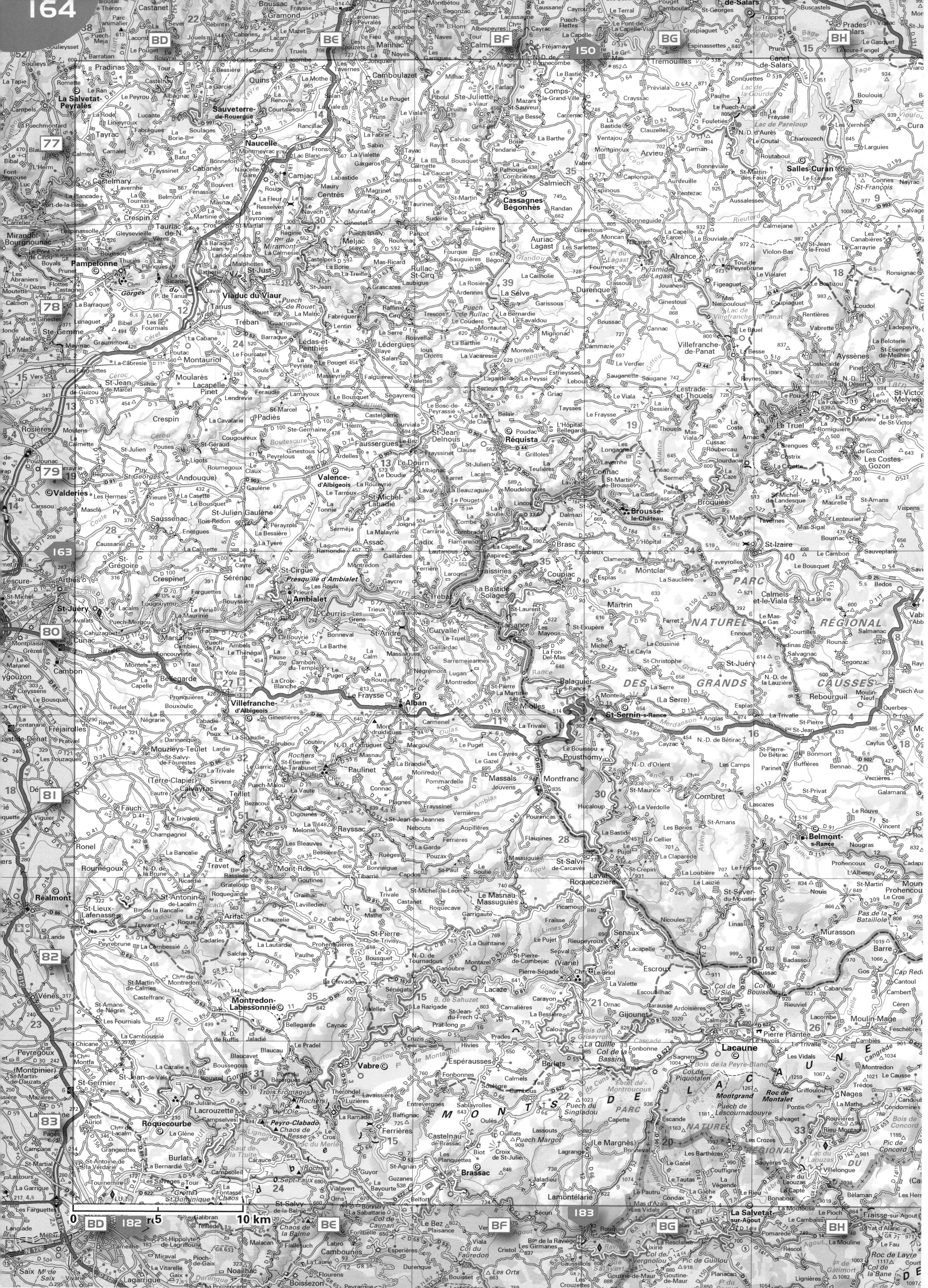

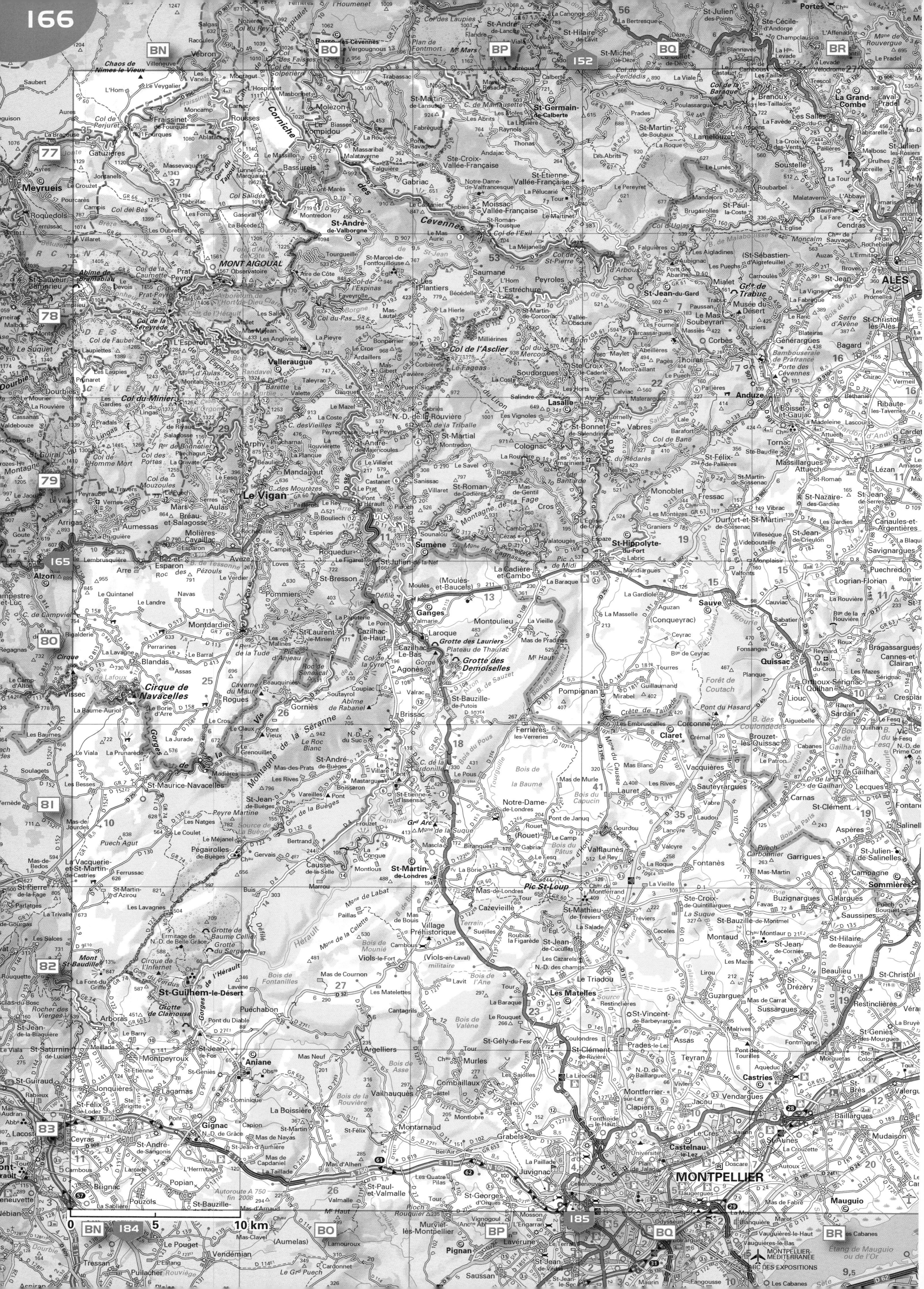

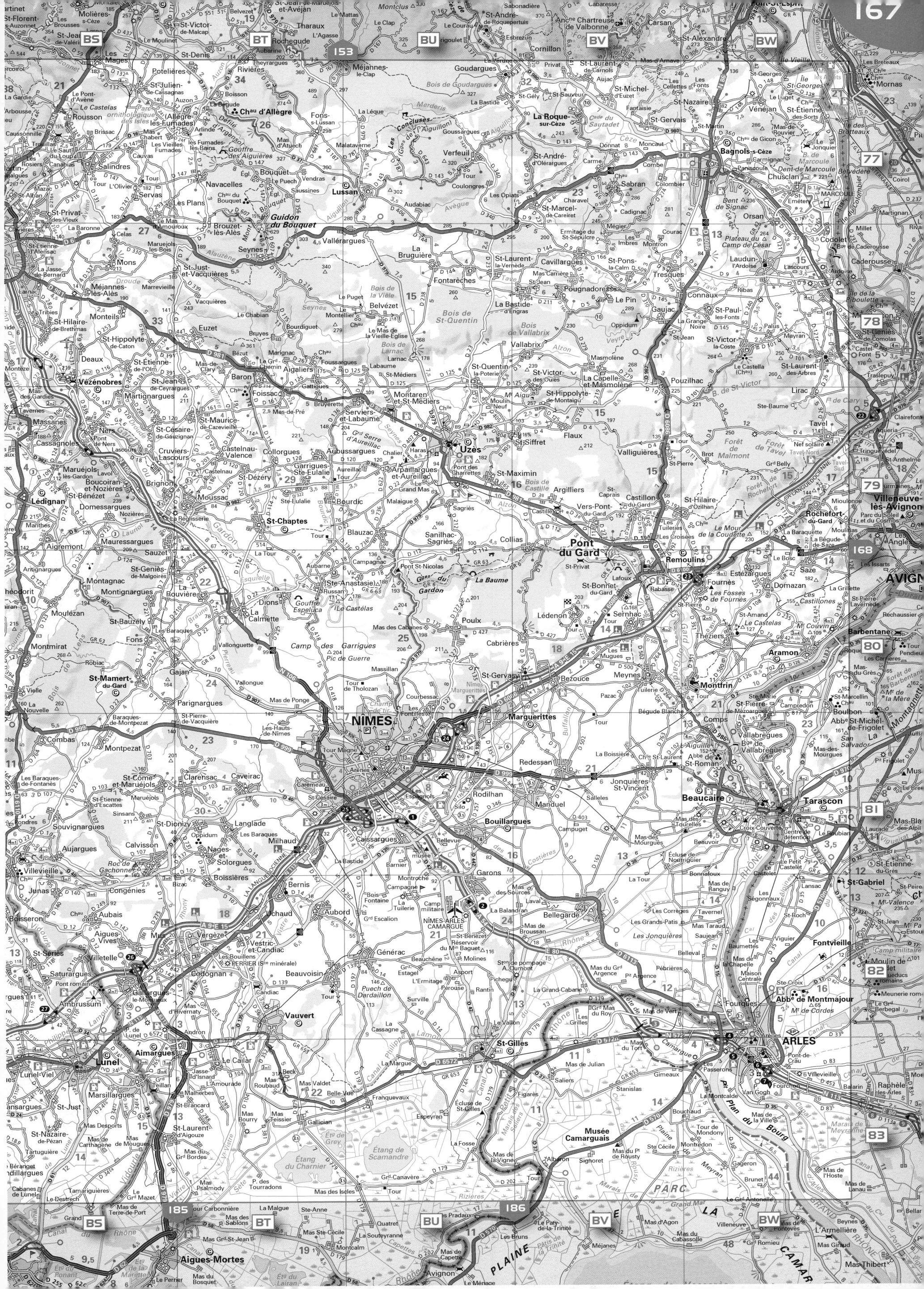

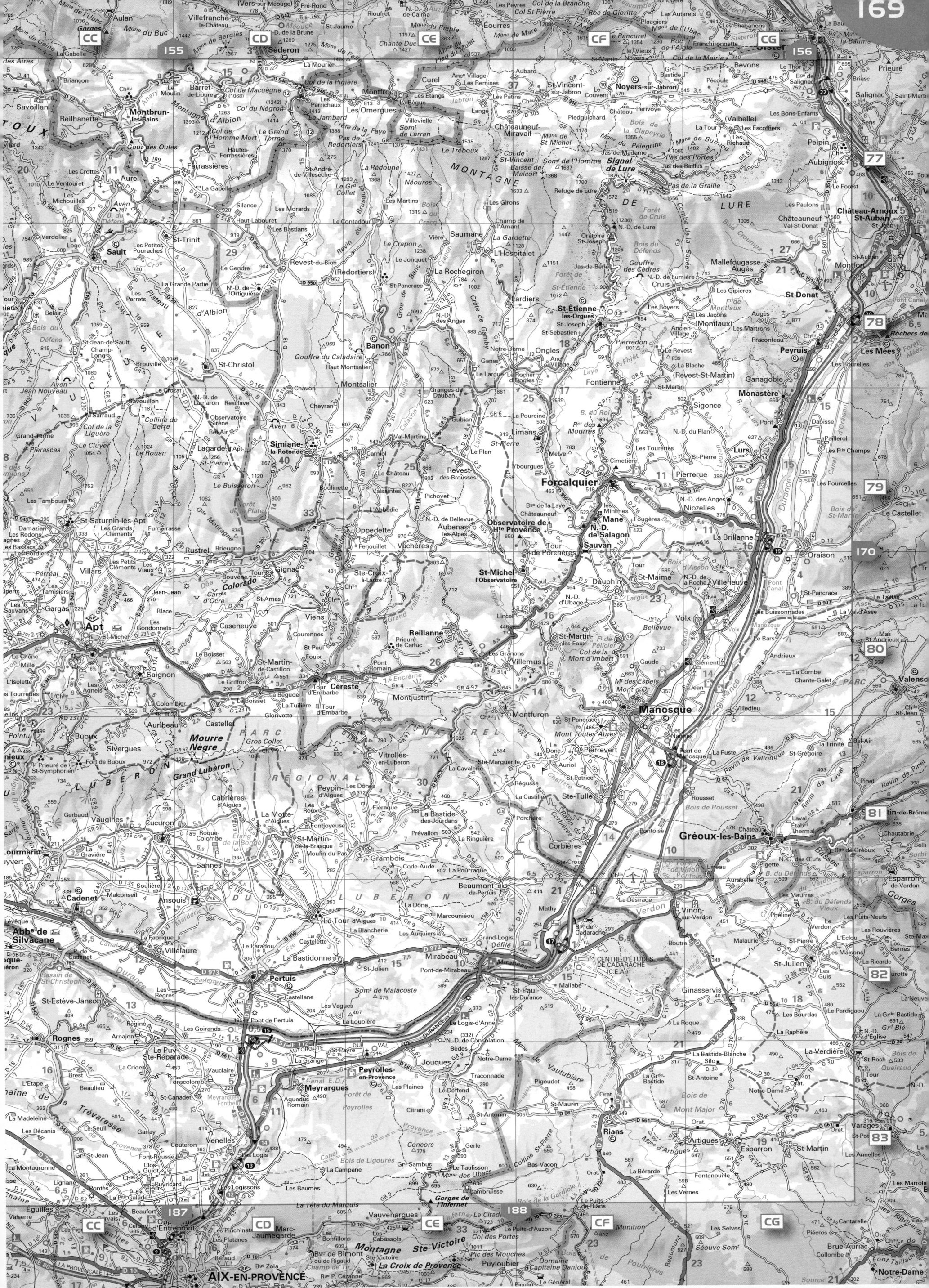

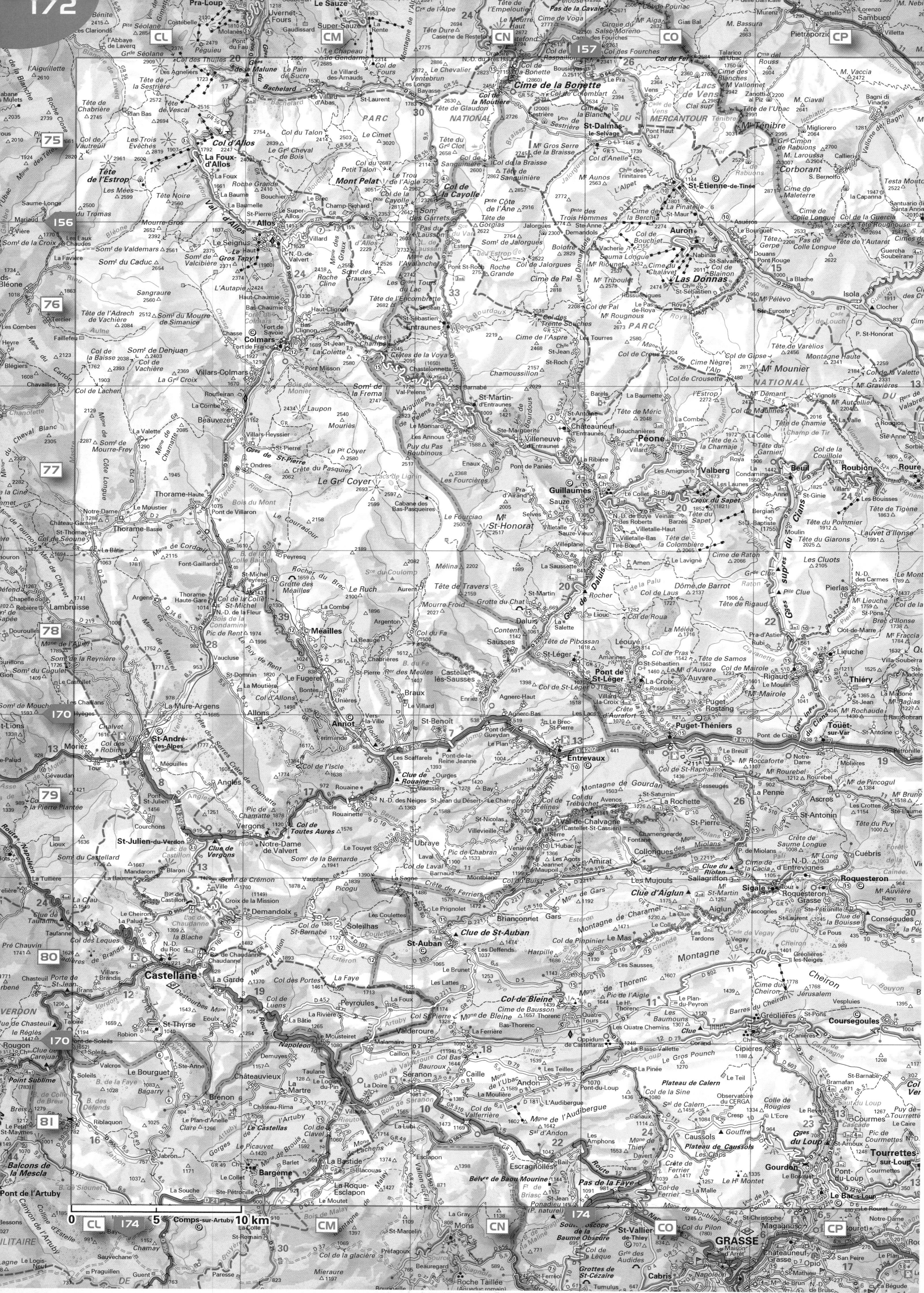

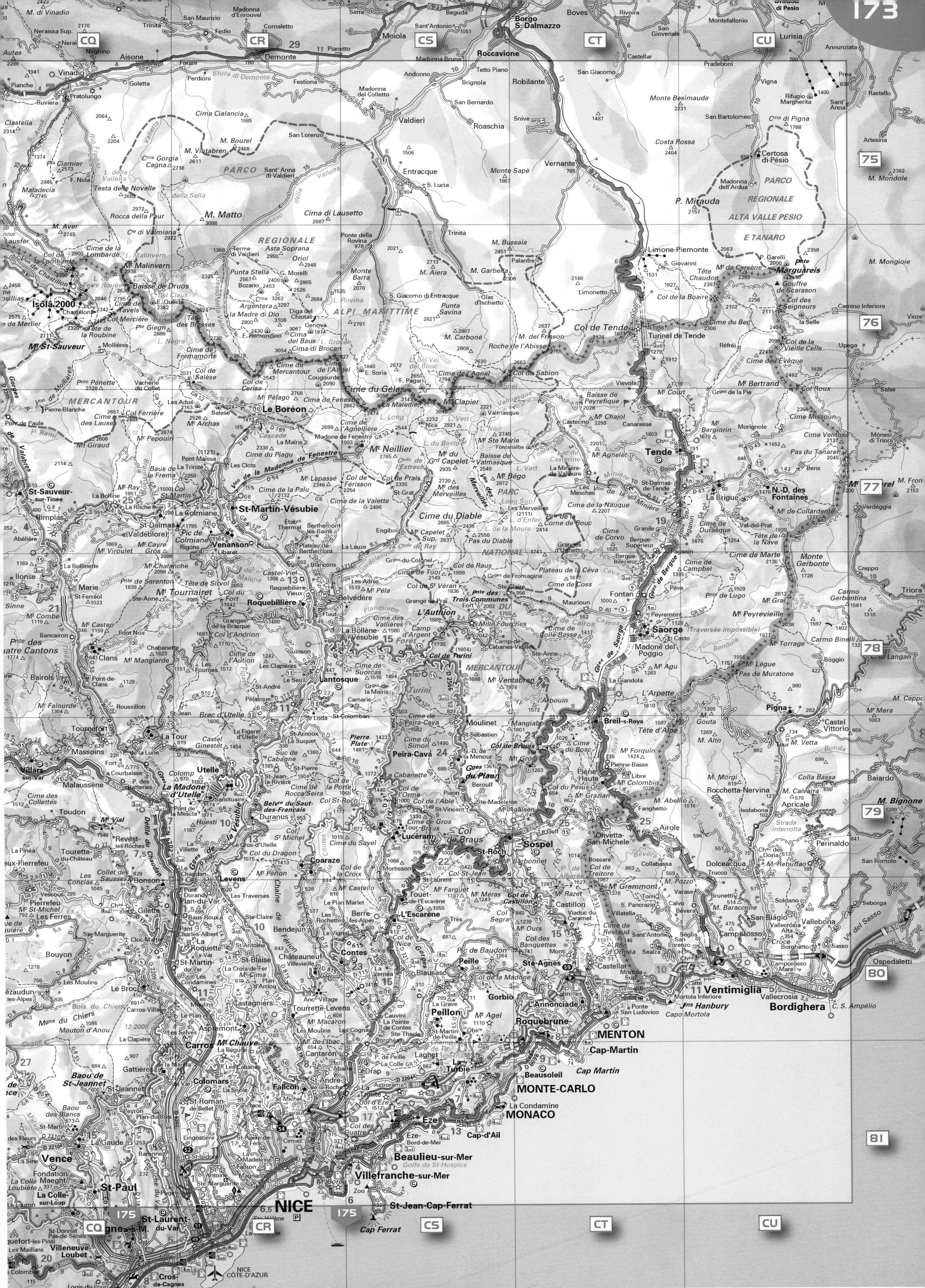

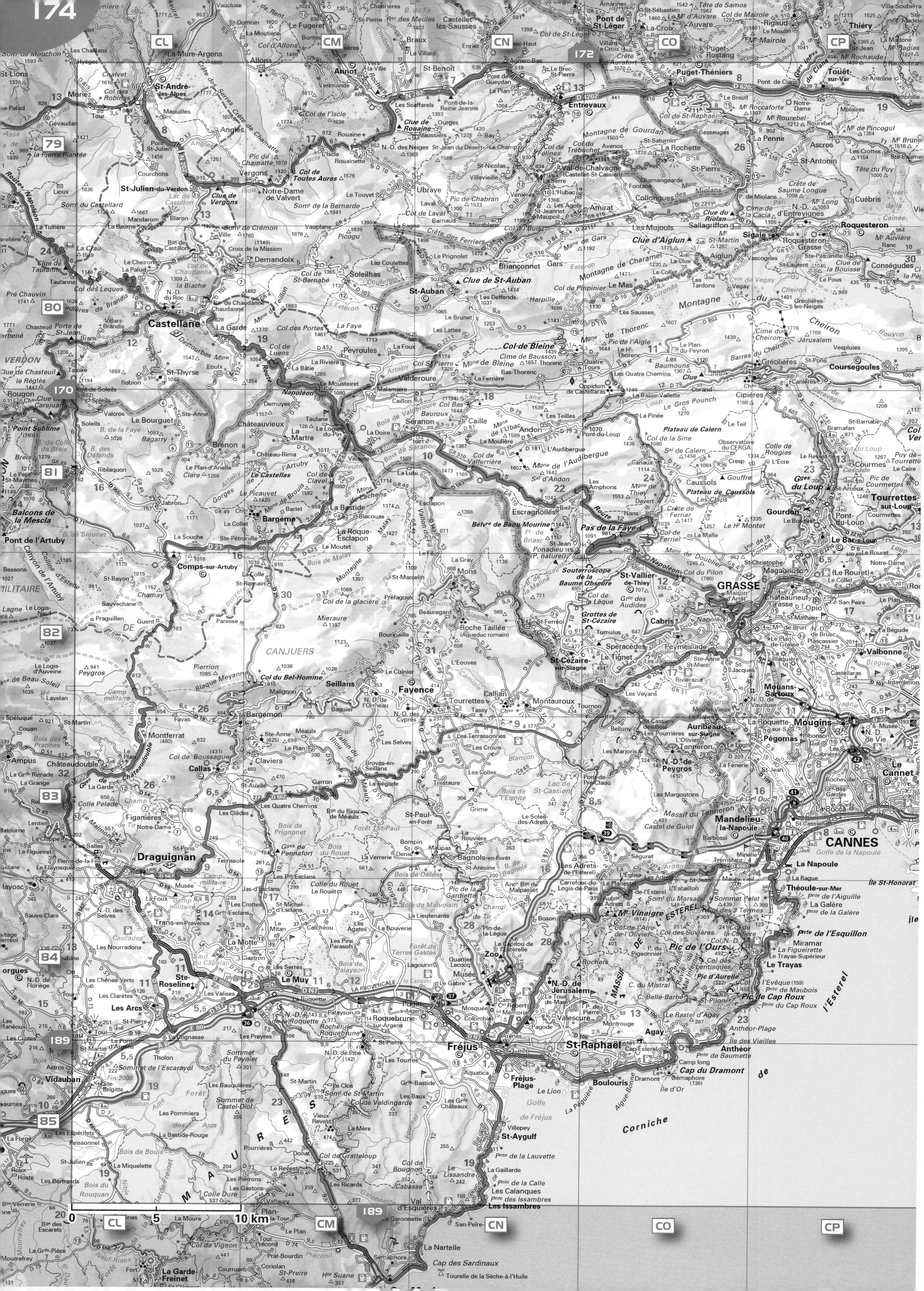

Pouillon — Peyrehorade — Amou — Orthez — Salies-de-Béarn — Sauveterre-de-Béarn — St-Palais — Navarrenx — Mourenx — Lagor — Monein — Mauléon-Licharre — L'Hôpital-St-Blaise — Oloron-Ste-Marie — Aramits — Tardets-Sorholus — Bidache — Iholdy

Grid references: AB 20, AC 158, AD, AE 159, AF — 83, 84, 85, 178, 86, 87, 88, 89 — AB 191, AC, AD, AE, AF

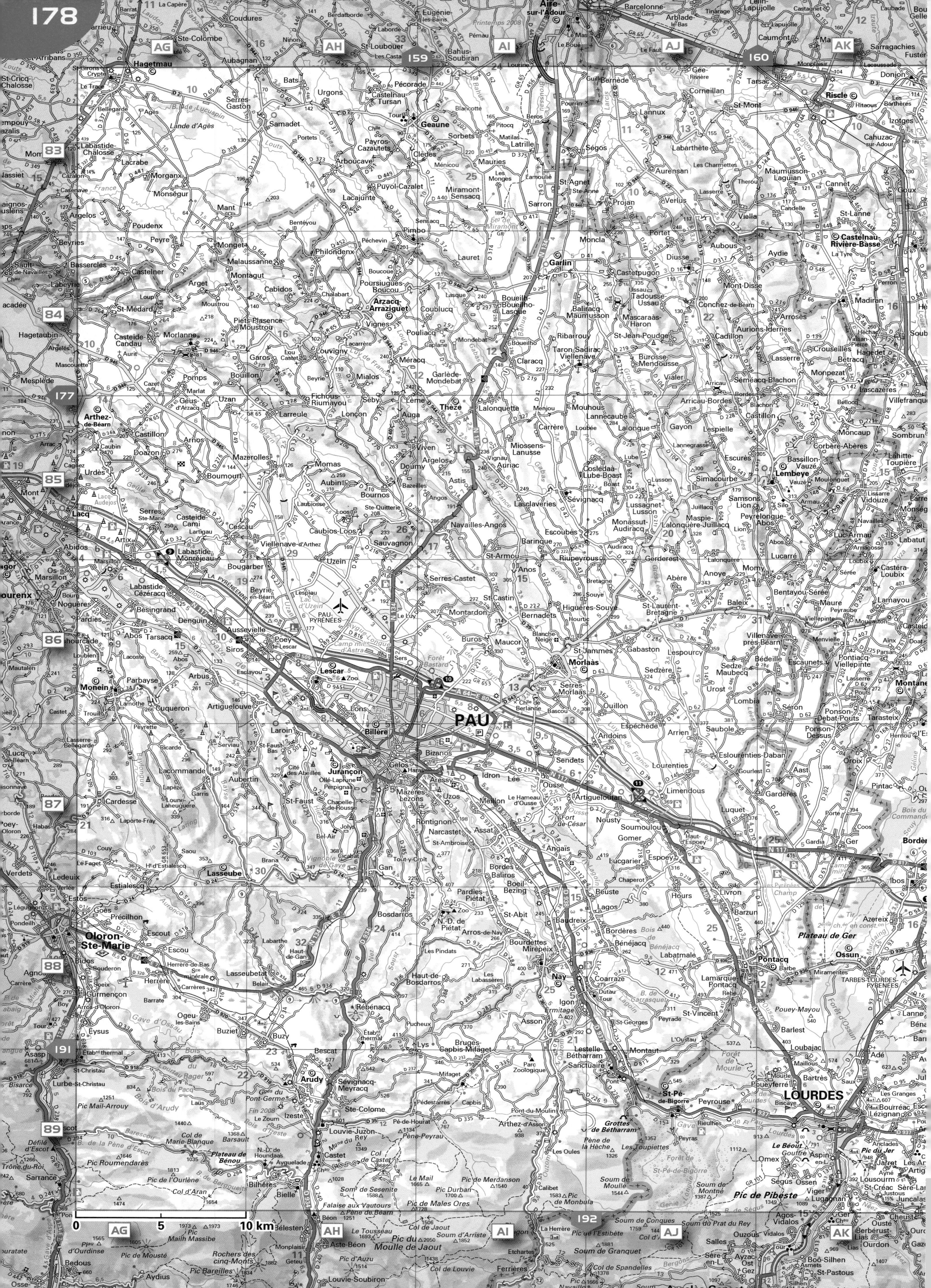

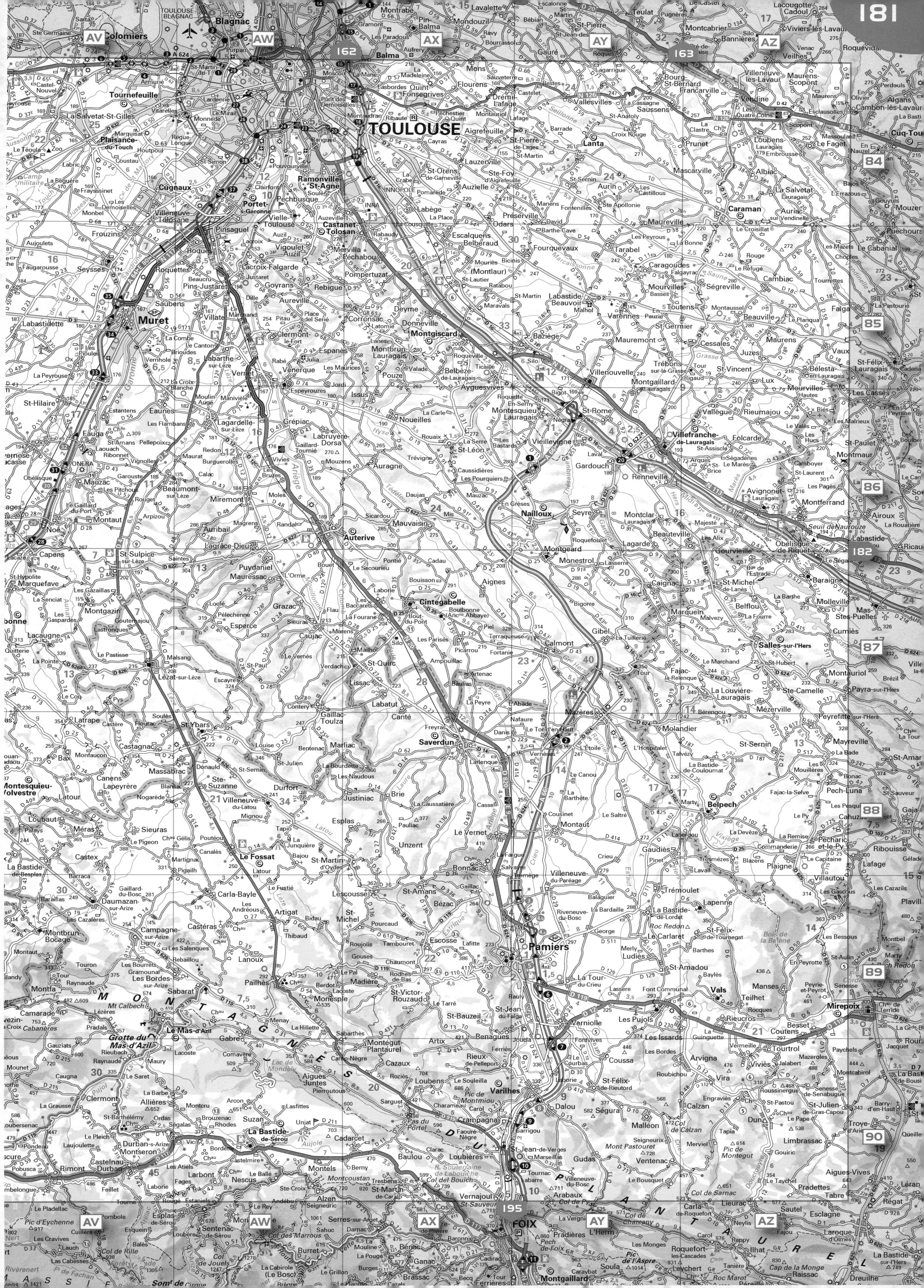

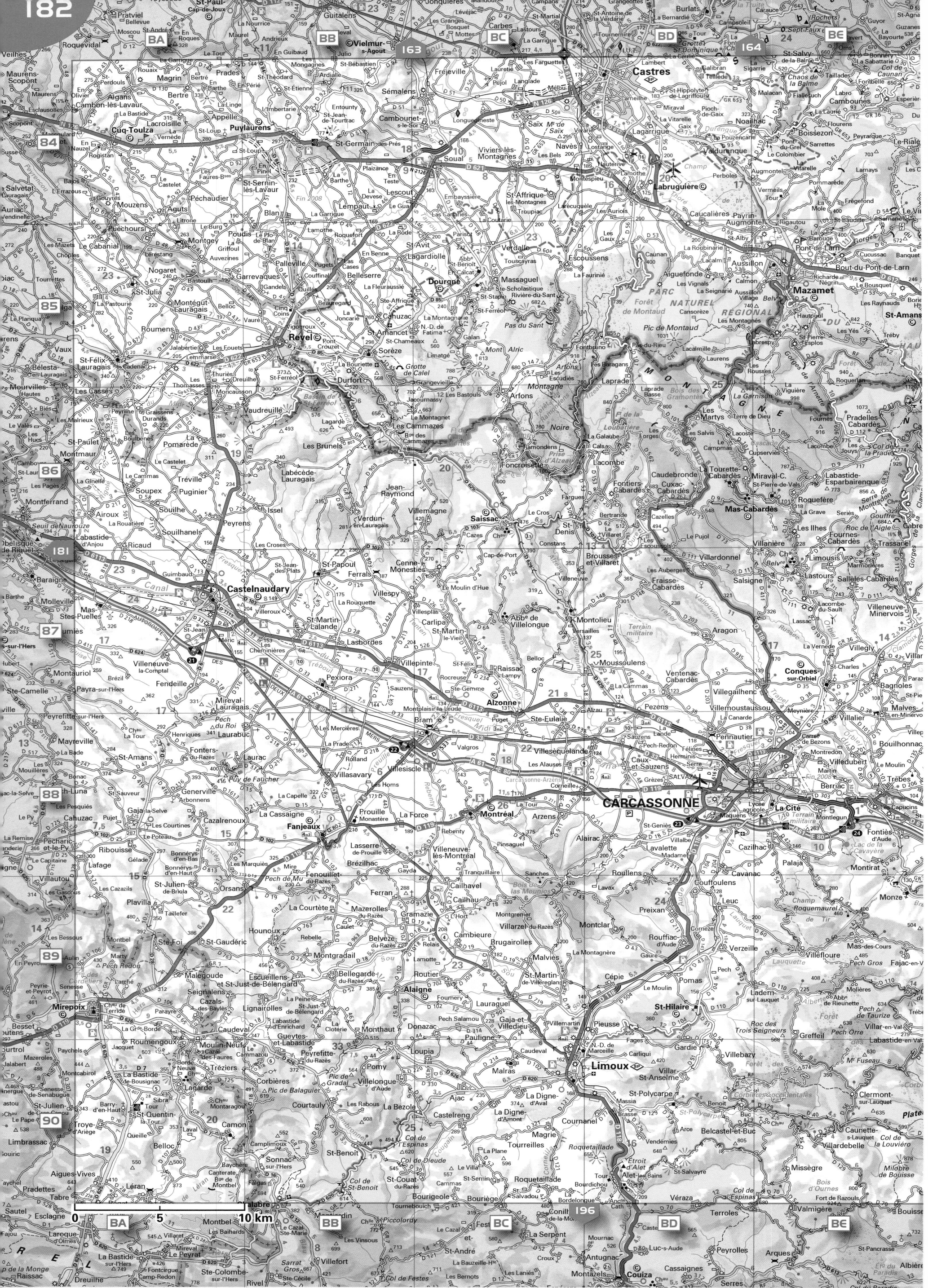

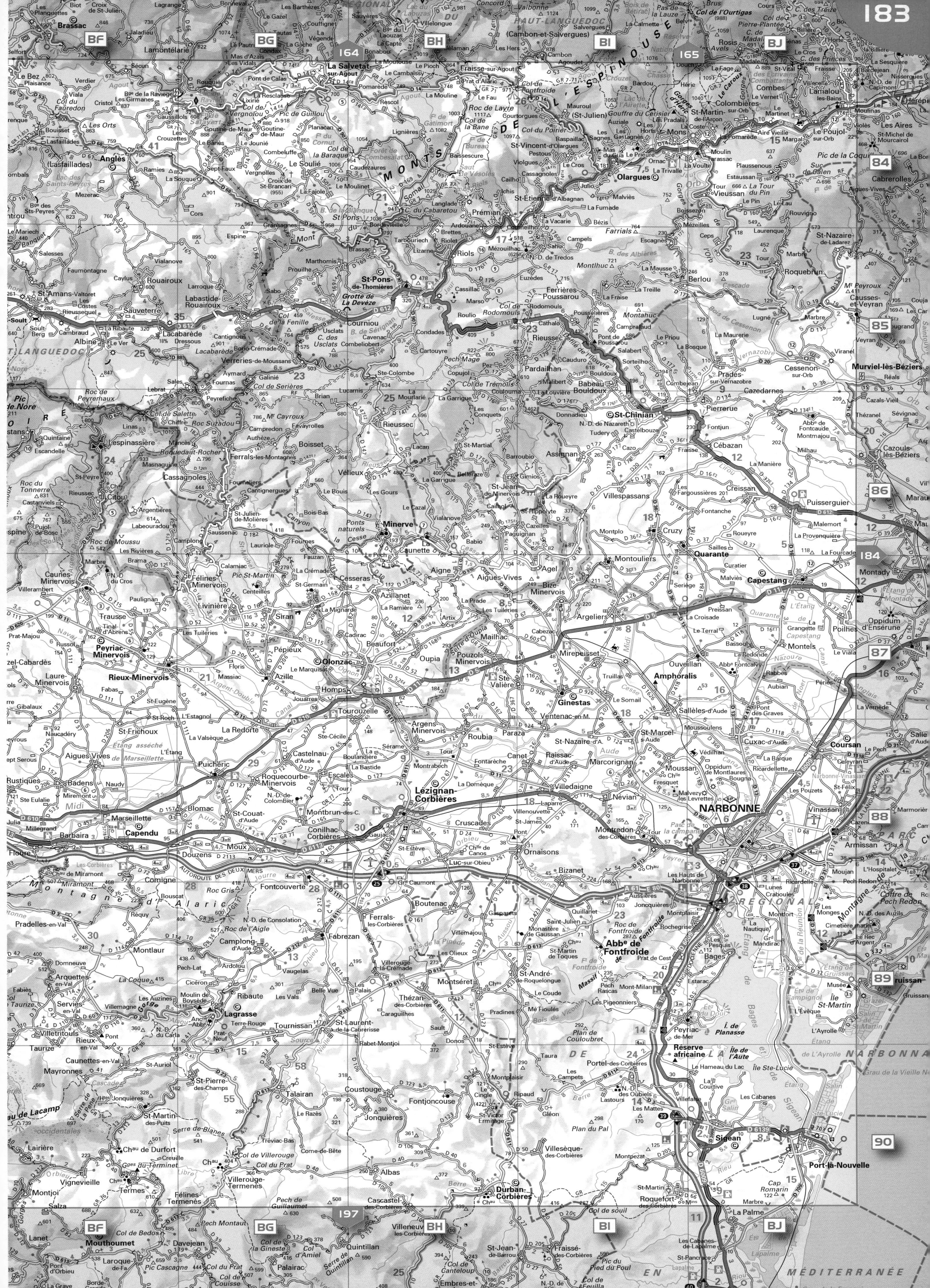

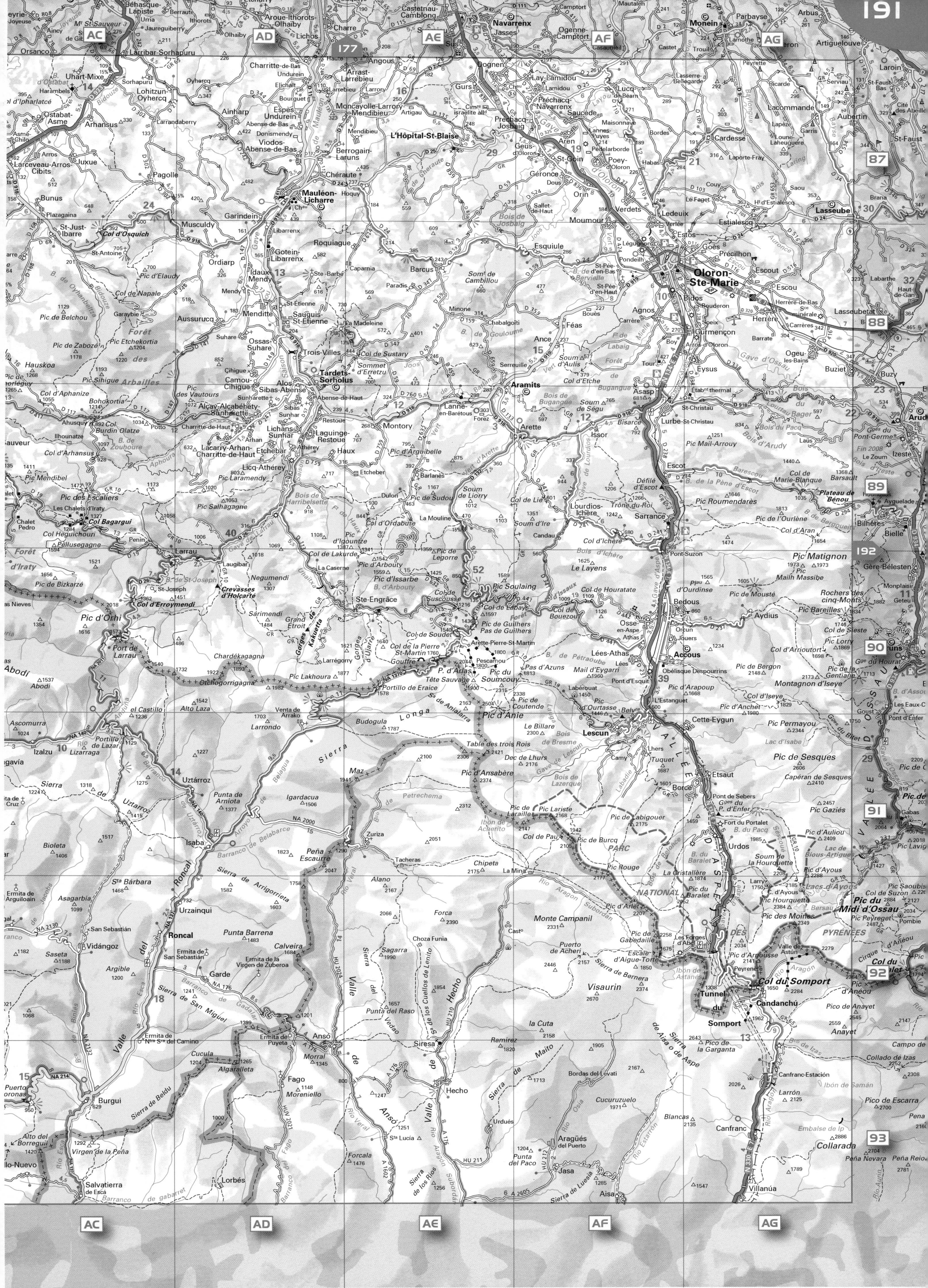

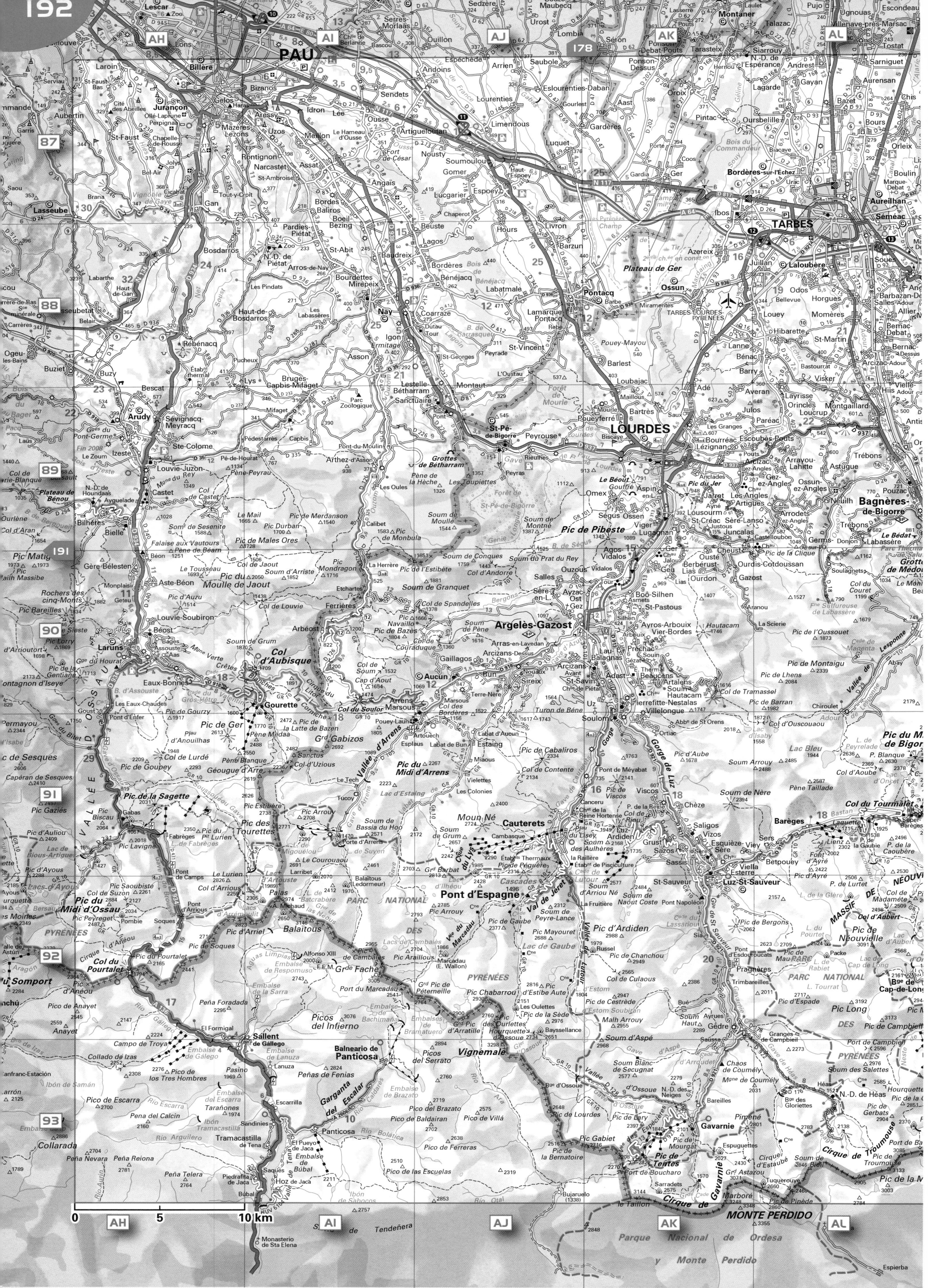

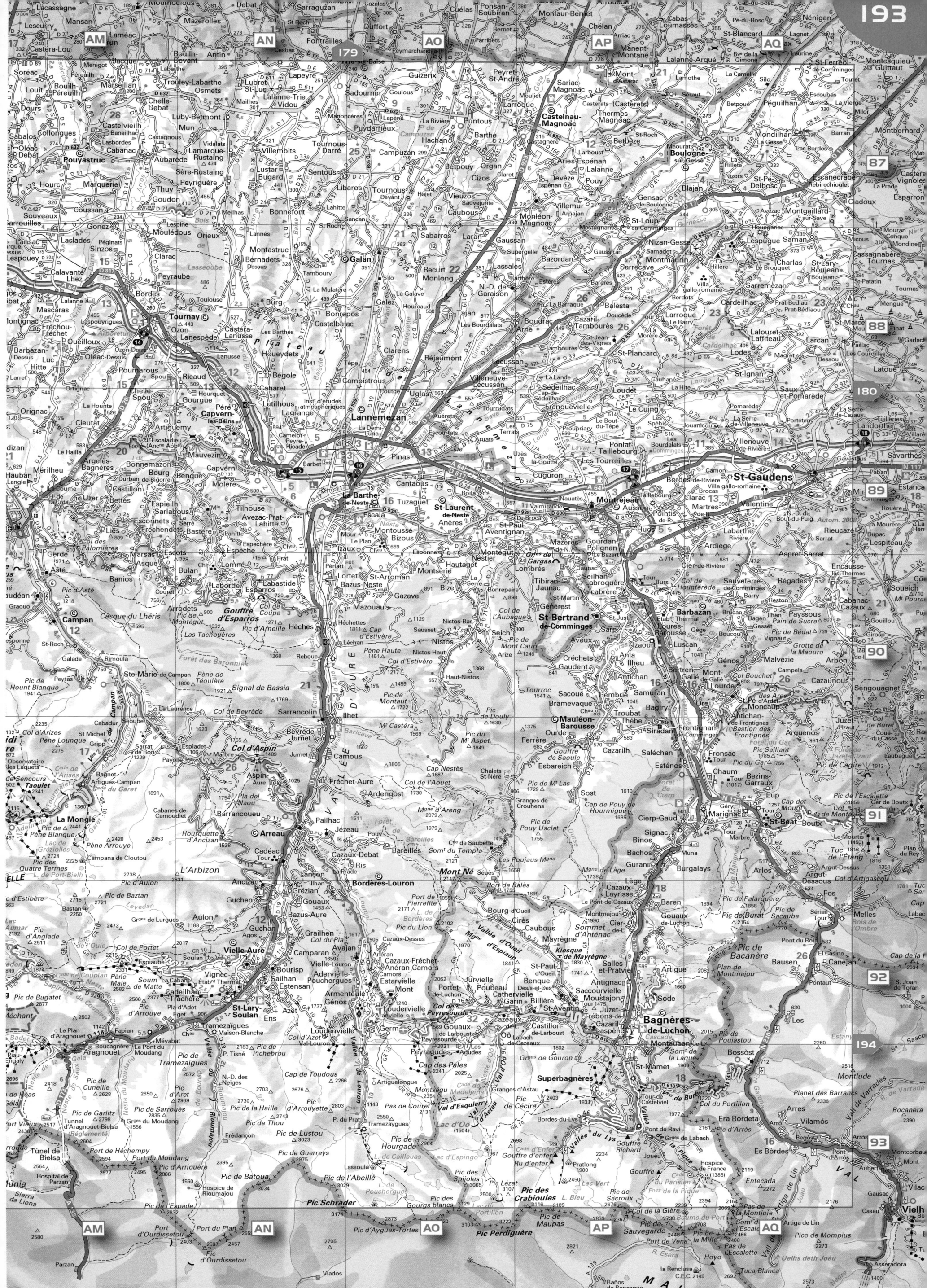

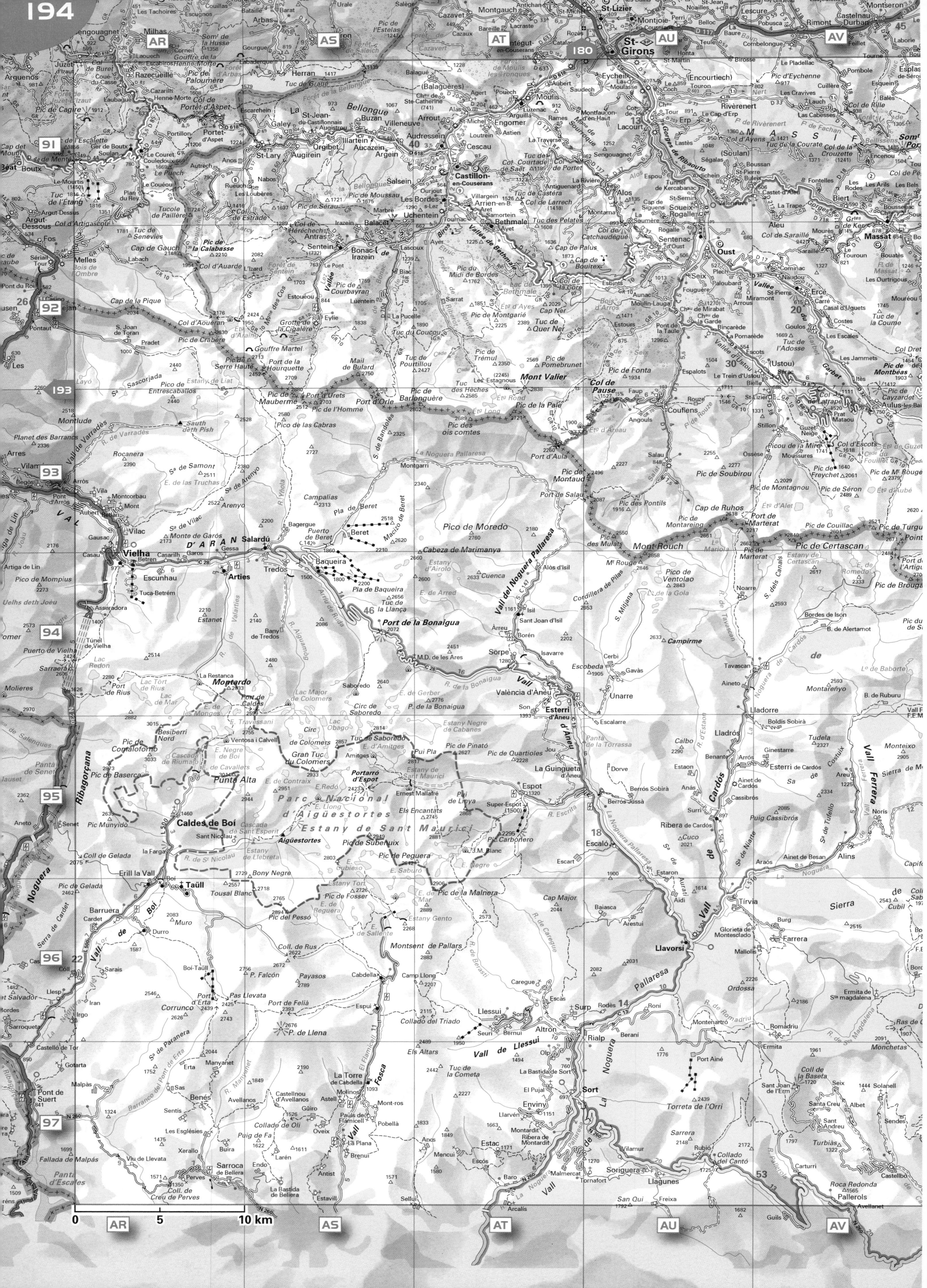

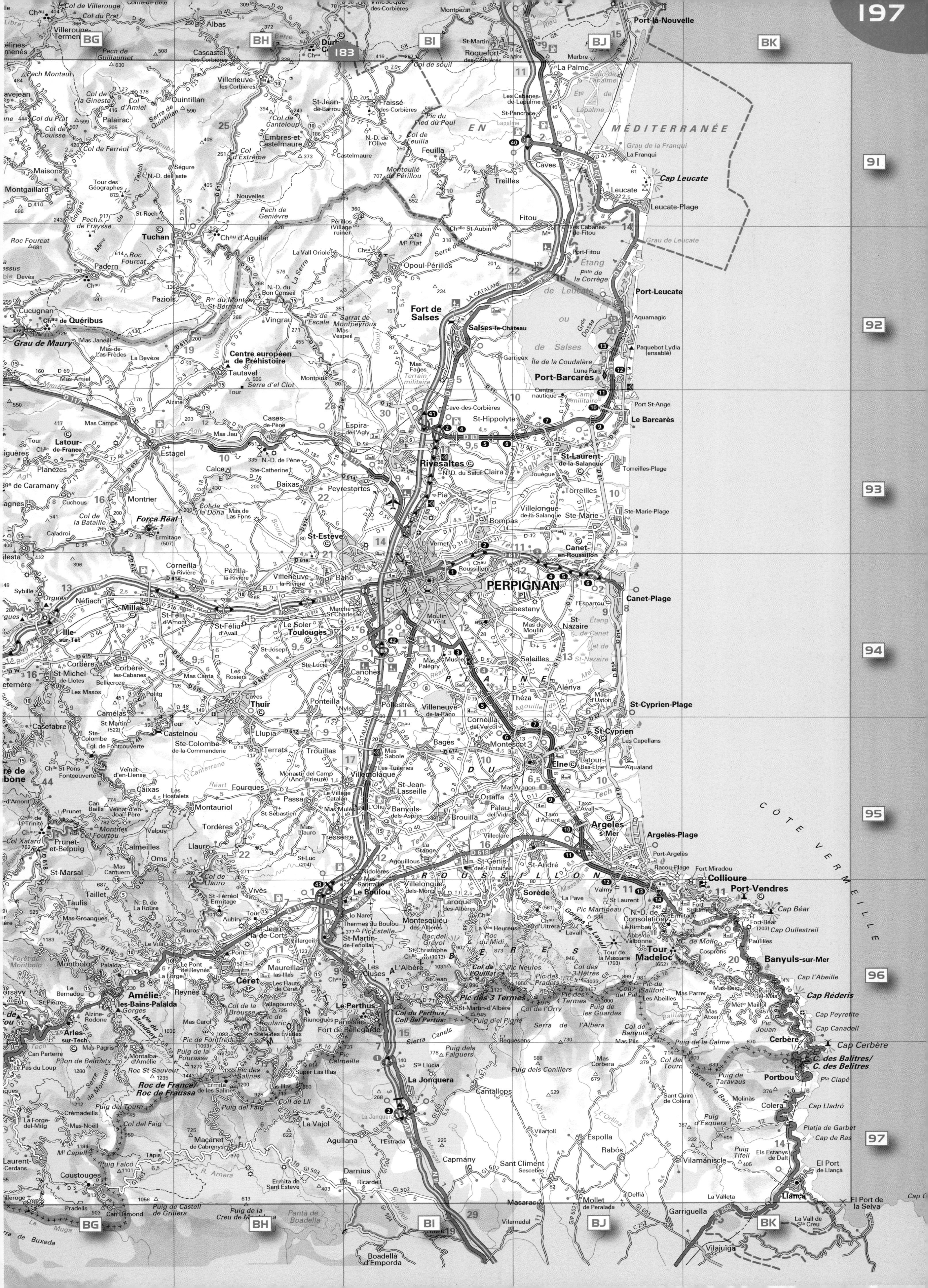

MÉDITERRANÉE
CÔTE VERMEILLE
PERPIGNAN
Port-la-Nouvelle
La Palme
Leucate
Cap Leucate
Leucate-Plage
Port-Leucate
Fitou
Salses-le-Château
Fort de Salses
Port-Barcarès
Le Barcarès
Rivesaltes
St-Laurent-de-la-Salanque
Torreilles-Plage
Ste-Marie-Plage
Canet-en-Roussillon
Canet-Plage
St-Cyprien-Plage
St-Cyprien
Elne
Argelès-sur-Mer
Argelès-Plage
Collioure
Port-Vendres
Banyuls-sur-Mer
Cerbère
Cap Cerbère
Portbou
Colera
Llançà
El Port de la Selva
Le Boulou
Le Perthus
La Jonquera
Céret
Amélie-les-Bains-Palalda
Arles-sur-Tech
Thuir
Millas
Ille-sur-Têt
Estagel
Latour-de-France
Tuchan
Quéribus
Tautavel
Centre européen de Préhistoire
Toulouges
Pia
Cabestany
Saleilles
Alénya
Tour Madeloc
Sorède
Laroque-des-Albères
Montesquieu-des-Albères
Figueres
Maureillas-las-Illas
Roc de France/ Roc de Frausse
Pic des 3 Termes
Col du Perthus/ Coll del Pertús
LA PLAINE DU ROUSSILLON
MONTS ALBÈRES
BG
BH
BI
BJ
BK
183
91
92
93
94
95
96
97

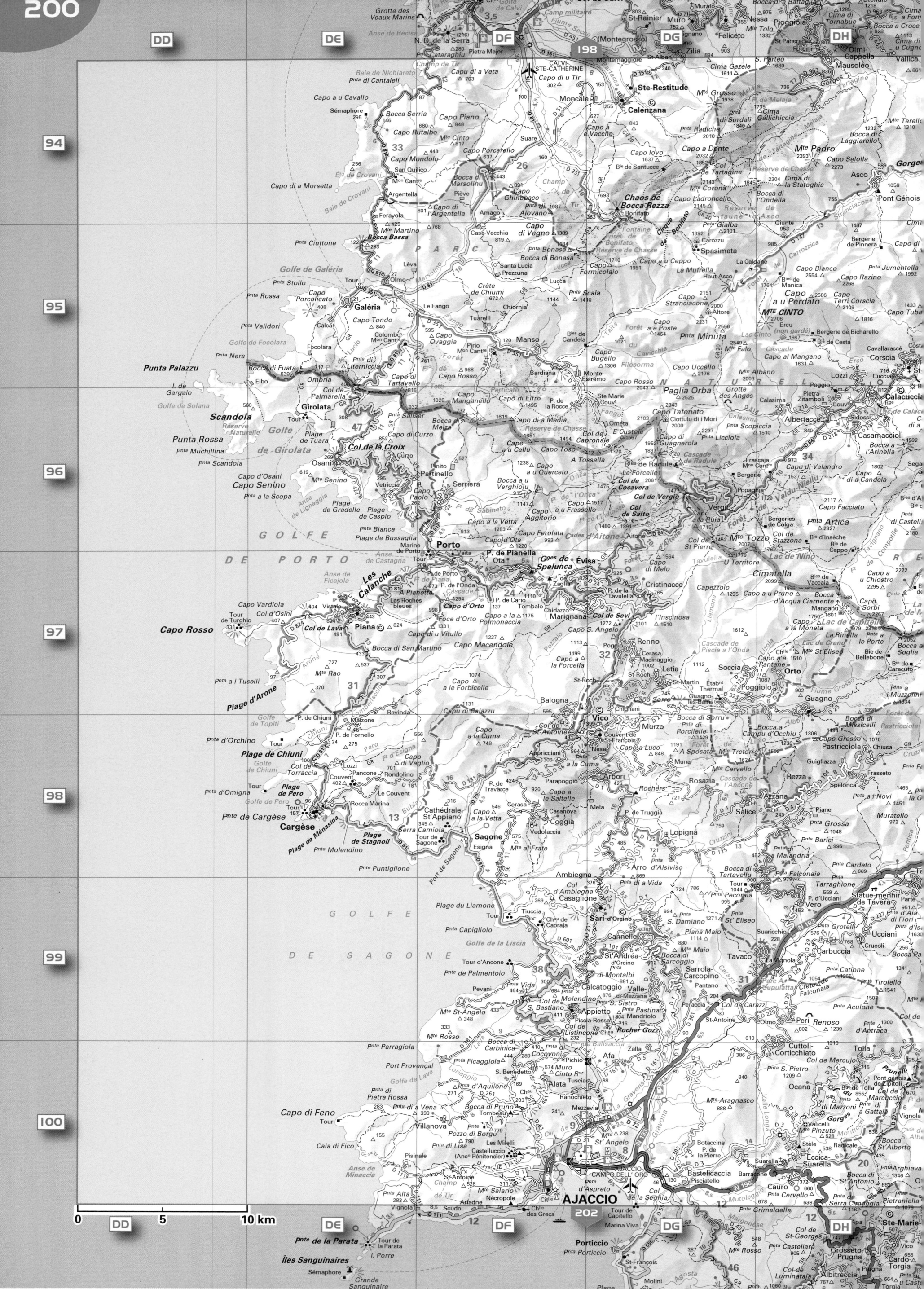

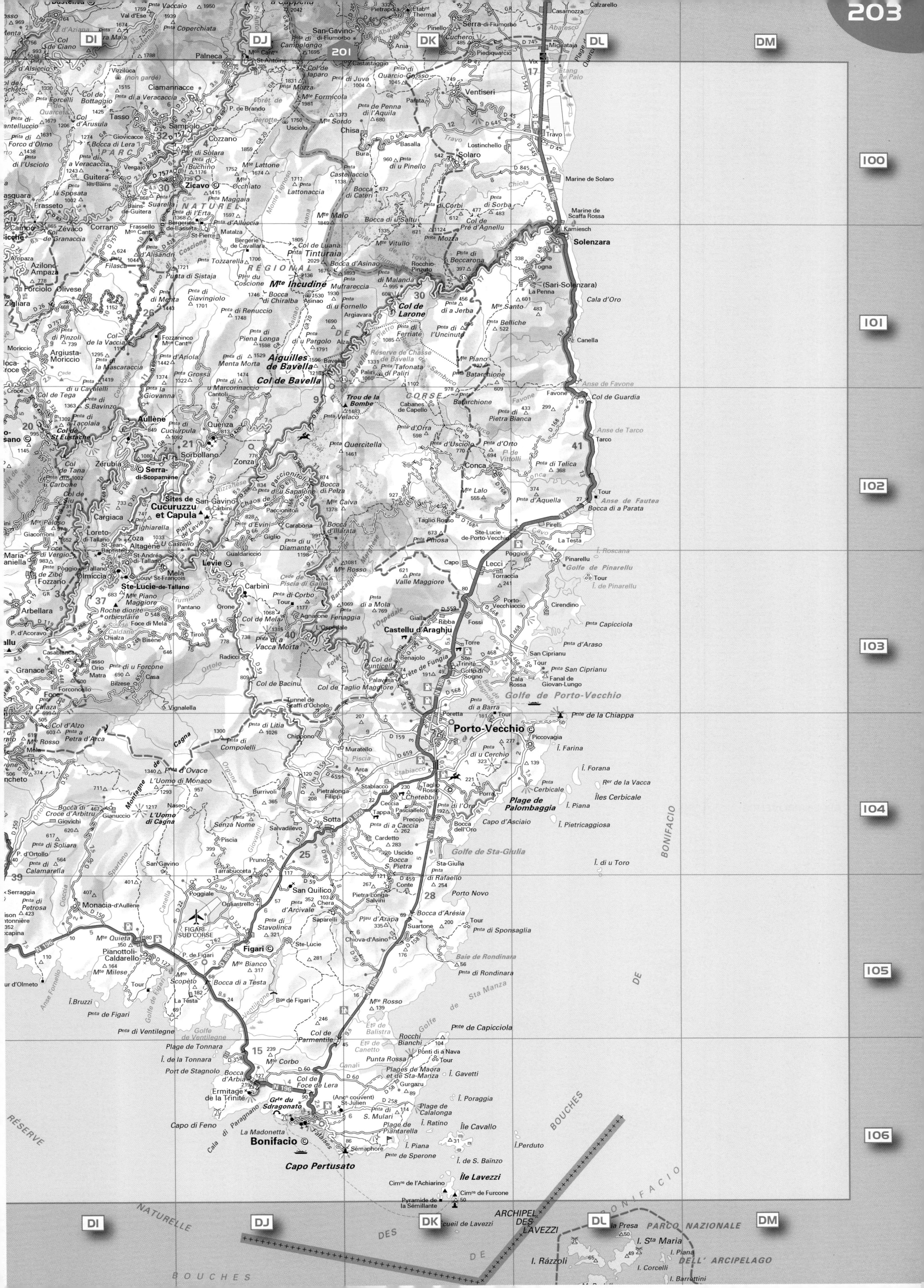

A

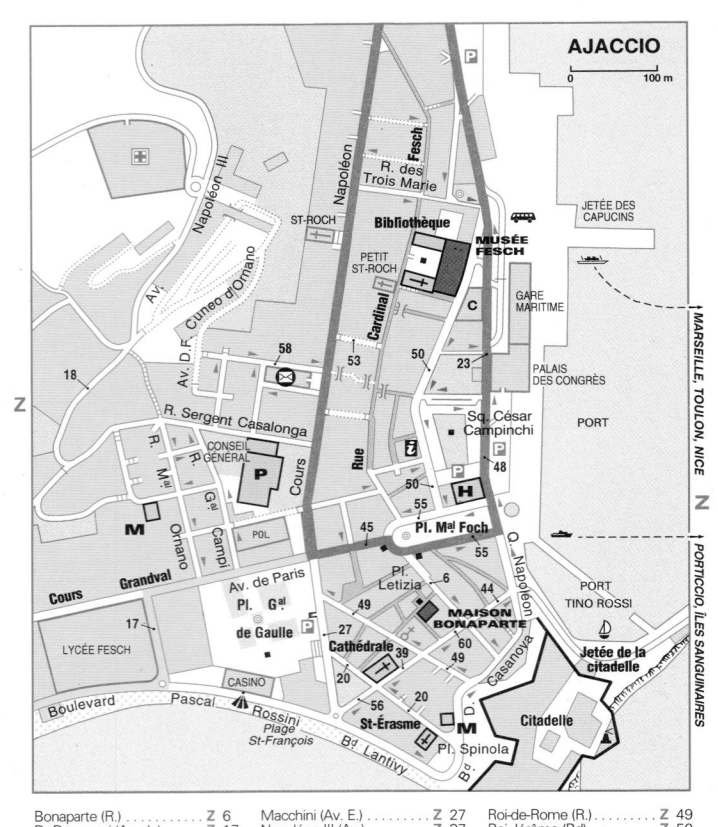

AJACCIO

AIX-EN-PROVENCE

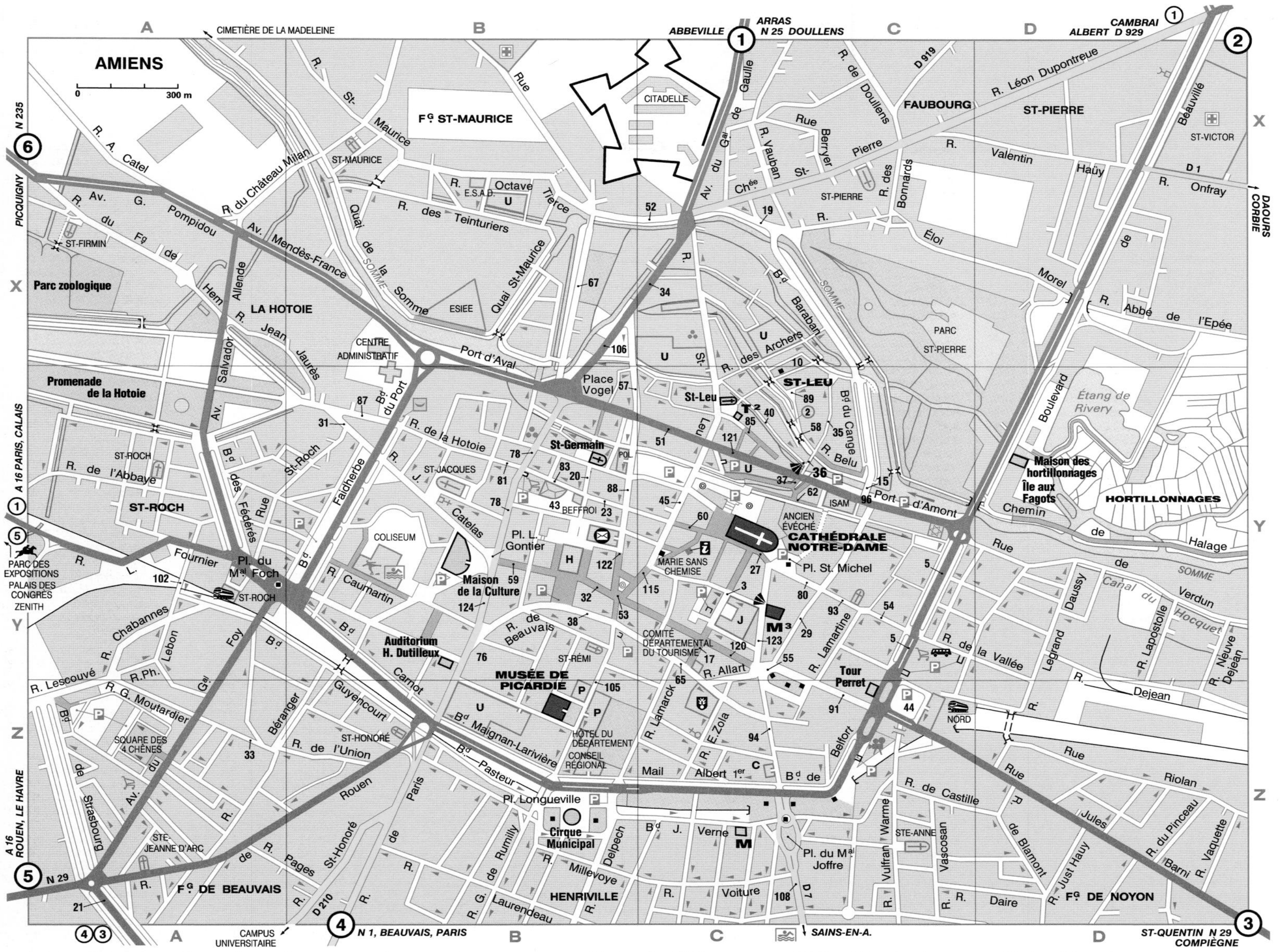
AMIENS
0 300 m
CIMETIÈRE DE LA MADELEINE
ABBEVILLE
ARRAS N 25 DOULLENS
CAMBRAI ALBERT D 929
Fg ST-MAURICE
CITADELLE
FAUBOURG
ST-PIERRE
ST-VICTOR
DAOURS CORBIE
PICQUIGNY N 235
ST-FIRMIN
Parc zoologique
LA HOTOIE
Promenade de la Hotoie
ST-ROCH
ST-LEU
CATHÉDRALE NOTRE-DAME
Maison des hortillonnages
Île aux Fagots
HORTILLONNAGES
A 16 PARIS, CALAIS
PARC DES EXPOSITIONS
PALAIS DES CONGRÈS
ZENITH
COLISEUM
Maison de la Culture
Auditorium H. Dutilleux
MUSÉE DE PICARDIE
HÔTEL DU DÉPARTEMENT
CONSEIL RÉGIONAL
Tour Perret
Cirque Municipal
HENRIVILLE
Fg DE BEAUVAIS
Fg DE NOYON
A 16 ROUEN, LE HAVRE
CAMPUS UNIVERSITAIRE
N 1, BEAUVAIS, PARIS
SAINS-EN-A.
ST-QUENTIN N 29 COMPIÈGNE

Aguesseau (Pl.)	CY 3
Alsace-Lorraine (Bd d')	CY 5
Beauvais (R. de)	BY
Briand (Pl. A.)	CXY 10
Cange (Pt du)	CY 15
Catelas (R. Jean)	BY
Cauvin (R. E.)	CY 17
Célestins (Bd des)	CX 19
Chapeau-des-Violettes (R.)	BY 20
Châteaudun (Bd de)	AZ 21
Chaudronniers (R. des)	BY 23
Cormont (R.)	CY 27
Courbet (R. de l'Amiral)	CY 29
Défontaine (R. du Cdt)	BY 31
Delambre (R.)	BY 32
Denfert-Rochereau (R.)	AZ 33
Déportés (R. des)	CX 34
Dodane (Pont de la)	CY 36
Dodane (R. de la)	CY 35
Don (Pl. du)	CY 37
Duméril (R.)	BY 38
Engoulvent (R. d')	CY 40
Fil (Pl. au)	BY 43
Fiquet (Pl. Alphonse)	CZ 44
Flatters (R.)	CY 45
Francs-Mûriers (R. des)	CY 51
Fusillés (Bd des)	CX 52
Gambetta (Pl.)	BY 53
Gde-Rue de la Veillère	BY 57
Gloriette (R.)	CY 54
Goblet (Pl. René)	CY 55
Granges (R. des)	CY 58
Gresset (R.)	BY 59
Henri-IV (R.)	CY 60
Hocquet (R. du)	CY 62
Jacobins (R. des)	CY 65
Jardin-des-Plantes (Bd)	BX 67
Lattre-de-Tassigny (R. Mar.-de)	BY 76
Leclerc (R. du Gén.)	BY 78
Lefèvre (R. Adéodat)	CY 80
Leroux (R. Florimond)	BY 81
Lin (R. au)	BY 83
Majots (R. des)	CY 85
Marché-aux-Chevaux (R. du)	BY 87
Marché-de-Lanselles (R. du)	BY 88
Motte (R.)	CY 89
Noyon (R. de)	CZ 91
Oratoire (R. de l')	CY 93
Otages (R. des)	CZ 94
Parmentier (Pl.)	CY 96
Prémontrées (R. des)	AY 102
République (R. de la)	BZ 105
Résistance (R. de la)	BX 106
St-Fuscien (R.)	CZ 108
Sergents (R. des)	CY 115
Trois-Cailloux (R. des)	CY 120
Vanmarcke (R.)	CY 121
Vergeaux (R. des)	BY 122
Victor-Hugo (R.)	CY 123
2e-D.-B. (Av. de la)	BY 124

ANGERS

Alsace (R. d')	CZ
Aragon (Av. Yolande d')	AY 2
Baudrière (R.)	BY 5
Beaurepaire (R.)	AY
Bichat (R.)	AY 8
Bon-Pasteur (Bd du)	AY 9
Bout-du-Monde (Prom. du)	AY 12
Bressigny (R.)	CZ
Chaperonnière (R.)	BYZ 15
Commerce (R. du)	CY 19
David-d'Angers (R.)	CY 21
Denis-Papin (R.)	BZ 22
Droits-de-l'Homme (Av. des)	CY 25
Espine (R. de l')	BY 27
Estoile (Sq. J. de l')	AY 28
Foch (Bd du Mar.)	BCZ
Freppel (Pl.)	BY 31
Gare (R. de la)	BZ 32
Laiterie (Pl.)	AY
Lenepveu (R.)	CY 40
Lices (R. des)	BZ
Lionnaise (R.)	AY
Lise (R. P.)	CY 43
Marceau (R.)	AZ 45
Mirault (Bd)	BY 49
Mondain-Chanlouineau (Sq.)	BY 51
Oisellerie (R.)	BY 53
Parcheminerie (R.)	BY 54
Pasteur (Av.)	CY 55
Pilori (Pl. du)	CY 56
Plantagenêt (R.)	BY 57
Pocquet-de-Livonnières (R.)	CY 58
Poëliers (R. des)	CY 59
Pompidou (Allées)	CY 60
Prés.-Kennedy (Place du)	AZ 62
Ralliement (Pl. du)	BY 66
Résistance-et-de-la-Déport. (Bd)	CY 68
Robert (Bd)	BY 69
La Rochefoucauld Liancourt (Pl.)	ABY 38
Roë (R. de la)	BY 70
Ronceray (Bd du)	AY 71
Ste-Croix (Pl.)	BZ 86
St-Aignan (R.)	AY 72
St-Aubin (R.)	BZ 73
St-Étienne (R.)	CY 75
St-Julien (R.)	BCZ
St-Laud (R.)	BY 77
St-Lazare (R.)	AY 79
St-Martin (R.)	BZ 80
St-Maurice (Mtée)	BY 82
St-Maurille (R.)	CY 83
St-Michel (Bd)	CY 84
St-Samson (R.)	CY 85
Talot (R.)	BZ 89
Tonneliers (R. des)	AY 90
Ursules (R. des)	CY 91
Voltaire (R.)	BZ 93
8-Mai-1945 (Av. du)	CZ 94

Boulevard Daviers
Pl. de la Paix
Pl. du Dr Bichon
LA DOUTRE
MUSÉE J. LURÇAT
Pl. du Tertre St-Laurent
TOUR
ÉCOLE DES ARTS ET MÉTIERS
Pl. de la Laiterie
la Trinité
R. Saint-Nicolas
Pl. G. Bordillon
Place Monprofit
ST-SERGE
Av. de la Constitution
Pl. F. Mitterrand
Allée F. Mitterrand
Jardin des Plantes
CENTRE DES CONGRÈS
Pl. Molière
Espl. du Port Ligny
Pl. de la Poissonnerie
Square Botanique
Pl. Louis Imbach
Pl. Pierre Mendès France
N.-DAME
HÔTEL PINCÉ
CATHÉDRALE
PONT DE LA BASSE-CHAINE
CHÂTEAU
MAINE
Pl. du Mal Leclerc
JARDIN DU MAIL
Tour St-Aubin
Musée des Beaux-Arts
HÔTEL DU DÉPARTEMENT
Place de l'Académie
ST-LAUD
Pl. de la Visitation
Pl. du Lycée
ST-JOSEPH
Rd-Pt de la Baumette
Pl. P. Sémard
Pl. Marengo
PARC DU HARAS
Pl. A. Leroy
0 300 m

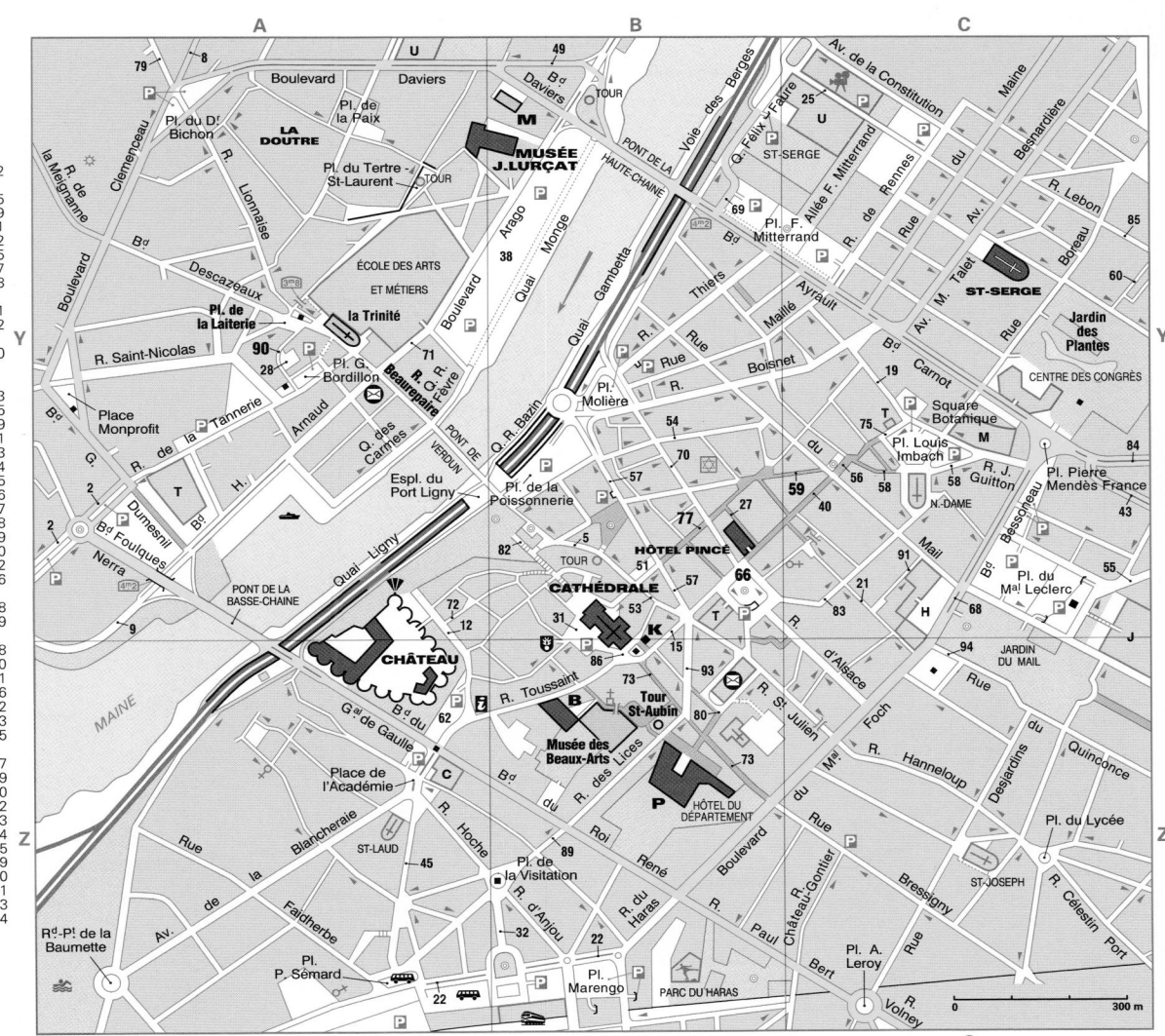

L'Argentière-la-Bessée 05....143 CL69
Argentières 77.........40 BH27
Argentine 73........128 CJ62
Argentolles 52.........63 BW32
Argenton 47.........146 AM75
Argenton-Château 79....89 AI46
Argenton 29..........28 D27
Argenton-l'Église 79....89 AK45
Argenton-Notre-Dame 53...73 AH37
Argenton-sur-Creuse 36...107 AX50
Argentré 53..........55 AH33
Argentré-du-Plessis 35...54 AD34
Argenvières 18........94 BJ44
Argenvilliers 28......57 AT32
Argers 51.........43 BW23
Arget 64.........178 AG84
Argiésans 90.........84 CL38
Argillières 70......78 BF79
Argilly 21........45 BY45
Argis 01.........127 CC57
Argiusta-Moriccio 2A....203 DI101
Argœuves 80.......18 BD13
Argol 29........29 G30
Argonay 74........128 CH57
Argouges 50.......54 AC29
Argoules 80.......8 BA9
Arguel 25........144 AX18
Arguel 80.........7 BA14
Arguel 25........99 CF43
Arguenos 31......193 AQ91
Argut-Dessous 31....193 AQ91
Argut-Dessus 31....193 AQ91
Argy 36.........92 AX47
Arhansus 64.......177 AC87
Aries-Espénan 65....179 AP87
Arifat 81........164 BD82
Arignac 09.......195 AX92
Arinthod 39.......113 CC52
Arith 73........128 CH59
Arjuzanx 40......159 AE79
Arlanc 63......138 BO63
Arlay 39.......96 CC48
Arlebosc 07......140 BW67
Arlempdes 43.....138 BO69
Arles 13........167 BW83
Arles-sur-Tech 66...197 BG86
Arlet 43.......138 BM67
Arleuf 58.......96 BQ45
Arleux 59........9 BJ9
Arleux-en-Gohelle 62...8 BH8
Arlos 31........193 AQ91
Armaillé 49......72 AD37
Armancourt 60......16 BG16
Armancourt 80......16 BH19
Armaucourt 54......45 CH25
Armbouts-Cappel 59....3 BE2
Armeau 89.......61 BL34
Armendarits 64....177 AB86
Armenonville-
les-Gâtineaux 28.....58 AY29
Armenteule 65....193 AO92
Armentières 59......8 BH5
Armentières-en-Brie 77...62 BI24
Armentières-sur-Avre 27...37 AS27
Armentières-sur-Ourcq 02...40 BL22
Armentieux 32.....179 AL84
Armes 58.......95 BN41
Armillac 47.....147 AO73
Armissan 11......184 BK88
Armistice
(Clairière de l') 60....17 BD17
Armix 01........127 CD58
Armous-et-Cau 32....179 AM64
Armoy 74.......115 CK52
Arnac 15.......136 BG57
Arnac-la-Poste 87...107 AW54
Arnac-Pompadour 19...134 AW64

Arnac-sur-Dourdou 12...165 BI82
Arnage 72........56 AN35
Arnancourt 52......63 BV30
Arnas 69........112 BW56
Arnaud-Guilhem 31....180 AS69
Arnave 09.......195 AY92
Arnaville 54.......44 CE23
Arnay-le-Duc 21....97 BU44
Arnay-sous-Vitteaux 21...81 BU41
Arnayon 26......155 CB73
Arné 65........179 AO88
Arnéguy 64......176 AA88
Arnèke 59........3 BE3
Arnicourt 08......29 BS17
Arnières-sur-Iton 27...37 AU24
Arnoncourt-
sur-Apance 52......64 CC34
Arnos 64.......178 AG85
Arnouville-lès-Gonesse 95...39 BG24
Arnouville-lès-Mantes 78...38 AY53
Aroffe 88.......64 CE30
Aromas 39.......113 CC53
Aron 53........55 AI31
Arone (Plage d') 2A....200 DE97
Aroue 64.......177 AD86
Aroz 70........83 CF38
Arpaillargues-
et-Aureillac 30.....167 BU79
Arpajon 91......39 BD28
Arpajon-sur-Cère 15...136 BG69
Arpavon 26......155 CB75
Arpenans 70.......83 CG28
Arpenaz (Cascade d') 74...115 CL56
Arpheuilles 36.....92 AV47
Arpheuilles 18.....78 BF48
Arpheuilles-Saint-Priest 03...119 BG54
Arphy 30........166 BN79
Arquenay 53.......55 AI35
Arques 62........3 BD4
Les Arques 46.....148 AV72
Arques 11.......196 BB76
Arques-la-Bataille 76...6 AV14
Arquettes-en-Val 11....183 BF89
Arquèves 80.......7 BE7
Arquian 58.......78 BI40
Arrabloy 45.......78 BG38
Arracourt 54.......45 CI26
Arradon 56.......69 R38
Arraincourt 57.....22 CI23
Arrancourt 91.....59 BC31
Arrancy 02.......18 BO18
Arrancy-sur-Crusne 55...21 CC19
Arras 62........8 BH9
Arras-en-Lavedan 65...192 AJ90
Arras-sur-Rhône 07...140 BX66
Arrast-Larrebieu 64....177 AD87
Arraute-Charritte 64...177 AB85
Arraye-et-Han 54.....45 CG25
Arrayou-Lahitte 65...193 AL89
Arre 30........166 BN80
Arreau 65.......193 AN91
Arrelles 10.......62 BS34
Arrembécourt 10....42 BU28
Arrènes 23.......107 AX54
Arrenton 64.......192 AH86
Arrentès-de-Corcieux 88...66 CL32
Arrentières 10.....63 BV32
Arrest 80........6 AY11
Arreux 08........11 BU14
Arriance 57.......22 CI23
Arricau-Bordes 64....178 AJ85
Arrien 64.......178 AJ87
Arrien-en-Bethmale 09...194 AT91
Arrigas 30.......166 BN79
Arrigny 51.......42 BV28

Arro 2A.........200 DG98
Arrodets 65......193 AN90
Arrodets-ez-Angles 65...193 AL90
Arromanches-les-Bains 14...25 AI19
Arronnes 03......110 BN56
Arronville 95......39 BC22
Arros-de-Nay 64....178 AI88
Arros-d'Oloron 64....177 AF88
Arrosès 64......178 AK84
Arrou 28........57 AU34
Arrout 09.......194 AT91
Arry 57.........44 CF23
Arry 80.........6 AZ9
Ars 23.........121 CF23
Ars 16.........117 AI61
Ars-en-Ré 17......102 AA54
Ars-Laquenexy 57....45 CG22
Ars-les-Favets 63....108 BH55
Ars-sur-Formans 01...126 BX57
Ars-sur-Moselle 57....44 CF22
Arsac 33........131 AL65
Arsac-en-Velay 43...138 BO68
Arsague 40......159 AE83
Arsans 70.......82 CC41
L'Arsenal 42......111 BO66
Arsonval 10.......63 BV31
Art-sur-Meurthe 54...45 CG27
Artagnan 65......179 AL86
Artaise-le-Vivier 08...19 BW17
Artaix 71........111 BO54
Artalens-Souin 65....192 AK90
Artannes-sur-Indre 37...91 AO43
Artannes-sur-Thouet 49...90 AL43
Artas 38........126 CA62
Artassenx 40.....160 AH81
Asclier (Col de l') 30....166 BP78
Artemare 01......127 CD58
Artemps 02......17 BK15
Artenay 45.......58 BA39
Arthaz-Pont-
Notre-Dame 74......114 CI54
Arthel 58........95 BM43
Arthémonay 26....140 BZ66
Arthenac 17......117 AJ62
Arthenas 39......113 CC50
Arthès 81........163 BC80
Arthez-d'Armagnac 40...160 AJ80
Arthez-d'Asson 64...192 AJ89
Arthez-de-Béarn 64...177 AF85
Arthezé 72.......73 AO40
Arthies 95........38 AZ23
Arthon 36........92 AX48
Arthon-en-Retz 44...86 X44
Arthonnay 89......62 BR35
Arthous (Abbaye d') 40...177 AB84
Artignosc-sur-Verdon 83...170 CB62
Artigat 09.......194 AW89
Artigue 31.......193 AQ91
Artigue (Prieuré de l') 87...121 CE61
Artiguedieu 32....179 AP92
Artigueloutan 64...178 AI87
Artiguelouve 64...178 AH86
Artigues 09......195 AX92
Artigues 83.....169 CG83
Artigues 65......179 AL89
Artigues 11.....196 BC93
Les Artigues-
de-Lussac 33......132 AK68
Les Artigues-près-
Bordeaux 33......131 BT71
Artignac 07......153 BT71
Artins 41........75 AR37
Artix 64........178 AG85

Artix 46........149 AY73
Artix 09........181 AX90
Artolsheim 67.....67 CQ31
Artonges 02......40 BM24
Artres 59........9 BM9
Artuby (Pont de l') 83...170 CK81
Artzenheim 68....67 CQ32
Arudy 64.......192 AH89
Arue 40........159 AI78
Arvant 43.......137 BL64
Arveyres 33......116 AJ69
Arvieu 12.......164 BG77
Arvieux 05......156 CM70
Arvigna 09......181 AZ90
Arvillard 73.....128 CH62
Arville 41.......57 AT34
Arville 77.......59 BC32
Arvillers 80......16 BG15
Arx 40.........160 AK78
Arzacq-Arraziguet 64...178 AH84
Arzal 56........69 U39
Arzano 29.......52 M34
Arzay 38........126 CA63
L'Arzelier (Col de) 38...141 CD68
Arzembouy 58....95 BL43
Arzenc-d'Apcher 48....151 BJ70
Arzenc-de-Randon 48...152 BO72
Arzens 11.......182 BC88
Arzillières-Neuville 51...42 BU27
Arzon 56........69 U38
Arzviller 57......45 CN26
Asasp-Arros 64....177 AF89
Ascain 64.......176 X86
Ascarat 64......176 AA88
Aschbach 67......47 CT23
Aschères-le-Marché 45...59 BB39
Asclier (Col de l') 30....166 BP78
Asco (Gorges de l') 2B...199 DI94
Ascou 09........195 AY93
Ascou-Pailhères 09...195 BA93
Ascoux 45.......59 BD33
Ascros 06.......174 CP79
Asfeld 08.......29 BR18
Aslonnes 86......105 AO52
Asnan 58........95 BN42
Asnans 39.......98 CB46
Asnelles 14......25 AI20
Asnières 27.......27 AP21
Asnières (Ancienne
Abbaye d') 49......89 AK44
Asnières-en-Bessin 14...24 AG19
Asnières-en-Montagne 21...80 BS38
Asnières-en-Poitou 79...104 AK56
Asnières-la-Giraud 17...117 AH58
Asnières-lès-Bourges 18...93 BE45
Asnières-lès-Dijon 21...81 BY41
Asnières-sous-Bois 89...79 BN40
Asnières-sur-Blour 86...106 AS55
Asnières-sur-Nouère 16...118 AM60
Asnières-sur-Oise 95...39 BE22
Asnières-sur-Saône 01...112 BX52
Asnières-sur-Seine 92...39 BD25
Asnières-sur-Vègre 72...55 AK39
Asnois 86........105 AP56
Asnois 58........79 BN41
Aspach 57.......46 CL26
Aspach 68.......85 CO38
Aspach-le-Bas 68...85 CN36
Aspach-le-Haut 68...85 CN36
Aspères 30......166 BR81
Asperjoc 07......153 BT71
Aspet 31........180 AR90
Aspin-Aure 65....193 AN91
Aspin-en-Lavedan 65...178 AK89

Aspiran 34......184 BM84
Aspremont 06.....175 CR80
Aspremont 05.....155 CE73
Les Aspres 61......36 AR27
Aspres-lès-Corps 05...156 CG70
Aspres-sur-Buëch 05...155 CF73
Asprières 12......149 AY73
Asque 65........193 AM90
Asques 82.......161 AS79
Asques 33.......131 Al68
Asquins 89......79 BO40
Assac 81........164 BE79
Assainvillers 80....16 BF17
Assais 79.......104 BQ82
Assas 34........166 BQ82
Assat 64.......178 AI88
Assay 37........90 AM46
Assé-le-Bérenger 53...55 AK33
Assé-le-Boisne 72...56 AM31
Assé-le-Riboul 72....56 AN32
Assenay 10.......62 BR33
Assencières 10....62 BR31
Assenoncourt 57....45 CK26
Assérac 44.......69 U40
Assevent 59......10 BP9
Assevillers 80.....16 BH14
Assier 46.......149 AY75
Assieu 38.......126 BX63
Assignan 34......183 BI86
Assigny 18.......78 AW13
Assigny 76........6 AW13
Les Assions 07....153 BS74
Assis-sur-Serre 02...18 BM16
Asson 64.......178 AI88
Asswiller 67......46 CM20
Astaffort 47......161 AO78
Astaillac 19......135 AZ69
Asté 65........193 AL90
Aste-Béon 64.....192 AH90
Astérix (Parc) 60....39 BF22
Astet 07........153 BR71
Astillé 53.......55 AG35
Astis 64.......178 AK86
Aston 09.......195 AX92
Astugue 65......179 AL89
Athée 21........82 CA43
Athée 53.......54 AG35
Athée-sur-Cher 37....91 AT42
Athesans 70......83 CH28
Athie 21........80 BQ40
Athie 89.......80 BS39
Athienville 54....45 CI26
Athies 62.........8 BI14
Athies 80........17 BK16
Athies-sous-Laon 02...18 BN17
Athis 51.......41 BP23
Athis-de-l'Orne 61...35 AJ25
Athis-Mons 91....39 BE25
Athos-Aspis 64....177 AD85
Athose 25.......84 CH42
Attainville 95....39 BE23
Attancourt 52.....63 BX29
Les Attaques 62.....3 BB2
Attenschwiller 68...85 CO38
Attiches 59........8 BJ7
Attichy 60.......17 BJ19
Attignat 01......113 CA54
Attignat-Oncin 73...127 CE62
Attignéville 88....64 CD30
Attigny 88.......64 CF33
Attigny 08.......30 BU19
Attilloncourt 57....45 CI25
Attilly 02.......17 BK16
Attin 62.........7 AZ7
Atton 54........44 CF24

Attray 45........59 BC33
Attricourt 70.....82 CA40
Atur 24........133 AR66
Aubagnan 40.....159 AH83
Aubaine 21......97 BV44
Aubais 30.......167 BS82
Aubarède 65.....179 AM87
Aubas 24........134 AU67
Aubazat 43......137 BM67
Aubazines 19.....135 AX67
Aube 61........36 AQ26
Aube 57........22 CA71
Aubéguimont 76....15 AZ15
Aubenas 07......153 BS74
Aubenas-les-Alpes 04...169 CE79
Aubenasson 26....154 CA71
Aubencheul-au-Bac 59...9 BK12
Aubencheul-aux-Bois 02...9 BK12
Aubenton 02......19 BR16
Aubepierre 77.....40 BH28
Aubepierre-sur-Aube 52...63 CB52
L'Aubépin 39.....113 CB52
Auberchicourt 59....9 BK9
Aubercourt 80.....16 BG14
Auberives-en-Royans 38...141 CB67
Auberives-sur-Varèze 38...126 BX63
Aubérive 51......41 BS21
Auberive 52......63 BY37
Aubermesnil-
aux-Érables 76......6 AY14
Aubermesnil-Beaumais 76...6 AV14
Auberville 14.....26 AM20
Auberville-la-Campagne 76...13 AR18
Auberville-la-Manuel 76...13 AP16
Auberville-la-Renault 76...12 AP16
Aubervilliers 93....39 BE25
Aubeterre 10.....62 BR30
Aubeterre-sur-Dronne 16...132 AM65
Aubeville 16......118 AL62
Aubevoye 27......37 AV23
Aubiac 47......161 AO78
Aubiac 33.......146 AU67
Aubiat 63.......109 BK57
Aubie-et-Espessas 33...131 AJ67
Aubière 63......123 BJ60
Les Aubiers 79....104 AK46
Aubiet 32.......161 AN83
Aubignan 84.....168 BZ78
Aubignas 07.....154 BW72
Aubigné 79.......104 AA31
Aubigné 35.......54 AD31
Aubigné-Racan 72...74 AO38
Aubigné-sur-Layon 49...89 AI43
Aubigny 79.......104 AK46
Aubigny 85.......99 AG43
Aubigny 03.......124 CC42
Aubigny 14.......35 AK23
Aubigny 80.......16 BF14
Aubigny-au-Bac 59...9 BJ10
Aubigny-aux-Kaisnes 02...17 BK16
Aubigny-en-Artois 62...8 BG8
Aubigny-en-Laonnois 02...18 BO18
Aubigny-en-Plaine 21...98 BZ44
Aubigny-la-Ronce 21...97 BV46
Aubigny-les-Pothées 08...19 BT15
Aubigny-
Sombernon 21......81 BV42
Aubigny-sur-Nère 18...78 BE40
Aubilly 51.......40 BP20
Aubin 64........178 AH85
Aubin 12........150 BD73

Aubin-Saint-Vaast 62...7 BB8
Aubinges 18.......94 BF43
Auboncourt-Vauzelles 08...19 BT17
Aubonne 25......99 CI45
Aubord 30.......167 BT82
Aubous 64.......178 AJ84
Aubres 26.......168 CB79
Aubréville 55.....43 BX22
Aubrives 08.......11 BV11
Aubrometz 62......7 BC9
Aubry-du-Hainaut 59...9 BL8
Aubry-en-Exmes 61...36 AN26
Aubry-le-Panthou 61...36 AN25
Aubure 68.......66 CO31
Aubussargues 30....167 BU79
Aubusson 61......36 AK26
Aubusson 23......121 CE61
Aubusson-d'Auvergne 63...124 BN60
Aubvillers 80.....16 BG16
Auby 59..........8 BJ8
Aucaleuc 22......53 X28
Aucamville 82.....162 AU81
Aucamville 31.....162 AW83
Aucazein 09......194 AS91
Aucelon 26......155 CB72
Aucey-la-Plaine 50...33 AC26
Auch 32........161 AP83
Auchel 62........8 BE7
Auchonvillers 80....8 BH8
Auchy-au-Bois 62....8 BE6
Auchy-la-Montagne 60...16 BC16
Auchy-lès-Hesdin 62...7 BC8
Auchy-lès-Mines 62...8 BH7
Auchy-lez-Orchies 59...9 BK7
Aucun 65.......192 AJ90
Audaux 64......177 AE86
Audelange 39.....98 CB45
Audeloncourt 52....64 CB33
Audembert 62......3 BA4
Audenge 33......144 AF71
Auderville 50......24 Z15
Audes 03.......108 BG54
Audeux 25.......83 CF42
Audeville 45......59 BD32
Audierne 29......48 E32
Audignicourt 02....17 BJ18
Audignies 59......9 BO9
Audignon 40.....159 AG82
Audigny 02.......18 BN16
Audincourt 25.....85 CL40
Audincthun 62.....3 BC6
Audinghen 62......3 BA3
Audon 40.......159 AF81
Audouville-la-Hubert 50...24 AC17
Audrehem 62......3 BC4
Audressein 09.....194 AS91
Audresselles 62.....3 BA3
Audrieu 14.......25 AI21
Audrix 24.......133 AS69
Audruicq 62......3 BC3
Audun-le-Roman 54...21 CE18
Audun-le-Tiche 57....21 CE18
Auenheim 67......47 CU23
Auffargis 78......38 BA27
Auffay 76.........6 AU16
Aufferville 77.....59 BF32
Auffreville-Brasseuil 78...38 BA24
Auflance 08......20 BZ16
Auga 64.......178 AI84
Augan 56........68 P37
Auge 08.......19 BT18
Auge 23.......108 BD54
Auge 08.......10 BR11

Auge-Saint-Médard 16...118 AL58
Augea 39.......113 CB50
Auger-Saint-Vincent 60...39 BG23
Augerans 39......98 CC45
Augères 23......107 AZ56
Augerolles 63.....124 BN60
Augers-en-Brie 77...40 BK28
Augerville-la-Rivière 45...59 BE32
Augicourt 70......83 BZ30
Augignac 24......83 CE37
Augirein 09......194 AS91
Augisey 39......113 CC50
Augnat 63.......137 BL65
Augnax 32......161 AO83
Augne 87........121 AY59
Augny 57........44 CF22
Auguaise 61......36 AN26
Augy 02........17 BM20
Augy 89.........79 BM41
Augy-sur-Aubois 18...94 BH48
Aujac 30.......153 BR73
Aujac 17.......117 AI58
Aujan-Mournède 32....180 AP86
Aujargues 30.....167 BS81
Aujeurres 52......82 BZ37
Aujols 46.......148 AX75
Aulac (Col d') 15...136 BF66
Aulan 26.......155 CC76
Aulas 30.......166 BN79
Aulhat-Saint-Privat 63...123 BL62
Aullène 2A......203 DI102
Aulnat 63.......123 BK59
Aulnay 17.......117 AI58
Aulnay 86........90 AM47
Aulnay 10.......63 BT29
Aulnay-aux-Planches 51...41 BP26
Aulnay-la-Rivière 45...59 BE33
Aulnay-l'Aître 51....42 BS27
Aulnay-sous-Bois 93...39 BF25
Aulnay-sur-Iton 27...37 AU24
Aulnay-sur-Marne 51...41 BR23
Aulnay-sur-Mauldre 78...38 BA24
Les Aulneaux 72....56 AP30
Aulnizeux 51......41 BP25
Aulnois 88.......64 CD31
Aulnois-en-Perthois 55...43 BY27
Aulnois-sous-Laon 02...18 BN17
Aulnois-sous-Vertuzey 55...44 CC26
Aulnois-sur-Seille 57...44 CG24
Aulnoy 77........40 BJ25
Aulnoy-lez-Valenciennes 59...9 BM9
Aulnoy-sur-Aube 52...82 BY36
Aulnoye-Aymeries 59...9 BO10
Aulon 65.......193 AN92
Aulon 31.......180 AR88
Aulon 23.......107 AY56
Aulos 09.......195 AY93
Ault 80........6 AX11
Aulteribe (Château d') 63...124 BM59
Aulus-les-Bains 09....194 AV93
Aulx-lès-Cromary 70...83 CG41
Aumagne 17......117 AI58
Aumale 76.......15 AZ15
Aumâtre 80........7 BA14
Aumelas 34......184 BO84
Auménancourt 51....18 BO19
Aumerval 62......8 BE7
Aumes 34.......184 BN85
Aumessas 30.....166 BN79
Aumetz 57........21 CE18
Aumeville-Lestre 50...24 AD17
Aumont 39.......98 CC46
Aumont 80........7 BA14
Aumont-Aubrac 48....151 BL71
Aumont-en-Halatte 60...16 BF21
Aumontzey 88.....66 CK32
Aumur 39.......98 CA45
Aunac 16.......118 BB93
Aunay-en-Bazois 58...95 BO44
Aunay-les-Bois 61....56 AO29
Aunay-sous-Auneau 28...58 BA30
Aunay-sous-Crécy 28...37 AW27
Aunay-sur-Odon 14...35 AI23
Auneau 28.......58 BA30
Auneuil 60.......15 BB20
Aunou-le-Faucon 61...36 AN26
Aunou-sur-Orne 61...36 AO28
Auppegard 76......13 AU14
Aups 83........170 CJ83
Auquainville 14....27 AO23
Auquemesnil 76.....6 AW13
Auradé 32.......180 AT84
Auradou 47......147 AR75
Auragne 31......181 AX86
Auray 56........68 P37
Aure 08........19 BU20
Aurec-sur-Loire 43...139 BS64
Aureil 87.......120 AW59
Aureilhan 65.....179 AL87
Aureilhan 40.....158 AB79
Aureille 13......168 BY82
Aurel 84........169 CC77
Aurel 26.......155 CB71
Aurelle-Verlac 12...151 BJ74
Aurensan 65.....179 AL87
Aurensan 32......160 AJ83
Aureville 31......181 AW85
Auriac 64.......178 AI85
Auriac 11.......196 BC66
Auriac 11.......196 BF91
Auriac-de-Bourzac 24...132 AN64
Auriac-du-Périgord 24...134 AU67
Auriac-Lagast 12....164 BG77
Auriac-l'Église 15...137 BK65
Auriac-sur-Dropt 47...146 AN72
Auriac-sur-Vendinelle 31...181 AZ84
Auriat 23.......121 AY59
Auribail 31......181 AW86
Auribeau 84......169 CD81
Auribeau-sur-Siagne 06...174 CO93
Auriébat 65......179 AL85
Aurières 63......123 BG60
Aurignac 31......180 AS88
Aurillac 15......136 BG69
Aurimont 32......180 AN87
Aurin 31.......181 AY84
Auriol 13.......169 CE86
Auriolles 33.....146 AL71
Auriolles 07......153 BT74
Aurions-Idernes 64...178 AJ84
Auris 38.......142 CH67
Auron 06.......157 CO76
Auros 33.......146 AK73
Aurouër 03.......95 BL49
Aussac 81.......163 BB81
Aussac-Vadalle 16...118 AN58
Ausseing 31......180 AT89
Aussevielle 64....178 AH86
Aussillon 81.....182 BD85
Aussois 73......143 CM65
Ausson 31......179 AN89
Aussonce 08......29 BS20
Aussonne 31......162 AV83
Aussos 32.......180 AN88
Aussurucq 64.....177 AC86
Autainville 41....76 AZ36
Autechaux 25.....84 CI41
Autechaux-Roide 25...84 CL41
Les Autels 02......18 BR15
Les Autels-Saint-Bazile 14...36 AN24

AVIGNON

Amirande (Pl. de l')....EZ 2
Arrousaire (Av. de l')....FZ
Aubanel (R. Théodore)....EZ 5
Balance (R. de la)....EY 7
Bancasse (R.)....EY 9
Bertrand (R.)....FY 10
Bon Martinet (R. du)....FZ 13
Campane (R.)....FY 14
Collège d'Annecy (R.)....EZ 18
Collège du Roure (R. du)....EY 19

Corps Saints (Pl. des)....EZ 20
David (R. Félicien)....EZ 23
Dorée (R.)....EY 23
Folco-de-Baroncelli (R.)....EY 28
Fourbisseurs (R. des)....EY 34
Four de la Terre (R. du)....FZ 35
Four (R.)....EY 37
Galante (R.)....EY 37
Grande Fusterie (R. de la)....EY 41
Grottes (R. des)....EY 41
Italiens (Av. des)....GY 44
Jérusalem (Pl.)....FY 45

Ledru-Rollin (R.)....FY 47
Manivet (R.)....EFZ 48
Marchands (R. des)....EY 49
Masse (R. de la)....FZ 52
Molière (R.)....EY 54
Monclar (Av.)....EZ 55
Mons (R. de)....EY 57
Muguet (R.)....GY 62
Ortolans (R. des)....EZ 63
Palais (Pl. du)....EY 64
Palapharnerie (R.)....FY 66
Petite Calade (R. de la)....EY 67
Petite Fusterie (R. de la)....EY 68

Petite Saunerie (R. de la)....FY 70
Pétramale (R.)....EZ 72
Peyrollerie (R.)....EY 73
Pont (R. du)....EY 74
Président-Kennedy (Cours)....EZ 76
Prévot (R.)....EZ 77
Rascas (R. de)....GY 79
Rempart de l'Oulle (R. du)....DY 82
Rempart du Rhône (R. du)....EY 83
Rempart St-Michel (R. du)....FZ 84
Rempart St-Roch (R. du)....DEZ 86
République (R.)....EYZ
Rhône (Pte du)....EY 88

Rouge (R.)....EY 90
Ste-Catherine (R.)....FY 109
St-Agricol (R.)....EY 94
St-Christophe (R.)....CE87
St-Dominique (Bd)....DZ 98
St-Étienne (R.)....EY 99
St-Jean le Vieux (Pl.)....FY 101
St-Jean le Vieux (R.)....FY 102
St-Joseph (R.)....FY 104
St-Michel (R.)....EZ 105
St-Pierre (Pl.)....EY 106
St-Ruf (Av.)....FZ 108

Saraillerie (R. de la)....EYZ 110
Tauligan (R. de)....FY 113
Tour (R. de la)....GY 118
Vernet (R. Horace)....EY 118
Vernet (R. Joseph)....EYZ
Viala (R. Jean)....EY 119
Vice-Légat (R.)....EY 120
Vieux Sextier (R.)....EFY 122
Vilar (R. Jean)....EY 123
Violette (R.)....EY 124
3 Pilats (R. des)....FY 127
3 Faucons (R. des)....EZ 126

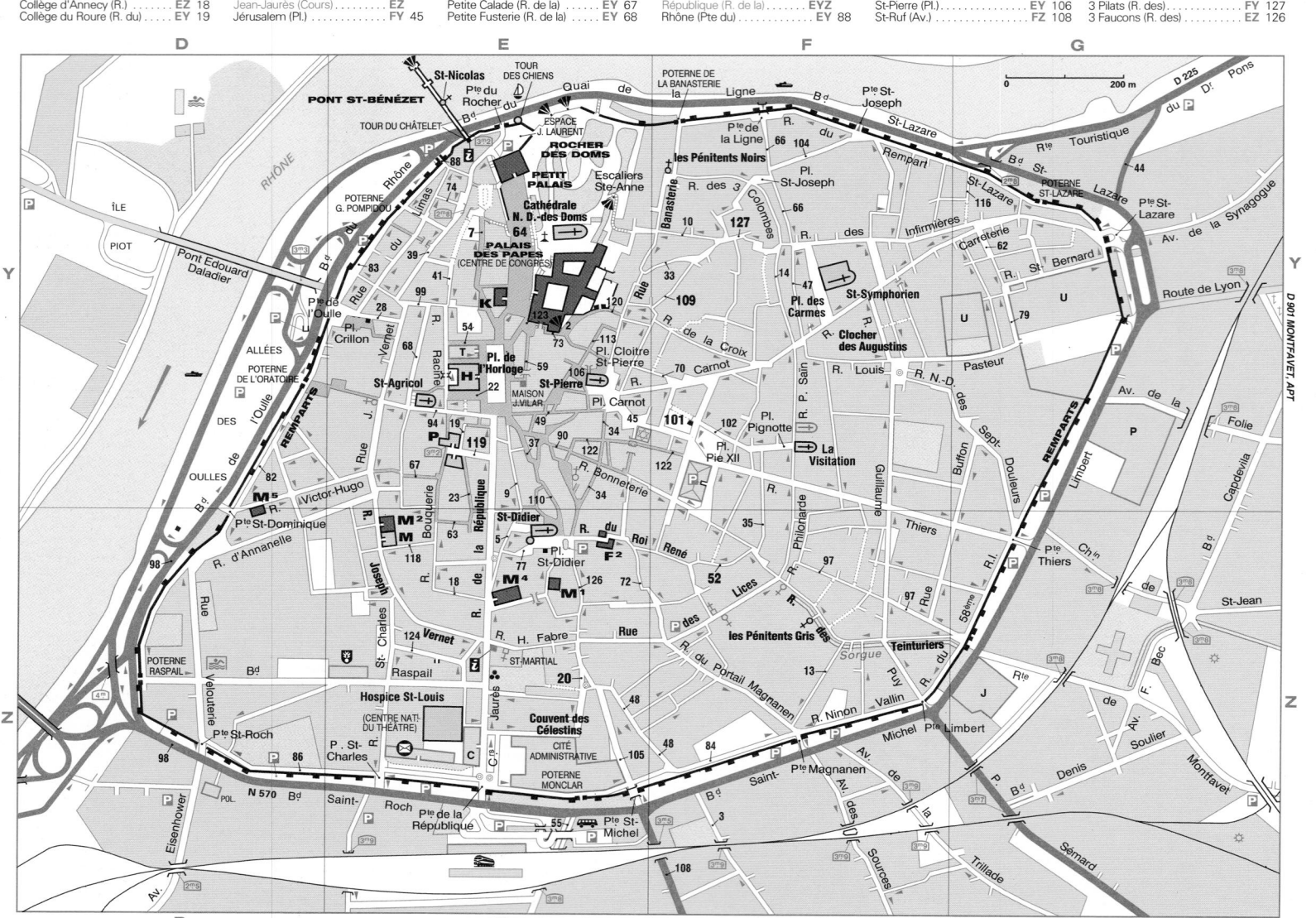

Les Autels-Villevillon 28 57 AT33
Auterive 82 161 AS81
Auterive 32 180 AQ84
Auterive 31 181 AW86
Auterrive 64 177 AC85
Autet 70 83 CD39
Auteuil 78 38 BA25
Auteuil 60 15 BC20
Autevielle-Saint-Martin-Bideren 64 177 AD85
Authe 08 19 BW18
Autheuil 61 36 AR28
Autheuil 28 58 AW35
Autheuil-Authouillet 27 37 AW22
Autheuil-en-Valois 60 40 BJ22
Autheux 80 7 BD11
Authevernes 27 15 AY21
Authezat 63 123 BK61
Authie 80 8 BF11
Authie 14 26 AJ21
Authieule 80 7 BE11
Les Authieux 27 37 AV25
Les Authieux-du-Puits 61 36 AP27
Les Authieux-Papion 14 26 AN23
Authieux-Ratiéville 76 14 AV17
Les Authieux-sur-Calonne 14 27 AO20
Les Authieux-sur-le-Port-Saint-Ouen 76 14 AV20
Authiou 58 95 BM43
Authoison 70 83 CG40
Authon 41 75 AT39
Authon 17 117 AI58
Authon 04 156 CI76
Authon-du-Perche 28 57 AT32
Authon-la-Plaine 91 59 BB30
Authou 27 27 AR21
Authuille 80 8 BG12
Authume 39 98 CB44
Authumes 71 98 CA47
Autichamp 26 154 BY71
Autignac 34 184 BK85
Autigny 76 13 AT15
Autigny-la-Tour 88 64 CD30
Autigny-le-Grand 52 63 BY29
Autigny-le-Petit 52 63 BY29
Autingues 62 2 BB3
Autoire 46 149 AZ70
Autoreille 70 83 CE41
Autouillet 78 38 AZ25
Autrac 43 137 BK64
Autrans 38 141 CD66
Autrèche 37 75 AT40
Autrechêne 90 84 CM38
Autrêches 60 17 BJ19
Autrecourt-et-Pourron 08 20 BX16
Autrécourt-sur-Aire 55 43 BY23
Autremencourt 02 18 BO16
Autrepierre 54 45 CK27
Autreppes 02 9 BO13
Autretot 76 13 AS16
Autreville 88 64 CD29
Autreville 02 17 BK17
Autréville-Saint-Lambert 55 20 BY17
Autreville-sur-la-Renne 52 63 BX33
Autreville-sur-Moselle 54 44 CF25
Autrey 88 66 CK31
Autrey 54 44 CF28
Autrey-le-Vay 70 84 CI39
Autrey-lès-Cerre 70 84 CI38
Autrey-lès-Gray 70 82 CB40
Autricourt 21 62 BU35
Autruche 08 19 BW18
Autruy-sur-Juine 45 59 BC32
Autry 08 19 BW20
Autry-Issards 03 109 BK51
Autry-le-Châtel 45 77 BF39
Autun 71 96 BS46
Auty 82 162 AW77
Auvare 06 171 CO78
Auve 51 42 BV23
Auvernaux 91 59 BF29
Auvers 50 24 AD20
Auvers 43 138 BM68
Auvers-le-Hamon 72 55 AJ35
Auvers-Saint-Georges 91 59 BD29
Auvers-sous-Montfaucon 72 55 AL34
Auvers-sur-Oise 95 39 BC23
Auverse 49 74 AM40
Auvet-et-la-Chapelotte 70 82 CB40
Auvillar 82 161 AS78
Auvillars 14 26 AN21
Auvillars-sur-Saône 21 97 BY45
Auvillers-les-Forges 08 10 BS14
Auvilliers 76 15 AY15
Auvilliers-en-Gâtinais 45 59 BF35
Aux-Aussat 32 179 AN85
Aux Marais 60 15 BB19
Auxais 50 24 AD21
Auxange 39 98 CC43
Auxant 21 97 BV44
Auxelles-Bas 90 84 CL37
Auxelles-Haut 90 84 CL37
Auxerre 89 79 BN37
Auxey-Duresses 21 97 BW46
Auxi-le-Château 62 7 BC10
Auxillac 48 151 BL74
Auxon 70 83 CG38
Auxon 10 61 BP33
Auxon-Dessous 25 83 CF42
Auxon-Dessus 25 83 CF42
Auxonne 21 98 CB43
Auxy 71 96 BT46
Auxy 45 59 BE33
Auzainvilliers 88 64 CD32
Auzances 23 122 BF57
Auzas 31 180 AS88
Auzat 09 195 AW93
Auzat-la-Combelle 63 137 BL63
Auzay 85 103 AF52
Auzebosc 76 13 AS17
Auzécourt 55 43 BX25
Auzelles 63 124 BN61
Auzers 15 136 BE65
Auzet 04 156 CJ75
Auzéville-en-Argonne 55 43 BY22
Auzeville-Tolosane 31 181 AW84
Auzielle 31 181 AX84
Auzits 12 150 BD74
Auzon 43 137 BL64
Auzouer-en-Touraine 37 75 AT40
Auzouville-Auberbosc 76 13 AR17
Auzouville-l'Esneval 76 13 AT16
Auzouville-sur-Ry 76 14 AW19
Auzouville-sur-Saâne 76 13 AT15
Availles-en-Châtellerault 86 91 AQ48
Availles-Limouzine 86 105 AQ55
Availles-sur-Chizé 79 104 AJ56
Availles-sur-Seiche 35 54 AD35
Availles-Thouarsais 79 89 AK47
Avajan 65 193 AO92
Avallon 89 79 BP40
Les Avanchers-Valmorel 73 128 CK62
Avançon 08 18 BR18
Avançon 05 156 CI73
Avanne 25 99 CF43
Avant-lès-Marcilly 10 61 BN30
Avant-lès-Ramerupt 10 62 BS30
Avanton 86 90 AO49
Avapessa 2B 198 DG93
Avaray 41 76 AY38
Avaugour (Chapelle d') 22 31 P28
Avaux 08 18 BQ18
Aveize 69 125 BU60
Aveizieux 42 125 BT62
Avelanges 21 81 BY39
Avelesges 80 7 BB13
Avelin 59 4 BJ6
Aveluy 80 8 BG12
Aven Armand 48 165 BM77
Avenas 69 112 BV55
Avenay 14 26 AJ22
Avenay-Val-d'Or 51 41 BQ23
Avène 34 165 BK82
Aveney 25 99 CF43
Avenheim 67 47 CQ26
Les Avenières 38 127 CD61
Avensac 32 161 AS81
Avensan 33 131 AF67
Aventignan 65 179 AP89
Averan 65 178 AK89
Averdoingt 62 7 BE9
Averdon 41 76 AW38
Avermes 03 110 BL50
Avernes 95 38 BA23
Avernes-Saint-Gourgon 61 36 AP24
Avernes-sous-Exmes 61 36 AO26
Avéron-Bergelle 32 160 AL82
Averton 53 55 AK31
Avesnelles 59 10 BP11
Avesnes 62 2 BB6
Avesnes-Chaussoy 80 7 BA14
Avesnes-en-Bray 76 15 AZ18
Avesnes-en-Saosnois 72 56 AP32
Avesnes-en-Val 76 6 AX13
Avesnes-le-Comte 62 8 BF9
Avesnes-le-Sec 59 9 BL10
Avesnes-les-Aubert 59 9 BL10
Avesnes-lès-Bapaume 62 8 BH11
Avesnes-sur-Helpe 59 10 BP11
Avessac 44 71 X38
Avessé 72 55 AK35
Aveux 65 193 AP90
Avezac-Prat 65 179 AN89
Avezan 32 161 AR80
Avezé 72 57 AR32
Avèze 63 122 BF61
Avèze 30 166 BO79
Aviernoz 74 114 CH56
Avignon 84 168 BX80
Avignon-lès-Saint-Claude 39 113 CE52
Avignonet 38 141 CE68
Avignonet-Lauragais 31 181 AZ86
Avillers 88 65 CG31
Avillers 54 21 CC19
Avillers-Sainte-Croix 55 44 CC23
Avilley 25 83 CH40
Avilly-Saint-Léonard 60 16 BF21
Avion 62 8 BH8
Avioth 55 20 BZ17
Aviré 49 72 AG38
Avirey-Lingey 10 62 BS34
Aviron 27 37 AU23
Avize 51 41 BQ24
Avocourt 55 20 BY21
Avoine 61 35 AL27
Avoine 37 90 AN43
Avoise 72 73 AK36
Avolsheim 67 46 CP27
Avon 79 104 AL52
Avon 77 60 BG30
Avon-la-Pèze 10 61 BN30
Avon-les-Roches 37 90 AP44
Avondance 62 3 BC7
Avord 18 94 BG46
Avoriaz 74 115 CM54
Avosnes 21 81 BV42
Avot 21 81 BY39
Avoudrey 25 99 CI43
Avrainville 91 39 BD28
Avrainville 88 65 CG30
Avrainville 54 44 CE26
Avrainville 52 43 BX28
Avranches 50 33 AC27
Avranville 88 64 CB30
Avrechy 60 16 BE19
Avrecourt 52 64 CB35
Avrée 58 96 BP48
Avregny 74 114 CG56
Avremesnil 76 13 AT14
Avressieux 73 127 CE61
Avreuil 10 62 BQ34
Avricourt 60 16 BH16
Avricourt 57 45 CK27
Avricourt 54 45 CK27
Avrieux 73 143 CM65
Avrigney 70 83 CD42
Avrigny 60 16 BF19
Avril 54 21 CE20
Avril-sur-Loire 58 95 BL48
Avrillé 85 102 AA51
Avrillé 49 73 AH40
Avrillé-les-Ponceaux 37 74 AO41
Avrilly 61 35 AI28
Avrilly 27 37 AV24
Avrilly 03 111 BQ53
Avroult 62 3 BC5
Avy 17 117 AH62
Awoingt 59 9 BK11
Ax-les-Thermes 09 195 AZ93
Axat 11 196 BD93
Axiat 09 195 AZ93
Ay 51 41 BQ23
Ay-sur-Moselle 57 21 CG20
Ayat-sur-Sioule 63 109 BI56
Aydat 63 123 BI61
Aydie 64 178 AK84
Aydius 64 191 AG90
Aydoilles 88 65 CJ32
Ayen 19 134 AV65
Ayencourt 80 16 BF17
Ayette 62 8 BG11
Ayguade-Ceinturon 83 189 CJ88
Ayguatébia-Talau 66 196 BC95
Ayguemorte-les-Graves 33 145 AH71
Ayguesvives 31 181 AX85
Ayguetinte 32 161 AO81
Ayherre 64 176 AA85
Ayn 73 127 CE61
Aynac 46 149 BA70
Les Aynans 70 84 CI38
Ayrens 15 136 BD68
Ayron 86 90 AM49
Ayros-Arbouix 65 192 AK90
Ayse 74 114 CJ55
Ayssènes 12 164 BH78
Aytré 17 103 AD55
Les Ayvelles 08 19 BV15
Ayzac-Ost 65 192 AK90
Ayzieu 32 160 AK81
Azannes-et-Soumazannes 55 20 CA20
Azans 39 98 CB44
Azas 31 163 AY82
Azat-Châtenet 23 107 AZ56
Azat-le-Ris 87 106 AU53
Azay-le-Brûlé 79 104 AK52
Azay-le-Ferron 36 91 AU47
Azay-le-Rideau 37 90 AP43
Azay-sur-Cher 37 75 AS42
Azay-sur-Indre 37 91 AT43
Azay-sur-Thouet 79 104 AJ50
Azé 71 112 BW52
Azé 53 73 AH36
Azé 41 75 AT36
Azelot 54 45 CG27
Azerables 23 107 AX53
Azerailles 54 45 CK28
Azérat 43 138 BM64
Azerat 24 134 AU66
Azereix 65 178 AK88
Azet 65 193 AN92
Azeville 50 24 AD18
Azillanet 34 183 BH87
Azille 11 183 BG87
Azilone-Ampaza 2A 203 DI101
Azincourt 62 3 BC7
Azolette 69 111 BT55
Azoudange 57 45 CK26
Azur 40 158 AA81
Azy 18 94 BG44
Azy-le-Vif 58 95 BK48
Azy-sur-Marne 02 40 BL24
Azzana 2A 200 DH98

B

Baâlon 55 20 BY18
Baâlons 08 19 BU17
Babaou (Col de) 83 189 CK87
Babeau-Bouldoux 34 183 BI85
Babœuf 60 17 BJ17
Le Babory-de-Blesle 43 137 BK65
Baby 77 61 BL30
Baccarat 54 66 CK29
Baccon 45 76 AY36
Bach 46 149 AY75
Bachant 59 9 BO10
Bachas 31 180 AS88
La Bachellerie 24 134 AU66
Bachivillers 60 15 BB20
Bachos 31 193 AP91
Bachy 59 4 BK6
Bacilly 50 33 AC26
Le Bacon 48 151 BK70
Baconnes 51 42 BS22
La Baconnière 53 54 AF32
Bacouël 60 16 BE17
Bacouel-sur-Selle 80 7 BD14
Bacourt 57 45 CH24
Bacquepuis 27 37 AU23
Bacqueville 27 14 AW20
Bacqueville-en-Caux 76 13 AU15
Badailhac 15 136 BG69
Badaroux 48 152 BN73
Badecon-le-Pin 36 107 AY51
Badefols-d'Ans 24 134 AU65
Badefols-sur-Dordogne 24 147 AR70
Baden 56 69 Q38
Badens 11 183 BF88
Badevel 25 84 CM39
Badinières 38 127 CB62
Badménil-aux-Bois 88 65 CI31
Badonviller 54 46 CL28
Badonvilliers 55 44 CB28
Baerendorf 67 46 CM24
Baerenthal 57 23 CP23
La Baffe 88 65 CJ32
Baffie 63 138 BP63
Bagard 30 166 BR78
Bagargui (Col) 64 177 AC89
Bagas 33 146 AK72
Bagat-en-Quercy 46 148 AV75
Bagatelle (Parc de) 62 6 AY8
Bâgé-la-Ville 01 112 BY53
Bâgé-le-Châtel 01 112 BX53
Bagert 09 180 AT89
Bages 66 197 BI95
Bages 11 183 BJ89
Bagiry 31 193 AP90
Bagnac-sur-célé 46 149 BC72
Bagneaux 89 61 BN32
Bagneaux-sur-Loing 77 60 BG32
Bagnères-de-Bigorre 65 179 AM89
Bagnères-de-Luchon 31 193 AP92
Bagneux 92 39 BD26
Bagneux 79 89 AK45
Bagneux 54 44 CE28
Bagneux 51 41 BO28
Bagneux 49 90 AL43
Bagneux 36 92 AZ44
Bagneux 03 109 BK50
Bagneux 02 17 BK18
Bagneux-la-Fosse 10 62 BS35
Bagnizeau 17 117 AJ58
Bagnoles 11 182 BE87
Bagnoles-de-l'Orne 61 35 AJ28
Bagnolet 93 39 BE25
Bagnols 69 125 BV58
Bagnols 63 136 BG63
Bagnols-en-Forêt 83 174 CN83
Bagnols-les-Bains 48 152 BO73
Bagnols-sur-Cèze 30 167 BW77
Bagnot 21 97 BY45
Baguer-Morvan 35 33 Z28
Baguer-Pican 35 33 AA28
Baho 66 197 BH94
Bahus-Soubiran 40 159 AI82
Baigneaux 41 75 AV37
Baigneaux 33 146 AJ71
Baigneaux 28 58 BA33
Baignes 70 83 CF39
Baignes-Sainte-Radegonde 16 131 AJ63
Baigneux-les-Juifs 21 81 BV39
Baignolet 28 58 AY33
Baigts 40 159 AE82
Baigts-de-Béarn 64 177 AE84
Baillargues 34 185 BR83
Baillé 35 54 AC30
Bailleau-le-Pin 28 58 AW31
Bailleau-l'Évêque 28 58 AW29
Bailleau-sous-Gallardon 28 58 AY29
Baillestavy 66 196 BF95
Baillet-en-France 95 39 BD23
Bailleul 80 7 BA12
Le Bailleul 72 73 AL37
Bailleul 61 35 AM26
Bailleul 59 3 BG4
Bailleul (Château de) 76 12 AQ16
Bailleul-aux-Cornailles 62 7 BE8
Bailleul-la-Vallée 27 27 AP21
Bailleul-le-Soc 60 16 BF19
Bailleul-lès-Pernes 62 3 BE7
Bailleul-Neuville 76 14 AX15
Bailleul-Sir-Berthoult 62 8 BH9
Bailleul-sur-Thérain 60 16 BD19
Bailleulmont 62 8 BF10
Bailleulval 62 8 BG10
Bailleval 60 16 BE20
Baillolet 76 14 AX15
Baillou 41 57 AS35
Bailly 78 38 BB25
Bailly 60 17 BI18
Bailly-aux-Forges 52 63 BW29
Bailly-Carrois 77 40 BI28
Bailly-en-Rivière 76 6 AW13
Bailly-le-Franc 10 63 BV29
Bailly-Romainvilliers 77 40 BH25
Bain-de-Bretagne 35 71 Z36
Baincthun 62 2 AZ5
Bainghen 62 2 BA4
Bains 43 138 BP68
Bains-de-Guitera 2A 203 DI100
Bains-les-Bains 88 65 CH34
Bains-sur-Oust 35 70 W37
Bainville-aux-Miroirs 54 65 CH29
Bainville-aux-Saules 88 65 CG32
Bainville-sur-Madon 54 44 CF28
Bairols 06 173 CQ78
Bais 53 55 AJ32
Bais 35 54 AC34
Baisieux 59 4 BK6
Baissey 52 82 BZ37
Baives 59 10 BR12
Baix 07 154 BX71
Baixas 66 197 BH93
Baizieux 80 8 BF13
Le Baizil 51 41 BO24
Bajamont 47 147 AQ76
Bajonnette 32 161 AR81
Bajus 62 7 BE8
Balacet 09 194 AS92
Baladou 46 135 AX69
Balagny-sur-Thérain 60 16 BD20
Balaguères 09 194 AT91
Balaguier d'Olt 12 149 BA73
Balaguier-sur-Rance 12 164 BF80
Balaine (Arboretum de) 03 95 BK49
Balaiseaux 39 98 CB46
Balaives-et-Butz 08 19 BV16
Balan 08 19 BW16
Balan 01 126 BZ58
Balanod 39 113 CB51
Balansun 64 177 AF84
Balanzac 17 117 AF59
Balaruc-le-Vieux 34 184 BO85
Balaruc-les-Bains 34 184 BO85
Balâtre 80 16 BH16
Balazé 35 54 AD32
Balazuc 07 153 BU73
Balbigny 42 125 BS59
Balbins 38 140 CA63
Balbronn 67 46 CP27
Balcon de Merlet (Parc du) 74 129 CM57
Baldenheim 67 67 CQ31
Baldersheim 68 85 CP36
La Baleine 50 34 AD24
Baleines (Phare des) 17 102 Z54
Baleix 64 178 AJ86
Balesmes 37 91 AR46
Balesmes-sur-Marne 52 82 CA36
Balesta 31 179 AP88
Baleyssagues 47 146 AM71
Balgau 68 67 CQ34
Balham 08 18 BR18
Balignac 82 161 AS80
Balignicourt 10 62 BT29
Bâlines 27 37 AT26
Balinghem 62 2 BB3
Baliracq-Maumusson 64 178 AI84
Baliros 64 178 AI87
Balizac 33 145 AH73
Balizy 91 39 BD27
Ballainvilliers 91 39 BD27
Ballaison 74 114 CI53
Ballan-Miré 37 74 AQ42
Ballancourt-sur-Essonne 91 59 BE29
Ballans 17 118 AK59
Ballay 08 19 BV19
Balledent 87 106 AV56
Ballée 53 55 AJ35
Balleray 58 95 BL45
Balleroy 14 25 AG21
Ballersdorf 68 85 CO38
Balléville 88 64 CD30
Ballon 72 56 AO33
Ballon 17 103 AE56
Ballon de Servance 70 84 CL36
Ballons 26 155 CE76
Ballore 71 111 BT51
Ballots 53 54 AE35
Balloy 77 60 BJ30
Balma 31 181 AX84
La Balme 73 127 CE60
La Balme-de-Sillingy 74 128 CG57
La Balme-de-Thuy 74 128 CI57
La Balme-d'Épy 39 113 CB52
La Balme-les-Grottes 38 127 CB58
Balmont 74 128 CG58
Balnot-la-Grange 10 62 BR35
Balnot-sur-Laignes 10 62 BT34
Balogna 2A 200 DF98
Balot 21 80 BT37
Balsac 12 150 BE75
Balschwiller 68 85 CO37
Balsièges 48 151 BM74
Baltzenheim 68 67 CQ32
Balzac 16 118 AM60
Bambecque 59 3 BF2
Bambiderstroff 57 22 CI22
Ban-de-Laveline 88 66 CN31
Ban-de-Sapt 88 66 CM30
Le Ban-Saint-Martin 57 44 CF22
Ban-sur-Meurthe-Clefcy 88 66 CM32
Banassac 48 151 BK74
Banat 09 195 AX92
Banca 64 176 Z88
Bancarel (Site du) 12 150 BE73
Bancigny 02 18 BQ15
Bancourt 62 8 BH11
Bandol 83 188 CF88
Baneins 01 112 BX55
Baneuil 24 147 AQ70
Bangor 56 68 O41
Banhars 12 150 BF72
Banios 65 193 AM90
Banize 23 121 BB58
Bannalec 29 50 K34
Bannans 25 99 CH46
Bannay 57 22 CI21
Bannay 51 41 BO25
Bannay 18 78 BI42
Banne 07 153 BS75
Bannegon 18 94 BG48
Bannes 53 55 AJ35
Bannes 52 64 CA35
Bannes 51 41 BP26
Bannes 46 149 BA70
Banneville-la-Campagne 14 26 AL21
Banneville-sur-Ajon 14 35 AI23
Bannières 81 163 AZ83
Bannoncourt 55 44 CB24
Bannost 77 40 BK27
Banogne-Recouvrance 08 18 BQ17
Banon 04 169 CE78
Banos 40 159 AG82
Bans 39 98 CC46
Bansat 63 137 BL63
Bantanges 71 112 BZ50
Banteux 59 9 BK12
Banthelu 95 38 BA22
Bantheville 55 20 BX19
Bantigny 59 9 BK10
Bantouzelle 59 9 BK12
Bantzenheim 68 67 CQ35
Banvillars 90 84 CL38
Banville 14 26 AJ20
Banvou 61 35 AI27
Banyuls-dels-Aspres 66 197 BI95
Banyuls-sur-Mer 66 197 BK96
Baon 89 80 BR36
Baons-le-Comte 76 13 AS16
Baou de 4 Oures 83 188 CG88
Bapaume 62 8 BH11
Bapeaume-lès-Rouen 76 13 AU18
Bar 19 135 AZ64
Bar-le-Duc 55 43 BY26
Bar-lès-Buzancy 08 19 BW18
Bar-sur-Aube 10 63 BV32
Le Bar-sur-Loup 06 174 CP81
Bar-sur-Seine 10 62 BT33
Baracé 49 73 AJ38
Baracuchet (Col de) 63 124 BQ62
Baraigne 11 181 AZ87
Baraize 36 107 AX52
Baralle 62 8 BJ10
Baraqueville 12 150 BE76
Barastre 62 8 BI12
Baratier 05 157 CL72
Barbachen 65 179 AM85
Barbaggio 2B 199 DK91
Barbaira 11 183 BF88
Barbaise 08 19 BU16
Barbas 54 46 CL27
Barbaste 47 160 AN77
Barbâtre 85 86 V46
Barbazan 31 193 AP90
Barbazan-Debat 65 179 AL88
Barbazan-Dessus 65 179 AM88
Barbechat 44 72 AC42
La Barben 13 168 CA83
Barbentane 13 168 BX80
Barberaz 73 128 CG61
Barberey-aux-Moines 10 62 BQ31
Barberey-Saint-Sulpice 10 62 BQ31
Barberier 03 109 BK54
Barbery 60 16 BG21
Barbery 14 26 AK23
Barbeville 14 25 AH20
Barbey 77 60 BJ31
Barbey-Seroux 88 66 CL32
Barbezières 16 118 AL58
Barbezieux 16 132 AK63
Barbières 26 140 BZ68
Barbirey-sur-Ouche 21 97 BW43
Barbizon 77 59 BF30
Barbonne-Fayel 51 41 BN27
Barbonval 02 18 BN20
Barbonville 54 45 CH28
Barbotan-les-Thermes 32 160 AK79
Le Barboux 25 100 CL44
Barbuise 10 61 BN29
Barby 73 128 CG61
Barby 08 19 BS18
Barc 27 27 AS23
Barcaggio 2B 199 DK88
Le Barcarès 66 197 BJ93
Barcelonne 26 140 BZ69
Barcelonne-du-Gers 32 160 AJ82
Barcelonnette 04 157 CM74
Barchain 57 46 CL26
Barchetta 2B 199 DK93
Barcillonnette 05 156 CG74
Barcugnan 32 179 AO86
Barcus 64 177 AE88
Barcy 77 40 BH23
Bard 42 124 BQ61
Bard-le-Régulier 21 96 BS44
Bard-lès-Époisses 21 80 BS40
Bard-lès-Pesmes 70 82 CC42
La Barde 17 132 AL66
Bardenac 16 132 AL64
Bardiana 2B 200 DF95
Bardigues 82 161 AS79
Le Bardon 45 76 AY36
Bardos 64 177 AB84
Bardou 24 147 AQ71
Bardouville 76 13 AT19
Barèges 65 192 AL91
Bareilles 65 193 AO91
Barembach 67 46 CO28
Baren 31 193 AP92
Barentin 76 13 AT17
Barenton 50 34 AG28
Barenton-Bugny 02 18 BN17
Barenton-Cel 02 18 BN16
Barenton-sur-Serre 02 18 BN16
Barésia-sur-l'Ain 39 113 CD50
Barfleur 50 24 AD16
Barfleur (Pointe de) 50 24 AD15
Bargème 83 174 CM81
Bargemon 83 174 CL83
Barges 70 83 CE36
Barges 43 152 BQ70
Barges 21 97 BY43
Bargny 60 40 BI22
Barie 33 146 AK73
Les Barils 27 37 AS27
Barinque 64 178 AI85
Barisey-au-Plain 54 44 CD28
Barisey-la-Côte 54 44 CD28
Barisis 02 17 BL17
Barizey 71 97 BV48
Barjac 48 151 BM74
Barjac 30 153 BT76
Barjac 09 180 AU90
Barjols 83 170 CH83
Barjon 21 81 BX39
Barjouville 28 58 AX30
Barles 04 156 CJ75
Barlest 65 178 AK88
Barleux 80 8 BH14
Barlieu 18 78 BG40
Barlin 62 3 BF7
Barly 80 7 BD10
Barly 62 8 BF10
Barmainville 28 59 BB32
Barnas 07 153 BS72
Barnave 26 155 CB71
Barnay 71 96 BT45
Barnenez (Tumulus de) 29 30 K25
Barneville-Carteret 50 24 AA19
Barneville-la-Bertran 14 12 AO19
Barneville-sur-Seine 27 13 AT19
La Baroche-Gondouin 53 55 AJ29
La Baroche-sous-Lucé 61 35 AI28
Les Baroches 54 21 CD20
Baromesnil 76 6 AX13
Baron 71 111 BS51
Baron 60 39 BG22
Baron 33 145 AI70
Baron 30 167 BT78
Baron-sur-Odon 14 26 AJ22
Baronville 57 22 CJ23
Barou-en-Auge 14 35 AM24
Baroville 10 63 BV32
Le Barp 33 145 AF72
La Barque 13 187 CD84
Barquet 27 37 AT23
Barr 67 67 CP29
Barracone 2A 202 DH100
Barrais-Bussolles 03 110 BO54
Barran 32 161 AO83
Barrancoueu 65 193 AN91
Les Barraques-en-Vercors 26 141 CC68
Barras 04 170 CI77
Barraute-Camu 64 177 AD86
Barraux 38 142 CG63
Barre 81 164 BH82
La Barre 70 83 CG41
La Barre 39 98 CD44
La Barre-de-Monts 85 86 W46
La Barre-de-Semilly 50 34 AF22
Barre-des-Cévennes 48 152 BO76
La Barre-en-Ouche 27 36 AR24
Barrême 04 170 CK79
Barret 16 118 AK62
Barret-de-Lioure 26 169 CD77
Barret-sur-Méouge 05 155 CF76
Barretaine 39 98 CD47
Barrettali 2B 199 DJ89
Barriac-les-Bosquets 15 136 BD67
Barricourt 08 20 BX19
Barro 16 118 AN57
Barrou 37 91 AR47
Le Barroux 84 168 CA77
Barry 84 154 BX75
Barry 65 179 AL88
Barry-d'Islemade 82 162 AV78
Bars 32 179 AN84
Bars 24 134 AT67
Barsac 33 145 AI72
Barsac 26 155 CB71
Barsanges 19 121 BB62
Barst 57 22 CK22
Bart 25 84 CL39
Bartenheim 68 85 CQ38
Barthe 65 179 AO87
Barthe (Barrage de la) 12 150 BG70
La Barthe-de-Neste 65 179 AN89
Bartherans 25 99 CF45
Les Barthes 82 162 AU78
Bartrès 65 178 AK89
Barville 88 64 CD30
Barville 76 13 AR15
Barville 61 56 AP29
Barville 27 27 AQ22
Barville-en-Gâtinais 45 59 BE34
Barzan 17 116 AE62
Barzun 64 178 AJ88
Barzy-en-Thiérache 02 9 BO12
Barzy-sur-Marne 02 41 BM23
Bas-en-Basset 43 139 BR65
Bas-et-Lezat 63 123 BL57
Bas-Lieu 59 10 BP11
Bas-Mauco 40 159 AG81
Bas-Rupts 88 66 CL33
Bascons 40 159 AH81
Bascous 32 160 AM81
Baslieux 54 21 CC18
Baslieux-lès-Fismes 51 18 BN20
Baslieux-sous-Châtillon 51 41 BO22
Basly 14 26 AJ20
Bassac 16 118 AK60
Bassan 34 184 BL86
Bassanne 33 146 AK73
Basse-Goulaine 44 87 AB43
Basse-Ham 57 21 CG19
Basse-Indre 44 87 Z43
Basse-Rentgen 57 21 CF18
Basse-sur-le-Rupt 88 66 CK34
La Basse-Vaivre 70 65 CF35
La Bassée 59 4 BH7
Bassemberg 67 66 CO30
Basseneville 14 26 AL21
Bassens 73 128 CG61
Bassens 33 131 AH69
Bassercles 40 177 AF84
Basses 86 90 AN45
Basseux 62 8 BG10
Bassevelle 77 40 BK24
Bassignac 15 136 BE65
Bassignac-le-Bas 19 135 BA68
Bassignac-le-Haut 19 135 BB66
Bassigney 70 83 CG36
Bassillac 24 133 AR66
Bassillon-Vauzé 64 178 AK85
Bassing 57 45 CK24
Bassoles-Aulers 02 17 BL18
Bassoncourt 52 64 CB34
Bassou 89 79 BM36
Bassoues 32 179 AM84
Bassu 51 42 BV25
Bassuet 51 42 BV26
Bassurels 48 166 BO77
Bassussarry 64 176 Y85
Bassy 74 127 CE57
Bastanès 64 177 AE86
Bastelica 2A 201 DI99
Bastelicaccia 2A 202 DG100
Bastennes 40 159 AE83
Bastia 2B 199 DK91
La Bastide 83 174 CM81
La Bastide 66 196 BF95
La Bastide-Clairence 64 176 AA85
La Bastide-de-Besplas 09 181 AV88
La Bastide-de-Bousignac 09 182 BA90
La Bastide de Couloumat 11 181 AZ88
La Bastide-de-Lordat 09 181 AY89
La Bastide-de-Sérou 09 181 AW90
La Bastide-d'Engras 30 167 BV78
La Bastide-des-Jourdans 84 169 CE81
La Bastide-du-Salat 09 180 AS90
La Bastide-l'Évêque 12 149 BC75
La Bastide-Pradines 12 165 BJ79
La Bastide-Puylaurent 48 152 BQ73
La Bastide-Solages 12 164 BF80
La Bastide-sur-l'Hers 09 195 BA91
La Bastidonne 84 169 CD82
La Bastidonne 13 187 CD87
La Bastie-d'Urfé (Château de) 42 125 BR60
Le Bastit 46 149 AY71
Basville 23 122 BE58
La Bataille 79 104 AL56
Bataille (Col de la) 26 140 CA69
La Batarelle 13 187 CC86
Bataville 57 45 CK26
Bathelémont-lès-Bauzemont 54 45 CI26
Bathernay 26 140 BY66
La Bâthie 73 128 CJ60
La Bâtie-Crémezin 26 155 CD72
La Bâtie-des-Fonds 26 155 CE73
La Bâtie-Divisin 38 127 CD62
La Bâtie-Montgascon 38 127 CC61
La Bâtie-Montsaléon 05 155 CF74
La Bâtie-Neuve 05 156 CI72
La Bâtie-Rolland 26 154 BY73
La Bâtie-Vieille 05 156 CI72
Les Bâties 70 83 CE40
Batilly 61 35 AL26
Batilly 54 21 CE21
Batilly-en-Gâtinais 45 59 BE34
Batilly-en-Puisaye 45 78 BI39
Bats 40 159 AH83
Batsère 65 179 AN89
Battenans-les-Mines 25 83 CH41
Battenans-Varin 25 84 CL42
Battenheim 68 85 CP36
Battexey 88 65 CG30
Battigny 54 64 CE29
Battrans 70 82 CC41
Batz (Île de) 29 29 J25
Batz-sur-Mer 44 70 T42
Batzendorf 67 47 CR25
Baubigny 50 24 Z18
Baubigny 21 97 BV46
La Bauche 73 127 CE62
Baud 56 51 P35
Baudement 51 41 BO28
Baudemont 71 111 BS54
Baudignan 40 160 AL78
Baudignécourt 55 43 CA28
Baudinard-sur-Verdon 83 170 CI82
Baudoncourt 70 83 CH36
Baudonvilliers 55 43 BX27
Baudre 50 34 AE22
Baudrecourt 57 22 CI23
Baudrecourt 52 63 BX30
Baudreix 64 178 AI88
Baudrémont 55 43 CA25
Baudres 36 92 AY45
Baudreville 50 24 AB20
Baudreville 28 58 BA31
Baudricourt 88 65 CF31
Baudrières 71 97 BY49
Bauduen 83 170 CI81
Baugé 49 73 AL40
Baugy 71 111 BQ54
Baugy 60 16 BG18
Baugy 18 94 BG45
Baulay 70 83 CF36
Baule 45 76 AY37
La Baule 44 70 U42
La Baule-Escoublac 44 70 U42
Baulme-la-Roche 21 81 BW42
Baulne 91 59 BE29
Baulne-en-Brie 02 41 BN24
Baulny 55 20 BX20
Baulon 35 53 Y34
Baulou 09 181 AX90
La Baume 74 115 CK53
Baume (Cirque de) 39 98 CD49
La Baume-Cornillane 26 154 BZ70
La Baume-de-Transit 26 154 BY75
La Baume-d'Hostun 26 140 CA67
Baume-les-Dames 25 84 CI41
Baume-les-Messieurs 39 98 CD49
Bauné 49 73 AJ40
Baupte 50 24 AC20
Bauquay 14 35 AI23
Baurech 33 145 AH71
La Baussaine 35 53 Y31
Bauvin 59 4 BH7
Les Baux-de-Breteuil 27 37 AS25
Les Baux-de-Provence 13 168 BX82
Les Baux-Sainte-Croix 27 37 AU24
Bauzemont 54 45 CI26
Bauzy 41 76 AY40
Bavans 25 84 CK40
Bavay 59 9 BO9
Bavelincourt 80 7 BE13
Bavella (Col de) 2A 203 DJ101
Bavent 14 26 AL21
Baverans 39 98 CC44
Bavilliers 90 84 CL38
Bavinchove 59 3 BE4
Bavincourt 62 8 BF10
Bax 31 181 AV88
Bay 70 83 CD42
Bay 08 18 BR15
Bay-sur-Aube 52 81 BY36
Bayac 24 147 AR70
Bayard (Château de) 38 142 CG63
Bayard (Col) 05 156 CH72
Bayas 33 131 AJ67
Baye 51 41 BO25
Baye 29 50 L35
Bayecourt 88 65 CI31
Bayel 10 63 BW32
Bayencourt 80 8 BF11
Bayenghem-lès-Éperlecques 62 3 BC3
Bayenghem-lès-Seninghem 62 3 BC5
Bayers 16 118 AN58
Bayet 03 110 BL54
Bayeux 14 25 AH20
Bayon 54 65 CH29
Bayon-sur-Gironde 33 131 AG67
Bayonne 64 176 Z84
Bayons 04 156 CI75
Bayonville 08 20 BX19
Bayonville-sur-Mad 54 44 CE23
Bayonvillers 80 8 BG14
Bazac 16 132 AL65
Bazaiges 36 107 AX51
Bazailles 54 21 CC19
Bazainville 78 38 AY26
Bazancourt 60 15 AZ17
Bazancourt 51 18 BR19
Bazarnes 89 79 BN38
Bazas 33 146 AJ74
Bazauges 17 118 AK58
Bazegney 88 65 CG31
Bazeilles 08 20 BX16
Bazeilles-sur-Othain 55 20 CA18
Bazelat 23 107 AX53
Bazemont 78 38 BA24
Bazens 47 147 AO76
Bazentin 80 8 BG12
Bazenville 14 25 AI20
Bazet 65 179 AL87
La Bazeuge 87 106 AU54
Bazian 32 160 AN83
Bazicourt 60 16 BF20
Baziège 31 181 AY85
Bazien 88 66 CK29
Bazillac 65 179 AL86
Bazincourt-sur-Epte 27 15 AZ20
Bazincourt-sur-Saulx 55 43 BY27
Bazinghen 62 2 AZ3
Bazinval 76 6 AY13
La Bazoche-Gouet 28 57 AT33
Bazoches 58 79 BO42
Bazoches-au-Houlme 61 35 AK25
Bazoches-en-Dunois 28 58 AY34
Bazoches-lès-Bray 77 60 BK30
Bazoches-les-Gallerandes 45 59 BB33
Bazoches-les-Hautes 28 58 AZ33
Bazoches-sur-Guyonne 78 38 BA26
Bazoches-sur-Hoëne 61 36 AQ28
Bazoches-sur-le Betz 45 60 BI33
Bazoches-sur-Vesles 02 18 BN20
La Bazoge 72 56 AN33
La Bazoge 50 34 AF27
La Bazoge-Montpinçon 53 55 AI31
Bazoges-en-Paillers 85 88 AD46
Bazoges-en-Pareds 85 88 AF49
Bazoilles-et-Ménil 88 65 CF31
Bazoilles-sur-Meuse 88 64 CC31
Bazolles 58 95 BN44
Bazoncourt 57 22 CH22
Bazonville 54 21 CE19
La Bazoque 61 35 AI26
La Bazoque 14 25 AG21
Bazoques 27 27 AQ22
Bazordan 65 179 AP88
La Bazouge-de-Chemeré 53 55 AI34
La Bazouge-des-Alleux 53 55 AI32
La Bazouge-du-Désert 35 54 AE29
Bazougers 53 55 AI34
Bazouges 53 73 AH36
Bazouges-la-Pérouse 35 53 AA29
Bazouges-sous-Hédé 35 53 Z30
Bazouges-sur-le-Loir 72 73 AL38
Bazuel 59 9 BM11
Bazugues 32 179 AN85
Bazus 31 162 AX82
Bazus-Aure 65 193 AN92
Bazus-Neste 65 193 AN90
Le Béage 07 153 BS70
Béal (Col du) 63 124 BP60
Béalcourt 80 7 BC10
Béalencourt 62 7 BC8
Béard 58 95 BL47
Beaubec-la-Rosière 76 15 AY16
Beaubery 71 111 BT52
Beaubray 27 37 AT25
Beaucaire 32 161 AO81
Beaucaire 30 167 BW81
Beaucamps-le-Jeune 80 15 AZ15
Beaucamps-le-Vieux 80 6 AZ14
Beaucamps-Ligny 59 4 BI6
Beaucé 35 54 AE30
Beaucens 65 192 AK90
Le Beaucet 84 168 CA79
Beauchalot 31 180 AR89
Beauchamp 95 39 BC23
Beauchamps 80 6 AX12
Beauchamps 50 33 AC25
Beauchamps-sur-Huillard 45 59 BE35
Beaucharmoy 52 64 CC34
Beauchastel 07 154 BX70
Beauche 28 37 AT27
Beauchemin 52 63 BZ35
Beauchêne 61 34 AH27
Beauchêne 41 57 AT35
Beauchery-Saint-Martin 77 40 BL28
Beauclair 55 20 BY18
Beaucoudray 50 34 AE24
Beaucourt 90 84 CM39
Beaucourt-en-Santerre 80 16 BF15
Beaucourt-sur-l'Ancre 80 8 BG12
Beaucourt-sur-l'Hallue 80 7 BE13
Beaucouzé 49 73 AH40
Beaucroissant 38 141 CC64
Beaudéan 65 193 AM90
Beaudéduit 60 15 BB16
Beaudignies 59 9 BM10
Beaudricourt 62 7 BE10
Beaufai 61 36 AQ26
Beaufay 72 56 AP33
Beauficel 50 34 AF26
Beauficel-en-Lyons 27 14 AX19
Beaufin 38 156 CG70
Beaufort 73 128 CK59
Beaufort 59 10 BP10
Beaufort 39 113 CB50
Beaufort 38 140 BZ64
Beaufort 34 183 BH87
Beaufort 31 180 AT85
Beaufort-Blavincourt 62 8 BF9
Beaufort-en-Argonne 55 20 BY18
Beaufort-en-Santerre 80 16 BG15
Beaufort-en-Vallée 49 73 AK41
Beaufort-sur-Gervanne 26 154 CA70
Beaufou 85 87 AA47
Beaufour 14 26 AN21
Beaufremont 88 64 CD31
Beaugas 47 147 AQ73
Beaugeay 17 116 AE58
Beaugency 45 76 AY37
Beaugies-sous-Bois 60 17 BJ17
Beaujeu 69 112 BV55
Beaujeu 04 156 CK76
Beaujeu-Saint-Vallier-et-Pierrejux 70 83 CD40
Beaulac 33 146 AJ75
Beaulandais 61 35 AI28
Beaulencourt 62 8 BH12
Beaulieu 63 137 BL63
Beaulieu 61 37 AS27
Beaulieu 58 95 BM43
Beaulieu 43 138 BQ67
Beaulieu 38 141 CB65
Beaulieu 36 106 AV53
Beaulieu 34 166 BR82
Beaulieu 25 84 CL40
Beaulieu 21 81 BV37
Beaulieu 15 136 BF63
Beaulieu 14 34 AG24
Beaulieu 08 10 BS13
Beaulieu 07 153 BS75
Beaulieu-en-Argonne 55 43 BX23
Beaulieu-en-Rouergue (Abbaye de) 82 163 BA77
Beaulieu-les-Fontaines 60 17 BI16
Beaulieu-lès-Loches 37 91 AT44
Beaulieu-sous-Bressuire 79 89 AI47
Beaulieu-sous-la-Roche 85 87 Z49
Beaulieu-sous-Parthenay 79 104 AK50
Beaulieu-sur-Dordogne 19 135 AZ68
Beaulieu-sur-Layon 49 73 AH42
Beaulieu-sur-Loire 45 78 BH40
Beaulieu-sur-Mer 06 175 CS81
Beaulieu-sur-Oudon 53 54 AF34
Beaulieu-sur-Sonnette 16 119 AO58
Beaulon 03 110 BO50
Beaumais 14 35 AM24
Beaumarchés 32 179 AL84
Beaumat 46 148 AX72
La Beaume 05 155 CE73
Beaumé 02 10 BQ14
Beauménil 88 66 CK32
Beaumerie-Saint-Martin 62 2 BA7
Beaumes-de-Venise 84 168 BZ77
Beaumesnil 27 27 AR23
Beaumesnil 14 34 AF24
Beaumettes 84 168 CA80
Beaumetz 80 7 BC11
Beaumetz-lès-Aire 62 3 BD6
Beaumetz-lès-Cambrai 62 8 BI11
Beaumetz-lès-Loges 62 8 BG10
Beaumont 89 79 BN36
Beaumont 86 90 AP49
Beaumont 74 114 CH55
Beaumont 63 123 BJ60
Beaumont 54 44 CD25
Beaumont 43 137 BL65
Beaumont 32 160 AN80
Beaumont 19 135 AZ63
Beaumont 07 153 BS73
Beaumont-de-Lomagne 82 162 AT80
Beaumont-de-Pertuis 84 169 CE82
Beaumont-du-Gâtinais 77 59 BE33
Beaumont-du-Lac 87 121 AZ59
Beaumont-du-Périgord 24 147 AR71
Beaumont-du-Ventoux 84 168 CA77
Beaumont-en-Argonne 08 20 BX17
Beaumont-en-Auge 14 26 AN20
Beaumont-en-Beine 02 17 BJ16
Beaumont-en-Cambrésis 59 9 BL11
Beaumont-en-Diois 26 155 CC72
Beaumont-en-Verdunois 55 20 CA20
Beaumont-en-Véron 37 90 AN43
Beaumont-Hague 50 24 Z15
Beaumont-Hamel 80 8 BG12
Beaumont-la-Ferrière 58 95 BK44
Beaumont-la-Ronce 37 75 AR39
Beaumont-le-Hareng 76 14 AV16
Beaumont-le-Roger 27 27 AS23
Beaumont-les-Autels 28 57 AT32
Beaumont-les-Nonains 60 15 BB20
Beaumont-lès-Randan 63 124 BM57
Beaumont-lès-Valence 26 140 BY69
Beaumont-Monteux 26 140 BY68
Beaumont-Pied-de-Bœuf 72 74 AP37
Beaumont-Pied-de-Bœuf 53 55 AJ35
Beaumont-Sardolles 58 95 BM47
Beaumont-sur-Dême 72 74 AQ38
Beaumont-sur-Grosne 71 97 BX49
Beaumont-sur-Lèze 31 181 AV86
Beaumont-sur-Oise 95 39 BD22
Beaumont-sur-Sarthe 72 56 AN32
Beaumont-sur-Vesle 51 42 BR22
Beaumont-sur-Vingeanne 21 82 CA40
Beaumont-Village 37 92 AV44
Beaumontel 27 27 AS22
Beaumotte-lès-Montbozon 70 83 CG40
Beaumotte-lès-Pin 70 83 CE42
Beaunay 51 41 BP25
Beaune 73 142 CK64
Beaune 21 97 BW45
Beaune-d'Allier 03 109 BI54

BESANÇON

Battant (Pont) . . . . AY 3
Battant (R.) . . . . AY
Bersot (R.) . . . . BY
Carnot (Av.) . . . . BYX 7
Castan (Sq.) . . . . BZ 8
Chapitre (R. du) . . . . BYX
Convention (R. de la) . . . . . BZ 14
Denfert-Rochereau (Av.) . . . BY 17
Denfert-Rochereau (Pont) . . BY 18
Fusillés-de-la-Résistance
(R. des) . . . . BZ 20
Gambetta (R.) . . . . ABY 21
Gare-d'eau (Av. de la) . . . . . AZ 22
Gaulle (Bd Ch de) . . . . AZ 23
Girod-de-Chantrans
(R.) . . . . AYZ 24
Grande-Rue . . . . ABYZ
Granges (R. des) . . . . ABY
Krug (R. du) . . . . AY 26
Lycée (R. du) . . . . AY 28
Madeleine (R. de la) . . . . . . AY 29
Martelots (Pl. des) . . . . AY 30
Mégevand (R.) . . . . ABZ 32
Moncey (R.) . . . . BY 33
Orme-de-Chamars
(R. de l') . . . . AZ 36
Poullet (R. C.) . . . . AY 39
République (Pl. de la) . . . . . ABY 40
Révolution (Pl. de la) . . . . . AY 41
Rivotte (Faubourg) . . . . BZ 42
Ronchaux (R.) . . . . BZ 43
Rousseau (R. J. J.) . . . . AY 45
Saint-Amour (Sq.) . . . . AY 48
Sarrail (R. Gén.) . . . . ABY 52
Vauban (Q.) . . . . AY 56
1ère-Armée-Française
(Pl. de la) . . . . BY 58

Carte de Besançon

BÉZIERS

Abreuvoir (R. de l') . . . . BZ 2
Albert-1er (Av.) . . . . CY 3
Bonsi (R. de) . . . . BZ 4
Brousse (Av. Pierre) . . . . BZ 5
Canterelles (R.) . . . . BZ 6
Capus (R. du) . . . . BZ 7
Citadelle (R. de la) . . . . BZ 9
Drs-Bourguet (R. des) . . . . BZ 13
Estienne-d'Orves (Av. d') . . . . BZ 22
Flourens (R.) . . . . BZ 23
Garibaldi (R.) . . . . BZ 26
Joffre (Av. Mar.) . . . . CZ 32
Massol (R.) . . . . BZ 43
Moulins (Rampe des) . . . . BZ 44
Orb (R. de l') . . . . BZ 47
Péri (P. G.) . . . . BYZ 49
Puits-des-Arènes (R. du) . . . . . BZ 54
République (R. de la) . . . . BY 55
Révolution (Pl. de la) . . . . BZ 57
Riquet (R.) . . . . BZ 58
St-Jacques (R.) . . . . BZ 60
Strasbourg (Bd de) . . . . CY 64
Tourventouse (Bd) . . . . BZ 65
Victoire (Pl. de la) . . . . BCY 68
Viennet (R.) . . . . BY 69
4-Septembre (R. du) . . . . BY 72
11-Novembre (Pl. du) . . . . CY 74

Carte de Béziers

Beaune-la-Rolande 45 . . . 59 BE34
Beaune-le-Froid 63 . . . . 123 BI62
Beaune-les-Mines 87 . . . 120 AV58
Beaune-sur-Arzon 43 . . . 138 BP65
Beaunotte 21 . . . . 81 AV38
Beaupont 01 . . . . 113 CA52
Beauport (Abbaye de) 22 . . 31 Q25
Beaupouyet 24 . . . . 132 AN68
Beaupréau 49 . . . . 88 AE43
Beaupuy 82 . . . . 162 AU81
Beaupuy 47 . . . . 146 AM73
Beaupuy 31 . . . . 162 AX83
Beauquesne 80 . . . . 8 BE12
Beaurain 59 . . . . 9 BM10
Beaurains 62 . . . . 8 BH10
Beaurains-lès-Noyon 60 . . 17 BI17
Beaurainville 62 . . . . 7 BA8
Beaurecueil 13 . . . . 187 CD84
Beauregard 46 . . . . 149 AZ75
Beauregard 01 . . . . 126 BW57
Beauregard-Baret 26 . . . . 140 CA68
Beauregard-
de-Terrasson 24 . . . . . 134 AV66
Beauregard-et-Bassac 24 . 133 AO68
Beauregard-l'Évêque 63 . . 123 BJ59
Beauregard-Vendon 63 . . 123 BJ57
Beaurepaire 85 . . . . 88 AD46
Beaurepaire 76 . . . . 12 AO16
Beaurepaire 60 . . . . 16 BF20
Beaurepaire 38 . . . . 140 BZ64
Beaurepaire-en-Bresse 71 . 98 CB49
Beaurepaire-
sur-Sambre 59 . . . . 9 BO12
Beaurevoir 02 . . . . 9 BK12
Beaurières 26 . . . . 155 CD72
Beaurieux 59 . . . . 10 BQ10
Beaurieux 02 . . . . 18 BO19
Beauronne 24 . . . . 133 AO67
Beausemblant 26 . . . . . . 140 BX65
Beausoleil 06 . . . . 175 CS81
Beaussac 24 . . . . 119 AP62
Beaussais 79 . . . . 104 AK53
Beaussault 76 . . . . 15 AY16
Beausse 49 . . . . 72 AF42
Le Beausset 83 . . . . 188 CG88
Beauteville 31 . . . . 181 AZ86
Beautheil 77 . . . . 40 BJ26
Beautiran 33 . . . . 145 AN71
Beautor 02 . . . . 17 BL16
Beautot 76 . . . . 13 AU16
Beauvain 61 . . . . 35 AK28
Beauvais 60 . . . . 16 BE17
Beauvais-sur-Matha 17 . . 118 AK58
Beauvais-sur-Tescou 81 . . 162 AX80
Beauval 80 . . . . 8 BD11
Beauval-en-Caux 76 . . . . . 13 AT15
Beauvallon 26 . . . . 189 CM86
Beauvallon 26 . . . . 140 BY69
Beauvau 49 . . . . AK39
Beauvène 07 . . . . 139 BV69
Beauvernois 71 . . . . 98 CB47
Beauvezer 04 . . . . 170 CL77
Beauville 47 . . . . A576
Beauville 31 . . . . 181 A585
Beauvilliers 89 . . . . 80 BO41
Beauvilliers 41 . . . . 75 AV37
Beauvilliers 28 . . . . 58 AY31
Beauvoir 89 . . . . 78 BL37
Beauvoir 77 . . . . 40 BH28
Beauvoir 60 . . . . 16 BD17
Beauvoir 50 . . . . 33 AB25
Beauvoir (Château de) 03 . 110 BN52
Beauvoir-de-Marc 38 . . . . 140 BY66
Beauvoir-en-Lyons 76 . . . . 15 AY18
Beauvoir-en-Royans 38 . . 141 CB66
Beauvoir-sur-Mer 85 . . . . . 86 W46
Beauvoir-sur-Niort 79 . . . 104 AK55
Beauvoir-sur-Sarce 10 . . . . 62 BS35
Beauvoir-Wavans 62 . . . . . . 7 BC10
Beauvois 62 . . . . 8 BD8
Beauvois-en-Cambrésis 59 . . 9 BL11
Beauvois-en-Vermandois 02 . 8 BJ14
Beauvoisin 30 . . . . 98 CA54
Beauvoisin 26 . . . . 154 CA75
Beaux 43 . . . . 139 BR66
Beauzac 43 . . . . 139 BR66
Beauzée-sur-Aire 55 . . . . . 44 BF24
Beauzelle 31 . . . . 162 AW83
Beauziac 47 . . . . 146 AL75
Bébing 57 . . . . 46 CM26
Beblenheim 68 . . . . 67 CP32
Bec-de-Mortagne 76 . . . . . 12 AO16
Le Bec-Hellouin 27 . . . . . . 27 AS21
Le Bec-Thomas 27 . . . . . . 14 AU21

Beccas 32 . . . . 179 AM85
Béceleuf 79 . . . . 104 AI51
Béchamps 54 . . . . 21 CC21
Bécherel 35 . . . . 53 Y31
Bécheresse 16 . . . . 118 AM62
Béchy 57 . . . . 22 CH23
Bécon-les-Granits 49 . . . . . 71 AC41
Bécordel-Bécourt 80 . . . . . . 8 BG13
Bécon 26 . . . . BA5
Bécquigny 80 . . . . 16 BF16
Becquigny 02 . . . . BM12
Bédarieux 34 . . . . 184 BK83
Bédarrides 84 . . . . 168 BY78
Beddes 18 . . . . 108 BC50
Bédéchan 32 . . . . AR84
Bédée 35 . . . . 53 Y32
Bédeilhac-et-Aynat 09 . . . 195 AX92
Bédeille 64 . . . . 178 AK86
Bédeille 09 . . . . 180 AT89
Bédenac 17 . . . . 131 AX63
Bédoin 84 . . . . 168 CA77
Bédouès 48 . . . . 152 BO75
Bedous 64 . . . . 191 AF90
Béduer 46 . . . . 149 BA73
Beffes 18 . . . . 94 BJ45
Beffia 39 . . . . 113 CC51
Beffu-et-le-Morthomme 08 . 19 BW19
Beg-Meil 29 . . . . 49 I34
Bégaar 40 . . . . 159 AE81
Bégadan 33 . . . . 130 AE64
Béganne 56 . . . . 70 V38
Bégard 22 . . . . 31 O26
Bègles 33 . . . . 145 AH70
Bégnécourt 88 . . . . 65 CG32
Bégole 65 . . . . 179 AN88
Bégrolles-en-Mauges 49 . . 87 AF44
La Bégude-de-Mazenc 26 . 154 BY73
Bègues 03 . . . . 109 BK56
Béguey 33 . . . . 145 AI72
Béguios 64 . . . . 177 AC86
Béhagnies 62 . . . . 8 BH11
Béhasque-Lapiste 64 . . . . 177 AC86
Béhen 80 . . . . 7 AZ12
Béhéricourt 60 . . . . 17 BI17
Behlenheim 67 . . . . 47 CO26
Béhobie 64 . . . . 176 W86
Behonne 55 . . . . 43 BY26
Béhorléguy 64 . . . . 177 AB88
Béhoust 78 . . . . 38 AZ26
Behren-lès-Forbach 57 . . . 23 CL21
Béhuard 49 . . . . 71 AH41
Beignon 56 . . . . 52 W34
Beillé 72 . . . . 56 AO34
Beine 89 . . . . 79 BO37
Beine-Nauroy 51 . . . . 18 BR21
Beinheim 67 . . . . 47 CU24
Beire-le-Châtel 21 . . . . 82 BZ41
Beire-le-Fort 21 . . . . 98 CA43
Beissat 23 . . . . 122 BD60
Bélâbre 36 . . . . 106 AU51
Belan-sur-Ource 21 . . . . . . 63 BV35
Bélarga 34 . . . . 184 BN84
Bélaye 46 . . . . 148 AU74
Belberaud 31 . . . . 181 AX85
Belbèse 82 . . . . 162 AT80
Belbeuf 76 . . . . 14 AV19
Belbèze-de-Lauragais 31 . 181 AX85
Belbèze-
en-Comminges 31 . . . 180 AT89
Belcaire 11 . . . . 195 BA92
Belcastel 81 . . . . 163 AZ83
Belcastel 12 . . . . 150 BD75
Belcastel (Château de) 46 . 148 AX70
Belcastel-et-Buc 11 . . . . . 182 BD90
Belcodène 13 . . . . 188 CE85
Bélesta 09 . . . . 196 BG93
Bélesta 66 . . . . 195 BA91
Bélesta-en-Lauragais 31 . . 181 AZ85
Beleymas 24 . . . . 133 AP68
Belfahy 70 . . . . 84 CK36
Belfays 25 . . . . 84 CM42
Belflou 11 . . . . 181 AZ87
Belfonds 61 . . . . 36 AN28
Belfort 90 . . . . 84 CL38
Belfort-du-Quercy 46 . . . . 148 AX76
Belfort-sur-Rebenty 11 . . . 196 BB92
Belgeard 53 . . . . 54 AI31
Belgentier 83 . . . . 188 CH87
Belgodère 83 . . . . 198 DH93
Belhade 40 . . . . 144 AF75
Belhomert-Guéhouville 28 . 57 AU29

Béligneux 01 . . . . 126 BZ58
Belin-Béliet 33 . . . . 145 AE73
Bélis 40 . . . . 159 AH78
Bellac 87 . . . . 106 AT56
Bellaffaire 04 . . . . 156 CI74
Bellagranajo (Col de) 2B . 201 DJ97
Bellaing 59 . . . . 9 BL8
Bellancourt 80 . . . . 8 BA11
Bellange 57 . . . . 45 CI24
Bellavilliers 61 . . . . 56 AO30
Le Bellay-en-Vexin 95 . . . . 38 BA22
Belle-Église 60 . . . . 16 BD21
Belle-et-Houllefort 62 . . . . . 2 AZ4
Belle-Île 56 . . . . 68 O41
Belle-Isle-en-Terre 22 . . . . 30 N27
Belleau 54 . . . . 45 CG25
Belleau 02 . . . . 40 BK23
Bellebat 33 . . . . 145 AJ71
Bellebrune 62 . . . . 2 AZ4
Bellechassagne 19 . . . . . . 122 BD61
Bellechaume 89 . . . . 61 BN34
Bellecombe 73 . . . . 128 CK62
Bellecombe 39 . . . . 114 CF53
Bellecombe-
en-Bauges 73 . . . . 128 CH59
Bellecombe-Tarendol 26 . . 155 CB75
Bellefond 33 . . . . 146 AK70
Bellefond 21 . . . . 81 BY41
Bellefonds 86 . . . . 105 AQ50
Bellefontaine 95 . . . . 39 BE23
Bellefontaine 88 . . . . 66 CI34
Bellefontaine 50 . . . . 34 AF27
Bellefontaine 39 . . . . 114 CG50
Bellefosse 67 . . . . 66 CO29
Bellegarde 81 . . . . 163 BD80
Bellegarde 45 . . . . 59 BE35
Bellegarde 32 . . . . 180 AO85
Bellegarde 30 . . . . 167 BW92
Bellegarde-du-Razès 11 . . 182 BB89
Bellegarde-en-Diois 26 . . 155 CC73
Bellegarde-en-Forez 42 . . 125 BT61
Bellegarde-en-Marche 23 . 122 BD57
Bellegarde-Poussieu 38 . . 140 BY64
Bellegarde-
Sainte-Marie 31 . . . . . 162 AU83
Bellegarde-
sur-Valserine 01 . . . . . 113 CE59
Belleherbe 25 . . . . 84 CK42
Bellemagny 68 . . . . 85 CN37
Bellême 61 . . . . 56 AO30
Bellenaves 03 . . . . 109 BJ55
Bellencombre 76 . . . . 14 AV16
Bellenaves 02 . . . . 82 CA41
Bellenglise 02 . . . . 8 BK13
Bellengreville 76 . . . . 14 AV13
Bellengreville 14 . . . . 26 AL22
Bellenod-sur-Seine 21 . . . . 81 BV38
Bellenot-sous-Pouilly 21 . . 97 BU43
Bellentre 73 . . . . 129 CM61
Bellerive-sur-Allier 03 . . . 110 BM56
Belleroche 42 . . . . 111 BT55
Belleserre 31 . . . . 182 BB85
Belleserre 81 . . . . 163 AU81
Bellesserre 31 . . . . 162 AU81
Bellevaux 74 . . . . 115 CK53
Belleville 79 . . . . 104 AH55
Belleville 69 . . . . 112 BW55
Belleville 54 . . . . 44 CF25
Belleville-en-Caux 76 . . . . 13 AU16
Belleville-sur-Bar 08 . . . . . 19 BV18
Belleville-sur-Loire 18 . . . . 78 BH40
Belleville-sur-Mer 76 . . . . . 6 AV13
Belleville-sur-Vie 85 . . . . . 87 AB48
Bellevue (Grotte de) 46 . . 149 AZ73
Bellevue-Coëtquidan 56 . . 52 W34
Bellevue-la-Montagne 43 . 138 BP66
Belley 01 . . . . 127 CD59
Belleydoux 01 . . . . 114 CF57
La Bellière 76 . . . . 15 AX17
La Bellière 61 . . . . 36 AM28
Belligné 44 . . . . 71 AB42
Belligny-sur-Craon 49 . . . . 54 AH38
Bellignat 01 . . . . 113 CD56
Belligny 44 . . . . 72 AE40
Belleau 34 . . . . 184 BN83
La Belliole 89 . . . . 60 BK36
Belloc 09 . . . . 182 BB90
Belloc-Saint-Clamens 32 . 179 AO85
Belloca 47 . . . . 177 AD84
Bellon 16 . . . . 132 AM65
Bellonne 62 . . . . 8 BI9

Bellot 77 . . . . 40 BL25
Bellou 14 . . . . 36 AO24
Bellou-en-Houlme 61 . . . . 35 AJ27
Bellou-le-Trichard 61 . . . . . 56 AQ32
Bellou-sur-Huisne 61 . . . . 57 AS30
Belloy 60 . . . . 16 BI18
Belloy-en-France 95 . . . . . 39 BG23
Belloy-en-Santerre 80 . . . . 8 BH14
Belloy-Saint-Léonard 80 . . . 7 BA14
Belloy-sur-Somme 80 . . . . . 8 BC13
Belluire 17 . . . . 117 AH62
Belmesnil 76 . . . . 14 AU15
Belmont 70 . . . . 84 CJ36
Belmont 67 . . . . 66 CO29
Belmont 52 . . . . 82 CB37
Belmont 39 . . . . 98 CC45
Belmont 38 . . . . 127 CB62
Belmont 32 . . . . 160 AM82
Belmont 25 . . . . 99 CI43
Belmont 25 . . . . 160 AM82
Belmont-Bretenoux 46 . . . 135 BA69
Belmont-d'Azergues 69 . . 126 BW58
Belmont-de-la-Loire 42 . . 111 BT55
Belmont-lès-Darney 88 . . . 65 CF33
Belmont-Luthézieu 01 . . . 127 CD58
Belmont-Sainte-Foi 46 . . . 149 AY76
Belmont-sur-Buttant 88 . . . 66 CI33
Belmont-sur-Rance 12 . . . 164 BH81
Belmont-sur-Vair 88 . . . . . 64 CE31
Belmont-Tramonet 73 . . . 127 CD61
Belmontet 46 . . . . 148 AU75
Belon 29 . . . . 50 K35
Belonchamp 70 . . . . 84 CJ36
Belpech 11 . . . . 181 AZ88
Belrain 55 . . . . 43 BZ25
Belrupt 88 . . . . 65 CF33
Belrupt-en-Verdunois 55 . . 43 CA22
Bélus 40 . . . . 158 AC83
Belval 08 . . . . 19 BU19
Belval 50 . . . . 66 CM29
Belval 50 . . . . 34 AE28
Belval-Bois-des-Dames 08 . 20 BX18
Belval-en-Argonne 51 . . . . 43 BX24
Belval-sous-Châtillon 51 . . 41 BP22
Belvédère 06 . . . . 173 CR78
Belvédère-
Campomoro 2A 202 DG104
Belverne 70 . . . . 84 CK38
Belvès 24 . . . . 133 AT70
Belvès-de-Castillon 33 . . . 132 AL69
Belvèze 82 . . . . 148 AT75
Belvezet 48 . . . . 152 BP73
Belvezet 30 . . . . 167 BU78
Belvianes-et-Cavirac 11 . . 196 BC92
Belvis 11 . . . . 196 BB92
Belz 56 . . . . 68 O37
Bémécourt 27 . . . . 37 AT25
Bénac 65 . . . . 179 AL88
Bénac 09 . . . . 195 AX91
Benagues 09 . . . . 181 AX89
Benais 37 . . . . 90 AN42
Bénaménil 54 . . . . 45 CI28
Bénarville 76 . . . . 12 AO16
Benassay 86 . . . . 105 AM51
La Benâte 47 . . . . 147 Z46
La Benâte 17 . . . . 117 AJ57
Benauge (Château de) 33 . 146 AJ71
Benay 02 . . . . 17 BK15
Benayes 19 . . . . 121 AX62
Bendejun 06 . . . . 175 CR80
Bendorf 68 . . . . 85 CP39
Bénéjacq 64 . . . . 178 AK88
Benerville-sur-Mer 14 . . . . 26 AN20
Bénesse-lès-Dax 40 . . . . . 158 AC83
Bénesse-Maremne 40 . . . . 176 AB83
Benest 16 . . . . 107 AP56
Bénestroff 57 . . . . 45 CK24
Bénesville 76 . . . . 13 AT15
Beneuvre 21 . . . . 81 BX38
Bénévent-et-Charbillac 05 . 156 CH71
Bénévent-l'Abbaye 23 . . . 107 AY56
Beney-en-Woëvre 55 . . . . . 44 CD23
Benfeld 67 . . . . 67 CQ30
Bengy-sur-Craon 18 . . . . . 94 BH46
Béning-lès-Saint-Avold 57 . 22 CK21
La Bénisson-Dieu 42 . . . . 111 BR55
Bénivay-Ollon 26 . . . . 154 CA76
Bennecourt 78 . . . . 38 AZ23
Bennetot 76 . . . . 12 AO16
Benney 54 . . . . 45 CG28
Bennwihr 68 . . . . 67 CP32

Bénodet 29 . . . . 49 H34
Benoisey 21 . . . . 80 BT39
Benoîtville 50 . . . . 24 AA17
Benon 17 . . . . 103 AF54
Bénonces 01 . . . . 127 CC58
Bénouville 76 . . . . 12 AO15
Bénouville 14 . . . . 26 AK21
Benque 65 . . . . 180 AS87
Benque-Dessous-
et-Dessus 31 . . . . 193 AP92
Benquet 40 . . . . 159 AH81
Bentayou-Sérée 64 . . . . . . 178 AK86
Bény 01 . . . . 113 CA53
Le Bény-Bocage 14 . . . . . . 34 AG24
Bény-sur-Mer 14 . . . . 26 AJ20
Béon 89 . . . . 61 BL35
Béon 01 . . . . 127 CE58
Béost 64 . . . . 192 AH90
La Bérarde 38 . . . . 142 CJ68
Bérat 31 . . . . 180 AU86
Béraut 32 . . . . 161 AO80
Berbérust-Lias 65 . . . . 192 AK90
Berbezit 43 . . . . 138 BN65
Berbiguières 24 . . . . 148 AT70
Bercenay-en-Othe 10 . . . . 61 BP32
Bercenay-le-Hayer 10 . . . . 61 BN31
Berche 25 . . . . 84 CL40
Berchères-la-Maingot 28 . . 58 AX29
Berchères-les-Pierres 28 . . 58 AY30
Berchères-sur-Vesgre 28 . . 38 AY25
Berck-Plage 62 . . . . 6 AY8
Berck-sur-Mer 62 . . . . 6 AY8
Berclou 17 . . . . 117 AI58
Berd'Huis 61 . . . . 57 AS31
Berdoues 32 . . . . 179 AO85
Bérelles 59 . . . . 10 BQ10
Bérengeville-
la-Campagne 27 . . . . . . 37 AU22
Berentzwiller 68 . . . . 85 CP38
Bérenx 64 . . . . 177 AE84
Béréziat 01 . . . . 112 BY53
Berfay 72 . . . . 57 AS35
Berg 67 . . . . 46 CN24
Berg-sur-Moselle 57 . . . . . 21 CJ18
Bergbieten 67 . . . . 46 CP27
Bergerac 24 . . . . 147 AP70
Bergères 10 . . . . 63 BV32
Bergères-lès-Vertus 51 . . . 41 BQ25
Bergères-
sous-Montmirail 51 . . . 41 BN25
Bergesserin 71 . . . . 112 BV52
Bergheim 68 . . . . 67 CP31
Bergholtz 68 . . . . 66 CO34
Bergholtzzell 68 . . . . 66 CO34
Bergicourt 80 . . . . 16 BB15
Bergnicourt 08 . . . . 18 BR19
Bergonne 63 . . . . 123 BK62
Bergouey 64 . . . . 177 AC85
Bergouey 40 . . . . 159 AF82
Bergueneuse 62 . . . . 3 BD7
Bergues 59 . . . . 3 BD10
Bergues-sur-Sambre 02 . . . 9 BN12
Berguette 62 . . . . 3 BE6
Berhet 22 . . . . 31 O25
Bérig-Vintrange 57 . . . . . . 22 CJ23
Bérigny 50 . . . . 34 AF22
Berjou 61 . . . . 35 AJ25
Berlaimont 59 . . . . 9 BO10
Berlancourt 60 . . . . 17 BJ16
Berlancourt 02 . . . . 17 BK16
Berlats 81 . . . . 164 BF83
Berlencourt-le-Cauroy 62 . . 8 BE9
Berles-au-Bois 62 . . . . 8 BF10
Berles-Monchel 62 . . . . 8 BF9
La Berlière 08 . . . . 19 BW18
Berling 57 . . . . 46 CN25
Berlise 02 . . . . 18 BO16
Berlou 34 . . . . 183 BI85
Bermerain 59 . . . . 9 BM10
Berméricourt 51 . . . . 18 BP20
Bermeries 59 . . . . 9 BO9
Bermering 57 . . . . 45 CJ24
Bermesnil 80 . . . . 7 AZ13
Bermicourt 62 . . . . 7 BD8
Bermont 90 . . . . 84 CL38
Bermonville 76 . . . . 13 AR16
Bernac 81 . . . . 163 BB80
Bernac 16 . . . . 107 AP56
Bernac-Debat 65 . . . . 179 AL88
Bernac-Dessus 65 . . . . . . 179 AL88
Bernadets 64 . . . . 178 AI86
Bernadets-Debat 65 . . . . . 179 AN86
Bernadets-Dessus 65 . . . . 179 AN86
Le Bernard 85 . . . . 102 AA51
Bernardswiller 67 . . . . 67 CP29
Bernardvillé 67 . . . . 67 CP29
Bernâtre 80 . . . . 7 BC10

Bernaville 80 . . . . 7 BC11
Bernay 72 . . . . 56 AM34
Bernay 27 . . . . 37 AR22
Bernay-en-Brie 77 . . . . 40 BJ27
Bernay-Saint-Martin 17 . . 117 AI57
Bernay-Vilbert 77 . . . . 40 BJ27
Berné 56 . . . . 51 N33
Bernécourt 54 . . . . 44 CD25
Bernède 32 . . . . 160 AJ83
La Bernerie-en-Retz 44 . . . 86 W44
Bernes 80 . . . . 8 BJ13
Bernes-sur-Oise 95 . . . . . . 39 BG22
Bernesq 14 . . . . 25 AG20
Berneuil 87 . . . . 106 AU56
Berneuil 80 . . . . 8 BC11
Berneuil 17 . . . . 117 AG61
Berneuil 16 . . . . 132 AL63
Berneuil-en-Bray 60 . . . . . 16 BD18
Berneuil-sur-Aisne 60 . . . . 17 BI18
Berneval-le-Grand 76 . . . . . 6 BG10
Berneville 62 . . . . 8 BH10
Bernex 74 . . . . 115 CL52
Bernienville 27 . . . . 37 AU23
Bernières 14 . . . . 35 AH24
Bernières-d'Ailly 14 . . . . . . 36 AM24
Bernières-le-Patry 14 . . . . 34 AH25
Bernières-sur-Mer 14 . . . . . 26 AJ20
Bernières-sur-Seine 27 . . . 14 AW21
Bernieulles 62 . . . . 7 AZ6
Bernin 38 . . . . 141 CF64
Bernis 30 . . . . 167 BW92
Bernolsheim 67 . . . . 47 CR25
Bernon 10 . . . . 62 BS35
Bernos-Beaulac 33 . . . . . . 146 AJ75
Bernot 02 . . . . 9 BM14
Bernouil 89 . . . . 79 BP36
Bernouville 27 . . . . 15 AZ20
Bernwiller 68 . . . . 85 CO37
Berny-en-Santerre 80 . . . . . 8 BH14
Berny-Rivière 02 . . . . 17 BJ19
Bérou-la-Mulotière 28 . . . . 37 AX26
Berrac 32 . . . . 161 AP79
Berre-les-Alpes 06 . . . . . . 175 CS80
Berre-l'Étang 13 . . . . 187 CB84
Berriac 11 . . . . 182 BD88
Berrias-et-Casteljau 07 . . . 153 BS75
Berric 56 . . . . 69 T38
Berrie 86 . . . . 89 AL45
Berrien 29 . . . . 30 K29
Berrieux 02 . . . . 18 BO18
Berrogain-Laruns 64 . . . . 177 AD87
Berru 51 . . . . 18 BR20
Berrwiller 68 . . . . 85 BP19
Berry-au-Bac 02 . . . . 18 BQ19
Berry-Bouy 18 . . . . 93 BD45
Le Bersac 05 . . . . 156 CF74
Bersac-sur-Rivalier 87 . . . 107 AW56
Bersaillin 39 . . . . 98 CC47
Bersée 59 . . . . 4 BJ7
Bersillies 59 . . . . 10 BP9
Berson 33 . . . . 131 AG66
Berstett 67 . . . . 47 CR25
Berstheim 67 . . . . 47 CR25
Bert 03 . . . . 110 BO53
Bertangles 80 . . . . 8 BD13
Bertaucourt-Epourdon 02 . 17 BK17
Berteaucourt-les-Dames 80 . 7 BC12
Berteaucourt-
lès-Thennes 80 . . . . 16 BE15
Bertheauville 76 . . . . 13 AR15
Berthecourt 60 . . . . 16 BD19
Berthegon 86 . . . . 90 AO47
Berthelange 25 . . . . 83 CD43
Berthelming 57 . . . . 46 CM25
Berthen 59 . . . . 4 BG4
Berthenay 37 . . . . 74 AQ42
Berthenicourt 02 . . . . 17 BL15
Berthenonville 27 . . . . 38 AZ22
La Berthenoux 36 . . . . 93 CE87 (? BF48)
Berthez 33 . . . . 146 AK74
Bertholène 12 . . . . 150 BH75
Berthouville 27 . . . . 37 AR21
Bertignat 63 . . . . 124 BO61
Bertignolles 10 . . . . 62 BU33
Bertincourt 62 . . . . 8 BI12
Bertoncourt 08 . . . . 19 BS17
Bertrambois 54 . . . . 46 CM27
Bertrancourt 80 . . . . 8 BE12
Bertrange 57 . . . . 22 CG20
Bertre 81 . . . . 182 BA84
Bertren 65 . . . . 193 AP90
Bertric-Burée 24 . . . . 133 AO64
Bertrichamps 54 . . . . 66 CK29
Bertricourt 02 . . . . 18 BQ19
Bertrimoutier 88 . . . . 67 CN31
Bertrimont 76 . . . . 13 AT16
Bertry 59 . . . . 9 BL11

Bérus 72 . . . . 56 AM30
Berven 29 . . . . 29 I26
Berville 95 . . . . 38 BB21
Berville 76 . . . . 13 AT16
Berville 14 . . . . 26 AM23
Berville-en-Roumois 27 . . . 27 AS20
Berville-la-Campagne 27 . . 37 AT23
Berville-sur-Mer 27 . . . . . . 12 AP18
Berville-sur-Seine 76 . . . . . 13 AT18
La Bernerie-en-Moselle 57 . 22 CJ20
Berville-sur-Mance 70 . . . . 82 CD37
Berzé-la-Ville 71 . . . . 112 BW53
Berzé-le-Châtel 71 . . . . . . 112 BW53
Berzème 07 . . . . 153 BV72
Berzy-le-Sec 02 . . . . 17 BL20
La Besace 08 . . . . 19 BW17
Besain 39 . . . . 98 CE48
Besançon 25 . . . . 83 CE41
Bésayes 26 . . . . 140 BZ68
Bescat 64 . . . . 178 AH89
Bésignan 26 . . . . 155 CB75
Bésingrand 64 . . . . 178 AG87
Beslé 44 . . . . 70 V36
La Besliere 50 . . . . 33 AC25
Besmé 02 . . . . 17 BJ18
Besmont 02 . . . . 10 BO14
Besnans 70 . . . . 83 CH40
Besné 44 . . . . 70 W40
Besneville 50 . . . . 24 AB19
Besny-et-Loizy 02 . . . . 17 BM17
Bessac 16 . . . . 132 AL63
Bessais-le-Fromental 18 . . 94 BH49
Bessamorel 43 . . . . 139 BR66
Bessan 34 . . . . 184 BM86
Bessancourt 95 . . . . 39 BD23
Bessas 07 . . . . 153 BS74
Le Bessat 42 . . . . 139 BU66
Besse 38 . . . . 142 CJ67
Bessé 16 . . . . 118 AL60
Besse 24 . . . . 148 AU72
La Besse 19 . . . . 136 BG66
Besse-en-Chandesse 63 . . 123 BI62
Besse-et-Saint-Anastaise 63 . 123 BI62 (? BI62)
Besse-sur-Braye 72 . . . . . . 74 AT37
Besse-sur-Issole 83 . . . . . 189 CJ86
Bessède-de-Sault 11 . . . . 196 BC93
Bessèges 30 . . . . 153 BS76
Bessenay 69 . . . . 125 BV59
Bessens 82 . . . . 162 AV80
Besset 09 . . . . 181 AZ89
Bessey 42 . . . . 140 BW64
Bessey-en-Chaume 21 . . . . 97 BW45
Bessey-la-Cour 21 . . . . 97 BV45
Bessey-lès-Cîteaux 21 . . . . 98 BZ45
Besseyre-
Saint-Mary 43 . . . . 138 BM68
Bessières 31 . . . . 162 AX81
Bessines 79 . . . . 104 AI53
Bessines-
sur-Gartempe 87 . . . . . 107 AW56
Bessins 38 . . . . 140 CA65
Besson 03 . . . . 110 BL52
Bessoncourt 90 . . . . 84 CM38
Bessonies 46 . . . . 149 BC70
Les Bessons 48 . . . . 151 BL71
Bessonies 12 . . . . 150 BG73
Bessuéjouls 12 . . . . 150 BG73
Bessy 10 . . . . 62 BR32
Bessy-sur-Cure 89 . . . . 79 BO39
Bestiac 09 . . . . 195 AZ93
Bétaille 46 . . . . 135 BA69
Betaucourt 70 . . . . 82 CE36
Betbèze 65 . . . . 179 CE87
Betbezer-d'Armagnac 40 . 160 AJ79
Betcave-Aguin 32 . . . . . . 180 AQ85
Betchat 09 . . . . 180 AS88
Bétête 23 . . . . 108 BB53
Béthancourt-en-Valois 60 . . 16 BH20
Béthancourt-en-Vaux 02 . . 17 BJ17
Beux 57 . . . . 22 CH23
Beuzec-Cap-Sizun 29 . . . . 48 E32
Beuzeville 27 . . . . 12 AP19
Beuzeville-au-Plain 50 . . . 24 AD18
Beuzeville-la-Bastille 50 . . 24 AC19
Beuzeville-la-Grenier 76 . . 13 AP16
Beuzeville-la-Guérard 76 . . 13 AR16
Beuzevillette 76 . . . . 13 AP17
Bévenais 38 . . . . 141 CB63
Beveuge 70 . . . . 84 CK38
Béville-le-Comte 28 . . . . . . 58 AZ30
Bévillers 59 . . . . 9 BL11
Bevons 04 . . . . 169 CG76
Bévy 21 . . . . 97 BX44
Bey 71 . . . . 98 BX48
Bey 01 . . . . 112 BX54
Bey-sur-Seille 54 . . . . 45 CH25
Beychac-et-Caillau 33 . . . 131 AI69
Beychevelle 33 . . . . 131 AF66
Beylongue 40 . . . . 159 AE80

Béthonvilliers 28 . . . . 57 AT32
Beton-Bazoches 77 . . . . 3 BG7
Bétheny 51 . . . . 18 BT30
Béthincourt 55 . . . . 20 CA20
Béthisy-Saint-Martin 60 . . 16 BH20
Béthisy-Saint-Pierre 60 . . . 16 BH20
Bétignicourt 10 . . . . 62 CB32
Beton-Bazoches 77 . . . . . . 40 BK27
Betoncourt-lès-Brotte 70 . . 83 CH37
Betoncourt-
les-Ménétriers 70 . . . . 83 CD38
Betoncourt-
Saint-Pancras 70 . . . . 65 CG35
Betoncourt-sur-Mance 70 . 82 CD36
Bétous 32 . . . . 160 AL82
Betplan 32 . . . . 179 AM85
Betpouey 65 . . . . 192 AL91
Betpouy 65 . . . . 179 AO87
Betracq 64 . . . . 178 AK84
Bétschdorf 67 . . . . 47 CS23
Bettancourt-
la-Ferrée 52 . . . . 43 CB27
Bettancourt-la-Longue 51 . 43 BW25
Bettange 57 . . . . 22 CI20
Bettant 01 . . . . 126 CB57
Bettborn 57 . . . . 46 CM25
Bettegney-Saint-Brice 88 . . 65 CG33
Bettelainville 57 . . . . 22 CH20
Bettembos 80 . . . . 15 BA15
Bettencourt-Rivière 80 . . . . 7 BB13
Bettencourt-Saint-Ouen 80 . 8 BC12
Bettendorf 68 . . . . 85 CP38
Bettes 65 . . . . 179 AM89
Betteville 76 . . . . 13 AR16
Bettignies 59 . . . . 10 BP9
Betting 57 . . . . 22 CK21
Bettlach 68 . . . . 85 CO39
Betton 35 . . . . 53 AA32
Betton-Bettonet 73 . . . . . . 128 CI61
Bettoncourt 88 . . . . 65 CG30
Bettoncourt-le-Haut 52 . . . 63 BZ30
Bettrechies 59 . . . . 9 BN9
Bettviller 57 . . . . 46 CN24
Bettwiller 67 . . . . 46 CN24
Betz 60 . . . . 40 BI22
Betz-le-Château 37 . . . . . . 91 AT46
Beugin 62 . . . . 8 BF8
Beugnâtre 62 . . . . 8 BH11
Beugneux 02 . . . . 17 BL21
Beugnies 59 . . . . 10 BP11
Le Beugnon 79 . . . . 104 AI50
Beugny 62 . . . . 8 BI11
Beuil 06 . . . . 157 CN77
Le Beulay 88 . . . . 67 CN30
Beulotte-Saint-Laurent 70 . 83 CK35
Beure 25 . . . . 99 CE43
Beurey 10 . . . . 62 CB33
Beurey-Bauguay 21 . . . . . . 97 BT43
Beurey-sur-Saulx 55 . . . . . 43 BY26
Beurières 63 . . . . 138 BP63
Beurizot 21 . . . . 81 BU42
Beurlay 17 . . . . 117 AF58
Beurville 52 . . . . 63 BW31
Beussent 62 . . . . 2 BA6
Beussac 84 . . . . 178 AI88
Beutal 25 . . . . 84 CK40
Beutin 62 . . . . 2 AZ7
Beuvardes 02 . . . . 41 BM22
Beuveille 54 . . . . 21 CC18
Beuvezin 54 . . . . 64 CD30
Beuvillers 14 . . . . 27 AO22
Beuvillers 54 . . . . 21 CC19
Beuvrages 59 . . . . 9 BM8
Beuvraignes 80 . . . . 16 BH16
Beuvrequen 62 . . . . 2 AZ4
Beuvron 58 . . . . 79 BM42
Beuvron-en-Auge 14 . . . . . 26 AM21
Beuvry 62 . . . . 3 BG7
Beuvry-la-Forêt 59 . . . . 4 BK7
Beux 57 . . . . 22 CH23
Beuzec-Cap-Sizun 29 . . . . 48 E32
Beylongue 40 . . . . 159 AE80

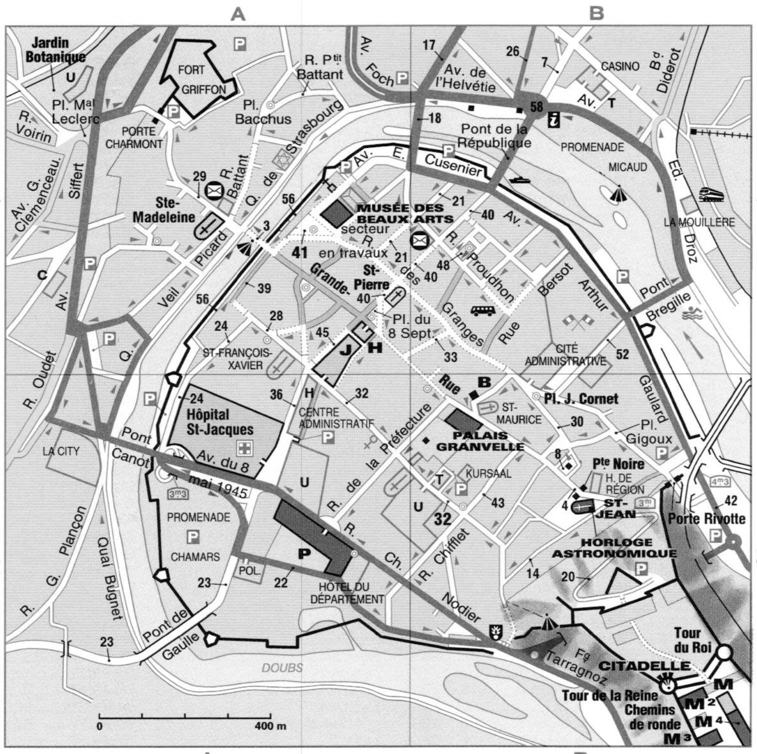

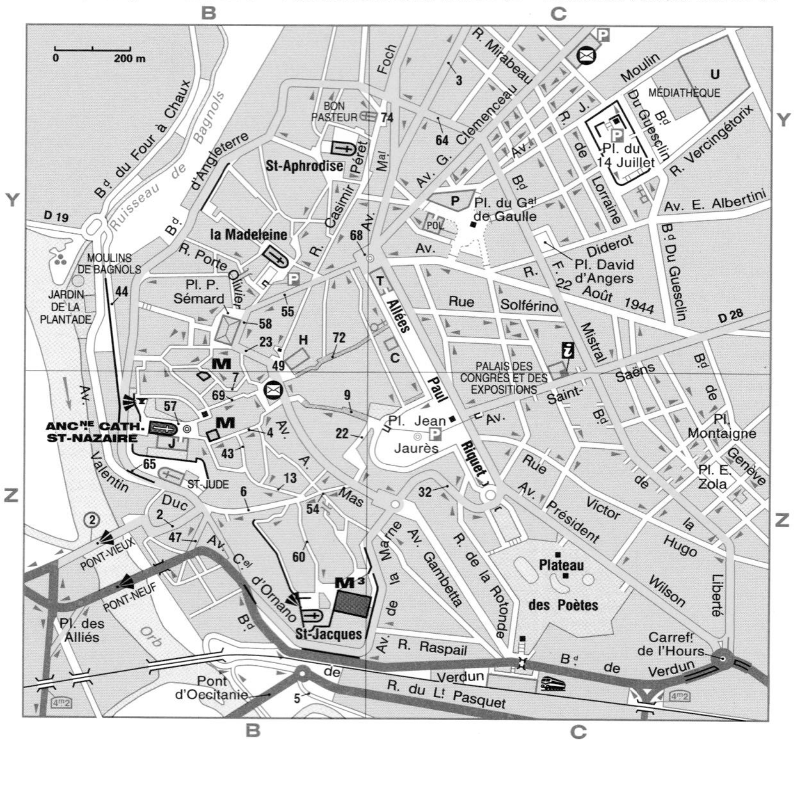

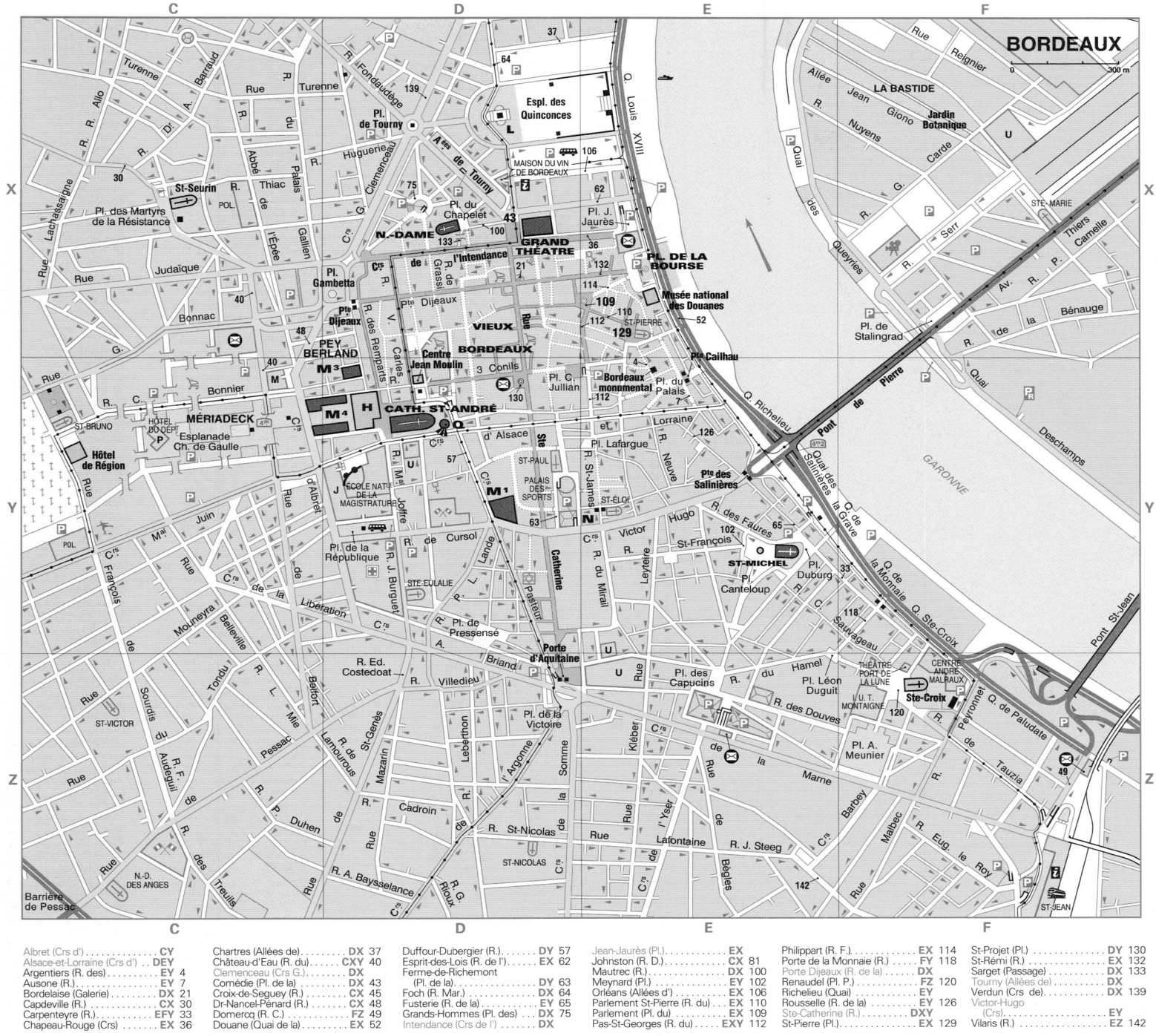

BORDEAUX

BOURGES

Armuriers (R. des) .... Z 2
Auron (Bd d') .... Z
Barbès (R.) .... Z 4
Beaux-Arts (R. des) .... Y 5
Bourbonnoux (Prom.) .... YZ
Calvin (R.) .... Y 7
Cambournac (R.) .... Y 8
Champ-de-Foire (R. du) .... Z 12
Commerce (R. du) .... Y 13
Coursarion (R.) .... Y
Cujas (Pl.) .... Y 15
Dr-Témoin (R. du) .... Y 17

Dormoy (Av. Marx) .... Y 19
Équerre (R. de l') .... Z 20
George-Sand (Escalier) .... Y 27
Hémerettes (R. des) .... Z 29
Jacobins (Cour des) .... Z 31
Jacques-Cœur (R.) .... Y 32
Jean-Jaurès (Av.) .... Y
Joyeuse (R.) .... Y 35
Juranville (Pl.) .... Z 36
J.-J. Rousseau (R.) .... Y 33
Leblanc (R. N.) .... YZ 40
Linières (R. de) .... Z 42
Louis XI (Av.) .... Y 43
Mallet (R.) .... Z 44
Marceau (Rampe) .... Z 45

Mirebeau (R.) .... Y
Moyenne (R.) .... YZ
Orléans (Av. d') .... Y 48
Pelvoysin (R.) .... Y 50
Poissonnerie (R. de la) .... Y 52
Prinal (R. du) .... Y 55
Rimbault (R. J.) .... Z 57
Strasbourg (Bd de) .... Z 61
Thaumassière (R. de la) .... Y 72
Tory (R. G.) .... Y 73
Victor-Hugo (R.) .... Y 74
3-Maillets (R. des) .... Y 75
4-Piliers (Pl. des) .... Z 76
95e-de-Ligne (Av. du) .... Z 78

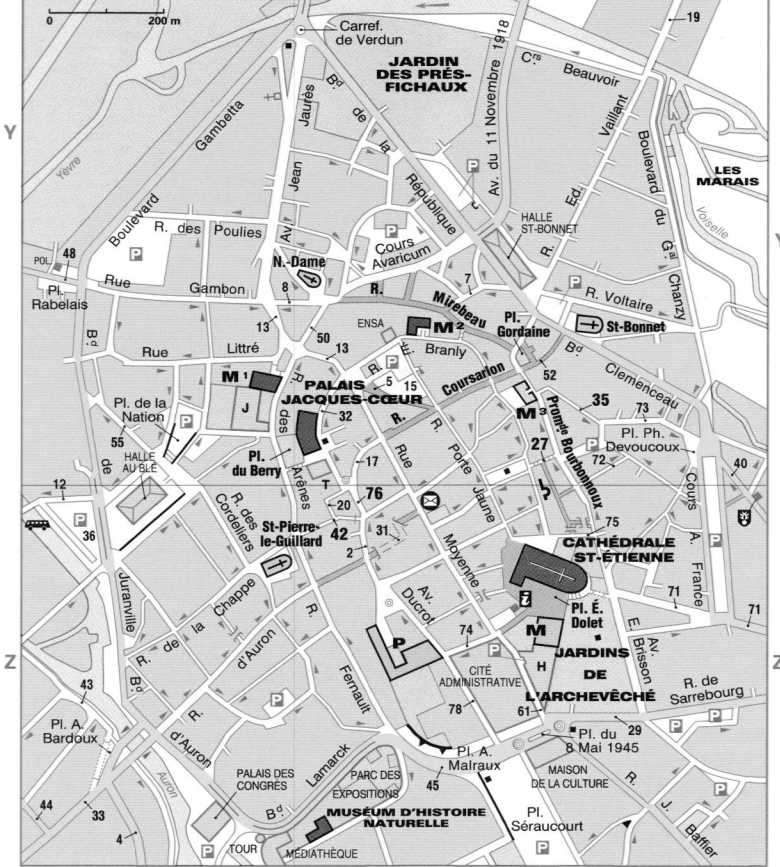

Bonlier 60 .... 15 BC18
Bonlieu 39 .... 113 CE50
Bonlieu-sur-Roubion 26 .... 154 BY72
Bonloc 64 .... 176 AA86
Bonnac 15 .... 137 BK66
Bonnac 09 .... 181 AX88
Bonnac-la-Côte 87 .... 120 BB51
Bonnal 26 .... 84 CI39
Bonnard 89 .... 61 BM35
Bonnat 23 .... 107 BA53
Bonnatrait 74 .... 114 CJ52
Bonnaud 39 .... 113 CB50
Bonnay 80 .... 8 BF13
Bonnay 71 .... 112 BV51
Bonnay 25 .... 83 CF41
Bonne 74 .... 114 CI54
Bonne-Fontaine 46 CO25
Bonne-Fontaine
(Château de) 35 .... 53 AB29
Bonnebosq 14 .... 26 AN21
Bonnecourt 52 .... 64 CB35
Bonnée 45 .... 77 BE37
Bonnefamille 38 .... 126 BZ61
Bonnefoi 61 .... 36 AQ27
Bonnefond 19 .... 121 BB62
Bonnefont 65 .... 179 AN87
Bonnefontaine 39 .... 83 CD48
Bonnefontaine (Ancienne
Abbaye de) 08 .... 18 BR15
Bonnegarde 40 .... 177 AF84
Bonneil 02 .... 40 BL23
Bonnelles 78 .... 38 BB28
Bonnemain 35 .... 53 Z29
Bonnemaison 14 .... 35 AL23
Bonnemazon 65 .... 179 AN89
Bonnencontre 21 .... 98 BZ45
Bonnes 86 .... 105 AQ50
Bonnes 16 .... 132 AM65
Bonnesvalyn 02 .... 40 BL22
Bonnet 55 .... 64 CA29
Bonnétable 72 .... 56 AP33
Bonnétage 25 .... 100 CL43
Bonnetan 33 .... 145 AI70
Bonneuil 36 .... 106 AV53
Bonneuil 16 .... 118 AK61
Bonneuil-en-France 95 .... 39 BG28
Bonneuil-en-Valois 60 .... 7 BI20
Bonneuil-les-Eaux 60 .... 16 BD16
Bonneuil-Matours 86 .... 91 AQ49
Bonneuil-sur-Marne 94 .... 39 BF26
Bonneval 28 .... 128 CK61
Bonneval 43 .... 138 BG65
Bonneval 28 .... 58 AN34
Bonneval-en-Diois 26 .... 155 CD72
Bonneval-sur-Arc 73 .... 143 CC63
Bonnevaux 74 .... 115 CL53
Bonnevaux 30 .... 153 BR75
Bonnevaux 25 .... 99 CH47
Bonnevaux-le-Prieuré 25 .... 99 CG44
Bonneveau 41 .... 75 AR37
Bonnevent-Velloreille 70 .... 83 BD12
Bonneville 80 .... 7 BD12
Bonneville 74 .... 114 CJ55
La Bonneville 50 .... 24 AC19
Bonneville 16 .... 118 AL58
Bonneville-Aptot 27 .... 27 A521
Bonneville-et-Saint-Avit-
de-Fumadières 24 .... 132 AM69
Bonneville-la-Louvet 14 .... 27 AQ20
La Bonneville-sur-Iton 27 .... 37 AU24
Bonneville-sur-Touques 14 .... 26 AN20
Bonnières 62 .... 7 BD10
Bonnières 60 .... 15 BB18
Bonnières-sur-Seine 78 .... 38 AY23
Bonnieux 84 .... 168 CB81
Bonningues-lès-Ardres 62 .... 2 BB4
Bonningues-lès-Calais 62 .... 2 AZ3
Bonnœil 14 .... 35 AL23
Bonnœuvre 44 .... 72 AD39
Bonnut 64 .... 177 AA84
Bonny-sur-Loire 45 .... 78 BH40
Bono 56 .... 69 Q37
Bonrepos 65 .... 179 AN88
Bonrepos-Riquet 31 .... 163 AY83
Bonrepos-
sur-Aussonnelle 31 .... 180 AU84
Bons-en-Chablais 74 .... 114 CI53

Bons-Tassilly 14 .... 35 AL24
Bonsecours 76 .... 14 AV19
Bonsmoulins 61 .... 36 AQ27
Bonson 42 .... 125 BS62
Bonson 06 .... 175 CQ80
Bonvillard 73 .... 128 CI61
Bonvillaret 73 .... 128 CI61
Bonville 16 .... 118 CE7
Bonvillers 60 .... 16 BE17
Bonvillet 88 .... 65 CF33
Bonvouloir (Tour de) 61 .... 35 AI28
Bony 02 .... 9 BK13
Bonzac 33 .... 131 AJ68
Bonzée-en-Woëvre 55 .... 44 CB22
Boô-Silhen 65 .... 192 AK90
Boofzheim 67 .... 67 CR30
Boos 76 .... 14 AV19
Boos 40 .... 158 AD80
Boozbuxtehude 67 .... 67 CQ31
Boquého 22 .... 31 Q28
Boquen (Abbaye de) 22 .... 52 U30
Bor-et-Bar 12 .... 163 BB77
Boran-sur-Oise 60 .... 39 BE22
Borce 64 .... 191 AG91
Borcq-sur-Airvault 79 .... 90 AL47
Bord-Saint-Georges 23 .... 108 BD54
Bordeaux 33 .... 131 AG69
Bordeaux-Mérignac
(Aéroport de) 33 .... 131 AF69
Bordeaux-Saint-Clair 76 .... 12 AO16
Bordeaux-sur-Gâtinais 45 .... 59 BF34
Bordères 64 .... 179 AN88
Bordères-
et-Lamensans 40 .... 159 AI81
Bordères-Louron 65 .... 193 AN92
Bordères-sur-l'Échez 65 .... 179 AL87
Les Bordes 71 .... 97 BY47
Bordes 65 .... 179 AM88
Les Bordes 45 .... 78 AI87
Les Bordes 36 .... 78 BE37
Les Bordes 36 .... 92 AX28
Les Bordes-Aumont 10 .... 62 BR33
Bordes-de-Rivière 31 .... 180 AQ89
Les Bordes-sur-Arize 09 .... 181 AW89
Les Bordes-sur-Lez 09 .... 194 AT91
Bordezac 30 .... 153 BR76
Bords 17 .... 117 AF58
Borée 07 .... 138 BS69
Boresse-et-Martron 17 .... 132 AK65
Borest 60 .... 39 BG22
Borey 70 .... 84 CI38
Borgo 2B 199 DK93
Bormes-les-Mimosas 83 .... 189 CK88
Le Born 48 .... 152 BN73
La Born 31 .... 162 AX80
Born-de-Champs 24 .... 147 AR71
Bornambusc 76 .... 12 AP16
Bornay 39 .... 113 CC50
La Borne 18 .... 94 BF43
Bornel 07 .... 153 BW67
Bornel 60 .... 15 BC21
Boron 90 .... 85 CN39
Borre 59 .... 3 BG4
Borrèze 24 .... 148 AE36
Bors 16 .... 132 AM64
Bors 16 .... 132 AM64
Bort-les-Orgues 19 .... 136 BF64
Bort-l'Étang 63 .... 124 BM53
Borville 54 .... 65 CH29
Le Bosc 09 .... 165 BAB0
Le Bosc 34 .... 195 AW91
Bosc-Bénard-Commin 27 .... 14 AT20
Bosc-Bénard-Crescy 27 .... 27 A520
Bosc-Bérenger 76 .... 14 AW17
Bosc-Bordel 76 .... 14 AX17
Bosc-Guérard-
Saint-Adrien 76 .... 14 AV18
Bosc-Hyons 76 .... 15 AZ19
Bosc-le-Hard 76 .... 14 AW16
Bosc-Mesnil 76 .... 14 AW16
Le Bosc-Morel 27 .... 27 AQ23
Le Bosc-Renoult 61 .... 36 AP24

Bosc-Renoult-
en-Ouche 27 .... 36 AR24
Bosc-Renoult-
en-Roumois 27 .... 27 A520
Le Bosc-Roger-
en-Roumois 27 .... 14 AT20
Bosc-Roger-sur-Buchy 76 .... 14 AX17
Boscamnant 17 .... 132 AL66
Boschaux 27 .... 14 AS19
Boscherville 27 .... 14 AS20
Bosc-Édeline 76 .... 14 AX17
Boscodon (Abbaye de) 05 .... 156 CK73
Bosdarros 64 .... 178 AH88
Bosgouet 27 .... 14 AT20
Bosguérard-
de-Marcouville 27 .... 27 A521
Bosjean 71 .... 98 CA48
Bosmie-l'Aiguille 87 .... 120 AV60
Bosmont-sur-Serre 02 .... 18 BO15
Bosmoreau-les-Mines 23 .... 121 AZ57
Bosnormand 27 .... 14 AT20
Le Bosquel 80 .... 16 BD15
Bosquentin 27 .... 15 AY19
Bosrobert 27 .... 27 A521
Bosroger 23 .... 122 BD57
Bossancourt 10 .... 62 BU31
Bossay-sur-Claise 37 .... 91 AT48
La Bosse 72 .... 56 AQ33
La Bosse 25 .... 100 CK43
La Bosse-de-Bretagne 35 .... 53 AA15
Bossée 37 .... 91 AR44
Bosselshausen 67 .... 46 CP25
Bossendorf 67 .... 47 CQ25
Bosserville 54 .... 65 CG27
Bosset 24 .... 133 AO68
Bosseval-et-Briancourt 08 .... 19 BW15
Bossey 74 .... 114 CH55
Bossieu 38 .... 140 BZ63
Les Bossons 74 .... 129 CM55
Bossugan 33 .... 146 AK70
Bossus-lès-Rumigny 08 .... 10 BR14
Bost 03 .... 110 BN55
Bostens 40 .... 159 AI79
Bostz (Château du) 03 .... 109 BK52
Bosville 76 .... 13 AS15
Botans 90 .... 85 CL38
Botforn 29 .... 49 H34
Botmeur 29 .... 31 J29
Botsorhel 29 .... 30 L27
Les Bottereaux 27 .... 36 AR25
Botz-en-Mauges 49 .... 72 AE42
Bou 45 .... 77 BB36
Bouafle 78 .... 38 BA24
Bouaflles 27 .... 14 AX21
Bouan 09 .... 195 AV93
Bouaye 44 .... 87 Z43
Boubers-lès-Hesmond 62 .... 6 BB7
Boubers-sur-Canche 62 .... 7 BD9
Boubiers 60 .... 15 BA21
Bouc-Bel-Air 13 .... 187 CC85
Boucagnères 32 .... 179 AP84
Boucard (Château de) 18 .... 78 BG38
Boucau 64 .... 176 Y84
Boucé 03 .... 110 AM27
Boucé 61 .... 35 AM27
Bouchain 59 .... 9 BK9
Le Bouchage 38 .... 126 CC60
Le Bouchage 16 .... 105 AO56
Bouchamps-lès-Craon 53 .... 74 AE36
Le Bouchaud 03 .... 111 BQ54
Bouchavesnes-Bergen 80 .... 8 BI13
Bouchemaine 49 .... 73 AH41
Boucheporn 57 .... 27 CJ21
Bouchet 26 .... 168 CB80
Le Bouchet 74 .... 129 CL58
Le Bouchet (Château du) 36 .... 106 AV54
Le Bouchet
Saint-Nicolas 43 .... 138 BO69
Bouchevilliers 27 .... 15 AZ19
Bouchoir 80 .... 16 BG16
Les Boucholeurs 17 .... 103 AD56
Bouchon 80 .... 7 BD12
Le Bouchon-sur-Saulx 55 .... 43 BZ28
Bouchy-Saint-Genest 51 .... 41 BM27

Boucieu-le-Roi 07 .... 140 BW67
Bouclans 25 .... 83 CH42
Boucoiran-et-Nozières 30 .... 167 BS79
Bouconville 08 .... 19 BV21
Bouconville-sur-Madt 55 .... 44 CC25
Bouconville-Vauclair 02 .... 18 BO18
Bouconvillers 60 .... 38 BA22
Boucq 54 .... 44 CD24
Boudes 63 .... 137 BK63
Boudeville 76 .... 13 AT15
Boudin 73 .... 129 CL60
Boudou 82 .... 162 AT78
Boudrac 31 .... 179 AP88
Boudreville 21 .... 62 BW35
Boudy-de-Beauregard 47 .... 147 AQ73
Boué 02 .... 9 BN12
Bouée 44 .... 71 X41
Boueilh-Boueilho-
Lasque 64 .... 178 AK16
Bouelles 76 .... 14 AX16
Bouër 72 .... 57 AR34
Bouère 53 .... 73 AI36
Bouessay 53 .... 73 AJ36
Bouesse 36 .... 106 AY50
Bouëx 16 .... 119 AO61
La Bouëxière 35 .... 53 AB32
La Bosse 41 .... 75 AV36
Bouffémont 95 .... 39 BD23
Boufféré 85 .... 87 AB46
Bouffignereux 02 .... 18 BO19
Bouffry 41 .... 57 AY35
Bougainville 80 .... 7 BC14
Bougarber 64 .... 178 AK85
Bougé-Chambalud 38 .... 140 BY64
Bouges-le-Château 36 .... 92 AY45
Bougey 70 .... 83 CE37
Bougival 78 .... 38 BC25
Bouglainval 28 .... 38 AX28
Bougligny 77 .... 60 BG33
Bouglon 47 .... 146 AM75
Bougneau 17 .... 117 AH61
Bougnon 70 .... 83 CG37
Bougon 79 .... 104 AL53
Bougue 40 .... 159 AH80
Bouguenais 44 .... 87 Z43
Bougy 14 .... 35 AI22
Bougy-lez-Neuville 45 .... 59 BB34
Bouhans 71 .... 98 CA48
Bouhans-et-Feurg 70 .... 82 CB40
Bouhans-lès-Lure 70 .... 84 CI38
Bouhans-
lès-Montbozon 70 .... 83 CH40
Bouhet 17 .... 103 AE55
Bouhey 21 .... 81 BV43
Bouhy 58 .... 78 BK40
Bouilh (Château du) 33 .... 131 AH68
Bouilh-Devant 65 .... 179 AN86
Bouilh-Péreuilh 65 .... 179 AM87
Bouilhonnac 11 .... 182 BE88
Bouillac 24 .... 147 AS71
Bouillac 12 .... 150 BC73
Bouillac 82 .... 162 AU81
La Bouilladisse 13 .... 188 CE85
Bouillancourt-en-Séry 80 .... 6 AY13
Bouillancourt-la-Bataille 80 .... 16 BE15
Bouillancy 60 .... 39 BI22
Bouilland 21 .... 97 BX45
Bouillargues 30 .... 167 BU81
Bouillé-Courdault 85 .... 103 AG52
Bouillé-Loretz 79 .... 89 AK45
Bouillé-Ménard 49 .... 73 AF37
Bouillé-Saint-Paul 79 .... 89 AJ45
La Bouille 76 .... 14 AT19
La Bouillie 22 .... 52 U27
Le Bouillon 61 .... 36 AN28
Bouillon 64 .... 178 AK85
Bouillonville 54 .... 44 CD24
Bouilly 89 .... 61 BN35
Bouilly 51 .... 41 BP21
Bouilly 10 .... 62 BQ32
Bouilly-en-Gâtinais 45 .... 59 BD34
Bouin 79 .... 104 AL56
Bouin 85 .... W45
Bouin 79 .... 104 AL56
Bouin-Plumoison 62 .... 7 BB8
Bouisse 11 .... 182 BE90

Boux 21 .... 80 BT36
Boujailles 25 .... 99 CG46
Boujan-sur-Libron 34 .... 184 BL86
Boujeons 25 .... 99 CH48
Boulages 10 .... 41 BP28
Boulancourt 88 .... 65 CF30
Boulange 57 .... 21 CE19
Boulaur 32 .... 180 AR84
Le Boulay 46 .... 149 BA71
Le Boulay 37 .... 75 AS39
Boulay-les-Barres 45 .... 58 AZ35
Boulay-les-Ifs 53 .... 55 AL30
Le Boulay-Morin 27 .... 37 AV23
Boulay-Moselle 57 .... 22 CI21
La Boulaye 71 .... 96 BR46
Boulazac 24 .... 134 AR66
Boulbon 13 .... 167 BW80
Boulc 26 .... 155 CD71
Boule d'Amont 66 .... 197 BG95
Bouleternère 66 .... 197 BF94
Bouleurs 77 .... 40 BI25
Bouleuse 51 .... 18 BO23
Bouliac 33 .... 145 AH70
Boulieu-lès-Annonay 07 .... 140 BW65
Bouligneux 01 .... 112 BY56
Bouligney 70 .... 65 CH35
Bouligny 55 .... 21 CC20
Boullarre 60 .... 40 BJ22
Le Boullay-les-
Deux-Églises 28 .... 37 AW28
Boullay-les-Troux 91 .... 38 BB27
Le Boullay-Mivoye 28 .... 38 AX28
Le Boullay-Thierry 28 .... 38 AX28
Boulleret 18 .... 78 BH41
Boulleville 27 .... 12 AP19
Bouloc 31 .... 162 AW82
Bouloc 82 .... 148 AU76
Boulogne 85 .... 87 AB47
Boulogne (Château de) 07 .... 153 BU71
Boulogne-Billancourt 92 .... 39 BD25
Boulogne-la-Grasse 60 .... 16 BG17
Boulogne-sur-Gesse 31 .... 180 AQ87
Boulogne-sur-Helpe 59 .... 10 BP11
Boulogne-sur-Mer 62 .... 2 AY4
Bouloire 72 .... 56 AQ35
Boulon 14 .... 26 AJ23
Boulot 70 .... 83 CF41
Le Boulou 66 .... 197 BG96
Boulouris 83 .... 174 CO85
La Boulouse 50 .... 34 AD27
Boult 70 .... 83 CF41
Boult-aux-Bois 08 .... 19 BW19
Boult-sur-Suippe 51 .... 18 BR19
Le Boulvé 46 .... 148 AU74
Boulzicourt 08 .... 19 BU16
Boumois 24 .... 147 AP71
Le Boupère 85 .... 88 AF48
Bouquehault 62 .... 2 BA3
Bouquelon 27 .... 12 AO19
Bouquemaison 80 .... 7 BD10
Bouquemont 55 .... 43 CA23
Bouquet 30 .... 167 BT77
Bouqueval 95 .... 39 BE23
Bouranton 10 .... 62 BR31
Bouray-sur-Juine 91 .... 38 BD29
Bourbach-le-Bas 68 .... 85 CN36
Bourbach-le-Haut 68 .... 85 CN36
Bourberain 21 .... 82 CA40
Bourbévelle 70 .... 64 CE35
Bourbon-Lancy 71 .... 96 BR49
Bourbon-l'Archambault 03 .... 109 BJ50
Bourbonne-les-Bains 52 .... 64 CD35
La Bourboule 63 .... 123 BH62
Bourbourg 59 .... 3 BC2
Bourbriac 22 .... 31 P28
Bourcefranc-le-Chapus 17 .... 116 AC58
Bourcia 39 .... 113 CB53
Bourcq 08 .... 19 BU19
Bourdainville 76 .... 13 AT16
Bourdalat 40 .... 160 AJ81
Bourdeau 73 .... 127 CF60
Bourdeaux 26 .... 154 CA72
Bourdeilles 24 .... 133 AO64
Le Bourdeix 24 .... 119 AO61
Bourdelles 33 .... 146 AL73
Bourdenay 10 .... 61 BN31
Le Bourdet 79 .... 104 AH54
Bourdettes 64 .... 178 AI88
Bourdic 30 .... 167 BT79

Bourmiquel 24 .... 147 AR70
Bournoncle-
Saint-Pierre 43 .... 137 BL64
Bournoncles 15 .... 138 BK69
Bournonville 62 .... 2 BA5
Bournos 64 .... 178 AH85
Bourogne 90 .... 84 CM39
Bourran 47 .... 147 AO75
Bourré 41 .... 75 AV42
Bourréac 65 .... 179 AL88
Bourret 82 .... 161 AS81
Bourriot-Bergonce 40 .... 160 AJ77
Bourron-Marlotte 77 .... 60 BG31
Bourrou 24 .... 133 AQ67
Bourrouillan 32 .... 160 AK81
Bours 65 .... 179 AL87
Bours 62 .... 3 BE7
Boursay 41 .... 57 AT34
Bourscheid 57 .... 46 CN25
Bourséville 76 .... 6 AY13
Bourseul 22 .... 32 V28
Bourg-et-Comin 02 .... 18 BN19

Bourdon 80 .... 7 BC13
Bourdonnay 57 .... 45 CK26
Bourdonné 78 .... 38 AY26
Le Bourg 46 .... 149 BA71
Bourg 33 .... 131 AH67
Bourg-Achard 27 .... 27 A520
Bourg-Archambault 86 .... 106 AT53
Bourg-Argental 42 .... 139 BV65
Bourg-Beaudouin 27 .... 14 AW19
Bourg-Blanc 29 .... 29 F27
Bourg-Bruche 67 .... 66 CN30
Bourg-Charente 16 .... 117 AJ60
Le Bourg-d'Arud 38 .... 142 CH68
Bourg-de-Bigorre 65 .... 179 AM89
Bourg-de-Péage 26 .... 140 BZ67
Bourg-de-Sirod 39 .... 99 CF48
Bourg-de-Visa 82 .... 147 AS76
Bourg-des-Comptes 35 .... 53 Z35
Bourg-des-Maisons 24 .... 133 AP64
Bourg-d'Hem 23 .... 107 AZ54
Bourg-d'Iré 49 .... 72 AF38
Bourg-d'Oisans 38 .... 142 CG67
Bourg-d'Oueil 31 .... 193 AO92
Bourg-du-Bost 24 .... 132 AN65
Bourg-Dun 76 .... 13 AT14
Bourg-en-Bresse 01 .... 113 CA54
Bourg-Fidèle 08 .... 10 BT13
Bourg-la-Reine 92 .... 38 BD26
Bourg-Lastic 63 .... 122 BF61
Bourg-le-Comte 71 .... 111 BO53
Bourg-le-Roi 72 .... 56 AN31
Bourg-lès-Valence 26 .... 140 BY68
Bourg-l'Évêque 49 .... 72 AE37
Bourg-Madame 66 .... 195 BA97
Bourg-Saint-Andéol 07 .... 153 BU69
Bourg-Saint-Bernard 31 .... 181 AY84
Bourg-Saint-Christophe 01 .... 126 BC93
Le Bourg-
Saint-Léonard 61 .... 36 AN26
Bourg-Sainte-Marie 52 .... 64 CB32
Bourg-Sainte-Maurice 73 .... 129 CM60
Bourg-sous-Châtelet 90 .... 84 CM37
Bourgaltroff 57 .... 45 CK24
Bourganeuf 23 .... 121 AZ57
Le Bourgarel 25 .... 53 AA34
Bourgbarré 35 .... 53 AA34
Bourgneuf 44 .... 72 AD48
Bourgneuf 17 .... 103 AE55
Bourgneuf 73 .... 128 CI61
Bourgneuf-en-Mauges 49 .... 72 AF42
Bourgneuf-en-Retz 44 .... 86 X45
Le Bourgneuf-la-Forêt 53 .... 54 AF32
Bourgneuf-Val-d'Or 71 .... 97 BW47
Bourgogne 51 .... 18 BO20
Bourgoin-Jallieu 38 .... 126 CA61
Bourgoin 58 .... 96 CL30
La Bourgonce 88 .... 66 CL30
La Bourgonnière
(Chapelle de) 49 .... 72 AE41
Bourgougnague 47 .... 147 AO72
Bourgtheroulde-
Infreville 27 .... 14 AT20
Bourguébus 14 .... 26 AK22
Bourgueil 37 .... 90 AN43
Bourguenolles 50 .... 34 AD25
Le Bourguet 83 .... 174 CL81
Bourguignon 25 .... 84 CL40
Bourguignon-
lès-Conflans 70 .... 83 CG36
Bourguignon-
lès-la-Charité 70 .... 83 CF40
Bourguignon-lès-Morey 70 .... 83 CD37
Bourguignon-sous-Coucy 02 .... 17 BJ18
Bourguignon-
sous-Montbavin 02 .... 17 BM18
Bourguignons 10 .... 62 BS33
Bourgvilain 71 .... 112 BS53
Bourideys 33 .... 145 AH75
Bouriège 11 .... 196 BC90
Bourigeole 11 .... 182 BC90
Bourisp 65 .... 193 AN92
Bourlens 47 .... 148 AT74
Bourlon 62 .... 8 BJ10
Bourmont 52 .... 64 CC32
Bournainville-Faverolles 27 .... 27 AQ22
Bournan 37 .... 91 AR45
Bournand 86 .... 90 AM45
Bournazel 81 .... 163 BA78
Bournazel 12 .... 150 BD74

Bouvent 01 .... 113 CD53
Bouverans 25 .... 99 CH47
Bouvesse-Quirieu 38 .... 127 CB59
Bouvières 26 .... 154 CA73
Bouvignies 59 .... 9 BJ9
Bouvigny-Boyeffles 62 .... 8 BD30
Bouville 91 .... 59 BD30
Bouville 76 .... 13 AT16
Bouville 28 .... 58 AW32
Bouvincourt-
en-Vermandois 80 .... 8 BI14
Bouvines 59 .... 4 BJ6
Bouvresse 60 .... 15 AZ16
Bouvron 44 .... 71 Y40
Bouvron 54 .... 44 CD25
Boux-sous-Salmaise 21 .... 81 BW43
Bouxières-aux-Bois 88 .... 65 CH31
Bouxières-aux-Chênes 54 .... 45 CG25
Bouxières-aux-Dames 54 .... 45 CG25
Bouxières-
sous-Froidmont 54 .... 44 CF23
Bouxurulles 88 .... 65 CG31
Bouxwiller 68 .... 85 CP39
Bouxwiller 67 .... 46 CP25
Bouy 51 .... 42 BS22
Bouy-Luxembourg 10 .... 62 BR30
Bouy-sur-Orvin 10 .... 61 BM30
Bouyon 06 .... 175 CQ80
Bouzais 18 .... 93 BE49
Bouzancourt 52 .... 63 BX33
Bouzanville 54 .... 65 CF30
Bouze-lès-Beaune 21 .... 97 BW45
Bouzèdes
(Belvédère des) 30 .... 152 BQ75
Bouzel 63 .... 123 BL59
Bouzemont 88 .... 65 CG31
Bouzeron 71 .... 97 BW47
Bouzic 24 .... 148 AV71
Bouzigues 34 .... 184 AV90
Bouzillé 49 .... 72 AE42
Bouzin 31 .... 180 AS88
Bouzincourt 80 .... 8 BF12
Bouzon-Gellenave 32 .... 160 AL82
Bouzonville 57 .... 22 CI20
Bouzonville-aux-Bois 45 .... 59 BD34
Bouzonville-en-Beauce 45 .... 59 BD32
Bouzy 51 .... 42 BR23
Bouzy-la-Forêt 45 .... 77 BE36
Bovée-sur-Barboure 55 .... 44 CB27
Bovel 35 .... 53 X34
Bovelles 80 .... 7 BC14
Boves 80 .... 7 BE14
Boviolles 55 .... 44 CA57
Boyaval 62 .... 3 BD7
Boyer 71 .... 112 BX50
Boyer 42 .... 111 BS56
Boyeux-Saint-Jérôme 01 .... 113 CC56
Boynes 45 .... 59 BD33
Boz 01 .... 112 BX49
Bozas 07 .... 140 BW67
Bozel 73 .... 129 CL62
Bozouls 12 .... 150 BG74
Brabant-en-Argonne 55 .... 43 BY22
Brabant-le-Roi 55 .... 43 BX25
Brabant-sur-Meuse 55 .... 20 BZ20
Brach 33 .... 130 AE67
Brachay 52 .... 63 CF18
Braches 80 .... 16 BF15
Brachy 76 .... 13 AT14
Bracieux 41 .... 76 AX40
Bracon 39 .... 99 CE46
Bracquemont 76 .... 13 AV16
Bracquetuit 76 .... 14 AV16
Bradiancourt 76 .... 14 AX16
Braffais 50 .... 34 AD26
Bragassargues 30 .... 166 BR80
Bragayrac 31 .... 180 AR85
Brageac 15 .... 136 BD66
Bragelogne 10 .... 62 BS35
Bragny-sur-Saône 71 .... 97 BV47
La Brague 06 .... 175 CR82
Brahic 07 .... 153 BR75
Braillans 25 .... 83 CG42
Brailly-Cornehotte 80 .... 7 BB10
Brain 21 .... 81 BU40
Brain-sur-Allonnes 49 .... 74 AM42
Brain-sur-l'Authion 49 .... 73 AJ41
Brain-sur-Longuenée 49 .... 72 AG40
Brain-sur-Vilaine 35 .... 71 Y37
Brainans 39 .... 98 CD46
Braine 02 .... 17 BM20
Brains 44 .... 87 Z43
Brains-sur-Gée 72 .... 56 AM34
Brains-sur-les-Marches 53 .... 54 AD35
Brainville 54 .... 44 CD22
Brainville 50 .... 34 AD23
Brainville-sur-Meuse 52 .... 64 CC32

BREST

Algésiras (R. d') .... EY 2
Clemenceau (Av. G.) .... EY
Colbert (R.) .... EY 5
Foch (Av. Mar.) .... EY
Français-Libres
(Bd des) .... DZ 16
Frégate-la-Belle-Poule
(R. de la) .... EZ 17
Jean-Jaurès (R.) .... EY
Kérabécarn (R. de) .... EY 22
Liberté (Pl. de la) .... EY
Lyon (R. de) .... DEY 7
Marine (Bd de la) .... DZ 25
Réveillère (Av. Amiral) .... EY 33
Roosevelt (Av. F.) .... DZ 34
Siam (R. de) .... EY
11-Martyrs
(R. des) .... EY 42

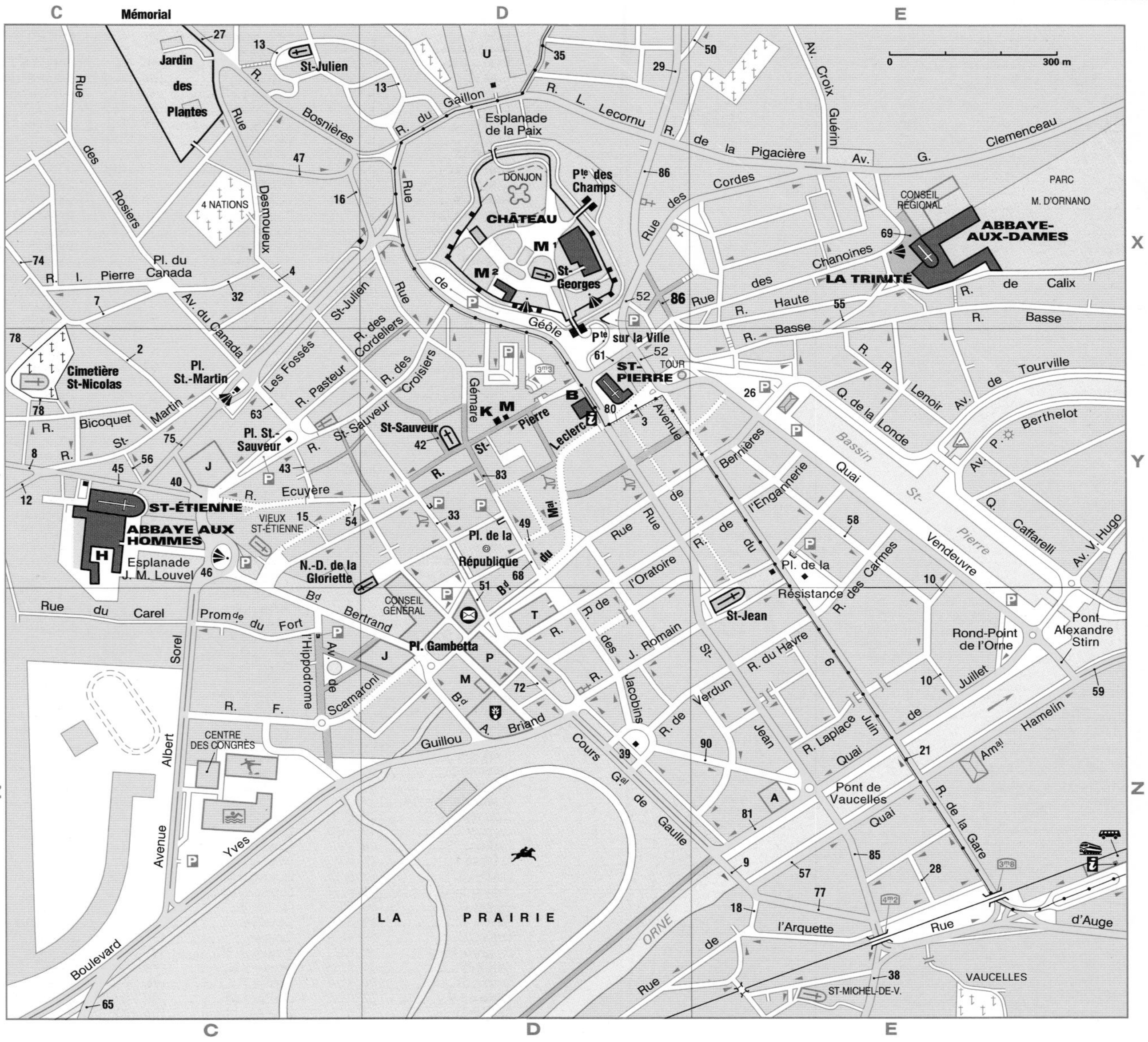

Left index column

Braisnes 60 ....16 BH18
Braize 03 ....109 BG50
Bralleville 54 ....65 CG30
Bram 11 ....182 BC88
Bramabiau (Abîme du) 30 ...166 BN78
Bramans 73 ....143 CM65
Brametot 76 ....13 AT15
Bramevaque 65 ....193 AP90
Bran 17 ....131 AJ64
Brancelles 19 ....135 AY68
Brancion 71 ....112 BW51
Brancourt-en-Laonnois 02 ...17 BL18
Brancourt-le-Grand 02 ....9 BL13
Brandelon 56 ....68 BZ19
Brandeville 55 ....30 O36
Brandivy 56 ....69 O36
Brando 2B 199 DK90
Brandon 71 ....112 BV53
Brandonnet 12 ....149 BC75
Brandonvillers 51 ....42 BU28
Branféré
  (Parc zoologique de) 56 ....69 U38
Branges 71 ....98 BZ49
Branges 02 ....17 BM21
Brangues 38 ....127 CC60
Brannay 89 ....60 BJ32
Branne 33 ....156 AJ70
Branne 25 ....84 CJ41
Brannens 33 ....156 AK73
Branoux-les-Taillades 30 ..166 BR77
Brans 39 ....98 CC43
Bransat 03 ....109 BK53
Branscourt 51 ....18 BO21
Bransles 77 ....60 BH33
Brantes 84 ....168 CB77
Brantigny 88 ....65 CH30
Brantôme 24 ....123 AQ64
Branville 14 ....26 AN20
Branville-Hague 50 ....24 AA16
Braquis 55 ....20 CB21
Bras 88 ....188 CH84
Bras-d'Asse 04 ....170 CI79
Bras-sur-Meuse 55 ....164 CB79
Brasc 12 ....40 BL23
Braslou 37 ....90 AP46
Brasparts 29 ....29 J30
Brassac 82 ....161 AS77
Brassac 81 ....164 BF83
Brassac 09 ....165 AX91
Brassac-les-Mines 63 ......137 BL63
Brassempouy 40 ....159 AF83
Brasseuse 60 ....16 BG21
Brassy 89 ....15 BB15
Brassy 58 ....96 BO43
Bratte 54 ....45 CG55
Braucourt 52 ....63 BW29
Braud-et-Saint-Louis 33 ...131 AG65
Braus (Col de) 06 ....175 CS79
Brauvilliers 55 ....43 BY28
Braux 21 ....80 BT41
Braux 08 ....11 BV14
Braux 04 ....171 CM78
Braux-le-Châtel 52 ....63 BX33
Braux-Saint-Remy 51 ....43 BW23
Braux-Sainte-Cohière 51 ..43 BW22
Bravone 2B 201 DM97
Brax 47 ....161 AP77
Brax 31 ....181 AV83
Bray 71 ....112 BW51
Bray 27 ....27 AS22
Bray-Dunes 59 ....3 BF1
Bray-en-Val 45 ....82 BE37
Bray-et-Lû 95 ....38 AY22
Bray-la-Campagne 14 ......26 AL23
Bray-Saint-Mareuil 80 ......7 BA12
Bray-Saint-Christophe 02 ..17 BJ15
Bray-sur-Seine 77 ....60 BK30
Bray-sur-Somme 80 ....8 BG13
Braye 02 ....17 BL19
Braye-en-Laonnois 02 .....18 BM17
Braye-en-Thiérache 02 ....18 BP15
Braye-sous-Faye 37 ....90 A046
Braye-sur-Maulne 37 ....74 AD39
Brazey-en-Morvan 21 ......96 BS44
Brazey-en-Plaine 21 ....98 BZ44
Bréal-sous-Montfort 35 ....53 Y33
Bréal-sous-Vitré 35 ....54 AE33
Bréançon 95 ....38 BB27
Bréau 77 ....40 BH28
Bréau-et-Salagosse 30 ...166 BN79
Bréauté 76 ....12 AP16
Bréban 51 ....42 BT28
Brebières 62 ....8 BI9
Brebotte 90 ....84 CM78
Brécé 53 ....54 AG30
Brécé 35 ....53 AB33
Brécey 50 ....34 AE26
Brech 56 ....68 P36
Brechainville 88 ....64 CB30
Bréchamps 28 ....34 AX27
Bréchaumont 85 ....CN37
Brèche au Diable 14 ....35 AL24
Brèches 37 ....74 AD39
Breconchaux 25 ....83 CH41
Brectouville 50 ....34 AF23
Brécy 18 ....94 BG44
Brécy 02 ....40 BE22
Brécy-Brières 08 ....19 BV20
La Brède 33 ....145 AH71
La Brée-les-Bains 17 ......102 AB56
Bréel 61 ....35 AJ25
Brégnier-Cordon 01 ....127 CD60
Brégy 60 ....40 BH23
Bréhain 57 ....45 CI24
Bréhain-la-Ville 54 ....21 CD18
Bréhal 50 ....33 AB24
Bréhan 56 ....52 S33
Bréhand 22 ....52 T29
Bréhat (Île de) 22 ....31 Q24
Bréhec-en-Plouha 22 ......31 R25
Bréhémont 37 ....74 AP42
Bréhéville 55 ....20 BZ19
Breidenbach 57 ....23 CF21
Breil 49 ....74 AN40
Le Breil-sur-Mérize 72 .....56 AO34
Breil-sur-Roya 06 ....175 CT79
La Breille-les-Pins 49 ......74 AM42
Breilly 80 ....7 BC13
Breistroff-la-Grande 57 ...22 CG18
Breitenau 67 ....66 CO30
Breitenbach 67 ....66 CO30
Breitenbach-Haut-Rhin 68 ..66 CN33
Brêles 29 ....28 BZ7
Brélidy 22 ....31 O26
Brem-sur-Mer 85 ....87 Y49
Bréménil 54 ....46 CL28
Brêmes 62 ....2 BB3
Bremmelbach 67 ....47 C522
Brémoncourt 54 ....65 CH29
Bremondans 25 ....84 CI42
Brémontier-Merval 76 ....15 AY18
Brémoy 14 ....34 AH23
Brémur-et-Vaurois 21 .....81 BU37
Bren 26 ....140 BY66
Brenac 11 ....196 BC92
Brenas 34 ....194 BG82
Brenat 63 ....123 BE62
Brénaz 01 ....127 CE57
Brenelle 02 ....17 BM19
Brengues 46 ....149 AZ73
Brennes 52 ....82 BZ37

CAEN map and street index

Memorial · Jardin des Plantes · St-Julien · Esplanade de la Paix · CHÂTEAU · St-Georges · ABBAYE-AUX-DAMES · LA TRINITÉ · PARC M. D'ORNANO · CONSEIL RÉGIONAL · Cimetière St-Nicolas · Pl. St-Martin · Pl. St-Sauveur · St-Sauveur · St-Pierre · ST-ÉTIENNE · ABBAYE AUX HOMMES · Esplanade J. M. Louvel · N.-D. de la Gloriette · Pl. de la République · CONSEIL GÉNÉRAL · St-Jean · Pl. Gambetta · Rond-Point de l'Orne · Pont Alexandre Stirn · Pont de Vaucelles · CENTRE DES CONGRÈS · LA PRAIRIE · Hippodrome · ST-MICHEL-DE-V. · VAUCELLES · l'Arquette · d'Auge

CAEN

Académie (R. de l') . . . . CY 2
Alliés (Bd des) . . . . DY 3
Bagatelle (Av. de) . . . . CX 4
Barbey-d'Aurevilly (R.) . . . . CX 7
Bayeux (R. de) . . . . CX 8
Bir-Hakeim (Pont de) . . . . . CX 9
Brunet (R. H.) . . . . EYZ 10
Caponière (R.) . . . . CY 12
Carrières-St-Julien
  (R. des) . . . . CDX 13
Caumont (R. A. de) . . . . CY 15
Chanoine X. de St-Paul (R.) . CDX 16
Chaussée-Ferrée
  (R. de la) . . . . EZ 18
Churchill (Pont) . . . . EZ 21
Courtonne (Pl.) . . . . EY 26
Creully (R. de) . . . . CX 27
Decaen (R. Gén.) . . . . EZ 28
Délivrande (R. de la) . . . . . . DX 29
Docteur-Rayer (R.) . . . . CX 32
Doumer (R. Paul) . . . . DY 33
Écuyère (R.) . . . .
Edimbourg (Av. d') . . . . DX 35
Falaise (R. de) . . . . EZ 38
Foch (Pl. Mar.) . . . . DZ 39
Fontette (Pl.) . . . . CY 40
Froide (R.) . . . . DY 42
Fromages (R. aux) . . . . CY 43
Guillaume-le-Conquérant (R.) . CY 45
Guillouard (Pl. L.) . . . . CY 46
Juifs (R. aux) . . . . CY 47
Lair (R.) . . . . CX 49
Lebisey (R. de) . . . . EX 50
Lebret (R. G.) . . . . DYZ 51
Libération (Av. de la) . . . . . . DXY 52
Malherbe (Pl.) . . . . CDY 54
Manissier (R.) . . . . EX 55
Marot (R. J.) . . . . CY 56
Meslin (Q. E.) . . . . EZ 57
Miséricorde (R. de la) . . . . . EYZ 58
Montoir-Poissonnerie (R.) . . DY 61
Pémagnie (R.) . . . . CX 63
Petit-Vallerent (Bd du) . . . . . CZ 65
Pont-St-Jacques (R.) . . . . . . DY 68
Reine-Mathilde (Pl.) . . . . . . EX 69
Sadi-Carnot (R.) . . . . DY 72
St-Gabriel (R.) . . . . EY 74
St-Jean (R.) . . . . DEYZ
St-Manvieu (R.) . . . . CY 75
St-Michel (R.) . . . . EZ 77
St-Nicolas (R.) . . . . CY 78
St-Pierre (Pl.) . . . . DY 80
St-Pierre (R.) . . . . DY
Sévigné (Prom. de) . . . . EZ 81
Strasbourg (R. de) . . . . DY 83
Vaucelles (R. de) . . . . EZ 85
Vaugueux (R. du) . . . . DX 86
6-Juin (Av. du) . . . . DEYZ
11-Novembre (R. du) . . . . . . DEZ 90

Lower index (place names)

Brennilis 29 ....30 K29 · Brénod 01 ....113 CD56 · Brenouille 60 ....16 BF20 · Brenoux 48 ....152 BN74 · Brens 81 ....163 BA80 · Brens 01 ....127 CC60 · Brenthonne 74 ....114 CJ53 · Breny 02 ....40 BL22 · La Bréole 04 ....158 CJ73 · Brères 25 ....99 CA45 · Bréry 39 ....98 CC48 · Bresdon 17 ....118 AK58 · Les Bréseux 25 ....84 CL42 · Bressilley 70 ....82 CC42 · Bresle 70 ....8 BF13 · Bresles 60 ....16 BD19 · Bresolettes 61 ....36 AR28 · La Bresse 88 ....66 CL34 · Bresse-sur-Grosne 71 ....112 BW50 · Bressey-sur-Tille 21 ....82 BZ42 · Bressieux 38 ....140 CA64 · Bressolles 03 ....110 BL51 · Bressolles 01 ....126 BZ58 · Bressols 82 ....162 AV80 · Bresson 38 ....141 CE66 · Bressoncourt 52 ....64 CC33 · Bressuire 79 ....106 AI47 · Brest 29 ....28 F28 · Brestot 27 ....AR20 · Bretagne 36 ....84 CM38 · Bretagne 90 ....92 AY46 · Bretagne-d'Armagnac 32 ....160 AM80 · Bretagne-de-Marsan 40 ....159 AH81 · Bretagnolles 27 ....37 AW24 · Breteau 45 ....82 BF38 · Breteil 35 ....53 Y32 · Bretenière 39 ....98 CD44 · Bretenière 25 ....CH41 · Bretenière 21 ....97 BY43 · Bretenoux 46 ....135 AZ68 · Breteuil 60 ....16 BD17 · Breteuil (Château de) 78 ....38 BB27 · Breteuil-sur-Iton 27 ....37 AT25 · Brethel 61 ....36 AO27 · Brethenay 52 ....63 BY33 · Le Brethon 03 ....109 BG51 · Bretignolles 79 ....92 AA46 · Bretigney 25 ....CK40 · Bretigney-Notre-Dame 25 ....84 CH42 · Bretignolles-sur-Mer 85 ....89 AH47 · Brétignolles

Brie 35 ....53 AA35 · Brie 16 ....118 AN60 · Brie 09 ....181 AX88 · Brie 02 ....28 BM17 · Brie-Comte-Robert 77 ....39 BF27 · Brié-et-Angonnes 38 ....141 CF66 · Brie-sous-Archiac 17 ....131 AJ63 · Brie-sous-Barbezieux 16 ....132 AL63 · Brie-sous-Chalais 16 ....132 AL64 · Brie-sous-Matha 17 ....118 AJ59 · Brie-sous-Mortagne 17 ....131 AI60 · Brie-sous-Barse 10 ....62 BS32 · Brielles 35 ....54 AE34 · Brienne-la-Vieille 10 ....62 BU50 · Brienne-le-Château 10 ....62 BU30 · Brienne-sur-Aisne 08 ....18 BO19 · Brienon 42 ....111 BR55 · Brienon-sur-Armançon 89 ....61 BN30 · Brienne-les-Scellés 91 ....59 BC30 · Brieuil-sous-Thize 79 ....104 AJ55 · Brieulles-sur-Bar 08 ....19 BW18 · Brieulles-sur-Meuse 55 ....20 BY20 · Brieux 61 ....35 AM25 · Briey 54 ....21 CE20 · Briffons 63 ....122 BG60 · Brignac 87 ....120 AW58 · Brignac 56 ....U32 · Brignac-la-Plaine 19 ....134 AW66 · Brignais 69 ....126 BW60 · Brignancourt 95 ....38 AY43 · Brigné 49 ....89 AJ43 · Brignemont 31 ....162 AT82 · Brignogan-Plages 29 ....28 G25 · Brignoles 83 ....188 CI85 · Le Brignon 43 ....138 BO69 · Brignon 30 ....167 BS79 · Brignoud 38 ....141 CF65 · Brigueil-le-Chantre 86 ....106 AU53 · Brigueuil 16 ....119 AS57 · Briis-sous-Forges 91 ....39 BC28 · Brillac 16 ....106 AU56 · La Brillanne 04 ....170 CG79 · Brillecourt 10 ....62 BS29 · Brillevast 50 ....24 AC16 · Brillon 59 ....9 BK8 · Brillon-en-Barrois 55 ....43 BY27 · Brimeux 62 ....7 BA8 · Brimont 51 ....18 BO20 · Brin-sur-Seille 54 ....45 CH25 · Brinay 18 ....93 BC44 · Brinay 58 ....95 BO58 · Brinckheim 68 ....85 CO38 · Brindas 69 ....126 BW60 · Bringolo 22 ....31 Q27 · Brinon-sur-Beuvron 58 ....95 BM43 · Brinon-sur-Sauldre 18 ....77 BD40 · Briod 39 ....98 CD49 · Briollay 49 ....73 AI39 · Brion 86 ....138 BM35 · Brion 71 ....105 AV53? · Brion 48 ....151 BJ71 · Brion 38 ....140 CA64 · Brion 36 ....89 AH73 · Brion 01 ....127 CC59 · Briançon 05 ....143 CL68 · Briançonnet 06 ....174 CN80 · Brianny 21 ....80 BT41 · Briant 71 ....111 BR54 · Briantes 36 ....108 BB51 · Briarres 45 ....96 BG39 · Briarres-sur-Essonne 45 ....59 BE32 · Brias 62 ....7 BE8 · Briastre 59 ....9 BM11 · Briatexte 81 ....163 BA82 · Briaucourt 52 ....63 CH36 · Briaucourt 70 ....83 CF32 · Bricon 52 ....63 BX34 · Briconville 28 ....57 AW29 · Bricot-la-Ville 51 ....41 BN27 · Bricquebec 50 ....24 AB17 · Bricqueboscq 50 ....24 AA16 · Bricqueville 50 ....32 AC21 · Bricqueville-la-Blouette 50 ....32 AB23 · Bricqueville-sur-Mer 50 ....32 AB24 · Bricy 45 ....58 AZ35 · Brides-les-Bains 73 ....128 CG62 · La Bridoire 73 ....127 CE62 · Bridoré 37 ....91 AD45 · Brie 80 ....8 BI14 · Brie 79 ....105 AL46

Brison-Saint-Innocent 73 ....127 CF60 · Brissac 34 ....166 BO80 · Brissac (Château de) 49 ....73 AI42 · Brissac-Quincé 49 ....73 AI42 · Brissay-Choigny 02 ....17 BL15 · Brissy-Hamégicourt 02 ....17 BL15 · Brive-la-Gaillarde 19 ....135 AX66 · Brives 29 ....139 BQ67 · Brives-Charensac 43 ....138 BO68 · Brives-sur-Charente 17 ....117 AI60 · Brivezac 19 ....135 AZ68 · Brix 50 ....24 AB17 · Brixey-aux-Chanoines 55 ....64 CC29 · Brizambourg 17 ....117 AI59 · Brizay 37 ....90 AP45 · Brizeaux 55 ....43 BX23 · Brizon 74 ....114 CJ56 · Le Broc 63 ....137 BL63 · Broc 49 ....74 AN39 · Le Broc 06 ....175 CQ80 · Brocas 40 ....159 AG78 · Brochon 21 ....97 BX43 · Brocottes 14 ....26 AN44 · Brocourt 80 ....BA14 · Brocourt-en-Argonne 55 ....43 BQ23 · Brognard 25 ....84 CL39 · Brognon 08 ....10 BR13 · Brognon 21 ....82 BZ41 · Broin 21 ....97 BY45 · Broindon 21 ....97 BY43 · Broissia 39 ....113 CB53 · Brombos 60 ....16 BA16 · Bromeilles 45 ....59 BF33 · Bromont-Lamothe 63 ....122 BG60 · Bron 69 ....126 BX60 · Bronvaux 57 ....21 CF21 · Broons 22 ....52 V30 · Broons-sur-Vilaine 35 ....53 AB33 · Broquiers 60 ....16 BA16 · Broquiès 12 ....164 BG79 · Brossac 16 ....132 AL64 · Brossainc 07 ....125 BW64 · Brossay 49 ....89 AK44 · La Brosse-Montceaux 77 ....60 BI31 · Brosses 89 ....79 BO40 · Brosville 27 ....37 AT27 · Brotonne (Pont de) 76 ....13 AT37 · Brottes 52 ....63 BY33 · Brou 28 ....57 AV32 · Brou 01 ....CA54 · Brou-sur-Chantereine 77 ....39 BG25 · Brouage 17 ....116 AD58 · Brouains 50 ....34 AF26 · Broualan 35 ....51 AA26 · Brouay 14 ....25 AK23 · Brouchaud 24 ....134 AT66 · Brouchy 80 ....17 BJ16 · Brouck 57 ....22 CI21 · Brouckerque 59 ....3 BD2 · Brouderdorff 57 ....46 CM26 · Broué 28 ....38 AX30 · Brouennes 55 ....20 BZ17 · Le Brouilh-Monbert 32 ....161 AO83 · Brouilla 66 ....197 BJ95 · Brouillet 51 ....18 BO21 · Brouqueyran 33 ....156 AK74 · La Brousse 17 ....118 AJ60 · Brousse 81 ....163 BB82 · Brousse 63 ....124 BH62 · Brousse 23 ....120 AY60 · La Brousse 17 ....AK55? · Brousse-le-Château 12 ....164 BG79 · Brousses-et-Villaret 11 ....182 BD87 · Broussey-en-Blois 55 ....44 CB25 · Broussey-Raulecourt 55 ....44 CA24 · Broussy-le-Grand 51 ....41 BN27 · Broussy-le-Petit 51 ....41 BN27 · Broût-Vernet 03 ....110 BL56

Brouthières 52 ....64 CA30 · Brouvelieures 88 ....66 CK31 · Brouville 54 ....46 CK28 · Brouviller 57 ....46 CN25 · Brouzet-lès-Alès 30 ....167 BT78 · Brouzet-lès-Quissac 30 ....166 BR81 · Les Brouzils 85 ....87 AC46 · Broxeele 59 ....3 BD3 · Broye 71 ....174 CM92 · Broye-les-Loups-et-Verfontaine 70 ....82 CB40 · Broye-les-Pesmes 70 ....82 CB40 · Broyes 60 ....16 BC15 · Broyes 51 ....41 BN27 · Broze 81 ....163 BA80 · Brouailles 71 ....113 CA50 · Bruay-la-Buissière 62 ....7 BF7 · Bruay-sur-l'Escaut 59 ....9 BM8 · Bruc-sur-Aff 35 ....71 X36 · Brucamps 80 ....7 BB12 · Bruch 47 ....160 AO77 · Brucheville 50 ....25 AE19 · Brucourt 14 ....26 AN43 · Brue-Auriac 83 ....188 CH84 · Bruebach 68 ....85 CO37 · Brueil-en-Vexin 78 ....38 BA23 · Bruère-Allichamps 18 ....108 BE48 · La Bruère-sur-Loir 72 ....74 AD38 · La Bruffière 85 ....88 AG45 · Brugairolles 11 ....182 BC85 · Le Brugeron 63 ....124 B060 · Bruges 33 ....131 AG69 · Bruges-Capbis-Mifaget 64 ....179 AM88? · Brugheas 03 ....110 BL56 · Brugnac 47 ....161 AP77 · Brugnens 32 ....162 AS80 · Brugny-Vaudancourt 51 ....41 BP24 · Bruguières 31 ....162 AW82 · Bruis 05 ....169 CE80 · Brûlain 79 ....118 AI55? · Brulange 57 ....45 CI24 · La Brûlatte 53 ....54 AE31 · Brullemail 61 ....36 AP27 · Brullioles 69 ....125 BU60 · Brûlon 72 ....55 AK35 · Brumath 67 ....48 CP27 · Brumetz 02 ....40 BJ22 · Brunehamel 02 ....19 BS16 · Brunelles 28 ....AT16 · Les Brunels 11 ....182 BA85 · Brunembert 62 ....BA5 · Brunémont 59 ....8 AQ81? · Brunet 04 ....170 CH80 · Bruniquel 82 ....163 BA81 · Brunoy 91 ....39 BE27 · Brunstatt 68 ....85 CO37 · Brunvillers-la-Motte 60 ....16 BD16 · Brusque 12 ....165 BI82 · Le Brusquet 04 ....170 CH79 · Brussey 70 ....82 CC41 · Brussieu 69 ....125 BU60 · Bruville 54 ....45 CD22 · Brux 86 ....118 AO57 · La Bruyère 70 ....84 CH39 · Bruyères 88 ....66 CK31 · Bruyères-et-Montbérault 02 ....18 BN18 · Bruyères-le-Châtel 91 ....59 BC29 · Bruyères-sur-Fère 02 ....40 BL21 · Bruyères-sur-Oise 95 ....39 BE23 · Bruys 02 ....17 BM19 · Bruz 35 ....53 Y33 · Bry 59 ....9 BN10

Bry-sur-Marne 94 ....39 BF25 · Bû 28 ....38 AX26 · Le Bû-sur-Rouvres 14 ....26 AL23 · Buais 50 ....34 AF28 · Buanes 40 ....159 AH82 · Bubertré 61 ....36 AR82 · Bubry 56 ....51 O34 · Buc 78 ....38 BC28 · Buc 90 ....84 CL38 · Bucamps 60 ....16 BD18 · Bucéels 14 ....25 AK23 · Buceo 21 ....80 BT41 · Bucey-en-Othe 10 ....61 BP32 · Bucey-lès-Gy 70 ....82 CC41 · Bucey-lès-Traves 70 ....83 CF38 · Buchelay 78 ....38 BA26 · Buchères 10 ....62 BR32 · Buchy 57 ....45 CD23 · Buchy 76 ....15 AW17 · Bucilly 02 ....10 BS15? · Bucquoy 62 ....8 BH10 · Bucy-le-Long 02 ....17 BL19 · Bucy-le-Roi 45 ....58 BA34 · Bucy-lès-Cerny 02 ....17 BM17 · Bucy-lès-Pierrepont 02 ....18 BP16 · Bucy-Saint-Liphard 45 ....58 AZ35 · Budelière 23 ....108 BE55 · Buding 57 ....22 CH19 · Budling 57 ....22 CH19 · Budos 33 ....145 AI73 · Bué 18 ....78 BH40 · Bueil 27 ....38 AX24 · Bueil-en-Touraine 37 ....74 AD38 · Buellas 01 ....112 BZ54 · Buethwiller 68 ....85 CN37 · Buffard 25 ....99 CE45 · Buffières 71 ....111 BU52 · Buffignécourt 70 ....83 CF38 · Buffon 21 ....80 BS38 · Bugarach 11 ....196 BE92 · Bugeat 19 ....121 BA58 · Bugnein 64 ....177 AE86 · Le Bugue 24 ....133 A569 · Bugnicourt 59 ....8 AQ81 · Bugnières 52 ....63 BY35 · Bugny 25 ....99 CI45 · Le Buhy 95 ....38 AZ22 · Buhl 67 ....48 CP27 · Buhl 68 ....120 CM32? · Buhl-Lorraine 57 ....46 CM26 · Buhy 95 ....38 AZ22 · Buicourt 60 ....16 BA17 · Buigny-l'Abbé 80 ....7 BB11 · Buigny-lès-Gamaches 80 ....6 AY12 · Buigny-Saint-Maclou 80 ....7 BA11 · Buire 02 ....10 BQ13 · Buire-au-Bois 62 ....7 BC10 · Buire-Courcelles 80 ....8 BI13 · Buire-le-Sec 62 ....7 BA8 · Buire-sur-l'Ancre 80 ....8 BF13 · Buironfosse 02 ....9 BP14 · Le Buis 87 ....120 AV57 · Buis-les-Baronnies 26 ....168 CB81 · Buis-sur-Damville 27 ....37 AU25 · Buissard 05 ....143 CH67 · La Buisse 38 ....140 CD64 · La Buissière 38 ....141 CG65 · Le Buisson 48 ....152 BM73 · Le Buisson 51 ....42 BU25 · Buisson 84 ....168 CA79 · Le Buisson-de-Cadouin 24 ....147 A570 · Buissoncourt 54 ....45 CJ24 · Buissy 62 ....8 AN90? · Bujaleuf 87 ....120 AY59 · Bulainville 55 ....43 BY23 · Bulan 65 ....179 AN90 · Bulat-Pestivien 22 ....30 N28 · Bulcy 58 ....94 BI45 · Buléon 56 ....52 S34 · Bulgnéville 88 ....64 CC29 · Bulhon 63 ....123 BM58 · Bullainville 28 ....58 AX34 · Bulle 25 ....99 CH46 · Bullecourt 62 ....8 BI10 · Bulles 60 ....16 BD19

Bulligny 54 ....44 CD28 · Bullion 78 ....38 BB28 · Bullou 28 ....57 AV32 · Bully 76 ....14 AW15 · Bully 69 ....125 BV58 · Bully 42 ....124 BO58 · Bully 14 ....26 AJ22 · Bully-les-Mines 62 ....8 BG8 · Bulson 08 ....19 BW16 · Bun 65 ....192 AJ90 · Buncey 21 ....81 BU36 · Buneville 62 ....7 BD8 · Buno-Bonnevaux 91 ....59 BE15 · Bunus 64 ....176 AB87? · Bunzac 16 ....119 AR60 · Buoux 84 ....169 CC81 · Burbach 67 ....46 CM24 · La Burbanche 01 ....127 CC58 · Burbure 62 ....3 BE6 · Burcin 38 ....141 CC63 · Burcy 77 ....59 BF32 · Burcy 14 ....34 AG24 · Burdignes 42 ....139 BV65 · Burdignin 74 ....114 CJ54 · Bure 55 ....63 CA27 · Buré 61 ....56 AP29 · Bure-les-Templiers 21 ....81 CE18 · Burelles 02 ....18 BP15 · Bures 61 ....36 AP28 · Bures 54 ....45 CJ26 · Bures-en-Bray 76 ....14 AW15 · Bures-les-Monts 14 ....34 AF24 · Bures-sur-Dives 14 ....26 AL21 · Bures-sur-Yvette 91 ....39 BC27 · Le Buret 53 ....AI35 · Burey 27 ....37 AT24 · Burey-en-Vaux 55 ....44 CC28 · Burey-la-Côte 55 ....44 CC28 · Burg 65 ....179 AN88 · Burgalays 31 ....193 AP91 · Burgaronne 64 ....177 AD86 · Le Burgaud 31 ....162 AU81 · Burgille 25 ....82 CD42 · Burgnac 87 ....120 AU60 · Burgy 71 ....112 BX52 · Burie 17 ....117 AI59 · Buriville 54 ....46 CK27 · Burlats 81 ....164 BD83 · Burlioncourt 57 ....45 CI24 · Burnand 71 ....112 BV50 · Burnevillers 25 ....85 CM40 · Burnhaupt-le-Bas 68 ....85 CO37 · Burnhaupt-le-Haut 68 ....85 CN37 · Buron 63 ....123 BK61 · Buros 64 ....177 AL86 · Burosse-Mendousse 64 ....178 AJ84 · Burret 09 ....194 AW91 · Bursard 61 ....56 A029 · Burthecourt-aux-Chênes 54 ....45 CG26 · Burtoncourt 57 ....22 CH20 · Bury 60 ....16 BE20 · Burzet 07 ....153 BT71 · Burzy 71 ....112 BV50 · Bus 62 ....8 BI12 · Bus-la-Mésière 80 ....16 BI15 · Bus-lès-Artois 80 ....8 BF11 · Busca-Maniban (Château de) 32 ....160 AN80 · Buschwiller 68 ....85 CO38 · Busigny 59 ....9 BM12 · Busloup 41 ....75 AU36 · Busnes 62 ....3 BF6 · Bussac 24 ....133 A565 · Bussac-Forêt 17 ....131 AI65 · Bussac-sur-Charente 17 ....117 AG59 · Bussaglia (Plage de) 2A ....200 CL95 · Bussang 88 ....66 CL36 · Bussang (Col de) 88 ....66 CL36 · Le Busseau 79 ....104 AH50 · Busseaut 21 ....81 BV37

CALAIS

Amsterdam (R. d') .... DXY 3
Angleterre (Pl. d') .... DX 4
Barbusse (Pl. Henri) .... DX 6
Bonnigue (R. du Cdt) .... DX 7
Bruxelles (R. de) .... DX 10
Chanzy (R. du Gén.) .... DX 13
Commune-de-Paris (R. de la) CDY 16
Escaut (Quai de l') .... CY 21
La-Fayette (Bd) .... DY

Foch (Pl. Mar.) .... CXY 22
Fontinettes (R. des) .... CDY 24
Gambetta (Bd Léon) .... CY
Georges-V (Pont) .... CY 31
Jacquard (R.) .... CDY
Jacquard (Pont) .... CY 36
Jean-Jaurès (R.) .... DY 37
Londres (R. de) .... DY 42
Mer (R. de la) .... DX
Notre-Dame (R.) .... CDX 45
Paix (R. de la) .... CX 48

Paul-Bert (R.) .... CDY 49
Prés.-Wilson (Av. du) .... CY 54
Quatre-Coins (R. des) .... CY 55
Rhin (Quai du) .... CY 58
Richelieu (R.) .... CY 60
Rome (R. de) .... CY 61
Royale (R.) .... CX 63
Soldat-Inconnu (Pl. du) ..... DY 64
Tamise (Quai de la) .... CY 66
Thermes (R. des) .... CDY 67
Varsovie (R. de) .... DY 70
Vauxhall (R. du) .... CY 72
Pasteur (Bd) .... DY

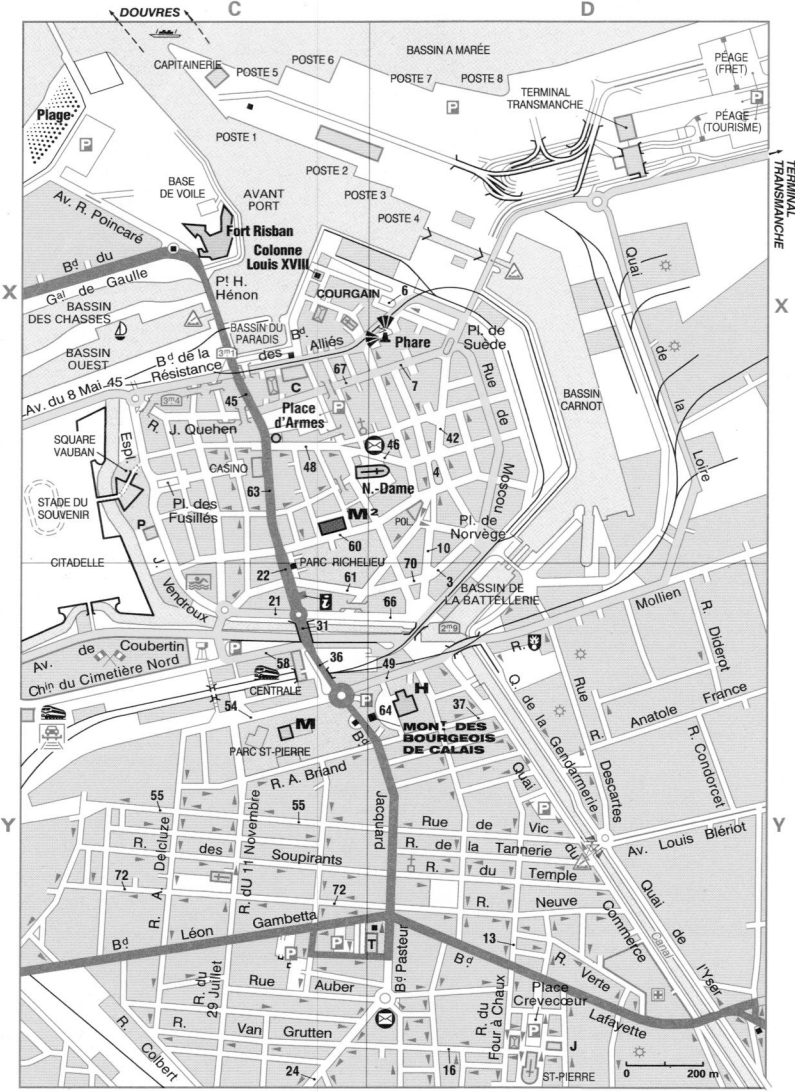

Busséol 63 .... 123 BL60
Busserolles 24 .... 119 AQ60
Busserotte-
et-Montenaille 21 .... 81 BX38
Busset 03 .... 110 BN56
Bussiares 02 .... 40 BK23
La Bussière 86 .... 106 AS50
La Bussière 45 .... 78 BH38
Bussière-Badil 24 .... 119 AQ61
Bussière-Boffy 87 .... 106 AS56
Bussière-Dunoise 23 .... 107 AZ54
Bussière-Galant 87 .... 120 AT61
Bussière-Nouvelle 23 ...... 122 BE57
Bussière-Poitevine 87 ..... 106 AS54
Bussière-
Saint-Georges 23 .... 108 BC52
La Bussière-sur-Ouche 21 .. 97 BV43
Bussières 89 .... 80 BQ41
Bussières 71 .... 40 BK24
Bussières 77 .... 112 BW53
Bussières 70 .... 109 CF41
Bussières 63 .... 125 BS59
Bussières 42 .... 125 BS59
Bussières 21 .... 81 BK57
Bussières-et-Pruns 63 ..... 123 BK57
Busson 52 .... 64 CA31
Bussu 80 .... 8 BI13
Bussunarits-
Sarrasquette 64 .... 177 AB88
Bussurel 70 .... 84 CL39
Bussus-Bussuel 80 .... 7 BB11
Bussy 71 .... 17 BI17
Bussy 18 .... 94 BG47
Bussy-Albieux 42 .... 125 BR59
Bussy-en-Othe 89 .... 61 BM34
Bussy-la-Côte 55 .... 43 BY25
Bussy-la-Pesle 58 .... 95 BM43
Bussy-la-Pesle 21 .... 81 BV42
Bussy-le-Château 51 .... 42 BU23
Bussy-le-Grand 21 .... 81 BU39
Bussy-le-Repos 89 .... 60 BK34
Bussy-le-Repos 51 .... 42 BV24
Bussy-lès-Daours 80 .... 7 BE14
Bussy-lès-Poix 80 .... 7 BB14
Bussy-Lettrée 51 .... 42 BS26
Bussy-Rabutin
(Château de) 21 .... 81 BU39
Bussy-Saint-Georges 77 .... 39 BG25
Bussy-Saint-Martin 77 ..... 39 BG25
Bust 67 .... 46 CN24
Bustanico 2B 201 DK96
Bustince-Iriberry 64 ...... 177 AB88
Buswiller 67 .... 47 CO24
Busy 25 .... 99 CF43
Butgnéville 55 .... 44 CC22
Buthiers 77 .... 59 BE32
Buthiers 70 .... 83 CF41
Butot 76 .... 13 AR14
Butot-Vénesville 76 .... 13 AR14
Butry-sur-Oise 95 .... 39 BI52
Butteaux 89 .... 61 BO35
Butten 67 .... 23 CN23
Buverchy 80 .... 17 BI15
Buvilly 39 .... 98 CD47
La Buxerette 36 .... 107 AZ51
Buxerolles 86 .... 105 AO50
Buxerolles 21 .... 81 BX37
Buxeuil 86 .... 91 AR46
Buxeuil 86 .... 92 AV44
Buxeuil 10 .... 62 BT34
Buxières-d'Aillac 36 ...... 107 AZ52
Buxières-lès-Clefmont 52 .. 64 CB33
Buxières-les-Mines 03 ..... 109 BI52
Buxières-les-Villiers 52 .. 83 BY33
Buxières-
sous-les-Côtes 55 .... 44 CC24

Buxières-
sous-Montaigut 63 .... 109 BH55
Buxières-sur-Arce 10 ...... 62 BT33
Buzy 71 .... 97 BV49
Buyscheure 59 .... 3 BD4
Buzan 09 .... 194 AS91
Buzançais 36 .... 92 AW47
Buzancy 02 .... 19 BW19
Buzancy 08 .... 21 BL20
Buzeins 12 .... 151 BI75
Buzet-sur-Baïse 47 .... 146 AN76
Buzet-sur-Tarn 31 .... 163 AY82
Buziet 64 .... 178 AG88
Buzignargues 34 .... 166 BR82
Buzon 80 .... 8 BK13
Buzy 64 .... 178 AH88
Buzy 55 .... 21 CC21
By 25 .... 99 CE45
Byans-sur-Doubs 25 .... 99 CE44

C

Cabanac 65 .... 179 AM87
Cabanac-Cazaux 31 .... 193 AQ90
Cabanac-et-Villagrains 33 . 145 AG72
Cabanac-Séguenville 31 .... 162 AT81
La Cabanasse 66 .... 196 BC96
Cabanès 81 .... 164 BA82
Cabanès 12 .... 164 BD77
Les Cabanes-de-Fitou 11 ... 197 BJ92
Le Cabanial 31 .... 182 BA85
Les Cabannes 81 .... 163 BA78
Cabannes 13 .... 168 BY80
Les Cabannes 09 .... 195 AY93
Cabara 33 .... 146 AK70
Cabariot 17 .... 101 AF57
Cabas-Loumassès 32 .... 179 AP86
Cabasse 83 .... 189 CJ85
Cabasson 83 .... 199 CK88
Le Cabellou 29 .... 49 J34
Cabestany 66 .... 197 BI94
Cabidos 64 .... 178 AH84
Cabourg 14 .... 26 AM20
Cabre (Col de) 05 .... 155 CD73
Cabrerets 46 .... 149 AY74
Cabrerolles 34 .... 184 BK84
Cabrespine 34 .... 182 BE86
Cabrières 30 .... 167 BV80
Cabrières 34 .... 184 BM84
Cabrières-d'Aigues 84 ..... 169 CD81
Cabrières-d'Avignon 84 .... 168 CA80
Cabris 83 .... 187 CC85
Cabris 06 .... 174 C082
Cachan 94 .... 39 BD26
Cachen 40 .... 159 AH78
Cachy 80 .... 8 BE14
Cadalen 81 .... 163 BB81
Cadarache
(Barrage de) 13 .... 169 CF82
Cadarcet 09 .... 181 AX90
Cadarsac 33 .... 146 AJ69
Cadaujac 33 .... 145 AH70
Cadéac 65 .... 193 AN91
Cadeilhan 32 .... 161 AR81
Cadeilhan-Trachère 65 ..... 193 AN92
Cadeillan 32 .... 180 AR86
Cademène 25 .... 99 CF44
Caden 56 .... 70 V38
Les Cadeneaux 13 .... 187 CC85
Cadenet 84 .... 168 CB82
Cadillac 33 .... 145 AI72

Cajarc 46 .... 149 AZ74
Cala Rossa 2A 203 DL103
Calacuccia 2B 200 DH96
Calais 62 .... BA2
Calamane 46 .... 148 AW73
Calan 56 .... 51 N35
Calanhel 22 .... 30 M28
Calas 13 .... 187 CC85
Calavanté 65 .... 179 AM88
Calcatoggio 2A 200 DF99
Calce 66 .... 197 BH93
Caldégas 66 .... 195 BA97
Calenzana 2B 199 DG94
Calès 46 .... 148 AX70
Calès 24 .... 147 AR70
Calignac 47 .... 161 AO78
Caligny 61 .... 35 AL25
Callac 56 .... 69 T36
Callac 22 .... 30 N29
Callas 83 .... 174 CL83
Callen 40 .... 145 AH76
Callengeville 76 .... 15 AY15
Calleville 27 .... 14 AS21
Calleville-
les-Deux-Églises 76 ...... 13 AU16
Callian 83 .... 174 CN82
Callian 32 .... 160 AN83
Calmeilles 66 .... 197 BG95
Calmels-et-le-Viala 12 .... 164 BH80
La Calmette 30 .... 167 BT80
Calmont 31 .... 181 AY87
Calmont 12 .... 150 BF76
Calmoutier 70 .... 83 CH38
Caloire 42 .... 139 BS63
Calonges 47 .... 146 AN75
Calonne-Ricouart 62 .... 8 BE7
Calonne-sur-la-Lys 62 ..... 8 BF6
Calorguen 22 .... 53 X29
La Calotterie 62 .... 2 AZ7
Caluire-et-Cuire 69 .... 126 BX59
Calvados 14 .... AH20
Calvaire des Dunes 50 ..... 24 Z16
Calvi 2B 198 DF93
Calviac 46 .... 148 BB69
Calviac-en-Périgord 24 .... 148 AV70
Calvignac 46 .... 149 AZ74
Calvinet 15 .... 150 BE71
Calvisson 30 .... 167 BS81
Calzan 09 .... 181 AY90
Camalès 65 .... 179 AL86
Camarade 09 .... 181 AW89
Camarès 12 .... 165 BI81
Camaret-sur-Aigues 84 ..... 168 BY77
Camaret-sur-Mer 29 .... 28 E29
Camarsac 33 .... 145 AI70
Cambayrac 46 .... 148 AV74
La Cambe 14 .... 25 AF19
Cambernard 31 .... 180 AU85
Cambernon 50 .... 33 AC22
Cambes 47 .... 146 AN72
Cambes 46 .... 148 BA72
Cambes 33 .... 145 AH71
Cambes-en-Plaine 14 .... 26 AK21
Cambia 2B 201 DJ95
Cambiac 31 .... 182 AZ85
Cambieure 11 .... 182 BC89
Camblain-Châtelain 62 ..... 3 BE7
Camblain-l'Abbé 62 .... 8 BG8
Camblanes-et-Meynac 33 .... 145 AH70
Camblignueul 62 .... 8 BF8
Cambo-les-Bains 64 .... 176 Z86
Cambon 81 .... 163 BC80
Cambon-et-Salvergues 34 ... 165 BI83
Cambon-lès-Lavaur 81 ...... 181 AZ84
Camboulazet 12 .... 164 BE77
Camboulit 46 .... 149 BA75
Cambounès 81 .... 182 BE84
Cambounet-sur-le-Sor 81 ... 182 BC84
Le Cambout 22 .... 52 T33
Cambrai 59 .... 9 BK10
Cambremer 14 .... 26 AN22
Cambrin 62 .... 8 BG7
Cambron 80 .... 6 AZ11
Cambronne-
lès-Clermont 60 .... 16 BE20
Cambronne-
lès-Ribécourt 60 .... 16 BH18
Cambumat 2B 188 BB72
Came 64 .... 177 AB84
Camélas 66 .... 196 BG94
Camelin 02 .... 17 BJ18
Camembert 61 .... 36 AO25
Cametours 50 .... 34 AD22
Camiac-et-Saint-Denis 33 .. 146 AJ70
Camiers 62 .... 2 AY11
Camiran 33 .... 146 AK72
Camjac 12 .... 164 BE77
Camlez 22 .... 31 O25
Les Cammazes 81 .... 182 BB86
Camoël 56 .... 69 U39
Camon 09 .... 182 BA90
Camon 80 .... 7 BD14
Camors 56 .... 51 P35
Camou-Chigue 64 .... 177 AD88
Camou-Mixe-Suhast 64 ..... 177 AC86
Camous 65 .... 193 AN91
Le Camp-du-Castellet 83 ... 188 CF87
Campagna-de-Sault 11 ...... 196 BB93
Campagnac 81 .... 163 AZ79

Campagnac 12 .... 151 BJ75
Campagnac-
les-Quercy 24 .... 148 AU71
Campagnan 34 .... 184 BN84
Campagne 60 .... 8 BI16
Campagne 40 .... 159 AF80
Campagne 34 .... 184 BR81
Campagne 24 .... 148 AT69
Campagne-
d'Armagnac 32 .... 160 AL80
Campagne-
lès-Boulonnais 62 .... 2 BB6
Campagne-lès-Guînes 62 .... 2 BA3
Campagne-lès-Hesdin 62 .... 7 BA8
Campagne-
lès-Wardrecques 62 .... 3 BD4
Campagne-sur-Arize 09 ..... 181 AW89
Campagne-sur-Aude 11 ...... 196 BC91
Campagnolles 14 .... 34 AF24
Campan 65 .... 192 AM90
Campana 2B 201 DK95
Campandré-
Valcongrain 14 .... 35 AI23
Camparan 65 .... 193 AN92
Campbon 44 .... 71 X40
Campeaux 60 .... 16 AZ17
Campeaux 14 .... 34 AF24
Campel 35 .... 53 X35
Campénéac 56 .... 52 V34
Campes-et-Luc ....
Campestre-et-Luc 30 .... 165 BM80
Campet-et-Lamolère 40 ..... 159 AG80
Camphin-en-Carembault 59 .. 4 BI7
Camphin-en-Pévèle 59 ...... 4 BK6
Campi 2B 201 DL96

Camploro (Port de) 2B 201 DL95
Campôme 66 .... 196 BE94
Campouriez 12 .... 150 BG72
Campoussy 66 .... 196 BE94
Campremy 60 .... 16 BD17
Camprond 50 .... 34 AC22
Camps 19 .... 135 BB68
Camps-en-Amiénois 80 ...... 7 BB14
Camps-la-Source 83 .... 189 CI86
Camps-sur-l'Agly 11 .... 196 BE92
Camps-sur-l'Isle 33 .... 132 AL58
Campsas 82 .... 162 AV80
Campsegret 24 .... 147 AP69
Campuac 12 .... 150 BF73
Campugnan 33 .... 131 AH66
Campuzan 65 .... 179 AO87
Camurac 11 .... 195 BA93
Can Parterre 66 .... 197 BG97
Canadel (Col du) 83 ...... 199 CL88
Canadel-sur-Mer 83 .... 189 CK88
Canaille (Cap) 13 .... 188 CE88
Canale-di-Verde 2B 201 DL96
Canals 82 .... 162 AV81
Canapies 80 .... 7 BD12
Canappeville 27 .... 37 AU22
Canapville 61 .... 36 AO24
Canapville 14 .... 26 AN20
Canari 2B 199 DJ90
Canaules-
et-Argentières 30 .... 166 BR79
Canavaggia 2B 199 DJ94
Cancale 35 .... 33 Z26
Canchy 80 .... 6 BA10
Canchy 14 .... 25 AF19
Cancon 47 .... 147 AO73
Candas 80 .... 7 BD11
Candé 49 .... 72 AE39
Candé-sur-Beuvron 41 ..... 75 AV40
Candes-Saint-Martin 37 ... 90 AM43
Candillargues 34 .... 185 BR83
Candor 60 .... 16 BH17
Candresse 40 .... 158 AD82
Canehan 76 .... 4 AW13
Canéjan 33 .... 145 AG70
Canens 31 .... 181 AV88
Canenx-et-Réaut 40 .... 159 AH79
Canet 34 .... 184 BN84
Canet 11 .... 183 BI88
Canet-de-Salars 12 .... 164 BH77
Canet-en-Roussillon 66 ... 197 BJ94
Canet-Plage 66 .... 197 BJ94
Canettemont 62 .... 7 BD9
Cangey 37 .... 75 AU41
Caniac-du-Causse 46 ...... 149 AY72
Canihuel 22 .... 51 P30
Canilhac 48 .... 151 BK74
Canisy 50 .... 34 AC22
Canlers 62 .... 3 BC7
Canly 60 .... 16 BG19

Connectancourt 60 .... 17 BI17
Cannelle 2B 199 DJ88
Cannelle 2A 200 DG99
Cannes 06 .... 174 CP83
Cannes-Écluse 77 .... 60 BI31
Cannes-et-Clairan 30 ...... 166 BQ80
Cannessières 80 .... 6 AZ13
Le Cannet 06 .... 174 CP83
Le Cannet 06 .... 187 CC83
Le Cannet-des-Maures 83 ... 189 CK85
Canny-sur-Matz 60 .... 16 BH17
Canny-sur-Thérain 60 ...... 16 AY17
Canohès 66 .... 197 BI94
Le Canon 33 .... 144 AB71
Canon 14 .... 26 AN23
La Canonica 2B 199 DL93
La Canonica (Ancienne
Cathédrale) 2B 199 DL93
La Canourgue 48 .... 151 BK74
Canouville 76 .... 13 AR15
Cantaing-sur-Escaut 59 ... 9 BJ10
Cantaous 65 .... 179 AO89
Cantaron 06 .... 175 CS81
Canté 09 .... 181 AX87
Cantebonne 54 .... 21 CD18
Canteleu 76 .... 13 AU19
Canteleux 62 .... 7 BD10
Canteloup 50 .... 24 AD16
Canteloup 14 .... 26 AN23
Cantenac 33 .... 131 AG67
Cantenay-Épinard 49 ...... 73 AI39
Cantiers 27 .... 14 AY21
Cantillac 24 .... 120 AQ64
Cantin 59 .... 8 BJ9
Cantoin 12 .... 150 BH70
Cantois 33 .... 146 AJ71
Canville-la-Rocque 50 .... 24 AB19
Canville-les-
Deux-Églises 76 .... 13 AT15
Cany-Barville 76 .... 13 AR15
Caorches-Saint-Nicolas 27 . 37 AO23
Caouënnec-Lanvézéac 22 ... 30 N25
Caours 80 .... 7 BA11
Cap Corse 2B 199 DK88
Cap-Coz 29 .... 49 I34
Le Cap-d'Agde 34 .... 184 BN87
Cap-d'Ail 06 .... 175 CS81
Cap-de-l'Homy-Plage 40 ... 158 AA78
Cap-de-Long
(Barrage de) 65 .... 192 AL92
Cap Ferrat 06 .... 175 CS82
Cap-Ferret 33 .... 144 AZ72
Cap-Martin 06 .... 175 CT81
Cap Sizun
(Réserve du) 29 .... 48 E32
Capbis 64 .... 178 AI89
Capbreton 40 .... 176 Z83
Capdenac 46 .... 149 BA75
Capdenac-Gare 12 .... 149 BB73
Capdrot 24 .... 147 AS71
Capelle 59 .... 10 BM10
La Capelle 59 .... 9 BO11
La Capelle 48 .... 151 BL75
La Capelle-Balaguier 12 .. 148 BA74
La Capelle-Bleys 12 ...... 150 BC76
La Capelle-Bonance 12 .... 151 BJ74
La Capelle-
et-Masmolène 30 .... 167 BV78
Capelle-Fermont 62 .... 8 BG9
La Capelle-lès-Boulogne 62 . 2 AZ4
Capelle-les-Grands 27 .... 37 AQ23
Capelle-lès-Hesdin 62 .... 7 BB9
Capendu 11 .... 183 BF88
Capens 31 .... 181 AV87
Capestang 34 .... 183 BJ87
Capian 33 .... 145 AI71
Capinghem 59 .... 4 BI5
Caplong 33 .... 146 AM70
Capoulet-et-Junac 09 ..... 195 AX93
Cappel 57 .... 22 CK22
Cappelle-Brouck 59 .... 3 BD3
Cappelle-en-Pévèle 59 .... 4 BJ7
Cappelle-la-Grande 59 .... 3 BE1
Cappy 80 .... 8 BG13
La Capte 83 .... 189 CJ89
Capvern 65 .... 179 AN89
Capvern-les-Bains 65 ..... 179 AN89
Caragoudes 31 .... 181 AY85
Caramany 66 .... 196 BF93
Carantec 29 .... 29 J25
Carantilly 50 .... 34 AD22
Carayac 46 .... 149 BA74
Carbay 49 .... 72 AD37
Carbes 81 .... 163 BC83
Carbini 2A 203 DJ103
Carbon-Blanc 33 .... 131 AH69
Carbonne 31 .... 180 AU87
Carbuccia 2A 200 DH99
Carcagny 14 .... 25 AI21
Carcanières 09 .... 196 BB93
Carcans 33 .... 130 AD67

Carcans-Plage 33 .... 130 AC67
Carcarès-Sainte-Croix 40 .. 159 AE80
Carcassonne 11 .... 182 BE88
Carcen-Ponson 40 .... 159 AF80
Carcès 83 .... 189 CJ84
Carcheto-Brustico 2B 201 DK95
Cardaillac 46 .... 149 BB72
Cardan 33 .... 145 AI71
Cardeilhac 31 .... 180 AQ88
Cardesse 64 .... 178 AG87
Cardet 30 .... 166 BR79
Cardo-Torgia 2A 202 DH101
Cardonnette 80 .... 7 BE13
Le Cardonnois 80 .... 16 BE17
Cardonville 14 .... 25 AF19
Cardroc 35 .... 53 Y31
Careil 29 .... 69 U41
Carelles 53 .... 54 AF30
Carency 62 .... 8 BG8
Carennac 46 .... 135 AZ69
Carentan 50 .... 24 AD20
Carentoir 56 .... 70 W36
Cargèse 2A 200 DE98
Cargiaca 2A 203 DI102
Carhaix-Plouguer 29 ...... 50 M30
Carignan 08 .... 21 BY16
Carignan-de-Bordeaux 33 .. 145 AH70
Carisey 89 .... 79 BP36
Carla-Bayle 09 .... 181 AW89
Carla-de-Roquefort 09 .... 195 AZ91
Le Carlaret 09 .... 181 AY89
Carlat 15 .... 136 BF69
Carlencas-et-Levas 34 .... 184 BL83
Carlepont 60 .... 17 BI18
Carling 57 .... 23 CJ21
Carlipa 11 .... 182 BC87
Carlucet 46 .... 149 AY71
Carlus 81 .... 163 BC80
Carlux 24 .... 134 AW69
Carly 62 .... 2 AZ6
Carmaux 81 .... 163 BC79
Carnac 56 .... 68 P38
Carnac-Plage 56 .... 68 P38
Carnac-Rouffiac 46 ...... 148 AV75
Carnas 30 .... 166 BR81
Le Carnet 44 .... 71 X40
La Carneille 61 .... 35 AJ26
Carnet 50 .... 54 AC28
Carnetin 77 .... 39 BG25
Carneville 50 .... 24 AC15
Carnières 59 .... 9 BL11
Carnin 59 .... 8 BI7
Carnoët 22 .... 30 M29
Carnon-Plage 34 .... 185 BR84
Carnoules 83 .... 189 CJ86
Carnoux-en-Provence 13 .. 188 CE87
Carnoy 80 .... 8 BG13
Caro 64 .... 176 AA88
Caro 56 .... 52 V35
Carolles 50 .... 33 AB26
Caromb 84 .... 168 CA78
Carpentras 84 .... 168 BZ78
Carpineto 2B 201 DK95
Carpiquet 14 .... 25 AJ21
Carquebut 50 .... 24 AD19
Carquefou 44 .... 71 AA42
Carqueiranne 83 .... 188 CI89
La Carquois 22 .... V27
Carrépuis 80 .... 16 BH16
Carrère 64 .... 178 AI85
Les Carroz-d'Arâches 74 . 115 CL56
Carry-le-Rouet 13 ...... 187 CA86
Cars 33 .... 131 AG67
Les Cars 87 .... 120 AU61
Cars 87 .... 4 BI7
Les Cars (Ruines
gallo-romaines) 19 ..... 121 BB61
Carsac-Aillac 24 .... 134 AW69
Carsac-de-Gurson 24 .... 132 AM68
Carsan 30 .... 167 BV76
Carsix 27 .... 37 AO23
Carspach 68 .... 85 CO38
Cartelègue 33 .... 131 AG68
Carteret 50 .... 24 Z19
Carticasi 2B 201 DJ95
Cartignies 59 .... 9 BO11
Cartigny 80 .... 8 BI14
Cartigny-l'Épinay 14 ... 25 AF20
Carves 24 .... 148 AT70
Carville 14 .... 34 AG24
Carville-la-Folletière 76 . 13 AS16
Carville-Pot-de-Fer 76 . 13 AT16
Cas (Château de) 82 .... 163 AZ77
Casabianca 2B 199 DJ95
Casaglione 2A 200 DG99
Casalabriva 2A 202 DH102
Casalta 2B 199 DK95
Casamaccioli 2B 200 DH96
Casamozza 2B 199 DL94

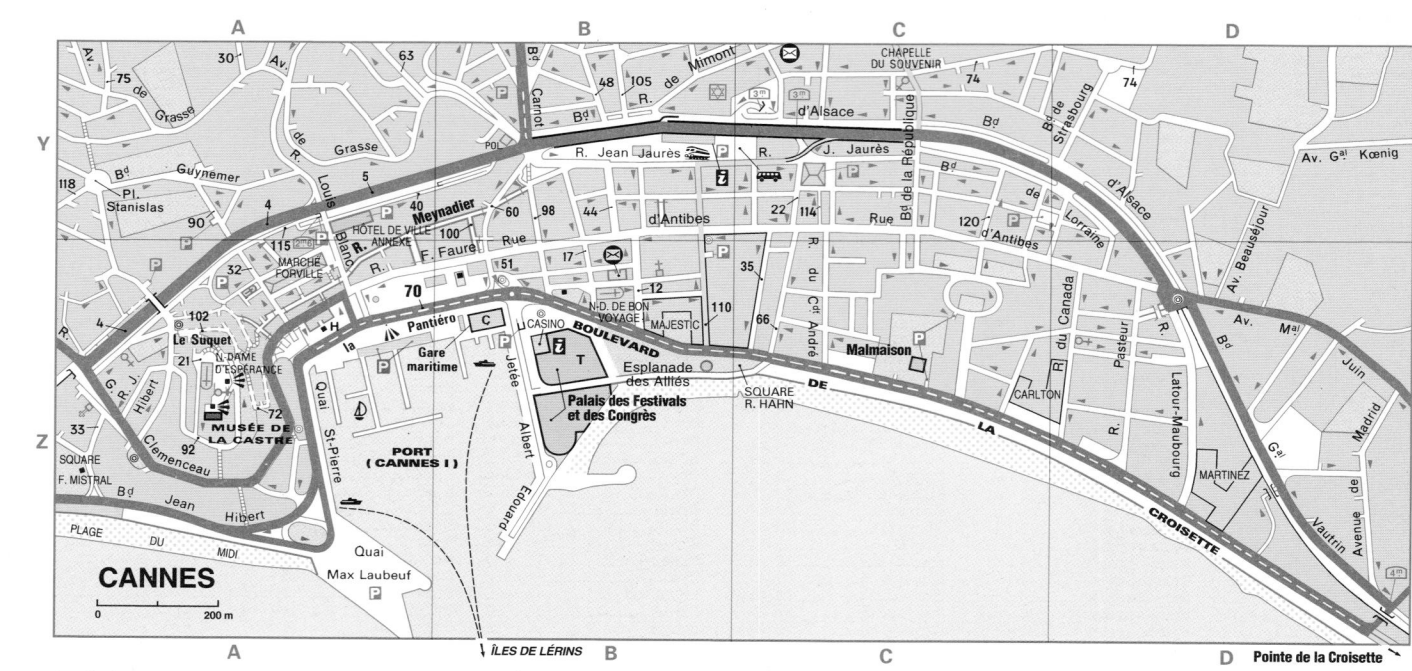

CANNES

Anc.-Combattants-
d'Afrique-du-Nord
(Av.) .... AYZ 4
André (R. du Cdt) .... CZ 21
André (R. d') .... BCY
Bachaga-Saïd-
Boualam (Av.) .... AY 5
Belges (R. des) .... BZ 12
Buttura (R.) .... BZ 17
Castre (Pl. de la) ...... AZ 21
Chabaud (R.) .... CY 22
Croisette (Bd de la) .... BDZ
Delau (Bd) .... AY 30
Dr-Pierre Gazagnaire
(R.) .... AZ 32
Dollfus (R. Jean) .... AZ 33
États-Unis (R. des) ..... CZ 35
Félix-Faure
(R.) .... ABZ
Ferrage (Bd de la) ...... ABY 40
Foch (R. du Mar.) .... BY 48
Galliéni (R. du) .... BY
Gaulle (Pl. Gén.-de) .... BZ 51
Joffre (R. du Mar.) ..... BY 60
Lattre-de-Tassigny
(Av. de) .... AY 63
Liberté-Charles
de Gaulle
(A. de la) .... AZ 70
Macé (R.) .... CZ 66
Montfleury (Bd) .... CDY 74
Monti (R. Marius) .... AY 75
Mont-Chevalier
(R. du) .... AZ 72
Pastour (R. Louis) ...... AY 90
Perrissol (R. Louis) .... AZ 92
Riouffe (R. Jean de) .... BY 98
Roquière (R.) .... BY 100
St-Antoine
(R.) .... AZ 102
St-Nicolas
(Av.) .... BY 105
Serbes (R. des) .... BZ 110
Teisseire (R.) .... CY 114
Tuby (Bd Victor) .... AYZ 115
Vallombrosa
(Bd) .... AY 118
Vidal (R. du Cdt) .... CY 120

CHÂLONS EN CHAMPAGNE

Arche-de-Mauvillain (Pt de l') . . . BZ 2	Foch (Pl. du Maréchal) . . . . AY 13	Martyrs-de-la-Résistance
Bourgeois (R. Léon) . . . . ABY	Gantelet (Rue du) . . . . AY 14	(R. des) . . . . BY 29
Casatorra 2B 199	Gaulle (Av. du Gén. Charles-de) BZ 15	Orfeuil (R. d') . . . . AZ 31
Chastillon (R. de) . . . . ABZ 6	Godart (Pl.) . . . . AZ 17	Ormesson (Cours d') . . . . AZ 32
Croix-des-Teintures (R.) . . . . AZ 9	Jean-Jaurès	Prieur-de-la-Marne (R.) . . . . BY 36
Flocmagny (R. du) . . . . BY 12	(R.) . . . . AZ 20	Récamier (R. Juliette) . . . . AZ 38
	Jessaint (R. de) . . . . AZ 22	République (Pl. de la) . . . . AY 37
	Libération (Pl. de la) . . . . AZ 24	Vaux (R. de) . . . . AY 47
	Mariniers (Pt des) . . . . AY 26	Vinetz (R. de) . . . . BZ 49
	Marne (R. de la) . . . . AY	Viviers (Pt des) . . . . AY 50

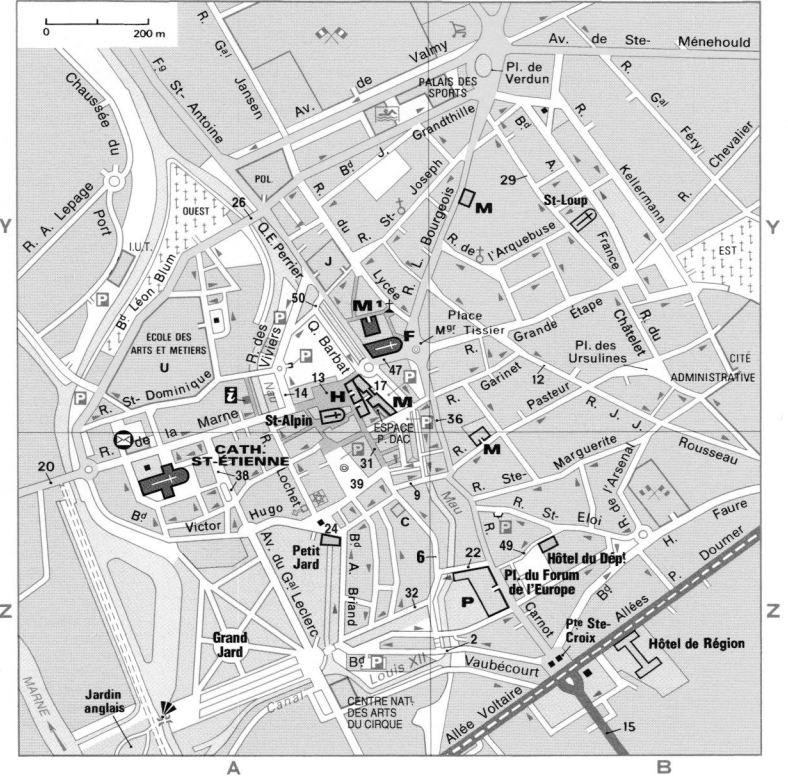

Casanova 2B 201 DJ96
Casardo (Col de) 2B 201 DK96
Casatorra 2B 199 DK92
Cascastel-
des-Corbières 11 ...... 197 BH91
Casefabre 66 .... 197 BG95
Caseneuve 84 .... 169 CD80
Cases-de-Pène 66 ...... 197 BH93
Casevecchie 2B 201 DK97
Cassaber 44 .... 177 ACB4
Cassagnabère-
Tournas 31 .... 180 AR88
Cassagnas 48 .... 152 BP76
Cassagne 31 .... 180 AS89
La Cassagne 24 .... 134 AV68
Cassagnes 46 .... 197 BG93
Cassagnes 66 .... 148 AU73
Cassagnes-Bégonhès 12 .. 154 BF77
Cassagnoles 30 .... 167 BS79
Cassagnoles 34 .... 183 BG86
La Cassaigne 11 .... 182 BB88
Cassaignes 11 .... 196 BD91
Cassaniouze 15 .... 150 BE72
Cassano 2B 198 DG93
Casseneuil 47 .... 147 AO74
Cassen 40 .... 159 AE81
Casset 05 .... 3 BC4
Les Casses 11 .... 182 BD76
Casseuil 33 .... 146 AK72
Cassignas 47 .... 147 AM76
La Cassine 08 .... 19 BV17
Cassis 13 .... 187 CD87
Casson 44 .... 74 Z17
Cassuéjouls 12 .... 150 BH71
Cast 29 .... 49 H31
Castagnac 31 .... 181 AV88
Castagnède 64 .... 177 AC85
Castagnède 31 .... 180 AS90
Castagniers 06 .... 175 CR80
Castaignos-Souslens 40 . 159 AF83
Castandet 40 .... 159 AI81
Castanet 12 .... 149 BA76
Castanet 81 .... 150 BD76
Castanet-le-Haut 34 ... 165 BJ83
Castanet-Tolosan 31 ... 181 AX85
Castans 11 .... 183 BF86
Casteide-Cami 64 ..... 178 AG85
Casteide-Candau 64 .... 178 AG84
Casteide-Doat 64 ..... 178 AL86
Casteil 66 .... 196 BE96
Castel-Sarrazin 40 .... 159 AE83
Castel Vendon
(Rocher du) 50 .... 24 AA15
Castelbajac 65 .... 179 AN88
Castelbiague 31 ...... 180 AS90
Castelbouc
(Château de) 48 ...... 151 BM75
Castelculier 47 .... 147 AO77
Le Castelet 09 .... 195 AZ93
Castelferrus 82 .... 162 AT79
Castelfranc 46 .... 148 AV74
Castelgaillard 31 ..... 180 AS86
Castelginest 31 .... 162 AW83
Casteljaloux 47 .... 146 AK73
Castella 47 .... 147 AO76
Castellane 04 .... 174 CA80
Le Castellard 04 ..... 159 CL76
Castellane-di-Casinca 2B 199 DL94
Castellane-di-Mercurio 2B 201 DI95
Castellet 84 .... 168 CF87
Le Castellet 83 .... 188 CF87
Castellet-les-Sausses 04 171 CN78
Castello (Pointe du) 44 . 69 S41
Castello 2B 199 DK89
Castello-di-Rostino 2B .. 199 DI94
Castelmary 12 .... 164 BD77
Castelmaurou 31 .... 162 AT79
Castelmayran 82 .... 162 AT79
Castelmoron-d'Albret 33 . 146 AL71
Castelmoron-sur-Lot 47 . 147 AM70
Castelnau-Barbarens 32 . 180 AQ84
Castelnau-Bretenoux
(Château de) 46 ...... 135 AZ69
Castelnau-Chalosse 40 .. 159 AE82
Castelnau-d'Anglès 32 .. 160 AN83
Castelnau-d'Arbieu 32 .. 161 AQ80
Castelnau-d'Auzan 32 ... 160 AL80
Castelnau-de-Guers 34 .. 184 BM85
Castelnau-de-Lévis 81 .. 163 BB80

Castelnau-
de-Mandailles 12 ..... 151 BI73
Castelnau-
de-Médoc 33 .... 131 AF67
Castelnau-
de-Montmiral 81 ..... 163 AZ80
Castelnau-
d'Estrétefonds 31 .... 162 AW82
Castelnau-Durban 09 ... 181 AV90
Castelnau-le-Lez 34 ... 185 BO83
Castelnau-Magnoac 65 .. 179 AO87
Castelnau-Montratier 46 148 AW76
Castelnau-Pégayrols 12 . 165 BI78
Castelnau-Picampeau 31 180 AT87
Castelnau-
Rivière-Basse 65 ..... 178 AK84
Castelnau-Tursan 40 ... 159 AH83
Castelnau-Valence 30 .. 167 BT79
Castelnau-
de-Guéretampe 47 .... 147 AN74
Castelnavet 32 .... 160 AM83
Castelner 40 .... 178 AG84
Castelnou 66 .... 197 BG95
Castelreng 11 .... 182 BA90
Castels 24 .... 134 AT69
Castelsagrat 82 ...... 161 AS77
Castelsarrasin 82 ..... 162 AT79
Castelvieilh 65 ...... 179 AM87
Castelviel 65 .... 179 AM87
Le Castéra 31 .... 162 AV84
Castéra-Bouzet 82 .... 161 AS79
Castéra-Lanusse 65 ... 179 AM86
Castéra-Lectoureis 32 . 161 AQ79
Castéra-Lou 65 .... 179 AM86
Castéra-Loubix 64 .... 179 BL11
Castéra-Verduzan 32 .. 161 AO81
Castéra-Vignoles 31 .. 181 AW89
Castéras 09 .... 181 AW89
Castères 65 .... 179 AP87
Castéron 32 .... 161 AS80
Castet 64 .... 178 AI69
Castet-Arrouy 32 ..... 161 AO79
Castetbon 64 .... 177 AE85
Castetis 64 .... 177 AE85
Castetnau-Camblong 64 . 178 AE86
Castetner 64 .... 177 AE86
Castetpugon 64 .... 178 AJ84
Castets 40 .... 159 AD85
Castets-en-Dorthe 33 .. 146 AK73
Castex 09 .... 181 AV88
Castex 32 .... 179 AM86
Castex-d'Armagnac 32 .. 160 AJ80
Casties-Labrande 31 ... 180 AT87
Castifao 2B 199 DI94
Castiglione 2B 201 DI95
Castillon 65 .... 178 AL89
Castillon 14 .... 25 AH21
Castillon (Barrage de) 04 174 CL80
Castillon (Col de) 06 .. 175 CT80
Castillon-de-Castets 33 146 AK74
Castillon-de-Larboust 31 179 AP92
Castillon-
de-Saint-Martory 31 .. 180 AR89
Castillon-Debats 32 ... 160 AM82
Castillon-du-Gard 30 .. 167 BV79
Castillon-en-Couserans 09 194 AT91
Castillon-la-Bataille 33 132 AI69
Castillon-Massas 32 ... 161 AP82
Castillon-Savès 32 .... 180 AU84
Castillonnès 47 ...... 147 AO72
Castin 32 .... 161 AP82
Castineta 2B 201 DI94
Castirla 2B 201 DI95
Castres 81 .... 182 BD80
Castres 02 .... 17 BK15
Castres-Gironde 33 ... 145 AH71
Catenay 76 .... 14 AV18
Catenoy 60 .... 16 BD20
Cateri 2B 198 DG93
Cathervielle 31 ...... 179 AP92
Catheux 60 .... 15 BC16
Catigny 60 .... 17 BI16

Catillon-Fumechon 60 .. 16 BE18
Catillon-sur-Sambre 59 . 9 BN12
Les Catons 73 .... 127 CF60
Catonvielle 32 ...... 161 AS83
Cattenières 59 ...... 9 BM16
Cattenom 57 .... 21 CG18
Catteville 50 .... 24 AB19
Catus 46 .... 148 AV73
Catz 50 .... 25 AE20
Caubeyres 47 .... 146 AM76
Caubiac 31 .... 162 AT82
Caubios-Loos 64 ..... 178 AH85
Caubon-Saint-Sauveur 47 146 AM72
Caubous 65 .... 179 AO87
Caubous 31 .... 179 AP91
Caucalières 81 ...... 182 BD85
La Cauchie 62 ...... 8 BF10
Cauchy-à-la-Tour 62 .. 7 BE7
Caucourt 62 .... 8 BF8
Caudan 56 .... 51 N35
Caudebec-en-Caux 76 . 14 AS18
Caudebec-lès-Elbeuf 76 14 AU20
Caudecoste 47 ...... 147 AO78
Caudeval 11 .... 181 AY88
Caudiès-de-Conflent 66 . 196 BC95
Caudiès-
de-Fenouillèdes 66 ... 196 BE92
Caudrot 33 .... 146 AK72
Caudry 59 .... 9 BL11
Cauffry 60 .... 16 BE20
Caugé 27 .... 37 AU23
Caujac 31 .... 181 AX86
Caulaincourt 02 ..... 8 BJ14
Le Caule-Sainte-Beuve 76 15 BA15
Caulières 80 .... 15 BA15
Caullery 59 .... 9 BL11
Caulnes 22 .... 52 W31
La Caume
(Panorama de) 13 .... 168 BY82
Caumont 82 .... 162 AT79
Caumont 09 .... 181 AX90
Caumont 27 .... 7 B88
Caumont d'Anglès 32 .. 160 AN83
Caumont 02 .... 193 AN91
Caumont 27 .... 13 AT19
Caumont 02 .... 180 AT90
Caumont (Château de) 32 180 AR84
Caumont-l'Éventé 14 .. 34 AG22
Caumont-sur-Durance 84 168 BY82
Caumont-sur-Garonne 47 146 AM74
Caumont-sur-Orne 14 .. 35 AE22
Cauna 40 .... 159 AF81
Caunay 79 .... 105 AM34
Cauneille 40 .... 177 ACB4
Caunes-Minervois 11 .. 183 BH87
La Caunette 34 ...... 183 BH86
Caunette-sur-Lauquet 11 182 BB90
Caunettes-en-Val 11 .. 183 BH90
Caupenne 40 .... 159 AE81
Caupenne-d'Armagnac 32 160 AK81
Cauro 2A 202 DH105
Cauroir 59 .... 9 BK11
Cauroy 08 .... 19 BR20
Cauroy-lès-Hermonville 51 18 BP20
Le Causé 82 .... 161 AS81
Cause-de-Clérans 24 .. 133 AQ69
Caussade 82 .... 162 AT79
Caussade-Rivière 65 .. 179 AL84
Causse-Bégon 30 ..... 165 BK79
Causse-de-la-Selle 34 . 166 BO81
Caussens 32 .... 160 AN81
Causses-et-Veyran 34 .. 183 BJ85
Caussiniojouls 34 .... 184 BK84
Caussols 06 .... 174 CO81
Caussou 09 .... 195 AZ93
Cauterets 65 .... 192 AJ91
Cauvicourt 14 ...... 26 AK23
Cauvignac 33 .... 146 AK74
Cauville 76 .... 13 AN17
Cauville-sur-Mer 76 .. 35 AI24
La Cauvinière (Haras) 14 27 AO23
Caux 34 .... 184 BM85

Caux-et-Sauzens 11 ... 182 BD88
Cauzac 47 .... 147 AS76
Cavagnac 46 .... 135 AY68
Cavaillon 84 .... 168 BZ81
Cavalaire-sur-Mer 83 .. 189 CM88
La Cavalerie 12 ..... 165 BK79
La Cavalière 83 ..... 189 CL88
Cavaliers (Falaise des) 83 170 CA80
Cavan 22 .... 31 O26
Cavanac 11 .... 182 BD88
Cavarc 47 .... 147 AQ71
Caveirac 30 .... 167 BT81
Caves 11 .... 197 BJ91
Cavignac 33 .... 131 AH67
Cavigny 50 .... 25 AE21
Cavillargues 30 .... 167 BV78
Cavillon 80 .... 7 BC13
Cavron-Saint-Martin 62 7 B88
Cayeux 89 .... 195 AY93
Le Caylar 34 .... 165 BL81
Caylus 82 .... 163 AZ77
La Cayolle (Col de) 06 . 157 CN75
Cayrac 82 .... 162 AW78
Cayres 42 .... 138 BP69
Cayriech 82 .... 162 AW78
Le Cayrol 12 .... 150 BH71
Cayrols 15 .... 150 BD70
Cazac 31 .... 180 AS86
Cazalis 40 .... 159 AF83
Cazalis 33 .... 145 AI75
Cazalrenoux 11 ..... 182 BA88
Cazals 82 .... 162 AU72
Cazals 46 .... 148 AV72
Cazals-des-Baylès 09 . 182 BA90
Cazaril-Laspènes 31 .. 193 AP92
Cazaril-Tambourès 31 . 179 AP88
Cazarilh 65 .... 193 AP91
Cazats 33 .... 146 AJ74
Cazaubon 32 .... 160 AK80
Cazaugitat 33 ...... 146 AL71
Cazaunous 31 ...... 193 AQ90
Cazaux 33 .... 144 AC73
Cazaux 09 .... 181 AX90
Cazaux-d'Anglès 32 .. 160 AN83
Cazaux-Fréchet 65 .. 193 AO92
Cazaux-Layrisse 31 .. 193 AP92
Cazaux-Villecomtal 32 . 179 AM85
Cazavet 09 .... 180 AT90
Cazaux-Debat 65 .... 193 AO92
Cazaux-de-Larboust 31 . 193 BJ86
Cazedarnes-
Serres-et-Allens 83 .. 195 AY92
Cazeneuve 32 .... 160 AM80
Cazeneuve-Montaut 31 . 180 AR88
Cazères 31 .... 180 AT88
Cazères-sur-l'Adour 40 159 AI82
Cazes-Mondenard 82 .. 162 AU77
Cazevieille 34 ...... 166 BO81
Cazideroque 47 ..... 147 AS75
Cazilhac 30 .... 166 BO80
Cazilhac 11 .... 183 BE88
Cazillac (Château de) 34 165 BS81
Cazillac 46 .... 135 AZ69
Cazoulès 24 .... 134 AW69
Cazouls-d'Hérault 34 . 184 BM85
Cazouls-lès-Béziers 34 184 BK86
Céaucé 61 .... 35 AC26
Céaux 50 .... 34 AB23
Céaux-d'Allègre 43 .. 138 BP66
Ceaucourt 54 ...... 41 AS84
Céaux-en-Couhé 86 .. 90 AN45
Ceaux-en-Loudun 86 .. 90 AN45
Cébazan 34 .... 184 BK86
Cébazat 63 .... 123 BJ59

Ceccia (Site p
réhistorique) 2A 203 DK104
Ceffia 39 .... 113 CC59
Ceffonds 52 .... 63 BV29
Ceignac 12 .... 164 BD77
Ceignes 01 .... 113 CC55
Ceilhes-et-Rocozels 34 . 157 CN71
Ceillac 05 .... 157 CN71
Ceilloux 63 .... 124 BN61
Ceintrey 54 .... 45 CG28
La Celette 18 ...... 108 BF50
Le Celle 03 .... 109 BH54
La Celle-Condé 18 .. 93 BC48

Césarches 73 .... 128 CJ59
Césarville-Dossainville 45 43 AG85
Cescau 09 .... 194 AT91
Cescau 64 .... 178 AG85
Cesny-aux-Vignes 14 .. 26 AL22
Cesny-Bois-Halbout 14 26 AJ23
Cessac 33 .... 146 AJ71
Cessales 31 .... 181 AZ85
Cesse 55 .... 20 BY18
Cesseins 01 .... 112 BK56
Cessenon-sur-Orb 34 .. 183 BJ85
Cessens 73 .... 127 CE59
Cesseras 34 .... 183 BG87
Cesset 03 .... 109 BK54
Cesseville 27 ...... 37 AT22
Cessey 25 .... 99 CF44
Cessey-sur-Tille 21 .. 82 BZ42
Cessières 02 .... 17 BM17
Cessieu 38 .... 127 CB61
Cesson 77 .... 39 BE28
Cesson 22 .... 31 S28
Cesson-Sévigné 35 ... 53 AA33
Cesson-en-Montois 77 . 60 BJ29
Cessy-les-Bois 58 ... 78 BE42
Cesse 33 .... 145 AF70
Cestayrols 81 ...... 163 BB79
Ceton 61 .... 57 AS32
Cette-Eygun 64 ..... 191 AG92
Cévins 73 .... 128 CK61
Ceyras 34 .... 184 BM83
Ceyrat 63 .... 123 BJ60
Ceyreste 13 .... 188 CE87
Ceyroux 23 .... 107 AY56
Ceyssac 43 .... 138 BP66
Ceyssat 63 .... 123 BI60
Ceyzériat 01 .... 113 CA55
Ceyzérieu 01 .... 127 CE58
Cézac 33 .... 131 AH67
Cézac 46 .... 148 AV75
Cézais 85 .... 103 AF50
Cézan 32 .... 161 AP82
Cezay 42 .... 124 BD59
Cézens 15 .... 137 BJ68
Cézia 39 .... 113 CC52
Cézy 89 .... 61 BL35
Chabanais 16 .... 106 AU53
Chabestan 05 .... 156 CF73
Chabeuil 26 .... 140 BZ69
Chablis 89 .... 79 BD37
Chabons 38 .... 141 CC63
La Chabossière 44 .. 87 Z43
La Chabotterie
(Château de) 85 .... 87 AB47
Chabottes 05 .... 156 CI71
Chabournay 86 ..... 90 AN49
Chabrac 16 .... 107 AU54
Chabreloche 63 .... 124 BO58
Chabrières 04 ...... 170 CJ78
Chabrignac 19 ..... 134 AV65
Chabrillan 26 ...... 140 BY71
Chacé 49 .... 90 AL43
Chacenay 10 .... 62 BU33
Chacrise 02 .... 17 BL20
Chadeleuf 63 ...... 123 BK62
Chadenac 17 .... 115 AK62
Chadenet 48 .... 152 BO73
Chadrac 43 .... 138 BP67
Chadron 43 .... 138 BO68
Chadurie 16 .... 106 AM62
La Chaffal 26 ...... 140 CA69
Le Chaffaut-
Saint-Jurson 04 .... 170 CI78
Chaffois 25 .... 99 CH46
Chagey 70 .... 84 CK38
Chagnolet 17 ...... 100 AD54
Chagny 08 .... 19 BV17
Chagny 71 .... 97 BV47
Chahaignes 72 ..... 71 AH43
Chahains 61 .... 35 AC28
Chaignay 21 .... 81 BY40
Chaignes 27 .... 38 AX23
Chail 79 .... 104 AL54
Chaillac 36 .... 106 AV52
Chaillac-sur-Vienne 87 119 AS58
Chailland 53 .... 54 AG32
Chaillé-les-Marais 85 . 103 AE52
Chaillé-sous-
les-Ormeaux 85 ..... 102 AB50
Chailles 41 .... 76 AW40
Chaillevette 17 .... 116 AE59
Chaillevois 02 ..... 17 BM18
Chailley 89 .... 61 BO34
Chaillol 05 .... 156 CI71
Chailloué 61 .... 36 AO27
Chailly-en-Bière 77 . 59 BF30
Chailly-en-Brie 77 .. 40 BJ26
Chailly-en-Gâtinais 45 59 BF35
Chailly-lès-Ennery 57 . 21 CG21
Chailly-sur-Armançon 21 81 BU43
Chainaz-les-Frasses 74 128 CG59
Chaînée-des-Coupis 39 98 CA56
Chaingy 45 .... 58 BB38
Chaintré 71 .... 112 BV54
Chaintreaux 77 .... 60 BH30
Chaintrix-Bierges 51 . 41 BQ25
La Chaise 10 ...... 63 BV30
La Chaise-Baudouin 50 34 AD26
La Chaise-Dieu 43 .. 138 BO64
Chaise-Dieu-du-Theil 27 37 AS26
Chaix 85 .... 103 AF52
La Chaize-Giraud 85 . 87 Y49
La Chaize-le-Vicomte 85 87 AC47
Chalabre 11 .... 196 BB91
Chalagnac 24 ...... 133 AO67
Chalain (Lac de) 39 .. 99 CE49
Chalain-d'Uzore 42 .. 125 BR60
Chalain-le-Comtal 42 . 125 BS61
Chalais 36 .... 105 AS51
Chalais 24 .... 106 AV51
Chalais 16 .... 132 AL65
Chalamont 01 ...... 112 BZ56
Chalampé 68 .... 67 CG35
Chalancey 52 ...... 82 BZ37
Chalancon 26 ...... 155 CB73
Chalandray 86 ..... 90 AL49
Chalandry 02 ...... 18 BN18
Chalandry-Élaire 08 . 19 BV15
Le Chalange 61 .... 36 AO26
Le Chalard 87 ..... 120 AU62
Chalautre-la-Grande 77 61 BN31
Chalautre-la-Petite 77 . 61 BL29
Chalautre-la-Reposte 77 60 BK30
Chalaux 58 .... 79 BQ42
Chaleins 01 .... 112 BK56
Chalencon 07 ...... 139 BU68
Chaleins 07 .... 139 BV69
Chaley 01 .... 113 CC57
Chalèze 25 .... 83 CG42

Chalezeule 25 ...... 83 CG42
Chaliers 15 .... 137 BK69
Chaligny 54 .... 44 CF27
Chalindrey 52 ...... 82 CA40
Chalinargues 15 .... 137 BJ66
Chalindrey 52 ...... 82 CB36
Chalivoy-Milon 18 .. 94 BG47
Challain-la-Potherie 49 72 AC38
Challans 85 .... 86 X47
Challement 52 ...... 79 BN42
Challerange 08 ..... 19 BW20
Challes 72 .... 56 AP35
Challes 01 .... 113 CC55
Challes-les-Eaux 73 . 128 CG61
Challet 28 .... 58 AX29
Challex 01 .... 114 CF59
Challignac 16 ...... 132 AK63
Challonges 74 ..... 113 CB51
Challuy 58 .... 95 BK46
Chalmaison 77 ..... 61 BL30
Chalmazel 42 ...... 124 BP60
Chalmoux 71 ...... 110 BP50
Chalo-Saint-Mars 91 . 58 BA30
Le Chalon 26 ...... 140 BZ66
Chalon-sur-Saône 71 . 97 BX48
Chalonnes-sous-le-Lude 49 74 AH39
Chalonnes-sur-Loire 49 72 AG41
Châlons 38 .... 140 BY63
Châlons 17 .... 116 AE59
Châlons-en-Champagne 51 42 BS24
Châlons-sur-Vesle 51 .. 18 BP20
Châlonvillars 70 ... 84 CL38
Chalou-Moulineux 91 . 58 BB30
La Chalp 05 .... 157 CM70
Chalus 63 .... 123 BK61
Châlus 87 .... 120 AT61
Chalus 31 .... 181 AY63
Chalusset
(Château de) 87 ... 120 AV60
Chalvignac 15 ..... 136 BD65
Chalvraines 52 .... 64 CB32
Chamadelle 33 .... 132 AK67
Chamagne 88 ...... 45 CH29
Chamagnieu 38 .... 126 BZ60
Chamalières 63 .... 123 BJ59
Chamalières-sur-Loire 43 138 BP65
Chamaloc 26 ...... 155 CC70
Chamant 60 .... 16 BE21
Chamarande 91 .... 59 BD29
Chamarandes 52 .. 63 BY33
Chamaret 26 ...... 154 BY74
La Chamba 42 ..... 124 BO60
Chambain 21 ...... 81 BX37
Chambeire 21 ..... 82 CA42
Chambellay 49 .... 73 AH38
Chambérat 03 ..... 108 BE52
Chamberaud 23 ... 108 BB56
Chamberet 19 ..... 121 AZ62
Chambéria 39 ..... 113 CC56
Chambéry 73 ...... 127 CF61
Chamberry-le-Vieux 73 127 CF61
Chambeugle 89 .... 78 BJ36
Chambezon 43 .... 137 BK64
Chambilly 71 ...... 111 BO54
Chamblac 27 ...... 36 AU24
Chamblanc 21 .... 98 BZ45
Chamblay 39 ..... 98 CD45
Chambles 42 ...... 139 BS63
Chamblet 03 ...... 109 BG53
Chambley-Bussières 54 44 CD23
Chambly 60 .... 39 BD22
Chambœuf 42 ..... 125 BR61
Chambœuf 21 ..... 81 BX43
Chambois 61 ...... 36 AN26
Chambolle-Musigny 21 97 BX43
Chambon 37 ...... 91 AS47
Chambon 30 ...... 167 BT69
Chambon 18 ...... 93 BD48
Chambon 17 ...... 101 AF55
Le Chambon 07 .. 153 BT70
Chambon
(Barrage du) 38 ... 142 CH67
Chambon (Lac du) 23 123 BI62
Chambon (Lac de) 36 107 AY52
Le Chambon-
Feugerolles 42 .... 139 BT64
Chambon-la-Forêt 45 . 59 BD34
Chambon-le-Château 48 152 BO70
Chambon-Sainte-Croix 23 107 AZ53
Chambon-sur-Cisse 41 75 AV40
Chambon-sur-Dolore 63 124 BN62
Chambon-sur-Lac 63 . 123 BI62
Le Chambon-
sur-Lignon 43 .... 139 BT67
Chambon-sur-Voueize 23 108 BE55
Chambonas 07 .... 153 BS74
Chambonchard 23 . 108 BF55
Chambord 41 ...... 76 AX39
Chambord 27 ...... 37 AR25
Chambord 41 ...... 76 AX39
Chambost-Longessaigne 69 125 BT59
La Chambotte 73 .. 127 CF59
Chambourcy 78 ... 38 BB25
Chambourg-sur-Indre 37 91 AT44
Chambray 27 ...... 37 AU25
Chambray 27 ...... 37 AU25
Chambray-lès-Tours 37 75 AR42
La Chambre 73 .... 142 CI63
Chambretaud 85 .. 88 AE46
Les Chambres 50 . 33 AC26
Chambretaud 85 .. 88 AE46
Chambroncourt 52 . 64 CA30
Chambroutet 79 ... 88 AI47
Chambry 77 ...... 40 BH24
Chambry 02 ...... 18 BN17
Chaméane 63 ..... 124 BM62
Chamelet 69 ...... 124 BL58
Chamery 51 ...... 18 BP22
Chamesey 25 ..... 84 CI44
Chamesol 25 ..... 84 CL41
Chameyrat 19 .... 135 AY65
Chamigny 77 ..... 40 BJ24
Chamilly 71 ...... 97 BV47
Chammes 53 ..... 55 AM34
Chamole 39 ...... 98 CD47
Chamonix-Mont-Blanc 74 129 AH64
Chamouillac 17 .. 131 AH66
Chamouille 02 ... 18 BN19
Chamouilley 52 .. 43 BX28
Chamousset 73 ... 128 CG60
Chamoux 89 ..... 79 BN41
Chamoux-sur-Gelon 73 128 CI61
Champ 10 .... 62 BS33
Champ de Bataille
(Château du) 27 ... 37 AT22
Le Champ-de-la-Pierre 61 35 AL28
Champ-d'Oiseau 21 . 80 BU41
Champ-Dolent 27 .. 37 AU24
Champ-Dolent
(Menhir de) 35 .... 33 Z28

Champ-du-Boult 14 .. 34 AF25
Champ-du-Feu 67 ... 66 CO29
Champ-Haut 61 .... 36 AN26
Champ-Laurent 73 . 128 CI62
Champ-le-Duc 88 .. 66 CK32
Le Champ-près-Froges 38 142 CF66
Champ-Saint-Père 85 102 AB51
Champ-sur-Barse 10 . 62 BT32
Champ-sur-Drac 38 . 141 CE67
Le Champ-sur-Layon 49 73 AH41
Champagnac 17 ... 131 AI63
Champagnac 15 ... 136 BE64
Champagnac-de-Belair 24 133 AR64
Champagnac-la-Noaille 19 135 BB65
Champagnac-la-Prune 19 135 BA66
Champagnac-la-Rivière 87 119 AS60
Champagnac-le-Vieux 43 138 BN64
Champagné 72 .... 56 AP34
Champagne 28 .... 38 BA26
Champagne 17 ... 116 AE58
Champagné 07 ... 140 BX59
Champagne-
au-Mont-d'Or 69 .. 126 BW59
Champagne-
et-Fontaine 24 ... 133 AO63
Champagne-le-Sec 86 105 AN55
Champagne-les-Marais 85 103 AD52
Champagne-Mouton 16 119 AO57
Champagné-
Saint-Hilaire 86 .. 105 AO53
Champagne-sur-Loue 39 99 CE45
Champagne-sur-Oise 95 39 BD24
Champagne-sur-Seine 77 60 BH30
Champagne-
sur-Vingeanne 21 .. 82 CA40
Champagne-Vigny 16 118 AL62
Champagneux 73 .. 127 CD61
Champagney 70 ... 84 CK37
Champagney 39 ... 98 CA43
Champagney 25 ... 83 CG42
Champagnier 38 .. 141 CE66
Champagnole 39 .. 99 CF48
Champagnolles 17 . 117 AG62
Champagny 21 .... 99 CE46
Champagny 21 .... 81 BW40
Champagny-
en-Vanoise 73 .... 129 CL62
Champallement 58 . 95 BM43
Champanges 74 ... 115 CK52
Champaubert 51 .. 41 BO25
Champcella 05 ... 157 CL70
Champcenest 77 .. 40 BK27
Champcerie 61 .... 35 AL26
Champcervon 23 .. 133 AR66
Champcevinel 24 . 133 AR66
Champcevrais 89 .. 78 BI38
Champclause 43 .. 139 BS67
Champcueil 91 ... 59 BE29
Champdeniers-
Saint-Denis 79 ... 104 AI51
Champdeuil 77 ... 39 BE28
Champdieu 42 .... 125 BR61
Champdivers 39 .. 98 CA45
Champdolent 17 .. 117 AF57
Champdor 01 ..... 113 CD56
Champdôtre 21 .. 98 CA43
Champdray 88 ... 66 CK32
Champeau-en-Morvan 21 96 BR43
Champeaux 50 ... 33 AC25
Les Champeaux 61 36 AM25
Champeaux 77 ... 39 BE26
Champeaux 35 ... 54 AC32
Champeaux-et-la-Chapelle-
Pommier 24 ..... 133 AO63
Champeix 63 ..... 123 BJ62
Champdenard 2 .. 37 AW22
La Champenoise 36 92 AZ47
Champenoux 54 .. 45 CH26
Champéon 53 .... 55 AI30
Champétières 63 . 124 BO62
Champey 76 ..... 84 CK38
Champey-sur-Moselle 54 44 CF23
Champfleur 72 ... 56 AO30
Champfleury 51 .. 18 BQ21
Champfleury 10 . 41 BQ28
Champforgeuil 71 . 97 BW48
Champfrémont 53 . 55 AL30
Champfromier 01 . 113 CE54
Champgenéteux 53 55 AJ31
Champguyon 51 .. 41 BM26
Champhol 28 ..... 58 AY30
Champien 80 .... 16 BI16
Champier 38 ..... 141 CB63
Champigné 49 ... 73 AI38
Champignelles 89 . 78 BI37
Champigneul-
Champagne 51 .. 42 BR24
Champigneul-sur-Vence 08 19 BU16
Champigneulle 08 18 BW19
Champigneulles 54 45 CG26
Champigneulles-
en-Bassigny 52 .. 64 CC33
Champignol-
lez-Mondeville 10 63 BV33
Champignolles 21 . 37 AS24
Champignolles 27 . 97 BU45
Champigny 89 ... 39 BJ31
Champigny 51 ... 18 BP21
Champigny-en-Beauce 41 75 AV38
Champigny-la-Futelaye 27 37 AW25
Champigny-le-Sec 86 . 90 AN49
Champigny-lès-Langres 52 64 CA35
Champigny-
sous-Varennes 52 82 CC36
Champigny-sur-Aube 10 41 BP26
Champigny-sur-Marne 94 39 BE26
Champigny-sur-Veude 37 89 BH24
Champillet 36 .... 108 BC51
Champillon 51 ... 41 BP23
Champis 07 ...... 140 BW68
Champlan 91 .... 39 BD27
Champlat-et-Boujacourt 51 41 BM35
Champlay 89 .... 61 BM35
Champlecy 71 ... 111 BS52
Champlemy 58 ... 95 BL43
Champlieu 71 ... 112 BW50
Champlieu (Ruines gallo-
romaines de) 60 .. 16 BH20
Champlin 08 ..... 9 BM43
Champlin 58 ..... 10 BS14
Champlitte-et-le-Prélot 70 82 CB39
Champlitte-la-Ville 70 . 82 CB39
Le Champ-près-Froges 38 142 CF66
Champlost 89 .... 61 BN34
Champmillon 16 . 118 AL62
Champmotteux 91 . 59 BD31
Champniers 16 .. 118 AM60
Champniers 86 .. 105 AO54
Champniers-et-Reilhac 24 119 AR60
Champoléon 05 .. 156 CI70
Champoly 42 .... 124 BP58
Champosoult 61 .. 36 AO25

Champougny 55 ... 44 CC28
Champoulet 45 ... 78 BI39
Champoux 25 ... 83 CG41
Champrenault 21 ... 81 BV41
Champrepus 50 ... 34 AD25
Champrond 72 ... 57 AS34
Champrond-en-Gâtine 28 ... 57 AU30
Champrond-en-Perchet 28 ... 57 AS31
Champrosay 91 ... 39 BE27
Champrougier 39 ... 98 CC47
Champs 63 ... 109 BJ56
Champs 61 ... 36 AQ28
Champs 02 ... 17 BK18
Champs (Col des) 06 ... 157 CM76
Les Champs-de-Losque 50 ... 24 AD21
Les Champs-Géraux 22 ... 53 Y29
Champs-Romain 24 ... 119 AR62
Champs-sur-Marne 77 ... 39 BF25
Champs-sur-Tarentaine 15 ... 136 BF64
Champs-sur-Yonne 89 ... 79 BN38
Champsac 87 ... 120 AT60
Champsanglard 23 ... 107 BA54
Champsecret 61 ... 35 AI28
Champseru 28 ... 58 AY29
Champsevraine 52 ... 82 CC37
Champtercier 04 ... 170 CI77
Champteussé-sur-Baconne 49 ... 73 AH38
Champtocé-sur-Loire 49 ... 72 AF41
Champtoceaux 49 ... 72 AC42
Champtonnay 70 ... 83 CD41
Champvallon 89 ... 61 BL35
Champvans 70 ... 82 CC41
Champvans 39 ... 98 CB44
Champvans-les-Baume 25 ... 84 CI41
Champvans-les-Moulins 25 ... 83 CE42
Champvert 58 ... 95 BM48
Champvoisy 51 ... 41 BN22
Champvoux 58 ... 94 BJ44
Chamrousse 38 ... 141 CF66
Chamvres 89 ... 61 BL35
Chanac 48 ... 151 BL74
Chanac-les-Mines 19 ... 135 AZ65
Chanaleilles 43 ... 151 BM70
Chanas 38 ... 140 BX64
Chanat-la-Mouteyre 63 ... 123 BJ59
Chanay 01 ... 113 CE56
Chanaz 73 ... 127 CE58
Chançay 37 ... 75 AS41
Chancé 35 ... 54 AC34
Chanceaux 21 ... 81 BV40
Chanceaux-près-Loches 37 ... 91 AT44
Chanceaux-sur-Choisille 37 ... 75 AR40
Chancelade 24 ... 133 AQ66
Chancenay 52 ... 43 BX27
Chancey 70 ... 83 CD42
Chancia 39 ... 113 CD53
Chandai 61 ... 37 AS26
Chandolas 07 ... 153 BT75
Chandon 42 ... 111 BS55
Chanéac 07 ... 139 BT69
Chaneins 01 ... 112 BX56
Chânes 71 ... 112 BW54
Changé 72 ... 56 AO35
Change 71 ... 97 BV46
Changé 53 ... 54 AG33
Le Change 24 ... 133 AS66
Changey 52 ... 64 CA35
Changis-sur-Marne 77 ... 40 BI24
Changy 51 ... 42 BV26
Changy 42 ... 110 BP55
Changy-Tourny 71 ... 111 BS52
Chaniat 43 ... 138 BM64
Chaniaux 48 ... 152 BQ72
Chaniers 17 ... 117 AH60
Channay 21 ... 80 BS36
Channay-sur-Lathan 37 ... 74 AO40
Channes 10 ... 62 BS35
Chanonat 63 ... 123 BJ60
Chanos-Curson 26 ... 140 BY67
Chanousse 05 ... 155 CE75
Chanoy 52 ... 63 BZ35
Chanoz-Châtenay 01 ... 112 BY55
Chanteau 45 ... 59 BB35
Chantecoq 45 ... 60 BI34
Chantecorps 79 ... 104 AK51
Chanteheux 54 ... 45 CI27
Chanteix 19 ... 135 AY65
Chantelle 03 ... 109 BK54
Chanteloup 79 ... 89 AI48
Chanteloup 50 ... 33 AB24
Chanteloup 35 ... 53 AA34
Chanteloup 27 ... 37 AU25
Chanteloup (Pagode de) 37 ... 75 AT41
Chanteloup-en-Brie 77 ... 39 BG25
Chanteloup-les-Bois 49 ... 89 AG44
Chanteloup-les-Vignes 78 ... 38 BB24
Chantelouve 38 ... 142 CG68
Chantemerle 51 ... 41 BN28
Chantemerle 05 ... 143 CL68
Chantemerle-les-Blés 26 ... 140 BY67
Chantemerle-lès-Grignan 26 ... 154 BX74
Chantemerle-sur-la-Soie 17 ... 117 AG57
Chantemesle 95 ... 38 AZ23
Chantenay-Saint-Imbert 58 ... 95 BK49
Chantenay-Villedieu 72 ... 55 AL35
Chantepie 35 ... 53 AA33
Chantérac 24 ... 133 AP66
Chanterelle 15 ... 137 BH64
Chantes 70 ... 83 CE38
Chantesse 38 ... 141 CC65
Chanteuges 43 ... 138 BN67
Chantillac 16 ... 131 AJ64
Chantilly 60 ... 16 BE21
Chantôme 36 ... 107 AX52
Chantonnay 85 ... 88 AD49
Chantraine 88 ... 65 CI32
Chantraines 52 ... 63 BZ32
Chantrans 25 ... 99 CG45
Chantrigné 53 ... 55 AI30
Chanturgue (Plateau de) 63 ... 123 BJ59
Chanu 61 ... 34 AH26
Chanville 57 ... 22 CH22
Chanzeaux 49 ... 89 AH43
Chaon 41 ... 77 BC39
Chaouilley 54 ... 65 CF29
Chaource 10 ... 62 BR34
Chaourse 02 ... 18 BP16
Chapaize 71 ... 112 BW50
Chapareillan 38 ... 128 CG62
Chaparon 74 ... 128 CH58
Chapdes-Beaufort 63 ... 123 BH58
Chapdeuil 24 ... 133 AP64
Chapeau 03 ... 110 BN51
Chapeauroux 48 ... 152 BO70
Chapeiry 74 ... 128 CG58
Chapelaine 51 ... 42 BT28
La Chapelaude 03 ... 108 BF52
La Chapelle 73 ... 142 CI63
La Chapelle 19 ... 136 BC63
La Chapelle 16 ... 118 AM58
La Chapelle 08 ... 20 BX15
La Chapelle 03 ... 110 BN56
La Chapelle-Achard 85 ... 102 Z50
La Chapelle-Agnon 63 ... 124 BO61
La Chapelle-Anthenaise 53 ... 55 AH33
La Chapelle-au-Mans 71 ... 111 BQ50
La Chapelle-au-Moine 61 ... 35 AI26
La Chapelle-au-Riboul 53 ... 55 AJ31
La Chapelle-Aubareil 24 ... 134 AU68
La Chapelle-aux-Bois 88 ... 65 CH34
La Chapelle-aux-Brocs 19 ... 135 AY66
La Chapelle-aux-Chasses 03 ... 95 BN49
La Chapelle-aux-Choux 72 ... 74 AO39
La Chapelle-aux-Filtzméens 35 ... 53 Z30
La Chapelle-aux-Lys 85 ... 103 AG50
La Chapelle-aux-Naux 37 ... 74 AP42
La Chapelle-aux-Saints 19 ... 135 AZ68
La Chapelle-Baloue 23 ... 107 AY53
La Chapelle-Basse-Mer 44 ... 72 AC42
La Chapelle-Bâton 86 ... 105 AO55
La Chapelle-Bâton 79 ... 104 AJ51
La Chapelle-Bâton 17 ... 104 AI56
La Chapelle-Bayvel 27 ... 27 AP20
La Chapelle-Bertin 43 ... 138 BO66
La Chapelle-Bertrand 79 ... 104 AK50
La Chapelle-Biche 61 ... 35 AI26
La Chapelle-Blanche 73 ... 128 CH62
La Chapelle-Blanche 22 ... 52 W31
La Chapelle-Blanche-Saint-Martin 37 ... 91 AS45
La Chapelle-Bouëxic 35 ... 53 X35
La Chapelle-Caro 56 ... 52 U35
La Chapelle-Cécelin 50 ... 34 AE25
La Chapelle-Chaussée 35 ... 53 Y31
La Chapelle-Craonnaise 53 ... 54 AF35
La Chapelle-d'Abondance 74 ... 115 CM53
La Chapelle-d'Alagnon 15 ... 137 BI67
La Chapelle-d'Aligné 72 ... 73 AK37
La Chapelle-d'Andaine 61 ... 35 AJ28
La Chapelle-d'Angillon 18 ... 77 BE42
La Chapelle-d'Armentières 59 ... 4 BH5
La Chapelle-d'Aunainville 28 ... 58 BA30
La Chapelle-d'Aurec 43 ... 139 BS64
La Chapelle-de-Bragny 71 ... 112 BW50
La Chapelle-de-Brain 35 ... 71 X37
La Chapelle-de-Guinchay 71 ... 112 BW54
La Chapelle-de-la-Tour 38 ... 127 CC61
La Chapelle-de-Mardore 69 ... 111 BT56
La Chapelle-de-Surieu 38 ... 140 BY63
Chapelle-des-Bois 25 ... 114 CG50
La Chapelle-des-Fougeretz 35 ... 53 Z32
La Chapelle-des-Marais 44 ... 70 V40
La Chapelle-des-Pots 17 ... 117 AH59
La Chapelle-devant-Bruyères 88 ... 66 CL32
Chapelle-d'Huin 25 ... 99 CH46
La Chapelle-du-Bard 38 ... 142 CH63
La Chapelle-du-Bois 72 ... 56 AQ32
La Chapelle-du-Bois-des-Faulx 27 ... 37 AV22
La Chapelle-du-Bourgay 76 ... 6 AV14
La Chapelle-du-Châtelard 01 ... 112 BY56
La Chapelle-du-Chêne 72 ... 73 AK36
La Chapelle-du-Fest 50 ... 34 AF22
La Chapelle-du-Genêt 49 ... 88 AE43
La Chapelle-du-Lou 35 ... 53 X32
La Chapelle-du-Mont-de-France 71 ... 111 BU52
La Chapelle-du-Mont-du-Chat 73 ... 127 CF60
La Chapelle-du-Noyer 28 ... 58 AW34
La Chapelle-en-Juger 50 ... 34 AD22
La Chapelle-en-Lafaye 42 ... 138 BQ63
La Chapelle-en-Serval 60 ... 39 BF22
La Chapelle-en-Valgaudémar 05 ... 142 CI69
La Chapelle-en-Vercors 26 ... 141 CC68
La Chapelle-en-Vexin 95 ... 38 AZ22
La Chapelle-Enchérie 41 ... 75 AV37
La Chapelle-Engerbold 14 ... 35 AI24
La Chapelle-Erbrée 35 ... 54 AE33
La Chapelle-Faucher 24 ... 133 AR64
La Chapelle-Felcourt 51 ... 42 BV23
La Chapelle-Forainvilliers 28 ... 38 AX27
La Chapelle-Fortin 28 ... 37 AT27
La Chapelle-Gaceline 56 ... 70 W36
La Chapelle-Gaudin 79 ... 89 AJ46
La Chapelle-Gaugain 72 ... 75 AR37
La Chapelle-Gauthier 77 ... 60 BI29
La Chapelle-Gauthier 27 ... 36 AQ24
La Chapelle-Geneste 43 ... 138 BO64
La Chapelle-Glain 44 ... 72 AD38
La Chapelle-Gonaguet 24 ... 133 AQ65
La Chapelle-Grésignac 24 ... 133 AQ64
Chapelle-Guillaume 28 ... 57 AT33
La Chapelle-Hareng 27 ... 27 AP22
La Chapelle-Haute-Grue 14 ... 36 AN24
La Chapelle-Hermier 85 ... 87 Y49
La Chapelle-Heulin 44 ... 87 AC43
La Chapelle-Hugon 18 ... 94 BI47
La Chapelle-Hullin 49 ... 72 AE37
La Chapelle-Huon 72 ... 75 AR36
La Chapelle-Iger 77 ... 40 BI27
La Chapelle-Janson 35 ... 54 AE30
La Chapelle-la-Reine 77 ... 59 BF31
La Chapelle-Largeau 79 ... 88 AF46
La Chapelle-Lasson 51 ... 41 BO28
La Chapelle-Launay 44 ... 71 X41
La Chapelle-Laurent 15 ... 137 BL66
La Chapelle-lès-Luxeuil 70 ... 84 CI36
La Chapelle-Marcousse 63 ... 137 BJ63
La Chapelle-Montabourlet 24 ... 133 AP64
La Chapelle-Montbrandeix 87 ... 119 AS61
La Chapelle-Monthodon 02 ... 41 BN23
La Chapelle-Montligeon 61 ... 57 AR29
La Chapelle-Montlinard 18 ... 94 BI44
La Chapelle-Montmartin 41 ... 92 AZ43
La Chapelle-Montmoreau 24 ... 133 AQ63
La Chapelle-Montreuil 86 ... 105 AM51
Chapelle-Morthemer 86 ... 105 AQ52
La Chapelle-Moulière 86 ... 105 AQ50
La Chapelle-Moutils 77 ... 40 BL26
La Chapelle-Naude 71 ... 112 BZ50
La Chapelle-Neuve 56 ... 51 Q35
La Chapelle-Neuve 22 ... 30 N28
La Chapelle-Onzerain 45 ... 58 AY34
La Chapelle-Orthemale 36 ... 92 AX48
La Chapelle-Palluau 85 ... 87 Z48
La Chapelle-Péchaud 24 ... 148 AU70
La Chapelle-Pouilloux 79 ... 105 AM55
La Chapelle-près-Sées 61 ... 36 AN28
La Chapelle-Rablais 77 ... 60 BI29
La Chapelle-Rainsouin 53 ... 55 AI33
La Chapelle-Rambaud 74 ... 114 CI55
La Chapelle-Réanville 27 ... 37 AW23
La Chapelle-Rousselin 49 ... 89 AG43
Chapelle-Royale 28 ... 57 AU33
La Chapelle-Saint-André 58 ... 79 BL41
La Chapelle-Saint-Aubert 35 ... 54 AC31
La Chapelle-Saint-Aubin 72 ... 56 AN34
La Chapelle-Saint-Étienne 79 ... 89 AH49
La Chapelle-Saint-Florent 49 ... 72 AE42
La Chapelle-Saint-Fray 72 ... 56 AN33
La Chapelle-Saint-Géraud 19 ... 135 BA68
La Chapelle-Saint-Jean 24 ... 134 AU66
La Chapelle-Saint-Laud 49 ... 73 AJ39
La Chapelle-Saint-Laurent 79 ... 89 AI48
La Chapelle-Saint-Laurian 36 ... 92 AZ45
La Chapelle-Saint-Luc 10 ... 62 BQ31
La Chapelle-Saint-Martial 23 ... 121 BA57
La Chapelle-Saint-Martin 73 ... 127 CE60
La Chapelle-Saint-Martin-en-Plaine 41 ... 76 AW38
La Chapelle-Saint-Maurice 74 ... 128 CH59
La Chapelle-Saint-Mesmin 45 ... 76 BA36
La Chapelle-Saint-Ouen 76 ... 14 AX18
La Chapelle-Saint-Quillain 70 ... 83 CE40
La Chapelle-Saint-Rémy 72 ... 56 AP33
La Chapelle-Saint-Sauveur 71 ... 98 CA47
La Chapelle-Saint-Sauveur 44 ... 72 AE40
La Chapelle-Saint-Sépulcre 45 ... 60 BH35
La Chapelle-Saint-Sulpice 77 ... 60 BK29
La Chapelle-Saint-Ursin 18 ... 93 BD45
La Chapelle-Souëf 61 ... 56 AQ31
La Chapelle-sous-Brancion 71 ... 112 BW51
La Chapelle-sous-Dun 71 ... 111 BS54
La Chapelle-sous-Orbais 51 ... 41 BO25
La Chapelle-sous-Uchon 71 ... 96 BS48
Chapelle-Spinasse 19 ... 135 BB64
La Chapelle-sur-Aveyron 45 ... 78 BH36
La Chapelle-sur-Chézy 02 ... 40 BL24
La Chapelle-sur-Coise 69 ... 125 BU61
La Chapelle-sur-Crécy 77 ... 40 BI25
La Chapelle-sur-Dun 76 ... 13 AT14
La Chapelle-sur-Erdre 44 ... 71 AA42
La Chapelle-sur-Furieuse 39 ... 99 CE45
La Chapelle-sur-Loire 37 ... 90 AN43
La Chapelle-sur-Oreuse 89 ... 61 BL31
La Chapelle-sur-Oudon 49 ... 72 AG38
La Chapelle-sur-Usson 63 ... 138 BM63
La Chapelle-sur-Vire 50 ... 34 AF23
La Chapelle-Taillefert 23 ... 107 BA56
La Chapelle-Thècle 71 ... 112 BZ50
La Chapelle-Thémer 85 ... 103 AE50
La Chapelle-Thireuil 79 ... 104 AH50
La Chapelle-Thouarault 35 ... 53 Y33
La Chapelle-Urée 50 ... 34 AE27
Chapelle-Vallon 10 ... 62 BQ30
La Chapelle-Vaupelteigne 89 ... 79 BO36
La Chapelle-Vendômoise 41 ... 75 AV38
La Chapelle-Vicomtesse 41 ... 57 AU35
La Chapelle-Viel 61 ... 36 AR27
La Chapelle-Villars 42 ... 140 BW63
Chapelle-Viviers 86 ... 106 AR51
Chapelle-Voland 39 ... 98 CB48
La Chapelle-Yvon 14 ... 27 AP23
Les Chapelles 73 ... 129 CM61
Les Chapelles 53 ... 55 AK30
Les Chapelles-Bourbon 77 ... 40 BH26
Chapelon 45 ... 59 BF34
La Chapelotte 18 ... 77 BF42
Chapet 78 ... 38 BA24
Les Chapieux 73 ... 129 CM59
Chapois 39 ... 99 CF47
Chaponnay 69 ... 126 BY61
Chaponost 69 ... 126 BW60
Chaponost (Arches de) 69 ... 126 BW60
Chappes 63 ... 123 BK58
Chappes 10 ... 62 BS33
Chappes 08 ... 18 BR17
Chappes 03 ... 109 BI53
Chaptelat 87 ... 120 AV58
Chaptuzat 63 ... 123 BK57
Charade 63 ... 123 BJ60
Charancieu 38 ... 127 CD62
Charancin 01 ... 127 CD57
Charantonnay 38 ... 126 BZ62
Charavines 38 ... 141 CC63
Charbogne 08 ... 19 BU18
Charbonnat 71 ... 96 BR48
Charbonnier-les-Mines 63 ... 137 BL63
Charbonnières 71 ... 112 BX52
Charbonnières 28 ... 57 AT33
Charbonnières-les-Bains 69 ... 126 BW59
Charbonnières-les-Sapins 25 ... 99 CH44
Charbonnières-les-Varennes 63 ... 123 BJ58
Charbonnières-les-Vieilles 63 ... 123 BJ57
Charbuy 89 ... 79 BM37
La Charce 26 ... 155 CC73
Charcé-Saint-Ellier-sur-Aubance 49 ... 73 AJ42
Charcenne 70 ... 83 CD41
Charchigné 53 ... 55 AJ30
Charchilla 39 ... 113 CD51
Charcier 39 ... 99 CE49
Chard 23 ... 122 BE58
Chardeny 08 ... 19 BU19
Chardes 17 ... 131 AI64
Chardogne 55 ... 43 BY25
Chardonnay 71 ... 112 BX51
Chareil-Cintrat 03 ... 109 BK54
Charencey 21 ... 81 BV41
Charency 39 ... 99 CF48
Charency-Vezin 54 ... 20 CA18
Charens 26 ... 155 CD73
Charensat 63 ... 122 BG57
Charentay 69 ... 112 BV56
Charentenay 89 ... 79 BM39
Charentenay 70 ... 83 CE39
Charentilly 37 ... 74 AQ40
Charenton 58 ... 94 BI43
Charenton-du-Cher 18 ... 94 BG49
Charenton-le-Pont 94 ... 39 BE26
Charentonnay 18 ... 94 BH44
Charette 38 ... 127 CB59
Charette-Varennes 71 ... 98 BZ46
Charey 54 ... 44 CD23
Charézier 39 ... 113 CD50
Chargé 37 ... 75 AU41
Chargey-lès-Gray 70 ... 82 CC40
Chargey-lès-Port 70 ... 83 CF37
Chariez 70 ... 83 CG38
Charigny 21 ... 80 BT41
La Charité-sur-Loire 58 ... 94 BJ44
Charix 01 ... 113 CD54
Charlas 31 ... 180 AQ88
Charleval 27 ... 14 AW19
Charleval 13 ... 168 CB82
Charleville 51 ... 41 BN26
Charleville-Mézières 08 ... 19 BV15
Charleville-sous-Bois 57 ... 22 CH21
Charlieu 42 ... 111 BS55
Charly 69 ... 126 BX61
Charly 18 ... 94 BH47
Charly-Oradour 57 ... 21 CG21
Charly-sur-Marne 02 ... 40 BK24
Charmant 16 ... 118 AN62
Charmauvillers 25 ... 84 CM42
Le Charme 45 ... 78 BI37
La Charme 39 ... 98 CC47
Charmé 16 ... 118 AM57
La Charmée 71 ... 97 BW49
Charmeil 03 ... 110 BM55
Le Charmel 02 ... 41 BM22
Charmensac 15 ... 137 BJ66
Charmentray 77 ... 40 BH24
Charmes 88 ... 65 CH30
Charmes 52 ... 64 CA35
Charmes 21 ... 82 CA41
Charmes 03 ... 109 BK56
Charmes 02 ... 17 BL16
Charmes-en-l'Angle 52 ... 63 BX30
Charmes-la-Côte 54 ... 44 CD27
Charmes-la-Grande 52 ... 63 BX30
Charmes-Saint-Valbert 70 ... 83 CD37
Charmes-sur-l'Herbasse 26 ... 140 BY66
Charmes-sur-Rhône 07 ... 140 BX69
Charmette (Col de la) 38 ... 141 CE64
Les Charmettes 73 ... 127 CF61
Charmoille 70 ... 83 CG38
Charmoille 25 ... 84 CK42
Charmoilles 52 ... 64 CA35
Charmois 90 ... 84 CM38
Charmois 54 ... 45 CH28
Charmois-devant-Bruyères 88 ... 65 CJ32
Charmois-l'Orgueilleux 88 ... 65 CH33
Charmont 95 ... 38 AZ22
Charmont 51 ... 43 BW25
Charmont-en-Beauce 45 ... 59 BC32
Charmont-sous-Barbuise 10 ... 62 BR30
Les Charmontois 51 ... 43 BX24
Charmoy 89 ... 61 BM35
Charmoy 71 ... 96 BT48
Charmoy 52 ... 82 CC36
Charmoy 10 ... 61 BN30
Charnas 07 ... 140 BW64
Charnat 63 ... 124 BM58
Charnay 69 ... 126 BW58
Charnay 25 ... 99 CF44
Charnay-lès-Chalon 71 ... 97 BY46
Charnay-lès-Mâcon 71 ... 112 BW53
Charnècles 38 ... 141 CC64
Charnizay 37 ... 91 AT47
Charnod 39 ... 113 CC53
Charnois 08 ... 11 BV11
Charnoz-sur-Ain 01 ... 126 CA58
Charny 89 ... 78 BJ36
Charny 77 ... 40 BH24
Charny 21 ... 80 BT42
Charny-le-Bachot 10 ... 41 BP28
Charny-sur-Meuse 55 ... 20 BZ21
Charolles 71 ... 111 BS52
Charols 26 ... 154 BY72
Charonville 28 ... 58 AW32
Chârost 18 ... 93 BC46
Charousse 74 ... 129 CL57
Charpentry 55 ... 20 BX20
Charpey 26 ... 140 BZ68
Charpont 28 ... 38 AX27
Charquemont 25 ... 100 CL43
Charrais 86 ... 90 AN49
Charraix 43 ... 138 BN68
Charras 16 ... 119 AO62
Charray 28 ... 58 AW35
Charre 64 ... 177 AD86
Charrecey 71 ... 97 BV47
Charrey-sur-Saône 21 ... 98 BZ45
Charrey-sur-Seine 21 ... 62 BU35
Charrin 58 ... 95 BN48
Charritte-de-Bas 64 ... 177 AD87
Charron 23 ... 108 BF56
Charron 17 ... 103 AD53
Charroux 86 ... 105 AO55
Charroux 03 ... 109 BK55
Chars 95 ... 38 BA22
Charsonville 45 ... 76 AY36
Chartainvilliers 28 ... 58 AY29
Chartèves 02 ... 41 BM23
La Chartre-sur-le-Loir 72 ... 74 AQ38
Chartrené 49 ... 73 AL40
Chartres 28 ... 58 AX30
Chartres-de-Bretagne 35 ... 53 Z34
Chartrettes 77 ... 60 BG29
Chartrier-Ferrière 19 ... 134 AW67
Chartronges 77 ... 40 BK26
Chartuzac 17 ... 131 AI64
Charvieu-Chavagneux 38 ... 126 BZ59
Charvonnex 74 ... 128 CH57
Chas 63 ... 123 BL60
Chaserey 10 ... 62 BQ35
Chasnais 85 ... 103 AC51
Chasnans 25 ... 99 CI44
Chasnay 58 ... 95 BK43
Chasné-sur-Illet 35 ... 53 AA31
Chaspinhac 43 ... 138 BQ67
Chaspuzac 43 ... 138 BP67
Chassagne 63 ... 137 BJ63
La Chassagne 39 ... 98 CB47
Chassagne-Montrachet 21 ... 97 BW46
Chassagne-Saint-Denis 25 ... 99 CG44
Chassagnes 43 ... 138 BN66
Chassagnes 07 ... 153 BS75
Chassagny 69 ... 126 BW61
Chassaignes 24 ... 132 AN65
Chassal 39 ... 113 CE52
Chassant 28 ... 57 AU31
Chassé 72 ... 56 AO30
Chasse-sur-Rhône 38 ... 126 BX61
Chasseguey 50 ... 34 AE27
Chasselas 71 ... 112 BW54
Chasselay 69 ... 126 BW58
Chasselay 38 ... 141 CB65
Chassemy 02 ... 17 BM19
Chassenard 03 ... 111 BQ52
Chasseneuil 36 ... 107 AX50
Chasseneuil-du-Poitou 86 ... 105 AO50
Chasseneuil-sur-Bonnieure 16 ... 119 AP59
Chassenon 16 ... 119 AR59
Chasseradès 48 ... 152 BP73
Chassey 21 ... 80 BT40
Chassey-Beaupré 55 ... 64 CA29
Chassey-le-Camp 71 ... 97 BV47
Chassey-lès-Montbozon 70 ... 83 CH39
Chassey-lès-Scey 70 ... 83 CF38
Chassezac (Belvédère du) 48 ... 152 BQ74
Chassiecq 16 ... 119 AO57
Chassiers 07 ... 153 BT73
Chassieu 69 ... 126 BY59
Chassignelles 89 ... 80 BR37
Chassignieu 38 ... 127 CC62
Chassignolles 43 ... 138 BM64
Chassignolles 36 ... 107 BA51
Chassigny 52 ... 82 CA38
Chassigny-sous-Dun 71 ... 111 BS54
Chassillé 72 ... 55 AL34
Chassiron (Phare de) 17 ... 102 AA56
Chassors 16 ... 118 AK60
Chassy 89 ... 79 BL36
Chassy 71 ... 111 BR50
Chassy 18 ... 94 BH45
Le Chastang 19 ... 135 AZ66
Chastang (Barrage du) 19 ... 135 BB66
Chastanier 48 ... 152 BP71
Chasteaux 19 ... 135 AX67
Chastel 43 ... 137 BL67
Chastel-Arnaud 26 ... 154 CA71
Chastel-Nouvel 48 ... 152 BN73
Chastel-sur-Murat 15 ... 137 BI67
Chastellux-sur-Cure 89 ... 79 BP41
Chastenay 89 ... 79 BL39
Chasteuil 04 ... 170 CK80
Chastreix 63 ... 122 BG62
La Châtaigneraie 85 ... 89 AG49
Chatain 86 ... 105 AP56
Châtaincourt 28 ... 37 AV27
Châtas 88 ... 66 CM30
Château 71 ... 112 BV52
Château-Arnoux-Saint-Auban 04 ... 170 CH78
Château-Bas 13 ... 168 CA82
Château-Bernard 38 ... 141 CD68
Château-Bréhain 57 ... 45 CI24
Château-Chalon 39 ... 98 CD48
Château-Chervix 87 ... 120 AW61
Château-Chinon 58 ... 96 BQ45
Le Château-d'Almenêches 61 ... 36 AN27
Château-des-Prés 39 ... 114 CF51
Le Château-d'Oléron 17 ... 116 AC58
Château-d'Olonne 85 ... 102 Y51
Château-du-Loir 72 ... 74 AP38
Château-Farine 25 ... 99 CF43
Château-Gaillard 28 ... 58 BA33
Château Gaillard 27 ... 14 AX21
Château-Gaillard 01 ... 126 CA57
Château-Garnier 86 ... 105 AP54
Château-Gombert 13 ... 187 CD86
Château-Gontier 53 ... 73 AH36
Château-Guibert 85 ... 103 AC50
Château-Guillaume 36 ... 106 AV52
Château-la-Vallière 37 ... 74 AO40
Château-l'Abbaye 59 ... 5 BM7
Château-Lambert 70 ... 66 CK35
Château-Landon 77 ... 60 BG33
Château-Larcher 86 ... 105 AO52
Château-l'Évêque 24 ... 133 AQ65
Château-l'Hermitage 72 ... 74 AN37
Château-Porcien 08 ... 18 BR18
Château-Queyras 05 ... 157 CN70
Château-Regnault 08 ... 11 BV14
Château-Renard 45 ... 60 BI35
Château-Renault 37 ... 75 AT39
Château-Rouge 57 ... 22 CI20
Château-Salins 57 ... 45 CI25
Château-sur-Allier 03 ... 94 BJ48
Château-sur-Cher 63 ... 108 BF56
Château-sur-Epte 27 ... 15 AY21
Château-Thébaud 44 ... 87 AB44
Château-Thierry 02 ... 40 BL23
Château-Verdun 09 ... 195 AY93
Château-Ville-Vieille 05 ... 157 CN70
Château-Voué 57 ... 45 CJ24
Châteaubernard 16 ... 117 AJ60
Châteaubleau 77 ... 40 BJ28
Châteaubourg 35 ... 54 AC33
Châteaubourg 07 ... 140 BX68
Châteaubriant 44 ... 72 AC37
Châteaudouble 83 ... 174 CL83
Châteaudouble 26 ... 140 BZ69
Châteaudun 28 ... 58 AW34
Châteaufort 78 ... 39 BC27
Châteaufort 04 ... 156 CH75
Châteaugay 63 ... 123 BJ59
Châteaugiron 35 ... 53 AB34
Châteaulin 29 ... 49 I31
Châteaumeillant 18 ... 108 BC51
Châteauneuf 85 ... 86 X46
Châteauneuf 73 ... 128 CH61
Châteauneuf 71 ... 111 BS54
Châteauneuf 42 ... 125 BV62
Châteauneuf 39 ... 98 CD43
Châteauneuf 21 ... 97 BV43
Châteauneuf-de-Bordette 26 ... 154 CA75
Châteauneuf-de-Chabre 05 ... 155 CF75
Châteauneuf-de-Gadagne 84 ... 168 BY80
Châteauneuf-de-Galaure 26 ... 140 BY65
Châteauneuf-de-Randon 48 ... 152 BO72
Châteauneuf-de-Vernoux 07 ... 140 BW69
Châteauneuf-d'Entraunes 06 ... 171 CN77
Châteauneuf-d'Ille-et-Vilaine 35 ... 33 Y28
Châteauneuf-d'Oze 05 ... 155 CF73
Châteauneuf-du-Faou 29 ... 50 K31
Châteauneuf-du-Pape 84 ... 168 BX78
Châteauneuf-du-Rhône 26 ... 154 BW74
Châteauneuf-en-Thymerais 28 ... 37 AV28
Châteauneuf-Grasse 06 ... 174 CP82
Châteauneuf-la-Forêt 87 ... 121 AY60
Châteauneuf-le-Rouge 13 ... 188 CE84
Châteauneuf-les-Bains 63 ... 123 BI57
Châteauneuf-les-Martigues 13 ... 187 CA86
Châteauneuf-lès-Moustiers 04 ... 170 CK80
Châteauneuf-Miravail 04 ... 169 CE77
Châteauneuf-sur-Charente 16 ... 118 AL61
Châteauneuf-sur-Cher 18 ... 93 BD47
Châteauneuf-sur-Isère 26 ... 140 BY68
Châteauneuf-sur-Loire 45 ... 77 BD36
Châteauneuf-sur-Sarthe 49 ... 73 AI38
Châteauneuf-Val-de-Bargis 58 ... 95 BK43
Châteauneuf-Val-Saint-Donat 04 ... 169 CG78
Châteauneuf-Villevieille 06 ... 175 CR80
Châteauponsac 87 ... 106 AV55
Châteauredon 04 ... 170 CJ78
Châteaurenard 13 ... 168 BY80
Châteaurenaud 71 ... 98 CA49
Châteauroux 36 ... 92 AZ48
Châteauroux-les-Alpes 05 ... 157 CL72
Châteauvert 83 ... 188 CH84
Châteauvieux 83 ... 174 CM81
Châteauvieux 41 ... 92 AW43
Châteauvieux 05 ... 156 CH73
Châteauvieux-les-Fossés 25 ... 99 CH44
Châteauvilain 38 ... 127 CB62
Châteauvillain 52 ... 63 BX34
Châtel 74 ... 115 CM53
Le Châtel 73 ... 142 CJ64
Châtel-Censoir 89 ... 79 BN40
Chatel-Chéhéry 08 ... 19 BW20
Châtel-de-Joux 39 ... 113 CE51
Châtel-de-Neuvre 03 ... 110 BL52
Châtel-Gérard 89 ... 80 BR39
Châtel-Montagne 03 ... 110 BO56
Châtel-Moron 71 ... 97 BV48
Châtel-Saint-Germain 57 ... 44 CF22
Châtel-sur-Moselle 88 ... 65 CH30
Châtelaillon-Plage 17 ... 103 AD56
Châtelain 53 ... 73 AH36
La Châtelaine 39 ... 99 CE47
Châtelais 49 ... 72 AF37
Le Châtelard 73 ... 128 CH60
Châtelard 38 ... 142 CH67
Châtelard 23 ... 122 BE57
Châtelaudren 22 ... 31 Q27
Chatelay 39 ... 98 CD45
Châtelblanc 25 ... 99 CG49
Châteldon 63 ... 124 BN57
Le Châtelet 18 ... 108 BD50
Châtelet (Pont du) 04 ... 157 CN72
Le Châtelet-en-Brie 77 ... 60 BH29
Le Châtelet-sur-Retourne 08 ... 18 BR19
Le Châtelet-sur-Sormonne 08 ... 10 BT14
Les Châtelets 28 ... 37 AU27
Le Chateley 39 ... 98 CC47
Châtelguyon 63 ... 123 BJ58
Le Châtelier 51 ... 43 BW24
Châtellenot 21 ... 97 BU43
Châtellerault 86 ... 91 AQ48
Le Châtellier 61 ... 35 AI27
Le Châtellier 35 ... 54 AD30
Les Châtelliers-Châteaumur 85 ... 88 AF47
Les Châtelliers-Notre-Dame 28 ... 57 AV31
Châtelneuf 42 ... 124 BQ61
Châtelneuf 39 ... 99 CF49
Chateloy 03 ... 109 BG51
Châtelperron 03 ... 110 BN52
Châtelraould-Saint-Louvent 51 ... 42 BU27
Châtelus 42 ... 125 BU61
Châtelus 38 ... 141 CB67
Châtelus 03 ... 110 BO55
Châtelus-le-Marcheix 23 ... 121 AY57
Châtelus-Malvaleix 23 ... 108 BB54
Châtenay 71 ... 111 BT54
Châtenay 38 ... 140 CA64
Châtenay 28 ... 58 BA31
Châtenay 01 ... 113 CA56
Châtenay-en-France 95 ... 39 BE23
Chatenay-Mâcheron 52 ... 82 CA36
Châtenay-Malabry 92 ... 39 BD26
Châtenay-sur-Seine 77 ... 60 BJ30
Chatenay-Vaudin 52 ... 82 CB36
Chatenet 17 ... 131 AJ64
Le Châtenet-en-Dognon 87 ... 121 AX58
Châteney 70 ... 83 CH37
Châtenois 88 ... 64 CD31
Châtenois 70 ... 83 CH37
Châtenois 67 ... 67 CP31
Châtenois 39 ... 98 CC44
Châtenois-les-Forges 90 ... 84 CL39
Châtenoy 77 ... 60 BG32
Châtenoy 45 ... 77 BE36
Châtenoy-en-Bresse 71 ... 97 BX48
Châtenoy-le-Royal 71 ... 97 BW48
Châtignac 16 ... 132 AL64
Chatignonville 91 ... 58 BA30
Châtillon 92 ... 39 BD26
Châtillon 86 ... 105 AN53
Châtillon 69 ... 125 BV58
Châtillon 39 ... 98 CD49
Châtillon 03 ... 109 BK52
Châtillon (Crêt de) 74 ... 128 CH59
Châtillon-Coligny 45 ... 78 BH37
Châtillon-en-Bazois 58 ... 95 BN45
Châtillon-en-Diois 26 ... 155 CC71
Châtillon-en-Dunois 28 ... 57 AV33
Châtillon-en-Michaille 01 ... 113 CE55
Châtillon-en-Vendelais 35 ... 54 AD32
Châtillon-Guyotte 25 ... 83 CG41
Châtillon-la-Borde 77 ... 60 BH29
Châtillon-la-Palud 01 ... 126 CA57
Châtillon-le-Duc 25 ... 83 CF42
Châtillon-le-Roi 45 ... 59 BC33
Châtillon-lès-Sons 02 ... 18 BN15
Châtillon-Saint-Jean 26 ... 140 BZ67
Châtillon-sous-les-Côtes 55 ... 44 CB22
Châtillon-sur-Bar 08 ... 19 BV18
Châtillon-sur-Broué 51 ... 42 BV28
Châtillon-sur-Chalaronne 01 ... 112 BY55
Châtillon-sur-Cher 41 ... 92 AX43
Châtillon-sur-Cluses 74 ... 115 CK55
Châtillon-sur-Colmont 53 ... 55 AH31
Châtillon-sur-Indre 36 ... 92 AV46
Châtillon-sur-Lison 25 ... 99 CF44
Châtillon-sur-Loire 45 ... 78 BH39
Châtillon-sur-Marne 51 ... 41 BO22
Châtillon-sur-Morin 51 ... 41 BN27
Châtillon-sur-Oise 02 ... 17 BL15
Châtillon-sur-Saône 88 ... 64 CE35
Châtillon-sur-Seine 21 ... 81 BU36
Châtillon-sur-Thouet 79 ... 89 AK49
Châtin 58 ... 96 BP45
Chatoillenot 52 ... 82 BZ38
Chatonnay 39 ... 113 CC52
Châtonnay 38 ... 126 CA62
Chatonrupt 52 ... 63 BY29
Chatou 78 ... 39 BC25
La Châtre 36 ... 108 BB50
La Châtre-Langlin 36 ... 107 AW52
Châtres 77 ... 40 BH27
Châtres 24 ... 134 AU66
Châtres 10 ... 61 BP29
Châtres-la-Forêt 53 ... 55 AJ33
Châtres-sur-Cher 41 ... 93 BA43
Châtrices 51 ... 43 BW23
Chattancourt 55 ... 20 BZ21
Chatte 38 ... 141 CB66
Chatuzange-le-Goubet 26 ... 140 BZ68
Chaucenne 25 ... 83 CE42
Chauchailles 48 ... 151 BJ70
Chauché 85 ... 87 AC47
Le Chauchet 23 ... 108 BD56
Chauchigny 10 ... 61 BP30
Chauconin 77 ... 40 BH24
Chauconin-Neufmontiers 77 ... 40 BH24
Chaucre 17 ... 102 AB56
Chaudanne (Barrage de) 04 ... 174 CL80
Chaudardes 02 ... 18 BO19
Chaudebonne 26 ... 154 CA74
Chaudefonds-sur-Layon 49 ... 72 AG42
Chaudefontaine 51 ... 43 BW22
Chaudefontaine 25 ... 83 CG41
Chaudenay 71 ... 97 BW46
Chaudenay 52 ... 82 CB36
Chaudenay-la-Ville 21 ... 97 BV44
Chaudenay-le-Château 21 ... 97 BV44
Chaudeney-sur-Moselle 54 ... 44 CE27
Chaudes-Aigues 15 ... 151 BJ70
Chaudeyrac 48 ... 152 BP72
Chaudeyrolles 43 ... 139 BS68
La Chaudière 26 ... 154 CA72
Chaudière (Col de la) 26 ... 154 CA72
Chaudon 28 ... 38 AX27
Chaudon-Norante 04 ... 170 CJ79
Chaudrey 10 ... 62 BS29
Chaudron-en-Mauges 49 ... 72 AE42
Chaudun 02 ... 17 BK20
Chauffailles 71 ... 111 BT54
Chauffayer 05 ... 156 CG70
Chauffecourt 88 ... 65 CG30
Chauffour-lès-Bailly 10 ... 62 BS32
Chauffour-lès-Étréchy 91 ... 59 BC29
Chauffour-sur-Vell 19 ... 135 AY68
Chauffours 28 ... 58 AW30
Chauffourt 52 ... 64 CA35
Chauffry 77 ... 40 BK26
Chaufour-lès-Bonnières 78 ... 38 AX23
Chaufour-Notre-Dame 72 ... 56 AN34
Chaugey 21 ... 98 CA45
Chaulgnes 58 ... 94 BJ44
Chaulhac 48 ... 137 BL69
Chaulieu 50 ... 34 AG26
La Chaulme 63 ... 138 BQ63
Chaulnes 80 ... 16 BH15
Chaum 31 ... 193 AQ91
Chaumard 58 ... 96 BP44
La Chaume 85 ... 102 Y51
La Chaume 21 ... 81 BW36
Chaume-et-Courchamp 21 ... 82 CA39
Chaume-lès-Baigneux 21 ... 81 BU39
Chaumeil 19 ... 135 BA63
Chaumercenne 70 ... 82 CC42
Chaumeré 35 ... 53 AB34
Chaumergy 39 ... 98 CB47
Chaumes-en-Brie 77 ... 40 BH27
Chaumesnil 10 ... 62 BU30
Chaumont 89 ... 60 BJ31
Chaumont 74 ... 114 CF56
Chaumont 61 ... 36 AP25
Chaumont 52 ... 63 BY33
Chaumont 39 ... 114 CF52
Chaumont 18 ... 94 BH48
Chaumont (Château de) 71 ... 111 BT51
Chaumont-d'Anjou 49 ... 73 AK40
Chaumont-devant-Damvillers 55 ... 20 CA20
Chaumont-en-Vexin 60 ... 15 BA21
Chaumont-la-Ville 52 ... 64 CC33
Chaumont-le-Bois 21 ... 62 BU35
Chaumont-le-Bourg 63 ... 138 BP63
Chaumont-Porcien 08 ... 18 BR16
Chaumont-sur-Aire 55 ... 43 BZ24
Chaumont-sur-Loire 41 ... 75 AV40
Chaumont-sur-Tharonne 41 ... 76 BA39
Chaumontel 95 ... 39 BE22
Chaumot 89 ... 60 BK34
Chaumot 58 ... 95 BN43
Chaumousey 88 ... 65 CH32
Chaumoux-Marcilly 18 ... 94 BH44
Chaumussay 37 ... 91 AS47
La Chaumusse 39 ... 114 CF50
Chaumuzy 51 ... 41 BP22
Chaunac 17 ... 131 AI64
Chaunay 86 ... 105 AN54
Chauny 02 ... 17 BK17
Chauray 79 ... 104 AJ53
Chauriat 63 ... 123 BL60
Chausey (Îles) 50 ... 33 Z24
La Chaussade 23 ... 122 BD57
La Chaussaire 49 ... 88 AD43
Chaussan 69 ... 125 BV61
La Chaussée 86 ... 90 AM47
La Chaussée 76 ... 6 AV14
La Chaussée-d'Ivry 28 ... 38 AX25
La Chaussée-Saint-Victor 41 ... 76 AW39
La Chaussée-sur-Marne 51 ... 42 BT25
La Chaussée-Tirancourt 80 ... 7 BC13
Chaussenac 15 ... 136 BD66
Chaussenans 39 ... 98 CD47
Chausseterre 42 ... 124 BP58
Chaussin 39 ... 98 CB46
Chaussoy-Epagny 80 ... 16 BD16
Chaussy 95 ... 38 AZ22
Chaussy 45 ... 59 BB33
Le Chautay 18 ... 94 BI46
Chauvac 26 ... 155 CD75
Chauvé 44 ... 86 X43
Chauve d'Aspremont (Mont) 06 ... 175 CR81
Chauvency-le-Château 55 ... 20 BZ17
Chauvency-Saint-Hubert 55 ... 20 BZ17
Chauvigné 35 ... 53 AB30
Chauvigny 86 ... 105 AQ51
Chauvigny-du-Perche 41 ... 57 AU35
Chauvincourt 27 ... 15 AY21
Chauvirey-le-Châtel 70 ... 83 CD36
Chauvirey-le-Vieil 70 ... 83 CD37
Chauvoncourt 55 ... 44 CB24
Chauvry 95 ... 39 BD23
Chaux 90 ... 84 CL37
La Chaux 71 ... 98 CA47
La Chaux 61 ... 35 AK28
La Chaux 25 ... 100 CJ45
Chaux 21 ... 97 BX44
Chaux-Champagny 39 ... 99 CE46
Chaux-des-Crotenay 39 ... 99 CF49
Chaux-des-Prés 39 ... 113 CE51
La Chaux-du-Dombief 39 ... 114 CF50
La Chaux-en-Bresse 39 ... 98 CB47
Chaux-la-Lotière 70 ... 83 CF41
Chaux-lès-Clerval 25 ... 84 CJ41
Chaux-lès-Passavant 25 ... 84 CI42
Chaux-lès-Port 70 ... 83 CF37
Chaux-Neuve 25 ... 99 CG49
Chauzon 07 ... 153 BT74
Chavagnac 24 ... 134 AW67
Chavagnac 15 ... 137 BI66
Chavagne 35 ... 53 Z33
Chavagnes 49 ... 89 AI43
Chavagnes-en-Paillers 85 ... 87 AC46
Chavagnes-les-Redoux 85 ... 88 AF48
Chavagneux 38 ... 126 BZ60
Chavaignes 49 ... 74 AM40
Chavanac 19 ... 121 BB61
Chavanat 23 ... 121 BB58
Chavanatte 90 ... 85 CN38
Chavanay 42 ... 140 BW63
Chavanges 10 ... 62 BU29
Chavaniac-Lafayette 43 ... 138 BN66
Chavannaz 74 ... 114 CG56
La Chavanne 73 ... 128 CH62
Chavanne 70 ... 84 CK39
Chavanne 39 ... 98 CB49
Chavannes 26 ... 140 BY67
Chavannes 18 ... 93 BE48
Les Chavannes-en-Maurienne 73 ... 142 CI63
Chavannes-les-Grands 90 ... 85 CN38
Chavannes-sur-l'Étang 68 ... 85 CN38
Chavannes-sur-Reyssouze 01 ... 112 BY52
Chavannes-sur-Suran 01 ... 113 CB54
Chavanod 74 ... 128 CG58
Chavanoz 38 ... 126 BZ59
Les Chavants 74 ... 129 CM57
Chavaroux 63 ... 123 BL59
La Chavatte 80 ... 16 BG15
Chaveignes 37 ... 90 AO45
Chavelot 88 ... 65 CI31
Chavenat 16 ... 132 AM63
Chavenay 78 ... 38 BB25
Chavençon 60 ... 38 BB22
Chavenon 03 ... 109 BI52
Chavéria 39 ... 113 CC51
Chaveroche 19 ... 122 BD62
Chaveyriat 01 ... 112 BY54
Chavignol 18 ... 78 BH42
Chavignon 02 ... 17 BM18
Chavigny 54 ... 44 CF27
Chavigny 02 ... 17 BK19
Chavigny (Château de) 37 ... 90 AN44
Chavigny-Bailleul 27 ... 37 AV25
Chaville 92 ... 39 BC26
Chavin 36 ... 107 AY51
Chavoire 74 ... 128 CH57
Chavonne 02 ... 17 BM19
Chavornay 01 ... 127 CE58
Chavot-Courcourt 51 ... 41 BP23
Chavoy 50 ... 33 AC26
Chavroches 03 ... 110 BN53
Chay 25 ... 99 CE45
Le Chay 17 ... 116 AE60
Chazay-d'Azergues 69 ... 126 BW58
La Chaze-de-Peyre 48 ... 151 BL71
Chazé-Henry 49 ... 72 AE37
Chazé-sur-Argos 49 ... 72 AF39
Chazeaux 07 ... 153 BT72
Chazelet 36 ... 107 AX51
Le Chazelet 05 ... 142 CJ67
Chazelles 43 ... 138 BM68
Chazelles 39 ... 113 CA52
Chazelles 16 ... 119 AO61
Chazelles 15 ... 137 BL67
Chazelles-sur-Albe 54 ... 45 CK27
Chazelles-sur-Lavieu 42 ... 124 BQ62
Chazelles-sur-Lyon 42 ... 125 BT61
Chazelot 25 ... 84 CI40
Chazemais 03 ... 108 BF52
Chazeuil 58 ... 95 BL43
Chazeuil 21 ... 82 BZ39
Chazey-Bons 01 ... 127 CD59
Chazey-sur-Ain 01 ... 126 CA58
Chazilly 21 ... 97 BU44
Chazot 25 ... 84 CJ41
Chazoy 25 ... 83 CE42
La Chebuette 44 ... 71 AB42
Chécy 45 ... 77 BB36
Chedde 74 ... 129 CL57
Chédigny 37 ... 91 AT43
Chef-Boutonne 79 ... 104 AL55
Chef-du-Pont 50 ... 24 AD19
Chef-Haut 88 ... 65 CF30
Cheffes 49 ... 73 AI39
Cheffois 85 ... 88 AF49
Cheffreville-Tonnencourt 14 ... 27 AO23
Le Chefresne 50 ... 34 AE24
Chéhéry 08 ... 19 BW16
Cheignieu-la-Balme 01 ... 127 CD58
Cheillé 37 ... 90 AP43
Cheilly-lès-Maranges 71 ... 97 BV47
Chein-Dessus 31 ... 180 AS90
Cheissoux 87 ... 121 AY59
Le Cheix 63 ... 123 BJ62
Le Cheix 63 ... 123 BK57
Cheix-en-Retz 44 ... 87 Y43
Chélan 32 ... 179 AP86
Chelers 62 ... 7 BE8
Chélieu 38 ... 127 CC62
Chelle-Debat 65 ... 179 AM87
Chelle-Spou 65 ... 179 AM89
Chelles 77 ... 39 BF25
Chelles 60 ... 17 BI20
Chelun 35 ... 72 AD36
Chemaudin 25 ... 99 CE43
Chemault 45 ... 59 BD34
Chemazé 53 ... 72 AG37
Chemellier 49 ... 73 AJ42
Chemenot 39 ... 98 CC47
Chéméré 44 ... 86 X44
Chémeré-le-Roi 53 ... 55 AJ35
Chémery 57 ... 22 CI23
Chémery 41 ... 76 AX42
Chémery-les-Deux 57 ... 22 CH19
Chémery-sur-Bar 08 ... 19 BW17
Chemilla 39 ... 113 CC52
Chemillé 49 ... 89 AG43
Chemillé-sur-Dême 37 ... 75 AR38
Chemillé-sur-Indrois 37 ... 92 AV44
Chemilli 61 ... 56 AP31
Chemilly 70 ... 83 CF38
Chemilly 03 ... 110 BL52
Chemilly-sur-Serein 89 ... 79 BP37
Chemilly-sur-Yonne 89 ... 79 BN36
Le Chemin 51 ... 43 BX23
Chemin 39 ... 98 CA46
Chemin-d'Aisey 21 ... 81 BU37
Cheminas 07 ... 140 BW66
Cheminon 51 ... 43 BW26
Cheminot 57 ... 44 CF24
Chemiré-en-Charnie 72 ... 55 AK34
Chemiré-le-Gaudin 72 ... 56 AM35
Chemiré-sur-Sarthe 49 ... 73 AJ37
Chemy 59 ... 4 BI7
Chenac-Saint-Seurin-d'Uzet 17 ... 117 AF62
Chenailler-Mascheix 19 ... 135 AZ67
La Chenalotte 25 ... 100 CK44
Chénas 69 ... 112 BW54
Chenaud 24 ... 132 AM65
Chenay 79 ... 104 AL53
Chenay 72 ... 56 AN30
Chenay 51 ... 18 BP20
Chenay-le-Châtel 71 ... 111 BQ54
Le Chêne 10 ... 62 BR29
Chêne-Arnoult 89 ... 78 BJ36
Chêne-Bernard 39 ... 98 CB46
Chêne-Chenu 28 ... 37 AW28
Chêne-en-Semine 74 ... 114 CF56
Chêne-Sec 39 ... 98 CB47
Chenebier 70 ... 84 CK38
Chenecey-Buillon 25 ... 99 CF44
Cheneché 86 ... 90 AO49
Chênedollé 14 ... 34 AH25
Chênedouit 61 ... 35 AK26
Chênehutte-les-Tuffeaux 49 ... 73 AL42
Chénelette 69 ... 111 BU55
Chénérailles 23 ... 108 BC56
Chenereilles 43 ... 139 BS66
Chenereilles 42 ... 139 BR63
Chénerilles 04 ... 170 CH78
Chenevelles 86 ... 91 AR49
Chenevières 54 ... 45 CJ28
Chenevrey-et-Morogne 70 ... 83 CD42
Chênex 74 ... 114 CG55
Cheney 89 ... 79 BP36
Chenicourt 54 ... 45 CG24
Chenières 54 ... 21 CC18
Cheniers 51 ... 42 BR25
Chéniers 23 ... 107 AZ53
Chenillé-Changé 49 ... 73 AH38
Cheniménil 88 ... 65 CJ32
Chennebrun 27 ... 37 AS27
Chennegy 10 ... 61 BP32
Chennevières 55 ... 43 CA27
Chennevières-lès-Louvres 95 ... 39 BF23
Chennevières-sur-Marne 94 ... 39 BF26
Chenois 57 ... 22 CI23
Chenoise 77 ... 40 BK28
Chenommet 16 ... 118 AN57
Chenon 16 ... 118 AN57
Chenonceau (Château de) 37 ... 75 AU42
Chenonceaux 37 ... 75 AU42
Chenou 77 ... 60 BG33
Chenôve 21 ... 81 BY42
Chenôves 71 ... 97 BV49
Chens-sur-Léman 74 ... 114 CI53
Chenu 72 ... 74 AO39
Cheny 89 ... 61 BM35
Chepniers 17 ... 131 AJ65
Chepoix 60 ... 16 BE17
La Cheppe 51 ... 42 BT23
Cheppes-la-Prairie 51 ... 42 BT25
Cheppy 55 ... 20 BX21
Cheptainville 91 ... 59 BD29
Chépy 80 ... 6 AY12
Chepy 51 ... 42 BT25
Chérac 17 ... 117 AI60
Chérancé 72 ... 56 AN31
Chérancé 53 ... 72 AF37
Chéraute 64 ... 177 AD87
Chéray 17 ... 116 AB57
Cherbonnières 17 ... 117 AJ57
Cherbourg-Octeville 50 ... 24 AB16
Chérence 95 ... 38 AZ23
Chérencé-le-Héron 50 ... 34 AD25
Chérencé-le-Roussel 50 ... 34 AF26
Chéreng 59 ... 4 BK6
Les Chères 69 ... 126 BW58
Chérêt 02 ... 18 BN18
Chériennes 62 ... 7 BB9
Cherier 42 ... 124 BQ57
Chérigné 79 ... 104 AK55
Les Chéris 50 ... 34 AD27
Chérisay 72 ... 56 AN31
Chérisey 57 ... 45 CG23
Chérisy 62 ... 8 BI10
Cherisy 28 ... 38 AX26
Chérizet 71 ... 112 BV51
Chermignac 17 ... 117 AG60
Chermisey 88 ... 64 CB30
Chermizy-Ailles 02 ... 18 BN18
Chéronnac 87 ... 119 AR60
Chéronvilliers 27 ... 37 AS26
Chéroy 89 ... 60 BI32
Cherré 72 ... 57 AR33
Cherré 49 ... 73 AI38
Cherreau 72 ... 57 AR32
Cherrueix 35 ... 33 AA27
Cherval 24 ... 133 AO64
Cherveix-Cubas 24 ... 134 AU65
Cherves 86 ... 90 AM49
Cherves-Châtelars 16 ... 119 AP59
Cherves-de-Cognac 16 ... 117 AI59

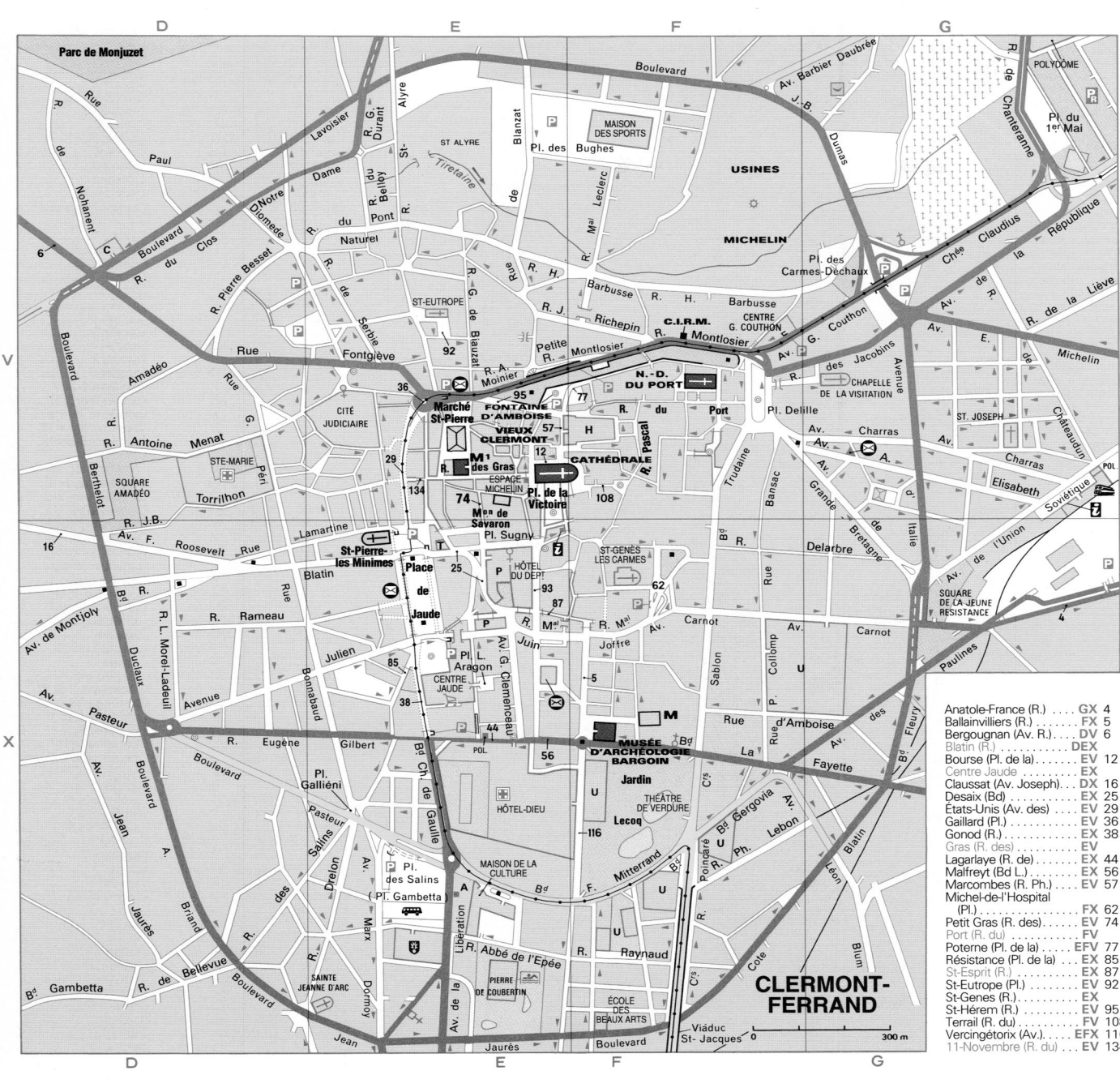

CLERMONT-FERRAND

Parc de Monjuzet

Anatole-France (R.)	GX	4
Ballainvilliers (R.)	FX	5
Bergougnan (Av. R.)	DV	6
Blatin (R.)	DEX	
Bourse (Pl. de la)	EV	12
Centre Jaude	EX	
Claussat (Av. Joseph)	DX	16
Desaix (Bd)	EV	25
États-Unis (Av. des)	EV	29
Gaillard (Pl.)	EV	36
Gonod (R.)	EX	38
Gras (R. des)	EV	
Lagarlaye (R. de)	EX	44
Malfreyt (Bd L.)	EV	56
Marcombes (R. Ph.)	EV	57
Michel-de-l'Hospital (Pl.)	FX	62
Petit Gras (R. des)	EV	74
Port (R. du)	FV	
Poterne (Pl. de la)	EFV	77
Résistance (Pl. de la)	EX	85
St-Esprit (R.)	EV	87
St-Eutrope (Pl.)	EV	92
St-Genès (R.)	EX	
St-Hérem (R.)	EV	95
Terrail (R. du)	FV	108
Vercingétorix (Av.)	EFX	116
11-Novembre (R. du)	EV	134

Chervettes 17 ... 103 AG56
Cherveux 79 ... 104 AJ52
Chervey 10 ... 62 BT33
Cherville 51 ... 42 BR23
Chervinges 69 ... 126 BW57
Chéry 18 ... 93 BB45
Chéry-Chartreuve 02 ... 18 BN21
Chéry-lès-Pouilly 02 ... 18 BN16
Chéry-lès-Rozoy 02 ... 18 BO15
Chesley 10 ... 62 BR35
Le Chesnay 78 ... 37 AT25
Le Chesne 27 ... 19 BV18
Le Chesne 08 ... 19 BV18
Chesnel 17 ... 117 AI59
Chesnois-Auboncourt 08 ... 19 BU12
Chesny 57 ... 45 CG22
Chessenaz 74 ... 114 CF56
Chessy 77 ... 40 BH25
Chessy 69 ... 125 BV58
Chessy-les-Prés 10 ... 61 BP34
Chéu 89 ... 61 BO35
Cheust 65 ... 178 AK89
Cheux 14 ... 26 AJ21
Chevagnes 03 ... 108 BN50
Chevagny-les-Chevrières 71 ... 112 BW53
Chevagny-sur-Guye 71 ... 111 BU51
Chevaigné 35 ... 53 AA32
Chevaigné-du-Maine 53 ... 55 AJ30
Le Chevain 72 ... 56 AN30
La Chevallerie 18 ... 128 CI59
Chevaline 74 ... 128 CI59
La Chevallerais 44 ... 71 Z40
Le Chevalon 38 ... 141 CD64
Chevanceaux 17 ... 131 AJ64
Chevannay 21 ... 81 BV41
Chevannes 21 ... 59 BE29
Chevannes 89 ... 79 BM37
Chevannes 45 ... 60 BH33
Chevannes 91 ... 39 BE20
Chevannes-Changy 58 ... 95 BM43
Chevannes 02 ... 19 BN14
Chevenon 58 ... 95 BK47
Chevenoz 74 ... 115 CL52
Cheverny 41 ... 76 AX40
Chevestre 08 ... 19 BW20
Chevigney 70 ... 96 CC42
Chevigney-lès-Vercel 25 ... 99 CI43
Chevigny-sur-l'Ognon 25 ... 96 CA56
Chevigny 39 ... 98 CB43
Chevigny-en-Valière 21 ... 97 BY46
Chevigny-Saint-Sauveur 21 ... 82 BZ42
Chevillard 01 ... 113 CC55
Chevillon 89 ... 77 BF36
Chevillon 52 ... 43 BY28
Chevillon-sur-Huillard 45 ... 60 BK34
La Chevillotte 25 ... 97 CG43
Chevilly 45 ... 58 BA34
Chevilly-Larue 94 ... 38 BF28
Chevinay 69 ... 125 BV59
Chevincourt 60 ... 16 BH18
Chevire-le-Rouge 49 ... 74 AK39
Chevrainvilliers 77 ... 58 BH30
Chèvre (Cap de la) 29 ... 48 E31
Chevreaux 39 ... 112 CB51
Chevregny 02 ... 18 BN18
Chevremont 90 ... 97 CM38
La Chèvrerie 16 ... 105 AM56
Chèvrerie (Vallon de la 74) ... 115 CL54
Chevresis-les-Dames 02 ... 17 BM16
Chevresis-Monceau 02 ... 18 BM16
Chevreuse 78 ... 38 BB27
Chevreuil 60 ... 40 BH22

Chèvreville 50 ... 34 AE27
Chevrier 74 ... 114 CF55
Chevrières 60 ... 16 BG20
Chevrières 42 ... 125 BU61
Chevrières 38 ... 141 CB66
Chevroches 58 ... 79 BN41
La Chevrolière 44 ... 87 Z44
Chevrotaine 39 ... 99 CG49
Chevroux 01 ... 112 BY52
Chevroz 25 ... 83 CF42
Chevru 77 ... 40 BK27
Chevry 39 ... 113 CC62
Chevry 01 ... 114 CG53
Chevry-Cossigny 77 ... 39 BG27
Chevry-en-Sereine 77 ... 60 BI32
Chevry-sous-le-Bignon 45 ... 60 BI33
Chey 79 ... 104 AL53
Cheylade 15 ... 136 BG66
Le Cheylard 07 ... 139 BU69
Cheylard-l'Évêque 48 ... 152 BP72
Le Cheylas 38 ... 142 CG63
Cheyssieu 38 ... 140 BX63
Chezal-Benoît 18 ... 93 BC46
La Chèze 22 ... 52 S32
Chézeaux 52 ... 82 CC36
Chezelle 03 ... 109 BK55
Chezelles 37 ... 90 AP45
Chezelles 36 ... 92 AY47
Chèzeneuve 38 ... 126 CA58
Chézery-Forens 01 ... 114 CF54
Chézy 03 ... 110 BM50
Chézy-en-Orxois 02 ... 40 BL22
Chézy-sur-Marne 02 ... 40 BL24
Chiappa (Pointe de la) 2A ... 203 DL104
Chiatra 2B ... 201 DL96
Chiché 79 ... 89 AJ48
Chichée 89 ... 61 BO35
Chicheboville 14 ... 26 AL22
Chichery 89 ... 79 BP37
Chichey 51 ... 41 BO27
Chichilianne 38 ... 155 CD70
Chicourt 57 ... 45 CI24
Chiddes 71 ... 111 BU50
Chiddes 58 ... 95 BO47
Chidrac 63 ... 123 BK62
Chierry 02 ... 40 BL23
Chieulles 57 ... 21 CG21
Chignée 49 ... 74 AM39
Chignin 73 ... 128 CG62
La Chignolle 16 ... 118 AN60
Chigny 02 ... 9 BO13
Chigny-les-Roses 51 ... 41 BO23
Chigy 89 ... 61 BM32
Chilhac 43 ... 138 BM66
Chille 39 ... 112 CC49
Chilleurs-aux-Bois 45 ... 58 BC34
Le Chillou 79 ... 90 AL48
Chilly 80 ... 16 BG15
Chilly 74 ... 114 CF56
Chilly 08 ... 10 BT14
Chilly-le-Vignoble 39 ... 112 CB51
Chilly-Mazarin 91 ... 39 BD27
Chilly-sur-Salins 39 ... 99 CE46
Chimilin 38 ... 127 CD61
Le Chinaillon 74 ... 115 CK54
Chindrieux 73 ... 127 CF58
Chinon 37 ... 90 AN44
Chindala (Col de) 09 ... 195 AZ93
Chirac 48 ... 151 BL73
Chirac 16 ... 119 AQ58

Chirac-Bellevue 19 ... 136 BD63
Chirassimont 42 ... 125 BT58
Chirat-l'Église 03 ... 109 BJ54
Chiré-en-Montreuil 86 ... 105 AM50
Chirens 38 ... 141 CD63
Chirmont 80 ... 16 BE16
Chirols 07 ... 153 BT71
Chiroubles 69 ... 112 BV55
Chiry-Ourscamp 60 ... 17 BI18
Chis 65 ... 179 AK87
Chisa 2B ... 203 DK100
Chissay-en-Touraine 41 ... 75 AU42
Chisseaux 37 ... 75 AU42
Chisséria 39 ... 113 CC52
Chissey-en-Morvan 71 ... 96 BS44
Chissey-Mâcon 71 ... 112 BW51
Chissey-sur-Loue 39 ... 98 CC45
Chitenay 41 ... 76 AW40
Chitray 36 ... 107 AW50
Chitry 89 ... 79 BO37
Chitry-les-Mines 58 ... 95 BN43
Chivres 21 ... 97 BY46
Chivres-en-Laonnois 02 ... 18 BO16
Chivres-Val 02 ... 18 BL19
Chivy-lès-Étouvelles 02 ... 17 BM18
Chizé 79 ... 104 AJ55
Chocques 62 ... 3 BF6
Choignes 52 ... 63 BZ33
Choilley 52 ... 82 CA38
Choisel 78 ... 38 BB28
Choiseul 52 ... 64 CB34
Choisies 59 ... 9 BQ10
Choisy 74 ... 114 CG56
Choisy-au-Bac 60 ... 16 BH19
Choisy-en-Brie 77 ... 40 BK26
Choisy-la-Victoire 60 ... 16 BF19
Choisy-le-Roi 94 ... 39 BE26
Cholet 49 ... 88 AF45
Cholonge 38 ... 141 CE67
Choloy-Ménillot 54 ... 44 CD27
Chomelix 43 ... 138 BP65
Chomérac 07 ... 154 BW71
La Chomette 43 ... 138 BM65
Chonas-l'Amballan 38 ... 140 BX63
Chonville 55 ... 44 CB29
Chooz 08 ... 11 BV11
Choqueuse-les-Bénards 60 ... 15 BE16
Choranche 38 ... 141 CB67
Chorey 21 ... 97 BX45
Chorges 05 ... 156 CJ72
Chouain 14 ... 25 AJ21
Chouday 36 ... 93 BB47
Chougny 58 ... 95 BN44
Chouilly 51 ... 41 BN23
Chouppes 86 ... 90 AN48
Chourgnac 24 ... 134 AT65
Choussy 41 ... 76 AV41
Chouvigny 03 ... 109 BI56
Choux 39 ... 113 CE53
Les Choux 45 ... 78 BG37
Chouy 02 ... 40 BL21
Chouzé-sur-Loire 37 ... 90 AN43
Chouzelot 25 ... 97 CE43
Chouzy-sur-Cisse 41 ... 75 AV40
Choye 70 ... 83 CD41
Chozeau 38 ... 126 CA60
Chuelles 45 ... 60 BI34
Chugny 86 ... 105 AN51
Chuignes 80 ... 8 BG14
Chuignolles 80 ... 8 BG14
Chuisnes 28 ... 57 AV30

Chusclan 30 ... 167 BW77
Chuyer 42 ... 140 BW63
Chuzelles 38 ... 126 BX61
Ciadoux 31 ... 180 AO87
Ciamannacce 2A ... 203 DJ100
Cians (Gorges du) 06 ... 174 CP79
Cibourne 64 ... 176 X85
Cideville 76 ... 13 AI17
Cier-de-Luchon 31 ... 193 AP92
Cier-de-Rivière 31 ... 193 AP90
Cierges 02 ... 41 BN22
Cierges-sous-Montfaucon 55 ... 20 BX20
Cierp-Gaud 31 ... 193 AO92
Cierrey 27 ... 37 AW23
Cierzac 17 ... 117 AJ61
Cieurac 46 ... 148 AX75
Cieutat 65 ... 179 AM89
Cieux 87 ... 120 AT57
Ciez 58 ... 78 BK41
Cigné 53 ... 54 AI30
Cigogné 37 ... 91 AT43
Cilly 02 ... 18 BO15
Cinais 37 ... 90 AN44
Cindré 03 ... 110 BN53
Cinq-Chemins 74 ... 114 CJ52
Cinq-Mars-la-Pile 37 ... 90 AP42
Cinqueux 60 ... 16 BG19
Cintegabelle 31 ... 181 AX87
Cintheaux 14 ... 26 AK23
Cintray 28 ... 58 AW30
Cintray 27 ... 37 AT26
Cintré 35 ... 53 Y33
Cintrey 70 ... 83 CD37
Cipières 06 ... 174 CP81
Ciral 61 ... 55 AL29
Ciran 37 ... 91 AS45
Circourt 88 ... 63 CH31
Circourt-sur-Mouzon 88 ... 44 CC28
Ciré-d'Aunis 17 ... 103 AE56
Cirès 31 ... 193 AO92
Cirès-lès-Mello 60 ... 16 BE21
Cirey 70 ... 83 CG41
Cirey 21 ... 97 BV46
Cirey-lès-Mareilles 52 ... 63 BZ32
Cirey-lès-Pontailler 21 ... 82 CA42
Cirey-sur-Blaise 52 ... 63 BX31
Cirey-sur-Vezouze 54 ... 46 CJ27
Cirfontaines-en-Azois 52 ... 63 BX32
Cirfontaines-en-Ornois 52 ... 64 CA29
Cirières 79 ... 89 AH47
Ciron 36 ... 107 AX50
Cirque (Belvédère du) 05 ... 157 CP70
Ciry-le-Noble 71 ... 111 BS50
Ciry-Salsogne 02 ... 17 BM20
Cisai-Saint-Aubin 61 ... 36 AP25
Cisery 89 ... 80 BQ40
Cissac-Médoc 33 ... 116 AS60
Cissé 86 ... 105 AN50
Cisternes-la-Forêt 63 ... 122 BG58
Cistrières 43 ... 138 BN64
Citeaux (Abbaye d') 21 ... 97 BY44
Citerne 80 ... 7 BA13
Citers 70 ... 84 CI37
Citey 70 ... 83 CD40
Citou 11 ... 183 BB86
Citry 77 ... 40 BK24
Civaux 86 ... 106 AR52
Civens 42 ... 125 BS59
Civières 27 ... 38 AY22
Civrac-de-Blaye 33 ... 131 AI66
Civrac-en-Médoc 33 ... 130 AK51
Civrac-sur-Dordogne 33 ... 146 AK70
Civray 86 ... 105 AO55

Civray 18 ... 93 BC46
Civray-de-Touraine 37 ... 75 AU42
Civray-sur-Esves 37 ... 91 AR45
Civrieux 01 ... 126 BX58
Civrieux-d'Azergues 69 ... 125 BW58
Cize 39 ... 113 BT15
Cize 01 ... 113 CC51
Cizay-la-Madeleine 49 ... 89 AK43
Cize 39 ... 99 CF48
Cizely 58 ... 95 BM46
Cizos 65 ... 179 AO87
Clacy-et-Thierret 02 ... 17 BM17
Cladech 24 ... 148 AT70
Claira 66 ... 181 BJ93
Clairac 47 ... 147 AO75
Clairavaux 23 ... 122 BC59
Clairefontaine-en-Yvelines 78 ... 38 BA28
Clairefougère 61 ... 34 AH25
Clairegoutte 70 ... 84 CK38
Clairfayts 59 ... 10 BO11
Clairfontaine 02 ... 9 BP13
Clairmarais 62 ... 3 BD4
Clairoix 60 ... 16 BH19
Clairvaux 10 ... 63 BW33
Clairvaux-d'Aveyron 12 ... 150 BE74
Clairvaux-les-Lacs 39 ... 113 CE50
Clairvivre 24 ... 134 AV64
Clairy-Saulchoix 80 ... 15 BC14
Clais 76 ... 14 AX15
Claix 16 ... 118 AM62
Claix 38 ... 141 CD68
Clam 17 ... 117 AI62
Clamanges 51 ... 41 BO25
Clamart 92 ... 39 BD26
Clamecy 58 ... 79 BM41
Clamecy 02 ... 17 BL19
Clamensane 04 ... 156 CI75
Clamerey 21 ... 80 BT41
Clamouse (Grotte de) 34 ... 166 BO68
Clans 70 ... 83 CF38
Clans 06 ... 173 CO78
Clansayes 26 ... 154 BX75
Le Claon 55 ... 20 BX20
Claouey 33 ... 144 AC70
Le Clapier 12 ... 165 BK81
Clapiers 34 ... 166 BO69
Clara 66 ... 196 BG95
Claracq 64 ... 178 AI84
Clarafond 74 ... 114 CF56
Clarbec 14 ... 26 AN21
Clarensac 30 ... 167 BT81
Claret 34 ... 166 BQ81
Claret 04 ... 156 CG74
Clarques 62 ... 3 BD4
La Clarté 22 ... 30 N24
Clary 59 ... 9 BL12
Classun 40 ... 159 AH82
Clastres 02 ... 17 BK15
Clasville 76 ... 13 AI15
Le Clat 11 ... 196 BC93
Claudon 88 ... 64 CF34
Les Claux 05 ... 156 BO65
Clavans-en-Haut-Oisans 38 ... 142 CH67
Clavé 79 ... 104 AK51
Claveisolles 69 ... 112 BU56
Clavette 17 ... 103 AD55

Claveyson 26 ... 140 BY66
Clavières 15 ... 137 BL68
Claviers 83 ... 174 CM83
Claville 27 ... 37 AU23
Claville-Motteville 76 ... 14 AV17
Clavy-Warby 08 ... 19 BT15
La Claye 85 ... 103 AC51
Clayes 35 ... 53 Y32
Clayes 78 ... 38 BB26
Les Clayes-sous-Bois 78 ... 38 BB26
La Clayette 71 ... 111 BT54
Clayeures 54 ... 45 CH29
Clazay 79 ... 89 AH48
Cléac'h 56 ... 51 P32
Clébsac 07 ... 154 BW72
Cléden-Cap-Sizun 29 ... 48 D32
Cléden-Poher 29 ... 50 L30
Cléder 29 ... 29 I25
Clèdes 40 ... 159 AH83
Cleebourg 67 ... 47 CS38
Clefmont 52 ... 63 CB33
Les Clefs 74 ... 128 CI58
Clefs 49 ... 73 AL39
Cléguer 56 ... 51 N35
Cléguérec 56 ... 51 P32
Clémencey 21 ... 97 BX43
Clémensat 63 ... 123 BJ62
Clémery 54 ... 45 CG24
Clémont 18 ... 77 BD40
Clénay 21 ... 81 BY41
Clenleu 62 ... 2 BA7
Cléon 76 ... 14 AU20
Cléon-d'Andran 26 ... 140 BY72
Cleppé 42 ... 125 BS59
Clérac 17 ... 131 AJ66
Cléré-du-Bois 36 ... 91 AU47
Cléré-les-Pins 37 ... 74 AP41
Cléré-sur-Layon 49 ... 89 AI44
Clères 76 ... 14 AV17
Clérey 10 ... 62 BR32
Clérey-la-Côte 88 ... 44 CD29
Clérey-sur-Brenon 54 ... 45 CF28
Clergoux 19 ... 135 BB65
Cléricourt 39 ... 140 BY63
Les Clérimois 89 ... 61 BM34
Le Clerjus 88 ... 65 CH34
Clerlande 63 ... 109 BK58
Clermain 71 ... 112 BV52
Clermont 74 ... 127 CF57
Clermont 60 ... 16 BF19
Clermont 40 ... 158 AD83
Clermont 09 ... 181 AY90
Clermont-Créans 72 ... 74 AM38
Clermont-de-Beauregard 24 ... 133 AQ68
Clermont-Dessous 47 ... 147 AO75
Clermont-d'Excideuil 24 ... 134 AT64
Clermont-en-Argonne 55 ... 20 BX20
Clermont-en-Auge 14 ... 26 AM21
Clermont-Ferrand 63 ... 123 BK59
Clermont-Ferrand 02 ... 18 BM16
Clermont-le-Fort 31 ... 181 AW85
Clermont-les-Fermes 02 ... 18 BO17
Clermont-l'Hérault 34 ... 166 BM83
Clermont-Pouyguillès 32 ... 179 AP85
Clermont-Savès 32 ... 162 AT83
Clermont-Soubiran 47 ... 148 AR76
Clermont-sur-Lauquet 11 ... 182 BE90
Cléron 25 ... 99 CG44
Clerques 62 ... 3 BE5
Clerval 25 ... 98 CJ41
Cléry 73 ... 128 CI60
Cléry-en-Vexin 95 ... 38 BA22
Cléry-Grand 55 ... 20 BX19
Cléry-le-Petit 55 ... 20 BY19
Cléry-Saint-André 45 ... 76 AZ37

Cléry-sur-Somme 80 ... 8 BH13
Clesles 51 ... 61 BO29
Clessé 79 ... 89 AI49
Clessé 71 ... 112 BW52
Clessy 71 ... 111 BR51
Cléty 62 ... 3 BC5
Cleurie 88 ... 66 CK33
Cleuville 76 ... 13 AI16
Cléville 76 ... 13 AI17
Cléville 14 ... 26 AM22
Clévilliers 28 ... 38 AW29
Cleyrac 33 ... 146 AL71
Cleyzieu 01 ... 127 CB58
Clézentaine 88 ... 65 CJ29
Clichy 92 ... 39 BD25
Clichy-sous-Bois 93 ... 39 BF25
Climbach 67 ... 47 CS22
Le Climont 67 ... 66 CK32
Clinchamp 52 ... 64 CB32
Clinchamps-sur-Orne 14 ... 26 AJ22
Clion 36 ... 92 AV46
Clion 17 ... 117 AH62
Le Clion-sur-Mer 44 ... 86 W44
Cliousclat 26 ... 154 BX71
Cliponville 76 ... 13 AI16
Cliron 08 ... 11 BU14
Clis 44 ... 69 T41
La Clisse 17 ... 117 AF59
Clisson 44 ... 87 AC44
Clitourps 50 ... 24 AD16
Clohars-Carnoët 29 ... 50 L35
Clohars-Fouesnant 29 ... 49 I34
Le Cloître-Pleyben 29 ... 29 J30
Le Cloître-Saint-Thégonnec 29 ... 30 K28
Clomot 21 ... 97 BU44
Clonas-sur-Varèze 38 ... 140 BX63
Clos (Futaie des) 72 ... 74 AO37
Clos-Fontaine 77 ... 40 BI28
La Clotte 17 ... 132 AK66
Clouange 57 ... 21 CF20
Cloué 86 ... 105 AN52
Les Clouzeaux 85 ... 102 AA52
Cloyes-sur-le-Loir 28 ... 57 AV35
Cloyes-sur-Marne 51 ... 42 BU27
Clucy 39 ... 99 CF46
Clugnat 23 ... 108 BC54
Cluis 36 ... 107 AZ51
Clumanc 04 ... 170 CK78
Cluny 71 ... 112 BV52
Clussais-la-Pommeraie 79 ... 105 AM55
Clux 71 ... 98 BZ46
Coadout 22 ... 31 P28
Coaraze 06 ... 175 CR79
Coarraze 64 ... 178 AJ88
Coat-Méal 29 ... 29 F27
Coatascorn 22 ... 31 O26
Coatfrec (Château de) 22 ... 30 N25
Coatréven 22 ... 31 O25
Cobonne 26 ... 154 BZ70
Cobrieux 59 ... 4 BK6
Cocalière (Grotte de la) 30 ... 153 B576
La Cochère 61 ... 36 AN26
Cocherel 77 ... 40 BJ23
Cocherel 27 ... 37 AW23
Cocheren 57 ... 22 CK21
Cockis 10 ... 62 BS29
Cocquerel 80 ... 7 BB12
Cocumont 47 ... 146 AL74
Cocurès 48 ... 152 BO75
Codalet 66 ... 196 BE95
Codognan 30 ... 167 BT82
Codolet 30 ... 167 BW78
Coësmes 35 ... 53 AB35
Coëtlogon 22 ... 52 T32
Coëtmieux 22 ... 32 T28
Cœuilly 56 ... 52 W34
Cœuvres-et-Valsery 02 ... 17 BJ20
Cœux 85 ... 87 Y48
Coggia 2A ... 200 DF98
Cogna 39 ... 113 CE50
Cognac 16 ... 117 AI60
Cognac-la-Forêt 87 ... 120 AT59
Cognat-Lyonne 03 ... 110 BL56
Cogners 72 ... 75 AR36
Cognières 70 ... 84 CH38
Cognin 73 ... 127 CF61
Cognin-les-Gorges 38 ... 141 CC66
Cognocoli-Monticchi 2A ... 202 DH101
Cogny 69 ... 125 BV57
Cogny 18 ... 94 BG48
Cogolin 83 ... 189 CM87
Cohade 43 ... 138 BM64
Cohan 02 ... 18 BN21
Cohennoz 73 ... 128 CK59
Cohiniac 22 ... 31 Q28
Cohons 52 ... 82 CA37
Coiffy-le-Bas 52 ... 64 CC35
Coiffy-le-Haut 52 ... 64 CD35
Coigneux 80 ... 8 BF11
Coignières 78 ... 38 BA26
Coigny 50 ... 24 AC19
Coimères 33 ... 146 AJ73
Coin-lès-Cuvry 57 ... 44 CF23
Coin-sur-Seille 57 ... 44 CF23
Coinces 45 ... 58 AZ35
Coinches 88 ... 66 CM33
Coincourt 54 ... 45 CJ26
Coincy 02 ... 40 BL22
Coincy 57 ... 22 CG22
Coings 36 ... 92 AZ47
Coingt 02 ... 18 BO15
Coinhennos 73 ... 128 CK60
Coipels 06 ... 27 AK71
Coivert 17 ... 104 AI56
Coivrel 60 ... 16 BF17
Coizard-Joches 51 ... 41 BO25
Colayrac-Saint-Cirq 47 ... 147 AP77
Colembert 62 ... 2 BA4
Coligny 01 ... 113 CB52
Colincamps 80 ... 8 BF11
Collandres 15 ... 136 BF65
Collandres-Quincarnon 27 ... 37 AT24
Collanges 63 ... 137 BK63
Collat 43 ... 138 BN65
La Colle-sur-Loup 06 ... 175 CQ82
Collégien 77 ... 39 BG26
Collemiers 89 ... 60 BK33
Le Collet 88 ... 66 CM33
Le Collet-d'Allevard 38 ... 142 CG63
Le Collet-de-Dèze 48 ... 152 BQ76
Colletot 27 ... 27 AR20
Colleville 76 ... 12 AG15
Colleville-Montgomery 14 ... 26 AK20

Colleville-sur-Mer 14 ... 25 AG19
Collias 30 ... 167 BV79
Colligis-Crandelain 02 ... 22 CH22
Colligny 62 ... 3 BC5
Colline-Beaumont 62 ... 6 AZ9
Collinée 22 ... 52 T30
Collioure 66 ... 197 BK96
Collobrières 83 ... 189 CK87
Collonge-en-Charollais 71 ... 111 BU50
Collonge-la-Madeleine 71 ... 97 BU46
Collonges 01 ... 114 CF55
Collonges-au-Mont-d'Or 69 ... 126 BX59
Collonges-la-Rouge 19 ... 135 AY67
Collonges-lès-Bévy 71 ... 97 BW44
Collonges-lès-Premières 21 ... 98 CA43
Collonges-sous-Salève 74 ... 114 CH55
Collonges 65 ... 179 AM87
Collonges 06 ... 174 CO79
Collorec 29 ... 50 K30
Collorgues 30 ... 167 BT79
Colmar 68 ... 67 CN33
Colmars 04 ... 157 CM76
Colmen 57 ... 22 CI19
Colméry 58 ... 78 BK42
Colmesnil-Manneville 76 ... 13 AU14
Colmey 54 ... 20 CB18
Colmier-le-Bas 52 ... 81 BX37
Colmier-le-Haut 52 ... 81 BX37
Colognac 30 ... 152 BR78
Cologne 32 ... 161 AS82
Colomars 06 ... 175 CR81
La Colombe 50 ... 34 AE24
La Colombe 41 ... 76 AW36
Colomby 50 ... 24 CC63
Colombe 38 ... 141 CC63
Colombé-la-Fosse 10 ... 63 BW31
Colombé-le-Sec 10 ... 63 BW31
Colombe-lès-Bithaine 70 ... 84 CI37
Colombe-lès-Vesoul 70 ... 83 CG38
Colombelles 14 ... 26 AK21
Colombes 92 ... 39 BD24
Colombey-les-Belles 54 ... 44 CE28
Colombey-lès-Choiseul 52 ... 64 CC33
Colombey-les-Deux-Églises 52 ... 63 BW32
Colombier 70 ... 83 CG38
Colombier 42 ... 139 BV64
Colombier 24 ... 147 AP70
Colombier 21 ... 97 BW44
Colombier 03 ... 109 BH54
Colombier-Châtelot 25 ... 84 CJ57
Colombier-en-Brionnais 71 ... 111 BT53
Colombier-Fontaine 25 ... 84 CK40
Colombier-le-Cardinal 07 ... 140 BW65
Colombier-le-Jeune 07 ... 140 BW68
Colombier-le-Vieux 07 ... 140 BW69
Colombier-Saugnieu 69 ... 126 BZ60
Colombières 14 ... 25 AF20
Colombières-sur-Orb 34 ... 183 BJ84
Colombières 86 ... 90 AP48
Colombiers 61 ... 56 AN29
Colombiers 34 ... 184 BK87
Colombiers 18 ... 94 BF49
Colombiers 17 ... 117 AH61
Colombiers 37 ... 75 AR36
Colombotte 70 ... 83 CH38
Colomby-sur-Thaon 14 ... 26 AJ20
Colombotte 70 ... 83 CH38
La Colombe 58 ... 12 ...
Colomby 50 ... 150 BD75
Colombotte 70 ... 83 CH38
Colpo 56 ... 51 R35
Colroy-la-Grande 88 ... 66 CN30
Colroy-la-Roche 67 ... 66 CN29
Coltines 15 ... 137 BJ67
Coly 24 ... 134 AV67
Combaillaux 34 ... 185 BP83
Combas 30 ... 183 B58I
La Combe-de-Lancey 38 ... 141 CF65
Combeaufontaine 70 ... 83 CE37
Combefa 81 ... 163 BB79
La Combelle 63 ... 137 BL63
Comberanche-et-Épeluche 24 ... 132 AN65
Comberjon 70 ... 83 CH40
Comberouger 82 ... 162 AT81
Combertault 21 ... 97 BX46
Les Combes 25 ... 100 CJ44
Combes 34 ... 183 BJ84
Combiers 16 ... 119 AO62
Comblanchien 21 ... 97 BX44
Combles 80 ... 8 BH12
Combles-en-Barrois 55 ... 43 BY26
Comblessac 35 ... 52 W35
Combleux 45 ... 77 BB35
Comblot 61 ... 36 AN27
Combloux 74 ... 129 CL57
Combon 27 ... 37 AT22
Combourg 35 ... 53 Z29
Combourtillé 35 ... 54 AD31
Combovin 26 ... 140 BZ69
Combrailles 63 ... 122 BG59
Combrand 79 ... 89 AG47
Combray 14 ... 35 AJ24
Combre 42 ... 125 BS57
Combrée 49 ... 72 AE38
Combres 28 ... 57 AU31
Combres-sous-les-Côtes 55 ... 44 CB22
Combressol 19 ... 136 BC63
Combret 12 ... 164 BG81
Combreux 45 ... 59 BD35
Combrimont 88 ... 66 CN31
Combrit 29 ... 49 H34
Combronde 63 ... 123 BI57
Combs-la-Ville 77 ... 39 BF27
La Comelle 71 ... 96 BR46
Comiac 46 ... 135 BB69
Comigne 11 ... 183 BF88
Comines 59 ... 4 BI4
Commana 29 ... 30 J28
Commarin 21 ... 81 BU43
Commeaux 61 ... 35 AL26
Commelle 38 ... 140 CA63
Commelle-Vernay 42 ... 125 BS57
Communailles 39 ... 99 CG47
Commenailles 39 ... 112 CA49
Commenchon 02 ... 17 BJ16
Commensacq 40 ... 145 AE76
Commeny 95 ... 38 BA22
Commequiers 85 ... 87 Y48
Commer 53 ... 54 AH32
Commercy 55 ... 44 CB26
Commerveil 72 ... 56 AP31
Commes 14 ... 25 AH19
Communailles-en-Montagne 39 ... 99 CG47
Compaing (Pas de) 15 ... 136 BI61
Compains 63 ... 137 BI63
Compainville 76 ... 15 AY16
Compans 77 ... 39 BG24
Compertrix 51 ... 41 BQ25
Le Compas 23 ... 122 BE57

COLMAR

Augustins (R. des) .... BZ 3
Bains (R. des) .... BY 5
Blés (R. des) .... BZ 9
Boulangers (R. des) .... BY 12
Brasseries (R. des) .... CY 13
Bruat (R.) .... BZ 14
Cathédrale (Pl. de la) .... BY 17
Champ-de-Mars (Bd du) .... BYZ 18
Chauffour (R.) .... BZ 20
Clefs (R. des) .... BCY
Écoles (R. des) .... BZ 22
Fleurent (R. J.-B.) .... BY 24
Florimont (R. du) .... AY 25
Grand'Rue .... BCZ 31
Grenouillère (R. de la) .... CYZ 32
Herse (R. de la) .... BZ 33
Kléber (R.) .... BY 35
Ladhof (R. du) .... CY 36
Lasch (R. Georges) .... AZ 37
Lattre-de-Tassigny (Av. J. de) .... ABY 43
Leclerc (Bd du Gén.) .... BZ 45
Manège (R. du) .... BZ 49
Marchands (R. des) .... YZ 50
Marché-aux-Fruits (Pl. du) .... BZ 51
Messimy (R.) .... BZ 52
Molly (R. Berthe) .... BYZ 54
Mouton (R. du) .... CY 57
Poissonnerie (R. de la) .... BCZ 62
Preiss (R. Jacques) .... BZ 63
Reims (R. de) .... BZ 65
République (Av. de la) .... BZ
Ribeauvillé (R. de) .... BY 67
Roesselman (R.) .... BY 69
St-Jean (R.) .... BZ 71
St-Nicolas (R.) .... BY 73
Serruriers (R. des) .... BY 75
Sinn (Quai de la) .... BY 77
Six-Montagnes-Noires (Pl. des) .... BZ 79
Tanneurs (R. des) .... CZ 82
Têtes (R. des) .... BY 83
Unterlinden (Pl. d') .... BY 85
Vauban (R.) .... CY
Weinemer (R.) .... BZ 86
2 Février (Pl. du) .... CY 87
5e Division-Blindée (R. de la) .... BY 95
18 Novembre (Pl. du) .... BY 97

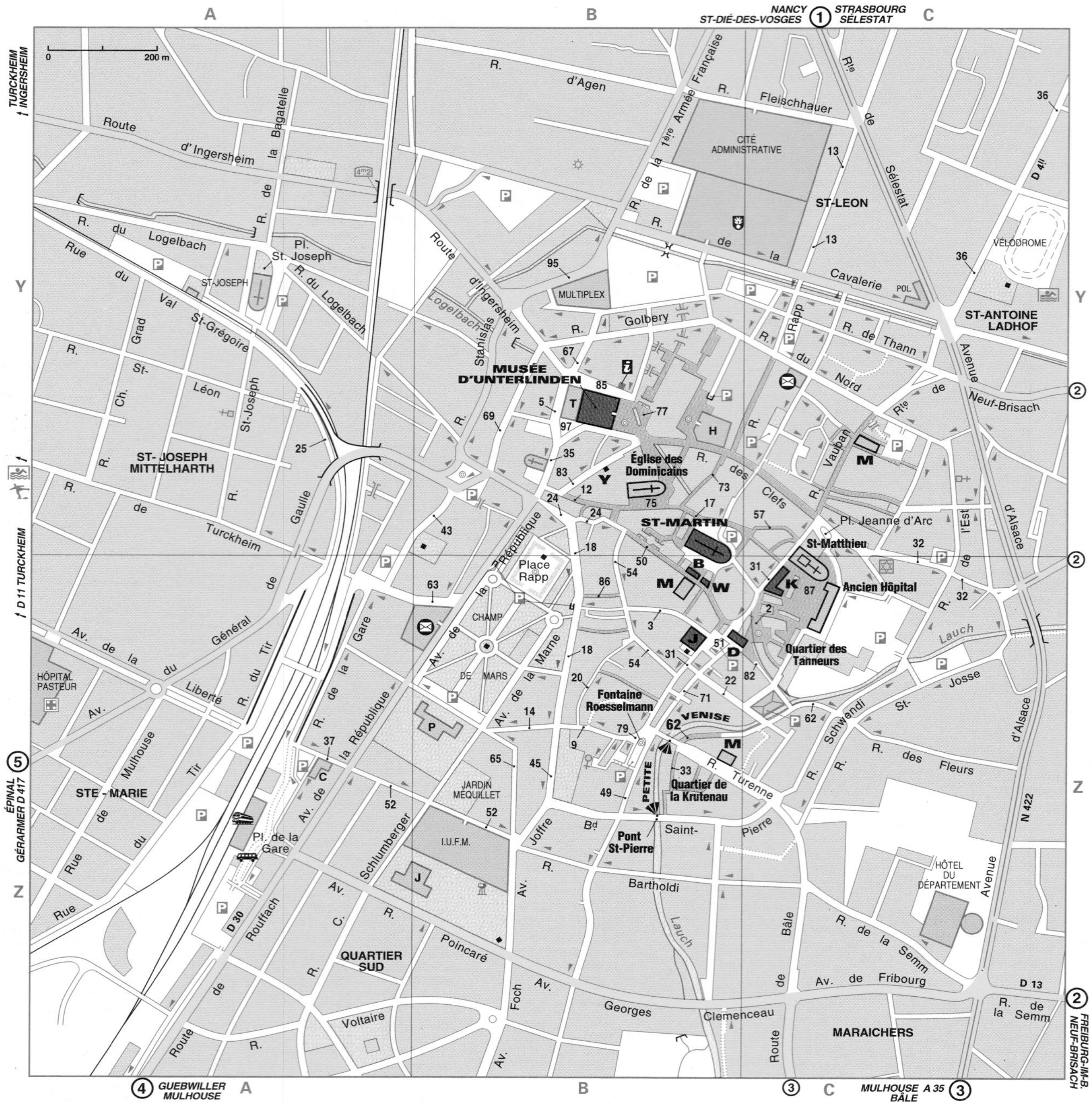
A
B
C
NANCY ST-DIÉ-DES-VOSGES
STRASBOURG SÉLESTAT
TURCKHEIM INGERSHEIM
0 200 m
CITÉ ADMINISTRATIVE
ST-LEON
VÉLODROME
MULTIPLEX
ST-ANTOINE LADHOF
MUSÉE D'UNTERLINDEN
Église des Dominicains
ST-JOSEPH MITTELHARTH
ST-MARTIN
St-Matthieu
Ancien Hôpital
Place Rapp
Quartier des Tanneurs
HÔPITAL PASTEUR
Fontaine Roesselmann
VENISE
Quartier de la Krutenau
PETITE
STE-MARIE
JARDIN MEQUILLET
I.U.F.M.
Pont St-Pierre
Pl. de la Gare
HÔTEL DU DÉPARTEMENT
QUARTIER SUD
MARAICHERS
D 11 TURCKHEIM
ÉPINAL GÉRARDMER D 417
N 422
D 13
FREIBURG-IM-B. NEUF-BRISACH
GUEBWILLER MULHOUSE
MULHOUSE A 35 BÂLE

Compertrix 51 .... 42 BS24
Compeyre 12 .... 165 BK77
Compiègne 60 .... 16 BH19
Compigny 89 .... 60 BK31
Compolibat 12 .... 149 BC75
La Compôte 73 .... 128 CH60
Comprégnac 12 .... 165 BI78
Compreignac 87 .... 120 AV57
Comps 33 .... 131 AG67
Comps 30 .... 167 BW81
Comps 26 .... 154 BZ73
Comps-la-Grand-Ville 12 .... 164 BF77
Comps-sur-Artuby 83 .... 174 CL82
La Comté 62 .... 8 BF8
Comus 11 .... 195 BA92
Conan 41 .... 76 AW38
Conand 01 .... 127 CC58
Conat 66 .... 196 BE95
Conca 2A 203 DK102
Concarneau 29 .... 49 J34
Concevreux 02 .... 18 BO19
Concèze 19 .... 134 AW64
Conches-en-Ouche 27 .... 37 AT24
Conches-sur-Gondoire 77 .... 39 BG25
Conchez-de-Béarn 64 .... 178 AJ84
Conchil-le-Temple 62 .... 6 AZ8
Conchy-les-Pots 60 .... 16 BG17
Conchy-sur-Canche 62 .... 7 BC9
Les Concluses 30 .... 167 BU77
Concorès 46 .... 148 AW72
Concoret 56 .... 52 W33
Concots 46 .... 149 AY75
Concoules 30 .... 152 BQ75
Concourson-sur-Layon 49 .... 89 AJ44
Concremiers 36 .... 106 AT50
Concressault 18 .... 77 BF40
Concriers 41 .... 76 AX37
Condac 16 .... 118 AN57
Condal 71 .... 113 CA51
Condamine 39 .... 98 CB49
Condamine 01 .... 113 CC55
La Condamine-Châtelard 04 .... 157 CM73
Condat 46 .... 135 AY68
Condat 15 .... 137 BH64
Condat-en-Combraille 63 .... 122 BF59
Condat-lès-Montboissier 63 .... 124 BN62
Condat-sur-Ganaveix 19 .... 135 AY63
Condat-sur-Trincou 24 .... 133 AR64
Condat-sur-Vézère 24 .... 134 AV67
Condat-sur-Vienne 87 .... 120 AV59
Condé 36 .... 93 BB47
Condé-en-Barrois 55 .... 43 BY25
Condé-en-Brie 02 .... 41 BM23
Condé-Folie 80 .... 7 BB12
Condé-lès-Autry 08 .... 19 BW21
Condé-lès-Herpy 08 .... 18 BR18
Condé-Northen 57 .... 22 CH21
Condé-Sainte-Libiaire 77 .... 40 BH25
Condé-sur-Aisne 02 .... 17 BM19
Condé-sur-Huisne 61 .... 57 AS30
Condé-sur-Ifs 14 .... 26 AL23
Condé-sur-Iton 27 .... 37 AT25
Condé-sur-l'Escaut 59 .... 5 BM7
Condé-sur-Marne 51 .... 42 BR23
Condé-sur-Noireau 14 .... 35 AI25
Condé-sur-Risle 27 .... 27 AR20
Condé-sur-Sarthe 61 .... 56 AM30
Condé-sur-Seulles 14 .... 25 AI21
Condé-sur-Suippe 02 .... 18 BP19
Condé-sur-Vesgre 78 .... 38 AY26
Condé-sur-Vire 50 .... 34 AF23
Condeau 61 .... 57 AS30
Condécourt 95 .... 38 BB23
Condeissiat 01 .... 112 BZ55
Condéon 16 .... 132 AK63
Condes 52 .... 63 BY33
Condes 39 .... 113 CD53
Condette 62 .... 2 AY5
Condezaygues 47 .... 147 AS74
Condillac 26 .... 154 BX72
Condom 32 .... 161 AO80
Condom-d'Aubrac 12 .... 151 BI73
Condorcet 26 .... 154 CA74
Condren 02 .... 17 BK17
Condrieu 69 .... 140 BW63
Conflandey 70 .... 83 CF37
Conflans-en-Jarnisy 54 .... 21 CD21
Conflans-Sainte-Honorine 78 .... 39 BC24
Conflans-sur-Anille 72 .... 57 AS35
Conflans-sur-Lanterne 70 .... 83 CG36
Conflans-sur-Loing 45 .... 60 BH35
Conflans-sur-Seine 51 .... 61 BN29
Confolens 16 .... 119 AQ57
Confolens (Cascade de) 38 .... 142 CG68
Confolent-Port-Dieu 19 .... 122 BF62
Confort 01 .... 113 CE55
Confort-Meilars 29 .... 49 F32
Confracourt 70 .... 83 CE38
Confrançon 01 .... 112 BY54
Congé-sur-Orne 72 .... 56 AO32
Congénies 30 .... 167 BS82
Congerville 91 .... 59 BB30
Congerville-Thionville 91 .... 59 BB31
Congis-sur-Thérouanne 77 .... 40 BI24
Congrier 53 .... 72 AE36
Congy 51 .... 41 BO25
Conie-Molitard 28 .... 58 AX33
Conilhac-Corbières 11 .... 183 BH88
Conilhac-de-la-Montagne 11 .... 196 BC91
Conjux 73 .... 127 CE59
Conlie 72 .... 56 AM33
Conliège 39 .... 98 CC49
Connac 12 .... 164 BG79
Connangles 43 .... 138 BO65
Connantray-Vaurefroy 51 .... 41 BQ26
Connantre 51 .... 41 BP27
Connaux 30 .... 167 BV78
Conne-de-Labarde 24 .... 147 AP70
Connelles 27 .... 14 AW21
Connerré 72 .... 56 AQ34
Connezac 24 .... 119 AP62
Connigis 02 .... 41 BM23
Conquereuil 44 .... 71 Z38
Conques 12 .... 150 BE73
Conques-sur-Orbiel 11 .... 182 BE87
Le Conquet 29 .... 28 D28
Conqueyrac 30 .... 166 BQ80
Cons-la-Grandville 54 .... 21 CC18
Cons-Sainte-Colombe 74 .... 128 CI59
Consac 17 .... 131 AG63
Conségudes 06 .... 174 CP80
Consenvoye 55 .... 20 BZ20
Consigny 52 .... 64 CA32
Consolation (Cirque de) 25 .... 100 CK43
Consolation-Maisonnettes 25 .... 100 CK43
Contalmaison 80 .... 8 BG12
Contamine-Sarzin 74 .... 114 CG56
Contamine-sur-Arve 74 .... 114 CI55
Les Contamines-Montjoie 74 .... 129 CM58
Contault 51 .... 42 BV24
Contay 80 .... 7 BE12
Conte 39 .... 99 CF48
Contes 62 .... 7 BB8
Contes 06 .... 175 CR80
Contescourt 02 .... 17 BK15
Contest 53 .... 55 AH31
Conteville 80 .... 7 BC11
Conteville 76 .... 15 AY16
Conteville 60 .... 15 BB16
Conteville 27 .... 12 AP19
Conteville 14 .... 26 AL22
Conteville-en-Ternois 62 .... 7 BD8
Conteville-lès-Boulogne 62 .... 2 AZ4
Conthil 57 .... 45 CJ24
Contigné 49 .... 73 AI37
Contigny 03 .... 110 BL53
Contilly 72 .... 56 AP30
Continvoir 37 .... 74 AN41
Contis-Plage 40 .... 158 AA77
Contoire 80 .... 16 BF16
Contrazy 09 .... 180 AU90
Contre 80 .... 15 BC15
Contré 17 .... 117 AJ57
Contréglise 70 .... 83 CF36
Contremoulins 76 .... 12 AQ15
Contres 41 .... 76 AX41
Contres 18 .... 94 BF47
Contreuve 08 .... 19 BU19
Contrevoz 01 .... 127 CD59
Contrexéville 88 .... 64 CE32
Contrières 50 .... 33 AC23
Contrisson 55 .... 43 BX26
Conty 80 .... 15 BC15
Contz-les-Bains 57 .... 21 CG18
Conzieu 01 .... 127 CD59
Coole 51 .... 42 BT26
Coolus 51 .... 42 BS24
La Copechagnière 85 .... 87 AB47
Copponex 74 .... 114 CG56
Coq (Col du) 38 .... 141 CF64
Coquainvilliers 14 .... 27 AO21
Coquelles 62 .... 2 BA2
La Coquille 24 .... 120 AT62
Corancez 28 .... 58 AX31
Corancy 58 .... 96 BQ45
Coray 29 .... 49 J32
Corbara 2B 198 DG93
Corbarieu 82 .... 162 AW80
Corbas 69 .... 126 BX60
Corbehem 62 .... 8 BI9
Corbeil 51 .... 42 BT28
Corbeil-Cerf 60 .... 15 BC21
Corbeil-Essonnes 91 .... 39 BE28
Corbeilles 45 .... 59 BF34
Corbel 73 .... 141 CF63
Corbelin 38 .... 127 CC61
Corbenay 70 .... 65 CH35
Corbeny 02 .... 18 BO18
Corbère 66 .... 197 BG94
Corbère-Abères 64 .... 178 AK85
Corbère-les-Cabanes 66 .... 197 BG94
Corberon 21 .... 97 BY45
Corbès 30 .... 166 BQ78
Corbie 80 .... 8 BF14
Le Corbier 73 .... 142 CI65
La Corbière 70 .... 84 CJ36
Corbières 11 .... 182 BB90
Corbières 04 .... 169 CF81
Corbigny 58 .... 95 BO43
Corbon 61 .... 57 AR30
Corbon 14 .... 26 AM22
Corbonod 01 .... 127 CE57
Corbreuse 91 .... 59 BB29
Corcelle-Mieslot 25 .... 83 CG41
Corcelles 70 .... 84 CK39
Corcelles 58 .... 94 BJ46
Corcelles 01 .... 113 CC56
Corcelles-en-Beaujolais 69 .... 112 BW55
Corcelles-Ferrières 25 .... 99 CE43
Corcelles-les-Arts 21 .... 97 BW46
Corcelles-lès-Cîteaux 21 .... 97 BY44
Corcelles-les-Monts 21 .... 81 BX42
Corcieux 88 .... 66 CL32
Corcondray 25 .... 99 CE43
Corconne 30 .... 166 BQ81
Corcoué-sur-Logne 44 .... 87 AA46
Corcy 02 .... 17 BK21
Cordéac 38 .... 141 CF69
Cordebugle 14 .... 27 AP22
Cordelle 42 .... 125 BR57
Cordemais 44 .... 71 Y42
Cordes-sur-Ciel 81 .... 163 BA79
Cordes-Tolosannes 82 .... 162 AU79
Cordesse 71 .... 96 BT45
Cordey 14 .... 35 AL25
Cordieux 01 .... 126 BY58
Cordiron 25 .... 83 CE42
Cordon 74 .... 129 CL57
Cordonnet 70 .... 83 CF41
Coren 15 .... 137 BJ67
Corenc 38 .... 141 CE65
Corent 63 .... 123 BK61
Corfélix 51 .... 41 BN25
Corgengoux 21 .... 97 BY46
Corgenon 01 .... 112 BZ54
Corgirnon 52 .... 82 CB36
Corgnac-sur-l'Isle 24 .... 134 AT64
Corgoloin 21 .... 97 BX45
Corignac 17 .... 131 AI65
Corlay 22 .... 51 P30
Corlée 52 .... 82 CA36
Corlier 01 .... 113 CC56
Cormainville 28 .... 58 AY33
Cormaranche-en-Bugey 01 .... 127 CD57
Cormatin 71 .... 112 BV51
Corme-Écluse 17 .... 117 AF61
Corme-Royal 17 .... 117 AF59
Cormeilles 60 .... 15 BC17
Cormeilles 27 .... 27 AP21
Cormeilles-en-Parisis 95 .... 39 BC24
Cormeilles-en-Vexin 95 .... 38 BB22
Cormelles-le-Royal 14 .... 26 AK22
Le Cormenier 79 .... 104 AI55
Cormenon 41 .... 57 AT35
Cormeray 50 .... 33 AB28
Cormeray 41 .... 76 AW40
Cormery 37 .... 91 AS43
Cormes 72 .... 57 AR33
Cormet de Roselend 73 .... 129 CL59
Cormicy 51 .... 18 BP19
Le Cormier 27 .... 37 AW24
Cormolain 14 .... 34 AG22
Cormont 62 .... 2 AZ6
Cormontreuil 51 .... 18 BQ21
Cormoranche-sur-Saône 01 .... 112 BX54
Cormost 10 .... 62 BR33
Cormot-le-Grand 21 .... 97 BV46
Cormoyeux 51 .... 41 BP22
Cormoz 01 .... 113 CA52
Corn 46 .... 149 BA72
Cornac 46 .... 135 BA69
Cornant 89 .... 60 BK33
Cornas 07 .... 140 BX68
Cornay 08 .... 19 BW20
Corné 49 .... 73 AJ40
Cornebarrieu 31 .... 162 AV83
Corneilhan 34 .... 184 BK86
Corneilla-de-Conflent 66 .... 196 BE95
Corneilla-del-Vercol 66 .... 197 BI94
Corneilla-la-Rivière 66 .... 197 BH94
Corneillan 32 .... 160 AJ83
Corneuil 27 .... 37 AV25
Corneville-la-Fouquetière 27 .... 27 AS23
Corneville-sur-Risle 27 .... 27 AR20
Cornier 74 .... 114 CI55
Corniéville 55 .... 44 CC26
Cornil 19 .... 135 AY66
Cornillac 26 .... 155 CC74
Cornillé 35 .... 54 AC33
Cornille 24 .... 133 AR65
Cornillé-les-Caves 49 .... 73 AK40
Cornillon 30 .... 153 BV76
Cornillon-Confoux 13 .... 187 CA84
Cornillon-en-Trièves 38 .... 141 CE69
Cornillon-sur-l'Oule 26 .... 155 CC74
Cornimont 88 .... 66 CL34
Cornod 39 .... 113 CC53
Cornot 70 .... 83 CE38
La Cornuaille 49 .... 72 AE40
Cornus 12 .... 165 BK80
Cornusse 18 .... 94 BG46
Cornusson (Château de) 82 .... 163 AZ77
Corny 27 .... 14 AX20
Corny-Machéroménil 08 .... 19 BT17
Corny-sur-Moselle 57 .... 44 CF23
Coron 49 .... 89 AH44
Corong (Gorges du) 22 .... 30 N29
Corpe 85 .... 103 AC51
Corpeau 21 .... 97 BW46
Corpoyer-la-Chapelle 21 .... 81 BV40
Corps 38 .... 142 CG69
Corps-Nuds 35 .... 53 AA34
Corquilleroy 45 .... 60 BG34
Corquoy 18 .... 93 BD47
Corrano 2A 203 DI101
Corravillers 70 .... 65 CJ35
Corre 70 .... 65 CF35
Corrençon-en-Vercors 38 .... 141 CD67
Correns 83 .... 188 CI84
Corrèze 19 .... 135 BA64
Corribert 51 .... 41 BO24
Corrobert 51 .... 41 BN24
Corrombles 21 .... 80 BR40
Corronsac 31 .... 181 AX85
Corroy 51 .... 41 BP27
Corsaint 21 .... 80 BR40
Corsavy 66 .... 196 BF96
Corscia 2B 200 DH95
Corsen (Pointe de) 29 .... 28 D28
Corsept 44 .... 70 W42
Corseul 22 .... 32 W28
Cortambert 71 .... 112 BW51
Corte 2B 201 DI96
Cortevaix 71 .... 112 BV51
Cortone (Col de) 2A 202 DG102
Cortrat 45 .... 78 BH36
Les Corvées-les-Yys 28 .... 57 AV31
Corveissiat 01 .... 113 CC54
Corvol-d'Embernard 58 .... 95 BL43
Corvol-l'Orgueilleux 58 .... 79 BL41
Corzé 49 .... 73 AJ39
Cos 09 .... 195 AX91
Cosges 39 .... 98 CB48
Coslédaà-Lube-Boast 64 .... 178 AJ85
Cosmes 53 .... 54 AF35
Cosnac 19 .... 135 AX67
Cosne-d'Allier 03 .... 109 BH52
Cosne-sur-Loire 58 .... 78 BI41
Cosnes-et-Romain 54 .... 21 CC17
Cosqueville 50 .... 24 AC15
Cossaye 58 .... 95 BM49
Cossé-d'Anjou 49 .... 89 AH44
Cossé-en-Champagne 53 .... 55 AJ35
Cossé-le-Vivien 53 .... 54 AF35
Cossesseville 14 .... 35 AJ24
Cosswiller 67 .... 46 CP27
Costa 2B 198 DH93
Costaros 43 .... 138 BP69
Les Costes 05 .... 156 CH70
Les Costes-Gozon 12 .... 164 BH79
La Côte 70 .... 84 CJ37
Cote 304 55 .... 20 BY21
La Côte-d'Aime 73 .... 129 CL61
La Côte-d'Arbroz 74 .... 115 CL54
La Côte-en-Couzan 42 .... 124 BP59
La Côte-Saint-André 38 .... 140 CA63
Le Coteau 42 .... 125 BR57
Côtebrune 25 .... 83 CH42
Les Côtes-d'Arey 38 .... 140 BX63
Les Côtes-de-Corps 38 .... 142 CG69
Coti-Chiavari 2A 202 DG102
Cotignac 83 .... 188 CI84
La Cotinière 17 .... 116 AB57
Cottance 42 .... 125 BT59
Cottenchy 80 .... 16 BE15
Cottévrard 76 .... 14 AV17
Cottier 25 .... 98 CD43
Cottun 14 .... 25 AH20
Cou (Col de) 74 .... 114 CJ53
La Couarde 79 .... 104 AK53
La Couarde-sur-Mer 17 .... 102 AA54
Couargues 18 .... 94 BI43
Coubert 77 .... 39 BG27
Coubeyrac 33 .... 146 AL70
Coubisou 12 .... 150 BH73
Coubjours 24 .... 134 AV65
Coublanc 71 .... 111 BS55
Coublanc 52 .... 82 CB38
Coublevie 38 .... 141 CD64
Coublucq 64 .... 178 AI84
Coubon 43 .... 138 BQ68
La Coubre (Phare de) 17 .... 116 AC60
Coubron 93 .... 39 BF25
Couches 71 .... 97 BU47
Couchey 21 .... 97 BX43
La Coucourde 26 .... 154 BX72
Coucouron 07 .... 152 BQ70
Coucy 08 .... 19 BT18
Coucy-la-Ville 02 .... 17 BL18
Coucy-le-Château-Auffrique 02 .... 17 BL18
Coucy-lès-Eppes 02 .... 18 BO17
Couddes 41 .... 76 AW42
Coudehard 61 .... 36 AN25
Coudekerque 59 .... 3 BE1
Coudekerque-Branche 59 .... 3 BE1
Coudes 63 .... 123 BK61
Coudeville-sur-Mer 50 .... 33 AB24
Le Coudon 83 .... 188 CH88
Coudons 11 .... 196 BC92
Coudoux 13 .... 187 CB84
Coudray 53 .... 73 AH37
Coudray 45 .... 59 BE32
Le Coudray 44 .... 71 Y39
Le Coudray 28 .... 58 AX30
Coudray 27 .... 14 AX20
Coudray-au-Perche 28 .... 57 AS32
Le Coudray-Macouard 49 .... 90 AL43
Le Coudray-Montceaux 91 .... 39 BF28
Coudray-Rabut 14 .... 27 AO20
Le Coudray-Saint-Germer 60 .... 15 BA19
Coudray-Salbart (Château de) 79 .... 104 AI52
Le Coudray-sur-Thelle 60 .... 15 BC20
La Coudre 79 .... 89 AI46
Les Coudreaux 77 .... 39 BF25
Coudreceau 28 .... 57 AT31
Coudrecieux 72 .... 57 AR35
Coudres 27 .... 37 AV25
Coudroy 45 .... 77 BE36
Coudun 60 .... 16 BH18
Coudures 40 .... 159 AG82
Coueilles 31 .... 180 AS86
Couëlan (Château de) 22 .... 52 W31
Couëron 44 .... 87 Z43
Couesmes 37 .... 74 AO39
Couesmes-en-Froulay 53 .... 55 AH29
Couesque (Barrage de) 12 .... 150 BF71
Les Couets 44 .... 87 AA43
Couffé 44 .... 72 AC41
Couffoulens 11 .... 182 BD89
Couffy 41 .... 92 AX43
Couffy-sur-Sarsonne 19 .... 122 BD61
Couflens 09 .... 194 AU93
Coufouleux 81 .... 163 AZ81
Cougnac (Grottes de) 46 .... 148 AW71
Couhé 86 .... 105 AN53
Couilly-Pont-aux-Dames 77 .... 40 BH25
Couin 62 .... 8 BF11
Couiza 11 .... 196 BD91
Couladère 31 .... 180 AT88
Coulaines 72 .... 56 AN34
Coulandon 03 .... 109 BK51
Coulangeron 89 .... 79 BM38
Coulanges 41 .... 75 AV40
Coulanges 03 .... 110 BP51
Coulanges-la-Vineuse 89 .... 79 BN38
Coulanges-lès-Nevers 58 .... 95 BK46
Coulanges-sur-Yonne 89 .... 79 BM40
Coulans-sur-Gée 72 .... 56 AM34
Coulans-sur-Lizon 25 .... 99 CF45
Coulaures 24 .... 134 AT65
Couledoux 31 .... 194 AR91
Couleuvre 03 .... 94 BI49
Coulevon 70 .... 83 CG38
Coulgens 16 .... 118 AN59
Coulimer 61 .... 56 AQ29
Coullemelle 80 .... 16 BE16
Coullemont 62 .... 7 BE10
Coullons 45 .... 77 BF39
Coulmer 61 .... 36 AO26
Coulmier-le-Sec 21 .... 81 BU37
Coulmiers 45 .... 76 AY36
Coulobres 34 .... 184 BL85
Coulogne 62 .... 2 BA2
Couloisy 60 .... 17 BI19
Coulombiers 86 .... 105 AN51
Coulombiers 72 .... 56 AN31
Coulombs 28 .... 38 AY27
Coulombs 14 .... 25 AI20
Coulombs-en-Valois 77 .... 40 BJ23
Coulomby 62 .... 2 BB5
Coulommes 77 .... 40 BI25
Coulommes-et-Marqueny 08 .... 19 BU19
Coulommes-la-Montagne 51 .... 18 BP21
Coulommiers 77 .... 40 BJ26
Coulommiers-la-Tour 41 .... 75 AU37
Coulon 79 .... 104 AH53
Coulonces 61 .... 35 AM25
Coulonces 14 .... 34 AG25
La Coulonche 61 .... 35 AJ27
Coulongé 72 .... 74 AN38
Coulonge-sur-Charente 17 .... 117 AG58
Coulonges 86 .... 106 AU52
Coulonges 27 .... 37 AU25
Coulonges 17 .... 117 AI61
Coulonges 16 .... 118 AM59
Coulonges-Cohan 02 .... 18 BN21
Coulonges-les-Sablons 61 .... 57 AT30
Coulonges-sur-l'Autize 79 .... 104 AH51
Coulonges-sur-Sarthe 61 .... 56 AP29
Coulonges-Thouarsais 79 .... 89 AJ46
Coulonvillers 80 .... 7 BB11
Couloumé-Mondebat 32 .... 160 AL83
Coulounieix-Chamiers 24 .... 133 AQ66
Coulours 89 .... 61 BN33
Couloutre 58 .... 78 BK41
Coulouvray-Boisbenâtre 50 .... 34 AE25
Coulvain 14 .... 34 AH23
Coulx 47 .... 147 AP74
Coume 57 .... 22 CI21
Counozouls 11 .... 196 BD93
Coupelle-Neuve 62 .... 3 BC7
Coupelle-Vieille 62 .... 3 BC7
Coupesarte 14 .... 26 AN23
Coupetz 51 .... 42 BS25
Coupéville 51 .... 42 BU24
Coupiac 12 .... 164 BF80
Coupray 52 .... 63 BX35
Coupru 02 .... 40 BK23
Couptrain 53 .... 55 AK29
Coupvray 77 .... 40 BH25
Couquèques 33 .... 130 AE64
Cour-Cheverny 41 .... 76 AX40
Cour-et-Buis 38 .... 140 BY63
Cour-l'Évêque 52 .... 63 BX35
La Cour-Marigny 45 .... 77 BF36
Cour-Saint-Maurice 25 .... 84 CK42
Cour-sur-Loire 41 .... 76 AX39
Courances 91 .... 59 BE30
Courant 17 .... 104 AH56
Courban 21 .... 63 BV35
La Courbe 61 .... 35 AL26
Courbehaye 28 .... 58 AY33
Courbépine 27 .... 27 AQ22
Courbes 02 .... 17 BL16
Courbesseaux 54 .... 45 CH26
Courbette 39 .... 113 CC50
Courbeveille 53 .... 54 AF34
Courbevoie 92 .... 39 BD25
Courbiac 47 .... 148 AT75
Courbillac 16 .... 118 AK59
Courboin 02 .... 41 BM24
Courbons 04 .... 170 CI77
Courbouzon 41 .... 76 AX38
Courbouzon 39 .... 98 CC49
Courboyer (Manoir de) 61 .... 57 AR30
Courçais 03 .... 108 BE52
Courçay 37 .... 91 AS43
Courceaux 89 .... 61 BL30
Courcebœufs 72 .... 56 AO33
Courcelette 80 .... 8 BG12
Courcelle 91 .... 39 BC27
Courcelles 90 .... 85 CN39
Courcelles 58 .... 79 BL41
Courcelles 54 .... 65 CF30
Courcelles 45 .... 59 BD34
Courcelles 25 .... 99 CF44
Courcelles 17 .... 117 AI57
Courcelles-au-Bois 80 .... 8 BF11
Courcelles-Chaussy 57 .... 22 CH22
Courcelles-de-Touraine 37 .... 74 AO40
Courcelles-en-Barrois 55 .... 43 CA25
Courcelles-en-Bassée 77 .... 60 BJ30
Courcelles-en-Montagne 52 .... 82 BZ36
Courcelles-Epayelles 60 .... 16 BG17
Courcelles-Frémoy 21 .... 80 BR41
Courcelles-la-Forêt 72 .... 74 AM37
Courcelles-le-Comte 62 .... 8 BH11
Courcelles-lès-Gisors 60 .... 15 AZ21
Courcelles-lès-Lens 62 .... 8 BI8
Courcelles-lès-Montbard 21 .... 80 BT39
Courcelles-lès-Montbéliard 25 .... 84 CL39
Courcelles-lès-Semur 21 .... 80 BS41
Courcelles-Sapicourt 51 .... 18 BO21
Courcelles-sous-Châtenois 88 .... 64 CD31
Courcelles-sous-Moyencourt 80 .... 15 BB15
Courcelles-sous-Thoix 80 .... 15 BC16
Courcelles-sur-Aire 55 .... 43 BZ24
Courcelles-sur-Aujon 52 .... 81 BY36
Courcelles-sur-Blaise 52 .... 63 BX30
Courcelles-sur-Nied 57 .... 45 CG22
Courcelles-sur-Seine 27 .... 37 AW22
Courcelles-sur-Vesles 02 .... 17 BM20
Courcelles-sur-Viosne 95 .... 38 BB23
Courcelles-sur-Voire 10 .... 62 BU29
Courcelles-Val-d'Esnoms 52 .... 82 BZ38
Courcemain 51 .... 41 BP28
Courcemont 72 .... 56 AP33
Courcerac 17 .... 117 AI58
Courcerault 61 .... 57 AR30
Courceroy 10 .... 61 BL30
Courchamp 77 .... 40 BK28
Courchamp 21 .... 82 CA39
Courchamps 49 .... 89 AK43
Courchamps 02 .... 40 BK22
Courchapon 25 .... 83 CD42
Courchaton 70 .... 84 CJ39
Courchelettes 59 .... 8 BJ9
Courchevel 73 .... 143 CL63
Courcité 53 .... 55 AK31
Courcival 72 .... 56 AP32
Courcôme 16 .... 118 AM57
Courçon 17 .... 103 AF54
Courcoué 37 .... 90 AP45
Courcouronnes 91 .... 39 BE28
Courcoury 17 .... 117 AH60
Courcuire 70 .... 83 CE41
Courcy 51 .... 18 BQ20
Courcy 50 .... 33 AC23
Courcy 14 .... 35 AM24
Courcy-aux-Loges 45 .... 59 BC34
Courdemanche 72 .... 74 AQ37
Courdemanche 27 .... 37 AW26
Courdemanges 51 .... 42 BU27
Courdimanche 95 .... 38 BB23
Courdimanche-sur-Essonne 91 .... 59 BE30
Couret 31 .... 180 AR90
Courgains 72 .... 56 AO31
Courgeac 16 .... 132 AM63
Courgenard 72 .... 57 AR33
Courgenay 89 .... 61 BM31
Courgent 78 .... 38 AY25
Courgeon 61 .... 57 AR29
Courgeoût 61 .... 56 AQ29
Courgis 89 .... 79 BO37
Courgivaux 51 .... 41 BM27
Courgoul 63 .... 123 BJ62
Courjeonnet 51 .... 41 BO25
Courlac 16 .... 132 AM64
Courlandon 51 .... 18 BO20
Courlans 39 .... 98 CC49
Courlaoux 39 .... 98 CB49
Courlay 79 .... 89 AH48
Courlay-sur-Mer 17 .... 116 AD60
Courléon 49 .... 74 AN41
Courlon 21 .... 81 BX38
Courlon-sur-Yonne 89 .... 60 BK31
Courmangoux 01 .... 113 CB53
Courmas 51 .... 18 BP21
Courmelles 02 .... 17 BK20
Courmemin 41 .... 76 AY41
Courménil 61 .... 36 AO26
Courmes 06 .... 174 CP81
Courmont 70 .... 84 CK38
Courmont 02 .... 41 BM22
Cournanel 11 .... 182 BD90
La Courneuve 93 .... 39 BE24
Courniou 34 .... 183 BG85
Cournols 63 .... 123 BJ61
Cournon 56 .... 70 W37
Cournon-d'Auvergne 63 .... 123 BK60
Cournonsec 34 .... 184 BO84
Cournonterral 34 .... 185 BP84
La Couronne 16 .... 118 AM61
La Couronne 13 .... 187 BZ86
Courouvre 55 .... 43 CA24
Courpalay 77 .... 40 BI28
Courpiac 33 .... 146 AJ70
Courpière 63 .... 124 BN60
Courpignac 17 .... 131 AH64
Courquetaine 77 .... 39 BG27
Courrensan 32 .... 160 AN81
Courrières 62 .... 4 BI7
Courris 81 .... 164 BE80
Courry 30 .... 153 BS76
Cours 79 .... 104 AI51
Cours 69 .... 111 BT56
Cours 58 .... 78 BI41
Le Cours 56 .... 69 T37
Cours 47 .... 147 AP75
Cours 46 .... 148 AX73
Cours-de-Monségur 33 .... 146 AM72
Cours-de-Pile 24 .... 147 AP70
Cours-les-Bains 33 .... 146 AL75
Cours-les-Barres 18 .... 94 BJ46
Coursac 24 .... 133 AQ67
Coursan 11 .... 183 BJ88
Coursan-en-Othe 10 .... 61 BP34
Coursegoules 06 .... 174 CP80
Courset 62 .... 2 BA5
Courseulles-sur-Mer 14 .... 26 AJ20
Courson 14 .... 34 AE25
Courson (Château de) 91 .... 39 BC28

Courson-les-Carrières 89 ... 79 BM39
Courson-Monteloup 91 ... 39 BC28
Courtacon 77 ... 40 BK27
Courtagnon 51 ... 41 BP22
Courtalain 28 ... 57 AU34
Courtangis (Château de) 72 ... 57 AS33
Courtanvaux (Château de) 72 ... 75 AR36
Courtaoult 10 ... 61 BP34
Courtauly 11 ... 182 BB90
Courtavon 68 ... 85 CO40
Courtefontaine 39 ... 99 CE44
Courtefontaine 25 ... 84 CM41
Courteilles 27 ... 37 AU27
Courteix 19 ... 122 BD61
Courtelevant 90 ... 85 CN39
Courtemanche 80 ... 16 BF16
Courtemaux 45 ... 60 BI34
Courtémont 51 ... 42 BV22
Courtemont-Varennes 02 ... 41 BM23
Courtempierre 45 ... 59 BF34
Courtenay 45 ... 60 BJ34
Courtenay 38 ... 127 CB60
Courtenot 10 ... 62 BS33
Courteranges 10 ... 62 BS32
Courteron 10 ... 62 BT34
Courtes 01 ... 112 BZ51
Courtesoult-et-Gatey 70 ... 82 CC38
Courtetain-et-Salans 25 ... 84 CI42
La Courtète 11 ... 182 BB89
Courteuil 60 ... 16 BF21
Courthézon 84 ... 168 BY78
Courthiézy 51 ... 41 BN23
Courties 32 ... 179 AM84
Courtieux 60 ... 17 BJ19
Courtillers 72 ... 73 AK37
Courtils 50 ... 33 AC27
La Courtine 23 ... 122 BD60
Courtisols 51 ... 42 BT24
Courtivron 21 ... 81 BX40
Courtoin 89 ... 60 BJ33
Courtois-sur-Yonne 89 ... 60 BK32
Courtomer 77 ... 40 BI27
Courtomer 61 ... 36 AP28
Courtonne-la-Meurdrac 14 ... 27 AP22
Courtonne-les-Deux-Églises 14 ... 27 AP22
Courtrizy-et-Fussigny 02 ... 18 BO18
Courtry 77 ... 39 BF25
Courvaudon 14 ... 35 AI23
Courvières 25 ... 99 CG47
Courville 51 ... 18 BN21
Courville-sur-Eure 28 ... 57 AV30
Courzieu 69 ... 125 BV60
Cousance 39 ... 113 CB51
Cousances-au-Bois 55 ... 43 CA26
Cousances-les-Forges 55 ... 43 BY28
Cousolre 59 ... 10 BQ10
Coussa 09 ... 181 AY90
Coussac-Bonneval 87 ... 120 AV62
Coussan 65 ... 179 AM87
Coussay 86 ... 90 AN47
Coussay-les-Bois 86 ... 91 AR48
Coussegrey 10 ... 62 BQ35
Coussergues 12 ... 151 BI75
Coussey 88 ... 64 CC30
Coust 18 ... 94 BF49
Coustaussa 11 ... 196 BD91
Coustellet 84 ... 168 CA80
Coustouge 11 ... 183 BH90
Coustouges 66 ... 197 BG97
Coutances 50 ... 33 AC22
Coutansouze 03 ... 109 BJ55
Coutarnoux 89 ... 80 BQ39
Coutençon 77 ... 60 BI29
Coutens 09 ... 181 AZ90
Couterne 61 ... 55 AJ29
Couternon 21 ... 82 BZ42
Couteuges 43 ... 138 BN66
Coutevroult 77 ... 40 BH25
Couthenans 70 ... 84 CK38
Couthures-sur-Garonne 47 ... 146 AL73
Coutiches 59 ... 4 BK7
Coutières 79 ... 104 AL51
Coutouvre 42 ... 111 BS56
Coutras 33 ... 132 AK67
La Couture 85 ... 103 AC51
La Couture 62 ... 3 BG6
Couture 16 ... 118 AN58
La Couture-Boussey 27 ... 38 AX25
Couture-d'Argenson 79 ... 118 AL57
Couture-sur-Loir 41 ... 75 AR37
Couturelle 62 ... 8 BF10
Coutures 82 ... 162 AT80
Coutures 57 ... 45 CI25
Coutures 49 ... 73 AJ41
Coutures 33 ... 146 AL72
Coutures 24 ... 133 AO64
Couvains 61 ... 36 AQ25
Couvains 50 ... 25 AF21
La Couvertoirade 12 ... 165 BL80
Couvertpuis 55 ... 43 BZ28
Couvignon 10 ... 63 BV32
Couville 50 ... 24 AA17
Couvonges 55 ... 43 BX26
Couvrelles 02 ... 17 BM20
Couvron-et-Aumencourt 02 ... 17 BM16
Couvrot 51 ... 42 BU26
Coux 17 ... 131 AI64
Coux 07 ... 154 BW71
Coux-et-Bigaroque 24 ... 148 AT70
Couy 18 ... 94 BH45
La Couyère 35 ... 53 AB35
Couzan (Château de) 42 ... 124 BQ60
Couze-et-Saint-Front 24 ... 147 AQ70
Couzeix 87 ... 120 AV58
Couziers 37 ... 90 AM44
Couzon 03 ... 109 BJ50
Couzon-au-Mont-d'Or 69 ... 126 BX58
Couzou 46 ... 149 AY71
Cox 31 ... 162 AT82
Coye-la-Forêt 60 ... 39 BE22
Coyecques 62 ... 3 BC6
Coyolles 02 ... 17 BJ21
Coyrière 39 ... 113 CE53
Coyron 39 ... 113 CD51
Coyviller 54 ... 45 CH28
Cozes 17 ... 117 AF61
Cozzano 2A ... 203 DJ100
Crach 56 ... 68 P38
Craches 78 ... 58 BA29
Crachier 38 ... 126 CA62
Crain 89 ... 79 BN40
Craincourt 57 ... 45 CH24
Craintilleux 42 ... 125 BS61
Crainvilliers 88 ... 64 CD33
Cramaille 02 ... 17 BM21
Cramans 39 ... 99 CE45
Cramant 51 ... 41 BQ24
Cramchaban 17 ... 103 AG54
Craménil 61 ... 35 AJ26
Cramoisy 60 ... 16 BE21
Cramont 80 ... 7 BB11
Crampagna 09 ... 181 AX90
Cran-Gevrier 74 ... 128 CH57
Crancey 10 ... 61 BN29
Crançot 39 ... 98 CD49
Crandelles 15 ... 136 BD69
Crannes-en-Champagne 72 ... 56 AM35
Crans 39 ... 99 CF49
Crans 01 ... 126 CA57
Cransac 12 ... 150 BD73
Crantenoy 54 ... 65 CG29
Cranves-Sales 74 ... 114 CI54
Craon 86 ... 90 AM48
Craon 53 ... 72 AF36
Craonne 02 ... 18 BO19
Craonnelle 02 ... 18 BO19
Crapeaumesnil 60 ... 16 BH16
Craponne 69 ... 126 BW60
Craponne-sur-Arzon 43 ... 138 BP64
Cras 46 ... 148 AX73
Cras 38 ... 141 CC65
Cras-sur-Reyssouze 01 ... 112 BZ53
Crastatt 67 ... 46 CP26
Crastes 32 ... 161 AQ82
Crasville 50 ... 24 AD17
Crasville 27 ... 14 AU21
Crasville-la-Mallet 76 ... 13 AS15
Crasville-la-Rocquefort 76 ... 13 AT15
La Crau 83 ... 188 CI88
Cravanche 90 ... 84 CL38
Cravans 17 ... 117 AG61
Cravant 89 ... 79 BO38
Cravant 45 ... 76 AY37
Cravant-les-Côteaux 37 ... 90 AO44
Cravencères 32 ... 160 AL82
Cravent 78 ... 38 AX24
Crayssac 46 ... 148 AV73
Craywick 59 ... 3 BD2
Craz 01 ... 113 CE56
Crazannes 17 ... 117 AG58
Cré 72 ... 73 AL38
Créac'h (Phare de) 29 ... 28 A27
Créances 50 ... 24 AB21
Créancey 52 ... 63 BW34
Créancey 21 ... 97 BU43
Crécey-sur-Tille 21 ... 81 BY39
La Crèche 79 ... 104 AJ53
Crêches-sur-Saône 71 ... 112 BW54
Créchets 65 ... 193 AP90
Créchy 03 ... 110 BM54
Crécy-au-Mont 02 ... 17 BL18
Crécy-Couvé 28 ... 37 AW27
Crécy-en-Ponthieu 80 ... 7 BA10
Crécy-la-Chapelle 77 ... 40 BI25
Crécy-sur-Serre 02 ... 18 BN16
Crédin 56 ... 51 R33
Crégols 46 ... 149 AY74
Crégy-lès-Meaux 77 ... 40 BH24
Créhange 57 ... 22 CI22
Créhen 22 ... 32 W28
Creil 60 ... 16 BE21
Creissan 34 ... 183 BJ86
Creissels 12 ... 165 BJ78
Crémarest 62 ... 2 AZ5
Cremeaux 42 ... 124 BQ58
Crémery 80 ... 16 BH15
Crémieu 38 ... 126 CA60
Crempigny-Bonneguête 74 ... 127 CF57
Cremps 46 ... 149 AY75
Crenans 39 ... 113 CE51
Crenay 52 ... 63 BY34
Creney-près-Troyes 10 ... 62 BR31
Crennes-sur-Fraubée 53 ... 55 AK30
Creno (Lac de) 2A ... 200 DH97
Créon 33 ... 145 AI70
Créon-d'Armagnac 40 ... 160 AK79
Créot 71 ... 97 BV47
Crépand 21 ... 80 BS39
Crépey 54 ... 44 CE28
Crépieux-la-Pape 69 ... 126 BX59
Crépion 55 ... 20 CA20
Crépol 26 ... 140 BZ66
Crépon 14 ... 25 AI20
Crépy 62 ... 3 BC7
Crépy 02 ... 17 BM17
Crépy-en-Valois 60 ... 16 BH21
Créquy 62 ... 2 BB7
Le Crès 34 ... 185 BQ83
Cresancey 70 ... 82 CC41
Crésantignes 10 ... 62 BQ33
Les Cresnays 50 ... 34 AE26
Crespian 30 ... 167 BS80
Crespières 78 ... 38 BA25
Crespin 81 ... 164 BD79
Crespin 59 ... 9 BN8
Crespin 12 ... 164 BD77
Crespinet 81 ... 164 BD80
Crespy-le-Neuf 10 ... 62 BU30
Cressac-Saint-Genis 16 ... 132 AL63
Cressanges 03 ... 109 BK52
Cressat 23 ... 108 BC55
Cressé 17 ... 118 AK58
La Cresse 12 ... 165 BK77
Cressely 78 ... 39 BC27
Cressensac 46 ... 135 AX68
Cresserons 14 ... 26 AK20
Cresseveuille 14 ... 26 AN21
Cressia 39 ... 113 CB51
Cressin-Rochefort 01 ... 127 CE59
La Cressonnière 14 ... 27 AP23
Cressonsacq 60 ... 16 BF19
Cressy 76 ... 14 AV15
Cressy-Omencourt 80 ... 17 BI16
Cressy-sur-Somme 71 ... 96 BP49
Le Crest 63 ... 123 BK60
Crest 26 ... 154 BZ71
Crest-Voland 73 ... 128 CK58
Creste 63 ... 123 BJ62
Crestet 84 ... 154 BZ76
Le Crestet 07 ... 140 BW68
Crestot 27 ... 14 AT21
Créteil 94 ... 39 BE26
Créton 27 ... 37 AV25
Cretteville 50 ... 24 AC19
Creuë 55 ... 44 CC23
Creully 14 ... 25 AI20
Creuse 80 ... 7 BC14
La Creuse 70 ... 84 CI38
Le Creusot 71 ... 96 BT48
Creutzwald 57 ... 22 CJ20
Creuzier-le-Neuf 03 ... 110 BM55
Creuzier-le-Vieux 03 ... 110 BM55
Crevans-et-la-Chapelle-lès-Granges 70 ... 84 CJ39
Crevant 36 ... 107 BA52
Crevant-Laveine 63 ... 123 BL58
Crévéchamps 54 ... 45 CG28
Crèvecœur-en-Auge 14 ... 26 AM22
Crèvecœur-en-Brie 77 ... 40 BI26
Crèvecœur-le-Grand 60 ... 15 BC17
Crèvecœur-le-Petit 60 ... 16 BF17
Crèvecœur-sur-l'Escaut 59 ... 9 BK11
Creveney 70 ... 83 CH37
Crévic 54 ... 45 CH27
Crévin 35 ... 53 AA35
Crévoux 05 ... 157 CL72
Creys-Mépieu 38 ... 127 CC60
Creyssac 24 ... 133 AP65
Creysse 46 ... 135 AY69
Creysse 24 ... 147 AP70
Creysseilles 07 ... 153 BV71
Creyssensac-et-Pissot 24 ... 133 AQ67
Crézançay-sur-Cher 18 ... 93 BE48
Crézancy 02 ... 41 BM23
Crézancy-en-Sancerre 18 ... 78 BH42
Crézières 79 ... 104 AK56
Crézilles 54 ... 44 CE28
Cricquebœuf 14 ... 12 AN19
Cricqueville-en-Auge 14 ... 26 AM21
Cricqueville-en-Bessin 14 ... 25 AF19
Criel-sur-Mer 76 ... 6 AW12
Crillat 39 ... 113 CE50
Crillon 60 ... 15 BA18
Crillon-le-Brave 84 ... 168 CA78
Crimolois 21 ... 81 BY42
Crion 54 ... 45 CI27
La Crique 76 ... 14 AV16
Criquebeuf-en-Caux 76 ... 12 AP15
Criquebeuf-la-Campagne 27 ... 14 AU21
Criquebeuf-sur-Seine 27 ... 14 AU20
Criquetot-le-Mauconduit 76 ... 13 AR15
Criquetot-l'Esneval 76 ... 12 AO16
Criquetot-sur-Longueville 76 ... 13 AU15
Criquetot-sur-Ouville 76 ... 13 AT16
Criquiers 76 ... 15 AZ16
Crisenoy 77 ... 39 BG28
Crisolles 60 ... 17 BI17
Crissay-sur-Manse 37 ... 90 AP44
Crissé 72 ... 56 AM33
Crissey 71 ... 97 BX48
Crissey 39 ... 98 CB45
Cristinacce 2A ... 200 DG97
Cristot 14 ... 25 AI21
Criteuil-la-Magdeleine 16 ... 117 AJ62
Critot 76 ... 14 AW17
Croce 2B ... 199 DK94
Crochte 59 ... 3 BE2
Crocicchia 2B ... 199 DK94
Le Crocq 60 ... 15 BC17
Crocq 23 ... 122 BE58
Crocy 14 ... 35 AM25
Crœttwiller 67 ... 47 CT23
Croignon 33 ... 145 AI70
Croisances 43 ... 138 BN69
La Croisette 74 ... 114 CH55
Croisette 62 ... 7 BD9
Le Croisic 44 ... 69 T41
La Croisière 23 ... 107 AW55
La Croisille 27 ... 37 AT24
La Croisille-sur-Briance 87 ... 121 AY61
Croisilles 62 ... 8 BH10
Croisilles 61 ... 36 AO26
Croisilles 28 ... 38 AX27
Croisilles 14 ... 26 AJ23
Croismare 54 ... 45 CJ27
Croissanville 14 ... 26 AM22
Croissy-Beaubourg 77 ... 39 BG26
Croissy-sur-Celle 60 ... 15 BC16
Croissy-sur-Seine 78 ... 39 BC25
Le Croisty 56 ... 51 N32
Croisy 18 ... 94 BH47
Croisy-sur-Andelle 76 ... 14 AX18
Croisy-sur-Eure 27 ... 37 AW23
Croix 90 ... 84 CM40
Croix 59 ... 4 BJ5
Croix (Col de la) 2A ... 200 DE96
Croix (Plateau de la) 74 ... 129 CL58
La Croix-aux-Bois 08 ... 19 BV19
La Croix-aux-Mines 88 ... 66 CM31
La Croix-Avranchin 50 ... 33 AC28
La Croix-Blanche 71 ... 112 BW53
La Croix-Blanche 47 ... 147 AQ76
Croix-Caluyau 59 ... 9 BM11
Croix-Chapeau 17 ... 103 AE55
La Croix-Comtesse 17 ... 104 AH56
Croix-de-Bauzon (Col de la) 07 ... 153 BR72
La Croix-de-Berny 92 ... 39 BD26
La Croix-de-Fer (Col de) 73 ... 142 CI65
La Croix-de-la-Rochette 73 ... 128 CH62
Croix-de-l'Homme-Mort (Col de la) 42 ... 124 BQ62
Croix-de-Vie 85 ... 86 X48
Croix-du-Bac 59 ... 4 BH5
La Croix-du-Perche 28 ... 57 AU32
La Croix-en-Brie 77 ... 40 BJ28
La Croix-en-Champagne 51 ... 42 BU23
Croix-en-Ternois 62 ... 7 BD8
La Croix-en-Touraine 37 ... 75 AT42
Croix-Fonsommes 02 ... 9 BL13
La Croix-Fry (Col de) 74 ... 128 CJ58
Croix-Haute (Col de la) 26 ... 155 CE71
La Croix-Helléan 56 ... 52 T34
Croix-Mare 76 ... 13 AT17
Croix-Moligneaux 80 ... 17 BI15
Croix-Morand ou de Diane (Col de la) 63 ... 123 BH61
Croix-Rampau 69 ... 126 BX58
La Croix-Saint-Leufroy 27 ... 37 AV22
Croix-Saint-Robert (Col de la) 63 ... 123 BH62
Croix Saint-Thomas 21 ... 80 BT42
Croix-Sainte 13 ... 187 BZ85
La Croix-sur-Gartempe 87 ... 106 AT55
La Croix-sur-Ourcq 02 ... 40 BL22
La Croix-sur-Roudoule 06 ... 171 CO78
La Croix-Valmer 83 ... 189 CM87
Croixanvec 56 ... 51 R32
Croixdalle 76 ... 14 AW15
La Croixille 53 ... 54 AE32
Croixrault 80 ... 15 BB15
Croizet-sur-Gand 42 ... 125 BS58
Crolles 38 ... 141 CF64
Crollon 50 ... 33 AC28
Cromac 87 ... 106 AV53
Cromary 70 ... 83 CG41
Cronat 71 ... 95 BO49
Cronce 43 ... 137 BL67
La Cropte 53 ... 55 AI35
Cropus 76 ... 14 AV15
Cros 63 ... 136 BF63
Le Cros 34 ... 165 BM81
Cros 30 ... 166 BP79
Cros-de-Cagnes 06 ... 175 CQ82
Cros-de-Géorand 07 ... 153 BS70
Cros-de-Montvert 15 ... 136 BC67
Cros-de-Ronesque 15 ... 136 BG69
Crosey-le-Grand 25 ... 84 CJ41
Crosey-le-Petit 25 ... 84 CJ41
Crosmières 72 ... 73 AL37
Crosne 91 ... 39 BE27
Crossac 44 ... 70 V40
Crosses 18 ... 94 BF46
Crosville-la-Vieille 27 ... 37 AT22
Crosville-sur-Douve 50 ... 24 AC19
Crosville-sur-Scie 76 ... 13 AU14
Crotelles 37 ... 75 AS40
Crotenay 39 ... 99 CE48
Croth 27 ... 37 AW25
Le Crotoy 80 ... 6 AY10
Crots 05 ... 156 CK72
Crottes-en-Pithiverais 45 ... 59 BB33
Crottet 01 ... 112 BX54
Le Crouais 35 ... 52 W31
Crouay 14 ... 25 AH20
La Croupte 14 ... 27 AO23
Crouseilles 64 ... 178 AK84
Croutelle 86 ... 105 AO51
Les Croûtes 10 ... 61 BP35
Croutoy 60 ... 17 BJ19
Crouttes 61 ... 36 AN24
Crouttes-sur-Marne 02 ... 40 BK24
Crouy 80 ... 7 BC13
Crouy 02 ... 17 BL19
Crouy-en-Thelle 60 ... 16 BD21
Crouy-sur-Cosson 41 ... 76 AY39
Crouy-sur-Ourcq 77 ... 40 BJ23
Le Crouzet 25 ... 99 CG48
Crouzet-Migette 25 ... 99 CF46
La Crouzille 87 ... 120 AW57
La Crouzille 63 ... 109 BH55
Crouzilles 37 ... 90 AP44
Crozant 23 ... 107 AY53
Croze 23 ... 122 BC59
Crozes-Hermitage 26 ... 140 BX67
Le Crozet 42 ... 110 BP55
Crozet 01 ... 114 CG53
Les Crozets 39 ... 113 CE51
Crozon 29 ... 29 F30
Crozon-sur-Vauvre 36 ... 107 BA52
Cruas 07 ... 154 BX72
Crucey 28 ... 37 AU27
Crucheray 41 ... 75 AU38
Cruéjouls 12 ... 151 BI74
Cruet 73 ... 128 CH62
Crugey 21 ... 97 BV44
Crugny 51 ... 18 BO21
Cruguel 56 ... 52 T35
Cruis 04 ... 169 CF78
Crulai 61 ... 36 AR27
Crupies 26 ... 154 CA73
Crupilly 02 ... 9 BO13
Cruscades 11 ... 183 BH88
Cruseilles 74 ... 114 CH56
Crusnes 54 ... 21 CD18
Crussol (Château de) 07 ... 140 BX68
Cruviers-Lascours 30 ... 167 BS79
Crux-la-Ville 58 ... 95 BM44
Cruzille 71 ... 112 BW51
Cruzilles-lès-Mépillat 01 ... 112 BX54
Cruzy 34 ... 183 BI86
Cruzy-le-Châtel 89 ... 80 BR36
Cry 89 ... 80 BS38
Cubelles 43 ... 138 BN68
Cubières 48 ... 152 BP74
Cubières-sur-Cinoble 11 ... 196 BE92
Cubiérettes 48 ... 152 BP74
Cubjac 24 ... 133 AS66
Cublac 19 ... 134 AV66
Cublize 69 ... 125 BT57
Cubnezais 33 ... 131 AI67
Cubrial 25 ... 84 CI40
Cubry 25 ... 84 CI40
Cubry-lès-Faverney 70 ... 83 CG36
Cubry-lès-Soing 70 ... 83 CE39
Cubzac-les-Ponts 33 ... 131 AH68
Cucharmoy 77 ... 40 BK28
Cucheron (Col du) 38 ... 141 CF63
Cuchery 51 ... 41 BO22
Cucq 62 ... 2 AY7
Cucugnan 11 ... 197 BG92
Cucuron 84 ... 169 CC81
Cucuruzzu (Castellu de) 2A ... 203 DJ102
Cudos 33 ... 146 AJ75
Cudot 89 ... 60 BK35
Cuébris 06 ... 174 CP79
Cuélas 32 ... 179 AO86
Cuers 83 ... 188 CI87
Cuffies 02 ... 17 BL19
Cuffy 18 ... 94 BJ46
Cugand 85 ... 87 AC45
Cuges-les-Pins 13 ... 188 CF87
Cugnaux 31 ... 181 AV84
Cugney 70 ... 83 CD41
Cugny 02 ... 17 BJ16
Cugny-lès-Crouttes 02 ... 17 BL21
Cuguen 35 ... 53 AA29
Cuguron 31 ... 179 AP89
Cuhon 86 ... 90 AM48
Cuignières 60 ... 16 BE19
Cuigy-en-Bray 60 ... 15 BA19
Cuillé 53 ... 54 AE35
Cuinchy 62 ... 3 BG7
Cuincy 59 ... 8 BI8
Le Cuing 31 ... 179 AP89
Cuinzier 42 ... 111 BS55
Cuirieux 02 ... 18 BO16
Cuiry-Housse 02 ... 17 BM20
Cuiry-lès-Chaudardes 02 ... 18 BO19
Cuiry-lès-Iviers 02 ... 18 BQ15
Cuis 51 ... 41 BP24
Cuise-la-Motte 60 ... 17 BI19
Cuiseaux 71 ... 113 CB51
Cuiserey 21 ... 82 CA41
Cuisery 71 ... 112 BY50
Cuisia 39 ... 113 CB51
Cuisiat 01 ... 113 CB53
Cuisles 51 ... 41 BO22
Cuissai 61 ... 56 AM29
Cuissy-et-Geny 02 ... 18 BN19
Cuisy 77 ... 40 BH23
Cuisy 55 ... 20 BY20
Cuisy-en-Almont 02 ... 17 BK19
La Cula 42 ... 125 BV62
Culan 18 ... 108 BE51
Culêtre 21 ... 97 BU44
Culey 55 ... 43 BZ26
Culey-le-Patry 14 ... 35 AI24
Culhat 63 ... 123 BL58
Culin 38 ... 126 CA62
Culles-les-Roches 71 ... 97 BV49
Cully 14 ... 26 AJ20
Culmont 52 ... 82 CB36
Culoison 10 ... 62 BQ31
Culoz 01 ... 127 CE58
Cult 70 ... 83 CD42
Cultures 48 ... 151 BM74
Cumières 51 ... 41 BP23
Cumières-le-Mort-Homme 55 ... 20 BZ21
Cumiès 11 ... 181 AZ87
Cumont 82 ... 161 AS81
Cunac 81 ... 163 BC80
Cunault 49 ... 73 AK42
Cuncy-lès-Varzy 58 ... 79 BM42
Cunèges 24 ... 147 AO70
Cunel 55 ... 20 BY20
Cunelières 90 ... 84 CM38
Cunfin 10 ... 63 BV34
Cunlhat 63 ... 124 BN61
Cuntorba (Castello de) 2A ... 202 DH103
Cuon 49 ... 73 AL40
Cuperly 51 ... 42 BT23
Cuq 81 ... 163 BB83
Cuq 47 ... 161 AQ78
Cuq-Toulza 81 ... 182 BA84
Cuqueron 64 ... 178 AG86
Curac 16 ... 132 AL65
Curan 12 ... 165 BI77
Curbans 04 ... 156 CH74
Curbigny 71 ... 111 BT53
Curçay-sur-Dive 86 ... 90 AL45
Curchy 80 ... 16 BH15
Curciat-Dongalon 01 ... 112 BZ51
Curcy-sur-Orne 14 ... 35 AI23
Curdin 71 ... 111 BQ50
La Cure 39 ... 114 CG51
Curebourse (Col de) 15 ... 136 BG68
Curel 52 ... 63 BY29
Curel 04 ... 169 CE77
Curemonte 19 ... 135 AZ68
Cures 72 ... 56 AM33
Curey 50 ... 33 AB28
Curgies 59 ... 9 BM9
Curgy 71 ... 96 BT46
Curienne 73 ... 128 CG61
Curières 12 ... 151 BI72
Curis-au-Mont-d'Or 69 ... 126 BX58
Curley 21 ... 97 BX43
Curlu 80 ... 8 BH13
Curmont 52 ... 63 BX32
Curnier 26 ... 154 CA75
Cursan 33 ... 145 AI70
Curtafond 01 ... 112 BZ54
Curtil-Saint-Seine 21 ... 81 BX41
Curtil-sous-Buffières 71 ... 111 BU52
Curtil-sous-Burnand 71 ... 112 BV50
Curtil-Vergy 21 ... 97 BX44
Le Curtillard 38 ... 142 CH64
Curtin 38 ... 127 CC60
Curvalle 81 ... 164 BF80
Curzay-sur-Vonne 86 ... 105 AM51
Curzon 85 ... 102 AB51
Cusance 25 ... 84 CI41
Cuse-et-Adrisans 25 ... 84 CI40
Cusey 52 ... 82 CA38
Cussac 87 ... 119 AS60
Cussac 15 ... 137 BI68
Cussac-Fort-Médoc 33 ... 131 AF66
Cussac-sur-Loire 43 ... 138 BQ68
Cussangy 10 ... 62 BR34
Cussay 37 ... 91 AS45
Cusset 03 ... 110 BM55
Cussey-les-Forges 21 ... 81 BY38
Cussey-sur-Lison 25 ... 99 CF45
Cussey-sur-l'Ognon 25 ... 83 CF41
Cussy 14 ... 25 AH20
Cussy-en-Morvan 71 ... 96 BR45
Cussy-la-Colonne 21 ... 97 BV45
Cussy-le-Châtel 21 ... 97 BU44
Cussy-les-Forges 89 ... 80 BQ41
Custines 54 ... 44 CF25
Cusy 89 ... 80 BR37
Cusy 74 ... 128 CG59
Cutry 54 ... 21 CC18
Cutry 02 ... 17 BK20
Cuts 60 ... 17 BJ18
Cutting 57 ... 45 CK24
Cuttoli-Corticchiato 2A ... 202 DH100
Cuttura 39 ... 113 CE52
Cuvat 74 ... 128 CH57
Cuve 70 ... 65 CG35
Cuvergnon 60 ... 40 BI22
Cuverville 76 ... 12 AO16
Cuverville 27 ... 14 AW20
Cuverville 14 ... 26 AK21
Cuverville-sur-Yères 76 ... 6 AX13
Cuvéry (Col de) 01 ... 113 CE55
Cuves 52 ... 64 CB33
Cuves 50 ... 34 AE26
Cuvier 39 ... 99 CG47
Cuvillers 59 ... 9 BK10
Cuvilly 60 ... 16 BG17
Cuvry 57 ... 44 CF22
Cuxac-Cabardès 11 ... 182 BD86
Cuxac-d'Aude 11 ... 183 BJ88
Cuy 89 ... 60 BK32
Cuy 60 ... 16 BH17
Cuy-Saint-Fiacre 76 ... 15 AZ18
Cuzac 46 ... 149 BC73
Cuzals (Musée de) 46 ... 149 AY73
Cuzance 46 ... 135 AX68
Cuzieu 42 ... 125 BS61
Cuzieu 01 ... 127 CD58
Cuzion 36 ... 107 AY52
Cuzorn 47 ... 147 AS73
Cuzy 71 ... 96 BQ48
Cys-la-Commune 02 ... 17 BM19
Cysoing 59 ... 4 BK6

D

Dabisse 04 ... 169 CG79
Dabo 57 ... 46 CN26
Dabo (Rocher de) 57 ... 46 CO26
Dachstein 67 ... 47 CQ27
Dadonville 45 ... 59 BD33
Daglan 24 ... 148 AU71
Dagneux 01 ... 126 BZ58
Dagny 77 ... 40 BK27
Dagny-Lambercy 02 ... 18 BQ15
Dagonville 55 ... 43 CA26
La Daguenière 49 ... 73 AI41
Dahlenheim 67 ... 47 CQ27
Daignac 33 ... 146 AJ70
Daigny 08 ... 20 BX15
Daillancourt 52 ... 63 BX31
Daillecourt 52 ... 64 CB33
Dainville 62 ... 8 BG9
Dainville-Bertheléville 55 ... 64 CB29
Daix 21 ... 81 BX42
Dalem 57 ... 22 CJ20
Dalhain 57 ... 45 CI24
Dalhunden 67 ... 47 CT25
Dallet 63 ... 123 BK59
Dallon 02 ... 9 BK14
Dalou 09 ... 181 AY90
Dalstein 57 ... 22 CH19
Daluis 06 ... 171 CN78
Damas-aux-Bois 88 ... 65 CI30
Damas-et-Bettegney 88 ... 65 CH32
Damazan 47 ... 146 AN76
Dambach 67 ... 23 CQ22
Dambach-la-Ville 67 ... 67 CP30
Dambelin 25 ... 84 CK41
Dambenois 25 ... 84 CM39
Dambenoît-lès-Colombe 70 ... 84 CI37
Damblain 88 ... 64 CC33
Damblainville 14 ... 35 AL24
Dambron 28 ... 58 BA33
Dame-Marie 61 ... 57 AR31
Dame-Marie 27 ... 37 AU26
Dame-Marie-les-Bois 37 ... 75 AU40
Damelevières 54 ... 45 CH28
Daméraucourt 60 ... 15 BA16
Damerey 71 ... 97 BY47
Damery 80 ... 16 BG15
Damery 51 ... 41 BP23
Damgan 56 ... 69 S39
Damiatte 81 ... 163 BA83
Damigny 61 ... 56 AN29
Damloup 55 ... 20 CA21
Dammard 02 ... 40 BK22
Dammarie 28 ... 58 AX31
Dammarie-en-Puisaye 45 ... 78 BH39
Dammarie-les-Lys 77 ... 60 BG29
Dammarie-sur-Loing 45 ... 78 BH37
Dammarie-sur-Saulx 55 ... 43 BZ28
Dammartin-en-Goële 77 ... 39 BG23
Dammartin-en-Serve 78 ... 38 AY25
Dammartin-les-Templiers 25 ... 83 CH42
Dammartin-Marpain 39 ... 98 CC43
Dammartin-sur-Meuse 52 ... 64 CC34
Dammartin-sur-Tigeaux 77 ... 40 BI26
Damousies 59 ... 10 BP10
Damouzy 08 ... 11 BU14
Damparis 39 ... 98 CB45
Dampierre 52 ... 64 CA35
Dampierre 39 ... 98 CD44
Dampierre 14 ... 34 AG23
Dampierre 10 ... 42 BS28
Dampierre-au-Temple 51 ... 42 BS23
Dampierre-en-Bray 76 ... 15 AZ18
Dampierre-en-Bresse 71 ... 98 BZ47
Dampierre-en-Burly 45 ... 77 BF37
Dampierre-en-Crot 18 ... 77 BF41
Dampierre-en-Graçay 18 ... 93 BA44
Dampierre-en-Montagne 21 ... 81 BU41
Dampierre-en-Yvelines 78 ... 38 BB27
Dampierre-et-Flée 21 ... 82 CA40
Dampierre-le-Château 51 ... 42 BV23
Dampierre-les-Bois 25 ... 84 CM39
Dampierre-lès-Conflans 70 ... 83 CG36
Dampierre-Saint-Nicolas 76 ... 6 AV14
Dampierre-sous-Bouhy 58 ... 78 BJ40
Dampierre-sous-Brou 28 ... 57 AU32
Dampierre-sur-Avre 28 ... 37 AV26
Dampierre-sur-Blévy 28 ... 37 AU28
Dampierre-sur-Boutonne 17 ... 104 AI56
Dampierre-sur-le-Doubs 25 ... 84 CL40
Dampierre-sur-Linotte 70 ... 83 CH39
Dampierre-sur-Loire 49 ... 90 AL43
Dampierre-sur-Moivre 51 ... 42 BU25
Dampierre-sur-Salon 70 ... 83 CD39
Dampjoux 25 ... 84 CL41
Dampleux 02 ... 17 BJ21
Dampmart 77 ... 39 BG25
Dampniat 19 ... 135 AY66
Damprichard 25 ... 84 CM42
Les Damps 27 ... 14 AV20
Dampsmesnil 27 ... 38 AY22
Dampvalley-lès-Colombe 70 ... 83 CH38
Dampvalley-Saint-Pancras 70 ... 65 CG35
Dampvitoux 54 ... 44 CD23
Damrémont 52 ... 64 CC35
Damville 27 ... 37 AU25
Damvillers 55 ... 20 CA19
Damvix 85 ... 103 AG53
Dancé 61 ... 57 AS31
Dancé 42 ... 125 BR58
Dancevoir 52 ... 63 BW35
Dancharia 64 ... 176 Y86
Dancourt 76 ... 6 AY14
Dancourt-Popincourt 80 ... 16 BG16
Dancy 28 ... 58 AX33
Danestal 14 ... 26 AN21
Dangé-Saint-Romain 86 ... 91 AQ46
Dangeau 28 ... 58 AW32
Dangers 28 ... 58 AW29
Dangeul 72 ... 56 AO32
Dangolsheim 67 ... 46 CP27
Dangu 27 ... 15 AZ21
Dangy 50 ... 34 AD23
Danizy 02 ... 17 BL16
Danjoutin 90 ... 84 CL38
Danne-et-Quatre-Vents 57 ... 46 CO25
Dannelbourg 57 ... 46 CN25
Dannemarie 78 ... 38 AY26
Dannemarie 68 ... 85 CN38
Dannemarie 25 ... 84 CM41
Dannemarie-sur-Crète 25 ... 99 CE43
Dannemoine 89 ... 80 BO36
Dannemois 91 ... 59 BE30
Dannes 62 ... 2 AY6
Dannevoux 55 ... 20 BZ20
Danvou-la-Ferrière 14 ... 34 AH24
Danzé 41 ... 75 AU36
Daon 53 ... 73 AH37
Daoulas 29 ... 29 H29
Daoulas (Gorges du) 22 ... 51 P31
Daours 80 ... 7 BE14
Darazac 19 ... 135 BB66
Darbonnay 39 ... 98 CC47
Darbres 07 ... 153 BV72
Darcey 21 ... 81 BU39
Dardenac 33 ... 146 AJ70
Dardenay 52 ... 82 CA38
Dardez 27 ... 37 AV23
Dardilly 69 ... 126 BW59
Dareizé 69 ... 125 BU58
Dargies 60 ... 15 BB16
Dargilan (Grotte de) 48 ... 165 BM77
Dargnies 80 ... 6 AY12
Dargoire 42 ... 126 BW62
Darmannes 52 ... 63 BZ32
Darmont 55 ... 21 CC21
Darnac 87 ... 106 AT54
Darnétal 76 ... 14 AV19
Darnets 19 ... 136 BC63
Darney 88 ... 65 CF33
Darney-aux-Chênes 88 ... 64 CD31
Darnieulles 88 ... 65 CH32
Darois 21 ... 81 BX41
Darvault 77 ... 60 BG32
Darvoy 45 ... 77 BC36
Dasle 25 ... 84 CM40
Daubensand 67 ... 67 CR30
Daubeuf-la-Campagne 27 ... 14 AU21
Daubeuf-près-Vatteville 27 ... 14 AW21
Daubeuf-Serville 76 ... 12 AQ16
Daubèze 33 ... 146 AK71
Dauendorf 67 ... 47 CQ24
Daumazan-sur-Arize 09 ... 181 AV89
Daumeray 49 ... 73 AJ38
Dauphin 04 ... 169 CF80
Dausse 47 ... 147 AS75
Daux 31 ... 162 AV83
Dauzat-sur-Vodable 63 ... 137 BJ63
Davayat 63 ... 123 BJ58
Davayé 71 ... 112 BW53
Davejean 11 ... 197 BG91
Davenescourt 80 ... 16 BF16
Davézieux 07 ... 140 BW65
Davignac 19 ... 135 BB63
Davrey 10 ... 61 BP34
Davron 78 ... 38 BB25
Dax 40 ... 158 AC82
Deauville 14 ... 12 AN19
Deaux 30 ... 167 BS78
Débats-Rivière-d'Orpra 42 ... 124 BQ60
Decazeville 12 ... 150 BD73
Dechy 59 ... 8 BJ9
Décines-Charpieu 69 ... 126 BY59
Decize 58 ... 95 BM48
Dédeling 57 ... 45 CJ24
La Défense 92 ... 39 BD25
Dégagnac 46 ... 148 AV72
Degré 72 ... 56 AM34
Dehault 72 ... 56 AQ32
Dehéries 59 ... 9 BL12
Dehlingen 67 ... 23 CN23
Deinvillers 88 ... 65 CJ29
Delain 70 ... 82 CC39
Delettes 62 ... 3 BD6
Delincourt 60 ... 15 BA21
Delle 90 ... 85 CN39
Delme 57 ... 45 CH24
Delouze 55 ... 44 CB28
Le Déluge 60 ... 15 BC20
Delut 55 ... 20 CA19
Deluz 25 ... 83 CH42
Demandolx 04 ... 174 CM80
Demange-aux-Eaux 55 ... 43 CA28
Demangevelle 70 ... 65 CF35
Demi-Quartier 74 ... 129 CL58
La Demie 70 ... 83 CG39
Demigny 71 ... 97 BW46
Demoiselle Coiffée 05 ... 157 CN70
Demoiselles (Grotte des) 34 ... 166 BP80
Demoiselles Coiffées 05 ... 156 CI73
Démouville 14 ... 26 AK21
Dému 32 ... 160 AM82
Démuin 80 ... 16 BF15
Denain 59 ... 9 BL9
Dénat 81 ... 163 BC81
Denazé 53 ... 72 AF36
Dénecourt (Tour) 77 ... 60 BG30
Denée 49 ... 73 AH41
Dénestanville 76 ... 13 AU15
Deneuille-lès-Chantelle 03 ... 109 BK54
Deneuille-les-Mines 03 ... 109 BH53
Deneuvre 54 ... 66 CK29
Denèvre 70 ... 82 CC39
Dénezé-sous-Doué 49 ... 89 AK43
Dénezé-sous-le-Lude 49 ... 74 AN40
Denezières 39 ... 113 CE50
Denguin 64 ... 178 AG86
Denicé 69 ... 125 BV57
Denier 62 ... 7 BE9
Denipaire 88 ... 66 CM30
Dennebrœucq 62 ... 3 BC6
Dennemont 78 ... 38 AZ23
Denneville 50 ... 24 AA19
Dennevy 71 ... 97 BV47
Denney 90 ... 84 CM38
Denone (Château de) 63 ... 110 BL56
Denonville 28 ... 58 BA30
Denting 57 ... 22 CI21
Déols 36 ... 92 AZ48
Der-Chantecoq (Lac du) 51 ... 42 BV28
Derbamont 88 ... 65 CH31
Dercé 86 ... 90 AN46
Derchigny 76 ... 6 AV13
Dercy 02 ... 18 BN16
Dernacueillette 11 ... 197 BG91
Dernancourt 80 ... 8 BG13
Derval 44 ... 71 Z38
Désaignes 07 ... 139 BV68
Désandans 25 ... 84 CK39
Descartes 37 ... 91 AR46
Le Deschaux 39 ... 98 CB46
Le Désert 38 ... 142 CH69
Le Désert 14 ... 34 AG24
Désertines 53 ... 54 AG29
Désertines 03 ... 109 BG53
Les Déserts 73 ... 128 CG61
Déservillers 25 ... 99 CG45
Desges 43 ... 138 BM68
Desingy 74 ... 114 CF56
Desmonts 45 ... 59 BF32
Desnes 39 ... 98 CB48
Desseling 57 ... 46 CL25
Dessenheim 68 ... 67 CQ34
Dessia 39 ... 113 CC52
Destord 88 ... 65 CJ31
La Destrousse 13 ... 188 CE86
Destry 57 ... 22 CJ23
Desvres 62 ... 2 BA5
Détain-et-Bruant 21 ... 97 BW44
Détrier 73 ... 128 CH62
Le Détroit 14 ... 35 AK25
Les Détroits 48 ... 151 BL76
Dettey 71 ... 96 BS48
Dettwiller 67 ... 46 CP25
Deuil-la-Barre 95 ... 39 BD24
Deuillet 02 ... 17 BL17
Deûlémont 59 ... 4 BI4
Les Deux-Alpes 38 ... 142 CH67
Deux Amants (Côte des) 27 ... 14 AW20
Deux-Chaises 03 ... 109 BJ53
Deux-Évailles 53 ... 55 AI32
Les Deux-Fays 39 ... 98 CB47
Deux-Jumeaux 14 ... 25 AF19
Deux-Verges 15 ... 151 BJ70
Les Deux-Villes 08 ... 20 BY16
Deuxnouds-aux-Bois 55 ... 44 CB23
Deuxnouds-devant-Beauzée 55 ... 43 BZ23
Deuxville 54 ... 45 CI27
Devay 58 ... 95 BN48
Devecey 25 ... 83 CF42
Devesset 07 ... 139 BU67
Devèze 65 ... 179 AP87
Devèze (Grotte de la) 34 ... 183 BG85
Deviat 16 ... 132 AL63
Dévillac 47 ... 147 AR72
Deville 08 ... 11 BU14
Déville-lès-Rouen 76 ... 13 AU18
La Devinière (Musée) 37 ... 90 AN44
Devise 80 ... 8 BI14
Devrouze 71 ... 98 BZ48
Deycimont 88 ... 65 CJ32
Deyme 31 ... 181 AX85
Deyvillers 88 ... 65 CI32
Le Dézert 50 ... 25 AE21
Dezize-lès-Maranges 71 ... 97 BV47
Dhuisy 77 ... 40 BJ23
Dhuizel 02 ... 18 BN19
Dhuizon 41 ... 76 AY39
Diable (Roche du) 88 ... 66 CM33
Diable (Roches du) 29 ... 50 M34
Diancey 21 ... 96 BT44
Diane-Capelle 57 ... 46 CL26
Diant 77 ... 60 BI32
Diarville 54 ... 65 CG30
Le Diben 29 ... 30 K25
Diconne 71 ... 98 BZ48
Dicy 89 ... 60 BJ35
Didenheim 68 ... 85 CP37
Die 26 ... 155 CB70
Diebling 57 ... 22 CL21
Diebolsheim 67 ... 67 CR30
Diedendorf 67 ... 46 CM24
Dieffenbach-au-Val 67 ... 66 CO30
Dieffenbach-lès-Wœrth 67 ... 47 CR23
Dieffenthal 67 ... 67 CP30
Diefmatten 68 ... 85 CN37
Dielette 50 ... 24 Z17
Dième 69 ... 125 BU57
Diemeringen 67 ... 23 CN23
Diémoz 38 ... 126 BZ61
Diénay 21 ... 81 BY40
Dienné 86 ... 105 AQ52
Dienne 15 ... 137 BH66
Diennes-Aubigny 58 ... 95 BN47
Dienville 10 ... 62 BU31
Dieppe 76 ... 13 AU13
Dieppe-sous-Douaumont 55 ... 20 CA21
Dieppedalle-Croisset 76 ... 13 AU19
Dierre 37 ... 75 AT42
Dierrey-Saint-Julien 10 ... 61 BO31
Dierrey-Saint-Pierre 10 ... 61 BO31
Diesen 57 ... 22 CJ21
Dietwiller 68 ... 85 CP37
Dieudonné 60 ... 16 BD21
Dieue-sur-Meuse 55 ... 43 CA22
Dieulefit 26 ... 154 BZ73
Dieulivol 33 ... 146 AM71
Dieulouard 54 ... 44 CF25
Dieupentale 82 ... 162 AV81
Dieuze 57 ... 45 CK25
Diéval 62 ... 7 BE8
Diffembach-lès-Hellimer 57 ... 22 CK23
Diges 89 ... 79 BL38
Digna 39 ... 113 CB51
Dignac 16 ... 118 AN62
La Digne-d'Amont 11 ... 182 BC90
La Digne-d'Aval 11 ... 182 BC90
Digne-les-Bains 04 ... 170 CJ77
Dignonville 88 ... 65 CI31
Digny 28 ... 57 AV29
Digoin 71 ... 111 BQ52
Digoine (Château de) 71 ... 111 BS51
Digosville 50 ... 24 AB16
Digulleville 50 ... 24 Z15
Dijon 21 ... 81 BY42
Dilo 89 ... 61 BM34
Dimancheville 45 ... 59 BE32
Dimbsthal 67 ... 46 CO26
Dimechaux 59 ... 10 BQ10
Dimont 59 ... 10 BP10
Dinan 22 ... 53 X29
Dinan (Pointe de) 29 ... 28 E30
Dinard 35 ... 32 X27
Dinéault 29 ... 29 H30
Dingé 35 ... 53 Z30
Dingsheim 67 ... 47 CR26
Dingy-en-Vuache 74 ... 114 CF55
Dingy-Saint-Clair 74 ... 128 CI57
Dinozé 88 ... 65 CI32
Dinsac 87 ... 106 AU54
Dinsheim 67 ... 46 CP28
Dinteville 52 ... 63 BW34
Dio-et-Valquières 34 ... 184 BK83
Dionay 38 ... 140 CA65
Dions 30 ... 167 BT80
Diors 36 ... 93 BA48
Diou 36 ... 93 BB45
Diou 03 ... 110 BO51
Dirac 16 ... 118 AN61
Dirinon 29 ... 29 H28
Dirol 58 ... 79 BN42
Disneyland Paris 77 ... 40 BH25
Dissais 85 ... 103 AC50
Dissangis 89 ... 80 BQ39
Dissay 86 ... 90 AP49
Dissay-sous-Courcillon 72 ... 74 AP38
Dissé-sous-Ballon 72 ... 56 AO32
Dissé-sous-le-Lude 72 ... 74 AN39
Distré 49 ... 90 AL43
Distroff 57 ... 21 CG19
Diusse 64 ... 178 AJ84
Divajeu 26 ... 154 BZ71
Dives 60 ... 16 BH17
Dives-sur-Mer 14 ... 26 AM20
Divion 62 ... 3 BF7
Divonne-les-Bains 01 ... 114 CH52
Dixmont 89 ... 61 BL34
Dizimieu 38 ... 126 CA60
Dizy 51 ... 41 BP23
Dizy-le-Gros 02 ... 18 BQ16
Doazit 40 ... 159 AF82
Doazon 64 ... 178 AG85
Docelles 88 ... 65 CJ32
Doëlan 29 ... 68 L36
Dœuil-sur-le-Mignon 17 ... 104 AH55
Dognen 64 ... 177 AE87
Dogneville 88 ... 65 CI31
Dohem 62 ... 3 BC5
Dohis 02 ... 18 BQ15
Doignies 59 ... 8 BI11
Doingt 80 ... 8 BI13
Doissat 24 ... 148 AT71
Doissin 38 ... 127 CC62
Doix 85 ... 103 AF52
Doizieux 42 ... 139 BV63
Dol-de-Bretagne 35 ... 33 Z28
Dolaincourt 88 ... 64 CD30
Dolancourt 10 ... 62 BU31
Dolcourt 54 ... 64 CE29
Dole 39 ... 98 CB44
Dolignon 02 ... 18 BQ15
Dolleren 68 ... 84 CM36
Dollon 72 ... 56 AQ34
Dollot 89 ... 60 BJ32
Dolmayrac 47 ... 147 AP75
Dolo 22 ... 52 V29
Dolomieu 38 ... 127 CC61
Dolus-d'Oléron 17 ... 116 AC57
Dolus-le-Sec 37 ... 91 AS44
Dolving 57 ... 46 CM25
Dom-le-Mesnil 08 ... 19 BV16
Domagné 35 ... 54 AC33
Domaize 63 ... 124 BN60
Domalain 35 ... 54 AD34
Domancy 74 ... 129 CL57
Domarin 38 ... 126 CA61
Domart-en-Ponthieu 80 ... 7 BC12
Domart-sur-la-Luce 80 ... 7 BE14
Domats 89 ... 60 BJ33
Domazan 30 ... 167 BW80
Dombasle-devant-Darney 88 ... 65 CF33
Dombasle-en-Argonne 55 ... 43 BY22
Dombasle-en-Xaintois 88 ... 65 CF31
Dombasle-sur-Meurthe 54 ... 45 CH27
Domblain 52 ... 63 BX29
Domblans 39 ... 98 CC48
Dombras 55 ... 20 CA19
Dombrot-le-Sec 88 ... 64 CE33
Dombrot-sur-Vair 88 ... 64 CE31
Domecy-sur-Cure 89 ... 79 BO41
Domecy-sur-le-Vault 89 ... 79 BO40
Doméliers 60 ... 15 BC17
Domène 38 ... 141 CF65
Domérat 03 ... 108 BF53
Domesmont 80 ... 7 BC11
Domessargues 30 ... 167 BS79
Domessin 73 ... 127 CE62
Domèvre-en-Haye 54 ... 44 CE25
Domèvre-sous-Montfort 88 ... 65 CF31
Domèvre-sur-Avière 88 ... 65 CH32
Domèvre-sur-Durbion 88 ... 65 CI31
Domèvre-sur-Vezouze 54 ... 45 CK28
Domeyrat 43 ... 138 BN65
Domeyrot 23 ... 108 BC54
Domezain-Berraute 64 ... 177 AD86
Domfaing 88 ... 66 CK31
Domfessel 67 ... 23 CN23
Domfront 61 ... 34 AH28
Domfront 60 ... 16 BF17
Domfront-en-Champagne 72 ... 56 AM33
Domgermain 54 ... 44 CD27
La Dominelais 35 ... 71 Z37
Domino 17 ... 116 AB57
Dominois 80 ... 7 BA9
Domjean 50 ... 34 AF23
Domjevin 54 ... 45 CK27
Domjulien 88 ... 65 CF31
Domléger 80 ... 7 BC11
Domloup 35 ... 53 AB33
Dommarie-Eulmont 54 ... 65 CF29
Dommarien 52 ... 82 CA38
Dommartemont 54 ... 45 CG26
Dommartin 80 ... 16 BE15
Dommartin 69 ... 126 BW59
Dommartin 58 ... 96 BP45
Dommartin 25 ... 99 CI46
Dommartin 01 ... 112 BY53
Dommartin-aux-Bois 88 ... 65 CH32
Dommartin-Dampierre 51 ... 43 BW23
Dommartin-la-Chaussée 54 ... 44 CD23
Dommartin-la-Montagne 55 ... 44 CB23
Dommartin-le-Coq 10 ... 62 BS29
Dommartin-le-Franc 52 ... 63 BX30
Dommartin-le-Saint-Père 52 ... 63 BX30
Dommartin-lès-Cuiseaux 71 ... 113 CA51
Dommartin-lès-Remiremont 88 ... 66 CK34
Dommartin-lès-Toul 54 ... 44 CE27
Dommartin-lès-Vallois 88 ... 65 CF32
Dommartin-Lettrée 51 ... 42 BS26
Dommartin-sous-Amance 54 ... 45 CG26
Dommartin-sous-Hans 51 ... 42 BV22
Dommartin-sur-Vraine 88 ... 64 CE30
Dommartin-Varimont 51 ... 42 BV24
Dommary-Baroncourt 55 ... 21 CC20
Domme 24 ... 148 AV70
Dommery 08 ... 19 BT16
Dommiers 02 ... 17 BK20
Domnon-lès-Dieuze 57 ... 45 CK24
Domont 95 ... 39 BD23
Dompaire 88 ... 65 CG32
Dompcevrin 55 ... 44 CB24
Dompierre 88 ... 65 CJ31
Dompierre 61 ... 35 AI27
Dompierre 60 ... 16 BF17
Dompierre-aux-Bois 55 ... 44 CB23
Dompierre-Becquincourt 80 ... 8 BH14
Dompierre-du-Chemin 35 ... 54 AE31
Dompierre-en-Morvan 21 ... 80 BS41
Dompierre-les-Églises 87 ... 106 AV54
Dompierre-les-Ormes 71 ... 111 BU53
Dompierre-les-Tilleuls 25 ... 99 CH47
Dompierre-sous-Sanvignes 71 ... 96 BS49
Dompierre-sur-Authie 80 ... 7 BA9
Dompierre-sur-Besbre 03 ... 110 BO51
Dompierre-sur-Chalaronne 01 ... 112 BX55
Dompierre-sur-Charente 17 ... 117 AH60
Dompierre-sur-Helpe 59 ... 9 BO11
Dompierre-sur-Héry 58 ... 95 BN43
Dompierre-sur-Mer 17 ... 103 AD54
Dompierre-sur-Mont 39 ... 113 CC50
Dompierre-sur-Nièvre 58 ... 95 BK43

DIJON

Briand (Av. A.) .... EX 8
Brosses (Bd de) .... CY 9
Champagne (Bd de) .... EX 14
Charrue (R.) .... DY 18
Chouette (R. de la) ...... DY 21
Comte (R. A.) .... DY 27
Darcy (Pl.) .... CY
Dr-Chaussier (R.) .... CY 32
Dubois (R.) CA21
École-de-Droit (R.) ...... DY 35
Foch (Av. Mar.) .... CY 43
Godrans (R. des) .... DY 51
Grangier (Pl.) .... DY 54
Libération (Pl. de la) ... DY 57
Liberté (R. de la) .... CY
Magenta (R.) .... EZ 58
Michelet (R.) .... CY 64
Petit-Potet (R. du) ...... DY 71
Rameau (R.) .... DY 77
Verdun (R. de) .... EX 93
1er-Mai (Pl. du) .... DY 81
St-Bénigne (Pl.) .... CY 82
St-Bernard (Pl.) .... DY 83
St-Michel (Pl.) .... DY 86
Vaillant (R.) .... DY 92
1re-Armée-Française (Av.) . CZ 94
1re-Armée-Française (Av.) . CY 95
26e-Dragons (R. du) ...... EX 98

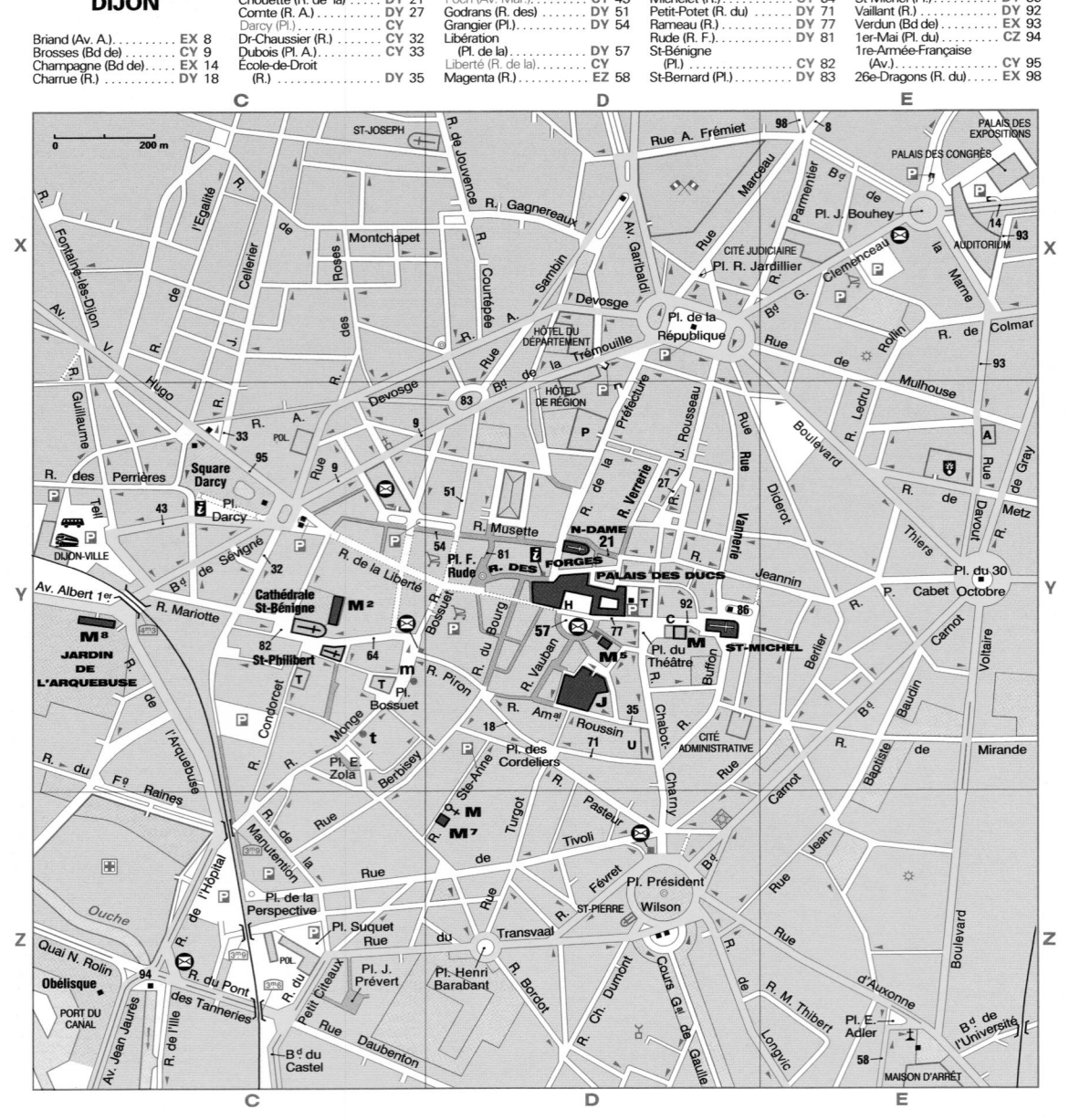

Dompierre-sur-Veyle 01 ... 113 CA56
Dompierre-sur-Yon 85 ..... 87 AB48
Dompnac 07 .... 153 BR73
Domprel 25 .... 100 CJ43
Dompremy 51 .... 42 BV26
Domprá 54 .... 21 CC19
Domps 87 .... 121 AY61
Domptail 88 .... 65 CJ29
Domptail-en-l'Air 54 ..... 45 CH28
Domptin 02 .... 40 BB23
Domqueur 80 .... 7 BB11
Domremy-aux-Bois 55 ...... 43 CA26
Domremy-en-Ornois 52 ..... 63 BZ30
Domremy-la-Canne 55 ...... 21 CC20
Domrémy-la-Pucelle 88 .... 64 CC29
Domsure 01 .... 113 CA52
Domvallier 88 .... 65 CF31
Domvast 80 .... 7 BA10
Don 59 .... 4 BI6
Donazac 11 .... 182 BG39
Donchery 08 .... 19 BW16
Doncières 88 .... 19 CJ30
Doncourt-aux-Templiers 55 . 44 CC22
Doncourt-lès-Conflans 54 .. 44 CC21
Doncourt-lès-Longuyon 54 .. 21 CC18
Doncourt-sur-Meuse 52 .... 64 CB33
Dondas 47 .... 147 AR76
Donges 44 .... 70 W41
Donjeux 52 .... 45 CH24
Donjeux 52 .... 87 BY30
Le Donjon 03 .... 110 BP53
Donnay 14 .... 53 AJ24
Donnazac 81 .... 163 BA79
Donnelay 57 .... 45 CJ25
Donnemain-Saint-Mamès 28 . 58 AW34
Donnemarie 52 .... 64 CA34
Donnemarie-Dontilly 77 ... 60 BJ29
Donnement 10 .... 62 BT29
Donnenheim 67 .... 47 CR25
Donnery 45 .... 87 BC36
Donneville 31 .... 181 AX85
Donnezac 33 .... 131 AI65
Donon (Col du) 67 .... 46 CN28
Dontreix 23 .... 122 BF57
Dontrien 51 .... 19 BT21
Donville-les-Bains 50 .... 33 AB25
Donzac 82 .... 161 AR78
Donzac 33 .... 146 AJ72
Donzacq 40 .... 159 AE83
Le Donzeil 23 .... 110 BG55
Donzenac 19 .... 135 AX66
Donzère 26 .... 156 BW74
Donzy 58 .... 78 BJ42
Donzy-le-National 71 ..... 112 BV52
Donzy-le-Pertuis 71 ...... 112 BV53
Donzy-le-Pré 58 .... 78 BJ42
Doranges 63 .... 138 BB63
Dorans 90 .... 138 CD38
Dorat 63 .... 124 BB58
Le Dorat 87 .... 106 AU55
Dorceau 61 .... 57 AS30
Dordives 45 .... 87 BH33
Dore-l'Église 63 .... 138 BD64
La Dorée 53 .... 52 AF29
Dorengt 02 .... 9 BN13
Dorignies 63 .... 9 BJ8
Dorlisheim 67 .... 46 CP28
Dormans 51 .... 41 BN23
Dormelles 77 .... 60 BI31
La Dornac 24 .... 134 AW67
Dornas 07 .... 155 BT70
Dornecy 58 .... 79 BN41
Dornes 58 .... 110 BL49
Dornot 57 .... 44 CF22
Dorres 66 .... 192 BA96
Dortan 01 .... 113 CD53
Dosches 10 .... 62 BS31
Dosnon 10 .... 62 BR28
Dossenheim-Kochersberg 67 . 47 CQ26

Dossenheim-sur-Zinsel 67 . 46 CP25
Douadic 36 .... 91 AU49
Douai 59 .... 8 BJ8
Douains 27 .... 38 AX23
Douarnenez 29 .... 38 X22
Douaumont 55 .... 20 CA21
Doublé 25 .... 99 CI46
Doucelles 72 .... 56 AN32
Douchapt 24 .... 133 AP65
Douchy 45 .... 60 BJ35
Douchy 02 .... 17 BJ15
Douchy-les-Ayette 62 ..... 8 BG11
Douchy-les-Mines 59 ...... 9 BL9
Doucier 39 .... 99 CE49
Doucy 73 .... 174 CO85
Doucy-en-Bauges 73 .... 128 CH60
Doudeauville 76 .... 15 AZ17
Doudeauville 62 .... 2 BA6
Doudeauville-en-Vexin 27 . 15 AY20
Doudeauville 80 .... 6 AZ12
Doudeville 76 .... 13 AS15
Doudrac 47 .... 147 AO72
Doué 77 .... 40 BJ25
Doue-la-Fontaine 49 ...... 88 AK43
Le Douhet 17 .... 117 AH59
Douillet 72 .... 56 AM31
Douilly 80 .... 17 BJ15
Doulaincourt 52 .... 63 BZ31
Doulaize 25 .... 99 CF45
Doulcon 55 .... 20 BY19
Doulevant-le-Château 52 .. 63 BX30
Doulevant-le-Petit 52 .... 63 BX29
Douleon 33 .... 146 AL70
Le Doulieu 59 .... 3 BG5
Doullens 80 .... 7 BD11
Doumely-Bégny 08 .... 19 BS16
Doumy 64 .... 178 AH85
Dounoux 88 .... 65 CI33
Les Dourbes 04 .... 169 CJ78
Dourbies 30 .... 167 BL60
Dourdain 35 .... 54 AC32
Dourdan 91 .... 58 BB29
Dourges 62 .... 8 BI8
Dourgne 81 .... 182 BC85
Douriez 62 .... 7 BA9
Dourlers 59 .... 10 BP10
Le Dourn 81 .... 164 BF79
Dournazac 87 .... 117 AR61
Dournon 39 .... 99 CF46
Dours 65 .... 179 AM87
Doussard 74 .... 128 CI53
Doussay 86 .... 90 AO47
Douvaine 74 .... 114 CI53
Douville 24 .... 133 AR69
Douville-en-Auge 14 ...... 26 AN20
Douville-sur-Andelle 76 .. 14 AW20
Douvres 01 .... 6 AW14
Douvres-la-Délivrande 14 . 26 AK20
Douvrin 62 .... 8 BI9
Doux 79 .... 90 AM48
Doux 08 .... 19 BT18
Douy 28 .... 57 AV34
Douy-la-Ramée 77 .... 40 BH23
Douzains 47 .... 147 AP72
Douzat 16 .... 133 AS67
Douzens 11 .... 183 BG88
Douzies 11 .... 18 BP9
Douzillac 24 .... 133 AO67
Douzy 08 .... 20 BX16
Doville 50 .... 33 AB19
La Doye 39 .... 114 CG51
Doye 39 .... 99 CG48
Doyet 03 .... 109 BH53
Dozulé 14 .... 26 AM21
Dracé 69 .... 112 BW55
Draché 37 .... 90 AK46
Drachenbronn 67 .... 47 CS22
Dracy 89 .... 78 BK37

Dracy-le-Fort 71 .... 97 BW48
Dracy-lès-Couches 71 ..... 97 BU47
Dracy-Saint-Loup 71 ...... 96 BT46
Dragey 50 .... 33 AB26
Draguignan 83 .... 174 CL83
Draillant 74 .... 114 CI53
Drain 49 .... 72 AD42
Draix 04 .... 170 CJ77
Draize 08 .... 19 BS16
Drambon 21 .... 82 CA42
Dramelay 39 .... 113 CC52
Le Dramont 83 .... 174 CO85
Drancy 93 .... 38 BE24
Drap 06 .... 175 CS81
Dravegny 02 .... 41 BN21
Draveil 91 .... 39 BE27
Drée 21 .... 81 BV42
Drée (Château de) 71 ..... 111 BT53
Dréfféac 44 .... 70 W40
Drémil-Lafage 31 .... 181 AX84
Le Drennec 29 .... 29 G27
Dreslincourt 60 .... 17 BI18
Dreuil-Hamel 80 .... 7 BA13
Dreuil-lès-Amiens 80 ..... 7 BD13
Dreuil-lès-Molliens 80 ... 7 BB14
Dreuilhe 09 .... 195 AZ91
Dreux 28 .... 37 AW27
Drevant 18 .... 94 BF49
Dricourt 08 .... 19 BT19
Driencourt 80 .... 8 BI13
Drignac 15 .... 136 BC66
Drincham 59 .... 3 BD2
Drocourt 78 .... 38 AZ23
Drocourt 62 .... 8 BI8
Droisy 74 .... 127 CF57
Droisy 27 .... 37 AV26
Droitaumont 54 .... 21 CD21
Droitfontaine 25 .... 84 CK42
Droiturier 03 .... 110 BO54
Droizy 02 .... 17 BL20
Drom 01 .... 113 CB54
Dromesnil 80 .... 6 BA14
Drosay 76 .... 13 AS15
Drosnay 51 .... 62 BU28
Droué 41 .... 57 AU34
Droue-sur-Drouette 28 .... 38 AZ28
Drouges 35 .... 54 AC35
Drouilly 51 .... 42 BT26
Droupt-Saint-Basle 10 .... 62 BP29
Droupt-Sainte-Marie 10 ... 61 BP29
Drouvin-le-Marais 62 ..... 8 BI9
Droux 87 .... 107 AU55
Droyes 52 .... 63 BV29
Drubec 14 .... 26 AN21
Drucat 80 .... 6 BA11
Drucourt 27 .... 36 AO22
Drudas 31 .... 180 AU64
Druelle 12 .... 150 BE66
Druillat 01 .... 113 CA54
Drulhe 12 .... 149 BC74
Drulingen 67 .... 46 CN24
Drumettaz-Clarafond 73 ... 128 CH58
Druval 14 .... 26 AN21
Druy-Parigny 58 .... 95 BL47
Druye 37 .... 89 AK42
Druyes-les-Belles-Fontaines 89 . 79 BM40
Dry 45 .... 76 AZ37
Duault 22 .... 50 N29
Ducey 50 .... 52 AD18
Duclair 76 .... 13 AT18
Ducy-Sainte-Marguerite 14 . 25 AI21
Duerne 69 .... 125 BS60
Duesme 21 .... 81 BV38
Duffort 32 .... 179 AM86
Dugny 93 .... 38 BE24
Dugny-sur-Meuse 55 .... 43 CA22
Duhort-Bachen 40 .... 159 AI82

Duilhac-sous-Peyrepertuse 11 . 196 BF92
Duingt 74 .... 128 CH58
Duisans 62 .... 8 BG9
Dullin 73 .... 127 CE61
Dumes 40 .... 159 AG82
Dun 09 .... 181 AZ90
Dun-le-Palestel 23 .... 107 AY54
Dun-le-Poëlier 36 .... 92 AZ44
Dun-les-Places 58 .... 96 BQ43
Dun-sur-Auron 18 .... 94 BF47
Dun-sur-Grandry 58 .... 95 BO45
Dun-sur-Meuse 55 .... 20 BY19
Duneau 72 .... 56 AM23
Dunes 82 .... 161 AR78
Dunet 36 .... 106 AV52
Dung 25 .... 84 CL39
Dunière-sur-Eyrieux 07 ... 154 BW70
Dunières 43 .... 138 BT65
Dunkerque 59 .... 3 BE1
Duntzenheim 67 .... 47 CQ26
Duppigheim 67 .... 47 CQ28
Durain 32 .... 161 AP63
Durance 47 .... 160 AM77
Duranus 06 .... 175 CR79
Duranville 27 .... 36 AO22
Duras 47 .... 146 AM71
Duravel 46 .... 148 AT73
Durban 32 .... 181 AP84
Durban-Corbières 11 ...... 183 BH90
Durban-sur-Arize 09 ...... 181 AV90
Durbans 46 .... 149 AZ72
Durbelière (Château de la) 79 . 89 AG46
Durcet 61 .... 55 AJ26
Durdat-Larequille 03 ..... 109 BG54
Durenque 12 .... 164 BG78
Durfort 09 .... 181 AL86
Durfort 81 .... 182 BB85
Durfort-et-Saint-Martin-de-Sossenac 30 . 166 BQ79
Durfort-Lacapelette 82 ... 162 AU77
Durlinsdorf 68 .... 85 CO39
Durmenach 68 .... 85 CP39
Durmignat 63 .... 109 BI55
Durnes 25 .... 84 CG53
Durningen 67 .... 47 CQ26
Durrenbach 67 .... 47 CR23
Durrenentzen 68 .... 67 CO32
Durstel 67 .... 46 CN31
Durtal 49 .... 73 AK38
Durtol 63 .... 123 BJ59
Dury 62 .... 8 BH9
Dury 80 .... 7 BD14
Dury 02 .... 17 BJ15
Dussac 24 .... 134 AU64
Duttlenheim 67 .... 47 CQ28
Duvy 60 .... 39 BG26
Dye 89 .... 79 BO36
Dyo 71 .... 111 BS53

E

Eancé 35 .... 72 AD36
Eaubonne 95 .... 39 BD24
Eaucourt-sur-Somme 80 .... 7 BA12
Eaunes 31 .... 181 AV86
Eaux-Bonnes 64 .... 192 AH90
Eaux-Chaudes 64 .... 192 AH90
Eaux-Puiseaux 10 .... 61 BP33
Eauze 32 .... 160 AL81
Ébaty 21 .... 97 BV48
Ebblinghem 59 .... 3 BE4
Ébéon 17 .... 117 AI58
Eberbach-Seltz 67 .... 47 CT23
Eberbach-Woerth 67 .... 47 CR23
Ebersheim 67 .... 67 CO30
Ebersmunster 67 .... 67 CO30
Ébersviller 57 .... 22 CH20
Éblange 57 .... 22 CI22
Éboulet 02 .... 18 BP16
Ébréon 16 .... 118 AM57
Ébreuil 03 .... 109 BJ56
L'Écaille 08 .... 19 BK9
Ecaillon 59 .... 9 BK9
Écalles-Alix 76 .... 13 AT17
Écaquelon 27 .... 15 AZ20
Écardenville-la-Campagne 27 . 37 AT22
Écardenville-sur-Eure 27 . 37 AW22
Écausseville 50 .... 24 AC18
Écauville 27 .... 37 AT22
Eccica-Suarella 2A 226 DH100
Échalas 69 .... 10 BD10
Échallat 16 .... 118 AL60
Échallon 01 .... 113 CC54
Échalot 21 .... 81 BW39
Échalou 61 .... 55 AH26
Échandelys 63 .... 124 BN62
Échannay 21 .... 81 BW43
Écharcon 91 .... 39 BE26
Échassières 03 .... 109 BH55
Échauffour 61 .... 56 AN26
Échavanne 70 .... 84 CK38
Échay 25 .... 84 CF45
Échebrune 17 .... 117 AI61
L'Échelle 08 .... 19 BT15
L'Échelle-Saint-Aurin 80 . 16 BG16
Les Échelles 73 .... 127 CE61
Échemines 10 .... 61 BP30
Échemiré 49 .... 73 AL39
Échenans 25 .... 84 CK39
Échenans-sous-Mont-Vaudois 70 . 84 CL38
Échenay 52 .... 63 BZ29
Échenevex 01 .... 114 CG53
Échenon 21 .... 98 CA44
Échenoz-la-Méline 70 ..... 83 CG38
Échenoz-le-Sec 70 .... 83 CG39
Les Échets 01 .... 126 BX58
Échevanne 70 .... 83 CD41
Échevannes 25 .... 99 CH44
Échevannes 21 .... 82 CB67
Échevis 26 .... 141 CB67
Échevronne 21 .... 97 BV48
Échigey 21 .... 82 CA43
Échillais 17 .... 116 AF58
Échilleuses 45 .... 59 BF33
Échinghen 62 .... 2 AZ5
Échiré 79 .... 101 AK51
Échirolles 38 .... 141 CE66
Échouboulains 77 .... 60 BI30
Échourgnac 24 .... 132 AN66
Eckartswiller 67 .... 46 CP25
Eckbolsheim 67 .... 47 CR26
Eckmühl (Phare d') 29 .... 49 F35
Eckwersheim 67 .... 47 CR26
Éclaibes 59 .... 10 BP9
Éclaires 51 .... 43 BX23
Éclance 10 .... 62 BU31
Éclans 39 .... 98 CC44
Éclaron 52 .... 63 BW29
Eclassan 07 .... 140 BW66
Écleux 39 .... 99 CE45
Éclimeux 62 .... 7 BC8
Éclose 38 .... 126 BX58
Écluse (Défilé de l') 74 . 114 CF55
Éclusier-Vaux 80 .... 8 BH13

Écluzelles 28 .... 38 AX27
Écly 08 .... 19 BS17
Écoivres 62 .... 7 BD9
École 73 .... 128 CH60
École-Valentin 25 .... 83 CF42
Écollemont 51 .... 42 BV28
Écoman 41 .... 76 AW36
Écommoy 72 .... 74 AO36
Écomusée de Haute-Alsace 68 . 66 CO35
Écoquenéauville 50 .... 24 AD19
Écorcei 36 .... 36 AO27
Les Écorces 84 .... 84 CL42
Écorches 61 .... 36 AN25
Écordal 08 .... 19 BU17
Écorpain 72 .... 57 AR35
Écos 25 .... 38 AY27
Écot 25 .... 84 CL40
Écot-la-Combe 52 .... 64 CA32
Écotay-l'Olme 42 .... 125 BR61
Écots 35 .... 35 AL27
Écouché 61 .... 35 AL27
Écouen 95 .... 39 BE23
Écouflant 49 .... 73 AI40
Écouis 27 .... 14 AX20
Écourt-Saint-Quentin 62 .. 8 BJ10
Écoust-Saint-Mein 62 ..... 8 BH10
Écouves (Forêt d') 61 .... 36 AN28
Écouviez 55 .... 20 CA17
L'Écouvotte 25 .... 83 CH41
Écoyeux 17 .... 117 AH59
Écquedecques 62 .... 3 BD5
Écques 62 .... 3 BD5
Écquevilly 78 .... 38 BA24
Écrainville 76 .... 12 AP16
Écrammeville 14 .... 25 AG20
Les Écrennes 77 .... 60 BI30
Écretteville-lès-Baons 13 . 13 AR16
Écretteville-sur-Mer 76 .. 12 AQ15
Écriennes 51 .... 42 BV27
Écrille 39 .... 113 CD51
Écromagny 70 .... 84 CJ36
Écrosnes 28 .... 58 AZ29
Écrouves 54 .... 44 CD27
Ectot-l'Auber 76 .... 13 AS16
Ectot-lès-Baons 76 .... 13 AS16
Écublé 28 .... 37 AW28
Écueil 51 .... 41 BP21
Écueillé 36 .... 92 AW45
Écuélin 59 .... 10 BP10
Écuelle 70 .... 82 CC39
Écuelles 77 .... 60 BI31
Écuelles 71 .... 97 BY46
Écuillé 49 .... 73 AI39
Écuires 62 .... 6 AZ8
Écuisses 71 .... 97 BU48
Éculleville 50 .... 24 Z15
Écully 69 .... 126 BW59
Écuras 16 .... 119 AQ60
Écurat 17 .... 117 AG59
Écurcey 25 .... 84 CL40
Écurey-en-Verdunois 55 ... 20 BY19
Écurie 62 .... 8 BH9
Écury-le-Repos 51 .... 42 BS25
Écury-sur-Coole 51 .... 42 BS25
Écutigny 21 .... 97 BV45
Écuvilly 60 .... 17 BI16
Edern 29 .... 49 I32
Édon 16 .... 119 AO62
Les Éduts 17 .... 118 AK57
Eecke 59 .... 4 BF4
Effiat 63 .... 124 BL56
Effincourt 52 .... 63 BZ29
Effry 02 .... 18 BN15
Égat 66 .... 192 BA96
Égleny 89 .... 78 BL37
Égletons 19 .... 122 BF60
Égligny 77 .... 60 BJ30
Eglingen 68 .... 85 CO37
L'Église-aux-Bois 19 .... 121 BA96
Église-Neuve-de-Vergt 24 . 133 AP68
Église-Neuve-d'Issac 24 .. 133 AO68
Égliseneuve-d'Entraigues 63 . 137 BH64
Égliseneuve-des-Liards 63 . 124 BN62
Égliseneuve-près-Billom 63 . 124 BM60
Les Églises-d'Argenteuil 17 . 117 AI57
Églisolles 63 .... 138 BS63
Les Églisottes-et-Chalaures 33 . 132 AL67
Égly 91 .... 58 BD28
Égreville 77 .... 60 BI32
Égreville 76 .... 60 BH33
Égriselles-le-Bocage 89 .. 78 BJ35
Égry 45 .... 77 BE34
Éguelshardt 57 .... 47 CN29
Éguenigne 70 .... 84 CM37
Éguilles 13 .... 172 BY87
Éguilly 21 .... 81 BV43
Éguilly-sous-Bois 10 ..... 62 BU33
Éguisheim 68 .... 66 CO33
Éguzon 36 .... 107 AY56
Éhuns 70 .... 84 CH37
Eichhoffen 67 .... 47 CP29
Eincheville 57 .... 22 CJ23
Einvaux 54 .... 45 CI27
Einville-au-Jard 54 ...... 45 CI27
Éix 55 .... 20 CA21
Élan 08 .... 19 BV16
Élancourt 78 .... 38 BB26
Élbach 68 .... 85 CN38
Elbeuf 76 .... 14 AU20
Elbeuf-en-Bray 76 .... 15 AY18
Elbeuf-sur-Andelle 76 .... 14 AX18
Élencourt 60 .... 16 BB16
Élesmes 59 .... 10 BP9
Életot 76 .... 12 AO15
Éleu-Dit-Leauwette 62 .... 8 BH8
Élincourt 59 .... 9 BL11
Élincourt-Sainte-Marguerite 60 . 16 BH18
Élisabethville 78 .... 38 BA24
Élise-Daucourt 51 .... 43 BW23
Élizaberry 64 .... 176 Z85
Ellecourt 76 .... 16 BA17
Elliant 29 .... 49 J33
Ellon 14 .... 25 AH21
Elne 66 .... 198 BI95
Elnes 62 .... 3 BC5
Éloie 90 .... 85 CN38
Éloise 74 .... 114 CF55
Éloyes 88 .... 66 CJ33
Elsenheim 67 .... 67 CQ32
Elvange 57 .... 22 CI22
Elven 56 .... 69 S37
Elzange 57 .... 21 CG19
Émagny 25 .... 83 CE42
Émalleville 27 .... 37 AT22
Émancé 78 .... 38 AZ28
Émanville 27 .... 37 AT23
Émanville 76 .... 13 AT17
Émberménil 54 .... 45 CK27
Embres-et-Castelmaure 11 . 197 BH91
Embreville 80 .... 6 AZ13
Embrun 05 .... 160 CK72
Embry 62 .... 7 BC8
Émerainville 77 .... 39 BG26
Émerchicourt 59 .... 9 BK9
Émeringes 69 .... 112 BV54
Émerville 60 .... 16 BF19
Éméville 60 .... 17 BI20

Émiéville 14 .... 26 AL22
Emlingen 68 .... 85 CP38
Emmerin 59 .... 8 BI9
Émondeville 50 .... 24 AD18
Empeaux 31 .... 180 AT54
Empurany 07 .... 139 BV68
Empuré 16 .... 105 AM56
Empury 58 .... 79 BP42
Encausse 31 .... 162 AT82
Encausse-les-Thermes 31 .. 193 AO92
Enchanet (Barrage d') 15 . 136 BC67
Enchastrayes 04 .... 157 CM74
Enchenberg 57 .... 23 CO22
L'Enclave-de-la-Martinière 79 . 104 AK54
Encourtiech 09 .... 193 AQ92
Encrenaz (Col de l') 74 .. 115 CL54
Endoufielle 32 .... 180 AT84
Énencourt-le-Sec 60 ...... 15 BA20
Énencourt-Léage 60 .... 15 BA20
Enfer (Gouffre d') 42 .... 139 BU63
Enfer (Portes d') 86 ..... 106 AT53
Enfonvelle 52 .... 82 CE35
Engarran (Château de l') 34 . 185 BP84
Engayrac 47 .... 147 AS76
Engayresque (Col d') 12 .. 151 BJ76
Engente 10 .... 62 BV31
Engenthal 67 .... 46 CP26
Enghien-les-Bains 95 ..... 39 BD24
Engins 38 .... 141 CD66
Englancourt 02 .... 18 BN10
Englebelmer 80 .... 8 BF12
Englefontaine 59 .... 9 BM10
Englesqueville-en-Auge 26 . 26 AN19
Englesqueville-la-Percée 14 . 25 AH19
Englos 59 .... 8 BI6
Engomer 09 .... 194 AT91
Engraviès 09 .... 181 AZ90
Enguinegatte 62 .... 3 BD6
Engwiller 67 .... 47 CQ24
Ennemain 80 .... 8 BI14
Ennery 57 .... 21 CG19
Ennery 95 .... 39 BC23
Ennetières-en-Weppes 59 .. 4 BI5
Ennevelin 59 .... 4 BJ6
Ennezat 63 .... 124 BL58
Ennordres 18 .... 77 BE41
Enquin-les-Mines 62 ...... 3 BD6
Enquin-sur-Baillons 62 ... 6 BA6
Ens 65 .... 193 AN92
Ensérune (Oppidum d') 34 . 184 BK87
Ensigné 79 .... 104 AJ56
Ensisheim 68 .... 67 CP35
Ensuès-la-Redonne 13 ..... 187 BX86
Entrages 04 .... 170 CJ78
Entraigues 63 .... 123 BL58
Entraigues 38 .... 142 CG69
Entraigues-sur-la-Sorgue 84 . 168 BY79
Entrains-sur-Nohain 58 ... 78 BK41
Entrammes 53 .... 55 AH34
Entrange 57 .... 21 CF18
Entraunes 06 .... 157 CN76
Entraygues-sur-Truyère 12 . 150 BF72
Entre-deux-Eaux 88 .... 66 CM31
Entre-deux-Guiers 38 ..... 141 CE63
Entre-deux-Monts 39 ...... 99 CF49
Entrecasteaux 83 .... 174 CK83
Entrechaux 84 .... 154 CA76
Entremont 74 .... 115 CJ57
Entremont-le-Vieux 73 .... 127 CG62
Entrepierres 04 .... 169 CJ76
Entressen 13 .... 168 BY83
Entrevaux 04 .... 174 CN79
Entrevennes 04 .... 170 CH79
Entrevernes 74 .... 128 CI58
Enval 63 .... 123 BJ58
Enveitg 66 .... 195 BA96
Envermeu 76 .... 15 AX15
Envronville 76 .... 13 AR16
Éourres 05 .... 156 CE76
Éoux 04 .... 174 CL80
Épagne 10 .... 62 BT30
Épagne-Épagnette 80 ...... 7 BA12
Épagny 02 .... 18 BN10
Épagny 74 .... 128 CG57
Épagny 21 .... 81 BY41
Épaignes 27 .... 26 AO20
Épaney 14 .... 36 AL24
Épannes 79 .... 104 AH54
Éparcy 02 .... 18 BN10
Les Éparges 55 .... 44 CB22
Les Éparres 38 .... 126 CA62
Épau (Abbaye de l') 72 ... 56 AO35
Épaumesnil 80 .... 7 BA13
Épaux-Bézu 02 .... 40 BL22
Épeautrolles 28 .... 58 AW31
Épécamps 80 .... 7 BC11
Épégard 27 .... 37 AT22
Épehy 80 .... 8 BJ12
Épeigné-les-Bois 37 ...... 91 AU43
Épeigné-sur-Dême 37 ...... 74 AO38
Épénancourt 80 .... 8 BI14
Épenède 16 .... 106 AP56
Épenouse 25 .... 99 CI43
Épenoy 25 .... 99 CI44
Épense 51 .... 43 BW24
Épercieux-Saint-Paul 42 .. 125 BS59
Éperlecques 62 .... 3 BC4
Épernay 51 .... 41 BQ23
Épernay-sous-Gevrey 21 ... 97 BY43
Épernon 28 .... 38 AY28
Éperrais 61 .... 57 AS30
Épersy 73 .... 128 CG59
Épertully 71 .... 97 BV46
Épervans 71 .... 97 BX48
Les Épesses 85 .... 88 AF47
Épeugney 25 .... 99 CF44
Épfig 67 .... 47 CP30
Épiais 41 .... 75 AV37
Épiais-lès-Louvres 95 .... 39 BF24
Épiais-Rhus 95 .... 38 BB22
Épieds 49 .... 90 AL44
Épieds 27 .... 38 AX24
Épieds 02 .... 40 BL22
Épieds-en-Beauce 45 ...... 76 AY35
Épiez-sur-Chiers 54 ...... 21 CA18
Épiez-sur-Meuse 55 .... 44 CC28
Épinac 71 .... 97 BU46
Épinal 88 .... 65 CI32
Épinant 52 .... 64 CB33
Épinay 27 .... 36 AR24
Épinay-Champlâtreux 95 ... 39 BE23
Épinay-le-Comte 61 .... 54 AG30
Épinay-sous-Sénart 91 .... 39 BE26
Épinay-sur-Duclair 76 .... 13 AT18
Épinay-sur-Odon 14 .... 25 AI22
Épinay-sur-Orge 91 .... 39 BD26
Épinay-sur-Seine 93 ...... 39 BD24
L'Épine 85 .... 86 U45
L'Épine 51 .... 42 BT24
L'Épine (Col de l') 73 ... 127 CE60
L'Épine-aux-Bois 02 ...... 40 BM25
Épineau-les-Voves 89 ..... 78 BK37
Épineu-le-Chevreuil 72 ... 55 AL34
Épineuil 89 .... 79 BN37
Épineuil-le-Fleuriel 18 .. 108 BG51
Épineuse 60 .... 16 BF19
Épiniac 35 .... 33 AA28
Épinonville 55 .... 20 BY20
Épinouze 26 .... 140 BV64
Épinoy 62 .... 8 BJ10
Épiry 58 .... 95 BN44
Épisy 77 .... 60 BH31
Épizon 52 .... 63 BZ30
Éplessier 80 .... 15 BC15
Épluches 95 .... 39 BC23
Époisses 21 .... 80 BR40
Épône 78 .... 38 BA24
Éponville 76 .... 12 AO17
Époye 51 .... 42 BS22
Eppe-Sauvage 59 .... 10 BR11
Eppes 02 .... 18 BN17
Epping 57 .... 23 CO21
Épretot 76 .... 12 AP16
Épreville 76 .... 12 AP16
Épreville-en-Lieuvin 27 .. 15 AZ20
Épreville-en-Roumois 27 .. 15 AZ21
Épreville-près-le-Neubourg 27 . 37 AT22
Eps 62 .... 7 BD7
Épuisay 41 .... 75 AT36
Équancourt 80 .... 8 BI12
Équemauville 14 .... 12 AO19
Équennes-Éramecourt 80 ... 15 BB15
Équeurdreville-Hainneville 50 . 24 AA16
Équevilley 70 .... 83 CG37
Équevillon 39 .... 99 CF48
Équihen-Plage 62 .... 2 AY5
Équilly 50 .... 33 AC25
Équirre 62 .... 3 BD7
Éragny 95 .... 39 BC23
Éragny-sur-Epte 60 .... 15 AZ20
Éraines 14 .... 35 AL24
Éramecourt 80 .... 15 BB16
Éraville 16 .... 118 AL61
Erbajolo 2B 201 DK96
Erbalunga 2B 199 DL90
Erbéviller-sur-Amezule 54 . 45 CH26
Erbray 44 .... 71 AC38
Erbrée 35 .... 54 AE33
Ercé 09 .... 194 AV92
Ercé-en-Lamée 35 .... 71 AA36
Ercé-près-Liffré 35 ...... 53 AB31
Erceville 45 .... 77 BB34
Erches 80 .... 16 BG16
Ercheu 80 .... 17 BI16
Erchin 59 .... 9 BJ9
Erching 57 .... 23 CO21
Erckartswiller 67 .... 46 CO24
Ercourt 80 .... 6 AZ12
Ercuis 60 .... 16 BD21
Erdeven 56 .... 68 O37
Éréac 22 .... 52 V31
Ergersheim 67 .... 47 CQ27
Ergnies 80 .... 7 BB12
Ergny 62 .... 3 BB6
Ergué-Gabéric 29 .... 49 I33
Érigné 49 .... 73 AI41
Érin 62 .... 7 BD8
Éringes 21 .... 80 BS39
Éringhem 59 .... 3 BD2
Ériseul 52 .... 81 BY36
Érize-la-Brûlée 55 .... 43 BZ24
Érize-la-Grande 55 .... 43 BZ24
Érize-la-Petite 55 .... 43 BZ24
Érize-Saint-Dizier 55 .... 43 BZ25
Erloy 02 .... 18 BN15
Erlon 02 .... 18 BO13
Ermenonville 60 .... 39 BG22
Ermenonville-la-Grande 28 . 58 AW31
Ermenonville-la-Petite 28 . 58 AW31
Ermenouville 76 .... 13 AS15
Ermitage-du-Frère-Joseph 88 . 66 CL35
Ermont 95 .... 39 BD24
Ernée 53 .... 55 AG32
Ernecourt 55 .... 43 CA26
Ernemont-Boutavent 60 .... 15 BA17
Ernemont-la-Villette 76 .. 15 AZ18
Ernemont-sur-Buchy 76 .... 14 AX18
Ernes 14 .... 36 AL24
Ernestviller 57 .... 22 CK22
Erneville-aux-Bois 55 .... 44 CC26
Ernolsheim-Bruche 67 ..... 47 CP27
Ernolsheim-lès-Saverne 67 . 46 CO25
Erny-Saint-Julien 62 ..... 3 BD6
Érôme 26 .... 140 BX66
Érondelle 80 .... 7 BA12
Érone 2B 201 DJ95
Éroudeville 50 .... 24 AC18
Erp 09 .... 194 AU91
Erquery 60 .... 16 BE19
Erquinghem-le-Sec 59 ..... 4 BI6
Erquinghem-Lys 59 .... 4 BH5
Erquinvillers 60 .... 16 BE19
Erquy 22 .... 32 U27
Err 66 .... 196 BB97
Erre 59 .... 9 BK8
Errevet 70 .... 84 CL37
Errouville 54 .... 21 CD18
Ersa 2B 199 DK88
Erstein 67 .... 47 CR29
Erstroff 57 .... 22 CK23
Ervauville 45 .... 60 BI34
Ervillers 62 .... 8 BH10
Ervy-le-Châtel 10 .... 61 BP34
Esbareich 65 .... 193 AP91
Esbarres 21 .... 98 CA44
Esbly 77 .... 39 BG25
Esboz-Brest 70 .... 84 CI36
Escala 65 .... 193 AO89
Escalans 40 .... 160 AL79
L'Escale 04 .... 170 CH78
Escales 11 .... 183 BG88
Escalette (Pas de l') 34 . 165 BL81
Escalquens 31 .... 181 AX85
Escames 60 .... 15 BB17
Escamps 89 .... 78 BM38
Escamps 46 .... 149 AY75
Escandolières 12 .... 150 BD74
Escanecrabe 31 .... 180 AS86
Escardes 51 .... 41 BN27
L'Escarène 06 .... 175 CS80
Escarmain 59 .... 9 BM10
Escaro 66 .... 196 BD95
Escassefort 47 .... 146 AN73
Escatalens 82 .... 162 AU79
Escaudain 59 .... 9 BL9
Escaudes 33 .... 145 AJ75
Escaudoeuvres 59 .... 9 BK10
Escaufourt 59 .... 9 BL10
Escaunets 65 .... 178 AK86
Escautpont 59 .... 9 BM8
Escazeaux 82 .... 161 AT81
Eschau 67 .... 47 CR28
Eschbach 67 .... 47 CR24
Eschbach-au-Val 68 .... 66 CN33
Eschbourg 67 .... 46 CO25
Eschentzwiller 68 .... 85 CP37
Escherange 57 .... 21 CF18
Esches 60 .... 38 BC22
Eschwiller 67 .... 46 CN24
Esclagne 09 .... 195 AZ91

Esclainvillers 80 ...16 BE16
Esclanèdes 48 ...151 BM74
Esclangon 04 ...156 CJ76
Esclassan-Labastide 32 ...179 AP85
Esclauzels 46 ...149 AY74
Esclavelles 76 ...14 AX16
Esclavolles-Lurey 51 ...61 BN29
Escles 88 ...65 CG33
Escles-Saint-Pierre 60 ...15 BA15
Esclimont 28 ...58 AZ29
Esclottes 47 ...146 AM71
Escobecques 59 ...4 BI6
Escoeuilles 62 ...2 BB4
Escoire 24 ...133 AS66
Escolives-Sainte-Camille 89 ...79 BN38
Escombres-
  et-le-Chesnois 08 ...20 BY16
Esconac 33 ...145 AH71
Escondeaux 65 ...179 AL86
Esconnets 65 ...179 AM89
Escorailles 15 ...136 BD66
Escornebœuf 32 ...161 AS83
Escorpain 28 ...37 AV27
Escos 64 ...177 AC85
Escots 65 ...179 AM89
Escou 64 ...177 AF89
Escoubès 64 ...178 AG88
Escoubès-Pouts 65 ...179 AL89
Escoubière
  (Manoir de l') 53 ...73 AH37
Escoulis 31 ...180 AB99
Escouloubre 11 ...196 BC93
Escsource 40 ...158 AC77
Escoussans 33 ...146 AJ71
Escoussens 81 ...182 BC85
Escout 64 ...178 AG88
Escoutoux 63 ...124 BN59
Escoville 14 ...26 AL21
Escragnolles 06 ...174 CN81
Escrennes 45 ...59 BC33
Escrignelles 45 ...78 BH38
Escrinet (Col de l') 07 ...153 BV71
Escroux 81 ...164 BG82
Escueillens 11 ...188 BB89
Escures 64 ...178 AJ85
Escures-sur-Favières 14 ...26 AM23
Escurolles 03 ...110 BL55
Eséry 74 ...114 CI55
Eslettes 76 ...13 AU17
Esley 88 ...65 CF32
Eslourenties-Daban 64 ...178 AJ87
Esmans 77 ...60 BI31
Esmery-Hallon 80 ...17 BI16
Esmoulières 70 ...84 CJ36
Esmoulins 70 ...82 CC41
Esnandes 17 ...103 AD54
Esnans 25 ...84 CI41
Esnes 59 ...9 BK11
Esnes-en-Argonne 55 ...20 BY21
Esnoms-au-Val 52 ...82 BZ38
Esnon 89 ...61 BN35
Esnouveaux 52 ...64 CA33
Espagnac 19 ...135 BA66
Espagnac-
  Sainte-Eulalie 46 ...149 AZ73
Espagnols (Pointe des) 29 ...29 F29
Espalais 82 ...161 AS78
Espalem 43 ...137 BK85
Espalion 12 ...150 BH73
Espaly-Saint-Marcel 43 ...138 BO67
Espanès 31 ...181 AW85
Espaon 32 ...180 AR85
Esparron 05 ...169 CG83
Esparron 31 ...180 AR87
Esparron 83 ...172 CK71
Esparron-de-Verdon 04 ...170 CH81
Esparron-la-Bâtie 04 ...156 CI75
Esparros 65 ...193 AN90
Esparsac 82 ...161 AS80
Espartignac 19 ...135 AY63
Espas 32 ...160 AL81
Espaubourg 60 ...15 BA19
Espèche 65 ...179 AN89
Espéchède 64 ...178 AJ86
Espédaillac 46 ...149 AZ72
Espelette 64 ...176 Z86
Espeluche 26 ...154 BX73
Espenel 26 ...154 CA71
Espérausses 81 ...164 BF83
Espéraza 11 ...196 BC91
Esperce 31 ...181 AW87
Espère 46 ...148 AW73
L'Espérou 30 ...166 BN78
Espès-Undurein 64 ...177 AD87
Espeyrac 12 ...150 BF72
Espeyroux 46 ...149 BA71
Espezel 11 ...196 BB92
Espieilh 65 ...179 AM89
Espiens 47 ...161 AO77
Espiet 33 ...146 AJ70
Espinas 82 ...163 AZ77
Espinasse 63 ...122 BG57
Espinasse 15 ...137 BI69
Espinasse-Vozelle 03 ...110 BL56
Espinasses 05 ...156 CI73
Espinchal 63 ...137 BI64
Espinouse 04 ...170 CI78
Espins 14 ...26 AJ23
Espira-de-Conflent 66 ...196 BV91
Espira-de-l'Agly 66 ...197 BH93
Espirat 63 ...123 BL60
Espiute 64 ...177 AD86
Esplantas 43 ...138 BN69
Esplas-de-Sérou 09 ...194 AW91
Espoey 64 ...178 AJ87
Espondeilhan 34 ...184 BL85
Esprels 70 ...84 CI39
Esquay-Notre-Dame 14 ...26 AJ22
Esquay-sur-Seulles 14 ...25 AI20
Esquéhéries 02 ...9 BL13
Esquennoy 60 ...16 BD16
Esquerchin 59 ...8 BI8
Esquerdes 62 ...3 BC5
Esquibien 29 ...48 E32
Esquièze-Sère 65 ...192 AK92
Esquillon (Pointe de l') 06 ...174 CP84
Esquiule 64 ...177 AE88
Essalois (Château d') 42 ...139 BS63
Les Essards 37 ...74 AO42
Les Essards 16 ...132 AM65
Les Essards-
  Taignevaux 39 ...98 CB46
Essarois 21 ...81 BW37
Essars 62 ...3 BG6
Les Essarts 85 ...87 AC48
Les Essarts 76 ...14 AU20
Les Essarts 41 ...75 AJ38
Les Essarts 27 ...37 AT25
Les Essarts-le-Roi 78 ...58 AX27
Les Essarts-le-Vicomte 51 ...41 BM27
Les Essarts-lès-Sézanne 51 ...61 BN28
Les Essarts-Varimpré 76 ...15 AY15
Essavilly 39 ...99 CG48
Essay 61 ...56 AP24
Essé 35 ...53 AB35
Essé 16 ...106 AR56
Les Esseintes 33 ...146 AK72
Essert 90 ...84 CL38
Essert 89 ...79 BO39
Essert-Romand 74 ...115 CL54

Essertaux 80 ...16 BD15
Essertenne 71 ...97 BU48
Essertenne-et-Cecey 70 ...82 CD41
Essertines-
  en-Châtelneuf 42 ...124 BQ61
Essertines-Blay 73 ...128 BT60
Esserts-Blay 73 ...128 BT60
Esserts-Salève 74 ...114 CI55
Esserval-Combe 39 ...99 CG47
Esserval-Tartre 39 ...99 CG47
Essey 21 ...97 BU43
Essey-et-Maizerais 54 ...44 CD24
Essey-la-Côte 54 ...65 CI29
Essey-les-Eaux 52 ...64 CA34
Essey-les-Nancy 54 ...45 CG26
Essey-les-Ponts 52 ...63 BW34
Essia 39 ...113 CC50
Essigny-le-Grand 02 ...17 BK15
Essigny-le-Petit 02 ...9 BL14
Essômes-sur-Marne 02 ...40 BL23
Essoyes 10 ...80 BU34
Essuiles 60 ...16 BD18
Les Estables 43 ...139 BS69
Estables 26 ...155 CC73
Estadens 31 ...180 AR90
Estagel 66 ...197 BH93
Estaing 12 ...192 AJ91
Estaing 65 ...150 BG73
Estaires 59 ...3 BG5
Estal 46 ...135 BA69
Estampes 32 ...179 AN86
Estampures 65 ...179 AN86
Estancarbon 31 ...180 AR89
Estandeuil 63 ...124 BM60
Estang 32 ...160 AK80
L'Estaque 13 ...187 CG86
Estarvielle 65 ...193 AO92
Estel 63 ...137 BL63
Estenos 31 ...157 CN76
Esténos 31 ...193 AO91
Estérençuby 64 ...177 AB89
Esternay 51 ...41 BM27
Esterre 65 ...192 AK91
Esteville 76 ...14 AI17
Estézargues 30 ...167 BW80
Estibeaux 40 ...158 AD83
Estigarde 40 ...160 AK79
Estillac 47 ...161 AP77
Estipouy 32 ...179 AN84
Estirac 65 ...179 AL85
Estissac 10 ...61 BO32
Estivals 19 ...135 AX68
Estivareilles 42 ...139 BR63
Estivareilles 03 ...109 BG52
Estivaux 19 ...135 AX65
Estoher 66 ...196 BF95
Estos 64 ...177 AF88
Estoublon 04 ...170 CI79
Estourmel 59 ...9 BK11
Estouteville-Écalles 76 ...14 AW17
Estouy 45 ...59 BD33
Estrablin 38 ...126 BY62
Estramiac 32 ...161 AR81
Estrebay 08 ...10 BS14
Estrébœuf 80 ...6 AY11
L'Estréchure 30 ...166 BP78
Estrée 62 ...2 BA7
Estrée-Blanche 62 ...3 BD6
Estrée-Cauchy 62 ...3 BF8
Estrée-Wamin 62 ...8 BE9
Estréelles 62 ...2 AZ7
Estrées 59 ...8 BJ9
Estrées 21 ...97 BK13
Estrées-Deniécourt 80 ...8 BH14
Estrées-en-Chaussée 80 ...8 BI14
Estrées-la-Campagne 14 ...26 AL23
Estrées-lès-Crécy 80 ...7 BA10
Estrées-Saint-Denis 60 ...16 BG15
Estrées-sur-Noye 80 ...16 BD15
Estrennes 88 ...65 CF31
Estreux 59 ...9 BM9
Estry 14 ...34 AH24
Esves-le-Moutier 37 ...91 AT45
Esvres 37 ...9 BK10
Étable 73 ...128 CH62
Étables 07 ...140 BW67
Étables-sur-Mer 22 ...31 R27
Étagnac 16 ...119 AR58
Étaimpuis 76 ...14 AV16
Étain 55 ...20 CB21
Étaing 62 ...8 BI9
Étainhus 76 ...12 AP17
Étais 21 ...80 BT38
Étais-la-Sauvin 89 ...79 BL40
Étalans 25 ...84 CH43
Étalante 21 ...81 BW38
Étalle 08 ...10 BT14
Étalon 80 ...8 AX12
Étalondes 76 ...6 AX12
Étampes 91 ...59 BC30
Étampes-sur-Marne 02 ...40 BL23
L'Étang-Bertrand 50 ...24 AE13
L'Étang-la-Ville 78 ...38 BB25
L'Étang-sur-Arroux 71 ...96 BS47
L'Étang-Vergy 21 ...97 BX44
Les Étangs 57 ...22 CH21
Étaples 62 ...2 AY7
Étaule 89 ...79 BP40
Étaules 21 ...83 BX41
Étaules 17 ...116 AD59
Étauliers 33 ...131 AH65
Étaves-et-Bocquiaux 02 ...9 BL13
Étavigny 60 ...40 BI22
Etcharry 64 ...177 AD86
Etchebar 64 ...177 AD89
Éteaux 74 ...114 CI55
Éteignières 08 ...10 BS14
Éteimbes 68 ...84 CL38
Étel 56 ...51 O37
Ételfay 80 ...16 BF16
Étercy 74 ...114 CH55
L'Ételon 03 ...108 BF50
Éterpigny 62 ...8 BI10
Éterpigny 80 ...8 BI14
Éterville 14 ...26 AJ22
Étevaux 21 ...82 CA42
Eth 59 ...9 BN9
Étienville 50 ...24 AC19
Étigny 89 ...60 BK33
Les Étilleux 28 ...57 AS33
Étinehem 80 ...8 BG13
Étival 39 ...113 CE51
Étival-Clairefontaine 88 ...66 CL33
Étival-lès-le-Mans 72 ...56 AN35
Étampes 51 ...39 BE27
Étobon 70 ...84 CK38
Étoges 51 ...41 BM29
L'Étoile 80 ...7 BB12
L'Étoile 39 ...113 CD50
Étoile-Saint-Cyrice 05 ...155 CE75
Étoile-sur-Rhône 26 ...154 BW70
Éton 55 ...21 CC20
Étormay 21 ...81 BU39

Étouars 24 ...119 AQ61
Étourvy 10 ...62 BR35
Étoutteville 76 ...13 AS16
Étouvans 25 ...84 CK40
Étouvelles 02 ...17 BM18
Étouvy 14 ...34 AG24
Étouy 60 ...16 BE19
Étrabonne 25 ...98 CD43
Étrappe 25 ...84 CJ40
Étray 21 ...97 BU43
Étrayes 25 ...20 BZ19
Étréaupont 02 ...10 BP13
Étréchet 36 ...88 AZ48
Étréchy 91 ...59 BC29
Étréchy 51 ...41 BP25
Étréchy 18 ...94 BG44
Étréham 14 ...25 AH20
Étreillers 02 ...8 BJ14
Étréjust 80 ...7 BA13
Étrelles 35 ...54 AD33
Étrelles-et-la-Montbleuse 70 ...83 CE40
Étrembières 74 ...114 CH54
Étrépagny 27 ...15 AY20
Étrepigney 39 ...98 CD44
Étrépigny 08 ...19 BV16
Étrépilly 77 ...40 BI23
Étrepy 51 ...42 BS28
Étretat 76 ...12 AO16
Étreux 02 ...9 BN12
Étreval 54 ...65 CF29
Étréville 27 ...13 AR19
Étrez 01 ...112 BZ53
Étriac 16 ...118 AL62
Étricourt-Manancourt 80 ...8 BI12
Étrigny 71 ...112 BW50
Étrochey 21 ...80 BU36
Étrœungt 59 ...10 BP12
Étroitefontaine 70 ...84 CJ39
Étroussat 03 ...109 BK55
Étrun 62 ...8 BG9
Étsaut 64 ...191 AG91
Ettendorf 67 ...47 CQ24
Etting 57 ...23 CN22
Étueffont 90 ...84 CM37
Étupes 25 ...84 CL39
Éturqueraye 27 ...13 AR19
Étusson 79 ...89 AI45
Étuz 70 ...83 CF41
Etzling 57 ...23 CL21
Eu 76 ...6 AX12
Euffigneix 52 ...63 BY33
Eugénie-les-Bains 40 ...159 AH82
Euilly-et-Lombut 08 ...20 BY16
Eulmont 54 ...45 CG26
Eup 31 ...193 AQ91
Eurre 26 ...154 BY70
Eurville-Bienville 52 ...63 BX28
Eus 66 ...196 BF94
Euvezin 54 ...44 CD24
Euville 55 ...44 CC26
Euvy 51 ...41 BO27
Euzet 30 ...167 BT78
Évaillé 72 ...75 AR36
Évans 39 ...98 CD43
Évaux-et-Ménil 88 ...65 CE31
Évaux-les-Bains 23 ...108 BF55
Ève 60 ...39 BG23
Évecquemont 78 ...38 BB23
Évenos 83 ...188 CG88
Évergnicourt 02 ...18 BQ19
Everly 77 ...60 BK30
Évette-Salbert 90 ...84 CL37
Éveux 69 ...125 BV59
Évian-les-Bains 74 ...100 CK52
Évigny 08 ...19 BU15
Évillers 25 ...99 CH45
Évin-Malmaison 62 ...8 BI8
Évires 74 ...114 CH56
Évisa 2A ...200 DG97
Évosges 01 ...127 CC57
Évran 22 ...53 X30
Évrange 57 ...21 CF17
Évrecy 14 ...26 AJ22
Évres 55 ...43 BY23
Évreux 27 ...37 AV23
Évricourt 60 ...17 BI17
Évriguet 56 ...33 U33
Évron 53 ...55 AJ33
Évry 89 ...39 BE28
Évry 91 ...39 BK32
Évry-Grégy-sur-Yerres 77 ...39 BG27
Excenevex 74 ...114 CI52
Excideuil 24 ...134 AT64
Exermont 08 ...20 BX20
Exideuil 16 ...119 AO58
Exincourt 25 ...84 CL39
Exireuil 79 ...104 AK52
Exmes 61 ...36 AO26
Exoudun 79 ...104 AL53
Expiremont 17 ...131 AI64
Expo Faune Lorraine 88 ...66 CM37
Eybens 38 ...141 CE66
Eybouleuf 87 ...121 AX59
Eyburie 19 ...135 AY63
Eycheil 09 ...194 AU91
Eydoche 38 ...126 CB63
Eygalayes 26 ...155 CE76
Eygalières 13 ...172 BY82
Eygaliers 26 ...155 CL71
Eygluy-Escoulin 26 ...154 CA70
Eyguians 05 ...155 CF75
Eyguières 13 ...168 BZ82
Eygurande 19 ...122 BG61
Eygurande-Gardedeuil 24 ...146 AM71
Eyharce 64 ...176 AA87
Eyjeaux 87 ...121 AX59
Eyliac 24 ...133 AS66
Eymet 24 ...147 AO72
Eymeux 26 ...140 CA67
Eymouthiers 16 ...119 AP61
Eymoutiers 87 ...121 AZ60
Eyne 66 ...196 BB96
Eyne 2600 66 ...196 BB96
Eynesse 33 ...146 AM70
Eyragues 13 ...168 BY81
Eyrans 33 ...131 AG66
Eyrein 19 ...135 BA64
Eyres-Moncube 40 ...159 AH83
Eyrignac (Jardins d') 24 ...134 AV69
Eyroles 26 ...155 CA74
Eysines 33 ...131 CI43
Eysson 25 ...99 CI43
Eysus 64 ...177 AF88
Eyvirat 24 ...133 AR64
Eywiller 67 ...46 CN24
Eyzahut 26 ...154 BZ73
Eyzerac 24 ...133 AS64
Les Eyzies-de-Tayac 24 ...133 AT69
Eyzin-Pinet 38 ...126 BY62
Ézanville 95 ...38 BE23
Èze 06 ...175 CS81
Ézy-sur-Eure 27 ...37 AX25

F

Fa 11 ...196 BC91
Fabas 82 ...162 AV81
Fabas 31 ...180 AS87
Fabas 09 ...180 AT89
Fabras 07 ...153 BT72
Fabrègues 34 ...185 BP84
Fabrezan 11 ...183 BG89
Faches-Thumesnil 59 ...4 BJ6
Fâchin 58 ...96 BO46
Facture 33 ...144 AD72
Fades (Viaduc des) 63 ...123 BH57
La Fage-Montivernoux 48 ...151 BK67
La Fage-Saint-Julien 48 ...151 BK70
Fageole (Col de la) 15 ...137 BK67
Le Faget 31 ...181 AZ84
Faget-Abbatial 32 ...180 AO85
Fagnières 42 ...58 BS24
Fagnon 08 ...19 BU15
Fahy-lès-Autrey 70 ...82 CB40
Failly 57 ...21 CG21
Faimbe 25 ...84 CK40
Fain-lès-Montbard 21 ...80 BT39
Fain-lès-Moutiers 21 ...80 BR39
Fains 27 ...37 AW24
Fains-la-Folie 28 ...58 AY32
Fains-les-Sources 55 ...43 BY26
Faissault 08 ...18 BT17
Fajac-en-Val 11 ...182 BE89
Fajac-la-Relenque 11 ...181 AY87
Fajoles 46 ...148 AW70
La Fajolle 11 ...196 BB93
Fajolles 82 ...162 AT79
La Falaise 78 ...38 BA24
Falaise 08 ...18 BT19
Falck 57 ...22 CJ20
Faleyras 33 ...146 AJ70
Falga 31 ...182 BA85
Falgueyrat 24 ...147 AP71
Falicon 06 ...175 CR81
Falkwiller 68 ...85 CN37
Fallencourt 76 ...6 AY14
Fallerans 25 ...99 CH44
Falleron 85 ...87 Z46
Falletans 39 ...98 CC44
Fallières 68 ...65 CJ34
Fallon 25 ...84 CJ39
La Faloise 80 ...16 BD16
Fals 47 ...161 AO78
Falvy 80 ...8 BI14
Famars 59 ...9 BM9
Famechon 80 ...16 BB15
Famechon 62 ...7 BE11
Fameck 57 ...21 CF20
Familly 14 ...36 AP24
Fampoux 62 ...8 BH9
Fanget (Col du) 04 ...156 CJ75
Fanjeaux 11 ...182 BB88
Fanlac 24 ...134 AU67
Le Faou 29 ...H29
Le Faouët 56 ...50 M33
Le Faouët 22 ...32 Q26
Faramans 38 ...140 CA63
Faramans 01 ...126 BZ58
Farbus 62 ...8 BH8
Farceaux 27 ...14 AX20
Farcheville (Château de) 91 ...59 BD30
La Fare-en-Champsaur 05 ...156 CH71
La Fare-les-Oliviers 13 ...187 CB84
Farébersviller 57 ...23 CL21
Fareins 01 ...112 BW56
Faremoutiers 77 ...40 BI26
Les Farges 24 ...134 AU67
Farges 01 ...114 CF54
Farges-Allichamps 18 ...93 BE49
Farges-en-Septaine 18 ...94 BG45
Farges-lès-Chalon 71 ...97 BW47
Farges-lès-Mâcon 71 ...112 BX51
Fargniers 02 ...17 BK16
Fargues 40 ...148 AU75
Fargues 46 ...149 AX82
Fargues 33 ...145 AI73
Fargues-Saint-Hilaire 33 ...145 AH70
Fargues-sur-Ourbise 47 ...146 AM76
Farincourt 52 ...82 CC38
Farinole 2B ...199 DK91
La Farlède 83 ...188 CI88
Farnay 42 ...125 BV62
Faron (Mont) 83 ...188 CH88
Farschviller 57 ...23 CL22
Fatines 72 ...56 AP34
Fatouville-Grestain 27 ...12 AP19
Le Fau 15 ...136 BF67
Fau-de-Peyre 48 ...151 BK71
Fauch 81 ...164 BD81
Faucigny 74 ...114 CI55
La Faucille (Col de) 01 ...114 CG52
Faucogney-et-la-Mer 70 ...84 CJ36
Faucompierre 88 ...66 CK32
Faucon 84 ...154 CA76
Faucon-
  de-Barcelonnette 04 ...157 CM74
Faucon-du-Caire 04 ...156 CH74
Fauconcourt 88 ...65 CJ30
Faucoucourt 02 ...17 BM18
Faudoas 82 ...161 AS81
Le Fauga 31 ...181 AW86
Faugères 34 ...184 BK84
Faugères 07 ...153 BS74
Fauguernon 14 ...27 AQ21
Fauguerolles 47 ...146 AN74
Fauillet 47 ...146 AN74
Le Faulq 14 ...27 AP21
Faulquemont 57 ...22 CJ22
Faulx 54 ...45 CG25
Faumont 59 ...8 BJ7
Fauquembergues 62 ...3 BC6
La Faurie 05 ...155 CE72
Faurilles 24 ...147 AO71
Fauroux 82 ...148 AT76
Faussergues 81 ...164 BE79
Fausse-sur-Mer 85 ...102 AB53
Fauville 27 ...37 AV23
Fauville-en-Caux 76 ...13 AR16
Faux de Verzy 51 ...42 BR22
Faux-Fresnay 51 ...41 BP27
Faux-la-Montagne 23 ...121 BA60
Faux-Mazuras 23 ...121 AZ58
Faux-Vésigneul 51 ...42 BT26
Faux-Villecerf 10 ...61 BO31
La Favède 30 ...166 BR77
Faveraye-Mâchelles 49 ...89 AI43
Faverdines 18 ...108 BE50
Faverelles 45 ...78 BI39
Faverges 74 ...128 BI59
Faverges-de-la-Tour 38 ...127 CC61
Faverney 70 ...83 CG37
Faverois 90 ...85 CN39
Faverolles 80 ...8 BF16
Faverolles 61 ...35 AK27
Faverolles 28 ...38 AW24
Faverolles 36 ...91 AY27
Faverolles 52 ...63 BX34
Faverolles 02 ...17 BK21
Faverolles-et-Coëmy 51 ...41 BP20
Faverolles-la-Campagne 27 ...37 AT23
Faverolles-lès-Lucey 21 ...81 BW36
Faverolles-les-Mares 27 ...37 AS22
Faverolles-sur-Cher 41 ...90 AV42
La Favière 89 ...99 CG48

La Favière (Plage de) 83 ...189 CK88
Favières 80 ...6 CA10
Favières 77 ...40 BH26
Favières 28 ...57 AV29
Favières 54 ...65 CF29
Favone 2A ...203 DL102
Favresse 51 ...42 BV27
Favreuil 62 ...8 BH11
Favrieux 78 ...38 AY24
Le Favril 27 ...37 AS22
Le Favril 28 ...57 AV29
Le Favril 59 ...9 BN11
Fay 72 ...56 AN34
Le Fay 71 ...98 CA49
Fay 61 ...36 AP27
Fay-aux-Loges 45 ...77 BC36
Fay-de-Bretagne 44 ...71 Y40
Fay-en-Montagne 39 ...98 CD48
Fay-le-Clos 26 ...140 BY65
Fay-lès-Marcilly 10 ...61 BN30
Fay-lès-Nemours 77 ...60 BG32
Le Fay-Saint-Quentin 60 ...15 BD18
Fay-sur-Lignon 43 ...139 BS68
Faycelles 46 ...149 BB73
Faye 41 ...75 AV37
La Faye 16 ...118 AM58
La Faye (Pas de) 06 ...174 CO81
Faye-d'Anjou 49 ...73 AI42
Faye-la-Vineuse 37 ...90 AO46
Faye-l'Abbesse 79 ...89 AJ47
Faye-sur-Ardin 79 ...104 AI52
Le Fayel 60 ...16 BG19
Fayence 83 ...174 CN82
Le Fayet 74 ...128 CL57
Fayet 02 ...9 BK14
Fayet 12 ...183 BI81
Fayet-le-Château 63 ...124 BM61
Fayet-Ronaye 63 ...138 BN63
La Ferté-Loupière 89 ...78 BK36
Fayl-Billot 52 ...82 CC37
Faymont 70 ...84 CJ38
Faymoreau 85 ...104 AH51
Fays 88 ...66 CK32
Fays 52 ...63 BX29
Fays-la-Chapelle 10 ...62 BO33
Fayssac 81 ...163 BA80
Féas 64 ...177 AF88
Febvin-Palfart 62 ...3 BD6
Fécamp 76 ...12 AO16
Féchain 59 ...8 BI9
Fêche-l'Église 90 ...84 CM39
La Féclaz 73 ...128 CG60
Fécocourt 54 ...65 CF30
Fédry 70 ...83 CE38
Fegersheim 67 ...47 CR28
Fégréac 44 ...70 W38
Feigères 74 ...114 CG55
Feignies 59 ...10 BI21
Feings 61 ...57 AP29
Feings 41 ...76 AW41
Feins 35 ...52 AA30
Feins-en-Gâtinais 45 ...78 BH38
Feissons-sur-Isère 73 ...128 CK61
Feissons-sur-Salins 73 ...128 CK62
Le Fel 12 ...136 BF72
Felce 2B ...201 DL95
Feldbach 68 ...85 CO39
Feldkirch 68 ...66 CO35
Félines 43 ...139 BR66
Félines 07 ...140 BW64
Félines-Minervois 34 ...183 BG87
Félines-
  sur-Rimandoule 26 ...154 BZ72
Félines-Termenès 11 ...183 BG90
Felleries 59 ...10 BP11
Fellering 68 ...84 CM35
Felletin 23 ...122 BC58
Felluns 66 ...196 BF93
Felon 90 ...84 CM37
Felzins 46 ...149 BC72
Fenain 59 ...8 BK8
Fénay 21 ...97 BY43
Fendeille 11 ...182 BA87
Fénery 79 ...89 AJ48
Fénétrange 57 ...46 CM24
Feneu 49 ...73 AH39
Féneyrols 82 ...163 AZ78
Féniers (Abbaye de) 15 ...137 BH64
Fenioux 17 ...104 AI51
Fenioux 79 ...89 AH58
Fenneviller 54 ...46 CL28
Fénols 81 ...163 BB81
Le Fenouiller 85 ...86 X48
Fenouillet 66 ...196 BE93
Fenouillet 31 ...162 AW83
Fenouillet
  (Sommet du) 83 ...188 CI88
Fenouillet-du-Razès 11 ...182 BB89
Fépin 08 ...11 BV12
Fer à Cheval
  (Cirque du) 74 ...115 CM55
Ferayola 2B ...198 DG94
Fercé 44 ...53 AB38
Fercé-sur-Sarthe 72 ...74 AM36
Ferdrupt 88 ...66 CK35
Le Fered 39 ...98 CD48
La Fère 02 ...17 BK16
Fère-Champenoise 51 ...41 BO26
Fère-en-Tardenois 02 ...17 BM20
Férebrianges 51 ...41 BO25
La Férée 08 ...18 BS15
Férel 56 ...69 U39
Ferfay 62 ...3 BE7
Féricy 77 ...60 BH30
Férin 62 ...8 BI9
Fermanville 50 ...24 AC15
Ferme de Navarin
  (Monument de la) 51 ...19 BT21
La Fermeté 58 ...95 BL46
Ferney-Voltaire 01 ...114 CG53
Fernoël 63 ...122 BG61
Férolles 45 ...77 BC37
Férolles-Attilly 77 ...39 BG27
Féron 59 ...10 BQ12
Ferques 62 ...2 A23
Ferrals-les-Corbières 11 ...183 BG90
Ferrals-les-Montagnes 34 ...183 BG86
Ferran 11 ...182 BB89
Ferrassières 26 ...169 CD77
Le Ferré 35 ...35 AD29
Ferrensac 47 ...147 AO72
Ferrère 65 ...193 AN91
Les Ferres 06 ...175 CQ80
Ferreux 10 ...61 BM31
Ferrière 10 ...35 AK27
Ferrière-Airoux 86 ...105 AO53
La Ferrière 85 ...87 AC48
La Ferrière 22 ...32 T32
La Ferrière 37 ...74 AR39
La Ferrière 38 ...142 CH64
La Ferrière-Airoux 86 ...105 AO53
La Ferrière-au-Doyen 61 ...36 AO27
La Ferrière-au-Doyen 14 ...34 AG23
La Ferrière-Béchet 61 ...36 AN28
La Ferrière-Bochard 61 ...56 AM30
La Ferrière-de-Flée 49 ...72 AE38
La Ferrière-Duval 14 ...34 AI24
La Ferrière-en-Parthenay 79 ...90 AL49
Ferrière-et-Lafolie 52 ...63 BY30

La Ferrière-Harang 14 ...34 AG23
Ferrière-la-Grande 59 ...10 BP10
Ferrière-la-Petite 59 ...10 BP10
La Ferrière-sur-Beaulieu 37 ...91 AU44
Ferrières 81 ...164 BE83
Ferrières 17 ...104 AF53
Ferrières 65 ...178 AJ90
Ferrières 60 ...16 BF17
Ferrières 50 ...34 AF28
Ferrières 54 ...45 CF30
Ferrières-en-Bray 76 ...14 AZ18
Ferrières-en-Brie 77 ...39 BG26
Ferrières-en-Gâtinais 45 ...60 BH34
Ferrières-Haut-Clocher 27 ...37 AT23
Ferrières-la-Verrerie 61 ...36 AP27
Ferrières-le-Lac 25 ...84 CM40
Ferrières-les-Bois 25 ...98 CE43
Ferrières-les-Ray 70 ...83 CD39
Ferrières-lès-Scey 70 ...83 CF38
Ferrières-Saint-Hilaire 27 ...27 AQ23
Ferrières-Saint-Mary 15 ...137 BJ66
Ferrières-sur-Ariège 09 ...195 AX91
Ferrières-sur-Sichon 03 ...124 BO57
Ferrussac 43 ...138 BM67
Fertans 25 ...99 CG45
Ferté 39 ...82 CG45
Flammerecourt 52 ...63 BX30
Flancourt-Catelon 27 ...27 AS20
Flangebouche 25 ...100 CJ44
Flaran (Abbaye de) 32 ...161 AO80
Flassan 84 ...168 CB78
Flassans-sur-Issole 83 ...189 CJ85
Flassigny 55 ...21 CA18
Flastroff 57 ...22 CI19
Flat 63 ...123 BL62
Flaucourt 80 ...8 BH13
Flaugeac 24 ...147 AO71
Flaujac-Gare 46 ...149 AZ71
Flaujac-Poujols 46 ...148 AY74
Flaujagues 33 ...146 AL70
Flaumont-Waudrechies 59 ...10 BP11
Flavacourt 60 ...15 BA19
Flaviac 07 ...154 BW71
Flavignac 87 ...120 AU60
Flavignerot 21 ...81 BX42
Flavigny 51 ...41 BP24
Flavigny 18 ...94 BH46
Flavigny-le-Grand-
  et-Beaurain 02 ...9 BN14
Flavigny-sur-Moselle 54 ...45 CG28
Flavigny-sur-Ozerain 21 ...81 BU40
Flavin 12 ...150 BD76
Flavy-le-Martel 02 ...17 BK16
Flavy-le-Meldeux 60 ...17 BI16
Flaxlanden 68 ...85 CP37
Flayat 23 ...122 BE60
Flayosc 83 ...189 CK84
Fléac 16 ...118 AM60
Fléac-sur-Seugne 17 ...117 AI62
La Flèche 72 ...74 AL38
Fléchin 62 ...3 BD6
Fléchy 60 ...16 BD16
Flée 21 ...80 BT40
Flée 72 ...75 AR37
Fleigneux 08 ...20 BX15
Fleisheim 57 ...46 CO25
Le Fleix 24 ...146 AM70
Le Fleix 86 ...106 AR55
Fleix 86 ...106 AR55
Fléré-la-Rivière 36 ...91 AU46
Flers 62 ...7 BD9
Flers 80 ...8 BI12
Flers 61 ...35 AK26
Flers-en-Escrebieux 59 ...8 BI8
Flers-sur-Noye 80 ...16 BD15
Flesquières 59 ...8 BJ11
Flesselles 80 ...7 BD13
Flétrange 57 ...22 CJ21
Flêtre 59 ...3 BE5
Fleurac 24 ...134 AU67
Fleurac 16 ...118 AL60
Fleurance 32 ...161 AQ81
Fleurat 23 ...107 AY54
Fleurbaix 62 ...4 BH5
Fleuré 86 ...105 AP52
Fleuré 61 ...35 AM27
Fleurey 25 ...84 CJ42
Fleurey-lès-Faverney 70 ...83 CG37
Fleurey-lès-Lavoncourt 70 ...83 CD39
Fleurey-lès-Saint-Loup 70 ...83 CH36
Fleurey-sur-Ouche 21 ...81 BW42
Fleurie 69 ...112 BW54
Fleuriel 03 ...109 BK56
Fleurieu-sur-Saône 69 ...125 BX59
Fleurieux-sur-l'Arbresle 69 ...125 BV59
Fleurines 60 ...16 BF20
Fleurville 71 ...112 BX52
Fleury 80 ...16 BC16
Fleury 11 ...184 BK88
Fleury 57 ...21 CG22
Fleury 62 ...7 BC9
Fleury 50 ...34 AG27
Fleury-devant-
  Douaumont 55 ...20 CA21
Fleury-en-Bière 77 ...59 BF30
Fleury-la-Forêt 27 ...15 AY19
Fleury-la-Montagne 71 ...111 BR55
Fleury-la-Rivière 51 ...41 BO23
Fleury-la-Vallée 89 ...79 BM38
Fleury-les-Aubrais 45 ...77 BB36
Fleury-lès-Clercval 28 ...58 CJ40
Fleury-Mérogis 91 ...38 BE28
Fleury-sur-Andelle 27 ...14 AW20
Fleury-sur-Loire 58 ...95 BL48
Fleury-sur-Orne 14 ...26 AK22
Fléville 08 ...20 BX20
Fléville-devant-Nancy 54 ...45 CG27
Fléville-Lixières 54 ...21 CD22
Flévy 57 ...21 CG21
Flexanville 78 ...38 AY26
Flexbourg 67 ...47 CQ26
Fley 71 ...97 BU48
Fley 89 ...79 BP37
Fléz-Cuzy 58 ...95 BN42
Fligny 08 ...10 BR13
Flin 54 ...46 CK28
Flines-lès-Mortagne 59 ...4 BL7
Flines-lez-Raches 59 ...8 BJ8
Flipou 27 ...14 AW20
Flirey 54 ...44 CD25
Flixecourt 80 ...7 BC13
Flize 08 ...19 BV16
La Flocellière 85 ...89 AF47
Flocourt 57 ...22 CH22
Flocques 76 ...6 AX12
Flogny-la-Chapelle 89 ...79 BO37
Floing 08 ...19 BW15
Floirac 17 ...117 AF62
Floirac 46 ...135 AY69

Floirac 33 ...145 AH70
Floirac 17 ...117 AF62
Florac 48 ...152 BN76
Florange 57 ...21 CF19
Florémont 88 ...65 CG31
Florensac 34 ...184 BN86
Florent-en-Argonne 51 ...43 BX22
Florentia 39 ...113 CB52
Florentin 81 ...163 BB80
Florentin-la-Capelle 12 ...150 BG72
Florimont 90 ...85 CN39
Florimont-Gaumier 24 ...148 AV71
Floringhem 62 ...3 BE7
Flornoy 52 ...63 BX29
Flottemanville 50 ...24 AC18
Flottemanville-Hague 50 ...24 AA16
Floudès 33 ...146 AK73
Floure 11 ...183 BF88
Floure 31 ...181 AX84
Floursies 59 ...10 BP11
Floyon 59 ...10 BP12
Fluquières 02 ...8 BJ15
Flumet 73 ...128 CK58
Fluy 80 ...7 BC14
Foameix 55 ...20 CB21
Focicchia 2B ...201 DK96
Fœcy 18 ...93 BF46
Le Foeil 22 ...31 R29
Foisches 08 ...11 BV11
Foissac 30 ...167 BS78
Foissac 12 ...149 BB74
Foissiat 01 ...112 BZ52
Foissy 21 ...97 BU44
Foissy-lès-Vézelay 89 ...79 BO41
Foissy-sur-Vanne 89 ...61 BM32
Foix 09 ...195 AX91
Folcarde 31 ...181 AZ86
Folelli 2B ...199 DL94
Folembray 02 ...17 BK18
Folgensbourg 68 ...85 CO39
Le Folgoët 29 ...29 G26
La Folie 14 ...25 AF21
Folies 80 ...16 BG15
Folkling 57 ...23 CL21
Follainville-Dennemont 78 ...38 AZ23
Folles 87 ...107 AX56
La Folletière
  (Château de) 27 ...38 AX24
La Folletière-Abenon 14 ...36 AR25
Folleville 80 ...16 BE16
Folleville 27 ...27 AQ22
Folligny 50 ...33 AC28
Folschviller 57 ...22 CJ22
Fomerey 88 ...65 CH32
Fomperron 79 ...104 AL51
Fonbeauzard 31 ...162 AW83
Foncegrive 21 ...82 BZ39
Fonches-Fonchette 80 ...8 BH15
Foncine-le-Bas 39 ...99 CG49
Foncine-le-Haut 39 ...99 CG49
Foncquevillers 62 ...8 BG11
Fond-de-France 38 ...142 CH64
Fondamente 12 ...165 BB81
Fondettes 37 ...74 AQ41
Fondremand 70 ...83 CF40
Fongalop 24 ...147 AS71
Fongrave 47 ...146 AN76
Fongueusemare 76 ...12 AP17
Fonroque 24 ...147 AO71
Fons 30 ...167 BS80
Fons 07 ...153 BT72
Fons 46 ...149 BA72
Fons-sur-Lussan 30 ...167 BT77
Fonsommes 02 ...9 BL14
Fonsorbes 31 ...180 AU84
Font-Romeu-
  Odeillo-Via 66 ...196 BB96
Fontain 25 ...99 CF44
Fontaine 38 ...141 CE65
Fontaine 10 ...63 BV32
Fontaine 90 ...85 CN39
Fontaine-au-Bois 59 ...9 BN11
Fontaine-au-Pire 59 ...9 BL11
Fontaine-Bellenger 27 ...14 AW21
Fontaine-Bonneleau 60 ...15 BC16
Fontaine-Chaalis 60 ...39 BG22
Fontaine-Chalendray 17 ...118 AK57
Fontaine-Couverte 53 ...72 AD35
Fontaine-Daniel 53 ...55 AJ32
Fontaine-de-Vaucluse 84 ...168 CA80
Fontaine-Denis-Nuisy 51 ...41 BN28
Fontaine-en-Bray 76 ...14 AX16
Fontaine-en-Dormois 51 ...19 BV21
Fontaine-Étoupefour 14 ...26 AJ22
Fontaine-Fourches 77 ...61 BL30
Fontaine-Française 21 ...82 CA40
Fontaine-Guérard
  (Abbaye de) 27 ...14 AW20
Fontaine-Guérin 49 ...73 AK40
Fontaine-Henry 14 ...26 AJ20
Fontaine-Heudebourg 27 ...37 AX22
Fontaine-la-Gaillarde 89 ...61 BL32
Fontaine-la-Guyon 28 ...58 AY30
Fontaine-la-Louvet 27 ...27 AQ22
Fontaine-la-Mallet 76 ...12 AO17
Fontaine-la-Rivière 91 ...59 BC31
Fontaine-la-Soret 27 ...37 AS22
Fontaine-l'Abbé 27 ...37 AS22
Fontaine-Lavaganne 60 ...15 BB18
Fontaine-le-Bourg 76 ...14 AV17
Fontaine-le-Comte 86 ...105 AN51
Fontaine-le-Dun 76 ...13 AT15
Fontaine-le-Pin 14 ...35 AK24
Fontaine-le-Port 77 ...59 BG29
Fontaine-le-Puits 73 ...128 CK62
Fontaine-le-Sec 80 ...7 BA13
Fontaine-les-Bassets 61 ...36 AM25
Fontaine-lès-Boulans 62 ...3 BD7
Fontaine-lès-Cappy 80 ...8 BH14
La Fontaine-Saint-Martin 72 ...74 AM37
Fontaine-Simon 28 ...57 AV30
Fontaine-sous-Jouy 27 ...37 AW23
Fontaine-sous-
  Montaiguillon 77 ...41 BM28
Fontaine-sous-
  Montdidier 80 ...16 BF16
Fontaine-sur-Ay 51 ...41 BQ23
Fontaine-sur-Maye 80 ...7 BA10
Fontaine-sur-Somme 80 ...7 BB13
Fontaine-Uterte 02 ...9 BL13
Fontainebleau 77 ...60 BG30

Gillois 39 ... 99 CG48
Gillonnay 38 ... 141 CB63
Gilly-lès-Cîteaux 21 ... 97 BX44
Gilly-sur-Isère 73 ... 128 CJ60
Gilly-sur-Loire 71 ... 110 BO51
Gilocourt 60 ... 16 BH20
Gimat 82 ... 161 AS81
Gimbrède 32 ... 161 AQ79
Gimbrett 67 ... 47 CQ26
Gimeaux 63 ... 123 BJ58
Gimécourt 55 ... 43 CA25
Gimel-les-Cascades 19 ... 135 BA65
Gimeux 16 ... 117 AI61
La Gimond 42 ... 125 BU62
Gimont 32 ... 161 AS83
Gimouille 58 ... 94 BJ46
Ginai 61 ... 36 AO26
Ginals 82 ... 163 BA77
Ginasservis 83 ... 169 CG82
Ginchy 80 ... 8 BH12
Gincla 11 ... 196 BD93
Gincrey 55 ... 20 CB20
Gindou 46 ... 148 AV72
Ginestas 11 ... 183 BI87
Ginestet 24 ... 133 AO69
Gingsheim 67 ... 47 CQ25
Ginoles 11 ... 196 BC92
Ginouillac 46 ... 148 AX71
Gintrac 46 ... 135 AZ69
Giocatojo 2B ... 199 DK94
Gionges 51 ... 41 BP24
Giou-de-Mamou 15 ... 136 BF69
Gioux 23 ... 122 BC59
Gipcy 03 ... 109 BJ51
Girac 46 ... 135 AZ69
Girancourt 88 ... 65 CH32
Giraumont 60 ... 16 BH18
Giraumont 54 ... 21 CE21
Girauvoisin 55 ... 44 CC25
Gircourt-lès-Viéville 88 ... 65 CG30
Girecourt-sur-Durbion 88 ... 65 CJ31
Girefontaine 70 ... 65 CG35
Giremoutiers 77 ... 40 BI25
Girgols 15 ... 136 BF68
Giriviller 54 ... 65 CI29
Girmont 88 ... 65 CI31
Girmont-Val-d'Ajol 88 ... 65 CJ34
Girolles 89 ... 79 BP40
Girolles 45 ... 60 BG34
Giromagny 90 ... 84 CL37
Giron 01 ... 113 CE54
Gironcourt-sur-Vraine 88 ... 64 CE31
Gironde-sur-Dropt 33 ... 146 AK72
Girondelle 08 ... 10 BS14
Gironville 77 ... 59 BF33
Gironville-et-Neuville 28 ... 37 AW28
Gironville-sous-les-Côtes 55 ... 44 CC25
Gironville-sur-Essonne 91 ... 59 BE31
Le Girouard 85 ... 102 Z50
Giroussens 81 ... 163 AZ82
Giroux 36 ... 93 BA45
Girovillers-sous-Montfort 88 ... 65 CF31
Giry 58 ... 95 BL43
Gisay-la-Coudre 27 ... 36 AR24
Giscaro 32 ... 161 AS83
Giscos 33 ... 146 AJ76
Gisors 27 ... 15 AZ20
Gissac 12 ... 165 BI81
Gissey-le-Vieil 21 ... 81 BU42
Gissey-sous-Flavigny 21 ... 81 BU40
Gissey-sur-Ouche 21 ... 97 BW43
Gisy-les-Nobles 89 ... 60 BK32
Giuncaggio 2B ... 201 DK97
Giuncheto 2A ... 202 DH104
Givardon 18 ... 94 BH48
Givarlais 03 ... 109 BG52
Givenchy-en-Gohelle 62 ... 8 BG8
Givenchy-le-Noble 62 ... 8 BF9
Givenchy-lès-la-Bassée 62 ... 3 BG7
Giverny 27 ... 38 AX23
Giverville 27 ... 27 AR21
Givet 08 ... 11 BV11
Givonne 08 ... 20 BX15
Givors 69 ... 126 BW61
Givraines 45 ... 59 BE33
Givrand 85 ... 86 X49
Givrauval 55 ... 43 BZ27
Le Givre 85 ... 102 AB51
Givrezac 17 ... 117 AG62
Givron 08 ... 19 BS16
Givry 89 ... 79 BO40
Givry 71 ... 97 BW48
Givry 08 ... 19 BT18
Givry-en-Argonne 51 ... 43 BW24
Givry-lès-Loisy 51 ... 41 BP25
Givrycourt 57 ... 46 CL24
Gizaucourt 51 ... 42 BV23
Gizay 86 ... 105 AP52
Gizeux 37 ... 74 AN41
Gizia 39 ... 113 CB51
Gizy 02 ... 18 BO17
La Glacerie 50 ... 24 AB16
Glacière (Grotte de la) 25 ... 84 CI42
Glageon 59 ... 10 BQ12
Glaignes 60 ... 16 BH21
Glainans 25 ... 84 CJ41
Glaine-Montaigut 63 ... 124 BM60
Glaire 08 ... 19 BW15
Le Glaizil 05 ... 156 CG70
Glamondans 25 ... 83 CH42
Gland 89 ... 80 BR37
Gland 02 ... 41 BM23
Glandage 26 ... 155 CD71
Glandon 87 ... 134 AV63
Glandon (Col du) 73 ... 142 CI65
Glanes 46 ... 135 BA69
Glanges 87 ... 121 AX61
Glannes 51 ... 42 BU27
Glanon 21 ... 97 BY45
Glanville 14 ... 26 AN20
Glatens 82 ... 161 AS80
Glatigny 60 ... 15 BA18
Glatigny 57 ... 22 CH21
Glatigny 50 ... 24 AB20
Glay 25 ... 84 CM40
Gleizé 69 ... 126 BW57
Glénac 56 ... 70 W37
Glénat 15 ... 136 BC69
Glénay 79 ... 89 AK47
Glénic 23 ... 107 BA54
Glennes 02 ... 18 BN20
Glénouze 86 ... 90 AM46
Glère 25 ... 85 CN41
Glicourt 76 ... 6 AW13
Glisolles 27 ... 37 AU24
Glisy 80 ... 7 BE14
Glomel 22 ... 51 N31
Glonville 54 ... 66 CK29
Glorianes 66 ... 196 BF95
Glos 14 ... 27 AO22
Glos-la-Ferrière 61 ... 36 AR25
Glos-sur-Risle 27 ... 27 AR21
Gluges 46 ... 135 AY69
Gluiras 07 ... 153 BV70
Glun 07 ... 140 BX68
Glux-en-Glenne 58 ... 96 BQ46
Goas 82 ... 161 AS81
La Godefroy 50 ... 34 AD26
Godenvillers 60 ... 16 BF17
Goderville 76 ... 12 AP16
Godewaersvelde 59 ... 3 BG4
Godisson 61 ... 36 AO27
La Godivelle 63 ... 137 BI64
Godoncourt 88 ... 64 CE34

Gœrlingen 67 ... 46 CM25
Gœrsdorf 67 ... 47 CR23
Goès 64 ... 178 AG88
Goetzenbruck 57 ... 23 CO23
Gœulzin 59 ... 8 BJ9
Gogney 54 ... 46 CL27
Gognies-Chaussée 59 ... 10 BP9
La Gohannière 50 ... 34 AD26
Gohier 49 ... 73 AJ41
Gohory 28 ... 57 AV33
Goin 57 ... 45 CG23
Goincourt 60 ... 15 BB19
Golancourt 60 ... 17 BJ16
Golbey 88 ... 65 CI32
Goldbach 68 ... 66 CN35
Golfe-Juan 06 ... 175 CQ83
Golfech 82 ... 161 AS78
Golinhac 12 ... 150 BF73
Golleville 50 ... 24 AB18
Gombergean 41 ... 75 AU39
Gomelange 57 ... 22 CI20
Gomené 22 ... 52 U32
Gomer 64 ... 178 AJ87
Gometz-la-Ville 91 ... 39 BC27
Gometz-le-Châtel 91 ... 39 BC27
Gomiécourt 62 ... 8 BH11
Gommecourt 78 ... 38 AY23
Gommecourt 62 ... 8 BG11
Gommegnies 59 ... 9 BN9
Gommenec'h 22 ... 31 Q26
Gommersdorf 68 ... 85 CN38
Gommerville 76 ... 12 AP17
Gommerville 28 ... 58 BA31
Gomméville 21 ... 62 BU35
Gomont 08 ... 18 BR18
Gonaincourt 52 ... 64 CC32
Goncelin 38 ... 142 CG64
Goncourt 52 ... 64 CC32
Gond-Pontouvre 16 ... 118 AN60
Gondecourt 59 ... 4 BI6
Gondenans-les-Moulins 25 ... 84 CI40
Gondenans-Montby 25 ... 84 CI40
Gondeville 16 ... 118 AK60
Gondrecourt-Aix 54 ... 21 CC20
Gondrecourt-le-Château 55 ... 64 CB29
Gondreville 60 ... 17 BI21
Gondreville 54 ... 44 CE26
Gondreville 45 ... 60 BG34
Gondrexange 57 ... 46 CL26
Gondrexon 54 ... 45 CK27
Gondrin 32 ... 160 AM80
Les Gonds 17 ... 117 AG60
Gonesse 95 ... 39 BE24
Gonez 65 ... 179 AM87
Gonfaron 83 ... 189 CK86
Gonfreville 50 ... 24 AC20
Gonfreville-Caillot 76 ... 12 AQ16
Gonfreville-l'Orcher 76 ... 12 AO18
La Gonfrière 61 ... 36 AQ25
Gonnehem 62 ... 3 BF6
Gonnelieu 59 ... 8 BJ12
Gonnetot 76 ... 13 AT15
Gonneville 50 ... 24 AC16
Gonneville-en-Auge 14 ... 26 AL20
Gonneville-la-Mallet 76 ... 12 AO16
Gonneville-sur-Honfleur 14 ... 12 AO19
Gonneville-sur-Mer 14 ... 26 AM20
Gonneville-sur-Scie 76 ... 13 AU15
Gonsans 25 ... 99 CH43
Gontaud-de-Nogaret 47 ... 146 AN74
La Gonterie-Boulouneix 24 ... 133 AQ64
Gonvillars 70 ... 84 CK39
Gonzeville 76 ... 13 AS15
Goos 40 ... 158 AD82
Gorbio 06 ... 175 CT80
Gorcy 54 ... 21 CC17
Gordes 84 ... 168 CA80
Gorenflos 80 ... 7 BB11
Gorges 80 ... 7 BC11
Gorges 50 ... 24 AC20
Gorges 44 ... 87 AC44
La Gorgue 59 ... 3 BG5
Gorhey 88 ... 65 CH32
Gornac 33 ... 146 AJ71
Gorniès 34 ... 166 BO80
Gorre 87 ... 120 AT60
Gorrevod 01 ... 112 BX52
Gorron 53 ... 54 AG30
Gorses 46 ... 149 BB70
Gorze 57 ... 44 CE22
Gosnay 62 ... 3 BF7
Gosné 35 ... 53 AB31
Gosselming 57 ... 46 CM25
Gotein-Libarrenx 64 ... 177 AD88
Gottenhouse 67 ... 46 CO26
Gottesheim 67 ... 46 CP25
Gouaix 77 ... 60 BK29
Goualade 33 ... 146 AK75
Gouarec 22 ... 51 O31
Gouaux 65 ... 193 AN92
Gouaux-de-Larboust 31 ... 193 AO92
Gouaux-de-Luchon 31 ... 193 AP92
Gouberville 50 ... 24 AD15
Gouchaupre 76 ... 6 AW13
Goudargues 30 ... 167 BU77
Goudelancourt-lès-Berrieux 02 ... 18 BO18
Goudelancourt-lès-Pierrepont 02 ... 18 BO16
Goudelin 22 ... 31 Q27
Goudet 43 ... 138 BQ69
Goudex 31 ... 180 AS86
Goudon 65 ... 179 AM87
Goudourville 82 ... 161 AS78
Gouesnach 29 ... 49 H34
La Gouesnière 35 ... 33 Y27
Gouesnou 29 ... 29 F28
Gouex 86 ... 106 AR53
Gouézec 29 ... 49 J31
Gougenheim 67 ... 47 CQ26
Gouhelans 25 ... 84 CI40
Gouhenans 70 ... 84 CI38
Gouillons 28 ... 58 BA31
Gouise 03 ... 110 BM52
Goujounac 46 ... 148 AU73
La Goulafrière 27 ... 36 AP24
Goulaine (Château de) 44 ... 87 AB43
Goulet 61 ... 35 AM26
Goulien 29 ... 48 E32
Goulier 09 ... 195 AX93
Les Goulles 21 ... 81 BX36
Goulles 19 ... 135 BB68
Gouloux 58 ... 96 BR43
Goult 84 ... 168 CB80
Goulven 29 ... 29 H26
Goumois 25 ... 84 CM42
Goupillières 78 ... 38 AZ25
Goupillières 76 ... 13 AU17
Goupillières 27 ... 27 AS22
Goupillières 14 ... 26 AJ23
Gouraincourt 55 ... 21 CC20
Le Gouray 22 ... 52 U30
Gourbera 40 ... 158 AC81
Gourbesville 50 ... 24 AC18
Gourbit 09 ... 195 AX92
Gourchelles 60 ... 15 AZ15
Gourdan-Polignan 31 ... 179 AP89
Gourdièges 15 ... 137 BI69
Gourdon 71 ... 111 BU50
Gourdon 46 ... 148 AW71
Gourdon 07 ... 153 BU71
Gourdon 06 ... 174 CP81
Gourdon-Murat 19 ... 121 BA62
Gourette 64 ... 192 AI90
Gourfaleur 50 ... 34 AE22

GRENOBLE

Alsace-Lorraine (Av.) .... DYZ 3
Barnavel (R.) .... EFY 5
Bayard (R.) .... FY 6
Belgique (Av. Albert-1er-de) .... EFZ 7
Belgrade (R. de) .... EY 9
Bistesi (R.) .... FZ 10
Blanchard (R. P.) .... EYZ
Bonne (R. de) .... EZ 12
Brenier (R. C.) .... DY 13
Brocherie (R.) .... EY 15
Casimir-Périer (R.) .... EZ 16
Champollion (R.) .... FZ 17
Chenoise (R.) .... EFY 18
Clot-Bey (R.) .... EYZ 21
Diables-Bleus (Bd des) .... FZ 24
Dr-Girard (Pl.) .... FY 26
Driant (Bd Col.) .... FZ 27
Dubedout (Pl. H.) .... DY 28
Fantin-Latour (R.) .... FZ 32
Flandrin (R. J.) .... GZ 33
Foch (Bd Mar.) .... DEZ
Fourier (R.) .... FZ 34
Grande-Rue .... EY 37
Grenette (Pl.) .... EY
Lavalette (Pl.) .... FY 40
La Fayette (R.) .... EY 39
L'Herminier (R. Cdt) .... FY 41
Lyautey (Bd Mar.) .... EZ 42
Montorge (R.) .... EY 43
Palanka (R.) .... EY 44
Pasteur (Pl.) .... FZ 45
Perrière (Q.) .... EY 46
Poulat (R. F.) .... EY 48
Rivet (Pl. G.) .... EZ 53
Rousseau (R. J.-J.) .... EY 55
Ste-Claire (Pl.) .... EY 57
St-André (Pl.) .... EY 56
Servan (R.) .... FY 59
Strasbourg (R. de) .... EFZ 62
Très-Cloître (R.) .... FY 63
Vicat (R.) .... EZ 66
Victor-Hugo (Pl.) .... EZ
Voltaire (R.) .... FY 68

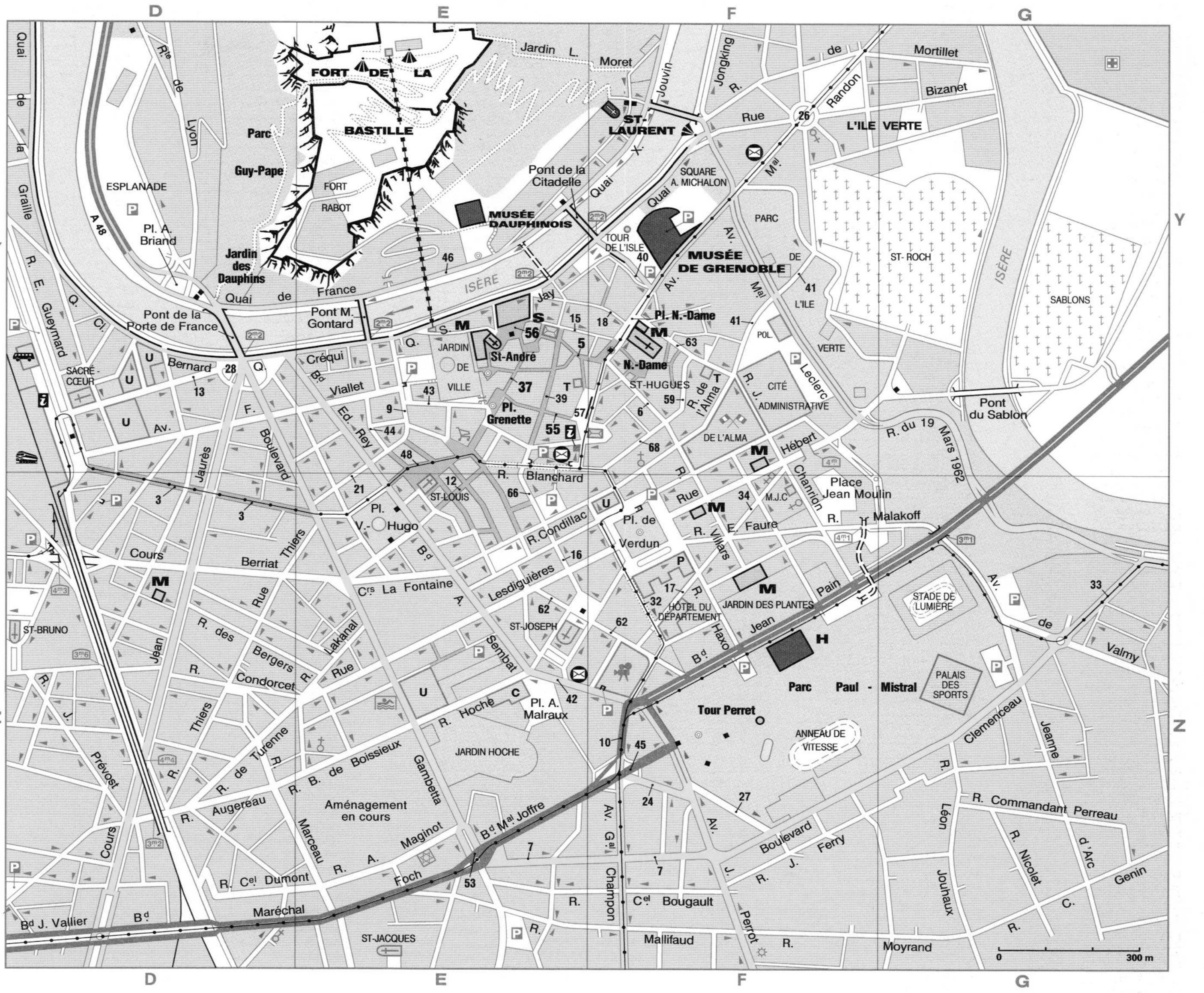

D
E
F
G
Y
Z
FORT DE LA BASTILLE
Parc Guy-Pape
ESPLANADE
Pl. A. Briand
Jardin des Dauphins
MUSÉE DAUPHINOIS
ST-LAURENT
Pont de la Citadelle
MUSÉE DE GRENOBLE
L'ILE VERTE
ST- ROCH
SABLONS
ISÈRE
Quai de France
Pont de la Porte de France
Pont M. Gontard
St-André
N.-Dame
Pl. N.-Dame
Pl. Grenette
ST-HUGUES
CITÉ ADMINISTRATIVE
Pont du Sablon
R. du 19 Mars 1962
DE L'ALMA
Place Jean Moulin
Malakoff
ST-LOUIS
Pl. V. Hugo
Cours Berriat
Cours La Fontaine
Lesdiguières
Pl. de Verdun
HÔTEL DU DÉPARTEMENT
JARDIN DES PLANTES
STADE DE LUMIÈRE
ST-BRUNO
ST-JOSEPH
Parc Paul - Mistral
PALAIS DES SPORTS
Tour Perret
ANNEAU DE VITESSE
Pl. A. Malraux
JARDIN HOCHE
Aménagement en cours
R. Commandant Perreau
Bd J. Vallier
Maréchal
ST-JACQUES
Mallifaud
Moyrand
Bougault
0
300 m

Gourfouran (Gouffre de) 05 ... 157 CL70
Gourgançon 51 ... 41 BQ27
Gourgé 79 ... 89 AK49
Gourgeon 70 ... 83 CE37
Gourgue 65 ... 179 AM89
Gourhel 56 ... 52 U34
Gourin 56 ... 50 L32
Gourlizon 29 ... 49 G32
Gournay 79 ... 104 AL55
Gournay 76 ... 12 AO18
Gournay 36 ... 107 AZ50
Gournay-en-Bray 76 ... 15 AZ18
Gournay-le-Guérin 27 ... 37 AS27
Gournay-sur-Aronde 60 ... 16 BG18
Gournay-sur-Marne 93 ... 39 BF25
Gours 33 ... 132 AL68
Les Gours 16 ... 118 AL57
Gourvieille 11 ... 181 AZ87
Gourville 16 ... 118 AL59
Gourvillette 17 ... 118 AK58
Goury 50 ... 24 Z15
Gourzon 52 ... 43 BY28
Goussaincourt 55 ... 64 CC29
Goussainville 95 ... 39 BE23
Goussainville 28 ... 38 AY26
Goussancourt 02 ... 41 BN22
Gousse 40 ... 158 AD81
Goussonville 78 ... 38 AZ24
Goustranville 14 ... 26 AM21
La Goutelle 63 ... 123 BH59
Goutevernisse 31 ... 180 AU88
Goutrens 12 ... 150 BE74
Gouts 82 ... 148 AT75
Gouts 40 ... 159 AE81
Gouts-Rossignol 24 ... 133 AO63
Gouttières 63 ... 109 BH56
Gouttières 27 ... 27 AS23
Goutz 32 ... 161 AR81
Gouvernes 77 ... 39 BG25
Gouves 62 ... 8 BG9
Gouvets 50 ... 34 AE24
Gouvieux 60 ... 39 BE22
Gouville 27 ... 37 AU25
Gouville-sur-Mer 50 ... 33 AB22
Gouvix 14 ... 26 AK23
Goux 39 ... 98 CC45
Goux 32 ... 160 AK83
Goux-lès-Dambelin 25 ... 84 CK41
Goux-les-Usiers 25 ... 99 CH45
Goux-sous-Landet 25 ... 99 CF44
Gouy 76 ... 14 AV20
Gouy 02 ... 9 BK12
Gouy-en-Artois 62 ... 8 BF10
Gouy-en-Ternois 62 ... 7 BE9
Gouy-les-Groseillers 60 ... 16 BD16
Gouy-l'Hôpital 80 ... 7 BB14
Gouy-Saint-André 62 ... 7 BA8
Gouy-Servins 62 ... 8 BG8
Gouy-sous-Bellonne 62 ... 8 BJ9
Gouzangrez 95 ... 38 BA22
Gouze 64 ... 177 AF85
Gouzeaucourt 59 ... 8 BJ12
Gouzens 31 ... 180 AU88
Gouzon 23 ... 108 BD55
Gouzougnat 23 ... 108 BC55
Goven 35 ... 53 Y34
Goviller 54 ... 65 CF29
Goxwiller 67 ... 67 CQ29
Goyencourt 80 ... 16 BG16
Goyrans 31 ... 181 AW85
Grabels 34 ... 185 BP83
Graçay 18 ... 93 BA44
Grâce-Uzel 22 ... 51 R31
Grâces 22 ... 31 P27
Gradignan 33 ... 145 AG70
Graffigny-Chemin 52 ... 64 CC32

Gragnague 31 ... 162 AX83
Graignes 50 ... 25 AE20
Grailhen 65 ... 193 AN92
Graimbouville 76 ... 12 AP17
Graincourt-lès-Havrincourt 62 ... 8 BJ11
Grainville 27 ... 14 AW20
Grainville-la-Teinturière 76 ... 13 AR15
Grainville-Langannerie 14 ... 26 AK23
Grainville-sur-Odon 14 ... 35 AI22
Grainville-sur-Ry 76 ... 14 AW18
Grainville-Ymauville 76 ... 12 AP16
Le Grais 61 ... 35 AK27
Graissac 12 ... 150 BH71
Graissessac 34 ... 184 BK83
Graix 42 ... 139 BV64
Le Grallet 17 ... 116 AD60
Gramat 46 ... 149 AZ71
Gramazie 11 ... 182 BB89
Grambois 84 ... 169 CE81
Grammond 42 ... 125 BU62
Grammont 70 ... 84 CJ39
Gramond 12 ... 150 BE76
Gramont 82 ... 161 AR80
Granace 2A ... 203 DI103
Grancey-le-Château 21 ... 81 BY38
Grancey-sur-Ource 21 ... 62 BU34
Grand 88 ... 64 CB30
Le Grand-Abergement 01 ... 113 CD56
Grand-Auverné 44 ... 72 AC39
Grand-Ballon 68 ... 66 CN35
Grand Bois ou de la République (Col du) 42 ... 139 BU64
Le Grand-Bornand 74 ... 128 CJ57
Le Grand-Bourg 23 ... 107 AY55
Grand-Brassac 24 ... 133 AP65
Grand-Camp 76 ... 13 AR17
Grand-Camp 27 ... 27 AQ23
Grand-Castang 24 ... 133 AR69
Le Grand-Celland 50 ... 34 AD27
Grand-Champ 56 ... 69 R36
Grand-Charmont 25 ... 84 CL39
Grand-Châtel 39 ... 113 CD52
La Grand-Combe 30 ... 166 BR77
Grand-Corent 01 ... 113 CB54
Grand-Couronne 76 ... 14 AU20
La Grand-Croix 42 ... 125 BV62
Grand-Failly 54 ... 20 CA18
Grand-Fayt 59 ... 9 BO11
Grand Fenestrez 01 ... 127 CE58
Grand-Fort-Philippe 59 ... 3 BC1
Grand-Fougeray 35 ... 71 Z37
Grand-Laviers 80 ... 6 AZ11
Le Grand-Lemps 38 ... 141 CC63
Le Grand-Lucé 72 ... 74 AP36
Le Grand-Madieu 16 ... 119 AP57
Grand Phare 85 ... 86 T48
Le Grand Piquey 33 ... 144 AB71
Le Grand-Pressigny 37 ... 91 AS47
Grand-Puch (Château du) 33 ... 131 AI69
Le Grand-Quevilly 76 ... 13 AU19
Grand-Rozoy 02 ... 17 BL21
Grand-Rullecourt 62 ... 7 BE10
Le Grand-Serre 26 ... 140 BZ65
Grand Taureau 25 ... 100 CJ46
Grand-Vabre 12 ... 150 BE72
Le Grand-Valtin 88 ... 66 CM33
Grand-Verly 02 ... 9 BM13
Le Grand-Village-Plage 17 ... 116 AC58
Grandcamp-Maisy 14 ... 25 AF19
Grandchain 27 ... 27 AR23
Grandchamp 89 ... 78 BK37
Grandchamp 78 ... 38 AY27
Grandchamp 72 ... 56 AN31
Grandchamp 52 ... 82 CB37
Grandchamp 08 ... 19 BS16

Grandchamp-des-Fontaines 44 ... 71 AA41
Grandchamp-le-Château 14 ... 26 AN23
Grand'Combe-Châteleu 25 ... 100 CK45
Grand'Combe-des-Bois 25 ... 100 CL43
Grandcourt 80 ... 8 BG12
Grandcourt 76 ... 6 AX13
Grande Chartreuse (Couvent de la) 38 ... 141 CE64
La Grande-Fosse 88 ... 66 CM30
La Grande-Motte 34 ... 185 BS84
La Grande-Paroisse 77 ... 60 BI30
La Grande-Résie 70 ... 82 CC42
Grande-Rivière 39 ... 114 CF50
Grande-Synthe 59 ... 3 BD1
La Grande-Verrière 71 ... 96 BR46
Grandecourt 70 ... 83 CE38
Les Grandes-Armoises 08 ... 19 BW17
Les Grandes-Chapelles 10 ... 62 BQ29
Les Grandes-Dalles 76 ... 12 AQ14
Les Grandes-Loges 51 ... 42 BS23
Les Grandes-Rivières 17 ... 103 AD54
Les Grandes-Ventes 76 ... 14 AV15
Grandeyrolles 63 ... 123 BJ62
Grandfontaine 67 ... 46 CN28
Grandfontaine 25 ... 99 CE43
Grandfontaine-sur-Creuse 25 ... 100 CJ43
Grandfresnoy 60 ... 16 BG19
Grandham 08 ... 19 BW20
Grandjean 17 ... 117 AH58
Grand'Landes 85 ... 87 Z47
Grandlup-et-Fay 02 ... 18 BO16
Grandmesnil 54 ... 44 CD27
Grandmesnil 14 ... 36 AN24
Grandouet 14 ... 26 AN22
Grandpré 08 ... 19 BW20
Grandpuits 77 ... 40 BI28
Grandrieu 48 ... 152 BO70
Grandrieux 02 ... 18 BR15
Grandrif 63 ... 124 BP62
Grandris 69 ... 111 BU56
Grandrû 60 ... 17 BJ17
Grandrupt 88 ... 66 CM30
Grandrupt-de-Bains 88 ... 65 CG33
Les Grands-Chézeaux 87 ... 107 AW53
Grandsaigne 19 ... 135 BA63
Grandval 63 ... 124 BO61
Grandval (Barrage de) 15 ... 137 BJ69
Grandvals 48 ... 151 BJ71
Grandvaux 71 ... 111 BS51
Grandvelle-et-le-Perrenot 70 ... 83 CF40
Grandvillars 90 ... 84 CM39
Grandville 10 ... 42 BR28
La Grandville 08 ... 19 BV15
Grandvillers 88 ... 66 CK31
Grandvillers-aux-Bois 60 ... 16 BF19
Grandvilliers 60 ... 15 BB16
Grandvilliers 27 ... 37 AU26
Grane 26 ... 154 BY71
Granès 11 ... 196 BD91
La Grange 25 ... 84 CK42
Grange-de-Vaivre 39 ... 99 CE45
Grange-le-Bocage 89 ... 61 BM31
Grangent (Barrage de) 42 ... 139 BS63
Grangermont 45 ... 59 BE33
Granges 71 ... 97 BW48
Les Granges 10 ... 62 BQ34
Granges 01 ... 113 CC54
Les Granges (Château) 58 ... 78 BJ42
Granges-d'Ans 24 ... 134 AU66
Granges-de-Vienney 25 ... 99 CH43
Les Granges-Gontardes 26 ... 154 BX74

Granges-la-Ville 70 ... 84 CJ39
Granges-le-Bourg 70 ... 84 CJ39
Les Granges-le-Roi 91 ... 59 BB29
Granges-l'Église 25 ... 99 CI46
Granges-les-Beaumont 26 ... 140 BY67
Granges-lès-Valence 07 ... 140 BX68
Granges-Maillot 25 ... 99 CG45
Granges-Narboz 25 ... 99 CI46
Granges-Sainte-Marie 25 ... 99 CI48
Granges-sur-Aube 51 ... 41 BP28
Granges-sur-Baume 39 ... 98 CD49
Granges-sur-Lot 47 ... 147 AO75
Granges-sur-Vologne 88 ... 66 CL32
Les Grangettes 25 ... 99 CI47
Grangues 14 ... 26 AM20
Granier 73 ... 129 CL61
Granier (Col du) 73 ... 127 CF62
Granieu 38 ... 127 CD61
Granon (Col de) 05 ... 143 CL68
Grans 13 ... 168 BZ83
Granville 50 ... 33 AB25
Granzay-Gript 79 ... 104 AI54
Les Gras 25 ... 100 CJ45
Gras 07 ... 153 BV74
Gras (Plateau des) 07 ... 153 BV75
Grassac 16 ... 119 AO61
Grasse 06 ... 174 CO82
Grassendorf 67 ... 47 CQ24
Grateloup-Saint-Gayrand 47 ... 147 AO74
Gratens 31 ... 180 AT87
Gratentour 31 ... 162 AW82
Gratibus 80 ... 16 BF16
Gratot 50 ... 33 AB22
Gratreuil 51 ... 19 BV21
Grattepanche 80 ... 16 BD15
Le Gratteris 25 ... 99 CG43
Grattery 70 ... 83 CF38
Le Grau-d'Agde 34 ... 184 BM87
Grau de Maury 66 ... 197 BG92
Le Grau-du-Roi 30 ... 185 BS84
Graufthal 67 ... 46 CO24
Les Graulges 24 ... 119 AP62
Graulhet 81 ... 163 BB82
Grauves 51 ... 41 BP24
Graval 76 ... 15 AY15
La Grave 06 ... 175 CS80
La Grave 05 ... 142 CJ67
Grave (Pointe de) 33 ... 116 AD61
Gravelines 59 ... 3 BC2
La Gravelle 53 ... 54 AF33
Gravelotte 57 ... 44 CE22
La Graverie 14 ... 34 AG24
Graveron-Sémerville 27 ... 37 AT22
Graves-Saint-Amant 16 ... 118 AK61
Graveson 13 ... 168 BX81
Gravières 07 ... 153 BR74
Gravigny 27 ... 37 AV23
Gravon 77 ... 60 BJ30
Gray 70 ... 82 CC40
Gray-la-Ville 70 ... 82 CC40
Grayan-et-l'Hôpital 33 ... 130 AD63
Graye-et-Charnay 39 ... 113 CB51
Graye-sur-Mer 14 ... 26 AJ20
Grayssas 47 ... 161 AS77
Grazac 81 ... 163 AY81
Grazac 43 ... 139 BS66
Grazac 31 ... 181 AW87
Grazay 53 ... 55 AI31
Gréalou 46 ... 149 BA73
Gréasque 13 ... 187 CD85
Grébault-Mesnil 80 ... 6 AZ12
Grécourt 80 ... 17 BI16
Gredisans 39 ... 98 CB44
La Grée-Penvins 56 ... 69 S39
La Grée-Saint-Laurent 56 ... 52 T34
Gréez-sur-Roc 72 ... 57 AS33

Greffeil 11 ... 182 BE89
Grèges 76 ... 6 AV13
Grégy-sur-Yerres 77 ... 39 BG27
Grémecey 57 ... 45 CH25
Grémévillers 60 ... 15 BA17
Gremilly 55 ... 20 CA20
Grémonville 76 ... 13 AT16
Grenade 31 ... 162 AV82
Grenade-sur-l'Adour 40 ... 159 AH81
Grenant 52 ... 82 CB37
Grenant-lès-Sombernon 21 ... 97 BV43
Grenay 62 ... 3 BG7
Grenay 38 ... 126 BZ60
Grendelbruch 67 ... 46 CO28
Greneville-en-Beauce 45 ... 59 BC33
Grenier-Montgon 43 ... 137 BK65
Gréning 57 ... 22 CK23
Grenoble 38 ... 141 CE65
Grenois 58 ... 79 BM42
Grentheville 14 ... 26 AK22
Grentzingen 68 ... 85 CP38
Greny 76 ... 6 AW13
Gréolières 06 ... 174 CO80
Gréolières-les-Neiges 06 ... 174 CP80
Gréoux-les-Bains 04 ... 169 CG81
Grépiac 31 ... 181 AW86
Le Grès 31 ... 162 AT82
Grésigny-Sainte-Reine 21 ... 81 BU39
Gresin 73 ... 127 CE61
La Gresle 42 ... 111 BS56
Gresse-en-Vercors 38 ... 141 CD69
Gressey 78 ... 38 AY25
Gresswiller 67 ... 46 CP28
Gressy 77 ... 39 BG24
Grésy-sur-Aix 73 ... 127 CF59
Grésy-sur-Isère 73 ... 128 CI61
Gretz-Armainvilliers 77 ... 39 BG27
Greucourt 70 ... 83 CE39
Greuville 76 ... 13 AT15
Greux 88 ... 64 CC29
La Grève-sur-Mignon 17 ... 103 AF54
Les Grèves 22 ... 31 S28
Gréville-Hague 50 ... 24 AA15
Grévillers 62 ... 8 BH11
Grevilly 71 ... 112 BW51
Le Grez 72 ... 55 AL32
Grez 60 ... 15 BB16
Grez-en-Bouère 53 ... 73 AI36
Grez-Neuville 49 ... 73 AH39
Grez-sur-Loing 77 ... 60 BG31
Grézac 17 ... 117 AF61
Grézels 46 ... 148 AU74
Grèzes 48 ... 151 BL73
Grèzes 46 ... 149 AZ72
Grèzes 43 ... 138 BN69
Grèzes 24 ... 134 AW67
Grézet-Cavagnan 47 ... 146 AM75
Grézian 65 ... 193 AN92
Grézieu-la-Varenne 69 ... 126 BW59
Grézieu-le-Marché 69 ... 125 BU61
Grézieux-le-Fromental 42 ... 125 BS61
Grézillac 33 ... 146 AJ70
Grézillé 49 ... 73 AJ42
Grézolles 42 ... 124 BQ58
Gricourt 02 ... 9 BK14
Grièges 01 ... 112 BX54
La Grière 85 ... 102 AA52
Gries 67 ... 47 CS25
Griesbach 67 ... 47 CR24
Griesbach-au-Val 68 ... 66 CN33
Griesbach-le-Bastberg 67 ... 46 CP24
Griesheim-près-Molsheim 67 ... 47 CQ28
Griesheim-sur-Souffel 67 ... 47 CR26
Grignan 26 ... 154 BY74
Grigneuseville 76 ... 14 AV16
Grignols 33 ... 146 AK75

Grignols 24 ... 133 AP67
Grignon 73 ... 128 CJ60
Grignon 21 ... 80 BT39
Grignoncourt 88 ... 64 CE35
Grigny 91 ... 39 BE27
Grigny 69 ... 126 BX61
Grigny 62 ... 7 BB8
La Grigonnais 44 ... 71 Z39
Grillemont (Château de) 37 ... 91 AR45
Grillon 84 ... 154 BY74
Grilly 01 ... 114 CG53
Grimaucourt-en-Woëvre 55 ... 20 CB21
Grimaucourt-près-Sampigny 55 ... 43 CA25
Grimaud 83 ... 189 CL86
La Grimaudière 86 ... 90 AM48
Grimault 89 ... 80 BQ39
Grimbosq 14 ... 26 AJ23
Grimesnil 50 ... 33 AC23
Grimone 26 ... 155 CE71
Grimone (Col de) 26 ... 155 CE71
Grimonviller 54 ... 65 CF30
Grincourt-lès-Pas 62 ... 8 BF11
Grindorff-Bizing 57 ... 22 CI19
Gripp 65 ... 193 AM91
La Gripperie-Saint-Symphorien 17 ... 116 AE59
Gripport 54 ... 65 CG29
Gris-Nez (Cap) 62 ... 2 AY3
Griscourt 54 ... 44 CE25
Griselles 45 ... 60 BH34
Griselles 21 ... 80 BS36
Grisolles 82 ... 162 AV81
Grisolles 02 ... 40 BL22
Grisy 14 ... 26 AM23
Grisy-les-Plâtres 95 ... 38 BB22
Grisy-Suisnes 77 ... 39 BG27
Grisy-sur-Seine 77 ... 61 BL30
La Grive 38 ... 126 CA61
Grives 24 ... 148 AT71
Grivesnes 80 ... 16 BE16
Grivillers 80 ... 16 BG16
Grivy-Loisy 08 ... 19 BU19
Groffliers 62 ... 6 AY8
La Groise 59 ... 9 BN12
Groises 18 ... 94 BH44
Groissiat 01 ... 113 CD54
Groisy 74 ... 114 CH56
Groix 56 ... 68 M37
Groléjac 24 ... 148 AV70
Gron 89 ... 60 BK33
Gron 18 ... 94 BH45
Gronard 02 ... 18 BP15
Le Gros Cerveau 83 ... 188 CG88
Gros-Chastang 19 ... 135 BB66
Gros-Réderching 57 ... 23 CN22
Le Gros-Theil 27 ... 14 AT21
Grosbliederstroff 57 ... 23 CM21
Grosbois 25 ... 83 CH41
Grosbois (Château de) 94 ... 39 BF27
Grosbois-en-Montagne 21 ... 81 BU42
Grosbois-lès-Tichey 21 ... 98 BZ45
Grosbreuil 85 ... 102 Z50
Les Groseillers 79 ... 104 AI51
Groslay 95 ... 39 BE24
Groslée 01 ... 127 CD60
Grosley-sur-Risle 27 ... 27 AS23
Grosmagny 90 ... 84 CM37
Grosne 90 ... 84 CM38
Grospierres 07 ... 153 BT75
Grosrouvre 78 ... 38 AZ26
Grosrouvres 54 ... 44 CD25
Grossa 2A ... 202 DH104
Grosseto-Prugna 2A ... 202 DH101
Grossœuvre 27 ... 37 AV24
Grossouvre 18 ... 94 BI47
Grostenquin 57 ... 22 CK23

Grosville 50....24 AA17
Le Grouanec 29....29 F26
Grouches-Luchuel 80....7 BE10
Grougis 02....9 BM13
Grouin (Pointe du) 35....33 Z26
La Groutte 18....116 AE59
Grozon 39....98 CD47
Gruchet-le-Valasse 76....14 AD17
Gruchet-Saint-Siméon 76....13 AT14
Grues 85....102 AB52
Gruey-lès-Surance 88....65 CG34
Gruffy 74....128 CG59
Grugé-l'Hôpital 49....72 AE37
Grugies 02....17 BK15
Grugny 76....16 AV17
Gruissan 11....184 BK89
Gruissan-Plage 11....184 BK89
Grumesnil 76....15 AZ17
Grun-Bordas 24....133 AQ67
Grundviller 57....CL22
Gruny 80....16 BH15
Grury 71....96 BP49
Gruson 59....4 BK6
Grussenheim 68....67 CO32
Grust 65....192 AX91
Gruyères 08....141 CD57
Le Gua 38....116 AE59
Le Gua 17....116 AE59
Guagno 2A....200 DH97
Guagno-les-Bains 2A....DG97
Guainville 28....38 AX25
Guarbecque 62....8 BF6
Guargualé 2A....220 DH101
Guchan 65....193 AN92
Guchen 65....193 AN92
Gudas 09....181 AY90
Gudmont 52....63 BY31
Le Gué-d'Alleré 17....103 AF54
Le Gué-de-la-Chaîne 61....56 AQ30
Le Gué-de-Longroi 28....AZ29
Le Gué-de-Velluire 85....103 AE52
Gué-d'Hossus 08....10 BT13
Le Gué-Iur 41....75 AT37
Le Gué-Lian 72....56 AM32
Guebenhouse 57....22 CL22
Gueberschwihr 68....66 CO34
Guébestroff 57....CK25
Guéblange-lès-Dieuze 57....45 CJ25
Guébling 57....CK24
Guebwiller 68....66 CO35
Guécélard 72....74 AM36
Le Guédéniau 49....73 AL40
Guégon 56....52 T34
Guéhébert 50....33 AC23
Guéhenno 56....S35
Gueltas 56....51 R32
Guémappe 62....8 BH10
Guémar 68....67 CP31
Guémené-Penfao 44....Y38
Guémené-sur-Scorff 56....51 O33
Guémicourt 80....23 AZ15
Guénange 57....21 CF20
Guengat 29....49 H32
Guénin 56....51 O34
Guénouvry 44....Z38
Guenroc 22....53 X30
Guenrouet 44....71 X39
Guenviller 57....21 CF19
Guéprei 61....35 AM25
Guer 56....52 W35
Guérande 44....69 T41
Guérard 77....40 BI26
Guerbigny 80....16 BG16
La Guerche 37....91 AR47

La Guerche-de-Bretagne 35....54 AD35
La Guerche-sur-l'Aubois 18....94 BI46
Guercheville 77....59 BF32
Guerchy 89....79 BM36
Guéreins 01....112 BW56
Guéret 23....107 BA55
Guerfand 71....97 BV48
Guérigny 58....95 BK45
Guérin 47....146 AL74
Guerlédan (Lac de) 22....51 Q31
Guerlesquin 29....30 M27
Guermange 57....45 CK25
Guermantes 77....BG25
Guern 56....51 P33
Guernanville 27....37 AS25
Guernes 78....38 AY23
Le Guerno 56....U38
Guerny 27....15 AZ21
Guéron 14....AH20
La Guéroulde 27....37 AT26
Guerpont 55....43 BZ28
Guerquesalle 61....36 AO24
Les Guerreaux 71....BQ51
Guerstling 57....22 CI19
Guerting 57....22 CJ21
Guerville 78....38 AX13
Guerville 76....22 AA24
Guéry (Col de) 63....123 BH61
Gueschart 80....7 BB10
Guesnain 59....BJ9
Guesnes 86....90 AN47
Guessling-Hémering 57....22 CJ21
Guéthary 64....176 X85
Le Guétin 18....94 BI46
Gueudecourt 80....8 BH12
Gueugnon 71....111 BQ51
Gueures 76....13 AU14
Gueutteville 76....16 AV17
Gueutteville-les-Grès 76....13 AS14
Gueux 51....18 AX21
Guevenatten 68....CN37
Guewenheim 68....CN36
Gueytes-et-Labastide 11....182 BB90
Gueyze 47....160 AM78
Gugnécourt 88....CJ31
Guibeville 91....39 BD28
Guibermesnil 80....7 BA14
Guichainville 27....38 AU26
La Guiche 71....111 BU51
Guiche 64....177 AB84
Guichen 35....53 Z34
Guiclan 29....29 J27
Guidel 56....50 M35
Guidon du Bouquet 30....167 BT77
La Guierche 72....56 AN33
Guignecourt 60....15 BC14
Guignen 35....53 Y35
Guignes 77....39 BH28
Guigneville 45....59 BC32
Guigneville-sur-Essonne 91....59 BE29
Guignicourt 02....18 BK19
Guignicourt-sur-Vence 08....19 BU16
La Guignière 37....AR41
Guignonville 45....59 BC33
Guigny 62....7 BB9
Guilberville 50....34 AF23
Le Guildo 22....32 W27
Guiler-sur-Goyen 29....49 G32
Guilers 29....E28
Guilherand-Granges 07....140 BX69
Guillac 56....52 U35
Guillac 33....146 AJ70
Guillaucourt 80....8 BF14

Guillaumes 06....171 CO77
Guillemont 80....8 BH12
Guillerval 91....59 BC31
La Guillermie 03....124 BN57
Guilléstre 05....157 CM71
Guilliers 56....52 U33
Guillon 89....80 BR40
Guillon-les-Bains 25....84 CE15
Guillonville 28....58 AY34
Guilly 36....93 BA44
Guilly 45....77 BD37
Guilmécourt 76....6 AW13
Guilvinec 29....49 G35
Guimaëc 29....30 L26
Guimiliau 29....29 J27
Guimps 16....131 AJ63
Guinarthe-Parenties 64....177 AD86
Guincourt 08....19 BU17
Guindrecourt-aux-Ormes 52....63 BX29
Guindrecourt-sur-Blaise 52....63 BX31
Guinecourt 62....7 BA9
Guînes 62....2 BA4
Guingamp 22....31 P27
Guinglange 57....22 CI22
Guinkirchen 57....22 CI22
Guinzeling 57....45 CK24
Guipavas 29....29 G28
Guipel 35....53 Z31
Guipronvel 29....28 E28
Guipry 35....71 Y36
Guipy 58....95 BN43
Guirlange 57....22 CH20
Guiry-en-Vexin 95....38 BA27
Guiscard 60....17 BJ16
Guiscriff 56....50 L33
Guise 02....9 BN14
Guissény 29....28 F26
Guissy 62....7 BB8
Guitalens 81....165 BB83
Guitera-les-Bains 2A....DJ99
Guitinières 17....AH63
Guitrancourt 78....38 AZ24
Guîtres 33....132 AK67
Guitté 22....53 X31
Guitry 27....AA23
Guivry 02....17 BJ16
Guizancourt 80....15 BB15
Guizengeard 16....132 AK64
Guizerix 65....179 AO87
Gujan-Mestras 33....144 AC72
Gumery 10....61 BL30
Gumbrechtshoffen 67....23 CQ23
Gumiane 26....155 CB73
Gumières 42....124 BQ62
Gumond 19....135 BM66
Gundershoffen 67....23 CQ23
Gundolsheim 68....66 CO34
Gungwiller 67....45 CN25
Gunsbach 68....66 CO34
Gunstett 67....23 CR23
Guntzviller 57....CN24
Guny 02....17 BK18
Guran 31....193 AN63
Gurat 16....132 AN63
Gurcy-le-Châtel 77....60 BG34
Gurgy 89....79 BN36
Gurgy-la-Ville 21....81 BX36
Gurgy-le-Château 21....81 BX36
Gurmençon 64....178 AG88
Gurs 64....177 AE87
Gurunhuel 22....31 O28
Gury 60....16 BH17

Gussainville 55....21 CC21
Gussignies 59....9 BN9
Guyancourt 78....38 BB26
Guyans-Durnes 25....CH44
Guyans-Vennes 25....100 CK43
Guyencourt 80....18 BY18
Guyencourt-Saulcourt 80....8 BJ13
Guyencourt-sur-Noye 80....16 BE15
La Guyonnière 85....87 AC46
Guyonvelle 52....83 CD36
Guzargues 34....166 BO82
Guzet-Neige 09....194 AV93
Gy 70....83 CE41
Gy-en-Sologne 41....93 AV48
Gy-les-Nonains 45....60 BH35
Gy-l'Évêque 89....BM38
Gye 54....44 CE27
Gyé-sur-Seine 10....62 BT34

H

Habarcq 62....8 BF9
Habas 40....158 AD83
Habère-Lullin 74....114 CJ54
Habère-Poche 74....114 CJ53
L'Habit 27....37 AW25
L'Habitarelle 48....152 BO72
L'Habitarelle 48....152 BO74
Hablainville 54....45 CK28
Habloville 61....35 AN24
Habonville 54....21 CE21
Habsheim 68....85 CP37
Hachan 65....179 AO87
Hâcourt 52....64 CB32
Hacqueville 27....15 AY20
Hadancourt-le-Haut-Clocher 60....38 BA22
Hadigny-les-Verrières 88....65 CI30
Hadol 88....65 CI30
Hadonville-lès-Lachaussée 55....44 CD22
Haegen 67....46 CO26
Hagécourt 88....CI31
Hagedet 65....178 AK84
Hagen 57....21 CF17
Hagenbach 68....85 CN37
Hagenthal-le-Bas 68....CO39
Hagenthal-le-Haut 68....85 CO39
Haget 32....179 AM85
Hagetaubin 64....177 AF84
Hagetmau 40....159 AG83
Hagéville 54....44 CD22
Hagnéville-et-Roncourt 88....CD31
Hagnicourt 08....19 BU17
Hagondange 57....21 CF20
La Hague (Usine atomique de) 50....24 Z15
Haguenau 67....CR24
La Haie-Fouassière 44....87 AB43
La Haie-Longue 49....73 AH42
La Haie-Traversaine 53....55 AJ30
Les Haies 69....126 BW62
Haigneville 54....45 CH29
Haillainville 88....65 CI30
Le Haillan 33....131 AG69
Hailles 80....16 BE15
Haillicourt 62....8 BF8
Haimps 17....117 AJ58
Haims 86....106 AT51
Hainvillers 60....16 BG17
Haironville 55....43 BY27
Haisnes 62....3 BH7
Haleine 61....55 AJ29
Halinghen 62....2 AZ6

Hallencourt 80....7 BA13
Hallennes-lez-Haubourdin 59....4 BI6
Hallering 57....22 CI21
Les Halles 69....125 BU60
Halles-sous-les-Côtes 55....20 BY18
Hallignicourt 52....43 BW27
Halling-lès-Boulay 57....22 CI21
Hallivillers 80....16 BD16
La Hallotière 76....14 AX18
Halloy 62....7 BE11
Halloy 60....16 BH15
Halloy-lès-Pernois 80....7 BC12
Hallu 80....16 BH15
Halluin 59....4 BJ4
Halsou 64....176 Z85
Halstroff 57....22 CI18
Le Ham 53....55 AJ30
Le Ham 50....24 AE21
Le Ham (Roches de) 50....34 AF23
Ham 80....17 BJ15
Ham-en-Artois 62....3 BF6
Ham-les-Moines 08....19 BU15
Ham-sous-Varsberg 57....22 CJ21
Ham-sur-Meuse 08....11 BV11
Hamars 14....35 AJ22
Hambach 57....22 CM22
Hambers 53....55 AJ32
Hamblain-les-Prés 62....8 BH9
Hambye 50....34 AD24
Hambye (Abbaye de) 50....34 AD24
Hameau-de-la-Mer 50....24 AA16
Le Hamel 80....8 BF14
Le Hamel 60....15 BB16
Hamel 59....8 BJ9
Hamelet 80....8 BF14
Hamelin 50....34 AD28
Hamelincourt 62....8 BH10
Hames-Boucres 62....BA3
Hammeville 54....64 CE29
Hamonville 54....44 CD23
Hampigny 10....62 BU30
Hampont 57....45 CK24
Han-devant-Pierrepont 54....21 CC19
Han-lès-Juvigny 55....20 BZ18
Han-sur-Meuse 55....44 CB23
Han-sur-Nied 57....45 CH22
Hanau (Étang de) 57....23 CP22
Hanc 79....104 AL56
Hanches 28....38 AY28
Hancourt 80....8 BJ13
Handschuheim 67....47 CQ27
Hangard 80....16 BF15
Hangenbieten 67....47 CQ27
Hangest-en-Santerre 80....16 BF15
Hangest-sur-Somme 80....7 BB13
Hangviller 57....CN25
Hannaches 60....15 BA16
Hannapes 02....9 BN13
Hannappes 08....10 BQ11
Hannescamps 62....8 BG11
Hannocourt 57....45 CH23
Hannogne-Saint-Martin 08....19 BV16
Hannogne-Saint-Rémy 08....18 BQ17
Hannonville-sous-les-Côtes 55....44 CC23
Hannonville-Suzémont 54....44 CD22
Le Hanouard 76....13 AR15
Hans 51....42 BV24
Hantay 59....4 BH7
Hantz (Col du) 88....66 CN29
Hanvec 29....29 H29
Hanviller 57....23 CP21
Hanvoile 60....15 BA16
Haplincourt 62....8 BH11

Happencourt 02....17 BK15
Happonvilliers 28....57 AU31
Harambels 54....177 AC87
Haramont 02....17 BJ21
Haraucourt 54....45 CH27
Haraucourt 08....19 BV16
Haraucourt-sur-Seille 57....45 CJ25
Haravesnes 62....7 BC9
Haravilliers 95....38 BB14
Harbonnières 80....8 BG14
Harbouey 54....46 CL27
Harcanville 76....13 AS15
Harchéchamp 88....64 CD30
Harcigny 02....18 BP15
Harcourt 27....14 AU22
Harcy 08....10 BT14
Hardancourt 88....65 CJ30
Hardanges 53....55 AJ31
Hardecourt-aux-Bois 80....8 BH13
Hardelot-Plage 62....2 AY5
Hardencourt-Cocherel 27....37 AW23
Hardifort 59....3 BE3
Hardinghen 62....2 BA4
Hardinvast 50....24 AB17
Hardivillers 60....16 BD17
Hardivillers-en-Vexin 60....15 BA20
La Hardoye 08....18 BR16
Hardricourt 78....38 AZ24
La Harengère 27....14 AU21
Harfleur 76....12 AO18
Hargarten-aux-Mines 57....22 CJ20
Hargeville 78....38 AZ25
Hargicourt 80....16 BF16
Hargicourt 02....8 BK13
Hargnies 80....9 BO10
Hargnies 08....11 BV11
Haricourt 27....38 AY22
Harly 02....18 BL15
Harméville 52....64 CA29
Harmonville 88....64 CD30
Harnes 62....8 BH7
Haroué 54....65 CG28
Harponville 80....8 BF12
Harprich 57....45 CJ23
Harquency 27....14 AX21
Harreberg 57....46 CN26
Harréville-les-Chanteurs 52....64 CC30
Harricourt 08....20 BX18
Harsault 88....65 CG33
Harskirchen 67....45 CM25
Hartennes-et-Taux 02....17 BL21
Hartmannswiller 68....CO35
Hartzviller 57....46 CN26
Hary 02....18 BP15
Haselbourg 57....46 CN26
Hasnon 59....9 BL8
Hasparren 64....176 AA85
Haspelschiedt 57....23 CP21
Haspres 59....9 BL10
Hastingues 40....177 AB84
Hatrize 54....21 CD21
Hattencourt 80....16 BG16
Hatten 67....47 CT23
Hattenville 76....14 AT16
Hattigny 57....46 CM27
Hattmatt 67....46 CO26
Hattonchâtel 55....44 CC23
Hattstatt 68....66 CO33
Hauban 65....179 AM89
Haubourdin 59....4 BI6

Hauconcourt 57....21 CF21
Haucourt 76....15 AZ16
Haucourt 62....BI10
Haucourt 60....15 BB18
Haucourt-en-Cambrésis 59....9 BL11
Haucourt-Moulaine 54....21 CD18
Haudainville 55....43 CA22
Haudiomont 55....44 CB22
Haudivillers 60....16 BD18
Haudonville 54....45 CI28
Haudrecy 08....19 BU15
Haudricourt 76....15 AZ15
Haulchin 59....9 BL9
Haulies 32....180 AQ84
Haulmé 08....11 BV14
Haumont-lès-Lachaussée 55....44 CD23
Haumont-près-Samogneux 55....20 BZ20
Hauriet 40....159 AF82
Hausgauen 68....85 CP38
Haussez 76....15 AZ17
Haussignémont 51....43 BV27
Haussimont 51....42 BR26
Haussonville 54....45 CH28
Haussy 59....9 BM10
Haut-Asco 2B....200 DG95
Haut-Barr (Château du) 67....46 CO26
Haut-Clocher 57....46 CM25
Le Haut-Corlay 22....51 P30
Haut-de-Bosdarros 64....178 AI88
Le Haut-du-Them 70....84 CK36
Haut-Kœnigsbourg (Château du) 67....67 CP31
Haut-Lieu 59....10 BP11
Haut-Loquin 62....BB4
Haut-Mainil 62....BC9
Haut-Mauco 40....159 AG81
Le Haut Planet (Balcon) 78....38 AZ27
Hautaget 65....193 AN90
Haute-Avesnes 62....8 BG9
La Haute-Beaume 05....155 CC72
La Haute-Chapelle 61....34 AH28
Haute-Epine 60....15 BB17
Haute-Goulaine 44....AB43
Haute-Kontz 57....21 CG18
La Haute-Maison 77....40 BI25
Haute Provence (Observatoire de) 04....169 CF79
Haute-Rivoire 69....125 BT60
Haute-Vigneulles 57....22 CI22
Hautecloque 62....7 BD9
Hautecombe (Abbaye de) 73....127 CF59
Hautecôte 62....7 BD9
Hautecour 73....128 CK62
Hautecourt-lès-Broville 55....20 CB55
Hautecourt-Romanèche 01....113 CB55
Hautefage 19....135 BB67
Hautefage-la-Tour 47....147 AP76
Hautefaye 24....118 AO62
Hautefeuille 77....40 BI26
Hautefond 71....111 BS52
Hautefontaine 60....17 BJ20
Hautefort 24....134 AS65
Hauteluce 73....128 CK59
Hautepierre-le-Châtelet 25....99 CI44
Hauterive 61....56 AN35
Hauterive 03....110 BM56
Hauterive-la-Fresse 25....100 CJ45
Hauterives 26....140 BZ65
Hauteroche 21....81 BU40
Hautes-Duyes 04....156 CI76

Les Hautes-Rivières 08....11 BV14
Hautesvignes 47....147 AO74
Hauteville 70....83 CH36
Hautevesnes 02....40 BK22
La Hauteville 78....38 AY27
Hauteville 73....128 CH61
Hauteville 62....BF9
Hauteville 51....42 BV27
Hauteville 08....19 BS17
Hauteville 02....9 BM14
Hauteville-Gondon 73....129 CM61
Hauteville-la-Guichard 50....34 AD22
Hauteville-lès-Dijon 21....81 BX41
Hauteville-Lompnes 01....127 CD57
Hauteville-sur-Fier 74....128 CG57
Hauteville-sur-Mer 50....33 AB23
L'Hautil 78....38 BB24
Haution 02....BO14
Hautmont 59....10 BP10
Hautmougey 88....65 CG34
Hautot-l'Auvray 76....13 AS16
Hautot-le-Vatois 76....13 AS17
Hautot-Saint-Sulpice 76....13 AS16
Hautot-sur-Mer 76....13 AU14
Hautot-sur-Seine 76....14 AC16
Hauteville-Bocage 50....24 AB17
Hautvillers 51....41 BP23
Hautvillers-Ouville 80....BA11
Hauville 27....13 AS19
Hauviné 08....19 BS20
Haux 64....177 AD89
Haux 33....145 AI71
Havange 57....21 CE19
Havelu 28....38 AX26
Haveluy 59....9 BL8
Havernas 80....7 BD12
Haverskerque 59....3 BF5
Le Havre 76....12 AN18
Le Havre-Antifer (Port pétrolier) 76....12 AO16
Havrincourt 62....8 BJ11
Havys 08....10 BS14
L'Hay-les-Roses 94....39 BD26
Hayange 57....21 CE19
Haybes 08....11 BU12
La Haye 88....65 CG33
La Haye 76....14 AX18
La Haye-Aubrée 27....13 AR19
La Haye-Bellefond 50....34 AE23
La Haye-de-Calleville 27....AS21
La Haye-de-Routot 27....13 AS19
La Haye-du-Puits 50....24 AB20
La Haye-le-Comte 27....14 AV21
La Haye-Malherbe 27....14 AU21
La Haye-Pesnel 50....33 AC25
La Haye-Saint-Sylvestre 27....36 AR24
Hayes 57....22 CH21
Les Hays 41....75 AS38
Haynecourt 59....8 BJ10
Les Hays 39....98 CB46
Hazebrouck 59....BF4
Hazembourg 57....22 CL22
Héas 65....192 AU93
Le Heaulme 95....38 BB22
Héauville 50....24 Z16
Hébécourt 80....16 BD15
Hébécourt 27....15 AZ20
Hébécrevon 50....34 AE22
Héberville 76....13 AS15
Hébuterne 62....8 BG11
Hèches 65....193 AN90
Hecken 68....CN37
Hecmanville 27....14 AR22
Hécourt 27....38 AZ18
Hécourt 60....15 AZ18
Hecq 59....9 BN10
Hectomare 27....14 AT21
Hédauville 80....8 BF12
Hédé 35....Z31
Hédouville 95....39 BC22
Hegeney 67....47 CR23
Hégenheim 68....85 CO38
Heidolsheim 67....67 CO31
Heidwiller 68....85 CO37
Heiligenberg 67....46 CO28
Heiligenstein 67....47 CP29
Heillecourt 54....45 CG27
Heilles 60....16 BD20
Heilly 80....8 BF13
Heiltz-le-Hutier 51....42 BV27
Heiltz-le-Maurupt 51....43 BW29
Heiltz-l'Évêque 51....42 BV26
Heimersdorf 68....85 CO38
Heimsbrunn 68....85 CO37
Heining-lès-Bouzonville 57....22 CI19
Heippes 55....43 BZ23
Heiteren 68....67 CO34
Heiwiller 68....85 CP38
Hélesmes 59....9 BL8
Hélette 64....176 AA86
Helfaut 62....BD5
Helfrantzkirch 68....85 CO38
Helléan 56....52 T34
Hellemmes-Lille 59....BJ5
Hellenvilliers 27....37 AU26
Hellering-lès-Fénétrange 57....46 CM25
Helleville 50....24 AA17
Hellimer 57....CK23
Héloup 61....56 AM30
Helstroff 57....22 CI21
Hem 59....4 BJ5
Hem-Hardinval 80....7 BD11
Hem-Lenglet 59....9 BK10
Hem-Monacu 80....8 BH13
Hémevez 50....24 AC18
Hémévillers 60....16 BG18
Hémilly 57....22 CI22
Héming 57....45 CL26
Hémonstoir 22....51 R32
Hénaménil 54....45 CI26
Hénanbihen 22....32 V27
Hénansal 22....U28
Hendaye 64....176 W85
Hendecourt-lès-Cagnicourt 62....8 BI10
Hendecourt-lès-Ransart 62....8 BG10
Hénencourt 80....8 BF12
Henflingen 68....CP38
Hengoat 22....31 P25
Hengwiller 67....46 CO26
Hénin-Beaumont 62....8 BI8
Hénin-sur-Cojeul 62....8 BH10
Héninel 62....8 BH10
Hennebont 56....51 N35
Hennecourt 88....65 CH32
Henneveux 62....44 CC22
Hennezel 88....65 CG33
Hennezis 27....14 AX21
Hénon 22....31 S29
Hénonville 60....15 BB21
Hénouville 76....13 AT18
Henrichemont 18....BF42
Henridorff 57....46 CN25
Henriville 57....CK22
Hénu 62....BF11
Henvic 29....J26
Hérange 57....46 CN25
L'Herbaudière 85....U45
Herbault 41....75 AU39
Herbeauvilliers 77....BE32
Herbécourt 80....8 BH13
Herbelles 62....BD5
L'Herbergement 85....87 AB46

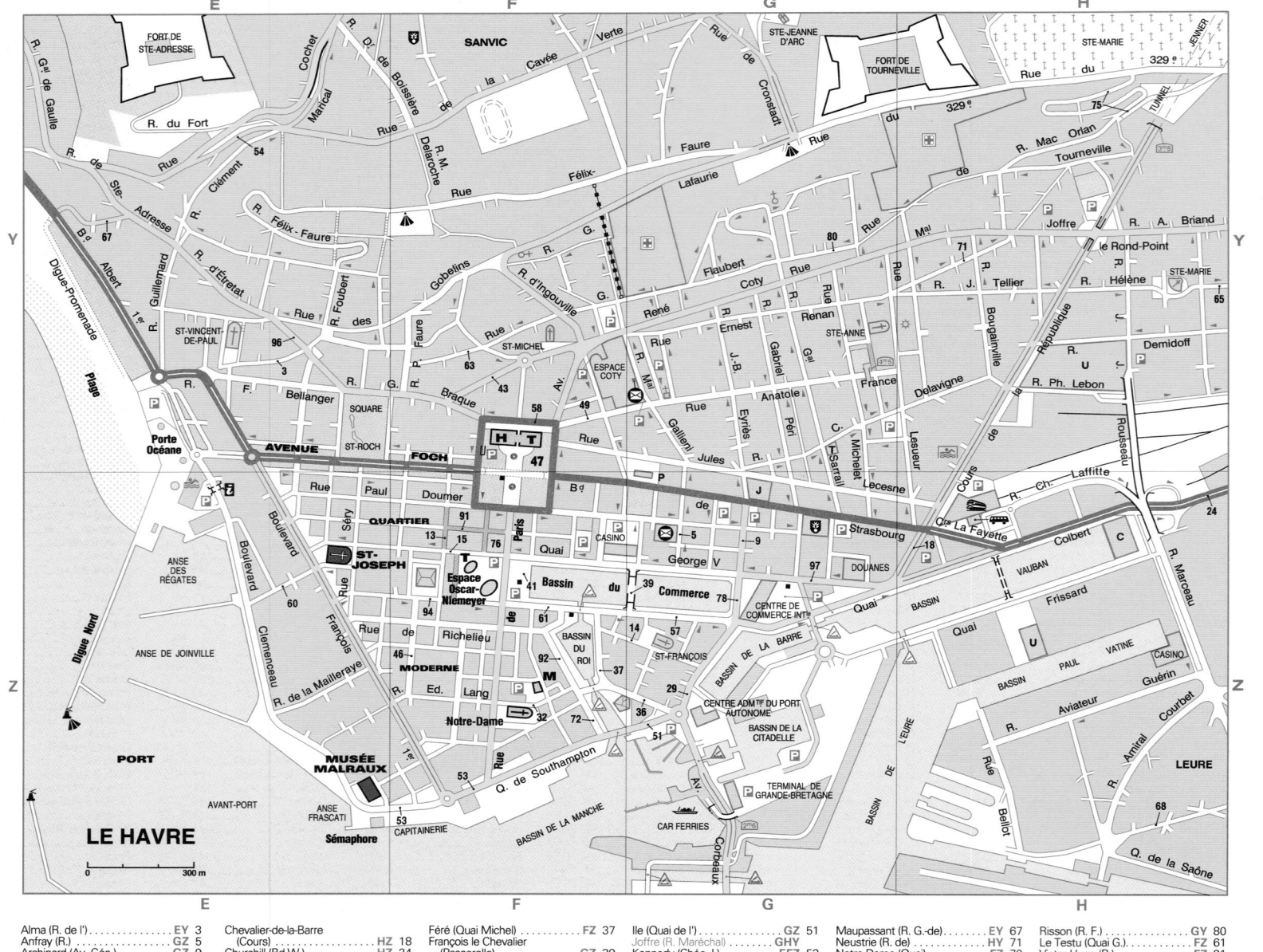

LE HAVRE

Alma (R. de l') ....EY 3
Anfray (R.) ....GZ 6
Archard (Av. Gén.) ....HZ 18
Bernardin-de-St-Pierre (R.) ....FZ 13
La Bourdonnais (R.) ....EY 54
Bretagne (R. de) ....FGZ 14
Briand (R. A.) ....HY
Brindeau (R. L.) ....EFZ 15
Chevalier-de-la-Barre (Cours) ....GY
Churchill (Bd W.) ....HZ 24
Delavigne (Quai C.) ....GZ 29
Delavigne (R.) ....GHY
Drapiers (R. des) ....FZ 32
Étretat (R. d') ....EY
Faidherbe (R. Gén.) ....GZ 36
Féré (Quai Michel) ....FZ 37
François de Chevalier (Passerelle) ....GZ 39
Gaulle (Pl. du Gén.-de) ....FY 41
Genestal (R. H.) ....FY 43
Honegger (R. A.) ....FZ 46
Hôtel-de-Ville (Pl. de l') ....FYZ
Huet (R. A.-A.) ....FY 49
Ile (Quai de l') ....GZ 51
Joffre (R. Maréchal) ....GHY
Kennedy (Chée J.) ....EFZ 53
Notre-Dame (Quai) ....FZ
Leclerc (Av. Gén.) ....FZ 58
Lemaître (R. F.) ....GZ
Louer (R. J.) ....FY 63
Maupassant (R. G.-de) ....EY 67
Neustrie (R. de) ....HY 71
Paris (R. de) ....FZ
Pasteur (R.) ....FY 75
Perret (Pl. Auguste) ....FZ 78
Pompidou (Chée G.) ....FYZ 78
Risson (R. F.) ....GY 80
Le Testu (Quai G.) ....FZ 91
Victor-Hugo (R.) ....FZ 92
Videcoq (Quai) ....FZ
Voltaire (R.) ....EFZ 94
Wilson (R. Président) ....EY 96
24e-Territorial (Chée du) ....GZ 97

Herbeuval 08 ... 20 BZ16
Herbeuville 55 ... 44 CC23
Herbeville 78 ... 38 BA25
Herbéviller 54 ... 45 CK28
Herbeys 38 ... 141 CF66
Les Herbiers 85 ... 88 AE47
Herbignac 44 ... 69 U40
Herbinghen 62 ... 2 BA4
Herbisse 10 ... 41 BQ28
Herbitzheim 67 ... 23 CM22
Herblay 95 ... 39 BC24
Herbsheim 67 ... 67 CR30
Hercé 53 ... 54 AG30
Herchies 60 ... 15 BB18
La Hérelle 60 ... 16 BE17
Hérenguerville 50 ... 33 AB23
Hérépian 34 ... 184 BK84
Hères 65 ... 179 AL84
Hergnies 59 ... 5 BM7
Hergugney 88 ... 65 CG30
Héric 44 ... 71 Z40
Héricourt 70 ... 84 CL38
Héricourt 62 ... 7 BD9
Héricourt-en-Caux 76 ... 13 AS16
Héricourt-sur-Thérain 60 ... 15 AZ17
Héricy 77 ... 60 BH30
La Hérie 02 ... 10 BQ14
Le Hérie-la-Viéville 02 ... 9 BN14
Hériménil 54 ... 45 CI28
Hérimoncourt 25 ... 84 CM40
Hérin 59 ... 9 BL8
Hérissart 80 ... 7 BE12
Hérisson 03 ... 109 BG51
Hérisson (Cascades du) 39 ... 113 CE50
Herleville 80 ... 8 BG14
La Herlière 62 ... 8 BF10
Herlies 59 ... 4 BH6
Herlin-le-Sec 62 ... 7 BD9
Herlincourt 62 ... 7 BD9
Herly 80 ... 16 BH15
Herly 62 ... 2 BB6
Herm 40 ... 158 AB81
L'Herm 09 ... 195 AY91
L'Herm (Château de) 24 ... 134 AT67
Hermanville 76 ... 13 AU14
Hermanville-sur-Mer 14 ... 26 AK20
Les Hermaux 48 ... 151 BK73
Hermaville 62 ... 8 BF9
Hermé 77 ... 61 BL29
Hermelange 57 ... 46 CM26
Hermelinghen 62 ... 2 BA4
L'Hermenault 85 ... 103 AF51
Herment 63 ... 122 BF60
Hermeray 78 ... 38 AZ28
Hermerswiller 67 ... 47 CS23
Hermes 60 ... 16 BD20
Hermeville 76 ... 12 AO17
Herméville-en-Woëvre 55 ... 20 CB21
Hermies 62 ... 8 BI11
Hermillon 73 ... 142 CJ64
Hermin 62 ... 8 BF8
L'Hermitage 35 ... 53 Z33
L'Hermitage-Lorge 22 ... 51 R30
Les Hermites 37 ... 75 AR38
L'Hermitière 61 ... 57 AR31
Hermival-les-Vaux 14 ... 27 AO22
Hermonville 51 ... 18 BP20
Hernicourt 62 ... 7 BD8
Herny 57 ... 22 CI23
Le Héron 76 ... 14 AX18
Héronchelles 76 ... 14 AW18
Hérouville 95 ... 39 BC22
Hérouville-Saint-Clair 14 ... 26 AK21
Hérouvillette 14 ... 26 AL21
Herpelmont 88 ... 66 CK32
La Herpinière (Moulin) 49 ... 90 AM43
Herpont 51 ... 42 BV23
Herpy-l'Arlésienne 08 ... 18 BR18
Herqueville 50 ... 24 Z15
Herqueville 27 ... 14 AW21
Herran 31 ... 194 AS91
Herré 40 ... 160 AK79
Herrère 64 ... 178 AG88
Herrin 59 ... 4 BI6
Herrlisheim 67 ... 47 CS25
Herrlisheim-près-Colmar 68 ... 67 CP33
Herry 18 ... 94 BI43
Hersbach 67 ... 46 CO28
Herserange 54 ... 21 CD17
Hersin-Coupigny 62 ... 3 BG7
Hertzing 57 ... 46 CL26
Hervelinghen 62 ... 2 AZ3
Hervilly 80 ... 8 BJ13
Héry 89 ... 79 BN36
Héry 58 ... 95 BN43
Héry-sur-Alby 74 ... 128 CG59
Herzeele 59 ... 3 BF3
Hesbécourt 80 ... 8 BJ13
Hescamps-Saint-Clair 80 ... 15 BA16
Hesdigneul-lès-Béthune 62 ... 3 BF7
Hesdigneul-lès-Boulogne 62 ... 2 AZ5
Hesdin 62 ... 7 BB8
Hesdin-l'Abbé 62 ... 2 AZ5
Hésingue 68 ... 85 CQ38
Hesmond 62 ... 2 BB7
Hesse 57 ... 46 CM26
Hessenheim 67 ... 67 CQ31
Hestroff 57 ... 22 CH20
Hestrud 59 ... 10 BQ10
Hestrus 62 ... 7 BD8
Hétomesnil 60 ... 15 BB17
Hettange-Grande 57 ... 21 CF18
Hettenschlag 68 ... 67 CQ33
Heubécourt-Haricourt 27 ... 38 AY22
Heuchin 62 ... 3 BD7
Heucourt-Croquoison 80 ... 7 BA13
Heudebouville 27 ... 14 AV21
Heudicourt 80 ... 8 BJ12
Heudicourt 27 ... 15 AY20
Heudicourt-
sous-les-Côtes 55 ... 44 CC24
Heudreville-en-Lieuvin 27 ... 27 AQ21
Heudreville-sur-Eure 27 ... 37 AV22
Heugas 40 ... 158 AC83
Heugleville-sur-Scie 76 ... 13 AU15
Heugnes 36 ... 92 AW46
Heugon 61 ... 36 AP25
Heugueville-sur-Sienne 50 ... 33 AB23
Heuilley-Cotton 52 ... 82 CA37
Heuilley-le-Grand 52 ... 82 CA37
Heuilley-sur-Saône 21 ... 82 CB42
Heuland 14 ... 26 AM20
Heume-l'Église 63 ... 122 BG60
La Heunière 27 ... 38 AX23
Heuqueville 76 ... 12 AO17
Heuqueville 27 ... 14 AW20
Heuringhem 62 ... 3 BD5
Heurteauville 76 ... 13 AS19
Heurtevent 14 ... 36 AN24
Heussé 50 ... 54 AF29
Heutrégiville 51 ... 18 BR20
Heuzecourt 80 ... 7 BC11
Hévilliers 55 ... 43 BZ28
Heyrieux 38 ... 126 BZ61
Hézecques 62 ... 3 BC7
Le Hézo 56 ... 69 S38
Hibarette 65 ... 179 AL88
Hières-sur-Amby 38 ... 126 CA59
Hierges 08 ... 11 BV11
Hiermont 80 ... 7 BC10
Hiers-Brouage 17 ... 116 AD58
Hiersac 16 ... 118 AL60
Hiesse 16 ... 105 AQ56
Hiesville 50 ... 24 AD19
Hiéville 14 ... 26 AM23
Higuères-Souye 64 ... 178 AI86
Hiis 65 ... 179 AL89
Hilbesheim 57 ... 46 CM25
Hillion 22 ... 31 S28
Hilsenheim 67 ... 67 CQ30
Hilsprich 57 ... 22 CL22
Hinacourt 02 ... 17 BK15
Hinckange 57 ... 22 CH21
Hindisheim 67 ... 47 CR28
Hindlingen 68 ... 85 CN38
Hinges 62 ... 3 BF6
Le Hinglé 22 ... 53 X29
Hinsbourg 67 ... 46 CO24
Hinsingen 67 ... 23 CM23
Hinx 40 ... 158 AD82
Hipsheim 67 ... 47 CR28
Hirel 35 ... 33 Z27
Hirmentaz 74 ... 115 CK53
Hirschland 67 ... 46 CM24
Hirsingue 68 ... 85 CO38
Hirson 02 ... 10 BQ13
Hirtzbach 68 ... 85 CO38
Hirtzfelden 68 ... 67 CQ34
His 31 ... 180 AS90
Hitte 65 ... 179 AM88
Hoc (Pointe du) 14 ... 25 AF19
Hochfelden 67 ... 47 CQ25
Hochstatt 68 ... 85 CO37
Hochstett 67 ... 47 CR25
Hocquigny 50 ... 33 AC25
Hocquincourt 80 ... 7 BA13
Hocquinghen 62 ... 2 BB4
Hodenc-en-Bray 60 ... 15 BA18
Hodenc-l'Évêque 60 ... 15 BC20
Hodeng-au-Bosc 76 ... 6 AZ14
Hodeng-Hodenger 76 ... 15 AY18
Hodent 95 ... 38 AZ22
Hœdic 56 ... 69 Q41
Hœnheim 67 ... 47 CR26
Hœrdt 67 ... 47 CR26
Hoéville 54 ... 45 CI26
Hoffen 67 ... 47 CS23
Les Hogues 27 ... 14 AX19
La Hoguette 14 ... 35 AL25
Hohatzenheim 67 ... 47 CQ26
Hohengœft 67 ... 46 CP26
Hohfrankenheim 67 ... 47 CQ25
Hohneck 68 ... 66 CM33
Hohrod 68 ... 66 CN33
Hohrodberg 68 ... 66 CN33
Le Hohwald 67 ... 66 CO29
Hohwiller 67 ... 47 CS23
Holacourt 57 ... 22 CI23
Holling 57 ... 22 CI20
Holnon 02 ... 9 BK14
Holque 59 ... 3 BC3
Holtzheim 67 ... 47 CR27
Holtzwihr 68 ... 67 CP32
Holving 57 ... 22 CL23
Hombleux 80 ... 17 BI15
Homblières 02 ... 9 BL14
Hombourg 68 ... 85 CQ36
Hombourg-Budange 57 ... 22 CH20
Hombourg-Haut 57 ... 22 CK21
L'Hôme-Chamondot 61 ... 36 AR28
Homécourt 54 ... 21 CE21
Hommarting 57 ... 46 CN25
L'Homme-d'Armes 26 ... 154 BX72
Hommert 57 ... 46 CN26
Hommes 37 ... 74 AO41
Le Hommet-
d'Arthenay 50 ... 25 AE21
Homps 32 ... 161 AR81
Homps 11 ... 183 BH87
Hon-Hergies 59 ... 9 BO9
Hondainville 60 ... 16 BD20
Hondeghem 59 ... 3 BF4
Hondevilliers 77 ... 40 BL25
Hondouville 27 ... 37 AV22
Hondschoote 59 ... 3 BF2
Honfleur 14 ... 12 AO19
Honguemare-
Guenouville 27 ... 13 AS19
Honnechy 59 ... 9 BM12
Honnecourt-sur-Escaut 59 ... 9 BK12
L'Honor-de-Cos 82 ... 162 AV78
Honskirch 57 ... 22 CL23
Hontanx 40 ... 159 AI81
L'Hôpital 57 ... 22 CJ21
L'Hôpital 48 ... 152 BP75
L'Hôpital 22 ... 31 S29
Hôpital-Camfrout 29 ... 29 H29
L'Hôpital-d'Orion 64 ... 177 AE85
L'Hôpital-du-Grosbois 25 ... 99 CH43
L'Hôpital-le-Grand 42 ... 125 BS61
L'Hôpital-le-Mercier 71 ... 111 BQ53
L'Hôpital-Saint-Blaise 64 ... 177 AE87
L'Hôpital-Saint-Lieffroy 25 ... 84 CJ41
L'Hôpital-
sous-Rochefort 42 ... 124 BQ59
L'Hôpital-sur-Rhins 42 ... 125 BR57
Les Hôpitaux-Neufs 25 ... 99 CI48
Les Hôpitaux-Vieux 25 ... 99 CI47
Horbourg 68 ... 67 CP33
Hordain 59 ... 9 BK10
La Horgne 08 ... 19 BU16
Horgues 65 ... 179 AL88
L'Horme 42 ... 125 BV62
Hornaing 59 ... 9 BL8
Hornoy 80 ... 7 BA14
Le Horps 53 ... 55 AJ30
Horsarrieu 40 ... 159 AG82
Hortes 52 ... 82 CB36
Horville-en-Ornois 55 ... 64 CB29
L'Hosmes 27 ... 37 AU26
Hospice de France 31 ... 193 AQ93
L'Hospitalet 46 ... 149 AY70
L'Hospitalet 04 ... 169 CE78
L'Hospitalet-du-Larzac 12 ... 165 BK79
L'Hospitalet-
près-l'Andorre 09 ... 195 AZ95
Hossegor 40 ... 158 Z82
Hosta 64 ... 177 AC88
Hoste 57 ... 22 CL22
Hostens 33 ... 145 AG73
Hostias 01 ... 127 CC58
Hostun 26 ... 140 CA67
L'Hôtellerie 14 ... 27 AP22
L'Hôtellerie-de-Flée 49 ... 72 AF37
Hotonnes 01 ... 113 CD56
Hotot-en-Auge 14 ... 26 AM22
Hottot-les-Bagues 14 ... 25 AI21
Hottviller 57 ... 23 CO22
La Houblonnière 14 ... 26 AN22
Les Houches 74 ... 129 CM57
Houchin 62 ... 3 BF7
Houdain 62 ... 3 BF7
Houdain-lez-Bavay 59 ... 9 BO9
Houdan 78 ... 38 AY26
Houdancourt 60 ... 16 BG20
Houdelaincourt 55 ... 44 CB28
Houdelaucourt-
sur-Othain 55 ... 21 CC20
Houdelmont 54 ... 44 CF28
Houdemont 54 ... 44 CF27
Houdetot 76 ... 13 AS14
Houdilcourt 08 ... 18 BQ19
Houdreville 54 ... 44 CF28
Houécourt 88 ... 64 CE31
Houeillès 47 ... 160 AL77
Houesville 50 ... 24 AD19
Houetteville 27 ... 37 AU22
Houéville 88 ... 64 CD30
Houeydets 65 ... 179 AN88
Le Houga 32 ... 160 AJ81
Houilles 78 ... 39 BC24
Houlbec-Cocherel 27 ... 37 AW23
Houlbec-près-
le-Gros-Theil 27 ... 27 AS21
Houldizy 08 ... 11 BU14
Houlette 16 ... 118 AK59
Houlgate 14 ... 26 AM20
Houlle 62 ... 3 BC4
Le Houlme 76 ... 13 AU18
L'Houmeau 17 ... 103 AC54
Hounoux 11 ... 182 BB89
Houplin-Ancoisne 59 ... 4 BI6
Houplines 59 ... 4 BH5
Houppeville 76 ... 13 AU18
Houquetot 76 ... 12 AP17
Hourc 65 ... 179 AM87
Le Hourdel 80 ... 6 AY10
Hourges 51 ... 18 BO20
Hours 64 ... 178 AJ87
Hourtin 33 ... 130 AD65
Hourtin-Plage 33 ... 130 AC65
Hourtous (Roc des) 48 ... 151 BL76
Houry 02 ... 18 BO15
Houssay 53 ... 54 AG35
Houssay 41 ... 75 AT37
La Houssaye 27 ... 37 AS24
La Houssaye-Béranger 76 ... 13 AU17
La Houssaye-en-Brie 77 ... 40 BH26
Le Housseau 53 ... 55 AI29
Houssen 68 ... 67 CP32
Housseras 88 ... 66 CK30
Housset 02 ... 18 BN15
Housséville 54 ... 65 CF30
La Houssière 88 ... 66 CL32
La Houssoye 60 ... 15 BB20
Houtaud 25 ... 99 CI46
Houtkerque 59 ... 3 BF3
Houtteville 50 ... 24 AD19
Houville-en-Vexin 27 ... 14 AW20
Houville-la-Branche 28 ... 58 AY30
Houvin-Houvigneul 62 ... 7 BE9
Houx 28 ... 38 AY28
Hoymille 59 ... 3 BE2
Huanne-Montmartin 25 ... 84 CI40
Hubersent 62 ... 2 AZ6
Hubert-Folie 14 ... 26 AK22
Huberville 50 ... 24 AC17
Huby-Saint-Leu 62 ... 7 BB8
Huchenneville 80 ... 7 BA12
Huclier 62 ... 7 BE8
Hucqueliers 62 ... 2 BA6
Hudimesnil 50 ... 33 AB24
Hudiviller 54 ... 45 CH27
Huelgoat 29 ... 30 K29
Huest 27 ... 37 AV23
Huêtre 45 ... 58 AZ35
Huez 38 ... 142 CH67
Hugier 70 ... 83 CD42
Hugleville-en-Caux 76 ... 13 AU16
Huillé 49 ... 73 AK38
Huilliécourt 52 ... 64 CB32
Huilly-sur-Seille 71 ... 112 BY50
Huiron 51 ... 42 BU27
Huismes 37 ... 90 AO43
Huisnes-sur-Mer 50 ... 33 AC27
D'Huison-Longueville 91 ... 59 BD30
Huisseau-en-Beauce 41 ... 75 AT38
Huisseau-sur-Cosson 41 ... 76 AX39
Huisseau-sur-Mauves 45 ... 76 AZ36
L'Huisserie 53 ... 54 AG34
Hulluch 62 ... 4 BH7
Hultehouse 57 ... 46 CO26
Humbauville 51 ... 42 BT27
Humbécourt 52 ... 43 BW28
Humbercamps 62 ... 8 BF10
Humbercourt 80 ... 7 BE10
Humbert 62 ... 2 BA7
Humberville 52 ... 64 CA31
Humbligny 18 ... 94 BG43
La Hume 33 ... 144 AC71
Humerœuille 62 ... 7 BD8
Humes 52 ... 64 CA35
Humières 62 ... 7 BC8
Hunaudaye
(Château de la) 22 ... 32 V28
Hunawihr 68 ... 66 CO32
Hundling 57 ... 22 CL21
Hundsbach 68 ... 85 CP38
Huningue 68 ... 85 CR38
Hunspach 67 ... 47 CS23
Hunting 57 ... 21 CG18
Huos 31 ... 179 AP89
Huparlac 12 ... 150 BH71
Huppain 14 ... 25 AH19
Huppy 80 ... 6 AZ12
Hurbache 88 ... 66 CL30
Hure 33 ... 146 AL73
Hurecourt 70 ... 65 CF35
Hures-la-Parade 48 ... 151 BM76
Huriel 03 ... 108 BE53
Hurigny 71 ... 112 BW53
Hurtières 38 ... 142 CG64
Hurtigheim 67 ... 47 CQ27
Husseren-les-Châteaux 68 ... 66 CO33
Husseren-Wesserling 68 ... 66 CM35
Hussigny-Godbrange 54 ... 21 CD18
Husson 50 ... 34 AG28
La Hutte 72 ... 56 AN31
Huttendorf 67 ... 47 CQ24
Huttenheim 67 ... 67 CQ29
Hyds 03 ... 109 BH54
Hyémondans 25 ... 84 CK41
Hyencourt-le-Grand 80 ... 8 BH14
Hyenville 50 ... 33 AB23
Hyères 83 ... 188 CI88
Hyères-Plage 83 ... 189 CJ89
Hyet 70 ... 83 CG40
Hyèvre-Magny 25 ... 84 CI41
Hyèvre-Paroisse 25 ... 84 CI41
Hymont 88 ... 65 CG31

I

Ibarrolle 64 ... 177 AB87
Ibarron 64 ... 176 Y86
Ibigny 57 ... 46 CL27
Ibos 65 ... 178 AK87
Ichtratzheim 67 ... 47 CR28
Ichy 77 ... 59 BF32
Idaux-Mendy 64 ... 177 AD88
Idrac-Respaillès 32 ... 179 AO84
Idron 64 ... 178 AI87
Ids-Saint-Roch 18 ... 93 BD49
If (Château d') 13 ... 187 CC87
Iffendic 35 ... 53 X32
Les Iffs 35 ... 53 Y31
Les Ifs 76 ... 12 AP16
Ifs 14 ... 26 AK22
Igè 71 ... 112 BW52
Igé 61 ... 56 AQ31
Ignaucourt 80 ... 8 BF14
Ignaux 09 ... 195 AZ93
Igney 88 ... 65 CI31
Igney 54 ... 45 CK27
Ignol 18 ... 94 BH46
Igny 91 ... 39 BD26
Igny 70 ... 83 CD40
Igny-Comblizy 51 ... 41 BN23
Igon 64 ... 178 AI88
Igornay 71 ... 96 BT45
Igoville 27 ... 14 AV20
Iguerande 71 ... 111 BR55
Iholdy 64 ... 177 AB87
Ilay 39 ... 114 CF50
Ile-aux-Moines 56 ... 69 Q38
L'Ile-Bouchard 37 ... 90 AP44
Ile-d'Aix 17 ... 103 AC56
Ile-d'Arz 56 ... 69 R38
Ile-de-Batz 29 ... 29 J25
Ile-de-Bréhat 22 ... 31 Q24
Ile-de-Sein 29 ... 48 C32
L'Ile-d'Elle 85 ... 103 AE53
Ile-d'Houat 56 ... 69 Q40
L'Ile-d'Olonne 85 ... 102 Y50
L'Île-d'Yeu 85 ... 86 U48
Ile-Molène 29 ... 28 B28
L'Ile-Rousse 2B ... 198 DG92
L'Ile-Saint-Denis 93 ... 39 BD24
Ile-Tudy 29 ... 49 H34
Ilhan 65 ... 193 AN92
Ilharre 64 ... 177 AC85
Ilhat 09 ... 195 AZ91
Les Ilhes 11 ... 182 BE86
Ilhet 65 ... 193 AN91
Ilheu 65 ... 193 AP90
Illange 57 ... 21 CF19
Illartein 09 ... 194 AS91
Las Illas 66 ... 197 BH97
Illats 33 ... 145 AI72
Ille-sur-Têt 66 ... 197 BG94
Illeville-sur-Montfort 27 ... 27 AS20
Illfurth 68 ... 85 CO37
Illhaeusern 68 ... 67 CP31
Illiat 01 ... 112 BX55
Illier-et-Laramade 09 ... 195 AX93
Illiers-Combray 28 ... 57 AV31
Illiers-l'Évêque 27 ... 37 AW26
Illies 59 ... 4 BH6
Illifaut 22 ... 52 V32
Illkirch-Graffenstaden 67 ... 47 CR28
Illois 76 ... 15 AY15
Illoud 52 ... 64 CB32
Illy 08 ... 19 BW15
Illzach 68 ... 85 CP36
Ilonse 06 ... 173 CQ78
Imbleville 76 ... 13 AT16
Imbsheim 67 ... 46 CP25
Imécourt 08 ... 20 BX19
Imling 57 ... 46 CM26
Immonville 54 ... 21 CD20
Imphy 58 ... 95 BK47
Imsthal (Étang d') 67 ... 46 CO24
Inaumont 08 ... 19 BS17
Incarville 27 ... 14 AV21
Incheville 76 ... 6 AX12
Inchy 59 ... 9 BL11
Inchy-en-Artois 62 ... 8 BJ10
Incourt 62 ... 7 BC8
Indevillers 25 ... 84 CM41
Indre 44 ... 87 Z43
Ineuil 18 ... 93 BD48
Les Infournas 05 ... 156 CH71
Infreville 27 ... 14 AT20
Ingenheim 67 ... 47 CQ25
Ingersheim 68 ... 66 CO33
Inghem 62 ... 3 BD5
Inglange 57 ... 21 CG19
Ingolsheim 67 ... 47 CS22
Ingouville 76 ... 13 AS14
Ingrandes 86 ... 91 AQ47
Ingrandes 49 ... 72 AF41
Ingrandes 36 ... 106 AT50
Ingrandes-de-Touraine 37 ... 90 AO43
Ingrannes 45 ... 59 BC35
Ingré 45 ... 76 BA36
Inguiniel 56 ... 51 N34
Ingwiller 67 ... 46 CP24
Injoux-Génissiat 01 ... 113 CE56
Innenheim 67 ... 47 CQ28
Innimond 01 ... 127 CD59
Inor 55 ... 20 BY17
Insming 57 ... 22 CL23
Insviller 57 ... 46 CL24
Intraville 76 ... 6 AW13
Intres 07 ... 139 BT68
Intréville 28 ... 58 BA31
Intville-la-Guétard 45 ... 59 BC32
Inval-Boiron 80 ... 6 AZ14
Inxent 62 ... 2 AZ7
Inzinzac-Lochrist 56 ... 51 N35
Ippécourt 55 ... 43 BY23
Ippling 57 ... 22 CL21
Irai 61 ... 36 AR27
Irais 79 ... 90 AL47
Irancy 89 ... 79 BN38
Iré-le-Sec 55 ... 20 CA18
Iré-les-Prés 55 ... 20 BZ18
Irigny 69 ... 126 BX60
Irissarry 64 ... 176 AA87
Irles 80 ... 8 BG11
Irmstett 67 ... 46 CP27
Irodouër 35 ... 53 Y31
Iron 02 ... 9 BN13
Irouléguy 64 ... 176 AA88
Irreville 27 ... 37 AV23
Irvillac 29 ... 29 H29
Is-en-Bassigny 52 ... 64 CB34
Is-sur-Tille 21 ... 81 BY40
Isbergues 62 ... 3 BE6
Isches 88 ... 64 CD34
Isdes 45 ... 77 BD38
Isenay 58 ... 95 BO47
Iseran (Col de l') 73 ... 129 CO62
Isigny-le-Buat 50 ... 34 AE27
Isigny-sur-Mer 14 ... 25 AE20
Island 89 ... 79 BP41
Isle 87 ... 120 AV59
L'Isle-Adam 95 ... 39 BD22
L'Isle-Arné 32 ... 161 AR83
Isle-Aubigny 10 ... 62 BS29
Isle-Aumont 10 ... 62 BR32
L'Isle-Bouzon 32 ... 161 AR80
Isle-Briand (Haras de l') 49 ... 73 AH38
L'Isle-d'Abeau 38 ... 126 CA61
L'Isle-d'Abeau
(Ville nouvelle) 38 ... 126 BZ61
L'Isle-de-Noé 32 ... 179 AO84
L'Isle-d'Espagnac 16 ... 118 AN61
L'Isle-en-Dodon 31 ... 180 AR86
Isle-et-Bardais 03 ... 94 BH49
L'Isle-Jourdain 86 ... 106 AR54
L'Isle-Jourdain 32 ... 162 AT83
Isle-Saint-Georges 33 ... 145 AH71
Isle-Savary
(Château d') 36 ... 92 AV46
L'Isle-sur-la-Sorgue 84 ... 168 BZ80
L'Isle-sur-le-Doubs 25 ... 84 CJ40
Isle-sur-Marne 51 ... 42 BV27
L'Isle-sur-Serein 89 ... 80 BQ39
Les Isles-Bardel 14 ... 35 AK25
Isles-les-Meldeuses 77 ... 40 BI24
Isles-lès-Villenoy 77 ... 40 BH25
Isles-sur-Suippe 51 ... 18 BR20
Les Islettes 55 ... 43 BX22
Isneauville 76 ... 14 AV18
Isola 06 ... 157 CP76
Isola 2000 06 ... 173 CQ76
Isolaccio-di-Fiumorbo 2B ... 201 DK99
Isômes 52 ... 82 CA38
Ispagnac 48 ... 152 BN75
Ispe 40 ... 144 AB74
Ispoure 64 ... 176 AA88
Isques 62 ... 2 AZ5
Issac 24 ... 133 AP68
Les Issambres 83 ... 189 CN85
Issamoulenc 07 ... 153 BU70
Issancourt-et-Rumel 08 ... 19 BV15
Issanlas 07 ... 153 BR71
Issans 25 ... 84 CK39
Les Issards 09 ... 181 AZ89
Issarlès 07 ... 153 BR70
Isse 51 ... 42 BR23
Issé 44 ... 71 AB38
Issel 11 ... 182 BB86
Issendolus 46 ... 149 AZ71
Issenhausen 67 ... 47 CQ25
Issenheim 68 ... 66 CO35
Issepts 46 ... 149 BA72
Isserpent 03 ... 110 BN55
Isserteaux 63 ... 124 BM61
Issigeac 24 ... 147 AQ71
Issirac 30 ... 153 BV76
Issoire 63 ... 123 BK62
Issolud (Puy d') 46 ... 135 AY69
Issoncourt 55 ... 43 BZ24
Issor 64 ... 177 AF89
Issou 78 ... 38 AZ24
Issoudun 36 ... 93 BB46
Issoudun-Létrieix 23 ... 108 BC56
Issus 31 ... 181 AX86
Issy-les-Moulineaux 92 ... 39 BD26
Issy-l'Évêque 71 ... 96 BQ49
Istres 13 ... 187 BZ84
Les Istres-et-Bury 51 ... 41 BQ24
Isturits 64 ... 177 AB86
Itancourt 02 ... 17 BL15
Iteuil 86 ... 105 AO51
Ithorots-Olhaïby 64 ... 177 AD86
Ittenheim 67 ... 47 CQ27
Itterswiller 67 ... 67 CP29
Itteville 91 ... 59 BD29
Itxassou 64 ... 176 Z86
Itzac 81 ... 163 BA79
Ivergny 62 ... 7 BE10
Iverny 77 ... 40 BH24
Iviers 02 ... 18 BQ15
Iville 27 ... 37 AT22
Ivors 60 ... 17 BI21
Ivory 39 ... 99 CE46
Ivoy-le-Pré 18 ... 77 BF42
Ivrey 39 ... 99 CE45
Ivry (Obélisque d') 27 ... 38 AX24
Ivry-en-Montagne 21 ... 97 BV45
Ivry-la-Bataille 27 ... 38 AX25
Ivry-le-Temple 60 ... 15 BB21
Ivry-sur-Seine 94 ... 39 BE26
Iwuy 59 ... 9 BK10
Izaourt 65 ... 193 AP90
Izaut-de-l'Hôtel 31 ... 180 AR90
Izaux 65 ... 179 AN89
Izé 53 ... 55 AK32
Izeaux 38 ... 141 CC64
Izel-lès-Équerchin 62 ... 8 BI8
Izel-les-Hameaux 62 ... 8 BF9
Izenave 01 ... 113 CC56
Izernore 01 ... 113 CC54
Izeron 38 ... 141 CB66
Izeste 64 ... 178 AH89
Izeure 21 ... 98 BZ44
Izier 21 ... 82 BZ42
Izieu 01 ... 127 CD60
Izoard (Col d') 05 ... 143 CM69
Izon 33 ... 131 AI69
Izon-la-Bruisse 26 ... 155 CD76
Izotges 32 ... 160 AK83
Izy 45 ... 59 BB33

J

Jablines 77 ... 40 BH25
Jabreilles-les-Bordes 87 ... 121 AX57
Jabrun 15 ... 151 BI70
Jacob-Bellecombette 73 ... 127 CF61
Jacou 34 ... 185 BQ83
Jacque 65 ... 179 AM87
Jagny-sous-Bois 95 ... 39 BE23
Jaignes 77 ... 40 BJ24
Jaillans 26 ... 140 CA67
La Jaille-Yvon 49 ... 73 AH37
Jaillon 54 ... 44 CE26
Jailly 58 ... 95 BM45
Jailly-les-Moulins 21 ... 81 BU41
Jainvillotte 88 ... 64 CC31
Jalesches 23 ... 108 BC54
Jaleyrac 15 ... 136 BE65
Jaligny-sur-Besbre 03 ... 110 BN53
Jallais 49 ... 88 AF43
Jallanges 21 ... 98 BZ46
Jallans 28 ... 58 AW34
Jallaucourt 57 ... 45 CH25
Jallerange 25 ... 83 CD42
Jalognes 18 ... 94 BH43
Jalogny 71 ... 112 BV52
Jâlons 51 ... 42 BR23
La Jalousie 14 ... 26 AK22
Jambles 71 ... 97 BV48
Jambville 78 ... 38 BA23
Jaméricourt 60 ... 15 BA20
Jametz 55 ... 20 BZ18
Jameyzieu 38 ... 126 BZ60
Janailhac 87 ... 120 AV61
Janaillat 23 ... 107 AZ56
Jancigny 21 ... 82 CB41
Jandun 08 ... 19 BT16
Janneyrias 38 ... 126 BZ59
Jans 44 ... 71 AA38
Jansac 26 ... 155 CC72
Janville 60 ... 16 BH19
Janville 28 ... 58 BA33
Janville 14 ... 26 AL22
Janville-sur-Juine 91 ... 59 BD29
Janvilliers 51 ... 41 BN25
Janvry 91 ... 39 BC28
Janvry 51 ... 18 BP21
Janzé 35 ... 53 AB35
Jarcieu 38 ... 140 BY64
La Jard 17 ... 117 AH60
Jard-sur-Mer 85 ... 102 Z52
Jardin 38 ... 126 BY62
Le Jardin 19 ... 135 BB65
Jardres 86 ... 105 AQ50
Jargeau 45 ... 77 BC36
Jarjayes 05 ... 156 CH73
Jarménil 88 ... 65 CJ33
Jarnac 16 ... 118 AK60
Jarnac-Champagne 17 ... 117 AI62
Jarnages 23 ... 108 BB55
La Jarne 17 ... 103 AD55
Jarnioux 69 ... 125 BV57
Jarnosse 42 ... 111 BS56
Jarny 54 ... 21 CD21
Jarret 65 ... 178 AK89
Jarrie 38 ... 141 CE66
La Jarrie 17 ... 103 AE55
La Jarrie-Audouin 17 ... 104 AI56
Jarrier 73 ... 142 CJ64
Jars 18 ... 78 BG41
Jarsy 73 ... 128 CH60
Jarville-la-Malgrange 54 ... 45 CG27
Jarzé 49 ... 73 AK39
Jas 42 ... 125 BT60
Jasney 70 ... 83 CG36
Jassans-Riottier 01 ... 126 BW57
Jasseines 10 ... 62 BT29
Jasseron 01 ... 113 CA54
Jasses 64 ... 177 AE86
Jatxou 64 ... 176 Z85
Jau (Col de) 11 ... 196 BD94
Jau-Dignac-et-Loirac 33 ... 130 AE63
Jaucourt 10 ... 63 BV32
La Jaudonnière 85 ... 88 AE49
Jaudrais 28 ... 37 AV28
Jaujac 07 ... 153 BT72
Jauldes 16 ... 118 AN59
Jaulges 89 ... 61 BO35
Jaulgonne 02 ... 41 BM23
Jaulnay 37 ... 90 AP46
Jaulnes 77 ... 60 BK30
Jaulny 54 ... 44 CD23
Jaulzy 60 ... 17 BJ19
Jaunac 07 ... 139 BU69
Jaunay-Clan 86 ... 90 AO49
Jaures 24 ... 133 AP67
Jausiers 04 ... 157 CM74
Jaux 60 ... 16 BH19
Jauzé 72 ... 56 AP32
Javaugues 43 ... 138 BM65
Javené 35 ... 54 AD31
Javerdat 87 ... 120 AT57
Javerlhac-et-la-Chapelle-
Saint-Robert 24 ... 119 AQ62
Javernant 10 ... 62 BQ33
La Javie 04 ... 156 CK76
Javols 48 ... 151 BL71
Javrezac 16 ... 117 AI60
Javron 53 ... 55 AK30
Jax 43 ... 138 BO66
Jaxu 64 ... 177 AB87
Jayac 24 ... 134 AW68
Jayat 01 ... 112 BZ52
Jazeneuil 86 ... 105 AM52
Jazennes 17 ... 117 AG61
Jeancourt 02 ... 8 BJ13
Jeandelaincourt 54 ... 45 CG25
Jeandelize 54 ... 21 CD21
Jeanménil 88 ... 66 CK30
Jeansagnière 42 ... 124 BP60
Jeantes 02 ... 18 BQ15
Jebsheim 68 ... 67 CQ32
Jegun 32 ... 161 AO82
La Jemaye 24 ... 132 AN66
Jenlain 59 ... 9 BN9
Jenzat 03 ... 109 BK55
Jésonville 88 ... 65 CF33
Jessains 10 ... 62 BU31
Jetterswiller 67 ... 46 CP26
Jettingen 68 ... 85 CP38
Jeu-les-Bois 36 ... 92 AZ49
Jeu-Maloches 36 ... 92 AX45
Jeufosse 78 ... 38 AY23
Jeugny 10 ... 62 BQ33
Jeumont 59 ... 10 BQ9
Jeurre 39 ... 113 CD52
Jeux-lès-Bard 21 ... 80 BS40
Jeuxey 88 ... 65 CI32
Jevoncourt 54 ... 65 CG29
Jezainville 54 ... 44 CF24
Jézeau 65 ... 193 AN91
Joannas 07 ... 153 BT73
Job 63 ... 124 BO61
Jobourg 50 ... 24 Z15
Jobourg (Nez de) 50 ... 24 Z15
Joch 66 ... 196 BF95
Jœuf 54 ... 21 CE20
Joganville 50 ... 24 AD18
Joigny 89 ... 61 BL35
Joigny-sur-Meuse 08 ... 11 BV14
Joinville 52 ... 63 BY29
Joinville-le-Pont 94 ... 39 BE26
Joiselle 51 ... 41 BM26
Jolimetz 59 ... 9 BN10
Jolivet 54 ... 45 CI27
Jonage 69 ... 126 BY59
Joncels 34 ... 165 BK82
La Jonchère 85 ... 102 AB51
La Jonchère-
Saint-Maurice 87 ... 121 AX57
Jonchères 26 ... 155 CC72
Joncherey 90 ... 85 CN39
Jonchery 52 ... 63 BY33
Jonchery-sur-Suippe 51 ... 42 BT22
Jonchery-sur-Vesle 51 ... 18 BO20
Joncourt 02 ... 9 BK13
Joncreuil 10 ... 62 BU29
Joncy 71 ... 111 BU50
Jongieux 73 ... 127 CE59
Jonquerets-de-Livet 27 ... 27 AR23
Jonquerettes 84 ... 168 BY79
Jonquery 51 ... 41 BO22
Jonquières 84 ... 168 BY78
Jonquières 81 ... 163 BC83
Jonquières 60 ... 16 BG19
Jonquières 34 ... 184 BN83
Jonquières 11 ... 183 BH90
Jonquières-
Saint-Vincent 30 ... 167 BV81
Jons 69 ... 126 BZ59
Jonval 08 ... 19 BU17
Jonvelle 70 ... 64 CE35
Jonville-en-Woëvre 55 ... 44 CD22
Jonzac 17 ... 131 AI63
Jonzier-Épagny 74 ... 114 CG56
Jonzieux 42 ... 139 BT64
Joppécourt 54 ... 21 CD19
Jorquenay 52 ... 64 CA35
Jort 14 ... 35 AM24
Jorxey 88 ... 65 CG31
Josat 43 ... 138 BN66
Joserand 63 ... 123 BJ57
Josnes 41 ... 76 AX37
Josse 40 ... 158 AB83
Josselin 56 ... 52 T34
Jossigny 77 ... 39 BG25
Jou-sous-Monjou 15 ... 136 BG69
Jouac 87 ... 106 AV53
Jouaignes 02 ... 17 BM20
Jouancy 89 ... 80 BQ38
Jouarre 77 ... 40 BJ24
Jouars-Pontchartrain 78 ... 38 BA26
Jouaville 54 ... 21 CE21
Joucas 84 ... 168 CB80
Joucou 11 ... 196 BB92
Joudes 71 ... 113 CB51
Joudreville 54 ... 21 CC20
Joué-du-Bois 61 ... 35 AK28
Joué-du-Plain 61 ... 35 AL27
Joué-en-Charnie 72 ... 55 AL34
Joué-Étiau 49 ... 89 AH43
Joué-l'Abbé 72 ... 56 AO33
Joué-lès-Tours 37 ... 75 AR42
Joué-sur-Erdre 44 ... 71 AB40
Jouet-sur-l'Aubois 18 ... 94 BI45
Jouey 21 ... 96 BT44
Jougne 25 ... 99 CI48
Jouhe 39 ... 98 CB44
Jouhet 86 ... 106 AS51
Jouillat 23 ... 107 BA54
Jouques 13 ... 169 CE83
Jouqueviel 81 ... 163 BC77
Jourgnac 87 ... 120 AV60
Journans 01 ... 113 CB55
Journet 86 ... 106 AT52
Journiac 24 ... 133 AS68
Journy 62 ... 2 BB4
Jours-en-Vaux 21 ... 97 BV45
Jours-lès-Baigneux 21 ... 81 BU39
Joursac 15 ... 137 BJ66
Joussé 86 ... 105 AP54
Jouvençon 71 ... 112 BY50
La Jouvente 35 ... 32 X27
Joux 69 ... 125 BT58
Joux (Château de) 25 ... 99 CI46
Joux (Forêt de la) 39 ... 99 CF47
Joux-la-Ville 89 ... 79 BP39
Joux Plane (Col de la) 74 ... 115 CL55
Joux Verte (Col de la) 74 ... 115 CM54
Jouy 89 ... 60 BI33
Jouy 28 ... 58 AY29
Jouy-aux-Arches 57 ... 44 CF22
Jouy-en-Argonne 55 ... 43 BY22
Jouy-en-Josas 78 ... 39 BC26
Jouy-en-Pithiverais 45 ... 59 BC33
Jouy-le-Châtel 77 ... 40 BJ27
Jouy-le-Moutier 95 ... 38 BB24
Jouy-le-Potier 45 ... 76 AZ38
Jouy-lès-Reims 51 ... 18 BP21
Jouy-Mauvoisin 78 ... 38 AY24
Jouy-sous-les-Côtes 55 ... 44 CC26
Jouy-sous-Thelle 60 ... 15 BB20
Jouy-sur-Eure 27 ... 37 AW23
Jouy-sur-Morin 77 ... 40 BK26
Joyeuse 07 ... 153 BS74
Joyeux 01 ... 126 BZ57
Joze 63 ... 123 BL58
Jû-Belloc 32 ... 179 AL84
Juan-les-Pins 06 ... 175 CQ83
Juaye-Mondaye 14 ... 25 AH21
Jubainville 88 ... 64 CD29
La Jubaudière 49 ... 88 AF43
Jubécourt 55 ... 43 BY22
Jublains 53 ... 55 AI32
Le Juch 29 ... 49 G32
Jugazan 33 ... 146 AK70
Jugeals-Nazareth 19 ... 135 AX67
Jugon-les-Lacs 22 ... 52 V29
Jugy 71 ... 112 BX50
Juicq 17 ... 117 AH58
Juif 71 ... 98 BZ49
Juignac 16 ... 132 AM64
Juigné-des-Moutiers 44 ... 72 AD38
Juigné-sur-Loire 49 ... 73 AI41
Juigné-sur-Sarthe 72 ... 73 AK36
Juignettes 27 ... 36 AR25
Juillac 33 ... 146 AL70
Juillac 32 ... 179 AM84
Juillac 19 ... 134 AV64
Juillac-le-Coq 16 ... 117 AJ61
Juillaguet 16 ... 132 AN63
Juillan 65 ... 179 AL88
Juillé 79 ... 104 AK55
Juillé 72 ... 56 AN32
Juillé 16 ... 118 AM58
Juillenay 21 ... 80 BS42
Juilles 32 ... 180 AR84
Juilley 50 ... 33 AC27
Juilly 77 ... 39 BG23
Juilly 21 ... 80 BT40
Jujols 66 ... 196 BD95
Jujurieux 01 ... 113 CB56
Julianges 48 ... 137 BL69
Juliénas 69 ... 112 BW54
Julienne 16 ... 117 AJ60
Julienrupt 88 ... 66 CK33
Jullianges 43 ... 138 BP65
Jullié 69 ... 112 BV54
Jullouville 50 ... 33 AB25
Jully 89 ... 80 BS37
Jully-lès-Buxy 71 ... 97 BV49
Jully-sur-Sarce 10 ... 62 BS33
Julos 65 ... 178 AK89
Julvécourt 55 ... 43 BY23
Jumeauville 78 ... 38 AZ25
Les Jumeaux 79 ... 90 AL48
Jumeaux 63 ... 137 BL63
Jumel 80 ... 16 BE15
Jumelles 49 ... 73 AL41
Jumelles 27 ... 37 AV25
La Jumellière 49 ... 72 AG42
Jumencourt 02 ... 17 BL18
Jumièges 76 ... 13 AS19
Jumigny 02 ... 18 BN19
Jumilhac-le-Grand 24 ... 134 AT63
Junas 30 ... 167 BS82
Junay 89 ... 79 BP36
Juncalas 65 ... 178 AK89
Jungholtz 68 ... 66 CO35
Junhac 15 ... 150 BE71
Les Junies 46 ... 148 AV73
Juniville 08 ... 19 BS19
Jupilles 72 ... 74 AP37
Jurançon 64 ... 178 AH87
Juranville 45 ... 59 BF34
Juré 42 ... 124 BP58
Jurignac 16 ... 118 AL62
Jurques 14 ... 34 AH23
Jurvielle 31 ... 193 AO92
Jury 57 ... 45 CG22
Juscorps 79 ... 104 AI54
Jusix 47 ... 146 AL73
Jussac 15 ... 136 BE68
Jussarupt 88 ... 66 CK32
Jussas 17 ... 131 AI65
Jussecourt-Minecourt 51 ... 42 BV26
Jussey 70 ... 83 CE36
Jussy 89 ... 79 BN38
Jussy 74 ... 114 CG56
Jussy 57 ... 44 CF22
Jussy 02 ... 17 BK16
Jussy-Champagne 18 ... 94 BG46
Jussy-le-Chaudrier 18 ... 94 BI44
Justian 32 ... 160 AN81
Justine-Herbigny 08 ... 19 BS17
Justiniac 09 ... 181 AX88
Jutigny 77 ... 60 BK29
Juvaincourt 88 ... 65 CF30
Juvancourt 10 ... 63 BW33
Juvanzé 10 ... 62 BU31
Juvardeil 49 ... 73 AI38
Juvelize 57 ... 45 CJ25
Juvignac 34 ... 185 BP83
Juvigné 53 ... 54 AE32
Juvignies 60 ... 15 BC18
Juvigny 74 ... 114 CI54
Juvigny 51 ... 42 BR23
Juvigny 02 ... 17 BL19
Juvigny-en-Perthois 55 ... 43 BY28
Juvigny-le-Tertre 50 ... 34 AF27
Juvigny-sous-Andaine 61 ... 35 AI28
Juvigny-sur-Loison 55 ... 20 BZ18
Juvigny-sur-Orne 61 ... 35 AM26
Juvigny-sur-Seulles 14 ... 25 AI21
Juville 57 ... 45 CH24
Juvinas 07 ... 153 BT71
Juvincourt-et-Damary 02 ... 18 BP19
Juvisy-sur-Orge 91 ... 39 BE27
Juvrecourt 54 ... 45 CI26
Juxue 64 ... 177 AC87
Juzanvigny 10 ... 62 BU30
Juzennecourt 52 ... 63 BX32
Juzes 31 ... 181 AZ85
Juzet-de-Luchon 31 ... 193 AP92
Juzet-d'Izaut 31 ... 193 AQ90
Juziers 78 ... 38 BA24

K

Kalhausen 57 ... 23 CN22
Kaltenhouse 67 ... 47 CS25
Kanfen 57 ... 21 CF18
Kappelen 68 ... 85 CQ38
Kappelkinger 57 ... 22 CL23
Les Karellis 73 ... 142 CJ65
Katzenthal 68 ... 66 CO32
Kauffenheim 67 ... 47 CT24
Kaysersberg 68 ... 66 CO32
Kédange-sur-Canner 57 ... 22 CH19
Keffenach 67 ... 47 CS23
Kembs 68 ... 85 CQ37
Kembs-Loéchlé 68 ... 85 CQ37
Kemplich 57 ... 22 CH19
Kerazan (Manoir de) 29 ... 49 H34
Kerbach 57 ... 22 CL21
Kerbors 22 ... 31 P24
Kerdéniel (Pointe de) 29 ... 29 F29
Kerdévot (Chapelle de) 29 ... 49 I33
Kerfany-les-Pins 29 ... 50 K35
Kerfons (Chapelle de) 22 ... 30 N26
Kerfot 22 ... 31 Q25
Kerfourn 56 ... 51 R33
Kergloff 29 ... 50 L30
Kergonadeac'h
(Château de) 29 ... 29 I26
Kergrist 56 ... 51 Q32
Kergrist (Château de) 22 ... 30 N26
Kergrist-Moëlou 22 ... 51 N30
Kergroadès
(Château de) 29 ... 28 E27
Kerguehennec
(Château de) 56 ... 51 R35
Kerien 22 ... 31 O29
Kérity 29 ... 49 F35
Kerjean (Château de) 29 ... 29 I26
Kerlaz 29 ... 49 G32
Kerling-lès-Sierck 57 ... 22 CH18
Kerlouan 29 ... 29 G25
Kermaria 56 ... 51 R35
Kermaria (Chapelle) 22 ... 31 Q26
Kermaria-Sulard 22 ... 30 N25
Kermoroc'h 22 ... 31 P26
Kernascléden 56 ... 51 N33
Kernével 29 ... 50 K33
Kernilis 29 ... 29 G26
Kernouës 29 ... 29 G26
Kérouzéré (Château de) 29 ... 29 I25
Kerpape 56 ... 68 M36
Kerpert 22 ... 31 P29
Kerprich-aux-Bois 57 ... 46 CL26
Kersaint 29 ... 28 E26
Kersaint-Plabennec 29 ... 29 G27
Kertzfeld 67 ... 67 CQ29
Kervignac 56 ... 68 O36
Keskastel 67 ... 23 CM23
Kesseldorf 67 ... 47 CT23
Kienheim 67 ... 47 CQ26
Kientzheim 68 ... 66 CO32
Kientzville 67 ... 67 CP30
Kiffis 68 ... 85 CP40
Killem 59 ... 3 BF2
Kilstett 67 ... 47 CS26
Kindwiller 67 ... 47 CQ24
Kingersheim 68 ... 85 CP36
Kintzheim 67 ... 67 CP31
Kirchberg 68 ... 84 CM36
Kirchheim 67 ... 46 CP27
Kirrberg 67 ... 46 CM25
Kirrwiller 67 ... 47 CQ24
Kirsch-lès-Sierck 57 ... 22 CH18
Kirschnaumen 57 ... 22 CH18
Kirviller 57 ... 22 CL23
Klang 57 ... 22 CH19
Kleinfrankenheim 67 ... 47 CQ26
Kleingœft 67 ... 46 CP26
Klingenthal 67 ... 46 CP28
Knœringue 68 ... 85 CQ38
Knœrsheim 67 ... 46 CP26
Knutange 57 ... 21 CE19
Koeking 57 ... 21 CG19
Kœnigsmacker 57 ... 21 CG18
Kœstlach 68 ... 85 CP39
Kœtzingue 68 ... 85 CP37
Kœur-la-Grande 55 ... 43 CA25
Kœur-la-Petite 55 ... 44 CB25
Kogenheim 67 ... 67 CQ30
Kolbsheim 67 ... 47 CQ27
Krautergersheim 67 ... 47 CQ28
Krautwiller 67 ... 47 CR25
Le Kremlin-Bicêtre 94 ... 39 BE26
Kreuzweg (Col du) 67 ... 66 CO29
Kriegsheim 67 ... 47 CR25
Kruth 68 ... 66 CM35
Kuhlendorf 67 ... 47 CS23
Kunheim 68 ... 67 CQ33
Kuntzig 57 ... 21 CG19
Kurtzenhouse 67 ... 47 CS25
Kuttolsheim 67 ... 47 CQ26
Kutzenhausen 67 ... 47 CS23

L

Laà-Mondrans 64 ... 177 AE85
Laàs 64 ... 177 AE86
Laas 45 ... 59 BC33
Laas 32 ... 179 AN85
Labalme 01 ... 113 CC55
Labarde 33 ... 131 AG67
Labaroche 68 ... 66 CO32
Labarrère 32 ... 160 AM79
Labarthe 82 ... 162 AV77
Labarthe 32 ... 179 AP85
Labarthe (Moulin de) 33 ... 146 AK70
Labarthe-Bleys 81 ... 163 BA78
Labarthe-Inard 31 ... 180 AR89
Labarthe-Rivière 31 ... 180 AQ89
Labarthe-sur-Lèze 31 ... 181 AW85
Labarthète 32 ... 160 AJ83
Labassère 65 ... 179 AL89
Labastide 65 ... 193 AN90
Labastide-Beauvoir 31 ... 181 AY85
Labastide-Castel-
Amouroux 47 ... 146 AM75
Labastide-Cézéracq 64 ... 178 AG86
Labastide-Chalosse 40 ... 159 AG83
Labastide-Clermont 31 ... 180 AU86
Labastide-d'Anjou 11 ... 181 AZ86
Labastide-
d'Armagnac 40 ... 160 AJ79
Labastide-de-Lévis 81 ... 163 BB80
Labastide-de-Penne 82 ... 148 AX76
Labastide-de-Virac 07 ... 153 BU75
Labastide-Dénat 81 ... 163 BC81
Labastide-
du-Haut-Mont 46 ... 149 BC70
Labastide-du-Temple 82 ... 162 AU78
Labastide-du-Vert 46 ... 148 AV73
Labastide-en-Val 11 ... 183 BF89
Labastide-
Esparbairenque 11 ... 182 BE86
Labastide-Gabausse 81 ... 163 BB79
Labastide-Marnhac 46 ... 148 AW75
Labastide-Monréjeau 64 ... 178 AG86
Labastide-Murat 46 ... 148 AX72
Labastide-Paumès 31 ... 180 AS87
Labastide-Rouairoux 81 ... 183 BG85
Labastide-
Saint-Georges 81 ... 163 AZ83
Labastide-Saint-Pierre 82 ... 162 AW80
Labastide-Saint-Sernin 31 ... 162 AW82
Labastide-Savès 32 ... 180 AS84
Labastide-
sur-Bésorgues 07 ... 153 BT71
Labastide-Villefranche 64 ... 177 AC85
Labastidette 31 ... 181 AV85
Labathude 46 ... 149 BB71
Labatie-d'Andaure 07 ... 139 BU68
Labatmale 64 ... 178 AJ88
Labatut 64 ... 178 AK85
Labatut 40 ... 177 AD84
Labatut 09 ... 181 AX87
Labatut-Rivière 65 ... 179 AL84
Labbeville 95 ... 39 BC22
Labeaume 07 ... 153 BT74
Labécède-Lauragais 11 ... 182 BB86
Labège 31 ... 181 AX84
Labégude 07 ... 153 BU72
Labéjan 32 ... 179 AP84
Labenne 40 ... 176 Z83
Labenne-Océan 40 ... 176 Z83
Labergement-
du-Navois 25 ... 99 CG45
Labergement-Foigney 21 ... 98 BZ43

LILLE

LIMOGES

Aine (Pl. d') BZ 2
Allois (R. des) DZ 6
Amphithéâtre (R. de l') BY 8
Barreyrrette (Pl. de la) CZ 12
Bénédictins (Av. des) DY 14
Betoulle (Pl. L.) CZ 16
Boucherie (R. de la) CZ 18
Cathédrale (R. de la) DZ 23
Clocher (R. du) CZ 25
Collège (R. du) CZ 26
Consulat (R. du) CZ
Coopérateurs (R. des) BY 27
Dupuytren (R.) CZ 30
Ferrerie (R.) CZ 33
Fonderie (R. de la) BY 35
Fontaine-des-Barres (Pl.) CY 37
Gambetta (Bd) BCZ
Giraudoux (Square Jean) CY 42
Haute-Cité (R.) DZ 46
Jacobins (Pl. des) CZ 49
Jean-Jaurès (R.) CYZ
Louis-Blanc (Bd) CZ
Louvrier-de-Lajolais (R.) BY 55
Manigne (Pl.) CZ 57
Maupas (R. du) DY 59
Michels (R. Charles) CZ 63
Motte (Pl. de la) CZ 66
Périn (Bd G.) CY 71
Préfecture (R. de la) CY 83
Raspail (R.) DZ 89
Réforme (R. de la) CY 91
République (Pl. de la) CY 95
St-Martial (R.) CY 107
St-Maurice (Bd) DZ 109
St-Pierre (Pl.) CZ 110
Stalingrad (Pl.) CY 113
Temple (Cour du) CZ 115
Temple (R. du) CZ 116
Tourny (Carrefour) CY 118
Victor-Hugo (Bd) BY 120
Vigne-de-Fer (R.) CZ 122
71e-Mobile (R. du) DZ 125

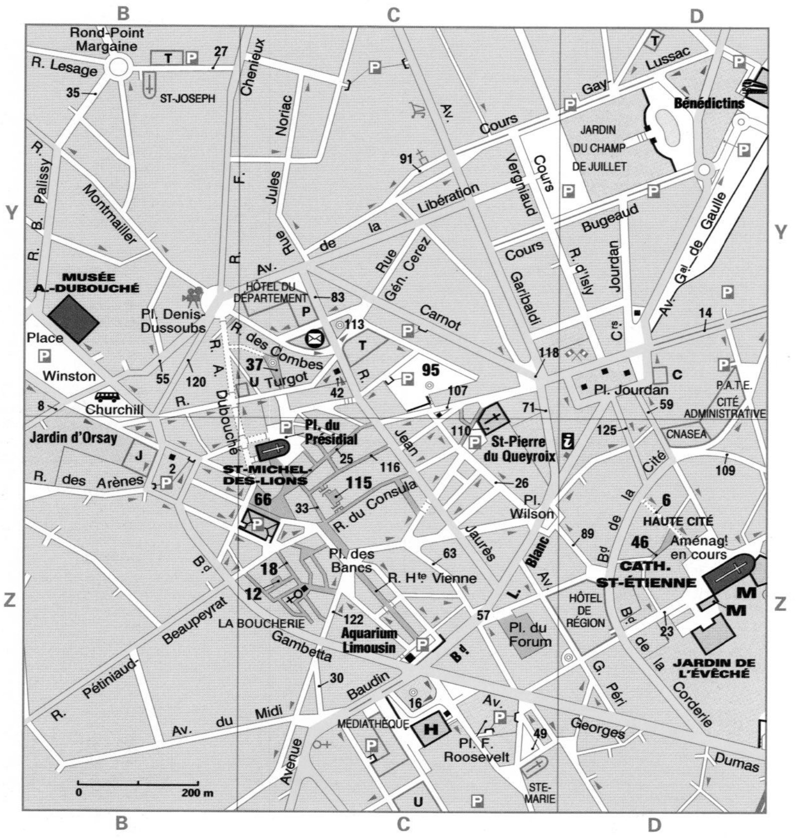

Lardiers 04 169 CE78
Le Lardin-Saint-Lazare 24 134 AV67
Lardy 91 59 BD29
Larée 32 160 AK80
Laréole 31 162 AT82
Largeasse 79 89 AI49
Largentière 07 153 BT73
Largillay-Marsonnay 39 113 CD50
Largitzen 68 85 CO38
Largny-sur-Automne 02 17 BJ21
Largoët (Forteresse de) 56 69 S37
Larians-et-Munans 70 83 CH41
Larivière 90 84 CM37
Larivière-sur-Apance 52 64 CD34
Larmor-Baden 56 69 Q38
Larmor-Plage 56 68 N36
Larnage 26 140 BX67
Larnagol 46 149 AZ74
Larnas 07 153 BV74
Larnat 09 195 AY93
Larnaud 39 98 CB49
Larnod 25 99 CF43
Laroche-près-Feyt 19 122 BF60
Laroche-Saint-Cydroine 89 61 BM35
Larochemillay 58 96 BQ47
Larodde 63 122 BF62
Laroin 64 178 AH87
Larone (Col de) 2A 203 DK101
Laronxe 54 45 CJ28
Laroque 34 166 BP80
Laroque 33 145 AI71
Laroque-de-Fa 11 196 BF91
Laroque-des-Albères 66 197 BI96
Laroque-des-Arcs 46 148 AW74
Laroque-d'Olmes 09 195 BA91
Laroque-Timbaut 47 147 AR76
Laroquebrou 15 136 BC68
Laroquevieille 15 136 BF68
Larouillies 59 10 BP12
Larra 31 162 AV82
Larrau 64 191 AD90
Larrazet 82 162 AT80
Larré 61 56 AN29
Larré 56 69 T37
Larressingle 32 160 AN80
Larressore 64 176 Z85
Larret 70 82 CC38
Larret 29 28 D27
Larreule 65 179 AL85
Larreule 64 178 AH85
Larrey 21 80 BT36
Larribar-Sorhapuru 64 177 AC86
Larringes 74 115 CK52
Larrivière 40 159 AH81
Larrivoire 39 113 CE53
Larroque 81 163 AY79
Larroque 65 179 AO87
Larroque 31 179 AP88
Larroque-Engalin 32 161 AP79
Larroque-Saint-Sernin 32 161 AO81
Larroque-sur-l'Osse 32 160 AN79
Larroque-Toirac 46 149 BA73
Lartigue 33 146 AK76
Lartigue 32 180 AQ84
Laruns 64 192 AH90
Laruscade 33 131 AI67
Larzac 24 148 AT71
Larzicourt 51 42 BV27
Lasalle 30 166 BQ79
Lasbordes 11 182 BB87
Lascabanes 46 148 AV75
Lascaux 19 134 AW64
Lascaux (Grotte de) 24 134 AU67
Lascazères 65 178 AK84
Lascelle 15 136 BF68
Laschamps-
de-Chavanat 23 107 BA55
Lasclaveries 64 178 AI85
Lasfaillades 81 183 BF84
Lasgraisses 81 163 BB81
Laslades 65 179 AM87
Lassales 65 179 AO88
Lassay-les-Châteaux 53 55 AI30
Lassay-sur-Croisne 41 76 AY42
Lasse 64 176 AA88
Lasse 49 74 AM40
Lasserade 32 160 AL83
Lasséran 32 179 AP84
Lasserre 64 178 AK84
Lasserre 47 161 AO78
Lasserre 31 162 AU83
Lasserre 09 180 AU90
Lasserre-de-Prouille 11 182 BB88
Lasseube 64 178 AG87
Lasseube-Propre 32 179 AP84
Lasseubetat 64 178 AH88
Lassicourt 10 62 BT30
Lassigny 60 16 BH17
Lasson 89 61 BO34
Lasson 14 26 AJ21
Lassouts 12 151 BI74
Lassur 09 195 AY93
Lassy 95 39 BE23
Lassy 35 53 Y34
Lassy 14 34 AH24
Lastelle 50 24 AC20
Lastic 63 122 BF60
Lastic 15 137 BK67
Lastioulles
(Barrage de) 15 136 BG64
Lastours 11 182 BE87
Lataule 60 16 BG18
Le Latet 39 99 CF47
La Latette 39 99 CG48
Lathuile 74 128 CH59
Lathus 86 106 AT53
Latillé 86 105 AM50
Latilly 02 40 BL22
Latoue 31 180 AR88
Latouille-Lentillac 46 149 BA70
Latour 31 181 AV88
Latour-Bas-Elne 66 197 BJ95
Latour-de-Carol 66 195 BA96
Latour-de-France 66 197 BG93
Latour-en-Woëvre 55 44 CD22
Latrape 31 181 AV88
Latrecey 52 63 BW35
Latresne 33 145 AH70
Latrille 40 159 AI83
Latronche 19 136 BD65
Latronquière 46 149 BB70
Lattainville 60 15 BA21
La Latte (Fort) 22 32 V26
Lattes 34 185 BQ84
Lattre-Saint-Quentin 62 8 BF9
Lau-Balagnas 65 192 AK90
Laubach 67 47 CR24
Laubert 48 152 BO73
Les Laubies 48 151 BM72
Laubressel 10 62 BR31
Laubrières 53 54 AE35
La Lauch (Lac de) 68 66 CN34
Laucourt 80 16 BG16
Laudrefang 57 22 CJ22
Laudun-l'Ardoise 30 167 BW78
Laugnac 47 147 AQ76
Laujuzan 32 160 AK81
Laulne 50 24 AC20
Laumesfeld 57 22 CH19
Launac 31 162 AU82
Launaguet 31 162 AW83
Launay 27 27 AS22
Launay-Villiers 53 54 AF33
Launois-sur-Vence 08 19 BT16
Launoy 02 17 BL21
Launstroff 57 22 CI18
La Laupie 26 154 BX72
Laurabuc 11 182 BB88
Laurac 11 182 BA88
Laurac-en-Vivarais 07 153 BT73
Lauraët 32 160 AN80
Lauraguel 11 182 BC89
Laure-Minervois 11 183 BF87
Laurède 40 159 AE81
Laurenan 22 52 T31
Laurens 34 184 BK84
Lauresses 46 149 BC71
Lauret 40 178 AI84
Lauret 34 166 BQ81
Laurie 15 137 BJ65
Laurière 87 107 AX56
Laurière 24 133 AS65
Lauris 84 168 CB82
Lauroux 34 165 BL82
Laussac 12 150 BH70
Laussonne 43 139 BR68
Laussou 47 147 AR73
Lautaret (Col du) 05 142 CJ67
Lautenbach 68 66 CN34
Lautenbachzell 68 66 CN34
Lauterbourg 67 47 CU22
Lauthiers 86 106 AR50
Lautignac 31 180 AT86
Lautrec 81 163 BC83
Lauw 68 84 CM36
Lauwin-Planque 59 8 BI8
Laux-Montaux 26 155 CD75
Lauzach 56 69 T38
Lauzerte 82 148 AU76
Lauzerville 31 181 AX84
Lauzès 46 148 AX73
Le Lauzet-Ubaye 04 156 CK74
Lauzières 17 103 AC54
Lauzun 47 147 AP72
Lava (Col de) 2A 200 DE97
Lava (Golfe de) 2A 202 DF100
Lavacquerie 60 15 BC16
Laval 53 54 AG34
Laval 38 142 CG65
Laval (Chalets de) 05 142 CK67
Laval-Atger 48 152 BO70
Laval-d'Aix 26 155 CC71
Laval-d'Aurelle 07 152 BQ73
Laval-de-Cère 46 135 BA69
Laval-du-Tarn 48 151 BM75
Laval-en-Brie 77 60 BI30
Laval-en-Laonnois 02 18 BN18
Laval-le-Prieuré 25 100 CK43
Laval-Morency 08 10 BT14
Laval-Pradel 30 166 BR77
Laval-Roquecezière 12 164 BG81
Laval-Saint-Roman 30 153 BV76
Laval-sur-Doulon 43 138 BN64
Laval-sur-Luzège 19 136 BC65
Laval-sur-Tourbe 51 42 BV22
Laval-sur-Vologne 88 66 CK32
Lavalade 24 147 AS71
Lavaldens 38 141 CF68
Lavalette 34 184 BL83
Lavalette 31 162 AX83
Lavalette 11 182 BD88
Lavalette (Barrage de) 43 139 BS66
Lavallée 55 43 BZ25
Le Lavancher 74 115 CN56
Lavancia-Epercy 39 113 CD53
Le Lavandou 83 189 CK88
Lavangeot 39 98 CC44
Lavannes 51 18 BR20
Lavans-lès-Dole 39 98 CC44
Lavans-lès-Saint-Claude 39 113 CE52
Lavans-Quingey 25 99 CE44
Lavans-sur-Valouse 39 113 CC53
Lavans-Vuillafans 25 99 CH44
Lavaqueresse 02 9 BN13
Lavardac 47 160 AN77
Lavardens 32 161 AP82
Lavardin 72 56 AM34
Lavardin 41 75 AT38
Lavaré 72 57 AR34
Lavars 38 141 CE69
Lavasina 2B 199 DK91
Lavastrie 15 137 BJ69
Lavatoggio 2B 198 DG93
Lavau 89 78 BI39
Lavau 10 62 BQ31
Lavau-sur-Loire 44 71 X42
Lavaudieu 43 138 BM65
Lavaufranche 23 108 BD53
Lavault-de-Frétoy 58 96 BQ45
Lavault-Sainte-Anne 03 108 BF54
Les Lavaults 89 80 BQ42
Lavaur 81 163 AZ83
Lavaur 24 148 AT72
Lavaurette 82 163 AY77
Lavausseau 86 105 AM51
Lavaveix-les-Mines 23 108 BB56
Lavazan 33 146 AK75
Laveissenet 15 137 BI67
Laveissière 15 137 BH67
Lavelanet 09 195 AZ91
Lavelanet-
de-Comminges 31 180 AU87
Laveline-
devant-Bruyères 88 66 CK32
Laveline-du-Houx 88 66 CK32
Lavenay 72 75 AR37
Laventie 62 3 BG5
Lavéra 13 187 BZ86
Laveraët 32 179 AM84
Lavercantière 46 148 AV72
Laverdines 18 94 BH45
Lavergne 47 147 AO72
Lavergne 46 149 AZ70
Lavernat 72 74 AO38
Lavernay 25 99 CE43
Lavernhe 12 151 BJ76
Lavernose-Lacasse 31 181 AV86
Lavernoy 52 64 CC35
Laverrière 60 15 BB16
Laversine 02 17 BJ20
Laversines 60 15 BC19
Lavérune 34 185 BP84
Laveyron 26 140 BX65
Laveyrune 07 152 BQ72
Laveyssière 24 133 AO69
Lavieu 42 125 BR62
Laviéville 80 8 BF13
Lavigerie 15 137 BH67
Lavignac 87 120 AU60
Lavignéville 55 44 CB24
Lavigney 70 83 CD37
Lavignolle 33 145 AF72
Lavigny 39 98 CC48
Lavillatte 07 152 BQ71
Laville-aux-Bois 52 63 BZ33
Lavilledieu 07 153 BU73
Lavilleneuve 52 64 CB34
Lavilleneuve-au-Roi 52 63 BX33
Lavilleneuve-
aux-Fresnes 52 63 BW32
Lavilletertre 60 15 BA21
Lavincourt 55 43 BY27
Laviolle 07 153 BT71
Laviron 25 84 CJ42
Lavit-de-Lomagne 82 161 AS80
Lavoine 03 124 BO57
Lavoncourt 70 83 CD38
Lavours 01 127 CE59
Lavoûte-Chilhac 43 138 BM66
Lavoûte-sur-Loire 43 138 BQ67
Lavoux 86 105 AQ50
Lavoye 55 43 BY23
Lawarde-
Mauger-l'Hortoy 80 16 BD16
Laxou 54 44 CF26
Lay 42 125 BS57
Lay-Lamidou 64 177 AF87
Lay-Saint-Christophe 54 45 CG26
Lay-Saint-Remy 54 44 CD27
Laye 05 156 CH71
Laymont 32 180 AS86
Layrac 47 161 AQ78
Layrac-sur-Tarn 31 162 AX81
Layrisse 65 179 AL88
Lays-sur-le-Doubs 71 98 CA46
Laz 29 49 J31
Lazenay 18 93 BB45
Lazer 05 155 CF75
Léalvillers 80 8 BF12
Léaupartie 14 26 AN21
Léaz 01 114 CF55
Lebetain 90 84 CM39
Lebeuville 54 65 CG29
Lebiez 62 2 BB7
Leboulin 32 161 AQ83
Lebreil 46 148 AU76
Lebucquière 62 8 BI11
Lécaude 14 26 AN22
Lecci 2A 203 DK103
Lecelles 59 4 BL7
Lecey 52 82 CB36
Lechâtelet 21 98 BZ45
Léchelle 77 40 BL28
Léchelle 62 8 BI12
La Léchère 73 128 CK62
Les Lèches 24 133 AO68
Lechiagat 29 49 G35
Lécluse 59 8 BI9
Lécourt 52 64 CB34
Lécousse 35 54 AD30
Les Lecques 83 188 CF88
Lecques 30 166 BR81
Lect 39 113 CD52
Lectoure 32 161 AQ80
Lecumberry 64 177 AB88
Lécussan 31 179 AO88
Lédas-et-Penthiès 81 164 BE78
le Lédat 47 147 AQ74
Lédenon 30 167 BV80
Lédergues 12 164 BE78
Lederzeele 59 3 BD3
Ledeuix 64 177 AF88
Lédignan 30 167 BS79
Ledinghem 62 2 BB5
Ledringhem 59 3 BE3
Lée 64 178 AI87
Leers 59 4 BK5
Lées-Athas 64 191 AF90
Lefaux 62 2 AZ6
Leffard 14 35 AK24
Leffincourt 08 19 BT19
Leffond 70 82 CB38
Leffonds 52 63 BZ35
Leffrinckoucke 59 3 BE1
Leforest 62 8 BJ8
Legé 44 87 Z46
Lège 31 193 AP92
Lège-Cap-Ferret 33 144 AC70
Légéville-et-Bonfays 88 65 CG32
Léglantiers 60 16 BF18
Légna 39 113 CC52
Légny 69 125 BV58
Léguevin 31 180 AU84
Léguillac-de-Cercles 24 133 AP64
Léguillac-de-l'Auche 24 133 AP66
Lehaucourt 02 9 BK13
Léhélec (Château de) 56 70 V38
Léhon 22 53 X29
Leigné-les-Bois 86 91 AR48
Leigné-sur-Usseau 86 90 AP47
Leignes-sur-Fontaine 86 106 AR51
Leigneux 42 124 BQ60
Leimbach 68 85 CN36
Leintrey 54 45 CK27
Leiterswiller 67 47 CT23
Lélex 01 114 CF53
Lelin-Lapujolle 32 160 AJ82
Lelling 57 22 CJ22
Lemainville 54 45 CG28
Lembach 67 47 CR22
Lemberg 57 23 CO22
Lembeye 64 178 AK85
Lembras 24 133 AP69
Lème 64 178 AH84
Lemé 02 9 BO14
Leménil-Mitry 54 65 CG29
Lémeré 37 90 AO45
Lemmecourt 88 64 CD31
Lemmes 55 43 BZ22
Lemoncourt 57 45 CH24
Lempaut 81 182 BB84
Lempdes 63 123 BK59
Lempdes-sur-Allagnon 43 137 BL64
Lempire 02 8 BJ13
Lempire-aux-Bois 55 43 BZ22
Lemps 26 155 CC75
Lemps 07 140 BX67
Lempty 63 123 BL59
Lempzours 24 133 AS64
Lemud 57 22 CH22
Lemuy 39 99 CF46
Lénault 14 35 AI24
Lenax 03 110 BP54
Lencloître 86 90 AO48
Lencouacq 40 159 AH78
Lendresse 64 177 AF85
Lengelsheim 57 23 CO21
Lengronne 50 33 AC24
Lenharrée 51 41 BQ26
Léning 57 22 CK23
Lénizeul 52 64 CB34
Lennon 29 49 J31
Lenoncourt 54 45 CH27
Lens 62 8 BH8
Lens-Lestang 26 140 BZ65
Lent 39 99 CF48
Lent 01 112 BZ55
Lentigny 42 124 BQ57
Lentillac-Lauzès 46 149 AY73
Lentillac-Saint-Blaise 46 149 BC73
Lentillères 07 153 BT72
Lentilles 10 62 BU29
Lentilly 69 125 BV59
Lentiol 38 140 BZ64
Lento 2B 199 DJ93
Léobard 46 148 AV71
Léogeats 33 145 AI73
Léognan 33 145 AG71
Léojac 82 162 AW79
Léon 40 158 AA80
Léoncel 26 140 CA69
Léotoing 43 137 BK64
Léouville 45 59 BC32
Léoville 17 131 AI64
Lépanges-sur-Vologne 88 66 CK32
Lépaud 23 108 BE54
Lépin-le-Lac 73 127 CE62
Lépinas 23 107 BA56
Lépine 62 6 AZ8
Lépron-les-Vallées 08 19 BT15
Lepuix 90 84 CL36
Lepuix-Neuf 90 85 CN39
Léran 09 182 BA90
Lercoul 09 195 AX93
Léré 18 78 BH41
Léren 64 177 AC84
Lérigneux 42 124 BQ61
Lerm-et-Musset 33 146 AJ75
Lerné 37 90 AN44
Lérouville 55 44 CB25
Lerrain 88 65 CG32
Léry 27 14 AV20
Léry 21 81 BW39
Lerzy 02 10 BP13
Lesbœufs 80 8 BH12
Lesbois 53 54 AG29
Lescar 64 178 AH86
Leschaux 74 128 CH59
Leschelles 02 9 BO13
Lescheraines 73 128 CH60
Leschères 39 113 CE51
Leschères-
sur-le-Blaiseron 52 63 BX31
Lescherolles 77 40 BL26
Lescheroux 01 112 BZ52
Lesches 77 40 BH25
Lesches-en-Diois 26 155 CD72
Lesconil 29 49 G35
Lescouët-Gouarec 22 51 O31
Lescouët-Jugon 22 52 V29
Lescousse 09 181 AX89
Lescout 81 182 BC84
Lescun 64 191 AF91
Lescuns 31 180 AT88
Lescure 09 180 AU90
Lescure-d'Albigeois 81 163 BC80
Lescure-Jaoul 12 163 BC77
Lescurry 65 179 AM86
Lesdain 59 9 BK11
Lesdins 02 9 BL14
Lesges 02 17 BM20
Lesgor 40 158 AD80
Lésigny 86 91 AR47
Lésigny 77 39 BF26
Le Leslay 22 31 Q29
Lesme 71 110 BO50
Lesménils 54 44 CF24
Lesmont 10 62 BT30
Lesneven 29 29 G26
Lesparre-Médoc 33 130 AE64
Lesparrou 09 195 BA91
Lesperon 40 158 AC79
Lespéron 07 152 BQ71
Lespesses 62 3 BE6
Lespielle 64 178 AJ85
Lespignan 34 184 BK87
Lespinasse 31 162 AW82
Lespinasse
(Château de) 43 137 BL65
Lespinassière 11 183 BF86
Lespinoy 62 7 BA8
Lespiteau 31 180 AR89
Lesponne 65 192 AL90
Lespouey 65 179 AM88
Lespourcy 64 178 AJ86
Lespugue 31 180 AQ88
Lesquerde 66 196 BF93
Lesquielles-
Saint-Germain 02 9 BN13
Lesquin 59 4 BJ6
Lessac 16 106 AR56
Lessard-en-Bresse 71 97 BY48
Lessard-et-le-Chêne 14 26 AN23
Lessard-le-National 71 97 BW47
Lessay 50 24 AB20
Lesse 57 22 CI23
Lesseux 88 66 CN31
Lesson 85 104 AH52
Lessy 57 44 CF22
Lestanville 76 13 AT15
Lestards 19 121 BA62
Lestelle-Bétharram 64 178 AJ89
Lestelle-de-
Saint-Martory 31 180 AS89
Lesterps 16 119 AR57
Lestiac-sur-Garonne 33 145 AI71
Lestiou 41 76 AY38
Lestrade-et-Thouels 12 164 BG79
Lestre 50 24 AD17
Lestrem 62 3 BG6
Létanne 08 20 BX17
Léthuin 28 58 BA31
Letia 2A 200 DG97
Létra 69 125 BU57
Létricourt 54 45 CG24
Letteguives 27 14 AW19
Lettret 05 156 CH73
Leubringhen 62 2 AZ3
Leuc 11 182 BD89
Leucamp 15 150 BF71
Leucate 11 197 BJ91
Leucate-Plage 11 197 BJ91
Leuchey 52 82 BZ37
Leudeville 91 39 BD28
Leudon-en-Brie 77 40 BK27
Leuglay 21 81 BW37
Leugny 89 79 BL38
Leugny 86 91 AR47
Leugny (Château de) 37 75 AS42
Leuhan 29 50 K32
Leuilly-sous-Coucy 02 17 BL18
Leulinghem 62 3 BC4
Leulinghen-Bernes 62 2 AZ3
Leurville 52 64 CA31
Leury 02 17 BL19
Leutenheim 67 47 CT24
Leuville-sur-Orge 91 39 BD28
Leuvrigny 51 41 BO23
Le Leuy 40 159 AF81
Leuze 02 10 BR14
La Levade 30 153 BR76
Levainville 28 58 AZ29
Leval 90 84 CM37
Leval 59 9 BO10
Levallois-Perret 92 39 BD25
Levant (Île du) 83 189 CL89
Levaré 53 54 AF30
Levécourt 52 64 CB33
Levens 06 175 CR80
Levergies 02 9 BK13
Levernois 21 97 BX46
Léves 28 58 AX29
Les Lèves-et-
Thoumeyragues 33 146 AM70
Levesville-la-Chenard 28 58 BA31
Levet 18 93 BE47
Levie 2A 203 DJ103
Levier 25 99 CG46
Lévignac 31 162 AU83
Lévignac-de-Guyenne 47 146 AM72
Lévignacq 40 158 AB78
Lévignen 60 17 BI21
Lévigny 10 63 BV31
Levis 89 79 BL39
Lévis-Saint-Nom 78 38 BB27
Levoncourt 68 85 CO40
Levoncourt 55 43 CA25
Levroux 36 92 AY46
Lewarde 59 8 BJ9
Lexos 82 163 BA78
Lexy 54 21 CC18
Ley 57 45 CJ26
Leychert 09 195 AY91
Leydé (Pointe de) 29 49 G31
Leyme 46 149 BA70
Leymen 68 85 CQ39
Leyment 01 126 CA57
Leynes 71 112 BW54
Leynhac 15 150 BD71
Leyr 54 45 CG25
Leyrat 23 108 BD53
Leyrieu 38 126 CA59
Leyritz-Moncassin 47 146 AM75
Leyssard 01 113 CC55
Leyvaux 15 137 BJ65
Leyviller 57 22 CK22
Lez 31 193 AQ91
Lez-Fontaine 59 10 BQ10
Lézan 30 166 BR79
Lézardrieux 22 31 P25
Lézat 39 114 CF51
Lézat-sur-Lèze 09 181 AV87
Lezay 79 104 AL54
Lezennes 59 4 BJ6
Lezéville 52 64 CA30
Lezey 57 45 CJ26
Lézignac-Durand 16 119 AQ59
Lézignan 65 178 AK89
Lézignan-Corbières 11 183 BH88
Lézignan-la-Cèbe 34 184 BM85
Lézigné 49 73 AK38
Lézigneux 42 125 BR62
Lézinnes 89 80 BR37
Lezoux 63 124 BM59
Lhéraule 60 15 BA18
Lherm 46 148 AV73
Lherm 31 180 AU85
Lhéry 51 18 BO21
Lhez 65 179 AM88
Lhommaizé 86 105 AQ52
Lhomme 72 74 AQ37
Lhôpital 01 113 CE56
Lhor 57 46 CL24
Lhospitalet 46 148 AW75
Lhoumois 79 90 AL49
Lhuis 01 127 CC59
Lhuître 10 42 BS28
Lhuys 02 17 BM20
Liac 65 179 AL85
Liancourt 60 16 BE20
Liancourt-Fosse 80 16 BH15
Liancourt-Saint-Pierre 60 15 BA21
Liart 08 19 BS15
Lias 32 180 AU84
Lias-d'Armagnac 32 160 AK80
Liausson 34 184 BM83
Libaros 65 179 AO87
Libération (Croix de la) 71 96 BS46
Libercourt 62 4 BI7
Libermont 60 17 BI16
Libourne 33 131 AJ69
Librecy 08 19 BS16
Licey-sur-Vingeanne 21 82 CA40
Lichans-Sunhar 64 177 AD89
Lichères 16 118 AN58
Lichères-près-Aigremont 89 79 BP38
Lichères-sur-Yonne 89 79 BN40
Lichos 64 177 AD86
Lichtenberg 67 23 CP23
Licourt 80 8 BH14
Licq-Athérey 64 177 AD89
Licques 62 2 BB4
Licy-Clignon 02 40 BK22
Lidrezing 57 45 CJ24
Liebenswiller 68 85 CQ39
Liebsdorf 68 85 CO39
Liebvillers 25 84 CL41
Liederschiedt 57 23 CP21
Lieffrans 70 83 CF39
Le Liège 37 91 AU43
Liéhon 57 45 CG23
Liencourt 62 7 BE9
Lieoux 31 180 AR88
Lièpvre 68 66 CO31
Liéramont 80 8 BJ13
Liercourt 80 7 BA12
Lières 62 3 BE6
Liergues 69 125 BV57
Liernais 21 96 BS43
Liernolles 03 110 BO52
Lierval 02 18 BN18
Lierville 60 15 BA21
Lies 65 179 AM89
Liesle 25 99 CE45
Liesse-Notre-Dame 02 18 BO17
Liessies 59 10 BQ11
Liesville-sur-Douve 50 24 AD19
Liettres 62 3 BD6
Lieu-Saint-Amand 59 9 BL9
Lieuche 06 171 CP78
Lieucourt 70 82 CC41
Lieudieu 38 140 CA63
Lieurac 09 195 AZ91
Lieuran-Cabrières 34 184 BM84
Lieuran-lès-Béziers 34 184 BL86
Lieurey 27 27 AQ21
Lieuron 35 71 X36
Lieury 14 26 AM23
Lieusaint 77 39 BF28
Lieusaint 50 24 AC18
Lieutadès 15 151 BI70
Lieuvillers 60 16 BF18
Liévans 70 83 CH38
Liévin 62 8 BG8
Lièvremont 25 100 CJ45
Liez 85 103 AG52
Liez 02 17 BK16
Liézey 88 66 CL33
Liffol-le-Grand 88 64 CB31
Liffol-le-Petit 52 64 CB31
Liffré 35 53 AB32
Ligardes 32 161 AP79
Ligescourt 80 7 BA9
Liget (Chartreuse du) 37 91 AU44
Liginiac 19 136 BD63
Liglet 86 106 AU51
Lignac 36 106 AV52
Lignairolles 11 182 BB89
Lignan-de-Bazas 33 146 AJ74
Lignan-de-Bordeaux 33 145 AI70
Lignan-sur-Orb 34 184 BK86
Lignareix 19 122 BD61
Ligné 44 71 AB41
Ligné 16 118 AM58
Lignères 61 36 AO26
Lignereuil 62 7 BE9
Lignerolles 61 36 AQ28
Lignerolles 36 108 BC51
Lignerolles 27 37 AW25
Lignerolles 21 81 BX36
Lignerolles 03 108 BF54
Lignéville 88 64 CE32
Ligneyrac 19 135 AY67
Lignières 80 16 BG16
Lignières 41 75 AV36
Lignières 18 93 BC49
Lignières 10 62 BQ35
Lignières-Châtelain 80 15 BA15
Lignières-de-Touraine 37 74 AP42
Lignières-en-Vimeu 80 6 AZ13
Lignières-la-Carelle 72 56 AN30
Lignières-Orgères 53 35 AL28
Lignières-Sonneville 16 118 AK62
Lignières-sur-Aire 55 43 CA25
Lignol 56 51 O33
Lignol-le-Château 10 63 BW32
Lignon 51 42 BU28
Lignorelles 89 79 BO36
Lignou 61 35 AK27
Ligny-en-Barrois 55 43 BZ27
Ligny-en-Brionnais 71 111 BS54
Ligny-en-Cambrésis 59 9 BL11
Ligny-le-Châtel 89 79 BO36
Ligny-le-Ribault 45 76 AZ38
Ligny-lès-Aire 62 3 BE6
Ligny-Saint-Flochel 62 7 BE8
Ligny-sur-Canche 62 7 BD9
Ligny-Thilloy 62 8 BH12
Ligré 37 90 AO44
Ligron 72 74 AM37
Ligsdorf 68 85 CP39
Ligueil 37 91 AS45
Ligueux 33 146 AN70
Ligueux 24 133 AR65
Ligugé 86 105 AO51
Lihons 80 8 BG14
Lihus 60 15 BB17
Les Lilas 93 39 BE25
Lilhac 31 180 AR87
Lilignod 01 127 CD57
Lille 59 4 BJ5
Lillebonne 76 12 AQ18
Lillemer 35 33 Y28
Lillers 62 3 BE6
Lilly 27 15 AY19
Limalonges 79 105 AN55
Limans 04 169 CF79
Limanton 58 95 BO46
Limas 69 126 BW57
Limay 78 38 AZ24
Limbrassac 09 181 AZ90
Limé 02 17 BM20
Limeil-Brévannes 94 39 BE26
Limendous 64 178 AJ87
Limeray 37 75 AU41
Limersheim 67 47 CR28
Limerzel 56 69 U38
Limésy 76 13 AT17
Limetz-Villez 78 38 AY23
Limeuil 24 133 AS69
Limeux 80 7 BA12
Limeux 18 93 BC45
Limey-Remenauville 54 44 CD24
Limeyrat 24 134 AT66
Limoges 87 120 AV59
Limoges-Fourches 77 39 BG28
Limogne-en-Quercy 46 149 AZ75
Limoise 03 94 BJ49
Limon 58 95 BL46
Limonest 69 126 BW59
Limons 63 124 BM57
Limont-Fontaine 59 10 BP10
Limony 07 140 BW64
Limours-en-Hurepoix 91 38 BB28
Limousis 11 182 BE87
Limoux 11 182 BC90
La Limouzinière 85 87 AC49
La Limouzinière 44 87 Z45
Limpiville 76 12 AQ16
Linac 46 149 BC72
Linard 23 107 BA53
Linards 87 121 AX60
Linars 16 118 AM61
Linas 91 39 BD28
Linay 08 20 BY16
Linazay 86 105 AN55
Lincel 04 169 CF80
Lincheux-Hallivillers 80 7 BB14
Lindebeuf 76 13 AT16
Le Lindois 16 119 AQ60
Lindre-Basse 57 45 CK25
Lindre-Haute 57 45 CK25
Lindry 89 79 BM37
Linexert 70 84 CI37
Lingé 36 91 AU49
Lingeard 50 34 AF26
Lingèvres 14 25 AH21
Linghem 62 3 BE6
Lingolsheim 67 47 CR27
Lingreville 50 33 AB24
Linguizzetta 2B 201 DL96
Linières-Bouton 49 74 AM41
Liniers 86 105 AQ50
Liniez 36 92 AZ46
Linsdorf 68 85 CP39
Linselles 59 4 BJ4
Linthal 68 66 CN34
Linthelles 51 41 BO27
Linthes 51 41 BO27
Lintot 76 13 AR17
Lintot-les-Bois 76 13 AU15
Linxe 40 158 AB79
Liny-devant-Dun 55 20 BY19
Linzeux 62 7 BC9
Liocourt 57 45 CH24
Liomer 80 7 BA14
Le Lion-d'Angers 49 73 AH38
Lion-devant-Dun 55 20 BY19
Lion-en-Beauce 45 58 BA33
Lion-en-Sullias 45 77 BF38
Lion-sur-Mer 14 26 AK20
Liorac-sur-Louyre 24 133 AQ69
Le Lioran 15 137 BH67
Liouc 30 166 BR80
Le Liouquet 13 188 CE88
Liourdres 19 135 AZ69
Liouville 55 44 CC25
Lioux 84 168 CB79
Lioux-les-Monges 23 122 BE58
Liposthey 40 145 AE75
Lipsheim 67 47 CR28
Lirac 30 167 BW79
Liré 49 72 AD41
Lirey 10 62 BQ33
Lironcourt 88 64 CE34
Lironville 54 44 CE24
Liry 08 19 BU20
Lisbourg 62 3 BD7
Liscia (Golfe de la) 2A 200 DF99
Lisieux 14 27 AO22
Lisle 41 75 AU36
Lisle 24 133 AP65
Lisle-en-Barrois 55 43 BY24
Lisle-en-Rigault 55 43 BX26
Lisle-sur-Tarn 81 163 AZ81
Lislet 02 18 BQ16
Lison 14 25 AF20
Lison (Source du) 25 99 CF46
Lisores 14 36 AO24
Lisors 27 14 AX20
Lissac 43 138 BP67
Lissac 09 181 AX87
Lissac-et-Mouret 46 149 BB72
Lissac-sur-Couze 19 135 AX67
Lissay-Lochy 18 93 BE46
Lisse 47 160 AN78
Lisse-en-Champagne 51 42 BU25
Lisses 91 39 BE28
Lisseuil 63 109 BI56
Lissey 55 20 BZ19
Lissieu 69 126 BW58
Lissy 77 39 BG28
Listrac-de-Durèze 33 146 AL70
Listrac-Médoc 33 131 AF67
Lit-et-Mixe 40 158 AB78
Lithaire 50 24 AC20
Litteau 14 25 AG21
Littenheim 67 46 CP25
Littry 14 25 AG21
Litz 60 16 BD19
Livaie 61 56 AM29
Livarot 14 26 AN23
Liverdun 54 44 CF26
Liverdy-en-Brie 77 40 BH27
Livernon 46 149 AZ72
Livers-Cazelles 81 163 BB79
Livet 53 55 AJ33
Livet-en-Saosnois 72 56 AO31
Livet-et-Gavet 38 141 CF67
Livet-sur-Authou 27 27 AR21
Livilliers 95 39 BC23
Livinhac-le-Haut 12 150 BD73
La Livinière 34 183 BG87
Livré 53 72 AF36
Livré-sur-Changeon 35 54 AC32
Livron 64 178 AJ88
Livron-sur-Drôme 26 154 BX70
Livry 58 94 BJ48
Livry 14 34 AH22
Livry-Gargan 93 39 BF25
Livry-Louvercy 51 42 BS22
Livry-sur-Seine 77 60 BG29
Lixhausen 67 47 CQ25
Lixheim 57 46 CN25
Lixières 54 45 CG25
Lixing-lès-Rouhling 57 22 CL21
Lixing-lès-Saint-Avold 57 22 CK22
Lixy 89 60 BJ32
Lizac 82 162 AU78
Lizant 86 105 AO56
Lizeray 36 93 BA46
Lizières 23 107 AY55
Lizine 25 99 CF45
Lizines 77 60 BK29
Lizio 56 52 T35
Lizos 65 179 AM87
Lizy 02 17 BM18
Lizy-sur-Ourcq 77 40 BI23
La Llagonne 66 196 BC96
Llauro 66 197 BH95
Llo 66 196 BB96
Llous 66 196 BB97
Llupia 66 197 BH95
Lobsann 67 47 CS23
Loc-Brévalaire 29 29 G26
Loc Dieu (Ancienne
Abbaye de) 12 149 BA75
Loc-Eguiner 29 29 I28
Loc-Eguiner-
Saint-Thégonnec 29 29 J28
Loc-Envel 22 30 N27
Locarn 22 51 N30
Loché 71 112 BW54
Loché-sur-Indrois 37 92 AV45
Loches 37 91 AT44
Loches-sur-Ource 10 62 BU34
Le Locheur 14 35 AI22
Lochieu 01 127 CE57
Lochwiller 67 46 CP26
Locmalo 56 51 O33
Locmaria 56 68 O41
Locmaria 22 30 N27
Locmaria (Chapelle de) 29 29 G27
Locmaria-Berrien 29 30 L29
Locmaria-
Grand-Champ 56 69 R36
Locmaria-Plouzané 29 28 E28
Locmariaquer 56 69 Q38

Locmélar 29 ....29 I28
Locminé 56 ....51 R35
Locmiquélic 56 ....68 N36
Locoal-Mendon 56 ......68 P37
Locon 62 ....3 B6
Loconville 60 ....15 BA21
Locqueltas 56 ....69 R36
Locquémeau 22 ....30 M25
Locquénolé 29 ....30 K26
Locquignol 59 ....9 BN10
Locquirec 29 ....30 L25
Locmaria 29 ....49 H32
Loctudy 29 ....49 H35
Locunolé 29 ....50 M34
Loddes 03 ....110 BO50
Lodes 31 ....180 AO88
Lodève 34 ....165 BL82
Lods 25 ....99 CH45
Lœuilley 70 ....82 CA40
Lœx 74 ....114 CI54
Lœx 59 ....8 BJ8
La Loge 42 ....3 B6
La Loge-aux-Chèvres 10 .62 BT32
La Loge des Gardes 03 .124 BP57
Loge-Fougereuse 85 ...103 AG50
La Loge-Pomblin 10 ....62 BO34
Logelbach 68 ....97 CP33
Logelheim 68 ....97 CP33
Les Loges 76 ....12 AP16
Les Loges 52 ....56 AO35
Les Loges 52 ....82 CB37
Les Loges 14 ....34 AG23
Les Loges-en-Josas 78 ..36 BC26
Les Loges-Marchis 50 ..34 AE28
Les Loges-Margueron 10 .62 BT34
Les Loges-Saulces 14 ..35 AK25
Les Loges-sur-Brécey 50 .34 AE24
Le Logis-du-Pin 06 ...174 CM81
Le Logis-Neuf 13 .....187 CD86
Le Logis-Neuf 01 .....112 BY54
Lognes 77 ....37 J52
Logny-Bogny 08 ....19 BS15
Logny-lès-Aubenton 02 .10 BR14
Logny-lès-Chaumont 08 .18 BR16
Logonna-Daoulas 29 ...29 G29
Logrian-Florian 30 ...166 BR80
Logron 28 ....54 AV33
Loguivy-de-la-Mer 22 ..31 Q24
Loguivy-Plougras 22 ..30 M27
Lohéac 35 ....53 Y35
Lohitzun-Oyhercq 64 ..177 AC87
Lohr 67 ....46 CN24
Lohuec 22 ....30 M28
Loigné-sur-Mayenne 53 .72 AG36
Loigny-la-Bataille 28 .58 AZ33
Loiré 49 ....72 AE39
Loire-les-Marais 17 ..116 AE57
Loiré-sur-Nie 17 .....117 AJ57
Loire-sur-Rhône 69 ...126 BX62
Loiron 53 ....54 AF34
Loisail 61 ....57 AR29
Loisey-Culey 55 ......43 BZ26
Loisia 39 ....113 CB51
Loisieux 73 ....127 CC60
Loisin 74 ....114 CI53
Loison 55 ....20 BD20
Loison-sous-Lens 62 ..8 BH8
Loison-sur-Créquoise 62 .7 BB8
Loisy 71 ....112 BY50
Loisy 54 ....42 CF24
Loisy-en-Brie 51 .....41 BP25
Loisy-sur-Marne 51 ...42 BU26
Loivre 51 ....18 BP20
Loix 17 ....102 AA54
Loizé 79 ....104 AL55
Lolif 50 ....33 AC26
Lolme 24 ....147 AS71
Lombard 39 ....98 CC48
Lombard 25 ....99 CE44
Lombers 81 ....163 BC81
Lombez 32 ....180 AS85
Lombia 64 ....178 AJ86
Lombray 02 ....17 BJ18
Lombrès 65 ....193 AO90
Lombreuil 45 ....60 BG35
Lombron 72 ....58 AP34
Lomener 56 ....68 M36
Lomme 59 ....4 BE19
Lommerange 57 ....38 AX24
Lommoye 78 ....35 AX90
Lomné 65 ....193 AN90
Lomont 70 ....84 CK38
Lomont-sur-Crête 25 ..84 CI41
Lompnas 01 ....127 CC56
Lompnieu 01 ....127 CD57
Lompret 59 ....8 BI5
Lonçon 64 ....178 AH85
La Londe 76 ....14 AT20
La Londe-les-Maures 83 .189 CJ88
Londigny 16 ....105 AM56
Londinières 76 ....6 AX14
Long 80 ....7 BB12
Longages 31 ....180 AU86
Longaulnay 35 ....53 Y31
Longavesnes 80 ....8 BJ13
Longchamp 88 ....80 BU13
Longchamp 73 ....142 CJ63
Longchamp 52 ....64 CB33
Longchamp 21 ....98 CA43
Longchamp-
sous-Châtenois 88 ....64 CB31
Longchamp-sur-Aujon 10 .63 BW33
Longchamps 02 ....15 AY20
Longchamps 27 ....9 BM13
Longchamps-sur-Aire 55 .43 BZ24
Longchaumois 39 .....114 CF51
Longcochon 39 ....99 CA36
Longeau 52 ....82 CA37
Longeault 21 ....98 BZ43
Longeaux 55 ....43 CA27
Longechaux 25 ....99 CI43
Longechenal 38 ......141 CB63
Longecourt-en-Plaine 21 .98 BZ43
Longecourt-lès-Culêtre 21 .97 BU44
Longefoy 73 ....128 CL61
Longemaison 25 ......100 CJ44
Longemer 88 ....66 CM33
Longeperrier 77 .....37 BZ46
Le Longeron 49 ......88 AE45
Longes 69 ....126 BW62
Longessaigne 69 .....125 BU59
Longeve 70 ....84 CI38
Longeville-lès-Russey 25 .84 CK42
Longeville-sur-Doubs 25 .84 CK40
Longèves 85 ....103 AF51
Longèves 17 ....103 AE54
La Longeville 25 ....99 CH45
Longeville-en-Barrois 55 .43 BZ26
Longeville-lès-Metz 57 .44 CF22
Longeville-
lès-Saint-Avold 57 ..22 CJ21
Longeville-sur-la-Laines 52 .63 BV29
Longeville-sur-Mer 85 .102 AA52
Longeville-sur-Mogne 10 .62 BQ33
Longevilles-Mont-d'Or 25 .99 CI48
Longfossé 62 ....2 BA5
La Longine 70 ....65 CJ35
Longjumeau 91 ......39 BD27
Longlaville 54 ......21 CC17
Longnes 78 ....35 AY17
Longnes 72 ....58 AJ24
Longny-au-Perche 61 .57 AS29
Longperrier 77 ......39 BG23

Longpont 02 ....17 BK21
Longpont-sur-Orge 91 .39 BD28
Longpré-le-Sec 10 ...62 BU32
Longpré-les-Corps-Saints 80 .7 AH21
Longré 16 ....118 AL54
Longny 76 ....6 AY13
Longsols 10 ....62 BS30
Longué 49 ....73 AL41
Longuau 80 ....7 BE14
Longue-Croix 53 ....73 AH36
Longueau 76 ....43 AT14
Longueil 76 ....6 AU16
Longueil-Annel 60 ..16 BH7
Longueil-Sainte-Marie 60 .16 BG20
Longuenesse 62 .....3 BD4
Longuenoë 61 ....58 AM29
Longueron 76 ....14 AW17
Longues 73 ....123 BK61
Longues-sur-Mer 14 ..25 AH19
Longuesse 95 ....36 BA23
Longueval 80 ....8 BH12
Longueval-Barbonval 02 .18 BN20
Longueville 77 .....60 BK29
Longueville 14 .....25 BA4
La Longueville 59 ..9 BO9
Longueville 50 .....23 AB25
Longueville 47 .....146 AN14
Longueville 77 .....24 AF19
Longueville-sur-Aube 10 .61 BP28
Longueville-sur-Scie 76 .14 AV15
Longueviette 80 ....7 BY42
Longuyon 54 ....20 CB18
Longvic 21 ....81 BY42
Longvillers 80 .....7 BC11
Longvilliers 78 ....38 BB28
Longvilliers 62 ....2 AZ6
Longwé 08 ....19 BV19
Longwy 54 ....21 CC17
Longwy-sur-le-Doubs 39 .98 CA46

Lonlay-l'Abbaye 61 ..34 AH27
Lonlay-le-Tesson 61 .35 AH27
Lonnes 16 ....118 AN57
Lonny 08 ....11 BU14
Lonrai 61 ....56 AM29
Lons 64 ....178 AH86
Lons-le-Saunier 39 ..98 CC49
Le Lonzac 19 ....133 AZ63
Lonzac 17 ....117 AI61
Looberghe 59 ....3 BD2
Loon-Plage 59 ......3 BD1
Looze 89 ....61 BM35
Loperhet 29 ....29 G28
Lopigna 2A 200 DG98
Loqueffret 29 ......29 J29
Loray 25 ....100 CJ43
Lorcières 15 ....137 BL69
Lorcy 45 ....60 BF34
Lordat 09 ....195 AZ93
Loré 61 ....45 AI29
Lorentzen 67 ....23 CN23
Loreto-di-Casinca 2B .199 DK94
Loreto-di-Tallano 2A .203 DI102
Lorette 42 ....125 BV62
Le Loreur 50 ....33 AC24
Loreux 41 ....89 BA41
Le Lorey 50 ....34 AD22
Lorey 54 ....45 CH28
Lorges 41 ....89 AX37
Lorgies 62 ....8 BH6
Lorgues 83 ....189 CK84
La Lorie (Château de) 49 .72 AE38
Lorient 56 ....68 N36
Loriges 03 ....110 BL54
Lorignac 17 ....116 AG63
Loriol 26 ....152 V32
Lorigné 79 ....105 AM55

Loriol-du-Comtat 84 .168 BZ78
Loriol-sur-Drôme 26 .154 BX71
Lorlanges 43 ....137 BL64
Lorleau 27 ....14 AX19
Lormaison 28 ....38 AY28
Lormaye 28 ....38 AY28
Lormes 58 ....96 BP43
Lormont 33 ....131 AH69
Lornay 74 ....55 AE30
Le Loroux 35 ....54 AC43
Le Loroux-Bottereau 44 .88 AF46
Lorp-Sentaraille 09 .180 AU87
Lorquin 57 ....46 CM26
Lorris 45 ....77 BF36
Lorry-lès-Metz 57 ..21 BJ32
Lorry-Mardigny 57 ..44 CF23
Lortet 65 ....193 AN90
Losse 40 ....160 AK78
Lostanges 19 ......135 AZ67
Lostroff 57 ....46 CL24
Losse 40 ....160 AK78
Lothey 29 ....29 I31
Lottinghen 62 ......2 BB5
Le Lou-du-Lac 35 ...53 X32
Louailles 72 ....73 AK37
Louan 77 ....40 BM28
Louannec 22 ....30 N24
Louans 37 ....91 AR44
Louargat 22 ....30 M27
Louâtre 02 ....17 BK21
Loubajac 65 ....178 AK89
Loubaresse 15 ......137 BK69
Loubaresse 07 ......153 BR72
Loubaut 09 ....181 AV88
Loubédat 32 ....160 AL82
Loubejac 24 ....148 AT73
Loubens 33 ....146 AL72

Loubens 09 ....181 AX90
Loubens-Lauragais 31 .181 AZ84
Loubers 81 ....163 BA79
Loubersan 32 ....179 AP85
Loubès-Bernac 47 ..146 AN71
Loubeyrat 63 ....123 BJ58
Loubieng 64 ....177 AE84
Loubières 09 ....181 AY88
Loubigné 79 ....104 AL56
Le Loubière 24 .....150 BG75
Loubressac 46 ......135 AZ65
Loubressac 46 ......135 AL27
Louçou 61 ....181 AL27
Loucelles 14 ....25 AI21
Louchats 33 ....145 AI73
Louches 62 ....3 BB3
Louchy-Montfand 03 .109 BK54
Loucrup 65 ....178 AL89
Loudéac 22 ....52 S32
Loudervielle 65 ....193 AO92
Loudes 43 ....138 BP67
Loudet 31 ....179 AP89
Loudrefing 57 ......46 CL24
Loudun 86 ....90 AM46
Loué 72 ....73 AL34
La Loue (Source de) 25 .100 CJ45
Louesme 21 ....80 CA45
Louesme 89 ....79 BZ37
Louestault 37 ......78 BW36
Loueuse 60 ....15 BA17
Lougé-sur-Maire 61 .35 AL27
Lougratte 47 ....147 AQ73
Lougres 25 ....84 CK40
Louhans 71 ....112 BZ50
Loubens 33 ....146 AL72

Louhossoa 64 ....176 Z86
Louignac 19 ....134 AV66
Louin 79 ....89 AK48
Louisfert 44 ....71 AB38
Louit 65 ....179 AM87
Loulans-Verchamp 70 .83 CH40
Loulay 17 ....104 AL56
Loulle 39 ....99 CE49
Louans 58 ....104 AL56
La Loupe 28 ....57 AS32
Loupeigne 02 ....17 BM21
Loupershouse 57 ....22 CL22
Loupes 33 ....145 AI70
Loupfougères 53 ....55 AJ31
Loupia 11 ....182 BC90
Loupiac 33 ....145 AK73
Loupiac 46 ....148 AW70
Loupiac 15 ....136 BD67
Loupiac 81 ....163 AZ81
Loupiac-de-la-Réole 33 .146 AK73
Louplande 72 ....73 AK73
Loupmont 55 ....43 BY25
Louppy-le-Château 55 .43 BY25
Louppy-sur-Loison 55 .20 BZ18
Louresse-
Rochemenier 49 ....89 AJ43
Lourdes 65 ....178 AK89
Lourdios-Ichère 64 .177 AE89
Lourdoueix-
Saint-Michel 36 ...107 AZ52
Lourdoueix-
Saint-Pierre 23 ...107 AZ52
Lourenties 64 ......178 AJ87
Loures-Barousse 65 .193 AP90
Louroux 37 ....91 AO90

Lourmais 35 ....53 Z29
Lourmarin 84 ....169 CC81
Lournand 71 ....112 BV52
Lourouer-
Saint-Laurent 36 ..108 BB50
Le Louroux 37 ......91 AS44
Le Louroux-Béconnais 49 .72 AD46
Le Louroux-Bourbonnais 03 .109 BH51
Le Louroux-de-Beaune 03 .109 BH54
Le Louroux-Hodement 03 .109 BI54
Lourquen 40 ....159 AG81
Lourty 45 ....59 BC35
Louslitges 32 ......160 AM83
Loussous-Débat 32 ..160 AL83
Louslitges 32 ......52 W35
Loutehel 35 ....52 W35
Loutremange 57 ....22 CH21
Loutzviller 57 ....23 CO21
Louvagny 14 ....35 AM24
Louvaines 49 ....72 AG38
Louvatange 39 .....98 CD43
Louvaveyron 45 ....43 BW28
Louvaux 79 ....89 AK45
Le Louverot 39 ....98 CC48
Louversey 27 ......37 AT24
Louvie-Juzon 64 ...178 AH89
Louvie-Soubiron 64 .192 AH90
La Louvière-Lauragais 11 .181 BZ34
Louvières 52 ....63 BZ34
Louvières 14 ....24 AG19
Louvières-en-Auge 61 .35 AM25
Louviers 27 ....14 AV21

1re Div.-Fr.-Libre (Av. de la) ..EY 186

VILLEURBANNE
Dutrievos (Av. A.). ....HV 39
Galline (Av.) ....HV
Philip (Cours A.) ....HV
Rossellini (Av. R.) ....HV 144
Tonkin (R. du). ....HV
Université (Pont de l') ....HV 171
Université (R. de l') ......HV 172
Victor-Hugo (R.) ....HV 176
Villette (R. de la) ....HV 178
Vitton (Cours) ....HV
Wilson (Pont) ....HV
Zola (Cours Émile) ....HV
11 Novembre 1918 (Bd du) ..HV

Louvigné 53 ....55 AH34
Louvigné-de-Bais 35 .54 AC34
Louvigné-du-Désert 35 .54 AE29
Louvignies-Bavay 59 .9 BO9
Louvignies-Quesnoy 59 .9 BN10
Louvigny 72 ....56 AO31
Louvigny 64 ....178 AH84
Louvigny 57 ....45 CG23
Louvigny 14 ....26 AK21
Louvil 59 ....4 BJ6
Louville-la-Chenard 28 .37 AW27
Louvilliers-en-Drouais 28 .37 AW27
Louvilliers-lès-Perche 28 .37 AW27
Louvois 51 ....41 BO22
Louvrechy 80 ....16 BE15
Louvres 95 ....39 BF23
Louvroil 59 ....9 BP9
Louye 27 ....37 AW26
Louzac 16 ....117 AI60
Louze 52 ....63 BZ30
Louzes 72 ....56 AO30
Louzignac 17 ......117 AJ58
Louzouer 45 ....60 BH34
Louzy 79 ....89 AK45
Lovagny 74 ....114 CH61
Loxéville 55 ....43 CA26
Loyat 56 ....52 U34
Loye 39 ....98 CC45
Loye-sur-Arnon 18 .108 BE50
La Loyère 71 ....97 BW47
Loyes 01 ....126 CA59
Loyettes 01 ....126 CA59
Lozanne 69 ....126 BW58
Lozari 2B 198 DH92
Lozay 17 ....104 AL56
Loze 82 ....149 AZ76
Lozère (Mont) 48 ..152 BP74
Lozinghem 62 ......3 BF7
Lozon 50 ....34 AD21
Lozzi 2B 200 DH95
Luant 36 ....92 AX49

LYON
Annonciade (R. de l') ......FV 5
Antiquaille (R. de l') .....EY 7
Basses Verchères
(R. des) ....EY 10
Bonaparte (Pt) ....FV 12
Bureau (R.) ....FV 16
Carmélites (Mtée des) .....EY 21
Churchill (Pt W.) ....GV 31
Courmont (Q. J.) ....FX 33

Croix Rousse
(Gde-R. de la) ....FV 35
Duvivier (R. R.) ....GZ 180
Épargne (R. de l') ....EY 41
Farges (R. des) ....EY 46
Favre (Bd J.) ....HX 48
La-Fayette (Pont) ....GX 51
Ferry (Pt. J.) ....HX 51
Franco (Bd A.) ....FV 56
Gallieni (Pt) ....FY 65
Gerlier (R. Cardinal) .....EY 69

Grenette (R.). ....FX 71
Guillotière (Pt de la) ....FY 73
Guillotière (Grande-R. de la). GYZ
Herbouville (Cours d') ....FV 75
Jean-Jaurès (Av.). ....GY
Joffre (Quai Mar.). ....HX 48
Juin (Pont Alphonse) ......FX 84
Kitchener Marchand
(Pt.) ....EY 85
Koening (Pt Gén.) ....FV 86
Lassagne (Quai A.). ....FV 93

Lattre-de-Tassigny (Pt de) .FV 164
Marius-Vivier-Merle (Bd) ..HY 101
Morand (Pont) ....FVX 107
Moulin (Quai J.). ....FX 109
La Part Dieu ....HXY
Pradel (Pt. L.). ....FX 123
Près-Édouard-Heriot
(R. du) ....FY 123
Repos (R. du). ....GZ 131
République (R. de la) .....FXY 136
Rolland (Quai Romain). ....FV 140

St-Antoine (Q.). ....FX 147
St-Barthélemy
(Montée) ....EX 149
Sarrail (Quai du Gén.) ....GX 157
Terme (R.). ....FV 166
Université (Pont de l') ...FY 171
Université (R. de l') .....GY 172
Victor-Hugo (R.). ....FY 176
Villette (R. de la). ......HY 178
Vitton (Cours). ....HV
Wilson (Pont) ....FY 182

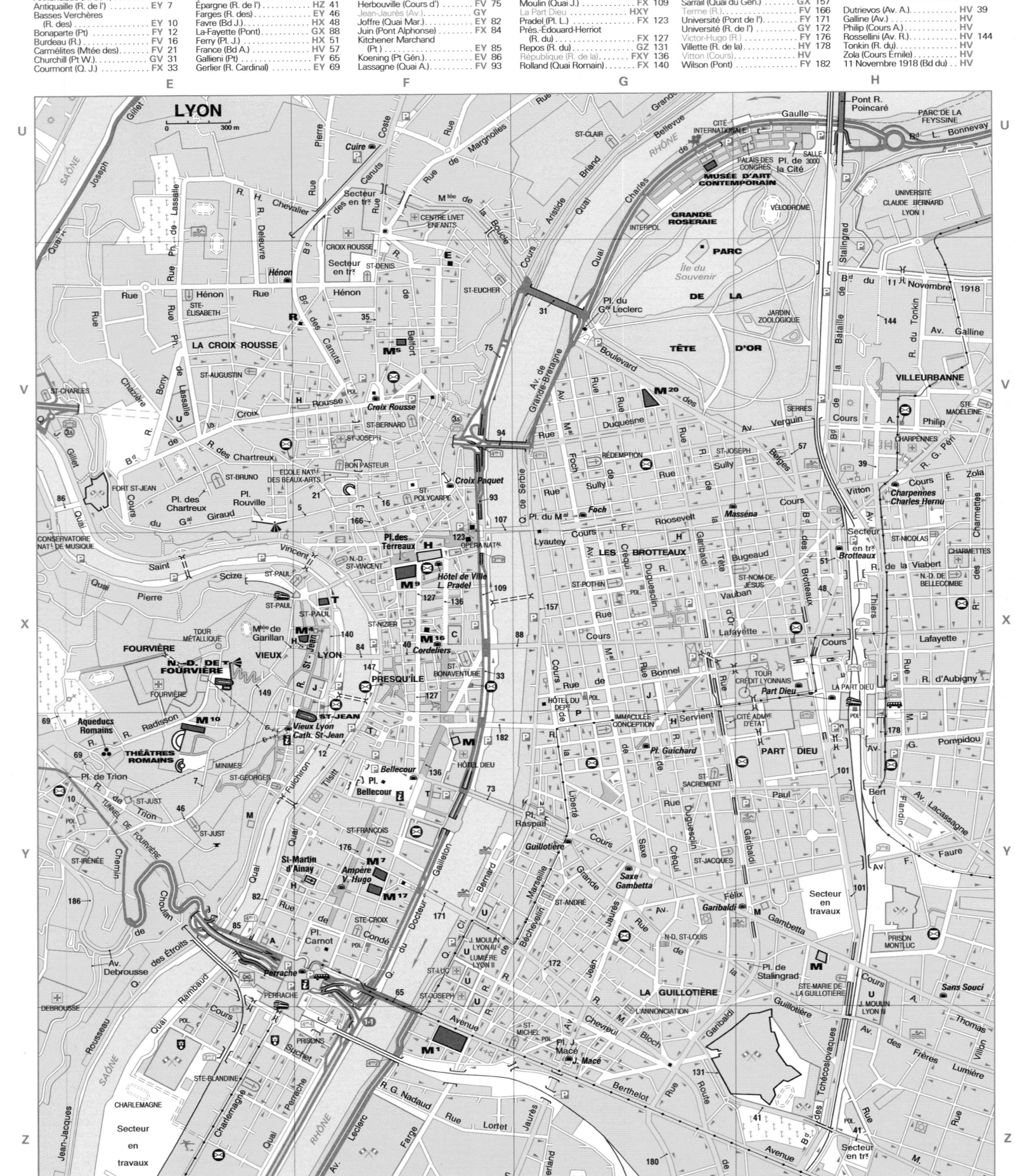

LYON

Le Luart 72 .....56 AQ34
Lubbon 40 .....160 AK78
Lubécourt 57 .....45 CI25
Lubersac 19 .....134 AW63
Lubey 54 .....21 CD20
Lubilhac 43 .....137 BL65
Lubine 88 .....66 CN30
Lubret-Saint-Luc 65 .....179 AN87
Luby-Betmont 65 .....179 AN87
Le Luc 83 .....189 CK85
Luc 65 .....179 AM88
Luc 48 .....152 BO72
Luc-Armau 64 .....178 AK86
Luc-la-Primaube 12 .....150 BF76
Luc-sur-Aude 11 .....196 BD91
Luc-sur-Mer 14 .....26 AK20
Luc-sur-Orbieu 11 .....183 BH88
Lucarré 64 .....178 AK86
Luçay-le-Libre 36 .....93 BA45
Luçay-le-Mâle 36 .....92 AX44
Lucbardez-et-Bargues 40 .....159 AH79
Lucciana 2B 199 DK93
Lucé 61 .....35 AI28
Lucé 28 .....84 AX30
Lucé-sous-Ballon 72 .....56 AO32
Luceau 72 .....74 AP38
Lucelle 68 .....85 CO40
Lucenay 69 .....126 BV58
Lucenay-le-Duc 21 .....85 BU39
Lucenay-lès-Aix 58 .....95 BM49
Lucenay-l'Évêque 71 .....96 BS51
Lucéram 06 .....175 CS79
Lucerne (Abbaye de la) 50 .....33 AB25
La Lucerne-d'Outremer 50 .....33 AC25
Lucey 73 .....127 CC59
Lucey 54 .....44 CD26
Lucey 21 .....81 BW36
Lucgarier 64 .....178 AJ87
Luchapt 86 .....106 AR55
Luché-Pringé 72 .....117 AF60
Luché-sur-Brioux 79 .....104 AK58
Luché-Thouarsais 79 .....89 AJ47
Lucheux 80 .....7 BE10
Luchy 60 .....15 BC17
Lucinges 74 .....114 CI54
Lucmau 33 .....145 AI75
Luçon 85 .....103 AC51
Lucq-de-Béarn 64 .....177 AF87
Lucquy 08 .....19 BT17
Les Lucs-sur-Boulogne 85 .....87 AA47
Lucy 76 .....14 AX15
Lucy 57 .....22 CI23
Lucy 51 .....18 BO24
Lucy-le-Bocage 02 .....40 BK23
Lucy-le-Bois 89 .....79 BP40
Lucy-sur-Cure 89 .....79 BO39
Lucy-sur-Yonne 89 .....79 BN40
Le Lude 72 .....74 AN38
Ludes 51 .....41 BQ22
Ludesse 63 .....123 BJ61
Ludiès 09 .....181 AY89
Ludon-Médoc 33 .....131 AG68
Ludres 54 .....45 CG27
Lüe 40 .....144 AD76
Lué-en-Baugeois 49 .....73 AE41
Luemschwiller 68 .....85 CP37
Luère (Col de la) 69 .....125 BV59
Lugagnac 46 .....149 AZ75
Lugaignac 33 .....148 AK69
Lugagnan 65 .....178 AK89
Lugagnac 33 .....146 AJ70
Lugan 81 .....163 AY82
Lugan 12 .....150 BD74
Lugarde 15 .....137 BH65
Lugasson 33 .....146 AK71
Luglon 40 .....159 AF78
Lugny 71 .....112 BW51
Lugny 02 .....18 BO15
Lugny-Bourbonnais 18 .....94 BG47
Lugny-Champagne 18 .....94 BH44
Lugny-lès-Charolles 71 .....111 BS52
Lugo-di-Nazza 2B 201 DK98
Lugon-et-l'Île-du-Carnay 33 .....131 AI68
Lugos 33 .....145 AE73
Lugrin 74 .....115 CL52
Lugy 62 .....3 BC7
Le Luhier 25 .....100 CK43
Luigné 49 .....73 AJ42
Luigny 28 .....57 AU32
Luisant 28 .....58 AX30
Luisetaines 77 .....60 BK30
Luitré 35 .....54 AD33
Lullin 74 .....115 CK53
Lully 74 .....114 CJ53
Lumbin 38 .....141 CF64
Lumbres 62 .....3 BC5
Lumeau 28 .....58 AZ33
Lumes 08 .....19 BV15
Luméville-en-Ornois 55 .....64 CA29
Lumigny 77 .....40 BI27
Lumio 2B 198 DF93
Lunac 12 .....163 BC77
Lunan 46 .....149 BB73
Lunaret (Zoo de) 34 .....185 BK82
Lunas 24 .....133 AO69
Lunas 34 .....180 AO86
Lunax 31 .....180 AT37
Luneau 03 .....111 BO53
Lunegarde 46 .....149 AY72
Lunel 34 .....185 BS83
Lunel-Viel 34 .....185 BS83
Luneray 76 .....13 AT14
Lunery 18 .....93 BD47
Lunéville 54 .....45 CI27
Le Luot 50 .....34 AD26
Lupcourt 54 .....45 CG27
Lupé 42 .....140 BW64
Lupersat 23 .....108 BE54
Lupiac 32 .....160 AM83
Luplanté 28 .....58 AW31
Luppé-Violles 32 .....160 AJ82
Luppy 57 .....22 CH23
Lupsault 16 .....118 AL57
Lupstein 67 .....46 CP25
Luquet 65 .....178 AJ87
Lurais 36 .....91 AT49
Luray 28 .....37 AW27
Lurcy 01 .....112 BW56
Lurcy-le-Bourg 58 .....95 BL44
Lurcy-Lévis 03 .....94 BH49
Luré 42 .....124 CJ37
Lureuil 36 .....91 AT49
Luri 2B 199 DK89
Luriecq 42 .....139 BR63
Lurs 04 .....169 CF79
Lury-sur-Arnon 18 .....93 BB44
Lus-la-Croix-Haute 26 .....155 CE71
Lusanger 44 .....71 AA38
Luscan 31 .....193 AP90
Lusignac 24 .....133 AO64
Lusignan 86 .....105 AM52
Lusignan-Petit 47 .....147 AP76
Lusigny 03 .....110 BM50
Lusigny-sur-Barse 10 .....62 BS32
Lusigny-sur-Ouche 21 .....97 BV45
Lussac 33 .....132 AK68
Lussac 17 .....117 AH62
Lussac 16 .....119 AP58

Lussac-les-Châteaux 86 .....106 AR52
Lussac-les-Églises 87 .....106 AU53
Lussagnet 40 .....160 AJ81
Lussagnet-Lusson 40 .....178 AJ85
Lussan 32 .....161 AQ83
Lussan 30 .....167 BU77
Lussan-Adeilhac 31 .....180 AS87
Lussant 17 .....117 AF57
Lussas 07 .....153 BV52
Lussas-et-Nontronneau 24 .....119 AV62
Lussat 63 .....123 BK59
Lussat 23 .....108 BD55
Lussault-sur-Loire 37 .....75 AT41
Lusse 88 .....66 CN30
Lusseray 79 .....104 AK55
Lustar 65 .....179 AN87
Lustrac (Moulin de) 47 .....147 AS74
Luthenay-Uxeloup 58 .....95 BK47
Luthézieu 01 .....127 CD57
Lutilhous 65 .....179 AN89
Luttange 57 .....21 CG20
Luttenbach-près-Munster 68 .....66 CN33
Lutter 68 .....85 CP39
Lutterbach 68 .....85 CO36
Lutz-en-Dunois 28 .....58 AW34
Lutzelbourg 57 .....46 CO25
Lutzelhouse 67 .....46 CN28
Luvigny 88 .....46 CM28
Lux 71 .....97 BX48
Lux 31 .....181 AZ85
Lux 21 .....82 BZ40
Luxé 16 .....118 AM58
Luxe-Sumberraute 64 .....177 AC66
Luxémont-et-Villotte 51 .....42 BU23
Luxeuil-les-Bains 70 .....84 CI36
Luxey 40 .....145 AH76
Luzancy 77 .....40 BK24
Luzarches 95 .....39 BE22
Luzay 79 .....89 AK46
Luzé 37 .....84 CK38
Luzé 70 .....90 AP45
Luzech 46 .....148 AV74
Luzenac 09 .....195 AZ93
Luzeret 36 .....107 AW51
La Luzerne 50 .....25 BK13
Luzillat 63 .....124 BM58
Luzillé 37 .....91 AU43
Luzinay 38 .....126 BY61
Luzoir 02 .....10 BP13
Luzy 58 .....96 BO48
Luzy-Saint-Martin 55 .....20 BY17
Luzy-sur-Marne 52 .....83 BZ34
Ly-Fontaine 02 .....17 BK15
Lyas 07 .....153 BV71
Lyaud 74 .....115 CK52
Lye 36 .....92 AX43
Lyoffans 70 .....84 CJ38
Lyon 69 .....126 BX59
Lyon-Saint-Exupéry (Aéroport de) 69 .....126 BZ60
Lyons-la-Forêt 27 .....14 AX19
Lys 64 .....178 AH89
Lys 58 .....79 BN42
Lys-Chantilly 60 .....39 BE22
Lys-lez-Lannoy 59 .....4 BK5
Lys-Saint-Georges 36 .....107 AZ50

M

Maast-et-Violaine 02 .....17 BM20
Maâtz 52 .....82 CB38
Mably 42 .....111 BR56
Macau 33 .....131 AG68
Macaye 64 .....176 AA86
Macé 61 .....36 AN27
Macey 50 .....33 AC28
Macey 10 .....61 BP31
Machault 77 .....60 BH30
Machault 08 .....19 BT19
Maché 85 .....87 Z48
Machecoul 44 .....87 Y45
Mâchecourt 02 .....18 BO16
Machemont 60 .....16 BH18
Macheren 57 .....22 CK22
Machézal 42 .....125 BT58
Machiel 80 .....7 BA9
Machilly 74 .....114 CI53
La Machine 58 .....95 BM47
Machy 80 .....7 BA9
Machy 10 .....62 BO33
Macinaggio 2B 199 DK88
Mackenheim 67 .....67 CO31
Mackwiller 67 .....23 CN23
Maclas 42 .....140 BW64
Maclaunay 51 .....41 BM25
Macogny 02 .....40 BK22
Mâcon 71 .....112 BX53
Maconcourt 88 .....64 CE30
Maconcourt 52 .....63 BZ30
Maconge 21 .....97 BU43
Macornay 39 .....98 CC49
Mâcot-la-Plagne 73 .....129 CL61
Macqueville 17 .....118 AK59
Macquigny 02 .....9 BM14
Madaillan 47 .....147 AP76
Madecourt 88 .....65 CG31
Madegney 88 .....65 CH31
La Madelaine-sous-Montreuil 62 .....2 A27
La Madeleine 59 .....4 BJ5
La Madeleine 54 .....45 CG27
La Madeleine (Col de) 73 .....128 CJ62
La Madeleine (Grotte de la) 07 .....153 BV75
La Madeleine-Bouvet 61 .....57 AT29
La Madeleine-de-Nonancourt 27 .....37 AV26
La Madeleine-sur-Loing 77 .....60 BG32
La Madeleine-Villefrouin 41 .....76 AW37
Madic 15 .....136 BE64
Madière 09 .....181 AV89
Madières 34 .....166 CN31
Madiran 65 .....178 AK84
Madirac 33 .....145 AI70
Madonne-de-Fenestre 06 .....173 CS77
Madonne-et-Lamerey 88 .....65 CG32
La Madrague 83 .....188 CF88
La Madrague-de-la-Ville 13 .....187 CC86
La Madrague-de-Montredon 13 .....187 CC87
Madranges 19 .....135 AZ63
Madré 53 .....55 AD33
Madriat 63 .....137 BK63
Maël-Carhaix 22 .....51 N30
Maël-Pestivien 22 .....31 O28
Maennolsheim 67 .....46 CP26
Maffliers 95 .....39 BE23
Maffrécourt 51 .....42 BV22
Magalas 34 .....184 BL85

La Magdeleine (Chapelle de) 44 .....71 Y39
La Magdeleine-sur-Tarn 31 .....162 AX81
Le Mage 61 .....57 AS29
Magenta 51 .....41 BP23
Les Mages 30 .....153 BS76
Magescq 40 .....158 AB81
Magland 74 .....115 CL56
Magnac-Bourg 87 .....120 AW61
Magnac-Laval 87 .....106 AU55
Magnac-Lavalette-Villars 16 .....118 AN62
Magnac-sur-Touvre 16 .....118 AN60
Magnan 32 .....160 AM81
Magnant 10 .....62 BT33
Magnanville 78 .....38 AZ24
Magnas 32 .....161 AR82
Magné 86 .....105 AO53
Magné 79 .....104 AH53
Magnet 03 .....110 BM55
Magneux 52 .....63 BX29
Magneux 51 .....18 BN20
Magneux-Haute-Rive 42 .....125 BS60
Magneville 50 .....24 AB18
Magnicourt 10 .....62 BS30
Magnicourt-en-Comté 62 .....7 BE9
Magnicourt-sur-Canche 62 .....7 BE9
Magnien 21 .....96 BR47
Magnières 54 .....45 CJ29
Magny 28 .....127 CE59
Magny 68 .....84 CH36
Magny 89 .....79 BO42
Le Magnoray 70 .....83 CG39
Le Magny 36 .....108 BC53
Le Magny 88 .....80 CG34
Les Magny 70 .....85 CN38
Le Magny 28 .....57 AV31
Magny-Châtelard 25 .....99 CI43
Magny-Cours 58 .....95 BK47
Magny-Danigon 70 .....84 CJ37
Magny-en-Bessin 14 .....25 AI20
Magny-en-Vexin 95 .....38 AZ22
Magny-Fouchard 10 .....62 BU32
Magny-Jobert 70 .....85 CM38
Magny-la-Campagne 14 .....26 AM23
Magny-la-Fosse 02 .....9 BK13
Magny-la-Ville 21 .....80 BR39
Magny-Lambert 21 .....81 BU38
Magny-le-Désert 61 .....35 AK26
Magny-le-Freule 14 .....26 AM22
Magny-le-Hongre 77 .....40 BG26
Magny-lès-Aubigny 21 .....98 BZ44
Magny-les-Hameaux 78 .....38 BB26
Magny-lès-Jussey 70 .....83 CF36
Magny-lès-Villers 21 .....97 BX44
Magny-Lormes 58 .....79 BO42
Magny-Montarlot 21 .....82 BZ41
Magny-Saint-Médard 21 .....82 BZ41
Magny-sur-Tille 21 .....82 BZ42
Magny-Vernois 70 .....84 CI38
Magoar 22 .....31 P29
Magrie 11 .....182 BC90
Magrin 81 .....182 BA84
Magstatt-le-Bas 68 .....85 CO38
Magstatt-le-Haut 68 .....85 CP38
Maguelone 34 .....185 BQ85
Mahalon 29 .....49 F32
Mahéru 61 .....36 AP27
Maîche 25 .....84 CL42
Maidières 54 .....44 CF21
Maignaut-Tauzia 32 .....161 AO80
Maigné 72 .....116 AB39
Maignelay-Montigny 60 .....16 BF17
Mailhac 11 .....183 BH87
Mailhac-sur-Benaize 87 .....107 AW53
Mailhoc 81 .....163 BD79
Mailholas 31 .....181 AV87
Mailing 57 .....21 CG18
Maillane 13 .....171 BT84
Maillas 40 .....146 AJ76
Maillat 01 .....113 CC55
Maillé 86 .....90 AM49
Maillé 85 .....104 AF53
Maillé 37 .....91 AQ45
Maillé (Château de) 29 .....29 H26
Maillebois 28 .....37 AV28
La Mailleraye-sur-Seine 76 .....13 AS16
Maillères 40 .....159 AH79
Mailleroncourt-Charette 70 .....83 CH37
Mailleroncourt-Saint-Pancras 70 .....83 CG35
Maillet 36 .....107 AY51
Maillet 03 .....109 BG52
Mailley-et-Chazelot 70 .....83 CF39
Maillezais 85 .....103 AG52
Mailly 71 .....111 BR54
Mailly-Champagne 51 .....41 BQ22
Mailly-la-Ville 89 .....79 BN39
Mailly-le-Camp 10 .....41 BR25
Mailly-le-Château 89 .....79 BN39
Mailly-Maillet 80 .....8 BF10
Mailly-Raineval 80 .....16 BE15
Mailly-sur-Seille 54 .....44 CF21
Les Maillys 21 .....98 CA44
Maimbeville 60 .....16 BF19
Mainbresson 08 .....18 BR16
Mainbressy 08 .....18 BR16
Maincourt-sur-Yvette 78 .....38 BB27
Maincy 77 .....60 BG29
Maine-de-Boixe 16 .....118 AN58
Mainfonds 16 .....118 AL62
Maing 59 .....9 BM9
Mainneville 27 .....15 AZ19
Mainsat 23 .....108 BE54
Maintenay 62 .....7 BA8
Maintenon 28 .....38 AY28
Mainterne 28 .....37 AV27
Mainvillers 57 .....22 CI23
Mainvilliers 45 .....58 AX30
Mainvilliers 28 .....58 AX30
Mainxe 16 .....118 AL60
Mainzac 16 .....119 AP62
Mairé 86 .....90 AM48
Mairé-Levescault 79 .....105 AM55
Maire 59 .....10 BP9
Mairy 08 .....20 BX16
Mairy-Mainville 54 .....21 CD20
Mairy-sur-Marne 51 .....42 BT25
Maisdon-sur-Sèvre 44 .....87 AA44
Maisey-le-Duc 21 .....81 BV36
Maisières-Notre-Dame 25 .....99 CG44
Maisnières 80 .....6 AY12
Le Maisnil 59 .....4 BH6
Maisnil 62 .....7 BE9
Maisnil-lès-Ruitz 62 .....7 BF7
La Maisod 39 .....113 CD51
Maison-des-Champs 10 .....62 BU33
Maison-Dieu 58 .....79 BN41
Maison-du-Roy 05 .....157 CM71
Maison-Feyne 23 .....107 AX52
Maison-Jeannette 24 .....133 AQ68
Maison-Maugis 61 .....57 AR29
Maison-Neuve 16 .....119 AO61
Maison-Neuve 07 .....153 BT75
Maison-Ponthieu 80 .....7 BB10
Maison-Roland 80 .....7 BB11
Maison-Rouge 77 .....40 BJ28
Maisoncelle 62 .....7 BC8
Maisoncelle-et-Villers 08 .....19 BW17
Maisoncelle-Saint-Pierre 60 .....15 BC18

Maisoncelle-Tuilerie 60 .....16 BD17
Maisoncelles 72 .....56 AQ35
Maisoncelles 52 .....63 CB33
Maisoncelles-du-Maine 53 .....55 AH35
Maisoncelles-en-Brie 77 .....40 BI25
Maisoncelles-en-Gâtinais 77 .....60 BG33
Maisoncelles-la-Jourdan 14 .....34 AG25
Maisoncelles-Pelvey 14 .....25 AI23
Maisoncelles-sur-Ajon 14 .....35 AI23
Maisonnais 79 .....104 AL55
Maisonnais 18 .....108 BC50
Maisonnais-sur-Tardoire 87 .....119 AR60
Maisonnay 86 .....90 AM49
Maisonnisses 23 .....107 BA56
Maisons 28 .....58 BA30
Maisons 14 .....25 AH20
Maisons 11 .....197 BG91
Maisons Blanches 79 .....105 AN55
Maisons-du-Bois 25 .....100 CK44
Maisons-en-Champagne 51 .....42 BT26
Maisons-Laffitte 78 .....38 BC24
Maisons-lès-Chaource 10 .....62 BR34
Maisons-lès-Soulaines 10 .....62 BU31
Maisonsgoutte 67 .....66 CO30
Maisontiers 79 .....89 AK48
Maisse 91 .....59 BE30
Maissemy 02 .....9 BK14
Maixe 54 .....45 CG27
Maizeray 57 .....44 CE22
Maizery 57 .....22 CH22
Maizet 14 .....26 AJ22
Maizey 55 .....44 CB24
Maizicourt 80 .....7 BC10
Maizière 58 .....94 BJ43
Maizières 70 .....83 CF40
Maizières 62 .....7 BE9
Maizières 54 .....45 CJ29
Maizières 52 .....63 BY29
Maizières 14 .....26 AL23
Maizières-la-Grande-Paroisse 10 .....61 BO29
Maizières-lès-Brienne 10 .....62 BU30
Maizières-lès-Metz 57 .....21 CF21
Maizières-lès-Vic 57 .....45 CK26
Maizières-sur-Amance 52 .....82 CC36
Maizilly 42 .....111 BS55
Maizy 02 .....18 BO18
Majastres 04 .....170 CJ79
Malabat 32 .....179 AM85
La Malachère 70 .....83 CG40
Malafretaz 01 .....112 BC53
Mâlain 21 .....81 BW42
Malaincourt 88 .....64 CD32
Malaincourt-sur-Meuse 52 .....64 CB33
Malakoff 92 .....39 BD26
Malancourt 55 .....20 BY21
Malancourt-la-Montagne 57 .....21 CF21
Malandry 08 .....20 BY17
Malange 39 .....98 CC43
Malans 70 .....82 CC42
Malans 25 .....99 CF45
Malansac 56 .....68 R37
Malarce-sur-la-Thines 07 .....153 BR74
Malataverne 26 .....154 BX74
Malaucène 84 .....168 CA77
Malaucourt-sur-Seille 57 .....44 CB26
Malaumont 55 .....43 CB23
Malause 82 .....161 AU83
Malaussanne 64 .....178 AH84
Malaussène 06 .....175 CO79
Malauzat 63 .....123 BJ59
Malaville 16 .....118 AK62
Malavillers 54 .....21 CD19
Malay 71 .....112 BW50
Malay-le-Grand 89 .....61 BL33
Malay-le-Petit 89 .....61 BL33
Malbo 15 .....137 BH68
Malbosc 07 .....153 BR75
Malbouhans 70 .....84 CJ37
Malbouzon 48 .....151 BK71
Malbrans 25 .....99 CI47
Malbuisson 25 .....100 CK46
Mâle 61 .....57 AS32
Malegoude 09 .....182 BA89
Malemort-du-Comtat 84 .....168 CA79
Malemort-sur-Corrèze 19 .....135 AX66
La Malène 48 .....151 BL76
Malesherbes 45 .....59 BD32
Malestroit (Château de) 26 .....140 BY65
Maleville 12 .....149 BC75
Malétable 61 .....36 AR28
Maleyrand 09 .....181 AY90
Malguénac 56 .....51 P32
La Malhoure 22 .....32 R7
Malicornay 36 .....107 AY51
Malicorne 89 .....78 BG39
Malicorne 03 .....109 BH54
Malicorne-sur-Sarthe 72 .....73 AL37
Maligny 89 .....79 BO36
Maligny 21 .....97 BU45
Malijai 04 .....170 CH78
Malincourt 59 .....9 BK12
Malintrat 63 .....123 BK59
Malissard 26 .....140 BY69
Malle (Château de 33) 145 AI73
Mallefougasse 04 .....169 CG78
Malleloy 54 .....44 CF22
Mallemoisson 04 .....170 CH78
Mallemort 13 .....172 BY82
Malléon 09 .....181 AY90
Malleret 23 .....122 BD60
Malleret-Boussac 23 .....108 BC53
Mallerey 39 .....98 CA48
Malleval 42 .....126 BW61
Malleval-en-Vercors 38 .....140 BY67
Malleville-les-Grès 76 .....13 AR14
Malleville-sur-le-Bec 27 .....14 AX16
Malling 57 .....21 CG18
Malloué 14 .....34 AG24
La Malmaison 02 .....18 BP18
Malmerspach 68 .....66 CN35
Malmy 51 .....19 BV21
Malnoue 77 .....39 BF26
Malo-les-Bains 59 .....3 BE1
Malons-et-Elze 30 .....153 BR74
Malouy 27 .....27 AQ22
Malpart 80 .....16 BF16
Malpas 25 .....100 CK47
Malras 11 .....182 BC90
Malrevers 43 .....138 BO71
Malroy 57 .....21 CG22
Maltat 71 .....96 BP49
Maltot 14 .....26 AJ22
Malval (Col de) 69 .....125 BV60
Malvalette 43 .....139 BS64
Malves-en-Minervois 11 .....182 BF88
Malvezie 31 .....193 AQ90
Malvières 43 .....138 BO64
Malviès 11 .....182 BC89
Malville 44 .....71 Y41
Malvillers 70 .....83 CD37
Malzéville 54 .....45 CG27
Le Malzieu-Forain 48 .....151 BM70
Le Malzieu-Ville 48 .....151 BL70
Malzy 02 .....9 BN13
Mambouhans 25 .....84 CK41

Mamers 72 .....56 AP31
Mametz 80 .....8 BG13
Mametz 62 .....3 BD5
Mamey 54 .....44 CE24
Mamirolle 25 .....99 CG43
Manas 26 .....154 BY72
Manas-Bastanous 32 .....179 AN86
Manaurie 24 .....134 AT68
Mance 54 .....21 CD20
La Mancelière 28 .....37 AT28
La Mancellière-sur-Vire 50 .....34 AE27
Mancenans 25 .....84 CK40
Mancenans-Lizerne 25 .....84 CL42
Mancey 71 .....112 BX50
Manchecourt 45 .....59 BD32
Manciet 32 .....160 AL81
Mancieulles 54 .....21 CD20
Mancioux 31 .....180 AS89
Mancy 51 .....41 BP24
Mandacou 24 .....147 AP71
Mandagout 30 .....166 CM31
Mandailles-Saint-Julien 15 .....136 BG67
Mandelieu-la-Napoule 06 .....174 CP83
Manderen 57 .....22 CH18
Mandeure 25 .....84 CL40
Mandeville 27 .....14 AU21
Mandeville-en-Bessin 14 .....25 AG20
Mandray 88 .....66 CM31
Mandres 27 .....37 AT26
Mandres-aux-Quatre-Tours 54 .....44 CD25
Mandres-en-Barrois 55 .....64 CA29
Mandres-la-Côte 52 .....64 CA34
Mandres-les-Roses 94 .....39 BF27
Mandres-sur-Vair 88 .....64 CE32
Mandrevillars 70 .....84 CL38
Manduel 30 .....167 BV81
Mane 31 .....180 AS89
Mane 04 .....169 CF79
Manéglise 76 .....12 AO17
Manéhouville 76 .....13 AU14
Manent-Montané 32 .....179 AN86
Manerbe 14 .....27 AO21
Mangiennes 55 .....20 CB19
Manglieu 63 .....123 BL61
Mangonville 54 .....45 CH29
Manhac 12 .....150 BE76
Manheulles 55 .....43 CA22
Manhoué 57 .....44 CH25
Manicamp 02 .....17 BJ17
Manicourt 80 .....8 BH15
Manigod 74 .....128 CJ58
Manin 62 .....7 BD9
Maninghen-Henne 62 .....2 A24
Maniquerville 76 .....12 AP16
Manlay 21 .....96 BT44
Manneville-ès-Plains 76 .....13 AS14
Manneville-la-Goupil 76 .....12 AP17
Manneville-la-Pipard 14 .....27 AO20
Manneville-la-Raoult 27 .....12 AP19
Manneville-sur-Risle 27 .....27 AR20
Mannevillette 76 .....12 AO17
Mano 40 .....145 AF74
Le Manoir 27 .....14 AV20
Le Manoir 14 .....25 AI20
Manois 52 .....64 CA31
Manom 57 .....21 CF19
Manoncourt-en-Vermois 54 .....45 CG27
Manoncourt-en-Woëvre 54 .....44 CE25
Manonville 54 .....44 CE25
Manonviller 54 .....45 CI28
Manosque 04 .....169 CF80
Manot 16 .....119 AQ57
Manou 28 .....37 AT29
Manre 08 .....19 BU20
Le Mans 72 .....56 AN34
Mansac 19 .....134 AW66
Mansan 65 .....179 AM86
Mansat-la-Courrière 23 .....121 AZ57
Manse (Col de) 05 .....156 CI72
Mansempuy 32 .....161 AR82
Mansencôme 32 .....160 AN80
Manses 09 .....182 AZ89
Mansigné 72 .....74 AN37
Mansle 16 .....118 AN58
Manso 2B 200 DF95
Mansonville 82 .....161 AR79
Manspach 68 .....85 CN38
Mant 40 .....159 AG83
Mantaille (Château de) 26 .....140 BY65
Mantallot 22 .....31 O25
Mantenay-Montlin 01 .....112 BZ52
Mantes-la-Jolie 78 .....38 AZ24
Mantes-la-Ville 78 .....38 AZ24
Mantet 66 .....196 BD96
Manteyer 05 .....156 CG73
Manthelan 37 .....91 AS44
Manthelon 27 .....37 AU25
Manthes 26 .....140 BY64
Mantilly 61 .....48 AG29
Mantoche 70 .....82 CB41
Mantry 39 .....98 CC48
Manvieux 14 .....25 AI19
Many 57 .....22 CI23
Manzac-sur-Vern 24 .....133 AO67
Manzat 63 .....122 BI57
Manziat 01 .....112 BX53
Maquens 11 .....182 BD88
Marainville-sur-Madon 88 .....65 CG30
Marainviller 54 .....45 CI27
Le Marais (Château) 91 .....39 BC28
Le Marais-la-Chapelle 14 .....35 AM25
Marais-Vernier 27 .....12 AO19
Marambat 32 .....160 AN81
Marandeuil 21 .....82 CA42
Marange-Silvange 57 .....21 CF21
Marange-Zondrange 57 .....22 CI22
Marangea 39 .....113 CD51
Marans 79 .....103 AE53
Marans 17 .....103 AE53
Maransin 33 .....131 AJ67
Marant 62 .....3 BA7
Maranville 52 .....63 BW33
Maranwez 08 .....18 BS15
Marast 70 .....84 CI39
Marat 63 .....124 BO61
Maray 41 .....93 BY25
Maraye-en-Othe 10 .....61 BP33
Marbache 54 .....44 CF23
Marbaix 59 .....10 BO11
Marbeuf 27 .....27 AT22
Marbéville 52 .....63 BX31
Marboué 28 .....58 CB25
Marboz 01 .....113 CA53
Marby 08 .....10 BO14
Marc-la-Tour 19 .....135 BA66
Marcais 18 .....108 BC51
Marçay 86 .....105 AN52
Marçay 37 .....90 AP43
Marcé 49 .....73 AJ39
Marcé-sur-Esves 37 .....91 AR45
Marcelcave 80 .....8 BF14
Marcellaz 74 .....114 CI55
Marcellaz-Albanais 74 .....128 CG58
Marcellois 21 .....81 BW42
Marcellus 47 .....146 AL74

Marcenais 33 .....131 AI67
Marcenat 15 .....137 BH65
Marcenat 03 .....110 BM54
Marcenay 21 .....80 BT36
Marcenod 42 .....126 BX60
Marcevol 66 .....196 BF94
Marcey-les-Grèves 50 .....33 AC26
Marchainville 61 .....37 AS28
Marchais 02 .....18 BO17
Marchais-Beton 89 .....78 BJ37
Marchais-en-Brie 02 .....41 BN24
Marchamp 01 .....127 CC59
Marchampt 69 .....112 BU55
Marchastel 48 .....151 BK72
Marchastel 15 .....136 BG65
Marchaux 25 .....83 CG42
La Marche 58 .....94 BJ44
Marché-Allouarde 80 .....16 BH15
Marchélepot 80 .....8 BH14
Marchemaisons 61 .....56 AO29
Marchémoret 77 .....40 BH23
Marchenoir 41 .....76 AW37
Marcheprime 33 .....145 AE71
Les Marches 73 .....128 CG62
Marches 26 .....140 BZ68
Marcheseuil 21 .....96 BT44
Marchésieux 50 .....24 AD21
Marcheville 80 .....7 AV31
Marchéville 28 .....57 AV31
Marchéville-en-Woëvre 55 .....44 CC22
Marchezais 28 .....38 AX26
Marchiennes 59 .....9 BKB
Marciac 32 .....179 AM85
Marcieux 73 .....127 CE61
Marcieu 38 .....154 CG68
Marcigny 71 .....111 BR54
Marcigny-sous-Thil 21 .....80 BR42
Marcilhac-sur-Célé 46 .....149 AZ73
Marcillac 33 .....131 AH65
Marcillac-la-Croisille 19 .....135 BB65
Marcillac-la-Croze 19 .....135 AZ66
Marcillac-Lanville 16 .....118 AL58
Marcillac-Saint-Quentin 24 .....134 AU68
Marcillac-Vallon 12 .....150 BE74
Marcillat 63 .....123 BH59
Marcillat-en-Combraille 03 .....109 BG55
Marcillé-la-Ville 53 .....55 AI31
Marcillé-Raoul 35 .....53 AA30
Marcillé-Robert 35 .....54 AC35
Marcilloles 38 .....140 CA64
Marcilly 77 .....40 BH23
Marcilly 50 .....34 AD27
Marcilly-d'Azergues 69 .....126 BW58
Marcilly-en-Bassigny 52 .....64 CB35
Marcilly-en-Beauce 41 .....75 AT37
Marcilly-en-Gault 41 .....76 BA41
Marcilly-en-Villette 45 .....58 BB37
Marcilly-et-Dracy 21 .....81 BT42
Marcilly-la-Campagne 27 .....37 AV25
Marcilly-la-Gueurce 71 .....111 BS52
Marcilly-le-Châtel 42 .....125 BR60
Marcilly-le-Hayer 10 .....61 BO31
Marcilly-lès-Buxy 71 .....97 BV49
Marcilly-Ogny 21 .....96 BT43
Marcilly-sur-Eure 27 .....37 AW26
Marcilly-sur-Maulne 37 .....74 AO40
Marcilly-sur-Seine 51 .....41 BO28
Marcilly-sur-Tille 21 .....81 BY40
Marcilly-sur-Vienne 37 .....91 AQ45
Marck 62 .....2 BB2
Marckolsheim 67 .....67 CO32
Marclopt 42 .....125 BS61
Marcoing 59 .....9 BJ11
Marcolès 15 .....150 BE71

Marcollin 38 .....140 BZ64
Marcols-les-Eaux 07 .....153 BU70
Marçon 72 .....74 AQ38
Marconnay (Château de) 86 .....104 AL51
Marconne 62 .....7 BB8
Marconnelle 62 .....7 BB8
Marcorignan 11 .....183 BI88
Marcoussis 91 .....39 BD28
Marcoux 42 .....124 BO60
Marcoux 04 .....170 CJ77
Marcq 78 .....38 BA25
Marcq 08 .....19 BW20
Marcq-en-Barœul 59 .....4 BI5
Marcq-en-Ostrevant 59 .....9 BK9
Marcy 69 .....126 BW58
Marcy 58 .....79 BL42
Marcy 02 .....9 BL14
Marcy-l'Étoile 69 .....126 BW59
Mardeuil 51 .....41 BP23
Mardié 45 .....77 BB38
Mardilly 61 .....36 AO25
Mardor 52 .....82 BZ36
Mardore 69 .....111 BT56
Mardyck 59 .....3 BD1
La Mare-d'Ovillers 60 .....15 BC21
Maréac 33 .....193 AQ91
Mareau-aux-Bois 45 .....59 BC34
Mareau-aux-Prés 45 .....76 BA38
Marèges (Barrage de) 19 .....136 BE64
Mareil-en-Champagne 72 .....55 AL35
Mareil-en-France 95 .....39 BE23
Mareil-le-Guyon 78 .....38 BA26
Mareil-Marly 78 .....38 BC25
Mareil-sur-Loir 72 .....74 AM38
Mareil-sur-Mauldre 78 .....38 BA25
Mareilles 52 .....63 BZ32
Marenla 62 .....7 BA8
Marennes 69 .....126 BX61
Marennes 17 .....116 AD59
Maresché 72 .....56 AN32
Maresches 59 .....9 BM9
Maresquel-Ecquemicourt 62 .....7 BA8
Marest 62 .....7 BD9
Marest-Dampcourt 02 .....17 BJ17
Marest-sur-Matz 60 .....16 BG18
Marestaing 32 .....180 AT84
Marestmontiers 80 .....16 BF16
Maresville 62 .....2 A27
Les Marêts 77 .....40 BL27
Maretz 59 .....9 BL12
Mareugheol 63 .....137 BK63
Mareuil 80 .....16 BE16
Mareuil 24 .....118 AP63
Mareuil-Caubert 80 .....7 AZ13
Mareuil-en-Brie 51 .....41 BO23
Mareuil-en-Dôle 02 .....18 BN19
Mareuil-la-Motte 60 .....16 BH18
Mareuil-le-Port 51 .....41 BO23
Mareuil-lès-Meaux 77 .....40 BH24
Mareuil-sur-Arnon 18 .....93 BC47
Mareuil-sur-Ay 51 .....41 BQ23
Mareuil-sur-Cher 41 .....92 AW43
Mareuil-sur-Lay 85 .....102 AC50
Mareuil-sur-Ourcq 60 .....40 BJ22
Marey 88 .....64 CE33
Marey-lès-Fussey 21 .....97 BX44
Marey-sur-Tille 21 .....81 BY39
Marfaux 51 .....41 BP22
Marfontaine 02 .....18 BO15
Margaux 33 .....131 AG67
Margencel 74 .....114 CJ52
Margency 95 .....39 BD24
Margerides 19 .....136 BE63
Margerie-Chantagret 42 .....125 BR62

Margerie-Hancourt 51 .....42 BU28
Margès 26 .....140 BZ66
Margilley 70 .....82 CC39
Margival 02 .....17 BL19
Le Margnès 81 .....164 BG83
Margny 51 .....41 BN24
Margny 08 .....20 BZ16
Margny-aux-Cerises 60 .....16 BH16
Margny-lès-Compiègne 60 .....16 BH17
Margny-sur-Matz 60 .....16 BH18
Margon 34 .....184 AS31
Margon 28 .....57 AS31
Margouët-Meymes 32 .....160 AL82
Margueray 50 .....34 AE24
Marguerittes 30 .....167 BV81
Margueron 33 .....147 AN71
Marguestau 32 .....160 AM80
Margut 08 .....20 BZ17
Mariac 07 .....139 BT69
Mariaud 04 .....156 CK75
Maricourt 80 .....8 BH13
Marie 06 .....173 CO78
Marieulles 57 .....45 CF23
Marieux 80 .....7 BE11
Marigna-sur-Valouse 39 .....113 CC52
Marignac 82 .....163 AS81
Marignac 31 .....193 AQ91
Marignac 17 .....117 AH62
Marignac-en-Diois 26 .....155 CB70
Marignac-Lasclares 31 .....180 AT87
Marignac-Laspeyres 31 .....180 AS88
Marignana 2A 200 DG97
Marignane 13 .....187 CB85
Marigné 49 .....73 AH37
Marigné-Laillé 72 .....74 AO36
Marigné-Peuton 53 .....72 AI36
Marignier 74 .....115 CK55
Marignieu 01 .....127 CE59
Marigny 79 .....104 AI54
Marigny 71 .....97 BU49
Marigny 51 .....41 BP27
Marigny 50 .....34 AD22
Marigny 39 .....99 CE49
Marigny 03 .....109 BK50
Marigny-Brizay 86 .....90 AO49
Marigny-Chemereau 86 .....105 AN52
Marigny-en-Orxois 02 .....40 BK23
Marigny-le-Cahouët 21 .....80 BT41
Marigny-l'Église 58 .....79 BP42
Marigny-lès-Reullée 21 .....97 BX46
Marigny-les-Usages 45 .....59 BB35
Marigny-Marmande 37 .....90 AP46
Marigny-Saint-Marcel 74 .....128 CG58
Marigny-sur-Yonne 58 .....95 BN43
Marillac-le-Franc 16 .....119 AP60
Le Marillais 49 .....72 AH40
Marillet 85 .....104 AH50
Marimbault 33 .....146 AJ74
Marimont-lès-Bénestroff 57 .....45 CK24
Marin 74 .....115 CK52
Marines 95 .....38 BB22
Les Marines-de-Cogolin 83 .....189 CM86
Maringes 42 .....125 BT61
Maringues 63 .....124 BL58
Mariol 03 .....124 BM57
Marions 33 .....146 AK75
Marissel 60 .....15 BC17
Marizy 71 .....111 BT50
Marizy-Saint-Mard 02 .....40 BK22
Marizy-Sainte-Geneviève 02 .....40 BK22
Le Markstein 68 .....66 CM35
Marle 02 .....18 BO15

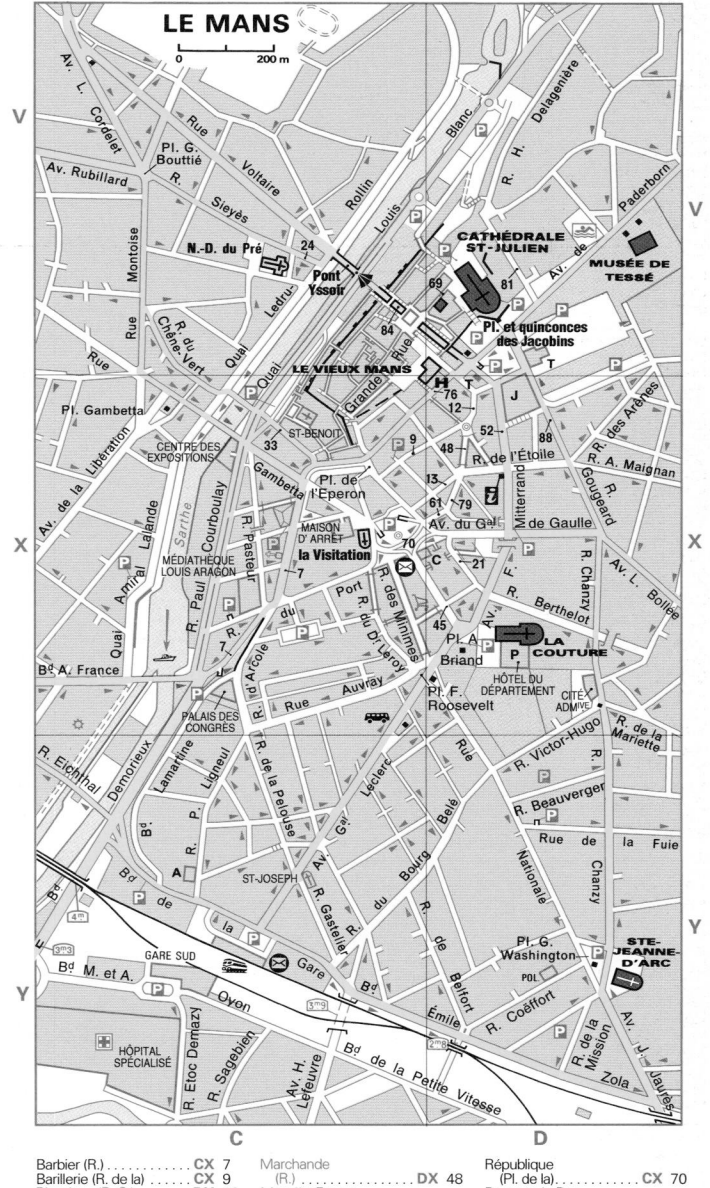

LE MANS
0   200 m

Barbier (R.) ..... CX 7
Barillerie (R. de la) ..... CX 9
Blondeau (R. C.) ..... DX 12
Bolton (R. de) ..... DX 13
Courthardy (R.) ..... CX 21
Dr-Galouédec (R.) ..... DX 24
Galère (R. de la) ..... CX 26
Gambetta (R. de la) CX
Levasseur (Bd René) ..... DX 45
Marchande (R.) ..... DX 48
Mendès-France (Pl.) ..... DX 52
Minimes (R. des) ..... DX 55
Nationale (R.) ..... DY
Perle (R. de la) ..... DX 61
Reine-Bérengère (R. de la) .....
République (R. de la) ..... CX 70
Rostov-s-le-Don (Av. de) ..... DX 76
St-Jacques (R.) ..... DX 79
Triger (R. Robert) ..... CV 81
Wright (R. Wilbur) ..... CV 84
33e-Mobiles (R. du) ..... DX 88

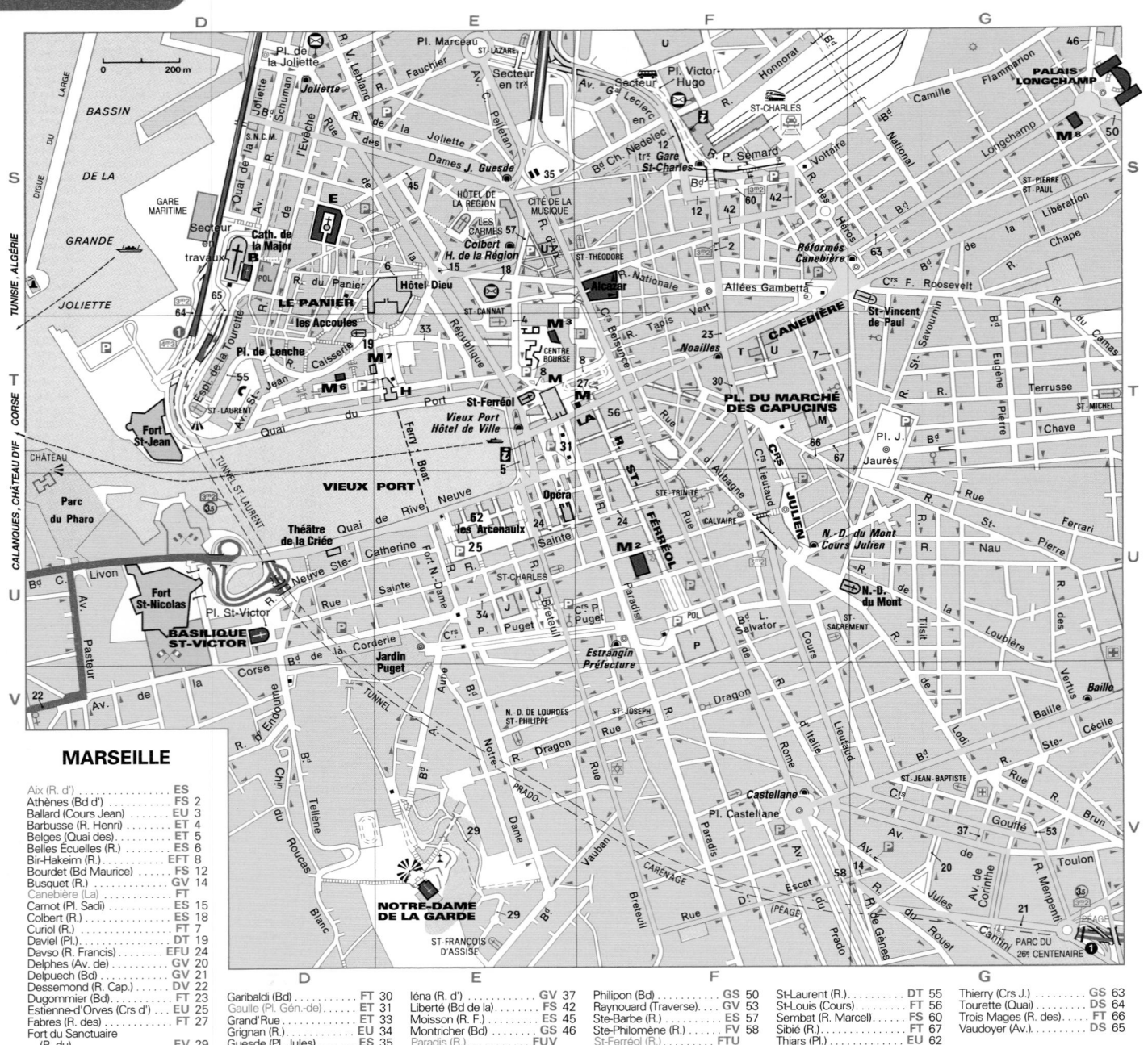

MARSEILLE

Aix (R. d')	ES
Athènes (Bd d')	FS 2
Ballard (Cours Jean)	EU 3
Barbusse (R. Henri)	ET 4
Belges (Quai des)	ET 5
Belles Ecuelles (R.)	ES 6
Bir-Hakeim (R.)	EFT 8
Bourdet (Bd Maurice)	FS 12
Busquet (R.)	GV 14
Canebière (La)	FT
Carnot (Pl. Sadi)	ES 15
Colbert (R.)	ES 18
Curiol (R.)	FT 7
Daviel (Pl.)	DT 19
Davso (R. Francis)	EFU 20
Delphes (Av. de)	GV 21
Delpuech (R.)	GV 22
Dessemond (R. Cap.)	DV 22
Dugommier (Bd)	FT 23
Estienne-d'Orves (Crs d')	EU 25
Fabres (R. des)	FT 27
Fort du Sanctuaire (R. du)	EV 29

Garibaldi (Bd)	FT 30	Iéna (R. d')	GV 37	Philipon (Bd)	GS 50
Gaulle (R. Gén-de)	ET 31	Liberté (Bd de la)	FS 42	Raynouard (Traverse)	GV 53
Grand'Rue	ET 33	Moisson (R. F.)	ES 45	Ste-Barbe (R.)	ES 57
Grignan (R.)	EU 34	Montricher (Bd)	GS 46	Ste-Philomène (R.)	FV 58
Guesde (Pl. Jules)	ES 35	Paradis (R.)	FUV	St-Ferréol (R.)	FTU

St-Laurent (R.)	DT 55	Thierry (Crs J.)	GS 63
St-Louis (Cours)	FT 56	Tourette (Quai)	DS 64
Sembat (R. Marcel)	FS 60	Trois Mages (R. des)	FT 66
Sibié (R.)	FT 67	Vaudoyer (Av.)	DS 65
Thiars (Pl.)	EU 62		

Marlemont 08 ... 19 BS15
Marlenheim 67 ... 46 CP27
Marlens 74 ... 128 CL59
Marlers 80 ... 15 BA15
Marles-en-Brie 77 ... 40 BH27
Marles-les-Mines 62 ... 3 BE7
Marles-sur-Canche 62 ... 2 BA7
Marlhes 42 ... 139 BU65
Marliac 31 ... 181 AW88
Marliens 21 ... 98 BZ43
Marlieux 01 ... 112 BZ56
Marlioz 74 ... 114 CG56
Marly 59 ... 9 BM8
Marly 57 ... 44 CF22
Marly-Gomont 02 ... 9 BO13
Marly-la-Ville 95 ... 39 BF23
Marly-le-Roi 78 ... 39 BC25
Marly-sous-Issy 71 ... 96 BO49
Marly-sur-Arroux 71 ... 111 BR50
Marmagne 71 ... 96 BT47
Marmagne 21 ... 80 BT39
Marmagne 18 ... 93 BD45
Marmande 47 ... 146 AM73
Marmanhac 15 ... 136 BF68
Marmeaux 89 ... 80 BR39
Marmesse 52 ... 83 BX34
Marminiac 46 ... 148 AU72
Marmont-Pachas 47 ... 161 AP78
Marmouillé 61 ... 36 AO27
Marmoutier 67 ... 46 CP26
Marnac 24 ... 148 AT70
Marnand 69 ... 111 BT56
Marnans 38 ... 140 CA64
Marnaves 81 ... 163 BA78
Marnay 86 ... 105 AO52
Marnay 71 ... 97 BX49
Marnay 70 ... 83 CD42
Marnay-sur-Marne 52 ... 63 BZ34
Marnay-sur-Seine 10 ... 61 BM29
Marnaz 74 ... 115 CK55
La Marne 44 ... 87 Y45
Marnefer 61 ... 36 AQ25
Marnes 79 ... 90 AL47
Marnes-la-Coquette 92 ... 39 BC26
Marnézia 39 ... 99 CE46
Marnoz 39 ... 99 CE46
Marœuil 62 ... 8 BG9
Marolles 59 ... 9 BN11
La Marolle-en-Sologne 41 ... 76 AZ39
Marolles 60 ... 40 BJ22
Marolles 51 ... 42 BU27
Marolles 41 ... 76 AW39
Marolles 14 ... 37 AP22
Marolles-en-Beauce 91 ... 59 BC30
Marolles-en-Brie 94 ... 39 BF27
Marolles-en-Brie 77 ... 40 BH27
Marolles-en-Hurepoix 91 ... 59 BD29
Marolles-lès-Bailly 10 ... 62 BS33
Marolles-les-Braults 72 ... 56 AO32
Marolles-les-Buis 28 ... 57 AT31
Marolles-sous-Lignières 10 ... 62 BP35
Marolles-sur-Seine 77 ... 60 BJ30
Marollette 72 ... 56 AP30
Marols 42 ... 139 BR63
Maromme 76 ... 13 AU18
Maron 54 ... 44 CF27
Maron 36 ... 93 BA48
Maroncourt 88 ... 65 CG33
Maroué 22 ... 52 T29
Marouatte (Château de la) 53 ... 73 AH37
Marpain 39 ... 82 CC42
Marpaps 40 ... 177 AF84
Marpent 59 ... 10 BO9
Marpiré 35 ... 54 AC33
Marquaix 80 ... 8 BJ13

Marquay 62 ... 7 BE8
Marquay 24 ... 134 AU69
Marquefave 31 ... 181 AV87
Marquéglise 60 ... 16 BG18
Marquein 11 ... 181 AX87
Marquerie 65 ... 179 AM87
Marques 76 ... 15 AZ15
Marquette-en-Ostrevant 59 ... 9 BK9
Marquette-lez-Lille 59 ... 4 BJ5
Marquigny 08 ... 19 BV17
Marquillies 59 ... 4 BH6
Marquion 62 ... 8 BJ10
Marquise 62 ... 2 AZ3
Marquivillers 80 ... 16 BG16
Marquixanes 66 ... 196 BF94
Marray 37 ... 75 AR39
Marre 55 ... 20 BZ21
La Marre 39 ... 98 CD48
Mars 42 ... 111 BS55
Mars 30 ... 166 BN79
Les Mars 23 ... 122 BE57
Mars 07 ... 139 BT68
Marsa 11 ... 187 BZ85
Marsac 82 ... 161 AR80
Marsac 65 ... 179 AL86
Marsac 23 ... 107 AY56
Marsac 16 ... 118 AM60
Marsac-en-Livradois 63 ... 138 BO63
Marsac-sur-Don 44 ... 71 Z38
Marsac-sur-l'Isle 24 ... 133 AO66
Marsainvilliers 45 ... 59 BD32
Marsais 17 ... 104 AH55
Marsais-Sainte-Radégonde 85 ... 103 AF51
Marsal 81 ... 164 BD80
Marsal 57 ... 45 CI25
Marsan 32 ... 161 AQ83
Marsaneix 24 ... 134 AR67
Marsangis 51 ... 41 BO28
Marsangy 89 ... 60 BK33
Marsannay-la-Côte 21 ... 97 BX43
Marsannay-le-Bois 21 ... 82 BY41
Marsanne 26 ... 154 BY72
Marsas 65 ... 179 AM90
Marsas 33 ... 131 AI67
Marsat 63 ... 109 BI59
Marsaz 26 ... 140 BY66
Marseillan 34 ... 183 BS83
Marseillan 32 ... 180 AN85
Marseillan-Plage 34 ... 184 BN87
Marseille 13 ... 200 CC87
Marseille-en-Beauvaisis 60 ... 15 BC16
Marseilles-lès-Aubigny 18 ... 94 BJ45
Marseillette 11 ... 183 BF88
Marsillargues 34 ... 185 BS83

Martel 46 ... 135 AY69
Marthemont 54 ... 44 CF28
Marthille 57 ... 45 CI24
Marthod 73 ... 128 CJ59
Marthon 16 ... 119 AN61
Martiel 12 ... 149 BA75
Martigna 39 ... 113 CD52
Martignac 46 ... 148 AU73
Martignargues 30 ... 167 BS79
Martignas-sur-Jalle 33 ... 131 AF69
Martignat 01 ... 113 CD54
Martigné-Briand 49 ... 89 AI43
Martigné-Ferchaud 35 ... 72 AC36
Martigné-sur-Mayenne 53 ... 55 AI32
Martigny 76 ... 6 AV14
Martigny 50 ... 34 AE27
Martigny 02 ... 19 BN18
Martigny-Courpierre 02 ... 18 BN18
Martigny-le-Comte 71 ... 111 BT51
Martigny-les-Bains 88 ... 64 CD33
Martigny-les-Gerbonvaux 88 ... 64 CD29
Martigues 13 ... 199 CA87
Martillac 33 ... 145 AH71
Martimpré (Col de) 88 ... 66 CL33
Martin-Église 76 ... 6 AV14
Martincourt 60 ... 15 BA18
Martincourt 54 ... 44 CD27
Martincourt-sur-Meuse 55 ... 20 BY17
Le Martinet 85 ... 87 Z49
Martinpuich 62 ... 8 BG12
Martinvast 50 ... 24 AA16
Martinvelle 88 ... 65 CF34
Martisserre 31 ... 180 AS86
Martizay 36 ... 91 AT48
Martot 27 ... 14 AU20
Martragny 14 ... 25 AI20
La Martre 83 ... 156 CM81
Martres 33 ... 145 AH71
Les Martres-d'Artière 63 ... 123 BL59
Martres-de-Rivière 31 ... 180 AQ89
Les Martres-de-Veyre 63 ... 123 BK58
Martres-sur-Morge 63 ... 123 BK58
Martres-Tolosane 31 ... 180 AT88
Martrin 12 ... 164 BG80
Martrois 21 ... 81 BU42
La Martyre 29 ... 29 H28
Les Martys 11 ... 182 BD86
Maruéjols-lès-Gardon 30 ... 167 BS79
Marval 87 ... 119 AR61
Marvaux-Vieux 08 ... 19 BU20
Marvejols 48 ... 151 BL73
Marvelise 25 ... 84 CI48
Marville 55 ... 21 BY17
Marville-Moutiers-Brûlé 28 ... 37 AW27
Mary 71 ... 111 BU50
Mary-sur-Marne 77 ... 40 BK26
Marzal (Aven de) 07 ... 153 BV75
Marzan 56 ... 69 U39
Marzens 81 ... 163 BA81
Marzy 58 ... 94 BJ46
Mas-Blanc-des-Alpilles 13 ... 186 BX81
Mas-Cabardès 11 ... 182 BD86
Les Camargues 48 ... 182 BP75
Le Mas-d'Agenais 47 ... 146 AN74
Le Mas-d'Artige 23 ... 122 BE60
Mas-d'Auvignon 32 ... 161 AP79
Le Mas-d'Azil 09 ... 181 AW89
Mas-d'Azil (Grotte du) 09 ... 181 AW89
Mas-de-Londres 34 ... 166 BP81
Le Mas-de-Tence 43 ... 139 BT67
Mas-des-Cours 11 ... 182 BE88
Mas-d'Orcières 48 ... 152 BO74
Mas-Grenier 82 ... 162 AV79
Mas-Saint-Chély 48 ... 151 BM76

Mas-Saintes-Puelles 11 ... 182 BA87
Le Mas-Soubeyran 30 ... 166 BO78
Mas-Thibert 13 ... 186 BX84
Masbaraud-Mérignat 23 ... 121 AZ57
Mascaraás-Haron 64 ... 178 AJ84
Mascaras 65 ... 179 AM88
Mascaras 32 ... 179 AM84
Mascarville 31 ... 182 AZ84
Masclat 46 ... 148 AW70
Masevaux 68 ... 84 CM36
Maslacq 64 ... 177 AF85
Masléon 87 ... 121 AX60
Maslives 41 ... 76 AX39
Masmejan 48 ... 152 BP75
Le Masnau-Massuguiès 81 ... 164 BF82
Masnières 59 ... 9 BK11
Masny 59 ... 9 BK9
Los Masos 66 ... 196 BE95
Masparraute 64 ... 177 AC85
Maspie-Lalonquère-Juillacq 64 ... 178 AJ85
Masquières 47 ... 148 AT75
Massabrac 31 ... 181 AW88
Massac 81 ... 145 AK58
Massac 17 ... 104 AH57
Massac-Séran 81 ... 163 BA81
Massaguel 81 ... 182 BC85
Massais 79 ... 89 AJ45
Massals 81 ... 164 BF81
Massanes 30 ... 167 BS79
Massangis 89 ... 80 BR39
Massat 09 ... 194 AV92
Massay 18 ... 93 BB44
Le Massegros 48 ... 151 BK76
Masseilles 33 ... 146 AK74
Massels 47 ... 147 AR76
Massérac 44 ... 71 X38
Masseret 19 ... 121 AX62
Masseube 32 ... 179 AP86
Massiac 15 ... 137 BK65
Massieu 38 ... 141 CA62
Massieux 01 ... 126 BX58
Massiges 51 ... 19 BV21
Massignac 16 ... 119 AO59
Massignieu-de-Rives 01 ... 127 CE59
Massillargues-Attuech 30 ... 166 BR79
Massilly 71 ... 112 BV51
Massingy 74 ... 127 CF58
Massingy 21 ... 81 BX38
Massingy-lès-Semur 21 ... 80 BT40
Massingy-lès-Vitteaux 21 ... 80 BU40
Massognes 86 ... 89 AM48
Massoins 06 ... 175 CQ79
Massongy 74 ... 114 CI53
Massoulès 47 ... 147 AS75
Massugas 33 ... 146 AM70
Massy 76 ... 15 AY16
Massy 71 ... 111 BU51
Massy 91 ... 39 BD27

Mattaincourt 88 ... 65 CG31
Mattexey 54 ... 45 CH29
Matton-et-Clémency 08 ... 20 BY16
Mattstall 67 ... 47 CR22
Matzenheim 67 ... 49 CP29
Maubec 84 ... 168 CB82
Maubec 82 ... 161 AS81
Maubec 38 ... 140 CA61
Maubert-Fontaine 08 ... 10 BS14
Maubeuge 59 ... 10 BP9
Maubourguet 65 ... 179 AL86
Mauchamps 91 ... 59 BC29
Maucomble 76 ... 14 AW16
Maucor 64 ... 178 AI86
Maucourt 80 ... 16 BG15
Maucourt 60 ... 17 BJ17
Maucourt-sur-Orne 55 ... 20 CA20
Maudétour-en-Vexin 95 ... 38 AZ23
Mauguio 34 ... 185 BR83
Maulan 55 ... 43 CA26
Maulay 86 ... 90 AN46
Maulde 59 ... 9 BL7
Maule 78 ... 38 BA25
Mauléon 79 ... 88 AF46
Mauléon-Barousse 65 ... 193 AP91
Mauléon-d'Armagnac 32 ... 160 AL82
Mauléon-Licharre 64 ... 177 AD87
Maulers 60 ... 15 BC18
Maulette 78 ... 38 AZ26
Maulévrier 49 ... 88 AG45
Maulévrier-Sainte-Gertrude 76 ... 13 AS17
Maulichères 32 ... 160 AK82
Maumusson 82 ... 161 AR81
Maumusson 44 ... 72 AD40
Maumusson-Laguian 32 ... 160 AK83
Maupas 32 ... 160 AL82
Maupas 21 ... 98 BP33
Le Maupas 21 ... 96 BT43
Maupas (Château de) 18 ... 94 BF43
Mauperthuis 77 ... 40 BJ26
Maupertuis 50 ... 34 AB26
Maupertus-sur-Mer 50 ... 24 AC16
Mauprévoir 86 ... 105 AO57
Mauquenchy 76 ... 14 AX17
Mauran 31 ... 180 AT88
Maure 64 ... 178 AI86
Maure (Col de) 04 ... 156 CK75
Maure-de-Bretagne 35 ... 53 X36
Maurecourt 78 ... 38 BB24
Mauregard 77 ... 39 BF25
Mauregny-en-Haye 02 ... 18 BO18
Maureilhan 34 ... 183 BL84
Maureillas-las-Illas 66 ... 197 BH96
Mauremont 31 ... 182 AY85
Maurens 32 ... 160 AL84
Maurens 31 ... 181 AX85
Maurens 24 ... 133 AP67
Maurens-Scopont 81 ... 182 AZ85
Maurepas 80 ... 8 BH13
Maurepas 78 ... 38 BB27
Mauressac 31 ... 181 AW87
Mauressargues 30 ... 167 BS79
Maureville 31 ... 182 AZ85
Mauriac 33 ... 146 AK71
Mauriac 15 ... 136 BD66
Maurines 15 ... 151 BI70
Mauron 56 ... 52 U32
Maurrin 40 ... 159 AV82

Maurs 15 ... 149 BC71
Maurupt-le-Montois 51 ... 42 BW26
Maury 66 ... 197 BG92
Maury (Barrage de) 12 ... 150 BG72
Mausoléo 2B ... 202 DH94
Maussac 19 ... 136 BC63
Maussane-les-Alpilles 13 ... 168 BX82
Maussans 70 ... 83 CH40
Mautes 23 ... 122 BE58
Mauvages 55 ... 44 CB28
Mauvaisin 31 ... 181 AX87
Mauves 07 ... 140 BX67
Mauves-sur-Huisne 61 ... 56 AP29
Mauves-sur-Loire 44 ... 71 AB42
Mauvezin 65 ... 179 AN89
Mauvezin 32 ... 161 AS82
Mauvezin 31 ... 181 AS82
Mauvezin-de-Sainte-Croix 09 ... 180 AU89
Mauvezin-d'Armagnac 40 ... 160 AN90
Mauvezin-sur-Gupie 47 ... 146 AM73
Mauvières 36 ... 106 AV51
Mauvilly 21 ... 81 BV42
Maux 58 ... 95 BO45
Mauzac 31 ... 181 AV86
Mauzac-et-Saint-Meyme-de-Rozens 24 ... 133 AP69
Mauzé-sur-le-Mignon 79 ... 103 AG54
Mauzé-Thouarsais 79 ... 89 AK46
Mauzens-et-Miremont 24 ... 134 AS68
Mauzun 63 ... 123 BM60
Mavaleix 24 ... 120 AT62
Maves 41 ... 58 AW39
Mavilly-Mandelot 21 ... 97 BW45
La Maxe 57 ... 21 CG21
Maxent 35 ... 53 X34
Maxéville 54 ... 44 CG26
Maxey-sur-Meuse 88 ... 64 CD30
Maxey-sur-Vaise 55 ... 44 CC28
Maxilly-sur-Léman 74 ... 115 CL52
Maxilly-sur-Saône 21 ... 82 CA42
Maxou 46 ... 148 AW73
Maxstadt 57 ... 22 CK22
May-en-Multien 77 ... 40 BK25
Le May-sur-Èvre 49 ... 88 AF44
May-sur-Orne 14 ... 25 AI21
Mayac 24 ... 133 AQ65
Mayenne 53 ... 55 AI31
Le Mayet-de-Montagne 03 ... 110 BO56
Le Mayet-d'École 03 ... 109 BK55
Maylis 40 ... 159 AV82
Maynal 39 ... 113 CB50
Les Mayons 83 ... 189 CK82
Mayot 02 ... 17 BL16
Mayrac 46 ... 135 AY69
Mayran 12 ... 164 BE77
Mayrègne 31 ... 192 AQ91
Mayres 07 ... 152 BS72
Mayres 63 ... 138 BO63
Mayres-Savel 38 ... 141 CE69
Mayreste (Belvédère d') 04 ... 170 CJ81
Mayrinhac-Lentour 46 ... 135 AZ69
Mayronnes 11 ... 183 BE88
Maysel 60 ... 16 BG18
Mazamet 81 ... 182 BC85
Mazan 84 ... 168 CB80
Mazan-l'Abbaye 07 ... 152 BR73
Mazangé 41 ... 58 AV37
Mazaugues 83 ... 188 CH84
Mazaye 63 ... 123 BH59
Mazé 49 ... 74 AL41
Mée 53 ... 72 AF37
La Mée 28 ... 58 AX35

Mazeirat 23 ... 108 BB55
Mazeley 88 ... 65 CG31
Mazerat-Aurouze 43 ... 138 BN66
Mazeray 17 ... 117 AH58
Mazères 09 ... 146 AJ73
Mazères 09 ... 181 AX88
Mazères (Église de) 65 ... 178 AK84
Mazères-de-Neste 65 ... 179 AP89
Mazères-Lezons 65 ... 179 AM87
Mazères-sur-Salat 31 ... 180 AS89
Mazerier 03 ... 109 BK56
Mazerny 08 ... 19 BU17
Mazerolles 86 ... 106 AV57
Mazerolles 65 ... 179 AM80
Mazerolles 64 ... 178 AH86
Mazerolles 40 ... 159 AV81
Mazerolles 17 ... 117 AH62
Mazerolles-du-Razès 11 ... 182 BB89
Mazerolles-le-Salin 25 ... 99 CE43
Mazerulles 54 ... 45 CH26
Mazet-Saint-Voy 43 ... 139 BS67
Mazeuil 86 ... 90 AN48
Mazeyrolles 24 ... 148 AT72
La Mazière-aux-Bons-Hommes 23 ... 122 BE58
Mazières 16 ... 119 AO59
Mazières-de-Touraine 37 ... 74 AP41
Mazières-en-Gâtine 79 ... 104 AJ51
Mazières-en-Mauges 49 ... 88 AF45
Mazières-Naresse 47 ... 147 AR73
Mazières-sur-Béronne 79 ... 104 AK54
Mazille 71 ... 112 BV52
Mazingarbe 62 ... 3 BE6
Mazinghem 62 ... 3 BC6
Mazinghien 59 ... 9 BM12
Mazion 33 ... 131 AI67
Mazirat 03 ... 108 BF54
Mazirot 88 ... 64 CE31
Le Mazis 80 ... 15 AZ14
Mazoires 63 ... 137 BH64
Mazouau 65 ... 179 AP89
Mazuby 11 ... 187 BY90
Les Mazures 08 ... 11 BU13
Mazzola 2B ... 201 DK96
Méailles 04 ... 171 CM78
Méallet 15 ... 136 BF65
Méasnes 23 ... 107 AZ52
Meaucé 28 ... 57 AS32
Méaudre 38 ... 141 CD66
La Meauffe 50 ... 25 AE21
La Méaugon 22 ... 31 R28
Meaulne 03 ... 108 BG54
Méaulte 80 ... 8 BG13
Méautis 50 ... 24 AB18
Meaux 77 ... 40 BH24
Meaux-la-Montagne 69 ... 111 BS55
Meauzac 82 ... 162 AV79
Mecé 35 ... 54 AC32
Mechmont 46 ... 148 AV73
Mécleuves 57 ... 21 CG22
Mecquignies 59 ... 9 BO9
Mécrin 55 ... 43 CA26
Mécringes 51 ... 41 BM26
Médan 78 ... 38 BB24
Médavy 61 ... 36 AN27

Médeyrolles 63 ... 138 BO63
Médière 25 ... 84 CK40
Médillac 16 ... 132 AL65
Médis 17 ... 116 AE60
Médonnet (Chapelle du) 74 ... 129 CL57
Médonville 88 ... 64 CD32
Médous (Grotte de) 65 ... 193 AM90
Médréac 35 ... 53 X31
Le Mée 53 ... 72 AF37
Le Mée 28 ... 58 AX35

Le Mée-sur-Seine 77 ... 60 BG29
Les Mées 72 ... 56 AO31
Mées 40 ... 158 AC82
Les Mées 04 ... 170 CH79
Méganne 57 ... 22 CH20
Megève 74 ... 129 CL58
Megevette 74 ... 115 CK54
Mégrit 22 ... 52 V30
Méharicourt 80 ... 16 BG15
Méharin 64 ... 177 AB58
Méhers 41 ... 76 AX42
Méhoncourt 54 ... 45 CH28
Méhoudin 61 ... 55 AJ29
Mehun-sur-Yèvre 18 ... 93 BD44
La Meignanne 49 ... 73 AH40
Meigné 49 ... 89 AK43
Meigné-le-Vicomte 49 ... 74 AN40
Meigneux 80 ... 15 BA15
Meigneux 77 ... 60 BJ29
Meilhac 87 ... 120 AU60
Meilhan 40 ... 159 AV80
Meilhan 32 ... 180 AQ85
Meilhan-sur-Garonne 47 ... 146 AL73
Meilhards 19 ... 121 AY62
Meillac 35 ... 52 Z29
Meillant 18 ... 94 BE48
Le Meillard 80 ... 7 BC11
Meillard 03 ... 109 BK53
La Meilleraie-Tillay 85 ... 88 AF48
Meilleray 77 ... 40 BL26
La Meilleraye-de-Bretagne 44 ... 71 AB39
Meillerie 74 ... 115 CL52
Meillers 03 ... 109 BJ51
Meillier-Fontaine 08 ... 11 BV14
Meillon 64 ... 178 AI87
Meillonnas 01 ... 113 CB54
Meilly-sur-Rouvres 21 ... 97 CD28
Meisenthal 57 ... 23 CO23
Meistratzheim 67 ... 49 CO28
Le Meix 21 ... 81 BX39
Le Meix-Saint-Epoing 51 ... 41 BN27
Le Meix-Tiercelin 51 ... 42 BT27
Méjanes 13 ... 186 BV84
Méjannes-le-Clap 30 ... 167 BT77
Méjannes-lès-Alès 30 ... 167 BS78
Mela 2A ... 203 DI03
Mélagues 12 ... 165 BJ82
Mélamare 76 ... 12 AQ17
Melan 04 ... 156 CI76
Melay 71 ... 111 BO54
Melay 52 ... 64 CD35
Melay 49 ... 89 AG43
Le Mêle-sur-Sarthe 61 ... 56 AP29
Mélecey 70 ... 84 CJ39
Melesse 35 ... 53 Z32
Melgven 29 ... 49 J34
Mélicocq 60 ... 16 BH18
Mélicourt 27 ... 38 AQ24
Méligny-le-Grand 55 ... 44 CB27
Méligny-le-Petit 55 ... 43 CA27
Melin 70 ... 83 CE37
Melincourt 70 ... 65 CG35
Mélisey 89 ... 80 BO36
Mélisey 70 ... 84 CJ37
Meljac 12 ... 164 BE78
Mellac 29 ... 50 L34
Melle 79 ... 104 AK54
Mellé 35 ... 54 AD29
Melleran 79 ... 104 AL55
Melleray 72 ... 58 AA34
Melleroy 45 ... 78 BI36
Melles 31 ... 193 AQ92
Melleville 76 ... 6 AX13
Mellionnec 22 ... 51 O31
Mello 60 ... 16 BE21
Meloisey 21 ... 97 BW45
Melrand 56 ... 51 P34
Melsheim 67 ... 47 CO25
Melun 77 ... 60 BG29
Melve 04 ... 156 CH75
Melz-sur-Seine 77 ... 61 BL29
Membrey 70 ... 83 CD39
La Membrolle-sur-Choisille 37 ... 75 AR41
La Membrolle-sur-Longuenée 49 ... 73 AH39
Membrolles 41 ... 58 AX35
Méménil 88 ... 45 CJ31
Memmelshoffen 67 ... 47 CS23
Le Mémont 25 ... 100 CK43
Mémorial Canadien 62 ... 8 BH8
Menades 89 ... 79 BP41
Ménarmont 88 ... 45 CJ29
Menars 41 ... 76 AW39
Menat 63 ... 109 BI56
Menaucourt 55 ... 43 CA27
Mencas 62 ... 3 BC6
Menchhoffen 67 ... 46 CP24
Mende 48 ... 152 BN73
Mendionde 64 ... 176 AA86
Menditte 64 ... 177 AD88
Mendive 64 ... 177 AB88
Menée (Col de) 38 ... 155 CD70
Ménéac 56 ... 52 U32
Ménerbes 84 ... 168 CB81
Ménerval 76 ... 15 AY17
Ménerville 78 ... 38 BA24
Menesble 21 ... 81 BX38
Méneslies 80 ... 6 AX12
Ménesplet 24 ... 133 AM68
Ménesqueville 27 ... 14 AX20
Ménessaire 21 ... 96 BR44
Menestreau 58 ... 79 BK41
Ménestreau-en-Villette 45 ... 77 BB38
Menet 15 ... 136 BF65
Menetou-Couture 18 ... 94 BH45
Menetou-Râtel 18 ... 78 BH42
Menetou-Salon 18 ... 78 BF43
Menetou-sur-Nahon 36 ... 92 AY43
Ménétréol-sous-Sancerre 18 ... 78 BH42
Ménétréol-sur-Sauldre 18 ... 77 BD41
Ménétréols-sous-Vatan 36 ... 93 BA46
Ménétreuil 71 ... 112 BY52
Ménétreux-le-Pitois 21 ... 80 BT39
Ménétrol 63 ... 123 BK58
Menetru-le-Vignoble 39 ... 98 CC48
Menétrux-en-Joux 39 ... 99 CE47
Ménévillers 60 ... 16 BG17
Menglon 26 ... 155 CC71
Ménigoute 79 ... 104 AL51
Le Ménil 88 ... 66 CL35
Ménil 53 ... 73 AH37
Ménil-Annelles 08 ... 19 BT19
Le Ménil-aux-Bois 55 ... 43 CA25
Le Ménil-Bérard 61 ... 36 AQ27
Le Ménil-Broût 61 ... 56 AN30
Le Ménil-Ciboult 61 ... 34 AG26
Le Ménil-de-Briouze 61 ... 35 AI27
Le Ménil-de-Senones 88 ... 66 CM30
Ménil-en-Xaintois 88 ... 64 CE31
Ménil-Erreux 61 ... 56 AO29
Ménil-Froger 61 ... 36 AP27
Ménil-Glaise 61 ... 35 AL26
Ménil-Gondouin 61 ... 35 AI27
Le Ménil-Guyon 61 ... 36 AO28
Ménil-Hermei 61 ... 35 AK25

MELUN

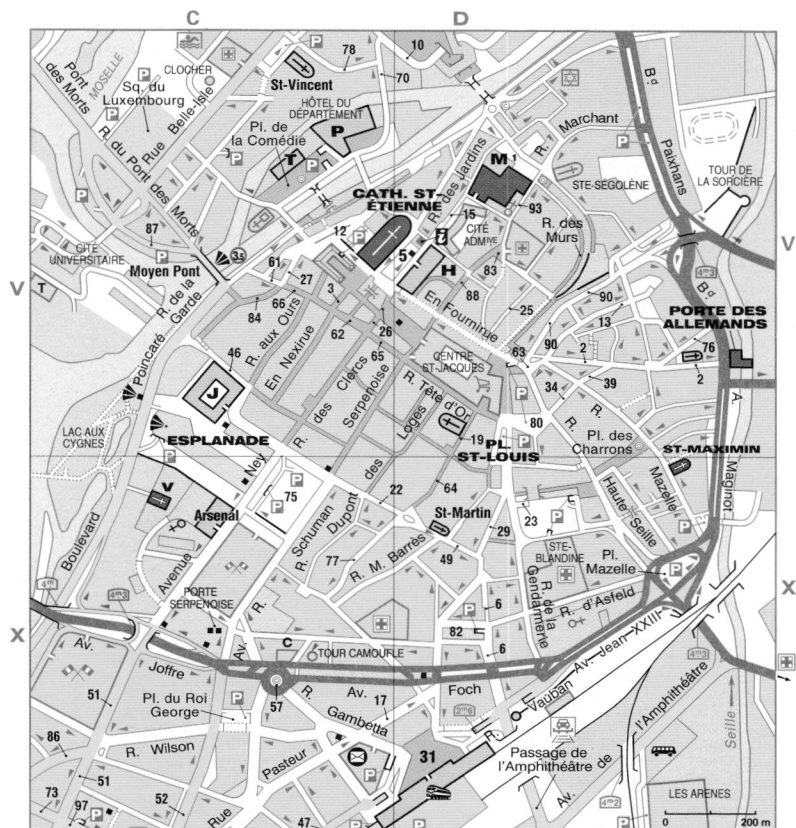

METZ

Moloy 21 .....81 BX40
Molphey 21 .....80 BS42
Molpré 39 .....99 CG48
Molring 57 .....45 CK24
Molsheim 67 .....46 CP28
Moltifao 2B 199 DI94
Les Molunes 39 .....114 CF53
Momas 64 .....178 AH85
Mombrier 33 .....131 AH67
Momères 65 .....179 AL88
Momerstroff 57 .....22 CI21
Momuy 40 .....159 AF83
Momy 64 .....178 AK86
Mon Idée 08 .....10 BS14
Monacia-d'Aullène 2A 203 DI05
Monacia-d'Orezza 2B 201 DK95
Monampteuil 02 .....28 BM18
Monassut-Audiracq 64 .....178 AJ85
Le Monastère 12 .....150 BF75
Le Monastier 48 .....151 BL73
Le Monastier-
  sur-Gazeille 43 .....139 BR69
Monay 39 .....98 CC47
Monbadon 33 .....132 AL69
Monbahus 47 .....147 AP73
Monbalen 47 .....147 AR76
Monbardon 32 .....180 AQ86
Monbazillac 24 .....147 AP70
Monbéqui 82 .....162 AV90
Monblanc 32 .....180 AS85
Monbos 24 .....147 AO71
Monbouan
  (Château de) 35 .....54 AC34
Monbrun 32 .....162 AT83
Moncale 2B 198 DG94
Moncassin 32 .....179 AO85
Moncaup 64 .....178 AK85
Moncaup 31 .....193 AO90
Moncaut 47 .....161 AP77
Moncayolle-Larrory-
  Mendibieu 47 .....177 AE87
Moncé-en-Belin 72 .....74 AN36
Moncé-en-Saosnois 72 .....56 AP32
Monceau-le-Neuf-
  et-Faucouzy 02 .....18 BN15
Monceau-le-Waast 02 .....17 BM16
Monceau-lès-Leups 02 .....17 BM16
Monceau-Saint-Waast 59 .....9 BO10
Monceau-sur-Oise 02 .....18 BN13
Monceaux 60 .....36 BF20
Les Monceaux 14 .....26 AN22
Monceaux-au-Perche 61 .....57 AR29
Monceaux-en-Bessin 14 .....25 AH20
Monceaux-l'Abbaye 60 .....16 AZ16
Monceaux-le-Comte 58 .....79 BN42
Monceaux-
  sur-Dordogne 19 .....135 BA67
Moncel-lès-Lunéville 54 .....45 CI28
Moncel-sur-Seille 54 .....45 CH25
Moncel-sur-Vair 88 .....64 CC30
La Moncelle 08 .....20 BX16
Moncetz-l'Abbaye 51 .....42 BV27
Moncetz-Longevas 51 .....42 BU24
Moncey 25 .....83 CG41
Monchaux 80 .....6 AY9
Monchaux-Soreng 76 .....6 AY13
Monchaux-sur-Écaillon 59 .....9 BL9
Moncheaux 59 .....8 BJ7
Moncheaux-lès-Frévent 62 .....7 BE9
Monchecourt 59 .....8 BK9
Monchel-sur-Canche 62 .....7 BD9
Moncheux 57 .....35 CH24
Monchiet 62 .....8 BF10
Monchy-au-Bois 62 .....8 BG10
Monchy-Cayeux 62 .....7 BE8
Monchy-Humières 60 .....16 BG18
Monchy-Lagache 80 .....8 BI14
Monchy-le-Preux 62 .....8 BH9
Monchy-Saint-Éloi 60 .....16 BE20
Monchy-sur-Eu 76 .....6 AX13
Moncla 64 .....178 AJ84
Monclar 47 .....147 AP74
Monclar 32 .....160 AK80
Monclar-de-Quercy 82 .....162 AX80
Monclar-sur-Losse 32 .....179 AN84
Moncley 25 .....83 CE42
Moncontour 86 .....90 AL47
Moncontour 22 .....52 T30
Moncorneil-Grazan 32 .....180 AQ85
Moncourt 57 .....45 CJ26
Moncoutant 79 .....89 AH48
Moncrabeau 47 .....161 AO79
Moncy 61 .....34 AH25
Mondavezan 31 .....180 AT88
Mondelange 57 .....21 CF20
Mondement-
  Montgivroux 51 .....41 BO26
Mondescourt 60 .....17 BJ17
Mondevert 35 .....54 AE33
Mondeville 91 .....59 BE29
Mondeville 14 .....26 AK22
Mondicourt 62 .....7 BE11
Mondigny 08 .....19 BU15
Mondilhan 31 .....180 AQ87
Mondion 86 .....90 AP46
Mondon 25 .....83 CH40
Mondonville 31 .....162 AV83
Mondonville-Saint-Jean 28 .....58 BA31
Mondorff 57 .....21 CG17
Mondoubleau 41 .....57 AT35
Mondouzil 31 .....162 AX83
Mondragon 84 .....154 BW76
Mondrainville 14 .....26 AJ22
Mondrecourt 55 .....43 BZ23
Mondrepuis 02 .....10 BQ13
Mondreville 78 .....38 AY25
Mondreville 77 .....59 BF33
Monein 64 .....178 AG86
Monès 31 .....180 AT86
Monesple 09 .....181 AW89
Le Monestier 63 .....124 BO62
Monestier 24 .....147 AO70
Monestier 07 .....139 BV66
Monestier 03 .....109 BJ54
Monestier-d'Ambel 38 .....156 CB22
Monestier-de-Clermont 38 .....141 CD68
Le Monestier-du-Percy 38 .....155 CE70
Monestier-Merlines 19 .....122 BE61
Monestier-Port-Dieu 19 .....135 BB78
Monestiés 81 .....163 BB78
Monestrol 31 .....181 AY87
Monétay-sur-Allier 03 .....110 BL53
Monétay-sur-Loire 03 .....110 BM53
Monéteau 89 .....79 BN36
Monétier-Allemont 05 .....156 CG74
Le Monétier-les-Bains 05 .....142 CK68
Monfaucon 24 .....179 AL85
Monfaucon 24 .....132 AN69
Monferran-Plavès 32 .....180 AQ85
Monferran-Savès 32 .....180 AS84
Monflanquin 47 .....147 AR73
Monfort 32 .....161 AR82
Monfréville 14 .....25 AF20
Mongaillard 47 .....160 AN77
Mongausy 32 .....180 AR85
Mongauzy 33 .....146 AL73
Monget 40 .....178 AG84
La Mongie 65 .....193 AM91
Monguilhem 32 .....160 AJ81
Monhoudou 72 .....56 AP30
Monieux 84 .....169 CC76
Monistrol-d'Allier 43 .....138 BO68
Monistrol-sur-Loire 43 .....139 BS65

Monlaur-Bernet 32 .....179 AP86
Monléon-Magnoac 65 .....179 AP87
Monlet 43 .....138 BO66
Monlezun 32 .....179 AM85
Monlezun-d'Armagnac 32 .....160 AJ81
Monlong 65 .....179 AO88
Monmadalès 24 .....147 AO71
Monmarvès 24 .....147 AP25
Monnai 61 .....36 AP25
Monnaie 37 .....75 A540
Monneren 57 .....22 CI21
La Monnerie-le-Montel 63 .....124 BN58
Monnes 02 .....39 BH31
Monnet-la-Ville 39 .....99 CE48
Monnetay 39 .....113 CC51
Monnetier-Mornex 74 .....114 CH54
Monneville 60 .....15 BB21
Monnières 44 .....87 AB44
Monnières 39 .....98 CB44
Monoblet 30 .....166 BQ79
Monpardiac 32 .....179 AM85
Monpazier 24 .....147 AS72
Monpezat 24 .....178 AK84
Monplaisant 24 .....148 AT70
Monprimblanc 33 .....146 AJ72
Mons 31 .....162 AW83
Mons 30 .....124 BM57
Mons 34 .....181 AX84
Mons 31 .....181 AX84
Mons 30 .....34 AD24
Mons 16 .....117 AJ59
Mons 16 .....181 AL58
Mons-Boubert 80 .....6 A211
Mons-en-Baroeul 59 .....8 BJ5
Mons-en-Chaussée 80 .....8 BI14
Mons-en-Laonnois 02 .....17 BM18
Mons-en-Montois 77 .....60 BJ29
Mons-en-Pévèle 59 .....8 BJ7
Monsac 24 .....147 AQ70
Monsaguel 24 .....147 AP71
Monségur 64 .....178 AK85
Monségur 47 .....147 AS74
Monségur 40 .....159 AG83
Monségur 33 .....146 AM72
La Monselie 15 .....136 BF64
Monsempron-Libos 47 .....147 AS74
Monseignac 85 .....88 AC48
Monsols 69 .....111 BU54
Monsteroux-Milieu 38 .....140 BY63
Monsures 80 .....15 BC16
Monswiller 67 .....46 CO25
Le Mont 88 .....64 CM29
Mont 71 .....110 BP50
Mont 65 .....193 AO42
Mont 64 .....177 AF85
Mont (Signal de) 71 .....110 BP50
Mont-Bernanchon 62 .....7 BF6
Mont-Bertrand 14 .....34 AG23
Mont Blanc
  (Tunnel du) 74 .....129 CM57
Mont-Bonvillers 54 .....21 CD19
Le Mont-Caume 83 .....188 CG88
Mont-Cauvaire 76 .....14 AV17
Mont-Cenis (Col du) 73 .....143 CN64
Mont-Cindre 69 .....126 BX59
Mont-d'Astarac 32 .....179 AP87
Mont-Dauphin 05 .....157 CL71
Mont-de-Galié 31 .....193 AO90
Mont-de-Lans 38 .....142 CH67
Mont-de-l'If 76 .....13 AS17
Mont-de-Marrast 32 .....179 AN86
Mont-de-Marsan 40 .....159 AH90
Mont-de-Vougney 25 .....84 CL42
Mont des Cats 59 .....8 BG4
Mont-devant-Sassey 55 .....20 BY19
Le Mont-Dieu 08 .....19 BW17
Mont-Disse 64 .....178 AJ84
Mont-Dol 35 .....32 Z28
Mont-Dore 63 .....123 BH62
Mont d'Origny 02 .....18 BM14
Mont du Chat 73 .....127 CF60
Mont-et-Marré 58 .....95 BN45
Mont-Laurent 08 .....19 BT18
Mont-le-Franois 70 .....82 CC59
Mont-le-Vernois 70 .....83 CF38
Mont-le-Vignoble 54 .....44 CD27
Mont-lès-Lamarche 88 .....64 CD34
Mont-lès-Neufchâteau 88 .....64 CC30
Mont-lès-Seurre 71 .....98 BZ46
Mont-l'Étroit 54 .....64 CD29
Mont-l'Évêque 60 .....16 BG21
Mont-Louis 66 .....196 BG96
Mont Noir 59 .....8 BG4
Mont-Notre-Dame 02 .....17 BM20
Mont-Ormel 61 .....36 AN25
Mont-près-Chambord 41 .....76 AX40
Mont-Roc 81 .....164 BE81
Mont Roland
  (Sanctuaire du) 39 .....98 CA44
Mont-Rond
  (Sommet du) 01 .....114 CG52
Le Mont-Saint-Adrien 60 .....15 BB19
Mont-Saint-Aignan 76 .....13 AU18
Mont-Saint-Éloi 62 .....8 BG9
Mont-Saint-Jean 72 .....55 AL32
Mont-Saint-Jean 21 .....80 BT42
Mont-Saint-Jean 02 .....18 BM21
Mont-Saint-Léger 70 .....83 CD38
Mont-Saint-Martin 54 .....21 CC17
Mont-Saint-Martin 38 .....141 CE65
Mont-Saint-Martin 08 .....19 BN20
Mont-Saint-Martin 02 .....18 BN20
Le Mont-Saint-Michel 50 .....31 Z28
Mont-Saint-Père 02 .....41 BM23
Mont-Saint-Remy 08 .....19 BT19
Mont-Saint-Sulpice 89 .....61 BN35
Mont-Saint-Vincent 71 .....111 BU50
Mont-Saxonnex 74 .....114 CJ56
Mont-sous-Vaudrey 39 .....98 CC46
Mont-sur-Courville 51 .....28 BN21
Mont-sur-Meurthe 54 .....45 CI28
Mont-sur-Monnet 39 .....99 CE49
Mont Thou 69 .....126 BX58
Mont-Villers 55 .....44 CB22
Montabard 61 .....35 AM25
Montabès (Puy de) 12 .....150 BG72
Montabon 72 .....74 AP38
Montabot 50 .....34 AE24
Montacher-Villegardin 89 .....60 BJ33
Montadet 32 .....180 AS85
Montady 34 .....184 BK87
Montagagne 09 .....181 AW91
Montagna-le-Reconduit 39 .....113 CB51
Montagna-le-Templier 39 .....113 CB53
Montagnac 30 .....166 BR80
Montagnac 34 .....167 BS80
Montagnac 04 .....170 CI81
Montagnac-
  d'Auberoche 24 .....134 AT66
Montagnac-
  la-Crempse 24 .....133 AP68
Montagnac-
  sur-Auvignon 47 .....160 AO77
Montagnac-sur-Lède 47 .....147 AS73
Montagnat 01 .....113 CA55
Montagne 38 .....65 CJ35
La Montagne 44 .....87 Z43
Montagne 38 .....140 CA66
Montagne 33 .....132 AK69
Montagne de Dun 71 .....111 BT54
Montagne-Fayel 80 .....7 BB13
Montagney 25 .....83 CH40

Montagnieu 38 .....127 CC62
Montagnieu 01 .....127 CC59
Montagnol 12 .....165 BJ81
Montagnole 73 .....127 CF61
Montagny 73 .....129 CL62
Montagny 69 .....126 BW61
Montagny 42 .....111 BS56
Montagny-en-Vexin 60 .....15 AZ21
Montagny-lès-Beaune 21 .....97 BX46
Montagny-lès-Buxy 71 .....97 BV49
Montagny-les-Lanches 74 .....128 CG58
Montagny-les-Seurre 21 .....98 CA45
Montagny-
  Sainte-Félicité 60 .....39 BG22
Montagoudin 33 .....146 AL72
Montagrier 24 .....133 AP65
Montagudet 82 .....148 AT76
Montagut 64 .....178 AG84
Montaignac-
  Saint-Hippolyte 19 .....135 BB64
Montaigu 85 .....87 AC45
Montaigu 39 .....98 CC49
Montaigu 02 .....18 BO18
Montaigu (Butte de) 53 .....55 AJ32
Montaigu-de-Quercy 82 .....148 AT75
Montaigu-la-Brisette 50 .....24 AC17
Montaigu-le-Blin 03 .....110 BM54
Montaigu-les-Bois 50 .....34 AD24
Montaiguët-en-Forez 03 .....110 BP54
Montaigut 63 .....109 BH55
Montaigut-le-Blanc 63 .....123 BJ62
Montaigut-le-Blanc 23 .....107 AZ56
Montaigut-sur-Save 31 .....162 AU83
Montaillé 72 .....57 AR35
Montailleur 73 .....128 CI60
Montaillou 09 .....195 BA93
Montaimont 73 .....142 CJ63
Montain 39 .....98 CC48
Montainville 78 .....38 BA25
Montainville 28 .....58 AY32
Montal (Château de) 46 .....149 BA70
Montalba-d'Amélie 66 .....197 BG97
Montalba-le-Château 66 .....196 BF94
Montalembert 79 .....104 AN56
Montalet-le-Bois 78 .....38 BA23
Montaliu-Vercieu 38 .....127 CB59
Montalivet-les-Bains 33 .....130 AC63
Montalzat 82 .....162 AX77
Montamat 32 .....180 AR85
Montambert 58 .....95 BN48
Montamel 46 .....148 AW72
Montamisé 86 .....105 AP50
Montamy 14 .....34 AH23
Montanay 69 .....126 BX58
Montancheix 82 .....132 AQ66
Montancy 25 .....85 CN41
Montandon 25 .....84 CL42
Montanel 50 .....54 AC29
Montaner 64 .....178 AK86
Montanges 01 .....113 CE55
Montans 81 .....163 BA81
Montapas 58 .....96 BN45
Montarcher 42 .....138 BO63
Montardit 09 .....180 AU89
Montardon 64 .....178 AI86
Montaren-
  et-Saint-Médiers 30 .....167 BU79
Montargis 45 .....60 BG35
Montarlot 71 .....98 BH31
Montarlot-
  lès-Champlitte 70 .....82 CB38
Montarlot-lès-Rioz 70 .....83 CF41
Montarnaud 34 .....184 BO35

Montaron 58 .....95 BO47
Montastruc 82 .....162 AV78
Montastruc 65 .....179 AN88
Montastruc 47 .....147 AP74
Montastruc-de-Salies 31 .....180 A590
Montastruc-
  la-Conseillère 31 .....162 AX82
Montastruc-Savès 31 .....180 AT86
Montauban 82 .....162 AW75
Montauban 60 .....16 BE21
Montauban 64 .....179 AW79
Montauban-
  de-Bretagne 35 .....52 X32
Montauban-de-Luchon 31 .....193 AP93
Montauban-de-Picardie 80 .....8 BH12
Montaud 34 .....167 BS82
Montaud 38 .....141 CD65
Montaudin 53 .....54 AE29
Montaulieu 26 .....154 CA75
Montaulin 10 .....62 BR32
Montaure 27 .....14 AU21
Montauriol 82 .....164 BD78
Montauriol 66 .....197 BH95
Montauriol 47 .....147 AR73
Montauriol 11 .....181 AZ87
Montauriol 40 .....174 CN82
Montaut 64 .....178 AJ89
Montaut 47 .....147 AQ72
Montaut 40 .....159 AF82
Montaut 32 .....179 AO86
Montaut 31 .....181 AV90
Montaut 24 .....147 AU88
Montaut 09 .....181 AV88
Montaut-les-Créneaux 32 .....160 AQ82
Montautour 35 .....54 AE29
Montauville 54 .....44 CE24
Montay 59 .....9 BM11
Montayral 47 .....147 AT74
Montazeau 24 .....132 AM69
Montazels 11 .....196 BD91
Montbard 21 .....80 BS39
Montbarla 82 .....148 AT77
Montbarrey 39 .....98 CC45
Montbarrois 45 .....59 BE34
Montbartier 82 .....162 AW76
Montbavin 02 .....17 BM18
Montbazens 12 .....150 BD74
Montbazin 34 .....184 BO85
Montbazon 37 .....91 AR43
Montbel 48 .....152 BO82
Montbel 09 .....181 AW96
Montbéliard 25 .....84 CL39
Montbéliardot 25 .....100 CK43
Montbellet 71 .....112 BX51
Montbenoît 25 .....100 CJ45
Montberaud 31 .....180 AU89
Montbernard 31 .....180 AR87
Montberon 31 .....162 AW82
Montbert 44 .....87 AB43
Montberthault 21 .....80 BR41
Montbeton 82 .....162 AW76
Montbeugny 03 .....110 BM51
Montbizot 72 .....56 AN33
Montblainville 55 .....20 BX21
Montblanc 34 .....184 BM86
Montbonnot-
  Saint-Martin 38 .....141 CF65
Montboucher 23 .....121 AY57
Montboucher-
  sur-Jabron 26 .....154 BX73
Montboudif 15 .....136 BG64

Montbouton 90 .....84 CM40
Montbouy 45 .....78 BH36
Montboyer 16 .....132 AK40
Montbozon 70 .....83 CH40
Montbrand 05 .....155 CE72
Montbras 55 .....44 CC28
Montbré 51 .....28 BF16
Montbrehain 02 .....9 BL13
Montbras 60 .....16 BE21
Montbron 16 .....119 AP60
Montbron 57 .....23 CO23
Montbras 48 .....149 BA75
Montbron 28 .....199 DK94
Montbronn 57 .....47 CM56
Montbrun-
  des-Corbières 11 .....183 BG88
Montbrun-Lauragais 31 .....181 AW86
Montbrun-les-Bains 26 .....169 CC77
Montcabrier 81 .....163 AY83
Montcabrier 46 .....148 AT73
Montcaret 24 .....132 AM69
Montcarra 38 .....127 CB61
Montcavrel 62 .....7 BA7
Montceau 71 .....127 CB61
Montceau-et-Écharnant 21 .....97 BV45
Montceau-les-Mines 71 .....96 BT49
Montceaux 01 .....89 BW56
Montceaux-lès-Meaux 77 .....40 BI20
Montceaux-lès-Provins 77 .....41 BM27
Montceaux-lès-Vaudes 10 .....62 BR33
Montceaux-l'Étoile 71 .....BR53
Montceaux-Ragny 71 .....112 BX50
Le Montcel 73 .....128 CG59
Le Montcel 88 .....64 CB36
Montcel 63 .....123 BJ59
Montcenis 71 .....96 BT48
Montcet 01 .....112 BZ54
Montchaboud 38 .....141 CE66
Montchal 42 .....125 BT59
Montchâlons 02 .....18 BN18
Montchamp 15 .....137 BK67
Montchamp 14 .....34 AH24
Montchanin 71 .....96 BT48
Montcharvot 52 .....64 CD35
Montchaton 50 .....33 AD23
Montchaude 16 .....132 AK63
Montchauvet 78 .....38 AY25
Montchauvet 14 .....34 AH24
Montchavin 73 .....129 CM61
Montchenot 51 .....BO22
Montchenu 26 .....140 BZ66
Montchevrel 61 .....36 AP28
Montchevrier 36 .....107 AZ52
Montclar 12 .....164 BG80
Montclar 11 .....182 BD89
Montclar 04 .....157 CJ74

Montcresson 45 .....78 BH36
Montcuit 50 .....24 AD22
Montcuq 46 .....148 AU75
Montcusel 39 .....113 CD53
Montdardier 30 .....119 BV15
Montdauphin 77 .....40 BL25
Montdidier 57 .....22 CK23
Montdidier 80 .....16 BF16
Montdoré 70 .....81 CB28
Montdoumerc 46 .....148 AX76
Montdragon 81 .....163 BC82
Montdurausse 81 .....162 AX83
Monte 2B 199 DK94
Monte Cecu 2B 201 DI96
Monté d'Oro 2A 200 DI81
Monteaux 41 .....75 AU40
Montebourg 50 .....24 AC16
Montech 82 .....162 AV80
Montech
  (Pente d'eau de) 82 .....162 AV79
Montécheroux 25 .....84 CL41
Montegrosso 2B 199 DG93
Montégut 65 .....179 AO89
Montégut 40 .....161 AQ80
Montégut-Arros 32 .....179 AM86
Montégut-Bourjac 31 .....180 AS87
Montégut-en-Couserans 09 .....180 AT90
Montégut-Lauragais 31 .....181 AY86
Montégut-Plantaurel 09 .....181 AV89
Montégut-Savès 31 .....180 AS85
Monteignet-
  sur-l'Andelot 03 .....109 BK56
Le Monteil 43 .....139 BQ67
Le Monteil 15 .....136 BF65
Monteil 07 .....123 BG61
Le Monteil-au-Vicomte 23 .....121 BB60
Monteille 14 .....26 AN22
Monteils 82 .....162 AW77
Monteils 30 .....167 BS78
Monteils 12 .....163 BB78
Montel-de-Gelat 63 .....122 BF58
Montéléger 26 .....140 BY69
Montélier 26 .....154 BX73
Montélimar 26 .....154 BX73
Le Montellier 01 .....126 BZ57
Montels 34 .....184 BA80
Montels 81 .....163 BA80
Montels 34 .....181 AW90
Montels 09 .....181 AW90
Montemboeuf 16 .....120 AR60
Monteme 2B 198 DG93
Montenach 57 .....22 CI18
Montenay 53 .....54 AF31
Montendre 17 .....131 BA62
Montendry 73 .....128 CI62
Montenescourt 62 .....8 BF9
Monténil 56 .....52 V35
Monténils 77 .....41 BM25
Montenois 25 .....84 CK39
Montenoison 58 .....95 BM45
Montenoy 54 .....44 CG25
Montépilloy 60 .....16 BG21
Montépreux 51 .....42 BS26
Monterblanc 56 .....69 S36
Montereau 45 .....77 BF35
Montereau-Fault-Yonne 77 .....60 BI30
Montereau-sur-le-Jard 77 .....39 BG28
Monterfil 35 .....53 X33
Montérolier 76 .....14 AW17
Monterrein 56 .....52 U35
Montertelot 56 .....52 U35
Montescot 66 .....197 BI95
Montescourt-Lizerolles 02 .....18 BK15
Montespan 31 .....180 AR89
Montesquieu 82 .....162 AT77
Montesquieu 47 .....161 AO77
Montesquieu 34 .....184 BL84

Montesquieu-Avantès 09 .....180 AU90
Montesquieu-
  des-Albères 66 .....197 BI96
Montesquieu-Guittaut 31 .....180 AR86
Montesquieu-Lauragais 31 .....181 AY86
Montesquieu-Volvestre 31 .....180 AU88
Montesquiou 32 .....179 AN84
Montessaux 70 .....84 CJ37
Montesson 78 .....39 BC25
Montestrucq 64 .....177 AE85
Montestruc-sur-Gers 32 .....161 AQ81
Montet-et-Bouxal 46 .....149 AN72
Le Montet 03 .....109 BJ52
Montets (Col des) 74 .....115 CN56
Monteux 84 .....168 BY80
Montévrain 77 .....39 BG25
Monteynard 38 .....141 CE68
Montézic 12 .....150 BG71
Montfa 81 .....163 BD83
Montfa 09 .....181 AV89
Montfalcon 38 .....140 BY78
Montfarville 50 .....24 AD16
Montfaucon 46 .....148 AX78
Montfaucon 30 .....168 BW79
Montfaucon 25 .....83 CH42
Montfaucon 02 .....40 BK24
Montfaucon-d'Argonne 55 .....20 BY20
Montfaucon-en-Velay 43 .....139 BT66
Montfaucon-
  Montigné 49 .....88 BY80
Montfavet 84 .....168 BY80
Montfermeil 93 .....39 BF25
Montfermier 82 .....162 AW77
Montfermy 63 .....123 BH58
Montferney 25 .....84 CI40
Montferrand 11 .....181 AZ86
Montferrand-
  du-Périgord 24 .....147 AS71
Montferrand-la-Fare 26 .....155 CC75
Montferrand-le-Château 25 .....83 CF43
Montferrat 83 .....172 CD62
Montferrat 38 .....127 CD62
Montferrer 66 .....196 BF97
Montferrier 09 .....195 BA92
Montferrier-sur-Lez 34 .....185 BO83
Montfey 10 .....61 BP34
Montfiquet 14 .....25 AG21
Montfleur 39 .....113 CB53
Montflours 53 .....55 AH32
Montflovin 25 .....100 CJ45
Montfort 64 .....177 AE86
Montfort 49 .....73 AG43
Montfort 25 .....99 CE45
Montfort 04 .....170 CH78
Montfort-l'Amaury 78 .....38 BA26
Montfort-le-Gesnois 72 .....56 AP34
Montfort-sur-Argens 83 .....188 CB84
Montfort-sur-Boulzane 11 .....196 BD93
Montfort-sur-Meu 35 .....53 X32
Montfort-sur-Risle 27 .....27 AR20
Montfranc 12 .....164 BE81
Montfrin 30 .....BW80
Montfroc 26 .....169 CE77
Montfuron 04 .....170 CH78
Montgaillard 82 .....162 AV80
Montgaillard 81 .....162 AX80
Montgaillard 65 .....193 AM88
Montgaillard 40 .....159 AH82
Montgaillard 11 .....182 BE91
Montgaillard 09 .....195 BA92
Montgaillard-de-Salies 31 .....180 AS89
Montgaillard-Lauragais 31 .....181 AY86
Montgaillard-sur-Save 31 .....180 AQ87
Montgardin 05 .....156 CI72

Montgardon 50 .....24 AB20
Montgauch 09 .....180 AT90
Montgaudry 61 .....56 AP30
Montgazin 31 .....181 AV87
Montgé-en-Goële 77 .....39 BG23
Montgeard 31 .....181 AY86
Montgellafrey 73 .....142 CJ63
Montgenèvre 05 .....143 CM68
Montgenost 51 .....41 BN28
Montgeoffroy
  (Château de) 49 .....73 AK40
Montgérain 60 .....16 BF18
Montgermont 35 .....53 Z32
Montgeron 91 .....39 BE27
Montgeroult 95 .....38 BB25
Montgesoye 25 .....99 CH44
Montgesty 46 .....148 AV73
Montgey 81 .....182 BA85
Montgibaud 19 .....120 AW62
Montgilbert 73 .....128 CI61
Montgirod 73 .....129 CL61
Montgiscard 31 .....181 AX85
Montgivray 36 .....107 BB50
Montgobert 02 .....17 BI20
Montgon 08 .....19 BV18
Montgradail 11 .....181 AZ89
Montgras 31 .....180 AT85
Montgreleix 15 .....137 BI64
Montgru-Saint-Hilaire 02 .....17 BK21
Montguers 26 .....155 CC76
Montguillon 49 .....72 AG37
Montguyon 17 .....132 AK65
Les Monthairons 55 .....43 CA23
Montharville 28 .....58 AW33
Monthault 35 .....34 AD28
Monthaut 11 .....181 AZ89
Monthelie 21 .....97 BW46
Monthelon 71 .....96 BS46
Monthelon 51 .....41 BP24
Monthenault 02 .....18 BN18
Montheries 52 .....63 BX33
Montherlant 60 .....15 BB21
Monthermé 08 .....19 BV13
Monthiers 02 .....40 BK22
Monthieux 01 .....126 BY57
Monthion 73 .....128 CJ60
Monthodon 37 .....75 AT38
Monthoiron 86 .....91 AQ49
Monthois 08 .....19 BV20
Montholier 39 .....98 CD46
Monthou-sur-Bièvre 41 .....76 AW40
Monthou-sur-Cher 41 .....76 AW42
Monthuchon 50 .....33 AC22
Monthurel 02 .....41 BM23
Monthureux-le-Sec 88 .....65 CF32
Monthureux-sur-Saône 88 .....64 CE34
Monthyon 77 .....39 BH24
Monti 06 .....175 CT80
Monticello 2B 198 DG93
Montier-en-Der 52 .....63 BY29
Montier-en-l'Isle 10 .....63 BV32
Montiéramey 10 .....62 BR32
Montierchaume 36 .....107 BA50
Montiers 60 .....16 BF18
Montiers-sur-Saulx 55 .....43 BZ28
Monties 32 .....180 AQ86
Montignac 65 .....179 AM88
Montignac 33 .....146 AL73
Montignac 24 .....134 AU67
Montignac-Charente 16 .....119 AN59
Montignac-de-Lauzun 47 .....147 AP73
Montignac-le-Coq 16 .....119 AN60
Montignac-Toupinerie 47 .....147 AO73
Montignargues 30 .....167 BS80
Montigné 79 .....104 AK54

MONTPELLIER

Anatole-France (R.) .... BU 3
Arceaux (Bd des) .... AU 7
Bazille (R. F.) .... BCV 12

Blum (R. Léon) .... CU 13
Broussonnet (R. A.) .... AT 18
Chancel (Av.) .... AT 25
Citadelle (Allée) .... AU 26
Clapiès (R.) .... AU 28
Comte (R. A.) .... AU 29

Délicieux (R. B.) .... CT 31
États-du-Languedoc (Av.) .... CU 35
Fabre-de-Morlhon (Bd) .... BV 36
Fg-Boutonnet (R.) .... BT 37
Fg-de-Nîmes (R. du) .... CT 41
Flahault (Av. Ch.) .... AT 43

Fontaine-de-Lattes (Av.) .... CU 44
Henri-II-de-Montmorency
  (Allée) .... CU 51
Leclerc (Av. du Mar.) .... CV 58
Millénaire (Pl. du) .... CU 62
Nombre-d'Or (Pl. du) .... CU 64

Ollivier (R. A.) .... CU 66
Le Polygone .... CU 66
Pont-de-Lattes
  (R. du) .... CU 69
Pont-Juvénal (Av.) .... CDU 70
Près-d'Arènes (Av. des) .... BV 71

Prof.-E-Antonelli
  (Av.) .... CDV 72
Proudhon (R.) .... BT 73
René (R. H.) .... CV 74
Villeneuve-d'Angoulême
  (Av.) .... ABV 88

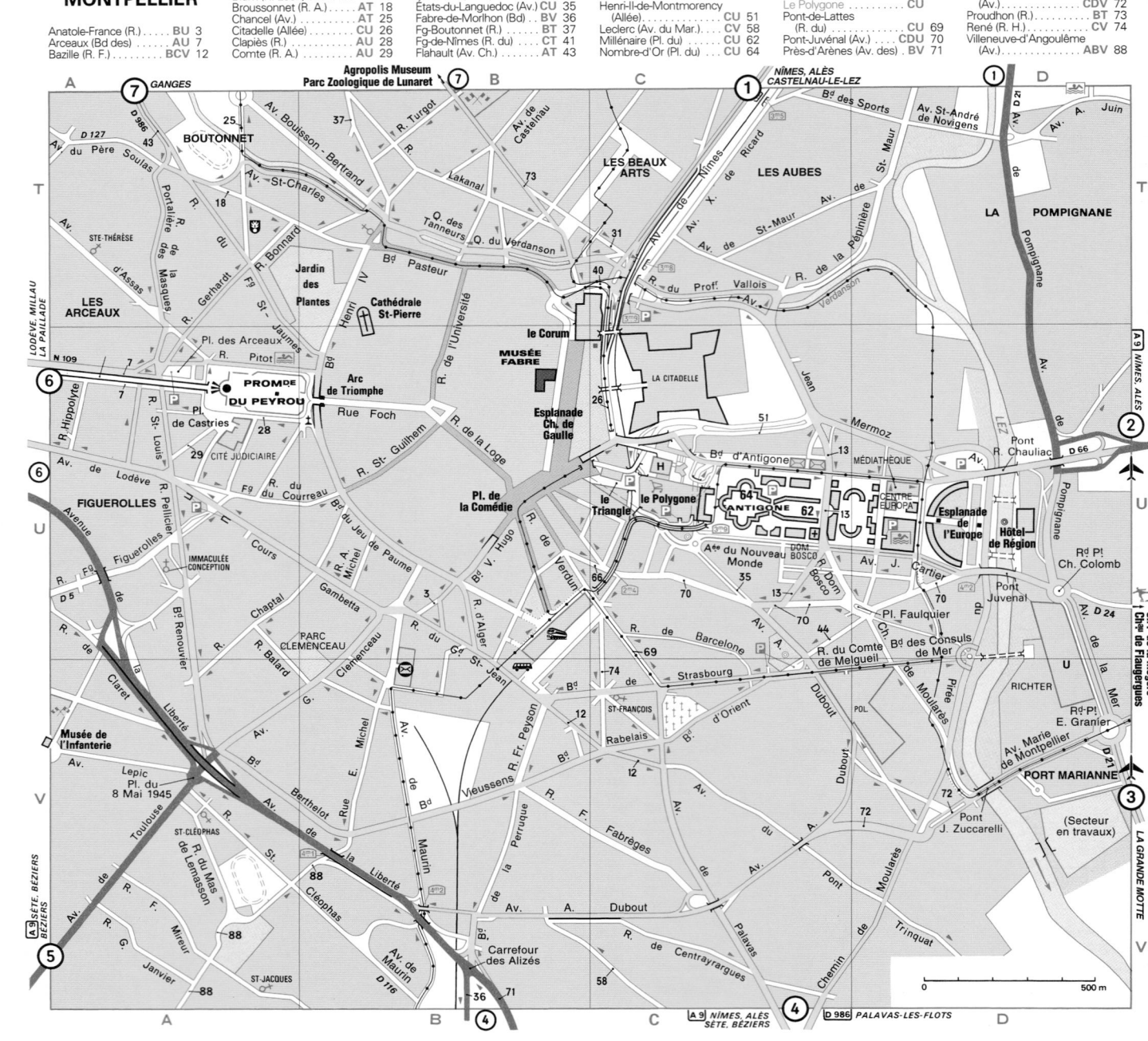

MULHOUSE

Altkrich (Av. d').	FZ 4
Augustins	
(Passage des).	EY 5
Bonbonnière (R.).	EY 13
Bonnes-Gens (R. des).	FY 14
Bons-Enfants (R. des).	FY 17
Boulangers (R. des).	FY 18
Briand (Av. Aristide).	EZ 20
Cloche (Quai de la).	EY 24
Colmar (Av. de).	EFXY
Dollfus (Av. Gustave).	GY 27
Dreyfus (R. du Capit.).	FX 29
Engelmann (R.).	FX 30
Ensisheim (R. d').	FX 33
Fleurs (R. des).	FYZ 37
Foch (Av. du Mar.).	EZ 38
Fonderie (R. de la).	EZ 39
Franciscains (R. des).	FY 41
Gaulle (R. du Gén-de).	FZ 43
Guillaume-Tell	
(Pl. et R.).	FY 48
Halles (R. des).	FY 50
Henner (R. J.-J.).	FY 52
Henriette (R.).	FY 56
Jardin-Zoologique	
(R. du).	GZ 64
Joffre (Av. du Mar.).	FYZ 65
Lambert (R.).	FY
Lattre-de-Tassigny	
(Av. Mar.-de).	FY 71
Loisy (R. du Lt Gén).	FX 77
Lorraine (R. de la).	FY 78
Maréchaux (R. des).	FY 82
Montagne (R. de la).	FY 88
Moselle (R. de la).	FY 91
Président-Kennedy	
(Av. du).	EFY
Raisin (R. du).	EFY 109
République (Pl. de la).	FY 112
Riedisheim (Pont de).	FZ 119
Ste-Claire (R.).	EZ 137
Ste-Thérèse (R.).	FY 140
Sauvage (R. du).	FY 145
Schoen (R. Anna).	EX 145
Somme (R. de la).	FY 147
Stalingrad (R. de).	FY 149
Stoessel (Bd Charles).	EYZ 152
Tanneurs (R. des).	EFY 153
Teutonique (Passage).	FY 154
Tour-du-Diable (R.).	EZ 156
Trois-Rois (R. des).	FY 157
Victoires (Pl. des).	FY 160
Wicky (Av. Auguste).	FYZ 165
Wilson (R.).	FYZ 166
Zuber (R.).	FY 172
17-Novembre (R. du).	FZ 177

Morganx 40	159	AGB3
Morgat 29	29	F30
Morgemoulin 55	20	CB21
Morgny 27	15	AY19
Morgny-en-Thiérache 02	18	BO15
Morgny-la-Pommeraye 76	14	AW18
Morhange 57	45	CJ24
Moriani-Plage 2B	201	DL95
Morlac 63	137	BL64
Morienne 76	15	AZ15
Morienval 60	17	BI20
Morières-lès-Avignon 84	168	BY80
Moriers 28	58	AX32
Morieux 22	32	T28
Moriez 04	174	CL79
Morigny 50	34	AE24
Morigny-Champigny 91	59	BC30
Morillon 74	115	CL55
Morimond (Abbaye de) 52	64	CC34
Moringhem 62	3	BC4
Moriond 73	233	CL63
Morionvilliers 52	64	CA30
Morisel 80	16	BE15
Moriville 88	65	CD30
Morivillle 54	46	CE33
Morizécourt 88	63	CE33
Morizès 33	146	AK72
Morlaàs 64	178	AI86
Morlac 18	93	BD49
Morlaincourt 55	43	CA27
Morlaix 29	30	K26
Morlancourt 80	8	BG13
Morlanne 64	178	AG84
Morlet 71	97	BU46
Morley 55	43	BZ28
Morlhon-le-Haut 12	149	BB76
Morlincourt 60	17	BI17
Mormaison 85	87	AB46
Mormant 77	38	BH28
Mormant-sur-Vernisson 45	60	BG35
Mormès 32	160	AJB1
Mormoiron 84	168	CA78
Mornac 16	118	AN60
Mornac-sur-Seudre 17	116	AD60
Mornand-en-Forez 42	125	BR60
Mornans 26	154	CA72
Mornant 69	136	BN61
Mornas 84	168	BX77
Mornay 71	111	BT51
Mornay 21	82	CB39
Mornay-Berry 18	94	BH45
Mornay-sur-Allier 18	94	BJ48
Moroges 21	88	BV48
Morogues 18	94	BF43
Morosaglia 2B	199	DJ94
Morre 25	99	CG43
Morsain 02	18	BK19
Morsains 51	41	BM26
Morsalines 50	26	AD17
Morsan 27	27	AR21
Morsang-sur-Orge 91	39	BD27
Morsang-sur-Seine 91	39	BF28
Morsbach 57	22	CK21
Morsbronn-les-Bains 67	47	CR23
Morschwiller 67	47	CQ24
Morschwiller-le-Bas 68	85	CO36
Morsiglia 2B	199	DJ89
Le Mort-Homme 55	20	BZ21
Mortagne 88	66	CK31
Mortagne-au-Perche 61	56	AQ29
Mortagne-du-Nord 59	4	BL7
Mortagne-sur-Gironde 17	117	AF62
Mortagne-sur-Sèvre 85	88	AE45
Mortain 50	34	AF27
Mortcerf 77	40	BG26
La Morte 38	141	CF67
Morteau 25	100	CK44
Morteaux-Couliboeuf 14	35	AM24
Mortefontaine 02	18	BF22
Mortefontaine 60	38	BJ20
Mortefontaine-en-Thelle 60	16	BG21
Mortemart 87	106	AT56
Mortemer 76	15	AY15
Mortemer 60	16	BG17
Mortemer (Abbaye de) 27	14	AX19
Mortérolles-		
sur-Semme 87	107	AW55
Mortery 77	40	BK28
Morthemer 86	105	AQ52

Montigné 16	118	AL59
Montigné-le-Brillant 53	54	AG34
Montigné-lès-Rairies 49	73	AK39
Montigné-sur-Moine 49	88	AD44
Montigny 79	105	AU18
Montigny 72	56	AN29
Montigny 76	13	AU18
Montigny 54	45	CK28
Montigny 50	34	AE27
Montigny 45	59	BC33
Montigny 18	94	BG43
Montigny 14	35	AI23
Montigny-aux-Amognes 58	95	BL46
Montigny-		
devant-Sassey 55	20	BY18
Montigny-en-Arrouaise 02	9	BM14
Montigny-en-Cambrésis 59	9	BL11
Montigny-en-Gohelle 62	8	BI8
Montigny-en-Morvan 58	96	BP44
Montigny-la-Resle 89	79	BN36
Montigny-l'Allier 02	40	BJ22
Montigny-le-Bretonneux 78	38	BB26
Montigny-le-Chartif 28	57	AV32
Montigny-le-Franc 02	18	BP16
Montigny-le-Gannelon 28	72	AY35
Montigny-le-Guesdier 77	60	BK30
Montigny-le-Roi 52	64	BA34
Montigny-Lencoup 77	60	BJ30
Montigny-Lengrain 02	17	BJ19
Montigny-lès-Arsures 39	99	CE46
Montigny-lès-Cherlieu 70	83	CF38
Montigny-lès-Condé 02	41	BM24
Montigny-lès-Cormeilles 95	39	BC24
Montigny-lès-Jongleurs 80	7	BC10
Montigny-lès-Metz 57	45	CF22
Montigny-lès-Monts 10	61	BP33
Montigny-		
lès-Vaucouleurs 55	44	CC28
Montigny-lès-Vesoul 70	83	CF38
Montigny-Montfort 21	80	BT39
Montigny-		
Saint-Barthélemy 21	80	BS41
Montigny-sous-Marle 02	18	BO15
Montigny-sur-Armançon 21	80	BT41
Montigny-sur-Aube 21	63	BW35
Montigny-sur-Avre 28	56	AU27
Montigny-sur-Canne 58	95	BN47
Montigny-sur-Chiers 54	21	CA42
Montigny-sur-Crécy 02	17	BM16
Montigny-sur-l'Ain 39	99	CE49
Montigny-sur-l'Hallue 80	7	BE13
Montigny-sur-Loing 77	60	BG31
Montigny-sur-Meuse 08	11	BU12
Montigny-sur-Vesle 51	18	BO20
Montigny-sur-Vingeanne 21	82	CB39
Montilliers 49	89	AI43
Montillot 89	79	BO40
Montilly-sur-Noireau 61	35	AI25
Les Montils 41	76	AW40
Montils 17	117	AH60
Montipouret 36	107	BA50
Montirat 81	163	BC77
Montirat 11	182	BE88
Montiron 32	161	AU30
Montivernage 25	84	CI42
Montivilliers 76	12	AO17
Montjardin 11	196	BB91
Montjaux 12	165	BI78
Montjavoult 60	15	AZ21
Montjay 71	98	CA48
Montjay 05	155	CD75
Montjay-la-Tour 77	39	BG25
Montjean 53	54	AF34
Montjean 16	105	AM56
Montjean-sur-Loire 49	72	AF41

Montjézieu 48	151	BK74
Montjoi 82	161	AS77
Montjoi 11	183	BF90
Montjoie 63	109	BH56
Montjoie-en-Couserans 09	180	AU90
Montjoie-Saint-Martin 50	34	CM41
Montjoire 31	162	AX82
Montjouvent 39	113	CC51
Montjoux 26	154	BZ73
Montjoyer 26	154	BX74
Montjustin 04	169	CE80
Montjustin-et-Velotte 70	84	CI38
Montlandon 28	82	CB36
Montlandon 28	57	AU30
Montlaur 31	181	AX85
Montlaur 12	164	BH81
Montlaur 11	183	BF89
Montlaur-en-Diois 26	155	CC72
Montlaux 04	169	CG78
Montlauzun 46	148	AU76
Montlay-en-Auxois 21	80	BS42
Montlebon 25	100	CK45
Montlevicq 36	108	BC51
Montlevon 02	41	BM24
Montliard 45	59	BE35
Montlieu-la-Garde 17	131	AJ65
Montlignon 95	39	BC24
Montliot-et-Courcelles 21	81	BU36
Montlivault 41	76	AX39
Montlouet 28	58	AZ29
Montlouis 18	108	BB53
Montlouis-sur-Loire 37	75	AS41
Montluçon 03	108	BF53
Montluel 01	126	BZ58
Montmachoux 77	60	BJ30
Montmacq 60	16	BH18
Montmagny 95	39	BD24
Montmahoux 25	99	CF45
Montmain 76	14	AV19
Montmain 21	97	BY45
Montmajour		
(Abbaye de) 13	167	BW82
Montmalin 39	98	CD46
Montmançon 21	82	CA42
Montmarault 03	109	BI53
Montmarlon 39	99	CF47
Montmarquet 80	15	BA15
Montmartin 60	16	BG18
Montmartin-		
en-Graignes 50	25	AE20
Montmartin-le-Haut 10	62	BU32
Montmartin-sur-Mer 50	33	AZ23
Montmaur 11	181	AZ86
Montmaur 05	156	CG72
Montmaur-en-Diois 26	155	CC71
Montmaurin 31	180	AQ88
Montmédy 55	20	BZ17
Montmeillant 08	19	BS14
Montmélard 71	111	BT53
Montmelas-		
Saint-Sorlin 69	125	BV57
Montmélian 73	139	CG62
Montmerle-sur-Saône 01	125	BW56
Montmerrei 61	55	AM26
Montmeyan 83	170	CI82
Montmeyran 26	154	BY70
Montmiral 26	138	CA66
Montmirail 72	57	AS34
Montmirail 51	41	BM25
Montmiral 51	41	BM25
Montmirat 30	166	BQ80
Montmirey-la-Ville 39	98	CB43
Montmirey-le-Château 39	98	CA43

Montmoreau-		
Saint-Cybard 16	132	AM63
Montmorency 95	39	BD24
Montmorency-Beaufort 10	62	BU29
Montmorillon 86	106	AS52
Montmorin 63	123	BL60
Montmorin 05	155	CD74
Montmort 71	96	AR49
Montmort 51	41	BO24
Montmotier 88	65	CG34
Montmoyen 21	81	BW37
Montmuran		
(Château de) 35	53	Y31
Montmurat 15	149	BC72
Montner 66	197	BG93
Montoillot 21	80	BV43
Montoir-de-Bretagne 44	70	V41
Montoire-sur-le-Loir 41	75	AS37
Montois-la-Montagne 57	21	CE21
Montoison 26	154	BY70
Montoldre 03	110	BM53
Montolieu 11	182	BC87
Montolivet 77	41	BM25
Montonvillers 80	7	BD13
Montord 03	109	BL54
Montory 64	177	AE89
Montot 70	82	CC39
Montot 21	98	BZ44
Montot-sur-Rognon 52	63	BZ31
Montouliers 34	183	BI87
Montoulieu 34	166	BP80
Montoulieu 09	195	AY91
Montoulieu-		
Saint-Bernard 31	180	AS88
Montournais 85	89	AG48
Montours 35	54	AC29
Montoursin 25	55	AI32
Montourtier 53	54	AI32
Montoussé 65	179	AO89
Montoussin 31	180	AT87
Montpascal 73	139	CG62
Montpellier 34	185	BQ83
Montpellier-de-Médillan 17	117	AF61
Montpensier 63	123	BK57
Montperreux 25	99	CI47
Montpeyroux 63	123	BK60
Montpeyroux 34	184	BN83
Montpeyroux 24	132	AN69
Montpeyroux 12	150	BH72
Montpézat 32	180	AS86
Montpézat 30	167	BS81
Montpezat 47	147	AP75
Montpezat 32	161	AT80
Montpezat-de-Quercy 82	162	AX77
Montpezat-sous-Bauzon 07	153	BS71
Montpinchon 14	36	AN24
Montpinier 81	163	BC83
Montplonne 55	43	BY27
Montpollin 49	73	AK39
Montpon-Ménestérol 24	132	AM68
Montpont-en-Bresse 71	112	BU50
Montpothier 10	41	BM28
Montpouillan 47	146	AM74
Montquintin		
(Château de) 37	91	AU43
Montréal 32	161	AS84
Montréal 07	153	BS72
Montrabé 31	162	AX83
Montrabot 51	34	AG22
Montravers 79	88	AG47
Montréal 89	80	BO40
Montréal 32	160	AM80
Montréal 11	182	BC88
Montréal 07	153	BT73

Montréal (Château de) 24	133	AO68
Montréal-la-Cluse 01	113	CC54
Montréal-les-Sources 26	155	CB74
Montrecourt 59	9	BL10
Montredon 11	182	BE88
Montredon 46	149	BC72
Montredon 05	155	CD74
Montredon-		
des-Corbières 11	183	BI88
Montredon-		
Labessonnié 81	164	BD82
Montregard 43	139	BT66
Montréjeau 31	179	AP89
Montrelais 44	72	AF41
Montrem 24	133	AO66
Montrésor 37	92	AV44
Montret 71	98	BZ49
Montreuil 93	39	BE25
Montreuil 85	103	AF52
Montreuil 62	2	AZ7
Montreuil 28	56	AI30
Montreuil-au-Houlme 61	35	AK27
Montreuil-aux-Lions 02	40	BK23
Montreuil-Bellay 49	89	AL44
Montreuil-Bonnin 86	105	AN90
Montreuil-des-Landes 35	54	AD31
Montreuil-en-Auge 14	36	AN21
Montreuil-en-Touraine 37	75	AT40
Montreuil-en-Caux 76	14	AV16
Montreuil-Juigné 49	73	AH40
Montreuil-la-Cambe 61	36	AN25
Montreuil-l'Argillé 27	55	AQ24
Montreuil-le-Chétif 72	56	AM32
Montreuil-le-Gast 35	53	Z31
Montreuil-le-Henri 72	74	BZ30
Montreux-les-Baulay 70	83	CF36
Montreuil-Poursé 35	54	AD32
Montreuil-sous-Pérouse 35	54	AD32
Montreuil-sur-Barse 10	62	BS32
Montreuil-sur-Blaise 52	63	BX29
Montreuil-sur-Brêche 60	16	BD18
Montreuil-sur-Epte 95	38	BB22
Montreuil-sur-Ille 35	53	AA31
Montreuil-sur-Loir 49	73	AJ39
Montreuil-sur-Lozon 50	34	AD22
Montreuil-sur-Maine 49	73	AH38
Montreuil-sur-Thérain 60	16	CJ64
Montreuil-		
sur-Thonnance 52	63	BZ29
Montreuillon 58	95	BO44
Montreux 54	68	CL28
Montreux-Château 90	84	CM38
Montreux-Jeune 68	84	CM38
Montreux-Vieux 68	85	CN38
Montrevault 49	72	AE42
Montrevel 39	113	CC52
Montrevel 38	127	CB62
Montrevel-en-Bresse 01	112	CA52
Montrichard 41	75	AV42
Montricher-Albanne 73	142	CJ65
Montricoux 82	162	AY78
Montrieux-en-Sologne 41	76	AY40
Montrigaud 26	138	BZ65
Montriond (Lac de) 74	115	CL54
Montrodat 48	151	BL73
Montrol-Sénard 87	120	AT57
Montrollet 16	120	AW57
Montromant 69	136	BM61
Montrond 73	142	CI65
Montrond 39	113	CE48
Montrond 05	156	CF74
Montrond-le-Château 25	99	CG44
Montrond-les-Bains 42	137	BP63
Montrosier 81	163	AZ78
Montrottier 69	125	BL59
Montroty 76	15	AZ19
Montrouge 92	39	BD26
Montrouveau 41	75	AR38

Montroy 17	103	AE55
Montrozier 12	150	BH75
Montry 77	40	BH25
Monts 60	15	BB21
Monts 37	91	AQ43
Monts-de-Vaux 39	113	CD47
les Monts d'Olmes 09	195	AZ92
Monts-en-Bessin 14	35	AI22
Monts-en-Ternois 62	7	BE9
Monts-sur-Guesnes 86	90	AN47
Montsalès 12	149	BA74
Montsalier 04	169	CE79
Montsalvy 15	150	BF71
Montsaon 52	63	BX33
Montsapey 73	128	CJ61
Montsauche-les-Settons 58	96	BQ43
Montaugeon 52	82	CA38
Montsauès 31	180	AS89
Montsec 55	44	CC24
Montsecret 61	34	AH25
Montségur 09	195	AZ92
Montségur-sur-Lauzon 26	168	BY75
Montséguret 11	153	BH73
Montséret 11	183	BH89
Montseron 09	193	AO90
Montseveroux 38	140	BY63
Montseveroux 39	140	BY63
Montsoreau 49	90	AM43
Montsoué 40	159	AG82
Montsoult 95	38	BD23
Montsûrs 53	55	AI33
Montsurvent 50	33	AB22
Montsuzain 10	62	BR30
Montureux-et-Prantigny 70	82	CC40
Montureux-lès-Baulay 70	83	CF36
Montusclat 43	139	BS68
Montussaint 25	84	CH40
Montussan 33	131	AJ69
Montvalen 81	162	AX81
Montvalent 46	135	AY69
Montvalezan 73	129	CN60
Montvendre 26	140	BZ69
Montverdun 42	137	BR60
Montvernier 73	142	CJ64
Montvert 15	136	BC68
Montviette 14	36	BH53
Montviette 14	36	BH53
Montville 76	14	AU17
Montviron 50	33	AC26
Montzéville 55	20	BY21
Monviel 47	147	AP73
Monze 11	182	BE89
Moon-sur-Elle 50	25	AF21
Moorales 58	24	CN35
Mooslargue 68	85	CO39
Moraches 58	95	BN43
Moragne 17	117	AF57
Morains 51	41	BO26
Morainville 28	57	AZ31
Morainville-Jouveaux 27	36	AO21
Morainvilliers 78	38	BA24
Morancé 69	125	BW58
Morancez 28	58	AX30
Morand 37	75	AT40
Morangis 91	39	BD27
Morangis 51	41	BP24
Morangles 60	16	BD22
Morannes 49	73	AJ37
Moranville 55	20	CB21
Moras 38	126	CA60
Moras-en-Valloire 26	140	BY65
Morbecque 59	3	BF5
Morbier 39	114	CG50
Morcenx 40	158	AD78
Morchain 80	17	BI15
Morchamps 25	84	CI40

Morchies 62	8	BI11
Morcourt 80	8	BG14
Morcourt 02	9	BL14
Mordelles 35	53	Y33
Moréac 56	51	R34
Morée 41	75	AV36
Moreilles 85	102	AD52
Morello (Col de) 2B	201	DJ97
Morelmaison 88	64	CE31
Morembert 10	62	BS29
Moréno (Col de la) 63	123	BI60

NANCY

Adam (R. Sigisbert)	BX 2	
Barrès (R. Maurice)	CY 10	
Bazin (R. H.)	CY 13	
Benit (R.)	BX 14	
Braconnot (R.)	BX 19	
Carmes (R. des)	BY 20	
Chanoine-Jacob (R.)	AX 23	
Chanzy (R.)	AY 24	
Cheval-Blanc (R. du)	BY 25	
Craffe (R. de la)	AX 27	
Croix de Bourgogne		
(Espl.)	AZ 28	
Dominicains (R. des)	BY 29	
Erignac (R. C.)	BY 31	
La-Fayette (Pl. de)	BY 47	
Gambetta (R.)	BY 36	
Gaulle (Pl. Gén.-de)	BX 37	
Grande-Rue	BXY	
Haut-Bourgeois		
(R.)	BX 39	
Héré (R.)	BY 40	
Ile de Corse (R. de l')	CY 41	
Keller (R. Charles)	AX 46	
Louis (R. Baron)	AXY 50	
Loups (R. des)	AX 51	
Mazagran (R.)	AY 54	
Mengin (Pl. Henri)	BY 55	
Mgr-Ruch (Pl.)	CY 63	
Molitor (R.)	CZ 60	
Monnaie (R. de la)	BY 63	
Mon-Désert (R. de)	ABZ 61	
Mouja (R. du Pont)	BY 64	
Poincaré (R. H.)	AY 69	
Poincaré (R. R.)	AY 70	
Point-Central	BY 72	
Ponts (R. des)	BYZ 73	
Primatiale (R. de la)	CY 74	
Raugraff (R.)	BY 75	
St-Épvre (Pl.)	BY 82	
St-Georges (R. de)	CY	
St-Jean (R.)	BY	
St-Léon (R.)	AY 85	
Source (R. de la)	AY 99	
Stanislas (R.)	BY 100	
Trois-Maisons		
(R. du Fg)	AX 104	
Trouillet (R.)	AXY 105	
Visitation (R. de la)	BY 109	
XXe-Corps (Av. du)	CY 110	

Morthomies 18 ....93 BD45
Mortiers 17 ....131 AJ63
Mortiers 02 ....18 BN16
Morton 86 ....90 AL44
Mortrée 61 ....36 AN27
Mortroux 23 ....107 BA53
Mortzwiller 68 ....85 CH37
Morval 39 ....8 BH12
Morval 39 ....113 CB52
Morvillars 90 ....84 CM39
Morville 88 ....64 CD32
Morville 50 ....24 AB18
Morville-en-Beauce 45 ..59 BC32
Morville-lès-Vic 57 .....CI25
Morville-sur-Nied 57 ..22 CH23
Morville-sur-Andelle 76 .14 AX18
Morville-sur-Seille 54 ....CF24
Morvillers 85 ....15 BA17
Morvillers 28 ....37 AT27
Morvilliers 10 ....62 BU30
Mory 62 ....8 BH11
Mory-Montcrux 60 ...16 BE17
Morzine 74 ....115 CL54
Mosles 14 ....25 AG20
Moslins 51 ....41 BP24
Mosnac 16 ....118 AL61
Mosnac 17 ....107 AY50
Mosnay 36 ....75 AU41
Mosnes 37 ....AU41
Mosset 66 ....196 BD94
Mosson 21 ....63 BV35
Mostuéjouls 12 .....165 BK77
Motey-Besuche 70 ...83 CD42
Motey-sur-Saône 70 .83 CD39
La Mothe-Achard 85 .87 Z49
La Mothe-Saint-Héray 79 .104 AL53
Mothern 67 ....47 CU23
Motreff 29 ....50 M31
La Motte 83 ....189 CL84
La Motte 22 ....52 S31
La Motte-au-Bois 59 ...3 BF5
La Motte-Chalancon 26 .155 CC73
La Motte-d'Aigues 84 ...171 CD81
La Motte-d'Aveillans 38 .141 GI44
La Motte-de-Galaure 26 .140 BY66
La Motte-du-Caire 04 ..156 CH75
La Motte-en-Bauges 73 .128 CH60
La Motte-en-Champsaur 05 .157 CH70
La Motte-Fanjas 26 ...141 CB67
La Motte-Feuilly 36 ...90 BC51
La Motte-Fouquet 61 ...35 AK28
La Motte-Saint-Jean 71 .111 BO51
La Motte-Saint-Martin 38 ...GI46
La Motte-Servolex 73 .127 CF61
La Motte-Ternant 21 ..80 BS42
La Motte-Tilly 10 .....61 BM29
Motteroze 28 ....57 AU42
Motteville 76 ....13 AT16
Mottier 38 ....126 BY56
Motz 73 ....127 CF57
Mouacourt 54 ....45 CJ26
Mouais 44 ....71 AA37
Mouans-Sartoux 06 ..174 CP82
Mouaville 54 ....21 CC21
Mouazé 35 ....53 AA32
Mouchamps 85 ......88 AD48
Mouchan 32 ....160 AN80
Mouchard 39 ....99 CE46
La Mouche 50 ....33 AC25
Mouchès 32 ....179 AO84
Mouchin 59 ....4 BK7
Mouchy-le-Châtel 60 ..16 BD20
Moudeyres 43 ......139 BR68
Mouen 14 ....26 AJ22
Mouettes 27 ....37 AW25
Mouffy 89 ....79 BM39
Mouflaines 27 ....37 AY21
Mouflers 80 ....7 BB12
Mouflières 80 ....6 AZ13
Mougins 06 ....174 CP83
Mougon 79 ....104 AJ53
Mouguerre 64 ......176 Z84
Mouhers 36 ....90 AZ51
Mouhet 36 ....107 AW53
Mouhous 64 ....178 AI85
Mouilleron 52 ....81 BY38
Mouilleron-en-Pareds 85 .88 AF49
Mouilleron-le-Captif 85 ..87 AA48
Mouilly 55 ....44 CB23
Moulainville 55 .....44 CA21
Moulares 81 ....164 BD78
Moulay 53 ....55 AH31
Moulayrès 81 ....163 BB82
Moulédous 65 ......179 AM88
Moulès 13 ....83 BX83
Moulès-et-Baucels 34 ...166 BP80
Mouleydier 24 ......147 AQ70
Moulézan 30 ....167 BS80
Moulhard 28 ....57 AU32
Moulicent 61 ....37 AS28
Moulidars 16 ....118 AL60
Mouliets-et-Villemartin 33 .146 AL70
Mouliherne 49 ......74 AM40
Moulin (Château du) 41 ...76 AY42
Moulin-Chabaud 01 ..113 CC55
Le Moulin-des-Ponts 01 .113 CA53
Moulin-Mage 81 ....164 BH82
Moulin-Neuf 24 .....146 AL68
Moulin-Neuf 09 ....182 BA89
Moulin-Neuf (Petit Musée auvergnat) 63 ..123 BJ62
Moulin-sous-Touvent 60 .17 BJ19
Moulineaux 76 ......14 AT20
Moulines 50 ....34 AF28
Moulines 14 ....26 AK23
Moulinet 47 ....161 AP73
Moulinet 06 ....175 CS79
Le Moulinet-sur-Solin 45 .78 BG37
Moulins 79 ....89 AG46
Moulins 35 ....18 BL51
Moulins 03 ....18 BN19
Moulins de Paillas 83 ..189 CM87
Moulins-en-Tonnerrois 89 .80 BO38
Moulins-Englibert 58 ..96 BP46
Moulins-la-Marche 61 ..36 AN49
Moulins-le-Carbonnel 72 ..36 AM30
Moulins-lès-Metz 57 ...CF22
Moulins-Saint-Hubert 55 .20 BY17
Moulins-sur-Céphons 36 ..92 AY46
Moulins-sur-Orne 61 ..35 AM26
Moulins-sur-Ouanne 89 .79 BL38
Moulins-sur-Yèvre 18 ..94 BF45
Moulis 09 ....194 AT91
Moulis-en-Médoc 33 ..144 AF67
Moulismes 86 ......106 AS53
Moulle 62 ....BC4
Le Moulleau 33 ....144 AB71
Moulon 45 ....78 BF35
Moulon 33 ....131 AK69
Moulot 58 ....79 BM41
Moulotte 55 ....44 CC22
Moult 14 ....26 AL22
Moumoulous 65 ....179 AM86
Mounes 46 ....177 AF88
Mounes-Prohencoux 12 .165 BI82
Mourède 32 ....160 AN81
Mourens 33 ....146 AJ72
Mourenx 64 ....178 AI84
Mouret 12 ....150 BF73
Moureuille 63 .....109 BI55
Mourèze 34 ....184 BM83

Mouriès 13 ....168 BY82
Mouriez 62 ....7 BB9
Le Mouillon 83 ....188 CH88
Mourioux-Vieilleville 23 .107 AY56
Mourjou 15 ....150 BD72
Mourmelon-le-Grand 51 ..42 BS22
Mourmelon-le-Petit 51 ..42 BS22
Mournans-Charbonny 39 .99 CF48
Mouron 08 ....19 BV20
Mouron-sur-Yonne 58 ..96 BO44
Mouroux 77 ....40 BJ26
Mours 95 ....38 BD22
Mours-Saint-Eusèbe 26 .140 BZ67
Mourvilles-Basses 31 ..181 AY85
Mourvilles-Hautes 31 ..181 AZ86
Mouscardès 40 ....178 AD83
Moussac 86 ....106 AR54
Moussac 30 ....167 BT79
Moussages 15 .....136 BG65
Moussan 11 ....183 BI88
Les Mousseaux 78 ..38 BA26
Mousseaux-lès-Bray 77 .60 BK30
Mousseaux-Neuville 27 ..37 AW25
Moussey 88 ....66 CM29
Moussey 57 ....45 CK25
Moussey 10 ....62 BQ30
Les Moussières 39 .114 CF53
Moussac 44 ....44 CF24
Moussonvilliers 61 .37 AS28
Moussoulens 11 ...182 BD87
Moussy 95 ....38 BM44
Moussy 51 ....41 BP23
Moussy-le-Neuf 77 ..39 BF23
Moussy-le-Vieux 77 .39 BG23
Moussy-Verneuil 02 ..18 BN19
Moustajon 31 ......193 AP92
Moustéru 29 ....49 I34
Moustey 40 ....145 AE51
Moustier 47 ....146 AN72
Moustier-en-Fagne 59 ..10 BR11
Moustier-Ventadour 19 ..136 BC64
Moustiers-Sainte-Marie 04 .170 CJ80
Moustoir-Ac 56 .....51 R35
Moustoir-Remungol 56 ..51 Q33
La Moutade 63 .....109 BK57
Moutaine 39 ....99 CE46
Moutardon 16 ......106 AO56
Le Moutaret 38 ....142 CH63
Mouthe 25 ....130 CE47
Mouthier-en-Bresse 71 .98 CB47

Mouthier-Haute-Pierre 25 .99 CH45
Mouthiers-sur-Boëme 16 .118 AM62
Mouthoumet 11 ...196 BF91
Moutier-d'Ahun 23 .107 BA53
Moutier-Malcard 23 ..107 BA53
Moutier-Rozeille 23 .122 BC58
Moutiers 73 ....CK62
Moutiers 28 ....21 CC20
Moutiers 35 ....54 AD35
Moutiers-au-Perche 61 ..57 AS29
Les Moutiers-en-Auge 14 ..35 AM24
Les Moutiers-en-Cinglais 14 ..26 AJ23
Les Moutiers-en-Puisaye 89 .78 BK39
Les Moutiers-Hubert 14 ..36 A024
Moutiers-les-Mauxfaits 85 .102 AB51
Moutiers-Saint-Jean 21 ..80 BS39
Moutiers-sous-Argenton 79 .89 AJ46
Moutiers-sous-Chantemerle 79 ..89 AH49
Moutiers-sur-le-Lay 85 ..103 AD50
Moutiers-sur-Puisaye 89 ..78 BK39
Moutiers-sur-Retz 44 ..86 W44
Mouton Rothschild (Château de) 33 ..131 AF65
La Moutonne 83 ...188 CI88
Moutonne 39 ......113 CC51
Moutonneau 16 ...118 AN58
Moutoux 39 ....99 CF48
Moutrot 54 ....44 CG27
Mouvaux 59 ....4 BJ5
Moux 11 ....183 BG68
Moux-en-Morvan 58 ..96 BR44
Mouy 73 ....127 CF57
Mouy 60 ....16 BD20
Mouy-sur-Seine 77 ..60 BY18
Mouzay 37 ....90 AS44
Mouzay 55 ....20 BY18
Mouzeil 44 ....71 Y41
Mouzens 81 ....181 BA84
Mouzens 24 ....148 AT70
Mouzeuil 24 ....103 AE51
Mouzieys-Panens 81 .163 BA78
Mouzieys-Teulet 81 .164 BD81
Mouzillon 44 ....86 AC44
Mouzon 16 ....119 AO59
Mouzon 08 ....20 BX16
Moval 90 ....84 CM38
Moy-de-l'Aisne 02 ..17 BL15
Moyaux 14 ....27 AP21
Moydans 05 ....155 CD74
Moye 74 ....127 CF58
Moyemont 88 ....65 CJ29
Moyencourt 80 .....17 BL15
Moyencourt-lès-Poix 80 .15 BB15
Moyenmoutier 88 ...66 BY65
Moyenneville 80 .....6 AZ12
Moyenneville 62 .....8 BH10
Moyenneville 60 ....16 BG18
Moyenvic 57 ....45 CI25

Moyeuvre-Grande 57 ....21 CE20
Moyeuvre-Petite 57 ....21 CE20
Moyon 50 ....34 AE23
Moyrazès 12 ......150 BE75
Moyvillers 60 ....16 BG19
Mozac 63 ....123 BJ58
Mozé-sur-Louet 49 ..73 AI41
Muchedent 76 .....14 AV15
Mudaison 34 ......185 BR83
Muel 35 ....52 W32
Muespach 68 ....85 CP39
Muespach-le-Haut 68 ..85 CP39
Mugron 40 ....159 AF82
Muhlbach-sur-Bruche 67 ..46 CN58
Muhlbach-sur-Munster 68 .66 CN33
Muides-sur-Loire 41 ..76 BC18
Muidorge 60 ....15 BC18
Muids 27 ....14 AW21
Muirancourt 60 ....17 BI16
Muizon 51 ....41 BP20
Les Mujouls 06 ....174 CO70
Mulcent 78 ....38 BA24
Mulcey 57 ....45 CJ25
Mulhausen 67 ......47 CO24
Mulhouse 68 ....85 CP36
Mulsanne 72 ....74 AO36
Mulsans 41 ....76 BB17
Mun 65 ....179 AN87
Munchhausen 67 ...47 CU23
Munchhouse 68 .....67 CO35
Moncq-Nieurlet 62 ...3 BC3
Muneville-le-Bingard 50 ..33 AE24
Muneville-sur-Mer 50 ..33 AB24
Le Mung 17 ....117 AG58
Munster 57 ....66 CN33
Munster 68 ....46 CN32
Muntzenheim 68 ...67 CO34
Munwiller 68 ....67 CP34
Mur-de-Barrez 12 .150 BG70
Mur-de-Bretagne 22 ..51 Q31
Mur-de-Sologne 41 .76 AY41
Muracciole 2B 201 DJ97
Murasson 12 ......164 BH82
Murat 15 ....137 BI67
Murat 03 ....109 BI52
Murat-le-Quaire 63 .123 BH61
Murat-sur-Vèbre 81 .165 BI83
Murato 2B 199 DK39
Muratet-et-Bogny 01 ..CB19
La Muraz 74 ....114 CH55
Murbach 68 ....66 CN34
La Mure 38 ....141 CF69
La Mure 04 ....174 CL79
Mureaumont 60 ....17 BI16
Les Mureaux 78 ....38 BA29
Murels 26 ....140 BY65
Mûres 74 ....128 CG58
Le Muret 40 ......145 AE74
Muret 31 ....181 AV85
Muret-et-Crouttes 02 ..17 BL20

Muret-le-Château 12 ..150 BF74
La Murette 38 ....141 CD63
Murianette 38 .....141 CF65
Murles 34 ....185 BP83
Murlin 58 ....85 BK44
Muro 2B 198 DG93
Murol 63 ....123 BI62
Murols 12 ....150 BF71
Muron 17 ....85 BD79
Mûrs 36 ....91 AU47
Mûrs-Érigné 49 .....73 AI41
Murs 84 ....168 CB79
Murs 36 ....92 AY47
Murtin-et-Bogny 08 ..19 BT14
Murvaux 55 ....20 BY18
Murviel-lès-Béziers 34 ..184 BK85
Murviel-lès-Montpellier 34 ..185 BP83
Murville 54 ....21 CD19
Murzo 2A 200 DG98
Mus 34 ....167 BS82
Muscourt 02 ....18 BO19
Musculdy 64 ......177 AD88
Musièges 74 ......114 CF56
Musigny 21 ....97 BU44
Mussel 55 ....19 BY38
Musseau 55 ....43 BY30
Mussey-sur-Marne 52 ..63 BX30
Mussidan 24 ......133 AO67
Mussig 67 ....67 CO31
Mussy-la-Fosse 21 ..80 BT40
Mussy-sous-Dun 71 .111 BT54
Mussy-sur-Seine 10 ..62 BU35
Mutigney 39 ....98 CC42
Mutigny 51 ....41 BO23
Mutrécy 14 ....26 AJ23
Mutigny 57 ....45 CI24
Mutterholtz 67 .....67 CO30
Mutzig 67 ....46 CN59
Le Muy 83 ....189 CM84
Muzeray 55 ....21 CC20
Muzillac 56 ....69 T39
Muzy 27 ....37 AW26
Myans 73 ....128 CG62
Myennes 58 ....85 BK43
Myon 25 ....99 CF48

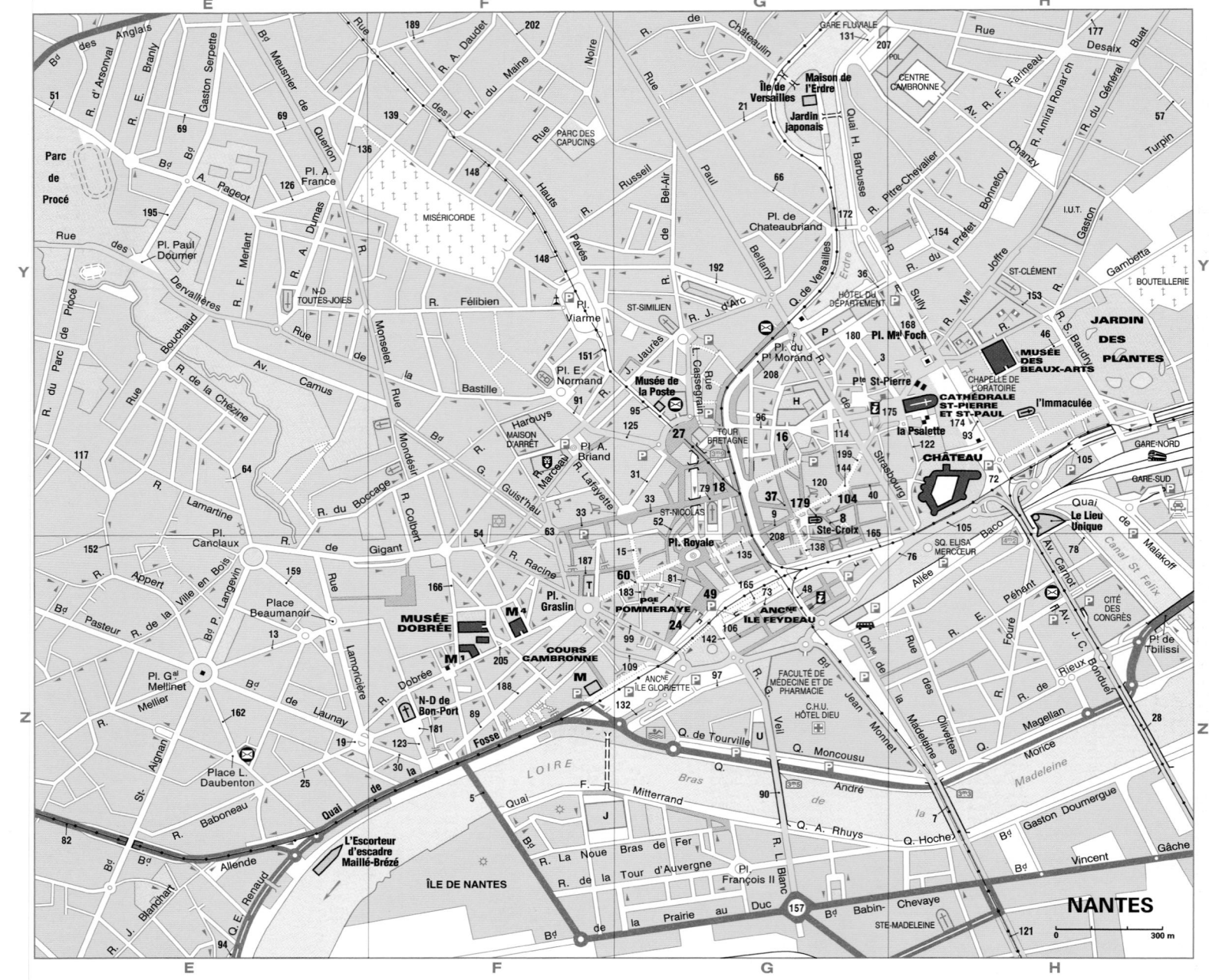

NANTES

Albert (R. du Roi) ....GY 3
Anne-de-Bretagne (Pont) ...FZ 28
Audibert (Pont Gén.) ....HZ 5
Barillerie (R. de la) ....GY 9
Boileau (R.) ....GZ 15
Boucherie (R. de la) ....GZ 18
Bouchier (Pl. R.) ....GZ 19
Bouille (R. de la) ....GY 21
Bourse (Pl. de la) ....GZ 24
Brasserie (R. de la) ....EZ 25
Bretagne (Pl. de la) ....GY 27
Briand (Pont A.) ....HZ 28
Brunellière (R. Ch.) ....FZ 30
Budapest (R. de) ....GY 31
Calvaire (R. du) ....FY 33
Ceineray (Quai) ....GY 36

Change (Pl. du) ....GY 37
Château (R. du) ....GY 40
Clemenceau (R. G.) ....HY 42
Cisson (Crs Olivier de) ....GZ 48
Commerce (Pl. du) ....GZ 49
Constant (Bd Clovis) ....EZ 52
Contrescarpe (R. de la) ....GY 52
Copernic (R.) ....GY 54
Coulmiers (R. de) ....HY 57
Crébillon (R.) ....FGZ 60
Delorme (Pl.) ....FY 63
Desgrées-du-Lou (R. du Col.) ..GY 64
Distillerie (R. de la) ....GY 67
Douet Garnier (R. du) .....GY 69
Duchesse-Anne (Pl.) ....HY 72
Duguay-Trouin (Allée) .....GZ 73

Estienne-d'Orves (Crs d') ..HZ 76
Favre (Quai F.) ....HYZ 78
Feltre (R. de) ....GY 81
Fosse (R. de la) ....GZ 84
Frachon (Bd B.) ....EZ 82
Guinaudeau (R.) ....GZ 90
Haudaudine (Pont) ....GZ 92
Hélie (R. F.) ....HY 93
Henri IV (R.) ....HY 93
Hermitage (R. de l') ......EZ 94
Herriot (R. E.) ....GY 95
Hôtel-de-Ville (R. de l') ..GY 97
Ile Gloriette (Allée de l') ..GY 97
Juiverie (R.) ....GY 104
J.-J. Rousseau (R.) ....EY 101
Kennedy (Cours J.-F.) ...HY 105
Kervégan (R.) ....GZ 106

Lattre-de-Tassigny (R. Mar. de) ..FGZ 109
Leclerc (R. Mar.) ....GY 114
Littré (R.) ....FZ 117
Marne (R. de la) ....GY 120
Martyrs-Nantais-de-la-Résist. (Bd) ..HZ 121
Mathelin-Rodier (R.) .....HY 123
Mazagran (R. de) ....FZ 123
Mercœur (R.) ....GY 124
Merson (Bd L.-O.) ....EY 126
Motte Rouge (Q. de la) ..GY 132
Nantes-Unies (Bd des) ....GZ 132
Orléans (R. d') ....FZ 135
Painlevé (R. Paul) ....EY 136
Paix (R. de la) ....GZ 138
Pelleterie (R. de la) .....EFY 139

Petite-Hollande (Pl.) ....GZ 142
Pilori (Pl. du) ....GY 144
Poitou (R. du) ....GY 114
Pommeraye (Pas.) ....GZ 150
Porte-Neuve (R.) ....FGY 151
Racine (R.) ....FZ
Raspail (R.) ....EYZ 153
Refoulais (R. L. de la) ..HY 153
Reine Margot (Allée de la) ..HY 154
République (Pl. de la) ...GZ 157
Riom (R. Alfred) ....EZ 159
Rollin (R.) ....EZ 162
Roosevelt (Crs F.) ......GY 165
Rosière d'Artois (R.) .....FZ
Royale (Pl.) ....GZ 166
Ste-Croix (R.) ....GY 179
St-André (Cours) ....HY 168

St-Mihiel (Pont) ....GY 172
St-Pierre (Cours) ....HY 174
St-Pierre (Pl.) ....GY 176
St-Rogatien (R.) ....HY 177
Salengro (Pl. R.) ....GY 180
Sanitat (Pl. du) ....FZ 181
Santeuil (R.) ....GY 183
Scribe (R.) ....FZ 185
Sibille (R. M.) ....FZ 188
Simon (R. Jules) ....GY 190
Talensac (R.) ....EY 192
Thomas (Bd A.) ....EY 195
Verdun (R. de) ....GY 198
Villebois-Mareuil (R.) ..FY 202
Voltaire (R.) ....FZ 205
Waldeck-Rousseau ....
50-Otages (Crs des) ....GYZ 208
.........................GHY 207

NICE

Alberti (R.) .... GHY 2
Alsace-Lorraine (Jardin d') .... EZ 3
Armée-du-Rhin (R. de l') .... JX 5
Auriol (Pont V.) .... JV 7
Bellanda (Av.) .... HV 10
Berlioz (R.) .... FZ 12
Bonaparte (R.) .... JY 13
Carnot (Bd) .... JY 15
Desambrois (Av.) .... GHX 18
Diables-Bleus (Av. des) .... JX 19
Europe (Parvis de l') .... JX 21
Félix-Faure (Av.) .... GZ 22
France (R. de) .... DFZ
Gallieni (R.) .... HJX 24
Gambetta (Bd) .... EXZ
Gautier (Pl. P.) .... HZ 25
Gioffredo (R.) .... HY
Hôtel-des-Postes (R. de l') .... HY 30
Ile-de-Beauté (Pl.) .... JX 31
Jean-Jaurès (Bd) .... HYZ 32
Liberté (R. de la) .... JZ 35
Lunel (Quai) .... JZ 37
Masséna (Pl. et Espace) .... GZ

Masséna (R.) .... FGZ 43
Médecin (Av. J.) .... FGY 44
Meyerbeer (R.) .... FZ 45
Monastère (Av. Pl.) .... HV 46
Moulin (Pl. J.) .... HY 47
Paradis (R.) .... GZ 55
Passy (R. F.) .... EY 57
Pastorelli (R.) .... GY 58
Phocéens (Av. des) .... GZ 59
Ray (Av. du) .... FV 63
République (Av. de la) .... JXY 64
Rivoli (R. de) .... FZ 65

St-François-de-Paule (R.) .... GHZ 72
St-Jean-Baptiste (Av.) .... HY 73
Saleya (Cours) .... HZ 82
Sauvan (R. H.) .... EZ 84
Verdun (Av. de) .... FGZ 89
Walesa (Bd Lech) .... JYZ 91
Wilson (Pl.) .... HY 92

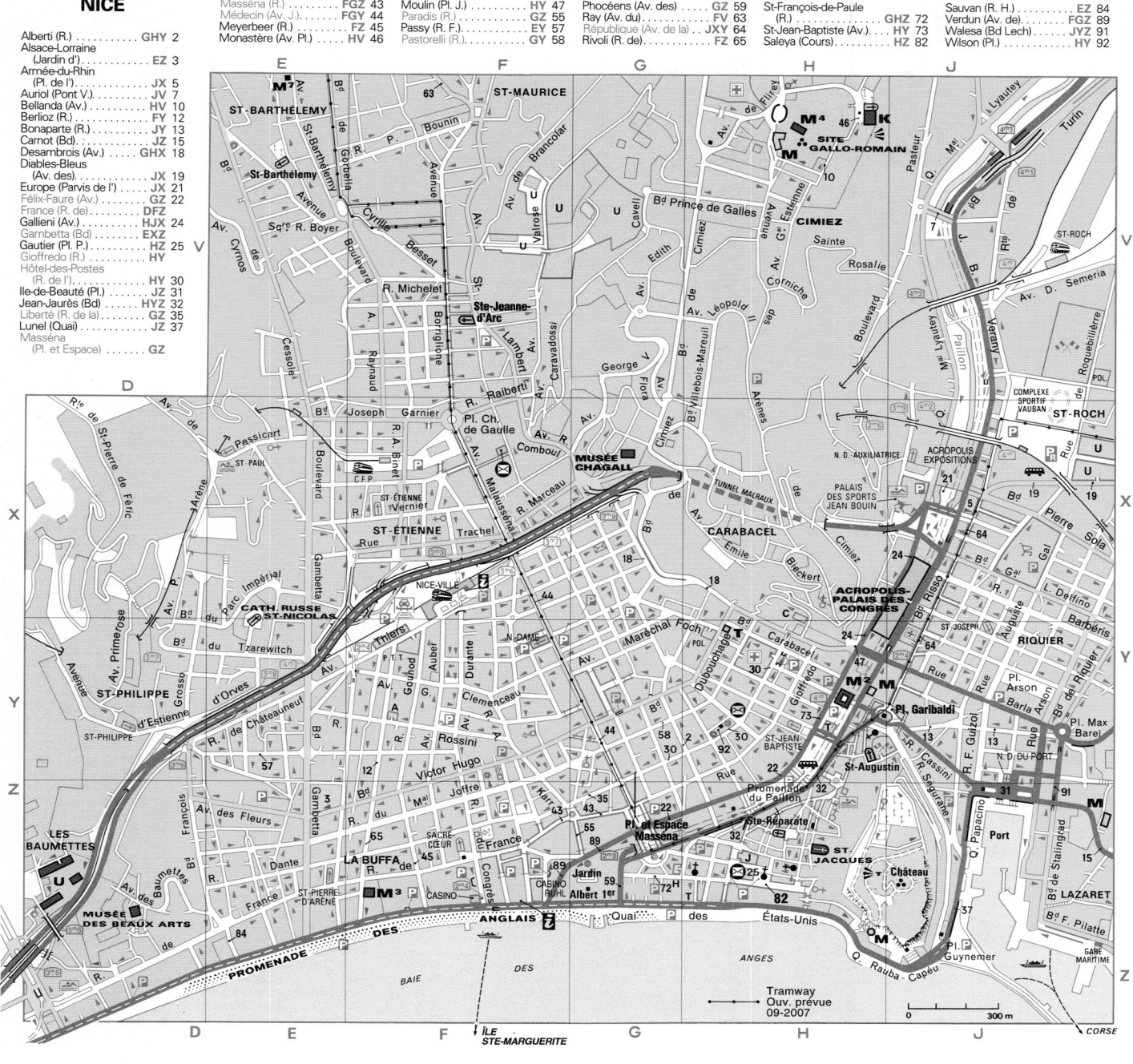

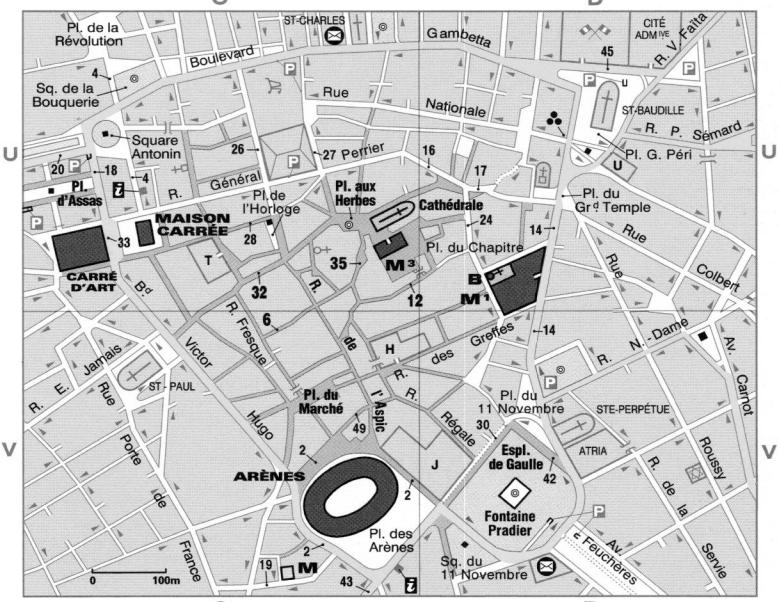

NÎMES

Arènes (Bd des) .... CV 2
Aspic (R. de l') .... CUV
Auguste (R.) .... CU 4
Bernis (R. de) .... CV 6
Chapitre (R. du) .... CU 12
Courbet (Bd Amiral) .... DU 14
Crémieux (R.) .... CU 16
Curaterie (R.) .... DU 17
Daudet (Bd Alphonse) .... CU 18
Fontaine (Quai de la) .... CU 20
Gambetta (Bd) .... CDU
Grand'Rue .... DU 24
Guizot (R.) .... CU 27
Halles (R. des) .... CU 27
Horloge (R. de l') .... CU 28
Libération (Bd de la) .... DV 30
Madeleine (R. de la) .... CU 32
Maison Carrée (Pl. de la) .... CU 33
Marchands (R. des) .... CU 35
Nationale (R.) .... CDU
Perrier (R. Gén.) .... CU 2
Prague (Bd de) .... DV 42
République (R. de la) .... CV 43
Saintenac (Bd E.) .... CV 45
Victor-Hugo (Bd) .... CUV
Violettes (R. des) .... CU 49

Néris-les-Bains 03 .... 109 BG54
Nermier 39 .... 113 CD51
Nernier 74 .... 114 CI52
Néron 28 .... 38 AX28
Néronde 42 .... 125 BS59
Néronde-sur-Dore 63 .... 124 BN59
Nérondes 18 .... 94 BH46
Ners 30 .... 167 BS59
Nersac 16 .... 118 AM61
Nervieux 42 .... 125 CD55
Nerville-la-Forêt 95 .... 39 BD23
Néry 60 .... 16 BH20
Neschers 63 .... 123 BK61
Nescus 09 .... 181 AW90
Nesle 80 .... 17 BI15
Nesle-et-Massoult 21 .... 80 BT37
Nesle-Hodeng 76 .... 14 AX16
Nesle-la-Reposte 51 .... 41 BM28
Nesle-le-Repons 51 .... 41 BM28
Nesle-l'Hôpital 80 .... 6 AZ14
Nesle-Normandeuse 76 .... 6 AZ13
Nesles 77 .... 40 BI27
Nesles 62 .... 2 BI4
Nesles-la-Montagne 02 .... 40 BL23
Nesles-la-Vallée 95 .... 39 BC22
Neslette 80 .... 6 AZ13
Nesmy 85 .... 102 AB50
Nespouls 19 .... 135 AX68
Nessa 2B 198 DG93
Nestier 65 .... 179 AO89
Nettancourt 55 .... 43 BX25
Netzenbach 67 .... 26 CD28
Neublans 39 .... 98 CA46
Neubois 67 .... 67 CP30
Le Neubourg 27 .... 37 AT22
Neuchâtel-Urtière 25 .... 84 CL41
Neuf-Berquin 59 .... 3 BG5
Neuf-Brisach 67 .... 67 CO33
Neuf-Église 63 .... 109 BI56
Neuf-Marché 76 .... 15 AZ19
Neuf-Mesnil 59 .... 10 BP9
Neufbosc 76 .... 14 AW16
Le Neufbourg 50 .... 34 AQ27
Neufchâteau 88 .... 64 CC30
Neufchâtel-en-Bray 76 .... 14 AX15
Neufchâtel-en-Saosnois 72 .... 56 AO30
Neufchef 57 .... 22 CK23
Neufchelles 60 .... 40 BJ22
Neuffons 33 .... 146 AL72
Neuffontaines 58 .... 79 BO42
Neufgrange 57 .... 23 CM22
Neuflieux 02 .... 17 BJ17
Neuflize 08 .... 19 BS16
Neufmaison 08 .... 19 BT15
Neufmaisons 54 .... 66 CE29
Neufmanil 08 .... 11 BV14
Neufmesnil 50 .... 30 AB19
Neufmoulin 80 .... 7 BA11
Neufmoutiers-en-Brie 77 .... 40 BH26
Le Neufour 55 .... 43 BX22
Neufvillage 57 .... 22 CK23
Neufvy-sur-Aronde 60 .... 16 BG18
Neuhaeusel 67 .... 47 CQ26
Neuil 37 .... 91 AQ44
Neuilh 65 .... 179 AL89
Neuillac 17 .... 117 AI62
Neuillay-les-Bois 36 .... 92 AX48
Neuillé 49 .... 73 AL42
Neuillé-le-Lierre 37 .... 75 AT40

Nermier-Pont-Pierre 37 .... 74 AQ40
Neuilly 89 .... 79 BM36
Neuilly 58 .... 95 BM43
Neuilly 27 .... 37 AT22
Neuilly-en-Donjon 03 .... 110 BP53
Neuilly-en-Dun 18 .... 95 BB49
Neuilly-en-Sancerre 18 .... 78 BG42
Neuilly-en-Thelle 60 .... 16 BD21
Neuilly-en-Vexin 95 .... 38 BB22
Neuilly-la-Forêt 14 .... 25 AE20
Neuilly-le-Bisson 61 .... 56 AO29
Neuilly-l'Évêque 52 .... 64 CB35
Neuilly-le-Dien 80 .... 7 BA11
Neuilly-le-Malherbe 14 .... 35 AI22
Neuilly-le-Réal 03 .... 110 BM52
Neuilly-le-Vendin 53 .... 55 AK29
Neuilly-lès-Dijon 21 .... 81 BY42
Neuilly-Plaisance 93 .... 39 BF25
Neuilly-Saint-Front 02 .... 40 BK22
Neuilly-sous-Clermont 60 .... 16 BE20
Neuilly-sur-Eure 61 .... 57 AT29
Neuilly-sur-Marne 93 .... 39 BF25
Neuilly-sur-Seine 92 .... 39 BD25
Neuilly-sur-Suize 52 .... 63 BY34
Neulette 62 .... 7 BC8
Neulise 42 .... 125 BS58
Neulles 17 .... 117 AI62
Neulliac 56 .... 51 Q32
Neung-sur-Beuvron 41 .... 76 AZ40
Neunhoffen 67 .... 23 CO22
Neunkirchen-lès-Bouzonville 57 .... 22 CI19
Neure 03 .... 94 BI49
Neuron-sur-Vaux 70 .... 83 CG37
Neurey-lès-la-Demie 70 .... 83 CG37
Neussargues-Moissac 15 .... 137 BI67
Neuve-Chapelle 62 .... 8 BH6
Neuve-Église 67 .... 67 CO30
La Neuve-Grange 27 .... 15 AY20
La Neuve-Lyre 27 .... 37 AS25
Neuve-Maison 02 .... 10 BQ13
Neuvecelle 74 .... 115 CK52
Neuvéglise 15 .... 137 BJ69
Neuvelle-lès-Champlitte 70 .... 82 CC39
Neuvelle-lès-Cromary 70 .... 83 CG41
Neuvelle-lès-Grancey 21 .... 81 BX38
Neuvelle-lès-la-Charité 70 .... 83 CF38
La Neuvelle-lès-Lure 70 .... 84 CJ37
Neuvelle-lès-Scey 70 .... 83 CF38
Neuvelle-lès-Voisey 52 .... 82 CD36
Neuves-Maisons 54 .... 44 CF27
La Neuville-devant-Lépanges 88 .... 66 CK32
La Neuville-sous-Châtenois 88 .... 64 CE31
La Neuville-sous-Montfort 88 .... 65 CF32
Neuvic 24 .... 133 AP67
Neuvic 19 .... 136 BG64
Neuvic-Entier 87 .... 121 AY60
Neuvicq 17 .... 118 AK59
Neuvicq-le-Château 17 .... 118 AK59
Neuvillalais 72 .... 57 AN32
Neuville 19 .... 135 AZ68
Neuville 03 .... 109 BH52
La Neuville-à-Maire 08 .... 19 BW17
Neuvilley 39 .... 98 CA46
Neuvilly 59 .... 9 BM11
Neuvilly-en-Argonne 55 .... 43 BX19
Neuvireuil 62 .... 8 BH9
Neuvizy 08 .... 19 BT16
Neuvy 51 .... 41 BM26

La Neuville-aux-Bois 45 .... 59 BB34
La Neuville-aux-Joûtes 08 .... 10 BR13
La Neuville-aux-Larris 51 .... 41 BO22
La Neuville-aux-Tourneurs 08 .... 10 BS14
La Neuville-Bosc 60 .... 15 BB21
La Neuville-Bosmont 02 .... 18 BO16
La Neuville-Bourjonval 62 .... 8 BI12
La Neuville-Chant-d'Oisel 76 .... 14 AV19
La Neuville-Coppegueule 80 .... 6 AZ14
La Neuville-d'Aumont 60 .... 15 BC20
La Neuville-Day 08 .... 19 BU18
La Neuville-de-Poitou 86 .... 90 AN49
La Neuville-du-Bosc 27 .... 37 AS21
La Neuville-en-Avesnois 59 .... 9 BM10
La Neuville-en-Beaumont 50 .... 24 AB19
La Neuville-en-Beine 02 .... 17 BJ16
La Neuville-en-Ferrain 59 .... 4 BJ4
La Neuville-en-Hez 60 .... 16 BD20
La Neuville-en-Tourne-à-Fuy 08 .... 19 BS20
La Neuville-en-Verdunois 55 .... 43 BZ24
La Neuville-Ferrières 02 .... 14 AX16
La Neuville-Housset 02 .... 18 BN15
La Neuville-lès-Bray 80 .... 8 BG9
La Neuville-lès-Decize 58 .... 95 BL48
La Neuville-lès-Dieppe 76 .... 6 AV13
La Neuville-lès-Dorengt 02 .... 9 BC15
La Neuville-lès-Lœuilly 80 .... 16 BC15
La Neuville-lès-This 08 .... 19 BU15
La Neuville-lès-Vaucouleurs 55 .... 44 CC28
La Neuville-lès-Wasigny 08 .... 19 BS16
La Neuville-près-Sées 61 .... 36 AO27
La Neuville-Saint-Amand 02 .... 9 BL14
La Neuville-Saint-Pierre 60 .... 15 BC18
La Neuville-Saint-Rémy 59 .... 8 BK10
La Neuville-Saint-Vaast 62 .... 8 BH9
La Neuville-Sire-Bernard 80 .... 16 BF15
La Neuville-sous-Montreuil 62 .... 2 AZ7
La Neuville-sur-Ailette 02 .... 18 BN18
La Neuville-sur-Brenne 37 .... 75 AT39
La Neuville-sur-Escaut 59 .... 9 BL9
La Neuville-sur-Essonne 45 .... 59 BB31
La Neuville-sur-Margival 02 .... 17 BL18
La Neuville-sur-Oise 95 .... 38 BB23
La Neuville-sur-Ornain 55 .... 43 BX25
La Neuville-sur-Oudeuil 60 .... 15 BB17
La Neuville-sur-Ressons 60 .... 16 BG18
La Neuville-sur-Saône 69 .... 126 BX58
Neuvillette 02 .... 9 AN34
Neuvillette 80 .... 7 BD10
La Neuvillette 51 .... 19 BR21
Neuvillette-en-Charnie 72 .... 56 AM30
Nielles-lès-Ardres 62 .... 2 BB3
Nielles-lès-Bléquin 62 .... 2 BA2
Le Nieppe 59 .... 3 BE4

Neuvy 41 .... 76 AY40
Neuvy 03 .... 110 BL51
Neuvy-au-Houlme 61 .... 35 AL25
Neuvy-Bouin 79 .... 89 AI49
Neuvy-en-Beauce 28 .... 58 BA32
Neuvy-en-Champagne 72 .... 56 AM34
Neuvy-en-Dunois 28 .... 58 AX32
Neuvy-en-Mauges 49 .... 72 AF42
Neuvy-en-Sullias 45 .... 77 BD37
Neuvy-Grandchamp 71 .... 111 BO50
Neuvy-le-Barrois 18 .... 94 BJ47
Neuvy-le-Roi 37 .... 74 AO39
Neuvy-Pailloux 36 .... 93 BA47
Neuvy-Saint-Sépulchre 36 .... 107 AZ50
Neuvy-Sautour 89 .... 80 BD34
Neuvy-sur-Barangeon 18 .... 77 BC42
Neuvy-sur-Loire 58 .... 78 BI40
Névache 05 .... 143 CL67
Nevers 58 .... 95 BK46
Névez 29 .... 50 K35
Névian 11 .... 183 BI88
Néville 76 .... 13 AS14
Néville-sur-Mer 50 .... 24 AD15
Nevoy 45 .... 77 BF38
Nevy-lès-Dole 39 .... 98 CC45
Nevy-sur-Seille 39 .... 98 CD48
Nexon 87 .... 120 AU60
Ney 39 .... 99 CE48
Neydens 74 .... 114 CH55
Neyrac-les-Bains 07 .... 153 BT72
Les Neyrolles 01 .... 113 CD55
Neyron 01 .... 126 BZ59
Nézel 78 .... 38 BA24
Nézignan-l'Évêque 34 .... 184 BM86
Niafles 53 .... 72 AE36
Niaux 09 .... 195 AX92
Niaux (Grotte de) 09 .... 195 AX92
Nibas 80 .... 6 AY11
Nibelle 45 .... 59 BD34
Nibles 04 .... 156 CR81
Nice 06 .... 175 CR81
Nicey 21 .... 80 BS36
Nicey-sur-Aire 55 .... 43 BZ24
Nicole 47 .... 146 AN75
Nicorps 50 .... 33 AC23
Nideck (Château et Cascade du) 67 .... 46 CO27
Niderhoff 57 .... 46 CN26
Niderviller 57 .... 46 CN26
Niederbronn-les-Bains 67 .... 23 CO22
Niederbruck 68 .... 84 CM36
Niederentzen 68 .... 67 CO34
Niederhaslach 67 .... 46 CO28
Niederhausbergen 67 .... 47 CP34
Niederhergheim 68 .... 67 CP34
Niedermorschwihr 68 .... 67 CO29
Niedernai 67 .... 47 CP30
Niederschaeffolsheim 67 .... 47 CP35
Niedersoultzbach 67 .... 47 CO25
Niederstinzel 57 .... 46 CM24
Niedervisse 57 .... 22 CI21

Nieppe 59 .... 4 BH5
Niergnies 59 .... 9 BK11
Nieudan 15 .... 136 BD68
Nieuil 16 .... 119 AP58
Nieuil-l'Espoir 86 .... 105 AP51
Nieuil 87 .... 120 AU58
Nieuil-le-Dolent 85 .... 102 AA50
Nieuil-le-Virouil 17 .... 131 AH63
Nieuil-les-Saintes 17 .... 117 AG55
Nieul-sur-l'Autise 85 .... 103 AG52
Nieul-sur-Mer 17 .... 103 AC54
Nieul-sur-Seudre 17 .... 116 AD56
Nieurlet 59 .... 3 BD4
Niévroz 01 .... 126 BZ59
Niffer 68 .... 85 CQ37
Niherne 36 .... 92 AY45
Nijon 52 .... 64 CC32
Nilvange 57 .... 21 CE19
Nîmes 30 .... 167 BU81
Niort 79 .... 104 AI53
Niort-de-Sault 11 .... 196 BB93
Niort-la-Fontaine 53 .... 55 AK29
Niozelles 04 .... 169 CG79
Nissan-lez-Enserune 34 .... 184 BK87
Nistos 65 .... 193 AO90
Nitry 89 .... 79 BP38

Nitting 57 .... 46 CM26
Nivillac 56 .... 70 V39
Nivillers 60 .... 15 BC19
Nivolas-Vermelle 38 .... 127 CB61
Nivollet-Montgriffon 01 .... 127 CB59
Nixéville 55 .... 43 BZ22
Le Nizan 33 .... 146 AJ72
Nizan-Gesse 31 .... 179 AP88
Nizas 34 .... 184 BM85
Nizas 32 .... 180 ATB5
Nizerolles 03 .... 110 BN56
Nizon 29 .... 50 K34
Nizy-le-Comte 02 .... 18 BQ17
Noailhac 81 .... 182 BE84
Noailhac 19 .... 135 AY67
Noailhac 12 .... 150 BE73
Noaillan 33 .... 146 AJ73
Noaillac 33 .... 145 AI74
Noailles 81 .... 163 BB99
Noailles 60 .... 15 BC20
Noailles 19 .... 135 AX67
Noailly 42 .... 111 BQ55
Noal 48 .... 151 BK70
Noalhat 63 .... 124 BM58
Noards 27 .... 37 AO25
Nocario 2B 201 DK95

Nocé 61 .... 57 AR30
Noceta 2B 201 DJ97
Nochize 71 .... 111 BS52
La Nocle-Maulaix 58 .... 95 BO48
Nod-sur-Seine 21 .... 81 BU37
Nods 25 .... 99 CI44
Noé 89 .... 61 BL33
Noé 31 .... 181 AV86
La Noë-Blanche 35 .... 71 Z36
Noë-les-Mallets 10 .... 62 BU33
La Noë-Poulain 27 .... 27 AQ26
Noël-Cerneux 25 .... 100 CK44
Noëllet 49 .... 72 AE38
Nœux (Pic de) 11 .... 182 BE86
Les Noës 03 .... 111 BQ54
Les Noës-près-Troyes 10 .... 62 BO31
Nœux-lès-Auxi 62 .... 7 BC10
Nœux-les-Mines 62 .... 3 BG7
Nogaret 31 .... 182 BA85
Nogaro 32 .... 160 AK82
Nogent 52 .... 64 CA34
Nogent-en-Othe 10 .... 61 BM29
Nogent-l'Abbesse 51 .... 18 BR21
Nogent-l'Artaud 02 .... 40 BK22
Nogent-le-Bernard 72 .... 56 AQ32
Nogent-le-Phaye 28 .... 58 AY30
Nogent-le-Roi 28 .... 38 AX27
Nogent-le-Rotrou 28 .... 57 AS31
Nogent-le-Sec 27 .... 37 AU24
Nogent-lès-Montbard 21 .... 80 BT39
Nogent-sur-Aube 10 .... 62 BS29
Nogent-sur-Eure 28 .... 58 AW30
Nogent-sur-Loir 72 .... 74 AP38
Nogent-sur-Marne 94 .... 39 BE25
Nogent-sur-Oise 60 .... 16 BE21
Nogent-sur-Seine 10 .... 41 BM29
Nogent-sur-Vernisson 45 .... 78 BG36
Nogentel 02 .... 40 BL23
Nogna 39 .... 113 CD50
Nogueres 64 .... 178 AG86
Nohan 08 .... 11 BV13
Nohanent 63 .... 123 BJ59
Nohant-en-Goût 18 .... 94 BF45
Nohant-en-Graçay 18 .... 93 BA44
Nohant-Vic 36 .... 108 BB50
Nohèdes 66 .... 196 BD95
Nohic 82 .... 162 AW80
Noidan 21 .... 80 BT42
Noidans-le-Ferroux 70 .... 83 CF39
Noidans-lès-Vesoul 70 .... 83 CG38
Noidant-Chatenoy 52 .... 82 CA37
Noidant-le-Rocheux 52 .... 82 BZ36
Noilhac 32 .... 180 AS84
Noilhan 81 .... 163 BF45
Nointel 95 .... 39 BD22
Nointel 60 .... 16 BE19
Nointot 76 .... 12 AQ17
Noir (Lac) 68 .... 66 CN32
Noircourt 02 .... 18 BQ16
Noirefontaine 25 .... 84 CL41
Noirémont 60 .... 15 BC17
Noirétable 42 .... 124 BP59
Noirlac (Abbaye de) 18 .... 94 BE49
Noirlieu 79 .... 89 AI46
Noirlieu 51 .... 43 BW24
Noirmoutier-en-l'Île 85 .... 86 V45
Noiron 70 .... 82 CC41
Noiron-sous-Gevrey 21 .... 97 BY43
Noiron-sur-Bèze 21 .... 82 CA41
Noiron-sur-Seine 21 .... 62 BT35
Noironte 25 .... 83 CE42
Noirpalu 50 .... 33 AC25
Noirterre 79 .... 89 AJ47
Noirval 08 .... 19 BV18
Noiseau 94 .... 39 BF26
Noisiel 77 .... 39 BG25
Noisseville 57 .... 21 CG21
Noisy-le-Grand 93 .... 39 BF25
Noisy-le-Roi 78 .... 38 BC25
Noisy-le-Sec 93 .... 39 BE25
Noisy-Rudignon 77 .... 60 BI31
Noisy-sur-Oise 95 .... 39 BD22
Noizay 37 .... 75 AS41
Noize 79 .... 90 AL47
Nojals-et-Clotte 24 .... 147 AR71
Nojeon-en-Vexin 27 .... 15 AY20
Nolay 58 .... 95 BK44
Nolay 21 .... 97 BV46
Nolléval 76 .... 14 AX18
Nollieux 42 .... 124 BO59
Nomain 59 .... 4 BK7
Nomdieu 47 .... 161 AO78
Nomécourt 52 .... 63 BY30
Nomeny 54 .... 45 CG24
Nomexy 88 .... 65 CH31
Nommay 25 .... 84 CL39
Nompatelize 88 .... 66 CL30
Nonac 16 .... 132 AM63
Nonancourt 27 .... 37 AV26
Nonant 14 .... 25 AI21
Nonant-le-Pin 61 .... 36 AO27
Nonards 19 .... 135 AZ68
Nonaville 16 .... 118 AL62
Noncourt-sur-le-Rongeant 52 .... 63 BZ30
Nonette 63 .... 137 BL63
Nonglard 74 .... 128 CG57
Nonhigny 54 .... 46 CL28
Les Nonières 26 .... 155 CD71

Nonières 07 .... 139 BU69
Nonsard 55 .... 44 CD24
Nontron 24 .... 119 AQ62
Nonville 88 .... 65 CF33
Nonville 77 .... 60 BH32
Nonvilliers-Grandhoux 28 .... 57 AV31
Nonza 2B 199 DK90
Nonzeville 88 .... 65 CJ31
Noordpeene 59 .... 3 BE3
Nordausques 62 .... 3 BC3
Nordheim 67 .... 47 CO26
Nordhouse 67 .... 47 CR28
Noreuil 62 .... 8 BI11
Norges-la-Ville 21 .... 81 BY41
La Norma 73 .... 143 CM65
Normandel 61 .... 36 AW17
Normandie (Pont de) 14 .... 12 AO19
Normanville 28 .... 13 AR16
Normanville 27 .... 37 AV23
Normée 51 .... 41 BN29
Normier 21 .... 80 BT42
Norolles 14 .... 27 AO21
Noron-la-Poterie 14 .... 25 AH21
Noron-l'Abbaye 14 .... 35 AK24
Noroy 60 .... 16 BF19
Noroy-le-Bourg 70 .... 83 CH38
Noroy-lès-Jussey 70 .... 83 CE36
Noroy-sur-Ourcq 02 .... 17 BK21
Norrent-Fontes 62 .... 3 BE6
Norrey-en-Auge 14 .... 35 AM24
Norrey-en-Bessin 14 .... 25 AI21
Norrois 51 .... 42 BU27
Norroy 88 .... 64 CE32
Norroy-le-Sec 54 .... 21 CD20
Norroy-le-Veneur 57 .... 21 CF21
Norroy-lès-Pont-à-Mousson 54 .... 44 CF24
Nort-Leulinghem 62 .... 3 BC4
Nort-sur-Erdre 44 .... 71 AA40
Nortkerque 62 .... 2 BB3
La Norville 91 .... 39 BD28
Norville 76 .... 13 AR18
Nossage-et-Bénévent 05 .... 155 CF75
Nossoncourt 88 .... 66 CK29
Nostang 56 .... 68 O36
Noth 23 .... 107 AV54
Nothalten 67 .... 67 CP30
Notre-Dame-d'Aiguebelle (Abbaye de) 26 .... 154 BX74
Notre-Dame-d'Aliermont 76 .... 14 AW14
Notre-Dame-d'Allençon 49 .... 73 AI42
Notre-Dame-d'Aurès 12 .... 166 BZ77
Notre-Dame-d'Ay (Sanctuaire de) 07 .... 140 BW66
Notre-Dame-de-Bellecombe 73 .... 128 CK58
Notre-Dame-de-Bliquetuit 76 .... 13 AS18
Notre-Dame-de-Boisset 42 .... 125 BR57
Notre-Dame-de-Bondeville 76 .... 13 AU18
Notre-Dame-de-Briançon 73 .... 128 CK61
Notre-Dame-de-Buglose 40 .... 158 AD81
Notre-Dame-de-Cenilly 50 .... 34 AD23
Notre-Dame de Clausis 05 .... 157 CO71
Notre-Dame-de-Commiers 38 .... 141 CE67
Notre-Dame-de-Courson 14 .... 36 AO24
Notre-Dame-de-Fresnay 14 .... 36 AN24
Notre-Dame-de-Garaison 65 .... 179 AO88
Notre-Dame-de-Grace 44 .... 71 X40
Notre-Dame de Gravenchon 76 .... 13 AR18
Notre-Dame-de-Kérinec (Chapelle) 29 .... 29 R27
Notre-Dame-de-la-Cour 22 .... 31 R27
Notre-Dame de la Gorge 74 .... 129 CL58
Notre-Dame-de-la-Graineterie (Abbaye de) 85 .... 88 AD47
Notre-Dame-de-la-Mer (Chapelle) 78 .... 38 AX23
Notre-Dame-de-la-Rouvière 30 .... 166 BO79
Notre-Dame-de-la-Salette 38 .... 142 CG69
Notre-Dame de la Serra (Belvédère de) 2B 198 DF93
Notre-Dame-de-l'Aillant 71 .... 96 BR45
Notre-Dame-de-Laus 05 .... 156 CI73
Notre-Dame-de-l'Espérance 22 .... 31 R26
Notre-Dame-de-l'Isle 27 .... 38 AX22
Notre-Dame-de-Livaye 14 .... 36 AN22
Notre-Dame-de-Livoye 50 .... 34 AD26
Notre-Dame-de-Londres 34 .... 166 BP81
Notre-Dame-de-Lorette 62 .... 8 BG8
Notre-Dame-de-l'Ormeau (Chapelle) 83 .... 174 CM82
Notre-Dame-de-l'Osier 38 .... 141 CB65
Notre-Dame-de-Lure (Monastère de) 04 .... 169 CF78

ORLÉANS

Antigna (R.) . . . . DY 4
Bannier (R.) . . . . DY
Bothereau (R. R.) . . . . FY 14
Bourgogne (Fg de) . . . . FZ 15
Bourgogne (R. de) . . . . EFZ
Brésil (R. du) . . . . FY 16
Bretonnerie (R. de la) . . . . DEY 17
Briand (Bd A.) . . . . FY 19
Champ-de-Mars (Av.) . . . . DZ 25
Charpenterie (R. de la) . . . . EZ 34
Châtelet (Square du) . . . . EZ 32
Chollet (R. Théophile) . . . . EY 36
Claye (R. de la) . . . . FY 38
Coligny (R.) . . . . FZ 39
Croix-de-la-Pucelle (R.) . . . . . . EZ 43
Dauphine (Av.) . . . . EZ 49
Dolet (R. Étienne) . . . . EZ 47
Ducerceau (R.) . . . . EZ 51
Dupanloup (R.) . . . . EFY 52
Escures (R. d') . . . . EY 55
Étape (Pl. de l') . . . . EY 56
Ételon (R. du) . . . . EZ 57
Folie (R.) . . . . FZ 58
Fort-des-Tourelles (Q.) . . . . EZ 60
Gaulle (Pl. du Gén.-de) . . . . . . DZ 65
Halleberde (R. de la) . . . . DY 70
Hôtelleries (R. des) . . . . EZ 71
Jeanne d'Arc (R.) . . . . EY
Lin (R. au) . . . . EZ 81
Loire (R. de la) . . . . EZ 85
Madeleine (R. Fg) . . . . DZ 88
Manufacture (R. de la) . . . . FY 89
Motte-Sanguin (Bd de la) . . . . . FZ 95
N.-D.-de-Recouvrance (R.) . . . . DZ 97
Oriflamme (R. de l') . . . . FZ 98
Parisie (R.) . . . . EZ 100
Poirier (R. du) . . . . EZ 106
Pothier (R.) . . . . EZ 112
Prague (Quai) . . . . DZ 113
Pressoir (R. du) . . . . FY 115
Pte-Madeleine (R.) . . . . DY 107
Pte-St-Jean (R.) . . . . DY 109
Rabier (R. F.) . . . . FY 117
République (Pl.) . . . . EZ 121
République (R. de la) . . . . EZ
Roquet (R.) . . . . EZ 124
Royale (R.) . . . . EZ 125
Ste-Catherine (R.) . . . . EZ 135
Ste-Croix (Pl.) . . . . EYZ 139
St-Euverte (Bd) . . . . FYZ 126
St-Euverte (R.) . . . . FY 127
Secrétain (Av. R.) . . . . DZ 140
Segellé (Bd P.) . . . . FY 141
Tabour (R. du) . . . . EZ 145
Tour Neuve (R. de la) . . . . FZ 147
Verdun (Bd de) . . . . DY 152
Vieux-Marché (Pl.) . . . . DZ 159
Weiss (R. L.) . . . . FY 160
6-Juin 1944 (Pl. du) . . . . FY 162

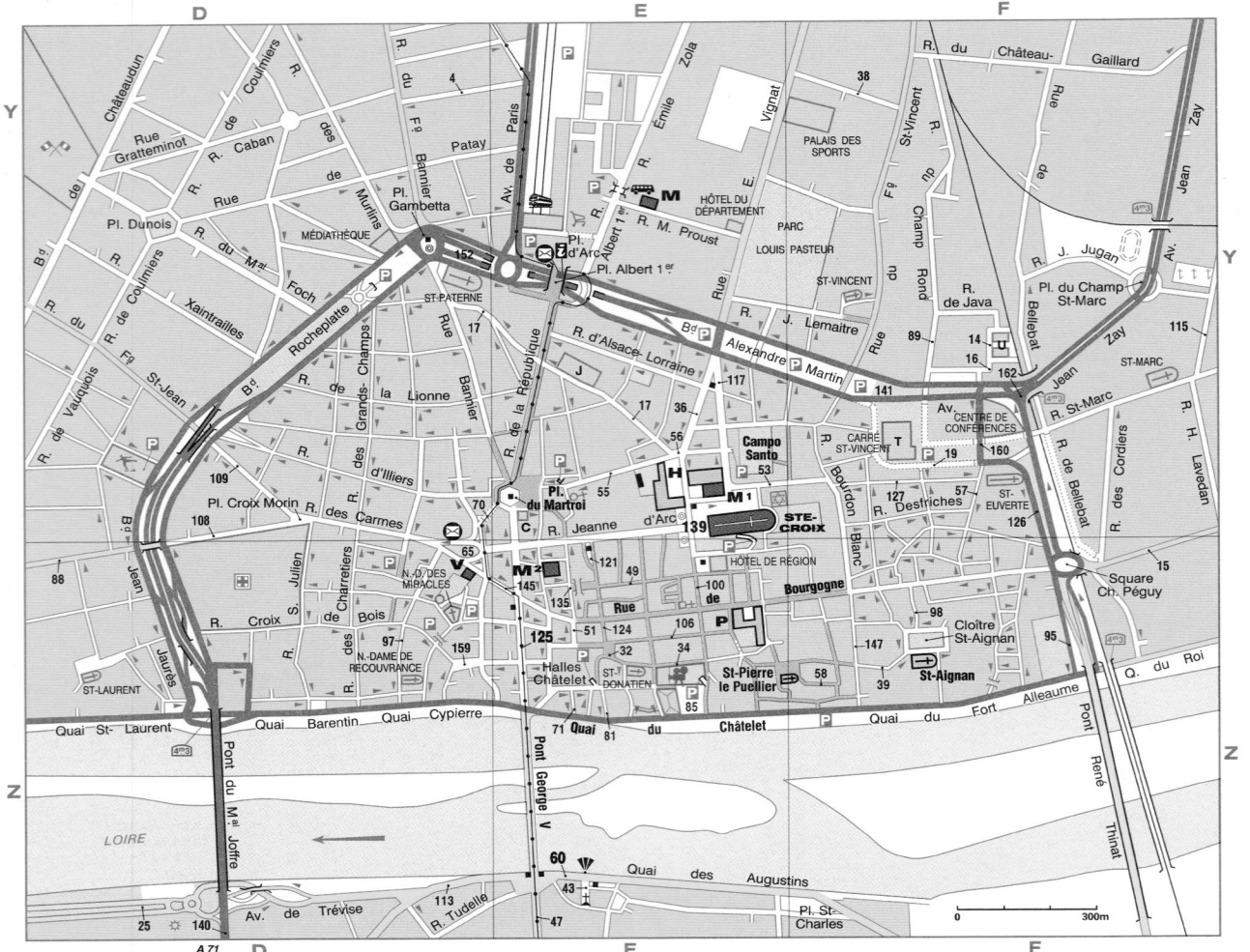

Notre-Dame-
  de-Mésage 38 . . . . 141 CE67
Notre-Dame-de-Montplacé
  (Chapelle) 49 . . . . 23 AK39
Notre-Dame-de-Monts 85 . . . . 86 V47
Notre-Dame-de-Piétat
  (Chapelle de) 64 . . . . 178 AI88
Notre-Dame-de-Riez 85 . . . . 86 X48
Notre-Dame-
  de-Sanilhac 24 . . . . 133 AR67
Notre-Dame-de-Timadeuc
  (Abbaye de) 52 533
Notre-Dame-de-Tréminou
  (Chapelle) 29 . . . . 49 G34
Notre-Dame-
  de-Tronoën 29 . . . . 49 G34
Notre-Dame-de-Valvert
  (Chapelle de) 06 . . . . . . 174 CM79
Notre-Dame-de-Vaulx 38 . . . 141 CE68
Notre-Dame-de-Vie
  (Ermitage) 06 . . . . 174 CP83
Notre-Dame-d'Elle 50 . . . . . 34 AF22
Notre-Dame-d'Épine 27 . . . . 27 AR21
Notre-Dame-des-Anges
  (Prieuré) 06 . . . . 173 CU77
Notre-Dame-des-Dombes
  (Abbaye de) 01 . . . . 112 BZ56
Notre-Dame-des-Fontaines
  (Chapelle) 06 . . . . 173 CU77
Notre-Dame-des-Landes 44 . . 71 Z41
Notre-Dame-
  des-Millières 73 . . . . . . 128 CJ60
Notre-Dame-des-Misères
  (Chapelle de) 82 . . . . . . 162 AW78
Notre-Dame-d'Estrées 14 . . . 26 AM22
Notre-Dame-d'Igny
  (Abbaye) 51 . . . . 18 BN21
Notre-Dame-d'Oé 37 . . . . . . 75 AR41
Notre-Dame-d'Or 86 . . . . . . 90 AM48
Notre-Dame-du-Bec 12 . . . . . AO17
Notre-Dame-du-Crann
  (Chapelle) 29 . . . . 50 K31
Notre-Dame-du-Cruet 73 . . . 142 CJ63
Notre-Dame-du-Groseau
  (Chapelle) 84 . . . . 163 CA77
Notre-Dame-du-Guildo 22 . . . 32 W27
Notre-Dame-du-Hamel 27 . . . 36 AQ25
Notre-Dame du Haut
  (Chapelle) 22 . . . . 52 T30
Notre-Dame-du-Mai
  (Chapelle) 83 . . . . 188 CG89
Notre-Dame-du-Parc 76 . . . . 14 AV15
Notre-Dame-du-Pé 72 . . . . . 73 AJ37
Notre-Dame-du-Pré 73 . . . . 129 CL61
Notre-Dame-du-Rocher 61 . . . 35 Z24
Notre-Dame-du-Touchet 50 . . 34 AF28
Nottonville 28 . . . . 80 AX33
La Nouaille 23 . . . . 121 BB59
Nouailhé-Maupertuis 86 . . . . 105 AP51
Nouainville 50 . . . . 24 AA16
Nouan-le-Fuzelier 41 . . . . . . 77 BB40
Nouan-sur-Loire 41 . . . . 76 AY38
Nouans 72 . . . . 56 AO32
Nouans-les-Fontaines 37 . . . 92 AW44
Nouart 08 . . . . 20 BX18
Nouâtre 37 . . . . 91 AQ45
La Nouaye 35 . . . . 53 X32
La Noue 17 . . . . 41 BN26
La Noue 17 . . . . 102 AB55
Nouelles 31 . . . . 181 AX86
Nougaroulet 32 . . . . 162 AQ82
Nouhant 23 . . . . 108 BE54
Nouic 87 . . . . 105 AS56
Nouilhan 85 . . . . 179 AL85
Les Nouillers 17 . . . . 117 AG57
Nouillonpont 55 . . . . 20 CB19
Nouilly 57 . . . . 21 CG21
Noulens 32 . . . . 160 AM81
Nourard-le-Franc 60 . . . . . . 17 BI21
Nourray 41 . . . . 75 AU38
Nousse 40 . . . . 159 AE82
Nousseviller-lès-Bitche 57 . . 23 CQ21
Nousseviller-
  Saint-Nabor 57 . . . . 23 CL21
Nousty 64 . . . . 178 AJ87
Nouvelle-Église 62 . . . . 3 BB2
Nouvion 80 . . . . 16 BB12
Le Nouvion-en-Thiérache 02 . . 9 BO12
Nouvion-et-Catillon 02 . . . . . 17 BM16
Nouvion-le-Comte 02 . . . . . . 17 BM16
Nouvion-le-Vineux 02 . . . . . . 18 BN18
Nouvion-sur-Meuse 08 . . . . . 19 BV16
Nouvoitou 35 . . . . 53 AA34
Nouvron-Vingré 02 . . . . 17 BK19
Nouzerines 23 . . . . 108 BC53

Nouzerolles 23 . . . . 107 AZ53
Nouzier 23 . . . . 108 BB52
Nouzilly 37 . . . . 75 AR40
Nouzonville 08 . . . . 11 BV14
Novacelles 63 . . . . 138 BD63
Novalaise 73 . . . . 127 CE61
Novale 02 . . . . 201 DL96
Novéant-sur-Moselle 57 . . . . 44 CF23
Novel 74 . . . . 115 CM52
Noves 13 . . . . 168 BY80
Noviant-aux-Prés 54 . . . . . . 44 CD25
Novillard 90 . . . . 84 CM38
Novillars 25 . . . . 83 CG42
Novion-Porcien 08 . . . . 19 BT17
Novy-Chevrières 08 . . . . 19 BT17
Noyal 22 . . . . 52 U29
Noyal-Châtillon-
  sur-Seiche 35 . . . . 53 AA34
Noyal-Muzillac 56 . . . . 69 T38
Noyal-Pontivy 56 . . . . 51 R33
Noyal-sous-Bazouges 35 . . . 53 AA29
Noyal-sur-Brutz 44 . . . . 72 AC37
Noyal-sur-Vilaine 35 . . . . . . 53 AB33
Noyales 02 . . . . 9 BM14
Noyalo 56 . . . . 69 S38
Noyant 49 . . . . 90 AD44
Noyant-d'Allier 03 . . . . 109 BJ52
Noyant-de-Touraine 37 . . . . 91 AQ44
Noyant-et-Aconin 02 . . . . . . 17 BL20
Noyant-la-Gravoyère 49 . . . . 72 AF38
Noyant-la-Plaine 49 . . . . . . 73 AJ42
Noyarey 38 . . . . 141 CD65
Noyelles-Vion 62 . . . . 8 BF9
Noyelles-en-Chaussée 80 . . . . 7 BB10
Noyelles-Godault 62 . . . . 8 BI8
Noyelles-lès-Humières 62 . . . 7 BC8
Noyelles-lès-Seclin 59 . . . . . 4 BI6
Noyelles-lès-Vermelles 62 . . . 8 BG7
Noyelles-sous-Bellonne 62 . . . 8 BI9
Noyelles-sous-Lens 62 . . . . . 8 BH8
Noyelles-sur-Escaut 59 . . . . . 8 BJ11
Noyelles-sur-Mer 80 . . . . 6 AZ10
Noyelles-sur-Sambre 59 . . . . 9 BO11
Noyelles-sur-Selle 59 . . . . . . 8 BL9
Noyellette 62 . . . . 8 BF9
Noyen-sur-Sarthe 72 . . . . . . 73 AL36
Noyen-sur-Seine 77 . . . . 61 BL30
Le Noyer 18 . . . . 128 CG60
Le Noyer 73 . . . . 78 BG42
Le Noyer 14 . . . . 12 AP19
Le Noyer 05 . . . . 156 CH71
Le Noyer-en-Ouche 27 . . . . 27 AS23
Noyers 89 . . . . 89 BD38
Noyers 52 . . . . 68 CB34
Noyers 45 . . . . 77 BF36
Noyers 27 . . . . 15 AZ21
Noyers-Bocage 14 . . . . 35 AJ22
Noyers-le-Val 55 . . . . 43 BX25
Noyers-Pont-Maugis 08 . . . . 20 BW16
Noyers-Saint-Martin 60 . . . . 18 BD17
Noyers-sur-Cher 41 . . . . . . 92 AW43
Noyers-sur-Jabron 04 . . . . . 169 CF77
Noyon 60 . . . . 17 BI17
Nozay 91 . . . . 80 BD27
Nozay 44 . . . . 71 AA39
Nozay 10 . . . . 82 BQ29
Nozières 39 . . . . 99 CG48
Nozières 18 . . . . 108 BE49
Nuaillé 49 . . . . 89 AG44
Nuaillé-d'Aunis 17 . . . . 101 AE56
Nuaillé-sur-Boutonne 17 . . . 104 AE55
Nuars 58 . . . . 89 BD42
Nubécourt 55 . . . . 43 BY23
Nuces 12 . . . . 150 BE74
Nucourt 95 . . . . 38 BC22
Nueil-les-Aubiers 79 . . . . . . 89 AH46
Nueil-sous-Faye 86 . . . . 90 AM46
Nueil-sur-Argent 79 . . . . . . 89 AH46
Nueil-sur-Layon 49 . . . . 89 AJ44
Nuelles 69 . . . . 125 BV58
Nuillé-le-Jalais 72 . . . . 56 AO34
Nuillé-sur-Ouette 53 . . . . . . 54 AJ34
Nuillé-sur-Vicoin 53 . . . . . . 54 AG34
Nuisement-sur-Coole 51 . . . . 42 BT24
Nuits 89 . . . . 85 BG34
Nuits-Saint-Georges 21 . . . . 97 BX34
Nullemont 76 . . . . 15 AY15
Nully 52 . . . . 67 BW30
Nuncq 62 . . . . 7 BD8
Nuret-le-Ferron 36 . . . . 92 AW49
Nurieux-Volognat 01 . . . . . 113 CC55

Nurlu 80 . . . . 8 BI12
Nuzéjouls 46 . . . . 148 AW73
Nyer 66 . . . . 196 BD96
Nyoiseau 49 . . . . 72 AF37
Nyons 26 . . . . 154 CA75

O

O (Château d') 61 . . . . 36 AN27
Obenheim 67 . . . . 67 CR29
Oberbronn 67 . . . . 47 CQ23
Oberbruck 68 . . . . 84 CM36
Oberdorf 68 . . . . 85 CP38
Oberdorf-Spachbach 67 . . . . 47 CR23
Oberdorff 57 . . . . 22 CI20
Oberentzen 68 . . . . 67 CP34
Obergailbach 57 . . . . 23 CE37
Oberhaslach 67 . . . . 46 CO27
Oberhausbergen 67 . . . . 47 CR24
Oberhergheim 68 . . . . 67 CP34
Oberhoffen-
  lès-Wissembourg 67 . . . . 47 CS22
Oberhoffen-sur-Moder 67 . . . 47 CS25
Oberkutzenhausen 67 . . . . . 47 CS23
Oberlarg 68 . . . . 85 CO40
Oberlauterbach 67 . . . . 47 CT23
Obermodern 67 . . . . 47 CQ24
Obermorschwihr 68 . . . . 66 CO33
Obermorschwiller 68 . . . . . . 85 CP37
Obernai 67 . . . . 46 CQ27
Obersaasheim 68 . . . . 67 CQ34
Oberschaeffolsheim 67 . . . . . 47 CR27
Obersoultzbach 67 . . . . 47 CP25
Obersteigen 67 . . . . 46 CO26
Obersteinbach 67 . . . . 47 CR23
Oberstinzel 57 . . . . 46 CM25
Obervisse 57 . . . . 22 CI21
Obies 59 . . . . 9 BO9
Objat 19 . . . . 134 AW65
Oblinghem 62 . . . . 3 BF6
Obreck 57 . . . . 45 CJ26
Obsonville 77 . . . . 59 BF32
Obterre 36 . . . . 91 AT47
Obtrée 21 . . . . 66 BL30
Ocana 2A 202 DH100
Occagnes 61 . . . . 35 AM26
Occey 52 . . . . 82 BT36
Occhiatana 2B 198 DH93
Occoches 80 . . . . 7 BD11
Ochancourt 80 . . . . 6 AY11
Oches 08 . . . . 20 BW17
Ochey 54 . . . . 44 CE28
Ochiaz 01 . . . . 113 CC55
Ochtezeele 59 . . . . 3 BE3
Ocquerre 77 . . . . 40 BG24
Ocqueville 76 . . . . 13 AS15
Octeville 50 . . . . 24 AA16
Octeville-l'Avenel 50 . . . . . . 24 AD17
Octeville-sur-Mer 76 . . . . . . 13 AN17
Octon 34 . . . . 184 BL83
Odars 31 . . . . 181 AX85
Odeillo 66 . . . . 196 BB96
Odenas 69 . . . . 125 BV56
Oderen 68 . . . . 84 CM35
Odival 52 . . . . 67 BV31
Odomez 59 . . . . 5 BM7
Odos 65 . . . . 179 AL88
Œillon (Crêt de l') 42 . . . . . 139 BV63
Œrmingen 67 . . . . 47 CM23
Œting 57 . . . . 23 CF20
Œuf-en-Ternois 62 . . . . 7 BD8
Œuilly 51 . . . . 41 BN19
Œutrange 57 . . . . 21 CF19
Oeyregave 40 . . . . 159 AC84
Oeyreluy 40 . . . . 158 AC82
Offekerque 62 . . . . 2 BB2
Offemont 90 . . . . 84 CM37
Offendorf 67 . . . . 47 CS25
Offignies 80 . . . . 15 BA15
Offin 62 . . . . 6 BB8
Offlanges 39 . . . . 98 CC43
Offoy 80 . . . . 8 BI13
Offoy 60 . . . . 15 BB16
Offranville 76 . . . . 13 AS14
Offrethun 62 . . . . 2 AZ4
Offroicourt 88 . . . . 65 CF39

Offwiller 67 . . . . 23 CQ23
Ogenne-Camptort 64 . . . . . 177 AF86
Ogeu-les-Bains 64 . . . . . . 178 AG88
Ogéviller 54 . . . . 45 CK28
Ogliastro 2B 199 DJ90
Ognes 60 . . . . 40 BI20
Ognes 02 . . . . 18 BM22
Ognes 51 . . . . 41 BP27
Ognéville 54 . . . . 65 CF29
Ognolles 60 . . . . 17 BI16
Ogney 70 . . . . 82 CD37
Ognon 60 . . . . 16 BG21
Ogy 45 . . . . 45 CG22
Ohain 59 . . . . 10 BR11
Oherville 76 . . . . 13 AR15
Ohis 02 . . . . 10 BP13
Ohlungen 67 . . . . 47 CR24
Ohnenheim 67 . . . . 67 CO31
L'Oie 85 . . . . 88 AD48
Oigney 70 . . . . 82 CC37
Oignies 62 . . . . 8 BI7
Oigny 21 . . . . 81 BV39
Oigny-en-Valois 02 . . . . 17 BK19
Oingt 69 . . . . 125 BV57
Oinville-Saint-Liphard 28 . . . 60 BB31
Oinville-sous-Auneau 28 . . . 58 BA32
Oinville-sur-Montcient 78 . . . 38 BC23
Oiron 79 . . . . 90 AL46
Oiry 51 . . . . 41 BP25
Oiselay-et-Grachaux 70 . . . . 83 CF41
Oisemont 80 . . . . 15 AZ14
Oisilly 21 . . . . 82 CA41
Oisly 41 . . . . 76 AW41
Oison 45 . . . . 59 BB33
Oisseau 53 . . . . 55 AH30
Oisseau-le-Petit 72 . . . . 56 AN31
Oissel 76 . . . . 14 AU15
Oissery 77 . . . . 40 BF23
Oissy 80 . . . . 7 BB14
Oisy 58 . . . . 88 BA38
Oisy 59 . . . . 79 BM41
Oisy 02 . . . . 9 BN13
Oisy-le-Verger 62 . . . . 8 BJ10
Oizé 72 . . . . 74 AM37
Oizon 18 . . . . 77 BF41

OK Corral
  (Parc d'attractions) 13 . . . 188 CF87
Olargues 34 . . . . 183 BB34
Olby 63 . . . . 123 BI60
Olcani 2B 199 DK90
Oléac-Debat 65 . . . . 179 AM87
Oléac-Dessus 65 . . . . 179 AM88
Olemps 12 . . . . 150 BF75
Olendon 14 . . . . 35 AL24
Oléron (Île d') 17 . . . . 116 AC58
Oléron (Viaduc d') 17 . . . . 116 AC58
Olette 66 . . . . 196 BD95
Olhain (Château d') 62 . . . . . 8 BF8
Olivese 2A 203 DI101
Olivet 53 . . . . 54 AH34
Olivet 45 . . . . 76 BA36
Olizy 51 . . . . 41 BO22
Olizy-sur-Chiers 55 . . . . . . 20 BY20
Olizy-Primat 08 . . . . 19 BV20
Ollainville 91 . . . . 39 BD28
Ollainville 88 . . . . 64 CC38
Ollans 25 . . . . 83 CH40
Ollé 28 . . . . 57 AZ30
Olley 54 . . . . 44 CC26
Ollezy 02 . . . . 17 BJ15
Les Ollières 74 . . . . 114 CH56
Les Ollières-sur-Eyrieux 07 . . 153 BV70
Olliergues 63 . . . . 124 BG60
Ollières 83 . . . . 188 CF84
Les Olliers 69 . . . . 131 BG61
Les Olmes 69 . . . . 125 BU58
Olmet 23 . . . . 106 BD60
Olmet-et-Villecun 34 . . . . . 184 BK82
Olmeta-di-Capocorso 2B . . . 199 DK91
Olmeta-di-Tuda 2B 199 DK90
Olmeto 2A 202 DH100
Olmi-Cappella 2B 198 DH93
Olmiccia 2A 203 DI103
Olmo 2B 199 DK94
Olonne-sur-Mer 85 . . . . . . 102 Y50
Oloron-Sainte-Marie 64 . . . 177 AF88
Oltingue 68 . . . . 85 CP39
Olwisheim 67 . . . . 47 CR26

Omaha Beach 14 . . . . 25 AG19
Omblèze 26 . . . . 140 CA69
Omécourt 60 . . . . 15 BA17
Omelmont 54 . . . . 65 CF29
Les Omergues 04 . . . . 169 CE77
Omerville 95 . . . . 38 BC22
Omessa 2B 201 DJ95
Omet 33 . . . . 146 AJ72
Omex 65 . . . . 178 AK89
Omey 51 . . . . 42 BT25
Omicourt 08 . . . . 20 BV16
Omiécourt 80 . . . . 8 BH15
Omissy 02 . . . . 9 BK14
Ommeel 61 . . . . 36 AN26
Ommeray 57 . . . . 45 CJ26
Ommoy 61 . . . . 35 AM24
Omont 08 . . . . 19 BV17
Omonville 76 . . . . 13 AU15
Omonville-la-Petite 50 . . . . 24 Z15
Omonville-la-Rogue 50 . . . . 24 Z15
Omps 15 . . . . 136 BD69
Oms 66 . . . . 197 BG95
Onans 25 . . . . 84 CK39
Onard 40 . . . . 159 AE81
Onay 70 . . . . 83 CD41
Oncieu 01 . . . . 127 CC61
Oncourt 88 . . . . 65 CH31
Oncy-sur-École 91 . . . . 59 BE31
Ondefontaine 14 . . . . 34 AH23
Ondes 31 . . . . 162 AW82
Ondres 40 . . . . 176 ZB3
Onesse-et-Laharie 40 . . . . . 158 AC78
Onet-le-Château 12 . . . . . . 150 BF75
Oneux 80 . . . . 7 BB11
Ongles 04 . . . . 169 CF78
Onglières 39 . . . . 99 CF47
Onjon 10 . . . . 66 BS30
Onlay 58 . . . . 96 BP46
Onnaing 59 . . . . 5 BM7
Onnion 74 . . . . 114 CJ54
Onoz 39 . . . . 113 CD51
Ons-en-Bray 60 . . . . 15 BA19
Ontex 73 . . . . 127 CE62
Onville 54 . . . . 44 CE23
Onzain 41 . . . . 75 AV40
Oô 31 . . . . 193 AO92
Oost-Cappel 59 . . . . 3 BF2
Opme 63 . . . . 123 BJ60
Opoul-Périllos 66 . . . . 197 BF92
Oppède 84 . . . . 168 CA81
Oppède-le-Vieux 84 . . . . . . 168 CA81
Oppedette 04 . . . . 169 CF79
Oppenans 70 . . . . 84 CI39
Oppy 62 . . . . 8 BH9
Optevoz 38 . . . . 127 CB59
Or (Mont d') 25 . . . . 100 CI48
Oraàs 64 . . . . 177 AK85
Oradour 15 . . . . 137 BI69
Oradour 16 . . . . 121 AI58
Oradour-Fanais 16 . . . . . . 106 AT54
Oradour-Saint-Genest 87 . . . 106 AT58
Oradour-sur-Glane 87 . . . . 120 AS58
Oradour-sur-Vayres 87 . . . . 119 AS60
Orain 21 . . . . 82 BU39
Orainville 02 . . . . 18 BO19
Oraison 04 . . . . 169 CE79
Orange 84 . . . . 168 BX77
Orbagna 39 . . . . 99 CD49
Orbais-l'Abbaye 51 . . . . . . 41 BN24
Orban 81 . . . . 163 AP83
Orbec 14 . . . . 27 AP23
Orbeil 63 . . . . 123 BK62
Orbessan 32 . . . . 179 AP84
Orbey 68 . . . . 66 CN31
Orbigny-au-Mont 52 . . . . . . 82 BV38
Orbigny-au-Val 52 . . . . 82 BV38
Orbois 14 . . . . 34 AH22
L'Orbrie 85 . . . . 103 AE57
Orçay 41 . . . . 93 BC43
Orcemont 78 . . . . 38 BC29
Orcenais 18 . . . . 108 BE49
Orcevaux 52 . . . . 82 BT37
Orchamps 39 . . . . 99 CB43
Orchamps-Vennes 25 . . . . 100 CJ44
Orches 86 . . . . 90 AO47
Orcier 74 . . . . 114 CJ53
Orcières 05 . . . . 156 CJ71

Orcinas 26 . . . . 154 CA73
Orcines 63 . . . . 123 BJ59
Orcival 63 . . . . 123 BH61
Orconte 51 . . . . 42 BV27
Ordan-Larroque 32 . . . . . . 161 AO83
Ordiarp 64 . . . . 177 AD88
Ordizan 65 . . . . 179 AL89
Ordonnac 33 . . . . 131 AF64
Ordonnaz 01 . . . . 127 CC58
Ore 31 . . . . 193 AO90
Orègue 64 . . . . 177 AB85
Oreilla 66 . . . . 196 BD95
Orelle 73 . . . . 142 CK65
Oresmaux 80 . . . . 7 BD14
Organ 65 . . . . 179 AM87
Orgeans 25 . . . . 84 CL42
Orgedeuil 16 . . . . 119 AP60
Orgeix 09 . . . . 195 BA94
Orgelet 39 . . . . 113 CC51
Orgères 61 . . . . 36 AP26
Orgères 35 . . . . 53 AA34
Orgères-en-Beauce 28 . . . . 60 AZ33
Orgères-la-Roche 53 . . . . . 34 AK28
Orgerus 78 . . . . 38 AZ25
Orges 52 . . . . 67 BX34
Orgeux 21 . . . . 82 BZ41
Orgeval 78 . . . . 38 BB24
Orgeval 02 . . . . 18 BP18
Orgibet 09 . . . . 194 AS90
Orglandes 50 . . . . 24 AC18
Orgnac (Aven d') 07 . . . . . 153 BU70
Orgnac-l'Aven 07 . . . . 153 BU70
Orgnac-sur-Vézère 19 . . . . 134 AW64
Orgon 13 . . . . 168 BZ81
Orgueil 82 . . . . 162 AW80
Oricourt 70 . . . . 84 CI39
Orienne 65 . . . . 179 AM89
Orient (Forêt d') 10 . . . . . . 66 BT31
Orieux 65 . . . . 179 AM88
Orignac 65 . . . . 179 AL89
Origne 33 . . . . 145 AH73
Origne 62 . . . . 3 BG5
Origné 53 . . . . 54 AG35
Orignolles 17 . . . . 131 AJ65
Origny 21 . . . . 81 BV38
Origny-en-Thiérache 02 . . . 10 BQ13
Origny-le-Butin 61 . . . . 56 AO30
Origny-le-Roux 61 . . . . 56 AP31
Origny-le-Sec 10 . . . . 61 BO29
Origny-Sainte-Benoite 02 . . . 9 BM14
Orin 64 . . . . 177 AF87
Orincles 65 . . . . 179 AL89
Oriocourt 57 . . . . 45 CH24
Oriol-en-Royans 26 . . . . . . 141 CB68
Oriolles 16 . . . . 132 AK64
Orion 64 . . . . 177 AD85
Oris-en-Rattier 38 . . . . . . 141 CE66
Orist 40 . . . . 158 AB83
Orival 16 . . . . 132 AK65
Orival 76 . . . . 14 AU20
Orléans 45 . . . . 76 BA36
Orléat 63 . . . . 124 BM58
Orleix 65 . . . . 179 AL87
Orliac 24 . . . . 133 AT71
Orliac-de-Bar 19 . . . . 135 AZ64
Orliaguet 24 . . . . 134 Z83
Orliénas 69 . . . . 126 BW60
Orlu 09 . . . . 195 BA94
Orlu 28 . . . . 59 BB31
Ormancey 52 . . . . 82 BV37
Ormancourt 77 . . . . 40 BI27
Ormenans 70 . . . . 83 CG40
Ormersviller 57 . . . . 23 CO21
Ormes 51 . . . . 41 BP23
Ormes 10 . . . . 62 BV30
Ormes 45 . . . . 76 AZ35
Ormes 27 . . . . 37 AX23
Ormes 71 . . . . 111 BY50
Ormes 89 . . . . 85 BC33
Les Ormes 86 . . . . 91 AO46
Les Ormes 89 . . . . 84 AZ36
Les Ormes-sur-Voulzie 77 . . 60 BK30
Ormesson 77 . . . . 59 BH31
Ormesson-sur-Marne 94 . . . 39 BG26
Ormoiche 70 . . . . 84 CI39
Ormoy 70 . . . . 83 CG38
Ormoy 91 . . . . 59 CE44
Ormoy 89 . . . . 85 BC35
Ormoy 28 . . . . 38 AZ28
Ormoy-la-Rivière 91 . . . . . . 59 BD31
Ormoy-le-Davien 60 . . . . . . 17 BI21
Ormoy-
  lès-Sexfontaines 52 . . . . 67 BY32

Ossey-les-Trois-
  Maisons 10 . . . . 61 BO30
Ossun 65 . . . . 178 AK88
Ossun-ez-Angles 65 . . . . . 179 AL89
Ostabat-Asme 64 . . . . 177 AC87
Ostel 02 . . . . 17 BM19
Ostheim 67 . . . . 67 CP32
Osthouse 67 . . . . 67 CR29
Ostreville 62 . . . . 7 BE8
Ostricourt 59 . . . . 4 BI7
Ostwald 67 . . . . 47 CR27
Ota 2A 200 DF97
Othe 54 . . . . 20 CA18
Othis 77 . . . . 39 BG23
Ottange 57 . . . . 21 CE18
Otterthal 67 . . . . 47 CO25
Ottersweiler 67 . . . . 46 CP25
Ottmarsheim 68 . . . . 85 CO36
Ottonville 57 . . . . 22 CI20
Ottrott 67 . . . . 46 CP28
Ottwiller 67 . . . . 46 CN24
Ouagne 58 . . . . 79 BM41
Ouainville 76 . . . . 13 AR15
Ouanne 89 . . . . 79 BM38
Ouarville 28 . . . . 58 AZ31
Les Oubeaux 14 . . . . 25 AF20
Ouchamps 41 . . . . 76 AW41
Ouches 42 . . . . 124 BO57
Oucques 41 . . . . 76 AW37
Oudalle 76 . . . . 12 AP18
Oudan 58 . . . . 79 BL42
Oudeuil 60 . . . . 15 BB18
Oudezeele 59 . . . . 3 BF3
Oudincourt 52 . . . . 67 BY32
Oudon 44 . . . . 72 AC41
Oudrenne 57 . . . . 21 CG19
Oudry 71 . . . . 111 BR50
Oueilloux 65 . . . . 179 AM88
Ouerre 28 . . . . 38 AX27
Ouessant (Île d') 29 . . . . . 28 B27
Ouézy 14 . . . . 26 AM22
Oufferies 14 . . . . 26 AJ23
Ouge 70 . . . . 83 CD36
Ouges 21 . . . . 98 CA42
Ougney 39 . . . . 98 CD43
Ougney-Douvot 25 . . . . . . 83 CH42
Ougny 58 . . . . 95 BO45
Ouhans 25 . . . . 99 CH45
Ouides 43 . . . . 138 BD69
Ouillat (Col de l') 66 . . . . . 197 BI96
Ouillon 64 . . . . 178 AJ86
Ouilly-du-Houley 14 . . . . . . 27 AP22
Ouilly-le-Tesson 14 . . . . . . 26 AL23
Ouilly-le-Vicomte 14 . . . . . 27 AO21
Ouistreham 14 . . . . 26 AL20
Oulches 36 . . . . 106 AV50
Oulches-la-Vallée-Foulon 02 . . 18 BO19
Oulchy-la-Ville 02 . . . . 17 BL21
Oulchy-le-Château 02 . . . . . 17 BL21
Oulins 28 . . . . 38 AX25
Oulles 38 . . . . 142 CG67
Oullins 69 . . . . 126 BX60
Oulmes 85 . . . . 103 AG52
Oulon 58 . . . . 95 BL44
Ounans 39 . . . . 98 CD45
Oupia 34 . . . . 183 BH87
Our 39 . . . . 98 CD44
Ourcel-Maison 60 . . . . 15 BC17
Ourches 26 . . . . 154 BZ70
Ourches-sur-Meuse 55 . . . . 44 CC27
Ourde 65 . . . . 179 AP91
Ourdis-Cotdoussan 65 . . . . 192 AL90
Ourdon 65 . . . . 192 AL90
Ourouër 58 . . . . 95 BL45
Ourouer-les-Bourdelins 18 . . 94 BH47
Ouroux 69 . . . . 112 BV54
Ouroux-en-Morvan 58 . . . . . 96 BQ44
Ouroux-sous-le-Bois-
  Sainte-Marie 71 . . . . . . 111 BT53
Ouroux-sur-Saône 71 . . . . 97 BX49
Ourouer-les-Bois 85 . . . . . 179 AL87
Ourscamps
  (Abbaye d') 60 . . . . 17 BI18
Les Oursinières 83 . . . . . . 188 CI89
Ourtigas (Col de l') 34 . . . . 165 B87
Ourton 82 . . . . 3 BE7
Ourville-en-Caux 76 . . . . . . 13 AR15
Ousse 64 . . . . 178 AI87
Ousse-Suzan 40 . . . . 159 AE79
Oussières 39 . . . . 98 CC46
Ousson-sur-Loire 45 . . . . . . 78 BG36
Oussoy-en-Gâtinais 45 . . . . 78 BE35
Oust 09 . . . . 194 AU92
Oust-Marest 80 . . . . 6 AX12
Ousté 65 . . . . 192 AK90
Outarville 45 . . . . 59 BB32
Outines 51 . . . . 42 BU28
Outreau 62 . . . . 2 AY5
Outrebois 80 . . . . 7 BD10
Outremécourt 52 . . . . 64 CC32
Outrepont 51 . . . . 42 BV26
Outriaz 01 . . . . 113 CC56
Outtersteene 59 . . . . 3 BG5
Ouve-Wirquin 62 . . . . 3 BC5
Ouveillan 11 . . . . 183 BG87
Ouville 50 . . . . 33 AC23
Ouville-la-Bien-Tournée 14 . . 26 AM23
Ouville-la-Rivière 76 . . . . . 13 AU14
Ouville-l'Abbaye 76 . . . . . . 13 AT16
Ouvrouer-les-Champs 45 . . . 77 BC37
Ouzilly 86 . . . . 90 AO48
Ouzilly-Vignolles 86 . . . . . . 90 AM47
Ouzouer-des-Champs 45 . . . 78 BG36
Ouzouer-le-Doyen 41 . . . . . 58 AW35
Ouzouer-le-Marché 41 . . . . 76 AX36
Ouzouer-
  sous-Bellegarde 45 . . . . 78 BE35
Ouzouer-sur-Loire 45 . . . . . 77 BE37
Ouzouer-sur-Trézée 45 . . . . 78 BH38
Ouzous 65 . . . . 192 AJ90
Ovanches 70 . . . . 83 CF38
Ovillers-la-Boisselle 80 . . . . 8 BG12
Oxelaëre 59 . . . . 3 BF3
Oxocelhaya et Isturits
  (Grottes d') 64 . . . . 177 AB86
Oyé 71 . . . . 111 BS53
Oye-et-Pallet 25 . . . . 99 CI47
Oye-Plage 62 . . . . 2 BB2
Oyes 51 . . . . 41 BN26
Oyeu 38 . . . . 141 CC63
Oyonnax 01 . . . . 113 CD54
Oyré 86 . . . . 91 AO47
Oyrières 70 . . . . 82 CC40
Oysonville 28 . . . . 59 BB30
Oz 38 . . . . 142 CG66
Ozan 01 . . . . 112 BX51
Oze 05 . . . . 155 CF73
Ozenay 71 . . . . 112 BX51
Ozenx 64 . . . . 177 AE85
Ozeville 50 . . . . 24 AD17
Ozières 52 . . . . 82 CB32
Ozillac 17 . . . . 131 AI63
Ozoir-la-Ferrière 77 . . . . . . 39 BG26
Ozoir-le-Breuil 28 . . . . 58 AX35
Ozolles 71 . . . . 111 BT53
Ozon 65 . . . . 179 AM88
Ozon 07 . . . . 140 BX66
Ozouer-le-Repos 77 . . . . . . 40 BH27
Ozouer-le-Voulgis 77 . . . . . 40 BH27
Ozourt 40 . . . . 158 AD82

P

Paars 02 ... 18 BN20
Pabu 22 ... 31 P27
La Pacaudière 42 ... 110 BP55
Pacé 61 ... 56 AM30
Pacé 35 ... 53 Z32
Pact 38 ... 140 BY64
Pacy-sur-Armançon 89 ... 80 BR37
Pacy-sur-Eure 27 ... 37 AW23
Padern 11 ... 197 BG92
Padiès 81 ... 164 BE79
Padirac 46 ... 149 AZ70
Padirac (Gouffre de) 46 ... 149 AZ70
Padoux 88 ... 65 CJ31
Pageas 87 ... 120 AT60
Pagney 39 ... 98 CD43
Pagney-derrière-Barine 54 ... 44 CD26
Pagnoz 39 ... 99 CE46
Pagny-la-Blanche-Côte 55 ... 44 CC28
Pagny-la-Ville 21 ... 98 BZ45
Pagny-le-Château 21 ... 98 BZ45
Pagny-lès-Goin 57 ... 45 CG23
Pagny-sur-Meuse 55 ... 44 CC27
Pagny-sur-Moselle 54 ... 44 CE23
Pagolle 64 ... 177 AC87
Pailhac 65 ... 193 AN91
Pailharès 07 ... 139 BV67
Pailhères (Port de) 09 ... 196 BB93
Pailherols 15 ... 136 BG69
Pailhès 34 ... 184 BK85
Pailhès 09 ... 181 AW89
Paillart 60 ... 16 BD16
Paillé 17 ... 117 AI57
Paillencourt 59 ... 9 BK10
Paillet 33 ... 145 AI71
Pailloles 47 ... 147 AQ74
Pailly 89 ... 61 BL31
Le Pailly 52 ... 82 CA37
Paimbœuf 44 ... 70 W42
Paimpol 22 ... 31 Q25
Paimpont 35 ... 52 W34
Pain de Sucre 14 ... 35 AJ24
Painblanc 21 ... 97 BV44
Pair-et-Grandrupt 88 ... 66 CM31
Pairis 68 ... 66 CN32
Paissy 02 ... 18 BN19
Paisy-Cosdon 10 ... 61 BO32
Paizay-le-Chapt 79 ... 104 AK56
Paizay-le-Sec 86 ... 106 AR50
Paizay-le-Tort 79 ... 104 AK55
Paizay-Naudouin 16 ... 104 AL56
Pajay 38 ... 140 BZ64
le Pal (Parc d'attractions et animalier) 03 ... 110 BN51
Paladru 38 ... 127 CD62
Palagaccio 2B ... 199 DK91
Palaggiu (Alignements de) 2A ... 202 DH104
Palairac 11 ... 197 BG91
Le Palais 56 ... 68 O41
Le Palais-sur-Vienne 87 ... 120 AW58
Palaiseau 91 ... 39 BD27
Palaiseul 52 ... 82 CA37
Palaja 11 ... 182 BE88
Palaminy 31 ... 180 AT88
Palante 70 ... 84 CJ38
Palantine 25 ... 99 CF44
Palasca 2B ... 198 DH93
Palau-de-Cerdagne 66 ... 195 BA97
Palau-del-Vidre 66 ... 197 BJ95
Palavas-les-Flots 34 ... 185 BQ84
Palazinges 19 ... 135 AY66
Paley 77 ... 60 BH32
Paleyrac 24 ... 147 AS70
Palhers 48 ... 151 BL73
Palinges 71 ... 111 BS51
Pâlis 10 ... 61 BO31
Palise 25 ... 83 CG41
Palisse 19 ... 136 BC63
Palladuc 63 ... 124 BN58
Pallanne 32 ... 179 AN84
Palleau 71 ... 97 BY46
Pallegney 88 ... 65 CI31
Le Pallet 44 ... 87 AC44
Palleville 81 ... 182 BB85
La Pallice 17 ... 103 AC55
La Pallu 53 ... 55 AK29
Palluau 85 ... 87 Z47
Palluau-sur-Indre 36 ... 92 AW46
Palluaud 16 ... 132 AN64
Pallud 73 ... 128 CJ60
Palluel 62 ... 8 BJ9
Palmas 12 ... 150 BH75
La Palme 11 ... 197 BJ91
La Palmyre 17 ... 116 AC60
Palneca 2A ... 203 DJ100
Palogneux 42 ... 124 BQ60
Palombaggia (Plage de) 2A ... 203 DL104
La Palud-sur-Verdon 04 ... 170 CK81
Paluden 29 ... 29 F26
Paluel 76 ... 13 AR14
Pamfou 77 ... 60 BH30
Pamiers 09 ... 181 AY89
Pampelonne 81 ... 164 BD78
Pamplie 79 ... 104 AI51
Pamproux 79 ... 104 AL52
Panassac 32 ... 179 AP86
Panazol 87 ... 120 AV59
Pancé 35 ... 53 AA35
Pancey 52 ... 63 BZ29
Pancheraccia 2B ... 201 DK97
Pancy-Courtecon 02 ... 18 BN18
Pandrignes 19 ... 135 BA66
Pange 57 ... 22 CH22
Panges 21 ... 81 BW41
Panilleuse 27 ... 38 AX22
Panissage 38 ... 127 CC62
Panissières 42 ... 125 BT59
Panjas 32 ... 160 AK81
Panlatte 27 ... 37 AU26
Pannecé 44 ... 72 AC40
Pannecières 45 ... 59 BC31
Pannes 54 ... 44 CD24
Pannes 45 ... 60 BG35
Pannesière-Chaumard (Barrage de) 58 ... 96 BP44
Pannessières 39 ... 98 CC49
Panon 72 ... 56 AO31
Panossas 38 ... 126 CA60
La Panouse 48 ... 152 BN71
Pantin 93 ... 39 BE25
Panzoult 37 ... 90 AP44
Papleux 02 ... 10 BP12
La Pâquelais 44 ... 71 Z41
Paradou 13 ... 168 BX82
Paramé 35 ... 33 Y27
Parassy 18 ... 94 BF43
Parata 2B ... 201 DK95
Parata (Pointe de la) 2A ... 202 DE101
Paray-Douaville 78 ... 58 BA30
Paray-le-Frésil 03 ... 110 BN50
Paray-le-Monial 71 ... 111 BR52
Paray-sous-Briailles 03 ... 110 BL54
Paray-Vieille-Poste 91 ... 39 BE27
Paraza 11 ... 183 BH88
Parbayse 64 ... 178 AG86
Parc-d'Anxtot 76 ... 12 AP17
Parçay-les-Pins 49 ... 74 AN41
Parçay-Meslay 37 ... 75 AR41
Parçay-sur-Vienne 37 ... 90 AP45
Parcé 35 ... 54 AD31
Parcé-sur-Sarthe 72 ... 73 AK36
Parcey 39 ... 98 CB45
Parcieux 01 ... 126 BX58
Parcoul 24 ... 132 AL66
Le Parcq 62 ... 7 BC8
Parcy-et-Tigny 02 ... 17 BL21
Pardailhan 34 ... 183 BI85
Pardaillan 47 ... 146 AN72
Pardies 64 ... 178 AG86
Pardies-Piétat 64 ... 178 AI88
Pardines 63 ... 123 BK62
Paréac 65 ... 179 AL89
Pareid 55 ... 44 CC22
Parempuyre 33 ... 131 AG68
Parennes 72 ... 55 AL33
Parent 63 ... 123 BK61
Parentignat 63 ... 123 BL62
Parentis-en-Born 40 ... 144 AC75
Parenty 62 ... 2 BA6
Parey-Saint-Césaire 54 ... 44 CF28
Parey-sous-Montfort 88 ... 64 CE31
Parfondeval 61 ... 56 AQ29
Parfondeval 02 ... 18 BR15
Parfondru 02 ... 18 BN18
Parfondrupt 55 ... 21 CC21
Parfouru-l'Éclin 14 ... 34 AH22
Parfouru-sur-Odon 14 ... 35 AI22
Pargnan 02 ... 18 BN19
Pargny 80 ... 17 BI15
Pargny-Filain 02 ... 17 BM18
Pargny-la-Dhuys 02 ... 41 BM24
Pargny-les-Bois 02 ... 18 BN15
Pargny-lès-Reims 51 ... 18 BP21
Pargny-Resson 08 ... 19 BS18
Pargny-sous-Mureau 88 ... 64 CC30
Pargny-sur-Saulx 51 ... 43 BW26
Pargues 10 ... 62 BR34
Parignargues 30 ... 167 BS80
Parigné 35 ... 54 AD29
Parigné-le-Pôlin 72 ... 74 AN36
Parigné-l'Évêque 72 ... 56 AP35
Parigné-sur-Braye 53 ... 55 AH31
Parigny 50 ... 34 AE28
Parigny 42 ... 125 BR57
Parigny-la-Rose 58 ... 79 BM42
Parigny-les-Vaux 58 ... 95 BK45
Pariou (Puy de) 63 ... 123 BI59
Paris 75 ... 39 BE25
Paris-Charles-de-Gaulle (Aéroport) 95 ... 39 BF24
Paris-l'Hôpital 71 ... 97 BV47
Paris-Orly (Aéroport de) 91 ... 39 BE27
Parisot 82 ... 149 BA76
Parisot 81 ... 163 AZ81
Parlan 15 ... 149 BC70
Parleboscq 40 ... 160 AL80
Parly 89 ... 79 BL37
Parmain 95 ... 39 BC22
Parmilieu 38 ... 127 CB58
Parnac 46 ... 148 AV74
Parnac 36 ... 107 AX52
Parnans 26 ... 140 CA67
Parnay 49 ... 90 AM43
Parnay 18 ... 94 BF48
Parné-sur-Roc 53 ... 55 AH34
Parnes 60 ... 15 AZ21
Parnot 52 ... 64 CC34
Les Paroches 55 ... 44 CB24
Parois 55 ... 43 BY22
Paron 89 ... 60 BK33
Paroy 77 ... 60 BK29
Paroy 25 ... 99 CE45
Paroy-en-Othe 89 ... 61 BN34
Paroy-sur-Saulx 52 ... 63 BZ29
Paroy-sur-Tholon 89 ... 61 BL35
Parpeçay 36 ... 92 AY44
Parpeville 02 ... 17 BM15
Parranquet 47 ... 147 AR72
Parroy 54 ... 45 CJ26
Pars-lès-Chavanges 10 ... 62 BT29
Pars-lès-Romilly 10 ... 61 BO29
Parsac 33 ... 132 AK69
Parsac 23 ... 108 BC55
Parthenay 79 ... 89 AK49
Parthenay-de-Bretagne 35 ... 53 Y32
Partinello 2A ... 200 DE96
Parux 54 ... 46 CL28
Parves 01 ... 127 CE59
Parville 27 ... 37 AU23
Parvillers-le-Quesnoy 80 ... 16 BG15
Parzac 16 ... 119 AP58
Le Pas 53 ... 55 AH30
Les Pas 50 ... 33 AB28
Pas-de-Jeu 79 ... 90 AL46
Pas de la Graille 04 ... 169 CF77
Pas de l'Echelle 74 ... 114 CH54
Pas de l'Ours 11 ... 195 BA92
Pas-des-Lanciers 13 ... 187 CB85
Pas-en-Artois 62 ... 8 BF11
Le Pas-Saint-l'Homer 61 ... 57 AT29
Pasciolo (Fort de) 2B ... 201 DJ97
Pasilly 89 ... 80 BQ38
Paslières 63 ... 124 BM58
Pasly 02 ... 17 BK19
Pasques 21 ... 81 BW41
Le Pasquier 39 ... 99 CF47
Passa 66 ... 197 BH95
Le Passage 47 ... 161 AQ77
Le Passage 38 ... 127 CC62
Passais 61 ... 55 AH29
Passavant 25 ... 84 CI42
Passavant-en-Argonne 51 ... 43 BX23
Passavant-la-Rochère 70 ... 65 CF34
Passavant-sur-Layon 49 ... 89 AJ44
Passay 44 ... 87 Z44
Passel 60 ... 17 BI17
Passenans 39 ... 98 CC48
Passin 01 ... 127 CD57
Passins 38 ... 127 CC60
Passirac 16 ... 132 AL64
Passonfontaine 25 ... 99 CI44
Passy 89 ... 61 BL33
Passy 74 ... 129 CL57
Passy 71 ... 111 BU51
Passy-en-Valois 02 ... 40 BK22
Passy-Grigny 51 ... 41 BN22
Passy-sur-Marne 02 ... 41 BM23
Passy-sur-Seine 77 ... 61 BL30
Pastricciola 2A ... 200 DH98
Patay 45 ... 58 AZ34
Patornay 39 ... 113 CD50
Patrimonio 2B ... 199 DK91
Pau 64 ... 178 AH87
Paucourt 45 ... 60 BH34
Paudy 36 ... 93 BA45
Paugnat 63 ... 123 BI58
Pauilhac 32 ... 161 AQ80
Pauillac 33 ... 131 AF65
Paule 22 ... 51 N31
Paulhac 43 ... 137 BL65
Paulhac 31 ... 162 AX82
Paulhac 15 ... 137 BI68
Paulhac-en-Margeride 48 ... 138 BM69
Paulhaguet 43 ... 138 BN66
Paulhan 34 ... 184 BM84
Paulhe 12 ... 165 BK77
Paulhenc 15 ... 137 BH69
Paulhiac 47 ... 147 AR73
Pauliac (Puy de) 19 ... 135 AY66
Pauligne 11 ... 182 BC90
Paulin 24 ... 134 AW68
La Pauline 83 ... 188 CH88
Paulinet 81 ... 164 BE81
Paulmy 37 ... 91 AS46
Paulnay 36 ... 91 AU47
Paulx 44 ... 87 Y45
Paunat 24 ... 133 AS69
Pause (Col de) 09 ... 194 AU93
Paussac-et-Saint-Vivien 24 ... 133 AP64
Pautaines-Augeville 52 ... 63 BZ30
Pauvres 08 ... 19 BT19
Pavant 02 ... 40 BK24
Pavezin 42 ... 140 BW63
Pavie 32 ... 161 AP83
Pavillon (Col du) 69 ... 111 BT56
Le Pavillon-Sainte-Julie 10 ... 61 BP31
Les Pavillons-sous-Bois 93 ... 39 BF25
Pavilly 76 ... 13 AT17
Pavin (Lac) 63 ... 137 BI63
Payns 10 ... 62 BQ30
Payra-sur-l'Hers 11 ... 181 AZ87
Payrac 46 ... 148 AX70
Payré 86 ... 105 AN53
Payrignac 46 ... 148 AW71
Payrin-Augmontel 81 ... 182 BE85
Payros-Cazautets 40 ... 159 AH83
Payroux 86 ... 105 AP54
Payssous 31 ... 193 AQ90
Payzac 24 ... 134 AV64
Payzac 07 ... 153 BS74
Pazayac 24 ... 134 AW67
Paziols 11 ... 197 BH92
Pazy 58 ... 95 BN43
Le Péage 38 ... 126 BY61
Le Péage-de-Roussillon 38 ... 140 BX64
Péas 51 ... 41 BO26
Peaugres 07 ... 140 BW65
Péaule 56 ... 69 U38
Péault 85 ... 103 AC51
Pébées 32 ... 180 AT85
Pébrac 43 ... 138 BN68
Pech 09 ... 195 AY93
Pech-Luna 11 ... 181 AZ88
Pech Merle (Grotte du) 46 ... 149 AY74
Péchabou 31 ... 181 AX85
Pécharic-et-le-Py 11 ... 181 AZ88
Péchaudier 81 ... 182 BA84
Pechbonnieu 31 ... 162 AW82
Pechbusque 31 ... 181 AW84
Le Pêchereau 36 ... 107 AX51
Pécorade 40 ... 159 AI83
Le Pecq 78 ... 39 BC25
Pecquencourt 59 ... 9 BK8
Pecqueuse 91 ... 38 BB28
Pécy 77 ... 40 BJ27
Pédernec 22 ... 31 O27
Pégairolles-de-Buèges 34 ... 166 BN81
Pégairolles-de-l'Escalette 34 ... 165 BL81
Pégomas 06 ... 174 CP83
Le Pègue 26 ... 154 BZ74
Péguilhan 31 ... 180 AQ87
Peigney 52 ... 82 CA36
Peillac 56 ... 70 V37
Peille 06 ... 175 CS80
Peillon 06 ... 175 CS80
Peillonnex 74 ... 114 CJ55
Peintre 39 ... 98 CB43
Les Peintures 33 ... 132 AK67
Peipin 04 ... 169 CG77
Peïra-Cava 06 ... 175 CS79
Peisey-Nancroix 73 ... 129 CM61
Pel-et-Der 10 ... 62 BT30
Pélissanne 13 ... 168 CA83
Pellafol 38 ... 156 CG70
Pelleautier 05 ... 156 CH73
Pellefigue 32 ... 180 AR85
Pellegrue 33 ... 146 AM71
Pelleport 31 ... 162 AU82
Pellerey 21 ... 81 BW40
Le Pellerin 44 ... 87 Y43
La Pellerine 53 ... 54 AE31
La Pellerine 49 ... 74 AN41
Pellevoisin 36 ... 92 AW46
Pellouailles-les-Vignes 49 ... 73 AJ40
Pelonne 26 ... 155 CC74
Pelouse 48 ... 152 BO73
Pelousey 25 ... 83 CE42
Peltre 57 ... 45 CG22
Pélussin 42 ... 140 BW63
Pelves 62 ... 8 BI9
Pelvoux 05 ... 142 CK69
Pelvoux (Belvédère du) 05 ... 143 CL69
Pen-Guen 22 ... 32 W27
Pen-Lan (Pointe de) 56 ... 69 T39
Penchard 77 ... 40 BH24
Pencran 29 ... 29 H28
Pendé 80 ... 6 AY11
Pendu (Col du) 07 ... 153 BR72
Pénestin 56 ... 69 T39
Penguily 22 ... 52 U29
Penhir (Pointe de) 29 ... 28 E30
Penhors 29 ... 49 F33
Penin 62 ... 7 BE9
Penly 76 ... 6 AV13
Penmarch 29 ... 49 F35
Pennautier 11 ... 182 BD88
Penne 81 ... 163 AZ78
La Penne 06 ... 174 CO79
Penne-d'Agenais 47 ... 147 AR75
La Penne-sur-Huveaune 13 ... 187 CD87
La Penne-sur-l'Ouvèze 26 ... 154 CA76
Pennedepie 14 ... 12 AO19
Pennes-le-Sec 26 ... 155 CB72
Les Pennes-Mirabeau 13 ... 187 CC85
Pennesières 70 ... 83 CG40
Penol 38 ... 140 CA63
Pensol 87 ... 119 AS61
Penta-Acquatella 2B ... 199 DK94
Penta-di-Casinca 2B ... 199 DL94
Penthièvre 56 ... 68 O38
Pentrez-Plage 29 ... 29 G30
Penvénan 22 ... 31 O24
Penvins (Pointe de) 56 ... 69 S39
Péone 06 ... 171 CO77
Pépieux 11 ... 183 BG87
Pérassay 36 ... 108 BC52
Peray 72 ... 56 AP32
Perceneige 89 ... 61 BL31
Percey 89 ... 61 BP35
Percey-le-Grand 70 ... 82 CA39
Percey-le-Pautel 52 ... 82 CA37
Percey-sous-Montormentier 52 ... 82 CA39
Le Perchay 95 ... 38 BA22
La Perche 18 ... 108 BF50
Perchède 32 ... 160 AK81
Percy 50 ... 34 AE24
Le Percy 38 ... 155 CE70
Percy-en-Auge 14 ... 26 AM23
Perdreauville 78 ... 38 AY24
Perdrix (Crêt de la) 42 ... 139 BV64
Péré 65 ... 179 AN89
Péré 17 ... 103 AF55
Péréandre (Roche) 07 ... 140 BW65
Péreille 09 ... 195 AZ91
Perelli 2B ... 201 DK95
Pérenchies 59 ... 4 BI5
Péret 34 ... 184 BM84
Péret-Bel-Air 19 ... 135 BB63
Péreuil 16 ... 118 AL62
Péreyres 07 ... 153 BT70
Pergain-Taillac 32 ... 161 AP78
Peri 2A ... 200 DH99
Le Périer 38 ... 142 CG68
Périers 50 ... 24 AC21
Périers-en-Auge 14 ... 26 AM20
Périers-sur-le-Dan 14 ... 26 AK20
Pérignac 17 ... 117 AI61
Pérignac 16 ... 132 AM63
Pérignat-lès-Sarliève 63 ... 123 BK60
Pérignat-sur-Allier 63 ... 123 BK60
Périgné 79 ... 104 AJ55
Périgneux 42 ... 139 BS63
Périgny 94 ... 39 BF27
Périgny 41 ... 75 AV38

PARIS

A
Abbé-de-l'Épée (r. de l') ... G8
Abbé-Groult (r. de l') ... H5
Abbesses (r. des) ... C7
Aboukir (r. d') ... D8
Acclimatation (jardin d') ... C2
Alain (r.) ... H6
Albert-I}e}r (cours) ... E5
Alésia (r. d') ... J7
Alexander-Fleming (r.) ... C12
Alexandre-Dumas (r.) ... F12
Alexandre-III (pont) ... E6
Algérie (bd d') ... C12
Alibert (r.) ... D10
Alleray (r. d') ... H5
Alma (pont de l') ... E5
Alphonse-Daudet (r.) ... J7
Alsace (r. d') ... C9
Ambroise-Paré (r.) ... C8
Amélie (r.) ... F5
Amiral-Bruix (bd de l') ... D3
Amiral-de-Coligny (r. de l') ... E8
Amiral-Mouchez (r. de l') ... K8
Amsterdam (r. d') ... C7
Anatole-France (quai) ... E6
André-Citroën (parc) ... G3
André-Citroën (quai) ... G3
André-Rivoire (av.) ... K7
Aqueduc (r. de l') ... C9
Arago (bd) ... H8
Archereau (r.) ... B10
Archevêché (pont de l') ... F8
Archives (r. des) ... E9
Arcole (pont d') ... F8
Arcole (r. d') ... F8
Argenson (r. d') ... D6
Armaillé (r. d') ... C4
Artois (r. d') ... D5
Arts (pont des) ... F7
Assas (r. d') ... G7
Assomption (r. de l') ... F3
Auber (r.) ... D7
Aubervilliers (porte d') ... A10
Aubervilliers (r. d') ... A10
Auguste-Blanqui (bd) ... J8
Auguste-Comte (r.) ... G7
Augustin-Thierry (r.) ... D12
Aurelle-de-Paladines (bd d') ... C3
Austerlitz (pont d') ... G9
Austerlitz (quai d') ... H10
Auteuil (bd d') ... G1
Auteuil (r. d') ... G2
Auteuil-aux-Lacs (rte d') ... F1
Avron (r. d') ... F12

B
Babylone (r. de) ... F6
Bac (r. du) ... F7
Bagnolet (r. de) ... E12
Balard (r.) ... G3
Banque (r. de la) ... E8
Banquier (r. du) ... H9
Barbès (bd) ... B8
Bassano (r. de) ... D5
Bastille (bd de la) ... G10
Bastille (pl. de la) ... F10
Batignolles (bd des) ... C6
Batignolles (r. des) ... C6
Baudricourt (r.) ... J9
Beaubourg (r.) ... E9
Beaumarchais (bd) ... F10
Beaunier (r.) ... J7
Beaurepaire (r.) ... D9
Beauséjour (bd de) ... F3
Bel-Air (av. du) ... G12
Belgrand (r.) ... E12
Bellechasse (r. de) ... F6
Bellefond (r. de) ... C8
Belles-Feuilles (r. des) ... D3
Belleville (bd de) ... D11
Belleville (parc de) ... D11
Belleville (r. de) ... D11
Belloy (r. de) ... D4
Belvédère (av. du) ... C13
Benjamin-Franklin (r.) ... E4
Benoît-Frachon (av.) ... F13
Bercy (bd de) ... H10
Bercy (le parc de) ... H11
Bercy (pont de) ... H10
Bercy (porte de) ... J11
Bercy (quai de) ... H11
Bercy (r. de) ... G9
Berri (r. de) ... D5
Berthier (bd) ... B5
Berthollet (r.) ... H8
Bessières (bd) ... A6
Bir-Hakeim (pont de) ... F4
Birague (r. de) ... F9
Bitche (pl. de) ... B10
Blanche (r.) ... C7
Bleue (r.) ... D8
Blomet (r.) ... G5
Bobillot (r.) ... J8
La Boétie (r.) ... D6
Bois (r. des) ... C12
Boissière (r.) ... E4
Boissy-d'Anglas (r.) ... D6
Bonaparte (r.) ... F7
Bonne-Nouvelle (bd de) ... D8
Bosquet (av.) ... F5
Botzaris (r.) ... C11
Boucry (r.) ... B9
Boulainvilliers (r. de) ... F3
Boulets (r. des) ... G11
Bourdon (bd) ... F10
La Bourdonnais (av. de) ... F5
Bourgogne (r. de) ... F6
Brancion (r.) ... H5
Branly (quai) ... E4
Bretagne (r. de) ... E9
Breteuil (av. de) ... F6
Brillat-Savarin (r.) ... K8
Brune (bd) ... J6
Bruneseau (r.) ... J11
La Bruyère (r.) ... C7
Buffon (r.) ... G9
Bugeaud (av.) ... D3
Buttes-Chaumont (parc des) ... C11

C
Cail (r.) ... C9
Caillaux (r.) ... K9
Cambacérès (r.) ... D6
Cambrai (r. de) ... A11
Cambronne (r.) ... G5
Capucines (bd des) ... D7
Capucines (r. des) ... D7
Cardinal-Lemoine (r. du) ... G8
Cardinet (r.) ... B6
Carnot (av.) ... D4
Carpeaux (r.) ... B7
Carrousel (pont du) ... E7
Castagnary (r.) ... H5
Castiglione (r. de) ... E7
Catalogne (pl. de) ... H6
Caulaincourt (r.) ... C7
Caumartin (r. de) ... D7
Ceinture-du-Lac-Daumesnil (rte de la) ... J12
Ceinture-du-Lac-Inférieur (chemin de) ... E2
Censier (r.) ... H9
Cévennes (r. des) ... G3
Chabrol (r. de) ... C9
Chaligny (r.) ... G11
Chalon (r. de) ... G10
Championnet (r.) ... A8
Champs-Élysées (av. des) ... D5
Change (pont au) ... F8
Chanzy (r.) ... F11
Chapelle (bd de la) ... C9
Chapelle (r. de la) ... B9
Chardon-Lagache (r.) ... G2
Charenton (r. de) ... G10
Charles-de-Gaulle (pl.) ... D4
Charles-de-Gaulle (pont) ... G10
Charonne (bd de) ... F12
Charonne (r. de) ... F11
Château (r. du) ... H6
Château-d'Eau (r. du) ... D9
Château-Landon (r. du) ... C9
Châteaudun (r. de) ... D8
Châtelet (pl. du) ... F8
Chaussée-d'Antin (r. de la) ... D7
Chemin-Vert (r. du) ... E10
Cherche-Midi (r. du) ... G6
Chevaleret (r. du) ... J10
Chine (r. de la) ... E12
Choisy (av. de) ... K9
Choisy (parc de) ... J9
Chomel (r.) ... F7
Cité (r. de la) ... F8
Cité-Universitaire (r. de la) ... K8
Claude-Bernard (r.) ... H8
Claude-Decaen (r.) ... H12
Claude-Farrère (r.) ... G1
Claude-Regaud (av.) ... K10
Claude-Terrasse (r.) ... H2
Claude-Vellefaux (av.) ... D10
Clichy (av. de) ... B7
Clichy (bd de) ... C7
Clichy (pl. de) ... C7
Clichy (r. de) ... C7
Clignancourt (r. de) ... B8
Clisson (r.) ... H10
Cloître-Notre-Dame (r. du) ... F8
Clovis (r.) ... G8
Commandant-Charcot (bd du) ... C1
Commandant-Guilbaud (r. du) ... G1
Commandant-René-Mouchotte (r. du) ... H6
Commerce (r. du) ... G4
Concorde (pl. de la) ... E6
Concorde (port de la) ... E6
Condorcet (r.) ... C8
Constantine (r. de) ... E6
Constantinople (r. de) ... C6
Conti (quai de) ... F8
Contrescarpe (pl. de la) ... G8
Convention (r. de la) ... G4
Copernic (r.) ... D4
Corbineau (r.) ... H11
Corentin-Cariou (av.) ... A11
Cortambert (r.) ... E3
Corvisart (r.) ... J8
Cotentin (r. du) ... H6
Cour-du-Maroc (parc de la) ... B9
Courcelles (bd de) ... C5
Courcelles (r. de) ... C5
Couronnes (r. des) ... D11
Courteline (av.) ... G13
Crimée (r. de) ... B10
Croix-des-Petits-Champs (r.) ... E8
Croix-Nivert (r. de la) ... G4
Crozatier (r.) ... G11
Curial (r.) ... A10
Custine (r.) ... B8
Cuvier (r.) ... G9

D
Daguerre (r.) ... H7
Damrémont (r.) ... B7
Danielle-Casanova (r.) ... E7
Danton (r.) ... F8
Dantzig (r. de) ... H5
Daumesnil (av.) ... H12
Dauphine (porte) ... D3
Dauphine (r.) ... F8
David-d'Angers (r.) ... C12
David-Weill (av.) ... K7
Davout (bd) ... F13
Debilly (passerelle) ... E4
Delcassé (av.) ... D6
Delessert (bd) ... F4
Denain (bd de) ... C9
Denfert-Rochereau (av.) ... H7
Denfert-Rochereau (pl.) ... H7
Départ (r. du) ... G6
Département (r. du) ... B9
Desnouettes (r.) ... H4
Diderot (bd) ... G11
Didot (r.) ... J6
Dijon (r. de) ... H11
Dr-Arnold-Netter (av. du) ... G12
Dr-Blanche (r. du) ... F2
Dr-Finlay (r. du) ... F4
Dr-Gley (av. du) ... C13
Dr-Potain (r. du) ... C12
Dr-Roux (r. du) ... G5
Dr-Tuffier (r. du) ... K9
Dorée (porte) ... H12
Douai (r. de) ... C7
Double (pont au) ... F8
Doudeauville (r.) ... B9
Duméril (r.) ... H9
Dunkerque (r. de) ... C8
Dupetit-Thouars (r.) ... E9
Dupleix (r.) ... F4
Duquesne (av.) ... F6
Duranton (r.) ... H4
Dutot (r.) ... H5

E
Éblé (r.) ... G6
Écluses-St-Martin (r. des) ... D10
École-de-Médecine (r. de l') ... F8
Écoles (r. des) ... G8
Edgar-Quinet (bd) ... H7
Edison (av.) ... J9
Émeriau (r.) ... F4
Émile-Augier (bd) ... E3
Émile-Zola (av.) ... G4
Entrepreneurs (r. des) ... G4
Épée-de-Bois (r. de l') ... G8
Ernest-Renan (r.) ... J4
Estrées (r. d') ... F5
États-Unis (pl. des) ... D4
Etex (r.) ... B7
Étienne-Marcel (r.) ... E8
Eugène-Varlin (r.) ... C9
Évangile (r. de l') ... B9
Exelmans (bd) ... G2
Eylau (av. d') ... E4

F
Fabert (r.) ... E5
Faidherbe (r.) ... F11
Faisanderie (r. de la) ... D3
Falguière (r.) ... G6
Faubourg-du-Temple (r. du) ... D10
Faubourg-Montmartre (r. du) ... D8
Faubourg-Poissonnière (r. du) ... C8
Faubourg-St-Antoine (r. du) ... G11
Faubourg-St-Denis (r. du) ... C9
Faubourg-St-Honoré (r. du) ... D5
Faubourg-St-Jacques (r. du) ... H7
Faubourg-St-Martin (r. du) ... D9
La Fayette (r.) ... C8
Fédération (r. de la) ... F4
Félix-Éboué (pl.) ... H12
Félix-Faure (av.) ... G4
Fer-à-Moulin (r. du) ... H9
Ferdinand-Buisson (av.) ... G1
Fêtes (pl. des) ... D11
Flandre (av. de) ... B10
Flandrin (bd) ... D3
Fleurs (quai aux) ... F8
Foch (av.) ... D4
La-Fontaine (r.) ... F3
Fossés-St-Bernard (r. des) ... G9
Four (r. du) ... F7
France (av. de) ... H10
François-Bonvin (r.) ... G5
François-I}e}r (r.) ... E5
François-Mauriac (quai) ... H10
François-Miron (r.) ... F9
François-Mitterrand (quai) ... E7
Francs-Bourgeois (r. des) ... F9
Franklin-D.-Roosevelt (av.) ... E5
Frémicourt (r.) ... G5
Frères-Morane (r. des) ... G4
Friedland (av. de) ... D5
Froidevaux (r.) ... H7
Froissart (r.) ... E9

G
Gabriel (av.) ... D6
Gaîté (r. de la) ... H6
Gambetta (av.) ... D12
Gare (quai de la) ... H10
Garibaldi (bd) ... G5
Garigliano (pont du) ... H2
Gassendi (r.) ... H7
Gaston-Tessier (r.) ... A10
Gay-Lussac (r.) ... G8
Gazan (r.) ... J8
Général-Brunet (r. du) ... C11
Général-Guillaumat (r. du) ... J4
Général-Jean-Simon (bd du) ... J11
Général-Leclerc (av. du) ... J7
Général-Lemonnier (av. du) ... E7
Général-Martial-Valin (bd du) ... H3
Général-Michel-Bizot (av. du) ... H12
Général-Sarrail (av. du) ... G1
Gentilly (porte de) ... K8
Geoffroy-St-Hilaire (r.) ... G9
George-Sand (r.) ... G2
George-V (av.) ... D5
Georges-Brassens (parc) ... J5
Georges-Lafenestre (av.) ... J5
Georges-Mandel (av.) ... E3
Georges-Pompidou (voie) ... G3
Gergovie (r. de) ... H6
Gilbert-Perroy (pl.) ... H6
Gironde (quai de la) ... B11
Glacière (r. de la) ... H8
Gobelins (av. des) ... H9
Godefroy-Cavaignac (r.) ... F11
Gordon-Bennett (av.) ... G1
Goutte-d'Or (r. de la) ... C9
Gouvion-St-Cyr (bd) ... C4
Grande-Armée (av. de la) ... D4
Grands-Augustins (quai des) ... F8
Grange-aux-Belles (r. de la) ... D10
Gravelle (av. de) ... J12
Grenelle (bd de) ... G5
Grenelle (pont de) ... F3
Grenelle (quai de) ... F3
Grenelle (r. de) ... F5
Grenier-St-Lazare (r. du) ... E9
Gros (r.) ... F3
Guébriant (r. de) ... D13
Guersant (r.) ... C4
Gustave-Eiffel (av.) ... F4
Guy-Môquet (r.) ... B6
Guynemer (r.) ... G7

H
Halles (r. des) ... E8
Haussmann (bd) ... D6
Hauteville (r. d') ... D8
Havre (r. du) ... D7
Haxo (r.) ... D12
Henri-Chevreau (r.) ... D11
Henri-Heine (r.) ... F2
Henri-IV (bd) ... F9
Henri-IV (quai) ... G9
Henri-Martin (av.) ... E3
Henri-Ribière (r.) ... D12
Hippodrome (av. de l') ... F1
Hoche (av.) ... C5
Hôpital (bd de l') ... H9
Hôtel-de-Ville (quai de l') ... F9

I
Ibsen (av.) ... E13
Iéna (av. d') ... D4
Iéna (pont d') ... E4
Indochine (bd d') ... C12
Ingres (av.) ... F2
Inspecteur-Allès (r. de l') ... C12
Invalides (bd des) ... G6
Invalides (esplanade des) ... F6
Invalides (pont des) ... E5
Issy-les-Moulineaux (quai d') ... H2
Italie (av. d') ... K9
Italie (pl. d') ... J9
Italiens (bd des) ... D7
Ivry (av. d') ... J9
Ivry (quai d') ... J11

J
Jacob (r.) ... F7
Jacques-Baudry (r.) ... J5
Javel (r. de) ... G4
Jean-Baptiste-Berlier (r.) ... J11
Jean-Baptiste-Pigalle (r.) ... C7
Jean-Calvin (r.) ... G8
Jean-Jaurès (av.) ... B11
Jean-Moulin (av.) ... J6
Jean-Pierre-Timbaud (r.) ... E10
Jean-Zay (r.) ... H6
Jeanne-d'Arc (r.) ... H9
Jemmapes (quai de) ... C10
Jessaint (r. de) ... C9
La Jonquière (r. de) ... B6
Joseph-Bouvard (av.) ... F5
Joseph-de-Maistre (r.) ... B7
Joseph-Kessel (r.) ... H11
Jouffroy-d'Abbans (r.) ... C5
Jourdain (r. du) ... D11
Jourdan (bd) ... K8
Jules-Ferry (bd) ... E10
Julia-Bartet (r.) ... J5
Juliette-Dodu (r.) ... D10
Junot (av.) ... B7
Jussieu (r.) ... G9

K
Kellermann (bd) ... K9
Kléber (av.) ... D4
Küss (r.) ... K8

L
La Tour-d'Auvergne (r. de) ... C8
La Tour-Maubourg (bd de) ... E5
Lacépède (r.) ... G9
Lagny (r. de) ... G12
Lagrange (r.) ... F8
Lamarck (r.) ... B7
Lamballe (av. de) ... F3
Lancry (r. de) ... D9
Lannes (bd) ... D3
Laumière (av. de) ... C11
Lavandières-Ste-Opportune (r. des) ... F8
Leblanc (r.) ... H3
Lecourbe (r.) ... G5
Ledru-Rollin (av.) ... F10
Lefebvre (bd) ... J5
Legendre (r.) ... B6
Légion-Étrangère (r. de la) ... K6
Léon-Frapié (r.) ... D13
Léon-Frot (r.) ... F11
Léon-Gaumont (av.) ... F13
Léopold-Sédar-Senghor (passerelle) ... E7
Lepic (r.) ... B7
Leriche (r.) ... H4
Liège (r. de) ... C7
Lille (r. de) ... F7
Linné (r.) ... G9
Linois (r.) ... G3
Lisbonne (r. de) ... C6
Londres (r. de) ... C7
Longchamp (allée de) ... D2
Longchamp (r. de) ... E4
Louis-Blanc (r.) ... C9
Louis-Blériot (quai) ... G3
Louis-Braille (r.) ... H12
Louis-Philippe (pont) ... F9
Louise-Thuliez (r.) ... C12
Lourmel (r. de) ... G4
Louvre (quai du) ... F8
Louvre (r. du) ... E8
Lowendal (av. de) ... F5
Lucien-Descaves (av.) ... K7
Luxembourg (jardin du) ... G7
Lyon (r. de) ... G10

M
Mac-Mahon (av.) ... C4
Macdonald (bd) ... A11
Madeleine (bd de la) ... D7
Mademoiselle (r.) ... G5
Madrid (r. de) ... C6
Magenta (bd de) ... D9
Mahatma-Gandhi (av. du) ... D2
Maillot (bd) ... C3
Maillot (porte) ... C3
Maine (av. du) ... H6
Malakoff (av. de) ... D3
Malaquais (quai) ... F7
Malar (r.) ... E5
Malesherbes (bd) ... D6
Manin (r.) ... C11
Marcadet (r.) ... B7
Marceau (av.) ... D5
Marcel-Doret (av.) ... H2
Mare (r. de la) ... D11
Maréchal-Gallieni (av. du) ... E6
Marie (pont) ... F9
Marigny (av. de) ... D6
Martyrs (r. des) ... C8
Marx-Dormoy (r.) ... B9
Masséna (bd) ... K10
Mathurin-Moreau (av.) ... C10
Matignon (av.) ... D6
Maubeuge (r. de) ... C8
Maurice-Barrès (bd) ... C2
Mazarine (r.) ... F7
Mazas (voie) ... G10
Meaux (r. de) ... C10
Médicis (r. de) ... G8
Mégisserie (quai de la) ... F8
Mendelssohn (r.) ... F13
Ménilmontant (bd de) ... E11
Ménilmontant (r. de) ... D12
Messine (av. de) ... D6
Michel-Ange (r.) ... G2
Michel-le-Comte (r.) ... E9
Miollis (r.) ... G5
Mirabeau (pont) ... G3
Mirabeau (r.) ... G2
Miromesnil (r. de) ... D6
Mogador (r. de) ... D7
Molitor (porte) ... G1
Molitor (r.) ... G2
Monceau (parc) ... C5
Monceau (r. de) ... C6
Moncey (r.) ... C7
Monge (r.) ... G8
Mont-Cenis (r. du) ... B8
Montaigne (av.) ... E5
Montebello (quai de) ... F8
Montgallet (r.) ... G11
Montmartre (r.) ... D8
Montmorency (bd de) ... F2
Montorgueil (r.) ... E8
Montparnasse (bd du) ... G7
Montparnasse (r. du) ... G7
Montreuil (r. de) ... F12
Montsouris (parc) ... K7
Morillons (r. des) ... H5
Morland (bd) ... G9
Morland (pont) ... G9
Mortier (bd) ... D13
La Motte-Picquet (av. de) ... F5
Mouffetard (r.) ... H8
Mouton-Duvernet (r.) ... H7
Mouzaïa (r. de) ... C12
Mozart (av.) ... F2
Muette (porte de la) ... E2
Muette-à-Neuilly (rte de la) ... E2
Murat (bd) ... G1

N
Nansouty (r.) ... J7
Nation (pl. de la) ... G12
National (pont) ... J11
Nationale (r.) ... J9
Nations-Unies (av. des) ... E4
Neuf (pont) ... F8
Neuve-Tolbiac (r.) ... J10
New-York (av. de) ... E4
Ney (bd) ... A9
Niel (av.) ... C4
Norvins (r.) ... B8
Notre-Dame (pont) ... F8
N.-D.-de-Lorette (r.) ... C7
N.-D.-des-Champs (r.) ... G7
Nungesser-et-Coli (r.) ... G1

O
Oberkampf (r.) ... E10
Observatoire (av. de l') ... H7
Odéon (r. de l') ... F7
Oise (quai de l') ... B11
Olivier-de-Serres (r.) ... H4
Opéra (av. de l') ... D7
Ordener (r.) ... B9
Ornano (bd) ... B8
Orsay (quai d') ... E5
Orsel (r. d') ... C8
Orteaux (r. des) ... F12
Oudinot (r.) ... G6
Ourcq (r. de l') ... B11

P
Paix (r. de la) ... D7
Palais (bd du) ... F8
Panhard-et-Levassor (quai) ... J11
Pantin (porte de) ... B12
Paradis (r. de) ... D8
Parc (rte du) ... J12
Parc-Royal (r. du) ... F9
Parmentier (av.) ... E10
Pas-de-la-Mule (r. du) ... F10
Pascal (r.) ... H8
Passy (porte de) ... F2
Passy (r. de) ... F3
Pasteur (bd) ... G6
Patay (r. de) ... J10
Paul-Barruel (r.) ... H5
Paul-Doumer (av.) ... E3
Le Peletier (r.) ... D7
Pelleport (r.) ... E12
Pépinière (r. de la) ... D6
Percier (av.) ... D6
Perdonnet (r.) ... C9
Père-Lachaise (av. du) ... E12
Pereire (bd) ... B5
Pergolèse (r.) ... D4
Perle (r. de la) ... E9
Pershing (bd) ... C4
Petit-Pont ... F8
Petites-Écuries (r. des) ... D8
Petits-Champs (r. des) ... E7
Petits-Ponts (rte des) ... B12
Peupliers (r. des) ... J9
Philippe-Auguste (av.) ... F11
Philippe-de-Girard (r.) ... B9
Picpus (bd de) ... G12
Picpus (r. de) ... G12
Pierre-Charron (r.) ... D5
Pierre-de-Coubertin (av.) ... K8
Pierre-Demours (r.) ... C4
Pierre-Fontaine (r.) ... C7
Pierre-I}e}r-de-Serbie (av.) ... E4
Pierre-Larousse (r.) ... J6
Pierre-Mendès-France (av.) ... H10
Pinel (r.) ... H9
Pirogues-de-Bercy (r. des) ... H11
Plantes (jardin des) ... G9
Plantes (r. des) ... J6
Poissonnière (r.) ... D8
Poissonniers (r. des) ... B9
Poliveau (r.) ... H9
Pommard (r. de) ... H11
Pompe (r. de la) ... D3
Poniatowski (bd) ... H12
Pont-Neuf (r. du) ... E8
Ponthieu (r. de) ... D5
Port-Royal (bd de) ... H8
Portalis (r.) ... C6
Pte-Brancion (av. de la) ... J5
Pte-Brunet (av. de la) ... C12
Pte-d'Asnières (av. de la) ... B5
Pte-d'Aubervilliers (av. de la) ... A10
Pte-d'Auteuil (av. de la) ... G1
Pte-de-Bagnolet (av. de la) ... E13
Pte-de-Champerret (av. de la) ... B4
Pte-de-Charenton (av. de la) ... J12
Pte-de-Châtillon (av. de la) ... J6
Pte-de-Choisy (av. de la) ... K9
Pte-de-Clichy (av. de la) ... A5
Pte-de-Clignancourt (av. de la) ... A8
Pte-de-la-Chapelle (av. de la) ... A9
Pte-de-la-Plaine (av. de la) ... J4
Pte-de-la-Villette (av. de la) ... A11
Pte-de-Ménilmontant (av. de la) ... D13
Pte-de-Montmartre (av. de la) ... A7
Pte-de-Montreuil (av. de la) ... F13
Pte-de-Montrouge (av. de la) ... K6
Pte-de-Sèvres (av. de la) ... H3
Pte-de-St-Ouen (av. de la) ... A7
Pte-de-Vitry (av. de la) ... K10
Pte-des-Lilas (av. de la) ... C13
Pte-des-Poissonniers (av. de la) ... A8
Pte-des-Ternes (av. de la) ... C3
Pte-d'Issy (r. de la) ... H3
Pte-d'Italie (av. de la) ... K9
Pte-d'Ivry (av. de la) ... K10
Pte-d'Orléans (av. de la) ... K7
Pte-du-Pré-St-Gervais (av. de la) ... C12
Poteau (r. du) ... B8
Poterne-des-Peupliers (r. de la) ... K9
Pouchet (r.) ... A6
Poussin (r.) ... G2
Pré-St-Gervais (r. du) ... D11
Président-Kennedy (av. du) ... F3
Président-Wilson (av. du) ... E4
Professeur-André-Lemierre (av. du) ... F13
La Promenade Plantée ... G12
Prony (r. de) ... C5
Provence (r. de) ... D7
Prudhon (av.) ... E2
Pyramides (r. des) ... E7
Pyrénées (r. des) ... E12

Q
Quatre-Fils (r. des) ... E9
Quatre-Septembre (r. du) ... D7

R
Raffet (r.) ... F2
Rambouillet (r. de) ... G10
Rambuteau (r.) ... E9
Ramey (r.) ... B8
Ranelagh (r. du) ... F3
Rapée (quai de la) ... G10
Raphaël (av.) ... E2
Rapp (av.) ... E5
Raspail (bd) ... H7
Raymond-Losserand (r.) ... H6
Raymond-Poincaré (av.) ... E4
Raynouard (r.) ... F3
Réaumur (r.) ... E8
Récollets (r. des) ... D9
Regnault (r.) ... J10
Reille (av.) ... J8
Reims (bd de) ... B5
Reine (cours la) ... E6
Reine-Marguerite (allée de la) ... D1
Rémusat (r. de) ... G3
Renard (r. du) ... F8
René-Coty (av.) ... J7
Rennes (r. de) ... F7
République (av. de la) ... E10
République (pl. de la) ... E9
Reuilly (bd de) ... H12
Reuilly (r. de) ... G11
Richard-Lenoir (bd) ... E10
Richard-Lenoir (r.) ... F11
Richard-Wallace (bd) ... D1
Richelieu (r. de) ... D7
Richer (r.) ... D8
Richerand (av.) ... D9
Riquet (r.) ... B10
Rivoli (r. de) ... E8
Rochechouart (bd de) ... C8
Rochechouart (r. de) ... C8
Rocher (r. du) ... C6
Rome (r. de) ... C6
Roquette (r. de la) ... F10
Royal (pont) ... E7
Royale (r.) ... D6
Rubens (r.) ... H9
Rungis (r. de) ... K8

S
Sablons (r. des) ... E3
St-Amand (r.) ... H5
St-André-des-Arts (r.) ... F8
St-Antoine (r.) ... F9
St-Bernard (quai) ... G9
St-Charles (r.) ... G3
St-Cloud (av. de) ... F1
St-Cloud (porte de) ... H1
St-Denis (bd) ... D9
St-Denis (r.) ... D8
St-Dominique (r.) ... E5
St-Éleuthère (r.) ... C8
Saint-Exupéry (quai) ... H2
St-Fargeau (r.) ... D12
St-Ferdinand (r.) ... C4
St-Florentin (r.) ... E6
St-Germain (bd) ... F8
St-Germain-des-Prés (pl.) ... F7
St-Gilles (r.) ... F10
St-Honoré (r.) ... E7
St-Jacques (bd) ... H7
St-Jacques (r.) ... G8
St-Lambert (r.) ... H4
St-Lazare (r.) ... D7
St-Louis (pont) ... F9
St-Louis-en-l'Île (r.) ... F9
St-Mandé (av. de) ... G12
St-Mandé (porte de) ... G13
St-Marcel (bd) ... H9
St-Martin (bd) ... D9
St-Martin (r.) ... E9
St-Maur (r.) ... D10
St-Maurice (av. de) ... J12
St-Michel (bd) ... G8
St-Michel (pont) ... F8
St-Michel (quai) ... F8
St-Ouen (av. de) ... B7
St-Paul (r.) ... F9
St-Pétersbourg (r. de) ... C6
St-Placide (r.) ... G7
Saint-Saëns (r.) ... F4
St-Sulpice (r.) ... F7
St-Vincent (r.) ... B8
Sts-Pères (r. des) ... F7
Santé (r. de la) ... H8
Sarrette (r.) ... J7
Saxe (av. de) ... G6
Scribe (r.) ... D7
Sébastopol (bd de) ... E8
Secrétan (av.) ... C10
Ségur (av. de) ... F5
Seine (quai de la) ... B10
Seine (r. de) ... F7
Sergent-Bauchat (r. du) ... G11
Sérurier (bd) ... C12
Sèvres (r. de) ... G6
Simon-Bolivar (av.) ... D10
Simone-de-Beauvoir (passerelle) ... H10
Singer (r.) ... F3
Sorbier (r.) ... E11
Soufflot (r.) ... G8
Soult (bd) ... G13
Stéphane-Mallarmé (av.) ... B4
Stephenson (r.) ... B9
Strasbourg (bd de) ... D9
Suchet (bd) ... F2
Suffren (av. de) ... G5
Suisses (r. des) ... J6
Sully (ponts de) ... G9
Surène (r. de) ... D6
Suresnes (rte de) ... D2

T
Tage (r. du) ... K9
Taine (r.) ... H11
Tanger (r. de) ... B10
Tardieu (r.) ... C8
Temple (bd du) ... E9
Temple (r. du) ... E9
Ternes (av. des) ... C4
Terroirs-de-France (av. des) ... J11
Tertre (pl. du) ... B8
Théâtre (r. du) ... G4
Théophile-Gautier (av.) ... F3
Thionville (r. de) ... B11
Thomas-Mann (r.) ... J11
Thorigny (r. de) ... E9
Titon (r.) ... F11
Tocqueville (r. de) ... C6
Tolbiac (pont de) ... H11
Tolbiac (r. de) ... J9
Tombe-Issoire (r. de la) ... J7
Tour (r. de la) ... E3
Tournelle (pont de la) ... F9
Tournelle (quai de la) ... F9
Tournon (r. de) ... F7
Tourville (av. de) ... F5
Trocadéro et Onze-Novembre (pl. du) ... E4
Trois-Bornes (r. des) ... E10
Tronchet (r.) ... D7
Trousseau (r.) ... F10
Tuileries (jardin des) ... E7
Tuileries (quai des) ... E7
Turbigo (r. de) ... E9
Turenne (r. de) ... E9

U
Ulm (r. d') ... G8
Université (r. de l') ... E5

V
Valette (r.) ... G8
Valmy (quai de) ... C9
Van-Gogh (r.) ... G10
Vaneau (r.) ... F6
Vanves (porte de) ... J5
Varenne (r. de) ... F6
Vaugirard (bd de) ... G6
Vaugirard (r. de) ... G5
Vauquelin (r.) ... G8
Vauvenargues (r.) ... B7
Vendôme (pl.) ... E7
Vercingétorix (r.) ... H6
Versailles (av. de) ... G2
Victor (bd) ... H3
Victor-Hugo (av.) ... D3
Victor-Massé (r.) ... C7
Victoria (av.) ... F8
Vieille-du-Temple (r.) ... E9
Vienne (r. de) ... C6
Vigée-Lebrun (r.) ... H5
Villars (av. de) ... F6
Villette (bd de la) ... D10
Villette (parc de la) ... B11
Villiers (av. de) ... C5
Villiot (r.) ... G10
Vincennes (cours de) ... G12
Vincennes (porte de) ... G13
Vincent-Auriol (bd) ... H10
Violet (r.) ... G4
Vitruve (r.) ... E12
Vivaldi (allée) ... G11
Vivienne (r.) ... D8
Volontaires (r. des) ... H5
Voltaire (bd) ... F11
Voltaire (quai) ... F7
Vosges (pl. des) ... F9
Vouillé (r. de) ... H5
Vulpian (r.) ... H8

W
Wagram (av. de) ... C5
Washington (r.) ... D5
Watt (r.) ... J11
Wilhem (r.) ... G2
Winston-Churchill (av.) ... E6

Y
Yvonne-Le-Tac (r.) ... C8

PARIS

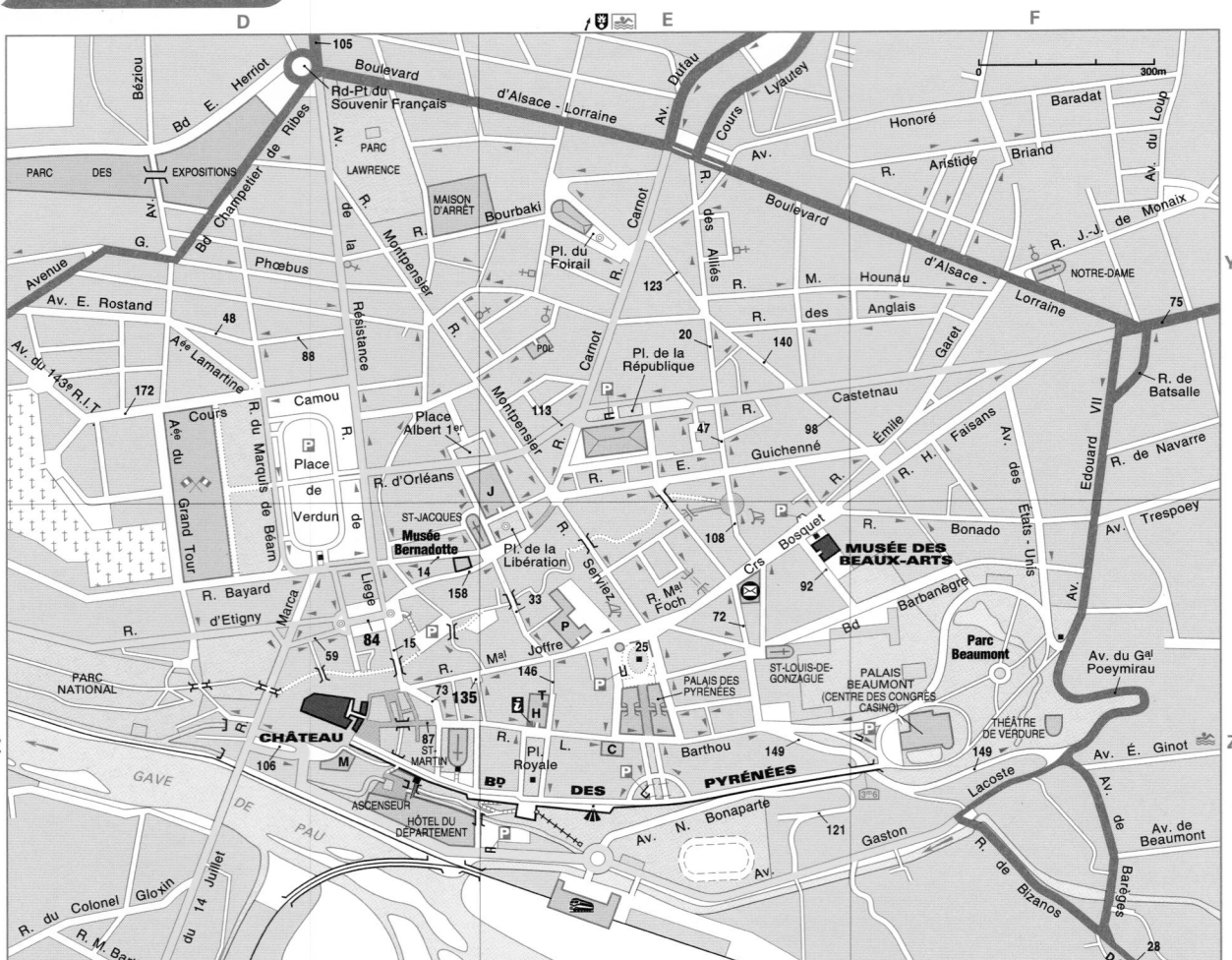

PAU

Barthou (R. Louis)	EFZ	
Bernadotte (R.)	DZ	14
Bordenave-d'Abère (R.)	DZ	15
Cassin (R. René)	EY	20
Clemenceau (Pl. Georges)	EZ	25
Clemenceau (Pl. Georges)	FZ	28
Cordeliers (R. des)	EZ	33
Despourrins (R.)	EY	47
Ducasse (R. Amiral)	DY	59
Espalungue (R. d')	EZ	69
Gambetta (R.)	EZ	72
Gassion (R.)	DZ	73
Gaulle (Av. Gén.-de)	FZ	75
Gramont (Pl.)	DZ	87
Henri-IV (R.)	DY	
Jeanne-d'Arc (R.)	DY	88
Lalanne (R. Mathieu)	EZ	92
Lespy (R. Jean)	EFY	98
Mermoz (Av. Jean)	DY	105
Monnaie (Pl. de la)	DZ	106
Monnet (R. J.)	EYZ	108
Nogue (R.)	EY	113
Ossau (Av. d')	EZ	121
Palassou (R.)	EZ	123
Reine-Marguerite (Pl.)	EZ	135
Réveil (R. Jean)	EZ	140
St-Louis (R.)	EZ	146
Say (Av. L.)	EFZ	149
Serviez (R.)	EZ	149
Tran (R.)	EZ	158
218e-R.I. (R. du)	DY	172

Piennes 80 ......16 BG17
Piennes 54 ......21 CD20
Piépape 52 ......82 CA37
Pierlas 06 ......171 CP78
La Pierre 33 ......142 CG64
Pierre-Bénite 69 ......126 BX60
Pierre-Buffière 87 ......120 AW60
Pierre-Carrée (Col de la) 74 ......115 CL56
Pierre-Châtel 38 ......141 CF68
La Pierre Couverte (Dolmen de) 49 ......73 AL39
Pierre-d'Avenon 83 ......189 CK88
Pierre-de-Bresse 71 ......88 CA47
Pierre Frite (Menhir de) 49 ......72 AD38
Pierre-Gourde (Château de) 07 ......140 BW69
Pierre-la-Treiche 54 ......54 CE27
Pierre-Levée 77 ......40 BJ25
Pierre-Morains 51 ......41 BQ25
Pierre-Percée 54 ......66 CL29
Pierre-Perthuis 89 ......79 BO41
La Pierre Plantée 48 ......152 BO73
Pierre-Plantée (Col de la) 48 ......152 BN72
Pierre-qui-Vire (Abbaye de la) 89 ......80 BQ42
Pierreclos (Château de) 71 ..112 BW53
Pierrecourt 76 ......21 AZ14
Pierrecourt 70 ......82 CC38
Pierrefaites 52 ......82 CC36
Pierrefeu 06 ......175 CO80
Pierrefeu-du-Var 83 ......188 CI87
Pierrefiche 48 ......152 BP71
Pierrefiche 12 ......151 BI74
Pierrefigues 76 ......12 AO16
Pierrefitte 88 ......65 CG32
Pierrefitte 79 ......89 AJ47
Pierrefitte 23 ......108 BD55
Pierrefitte 19 ......135 AY63
Pierrefitte-en-Auge 14 ......27 AO21
Pierrefitte-en-Beauvaisis 60 ...15 BB18
Pierrefitte-en-Cinglais 14 ...35 AJ24
Pierrefitte-ès-Bois 45 ...78 BG40
Pierrefitte-Nestalas 65 ..192 AK90
Pierrefitte-sur-Aire 55 ...43 BZ24
Pierrefitte-sur-Loire 03 ..110 BP51
Pierrefitte-sur-Sauldre 41 ...77 BC40
Pierrefitte-sur-Seine 93 ...39 BE24
Pierrefonds 60 ......17 BI20
Pierrefontaine-lès-Blamont 25 ...84 CL41
Pierrefontaine-les-Varans 25 ...100 CJ43
Pierrefontaines 52 ......82 BZ37
Pierrefort 15 ......137 BH69
Pierregot 80 ......7 BE12
Pierrelatte 26 ......154 BW75
Pierrelaye 95 ......39 BC23
Pierrelongue 26 ......154 CA76
Pierremande 02 ......17 BK17
Pierremont 82 ......7 BD8
Pierrepont 54 ......21 CC18
Pierrepont 14 ......35 AK24
Pierrepont 02 ......18 BO16
Pierrepont-sur-Avre 80 ...16 BF16
Pierrepont-sur-l'Arentèle 88 ..65 CJ31
Pierrerue 34 ......183 BJ86
Pierrerue 04 ......169 CF79
Pierres 28 ......34 AH25
Pierres 14 ......34 AH25
Pierrevert 04 ......169 CF81
Pierreville 54 ......44 CF28
Pierreville 50 ......24 AA18
Pierrevillers 57 ......21 CF21
Pierric 44 ......71 Z37
Pierry 51 ......41 BP23
Pietra-di-Verde 2B 201 DL96
Pietracorbara 2B 199 DK96
Pietralba 2B 199 DI93
Pietranera 2B 199 DK91
Piatraserena 2B 201 DK96
Pietricaggio 2B 201 DK95
Pietrosella 2A 202 DG101
Pietroso 2B 201 DK97
Piets-Plasence-Moustrou 64 ..178 AG84
Pieusse 11 ......182 BD89
Les Pieux 50 ......24 Z17
Piève 2B 199 DK93
Piffonds 89 ......60 BJ34
Pigeon 85 ......124 CA75
Le Pigeon 46 ......135 BH63
Pigerolles 23 ......123 BB59
Pigna 2B 198 DG93
Pignan 34 ......185 BP84
Pignans 83 ......189 CI96

Périgny 17 ......103 AD55
Périgny 14 ......35 AI24
Périgny 03 ......110 BN54
Périgny-la-Rose 10 ......61 BN29
Périgueux 24 ......133 AR66
Périlos 66 ......197 BI92
Périssac 33 ......131 AI68
Perles-et-Castelet 09 ..195 AZ93
Perles 34 ......18 BN20
Pern 46 ......148 AW76
Pernand-Vergelesses 21 ..87 BW45
Pernant 02 ......17 BK19
Pernay 37 ......74 AQ41
La Pernelle 50 ......24 AD16
Pernes 62 ......3 BE7
Pernes-lès-Boulogne 62 ...2 AZ4
Pernes-les-Fontaines 84 .168 BZ79
Pernois 80 ......7 BC12
Pero (Plage de) 2A ..200 DE98
Pero-Casevecchie 2B ..199 DL94
Pérols 34 ......185 BQ84
Pérols-sur-Vézère 19 ..121 BB62
Péron 01 ......114 CF54
Péronnas 01 ......113 CA55
Péronne 80 ......8 BI13
Péronne 71 ......112 BW52
Péronne-en-Mélantois 59 ...4 BJ6
Péronville 28 ......58 AY34
Pérouges 01 ......126 BZ58
La Pérouille 36 ......92 AX49
Pérouse 90 ......84 CM38
Pérouse (Rocher de la) 80 ..80 BQ42
Péroy-les-Gombries 60 ..40 BH22
Perpezac-le-Blanc 19 ..134 AW66
Perpezac-le-Noir 19 ..135 AX64
Perpezat 63 ......123 BH61
Perpignan 66 ......197 BI94
Les Perques 50 ......24 AA18
Perquie 40 ......159 AI80
Perrancey-les-Vieux-Moulins 52 ..82 BZ36
Le Perray-en-Yvelines 78 .38 BA27
Perrecy-les-Forges 71 ..111 BS50
La Perrena 39 ......99 CG49
Le Perréon 69 ......125 BV56
Perret 22 ......51 P31
Perreuil 71 ......87 BU48
Perreuse 89 ......78 BK40
Perreux 89 ......78 BJ36
Perreux 42 ......111 BR56
Le Perreux-sur-Marne 94 ..39 BF25
Perrex 01 ......112 BY54
Le Perrier 85 ......86 W47
Perrier 63 ......123 BK62
La Perrière 73 ......129 CL62
La Perrière 61 ......56 AP30
Perrières 14 ......35 AL24
Perriers-en-Beauficel 50 .34 AF26
Perriers-la-Campagne 27 .22 AS22
Perriers-sur-Andelle 27 .14 AW19
Perrignier 74 ......114 CJ53
Perrigny 89 ......79 BM37
Perrigny 39 ......99 CC49
Perrigny-lès-Dijon 21 .97 BY43
Perrigny-sur-Armançon 89 ...80 BS38
Perrigny-sur-l'Ognon 21 .82 CB42
Perrigny-sur-Loire 71 .110 BP51
Perrogney 52 ......82 BZ36
Le Perron 50 ......34 AG23
Perros-Guirec 22 ......30 N24
Perrou 61 ......35 AI28
Perrouse 70 ......83 CF41
Perroy 58 ......78 BK41
Perruel 27 ......14 AW19
Perrusse 52 ......64 CB33
Perrusson 37 ......91 AT45
Pers 79 ......105 AM54
Pers 15 ......136 BD69
Pers-en-Gâtinais 45 ..60 BI33
Pers-Jussy 74 ......114 CI55
Persac 86 ......106 AR53
Persan 95 ......39 BD22
Perse (Église de) 12 .150 BH73
Persquen 56 ......51 O33
Pertain 80 ......16 BH15
Perthes 77 ......59 BE29
Perthes 52 ......43 BP47
Perthes 08 ......19 BS18
Perthes-lès-Brienne 10 ..62 BU30
Pertheville-Ners 14 .35 AL25
Le Perthus 66 ......197 BI96
Le Pertre 35 ......54 AE34
Pertuis 84 ......169 CD82
Le Pertuis 43 ......139 BR67
Pertuis (Col du) 63 .124 BO59

Le Pertuiset 42 ......139 BS63
Perty (Col de) 26 ......155 CD76
La Péruse 16 ......119 AQ58
La Péruse 24 ......170 CH77
Pervenchères 61 ......56 AP30
Perville 82 ......161 AX57
Pescadoires 46 ......148 AU74
Peschadoires 63 ......124 BM59
Le Pescher 19 ......135 AZ67
Peseux 39 ......98 CA45
Péseux 25 ......84 CK41
Peslières 63 ......138 BM63
Pesmes 70 ......82 CC42
Pessac 33 ......145 AS70
Pessac-sur-Dordogne 33 .146 AM70
Pessan 32 ......161 AO83
Pessans 25 ......84 CA81
Pessat-Villeneuve 63 .123 BK58
La Pesse 39 ......113 CE53
Pessines 17 ......117 AG60
Pessoulens 32 ......161 AS81
Pesteils (Château de) 15 .136 BF69
Petersbach 67 ......46 CO24
Le Petit-Abergement 01 .113 CD56
Petit-Appeville 76 .13 AU14
Petit Ballon 68 ......66 CN34
Petit-Bersac 24 ......132 AN65
Le Petit-Bornand-les-Glières 74 ..114 CJ56
Le Petit-Celland 50 .34 AD26
Petit-Cœur 73 ......128 CK61
Petit-Couronne 76 .13 AU19
Petit-Croix 90 ......84 CM38
Le Petit Drumont 88 ..66 CM35
Petit-Éberswiller 57 .22 CK22

Petit-Failly 54 ......20 CA18
Petitville 76 ......13 AR18
Petiville 14 ......26 AL21
Le Petit-Fougeray 35 .53 AA35
Petit-Landau 68 ......85 CO36
Petit-Mars 44 ......71 AB41
Le Petit-Mercey 39 .98 CD43
Petit-Mesnil 10 ......62 BU31
Petit Minou (Pointe du) 29 .28 E29
Petit-Noir 39 ......98 CA46
Petit-Palais-et-Cornemps 33 .132 AK68
Le Petit-Pressigny 37 ..91 AT47
Le Petit-Quevilly 76 .13 AU19
Petit-Réderching 57 .23 CO22
Petit Saint-Bernard (Col du) 73 ..129 CN60
Petit-Tenquin 57 ......22 CL23
Petit-Verly 02 ......9 BM13
La Petite-Boissière 79 .89 AG47
Petite-Chaux 25 ......99 CH49
Petite-Forêt 59 ......9 BM8
La Petite-Fosse 88 .66 CM30
Le Petite-Marche 03 .108 BF55
La Petite-Pierre 67 .46 CO24
La Petite-Raon 88 .66 CM29
Petite-Rosselle 57 .22 CK20
Petite-Synthe 59 ......3 BD1
Petite-Verrière 71 .96 BR45
Petitefontaine 90 .84 CM38
Les Petites-Armoises 08 .19 BV18
Les Petites-Dalles 76 .12 AQ14
Les Petites-Loges 51 .41 BR22
Petitmagny 90 ......84 CM37
Petitmont 54 ......46 CM28

Les Petits-Robins 26 .154 BX70
Petretto-Bicchisano 2A .202 DH102
Pettoncourt 57 ......45 CH25
Pettonville 54 ......45 CK28
Peujard 33 ......131 AI67
Peumérit 29 ......49 G33
Peumérit-Quintin 22 .31 O29
Peuplingues 62 ......2 AZ2
Peuton 53 ......72 AG36
Peuvillers 55 ......20 CA19
Pévange 57 ......45 CJ24
Pévy 51 ......18 BO20
Pexiora 11 ......182 BB87
Pexonne 54 ......46 CL28
Pey 40 ......158 AB33
Peymeinade 06 ......174 CO82
Peynier 13 ......188 CE85
Peypin 13 ......188 CE86
Peypin-d'Aigues 84 .169 CD81
Peyrabout 23 ......108 BA56
Le Peyrat 09 ......195 BP85
Le Peyrat 24 ......88 BA91
Peyrat-de-Bellac 87 .106 AT55
Peyrat-la-Nonière 23 .108 BD56
Peyrat-le-Château 87 .121 AZ59
La Peyratte 79 ......89 AK49
Peyraube 65 ......179 AM88
Peyraud 07 ......85 BX64
Peyre 40 ......178 AG84
Peyrecave 32 ......161 AR79

Peyrefitte-du-Razès 11 .182 BB90
Peyrefitte-sur-l'Hers 11 .181 BA87
Peyregoux 81 ......163 BC83
Peyrehorade 40 ......177 AC84
Peyreleau 12 ......165 BK77
Peyrelevade 19 ......121 BB60
Peyrelongue-Abos 64 .178 AK85
Peyremale 30 ......153 BR76
Peyrens 11 ......182 BA86
Peyrepertuse (Château de) 11 .196 BP92
Peyresourde (Col de) 31 .193 AO92
Peyrestortes 66 ......197 BI93
Peyret-Saint-André 65 .179 AP87
Peyriac-de-Mer 11 .183 BI89
Peyriac-Minervois 11 .183 BF87
Peyrière 47 ......146 AN73
Peyrieu 01 ......127 CG60
Peyrignac 24 ......134 AU66
Peyriguère 65 ......179 AN87
Peyrilhac 87 ......120 AU57
Peyrillac-et-Millac 24 .134 AW69
Peyrilles 46 ......148 AW72
Peyrins 26 ......82 BZ67
Peyrissac 19 ......121 AY62
Peyrissas 31 ......181 AS87
Peyro-Clabado (Rocher) 81 .164 BE83
Peyrol (Pas de) 15 .136 BG67
Peyrole 81 ......163 BA81
Peyroles 30 ......166 BP78
Peyrolles 11 ......196 BD91
Peyrolles-en-Provence 13 .169 CE83
Peyroules 04 ......174 CM80

Peyrouse 65 ......178 AJ89
Peyrouzet 31 ......180 AR88
Peyruis 04 ......169 CG78
Peyrun 05 ......169 AM86
Peyrus 26 ......140 BZ69
Peyrusse 15 ......137 BJ66
Peyrusse-Grande 32 .160 AK84
Peyrusse-le-Roc 12 .150 BC74
Peyrusse-Massas 32 .161 AP82
Peyrusse-Vieille 32 .160 AM83
Peyssies 31 ......180 AR87
Peyzac-le-Moustier 24 .134 AT68
Peyzieux-sur-Saône 01 .112 BX55
Pézarches 77 ......40 BI27
Pézenas 34 ......184 BM85
Pézènes-les-Mines 34 .184 BL84
Pezens 11 ......182 BD88
Pézilla-de-Conflent 66 .196 BH93
Pézilla-la-Rivière 66 .197 BH94
Pezou 41 ......75 AU36
Pezuls 24 ......133 AR69
Pézy 28 ......58 AY31
Pfaffenheim 68 ......65 CO34
Pfaffenhoffen 67 .47 CQ24
Pfalzweyer 67 ......46 CO25
Pfastatt 68 ......85 CP36
Pfetterhouse 68 ......85 CO39
Pfettisheim 67 ......47 CQ26
Pfulgriesheim 67 .47 CR26
Phaffans 90 ......84 CM37
Phalempin 59 ......4 BI7
Phalsbourg 57 ......46 CO25
Philippsbourg 57 .47 CO23
Philondenx 40 ......178 AH84
Phlin 54 ......45 CG24

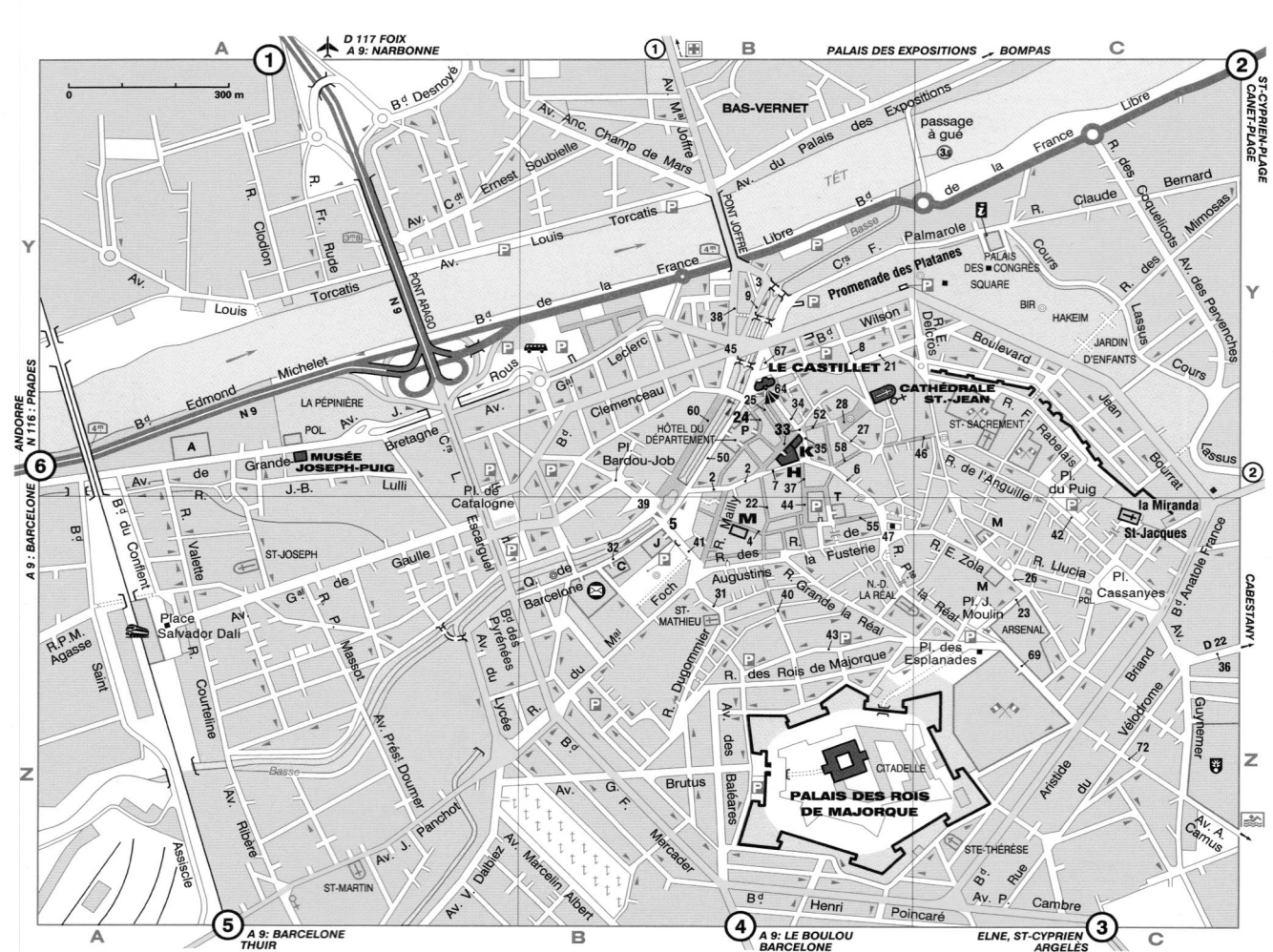

PERPIGNAN

Alsace-Lorraine (R.)	BY	2
Anciens-Combattants-d'Indochine (Pl. des)	BY	3
Ange (R. de l')	BZ	4
Arago (Pl.)	BZ	5
Argenterie (R. de l')	BY	6
Barre (R. de la)	BZ	7
Bartissol (R. E.)	BY	8
Batllo (Quai F.)	BY	9
Castillet (R. du)	BY	21
Clemenceau (Bd G.)	BY	
Cloche d'Or (R. de la)	BYZ	22
Côte des Carmes (R.)	CZ	23
Fabriques d'En Nabot (R. des)	BY	24
Fabriques d'En Nadal (R. des)	BY	25
Fontaine-Neuve (R.)	CZ	26
Fontfroide (R.)	BY	27
Gambetta (Pl.)	BY	28
Grande la Monnaie (R. de la)	BZ	31
Lattre-de-Tassigny (Quai de)	BZ	32
Loge (R. et Pl. de la)	BY	33
Louis-Blanc (R.)	ABY	34
Marchands (R. des)	BY	35
Mermoz (Av. J.J.)	CZ	36
Mirabeau (R.)	BY	37
Payra (R. J.)	BZ	38
Péri (Pl. Gabriel)	BY	39
Petite la Monnaie (R.)	BY	40
Porte d'Assaut (R.)	BZ	41
Porte de Canet (R.)	CZ	42
Remparts la Réal (R. des)	BZ	43
République (Pl. de la)	BY	44
Résistance (Pl. de la)	BY	45
Révolution Française (R. de la)	CY	46
Rigaud (Pl.)	BZ	47
Sadi-Carnot (Quai)	BY	50
St-Jean (R.)	BZ	52
Théâtre (R. du)	BZ	55
Trois-Journées (R. des)	BY	58
Vauban (Quai)	BY	60
Verdun (Pl. de)	BY	64
Victoire (Pl. de la)	BY	67
Vielledent (R. J.)	CZ	69
Waldeck-Rousseau (R.)	CZ	72

Pignicourt *02* 18 BQ19
Pignols *63* 123 BL61
Pigny *18* 93 BE44
Pihem *62* 3 BD5
Pihen-lès-Guînes *62* 2 BA3
Pila-Canale *2A* 202 DH101
Pilat (Mont) *42* 139 BV64
Pilat-Plage *33* 144 AB72
Le Pilhon *26* 155 CD72
Pillac *16* 132 AN64
Pillemoine *39* 99 CF49
Les Pilles *26* 154 CA75
Pillon *55* 20 CB19
Pimbo *40* 178 AH84
Pimelles *89* 80 BR36
Pimorin *39* 113 CC51
Pimprez *60* 17 BI18
Le Pin *82* 161 AS79
Le Pin *79* 89 AH47
Le Pin *77* 39 BG25
Pin *70* 83 CE42
Le Pin *44* 72 AD39
Le Pin *39* 98 CC49
Le Pin *38* 141 CC63
Le Pin *30* 167 BV78
Le Pin *17* 131 AJ64
Le Pin *14* 27 AP21
Le Pin *03* 110 BP52
Pin (Haras du) *61* 36 AN26
Le Pin-au-Haras *61* 36 AN26
Pin-Balma *31* 162 AX83
Le Pin-en-Mauges *49* 88 AF43
Le Pin-la-Garenne *61* 56 AQ30
Pin-Moriès *48* 151 BK74
Le Pin-Murelet *31* 180 AT86
Pinarellu *2A* 203 DL103
Pinas *65* 179 AO89
Pinay *42* 125 BR58
Pincé *72* 73 AJ37
Pinçon (Mont) *14* 35 AI24
Pindères *47* 146 AL76
Pindray *86* 106 AS51
Les Pineaux *85* 103 AC50
Pinel-Hauterive *47* 147 AP74
Pinet *34* 184 BN86
Pineuilh *33* 146 AN70
Piney *10* 62 BS31
Pino *2B* 199 DJ89
Pinols *43* 138 BM67
Pinon *02* 17 BL18
Les Pins *16* 119 AO59
Pins-Justaret *31* 181 AW85
Pinsac *46* 148 AX70
Pinsaguel *31* 181 AW85
Pinsot *38* 142 CH63
Pintac *65* 178 AK87
Pinterville *27* 14 AV21
Pintheville *55* 44 CC22
Les Pinthières *28* 38 AY27
Piobetta *2B* 201 DK95
Pioggiola *2B* 198 DH93
Piolenc *84* 168 BX77
Pionnat *23* 108 BB55
Pionsat *63* 109 BG56
Pioussay *79* 105 AM56
Pipriac *35* 71 X36
Piquecos *82* 162 AV78
Pirajoux *01* 113 CA52
Piré-sur-Seiche *35* 53 AB34
Pirey *25* 83 CF42
Piriac-sur-Mer *44* 69 T40
Pirmil *72* 55 AL35
Pirou *50* 24 AB21
Pis *32* 161 AQ81
Pisany *17* 117 AF60
Piscop *95* 39 BD23
Piseux *27* 37 AT26
Pisieu *38* 140 BZ63
Pisse (Cascade de la) *38* 142 CI67
Pisseleu *60* 15 BB18
Pisseleux *02* 17 BJ21
Pisseloup *52* 83 CD36
La Pisseure *70* 83 CG36
Pissos *40* 145 AF75
Pissotte *85* 103 AF51
Pissy *80* 7 BC14
Pissy-Pôville *76* 13 AU18
Pisy *89* 80 BR40
Pitgam *59* 3 BD2
Pithiviers *45* 59 BD33
Pithiviers-le-Vieil *45* 59 BC33
Pithon *02* 17 BJ15
Pîtres *27* 14 AV20
Pittefaux *62* 2 AZ4
Pizançon *26* 140 BZ67
Pizay *01* 126 BZ58
Pizieux *72* 56 AP31
Le Pizou *24* 132 AL68
Le Pla *09* 196 BB93
Pla-d'Adet *65* 193 AN92
Plabennec *29* 29 F27
Placé *53* 54 AG32
Les Places *27* 27 AP22
La Placette (Col de) *38* 141 CD64
Placey *25* 83 CE42
Plachy-Buyon *80* 16 BD15
Placy *14* 35 AJ24
Placy-Montaigu *50* 34 AG23
Le Plagnal *07* 152 BQ71
La Plagne *73* 129 CL62
Plagne *31* 180 AT88
Plagne *01* 113 CE54
Plagnole *31* 180 AT86
Plagny *58* 95 BK46
Plaigne *11* 181 AZ88
Plailly *60* 39 BF22
Plaimbois-du-Miroir *25* 100 CK43
Plaimbois-Vennes *25* 100 CJ43
Plaimpied-Givaudins *18* 93 BE46
Plaine *67* 66 CN29
La Plaine *49* 89 AH45
Plaine-de-Walsch *57* 46 CN26
Plaine-Haute *22* 31 R29
Plaine-Joux *74* 129 CM57
La Plaine-sur-Mer *44* 86 V43
Plainemont *70* 83 CG36
Plaines-Saint-Lange *10* 62 BT35
Plainfaing *88* 66 CM32
Plainoiseau *39* 98 CC48
Plainpalais (Col de) *73* 128 CG60
Les Plains-et-Grands-
Essarts *25* 84 CM41
Plaintel *22* 31 R29
Plainval *60* 16 BE18
Plainville *60* 16 BE17
Plainville *27* 27 AQ23
Plaisance *86* 106 AS53
Plaisance *34* 165 BJ83
Plaisance *32* 160 AL83
Plaisance *12* 164 BF80
Plaisance-du-Touch *31* 181 AV84
Plaisia *39* 113 CD51
Plaisians *26* 155 CB76
Plaisir *78* 38 BB26
Plaisir Fontaine
(Grotte de) *25* 99 CG44
Plaissan *34* 184 BN84
Plaizac *16* 118 AK59
Plampinet *05* 143 CM67
Plan *38* 141 CB64
Le Plan *31* 180 AU88
Plan-d'Aups *83* 188 CF86
Plan-de-Baix *26* 154 CA70
Plan-de-Campagne *13* 187 CC85
Plan-de-Cuques *13* 187 CD86
Le Plan-de-Grasse *06* 174 CP82
Plan-de-la-Tour *83* 189 CM86
Plan-d'Orgon *13* 168 BZ81
Plan-du-Var *06* 175 CR80
Planaise *73* 128 CH62
Planay *73* 129 CM62
Planay *21* 80 BT37
La Planche *44* 87 AB45
Plancher-Bas *70* 84 CK37
Plancher-les-Mines *70* 84 CK36
Plancherine *73* 128 CI60
Planches *61* 36 AP27
Les Planches *27* 37 AV22
Les Planches-
en-Montagne *39* 99 CG49
Les Planches-
près-Arbois *39* 99 CE47
Planchez *58* 96 BQ44
Plancoët *22* 32 W28
Plancy-l'Abbaye *10* 41 BP28
La Planée *25* 99 CH47
Planès *66* 196 BC96
Planèzes *66* 197 BG93
Planfoy *42* 139 BU64
Planguenoual *22* 32 T28
Planioles *46* 149 BB72
Le Planois *71* 98 CA48
Le Planquay *27* 27 AP22
Planquery *14* 25 AG21
Planques *62* 3 BC7
Las Planques
(Église de) *81* 164 BD78
Planrupt *52* 63 BV29
Les Plans *34* 165 BL82
Les Plans *30* 167 BS77
Le Plantay *01* 112 BZ56
Les Plantiers *30* 166 BP78
Le Plantis *61* 36 AP28
Planty *10* 61 BN32
Planzolles *07* 153 BS74
Plappeville *57* 21 CF21
Plascassier *06* 174 CP82
Plasne *39* 98 CD48
Plasnes *27* 27 AR22
Plassac *33* 131 AG67
Plassac *17* 117 AH62
Plassac-Rouffiac *16* 118 AM62
Plassay *17* 117 AG59
Plateau-d'Assy *74* 129 CL57
Plats *07* 140 BX68
Plaudren *56* 69 S36
Plauzat *63* 123 BK61
Plavilla *11* 182 BA89
Plazac *24* 134 AT68
Pleaux *15* 136 BD67
Pléboulle *22* 32 V27
Pléchâtel *35* 53 Z35
Plédéliac *22* 52 U29
Plédran *22* 31 S29
Pléguien *22* 31 R26
Pléhédel *22* 31 Q26
Pleine-Fougères *35* 33 AB28
Pleine-Selve *33* 131 AH64
Pleine-Selve *02* 17 BM15
Pleine-Sève *76* 13 AS14
Pleines-Œuvres *14* 34 AF24
Plélan-le-Grand *35* 52 W34
Plélan-le-Petit *22* 52 W29
Plélauff *22* 51 O31
Plélo *22* 31 Q27
Plémet *22* 52 T32
Plémy *22* 52 S30
Plénée-Jugon *22* 52 U30
Pléneuf (Pointe de) *22* 32 T27
Pléneuf-Val-André *22* 32 T27
Plénise *39* 99 CG47
Plénisette *39* 99 CF47
Plerguer *35* 33 Z28
Plérin *22* 31 S28
Plerneuf *22* 31 R28
Plescop *56* 69 R37
Plesder *35* 53 Y29
Plésidy *22* 31 P28
Pleslin *22* 32 X28
Plesnois *57* 21 CF21
Plesnoy *52* 64 CB35
Plessala *22* 52 T31
Plessé *44* 71 Y39
Plessier-de-Roye *60* 16 BH17
Le Plessier-Huleu *02* 17 BL21
Le Plessier-Rozainvillers *80* 16 BF15
Le Plessier-sur-Bulles *60* 16 BD18
Le Plessier-sur-Saint-Just *60* 16 BE18
Le Plessis-aux-Bois *77* 40 BH24
Plessis-Barbuise *10* 41 BN28
Le Plessis-Belleville *60* 39 BG23
Le Plessis-Bouchard *95* 39 BD24
Le Plessis Bourré
(Château) *49* 73 AI39
Le Plessis-Brion *60* 16 BH18
Le Plessis-Chenet *91* 39 BE28
Le Plessis-Dorin *41* 57 AS34
Plessis-du-Mée *89* 61 BL31
Le Plessis-Feu-Aussoux *77* 40 BJ27
Le Plessis-Gassot *95* 39 BE23
Le Plessis-Grammoire *49* 73 AJ40
Le Plessis-Grimoult *14* 35 AI24
Le Plessis-Grohan *27* 37 AV24
Le Plessis-Hébert *27* 37 AW24
Le Plessis-Josso
(Château) *56* 69 S38
Le Plessis-Lastelle *50* 24 AC20
Le Plessis-l'Échelle *41* 76 AX37
Le Plessis-l'Évêque *77* 40 BH24
Le Plessis-Luzarches *95* 39 BE23
Le Plessis-Macé *49* 73 AH39
Le Plessis-Pâté *91* 39 BD28
Le Plessis-Patte-d'Oie *60* 17 BJ16
Le Plessis-Picard *77* 39 BF28
Le Plessis-Placy *77* 40 BI23
Le Plessis-Robinson *92* 39 BD26
Plessis-Saint-Benoist *91* 59 BB30
Plessis-Saint-Jean *89* 61 BL31
Le Plessis-
Sainte-Opportune *27* 37 AT23
Le Plessis-Trévise *94* 39 BF26
Plessix-Balisson *22* 32 W28
Plestan *22* 52 U29
Plestin-les-Grèves *22* 30 L26
Pleubian *22* 31 P24
Pleucadeuc *56* 69 U36
Pleudaniel *22* 31 P25
Pleudihen-sur-Rance *22* 33 Y28
Pleugriffet *56* 52 S34
Pleugueneuc *35* 53 Y30
Pleumartin *86* 91 AR49
Pleumeleuc *35* 53 Y32
Pleumeur-Bodou *22* 30 M25
Pleumeur-Gautier *22* 31 P24
Pleure *39* 98 CB46
Pleurs *51* 41 BP27
Pleurtuit *35* 32 X27
Pleuven *29* 49 I34
Pleuvezain *88* 64 CE30
Pleuville *16* 105 AP56
Pléven *22* 32 V28
Plévenon *22* 32 V26
Plévin *22* 50 M31
Pleyben *29* 29 J30
Pleyber-Christ *29* 30 K27
Le Pleyney *38* 142 CH64
Pliboux *79* 105 AM55
Plichancourt *51* 42 BV26
Plieux *32* 161 AR80
Plivot *51* 41 BQ23
Ploaré *29* 49 G32
Plobannalec-Lesconil *29* 49 G35
Plobsheim *67* 47 CR28
Ploemel *56* 68 P37
Ploemeur *56* 68 M36
Ploërdut *56* 51 O32
Ploeren *56* 69 Q37
Ploërmel *56* 52 U34
Plœuc-sur-Lié *22* 52 S30
Ploéven *29* 49 H31
Ploëzal *22* 31 P25
Plogastel-
Saint-Germain *29* 49 G33
Plogoff *29* 48 D32
Plogonnec *29* 49 H32
Ploisy *02* 17 BK20
Plomb *50* 34 AD26
Plombières-les-Bains *88* 65 CI34
Plombières-lès-Dijon *21* 81 BX42
Plomelin *29* 49 H33
Plomeur *29* 49 G34
Plomion *02* 18 BQ15
Plomodiern *29* 49 H31
Plonéis *29* 49 H33
Plonéour-Lanvern *29* 49 G34
Plonévez-du-Faou *29* 50 K30
Plonévez-Porzay *29* 49 H31
Plorec-sur-Arguenon *22* 32 V28
Plottes *71* 112 BX51
Plou *18* 93 BC46
Plouagat *22* 31 Q27
Plouaret *22* 30 N26
Plouarzel *29* 28 D28
Plouasne *22* 53 X31
Plouay *56* 51 N34
Ploubalay *22* 32 W27
Ploubazlanec *22* 31 O24
Ploubezre *22* 30 N25
Ploudalmézeau *29* 28 E26
Ploudaniel *29* 29 G27
Ploudiry *29* 29 I28
Plouëc-du-Trieux *22* 31 P26
Plouédern *29* 29 H27
Plouégat-Guérand *29* 30 L26
Plouégat-Moysan *29* 30 M27
Plouénan *29* 29 J26
Plouër-sur-Rance *22* 32 X28
Plouescat *29* 29 H25
Plouézec *22* 31 Q25
Plouezoc'h *29* 30 K26
Ploufragan *22* 31 R28
Plougar *29* 29 I27
Plougasnou *29* 30 K25
Plougastel-Daoulas *29* 29 G28
Plougonvelin *29* 28 D29
Plougonven *29* 30 L27
Plougonver *22* 30 N28
Plougoulm *29* 29 I25
Plougoumelen *56* 69 Q37
Plougourvest *29* 29 I27
Plougras *22* 30 M27
Plougrescant *22* 31 P24
Plouguenast *22* 52 S30
Plouguerneau *29* 29 F26
Plouguernével *22* 51 O31
Plouguiel *22* 31 O24
Plouguin *29* 28 E27
Plouha *22* 31 R26
Plouharnel *56* 68 O38
Plouhinec *56* 68 N37
Plouhinec *29* 49 F32
Plouider *29* 29 H26
Plouigneau *29* 30 L27
Plouisy *22* 31 P27
Ploulec'h *22* 30 M25
Ploumagoar *22* 31 P27
Ploumanach *22* 30 N24
Ploumilliau *22* 30 M26
Ploumoguer *29* 28 D28
Plounéour-Ménez *29* 29 J28
Plounéour-Trez *29* 29 G25
Plounérin *22* 30 M27
Plounéventer *29* 29 H27
Plounévez-Lochrist *29* 29 H26
Plounévez-Moëdec *22* 30 N27
Plounévez-Quintin *22* 51 O30
Plounévézel *29* 50 L30
Plourac'h *22* 30 M28
Plouray *56* 51 N32
Plourhan *22* 31 R26
Plourin *29* 28 E27
Plourin-lès-Morlaix *29* 30 K27
Plourivo *22* 31 Q25
Plouvain *62* 8 BI9
Plouvara *22* 31 R28
Plouvien *29* 29 F27
Plouvorn *29* 29 I26
Plouyé *29* 50 K30
Plouzané *29* 28 E28
Plouzélambre *22* 30 M26
Plouzévédé *29* 29 I26
Plovan *29* 49 F34
Ployart-et-Vaurseine *02* 18 BO18
Le Ployron *60* 16 BF17
Plozévet *29* 49 F33
Pludual *22* 31 Q26
Pluduno *22* 32 V28
Plufur *22* 30 M26
Pluguffan *29* 49 H33
Pluherlin *56* 69 U37
Plumaudan *22* 52 W30
Plumaugat *22* 52 V31
Plumelec *56* 52 S35
Pluméliau *56* 51 Q34
Plumelin *56* 51 Q35
Plumergat *56* 69 Q36
Plumetot *14* 26 AK20
Plumieux *22* 52 T32
Plumont *39* 98 CD44
Pluneret *56* 69 Q37
Plurien *22* 32 U27
Plusquellec *22* 30 M29
Plussulien *22* 51 P30
Pluvault *21* 98 CA43
Pluvet *21* 98 CA43
Pluvigner *56* 68 P36
Pluzunet *22* 30 N26
Pocancy *51* 42 BR24
Pocé-les-Bois *35* 54 AD33
Pocé-sur-Cisse *37* 75 AT41
Podensac *33* 145 AI72
Le Poët *05* 156 CG75
Le Poët-Célard *26* 154 BZ72
Le Poët-en-Percip *26* 155 CC76
Le Poët-Laval *26* 154 BZ73
Le Poët-Sigillat *26* 155 CB75
Pœuilly *80* 8 BJ14
Poey-de-Lescar *64* 178 AH86
Poey-d'Oloron *64* 177 AF87
Poëzat *03* 109 BK56
Poggio-di-Nazza *2B* 201 DK99
Poggio-di-Venaco *2B* 201 DJ96
Poggio-d'Oletta *2B* 199 DK92
Poggio-Marinaccio *2B* 199 DK94
Poggio-Mezzana *2B* 201 DL95
Poggiolo *2A* 200 DG97
Pogny *51* 42 BT25
Poids-de-Fiole *39* 113 CD50
Poigny *77* 60 BK29
Poigny-la-Forêt *78* 38 AZ27
Poil *58* 96 BR47
Le Poil *04* 170 CJ79
Poilcourt-Sydney *08* 18 BQ19
Poilhes *34* 183 BJ87
Poillé-sur-Vègre *72* 55 AK35
Poilley *50* 34 AD27
Poilley *35* 54 AD29
Poilly *51* 18 BO21
Poilly-lez-Gien *45* 77 BF38
Poilly-sur-Serein *89* 79 BP37
Poilly-sur-Tholon *89* 79 BL36
Poinchy *89* 79 BO37
Poinçon-lès-Larrey *21* 80 BT36
Le Poinçonnet *36* 92 AZ48
Poincy *77* 40 BI24
Poinsenot *52* 81 BX38
Poinson-lès-Fayl *52* 82 CC37
Poinson-lès-Grancey *52* 81 BX38
Poinson-lès-Nogent *52* 64 CA34
Point-Sublime *48* 151 BL76
Point Sublime *04* 170 CK81
Pointel *61* 35 AK27
Pointis-de-Rivière *31* 179 AP89
Pointis-Inard *31* 180 AR89
Pointre *39* 98 CB43
Pointvillers *25* 99 CE45
Poinville *28* 58 BA33
Le Poiré-sur-Velluire *85* 103 AF52
Le Poiré-sur-Vie *85* 87 AA48
Poiroux *85* 102 AA51
Poisat *38* 141 CE66
Poiseul *52* 64 CB35
Poiseul-la-Grange *21* 81 BW39
Poiseul-la-Ville-
et-Laperrière *21* 81 BV39
Poiseul-lès-Saulx *21* 81 BX39
Poiseux *58* 95 BK44
Poisieux *18* 93 BC46
Le Poislay *41* 57 AU34
Poisoux *39* 113 CB52
Poisson *71* 111 BR53
Poissons *52* 63 BZ30
Poissy *78* 38 BB24
Poisvilliers *28* 58 AX29
Poisy *74* 128 CG57
La Poitevinière *49* 88 AF43
Poitiers *86* 105 AO50
Poivres *10* 42 BS27
Poix *51* 42 BU24
Poix-de-Picardie *80* 15 BB15
Poix-du-Nord *59* 9 BN10
Poix-Terron *08* 19 BU16
Le Poizat *01* 113 CD55
Pol (Chapelle) *29* 29 G25
Polaincourt-
et-Clairefontaine *70* 65 CF35
Polastron *32* 180 AR84
Polastron *31* 180 AS87
Poleymieux-
au-Mont-d'Or *69* 126 BX58
Poliénas *38* 141 CC65
Polignac *43* 138 BP67
Polignac *17* 131 AJ65
Poligné *35* 53 Z35
Poligny *77* 60 BG32
Poligny *39* 98 CD47
Poligny *10* 62 BS33
Poligny *05* 156 CH71
Polincove *62* 3 BC3
Polisot *10* 62 BT34
Polisy *10* 62 BT34
Pollestres *66* 197 BI94
Polliat *01* 112 BZ54
Pollieu *01* 127 CE59
Pollionnay *69* 125 BV59
Polminhac *15* 136 BF69
Polveroso *2B* 201 DK95
Pomacle *51* 18 BR20
Pomarède *46* 148 AU73
La Pomarède *11* 182 BA86
Pomarez *40* 159 AE83
Pomas *11* 182 BD89
Pomay (Château de) *03* 110 BM51
Pomayrols *12* 151 BJ74
Pomerol *33* 131 AJ69
Pomérols *34* 184 BN86
Pomeys *69* 125 BU61
Pommard *21* 97 BW45
Pommera *62* 7 BE11
La Pommeraie-
sur-Sèvre *85* 89 AG47
La Pommeraye *49* 72 AF41
La Pommeraye *14* 35 AJ24
Pommeret *22* 32 T28
Pommereuil *59* 9 BM11
Pommereux *76* 15 AY17
Pommeréval *76* 14 AW15
Pommérieux *57* 44 CF23
Pommerieux *53* 72 AF36
Pommerit-Jaudy *22* 31 O25
Pommerit-le-Vicomte *22* 31 P26
Pommerol *26* 155 CC74
Pommeuse *77* 40 BI26
Pommevic *82* 161 AS78
Pommier *62* 8 BF10
Pommier-
de-Beaurepaire *38* 140 BZ63
Pommiers *69* 126 BW57
Pommiers *42* 125 BR59
Pommiers *36* 107 AY51
Pommiers *30* 166 BO80
Pommiers *02* 17 BK19
Pommiers-la-Placette *38* 141 CD64
Pommiers-Moulons *17* 131 AI64
Pomoy *70* 84 CI38
Pompaire *79* 104 AK50
Pompéjac *33* 145 AI74
Pompertuzat *31* 181 AX85
Pompey *54* 44 CF25
Pompiac *32* 180 AT85
Le Pompidou *48* 166 BO77
Pompierre *88* 64 CC31
Pompierre-sur-Doubs *25* 84 CJ40
Pompiey *47* 160 AN77
Pompignac *33* 131 AH69
Pompignan *82* 162 AV81
Pompignan *30* 166 BQ80
Pompogne *47* 146 AL76
Pomponne *77* 39 BG25
Pomport *24* 147 AO70
Pomps *64* 178 AG84
Pomy *11* 182 BB90
Poncé-sur-le-Loir *72* 75 AR37
Poncey-lès-Athée *21* 98 CA43
Poncey-sur-l'Ignon *21* 81 BW40
Le Ponchel *62* 7 BC10
Ponches-Estruval *80* 7 BA9
Ponchon *60* 15 BC20
Poncin *01* 113 CB56
Poncins *42* 125 BS60
Pondaurat *33* 146 AK73
Le Pondy *18* 94 BG48
Ponet-et-Saint-Auban *26* 155 CB70
Ponlat-Taillebourg *31* 179 AP89
Pons *17* 117 AH61
Pons *12* 150 BF71
Ponsampère *32* 179 AO85
Ponsan-Soubiran *32* 179 AO86
Ponsas *26* 140 BX66
Ponson-Debat-Pouts *64* 178 AK86
Ponson-Dessus *64* 178 AK87
Ponsonnas *38* 141 CF69
Pont *21* 98 CA43
Pont-à-Bucy *02* 17 BM16
Pont-à-la-Planche *87* 120 AT58
Pont-à-Marcq *59* 4 BJ7
Pont-à-Mousson *54* 44 CF24
Pont-à-Vendin *62* 4 BH7
Pont-Arcy *02* 18 BN19
Pont-Audemer *27* 27 AQ20
Pont-Authou *27* 27 AR21
Pont-aux-Moines *45* 77 BB36
Pont-Aven *29* 50 K35
Pont-Bellanger *14* 34 AF24
Pont-Calleck (Château
et Forêt de) *56* 51 N33
Le Pont-Chrétien-
Chabenet *36* 107 AX50
Pont-Croix *29* 49 F32
Pont-d'Ain *01* 113 CB56
Pont-d'Arc *07* 153 BU75
Le Pont-d'Ardres *62* 2 BB3
Pont-de-Barret *26* 154 BZ72
Le Pont-de-Beauvoisin *73* 127 CD62
Le Pont-de-Beauvoisin *38* 127 CD62
Pont-de-Braye *72* 75 AR37
Pont-de-Briques *62* 2 AY5
Pont-de-Buis-
lès-Quimerch *29* 29 I30
Pont-de-Chazey-Villieu *01* 126 CA58
Pont-de-Chéruy *38* 126 BZ59
Le Pont-de-Claix *38* 141 CE66
Pont-de-Crau *13* 167 BW83
Pont-de-Dore *63* 124 BM59
Pont de Gau (Parc
ornithologique du) *13* 186 BU85
Pont-de-la-Chaux *39* 99 CF49
Pont-de-la-Maye *33* 145 AG70
Pont-de-Labeaume *07* 153 BT72
Pont-de-l'Arche *27* 14 AV20
Pont-de-Larn *81* 182 BE85
Pont-de-l'Étoile *13* 188 CE86
Pont-de-l'Isère *26* 140 BX68
Pont-de-Lunel *34* 167 BS82
Pont-de-Menat *63* 109 BI56
Pont-de-Metz *80* 7 BD14
Le Pont-de-Montvert *48* 152 BP75
Pont-de-Pany *21* 81 BW42
Le Pont-de-Planches *70* 83 CE39
Pont-de-Poitte *39* 113 CD50
Pont-de-Roide *25* 84 CL41
Pont-de-Ruan *37* 91 AQ43
Pont-de-Salars *12* 150 BH76
Pont-de-Vaux *01* 112 BX52
Pont-de-Veyle *01* 112 BX54
Pont-des-Pierres *01* 113 CE55
Pont-d'Espagne *65* 192 AJ92
Pont-d'Hérault *30* 166 BO79
Pont-d'Héry *39* 99 CF47
Pont-d'Ouche *21* 97 BV44
Pont-d'Ouilly *14* 35 AJ25
Pont-du-Bois *70* 65 CG34
Pont-du-Casse *47* 161 AQ77
Pont-du-Château *63* 123 BL59
Pont-du-Châtel *29* 29 H26
Pont du Diable
(Gorges du) *74* 115 CK53
Pont du Dognon *87* 121 AX58
Pont-du-Fossé *05* 156 CI71
Pont du Gard *30* 167 BV80
Pont-du-Loup *06* 174 CP81
Pont-du-Navoy *39* 99 CE48
Pont-en-Royans *38* 141 CB67
Pont-et-Massène *21* 80 BT40
Pont-Évêque *38* 126 BY62
Pont-Farcy *14* 34 AF24
Pont-Hébert *50* 25 AE21
Pont-James *44* 87 AA45
Pont-la-Ville *52* 63 BW33
Pont-l'Abbé *50* 24 AC19
Pont-l'Abbé *29* 49 G34
Pont-l'Abbé-d'Arnoult *17* 116 AE58
Pont-lès-Bonfays *88* 65 CG32
Pont-les-Moulins *25* 84 CI41
Pont-l'Évêque *60* 17 BI17
Pont-l'Évêque *14* 27 AO20
Pont-Melvez *22* 31 O28
Pont-Noyelles *80* 7 BE13
Pont-Péan *35* 53 Z34
Pont-Réan *35* 53 Z34
Pont-Remy *80* 7 BA12
Pont-Royal *13* 168 CA82
Pont-Saint-Esprit *30* 154 BW76
Pont-Saint-Mard *02* 17 BK18
Pont-Saint-Martin *44* 87 AA44
Pont-Saint-Pierre *27* 14 AW20
Pont-Saint-Vincent *54* 44 CF27
Pont-Sainte-Marie *10* 62 BQ31
Pont-Sainte-Maxence *60* 16 BF20
Pont-Salomon *43* 139 BS64
Pont-Scorff *56* 50 M35
Pont-sur-l'Ognon *70* 84 CI39
Pont-sur-Madon *88* 65 CG30
Pont-sur-Meuse *55* 44 CB25
Pont-sur-Sambre *59* 9 BO10
Pont-sur-Seine *10* 61 BN29
Pont-sur-Vanne *89* 61 BM33
Pont-sur-Yonne *89* 60 BK31
Pont-Trambouze *69* 111 BT56
Pontacq *64* 178 AJ88
Pontaillac *17* 116 AD61
Pontailler-sur-Saône *21* 82 CB42
Pontaix *26* 155 CB70
Pontamafrey *73* 142 CJ64
Pontanevaux *71* 112 BW54
Pontarion *23* 121 BA57
Pontarlier *25* 99 CI46
Pontarmé *60* 39 BF22
Pontaubault *50* 33 AC27
Pontaubert *89* 79 BP40
Pontault-Combault *77* 39 BF26
Pontaumur *63* 122 BG58
Pontavert *02* 18 BO19
Pontcarré *77* 39 BG26
Pontcey *70* 83 CF38
Pontchardon *61* 36 AO24
Pontcharra *38* 142 CG63
Pontcharra-sur-Turdine *69* 125 BU58
Pontcharraud *23* 122 BD59
Pontchartrain *78* 38 BA26
Pontchâteau *44* 70 W40
Pontcirq *46* 148 AV73
Ponte-Leccia *2B* 199 DJ94
Ponte Nuovo *2B* 199 DJ94
Pontécoulant *14* 35 AI25
Ponteilla *66* 197 BH94
Ponteils-et-Brésis *30* 152 BQ75
Pontempeyrat *43* 138 BQ64
Pontenx-les-Forges *40* 144 AC76
Le Pontet *84* 168 BY79
Le Pontet *73* 128 CI62
Le Pontet *33* 131 AG66
Les Pontets *25* 99 CH48
Pontevès *83* 170 CH83
Ponteyraud *24* 132 AN66
Pontfaverger-
Moronvilliers *51* 19 BS20
Pontgibaud *63* 123 BH59
Pontgouin *28* 57 AV29
Ponthévrard *78* 58 BA29
Ponthierry *77* 59 BF29
Ponthion *51* 42 BV26
Ponthoile *80* 6 AZ10
Le Ponthou *29* 30 L27
Ponthoux *39* 113 CE52
Pontiacq-Viellepinte *64* 178 AK86
Pontigné *49* 73 AL39
Pontigny *89* 79 BO36
Pontis *04* 156 CJ73
Pontivy *56* 51 Q33
Pontlevoy *41* 75 AV41
Pontlieue *72* 56 AO35
Pontmain *53* 54 AE29
Pontoise *95* 39 BC23
Pontoise-lès-Noyon *60* 17 BJ17
Pontonx-sur-l'Adour *40* 158 AD81
Pontorson *50* 33 AB28
Pontours *24* 147 AR70
Pontoux *71* 98 BZ46
Pontoy *57* 45 CG23
Pontpierre *57* 22 CJ22
Pontpoint *60* 16 BG20
Pontrieux *22* 31 P26
Pontru *02* 9 BK14
Pontruet *02* 9 BK13
Ponts *50* 33 AC26
Les Ponts-de-Cé *49* 73 AI41
Ponts-et-Marais *76* 6 AX12
Les Ponts-Neufs *22* 32 T28
Pontvallain *72* 74 AN37
Popian *34* 184 BN83
Popolasca *2B* 199 DI94
Porcaro *56* 52 W35
Porcelette *57* 22 CJ21
Porchères *33* 132 AL67
Porcheresse *16* 132 AL63
La Porcherie *87* 121 AX62
Porcheux *60* 15 BA20
Porcheville *78* 38 AZ24
Porcieu-Amblagnieu *38* 127 CB58
Pordic *22* 31 R27
Le Porge *33* 130 AC69
Pornic *44* 86 W44
Pornichet *44* 70 U42
Porquéricourt *60* 17 BI17
Porquerolles (Île de) *83* 189 CJ90
Porri *2B* 199 DL94
Pors-Even *22* 31 Q25
Porsmilin *29* 28 D28
Porspoder *29* 28 D27
Le Port *09* 195 AW92
Port *01* 113 CC55
Port (Col de) *09* 195 AW91
Port-à-Binson *51* 41 BO23
Port-Barcarès *66* 197 BJ92
Port-Blanc *22* 31 O24
Port-Brillet *53* 54 AF33
Port-Camargue *30* 185 BS84
Port-Coton
(Aiguilles de) *56* 68 N41
Port-Cros (Île de) *83* 189 CK89
Port-d'Atelier *70* 83 CF37
Port-de-Bouc *13* 187 BZ85
Port-de-Carhaix *29* 50 L30
Port-de-Gagnac *46* 135 BA69
Port-de-Groslée *01* 127 CC60
Port-de-la-Meule *85* 86 U48
Port-de-Lanne *40* 158 AB83
Port-de-Miramar *83* 189 CJ88
Port-de-Piles *86* 91 AQ46
Port-d'Envaux *17* 117 AG58
Port-des-Barques *17* 116 AD57
Port-Donnant *56* 68 N41
Port-du-Salut
(Trappe du) *53* 54 AG34
Port-en-Bessin *14* 25 AH19
Port-Goulphar *56* 68 N41
Port-Grimaud *83* 189 CM86
Port-Haliguen *56* 68 O39
Port-Jérôme *76* 12 AQ18
Port-Joinville *85* 86 U48
Port-la-Nouvelle *11* 183 BJ90
Port-Launay *29* 29 I30
Port-Lauragais *31* 181 AZ86
Port-le-Grand *80* 6 AZ11
Port-Lesney *39* 99 CE45
Port-Leucate *11* 197 BJ92
Port-Louis *56* 68 N36
Port-Manech *29* 50 K35
Port-Maria *56* 68 O41
Le Port-Marly *78* 39 BC25
Port-Miou *13* 187 CD87
Port-Mort *27* 38 AX22
Port-Navalo *56* 69 Q38
Port Royal des Champs
(Abbaye de) *78* 38 BB26
Port-Saint-
Louis-du-Rhône *13* 186 BX86
Port-Saint-Père *44* 87 Y44
Port-Sainte-Foy-
et-Ponchapt *24* 146 AM70
Port-Sainte-Marie *47* 147 AO76
Port-sur-Saône *70* 83 CF38
Port-sur-Seille *54* 44 CF24
Port-Vendres *66* 197 BK96
Port-Villez *78* 38 AX23
Porta *66* 195 AZ96
La Porta *2B* 199 DK94
Portbail *50* 24 AA19
Porte (Col de) *38* 141 CE64
Porte-Joie *27* 14 AW21
Porté-Puymorens *66* 195 AZ95
Le Portel *62* 2 AY5
Portel (Sommet de) *09* 194 AV91
Portel-des-Corbières *11* 183 BI90
Portes *30* 153 BR76
Portes *27* 37 AT23
Portes (Calvaire de) *01* 127 CC58
Portes (Chartreuse de) *01* 127 CC58
Les Portes-en-Ré *17* 102 AA54
Portes-en-Valdaine *26* 154 BY73
Portes-lès-Valence *26* 140 BY69
Portet *64* 178 AJ84
Portet-d'Aspet *31* 194 AR91
Portet d'Aspet (Col de) *31* 194 AR91
Portet-de-Luchon *31* 193 AO92
Portet-sur-Garonne *31* 181 AW85
Portets *33* 145 AI71
Porticcio *2A* 202 DG101
Porticciolo (Marine de) *2B* 199 DK89
Portieux *88* 65 CH30
Portiragnes *34* 184 BM87
Portiragnes-Plage *34* 184 BM87
Portivy *56* 68 O39
Porto *2A* 200 DF97
Porto-Pollo *2A* 202 DG103
Porto-Vecchio *2A* 203 DK104
Ports *37* 91 AQ46
Portsall *29* 28 E26
Posanges *21* 81 BU41
Poses *27* 14 AV20
Possesse *51* 43 BW25
La Possonnière *49* 73 AH41
La Possonnière (Manoir) *41* 75 AR37
La Postolle *89* 61 BM32
Postroff *57* 46 CM24
Potangis *51* 41 BN28
Potelières *30* 167 BT77
Potelle *59* 9 BN10
La Poterie *22* 32 U28
La Poterie-au-Perche *61* 36 AR28
La Poterie-Cap-d'Antifer *76* 12 AO16
La Poterie-Mathieu *27* 27 AQ21
Pothières *21* 62 BU35
Potigny *14* 35 AL24
Potte *80* 16 BH15
Pouan-les-Vallées *10* 62 BQ29
Pouançay *86* 90 AL45
Pouancé *49* 72 AD37
Pouant *86* 90 AO46
Poubeau *31* 193 AO92
Poucharramet *31* 180 AU86
Pouchergues *65* 193 AO92
Poudenas *47* 160 AM78
Poudenx *40* 159 AG83
Poudis *81* 182 BB85
Poudrey (Gouffre de) *25* 99 CH43
Poueyferré *65* 178 AK89
La Pouëze *49* 72 AG39
Pouffonds *79* 104 AK54
La Pouge *23* 121 BA57
Le Pouget *34* 184 BN84
Pougnadoires
(Cirque de) *48* 151 BM75
Pougnadoresse *30* 167 BV78
Pougné *16* 119 AO57
Pougne-Hérisson *79* 89 AI49
Pougny *58* 78 BI42
Pougny *01* 114 CF55
Pougues-les-Eaux *58* 94 BJ45
Pougy *10* 62 BS30
Pouillac *17* 131 AJ65
Pouillat *01* 113 CB53
Pouillé *86* 105 AQ51
Pouillé *85* 103 AE51
Pouillé *41* 75 AV42
Pouillé-les-Côteaux *44* 72 AD40
Pouillenay *21* 80 BT40
Pouilley-Français *25* 99 CE43
Pouilley-les-Vignes *25* 83 CF42
Pouillon *51* 18 BP20
Pouillon *40* 158 AC83
Pouilloux *71* 111 BT50
Pouilly *60* 15 BB21
Pouilly *57* 45 CG22
Pouilly-en-Auxois *21* 97 BU43
Pouilly-en-Bassigny *52* 64 CC34
Pouilly-le-Fort *77* 39 BG28
Pouilly-le-Monial *69* 125 BV57
Pouilly-lès-Feurs *42* 125 BS59
Pouilly-les-Nonains *42* 111 BQ56
Pouilly-sous-Charlieu *42* 111 BR55
Pouilly-sur-Loire *58* 94 BI43
Pouilly-sur-Meuse *55* 20 BX17
Pouilly-sur-Saône *21* 97 BY45
Pouilly-sur-Serre *02* 17 BM16
Pouilly-sur-Vingeanne *21* 82 CB39
Le Poujol-sur-Orb *34* 183 BJ84
Poujols *34* 165 BL82
Poul-Fétan *56* 51 O34
Poulaines *36* 92 AY44
Poulains (Pointe des) *56* 68 N40
Poulainville *80* 7 BD13
Poulan-Pouzols *81* 163 BC81
Poulangy *52* 63 BZ34
Poulay *53* 55 AI30
Pouldavid *29* 49 G32
Pouldergat *29* 49 G32
Pouldouran *22* 31 P25
Pouldreuzic *29* 49 F33
Le Pouldu *29* 68 L36
Poule-les-Écharmeaux *69* 111 BU55
Pouliacq *64* 178 AI84
Les Poulières *88* 66 CK32
Pouligney *25* 83 CH41
Pouligny-Notre-Dame *36* 108 BB52
Pouligny-Saint-Martin *36* 108 BB51
Pouligny-Saint-Pierre *36* 91 AT49
Le Pouliguen *44* 70 T42
Poullan-sur-Mer *29* 49 F32
Poullaouen *29* 30 L29
Poullignac *16* 132 AL63
Poulx *30* 167 BU80
Poumarous *65* 179 AM88
Poupas *82* 161 AR79
Poupry *28* 58 BA34

POITIERS

Abbé-Frémont (Bd)	DY	2
Alexandre (R. J.)	DZ	4
Blossac (R. de)	CZ	10
Boncenne (R.)	CDY	12
Bouchet (R. Jean)	DY	14
Bretonnerie (R. de la)	DY	16
Carnot (R.)	CZ	17
Chaine (R. de la)	DY	20
Champagne (R. de)	DY	21
Clos-des-Carmes (Pl. du)	DY	22
Coligny (Bd)	DZ	23
Cordeliers (R. des)	DY	25
Descartes (R. René)	DY	28
Fg-du-Pont-Neuf	DZ	30
Gabillet (R. H.)	DY	34
Gambetta (R.)	DY	35
Gaulle (Pl. Ch.-de)	DY	36
Grand-Rue	DY	
Grignon-de-Montfort (R.)	DY	40
Hôtel-Dieu (R. de l')	DY	45
Intendant-le-Nain (R. de l')	DY	46
Jeanne-d'Arc (Bd)	DY	48
Jean-de-Berry (Pl.)	DY	47
Leclerc (Pl. du Mar.)	DZ	49
Libération (Av. de la)	CZ	50
Liberté (Av. de la)	BV	51
Liberté (Pl. de la)	DY	52
Macé (R. Jean)	DY	53
Marché-Notre-Dame (R. du)	DYZ	55
Marne (R. de la)	CY	56
Mouton (R. du)	DY	63
Oudin (R. H.)	DY	67
Puygarreau (R. du)	DZ	70
Rat (R. Pierre)	DY	71
Riffault (R.)	DY	74
St-Cyprien (R.)	DZ	76
St-Germain (R.)	DY	77
Solférino (Bd)	CY	89
Thezard (R. Léopold)	CZ	90
Tison (Bd de)	CZ	92
Verdun (Bd de)	CY	94
3-Rois (R. des)	DY	95
125e-R.-I. (R. du)	CZ	97

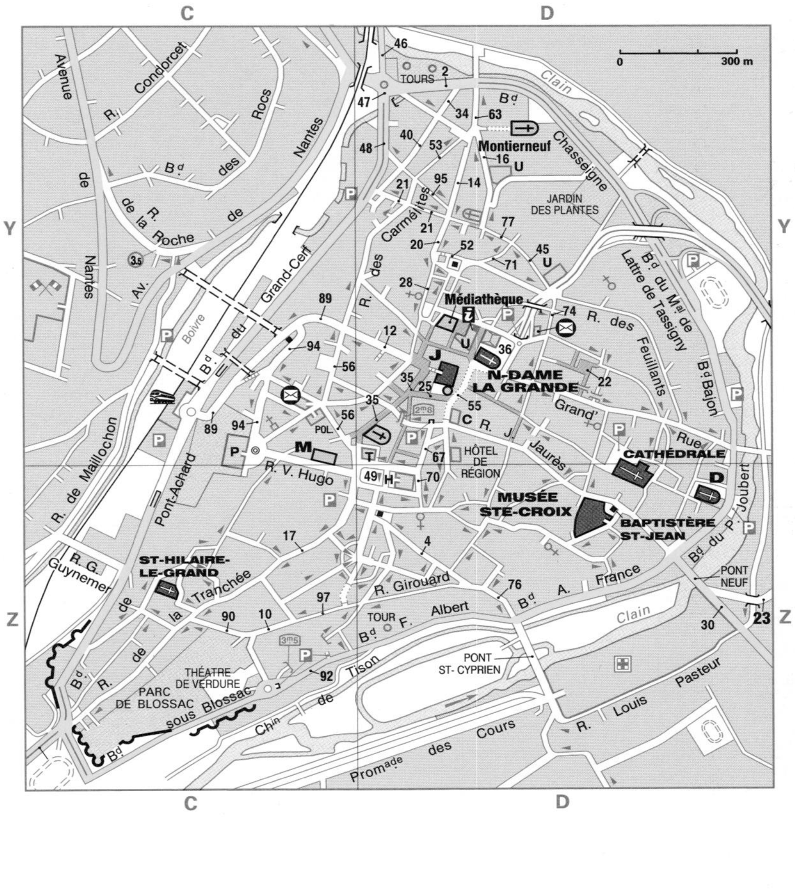

Pouques-Lormes 58 .....79 BO42
Pourcharesses 48 ....152 BQ74
Pourchères 07 ......153 BV71
Pourcieux 83 ....188 CF84
Pourcy 51 ....41 BP22
Pourlans 71 ....98 BZ46
Pournoy-la-Chétive 57 .45 CG23
Pournoy-la-Grasse 57 .45 CG23
Pourrain 89 ....79 BL37
Pourrières 83 ......188 CF84
Poursac 16 ....118 AN57
Poursay-Garnaud 17 .117 AI57
Poursiugues-Boucoue 64 .207 BA73
Pourtalet (Col du) 64 .192 AH92
Pouru-aux-Bois 08 ....20 BX15
Pouru-Saint-Remy 08 ..20 BX16
Pouru-sur-Mer 76 .....13 AU13
Poussan 34 ....184 BD85
Poussanges 23 .....122 BC59
Poussay 88 ....65 CG31
Pousseaux 58 ....79 BM40
Poussignac 47 .....146 AL75
Poussy-la-Campagne 14 .26 AL22
Pousthomy 12 ......164 BG81
Le Pout 33 ....145 AI70
Pouvrai 61 ....56 AQ32
Pouxeux 88 ....65 CJ33
Pouy 65 ....179 AB87
Pouy-de-Touges 31 .180 AT86
Pouy-Loubrin 32 ...179 AB85
Pouy-Roquelaure 32 .161 AP79
Pouy-sur-Vannes 10 ..61 BN31
Pouyastruc 65 .....179 AM87
Pouydesseaux 40 ...159 AI79
Pouydraguin 32 ....160 AL83
Pouylebon 32 ......179 AN84
Pouzac 65 ....179 AL69
Le Pouzat 07 ......179 BU69
Pouzauges 85 ....88 AF48
Pouzay 37 ....91 AO45
Pouze 31 ....181 AX85
Pouzilhac 30 ......167 BV78
Le Pouzin 07 ......154 BX71
Pouzioux 86 ....106 AR51
Pouzol 63 ....109 BI55
Pouzolles 34 ......184 BL85
Pouzols 34 ....184 BN83
Pouzols-Minervois 11 .183 BH87
Pouzy-Mésangy 03 ...94 BJ49
Poyanne 40 ....159 AE81
Poyans 70 ....82 CB40
Poyartin 40 ....159 AE82
Poyols 26 ....155 CC72
Pozières 80 ....8 BG12
Pra-Loup 04 ....157 CL74
Le Pradal 34 ......184 BK83
Les Pradeaux 63 ...110 BL52
Pradeau (Col des) 63 .124 BP62
Pradel (Col du) 11 .195 BA93
Pradelle 26 ....155 CB72
Pradelles 43 ....3 BF4
Pradelles 59 ......152 BQ71
Pradelles-Cabardès 11 .182 BE86
Pradelles-en-Val 11 .182 BF89
Pradère-les-Bourguets 31 .162 AU83
Prades 81 ....184 BA84
Prades 66 ....196 BE95
Prades 48 ....151 BM75
Prades 43 ....138 BN68
Prades 09 ....195 BA93
Prades 07 ....153 BT72
Prades-d'Aubrac 12 .151 BI73
Prades-de-Salars 12 .150 BH76
Prades-le-Lez 34 ..184 BO82
Prades-sur-Vernazobre 34 .183 BJ85
Le Pradet 83 ......188 CH88
Pradettes 09 ......181 AZ90
Pradières 09 ......195 AY91
Pradiers 15 ....137 BI65
Pradinas 12 ....164 BD77
Pradines 46 ....148 AW74
Pradines 42 ....125 BS57
Pradines 19 ....121 BA62
Pradons 07 ....153 BT74
Prads 04 ....156 CK76
Prafrance
(Bambouseraie de) 30 .166 BR78
Pragnères
(Centrale de) 65 ...192 AK92
Prahecq 79 ....104 AJ54
Prailles 79 ....104 AK53
Pralognan-la-Vanoise 73 .143 CM63
Prâlon 21 ....81 BW42
Pralong 42 ....125 BR61
Pramousquier 83 ...189 CL88
Pramouton 05 .....157 CL73
Prangey 52 ....82 BZ37
Pranles 07 ....153 BV70
Pranzac 16 ....106 AO60
Prapoutel-
les-Sept-Laux 38 ..142 CG65
Le Prarion 74 ....129 CM57
Praslay 52 ....81 BY37
Praslin 10 ....60 BR34
Prasville 28 ......58 AZ32
Prat 22 ....31 O26
Prat-Bonrepaux 09 .180 AT90
Prat de Bouc 15 ..137 BH68
Prato-di-Giovellina 2B .199 DI94
Prats-de-Carlux 24 .134 AV69
Prats-de-Mollo-
la-Preste 66 .....196 BF97
Prats-de-Sournia 66 .196 BE93
Prats-du-Périgord 24 .148 AT71
Pratviel 81 ......163 BA83
Prats 52 ....63 BW36
Prat 39 ....113 CE52
Prauthoy 52 ......82 CA38
Pray 41 ....75 AU38
Praye 54 ....65 CF29
Prayet (Col de) 38 .155 CD70
Prayols 09 ......195 AY91
Prayssac 46 .....148 AU74
Prayssas 47 .....147 AP76
Le Praz 73 ......129 CL62
La Praz 73 ......143 CL65
Praz-Coutant 74 .129 CL57
Les Praz-de-Chamonix 74 .129 CN57
Praz-sur-Arly 74 .128 CK58
Le Pré-d'Auge 14 .26 AN22
Pré de Madame Carle 05 .142 CK68
Pré-en-Pail 53 ...55 AL29
Pré-Saint-Évroult 28 .58 AX33
Le Pré-Saint-Gervais 93 .39 BE25
Pré-Saint-Martin 28 .58 AX32
Préaux 77 ....60 BH32
Préaux 07 ....14 AV18
Préaux 53 ....55 AI35
Préaux 36 ....92 AV46
Les Préaux 27 ....14 AV17
Préaux 07 ....140 BW66
Préaux-Bocage 14 .26 AJ23
Préaux-du-Perche 61 .57 AR31
Préaux-Saint-Sébastien 14 .36 AP24
Prébois 38 ......155 CE70
Précey 50 ....33 AC27
Préchac 65 .....192 AK90
Préchac 32 .....145 AI74
Préchac 32 .....161 AP81
Préchac-sur-Adour 32 .160 AK83
Préchacq-Josbaig 64 .177 AF87
Préchacq-les-Bains 40 .158 AD81
Préchacq-Navarrenx 64 .177 AF87
Précieux 42 .....125 BS61
Précigné 72 ......73 AJ37
Précilhon 64 ....178 AG88

Précorbin 50 ......34 AF22
Précy 18 ....94 BI45
Précy-le-Sec 89 ..79 BP39
Précy-Notre-Dame 10 .62 BT30
Précy-Saint-Martin 10 .62 BT30
Précy-sous-Thil 21 .80 B541
Précy-sur-Marne 77 .40 BH24
Précy-sur-Oise 60 .16 BE21
Précy-sur-Vrin 89 .60 BL35
Prédefin 62 ....3 BD7
Préfailles 44 .....86 V43
Préfontaines 45 ..60 BG34
Prégilbert 89 ....79 BN39
Préguillac 17 ...109 BN39
Preignac 33 .....145 AI72
Preignan 33 .....161 AQ82
Preigney 70 ......83 CD37
Preixan 11 ......182 BD89
Prélenfrey 38 ...141 CG69
Prelles 05 ......143 CL69
Prémanon 39 .....114 CG51
Premeaux-Prissey 21 .97 BX44
Prémery 58 ....95 BL44
Prémesques 59 .....4 BI5
Prémeyzel 01 ....127 CD60
Prémian 34 ......183 BH84
Prémières 21 .....98 CA43
Priez 02 ....40 BK22
Pregnac 17 ......117 AI59
Prignac-en-Médoc 33 .130 AE64
Prignac-et-Marcamps 33 .131 AH67
Prignancourt 24 .147 AO70
Primarette 38 ...140 BY63
La Primaube 12 ..150 BH76
Primel-Trégastel 29 .30 K25
La Primaude 12 ...52 E32
Prénois 21 ....81 BX41
Prénouvellon 41 ..58 AX35
Prénovel 39 .....113 CE51
Prin-Deyrançon 79 .103 AG54
Prinçay 86 ....90 AN46
Princé 72 ....54 AE32
Pringé 72 ....74 AM38
Pringy 77 ....59 BF29
Pringy 74 ......128 CH57
Prinquiau 44 .....71 X41
Prinsuéjols 48 ..151 CJ72
Printzheim 67 ....46 CP25
Prisces 02 ....18 BO15
Prisches 59 ....9 BO11
Prissac 36 ......107 AW51
Prissé 71 ....112 BW53
Prissé-la-Charrière 79 .104 AI55
Pritz 33 ....54 AG33
Privas 07 ....153 BV71
Privezac 12 .....149 BC75
Prix-lès-Mézières 08 .19 BU15
Prizy 71 ....111 BS53
La Proiselière-et-Langle 70 .84 AZ70
Proissans 24 ....134 AV69
Proisy 02 ....9 BO14
Proix 02 ....9 BM14
Projan 32 ....160 AJ83
Promilhanes 46 ..149 AZ75
Prompsat 63 .....123 BJ58
Prondines 63 ....122 BG60
Pronleroy 60 .....16 BF18
Pronville 62 ......8 BIII
Propiac 26 ......154 CA76
Propières 69 ....111 BU55
Propriano 2A 202 DHI03
Prosnes 51 ....18 BS21
Prouais 28 ....38 AJ27
Prouilly 51 ....18 BQ20
Prouméyssac
(Gouffre de) 24 .133 AS69
Proupiary 31 ....180 AR88
Proussy 14 ....35 AI25

Preuilly 18 ....93 BC45
Preuilly (Abbaye de) 77 .60 BJ30
Preuilly-la-Ville 36 .91 AT49
Preuilly-sur-Claise 37 .91 AT47
Preures 62 ....4 BA6
Preuschdorf 67 ...47 CR23
Preuseville 76 ...47 AX14
Preutin-Higny 54 .21 CD19
Préval 72 ....57 AR32
Prévelles 72 .....56 AO33
Prévenchères 48 .152 BO73
Préveranges 18 ..108 BD52
La Prévière 49 ...72 U27
Prévessin-Moëns 01 .114 CG53
Préveyssieux 38 .141 CE65
Préville 59 ....9 BK11
Provemont 27 .....15 AV20
Provenchère 25 ...83 CG37
Provenchères 25 ..84 CK42
Provenchères-
lès-Darney 88 ....64 CE33
Provenchères-sur-Fave 88 .66 CN30
Provenchères-
sur-Marne 52 .....63 BY31
Provenchères-
sur-Meuse 52 .....64 CB34
La Puisaye 28 ....37 AT8
Provency 89 ......80 BQ40
Proville 59 ....9 BL9
Proviseux-et-Plesnoy 02 .18 BQ18
Proyart 80 ....8 BG13
Prudemanche 28 ..37 AV27
Prudhomat 46 ....135 AX65
Prugnanes 66 ...196 BE92
Prugny 10 ....61 BP32
Pruillé 49 ....73 AH39
Pruillé-le-Chétif 72 .56 AN35
Pruillé-l'Éguillé 72 .74 AP36
Pruines 12 ......150 BF73
Prunay 51 ....18 BR21
Prunay-Belleville 10 .61 BO33
Prunay-Cassereau 41 .75 AT38
Prunay-en-Yvelines 78 .58 AZ29
Prunay-le-Gillon 28 .58 AY31
Prunay-le-Temple 78 .38 AZ25
Prunay-sur-Essonne 91 .59 BE29
Prunelli-di-Casacconi 2B .199 DK93
Prunelli-di-Fiumorbo 2B .201 DK99
Prunet 31 ....181 AY84
Prunet 15 ....150 BE70
Prunet 07 ....153 BT72
Prunet-et-Belpuig 66 .197 BG95
Prunete 2B 201 DM95
Prunières 48 ....151 BL70
Prunières 38 ....141 CE69
Prunières 05 ....156 CJ72
Pruniers 49 ......73 AH40
Pruniers 36 ......93 AW84
Pruniers-en-Sologne 41 .76 AY42
Prunoy 89 ....79 BM42
Prusly-sur-Ource 21 .80 BT36
Prusy 10 ....62 BQ35
Puberg 67 ....46 CP28
Publier 74 ......115 CK52
Publy 39 ....113 CD49
Puceul 44 ....71 W30
Le Puch 09 ......196 BB93
Puch-d'Agenais 47 .146 AN75
Puchay 27 ....15 AZ20
Puchevillers 80 ...7 BE12
Le Puech 34 .....184 BL83
Puéchabon 34 ....184 BO82
Puéchoursi 81 ...182 BA85
Puechredon 30 ...166 BR80
Puessans 25 ......83 CH40
Puget 84 ....168 CB82
Puget-Rostang 06 .171 CO78
Puget-sur-Argens 83 .189 CN84
Puget-Théniers 06 .174 CO79
Puget-Ville 83 ..188 CI86
Pugey 25 ....99 CF43
Pugieu 01 ....127 CD58
Puginier 11 .....182 BA86
Pugnac 33 ....131 AH67
Pugny 79 ....131 AI48

Prouvais 02 ......18 BP18
Prouville 80 ......7 BCII
Prouvy 59 ....9 BL9
Prouzel 80 ....16 BC14
Provement 27 ....15 AV20
Pugny-Chatenod 73 .128 CG60
Puichéric 11 ....183 BG88
Le Puid 88 ....66 CM29
Puigmal 66 ......196 BB97
Puihardy 79 .....104 AH51
Puilacher 34 ....184 BN84
Puilaurens 11 ...196 BB93
Puilboreau 17 ...103 AD54
Puilly-et-Charbeaux 08 .20 CH79
Puimichel 04 ....170 CH79
Puimisson 34 ....184 BL85
Puimoisson 04 ..184 BI50
La Puisaye 28 ...37 AT8
Puiseaux 45 .....59 BE32
Puisserguier 34 .183 BJ86
Puiselet-le-Marais 91 .59 BE30
Puisenval 76 .....6 AX14
Le Puiset 28 .....58 BA32
Le Puiset-Doré 49 .88 AD43
Puiseux 28 ....38 AW28
Puiseux-en-Bray 60 .15 AZ19
Puiseux-en-France 95 .39 BE23
Puiseux-en-Retz 02 .17 BJ20
Puiseux-le-Hauberger 60 .16 BD21
Puiseux-Pontoise 95 .38 BB23
Puisieulx 51 ......18 BQ21
Puisieux 77 ......40 BI23
Puisieux 62 ....8 BG12
Puisieux-et-Clanlieu 02 .18 BN14
Puissalicon 34 ..184 BL85
Puisseguin 33 ...132 AK69
Puisserguier 34 .183 BJ86
Puits 21 ....80 BT36
Le Puits-des-Mèzes 52 .63 B233
Puits-et-Nuisement 10 .62 BT32
Puits-la-Vallée 60 .15 BC17
Puivert 11 ......196 BB90
Pujaudran 32 ....180 AU84
Pujaut 30 ....168 BX79
Pujo 65 ....179 AL86
Pujo-le-Plan 40 .159 AI80
Pujols 47 ....146 AO75
Pujols 33 ....146 AL70
Les Pujols 09 ...181 AY89
Pujols-sur-Ciron 33 .145 AI73
Le Puley 71 .....111 BU49
Puligny-Montrachet 21 .97 BW46
Pullay 27 ....37 AT27
Pulligny 54 ......44 CF28
Pulney 54 ....45 CG26
Pulnoy 54 ....45 CG26
Pulvérières 63 ..123 BI58
Pulversheim 68 ..67 CP35
Punchy 80 ....16 BH15
Punerot 88 ....44 CD29
Puntous 65 .....179 AO87
Puntous de Laguian 32 .179 AM85
Pupillin 39 ......98 CB50
Pure 08 ....20 BY16
Purgerot 70 ......83 CF37
Pusey 70 ....82 CF38
Pusignan 69 ....126 BZ59
Pussay 91 ....59 BB31
Pussigny 37 ......91 AO46
Pusy-et-Epenoux 70 .82 CF38
Putanges-Pont-Écrepin 61 .35 AK26
Puteaux 92 ....39 BD25
Putot-en-Auge 14 .26 AM21
Putot-en-Bessin 14 .25 AI20
Puttelange-aux-Lacs 57 .22 CL22
Puttelange-lès-Thionville 57 .21 CG18
Puttigny 57 ......23 CJ24
Pugey 25 ....99 CF43

Puy de Dôme 63 ..123 BI59
Puy-de-Serre 85 .103 AG50
Puy du Fou
(Château du) 85 ...88 AF47
Le Puy-en-Velay 43 .138 BO68
Le Puy-Guillaume 63 .124 BM57
Le Puy-l'Évêque 46 .148 AU74
Le Puy-Notre-Dame 49 .89 AK44
Puy-Saint-André 05 .143 CL69
Puy-Saint-Bonnet 49 .88 AF45
Puy-Saint-Eusèbe 05 .156 CK72
Puy-Saint-Gulmier 63 .122 BG59
Puy-Saint-Martin 26 .154 BY72
Puy-Saint-Pierre 05 .143 CL68
Puy-Saint-Vincent 05 .142 CK68
Le Puy-Sainte-
Réparade 13 .....169 CC82
Puy-Sanières 05 ..156 CK72
Puybarban 33 ....146 AK73
Puybegon 81 ....163 BA82
Puybrun 46 ......135 AZ69
Puycalvel 81 ....163 BB83
Puycasquier 32 ..161 AQ80
Puycelci 81 .....163 AY79
Puycornet 82 ....162 AV77
Puydaniel 31 ....181 AW87
Puydarrieux 65 ..179 AO87
Puydrouard 17 ...103 AE55
La Puye 86 ......106 AR50
Puygaillard-
de-Lomagne 82 ..161 AS79
Puygaillard-de-Quercy 82 .163 AY79
Puygiron 26 .....153 BX73
Puygouzon 81 ....163 BC80
Puygros 73 ......128 CG61
Puyguilhem
(Château de) 24 .133 AR63
Puyjourdes 46 ...149 BA75
Puylagarde 82 ...149 AY76
Puylaroque 82 ...149 AX76
Puylaurens 81 ...182 BB84
Puylausic 32 ....180 AS85
Puyloubier 13 ...188 CE84
Puymangou 24 ...132 AM66
Puymartin
(Château de) 24 .134 AU69
Puymaurin 31 ...180 AR86
Puyméras 84 ....154 CA76
Puymiclan 47 ...146 AN73
Puymirol 47 .....161 AP84
Puymorens (Col de) 66 .195 AZ95
Puymoyen 16 ....118 AN61
Puynormand 33 ..132 AL68
Puyol-Cazalet 40 .159 AH83
Puyoô 64 ....177 AD84
Puyravault 85 ...103 AD52
Puyravault 17 ...103 AF55
Puyréaux 16 ....118 AN63
Puyrenier 24 ....118 AP63
Puyricard 13 ...169 CC83
Puyrolland 17 ...103 AG56
Puys 76 ....6 AV13
Puységur 32 ....161 AP82
Puysségur 31 ...162 AT82
Puysserampion 47 .146 AN72
Puyvalador 66 ..196 BC94
Puyvert 84 .....169 CC81
Puzeaux 80 ......16 BH15
Puzieux 88 ......65 CF30
Puzieux 57 ......45 CG26
Py 66 ....196 BE96
Pyla-sur-Mer 33 .144 AB72
La Pyle 27 ......14 AT17
Pyrénées 2000 66 .196 BC94
Pys 80 ....8 BG12

La Queue-les-Yvelines 78 .38 AZ26
Queille 63 ......123 BH57
Quevauvillers 80 ..7 BC14
Quévert 22 ....50 M35
Queyrac 33 ......130 AD63
Queyrières 43 ...139 BR67
Queyssac 24 ....133 AP69
Queyssac-les-Vignes 19 .135 AZ68
Quézac 48 ......152 BN75
Quézac 15 ......149 BC71
Quiberon 56 .....68 O39
Quiberville 76 ...13 AT14
Quibou 50 ....34 AE22
Quié 09 ....195 AX92
Quiers 77 ....40 BI20
Quiers-sur-Bézonde 45 .59 BE35
Quiéry-la-Motte 62 .8 BI17
Quiestède 62 .....3 BD5
Quiévelon 59 ....10 BQ10
Quièvrechain 59 ..9 BL11
Quiévrecourt 76 ..14 AX15
Quiévy 59 ....9 BL11
Quilen 62 ....196 BC92
Quillan 11 ......196 BC96
Quillebeuf-sur-Seine 27 .12 AO18
Le Quillio 22 ...51 R31
Quilly 44 ....71 X40
Quilly 08 ....19 BU19
Quily 56 ....53 T35
Quimerch 29 .....29 I30
Quimiac 44 ......70 T40
Quimper 29 ......49 H33
Quimperlé 29 ....50 L35
Quincampoix 76 ..14 AV18
Quincampoix-Fleuzy 60 .15 AZ15
Quinçay 86 .....105 AN50
Quincerot 89 ....80 BR35
Quincerot 21 ....80 BS39
Quincey 70 ......83 CG38
Quincey 21 ......97 BX44
Quincey 10 ......61 BN29
Quincié-en-Beaujolais 69 .112 BV55
Quincieu 38 ....141 CB65
Quincieux 69 ...126 BW58
Quincy 18 ....93 BC44
Quincy-Basse 02 .17 BL18
Quincy-Landzécourt 55 .20 BZ18
Quincy-le-Vicomte 21 .80 BS39
Quincy-sous-le-Mont 02 .17 BM20
Quincy-sous-Sénart 91 .39 BF27
Quincy-Voisins 77 .40 BH25
Quinéville 50 ....24 AD17
Quingey 25 ......99 CE44
Quins 12 ....164 BE77
Quinquempoix 60 .16 BE17
Quinsac 24 .....134 AV63
Quinsac 33 .....145 AH70
Quinson 04 .....170 CH82
Quinssaines 03 ..108 BF53
Quint-Fonsegrives 31 .181 AX84
Quintal 74 .....128 CH58
La Quinte 72 ....56 AN34
Quintenas 07 ...140 BW66
Quintenic 22 ....32 U28
Quintigny 39 ...113 CD49
Quintin 22 ......51 R31
Quintin 11 .....197 BG91
Le Quiou 22 .....51 R29
Quirbajou 11 ...196 BC92
Quié-le-Sec 80 ...7 BD11
Quissac 30 .....166 BR81
Quissac 46 .....149 AZ75

Q

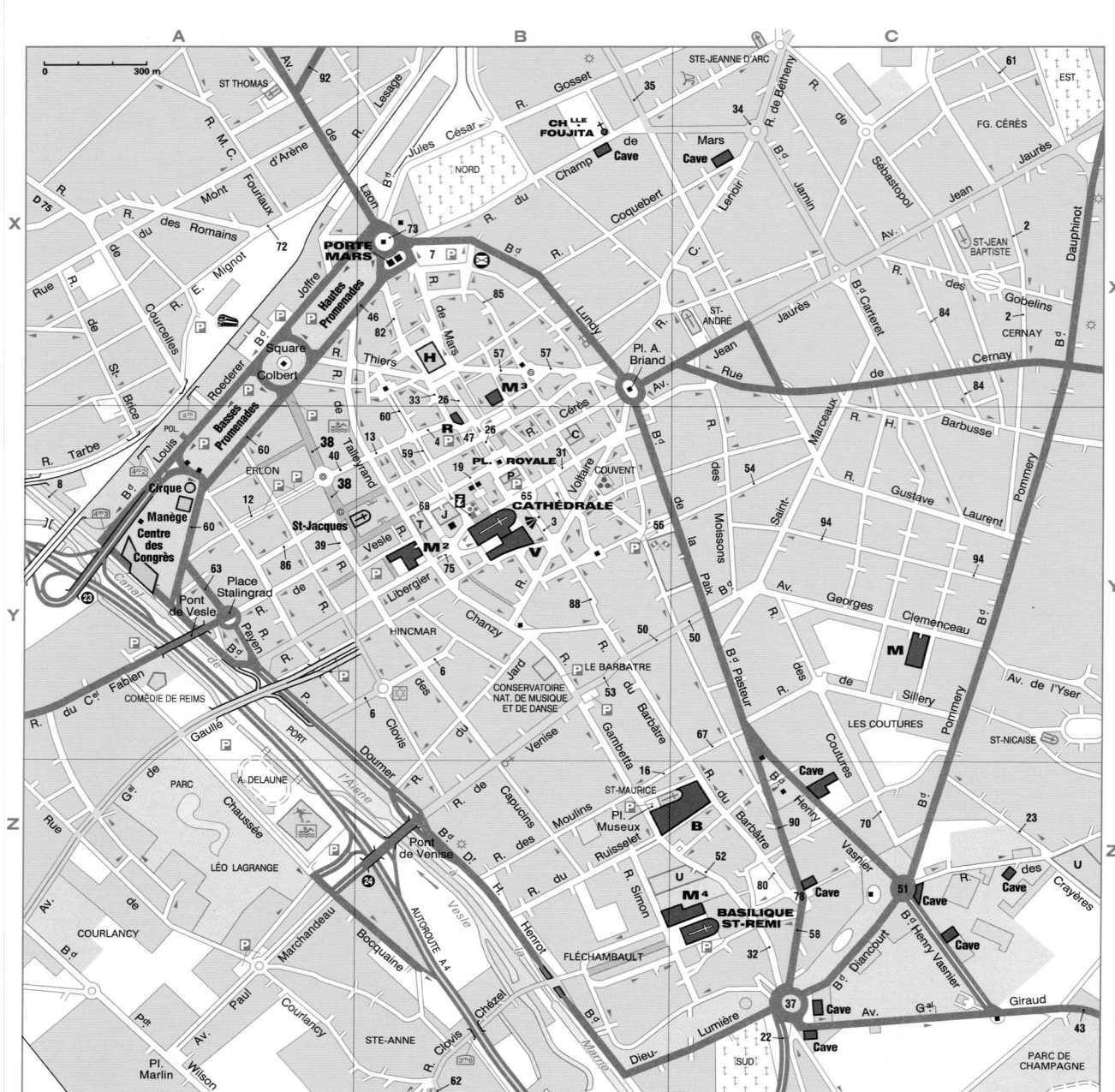

Quaëdypre 59 ......3 BE2
Quaix-en-Chartreuse 38 .141 CE65
Quantilly 18 ......93 BE43
Quarante 34 .....183 BI86
Quarouble 59 ......9 BN8
Quarré-les-Tombes 89 .80 BQ42
La Quarte 70 .....83 CD37
Le Quartier 63 ..109 BH56
Quasquara 2A 203 DI100
Quatre-Champs 08 ..19 BU18
Les Quatre Chemins 85 .103 AD51
Quatre-Routes-
d'Albussac 19 ...135 AZ67
Les Quatre-Routes-
du-Lot 46 ......135 AY68
Quatre Vios (Col des) 07 .153 BU70
Quatremare 27 ....14 AU21
Quatzenheim 67 ..47 CQ27
Quéant 62 ....8 BI11
Queaux 86 ......106 AR53
Québriac 35 .....53 S30
Quédillac 35 .....52 W31
Queige 73 ......128 CL59
Quelaines-Saint-Gault 53 .54 AG35
Les Quelles 67 ...66 CN29
Quelmes 62 ......3 BC4
Quelneuc 56 .....70 W36
Quéménéven 29 ...49 H32
Quemigny-Poisot 21 .97 BX43
Quemigny-sur-Seine 21 .81 BV38
Quemper-Guézennec 22 .31 P26
Quemperven 22 ...31 O25
Quend 80 ....6 AY9
Quend-Plage-les-Pins 80 .6 AY9
Quenne 89 ....79 BN37
Quenoche 70 ....83 CG40
Quenza 24 ......203 DJ102
Quercamps 62 .....3 BB4
Querciolo 2B 199 DL94
Quercitello 2B ...199 DK94
Quéribus (Château de) 11 .197 BG92
Quérigut 09 .....196 BB94
Quernes 62 ....3 BE6
Quéroy (Grottes du) 16 .106 AO61
Querqueville 50 ..24 AA15
Querré 49 ....73 AH38
Querrien 29 ......50 M34
Querrieu 80 ......8 BE13
Quers 70 ....84 CI37
Quesmy 60 ......17 BJ17
Quesnay-Guesnon 14 .34 AG22
Le Quesne 80 .....7 BA14
Le Quesnel 80 ...16 BF15
Le Quesnel-Aubry 60 .16 BD18
Le Quesnoy 80 ....8 BG16
Le Quesnoy 59 ....9 BN10
Le Quesnoy-en-Artois 62 .7 BB9
Quesnoy-le-Montant 80 .7 BA11
Quesnoy-sur-Airaines 80 .7 BC12
Quesnoy-sur-Deûle 59 .4 BI5
Quesques 62 ......3 BB4
Quessigny 27 ....38 AW24
Quessoy 22 ......32 S29
Quessy 02 ....17 BK16
Questembert 56 ..69 T37
Questreques 62 ...3 BA4
Quet-en-Beaumont 38 .141 CE69
Quetigny 21 .....81 BY42
Quettehou 50 ....24 AD16
Quettetot 50 ....24 AA16
Quetteville 14 ...27 AP20
Quettreville-sur-Sienne 50 .33 AC23
Queudes 51 ......41 BN27
Queue-de-Brie 94 .39 BF26
La Queue-en-Brie 94 .39 BF26

REIMS

Alsace-Lorraine (R. d') .....CX 2
Anatole-France (Cours) .....BY 3
Arbalète (R. de l') ....BY 5
Boulard (R.) ....BY 6
Boulingrin (Pl. du) ....BX 7
Brébant (Av.) ....AY 8
Buirette (R.) ....AY 12
Cadran St-Pierre (R.) ......BY 14
Carnes (R. des) ....BZ 16
Carnégie (Pl.) ....BY 17
Carnot (R.) ....BY 19
Champagne (Av. de) ....CZ 22
Chemin Vert (R. du) ....CZ 23
Colbert (R.) ....BXY 26
Desteuque (R. E.) ....BY 31
Dieu-Lumière (R.) ....CZ 32
Dr-Jacquin (R.) ....BXY 33
Dr-Knoëri (Pl. du) ....CX 34
Dr-Lemoine (R.) ....BX 35
Droits-de-l'Homme
(Pl. des) ....CZ 37
Drouet d'Erlon (Pl.) ....AY 38
Dubois (R. Th.) ....AY 39
Étape (R. de l') ....AY 40
Farman (Av. H.) ....CZ 43
Foch (Bd) ....ABX 46
Forum (Pl.) ....BCY 50
Gerbert (R.) ....BCY 50
Gouraud (Pl. Gén.) ....CZ 51
Grand-Cerf (R. du) ....CZ 52
Herduin (R. Lt.) ....CZ 53
Houzeau-Muiron (R.) ....CZ 54
Jamot (R. Paul) ....BY 56
Jean-Jaurès (Av.) ....BCX
J.-J.-Rousseau (R.) ....BY 57
Lambert (Bd Victor) ....CZ 58
Langlet (Crs J.-B.) ....BY 59
Laon (R. de) ....AX
Leclerc (Bd Général) ....AX 60
Lefèbvre (R. E.) ....CX 61
Louvois (R. de) ....BZ 62
Magdeleine (R.) ....AY 63
Martyrs-de-la-
Résistance (Pl. des) .....BY 65
Montlaurent (R.) ....BY 67
Myron-Herrick (Pl.) ....BY 68
Philipe (R. Gérard) ....CZ 70
Prés.-F.-Roosevelt (R.) ....AX 72
République (Pl. de la) .....BX 73
Rockefeller (R.) ....AX 75
St-Nicaise (Pl.) ....CZ 78
Salines (R. des) ....CZ 80
Sarrail (R. Gén.) ....BX 82
Strasbourg (R. de) ....CX 84
Talleyrand (R. de) ....ABY
Temple (R. du) ....BY 85
Thillois (R. de) ....AY 86
Université (R. de l') ......BY 88
Vesle (R. de) ....ABY
Victor-Hugo (Bd) ....CZ 90
Zola (R. Émile) ....CZ 92
16e-et-22e-Dragons
(R. des) ....CY 94

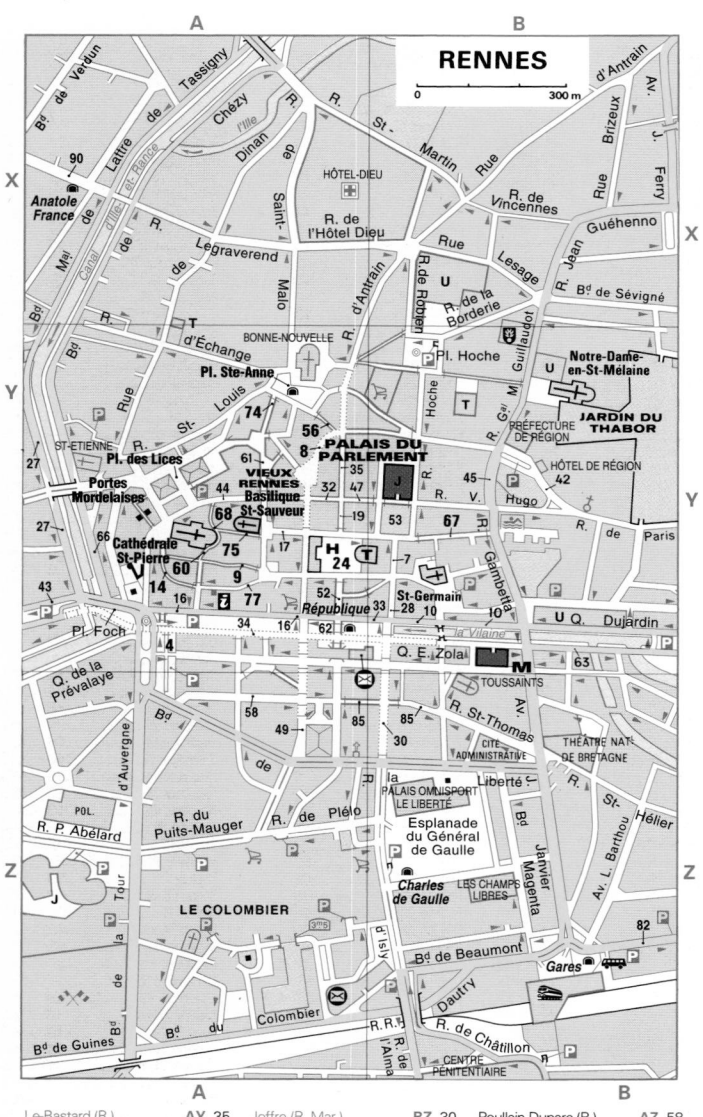

RENNES

0   300 m

Le-Bastard (R.) .... AY 35
Bretagne (Pl. de) .... AY 4
Cavell (R. Edith) .... BY 7
Champ-Jacquet
   (R. du) .... AY 8
Chapitre (R. du) .... AY 9
Chateaubriant (Quai) .... AY 14
Dames (R. des) .... AY 14
Duguay-Trouin (Quai) .... AY 16
Du-Guesclin (R.) .... AY 17
Estrées (R. d') .... AY 19
La-Fayette (R.) .... AY 32
Hôtel-de-Ville (Pl. de l') .. AY 26
Ille-et-Rance (Quai) ...... AY 27
Jean-Jaurès (R.) .... BY 28

Joffre (R. Mar.) .... BZ 30
Lamartine (Quai) .... ABY 33
Lamennais (Quai) .... AY 34
Liberté (Bd de la) .... ABZ
Martenot (R.) .... BY 42
Mitterrand (Mail F.) ...... BY 45
Monnaie (R. de la) ...... AY 44
Motte (R. de la) .... AY 46
Motte-Fablet (R.) .... AY 46
Motte (Cont. de la) ...... AY 47
Nationale (R.) .... ABY 47
Nemours (R. de) .... AZ 49
Orléans (R. d') .... AY 52
Palais (R. du) .... AY 53
Pont-aux-Foulons
   (R. du) .... AY 56

Poullain-Duparc (R.) ..... AZ 58
Psalette (R. de la) .... AY 60
Rallier-du-Baty (R.) ...... AY 61
République (Quai) .... AY 62
Richemont (Q. de) .... AY 63
St-Cast (Quai) .... AY 66
St-Georges (R.) .... AY 67
St-Guillaume (R.) .... AY 68
St-Michel (R.) .... AY 74
St-Sauveur (R.) .... AY 75
St-Yves (R.) .... AY 77
Solférino (Bd) .... AZ 82
Vasselot (R.) .... AZ 85
41e-d'Infanterie
   (R.) .... AX 90

Quissac 30 .... 166 BR80
Quistinic 56 .... 51 P34
Quitteuf 22 .... 37 AU22
Quitteur 70 .... 83 CD39
Quivières 80 .... 8 BI14
Queeux-Haut-Mainil 62 .. 7 BC9

R

Rabastens 81 .... 163 AY81
Rabastens-de-Bigorre 65 .179 AM86
Rabat-
   les-Trois-Seigneurs 09 ..195 AX92
La Rabatelière 85 ..... 87 AC47
Rablay-sur-Layon 49 ... 73 AH42
Rabodanges 61 .... 35 AK26
Rabodanges
   (Barrage de) 61 .... 35 AK26
Le Rabot 41 .... 57 BB39
Rabou 05 .... 156 CH72
Rabouillet 66 .... 198 BE93
Racécourt 88 .... 65 CG31
Rachecourt-sur-Marne 52 .63 BY29
Rachecourt-Suzémont 52 ..63 BX29
Raches 88 .... 8 BJ8
Racines 10 .... 61 BP34
La Racineuse 71 ..... 98 BZ47
Racou-Plage 66 ...... 197 BJ95
Racquinghem 62 ..... 3 BB9
Racrange 57 .... 45 CJ24
Raddon-et-Chapendu 70 ..84 CI36
Radenac 56 .... 53 S34
Radepont 27 .... 14 AW20
Radinghem 62 .... 3 BC6
Radinghem-en-Weppes 59 ..4 BH6
Radon 61 .... 56 AN29
Radonvilliers 10 ..... 62 BT31
Radule (Bergeries de) 2B ..200 DG96
Raedersdorf 68 ...... 85 CP39
Raedersheim 68 ..... 65 CO35
Raffetot 76 .... 12 AQ17
Rageade 15 .... 137 BL67
Raguenès-Plage 29 ... 49 J35
Rahart 41 .... 75 AK38
Rahay 57 .... 45 AS35
Rahling 57 .... 23 CN23
Rahon 39 .... 98 CB46
Rahon 25 .... 84 CK41
Rai 61 .... 36 AR26
Raids 50 .... 24 AD21
Raillencourt-Sainte-Olle 59 .8 BJ10
Railleu 66 .... 196 BG95
Raillicourt 08 .... 19 BU16
Raillimont 02 .... 18 BJ7
Raimbeaucourt 59 ... 8 BJ7
Rainans 39 .... 98 CA84
Raincheval 80 .... 7 BE12
Raincourt 70 .... 83 CE36
Le Raincy 93 .... 39 BF25
Rainfreville 76 ...... 13 AT15
Rainneville 80 ...... 7 BE13
Rainsars 59 .... 10 BP12
Rainville 88 .... 64 CE30
Rainvillers 60 ...... 15 BB19
Les Fairies 49 ...... 58 BM8
Raismes 59 .... 8 BM8
Raissac 09 .... 195 AG34
Raissac-d'Aude 11 ... 183 BI88
Raissac-sur-Lampy 11 .182 BC87
Raix 16 .... 118 AM57
Raizeux 78 .... 38 AZ28
Ramasse 01 .... 113 CB54
Ramatuelle 83 ...... 189 CM87
Ramaz (Col de la) 74 .115 CK54

Rambaud 05 .... 156 CI72
Rambervillers 88 ..... 65 CJ30
Rambluzin-
   et-Benoîte-Vaux 55 ..43 BZ23
Rambouillet 78 ...... 38 BA28
Rambucourt 55 ...... 44 CD25
Ramburelles 80 ...... 6 AZ13
Rambures 80 .... 6 AZ13
Ramecourt 88 .... 65 CF31
Ramecourt 62 .... 7 BD8
Ramerupt 10 .... 62 BS29
Ramicourt 02 .... 8 BL13
Ramillies 89 .... 9 BK10
Rammersmatt 68 .... 85 CN36
Ramonchamp 88 .... 66 CK35
Ramonville-Saint-Agne 31 .181 AW84
Ramoulu 45 .... 59 BD32
Ramous 64 .... 177 AD84
Ramousies 59 ...... 10 BQ11
Ramouzens 32 ...... 160 AM81
Rampan 50 .... 25 AE21
Rampieux 24 .... 147 AR71
Rampillon 77 .... 60 BJ29
Rampont 55 .... 43 BZ22
Rampoux 46 .... 148 AV72
Rancé 01 .... 126 BX57
Rancenay 25 .... 99 CF43
Rancennes 08 ...... 11 BV11
Rances 10 .... 62 BU29
Ranchal 69 .... 111 BT55
Ranchette 39 ...... 113 CE52
Ranchicourt 62 ..... 7 BF8
Ranchot 39 .... 98 CD44
Ranchy 14 .... 25 AH20
Rancogne 16 .... 119 AO60
Rancon 87 .... 107 AU55
Rançonnières 52 ... 64 CB35
Rancoudray 50 ..... 34 AG27
Rancourt 88 .... 65 CF32
Rancourt 80 .... 8 BH12
Rancourt-sur-Ornain 55 ..43 BW25
Rancy 71 .... 112 BY50
Randan 63 .... 123 BL57
Randonnai 61 ...... 36 AR27
Rânes 61 .... 35 AM26
Rang 25 .... 84 CJ40
Rang-du-Fliers 62 .. 6 AY8
Rangecourt 52 ..... 64 CB34
Rangen 67 .... 45 CP26
Ranguevaux 57 .... 21 CE20
Rannée 35 .... 54 AD35
Ransart 62 .... 7 BG9
Ranspach 68 ...... 66 CM35
Ranspach-le-Bas 68 ..85 CO38
Ranspach-le-Haut 68 ..85 CO38
Rantechaux 25 .... 99 CI44
Rantigny 60 .... 16 BB14
Ranton 86 .... 90 AL46
Rantzwiller 68 .... 85 CP37
Ranville 14 .... 26 AL21
Ranville-Breuillaud 16 ..118 AK58
Ranzevelle 70 .... 65 CC35
Ranzières 55 ..... 44 CA23
Raon-aux-Bois 88 .. 65 CJ33
Raon-lès-Leau 54 . 46 CN28
Raon-l'Étape 88 ... 46 CM28
Raon-sur-Plaine 88 .46 CN28
Rapaggio 2B 201 DK95
Rapale 2B 199 DJ93
Rapey 88 .... 65 CG31
Raphèle-les-Arles 13 ..168 BX83

Rapilly 14 .... 35 AK25
Rapsécourt 51 ...... 42 BV23
Raray 60 .... 16 BG21
Rarécourt 55 .... 43 BY22
Rasiguères 66 ...... 182 BG93
Raslay 86 .... 90 AM44
Rasteau 84 .... 154 BZ76
Le Rat 19 .... 121 BB60
Ratenelle 71 .... 112 BY51
Ratières 26 .... 140 BY66
Ratilly (Château du) 89 ..78 BX40
Ratte 71 .... 98 CA49
Ratzwiller 67 ...... 23 CN23
Raucoules 43 ...... 139 BT66
Raucourt 54 .... 45 CG24
Raucourt-au-Bois 59 .8 BN10
Raucourt-et-Flaba 08 ..19 BW17
Raulecourt 55 ..... 44 CC25
Raulhac 15 .... 136 BG69
Rauret 43 .... 152 BP70
Rauville-la-Bigot 50 .24 AA17
Rauville-la-Place 50 .24 AB19
Rauwiller 67 .... 46 CM25
Rauzan 33 .... 146 AK70
Raveau 58 .... 94 BI46
Ravel 63 .... 126 BW61
Ravel-et-Ferriers 26 ..155 CD71
Ravenel 60 .... 16 BF18
Ravenoville 50 .... 24 AC18
Raves 88 .... 46 CM31
Ravière (Lac de la) 81 ..183 BG84
Ravières 89 ...... 80 BS38
Ravigny 53 .... 56 AM30
Raville 57 .... 22 CI22
Raville-sur-Sânon 54 ..45 CJ27
Ravilloles 39 ..... 113 CE52
La Ravoire 73 .... 128 CG61
Ray-sur-Saône 70 .83 CE39
Rayet 47 .... 147 AR72
Raymond 18 ...... 94 BG46
Raynans 25 ...... 84 CK39

Rayol-Canadel-
   sur-Mer 83 ..... 189 CL88
Rayssac 81 ...... 188 BE81
Raz (Pointe du) 29 ..48 D32
Razac-de-Saussignac 24 ..146 AN70
Razac-d'Eymet 24 .147 AP71
Razac-sur-l'Isle 24 .133 AO65
Raze 70 .... 83 CF39
Razecueillé 31 ... 194 AR91
Razengues 32 ... 162 AT83
Razès 87 .... 120 AW57
Razimet 47 ...... 146 AN75
Rémering-
   lès-Putelange 57 ..22 CL22
Remicourt 88 .... 65 CG31
Remicourt 51 .... 43 BW24
Remiencourt 80 .. 17 BE15
Remies 02 .... 17 BM16
La Remigeasse 17 ..116 AE15
Remigny 71 ...... 97 BW47
Remigny 02 ...... 17 BN16
Rémilly 57 .... 96 BP48
Rémilly 58 .... 95 BK47
Remilly-Aillicourt 08 .20 BX16
Remilly-les-Pothées 08 ..19 BT15
Remilly-Lozon 50 .24 AD21
Remilly-sur-Tille 21 .82 BZ42
Remilly-Wirquin 62 .3 BC5
Réminiac 56 ..... 52 V35
Remiremont 88 .. 65 CJ34
Remollon 05 ..... 156 CI73
Remomeix 88 ... 46 CM31
Remoncourt 88 .. 65 CF32

Rebets 76 .... 14 AX18
Rebeuville 88 ...... 64 CC31
Rebigue 31 .... 181 AX85
Rebouc 65 .... 193 AN90
Rebouillon 83 ..... 170 CK83
Rebourguil 12 ..... 164 BB80
Rebourseaux 89 ... 61 BN35
Reboursin 36 ...... 92 AZ45
Rebréchien 45 .... 59 BB35
Rebreuve-Ranchicourt 62 ..8 BF8
Rebreuve-sur-Canche 62 ..7 BD9
Rebreuviette 62 ... 7 BE10
Recanoz 39 .... 98 CC48
Recey-sur-Ource 21 .81 BW37
Réchésy 90 .... 85 CN39
Réchicourt 57 ..... 21 CC19
Réchicourt-la-Petite 54 ..45 CJ26
Réchicourt-le-Château 57 ..46 CL26
Récicourt 55 ...... 43 BY22
Réclainville 28 .... 58 AZ31
Reclesne 71 ...... 96 BS45
Reclinghem 62 .... 3 BC6
Réclonville 54 .... 45 CK28
Recloses 77 ...... 59 BG31
Recologne 70 .... 83 CD39
Recologne 25 .... 83 CE42
Recologne-lès-Rioz 70 ..83 CF40
Recoubeau-Jansac 26 ..155 CC71
Recoules-d'Aubrac 48 ..151 BJ71
Recoules-de-Fumas 48 ..151 BL72
Recoules-Prévinquières 12 ..151 BI75
Récourt 62 .... 8 BI10
Récourt 52 .... 64 CB35
Récourt-le-Creux 55 .43 CA23
La Recousse 62 ... 3 BC3
Recouvrance 90 .. 84 CM38
Le Recoux 48 .... 151 BK75
Recques-sur-Course 62 ..2 AZ7
Recques-sur-Hem 62 ..3 BC3
Recquignies 59 ... 10 BO9
Le Reculey 14 .... 34 AG24
Recultoz 25 ...... 99 CH48
Recurt 65 .... 193 AO88
Recy 51 .... 42 BS24
Rédange 57 ...... 21 CD18
Rédené 29 .... 50 M35
Redessan 30 ..... 167 BV81
Réding 57 .... 46 CM25
Redon 35 .... 70 W38
La Redorte 11 .... 183 BG88
Redortiers 04 .... 169 CE78
Réez-Fosse-Martin 60 ..40 BI22
Reffannes 79 .... 104 AK51
Reffroy 55 .... 44 CA27
Reffuveille 50 .... 34 AE27
Régades 31 ...... 193 AQ90
Régat 09 .... 182 BA90
Regnauville 62 ... 7 BB9
Regné-Durette 69 .112 BV55
Regnière-Écluse 80 .6 AZ9
Regniowez 08 .... 10 BS13
Regny 42 .... 111 BS57
Regny 02 .... 9 BL14
La Regrippière 44 .88 AD43
Réguiny 56 ...... 51 R34
Réguisheim 68 ... 65 CP35
Régusse 83 ...... 170 CI82
Rehaincourt 88 .. 65 CI30
Rehainviller 54 ... 45 CI28
Rehaupal 88 ..... 66 CK32
Réhon 54 .... 21 CC18
Reherrey 54 ..... 45 CK28
Réichsfeld 67 .... 67 CQ29
Reichshoffen 67 .. 23 CQ23
Reichstett 67 ..... 47 CR24
Reignac 33 .... 131 AH65
Reignac 16 ...... 132 AK63
Reignac-sur-Indre 37 .91 AT43
Reignat 63 ...... 123 BL60
Reignelle-Bocage 50 ..24 AC18
Reigneville-Bocage 50 ..24 AC18
Reignier 74 ...... 114 CI55
Reigny 18 .... 108 BG51
Reilhac 46 ...... 149 AZ71
Reilhac 43 ...... 138 BM67
Reilhac 15 ...... 136 BE68
Reilhaguet 46 ... 148 AX71
Reilhanette 26 ... 169 CC77
Reillanne 04 .... 169 CE80
Reillon 54 ...... 45 CK27
Reilly 60 .... 15 BA21
Reimerswiller 67 .23 CS23
Reims 51 .... 18 BQ21
Reims-la-Brûlée 51 ..42 BV27
Reine Jeanne
   (Pont de la) 04 ..156 CH76
Reinhardsmunster 67 ..46 CO26
Reiningue 68 .... 85 CO36
Reipertswiller 67 .23 CP23
Reithouse 39 .... 113 CC50
Reitwiller 67 ..... 47 CQ26
Réjaumont 32 ... 160 AO80
Réjaumont 65 ... 179 AO88
Réjaumont 32 ... 161 AP81
Rejet-de-Beaulieu 59 ..9 BN12
Relanges 88 .... 65 CF33
Relans 39 ...... 98 CB48
Le Relecq-Kerhuon 29 .29 G28
Relevant 01 .... 112 BY56
Rely 62 .... 3 BE6
Remaisnil 80 ... 7 BD10
Rémalard 61 ... 57 AS30
Remaucourt 08 .18 BR17
Remaucourt 02 .8 BL14
La Remaudière 44 ..87 AC43
Remaugies 80 .. 17 BH22
Remauville 77 .. 60 BH32
Rembercourt-aux-Pots 55 ..43 BY24
Rembercourt-sur-Mad 54 ..44 CB22
Rémécourt 60 .. 16 BF19
Rémelange 57 .. 21 CE20
Rémelfang 57 .. 22 CI20
Rémelfing 57 ... 23 CM22
Rémeling 57 ... 22 CI19
Remennecourt 55 .43 BW26
Remenoville 54 .65 CI29
Rémérangles 60 .16 BD19
Réméréville 54 .45 CH26
Rémering 57 ... 22 CJ20

Remoncourt 54 ..... 45 CK27
Rémondans-Vaivre 25 ..84 CK41
Rémonville 08 ..... 20 BX19
Remoray-Boujeons 25 ..99 CH48
Remouillé 44 ...... 87 AD45
Remoulins 30 ..... 168 BV81
Removille 88 ...... 64 CD30
Rempnat 87 ...... 121 BA60
La Remuée 76 .... 12 AP18
Remungol 56 ..... 51 R33
Rémuzat 26 ...... 155 CB74
Remy 60 .... 16 BG19
Rémy 62 .... 8 BI10
Renac 35 .... 71 X37
Renage 38 .... 141 CC64
Renaison 42 ..... 111 BQ56
Renansart 02 .... 17 BM15
Renaucourt 70 ... 83 CD38
Renauvoid 88 .... 65 CI32
Renay 41 .... 75 AV36
Renazé 53 .... 72 AC36
Rencurel 38 ..... 141 CC66
René 72 .... 56 AO31
Renédale 25 ..... 99 CH45
Renescure 59 .... 3 BE4
Renève 21 ...... 82 BW41
Réning 57 ...... 22 CK23
Rennemoulin 78 . 38 BB25
Rennepont 52 ... 63 BW33
Rennes 35 ...... 53 Z33
Rennes-en-Grenouilles 53 ..55 AI29
Rennes-le-Château 11 ..196 BD91
Rennes-les-Bains 11 ..196 BD91
Rennes-sur-Loue 25 ..99 CC45
Renneval 02 .... 18 BQ15
Renneville 27 ... 14 AW19
Renneville 31 ... 181 AY86
Renneville 08 ... 18 BO16
Renno 2A 200 DG97
Le Renouard 61 .36 AN24
Rentières 63 .... 137 BJ63
Renty 62 .... 3 BC6
Renung 40 ...... 159 AI82
Renwez 08 ...... 10 BU14
La Réole 33 ..... 146 AL72
La Réorthe 85 ... 102 AE50
Réotier 05 ...... 157 CL71
Repaix 54 .... 45 CL27
La Répara-Auriples 26 ..154 BZ72
Réparsac 16 .... 117 AJ60
Repel 88 .... 64 CD30
Repentigny 14 .. 26 AN21
Replonges 01 ... 112 BX53
Le Reposoir 74 .115 CK56
Les Repôts 39 .. 98 CA49
Reppe 90 ...... 85 CN37
Requeil 72 ..... 74 AM77
Requeista 12 ... 164 BF79
Réquista 12 .... 164 BF79
Résenlieu 61 ... 36 AO26
Réservoir (Mont) 73 ..128 CG60
La Résie-Saint-Martin 70 ..82 CC42
Résigny 02 ..... 18 BR15
Ressons-le-Long 02 ..16 BK20
Ressons-l'Abbaye 60 ..15 BC20
Ressons-sur-Matz 60 ..16 BG18
Les Ressuintes 28 .37 AT28
Restigné 37 .... 90 AM43
Restinclières 34 ..168 BR82
Restonica
   (Gorges de la) 2B ..201 DI96
Le Retail 79 ... 104 AI50
Rétaud 17 ..... 117 AG60

Reterre 23 .... 108 BE56
Rethel 08 .... 19 BS19
Retheuil 02 .... 16 BI20
Rethondes 60 ..... 16 BI19
Rethonvillers 80 ... 16 BH15
Retiers 35 .... 54 AC35
Retjons 40 .... 159 AI78
Retonfey 57 ...... 21 CG21
Retournac 43 ..... 139 BR66
Retournemer (Lac de) 88 ..66 CM33
Retschwiller 67 ... 47 CS23
Rety 62 .... 2 AZ4
Retzwiller 68 ..... 85 CN38
Reugney 25 ...... 99 CG45
Reugny 03 .... 75 AS40
Reugny 37 .... 109 BG52
Reuil 51 .... 18 BO23
Reuil-en-Brie 77 .. 40 BJ25
Reuil-sur-Brèche 60 ..16 BD18
Reuilly 36 .... 93 BA50
Reuilly 27 .... 37 AV23
Reuilly-Sauvigny 02 ..41 BN20
Reulle-Vergy 21 .. 97 BX43
Reumont 59 ..... 8 BM11
La Réunion 47 ... 146 AM76
Reutenbourg 67 .. 46 CP26
Reuves 51 ...... 42 BO26
Reuville 76 ...... 13 AT15
Réveillon 51 .... 41 BM23
Réveillon 61 .... 57 AS29
Revel 31 .... 182 BB85
Revel 38 .... 141 FC65
Revel-Tourdan 38 ..140 BZ63
Revelles 80 ..... 7 BC14
Revémont 54 ... 22 CB18
Revens 30 ...... 165 BL78
Reventin-Vaugris 38 ..140 BX63
Revercourt 28 .. 37 AU27
Revest-des-Brousses 04 ..169 CE79
Revest-du-Bion 04 ..169 CD78
Les Revest-les-Eaux 83 ..188 CI88
Revest-les-Roches 06 ..175 CQ79
Revest-Saint-Martin 04 ..169 CE78
La Revêtizon 79 ..104 AI54
Revigny 39 ..... 98 CA49
Revigny-sur-Ornain 55 ..43 BX26
Réville 50 ...... 24 AD16
Réville-aux-Bois 55 ..20 BY18
Revin 08 .... 10 BU12
Revonnas 01 ... 113 CB56
Rexingen 67 ... 46 CN24
Rexpoëde 59 .. 3 BF2
Reyersviller 57 . 23 CO22
Reygade 19 ... 135 BA68
Reynel 52 ..... 64 CA31
Reynès 66 .... 197 BG96
Reyniès 82 ... 162 AW80
Reyrevignes 46 .149 BA72
Reyrieux 01 ... 126 BX57
Reyssouze 01 .112 BX52
Reyvroz 74 ... 115 CK56
Rezay 18 ..... 93 BC49
Rézentières 15 .137 BJ67
Rezonville 57 .44 CE22

Rezza 2A 200 DH98
Rhèges 10 .... 62 BQ29
Le Rheu 35 .... 53 Z33
Le Rhien 70 ...... 84 CK37
Rhinau 67 .... 67 CR30
Rhodes 57 .... 46 CL25
Rhodon 28 .... 38 BB27
Rhodon 41 .... 76 AV37
Rhuis 60 .... 16 BG20
Ri 61 .... 35 AL26
Ria-Sirach 66 .... 196 BE95
Riaillé 44 .... 72 AC39
Le Rialet 81 ..... 182 BE84
Rians 18 .... 94 BG44
Rians 83 .... 169 CE84
Riantec 56 ...... 50 N36
Riau (Château du) 03 ..110 BL50
Riaucourt 52 .... 63 BX31
Riaville 55 ...... 44 CC22
Ribagnac 24 .... 147 AP71
Ribarrouy 64 .... 178 AI84
Ribaute 11 ...... 183 BG89
Ribaute-les-Tavernes 30 ..166 BR79
Le Ribay 53 ..... 55 AJ30
Ribeaucourt 80 .. 7 BC11
Ribeaucourt 55 .. 44 CA24
Ribeauville 02 .. 10 BR14
Ribeauville 68 .. 67 CP28
Ribécourt-la-Tour 59 ..8 BJ11
Ribécourt-Dreslincourt 60 ..16 BG19
Ribemont 02 .... 17 BM15
Ribemont-sur-Ancre 80 ..7 BF13
Ribennes 48 .... 151 BM72
Ribérac 24 ...... 133 AO65
Ribes 07 .... 153 BS74
Ribeyret 05 ..... 155 CD74
Ribiers 05 ...... 156 CG76
Ribouisse 11 ... 182 BAB8
Riboux 83 ...... 188 CG84
La Ricamarie 42 ..139 BT63
Ricarville 76 ... 13 AR16
Ricarville-du-Val 76 ..14 AW15
Ricaud 11 ...... 182 BAB8
Ricaud 65 ...... 179 AN88
Les Riceys 10 ... 62 BS35
Richardménil 54 .45 CG27
Richarville 91 .. 59 BB30
La Riche 37 .... 91 AS43
Riche 57 .... 45 CJ24
Richebourg 78 . 38 AY26
Richebourg 62 . 3 BG6
Richebourg 52 . 63 BY34
Richecourt 55 .. 44 CC23
Richelieu 37 ... 90 AO46
Richeling 57 ... 23 CM22
Richemont 76 .. 15 AY15
Richemont 57 . 21 CF20
Richemont 16 .. 117 AI60
Richerenches 84 ..154 BY75
Richet 40 ...... 158 AF75
Richeval 57 .... 46 CL27
Richeville 27 ... 15 AY21
Richtolsheim 67 ..67 CO31
Richwiller 68 ... 85 CO36
Ricourt 32 ..... 179 AM85
Ricquebourg 60 ..16 BG17
Riec-sur-Belon 29 ..50 K35
Riedheim 67 ... 47 CS23
Riedisheim 68 . 85 CO37
Riedseltz 67 ... 47 CT22
Riel-les-Eaux 21 ..63 BV35
Riencourt 80 ... 7 BB13

Riencourt-lès-Bapaume 62 ..8 BH11
Riencourt-lès-Cagnicourt 62 ..8 BI10
Riervescemont 90 .. 84 CM36
Riespach 68 ...... 85 CP39
Rieucazé 31 ...... 180 AR89
Rieucros 09 ...... 181 AX89
Rieulay 59 .... 8 BK8
Rieumajou 31 .... 181 AA81
Rieumes 31 ...... 180 AU86
Rieupeyroux 12 .. 150 BC74
Rieussec 34 ...... 183 BH86
Rieutort-de-Randon 48 ..151 BM72
Rieux 76 .... 14 AY13
Rieux 60 .... 16 BF20
Rieux 56 .... 70 W38
Rieux 51 .... 41 BM25
Rieux-de-Pelleport 09 ..181 AX90
Rieux-en-Cambrésis 59 ..9 BL10
Rieux-en-Val 11 .. 183 BG89
Rieux-Minervois 11 ..183 BH87
Rieux 31 .... 170 CI81
Rigarda 66 ...... 196 BF94
Rignac 12 .... 171 CP78
Rignac 46 .... 149 BA71
Rignat 01 .... 150 BD75
Rignaucourt 55 .. 150 CB55
Rigné 79 .... 89 AK46
Rignieux-le-Franc 01 ..126 CA57
Rignosot 25 ..... 83 CH40
Rignovelle 70 ... 84 CI37
Rigny 70 .... 83 CE39
Rigny-la-Nonneuse 10 ..61 BN30
Rigny-la-Salle 55 .44 CC25
Rigny-le-Ferron 10 ..61 BN32
Rigny-Saint-Martin 55 ..44 CC25
Rigny-Ussé 37 .. 90 AO43
Rigny-sur-Arroux 71 ..111 BQ51
Riguepeu 32 .... 160 AN83
Rilhac-Lastours 87 ..120 AW58
Rilhac-Rancon 87 ..120 AW58
Rilhac-Treignac 19 ..121 AY62
Rilhac-Xaintrie 19 ..136 BC66
Rillé 37 .... 90 AO41
Rillieux-la-Pape 69 ..126 BX59
Rilly-la-Montagne 51 ..41 BQ22
Rilly-Sainte-Syre 10 ..61 BP30
Rilly-sur-Aisne 08 ..19 BU18
Rilly-sur-Loire 41 ..75 AU41
Rilly-sur-Vienne 37 ..90 AP45
Rimaucourt 52 .. 64 CA32
Rimbach-
   près-Guebwiller 68 ..66 CN35
Rimbach-
   près-Masevaux 68 ..84 CM36
Rimbachzell 68 . 66 CO35
Rimbez-et-Baudiets 40 ..160 AL78
Rimboval 62 .... 2 AZ6
Rimeize 48 ..... 151 BL71
Rimling 57 ..... 23 CN21
Rimogne 08 .... 10 BT14
Rimon-et-Savel 26 ..155 CB71
Rimondeix 23 .. 108 BC54
Rimons 33 ..... 146 AL71
Rimont 09 ..... 181 AV90
Rimou 35 ...... 54 AB31
Rimplas 06 .... 173 CQ77
Rinxent 62 .... 2 AZ4

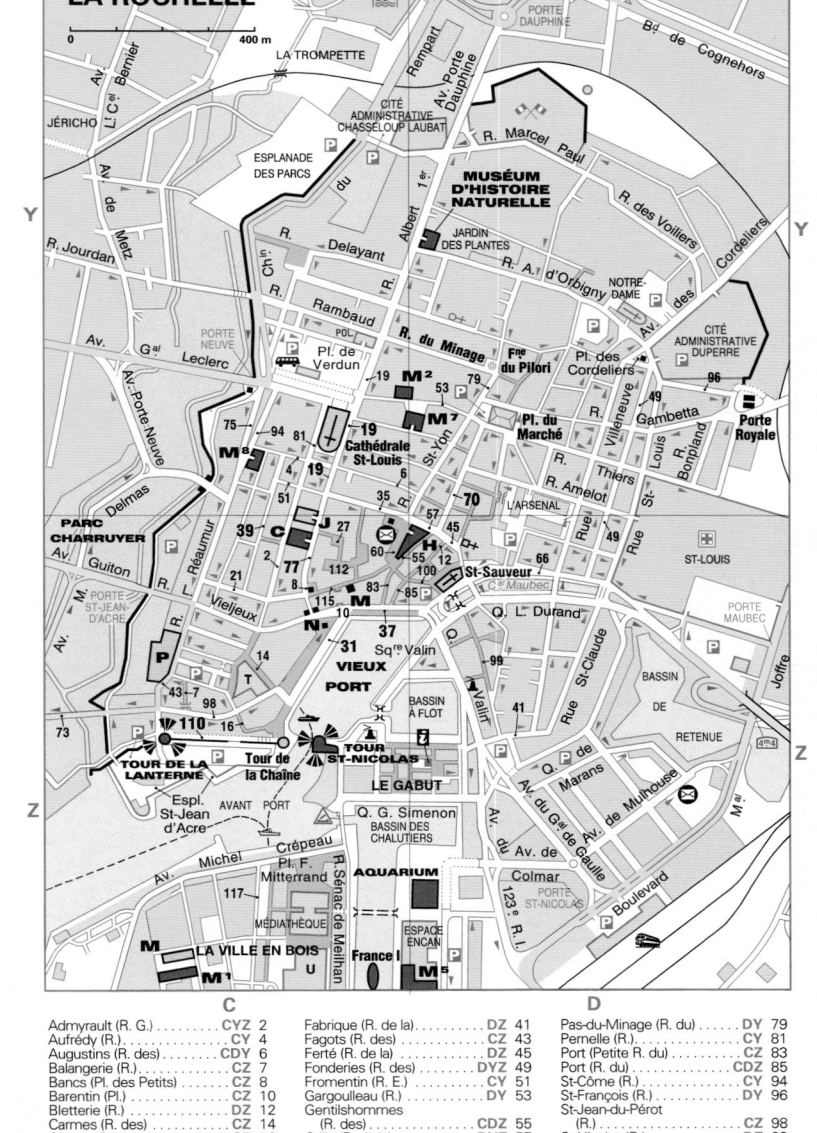

LA ROCHELLE

0   400 m

Admyrault (R. G.) ...... CYZ 2
Aufrédy (R.) .... CY 4
Augustins (R. des) ..... CDY 6
Balangerie (R.) .... DZ 7
Bancs (Pl. des Petits) ... CY 8
Barentin (Pl.) .... DZ 10
Blettrie (R.) .... DZ 12
Carmes (R. des) .... DZ 14
Chaîne (R. de la) ...... CZ 16
Champ-de-Mars (Av. du) ..DY 17
Chaudrier (R.) .... CY 20
Chef-de-Ville (R.) ..... CZ 22
Commanderie (Cour de la) ..CZ 27
Dames (Cours des) .... CZ 29
Dupaty (R.) .... CY 35
Duperré (Quai) .... CZ 37
Escale (R. de l') .... CZ 39

Fabrique (R. de la) ..... DZ 41
Fagots (R. des) .... DZ 43
Ferté (R. de la) .... CZ 45
Fonderies (R. des) ..... DYZ 49
Fromentin (R. E.) ...... CY 51
Gargoulleau (R.) ...... CY 55
Gentilshommes
   (R. des) .... CDZ 58
Grille (R. de la) .... DZ 59
Hôtel-de-Ville (R. de l') .. CDZ 62
Maubec (Quai) .... DZ 66
Merciers (Gde R. des) .. CZ 70
Minage (R. du) .... CY 71
Monnaie (Av. de la) ... CZ 73
Noue (R. de la) .... CZ 75
Palais (R. du) .... CY 77

Pas-du-Minage (R. du) .. DY 79
Pernelle (R.) .... CY 81
Port (Petite R. du) .... CZ 83
Port (R. du) .... CDZ 85
St-Côme (R.) .... CY 94
St-François (R.) ...... DZ 97
St-Jean-du-Pérot
   (R.) .... CZ 98
St-Nicolas (R.) .... DZ 99
St-Sauveur (R.) ...... DZ 100
St-Yon (R.) .... CZ
Sur-les-Murs (R.) .... CZ 110
Temple (Cour du) .... CZ 112
Temple (R. du) ...... CZ 115
Vespucci (Av. Amerigo) .. CZ 117
11-Novembre-1918
   (Av. du) .... DY 121

Riocaud 33 ... 146 AN70
Riolan (Clue du) 06 ... 174 CO79
Riolas 31 ... 180 AS86
Le Riols 81 ... 163 BA78
Riols 34 ... 183 BH85
Riom 63 ... 123 BJ58
Riom-ès-Montagnes 15 ... 136 BG65
Rioms 26 ... 155 CC76
Rion-des-Landes 40 ... 158 AD79
Rions 33 ... 145 AI71
Riorges 42 ... 111 BR56
Riotord 43 ... 139 BU65
Rioupéroux 38 ... 141 CF66
Rioupes (Col de) 05 ... 156 CG71
Rioux 17 ... 117 AG61
Rioux-Martin 16 ... 132 AL65
Rioz 70 ... 83 CG40
Ripaille (Domaine de) 74 ... 114 CJ52
Riquet (Obélisque de) 11 ... 181 AZ86
Riquewihr 68 ... 66 CO32
Ris 65 ... 193 AO91
Ris 63 ... 124 BM57
Ris-Orangis 91 ... 39 BE27
Riscle 32 ... 160 AK83
Risoul 05 ... 157 CM71
Risoul 1850 05 ... 157 CM71
Ristolas 05 ... 157 CO70
Ristz (Château du) 03 ... 109 BK52
Rittershoffen 67 ... 47 CT23
Ritzing 57 ... 22 CH18
Riunoguès 66 ... 197 BH96
Riupeyrous 64 ... 178 AJ86
Riva-Bella 14 ... 26 AL20
Rivarennes 37 ... 90 AO43
Rivarennes 36 ... 107 AW50
Rivas 42 ... 125 BS61
Rivau (Château du) 37 ... 90 AO45
Rive-de-Gier 42 ... 125 BV62
Rivecourt 60 ... 16 BG20
Rivedoux-Plage 17 ... 103 AC55
Rivehaute 64 ... 177 AD86
Rivel 11 ... 196 BB91
Riventosa 2B ... 201 DJ96
Rivèrenert 09 ... 194 AU91
Riverie 69 ... 125 BV61
Rivery 80 ... 7 BD14
Rives 47 ... 147 AR72
Rives 38 ... 141 CC64
Les Rives 34 ... 165 BL81
Rivesaltes 66 ... 197 BI93
Le Rivier 38 ... 141 CC63
Rivière 62 ... 8 BG10
La Rivière 38 ... 141 CC65
Rivière 37 ... 90 AO44
La Rivière 33 ... 131 AJ68
La Rivière-de-Corps 10 ... 62 BQ31
La Rivière-Drugeon 25 ... 99 CH47
La Rivière-Enverse 74 ... 115 CL55
Rivière-les-Fosses 52 ... 82 BZ38
Rivière-Saas-et-Gourby 40 ... 158 AB82
La Rivière-
Saint-Sauveur 14 ... 12 AO19
Rivière-sur-Tarn 12 ... 165 BK77
La Rivière-Thibouville 27 ... 27 AS22
Rivières 81 ... 163 BA80
Rivières 30 ... 153 BT76
Rivières 16 ... 119 AO60
Les Rivières-Henruel 51 ... 42 BU27
Rivières-le-Bois 52 ... 82 CB37
Riville 76 ... 13 AR15
Rivolet 69 ... 125 BV57
Rix 58 ... 79 BM41
Rix 39 ... 99 CG48
Rixheim 68 ... 85 CP36
La Rixouse 39 ... 114 CF51
Rizaucourt 52 ... 63 BW31
Roaillan 33 ... 146 AJ73
Roaix 84 ... 154 BZ76
Roanne 42 ... 111 BR56
Roannes-Saint-Mary 15 ... 150 BE70
Robécourt 88 ... 64 CC33
Robecq 62 ... 3 BF6
Robehomme 14 ... 26 AL21
Robersart 59 ... 9 BN11
Robert-Espagne 55 ... 43 BX26
Robert-le-Diable
(Château de) 76 ... 14 AT20
Robert-Magny 52 ... 63 BW29
Robertot 76 ... 13 AS16
Roberval 60 ... 16 BG20
Robiac-Rochessadoule 30 ... 153 BS76
Robien (Château) 22 ... 31 Q29
Robin (Mont) 50 ... 34 AE24
La Robine-sur-Galabre 04 ... 170 CI77
Robion 84 ... 168 CA81
Robion 04 ... 174 CL80
Le Roc 46 ... 148 AW70
Le Roc-Saint-André 56 ... 52 U35
Rocamadour 46 ... 149 AY70
Rocbaron 83 ... 188 CI86
Rocé 41 ... 75 AU37
Roche 42 ... 124 BQ61
Roche 41 ... 76 AX37
Roche 38 ... 126 BZ61
La Roche aux Fées 35 ... 53 AB35
Roche-Béranger 38 ... 141 CF66
La Roche-Bernard 56 ... 70 V39
La Roche-Blanche 63 ... 123 BK60
La Roche-Blanche 44 ... 72 AD40
La Roche-Canilhac 15 ... 151 BJ71
La Roche-Canillac 19 ... 135 BA66
La Roche-Chalais 24 ... 132 AL66
Roche-Charles 63 ... 137 BJ63
La Roche-Clermault 37 ... 90 AN44
La Roche Courbon
Château de) 17 ... 117 AF58
Roche-d'Agoux 63 ... 109 BG56
La Roche-de-Glun 26 ... 140 BX68
La Roche-de-Rame 05 ... 157 CL70
La Roche-Derrien 22 ... 31 O25
La Roche-des-Arnauds 05 ... 156 CG72
Roche du Prêtre 25 ... 100 CK43
La Roche-en-Brenil 21 ... 80 BR41
Roche-en-Régnier 43 ... 138 BQ65
Roche-et-Raucourt 70 ... 83 CD38
La Roche-Guyon 95 ... 38 AY23
La Roche-Jagu
(Château de) 22 ... 31 P25
Roche-la-Molière 42 ... 139 BT63
La Roche-l'Abeille 87 ... 120 AV61
Roche-le-Peyroux 19 ... 136 BE63
Roche-lès-Clerval 25 ... 84 CJ41
Roche-lez-Beaupré 25 ... 83 CG42
La Roche-Mabile 61 ... 56 AM29
La Roche-Maurice 29 ... 29 H27
La Roche-Noire 63 ... 123 BK60
La Roche-Posay 86 ... 91 AS48
La Roche-qui-Boit
(Barrage de) 50 ... 34 AD27
La Roche-Racan
(Château) 37 ... 74 AQ39
La Roche-Rigault 86 ... 90 AN46
Roche-Saint-Secret-
Béconne 26 ... 154 BZ74
La Roche-sur-Foron 74 ... 114 CI55
La Roche-sur-Grane 26 ... 154 BY71
La Roche-sur-le-Buis 26 ... 155 CB76
Roche-sur-Linotte-et-Sorans-
les-Cordiers 70 ... 83 CH40
La Roche-sur-Yon 85 ... 87 AB49
La Roche-Vanneau 21 ... 81 BU40
La Roche-Vineuse 71 ... 112 BW53
Rochebaudin 26 ... 154 BZ72
La Rochebeaucourt-
et-Argentine 24 ... 133 AO63
Rochebloine 07 ... 139 BV67
Rochebonne
(Château de) 07 ... 139 BU68
Rochebrune 26 ... 155 CB75
Rochebrune 05 ... 156 CI73
Rochebrune
(Château de) 16 ... 119 AR58
Rochechinard 26 ... 140 CA67
Rochechouart 87 ... 119 AS59
Rochecolombe 07 ... 153 BU73
Rochecorbon 37 ... 75 AR41
Rochefort 73 ... 127 CE61
Rochefort 21 ... 81 BV37
Rochefort 17 ... 116 AE57
Rochefort (Rocher de) 42 ... 124 BP57
Rochefort-du-Gard 30 ... 167 BW79
Rochefort-en-Terre 56 ... 69 U37
Rochefort-en-Valdaine 26 ... 154 BX73
Rochefort-en-Yvelines 78 ... 38 BB28
Rochefort-Montagne 63 ... 123 BH60
Rochefort-Samson 26 ... 140 CA68
Rochefort-sur-la-Côte 52 ... 63 BZ32
Rochefort-sur-Loire 49 ... 73 AH41
Rochefort-sur-Nenon 39 ... 98 CC44
La Rochefoucauld 16 ... 119 AO60
Rochefourchat 26 ... 155 CB72
La Rochegiron 04 ... 169 CE78
Rochegude 30 ... 153 BT76
Rochegude 26 ... 154 BX76
Rochejean 25 ... 99 CI48
La Rochelambert
(Château de) 43 ... 138 BP67
La Rochelle 70 ... 83 CD37
La Rochelle 17 ... 103 AC55
La Rochelle-Normande 50 ... 33 AC26
Rochemaure 07 ... 154 BW72
La Rochénard 79 ... 104 AH54
Rochepaule 07 ... 139 BU67
La Rochepot 21 ... 97 BV46
Rocher 07 ... 153 BT73
Rocher-Portail
(Château du) 35 ... 54 AC29
Le Rochereau 86 ... 90 AN49
Les Rochers-Sévigné
(Château) 35 ... 54 AD33
Roches 23 ... 108 BB54
Roches Blanches
(Panorama des) 83 ... 189 CL86
Les Roches-
de-Condrieu 38 ... 140 BW63
Roches-lès-Blamont 25 ... 84 CL40
Les Roches-l'Évêque 41 ... 75 AT37
Roches-Prémarie-
Andillé 86 ... 105 AO51
Roches-sur-Marne 52 ... 43 BX28
Roches-sur-Rognon 52 ... 63 BZ31
Rocheservière 85 ... 87 AA46
Rochessauve 07 ... 154 BW71
Rochesson 88 ... 66 CL34
Rochetaillée 52 ... 81 BY36
Rochetaillée 42 ... 139 BU63
Rochetaillée-sur-Saône 69 ... 126 BX58
Rochetoirin 38 ... 127 CB61
Rochetrejoux 85 ... 88 AE48
La Rochette 77 ... 60 BG29
La Rochette 73 ... 128 CH62
La Rochette 23 ... 122 BC57
La Rochette 16 ... 119 AO59
La Rochette 07 ... 139 BS69
La Rochette 05 ... 156 CI72
La Rochette 04 ... 174 CO79
La Rochette-du-Buis 26 ... 155 CC76
Rocheville 50 ... 24 AB17
Rocheville 06 ... 174 CP83
Rochonvillers 57 ... 21 CE18
Rochy-Condé 60 ... 15 BC19
Rocles 48 ... 152 BP71
Rocles 07 ... 153 BS73
Rocles 03 ... 109 BJ52
Roclincourt 62 ... 8 BH9
Rocourt 88 ... 64 CD33
Rocourt-Saint-Martin 02 ... 40 BL22
Rocquancourt 14 ... 26 AK22
La Rocque 14 ... 34 AH24
Rocquefort 76 ... 13 AS16
Rocquemont 76 ... 14 AW17
Rocquemont 60 ... 16 BH21
Rocquencourt 78 ... 39 BC25
Rocquencourt 60 ... 16 BE16
Rocques 14 ... 27 AO22
Rocquigny 62 ... 8 BI12
Rocquigny 08 ... 18 BR16
Rocquigny 02 ... 10 BP12
Rocroi 08 ... 10 BT13
Rodalbe 57 ... 45 CJ24
Rodelinghem 62 ... 2 BB3
Rodelle 12 ... 150 BG74
Rodemack 57 ... 21 CG18
Roderen 68 ... 85 CN36
La Roderie 44 ... 87 Z43
Rodern 68 ... 67 CP31
Rodès 66 ... 196 BF94
Rodez 12 ... 150 BF75
Rodilhan 30 ... 167 BU81
Rodome 11 ... 196 BB93
La Roë 53 ... 54 AE35
Roëllecourt 62 ... 7 BE8
Rœschwoog 67 ... 47 CT24
Rœulx 59 ... 9 BL9
Rœux 62 ... 8 BH9
Roézé-sur-Sarthe 72 ... 74 AM36
Roffey 89 ... 79 BP36
Roffiac 15 ... 137 BJ67
Rogalle 09 ... 194 AU92
Rogécourt 02 ... 17 BL16
Rogerville 76 ... 12 AO18
Rogéville 54 ... 44 CE25
Roggenhouse 68 ... 67 CQ35
Rogliano 2B ... 199 DK88
Rogna 39 ... 113 CE53
Rognac 13 ... 187 CB84
Rognaix 73 ... 128 CJ61
Rognes 13 ... 169 CC83
Rognon 25 ... 83 CH40
Rognonas 13 ... 168 BX80
Rogny 02 ... 18 BO15
Rogny-les-Sept-Écluses 89 ... 78 BH38
Rogues 30 ... 166 BN80
Rogy 80 ... 15 BC16
Rohaire 28 ... 37 AS27
Rohan 56 ... 52 S33
Rohr 67 ... 47 CQ26
Rohrbach-lès-Bitche 57 ... 23 CN22
Rohrwiller 67 ... 47 CS25
Roiffé 86 ... 90 AM44
Roiffieux 07 ... 140 BW65
Roiglise 80 ... 16 BH16
Roilly 21 ... 80 BT41
Roinville 91 ... 59 BB29
Roinville 28 ... 58 AZ30
Roinvilliers 91 ... 59 BD31
Roisel 80 ... 8 BJ13
Les Roises 55 ... 64 CC29
Roisey 42 ... 140 BW64
Roissard 38 ... 141 CE69
Roissy-en-Brie 77 ... 39 BG26
Roissy-en-France 95 ... 39 BF24
Roiville 61 ... 36 AO25
Roizy 08 ... 18 BR19
Rolampont 52 ... 63 BZ35
Rolbing 57 ... 23 CP20
Rollainville 88 ... 64 CD30
Rollancourt 62 ... 7 BC8
Rolland 33 ... 132 AK67
Rolleboise 78 ... 38 AY23
Rolleville 76 ... 12 AO17
Rollot 80 ... 16 BG17
Rom 79 ... 105 AM53
Romagnat 63 ... 123 BJ60
Romagne 86 ... 105 AO54
La Romagne 49 ... 88 AE45
Romagné 35 ... 54 AD30
Romagne 33 ... 146 AJ70
La Romagne 08 ... 19 BS16
Romagne-
sous-les-Côtes 55 ... 20 CA20
Romagne-
sous-Montfaucon 55 ... 20 BX20
Romagnieu 38 ... 127 CD61
Romagny 68 ... 85 CN38
Romagny 50 ... 34 AF27
Romagny-
sous-Rougemont 90 ... 84 CM37
Romain 54 ... 45 CH28
Romain 51 ... 18 BO20
Romain 39 ... 98 CD43
Romain 25 ... 84 CI40
Romain-aux-Bois 88 ... 64 CD33
Romain-sur-Meuse 52 ... 64 CB32
Romaines 10 ... 62 BS29
Romainville 93 ... 39 BE25
Roman 27 ... 37 AU25
Romanèche 01 ... 113 CB54
Romanèche-Thorins 71 ... 112 BW55
Romange 39 ... 98 CC44
Romans 79 ... 104 AK53
Romans 01 ... 112 BY55
Romans-sur-Isère 26 ... 140 BZ67
Romanswiller 67 ... 46 CP26
Romazières 17 ... 118 AK57
Romazy 35 ... 53 AB30
Rombach-le-Franc 68 ... 66 CO30
Rombas 57 ... 21 CF20
Rombies-et-Marchipont 59 ... 9 BN8
Rombly 62 ... 3 BE6
Romegoux 17 ... 117 AF58
Romelfing 57 ... 46 CM24
Romenay 71 ... 112 BY51
Romeny-sur-Marne 02 ... 40 BL24
Romeries 59 ... 9 BM10
Romery 51 ... 41 BP22
Romery 02 ... 9 BN14
Romescamps 60 ... 15 BA16
Romestaing 47 ... 146 AL74
Romette 05 ... 156 CH72
Romeyer 26 ... 155 CC70
La Romieu 32 ... 161 AP79
Romigny 51 ... 41 BO22
Romiguières 34 ... 165 BL81
Romillé 35 ... 53 Y32
Romilly 41 ... 57 AU35
Romilly-la-Puthenaye 27 ... 27 AS23
Romilly-sur-Aigre 28 ... 58 AW35
Romilly-sur-Andelle 27 ... 14 AW20
Romilly-sur-Seine 10 ... 61 BO29
Romont 88 ... 65 CJ30
Romorantin-Lanthenay 41 ... 76 AZ42
Rompon 07 ... 154 BW70
Rônai 61 ... 35 AL25
Ronce-les-Bains 17 ... 116 AC59
Roncenay 10 ... 62 BQ32
Le Roncenay-Authenay 27 ... 37 AU25
Roncey 50 ... 34 AD23
Ronchamp 70 ... 84 CK37
Ronchaux 25 ... 99 CE45
Ronchères 89 ... 78 BJ39
Ronchères 02 ... 41 BN22
Roncherolles-en-Bray 76 ... 14 AX17
Roncherolles-
sur-le-Vivier 76 ... 14 AV18
Ronchin 59 ... 4 BJ6
Ronchois 76 ... 15 AY16
Roncourt 88 ... 64 CD32
Roncourt 57 ... 21 CE21
Roncq 59 ... 4 BJ4
La Ronde 79 ... 89 AH49
La Ronde 17 ... 103 AF53
La Ronde-Haye 50 ... 33 AC22
Rondefontaine 25 ... 99 CH48
Ronel 81 ... 164 BD81
Ronfeugerai 61 ... 35 AJ26
Rongères 03 ... 110 BM54
Ronnet 03 ... 109 BG55
Ronno 69 ... 125 BT57
Ronquerolles 95 ... 39 BD22
Ronsenac 16 ... 132 AN63
Ronssoy 80 ... 8 BJ13
Rontalon 69 ... 125 BV60
Ronthon 50 ... 33 AB26
Rontignon 64 ... 178 AI87
Ronvaux 55 ... 44 CB22
Roôcourt-la-Côte 52 ... 63 BY32
Roost-Warendin 59 ... 8 BJ8
Roppe 90 ... 84 CM37
Roppenheim 67 ... 47 CT24
Roppentzwiller 68 ... 85 CP39
Roppeviller 57 ... 23 CP21
La Roque-Alric 84 ... 168 BZ77
La Roque-Baignard 14 ... 26 AN21
La Roque-d'Anthéron 13 ... 168 CB82
La Roque-Esclapon 83 ... 174 CM81
La Roque-Gageac 24 ... 148 AU70
La Roque-
Sainte-Marguerite 12 ... 165 BK78
La Roque-sur-Cèze 30 ... 167 BV77
La Roque-sur-Pernes 84 ... 168 CA79
Roquebillière 06 ... 173 CR78
Roquebrun 34 ... 183 BJ85
Roquebrune 33 ... 146 AL72
Roquebrune 32 ... 160 AN82
Roquebrune-Cap-Martin 06 ... 175 CT80
Roquebrune-
sur-Argens 83 ... 189 CM84
La Roquebrussanne 83 ... 188 CH86
Roquecor 82 ... 147 AS76
Roquecourbe 81 ... 164 BD83
Roquecourbe-
Minervois 11 ... 183 BG88
Roquedols
(Château de) 48 ... 165 BM77
Roquedur 30 ... 166 BO79
Roquefère 11 ... 182 BE86
Roquefeuil 11 ... 196 BB92
Roquefixade 09 ... 195 AZ91
Roquefort 47 ... 161 AP77
Roquefort 40 ... 159 AI78
Roquefort 32 ... 161 AP82
Roquefort-de-Sault 11 ... 196 BC93
Roquefort-
des-Corbières 11 ... 183 BI90
Roquefort-la-Bédoule 13 ... 188 CE87
Roquefort-les-Cascades 09 ... 195 AZ91
Roquefort-les-Pins 06 ... 174 CP82
Roquefort-sur-Garonne 31 ... 180 AS88
Roquefort-sur-Soulzon 12 ... 165 BJ79
Roquelaure 32 ... 161 AP82
Roquelaure
(Château de) 12 ... 150 BH74
Roquelaure-
Saint-Aubin 32 ... 161 AS83
Roquemaure 81 ... 163 AY81
Roquemaure 30 ... 168 BX78
Roquepine 32 ... 161 AO80
Roqueredonde 34 ... 165 BK81
Roques 32 ... 160 AN81
Roques 31 ... 181 AW85
Roquesérière 31 ... 163 AY82
Roquessels 34 ... 184 BL84
Roquesteron 06 ... 174 CP80
Roquestéron-Grasse 06 ... 174 CP80
Roquetaillade 11 ... 182 BC90
Roquetaillade
(Château de) 33 ... 146 AJ73
Roquetoire 62 ... 3 BD5
La Roquette 27 ... 14 AW21
La Roquette-sur-Siagne 06 ... 174 CP83
La Roquette-sur-Var 06 ... 175 CR80
Roquettes 31 ... 181 AW85
Roquevaire 13 ... 188 CE86
Roquevidal 81 ... 163 BA83
Roquiague 64 ... 177 AE88
La Roquille 33 ... 146 AN70
Rorbach-lès-Dieuze 57 ... 45 CK25
Rorschwihr 68 ... 67 CP31
Rorthais 79 ... 89 AG46
Les Rosaires 22 ... 31 S27
Rosanbo (Château de) 22 ... 30 M26
Rosans 05 ... 155 CC74
Rosay 78 ... 38 AZ25
Rosay 76 ... 14 AW16
Rosay 39 ... 113 CB51
Rosay-sur-Lieure 27 ... 14 AX19
Rosazia 2A ... 200 DG98
Rosbruck 57 ... 22 CK21
Roscanvel 29 ... 28 E29
Roscoff 29 ... 29 J25
Rosel 14 ... 26 AJ21
Roselend (Barrage de) 73 ... 129 CL60
Roselier (Pointe du) 22 ... 31 S27
Rosenau 68 ... 85 CQ37
Rosendaël 59 ... 3 BE1
Rosenwiller 67 ... 46 CP28
Roset-Fluans 25 ... 99 CE43
Rosey 71 ... 97 BW48
Rosey 70 ... 83 CF39
Rosheim 67 ... 46 CP28
La Rosière 70 ... 65 CJ35
La Rosière-1850 73 ... 129 CN60
Rosières 81 ... 163 BC79
Rosières 60 ... 16 BH21
Rosières 43 ... 138 BQ67
Rosières 18 ... 93 BD46
Rosières 07 ... 153 BT74
Rosières-aux-Salines 54 ... 45 CH27
Rosières-devant-Bar 55 ... 43 BZ25
Rosières-en-Blois 55 ... 44 CB28
Rosières-en-Haye 54 ... 44 CE25
Rosières-en-Santerre 80 ... 16 BG15
Rosières-près-Troyes 10 ... 62 BQ32
Rosières-sur-Barbèche 25 ... 84 CK41
Rosières-sur-Mance 70 ... 83 CD36
Rosiers-de-Juillac 19 ... 134 AV65
Rosiers-d'Égletons 19 ... 135 BB64
Les Rosiers-sur-Loire 49 ... 73 AK42
Rosis 34 ... 165 BJ83
Rosnay 85 ... 102 AB50
Rosnay 51 ... 18 BP21
Rosnay 36 ... 92 AV49
Rosnay-l'Hôpital 10 ... 62 BT29
Rosnes 55 ... 43 BZ25
Rosnoën 29 ... 29 H30
Rosny-sous-Bois 93 ... 39 BF25
Rosny-sur-Seine 78 ... 38 AY24
Rosoy 89 ... 61 BL33
Rosoy 60 ... 16 BF20
Rosoy-en-Multien 60 ... 40 BI23
Rosoy-le-Vieil 45 ... 60 BI33
Rosoy-sur-Amance 52 ... 82 CB36
Rospez 22 ... 30 N25
Rospigliani 2B ... 201 DJ97
Rosporden 29 ... 49 J33
Rossay 86 ... 90 AN46
Rosselange 57 ... 21 CF20
Rossfeld 67 ... 67 CR30
Rossillon 01 ... 127 CD58
Rosteig 67 ... 23 CO23
Rostrenen 22 ... 51 N31
Rosult 59 ... 4 BL7
Rosureux 25 ... 100 CK43
Rotalier 39 ... 113 CB50
Rotangy 60 ... 15 BC17
Rothau 67 ... 66 CN29
Rothbach 67 ... 23 CP23
Rothéneuf 35 ... 33 Y26
Rotherens 73 ... 128 CH62
La Rothière 10 ... 62 BU31
Rothois 60 ... 15 BB17
Rothonay 39 ... 113 CC51
Les Rotours 61 ... 35 AK26
Rots 14 ... 26 AJ21
Rott 67 ... 47 CS22
Rottelsheim 67 ... 47 CR25
Rottier 26 ... 155 CC73
Rou-Marson 49 ... 90 AL43
Rouairoux 81 ... 183 BF85
Rouans 44 ... 87 Y43
La Rouaudière 53 ... 72 AD36
Roubaix 59 ... 4 BJ5
Roubia 11 ... 183 BH88
Roubion 06 ... 171 CP77
Roucamps 14 ... 35 AI23
Roucourt 59 ... 8 BJ9
Roucy 02 ... 18 BO19
Roudouallec 56 ... 50 K32
Rouécourt 52 ... 63 BY31
Rouède 31 ... 180 AS90
Rouellé 61 ... 34 AH28
Rouelles 76 ... 12 AO18
Rouelles 52 ... 81 BY37
Rouen 76 ... 13 AU19
Rouessé-Fontaine 72 ... 56 AN31
Rouessé-Vassé 72 ... 55 AL33
Rouet 34 ... 166 BP81
Rouez 72 ... 55 AL33
Rouffach 68 ... 66 CO34
Rouffange 39 ... 98 CD43
Rouffiac 81 ... 163 BB81
Rouffiac 17 ... 117 AH60
Rouffiac 16 ... 132 AM65
Rouffiac 15 ... 136 BC68
Rouffiac-d'Aude 11 ... 182 BD89
Rouffiac-des-Corbières 11 ... 196 BF92
Rouffiac-Tolosan 31 ... 162 AX83
Rouffignac 24 ... 134 AT67
Rouffignac 17 ... 131 AI64
Rouffignac (Grotte de) 24 ... 134 AT68
Rouffignac-de-Sigoulès 24 ... 147 AO70
Rouffigny 50 ... 34 AD25
Rouffilhac 46 ... 148 AW70
Rouffillac 24 ... 148 AW70
Rouffy 51 ... 41 BQ24
La Rouge 61 ... 57 AR31
Rougé 44 ... 71 AB37
Rouge-Perriers 27 ... 27 AS22
Rougefay 62 ... 7 BC9
Rougegoutte 90 ... 84 CL37
Rougemont 25 ... 84 CI40
Rougemont 21 ... 80 BS38
Rougemont-le-Château 90 ... 84 CM37
Rougemontiers 27 ... 27 AS20
Rougemontot 25 ... 83 CH41
Rougeou 41 ... 76 AX42
Rougeries 02 ... 18 BO15
Les Rouges-Eaux 88 ... 66 CL31
Le Rouget 15 ... 150 BD70
Rouget (Cascade du) 74 ... 115 CM56
Rougeux 52 ... 82 CC36
Rougiers 83 ... 188 CG85
Rougiville 88 ... 66 CL31
Rougnac 16 ... 119 AO62
Rougnat 23 ... 108 BF56
Rougon 04 ... 170 CK81
Rouhe 25 ... 99 CF44
Rouhling 57 ... 22 CL21
Rouillac 22 ... 52 V30
Rouillac 16 ... 118 AL59
Rouillas-Bas 63 ... 123 BJ61
Rouillé 86 ... 105 AM52
Rouillon 72 ... 56 AN34
Rouilly 77 ... 40 BK28
Rouilly-Sacey 10 ... 62 BS31
Rouilly-Saint-Loup 10 ... 62 BR32
Roujan 34 ... 184 BL85
Roulans 25 ... 83 CH42
Le Roulier 88 ... 65 CJ32
Roullée 72 ... 56 AO29
Roullens 11 ... 182 BD89
Roullet 16 ... 118 AM61
Roullours 14 ... 34 AG25
Roumagne 47 ... 147 AO72
Roumare 76 ... 13 AU18
Roumazières 16 ... 119 AQ58
Roumazières-Loubert 16 ... 119 AQ58
Roumégoux 81 ... 164 BD81
Roumégoux 15 ... 149 BC70
Roumengoux 09 ... 182 BA90
Roumens 31 ... 182 BA85
Roumoules 04 ... 170 CI80
Rountzenheim 67 ... 47 CT24
Roupeldange 57 ... 22 CI21
Rouperroux 61 ... 35 AL28
Rouperroux-le-Coquet 72 ... 56 AP32
Roupy 02 ... 17 BK15
La Rouquette 12 ... 149 BB76
Roure 06 ... 171 CP77
Le Rouret 06 ... 174 CP82
Rousies 59 ... 10 BP9
Roussac 87 ... 106 AV56
Roussas 26 ... 154 BX74
Roussay 49 ... 88 AE44
Roussayrolles 81 ... 163 AZ78
Rousseloy 60 ... 16 BE20
Roussennac 12 ... 150 BD74
Roussent 62 ... 6 AZ8
Rousses 48 ... 166 BN77
Les Rousses 39 ... 114 CG51
Le Rousset 71 ... 111 BU50
Rousset 13 ... 188 CE84
Rousset 05 ... 156 CJ73
Rousset (Col de) 26 ... 141 CC69
Rousset-les-Vignes 26 ... 154 BZ74
La Roussière 27 ... 36 AR24
Roussieux 26 ... 155 CC75
Roussillon 84 ... 168 CB80
Roussillon 38 ... 140 BX64
Roussillon-en-Morvan 71 ... 96 BR45
Roussines 36 ... 107 AW52
Roussines 16 ... 119 AQ60
Rousson 89 ... 60 BK34
Rousson 30 ... 167 BS77
Roussy-le-Village 57 ... 21 CF18
Routelle 25 ... 99 CE43
Routes 76 ... 13 AS15
Routier 11 ... 182 BC89
Routot 27 ... 13 AS19
Rouvenac 11 ... 196 BC91
Rouves 54 ... 45 CG24
La Rouvière 30 ... 167 BT80
Rouvignies 59 ... 9 BL9
Rouville 76 ... 12 AQ17
Rouville 60 ... 16 BH21
Rouvillers 60 ... 16 BF19
Rouvray 89 ... 79 BN36
Rouvray 27 ... 37 AW23
Rouvray 21 ... 80 BR41

CROIX

Cheuvreuil (R.)	AY	19
Gaulle (Av. du Gén.-de)	AY	43
Kléber (R.)	AY	55
Liberté (Pl. de la)	AY	63
Raspail (R.)	AX	77

HEM

Europe (Av. de l')	BY	36
Schuman (R. Robert)	BY	84

LYS-LEZ-LANNOY

Guesde (R. Jules)	CY	48

ROUBAIX

Abreuvoir (Pl. de l')	AX	3
Alouette (R. de l')	AX	4
Alsace (Av. d')	AX	6
Armentières (Bd d')	AX	7
Avelghem (R. d')	CX	9
Beaumont (R. de)	BY	10
Beaurepaire (Bd du)	CX	12
Bois (R. du)	BX	13
Braille (R. Louis)	CY	15
Cateau (Bd du)	BY	18
Champier (R. Louise et Victor)	AX	19
Colmar (Bd de)	CX	21
Communauté-Urbaine (R.)	BX	22
Constantine (R. de)	BX	24
Courbet (R. Amiral)	AY	25
Couteaux (Bd des)	BX	27
Cugnot (R.)	AY	28
Curé (R. du)	BX	30
Douai (Bd de)	ABY	31
Épeule (R. de l')	AXY	33
Faidherbe (Pl. du Gén.)	CX	37
Fer-à-Cheval (Carr. du)	AY	39
Fosse-aux-Chênes (R.)	BX	40
Fraternité (Pl. de la)	CY	42
Goujon (R. Jean)	BY	45
Gounod (R. Ch.)	AX	46
Grande-Rue	BCX	
Grand-Place	BX	
Halle (R. de la)	BX	49
Halluin (Bd d')	AX	51
Hospice (R. de l')	BX	52
Hôtel-de-Ville (R. de l')	BX	54
Lacordaire (Bd)	BY	57
Laine (Bd de la)	BX	34
Lannoy (R. de)	BCY	
Lebas (Av. J.)	ABX	
Leclerc (Bd Gén.)	BX	60
Leconte-Baillon (R.)	CY	61
Leers (R. de)	CX	62
Liberté (Pl. de la)	BX	64
Molière (R.)	CX	66
Monnet (R. J.)	BX	67
Motte (R. Pierre)	BX	70
Nadaud (R.)	CX	72
Le Nôtre (Av.)	AY	58
Nyckès (Pont)	CX	73
Peuple-Belge (Av. du)	AY	75
Prof.-Langevin (R. du)	AY	76
République (Bd de la)	AX	78
Rousseau (R. J.-J.)	CY	79
St-Maurice (R.)	BX	81
Sarrail (R. du Gén.)	BX	82
Sévigné (R. de)	CX	85
Travail (Pl. du)	BY	87
Vieil-Abreuvoir (R. du)	BX	88

WATTRELOS

Briffaut (R. Henri)	CX	16
Monge (R.)	CX	69

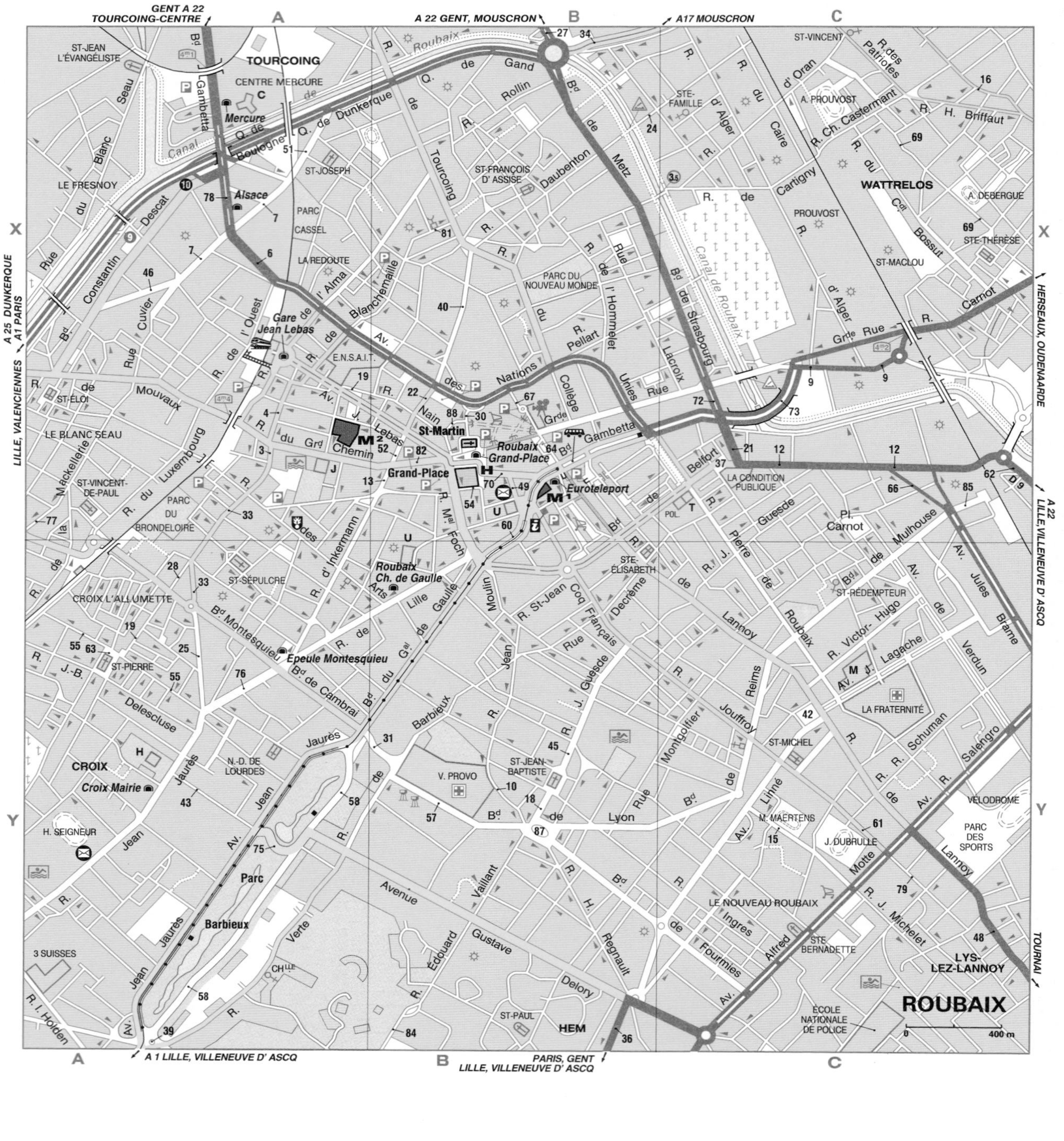
GENT A 22
TOURCOING-CENTRE
A 22 GENT, MOUSCRON
A17 MOUSCRON
TOURCOING
CENTRE MERCURE
ST-JEAN L'ÉVANGÉLISTE
ST-VINCENT
A. PROUVOST
WATTRELOS
A 25 DUNKERQUE A1 PARIS
LILLE, VALENCIENNES
HERSEAUX, OUDENAARDE
A 22 LILLE, VILLENEUVE D'ASCQ
TOURNAI
ROUBAIX
CROIX
HEM
LYS-LEZ-LANNOY
A 1 LILLE, VILLENEUVE D' ASCQ
PARIS, GENT LILLE, VILLENEUVE D' ASCQ
Roubaix Grand-Place
Eurotéléport
Roubaix Ch. de Gaulle
Épeule Montesquieu
Croix Mairie
Gare Jean Lebas
LE NOUVEAU ROUBAIX
0 400 m

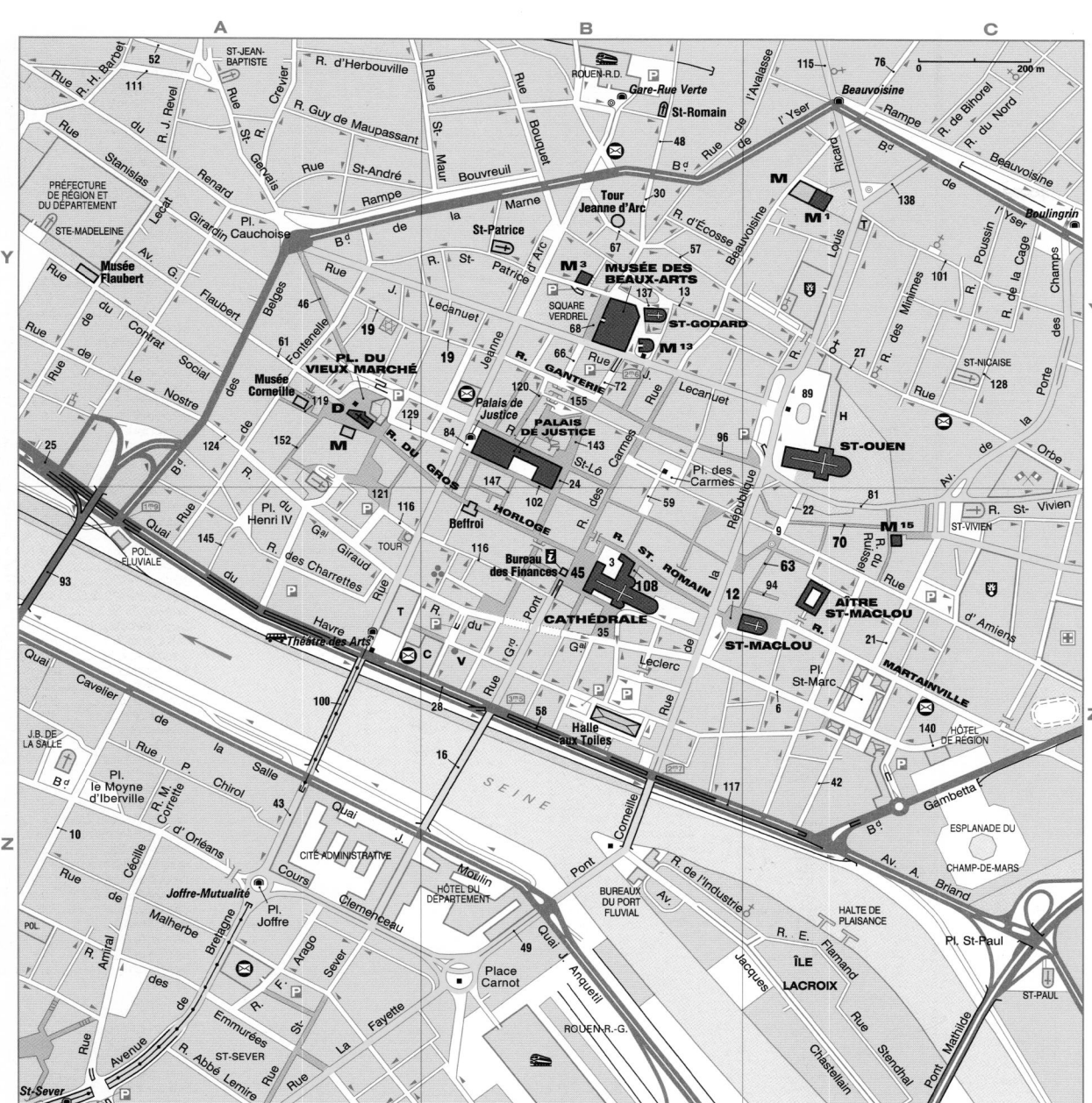

ROUEN

ST-ÉTIENNE

Albert-1er (Bd) . . . . ABX 3
Anatole-France (Pl.) . . . . . BZ 7
Badouillère (R. de la) . . . . CZ 9
Barbusse (R. H.) . . . . CZ 12
Bérard (R. P.) . . . . BCY 14
Bergson (R.) . . . . BX 16
Boivin (Pl.) . . . . BY 17
Chavanelle (Pl.) . . . . CZ 18
Clovis-Hugues (R.) . . . . . . BX 20
Comte (Pl. Louis) . . . . BZ 21
Denfert-Rochereau (Av.) . . CY 26
Descours (R.) . . . . AZ 27
Dorian (Pl.) . . . . BY 33
Dormoy (R. M.) . . . . BXY 34
Dupré (R. G.) . . . . BY 37
Durafour (R. A.) . . . . CZ 38
Escoffier (R. D.) . . . . CZ 39
Fougerolle (R.) . . . . CZ 41
Fourneyron (Pl.) . . . . CY 42
Foy (R. Gén.) . . . . BY 44
Frappa (R. J.) . . . . BY 47
Gambetta (R.) . . . . BXY
Gaulle (R. Ch.-de) . . . . . . BY 49
Gérentet (R.) . . . . BY 49
Gervais (R. E.) . . . . CY 50
Gillet (R. F.) . . . . BY 52
Grand Moulin (R. du) . . . . . BY 55
Guesde (Pl. J.) . . . . BY 56
Hôtel-de-Ville (Pl. de l') . . . BY 57
Jacob (R.) . . . . CX 58
Krumnow (Bd F.) . . . . AY 61
Leclerc (R. du Gén.) . . . . . BZ 62
Loubet
(Av. du Président E.) . . . BZ 63
Martyrs-de-Vingré
(R. des) . . . . BYZ 66
Michelet (R.) . . . . BYZ
Moine (Pl. Antonin) . . . . . . CYZ 68
Moulin (Pl. J.) . . . . CY 72
Mulatière (R. de la) . . . . . . CZ 75
Neuve (Pl.) . . . . BZ 86
Peuple (R. du) . . . . BZ 86
Pointe-Cadet (R.) . . . . BCZ 87
Président-Wilson (R.) . . . . BY 89
République (R. de la) . . . . . BCY
Résistance (R. de la) . . . . . BCY 91
Rivière (R. du Sergent) . . . . CX 93
Robert (R.) . . . . BY 94
Ruel (R. A.) . . . . AX 99
Sadi-Carnot (Pl.) . . . . BX 100
St-Jean (R.) . . . . CY 102
Sauzéa (Cours H.) . . . . . . CY 103
Servet (R. M.) . . . . CD 46
Stalingrad (Square de) . . . CY 109
Théâtre (R. du) . . . . BYZ 112
Thomas (Pl. A.) . . . . BZ 113
Ursules (Pl. des) . . . . AX 116
Valbenoite (Bd) . . . . CZ 119
Villeboeuf (Pl.) . . . . CZ 123
Ville (R. de la) . . . . BY 122
11-Novembre (R. du) . . . . BZ 128

Saint-Corneille 72 . . . . . . .56 AP34
Saint-Cornier-
des-Landes 61 . . . . . .34 AH26
Saint-Cosme 68 . . . . .55 CN37
Saint-Cosme-en-Vairais 72 . .56 AV37
Saint-Cosme-la-Vieille 51 . .183 BG88
Saint-Coulitz 29 . . . . .49 I31
Saint-Coulomb 35 . . . . . . .33 Y26
Saint-Coutant 79 . . . . . . .104 AL54
Saint-Coutant 16 . . . . . . .119 AP57
Saint-Coutant-le-Grand 17 . .117 AF57
Saint-Créac 65 . . . . .178 AK89
Saint-Créac 32 . . . . .161 AR80
Saint-Crépin 17 . . . . .103 AG56
Saint-Crépin 05 . . . . .157 CL70
Saint-Crépin-aux-Bois 60 . .17 BI19
Saint-Crépin-
d'Auberoche 24 . . . . . .133 AS67
Saint-Crépin-
de-Richemont 24 . . . . .133 AQ63
Saint-Crépin-
et-Carlucet 24 . . . . . . .134 AV69
Saint-Crépin-Ibouvillers 60 . .15 BC21
Saint-Crespin 76 . . . . .14 AV15
Saint-Crespin 14 . . . . .26 AN22
Saint-Crespin-
sur-Moine 49 . . . . .88 AD44
Saint-Cricq 32 . . . . .174 AT82
Saint-Cricq-Chalosse 40 . .159 AF83
Saint-Cricq-du-Gave 40 . . .172 AC84
Saint-Cricq-Villeneuve 40 . .159 AI80
Saint-Cybardeaux 16 . . . .118 AL55
Saint-Cybranet 24 . . . . . .148 AU70
Saint-Cyprien 66 . . . . . . .197 BJ95
Saint-Cyprien 46 . . . . . . .148 AV76
Saint-Cyprien 42 . . . . . . .125 B562
Saint-Cyprien 24 . . . . . . .134 AU69
Saint-Cyprien 19 . . . . . . .134 AU65
Saint-Cyprien-Plage 66 . . .197 BJ94
Saint-Cyprien-
sur-Dourdou 12 . . . . . .150 BE73
Saint-Cyr 87 . . . . .120 AT59
Saint-Cyr 86 . . . . .90 AP49
Saint-Cyr 71 . . . . .97 BX49
Saint-Cyr 50 . . . . .24 AC18
Saint-Cyr 39 . . . . .98 CD46
Saint-Cyr 07 . . . . .140 BW65
Saint-Cyr (Mont) 46 . . . . .134 AV65
Saint-Cyr-
au-Mont-d'Or 69 . . . . .126 BX59
Saint-Cyr-de-Favières 42 . .125 BR57
Saint-Cyr-de-Salerne 27 . . .27 AC41
Saint-Cyr-de-Valorges 42 . .125 BR60
Saint-Cyr-des-Gâts 85 . . .103 AF50
Saint-Cyr-du-Bailleul 50 . . .34 AG28
Saint-Cyr-du-Doret 17 . . .103 AF50
Saint-Cyr-du-Gault 41 . . . .75 AD39
Saint-Cyr-du-Ronceray 14 . . .27 AD23
Saint-Cyr-en-Arthies 95 . . .38 AZ23
Saint-Cyr-en-Bourg 49 . . . .90 AL43
Saint-Cyr-en-Pail 53 . . . . .55 AK30
Saint-Cyr-en-Retz 44 . . . . .86 X45
Saint-Cyr-
en-Talmondais 85 . . . .102 AB51
Saint-Cyr-en-Val 45 . . . . . .77 BB37
Saint-Cyr-la-Campagne 27 . .14 AU21
Saint-Cyr-la-Lande 79 . . . .90 AL45
Saint-Cyr-la-Rivière 91 . . . .55 BC31
Saint-Cyr-la-Roche 19 . . .134 AW65
Saint-Cyr-la-Rosière 61 . . .57 AR31
Saint-Cyr-le-Chatoux 69 . . .112 BV56
Saint-Cyr-le-Gravelais 53 . .54 AE34
Saint-Cyr-l'École 78 . . . . . .38 BB26
Saint-Cyr-
les-Champagnes 24 . . .134 AV64
Saint-Cyr-les-Colons 89 . . .78 BD38
Saint-Cyr-les-Vignes 42 . .125 BT60
Saint-Cyr-sous-Dourdan 91 . .38 BB28
Saint-Cyr-sur-le-Rhône 69 . .126 BX62
Saint-Cyr-sur-Loire 37 . . . .149 AY74
Saint-Cyr-sur-Menthon 01 . .112 BY54
Saint-Cyr-sur-Morin 77 . . . .40 BK25
Saint-Cyran-du-Jambot 36 . .90 AV46
Saint-Dalmas-de-Tende 06 . .173 CT77
Saint-Dalmas-
le-Selvage 06 . . . . . . .157 CO75
Saint-Dalmas-
Valdeblore 06 . . . . . . .173 CO77
Saint-Daunès 46 . . . . . . .148 AV75
Saint-Denis 93 . . . . .39 BE24
Saint-Denis 89 . . . . .60 BK32
Saint-Denis 30 . . . . .153 BT76
Saint-Denis 11 . . . . .182 BC86
Saint-Denis-Catus 46 . . . .148 AW73
Saint-Denis-
Combarnazat 63 . . . . .123 BL57
Saint-Denis-d'Aclon 76 . . . .13 AT14
Saint-Denis-d'Anjou 53 . . . .73 AJ37
Saint-Denis-
d'Augerons 27 . . . . . . .36 AO24
Saint-Denis-d'Authou 28 . .57 AT31
Saint-Denis-
de-Cabanne 42 . . . . . .111 BS55
Saint-Denis-de-Gastines 53 . .54 AG30
Saint-Denis-de-Jouhet 36 . .107 BA51
Saint-Denis-de-l'Hôtel 45 . .77 BC36
Saint-Denis-de-Mailloc 14 . .27 AP22
Saint-Denis-de-Méré 14 . . .25 AI25
Saint-Denis-de-Palin 18 . . .91 BF47
Saint-Denis-de-Pile 33 . . .131 AJ68
Saint-Denis-de-Vaux 71 . . .97 BV48
Saint-Denis-
de-Villenette 61 . . . . . .35 AI29
Saint-Denis-
des-Coudrais 72 . . . . .56 AU34
Saint-Denis-des-Monts 27 . .27 AS21
Saint-Denis-des-Murs 87 . .121 AX59
Saint-Denis-des-Puits 28 . .57 AV30
Saint-Denis-d'Oléron 17 . .102 AB56
Saint-Denis-d'Orques 72 . .55 AK54
Saint-Denis-de-Béhélan 27 . .37 AT25
Saint-Denis-du-Maine 53 . .55 AL33
Saint-Denis-du-Payré 85 . .103 AC52
Saint-Denis-du-Tertre
(Chapelle) 72 . . . . .56 AU33
Saint-Denis-en-Bugey 01 . .126 CB57
Saint-Denis-
en-Margeride 48 . . . . .151 BM71
Saint-Denis-la-Chevasse 85 . .87 AB47
Saint-Denis-le-Ferment 27 . .14 AZ20
Saint-Denis-le-Gast 50 . . . .34 AD24
Saint-Denis-le-Thiboult 76 . .14 AW18
Saint-Denis-le-Vêtu 33 . . . .33 AC23
Saint-Denis-lès-Bourg 01 . .112 BZ54
Saint-Denis-lès-Martel 46 . .135 AY69
Saint-Denis-les-Ponts 28 . .76 AW34
Saint-Denis-lès-Rebais 77 . .40 BK25
Saint-Denis-
Maisoncelles 14 . . . . . .34 AG33
Saint-Denis-sur-Coise 42 . .125 BU61
Saint-Denis-sur-Huisne 61 . .56 AR30
Saint-Denis-sur-Loire 41 . . .76 AW39
Saint-Denis-sur-Ouanne 89 . .78 BJ37
Saint-Denis-
sur-Sarthon 61 . . . . . .34 AM29
Saint-Denis-sur-Scie 76 . . .13 AU16
Saint-Deniscourt 60 . . . . . .15 BC19
Saint-Denœux 62 . . . . .2 BA7
Saint-Denoual 22 . . . . .32 V24
Saint-Dernien 29 . . . . .29 H27
Saint-Désert 71 . . . . .97 BW48

Saint-Aubin-sur-Aire 55 . . . .43 CA26
Saint-Aubin-sur-Algot 14 . . .26 AN22
Saint-Aubin-sur-Gaillon 27 . .37 AW22
Saint-Aubin-sur-Loire 71 . . .110 BO51
Saint-Aubin-sur-Mer 76 . . . .13 AT14
Saint-Aubin-sur-Mer 14 . . . .26 AK20
Saint-Aubin-
sur-Quillebeuf 27 . . . . . .12 AQ18
Saint-Aubin-sur-Scie 76 . . . .13 AU14
Saint-Aubin-sur-Yonne 89 . . .61 BL35
Saint-Augustin 79 . . . . .40 BI26
Saint-Augustin 35 . . . . . . .AZ63
Saint-Augustin 17 . . . . . . .116 AD60
Saint-Augustin 03 . . . . .94 BI48
Saint-Augustin-
des-Bois 49 . . . . .72 AG40
Saint-Aulaire 19 . . . . .134 AW65
Saint-Aulais-
la-Chapelle 16 . . . . . . .132 AL63
Saint-Aulaye 24 . . . . .132 AM66
Saint-Aunès 34 . . . . .185 BM83
Saint-Aunix-Lengros 32 . . .179 AL84
Saint-Aupre 38 . . . . .141 CD63
Saint-Austremoine 43 . . . .138 BM67
Saint-Auvent 87 . . . . .120 AT59
Saint-Avaugourd-
des-Landes 85 . . . . . . .102 AA51
Saint-Avé 56 . . . . .69 R37
Saint-Aventin 31 . . . . .193 AM66
Saint-Averin 37 . . . . .75 AR42
Saint-Avit 81 . . . . .182 BC85
Saint-Avit 63 . . . . .122 BF58
Saint-Avit 47 . . . . .147 AS73
Saint-Avit 47 . . . . .146 AN73
Saint-Avit 41 . . . . .57 AT34
Saint-Avit 40 . . . . .159 AH79
Saint-Avit 26 . . . . .140 BY66
Saint-Avit 16 . . . . .132 AL65
Saint-Avit-
de-Soulège 33 . . . . . . .146 AM70
Saint-Avit-de-Tardes 23 . . .122 BD58
Saint-Avit-de-Vialard 24 . . .133 AS69
Saint-Avit-Frandat 32 . . . .161 AQ79
Saint-Avit-le-Pauvre 23 . . .121 BB57
Saint-Avit-
es-Guespières 28 . . . . .58 AW32
Saint-Avit-Rivière 24 . . . . .147 AS71
Saint-Avit-
Saint-Nazaire 33 . . . . .146 AN70
Saint-Avit-Sénieur 24 . . . .147 AR71
Saint-Avold 57 . . . . .22 CJ22
Saint-Avre 73 . . . . .142 CJ63
Saint-Ay 45 . . . . .76 AZ36
Saint-Aygulf 83 . . . . .5 BN7
Saint-Aygulf 83 . . . . .189 CN85
Saint-Babel 63 . . . . .123 BL61
Saint-Baldoph 73 . . . . . . .128 CG61
Saint-Bandry 02 . . . . .17 BJ19
Saint-Baraing 39 . . . . .98 CD46
Saint-Bardoux 26 . . . . . . .140 BY67
Saint-Barnabé 22 . . . . .52 S32
Saint-Barthélemy 77 . . . . . .40 BZ26
Saint-Barthélemy 70 . . . . . .84 CJ37
Saint-Barthélemy 56 . . . . . .51 P34
Saint-Barthélemy 50 . . . . . .34 AF27
Saint-Barthélemy 40 . . . . .171 AA84
Saint-Barthélemy 38 . . . . .140 BZ64
Saint-Barthélemy-
d'Agenais 47 . . . . .147 AO73
Saint-Barthélemy-
d'Anjou 49 . . . . .73 AI40
Saint-Barthélemy-
de-Bellegarde 24 . . . . .132 AM67
Saint-Barthélemy-
de-Bussière 24 . . . . . .119 AR61
Saint-Barthélemy-
de-Séchilienne 38 . . . .141 CF67

Saint-Barthélemy-
de-Vals 26 . . . . .140 BX66
Saint-Barthélemy-
Grozon 07 . . . . .140 BW68
Saint-Barthélemy-
le-Meil 07 . . . . .139 BV69
Saint-Barthélemy-
le-Plain 07 . . . . .140 BW67
Saint-Barthélemy-
Lestra 42 . . . . .125 BT60
Saint-Basile 07 . . . . .139 BV68
Saint-Baslemont 88 . . . . . .65 CF32
Saint-Baudel 18 . . . . .93 BC48
Saint-Baudelle 53 . . . . . . .55 AH31
Saint-Baudille-
de-la-Tour 38 . . . . . . .127 CB59
Saint-Baudille-et-Pipet 38 . .155 CF70
Saint-Bauld 37 . . . . .91 AS44
Saint-Baussant 54 . . . . . . .44 CD24
Saint-Bauzeil 09 . . . . . . .181 AX89
Saint-Bauzély 30 . . . . . . .185 BS80
Saint-Bauzile 48 . . . . . . .152 BN74
Saint-Bauzile 07 . . . . . . .140 BW71
Saint-Bauzille-
de-la-Sylve 34 . . . . . .184 BN83
Saint-Bauzille-
de-Montmel 34 . . . . . .166 BQ82
Saint-Bauzille-
de-Putois 34 . . . . . . .166 BQ80
Saint-Bazile 87 . . . . .119 AS60
Saint-Bazile-
la-Roche 19 . . . . .135 BA66
Saint-Bazile-
de-Meyssac 19 . . . . . .135 AZ67
Saint-Béat 31 . . . . .193 AQ91
Saint-Beaulize 34 . . . . . .165 BK80
Saint-Beauzeil 82 . . . . . .147 AS75
Saint-Beauzély 12 . . . . . .165 BI77
Saint-Beauzile 81 . . . . . .163 AZ79
Saint-Beauzire 63 . . . . . .123 BK59
Saint-Beauzire 43 . . . . . .137 BL65
Saint-Bénézet 30 . . . . . .167 BS80
Saint-Bénigne 01 . . . . . .112 BY52
Saint-Benin 59 . . . . .9 BM12
Saint-Benin-d'Azy 58 . . . . .95 BL46
Saint-Benin-des-Bois 58 . . .95 BM44
Saint-Benoist-sur-Mer 85 . .102 AB52
Saint-Benoît 86 . . . . .127 CE62
Saint-Benoît 28 . . . . .105 AO51
Saint-Benoît 11 . . . . .182 BB90
Saint-Benoît 04 . . . . .174 CN79
Saint-Benoît 01 . . . . .127 CD60
Saint-Benoît-
des-Ombres 27 . . . . . .27 AS22
Saint-Benoît-
des-Ondes 35 . . . . . . .33 Y27
Saint-Benoît-
d'Hébertot 14 . . . . . . .27 AO20
Saint-Benoît-
du-Sault 36 . . . . .107 AW52
Saint-Benoît-
en-Champsaur 05 . . . .156 CH71
Saint-Benoît-en-Diois 26 . .155 CB71
Saint-Benoît-
en-Woëvre 55 . . . . . . .44 CD33
Saint-Benoît-
la-Chipotte 88 . . . . . . .66 CK30
Saint-Benoît-
la-Forêt 37 . . . . .90 AO43
Saint-Benoît-sur-Loire 45 . .77 BD37
Saint-Benoît-sur-Seine 10 . .62 BQ31
Saint-Bérain 43 . . . . .138 BO68
Saint-Bérain-
sous-Sanvignes 71 . . . .96 BS49
Saint-Bérain-
sur-Dheune 71 . . . . . . .97 BV48
Saint-Bernard 68 . . . . .85 CO37
Saint-Bernard 57 . . . . . . .141 CF64
Saint-Bernard 38 . . . . . . .141 CE63
Saint-Bernard 21 . . . . .97 BY44
Saint-Bernard 01 . . . . . . .126 BW57

Saint-Béron 73 . . . . .127 CE62
Saint-Berthevin 53 . . . . . . .54 AG34
Saint-Berthevin-
la-Tannière 53 . . . . . . .54 AF30
Saint-Bertrand-
de-Comminges 31 . . . .193 AQ90
Saint-Biez-en-Belin 72 . . . .74 AO37
Saint-Blaise 74 . . . . .31 G29
Saint-Blaise 06 . . . . .175 CR80
Saint-Blaise
(Fouilles de) 13 . . . . . .187 BZ85
Saint-Blaise-du-Buis 38 . . .141 CC63
Saint-Blaise-la-Roche 67 . . .66 CN29
Saint-Blancard 32 . . . . . .180 AO86
Saint-Blimont 80 . . . . .6 AY II
Saint-Blin 52 . . . . .64 CA31
Saint-Boès 64 . . . . .177 AE84
Saint-Boing 54 . . . . .153 BS76
Saint-Bois 01 . . . . .127 CD60
Saint-Bômer 28 . . . . .57 AS32
Saint-Bômer-les-Forges 61 . .34 AH27
Saint-Bon 51 . . . . .41 BM27
Saint-Bon 73 . . . . .143 CJ36
Saint-Bon-Tarentaise 73 . .125 CL62
Saint-Bonnet 16 . . . . .118 AK62
Saint-Bonnet
(Signal de) 69 . . . . . . .125 BV57
Saint-Bonnet-Avalouze 19 . .122 AZ65
Saint-Bonnet-Briance 87 . .121 AY60
Saint-Bonnet-de-Bellac 87 . .106 AT55
Saint-Bonnet-
de-Chavagne 38 . . . . .140 CA66
Saint-Bonnet-
de-Chirac 48 . . . . . . .151 BL73
Saint-Bonnet-
de-Condat 15 . . . . . . .137 BH65
Saint-Bonnet-
de-Cray 71 . . . . .111 BR54
Saint-Bonnet-de-Four 03 . .109 BI53
Saint-Bonnet-de-Joux 71 . .111 BU51
Saint-Bonnet-
de-Montauroux 48 . . . .152 BO70
Saint-Bonnet-
de-Mure 69 . . . . .126 BY60
Saint-Bonnet-
de-Rochefort 03 . . . . .109 BK55
Saint-Bonnet-
de-Salendrinque 30 . . .166 BQ79
Saint-Bonnet-
de-Salers 15 . . . . . . .136 BE66
Saint-Bonnet-
de-Valclérieux 26 . . . .140 BZ66
Saint-Bonnet-
de-Vieille-Vigne 71 . . .111 BS51
Saint-Bonnet-
des-Bruyères 69 . . . . .111 BU54
Saint-Bonnet-
des-Quarts 42 . . . . . .110 BP55
Saint-Bonnet-du-Gard 30 . .167 BV80
Saint-Bonnet-Elvert 19 . . .135 BA66
Saint-Bonnet-en-Bresse 71 . .98 BZ47
Saint-Bonnet-
en-Champsaur 05 . . . .156 CH71
Saint-Bonnet-la-Rivière 19 . .134 AV65
Saint-Bonnet-le-Bourg 63 . .138 BN63
Saint-Bonnet-le-Chastel 63 . .138 BO63
Saint-Bonnet-le-Château 42 . .139 BO63
Saint-Bonnet-le-Courreau 42 . .124 BQ61
Saint-Bonnet-le-Froid 43 . . .139 BS67
Saint-Bonnet-le-Troncy 69 . .111 BU55
Saint-Bonnet-l'Enfantier 19 . .135 AX65
Saint-Bonnet-lès-Allier 63 . .123 BL60
Saint-Bonnet-les-Oules 42 . .125 BT62
Saint-Bonnet-
les-Tours-de-Merle 19 . .135 BB67

Saint-Bonnet-
près-Bort 19 . . . . .122 BE62
Saint-Bonnet-
près-Orcival 63 . . . . . .123 BH60
Saint-Bonnet-
près-Riom 63 . . . . . . .123 BJ58
Saint-Bonnet-
sur-Gironde 17 . . . . . .131 AG64
Saint-Bonnet-Tronçais 03 . .109 BG50
Saint-Bonnet 58 . . . . .95 BL43
Saint-Bouize 18 . . . . .94 BI43
Saint-Brancher 89 . . . . . . .80 BO41
Saint-Branchs 37 . . . . .91 AS43
Saint-Brandan 22 . . . . .31 R29
Saint-Brès 34 . . . . .185 BR83
Saint-Brès 30 . . . . .153 BS76
Saint-Bresson 70 . . . . .83 CJ35
Saint-Bresson 30 . . . . . . .166 BO80
Saint-Bressou 46 . . . . . . .149 BB71
Saint-Brevin-l'Océan 44 . . . .70 V42
Saint-Brevin-les-Pins 44 . . . .70 V42
Saint-Brevin-sur-Mer 35 . . . .32 W27
Saint-Brice 77 . . . . .40 BL28
Saint-Brice 61 . . . . .34 AH28
Saint-Brice 53 . . . . .73 AJ36
Saint-Brice 50 . . . . .24 AE20
Saint-Brice 33 . . . . .146 AK71
Saint-Brice 16 . . . . .117 AJ60
Saint-Brice-Courcelles 51 . . .18 BP21
Saint-Brice-de-Landelles 50 . .34 AE28
Saint-Brice-en-Coglès 35 . . .34 AC30
Saint-Brice-sous-Forêt 95 . . .39 BE24
Saint-Brice-sous-Rânes 61 . .35 AL27
Saint-Brice-sur-Vienne 87 . .120 AT58
Saint-Brieuc 22 . . . . .31 S28
Saint-Brieuc-de-Mauron 56 . .52 U33
Saint-Brieuc-des-Iffs 35 . . . .33 Y31
Saint-Bris-des-Bois 17 . . . .117 AH55
Saint-Bris-le-Vineux 89 . . . .79 BM37
Saint-Brisson 58 . . . . .96 BR43
Saint-Brisson-sur-Loire 45 . .78 BG39
Saint-Broing-les-Moines 21 . .80 BW40
Saint-Broing-le-Bois 52 . . . .82 CB37
Saint-Broing-les-Fosses 52 . .82 BZ37
Saint-Broladre 35 . . . . .34 AA27
Saint-Bueil 38 . . . . .127 CE62
Saint-Cado 56 . . . . .68 O37
Saint-Calais 72 . . . . .75 AS36
Saint-Calais-du-Désert 53 . .55 AK29
Saint-Calez-en-Saosnois 72 . .56 AO31
Saint-Cannat 13 . . . . .168 CB83
Saint-Caprais 46 . . . . . . .148 AR84
Saint-Caprais 32 . . . . . . .180 AR84
Saint-Caprais 18 . . . . .93 BG51
Saint-Caprais-
de-Bordeaux 33 . . . . . .145 AH70
Saint-Caprais-de-Lerm 47 . .161 AR77
Saint-Caprais-en-Bresse 71 . .98 BZ47
Saint-Capraise-
d'Eymet 24 . . . . .147 AO70
Saint-Capraise-
de-Lalinde 24 . . . . . . .147 AR70
Saint-Caradec 22 . . . . .52 S32
Saint-Caradec-Trégomel 56 . .51 N33
Saint-Carné 22 . . . . .32 X29
Saint-Carreuc 22 . . . . .31 S28
Saint-Cassien 86 . . . . .90 AM46
Saint-Cassien 38 . . . . . . .141 CD64
Saint-Cassien 24 . . . . . . .147 AS71
Saint-Cassin 73 . . . . .128 CF61
Saint-Cast-le-Guildo 22 . . . .32 W27
Saint-Castin 64 . . . . .178 AI86
Saint-Célerin 72 . . . . .56 AP33
Saint-Céneré 53 . . . . .55 AI33
Saint-Céneri-le-Gérei 61 . . .56 AM30
Saint-Céols 18 . . . . .94 BG43

Saint-Céré 46 . . . . .149 BA70
Saint-Cergues 74 . . . . . . .114 CI54
Saint-Cernin 46 . . . . .148 AX73
Saint-Cernin 15 . . . . .136 BE67
Saint-Cernin-
de-Labarde 24 . . . . . .147 AP71
Saint-Cernin-de-Larche 19 . .134 AW67
Saint-Cernin-
de-l'Herm 24 . . . . . . .148 AT72
Saint-Cernin-
de-Reilhac 24 . . . . . . .133 AS68
Saint-Cézaire 30 . . . . . . .167 BT81
Saint-Cézaire 17 . . . . . . .117 AH59
Saint-Césaire-
de-Gauzignan 30 . . . .167 BS79
Saint-Césaire-
en-Bazelle 36 . . . . . . .92 AZ44
Saint-Césaire-
(Grottes de) 06 . . . . . .174 CO82
Saint-Cézaire-
sur-Siagne 06 . . . . . . .174 CN82
Saint-Cézert 31 . . . . .162 AU82
Saint-Chabrais 23 . . . . . .108 BC55
Saint-Chaffrey 05 . . . . . . .143 CI68
Saint-Chamant 19 . . . . . .135 BA67
Saint-Chamant 15 . . . . . .136 BE67
Saint-Chamarand 46 . . . . .148 AW72
Saint-Chamas 13 . . . . . . .187 BZ84
Saint-Chamassy 24 . . . . . .133 AS69
Saint-Chamond 42 . . . . . .127 CE59
Saint-Champ 01 . . . . .127 CE59
Saint-Chaptes 30 . . . . . . .167 BU80
Saint-Charles 54 . . . . .21 CD17
Saint-Charles-de-Percy 14 . .34 AG34
Saint-Charles-la-Forêt 53 . . .55 AI35
Saint-Chartier 36 . . . . . . .107 AW51
Saint-Chartres 86 . . . . .90 AM47
Saint-Chef 38 . . . . .127 CB61
Saint-Chels 46 . . . . .149 AZ73
Saint-Chély-d'Apcher 48 . .151 BL70
Saint-Chély-d'Aubrac 12 . .151 BI73
Saint-Chély-du-Tarn 48 . . .151 BM75
Saint-Chéron 91 . . . . .59 BC29
Saint-Chéron 51 . . . . .42 BU28
Saint-Chinian 34 . . . . . . .183 BI66
Saint-Christ-Briost 80 . . . . . .8 BI14
Saint-Christau 79 . . . . . . .179 AN84
Saint-Christaud 31 . . . . . .180 AU88
Saint-Christo-en-Jarez 42 . .125 BU62
Saint-Christol 84 . . . . . . .168 CD78
Saint-Christol 34 . . . . . . .166 BQ82
Saint-Christol 07 . . . . . . .140 BW73
Saint-Christol-
de-Rodières 30 . . . . . .153 BV76
Saint-Christol-lès-Alès 30 . .167 BR78
Saint-Christoly-
de-Blaye 33 . . . . .131 AH66
Saint-Christoly-Médoc 33 . . .131 AF66
Saint-Christophe 86 . . . . . .90 AO47
Saint-Christophe 81 . . . . .163 BF69
Saint-Christophe 69 . . . . .111 BU53
Saint-Christophe 28 . . . . . .77 AW33
Saint-Christophe 23 . . . . .121 AE55
Saint-Christophe 17 . . . . .103 AE55
Saint-Christophe 16 . . . . .132 AL63
Saint-Christophe 03 . . . . .110 BN55
Saint-Christophe-à-Berry 02 . .17 BJ19
Saint-Christophe-
d'Allier 43 . . . . .152 BO70
Saint-Christophe-
de-Chaulieu 61 . . . . . . .34 AG26
Saint-Christophe-
de-Double 33 . . . . . . .132 AL67
Saint-Christophe-
de-Valains 35 . . . . .53 AB30
Saint-Christophe-
des-Bardes 33 . . . . . .132 AK69

Saint-Christophe-
des-Bois 35 . . . . .54 AD32
Saint-Christophe-
Dodinicourt 10 . . . . . . .62 BT30
Saint-Christophe-
du-Bois 49 . . . . .88 AE45
Saint-Christophe-
u-Foc 50 . . . . .24 AA17
Saint-Christophe-
du-Jambet 72 . . . . .56 AM32
Saint-Christophe-
du-Ligneron 85 . . . . . . .87 Y47
Saint-Christophe-
du-Luat 53 . . . . .55 AJ33
Saint-Christophe-
en-Bazelle 36 . . . . .92 AZ44
Saint-Christophe-
en-Boucherie 36 . . . . .108 BA52
Saint-Christophe-
en-Bresse 71 . . . . .97 BY48
Saint-Christophe-
en-Brionnais 71 . . . . . .111 BS54
Saint-Christophe-
en-Champagne 72 . . . .55 AL35
Saint-Christophe-
en-Oisans 38 . . . . . . .142 CI68
Saint-Christophe-
et-le-Laris 26 . . . . . . .140 BZ65
Saint-Christophe-
la-Couperie 49 . . . . . . .72 AD42
Saint-Christophe-
la-Grotte 73 . . . . .141 CE63
Saint-Christophe-
le-Chaudry 18 . . . . . . .108 BE51
Saint-Christophe-
le-Jajolet 61 . . . . .35 AM27
Saint-Christophe-
sur-Avre 27 . . . . .37 A527
Saint-Christophe-
sur-Condé 27 . . . . .27 AR20
Saint-Christophe-
sur-Dolaison 43 . . . . . .138 BP68
Saint-Christophe-
sur-Guiers 38 . . . . . . .141 CE63
Saint-Christophe-
sur-le-Nais 37 . . . . .74 AP39
Saint-Christophe-
sur-Roc 79 . . . . .104 AG52
Saint-Cibard 33 . . . . .132 AL69
Saint-Cierge-la-Serre 07 . .154 BW70
Saint-Cierge-
sous-le-Cheylard 07 . . .139 BU58
Saint-Ciergues 52 . . . . . . .82 BZ36
Saint-Ciers-
Champagne 17 . . . . . .131 AJ63
Saint-Ciers-d'Abzac 33 . . .131 AJ67
Saint-Ciers-de-Canesse 33 . .131 AG67
Saint-Ciers-du-Taillon 17 . .131 AH64
Saint-Ciers-
sur-Bonnieure 16 . . . .118 AN58
Saint-Ciers-
sur-Gironde 33 . . . . . .131 AG64
Saint-Cirgues 46 . . . . . . .149 BC71
Saint-Cirgues 43 . . . . . . .138 BM66
Saint-Cirgues-
de-Jordanne 15 . . . . .136 BF68
Saint-Cirgues-
de-Malbert 15 . . . . . . .136 BE67
Saint-Cirgues-de-Prades 07 . .153 BT72
Saint-Cirgues-
en-Montagne 07 . . . . .153 BR71
Saint-Cirgues-la-Loutre 19 . .136 BC66
Saint-Cirgues-
sur-Couze 63 . . . . . . .123 BK62

Saint-Cirice 82 . . . . .161 AR79
Saint-Cirq 82 . . . . .148 AY78
Saint-Cirq 24 . . . . .134 AT69
Saint-Cirq-Lapopie 46 . . . .149 AY74
Saint-Cirq-Madelon 46 . . .148 AV70
Saint-Cirq-Souillaguet 46 . .148 AW72
Saint-Civran 36 . . . . .107 AW51
Saint-Clair 86 . . . . .90 AM47
Saint-Clair 83 . . . . .189 CK88
Saint-Clair 82 . . . . .148 AW71
Saint-Clair 46 . . . . .148 AW71
Saint-Clair 07 . . . . .140 BW65
Saint-Clair-d'Arcey 27 . . . .27 AS22
Saint-Clair-de-Halouze 61 . .35 AH27
Saint-Clair-de-la-Tour 38 . .127 CC61
Saint-Clair-du-Rhône 38 . .140 BW63
Saint-Clair-sur-Galaure 38 . .140 BZ65
Saint-Clair-sur-Epte 95 . . . .15 AZ21
Saint-Clair-sur-l'Elle 50 . . . .24 AF21
Saint-Clair-sur-les-Monts 76 . .13 AS17
Saint-Clar 32 . . . . .161 AR80
Saint-Clar-de-Rivière 31 . .180 AU85
Saint-Claud 16 . . . . .119 AP58
Saint-Claude 39 . . . . .114 CF52
Saint-Claude-de-Diray 41 . .76 AW39
Saint-Clément 54 . . . . .60 BK32
Saint-Clément 30 . . . . . . .185 BR81
Saint-Clément 89 . . . . . . .60 BK32
Saint-Clément 54 . . . . .21 CJ28
Saint-Clément 30 . . . . . . .135 AY64
Saint-Clément 15 . . . . . . .136 BG68
Saint-Clément 07 . . . . . . .139 BT68
Saint-Clément 03 . . . . . . .110 BO56
Saint-Clément 02 . . . . .18 BQ15
Saint-Clément-à-Arnes 08 . .19 BT20
Saint-Clément-
de-la-Place 49 . . . . . . .72 AG40
Saint-Clément-
de-Régnat 63 . . . . . . .123 BL57
Saint-Clément-
de-Rivière 34 . . . . . . .185 BQ83
Saint-Clément-
de-Valorgue 63 . . . . . .124 BO62
Saint-Clément-de-Vers 69 . .111 BT54
Saint-Clément-
des-Baleines 17 . . . . .102 Z54
Saint-Clément-
des-Levées 49 . . . . . . .73 AK42
Saint-Clément-
les-Places 69 . . . . . . .125 BU60
Saint-Clément-
sur-Durance 05 . . . . . .157 CL71
Saint-Clément-
sur-Guye 71 . . . . .112 BV50
Saint-Clément-
sur-Valsonne 69 . . . . .125 BU58
Saint-Clet 22 . . . . .31 P26
Saint-Cloud 92 . . . . .39 BD25
Saint-Cloud-
en-Dunois 28 . . . . .58 AX34
Saint-Colomb-
de-Lauzun 47 . . . . . . .147 AP72
Saint-Colomban 44 . . . . . .87 G33
Saint-Côme 33 . . . . .146 AJ74
Saint-Côme
(Chapelle de) 29 . . . . . .49 G31
Saint-Côme-de-Fresné 14 . .25 AI19
Saint-Côme-du-Mont 50 . . .24 AD19
Saint-Côme-
et-Maruéjols 30 . . . . . .167 BS81
Saint-Congard 56 . . . . . . .70 V36
Saint-Connan 22 . . . . .31 P29
Saint-Connec 22 . . . . .52 S32
Saint-Constant 15 . . . . . .150 BD72
Saint-Contest 14 . . . . .26 AJ21

Saint-Désir 14 27 AO22
Saint-Désirat 07 140 BX65
Saint-Désiré 03 108 BE51
Saint-Dézéry 30 167 BT79
Saint-Dézery 19 122 BE62
Saint-Didier 84 168 CA79
Saint-Didier 58 79 BN42
Saint-Didier 39 98 CC49
Saint-Didier 35 54 AC33
Saint-Didier 21 80 BR42
Saint-Didier-au-Mont-d'Or 69 126 BX59
Saint-Didier-d'Allier 43 138 BO68
Saint-Didier-d'Aussiat 01 112 BY53
Saint-Didier-de-Bizonnes 38 127 CB62
Saint-Didier-de-Formans 01 126 BW57
Saint-Didier-de-la-Tour 38 127 CC61
Saint-Didier-des-Bois 27 14 AU21
Saint-Didier-en-Bresse 71 97 BY47
Saint-Didier-en-Brionnais 71 111 BR53
Saint-Didier-en-Donjon 03 110 BP53
Saint-Didier-en-Velay 43 139 BT65
Saint-Didier-la-Forêt 03 110 BL54
Saint-Didier-sous-Aubenas 07 153 BU72
Saint-Didier-sous-Écouves 61 56 AM29
Saint-Didier-sous-Riverie 69 125 BV61
Saint-Didier-sur-Arroux 71 96 BR48
Saint-Didier-sur-Beaujeu 69 111 BU55
Saint-Didier-sur-Chalaronne 01 112 BX55
Saint-Didier-sur-Doulon 43 138 BN65
Saint-Didier-sur-Rochefort 42 124 BP59
Saint-Dié-des-Vosges 88 66 CM31
Saint-Dier-d'Auvergne 63 124 BM61
Saint-Diéry 63 123 BJ62
Saint-Dionizy 30 167 BT81
Saint-Disdier 05 156 CG70
Saint-Divy 29 29 G28
Saint-Dizant-du-Bois 17 131 AH63
Saint-Dizant-du-Gua 17 131 AG63
Saint-Dizier 52 43 BX27
Saint-Dizier-en-Diois 26 155 CC73
Saint-Dizier-la-Tour 23 108 BC55
Saint-Dizier-les-Domaines 23 108 BB53
Saint-Dizier-l'Évêque 90 84 CM40
Saint-Dizier-Leyrenne 23 121 AZ57
Saint-Dolay 56 70 W39
Saint-Domet 23 108 BD56
Saint-Domineuc 35 53 Y30
Saint-Donan 22 31 R28
Saint-Donat 63 136 BG63
Saint-Donat (Église de) 04 169 CG78
Saint-Donat-sur-l'Herbasse 26 140 BY66
Saint-Dos 64 177 AC85
Saint-Doulchard 18 93 BE45
Saint-Drézéry 34 166 BR82
Saint-Dyé-sur-Loire 41 76 AX39
Saint-Èble 43 138 BN67
Saint-Ébremond-de-Bonfossé 50 34 AE22
Saint-Edmond 71 111 BS55
Saint-Égrève 38 141 CE65
Saint-Élier 27 37 AT24
Saint-Éliph 28 57 AU30
Saint-Élix 32 180 AR85
Saint-Élix-le-Château 31 180 AU87
Saint-Élix-Séglan 31 180 AR88
Saint-Élix-Theux 32 179 AO85
Saint-Ellier 49 73 AJ42
Saint-Ellier-du-Maine 53 54 AE30
Saint-Ellier-les-Bois 61 55 AL29
Saint-Éloi 58 95 BK46
Saint-Éloi 23 107 AZ56
Saint-Éloi 22 30 N27
Saint-Éloi 01 126 BZ57
Saint-Éloi-de-Fourques 27 27 AS21
Saint-Eloy 29 29 I29
Saint-Éloy-d'Allier 03 108 BE52
Saint-Éloy-de-Gy 18 93 BD44
Saint-Éloy-la-Glacière 63 124 BN62
Saint-Éloy-les-Mines 63 109 BH55
Saint-Éloy-les-Tuileries 19 134 AV63
Saint-Éman 28 57 AV31
Saint-Émiland 71 97 BU47
Saint-Émilien-de-Blain 44 71 Z40
Saint-Émilion 33 132 AK69
Saint-Ennemond 03 95 BM49
Saint-Épain 37 91 AQ44
Saint-Epvre 57 22 CH23
Saint-Erblon 53 72 AD37
Saint-Erblon 35 53 AA34
Saint-Erme-Outre-et-Ramecourt 02 18 BO18
Saint-Escobille 91 59 BB30
Saint-Esteben 64 177 AB86
Saint-Estèphe 33 131 AF65
Saint-Estèphe 24 119 AQ61
Saint-Estèphe 16 118 AL61
Saint-Estève 84 168 CB77
Saint-Estève 66 197 BI94
Saint-Estève-Janson 13 169 CC82
Saint-Étienne 42 139 BT63
Saint-Étienne-à-Arnes 08 19 BT20
Saint-Étienne-au-Mont 62 2 AY5
Saint-Étienne-au-Temple 51 42 BT23
Saint-Étienne-aux-Clos 19 122 BE62
Saint-Étienne-Cantalès 15 136 BD69
Saint-Étienne-Cantalès (Barrage de) 15 136 BC69
Saint-Étienne-d'Albagnan 34 183 BI84
Saint-Étienne-de-Baïgorry 64 176 Z88
Saint-Étienne-de-Boulogne 07 153 BU71
Saint-Étienne-de-Brillouet 85 103 AE51
Saint-Étienne-de-Carlat 15 136 BF69
Saint-Étienne-de-Chigny 37 74 AO42
Saint-Étienne-de-Chomeil 15 136 BF64
Saint-Étienne-de-Crossey 38 141 CD63
Saint-Étienne-de-Cuines 73 142 CI64
Saint-Étienne-de-Fontbellon 07 153 BU72
Saint-Étienne-de-Fougères 47 147 AP74
Saint-Étienne-de-Fursac 23 107 AX55
Saint-Étienne-de-Gourgas 34 165 BM82
Saint-Étienne-de-Lisse 33 132 AK69
Saint-Étienne-de-l'Olm 30 167 BS78
Saint-Étienne-de-Lugdarès 07 152 BQ72
Saint-Étienne-de-Maurs 15 149 BC71
Saint-Étienne-de-Mer-Morte 44 87 Y46
Saint-Étienne-de-Montluc 44 71 Y42
Saint-Étienne-de-Puycorbier 24 133 AO67
Saint-Étienne-de-Saint-Geoirs 38 141 CB64
Saint-Étienne-de-Serre 07 153 BV70
Saint-Étienne-de-Tinée 06 157 CO75
Saint-Étienne-de-Tulmont 82 162 AW79
Saint-Étienne-de-Valoux 07 140 BX65
Saint-Étienne-de-Vicq 03 110 BN55
Saint-Étienne-de-Villeréal 47 147 AR72
Saint-Étienne-des-Champs 63 122 BF59
Saint-Étienne-des-Guérets 41 75 AU39
Saint-Étienne-des-Oullières 69 112 BV56
Saint-Étienne-des-Sorts 30 167 BW77
Saint-Étienne-d'Orthe 40 158 AB83
Saint-Étienne-du-Bois 85 87 Z47
Saint-Étienne-du-Bois 01 113 CA53
Saint-Étienne-du-Grès 13 168 BX81
Saint-Étienne-du-Gué-de-l'Isle 22 52 S32
Saint-Étienne-du-Rouvray 76 14 AV19
Saint-Étienne-du-Valdonnez 48 152 BN74
Saint-Étienne-du-Vauvray 27 14 AV21
Saint-Étienne-du-Vigan 43 152 BP70
Saint-Étienne-en-Bresse 71 97 BY49
Saint-Étienne-en-Coglès 35 54 AC30
Saint-Étienne-en-Dévoluy 05 156 CG71
Saint-Étienne-Estréchoux 34 184 BK83
Saint-Étienne-la-Cigogne 79 104 AH55
Saint-Étienne-la-Geneste 19 136 BD63
Saint-Étienne-la-Thillaye 14 26 AN20
Saint-Étienne-la-Varenne 69 112 BV56
Saint-Étienne-l'Allier 27 27 AQ21
Saint-Étienne-Lardeyrol 43 139 BR67
Saint-Étienne-le-Laus 05 156 CI73
Saint-Étienne-le-Molard 42 125 BR60
Saint-Étienne-les-Orgues 04 169 CF78
Saint-Étienne-lès-Remiremont 88 65 CJ34
Saint-Étienne-Roilaye 60 17 BI20
Saint-Étienne-sous-Bailleul 27 38 AX22
Saint-Étienne-sous-Barbuise 10 62 BR29
Saint-Étienne-sur-Blesle 43 137 BK65
Saint-Étienne-sur-Chalaronne 01 112 BX55
Saint-Étienne-sur-Reyssouze 01 112 BY52
Saint-Étienne-sur-Suippe 51 18 BQ19
Saint-Étienne-sur-Usson 63 124 BM62
Saint-Étienne-Vallée-Française 48 166 BP77
Saint-Eugène 71 96 BS49
Saint-Eugène 17 117 AJ62
Saint-Eugène 02 41 BM23
Saint-Eulien 51 43 BW27
Saint-Euphraise-et-Clairizet 51 18 BP21
Saint-Euphrône 21 80 BT40
Saint-Eusèbe 74 128 CG57
Saint-Eusèbe 71 97 BU49
Saint-Eusèbe-en-Champsaur 05 156 CH70
Saint-Eustache 74 128 CH59
Saint-Eustache (Col de) 2A 203 DI102
Saint-Eustache-la-Forêt 76 12 AP17
Saint-Eutrope 16 132 AM63
Saint-Eutrope-de-Born 47 147 AQ73
Saint-Évarzec 29 49 I34
Saint-Évroult-de-Montfort 61 36 AP26
Saint-Évroult-Notre-Dame-du-Bois 61 36 AQ26
Saint-Exupéry 33 146 AK72
Saint-Exupéry-les-Roches 19 122 BE62
Saint-Fargeau 89 78 BJ39
Saint-Fargeau-Ponthierry 77 59 BF29
Saint-Fargeol 03 109 BG55
Saint-Faust 64 178 AH87
Saint-Félicien 07 139 BV67
Saint-Féliu-d'Amont 66 197 BH94
Saint-Féliu-d'Avall 66 197 BH94
Saint-Félix 74 128 CG59
Saint-Félix 60 16 BD20
Saint-Félix 46 149 BC72
Saint-Félix 17 104 AH56
Saint-Félix 16 132 AL64
Saint-Félix 03 110 BM54
Saint-Félix-de-Bourdeilles 24 133 AQ63
Saint-Félix-de-Foncaude 33 146 AK72
Saint-Félix-de-l'Héras 34 165 BL81
Saint-Félix-de-Lodez 34 184 BM83
Saint-Félix-de-Lunel 12 150 BF73
Saint-Félix-de-Montceau (Ancienne Abbaye de) 34 185 BP85
Saint-Félix-de-Pallières 30 166 BQ79
Saint-Félix-de-Reillac-et-Mortemart 24 133 AS68
Saint-Félix-de-Rieutord 09 181 AY90
Saint-Félix-de-Sorgues 12 165 BJ80
Saint-Félix-de-Tournegat 09 181 AZ89
Saint-Félix-de-Villadeix 24 133 AQ69
Saint-Félix-Lauragais 31 182 BA85
Saint-Fergeux 08 18 BR17
Saint-Ferjeux 70 84 CJ39
Saint-Ferme 33 146 AL71
Saint-Ferréol 74 128 CI59
Saint-Ferréol 31 180 AQ86
Saint-Ferréol 31 182 BB85
Saint-Ferréol-d'Auroure 43 139 BS64
Saint-Ferréol-des-Côtes 63 124 BO62
Saint-Ferréol-Trente-Pas 26 154 CA74
Saint-Ferriol 11 196 BC92
Saint-Fiacre 77 40 BI24
Saint-Fiacre 56 50 M33
Saint-Fiacre 22 31 Q28
Saint-Fiacre-sur-Maine 44 87 AA44
Saint-Fiel 23 107 BA55
Saint-Firmin 71 97 BU47
Saint-Firmin 58 95 BL45
Saint-Firmin 54 65 CG29
Saint-Firmin 05 156 CH70
Saint-Firmin-des-Bois 45 60 BI35
Saint-Firmin-des-Prés 41 75 AU36
Saint-Firmin-sur-Loire 45 78 BG39
Saint-Flavy 10 61 BO30
Saint-Florent 79 104 AI53
Saint-Florent 45 77 BE38
Saint-Florent 2B 199 DJ92
Saint-Florent-des-Bois 85 102 AB50
Saint-Florent-le-Vieil 49 72 AE41
Saint-Florent-sur-Auzonnet 30 153 BS76
Saint-Florent-sur-Cher 18 93 BD46
Saint-Florentin 89 61 BO35
Saint-Florentin 36 92 AZ45
Saint-Floret 63 123 BJ62
Saint-Floris 62 3 BF5
Saint-Flour 63 124 BM60
Saint-Flour 15 137 BJ68
Saint-Flour-de-Mercoire 48 152 BP71
Saint-Flovier 37 91 AT46
Saint-Floxel 50 24 AD18
Saint-Folquin 62 3 BC2
Saint-Fons 69 126 BX60
Saint-Forgeot 71 96 BS46
Saint-Forget 78 38 BB27
Saint-Forgeux 69 125 BU58
Saint-Forgeux-Lespinasse 42 111 BO55
Saint-Fort 53 73 AH37
Saint-Fort-sur-Gironde 17 117 AF62
Saint-Fort-sur-le-Né 16 117 AJ61
Saint-Fortunat-sur-Eyrieux 07 154 BW70
Saint-Fraigne 16 118 AL57
Saint-Fraimbault 61 55 AH29
Saint-Fraimbault-de-Prières 53 55 AI30
Saint-Frajou 31 180 AR87
Saint-Franc 73 127 CE62
Saint-Franchy 58 95 BM44
Saint-François-de-Sales 73 128 CG60
Saint-François-Lacroix 57 22 CH19
Saint-François-Longchamp 73 142 CJ63
Saint-Frégant 29 29 G26
Saint-Fréjoux 19 122 BE62
Saint-Frézal-d'Albuges 48 152 BP73
Saint-Frézal-de-Ventalon 48 152 BQ76
Saint-Frichoux 11 183 BF88
Saint-Frion 23 122 BD59
Saint-Fromond 50 25 AE21
Saint-Front 43 139 BS68
Saint-Front 16 119 AO58
Saint-Front-d'Alemps 24 133 AR64
Saint-Front-de-Pradoux 24 133 AO67
Saint-Front-la-Rivière 24 133 AR63
Saint-Front-sur-Lémance 47 148 AT73
Saint-Front-sur-Nizonne 24 133 AQ63
Saint-Froult 17 116 AD57
Saint-Fulgent 85 88 AD47
Saint-Fulgent-des-Ormes 61 56 AP31
Saint-Fuscien 80 7 BD14
Saint-Gabriel (Chapelle) 13 167 BW82
Saint-Gabriel-Brécy 14 25 AI20
Saint-Gal 48 151 BM72
Saint-Gal-sur-Sioule 63 109 BJ56
Saint-Galmier 42 125 BT61
Saint-Gand 70 83 CE40
Saint-Ganton 35 71 Y37
Saint-Gatien-des-Bois 14 27 AO20
Saint-Gaudens 31 180 AQ89
Saint-Gaudent 86 105 AO55
Saint-Gaudéric 11 182 BA89
Saint-Gault 53 54 AG35
Saint-Gaultier 36 107 AW50
Saint-Gauzens 81 163 BA82
Saint-Gayrand 47 147 AO75
Saint-Gein 40 159 AI81
Saint-Gelais 79 104 AI52
Saint-Gelven 22 51 P31
Saint-Gély-du-Fesc 34 185 BP83
Saint-Génard 79 104 AK55
Saint-Gence 87 120 AU58
Saint-Généroux 79 90 AL47
Saint-Genès-Champanelle 63 123 BJ60
Saint-Genès-Champespe 63 136 BG63
Saint-Genès-de-Blaye 33 131 AG66
Saint-Genès-de-Castillon 33 132 AK69
Saint-Genès-de-Fronsac 33 131 AI67
Saint-Genès-de-Lombaud 33 145 AI70
Saint-Genès-du-Retz 63 109 BK56
Saint-Genès-la-Tourette 63 124 BM62
Saint-Genest 88 65 CI30
Saint-Genest 03 108 BF54
Saint-Genest-d'Ambière 86 90 AO48
Saint-Genest-de-Beauzon 07 153 BS74
Saint-Genest-de-Contest 81 163 BC82
Saint-Genest-Lachamp 07 153 BU70
Saint-Genest-Lerpt 42 139 BT63
Saint-Genest-Malifaux 42 139 BU64
Saint-Genest-sur-Roselle 87 120 AW60
Saint-Geneys-près-Saint-Paulien 43 138 BP66
Saint-Gengoulph 02 40 BK22
Saint-Gengoux-de-Scissé 71 112 BW52
Saint-Gengoux-le-National 71 112 BV50
Saint-Geniès 24 134 AV68
Saint-Geniès-Bellevue 31 162 AX83
Saint-Geniès-de-Comolas 30 168 BX78
Saint-Geniès-de-Fontedit 34 184 BK85
Saint-Geniès-de-Malgoirès 30 167 BS80
Saint-Geniès-de-Varensal 34 165 BJ83
Saint-Geniès-des-Mourgues 34 166 BR82
Saint-Geniez 04 156 CH76
Saint-Geniez-d'Olt 12 151 BI74
Saint-Geniez-ô-Merle 19 135 BB67
Saint-Genis 38 141 CF69
Saint-Genis 05 155 CF74
Saint-Genis-de-Blanzac 16 132 AL63
Saint-Genis-de-Saintonge 17 117 AH62
Saint-Génis-des-Fontaines 66 197 BI95
Saint-Genis-d'Hiersac 16 118 AL59
Saint-Genis-du-Bois 33 146 AJ71
Saint-Genis-l'Argentière 69 125 BU60
Saint-Genis-Laval 69 126 BX60
Saint-Genis-les-Ollières 69 126 BW59
Saint-Genis-Pouilly 01 114 CG54
Saint-Genis-sur-Menthon 01 112 BY53
Saint-Genix-sur-Guiers 73 127 CD61
Saint-Genou 36 92 AW47
Saint-Genouph 37 74 AQ42
Saint-Geoire-en-Valdaine 38 127 CD62
Saint-Geoirs 38 141 CB64
Saint-Georges 82 163 AY77
Saint-Georges 62 7 BC8
Saint-Georges 57 46 CL26
Saint-Georges 47 147 AS74
Saint-Georges 33 132 AK69
Saint-Georges 32 161 AS82
Saint-Georges 16 118 AN57
Saint-Georges 15 137 BK68
Saint-Georges (Gorges de) 11 196 BC93
Saint-Georges-Armont 25 84 CJ41
Saint-Georges-Blancaneix 24 133 AO69
Saint-Georges-Buttavent 53 55 AH31
Saint-Georges-d'Annebecq 61 35 AK27
Saint-Georges-d'Aunay 14 34 AH23
Saint-Georges-d'Aurac 43 138 BN66
Saint-Georges-de-Baroille 42 125 BR58
Saint-Georges-de-Bohon 50 24 AD20
Saint-Georges-de-Chesné 35 54 AC31
Saint-Georges-de-Commiers 38 141 CE67
Saint-Georges-de-Cubillac 17 117 AH62
Saint-Georges-de-Didonne 17 116 AD61
Saint-Georges-de-Gréhaigne 35 33 AB28
Saint-Georges-de-la-Couée 72 74 AO36
Saint-Georges-de-la-Rivière 50 24 AA19
Saint-Georges-de-Lévéjac 48 151 BL76
Saint-Georges-de-Livoye 50 34 AD26
Saint-Georges-de-Longuepierre 17 104 AI56
Saint-Georges-de-Luzençon 12 165 BJ78
Saint-Georges-de-Mons 63 123 BH58
Saint-Georges-de-Montaigu 85 87 AC46
Saint-Georges-de-Montclard 24 133 AO69
Saint-Georges-de-Noisné 79 104 AJ51
Saint-Georges-de-Pointindoux 85 87 Z49
Saint-Georges-de-Poisieux 18 94 BF49
Saint-Georges-de-Reintembault 35 34 AD28
Saint-Georges-de-Reneins 69 112 BW56
Saint-Georges-de-Rex 79 103 AG53
Saint-Georges-de-Rouelley 50 34 AH28
Saint-Georges-d'Elle 50 25 AF21
Saint-Georges-des-Agoûts 17 131 AG63
Saint-Georges-des-Coteaux 17 117 AG59
Saint-Georges-des-Gardes 49 89 AG44
Saint-Georges-des-Groseillers 61 35 AI26
Saint-Georges-des-Hurtières 73 128 CI62
Saint-Georges-des-Sept-Voies 49 73 AJ42
Saint-Georges-d'Espéranche 38 126 BZ62
Saint-Georges-d'Oléron 17 116 AB57
Saint-Georges-d'Orques 34 185 BP83
Saint-Georges-du-Bois 72 56 AN35
Saint-Georges-du-Bois 49 73 AK40
Saint-Georges-du-Bois 17 103 AG55
Saint-Georges-du-Mesnil 27 27 AQ21
Saint-Georges-du-Rosay 72 56 AQ32
Saint-Georges-du-Vièvre 27 27 AR21
Saint-Georges-en-Auge 14 26 AN23
Saint-Georges-en-Couzan 42 124 BQ60
Saint-Georges-Haute-Ville 42 125 BR62
Saint-Georges-la-Pouge 23 121 BB57
Saint-Georges-Lagricol 43 138 BQ65
Saint-Georges-le-Fléchard 53 55 AI34
Saint-Georges-le-Gaultier 72 55 AL31
Saint-Georges-lès-Baillargeaux 86 90 AP49
Saint-Georges-les-Bains 07 140 BX69
Saint-Georges-les-Landes 87 107 AW53
Saint-Georges-Montcocq 50 34 AE22
Saint-Georges-Motel 27 37 AW26
Saint-Georges-Nigremont 23 122 BD59
Saint-Georges-sur-Allier 63 123 BK60
Saint-Georges-sur-Arnon 36 93 BC46
Saint-Georges-sur-Baulche 89 79 BM37
Saint-Georges-sur-Cher 41 75 AU42
Saint-Georges-sur-Erve 53 55 AK33
Saint-Georges-sur-Eure 28 58 AW30
Saint-Georges-sur-Fontaine 76 14 AV18
Saint-Georges-sur-la-Prée 18 93 BA43
Saint-Georges-sur-l'Aa 59 3 BC2
Saint-Georges-sur-Layon 49 89 AJ43
Saint-Georges-sur-Loire 49 72 AG41
Saint-Georges-sur-Moulon 18 93 BE44
Saint-Georges-sur-Renon 01 112 BY55
Saint-Geours-d'Auribat 40 159 AE81
Saint-Geours-de-Maremne 40 158 AB82
Saint-Gérand 56 51 R32
Saint-Gérand-de-Vaux 03 110 BM53
Saint-Gérand-le-Puy 03 110 BM54
Saint-Géraud 47 146 AM72
Saint-Géraud-de-Corps 24 132 AN68
Saint-Géréon 44 72 AD41
Saint-Germain 86 106 AS51
Saint-Germain 70 84 CJ37
Saint-Germain 54 65 CH29
Saint-Germain 10 62 BO32
Saint-Germain 07 153 BU73
Saint-Germain (Ermitage de) 74 128 CI58
Saint-Germain-au-Mont-d'Or 69 126 BX58
Saint-Germain-Beaupré 23 107 AX53
Saint-Germain-Chassenay 58 95 BL48
Saint-Germain-d'Anxure 53 55 AH32
Saint-Germain-d'Arcé 72 74 AO39
Saint-Germain-d'Aunay 61 36 AP24
Saint-Germain-de-Belvès 24 148 AT70
Saint-Germain-de-Calberte 48 166 BP77
Saint-Germain-de-Clairefeuille 61 36 AO27
Saint-Germain-de-Confolens 16 106 AR56
Saint-Germain-de-Coulamer 53 55 AL32
Saint-Germain-de-Fresney 27 37 AW24
Saint-Germain-de-Grave 33 146 AJ72
Saint-Germain-de-Joux 01 113 CE54
Saint-Germain-de-la-Coudre 61 57 AR31
Saint-Germain-de-la-Grange 78 38 BA25
Saint-Germain-de-la-Rivière 33 131 AI68
Saint-Germain-de-Livet 14 27 AO22
Saint-Germain-de-Longue-Chaume 79 89 AJ49
Saint-Germain-de-Lusignan 17 131 AI63
Saint-Germain-de-Marencennes 17 103 AF56
Saint-Germain-de-Martigny 61 36 AQ28
Saint-Germain-de-Modéon 21 80 BR41
Saint-Germain-de-Montbron 16 119 AO61
Saint-Germain-de-Montgommery 14 36 AO24
Saint-Germain-de-Pasquier 27 14 AU21
Saint-Germain-de-Prinçay 85 88 AE48
Saint-Germain-de-Salles 03 109 BK55
Saint-Germain-de-Tallevende-la-Lande-Vaumont 14 34 AG25
Saint-Germain-de-Tournebut 50 24 AC17
Saint-Germain-de-Varreville 50 24 AD18
Saint-Germain-de-Vibrac 17 131 AJ63
Saint-Germain-d'Ectot 14 34 AH22
Saint-Germain-d'Elle 50 34 AG22
Saint-Germain-des-Angles 27 37 AV23
Saint-Germain-des-Bois 58 79 BM42
Saint-Germain-des-Bois 18 93 BE47
Saint-Germain-des-Champs 89 79 BP41
Saint-Germain-des-Essourts 76 14 AW18
Saint-Germain-des-Fossés 03 110 BM55
Saint-Germain-des-Grois 61 57 AS30
Saint-Germain-des-Prés 81 182 BB84
Saint-Germain-des-Prés 49 72 AF41
Saint-Germain-des-Prés 45 60 BH35
Saint-Germain-des-Prés 24 134 AT64
Saint-Germain-des-Vaux 50 24 Z15
Saint-Germain-d'Esteuil 33 130 AE64
Saint-Germain-d'Étables 76 6 AV14
Saint-Germain-du-Bel-Air 46 148 AW72
Saint-Germain-du-Bois 71 98 CA48
Saint-Germain-du-Corbéis 61 56 AN30
Saint-Germain-du-Crioult 14 35 AI25
Saint-Germain-du-Pert 14 25 AF19
Saint-Germain-du-Pinel 35 54 AD34
Saint-Germain-du-Plain 71 97 BY49
Saint-Germain-du-Puch 33 131 AI69
Saint-Germain-du-Puy 18 93 BE45
Saint-Germain-du-Salembre 24 133 AP66
Saint-Germain-du-Seudre 17 117 AG62
Saint-Germain-du-Teil 48 151 BK74
Saint-Germain-du-Val 72 73 AL38
Saint-Germain-en-Brionnais 71 111 BS53
Saint-Germain-en-Coglès 35 54 AD30
Saint-Germain-en-Laye 78 39 BC25
Saint-Germain-en-Montagne 39 99 CF48
Saint-Germain-et-Mons 24 147 AQ70
Saint-Germain-la-Blanche-Herbe 14 26 AJ21
Saint-Germain-la-Campagne 27 27 AP23
Saint-Germain-la-Chambotte 73 127 CF59
Saint-Germain-la-Gâtine 28 58 AX29
Saint-Germain-la-Montagne 42 111 BT55
Saint-Germain-la-Poterie 60 15 BB19
Saint-Germain-la-Ville 51 42 BT25
Saint-Germain-l'Aiguiller 85 88 AF49
Saint-Germain-Langot 14 35 AK24
Saint-Germain-Laprade 43 138 BQ68
Saint-Germain-Laval 77 60 BI30
Saint-Germain-Laval 42 124 BQ59
Saint-Germain-Lavolps 19 122 BC61
Saint-Germain-Laxis 77 39 BG28
Saint-Germain-le-Châtelet 90 84 CM37
Saint-Germain-le-Fouilloux 53 54 AG33
Saint-Germain-le-Gaillard 50 24 AA17
Saint-Germain-le-Gaillard 28 57 AV30
Saint-Germain-le-Guillaume 53 54 AG32
Saint-Germain-le-Rocheux 21 81 BV37
Saint-Germain-le-Vasson 14 26 AK23
Saint-Germain-le-Vieux 61 36 AO28
Saint-Germain-Lembron 63 137 BK63
Saint-Germain-lès-Arlay 39 98 CC48
Saint-Germain-lès-Arpajon 91 39 BD28
Saint-Germain-les-Belles 87 121 AX61
Saint-Germain-lès-Buxy 71 97 BW49
Saint-Germain-lès-Corbeil 91 39 BF28
Saint-Germain-les-Paroisses 01 127 CD59
Saint-Germain-lès-Senailly 21 80 BS39
Saint-Germain-les-Vergnes 19 135 AY65
Saint-Germain-Lespinasse 42 111 BQ56
Saint-Germain-l'Herm 63 138 BN63
Saint-Germain-près-Herment 63 122 BF60
Saint-Germain-Source-Seine 21 81 BV40
Saint-Germain-sous-Cailly 76 14 AV17
Saint-Germain-sous-Doue 77 40 BJ25
Saint-Germain-sur-Avre 27 37 AW26
Saint-Germain-sur-Ay 50 24 AB20
Saint-Germain-sur-Bresle 80 6 AZ14
Saint-Germain-sur-Eaulne 76 14 AX15
Saint-Germain-sur-École 77 59 BF29
Saint-Germain-sur-Ille 35 53 AA31
Saint-Germain-sur-l'Arbresle 69 125 BV58
Saint-Germain-sur-Meuse 55 44 CC27
Saint-Germain-sur-Moine 49 88 AD44
Saint-Germain-sur-Morin 77 40 BH25
Saint-Germain-sur-Renon 01 112 BY56
Saint-Germain-sur-Rhône 74 113 CE56
Saint-Germain-sur-Sarthe 72 56 AN31
Saint-Germain-sur-Sèves 50 24 AC21
Saint-Germain-sur-Vienne 37 90 AM43
Saint-Germain-Village 27 27 AQ20
Saint-Germainmont 08 18 BQ18
Saint-Germé 32 160 AJ82
Saint-Germer-de-Fly 60 15 AZ19
Saint-Germier 81 164 BD83
Saint-Germier 79 104 AL52
Saint-Germier 32 161 AS83
Saint-Germier 31 181 AZ85
Saint-Géron 43 137 BL64
Saint-Gérons 15 136 BC69
Saint-Gervais 95 38 AZ22
Saint-Gervais 85 86 W46
Saint-Gervais 38 141 CC65
Saint-Gervais 33 131 AH67
Saint-Gervais 30 167 BV77
Saint-Gervais 16 119 AO57
Saint-Gervais-d'Auvergne 63 123 BH57
Saint-Gervais-de-Vic 72 75 AR36
Saint-Gervais-des-Sablons 61 36 AN24
Saint-Gervais-du-Perron 61 56 AN29
Saint-Gervais-en-Belin 72 74 AO36
Saint-Gervais-en-Vallière 71 97 BX46
Saint-Gervais-la-Forêt 41 76 AW39
Saint-Gervais-les-Bains 74 129 CL57
Saint-Gervais-les-Trois-Clochers 86 90 AP47
Saint-Gervais-sous-Meymont 63 124 BN60
Saint-Gervais-sur-Couches 71 97 BV46
Saint-Gervais-sur-Mare 34 165 BJ83
Saint-Gervais-sur-Roubion 26 154 BY72
Saint-Gervasy 30 167 BV80
Saint-Gervazy 63 137 BK63
Saint-Géry 46 148 AX74
Saint-Géry 24 133 AO68
Saint-Géry (Château de) 81 163 AZ81
Saint-Geyrac 24 133 AS67
Saint-Gibrien 51 42 BS24
Saint-Gildas 22 31 Q29
Saint-Gildas (Pointe de) 44 86 V43
Saint-Gildas-de-Rhuys 56 69 Q39
Saint-Gildas-des-Bois 44 70 W39
Saint-Gilles 71 97 BV47
Saint-Gilles 51 18 BN20
Saint-Gilles 50 34 AE22
Saint-Gilles 36 107 AX52
Saint-Gilles 35 53 Y32
Saint-Gilles 30 167 BU83
Saint-Gilles-Croix-de-Vie 85 86 X48
Saint-Gilles-de-Crétot 76 13 AR17
Saint-Gilles-de-la-Neuville 76 12 AP17
Saint-Gilles-des-Marais 61 34 AH28
Saint-Gilles-du-Mené 22 52 T31
Saint-Gilles-les-Bois 22 31 P26
Saint-Gilles-les-Forêts 87 121 AY61
Saint-Gilles-Pligeaux 22 31 P29
Saint-Gilles-Vieux-Marché 22 51 Q31
Saint-Gineis-en-Coiron 07 153 BV72
Saint-Gingolph 74 115 CM52
Saint-Girod 73 128 CG59
Saint-Girons 64 177 AE84
Saint-Girons 09 180 AU90
Saint-Girons-d'Aiguevives 33 131 AH66
Saint-Girons-Plage 40 158 AA79
Saint-Gladie-Arrive-Munein 64 177 AD86
Saint-Glen 22 52 T30
Saint-Goazec 29 50 K31
Saint-Gobain 02 17 BL17
Saint-Gobert 02 18 BO15
Saint-Goin 64 177 AF87
Saint-Gondon 45 77 BF38
Saint-Gondran 35 53 Y31
Saint-Gonéry (Chapelle) 22 31 P24
Saint-Gonlay 35 53 X33
Saint-Gonnery 56 51 R32
Saint-Gor 40 160 AJ78
Saint-Gorgon 88 65 CJ30
Saint-Gorgon 56 70 V38
Saint-Gorgon-Main 25 99 CI45
Saint-Gouéno 22 52 T31
Saint-Gourgon 41 75 AT38
Saint-Gourson 16 119 AO57
Saint-Goussaud 23 121 AY57
Saint-Gratien 95 39 BD24
Saint-Gratien 80 7 BE13
Saint-Gratien-Savigny 58 95 BO47
Saint-Gravé 56 70 V37
Saint-Grégoire 81 164 BD80
Saint-Grégoire 35 53 Z32
Saint-Grégoire-d'Ardennes 17 117 AH62
Saint-Grégoire-du-Vièvre 27 27 AR21
Saint-Griède 32 160 AK82
Saint-Groux 16 118 AN58
Saint-Guen 22 51 Q31
Saint-Guénolé 29 49 F35
Saint-Guilhem-le-Désert 34 166 BN82
Saint-Guillaume 38 141 CD68
Saint-Guinoux 35 33 Y28
Saint-Guiraud 34 184 BM83
Saint-Guyomard 56 69 T36
Saint-Haon 43 152 BP70
Saint-Haon-le-Châtel 42 111 BQ56
Saint-Haon-le-Vieux 42 111 BQ56
Saint-Héand 42 125 BT62
Saint-Hélen 22 53 Y29
Saint-Hélier 21 81 BV41
Saint-Hellier 76 14 AV15
Saint-Herblain 44 87 Z43
Saint-Herblon 44 72 AE41
Saint-Herbot 29 30 K29
Saint-Hérent 63 137 BK63
Saint-Hernin 29 50 L31
Saint-Hervé 22 51 R30
Saint-Hilaire 91 59 BB30
Saint-Hilaire 63 109 BG56
Saint-Hilaire 46 149 BC71
Saint-Hilaire 43 138 BM64
Saint-Hilaire 38 141 CF64
Saint-Hilaire 31 181 AW86
Saint-Hilaire 25 83 CH41
Saint-Hilaire 16 132 AK63
Saint-Hilaire 11 182 BD89
Saint-Hilaire 03 109 BJ51
Saint-Hilaire-au-Temple 51 42 BS23
Saint-Hilaire-Bonneval 87 120 AW60
Saint-Hilaire-Cottes 62 3 BE6
Saint-Hilaire-Cusson-la-Valmitte 42 139 BR64
Saint-Hilaire-de-Beauvoir 34 166 BR82
Saint-Hilaire-de-Brens 38 126 CA60
Saint-Hilaire-de-Brethmas 30 167 BS78
Saint-Hilaire-de-Briouze 61 35 AK27
Saint-Hilaire-de-Chaléons 44 87 Y44
Saint-Hilaire-de-Clisson 44 87 AC45
Saint-Hilaire-de-Court 18 93 BB44
Saint-Hilaire-de-Gondilly 18 94 BI45
Saint-Hilaire-de-la-Côte 38 141 CB63
Saint-Hilaire-de-la-Noaille 33 146 AL72
Saint-Hilaire-de-Lavit 48 152 BQ76
Saint-Hilaire-de-Loulay 85 87 AC45
Saint-Hilaire-de-Lusignan 47 161 AP77
Saint-Hilaire-de-Riez 85 86 X48
Saint-Hilaire-de-Villefranche 17 117 AH58
Saint-Hilaire-de-Voust 85 104 AH50
Saint-Hilaire-des-Landes 35 54 AC30
Saint-Hilaire-des-Loges 85 103 AG51
Saint-Hilaire-d'Estissac 24 133 AP68
Saint-Hilaire-d'Ozilhan 30 167 BW79
Saint-Hilaire-du-Bois 85 88 AE49
Saint-Hilaire-du-Bois 49 89 AH44
Saint-Hilaire-du-Bois 33 146 AK72
Saint-Hilaire-du-Bois 17 131 AH63
Saint-Hilaire-du-Harcouët 50 34 AE28
Saint-Hilaire-du-Maine 53 54 AF32
Saint-Hilaire-du-Rosier 38 140 CA67
Saint-Hilaire-en-Lignières 18 93 BC49
Saint-Hilaire-en-Morvan 58 96 BP45
Saint-Hilaire-en-Woëvre 55 44 CC22
Saint-Hilaire-Foissac 19 136 BC64
Saint-Hilaire-Fontaine 58 95 BN48
Saint-Hilaire-la-Croix 63 109 BJ56
Saint-Hilaire-la-Forêt 85 102 AA51
Saint-Hilaire-la-Gérard 61 36 AN28
Saint-Hilaire-la-Gravelle 41 75 AV36
Saint-Hilaire-la-Palud 79 103 AG54
Saint-Hilaire-la-Plaine 23 108 BB56
Saint-Hilaire-la-Treille 87 107 AW54
Saint-Hilaire-le-Château 23 121 BA57
Saint-Hilaire-le-Châtel 61 36 AQ28
Saint-Hilaire-le-Grand 51 42 BR22
Saint-Hilaire-le-Lierru 72 56 AQ33
Saint-Hilaire-le-Petit 51 19 BS20
Saint-Hilaire-le-Vouhis 85 88 AD49
Saint-Hilaire-les-Andrésis 45 60 BI34
Saint-Hilaire-les-Courbes 19 121 AZ61
Saint-Hilaire-les-Monges 63 122 BG59
Saint-Hilaire-les-Places 87 120 AU61
Saint-Hilaire-lez-Cambrai 59 9 BL10
Saint-Hilaire-Luc 19 136 BC64
Saint-Hilaire-Petitville 50 25 AE20
Saint-Hilaire-Peyroux 19 135 AY66
Saint-Hilaire-Saint-Florent 49 90 AL43
Saint-Hilaire-Saint-Mesmin 45 76 BA36
Saint-Hilaire-sous-Charlieu 42 111 BS55
Saint-Hilaire-sous-Romilly 10 61 BN29
Saint-Hilaire-sur-Benaize 36 106 AU51
Saint-Hilaire-sur-Erre 61 57 AS31
Saint-Hilaire-sur-Helpe 59 10 BP11
Saint-Hilaire-sur-Puiseaux 45 78 BG36
Saint-Hilaire-sur-Risle 61 36 AQ26
Saint-Hilaire-sur-Yerre 28 57 AV34
Saint-Hilaire-Taurieux 19 135 BA67
Saint-Hilarion 78 38 AZ28
Saint-Hilliers 77 40 BK28
Saint-Hippolyte 68 67 CP31
Saint-Hippolyte 66 197 BJ93
Saint-Hippolyte 63 123 BJ58
Saint-Hippolyte 37 91 AU45
Saint-Hippolyte 33 132 AK69
Saint-Hippolyte 25 84 CL41
Saint-Hippolyte 17 116 AE57
Saint-Hippolyte 15 136 BG66
Saint-Hippolyte 12 150 BF71
Saint-Hippolyte-de-Caton 30 167 BS78
Saint-Hippolyte-de-Montaigu 30 167 BV79
Saint-Hippolyte-du-Fort 30 166 BQ79
Saint-Hippolyte-le-Graveyron 84 168 BZ77
Saint-Honorat (Île) 06 175 CQ84
Saint-Honoré 76 14 AV15
Saint-Honoré 38 141 CF68
Saint-Honoré-les-Bains 58 96 BP47
Saint-Hostien 43 139 BR67
Saint-Hubert 78 38 BA27
Saint-Hubert 57 22 CH20
Saint-Huruge 71 112 BV50
Saint-Hymer 14 27 AO21
Saint-Hymetière 39 113 CC52
Saint-Igeaux 22 51 P30
Saint-Igest 12 149 BB74
Saint-Ignan 31 180 AQ88
Saint-Ignat 63 123 BL58
Saint-Igneuc 22 52 V29
Saint-Igny-de-Roche 71 111 BT55
Saint-Igny-de-Vers 69 111 BU54
Saint-Illide 15 136 BD67
Saint-Illiers-la-Ville 78 38 AY24
Saint-Illiers-le-Bois 78 38 AX24
Saint-Ilpize 43 138 BM66
Saint-Imoges 51 41 BP22
Saint-Inglevert 62 2 AZ3
Saint-Isidore 06 175 CR81
Saint-Isle 53 54 AF33
Saint-Ismier 38 141 CF65
Saint-Izaire 12 164 BH80
Saint-Jacques 06 174 CO82
Saint-Jacques 04 170 CK79
Saint-Jacques-d'Aliermont 76 6 AW14
Saint-Jacques-d'Ambur 63 123 BH58
Saint-Jacques-d'Atticieux 07 140 BW64
Saint-Jacques-de-la-Lande 35 53 Z33
Saint-Jacques-de-Néhou 50 24 AB18
Saint-Jacques-de-Thouars 79 89 AK46
Saint-Jacques-des-Arrêts 69 112 BV54
Saint-Jacques-des-Blats 15 136 BG67
Saint-Jacques-des-Guérets 41 75 AS37
Saint-Jacques-en-Valgodemard 05 156 CH70
Saint-Jacques-sur-Darnétal 76 14 AV19
Saint-Jacut-de-la-Mer 22 32 W27
Saint-Jacut-du-Mené 22 52 U31
Saint-Jacut-les-Pins 56 70 V37
Saint-Jal 19 135 AY64
Saint-James 50 33 AC28
Saint-Jammes 64 178 AI86
Saint-Jans-Cappel 59 3 BG4
Saint-Jean 31 162 AX83
Saint-Jean 06 174 CP83
Saint-Jean (Chapelle) 29 29 G28
Saint-Jean (Chapelle) 27 14 AX19
Saint-Jean (Col) 04 156 CJ74
Saint Jean (Église) 2B 201 DJ96
Saint-Jean-aux-Amognes 58 95 BL46
Saint-Jean-aux-Bois 60 17 BI20
Saint-Jean-aux-Bois 08 19 BS15
Saint-Jean-Balanant 29 29 F27
Saint Jean Baptiste (Chapelle de) 2A 203 DI103
Saint-Jean-Bonnefonds 42 139 BU63
Saint-Jean-Brévelay 56 52 S35
Saint-Jean-Cap-Ferrat 06 175 CS81
Saint-Jean-Chambre 07 139 BV69
Saint-Jean-d'Abbetot 76 12 AP18
Saint-Jean-d'Aigues-Vives 09 195 BA91
Saint-Jean-d'Alcapiès 12 165 BJ80
Saint-Jean-d'Angély 17 117 AH57
Saint-Jean-d'Angle 17 116 AE58
Saint-Jean-d'Ardières 69 112 BW55
Saint-Jean-d'Arves 73 142 CI65
Saint-Jean-d'Arvey 73 128 CG61
Saint-Jean-d'Assé 72 56 AN33
Saint-Jean-d'Ataux 24 133 AO66
Saint-Jean-d'Aubrigoux 43 138 BP64
Saint-Jean-d'Aulps 74 115 CL53
Saint-Jean-d'Avelanne 38 127 CD62
Saint-Jean-de-Barrou 11 197 BI91
Saint-Jean-de-Bassel 57 46 CM25
Saint-Jean-de-Beauregard 91 39 BC27
Saint-Jean-de-Belleville 73 128 CK62
Saint-Jean-de-Beugné 85 103 AD51
Saint-Jean-de-Blaignac 33 146 AK70
Saint-Jean-de-Bœuf 21 97 BW43
Saint-Jean-de-Boiseau 44 87 Z43
Saint-Jean-de-Bonneval 10 62 BQ33
Saint-Jean-de-Bournay 38 126 BZ62
Saint-Jean-de-Braye 45 77 BB36
Saint-Jean-de-Buèges 34 166 BO81
Saint-Jean-de-Ceyrargues 30 167 BT78
Saint-Jean-de-Chevelu 73 127 CF60
Saint-Jean-de-Côle 24 133 AS63
Saint-Jean-de-Corcoué 44 87 AA45
Saint-Jean-de-Cornies 34 166 BR82
Saint-Jean-de-Couz 73 127 CF62
Saint-Jean-de-Crieulon 30 166 BR79
Saint-Jean-de-Cuculles 34 166 BP82
Saint-Jean-de-Daye 50 25 AE21
Saint-Jean-de-Duras 47 146 AN71
Saint-Jean-de-Folleville 76 12 AQ18
Saint-Jean-de-Fos 34 166 BN82
Saint-Jean-de-Gonville 01 114 CF54
Saint-Jean-de-la-Blaquière 34 165 BM82
Saint-Jean-de-la-Croix 49 73 AH41
Saint-Jean-de-la-Forêt 61 57 AR30
Saint-Jean-de-la-Haize 50 33 AC26
Saint-Jean-de-la-Léqueraye 27 27 AQ21
Saint-Jean-de-la-Motte 72 74 AM37
Saint-Jean-de-la-Neuville 76 12 AQ17
Saint-Jean-de-la-Porte 73 128 CH61
Saint-Jean-de-la-Rivière 50 24 AA19

Saint-Mathieu-
de-Tréviers 34 ....166 BO82
Saint-Mathurin 85 .....102 Y50
Saint-Mathurin-
Léobazel 19 ....135 BB68
Saint-Mathurin-
sur-Loire 49 ....73 AJ41
Saint-Matré 46 ....148 AU75
Saint-Maudan 22 ......51 R32
Saint-Maudez 22 ......52 W29
Saint-Maugan 35 ......53 X32
Saint-Maulvis 80 ....7 BA14
Saint-Maur 60 ....15 BA17
Saint-Maur 39 ....113 CC50
Saint-Maur 36 ....92 AY48
Saint-Maur 32 ....179 AN85
Saint-Maur 18 ....108 BD51
Saint-Maur-de-Glanfeuil
(Abbaye de) 49 ....73 AK41
Saint-Maur-des-Bois 50 ...34 AE25
Saint-Maur-des-Fossés 94 ...39 BF26
Saint-Maurice-sur-le Loir 28 ...53 AX33
Saint-Maurice 94 ......39 BC26
Saint-Maurice 67 ......66 CO30
Saint-Maurice 63 .....123 BK61
Saint-Maurice 58 ......95 BN45
Saint-Maurice 52 ......82 CA36
Saint-Maurice-
aux-Forges 54 ....46 CL28
Saint-Maurice-
aux-Riches-Hommes 89 ...61 BM31
Saint-Maurice-
Colombier 25 ....84 CK40
Saint-Maurice-Crillat 39 ...113 CE50
Saint-Maurice-
d'Ardèche 07 ....153 BU73
Saint-Maurice-
de-Beynost 01 ....126 BY59
Saint-Maurice-
de-Cazevieille 30 ....167 BT79
Saint-Maurice-
de-Gourdans 01 .....126 CA59
Saint-Maurice-
de-Laurençanne 17 ...131 AI64
Saint-Maurice-
de-Lestapel 47 ......147 AP73
Saint-Maurice-
de-Lignon 43 ....139 BS65
Saint-Maurice-
de-Rémens 01 ....126 CA57
Saint-Maurice-
de-Rotherens 73 .....127 CE61
Saint-Maurice-
e-Satonnay 71 ......112 BW52
Saint-Maurice-
de-Tavernole 17 .....117 AI62
Saint-Maurice-
de-Ventalon 48 ......152 BP75
Saint-Maurice-
des-Champs 71 ......112 BV50
Saint-Maurice-
des-Lions 16 ....119 AR57
Saint-Maurice-
des-Noues 85 ....103 AG50
Saint-Maurice-
d'Ételan 76 ....13 AR18
Saint-Maurice-d'Ibie 07 ...153 BU73
Saint-Maurice-
du-Désert 61 ....35 AJ28
Saint-Maurice-
en-Chalencon 07 ....153 BV70
Saint-Maurice-
en-Cotentin 50 ....24 AA19
Saint-Maurice-
en-Gourgois 42 .....139 BS63
Saint-Maurice-
en-Quercy 46 ....149 BA71
Saint-Maurice-
en-Rivière 71 ....97 BY47
Saint-Maurice-
en-Trièves 38 ....155 CE70
Saint-Maurice-
en-Valgodemard 05 ...156 CH70
Saint-Maurice-
la-Clouère 86 ....105 AP53
Saint-Maurice-
la-Fougereuse 79 .....89 AI45
Saint-Maurice-
la-Souterraine 23 ....107 AW55
Saint-Maurice-
le-Girard 85 ....88 AF49
Saint-Maurice-le-Vieil 89 ...79 BL37
Saint-Maurice-
les-Brousses 87 ......120 AV60
Saint-Maurice-
lès-Charency 61 ......37 AS27
Saint-Maurice-
lès-Châteauneuf 71 ...111 BS54
Saint-Maurice-
lès-Couches 71 ....97 BV47
Saint-Maurice-l'Exil 38 ...140 BW63
Saint-Maurice-
Montcouronne 91 .....39 BC28
Saint-Maurice-
Navacelles 34 ....166 BN81
Saint-Maurice-
près-Crocq 23 ....122 BD58
Saint-Maurice-
près-Pionsat 63 .....108 BF26
Saint-Germain-
sous-les-Côtes 55 ....44 CC23
Saint-Maurice-
sur-Adour 40 ....159 AH81
Saint-Maurice-
sur-Aveyron 45 ....78 BI36
Saint-Maurice-
sur-Dargoire 69 .....125 BV61
Saint-Maurice-
sur-Eygues 26 ....154 BZ76
Saint-Maurice-
sur-Fessard 45 ....59 BF35
Saint-Maurice-
sur-Huisne 61 ....57 AR30
Saint-Maurice-
sur-Loire 42 ....124 BO57
Saint-Maurice-
sur-Mortagne 88 ......65 CJ30
Saint-Maurice-
sur-Moselle 88 ....66 CL35
Saint-Maurice-
sur-Vingeanne 21 .....82 CB39
Saint-Maurice-
Thizouaille 89 ....79 BL37
Saint-Maurin 47 .....161 AS77
Saint-Max 54 ....45 CG26
Saint-Maxent 80 ....6 AZ12
Saint-Maximin 60 .....16 B21
Saint-Maximin 38 ....142 CG63
Saint-Maximin 30 ....167 BU79
Saint-Maximin-
la-Sainte-Baume 83 ...128 CG85
Saint-Maxire 79 .....104 AI52
Saint-May 26 ....155 CB74
Saint-Mayeux 22 ......51 Q31
Saint-Méard 87 ......121 AX61
Saint-Méard-
de-Drône 24 ....133 AO65
Saint-Méard-
de-Gurçon 24 ....132 AM69
Saint-Médard 79 .....104 AJ54
Saint-Médard 64 ....178 AG84
Saint-Médard 57 .....45 CJ25
Saint-Médard 46 ....148 AU73
Saint-Médard 40 ....159 AH80

Saint-Médard 36 ....92 AV46
Saint-Médard 32 .....179 AO85
Saint-Médard 31 .....180 AR89
Saint-Médard 23 .....108 BC56
Saint-Médard 17 .....131 AI63
Saint-Médard 16 .....118 AK62
Saint-Médard-
d'Aunis 17 ....103 AE55
Saint-Médard-
de-Guizières 33 .....132 AL68
Saint-Médard-
de-Mussidan 24 .....133 AO67
Saint-Médard-
de-Presque 46 ......149 BA70
Saint-Médard-
des-Prés 85 ....103 AF51
Saint-Médard-
d'Excideuil 24 ......134 AT64
Saint-Médard-
d'Eyrans 33 ....145 AH71
Saint-Médard-
en-Forez 42 ....125 BT61
Saint-Médard-
en-Jalles 33 ....131 AF69
Saint-Médard-
Nicourby 46 ....149 BB71
Saint-Médard-sur-Ille 35 ...53 AA31
Saint-Méen 29 ....29 H26
Saint-Méen-le-Grand 35 ...52 W32
Saint-Melaine 35 ......54 AC33
Saint-Melaine-
sur-Aubance 49 ....73 AH41
Saint-Mélany 07 .....153 BS73
Saint-Méloir-des-Bois 22 ...52 V29
Saint-Méloir-des-Ondes 35 ...33 Y27
Saint-Même-le-Tenu 44 ...87 Y45
Saint-Même-
les-Carrières 16 ......118 AK61
Saint-Memmie 51 ......42 BT24
Saint-Menge 88 ....64 CE31
Saint-Menges 08 ......19 BW15
Saint-Menoux 03 .....110 BK50
Saint-Merd-de-Lapleau 19 ...135 BB65
Saint-Merd-la-Breuille 23 ...122 BE60
Saint-Merd-
les-Oussines 19 .....121 BB65
Saint-Méry 77 ....40 BH28
Saint-Meslin-du-Bosc 27 ...14 AT21
Saint-Mesmes 77 ......40 BG24
Saint-Mesmin 85 ......89 AG48
Saint-Mesmin 24 .....134 AV64
Saint-Mesmin 21 ......81 BV42
Saint-Mesmin 10 ......61 BP30
Saint-Mexant 19 .....135 AY65
Saint-Mézard 32 .....161 AP79
Saint-M'Hervé 35 ......54 AE32
Saint-M'Hervon 35 ....53 X31
Saint-Micaud 71 ....97 BU49
Saint-Michel 82 .....161 AS79
Saint-Michel 64 .....176 AA88
Saint-Michel 52 ......82 CA37
Saint-Michel 45 ......59 BE34
Saint-Michel 34 .....165 BM81
Saint-Michel 32 .....179 AO85
Saint-Michel 31 .....180 AT88
Saint-Michel 16 .....118 AM61
Saint-Michel 09 ......7 AB18
Saint-Michel 02 ......10 BQ13
Saint-Michel-Chef-Chef 44 ...86 V43
Saint-Michel-d'Aurance 07 ...139 BU69
Saint-Michel-
de-Bannières 46 .....135 AY68
Saint-Michel-
de-Boulogne 07 ......153 BU71
Saint-Michel-
de-Castelnau 33 .....146 AK76
Saint-Michel-
de-Chabrillanoux 07 ...153 BV70
Saint-Michel-de-Chaillol 05 ...156 CI71
Saint-Michel-
de-Chavaignes 72 .....56 AQ34
Saint-Michel-
de-Cuxa
(Abbaye de) 66 ......196 BE95
Saint-Michel-
de-Dèze 48 ....152 BO76
Saint-Michel-
le-Double 24 ....132 AN67
Saint-Michel-de-Feins 53 ...73 AI37
Saint-Michel-de-Frigolet
(Abbaye) 13 ....168 BX80
Saint-Michel-
de-Fronsac 33 ......131 AJ69
Saint-Michel-
de-la-Pierre 50 ....24 AC21
Saint-Michel-de-la-Roë 53 ...72 AE36
Saint-Michel-de-Lanès 11 ...181 AZ87
Saint-Michel-
de-Lapujade 33 ......146 AL72
Saint-Michel-de-Livet 14 ...26 AN23
Saint-Michel-de-Llotes 66 ...197 BG94
Saint-Michel-
de-Maurienne 73 .....142 CK65
Saint-Michel-
de-Montaigne 24 ....132 AL69
Saint-Michel-
de-Montjoie 50 ....34 AF26
Saint-Michel-de-Mourcairol
(Château du) 34 .....184 BK84
Saint-Michel-de-Plélan 22 ...52 W29
Saint-Nizier-
de-Rieufret 33 ....145 AH72
Saint-Michel-
de-Rivière 24 ....132 AL66
Saint-Michel-
de-Veisse 23 ....128 CB64
Saint-Michel-de-Vax 81 ...163 AZ78
Saint-Michel-de-Veisse 23 ...121 BB57
Saint-Michel-
de-Villadeix 24 ......133 AR68
Saint-Michel-
de-Volangis 18 ....94 BF44
Saint-Michel-
des-Andaines 61 ......35 AJ28
Saint-Michel-des-Loups 50 ...34 AB26
Saint-Michel-d'Euzet 30 ...167 BV77
Saint-Michel-
d'Halescourt 76 ......32 A17
Saint-Michel-
en-Beaumont 38 .....142 CG69
Saint-Michel-en-Brenne 36 ...91 AU48
Saint-Michel-en-Grève 22 ...30 M26
Saint-Michel-en-l'Herm 85 ...103 AC52
Saint-Michel-Escalus 40 ...158 AE81
Saint-Michel-
et-Chanveaux 49 ......72 AD38
Saint-Michel-Labadié 81 ...164 BE79
Saint-Michel-le-Cloucq 85 ...103 AG51
Saint-Michel-l'Écluse-
et-Léparon 24 ....132 AM66
Saint-Michel-
l'Observatoire 04 ....157 CD69
Saint-Michel-
Loubéjou 46 ....135 BA69
Saint-Michel-
Mont-Mercure 85 ......88 AF47
Saint-Michel-Peyresq 04 ...171 CM78
Saint-Michel-sous-Bois 62 ...2 BB7
Saint-Michel-
sur-Meurthe 88 ....66 CL30
Saint-Michel-sur-Orge 91 ...39 BD28
Saint-Michel-
sur-Rhône 42 ....140 BW63
Saint-Michel-
sur-Savasse 26 ......140 BZ66
Saint-Michel-
sur-Ternoise 62 ....7 BE8

Saint-Michel-Tubœuf 61 ...36 AR26
Saint-Mihiel 55 ....44 CB24
Saint-Mitre-
les-Remparts 13 .....187 BZ85
Saint-Molf 44 ....69 T40
Saint-Momelin 59 ......3 BD4
Saint-Mont 32 ....160 AJ83
Saint-Montan 07 .....154 BW74
Saint-Moré 89 ....79 BO39
Saint-Morel 08 ....19 BV20
Saint-Morillon 33 ....145 AH72
Saint-Mury-
Monteymond 38 .....142 CG65
Saint-Myon 63 ....123 BK57
Saint-Nabor 67 ....67 CP29
Saint-Nabord 88 ......65 CJ33
Saint-Nabord-sur-Aube 10 ...62 BR29
Saint-Nauphary 82 ...162 AW80
Saint-Nazaire 66 ....197 BJ94
Saint-Nazaire 44 ......70 V42
Saint-Nazaire 33 ....132 AN69
Saint-Nazaire 30 ....167 BW77
Saint-Nazaire (Pont de) 44 ...70 V42
Saint-Nazaire (Site de) 19 ...136 BE63
Saint-Nazaire-d'Aude 11 ...183 BI88
Saint-Nazaire-
de-Ladarez 34 ....183 BJ85
Saint-Nazaire-
de-Pézan 34 ....185 BS83
Saint-Nazaire-
de-Valentane 82 .....162 AT77
Saint-Nazaire-
des-Gardies 30 ......166 BR79
Saint-Nazaire-
en-Royans 26 ....140 CA67
Saint-Nazaire-
le-Désert 26 ....154 CB72
Saint-Nazaire-
les-Eymes 38 ....141 CF65
Saint-Nazaire-
sur-Charente 17 .....116 AD57
Saint-Nectaire 63 ....123 BJ62
Saint-Nexans 24 .....147 AP70
Saint-Nic 29 ....29 G30
Saint-Nicodème 22 ....30 N29
Saint-Nicodème
(Chapelle) 56 ....51 O34
Saint-Nicolas 62 ....8 BH9
Saint-Nicolas
(Cascade) 68 ....66 CM35
Saint-Nicolas
(Chapelle) 56 ....50 M33
Saint-Nicolas-aux-Bois 02 ...17 BL17
Saint-Nicolas-aux-Bois
(Abbaye de) 02 ......17 BL17
Saint-Nicolas-
Courbefy 87 ....120 AT61
Saint-Nicolas-
d'Aliermont 76 ....6 AV14
Saint-Nicolas-d'Attez 27 ...37 AT26
Saint-Nicolas-
de-Bliquetuit 76 ....13 AS18
Saint-Nicolas-
de-Bourgueil 37 ....74 AN42
Saint-Nicolas-de-Brem 85 ...86 X49
Saint-Nicolas-
de-la-Balerme 47 ....161 AR78
Saint-Nicolas-
de-la-Grave 82 ......162 AT78
Saint-Nicolas-
de-la-Haie 76 ....13 AR17
Saint-Nicolas-
de-la-Taille 76 ....12 AQ18
Saint-Nicolas-
de-Macherin 38 .....141 CD63
Saint-Nicolas-
de-Pierrepont 50 ......24 AB19
Saint-Nicolas-de-Port 54 ...45 CH27
Saint-Nicolas-de-Redon 44 ...70 W38
Saint-Nicolas-
de-Sommaire 61 ......36 AR26
Saint-Nicolas-
de-Véroce 74 ....129 CL58
Saint-Nicolas-des-Biefs 03 ...110 BP56
Saint-Nicolas-des-Bois 61 ...56 AM29
Saint-Nicolas-des-Bois 50 ...34 AD26
Saint-Nicolas-des-Eaux 56 ...51 P34
Saint-Nicolas-
des-Laitiers 61 ....36 AP25
Saint-Nicolas-
des-Motets 37 ....75 AU39
Saint-Nicolas-du-Bosc 27 ...14 AT21
Saint-Nicolas-
du-Bosc-l'Abbé 27 ....27 AU22
Saint-Nicolas-du-Pélem 22 ...51 P30
Saint-Nicolas-du-Tertre 56 ...70 V36
Saint-Nicolas-en-Forêt 57 ...21 CF20
Saint-Nicolas-
la-Chapelle 73 ....128 CK58
Saint-Nicolas-
la-Chapelle 10 ....61 BM29
Saint-Nicolas-
lès-Cîteaux 21 ....97 BY44
Saint-Nizier-
d'Azergues 69 ....111 BU56
Saint-Nizier-de-Fornas 42 ...139 BR63
Saint-Nizier-
du-Moucherotte 38 ...141 CD66
Saint-Nizier-
le-Bouchoux 01 ....112 BZ51
Saint-Nizier-le-Désert 01 ...112 BZ56
Saint-Nizier-
sous-Charlieu 42 .....111 BS55
Saint-Nizier-sur-Arroux 71 ...96 BR48
Saint-Nolff 56 ....69 S37
Saint-Nom-la-Bretèche 78 ...38 BB25
Saint-Offenge-Dessous 73 ...128 CG59
Saint-Offenge-Dessus 73 ...128 CG59
Saint-Omer 80 ....8 BD4
Saint-Omer 44 ....71 Y40
Saint-Omer 44 ....41 AJ24
Saint-Omer-Capelle 62 ...3 BC2
Saint-Omer-
en-Chaussée 60 ......15 BB18
Saint-Onen-la-Chapelle 35 ...52 W32
Saint-Oradoux-
de-Chirouze 23 ......122 BD60
Saint-Oradoux-
près-Crocq 23 ....122 BE58
Saint-Orens 32 ......161 AS82
Saint-Orens-
de-Gameville 31 .....181 AX84
Saint-Orens-Pouy-Petit 32 ...161 AO86
Saint-Ost 32 ....179 AO86
Saint-Osvin 50 ....34 AD27
Saint-Ouen 93 ....39 BD25
Saint-Ouen 80 ....7 BC12
Saint-Ouen 41 ....75 AU37
Saint-Ouen 17 ....118 AK58
Saint-Ouen-d'Attez 27 ...37 AT26
Saint-Ouen-d'Aunis 17 ...103 AD54
Saint-Ouen-de-la-Cour 61 ...56 AQ30
Saint-Ouen-de-Mimbré 72 ...56 AM31
Saint-Ouen-
de-Pontcheuil 27 ......14 AT21
Saint-Ouen-
de-Sécherouvre 61 ....36 AQ26
Saint-Ouen-
de-Thouberville 27 ....14 AT20
Saint-Ouen-des-Alleux 35 ...53 AB30
Saint-Ouen-
des-Besaces 14 ......34 AG23
Saint-Ouen-des-Champs 27 ...12 AQ19
Saint-Ouën-des-Toits 53 ...54 AF33

Saint-Ouën-des-Vallons 53 ...55 AI33
Saint-Ouen-Domprot 51 ...42 BT28
Saint-Ouen-du-Breuil 76 ...13 AU16
Saint-Ouen-
du-Mesnil-Oger 14 ....26 AL22
Saint-Ouen-du-Tilleul 27 ...14 AT20
Saint-Ouen-en-Belin 72 ...74 AN36
Saint-Ouen-en-Brie 77 ...60 BI29
Saint-Ouen-
en-Champagne 72 .....55 AL35
Saint-Ouen-l'Aumône 95 ...39 BC23
Saint-Ouen-le-Brisoult 61 ...35 AK29
Saint-Ouen-le-Houx 14 ...36 AO24
Saint-Ouen-le-Mauger 76 ...13 AT15
Saint-Ouen-le-Pin 14 ...26 AN22
Saint-Ouen-lès-Parey 88 ...64 CD32
Saint-Ouen-les-Vignes 37 ...75 AT41
Saint-Ouen-sous-Bailly 76 ...6 AW14
Saint-Ouen-
sur-Gartempe 87 .....106 AU55
Saint-Ouen-sur-Iton 61 ...36 AR26
Saint-Ouen-sur-Maire 61 ...35 AL27
Saint-Ouen-sur-Morin 77 ...40 BK29
Saint-Oulph 10 ....61 BP29
Saint-Ours 73 ....128 CG59
Saint-Ours 63 ....123 BI59
Saint-Outrille 18 ......93 BA44
Saint-Oyen 73 ....128 CK62
Saint-Oyen-Montbellet 71 ...112 BV51
Saint-Pabu 29 ....28 E26
Saint-Paër 76 ....13 AT18
Saint-Paër 27 ....15 AZ20
Saint-Pair-du-Mont 14 ...26 AN22
Saint-Pair-sur-Mer 50 ...33 AA25
Saint-Pal-
de-Chalencon 43 ....138 BQ64
Saint-Pal-de-Mons 43 ...139 BT65
Saint-Pal-de-Senouire 43 ...138 BP66
Saint-Palais 64 ......177 AC86
Saint-Palais 33 ......131 AG64
Saint-Palais 18 ....93 BE43
Saint-Palais 03 ......108 BG59
Saint-Palais-
de-Négrignac 17 ....131 AJ65
Saint-Palais-de-Phiolin 17 ...116 AG62
Saint-Palais-du-Né 16 ...117 AG62
Saint-Palais-sur-Mer 17 ...116 AD60
Saint-Pancrace 73 ...142 CJ64
Saint-Pancrace 2B ...200 DH95
Saint-Pancrace 24 ...133 AO63
Saint-Pancrace 06 ...169 CF81
Saint-Pancrasse 38 ...141 CF64
Saint-Pandelon 40 ...158 AD82
Saint-Pantaléon 84 ...168 CB80
Saint-Pantaléon 71 ...96 BS46
Saint-Pantaléon 46 ...148 AV75
Saint-Pantaléon-
de-Lapleau 19 ......136 BC65
Saint-Pantaléon-
de-Larche 19 ....134 AW66
Saint-Pantaléon-
les-Vignes 26 ....154 BZ74
Saint-Pantaly-d'Ans 24 ...134 AT65
Saint-Pantaly-
d'Excideuil 24 ......134 AT64
Saint-Papoul 11 .....182 BB87
Saint-Pardon-
de-Conques 33 .....146 AJ73
Saint-Pardoult 17 ...117 AI57
Saint-Pardoux 79 ...104 AJ50
Saint-Pardoux 63 ...109 BJ56
Saint-Pardoux-Corbier 19 ...134 AW63
Saint-Pardoux-d'Arnet 23 ...122 BD58
Saint-Pardoux-
de-Drône 24 ....133 AO65
Saint-Pardoux-
du-Breuil 47 ....148 AT71
Saint-Pardoux-Isaac 47 ...147 AO72
Saint-Pardoux-
la-Croisille 19 ....135 BB65
Saint-Pardoux-
la-Rivière 24 ....119 AR62
Saint-Pardoux-le-Neuf 23 ...122 BD58
Saint-Pardoux-le-Neuf 19 ...122 BD61
Saint-Pardoux-
le-Vieux 19 ....122 BD61
Saint-Pardoux-
les-Cards 23 ....108 BC56
Saint-Pardoux-
l'Ortigier 19 ....135 AX65
Saint-Pardoux-
Morterolles 23 ......121 AZ58
Saint-Pargoire 34 ...184 BN84
Saint-Parize-en-Viry 58 ...95 BK47
Saint-Parize-le-Châtel 58 ...95 BK47
Saint-Parres-aux-Tertres 10 ...62 BR31
Saint-Parres-lès-Vaudes 10 ...62 BR33
Saint-Parthem 12 ....150 BD72
Saint-Pastour 47 ....147 AQ74
Saint-Pastous 65 ....192 AK90
Saint-Paterne 72 .....56 AN30
Saint-Paterne-Racan 37 ...74 AP39
Saint-Pathus 77 ......40 A042
Saint-Patrice 37 ......74 AO42
Saint-Patrice-de-Claids 50 ...24 AC20
Saint-Patrice-du-Désert 61 ...35 AK28
Saint-Paul 88 ....64 CE34
Saint-Paul 87 ....120 AW60
Saint-Paul 73 ....127 CE60
Saint-Paul 65 ....179 AO89
Saint-Paul 61 ....35 AD26
Saint-Paul 60 ....15 BB19
Saint-Paul 33 ....131 AG66
Saint-Paul 19 ....135 BA66
Saint-Paul 06 ....175 CQ81
Saint-Paul-aux-Bois 02 ...17 BK18
Saint-Paul-de-Baïse 32 ...161 AO87
Saint-Paul-
de-Fenouillet 66 ....196 BF92
Saint-Paul-de-Fourques 27 ...27 AS21
Saint-Paul-de-Côle 23 ...133 AO65
Saint-Paul-
de-Jarrat 09 ....194 AY91
Saint-Paul-
de-Loubressac 46 ...148 AW76
Saint-Paul-de-Salers 15 ...136 BD67
Saint-Paul-de-Serre 24 ...133 AO67
Saint-Paul-de-Tartas 43 ...152 BO70
Saint-Paul-de-Varax 01 ...112 BZ56
Saint-Paul-de-Varces 38 ...141 CD67
Saint-Paul-de-Vern 46 ...149 BA70
Saint-Paul-des-Landes 15 ...136 BD69
Saint-Paul-
du-Bois 49 ....88 AF47
Saint-Paul-d'Espis 82 ...161 AS77
Saint-Paul-d'Izeaux 38 ...141 CC64
Saint-Paul-d'Oueil 31 ...193 AP92
Saint-Paul-du-Vernay 14 ...25 AI21
Saint-Paul-
en-Born 40 ....144 AE76
Saint-Paul-en-Chablais 74 ...115 CK52
Saint-Paul-
en-Cornillon 42 .....139 BS63
Saint-Paul-en-Forêt 83 ...174 CN83
Saint-Paul-en-Gâtine 79 ...104 AH50
Saint-Paul-en-Jarez 42 ...125 BV62
Saint-Paul-en-Pareds 85 ...88 AE47

Saint-Paul-et-Valmalle 34 ...184 BO83
Saint-Paul-la-Coste 30 ...166 BQ77
Saint-Paul-la-Roche 24 ...134 AT63
Saint-Paul-le-Froid 48 ...152 BN70
Saint-Paul-le-Gaultier 72 ...55 AL31
Saint-Paul-le-Jeune 07 ...153 BS75
Saint-Paul-lès-Dax 40 ...158 AD82
Saint-Paul-lès-Fonts 30 ...167 BW78
Saint-Paul-
le-Monestier 38 ....141 CD68
Saint-Paul-lès-Romans 26 ...140 CA67
Saint-Paul-le-Durance 13 ...169 CF82
Saint-Paul-Mont-Penit 85 ...87 Z47
Saint-Paul-sur-Isère 73 ...128 CJ61
Saint-Paul-sur-Risle 27 ...27 AO20
Saint-Paul-sur-Save 31 ...162 AU83
Saint-Paul-sur-Ubaye 04 ...157 CN72
Saint-Paul-
Trois-Châteaux 26 ...154 BX75
Saint-Paulet 11 ......182 BA86
Saint-Paulet-
de-Caisson 30 ......153 BV76
Saint-Paulien 43 ....138 BP66
Saint-Pé-d'Ardet 31 ...193 AO90
Saint-Pé-de-Bigorre 65 ...178 AJ89
Saint-Pé-de-Léren 64 ...177 AC84
Saint-Pé-Saint-Simon 47 ...160 AL79
Saint-Pée-sur-Nivelle 64 ...176 Y86
Saint-Pellerin 50 .....25 AG20
Saint-Pellerin 28 .....57 AV34
Saint-Péran 35 ....53 X33
Saint-Péravy-
la-Colombe 45 ....58 BB32
Saint-Péray 07 ......140 BX68
Saint-Perdon 40 ....159 AG80
Saint-Perdoux 46 ...149 BB72
Saint-Perdoux 24 ...147 AP71
Saint-Père 89 ....79 BO41
Saint-Père 58 ....78 BI41
Saint-Père 35 ....33 Y27
Saint-Père-en-Retz 44 ...86 W43
Saint-Père-sur-Loire 45 ...77 BC37
Saint-Péreuse 58 .....96 BR45
Saint-Perreux 56 .....70 W37
Saint-Péver 22 ....31 P28
Saint-Pey-d'Armens 33 ...146 AK70
Saint-Pey-de-Castets 33 ...146 AK70
Saint-Phal 10 ....62 BQ33
Saint-Philbert-
de-Bouaine 85 ....87 AA45
Saint-Philbert-
de-Grand-Lieu 44 .....87 Z45
Saint-Philbert-
des-Champs 14 ....27 AO20
Saint-Philbert-
du-Peuple 49 ....73 AL41
Saint-Philbert-
du-Pont-Charrault 85 ...88 AE49
Saint-Philbert-
en-Mauges 49 ....88 AE44
Saint-Philbert-
sur-Boissey 27 ....27 AS21
Saint-Philbert-sur-Orne 61 ...35 AJ25
Saint-Philbert-sur-Risle 27 ...27 AO20
Saint-Philbert-sol 08 ...68 P38
Saint-Philbert 21 .....97 BY43
Saint-Pierre-
d'Entremont 38 .....141 CF63
Saint-Philippe-
d'Aiguille 33 ....132 AL69
Saint-Philippe-
du-Seignal 33 ......146 AN70
Saint-Piat 28 ....58 AY29
Saint-Pierre-la-Cour 53 ...54 AE33
Saint-Pierre-la-Garenne 27 ...38 AX22
Saint-Pierre-la-Noaille 42 ...111 BR55
Saint-Pierre-la-Palud 69 ...125 BV59
Saint-Pierre-la-Rivière 61 ...36 AO25
Saint-Pierre-la-Roche 07 ...154 BW72
Saint-Pierre-la-Vieille 14 ...35 AI24
Saint-Pierre-Lafeuille 46 ...148 AW73
Saint-Pierre-Langers 50 ...33 AB25
Saint-Pierre-Laval 03 ...110 BP55
Saint-Pierre-Lavis 76 ...13 AR16
Saint-Pierre-le-Bost 23 ...108 BD53
Saint-Pierre-le-Chastel 63 ...123 BH59
Saint-Pierre-
le-Déchausselat 07 ...153 BS74
Saint-Pierre-le-Moûtier 58 ...94 BJ48
Saint-Pierre-le-Potier 53 ...54 AG34
Saint-Pierre-le-Vieux 85 ...103 AG52
Saint-Pierre-le-Vieux 76 ...14 AT14
Saint-Pierre-le-Vieux 71 ...111 BU50
Saint-Pierre-le-Vieux 48 ...151 BL70
Saint-Pierre-le-Viger 76 ...13 AT16
Saint-Pierre-
les-Aubagne 13 .....188 CE86
Saint-Pierre-lès-Bitry 60 ...17 BJ19
Saint-Pierre-lès-Bois 58 ...108 BD50
Saint-Pierre-lès-Elbeuf 76 ...14 AU21
Saint-Pierre-lès-Étieux 18 ...94 BG49
Saint-Pierre-
lès-Franqueville 02 ...11 BN14
Saint-Pierre-
les-Nemours 77 ....60 BG32
Saint-Pierre-
sur-Charente 16 .....119 AO59
Saint-Pierre-
Montlimart 49 ....72 AE42
Saint-Pierre-Quiberon 56 ...68 O39
Saint-Pierre-Roche 63 ...123 BH60
Saint-Pierre-sur-Dives 14 ...26 AM23
Saint-Pierre-sur-Doux 07 ...138 BU67
Saint-Pierre-sur-Dropt 47 ...146 AM72
Saint-Pierre-sur-Erve 53 ...55 AJ34
Saint-Pierre-sur-Mer 11 ...184 BK88
Saint-Pierre-sur-Orthe 53 ...55 AL32
Saint-Pierre-sur-Vence 08 ...19 BU16
Saint-Pierre-Tarentaine 14 ...34 AG24
Saint-Pierre-Toirac 46 ...149 BA73
Saint-Pierremont 88 ...65 CJ29
Saint-Pierremont 08 ...19 BW18
Saint-Pierremont 02 ...18 BP15
Saint-Pierreville 07 ...153 BU70
Saint-Pierrevillers 55 ...21 CC19
Saint-Plaisir 03 ....109 BJ50
Saint-Plancard 31 ...179 AP88
Saint-Planchers 50 ...33 AA25
Saint-Plantaire 36 ...107 AY52
Saint-Point 71 ....112 BV53
Saint-Point-Lac 25 ...99 CI47
Saint-Pois 50 ....34 AE26
Saint-Poix 53 ....54 AE35
Saint-Pol-de-Léon 29 ...29 J25
Saint-Pol-sur-Mer 59 ...3 BD1
Saint-Pol-sur-Ternoise 62 ...7 BD8
Saint-Polgues 43 ....124 BO58
Saint-Polycarpe 11 ...182 BD90
Saint-Pompain 79 ...104 AH52
Saint-Pompon 24 ...148 AU71
Saint-Poncy 15 ....137 BK66
Saint-Pons 07 ....154 BW72
Saint-Pons 04 ....157 CN72
Saint-Pons (Parc de) 13 ...188 CE87
Saint-Pons-de-Mauchiens 34 ...184 BN85
Saint-Pons-de-Thomières 34 ...183 BH85
Saint-Pons-la-Calm 30 ...167 BW78
Saint-Pont 03 ....110 BL55
Saint-Porchaire 17 ...117 AF58
Saint-Porquier 82 ...162 AU79
Saint-Pôtan 22 ....32 V28
Saint-Pouange 10 ....62 BQ32

Saint-Mézargues 13 ...167 BW81
Saint-Pourçain-
sur-Besbre 03 ......110 BN52
Saint-Pourçain-
sur-Sioule 03 ....110 BL54
Saint-Prancher 88 ....64 CE30
Saint-Préjet-
Armandon 43 ....138 BN65
Saint-Préjet-d'Allier 43 ...138 BO69
Saint-Prest 28 ....58 AX29
Saint-Preuil 16 ....118 AK61
Saint-Priest 69 ......126 BY60
Saint-Priest 23 ......108 BD56
Saint-Priest 07 ......153 BV71
Saint-Priest-Bramefant 63 ...124 BM57
Saint-Priest-d'Andelot 03 ...109 BK56
Saint-Priest-de-Gimel 19 ...135 BA65
Saint-Priest-
des-Champs 63 .....123 BH57
Saint-Priest-en-Jarez 42 ...139 BT63
Saint-Priest-en-Murat 03 ...109 BI53
Saint-Priest-la-Feuille 23 ...107 AX55
Saint-Priest-la-Marche 18 ...108 BC52
Saint-Priest-la-Plaine 23 ...107 AX55
Saint-Priest-la-Prugne 42 ...124 BO57
Saint-Priest-la-Roche 42 ...124 BP58
Saint-Priest-la-Vêtre 42 ...124 BO57
Saint-Priest-les-Fougères 24 ...134 AT63
Saint-Priest-Ligoure 87 ...120 AV61
Saint-Priest-Palus 23 ...121 AY58
Saint-Priest-sous-Aixe 87 ...120 AU59
Saint-Priest-Taurion 87 ...120 AW58
Saint-Prim 38 ....140 BX63
Saint-Privat 34 ......166 BM82
Saint-Privat 19 ......136 BC67
Saint-Privat 07 ......153 BU72
Saint-Privat-d'Allier 43 ...138 BO68
Saint-Privat-
de-Champclos 30 ...153 BU70
Saint-Privat-
de-Vallongue 48 .....152 BP76
Saint-Privat-des-Prés 24 ...132 AN65
Saint-Privat-des-Vieux 30 ...167 BS77
Saint-Privat-
la-Montagne 57 ....21 CE21
Saint-Privat-
du-Dragon 43 ....138 BM66
Saint-Privat-du-Fau 48 ...137 BL69
Saint-Privé 89 ....78 BI38
Saint-Privé 71 ....97 BV49
Saint-Prix 95 ....39 BD24
Saint-Prix 71 ....96 BR46
Saint-Prix 07 ....139 BV68
Saint-Prix 03 ....110 BO54
Saint-Prix-lès-Arnay 21 ...97 BU44
Saint-Projet 82 ......149 AZ76
Saint-Projet 46 ......148 AX71
Saint-Projet 15 ......150 BE72
Saint-Projet 63 ......138 BB58
Saint-Projet-de-Salers 15 ...136 BF67
Saint-Projet-Saint-
Constant 16 ....119 AO60
Saint-Pryvé-
Saint-Mesmin 45 .....76 BA36
Saint-Puy 32 ....161 AO80
Saint-Python 59 ......9 BM10
Saint-Quantin-
de-Rançanne 17 ....117 AG62
Saint-Quay-Perros 22 ...30 N24
Saint-Quay-Portrieux 22 ...31 R26
Saint-Quentin 02 .....9 BK14
Saint-Quentin-au-Bosc 76 ...6 AW13
Saint-Quentin-
de-Baron 33 ....146 AJ70
Saint-Quentin-
de-Blavou 61 ....56 AP29
Saint-Quentin-
de-Caplong 33 ......146 AM70
Saint-Quentin-
de-Chalais 16 ....132 AM65
Saint-Quentin-des-Isles 27 ...27 AP23
Saint-Quentin-des-Prés 60 ...15 AZ18
Saint-Quentin-
du-Dropt 47 ....147 AQ71
Saint-Quentin-
en-Mauges 49 ....72 AF42
Saint-Quentin-
en-Tourmont 80 ....6 AY9
Saint-Quentin-
en-Yvelines 38 ....38 BB26
Saint-Quentin-Fallavier 38 ...126 BZ61
Saint-Quentin-
la-Chabanne 23 .....122 BC58
Saint-Quentin-la-Motte-
Croix-au-Bailly 80 .....6 AX12
Saint-Quentin-
la-Poterie 30 ....167 BU78
Saint-Quentin-la-Tour 09 ...182 BA90
Saint-Quentin-le-Petit 08 ...18 BO17
Saint-Quentin-le-Verger 51 ...41 BO28
Saint-Quentin-les-Anges 53 ...72 AF37
Saint-Quentin-
les-Beaurepaire 49 ...73 AL39
Saint-Quentin-
les-Chardonnets 61 ...34 AH26
Saint-Quentin-les-Marais 51 ...42 BU26
Saint-Quentin-les-Troo 41 ...74 AS37
Saint-Quentin-
sur-Coole 51 ....42 BS25
Saint-Quentin-
sur-Indrois 37 ....91 AT41
Saint-Quentin-sur-Isère 38 ...141 CD64
Saint-Quentin-
sur-le-Homme 50 .....33 AC27
Saint-Quentin-
sur-Nohain 58 ....78 BJ42
Saint-Quentin-
sur-Sauxillanges 63 ...124 BM62
Saint-Quentin-
sur-Sioule 63 ....109 BJ56
Saint-Quirc 09 ....181 AX87
Saint-Quirin 57 ....46 CM27
Saint-Rabier 24 .....134 AU66
Saint-Racho 71 ......111 BT54
Saint-Rambert-
d'Albon 26 ....140 BX65
Saint-Rambert-
en-Bugey 01 ....127 CB57

Saint-Rémy-de-Chargnat 63 ...123 BL62
Saint-Rémy-
de-Chaudes-Aigues 15 ...151 BJ71
Saint-Rémy-
de-Maurienne 73 ....142 CI63
Saint-Rémy-
de-Provence 13 .....168 BX81
Saint-Rémy-de-Salers 15 ...136 BE67
Saint-Rémy-de-Sillé 72 ...55 AL32
Saint-Rémy-
des-Landes 50 ....24 AA20
Saint-Rémy-des-Monts 72 ...56 AP31
Saint-Rémy-du-Nord 59 ...10 BP10
Saint-Rémy-du-Plain 35 ...53 AA30
Saint-Rémy-du-Val 72 ...56 AO31
Saint-Rémy-
en-Bouzemont-
Saint-Genest-et-Isson 51 ...42 BU28
Saint-Rémy-en-l'Eau 60 ...16 BE18
Saint-Rémy-en-Mauges 49 ...72 AE42
Saint-Rémy-
en-Montmorillon 86 ...106 AS54
Saint-Rémy-en-Rollat 03 ...110 BM55
Saint-Rémy-la-Calonne 55 ...44 CB23
Saint-Rémy-la-Vanne 77 ...40 BK29
Saint-Rémy-la-Varenne 49 ...73 AJ41
Saint-Rémy-le-Petit 08 ...18 BR19
Saint-Rémy-
lès-Chevreuse 78 .....38 BB27
Saint-Rémy-l'Honoré 78 ...38 BA26
Saint-Rémy-
sous-Barbuise 10 .....62 BR29
Saint-Rémy-
sous-Broyes 51 ....41 BO27
Saint-Rémy-sur-Avre 28 ...37 AV26
Saint-Rémy-sur-Bussy 51 ...42 BU24
Saint-Rémy-sur-Creuse 86 ...91 AR46
Saint-Rémy-sur-Durolle 63 ...124 BN58
Saint-Renan 29 ....28 E28
Saint-René 22 ....32 T28
Saint-Restitut 26 ....154 BX75
Saint-Révérend 85 ....87 Y48
Saint-Révérien 58 .....95 BM43
Saint-Rieul 22 ....52 U29
Saint-Rigomer-des-Bois 72 ...56 AN30
Saint-Rimay 41 ....75 AT37
Saint-Riquier 80 ....7 BB11
Saint-Riquier-en-Rivière 76 ...6 AV14
Saint-Riquier-ès-Plains 76 ...13 AT14
Saint-Rirand 42 .....110 BP56
Saint-Rivoal 29 ....29 I29
Saint-Robert 47 .....147 AR76
Saint-Robert 19 .....134 AV65
Saint-Roch 37 ....74 AO41
Saint-Roch-
sur-Égrenne 61 ....34 AH28
Saint-Rogatien 17 ...103 AD55
Saint-Romain 86 ....105 AO54
Saint-Romain 63 ....138 BO68
Saint-Romain 21 .....97 BV46
Saint-Romain 16 ....132 AM65
Saint-Romain (Mont) 71 ...112 BW51
Saint-Romain-
au-Mont-d'Ay 69 ....126 BX58
Saint-Romain-de-Benet 17 ...117 AF60
Saint-Romain-
de-Colbosc 76 ....12 AP18
Saint-Romain-de-Jalionas 38 ...126 CA59
Saint-Romain-de-Lerps 07 ...140 BX68
Saint-Romain-
de-Monpazier 24 ....147 AS71
Saint-Romain-
de-Popey 69 ....125 BU58
Saint-Romain-de-Surieu 38 ...140 BX63
Saint-Romain-des-Îles 71 ...112 BW55
Saint-Romain-d'Urfé 42 ...124 BP58
Saint-Romain-en-Gal 69 ...126 BY62
Saint-Romain-en-Gier 69 ...126 BW62
Saint-Romain-
en-Jarez 42 ....125 BV62
Saint-Romain-
en-Viennois 84 .....154 CA76
Saint-Romain-
et-Saint-Clément 24 ...134 AS63
Saint-Romain-la-Motte 42 ...110 BN56
Saint-Romain-la-Virvée 33 ...131 AI68
Saint-Romain-Lachalm 43 ...139 BT65
Saint-Romain-le-Noble 47 ...161 AR77
Saint-Romain-le-Preux 89 ...60 BK35
Saint-Romain-le-Puy 42 ...125 BR62
Saint-Romain-
les-Atheux 42 ......139 BT64
Saint-Romain-
sous-Gourdon 71 ....111 BT50
Saint-Romain-
sous-Versigny 71 .....111 BS50
Saint-Romain-sur-Cher 41 ...76 AW42
Saint-Romain-
sur-Gironde 17 ......131 AF63
Saint-Roman 26 .....155 CC71
Saint-Roman
(Abbaye de) 30 .....167 BW81
Saint-Roman-de-Bellet 06 ...175 CR81
Saint-Roman-
de-Codières 30 .....166 BP79
Saint-Roman-
de-Malegarde 84 ....154 BY76
Saint-Romans 38 ....141 CB66
Saint-Romans-
des-Champs 79 .....104 AJ54
Saint-Romans-
lès-Melle 79 ....104 AK54
Saint-Rome 31 ......181 AY86
Saint-Rome-
de-Cernon 12 ....165 BI79
Saint-Rome-de-Dolan 48 ...151 BK76
Saint-Rome-de-Tarn 12 ...165 BI79
Saint-Romphaire 50 ...34 AE23
Saint-Rouin
(Ermitage de) 55 .....43 BX23
Saint-Saëns 76 ....6 AV16
Saint-Saire 76 ....6 AW14
Saint-Salvadou 12 ...149 BC76
Saint-Salvadour 19 ...135 AZ64
Saint-Salvi-
de-Carcavès 81 .....164 BG81
Saint-Salvy 47 ......147 AO76
Saint-Salvy-
de-la-Balme 81 .....182 BE84
Saint-Samson 53 .....55 AL29
Saint-Samson 14 .....26 AL21
Saint-Samson-
de-Bonfossé 50 ......34 AE23
Saint-Samson-
de-la-Roque 27 ....12 AQ19
Saint-Samson-
la-Poterie 60 ....15 AZ17
Saint-Samson-
sur-Rance 22 ....32 X28
Saint-Sandoux 63 ...123 BJ61
Saint-Santin 12 ......149 BC72
Saint-Santin-Cantalès 15 ...136 BD68
Saint-Santin-de-Maurs 15 ...149 BC72
Saint-Sardos 82 .....162 AU80
Saint-Sardos 47 ....147 AP75
Saint-Sardos-
de-Laurenque 47 ....147 AS73
Saint-Satur 18 ....78 BH42
Saint-Saturnin 72 ....56 AN34
Saint-Saturnin 63 ...123 BJ61
Saint-Saturnin 51 .....41 BP28
Saint-Saturnin 48 ...151 BK75

Saint-Saturnin 18 108 BD51
Saint-Saturnin 16 118 AM60
Saint-Saturnin 15 137 BH65
Saint-Saturnin-de-Lenne 12 151 BJ74
Saint-Saturnin-de-Lucian 34 184 BN83
Saint-Saturnin-du-Bois 17 103 AG55
Saint-Saturnin-du-Limet 53 72 AE36
Saint-Saturnin-lès-Apt 84 169 CC79
Saint-Saturnin-lès-Avignon 84 168 BY79
Saint-Saturnin-sur-Loire 49 73 AI41
Saint-Saud-Lacoussière 24 119 AS62
Saint-Sauflieu 80 16 BD15
Saint-Saulge 58 95 BM45
Saint-Saulve 59 9 BM8
Saint-Saury 15 149 BC70
Saint-Sauvant 86 105 AM53
Saint-Sauvant 17 117 AH59
Saint-Sauves-d'Auvergne 63 122 BG61
Saint-Sauveur 86 91 AQ48
Saint-Sauveur 80 7 BD13
Saint-Sauveur 79 89 AI47
Saint-Sauveur 70 84 CI36
Saint-Sauveur 60 16 BH20
Saint-Sauveur 54 46 CM28
Saint-Sauveur 38 141 CB66
Saint-Sauveur 33 131 AF65
Saint-Sauveur 31 162 AW82
Saint-Sauveur 29 29 J28
Saint-Sauveur 24 133 AQ69
Saint-Sauveur 21 82 CB41
Saint-Sauveur 05 157 CL72
Saint-Sauveur (Chapelle) 64 177 AB89
Saint-Sauveur-Camprieu 30 165 BM78
Saint-Sauveur-d'Aunis 17 103 AF54
Saint-Sauveur-de-Carrouges 61 35 AL28
Saint-Sauveur-de-Chaulieu 50 34 AG26
Saint-Sauveur-de-Cruzières 07 153 BT76
Saint-Sauveur-de-Flée 49 72 AG37
Saint-Sauveur-de-Ginestoux 48 152 BN71
Saint-Sauveur-de-Landemont 49 72 AC42
Saint-Sauveur-de-Meilhan 47 146 AL74
Saint-Sauveur-de-Montagut 07 153 BV70
Saint-Sauveur-de-Peyre 48 151 BL72
Saint-Sauveur-de-Pierrepont 50 24 AB19
Saint-Sauveur-de-Puynormand 33 132 AL68
Saint-Sauveur-d'Émalleville 76 12 AP17
Saint-Sauveur-des-Landes 35 54 AC30
Saint-Sauveur-en-Diois 26 154 CA71
Saint-Sauveur-en-Puisaye 89 78 BK39
Saint-Sauveur-en-Rue 42 139 BU65
Saint-Sauveur-Gouvernet 26 155 CB75
Saint-Sauveur-la-Pommeraye 50 33 AC25
Saint-Sauveur-la-Sagne 63 138 BO64
Saint-Sauveur-la-Vallée 46 148 AX72
Saint-Sauveur-Lalande 24 132 AN68
Saint-Sauveur-le-Vicomte 50 24 AB19
Saint-Sauveur-Lendelin 50 33 AC22
Saint-Sauveur-les-Bains 65 192 AK92
Saint-Sauveur-lès-Bray 77 60 BK30
Saint-Sauveur-Levasville 28 37 AW28
Saint-Sauveur-sur-École 77 59 BF29
Saint-Sauveur-sur-Tinée 06 173 CQ77
Saint-Sauvier 03 108 BD53
Saint-Sauvy 32 161 AR82
Saint-Savin 86 106 AS51
Saint-Savin 65 192 AK90
Saint-Savin 38 127 CB61
Saint-Savin 33 131 AH66
Saint-Savinien 17 117 AG58
Saint-Saviol 86 105 AN55
Saint-Savournin 13 187 CD85
Saint-Sébastien 38 141 CF69
Saint-Sébastien 23 107 AX53
Saint-Sébastien (Chapelle) 29 29 I30
Saint-Sébastien-d'Aigrefeuille 30 166 BR78
Saint-Sébastien-de-Morsent 27 37 AU23
Saint-Sébastien-de-Raids 50 24 AC21
Saint-Sébastien-sur-Loire 44 87 AA43
Saint-Secondin 86 105 AP53
Saint-Ségal 29 29 I30
Saint-Séglin 35 53 X35
Saint-Seine 58 96 BP49
Saint-Seine-en-Bâche 21 98 CA44
Saint-Seine-l'Abbaye 21 81 BW41
Saint-Seine-sur-Vingeanne 21 82 CB40
Saint-Selve 33 145 AH71
Saint-Senier-de-Beuvron 50 33 AC28
Saint-Senier-sous-Avranches 50 33 AC26
Saint-Senoch 37 91 AT45
Saint-Senoux 35 53 Z35
Saint-Sériès 34 167 BS82
Saint-Sernin 47 146 AN71
Saint-Sernin 11 181 AZ88
Saint-Sernin 07 153 BU73
Saint-Sernin-du-Bois 71 96 BT47
Saint-Sernin-du-Plain 71 97 BV47
Saint-Sernin-lès-Lavaur 81 182 BA84
Saint-Sernin-sur-Rance 12 164 BG80
Saint-Sérotin 89 60 BK32
Saint-Servais 29 29 H27
Saint-Servais 22 30 N29
Saint-Servan-sur-Mer 35 32 X27
Saint-Servant 56 52 T35
Saint-Setiers 19 122 BC60
Saint-Seurin-de-Bourg 33 131 AG67
Saint-Seurin-de-Cadourne 33 131 AF64
Saint-Seurin-de-Cursac 33 131 AG66
Saint-Seurin-de-Palenne 17 117 AH61
Saint-Seurin-de-Prats 24 146 AM70
Saint-Seurin-d'Uzet 17 117 AF62
Saint-Seurin-sur-l'Isle 33 132 AL68
Saint-Sève 33 146 AL72
Saint-Sever 40 159 AG81
Saint-Sever-Calvados 14 34 AF25
Saint-Sever-de-Rustan 65 179 AM86
Saint-Sever-de-Saintonge 17 117 AH60
Saint-Sever-du-Moustier 12 164 BG82
Saint-Séverin 16 132 AN64
Saint-Séverin-d'Estissac 24 133 AP67
Saint-Séverin-sur-Boutonne 17 104 AI56
Saint-Siffret 30 167 BU79
Saint-Sigismond 85 103 AG53
Saint-Sigismond 74 115 CK55
Saint-Sigismond 49 72 AF40
Saint-Sigismond 45 58 AY35
Saint-Sigismond-de-Clermont 17 131 AH63
Saint-Silvain-Bas-le-Roc 23 108 BD53
Saint-Silvain-Bellegarde 23 122 BD57
Saint-Silvain-Montaigut 23 107 AZ55
Saint-Silvain-sous-Toulx 23 108 BC54
Saint-Siméon 77 40 BK26
Saint-Siméon 61 55 AH29
Saint-Siméon 27 27 AQ20
Saint-Siméon-de-Bressieux 38 140 CA64
Saint-Simeux 16 118 AL61
Saint-Simon 46 149 BA71
Saint-Simon 16 118 AI61
Saint-Simon 15 136 BF69
Saint-Simon 02 17 BJ15
Saint-Simon-de-Bordes 17 131 AI63
Saint-Simon-de-Pellouaille 17 117 AG61
Saint-Sixt 74 114 CI56
Saint-Sixte 47 161 AR78
Saint-Sixte 42 124 BQ59
Saint-Solen 22 53 X29
Saint-Solve 19 134 AW65
Saint-Sorlin 69 125 BV61
Saint-Sorlin-d'Arves 73 142 CI65
Saint-Sorlin-de-Conac 17 131 AG64
Saint-Sorlin-de-Morestel 38 127 CC61
Saint-Sorlin-de-Vienne 38 140 BY63
Saint-Sorlin-en-Bugey 01 127 CB58
Saint-Sorlin-en-Valloire 26 140 BY65
Saint-Sornin 85 102 AB51
Saint-Sornin 17 116 AE59
Saint-Sornin 16 119 AP60
Saint-Sornin 03 109 BJ52
Saint-Sornin-la-Marche 87 106 AT55
Saint-Sornin-Lavolps 19 134 AW64
Saint-Sornin-Leulac 87 106 AV55
Saint-Soulan 32 180 AR85
Saint-Souplet 59 9 BM12
Saint-Souplet-sur-Py 51 19 BT21
Saint-Soupplets 77 40 BH23
Saint-Sozy 46 135 AX69
Saint-Stail 88 66 CM30
Saint-Suliac 35 33 Y28
Saint-Sulpice 81 163 AY82
Saint-Sulpice 73 127 CF61
Saint-Sulpice 70 84 CI39
Saint-Sulpice 63 122 BG61
Saint-Sulpice 60 15 BC20
Saint-Sulpice 58 95 BL45
Saint-Sulpice 53 55 AH35
Saint-Sulpice 49 73 AJ41
Saint-Sulpice 46 149 AZ73
Saint-Sulpice 01 112 BY53
Saint-Sulpice-d'Arnoult 17 117 AF59
Saint-Sulpice-de-Cognac 16 117 AI59
Saint-Sulpice-de-Faleyrens 33 131 AJ69
Saint-Sulpice-de-Favières 91 59 BC29
Saint-Sulpice-de-Grimbouville 27 12 AQ19
Saint-Sulpice-de-Guilleragues 33 146 AL72
Saint-Sulpice-de-Mareuil 24 133 AP63
Saint-Sulpice-de-Pommeray 41 75 AV39
Saint-Sulpice-de-Pommiers 33 146 AK71
Saint-Sulpice-de-Roumagnac 24 133 AO66
Saint-Sulpice-de-Royan 17 116 AD60
Saint-Sulpice-de-Ruffec 16 119 AO57
Saint-Sulpice-des-Landes 44 72 AD39
Saint-Sulpice-des-Landes 35 71 AA37
Saint-Sulpice-des-Rivoires 38 127 CD62
Saint-Sulpice-d'Excideuil 24 134 AT64
Saint-Sulpice-en-Pareds 85 103 AF50
Saint-Sulpice-et-Cameyrac 33 131 AI69
Saint-Sulpice-la-Forêt 35 53 AA32
Saint-Sulpice-Laurière 87 107 AX56
Saint-Sulpice-le-Dunois 23 107 AZ54
Saint-Sulpice-le-Guérétois 23 107 AZ55
Saint-Sulpice-le-Verdon 85 87 AB46
Saint-Sulpice-les-Bois 19 122 BC61
Saint-Sulpice-les-Champs 23 121 BB57
Saint-Sulpice-les-Feuilles 87 107 AW53
Saint-Sulpice-sur-Lèze 31 181 AV87
Saint-Sulpice-sur-Risle 61 36 AR26
Saint-Supplet 54 21 CC19
Saint-Sylvain 76 13 AR14
Saint-Sylvain 19 135 BA66
Saint-Sylvain 14 26 AL23
Saint-Sylvain-d'Anjou 49 73 AI40
Saint-Sylvestre 87 120 AW57
Saint-Sylvestre 74 128 CG58
Saint-Sylvestre 07 140 BW68
Saint-Sylvestre-Cappel 59 3 BF4
Saint-Sylvestre-de-Cormeilles 27 27 AP21
Saint-Sylvestre-Pragoulin 63 110 BM56
Saint-Sylvestre-sur-Lot 47 147 AR75
Saint-Symphorien 79 104 AI54
Saint-Symphorien 72 55 AL34
Saint-Symphorien 48 152 BO70
Saint-Symphorien 37 75 AR41
Saint-Symphorien 35 53 Y31
Saint-Symphorien 33 145 AH74
Saint-Symphorien 27 27 AO20
Saint-Symphorien 18 93 BD48
Saint-Symphorien 04 156 CH76
Saint-Symphorien-d'Ancelles 71 112 BW55
Saint-Symphorien-de-Lay 42 125 BS57
Saint-Symphorien-de-Mahun 07 139 BV66
Saint-Symphorien-de-Marmagne 71 96 BT47
Saint-Symphorien-de-Thénières 12 150 BH71
Saint-Symphorien-des-Bois 71 111 BS53
Saint-Symphorien-des-Bruyères 61 36 AO26
Saint-Symphorien-des-Monts 50 34 AF28
Saint-Symphorien-d'Ozon 69 126 BX61
Saint-Symphorien-le-Château 28 58 AZ29
Saint-Symphorien-le-Valois 50 24 AB20
Saint-Symphorien-les-Buttes 50 34 AG23
Saint-Symphorien-sous-Chomérac 07 154 BW71
Saint-Symphorien-sur-Coise 69 125 BU61
Saint-Symphorien-sur-Couze 87 106 AV56
Saint-Symphorien-sur-Saône 21 98 CA44
Saint-Thégonnec 29 29 J27
Saint-Thélo 22 51 R31
Saint-Théodorit 30 166 BR80
Saint-Théoffrey 38 141 CF68
Saint-Thibaud-de-Couz 73 127 CF62
Saint-Thibault 60 15 BA16
Saint-Thibault 21 81 BU42
Saint-Thibault 18 78 BH42
Saint-Thibault 10 62 BR32
Saint-Thibault-des-Vignes 77 39 BG25
Saint-Thibaut 02 18 BN20
Saint-Thibéry 34 184 BM86
Saint-Thiébaud 39 99 CE46
Saint-Thiébault 52 64 CC32
Saint-Thierry 51 18 BP20
Saint-Thois 29 49 J31
Saint-Thomas 31 180 AT85
Saint-Thomas 02 18 BO18
Saint-Thomas (Col de) 42 124 BO58
Saint-Thomas-de-Conac 17 131 AG63
Saint-Thomas-de-Courceriers 53 55 AK31
Saint-Thomas-en-Argonne 51 19 BW21
Saint-Thomas-en-Royans 26 141 CB67
Saint-Thomas-la-Garde 42 125 BR62
Saint-Thomé 07 154 BW73
Saint-Thonan 29 29 G27
Saint-Thual 35 53 Y30
Saint-Thurial 35 53 Y34
Saint-Thuriau 56 51 Q33
Saint-Thurien 29 50 L34
Saint-Thurien 27 12 AQ19
Saint-Thurin 42 124 BP59
Saint-Thyrse (Chapelle) 04 174 CL80
Saint-Tricat 62 2 BA3
Saint-Trimoël 22 52 T29
Saint-Trinit 84 169 CC78
Saint-Trivier-de-Courtes 01 112 BY51
Saint-Trivier-sur-Moignans 01 112 BX56
Saint-Trojan 33 131 AG67
Saint-Trojan-les-Bains 17 116 AC58
Saint-Tropez 83 189 CM86
Saint-Tugdual 56 51 N32
Saint-Tugen 29 48 E32
Saint-Ulphace 72 57 AS33
Saint-Ulrich 68 85 CN38
Saint-Uniac 35 53 X32
Saint-Urbain 85 86 W46
Saint-Urbain 29 29 H28
Saint-Urbain-sur-Marne 52 63 BY30
Saint-Urcisse 81 163 AY80
Saint-Urcisse 47 161 AR77
Saint-Urcize 15 151 BJ71
Saint-Ursin 50 33 AC25
Saint-Usage 21 98 CA44
Saint-Usage 10 62 BU33
Saint-Usuge 71 98 CA49
Saint-Utin 51 42 BT28
Saint-Uze 26 140 BX66
Saint-Vaast-de-Longmont 60 16 BG20
Saint-Vaast-d'Équiqueville 76 6 AW14
Saint-Vaast-Dieppedalle 76 13 AS15
Saint-Vaast-du-Val 76 13 AU16
Saint-Vaast-en-Auge 14 26 AM20
Saint-Vaast-en-Cambrésis 59 9 BL10
Saint-Vaast-en-Chaussée 80 7 BC13
Saint-Vaast-la-Hougue 50 24 AD16
Saint-Vaast-lès-Mello 60 16 BE21
Saint-Vaast-sur-Seulles 14 35 AI22
Saint-Vaize 17 117 AG59
Saint-Valbert 70 84 CL38
Saint-Valentin 36 93 BA46
Saint-Valérien 89 60 BJ33
Saint-Valérien 85 103 AE51
Saint-Valery 60 15 AZ15
Saint-Valery-en-Caux 76 13 AS14
Saint-Valery-sur-Somme 80 6 AY10
Saint-Vallerin 71 97 BV49
Saint-Vallier 88 65 CH31
Saint-Vallier 71 111 BT50
Saint-Vallier 26 140 BX66
Saint-Vallier 16 132 AL65
Saint-Vallier-de-Thiey 06 174 CO82
Saint-Vallier-sur-Marne 52 82 CA36
Saint-Varent 79 89 AK47
Saint-Vaury 23 107 AZ55
Saint-Venant 62 3 BF6
Saint-Venec (Chapelle) 29 49 I32
Saint-Vénérand 43 152 BO70
Saint-Vérain 58 78 BJ41
Saint-Véran 05 157 CN70
Saint-Vérand 71 112 BW54
Saint-Vérand 69 125 BU58
Saint-Vérand 38 141 CB66
Saint-Vert 43 138 BN64
Saint-Viance 19 134 AW66
Saint-Viâtre 41 76 BA40
Saint-Viaud 44 70 W42
Saint-Victeur 72 56 AM31
Saint-Victor 24 133 AP65
Saint-Victor 15 136 BD68
Saint-Victor 07 140 BW67
Saint-Victor 03 109 BG53
Saint-Victor-de-Buthon 28 57 AT30
Saint-Victor-de-Cessieu 38 127 CB62
Saint-Victor-de-Chrétienville 27 27 AQ23
Saint-Victor-de-Malcap 30 153 BS76
Saint-Victor-de-Morestel 38 127 CC60
Saint-Victor-de-Réno 61 57 AR29
Saint-Victor-d'Épine 27 27 AR21
Saint-Victor-des-Oules 30 167 BV79
Saint-Victor-en-Marche 23 107 AZ56
Saint-Victor-et-Melvieu 12 164 BH79
Saint-Victor-la-Coste 30 167 BW78
Saint-Victor-la-Rivière 63 123 BI62
Saint-Victor-l'Abbaye 76 14 AV16
Saint-Victor-Malescours 43 139 BT65
Saint-Victor-Montvianeix 63 124 BN58
Saint-Victor-Rouzaud 09 181 AX89
Saint-Victor-sur-Arlanc 43 138 BP64
Saint-Victor-sur-Avre 27 37 AS27
Saint-Victor-sur-Loire 42 139 BS63
Saint-Victor-sur-Ouche 21 97 BW43
Saint-Victor-sur-Rhins 42 125 BS57
Saint-Victoret 13 187 CB85
Saint-Victour 19 136 BE63
Saint-Victurnien 87 120 AT58
Saint-Vidal 43 138 BP67
Saint-Vigor 27 37 AW23
Saint-Vigor-des-Mézerets 14 35 AI24
Saint-Vigor-des-Monts 50 34 AE24
Saint-Vigor-d'Ymonville 76 12 AP18
Saint-Vigor-le-Grand 14 25 AH20
Saint-Vincent 82 162 AW77
Saint-Vincent 64 178 AJ88
Saint-Vincent 63 123 BK62
Saint-Vincent 43 138 BQ66
Saint-Vincent 31 181 AZ85
Saint-Vincent-Bragny 71 111 BR51
Saint-Vincent-Cramesnil 76 12 AP18
Saint-Vincent-de-Barbeyrargues 34 166 BQ82
Saint-Vincent-de-Barrès 07 154 BW72
Saint-Vincent-de-Boisset 42 125 BR57
Saint-Vincent-de-Connezac 24 133 AO66
Saint-Vincent-de-Cosse 24 148 AU70
Saint-Vincent-de-Durfort 07 154 BW70
Saint-Vincent-de-Lamontjoie 47 161 AP78
Saint-Vincent-e-Mercuze 38 142 CG63
Saint-Vincent-de-Paul 40 158 AC82
Saint-Vincent-de-Paul 33 131 AH68
Saint-Vincent-de-Pertignas 33 146 AK70
Saint-Vincent-de-Reins 69 111 BT56
Saint-Vincent-de-Salers 15 136 BF66
Saint-Vincent-de-Tyrosse 40 158 AA82
Saint-Vincent-des-Bois 27 38 AX23
Saint-Vincent-des-Landes 44 71 AB38
Saint-Vincent-des-Prés 72 56 AP31
Saint-Vincent-des-Prés 71 112 BV51
Saint-Vincent-d'Olargues 34 183 BI84
Saint-Vincent-du-Boulay 27 27 AQ22
Saint-Vincent-du-Lorouër 72 74 AQ37
Saint-Vincent-du-Pendit 46 149 BA70
Saint-Vincent-en-Bresse 71 97 BY49
Saint-Vincent-Jalmoutiers 24 132 AN66
Saint-Vincent-la-Châtre 79 104 AL54
Saint-Vincent-la-Commanderie 26 140 BZ68
Saint-Vincent-le-Paluel 24 134 AV69
Saint-Vincent-les-Forts 04 156 CK73
Saint-Vincent-Lespinasse 82 161 AS78
Saint-Vincent-Puymaufrais 85 103 AD50
Saint-Vincent-Rive-d'Olt 46 148 AV74
Saint-Vincent-Sterlanges 85 88 AD48
Saint-Vincent-sur-Graon 85 102 AB51
Saint-Vincent-sur-Jabron 04 169 CF77
Saint-Vincent-sur-Jard 85 102 AA52
Saint-Vincent-sur-l'Isle 24 133 AS65
Saint-Vincent-sur-Oust 56 70 W37
Saint-Vinnemer 89 80 BQ39
Saint-Vit 25 99 CE43
Saint-Vital 73 128 CI60
Saint-Vite 47 147 AS74
Saint-Vitte 18 108 BF51
Saint-Vitte-sur-Briance 87 121 AX61
Saint-Vivien 24 132 AM69
Saint-Vivien 17 103 AD56
Saint-Vivien-de-Blaye 33 131 AH66
Saint-Vivien-de-Médoc 33 130 AD63
Saint-Vivien-de-Monségur 33 146 AM72
Saint-Voir 03 110 BM52
Saint-Vougay 29 29 I26
Saint-Vrain 91 59 BD29
Saint-Vrain 51 43 BW27
Saint-Vran 22 52 U31
Saint-Vulbas 01 126 CA58
Saint-Waast 59 9 BM10
Saint-Wandrille-Rançon 76 13 AS18
Saint-Witz 95 39 BF23
Saint-Xandre 17 103 AD54
Saint-Yaguen 40 159 AF80
Saint-Yan 71 111 BQ52
Saint-Ybard 19 135 AX63
Saint-Ybars 09 181 AW88
Saint-Ylie 39 98 CB45
Saint-Yon 91 59 BC29
Saint-Yorre 03 110 BM56
Saint-Yrieix-la-Montagne 23 121 BB58
Saint-Yrieix-la-Perche 87 120 AV62
Saint-Yrieix-le-Déjalat 19 135 BB63
Saint-Yrieix-les-Bois 23 107 BA56
Saint-Yrieix-sous-Aixe 87 120 AU58
Saint-Yrieix-sur-Charente 16 118 AM60
Saint-Ythaire 71 112 BV50
Saint-Yvi 29 49 J33
Saint-Yvoine 63 123 BK62
Saint-Yzan-de-Soudiac 33 131 AI66
Saint-Yzans-de-Médoc 33 131 AF64
Saint-Zacharie 83 188 CF85
Sainte-Adresse 76 12 AN18
Sainte-Agathe 63 124 BN59
Sainte-Agathe-d'Aliermont 76 6 AW14
Sainte-Agathe-en-Donzy 42 125 BT59
Sainte-Agathe-la-Bouteresse 42 125 BR60
Sainte-Agnès 39 113 CB50
Sainte-Agnès 38 142 CG65
Sainte-Agnès 06 175 CT80
Sainte-Alauzie 46 148 AV76
Sainte-Alvère 24 133 AR69
Sainte-Anastasie 30 167 BT80
Sainte-Anastasie 15 137 BI66
Sainte-Anastasie-sur-Issole 83 188 CI86
Sainte-Anne 41 75 AU37
Sainte-Anne 32 161 AS82
Sainte-Anne 25 99 CF46
Sainte-Anne 04 157 CM73
Sainte-Anne-d'Auray 56 69 Q37
Sainte-Anne-d'Evenos 83 188 CG88
Sainte-Anne-du-Castellet 83 188 CF87
Sainte-Anne-la-Condamine 04 157 CM73
Sainte-Anne-la-Palud 29 49 G31
Sainte-Anne-Saint-Priest 87 121 AY60
Sainte-Anne-sur-Brivet 44 71 X40
Sainte-Anne-sur-Gervonde 38 126 CA62
Sainte-Anne-sur-Vilaine 35 71 Y37
Sainte-Aulde 77 40 BK24
Sainte-Aurence-Cazaux 32 179 AO86
Sainte-Austreberthe 76 13 AU17
Sainte-Austreberthe 62 7 BB8
Sainte-Avoye 56 69 Q37
Sainte-Barbe 88 66 CK29
Sainte-Barbe 57 21 CG21
Sainte-Barbe (Alignements de) 56 50 M33
Sainte-Barbe-sur-Gaillon 27 37 AW22
Sainte-Baume (Gorge de la) 07 154 BW74
La Sainte-Baume (Massif de) 83 188 CF86
Sainte-Bazeille 47 146 AM73
Sainte-Beuve-en-Rivière 76 15 AY15
Sainte-Blandine 79 104 AJ54
Sainte-Blandine 38 127 CC62
Sainte-Brigitte 56 51 P32
Sainte-Camelle 11 181 AZ87
Sainte-Catherine 69 125 BV61
Sainte-Catherine 63 138 BM63
Sainte-Catherine 62 8 BG9
Sainte-Catherine-de-Fierbois 37 91 AR44
Sainte-Cécile 85 88 AD48
Sainte-Cécile 71 112 BV52
Sainte-Cécile 50 34 AE25
Sainte-Cécile 36 92 AY44
Sainte-Cécile-d'Andorge 30 153 BR76
Sainte-Cécile-du-Cayrou 81 163 AZ79
Sainte-Cécile-les-Vignes 84 154 BY76
Sainte-Céronne-lès-Mortagne 61 36 AQ28
Sainte-Cérotte 72 75 AR36
Sainte-Christie 32 161 AQ82
Sainte-Christie-d'Armagnac 32 160 AL81
Sainte-Christine 85 103 AG53
Sainte-Christine 63 109 BH56
Sainte-Christine 49 72 AF42
Sainte-Christine (Chapelle) 29 29 F29
Sainte-Colombe 89 80 BQ39
Sainte-Colombe 77 60 BK29
Sainte-Colombe 76 13 AS15
Sainte-Colombe 69 126 BX62
Sainte-Colombe 50 24 AB18
Sainte-Colombe 46 149 BB71
Sainte-Colombe 40 159 AG82
Sainte-Colombe 35 53 AB35
Sainte-Colombe 33 132 AK69
Sainte-Colombe 25 99 CH46
Sainte-Colombe 17 131 AJ65
Sainte-Colombe 16 119 AO59
Sainte-Colombe 05 155 CE76
Sainte-Colombe-de-Duras 47 146 AM71
Sainte-Colombe-de-la-Commanderie 66 197 BH95
Sainte-Colombe-de-Peyre 48 151 BL71
Sainte-Colombe-de-Villeneuve 47 147 AQ75
Sainte-Colombe-des-Bois 58 78 BJ42
Sainte-Colombe-en-Auxois 21 80 BT41
Sainte-Colombe-en-Bruilhois 47 161 AP77
Sainte-Colombe-la-Commanderie 27 37 AT22
Sainte-Colombe-près-Vernon 27 37 AW23
Sainte-Colombe-sur-Gand 42 125 BS58
Sainte-Colombe-sur-Guette 11 196 BD93
Sainte-Colombe-sur-l'Hers 11 195 BA91
Sainte-Colombe-sur-Loing 89 78 BK39
Sainte-Colombe-sur-Seine 21 81 BU36
Sainte-Colome 64 178 AH89
Sainte-Consorce 69 126 BW59
Sainte-Croix 81 163 BB80
Sainte-Croix 71 113 CA50
Sainte-Croix 46 148 AU75
Sainte-Croix 26 155 CB70
Sainte-Croix 24 147 AR71
Sainte-Croix 12 149 BA74
Sainte-Croix 02 18 BO18
Sainte-Croix 01 126 BY58
Sainte-Croix (Barrage de) 83 170 CI81
Sainte-Croix (Prieuré de) 60 17 BI19
Sainte-Croix-à-Lauze 04 169 CE80
Sainte-Croix-aux-Mines 68 66 CO31
Sainte-Croix-de-Caderle 30 166 BQ78
Sainte-Croix-de-Mareuil 24 133 AO63
Sainte-Croix-de-Quintillargues 34 166 BQ82
Sainte-Croix-du-Mont 33 146 AJ72
Sainte-Croix-du-Verdon 04 170 CI81
Sainte-Croix-en-Jarez 42 139 BV63
Sainte-Croix-en-Plaine 68 67 CQ35
Sainte-Croix-Grand-Tonne 14 25 AI21
Sainte-Croix-Hague 50 24 AA16
Sainte-Croix-sur-Aizier 27 13 AR19
Sainte-Croix-sur-Buchy 76 14 AW17
Sainte-Croix-sur-Mer 14 26 AJ20
Sainte-Croix-sur-Orne 61 35 AK26
Sainte-Croix-Vallée-Française 48 166 BP77
Sainte-Croix-Volvestre 09 180 AU89
Sainte-Dode 32 179 AN85
Sainte-Eanne 79 104 AK52
Sainte-Engrâce 64 191 AE90
Sainte-Énimie 48 151 BM75
Sainte-Eugénie-de-Villeneuve 43 138 BO66
Sainte-Eugienne 50 34 AD26
Sainte-Eulalie 48 151 BM70
Sainte-Eulalie 33 131 AH69
Sainte-Eulalie 15 136 BE67
Sainte-Eulalie 11 182 BC88
Sainte-Eulalie 07 153 BS70
Sainte-Eulalie-d'Ans 24 134 AT65
Sainte-Eulalie-de-Cernon 12 165 BK79
Sainte-Eulalie-d'Eymet 24 147 AO71
Sainte-Eulalie-d'Olt 12 151 BI74
Sainte-Eulalie-en-Born 40 144 AB76
Sainte-Eulalie-en-Royans 26 141 CB67
Sainte-Euphémie 01 126 BW57
Sainte-Euphémie-sur-Ouvèze 26 155 CC75
Sainte-Eusoye 60 16 BD17
Sainte-Fauste 36 93 BA47
Sainte-Féréole 19 135 AX66
Sainte-Feyre 23 107 BA55
Sainte-Feyre-la-Montagne 23 122 BD58
Sainte-Flaive-des-Loups 85 87 Z49
Sainte-Florence 85 88 AD48
Sainte-Florence 33 146 AK70
Sainte-Florine 43 137 BL64
Sainte-Foi 09 182 BA89
Sainte-Fortunade 19 135 AZ66
Sainte-Foy 85 102 Z50
Sainte-Foy 76 14 AV15
Sainte-Foy 71 111 BR54
Sainte-Foy 40 159 AI80
Sainte-Foy-d'Aigrefeuille 31 181 AY84
Sainte-Foy-de-Belvès 24 148 AT71
Sainte-Foy-de-Longas 24 133 AR69
Sainte-Foy-de-Montgommery 14 36 AO24
Sainte-Foy-de-Peyrolières 31 180 AU85
Sainte-Foy-des-Vignes 24 133 AP69
Sainte-Foy-la-Grande 33 146 AN70
Sainte-Foy-la-Longue 33 146 AK72
Sainte-Foy-l'Argentière 69 125 BU60
Sainte-Foy-lès-Lyon 69 126 BX60
Sainte-Foy-Saint-Sulpice 42 125 BR59
Sainte-Foy-Tarentaise 73 129 CN60
Sainte-Gauburge 61 57 AR31
Sainte-Gauburge-Sainte-Colombe 61 36 AP27
Sainte-Gemme 81 163 BC78
Sainte-Gemme 79 89 AJ47
Sainte-Gemme 51 41 BN22
Sainte-Gemme 36 92 AW47
Sainte-Gemme 33 146 AL72
Sainte-Gemme 32 161 AR82
Sainte-Gemme 17 116 AE59
Sainte-Gemme-en-Sancerrois 18 78 BH41
Sainte-Gemme-la-Plaine 85 103 AD51
Sainte-Gemme-Martaillac 47 146 AM75
Sainte-Gemme-Moronval 28 38 AX27
Sainte-Gemmes 41 75 AV37
Sainte-Gemmes-d'Andigné 49 72 AF38
Sainte-Gemmes-le-Robert 53 55 AJ32
Sainte-Gemmes-sur-Loire 49 73 AI41
Sainte-Geneviève 76 14 AX16
Sainte-Geneviève 60 15 BC20
Sainte-Geneviève 54 44 CF24
Sainte-Geneviève 50 24 AD16
Sainte-Geneviève 02 18 BO15
Sainte-Geneviève-des-Bois 91 39 BD28
Sainte-Geneviève-des-Bois 45 78 BH37
Sainte-Geneviève-lès-Gasny 27 38 AY23
Sainte-Geneviève-sur-Argence 12 150 BH70
Sainte-Hélène 88 65 CJ31
Sainte-Hélène 71 97 BV48
Sainte-Hélène 56 68 O36
Sainte-Hélène 48 152 BN73
Sainte-Hélène 33 130 AE68
Sainte-Hélène-Bondeville 76 12 AQ15
Sainte-Hélène-du-Lac 73 128 CH62
Sainte-Hélène-sur-Isère 73 128 CI60
Sainte-Hermine 85 103 AD50
Sainte-Honorine-de-Ducy 14 34 AH22
Sainte-Honorine-des-Pertes 14 25 AH19
Sainte-Honorine-du-Fay 14 26 AJ22
Sainte-Honorine-la-Chardonne 61 35 AJ25
Sainte-Honorine-la-Guillaume 61 35 AJ26
Sainte-Innocence 24 147 AO71
Sainte-Jalle 26 155 CB75
Sainte-Jamme-sur-Sarthe 72 56 AN33
Sainte-Julie 01 126 CA58
Sainte-Juliette 82 148 AU76
Sainte-Juliette-sur-Viaur 12 164 BF77
Sainte-Léocadie 66 196 BB97
Sainte-Lheurine 17 117 AI62
Sainte-Livière 52 43 BW28
Sainte-Livrade 31 162 AT83
Sainte-Livrade-sur-Lot 47 147 AP75
Sainte-Lizaigne 36 93 BB46
Sainte-Luce 38 142 CG69
Sainte-Luce-sur-Loire 44 71 AA42
Sainte-Lucie-de-Porto-Vecchio 2A 203 DL102
Sainte-Lucie-de-Tallano 2A 203 DI103
Sainte-Lunaise 18 93 BE47
Sainte-Magnance 89 80 BR41
Sainte-Marguerite 88 66 CM31
Sainte-Marguerite 43 138 BN66
Sainte-Marguerite (Île) 06 174 CP83
Sainte-Marguerite (Presqu'île de) 29 28 E26
Sainte-Marguerite-de-Carrouges 61 35 AL28
Sainte-Marguerite-de-l'Autel 27 37 AT25
Sainte-Marguerite-de-Viette 14 26 AN23
Sainte-Marguerite-d'Elle 14 25 AF21
Sainte-Marguerite-des-Loges 14 27 AO23
Sainte-Marguerite-en-Ouche 27 27 AR23
Sainte-Marguerite-Lafigère 07 153 BR74
Sainte-Marguerite-sur-Duclair 76 13 AT18
Sainte-Marguerite-sur-Fauville 76 13 AR16
Sainte-Marguerite-sur-Mer 76 13 AT13
Sainte-Marie 66 197 BJ93
Sainte-Marie 65 193 AP91
Sainte-Marie 58 95 BM45
Sainte-Marie 44 86 V44
Sainte-Marie 35 71 X37
Sainte-Marie 32 161 AS83
Sainte-Marie 25 84 CK39
Sainte-Marie 16 132 AL65
Sainte-Marie 15 137 BI69
Sainte-Marie 08 19 BU19
Sainte-Marie 05 155 CC74
Sainte-Marie (Col de) 88 66 CN31
Sainte-Marie-à-Py 51 19 BT21
Sainte-Marie-au-Bosc 76 12 AO16
Sainte-Marie-aux-Anglais 14 26 AN23
Sainte-Marie-aux-Chênes 57 21 CE21
Sainte-Marie-aux-Mines 68 66 CN31
Sainte-Marie-Cappel 59 3 BF4
Sainte-Marie-d'Alloix 38 142 CG63
Sainte-Marie-d'Alvey 73 127 CE61
Sainte-Marie-de-Campan 65 193 AM90
Sainte-Marie-de-Chignac 24 133 AS67
Sainte-Marie-de-Cuines 73 142 CI64
Sainte-Marie-de-Gosse 40 176 AA83
Sainte-Marie-de-Ré 17 102 AB55
Sainte-Marie-de-Vars 05 157 CM72
Sainte-Marie-de-Vatimesnil 27 15 AY21
Sainte-Marie-de-Vaux 87 120 AT58
Sainte-Marie-des-Champs 76 13 AS17
Sainte-Marie-des-Chazes 43 138 BN67
Sainte-Marie-du-Bois 53 55 AJ29
Sainte-Marie-du-Bois 50 34 AG28
Sainte-Marie-du-Lac-Nuisement 51 42 BV28
Sainte-Marie du Ménez-Hom (Chapelle) 29 29 H30
Sainte-Marie-du-Mont 50 25 AE19
Sainte-Marie-du-Mont 38 142 CG63
Sainte-Marie-en-Chanois 70 84 CJ36
Sainte-Marie-en-Chaux 70 83 CH36
Sainte-Marie-Kerque 62 3 BC2
Sainte-Marie-la-Blanche 21 97 BX46
Sainte-Marie-la-Robert 61 35 AL28
Sainte-Marie-Lapanouze 19 136 BD63
Sainte-Marie-Laumont 14 34 AG24
Sainte-Marie-Outre-l'Eau 14 34 AF24
Sainte-Marie-Sicché 2A 202 DH101
Sainte-Marie-sur-Ouche 21 81 BW42
Sainte-Marine 29 49 H34
Sainte-Marthe 47 146 AM74
Sainte-Marthe 27 37 AT24
Sainte-Maure 10 62 BQ31
Sainte-Maure-de-Peyriac 47 160 AM79
Sainte-Maure-de-Touraine 37 91 AQ44
Sainte-Maxime 83 189 CM86
Sainte-Même 17 117 AI58
Sainte-Ménehould 51 43 BW22
Sainte-Mère 32 161 AQ79
Sainte-Mère-Église 50 24 AD18
Sainte-Mesme 78 59 BB29
Sainte-Mondane 24 148 AW70
Sainte-Montaine 18 77 BD40
Sainte-Nathalène 24 134 AV69
Sainte-Néomaye 79 104 AJ53
Sainte-Odile (Mont) 67 67 CP29
Sainte-Olive 01 112 BX56
Sainte-Opportune 61 35 AJ26
Sainte-Opportune-du-Bosc 27 27 AS22
Sainte-Opportune-la-Mare 27 12 AQ19
Sainte-Orse 24 134 AT66
Sainte-Osmane 72 75 AR36
Sainte-Ouenne 79 104 AI52
Sainte-Pallaye 89 79 BN39
Sainte-Paule 69 125 BV57
Sainte-Pazanne 44 87 Y44
Sainte-Pexine 85 103 AD50
Sainte-Pezenne 79 104 AI53
Sainte-Pience 50 34 AD26
Sainte-Pôle 54 46 CL28
Sainte-Preuve 02 18 BP17
Sainte-Radegonde 86 106 AR50
Sainte-Radegonde 79 89 AK46
Sainte-Radegonde 71 96 BR49
Sainte-Radegonde 33 146 AL70
Sainte-Radegonde 32 161 AP81
Sainte-Radegonde 24 147 AQ72
Sainte-Radegonde 17 116 AE58
Sainte-Radegonde 12 150 BG75
Sainte-Radégonde-des-Noyers 85 103 AD52
Sainte-Ramée 17 131 AG63
Sainte-Reine 73 128 CH61
Sainte-Reine 70 83 CD40
Sainte-Reine-de-Bretagne 44 70 V40
Sainte-Restitude 2B 198 DG94
Sainte-Roseline (Chapelle) 83 189 CL84
Sainte-Ruffine 57 44 CF22
Sainte-Sabine 24 147 AR71
Sainte-Sabine 21 97 BV43
Sainte-Sabine-sur-Longève 72 56 AN33
Sainte-Savine 10 62 BQ31
Sainte-Scolasse-sur-Sarthe 61 36 AP28
Sainte-Segrée 80 15 BA15
Sainte-Sève 29 30 K27
Sainte-Sévère 16 117 AJ59
Sainte-Sévère-sur-Indre 36 108 BB52
Sainte-Sigolène 43 139 BS65
Sainte-Solange 18 94 BF44
Sainte-Soline 79 105 AM54
Sainte-Souline 16 132 AL64
Sainte-Soulle 17 103 AE54
Sainte-Suzanne 64 177 AE85
Sainte-Suzanne 53 55 AJ33
Sainte-Suzanne 25 84 CL39
Sainte-Suzanne 09 181 AW88
Sainte-Suzanne-en-Bauptois 50 24 AC20
Sainte-Suzanne-sur-Vire 50 34 AF22
Sainte-Terre 33 146 AK70
Sainte-Thérence 03 108 BF54
Sainte-Thorette 18 93 BC45
Sainte-Tréphine 22 51 P30
Sainte-Trie 24 134 AU65
Sainte-Tulle 04 169 CF81
Sainte-Valière 11 183 BI87
Sainte-Vaubourg 08 19 BU18
Sainte-Verge 79 89 AK45
Sainte-Vertu 89 79 BP37
Saintény 50 24 AD20
Saintes 17 117 AG59
Saintes-Maries-de-la-Mer 13 186 BU85
Saintines 60 16 BH20
Saintry-sur-Seine 91 39 BF28
Saints 89 78 BK39
Saints 77 40 BJ26
Saints-Geosmes 52 82 CA36
Sainville 28 58 BA30
Saires 86 90 AN47
Saires-la-Verrerie 61 35 AJ27
Saisies (Col des) 73 128 CK59
Saissac 11 182 BC86
Saisseval 80 7 BC14
Saisy 71 97 BV46
Saivres 79 104 AK52
Saix 86 90 AM44
Saïx 81 182 BC84
Le Saix 05 155 CF73
Saizenay 39 99 CF46
Saizerais 54 44 CF25
Saizy 58 79 BO42
Sajas 31 180 AT86
Salagnac 24 134 AU65
Salagnon 38 127 CB60
Salaise-sur-Sanne 38 140 BX64
Salans 39 99 CE43
Salasc 34 184 BL83
Salaunes 33 130 AE68
Salavas 07 153 BU75
Salavre 01 113 CB53
Salazac 30 155 BV76
Salbris 41 77 BB41
Les Salces 48 151 BK73
Saléchan 65 193 AP91
Saleich 31 180 AS90
Saleignes 17 118 AK57
Saleilles 66 197 BI94
Les Salelles 48 151 BL74
Les Salelles 07 153 BS74
Salency 60 17 BJ17
Salenthal 67 46 CO26
Saléon 05 155 CF75
Salérans 05 155 CE76
Salerm 31 180 AR87
Salernes 83 170 CJ83
Salers 15 136 BF67
Sales 74 128 CG58
Salesches 59 9 BM10
La Salette-Fallavaux 38 142 CG69
Salettes 43 138 BQ69
Salettes 26 154 BY73
Saleux 80 7 BD14
Salève (Mont) 74 114 CH55
Salice 2A 200 DG98
Saliceto 2B 201 DJ95
Saliès 81 163 BC80
Salies-de-Béarn 64 177 AD85
Salies-du-Salat 31 180 AS89
Salignac 33 131 AI68
Salignac 04 170 CH77
Salignac-de-Mirambeau 17 131 AH64
Salignac-Eyvigues 24 134 AV68
Salignac-sur-Charente 17 117 AI60
Saligney 39 98 CC43
Saligny 89 61 BL32
Saligny 85 87 AB47
Saligny-le-Vif 18 94 BH45
Saligny-sur-Roudon 03 110 BO52
Saligos 65 192 AK91
Salin-de-Badon 13 186 BW85
Salin-de-Giraud 13 186 BX85
Salindres 30 167 BS77
Saline Royale d'Arc-et-Senans 25 99 CE45
Salinelles 30 166 BR81
Salins 77 60 BI30
Salins 15 136 BE66
Les Salins-d'Hyères 83 189 CJ88
Salins-les-Bains 39 99 CE46
Salins-les-Thermes 73 128 CK62
Salives 21 81 BX39
Sallagriffon 06 174 CO79
Sallanches 74 129 CL57
Sallaumines 62 8 BH8
La Salle 88 66 CL30
La Salle 71 112 BV54
La Salle-de-Vihiers 49 89 AH44
La Salle-en-Beaumont 38 141 CF69
La Salle-et-Chapelle-Aubry 49 72 AE42
La Salle-les-Alpes 05 143 CL68
La Salle-Prunet 48 152 BO76
Sallebœuf 33 131 AI69
Sallèdes 63 123 BL61
Sallèles-Cabardès 11 182 BE87
Sallèles-d'Aude 11 183 BI87
Sallen 14 34 AG22
Sallenelles 14 26 AL20
Sallenôves 74 114 CG56
Sallertaine 85 86 X47
Salles 81 163 BB78
Salles 79 104 AL52
Salles 65 192 AJ90
Salles 47 147 AS73
Les Salles 42 124 BP59
Les Salles 33 132 AL69
Salles 33 145 AE73
Salles-Adour 65 179 AL88
Salles-Arbuissonnas-en-Beaujolais 69 112 BV56
Salles-Courbatiès 12 149 BB74
Salles-Curan 12 164 BH77
Salles-d'Angles 16 117 AJ61
Salles-d'Armagnac 32 160 AK81
Salles-d'Aude 11 184 BK88
Salles-de-Barbezieux 16 132 AK63
Salles-de-Belvès 24 148 AT71
Salles-de-Villefagnan 16 118 AN57
Les Salles-du-Gardon 30 166 BR77
Salles-en-Toulon 86 105 AQ51
Salles-et-Pratviel 31 193 AP92
Salles-la-Source 12 150 BF74
Salles-Lavalette 16 132 AN64
Les Salles-Lavauguyon 87 119 AR60
Salles-lès-Aulnay 17 104 AJ56
Salles-Mongiscard 64 177 AE84
Salles-sous-Bois 26 154 BY74
Salles-sur-Garonne 31 180 AU87
Salles-sur-l'Hers 11 181 AZ87
Salles-sur-Mer 17 103 AD55
Les Salles-sur-Verdon 83 170 CJ81
Sallespisse 64 177 AF84
Salmagne 55 43 BZ26
Salmaise 21 81 BV41
Salmbach 67 47 CT22
Salmiech 12 164 BF77
Salomé 59 4 BH6
Salon 24 133 AR68
Salon 10 41 BQ28
Salon-de-Provence 13 168 CA83
Salon-la-Tour 19 121 AX62
Salonnes 57 45 CI25
Salornay-sur-Guye 71 112 BV51
Salouël 80 7 BD14
Salperwick 62 3 BD4
Salsein 09 194 AT91
Salses-le-Château 66 197 BI92
Salsigne 11 182 BE87
Salt-en-Donzy 42 125 BT60
Salvagnac 81 163 AY80
Salvagnac-Cajarc 12 149 BA74
Salvagnac-Saint-Loup 12 149 BB73
La Salvetat-Belmontet 82 162 AX80
La Salvetat-Lauragais 31 181 AZ84
La Salvetat-Peyralès 12 163 BC77
La Salvetat-Saint-Gilles 31 181 AV84
La Salvetat-sur-Agout 34 183 BG84
Salvezines 11 196 BD93
Salvi (Col de) 2B 198 DG93
Salviac 46 148 AV72
Salvizinet 42 125 BS59
Salza 11 183 BF90
Salzuit 43 138 BM66
Samadet 40 159 AH83
Saman 31 180 AQ88
Samara 80 7 BC13
Samaran 32 179 AP86
Samatan 32 180 AS85
Samazan 47 146 AM74
Sambin 41 76 AW41
Sambourg 89 80 BQ37
Le Sambuc 13 186 BX84
Saméon 59 4 BK7

Samer 62 2 AZ5
Samerey 21 98 CA44
Sames 64 177 AB84
Sammarçolles 86 90 AN45
Sammeron 77 40 BJ24
Samoëns 74 115 CL55
Samognat 01 113 CC54
Samogneux 55 20 BZ20
Samois-sur-Seine 77 60 BG30
Samonac 33 131 AH67
Samoreau 77 60 BG30
Samouillan 31 180 AS87
Samoussy 02 18 BN17
Sampans 39 98 CB44
Sampigny 55 44 CB25
Sampigny-lès-Maranges 71 97 BV47
Sampolo 2A 203 DI100
Sampzon 07 153 BT74
Samson 25 99 CE45
Samsons-Lion 64 178 AJ85
Samuran 65 193 AP90
San Cervone (Col de) 2B 201 DK96
San-Damiano 2B 199 DK94
San-Gavino-d'Ampugnani 2B 199 DK94
San-Gavino-di-Carbini 2A 203 DJ102
San-Gavino-di-Fiumorbo 2B 201 DK99
San-Gavino-di-Tenda 2B 199 DJ93
San-Giovanni-di-Moriani 2B 201 DL95
San-Giuliano 2B 201 DL95
San-Lorenzo 2B 201 DJ95
San-Martino-di-Lota 2B 199 DK91
San Michele de Murato (Église) 2B 199 DK93
San-Nicolao 2B 201 DL95
San-Peïre-sur-Mer 83 189 CN86
San-Pellegrino 2B 199 DL94
San Quilico (Chapelle de) 2A 203 DJ105
San Quilico de Cambia (Chapelle) 2B 201 DJ95
San Stefano (Col de) 2B 199 DK92
Sana 31 180 AT88
Sanadoire (Roche) 63 123 BH61
Sanary-sur-Mer 83 188 CG88
Sancé 71 112 BX53
Sancergues 18 94 BI44
Sancerre 18 78 BH42
Sancey-le-Grand 25 84 CJ42
Sancey-le-Long 25 84 CK42
Sancheville 28 59 AY33
Sanchey 88 65 CH32
Sancoins 18 94 BI48
Sancourt 80 17 BI15
Sancourt 59 9 BK10
Sancourt 27 15 AZ20
Sancy 77 40 BI25
Sancy 54 23 CD19
Sancy (Puy de) 63 123 BH62
Sancy-les-Cheminots 02 17 BM19
Sancy-lès-Provins 77 40 BL27
Sand 67 67 CQ29
Sandarville 28 58 AW31
Sandaucourt 88 64 CD31
Sandillon 45 77 BB36
Sandouville 76 12 AP18
Sandrans 01 112 BY56
Sangatte 62 2 AZ2
Sanghen 62 2 BA4
Sanguinaires (Îles) 2A 202 DE101
Sanguinet 40 144 AC73
Sanilhac 07 153 BT73
Sanilhac-Sagriès 30 167 BU79
Sannat 23 108 BE56
Sannerville 14 26 AL21
Sannes 84 169 CD81
Sannois 95 39 BD24
Sanous 65 178 AK86
Sanry-lès-Vigy 57 21 CG21
Sanry-sur-Nied 57 45 CF22
Sans-Vallois 88 65 CF32
Sansa 66 196 BC95
Sansac-de-Marmiesse 15 136 BD69
Sansac-Veinazès 15 150 BE71
Sansais 79 104 AH54
Sansan 32 179 AP84
Sanssac-l'Église 43 138 BP67
Sanssat 03 110 BM54
Santa-Lucia-di-Mercurio 2B 201 DJ96
Santa-Lucia-di-Moriani 2B 201 DL95
Santa-Maria 2B 199 DK90
Santa-Maria-di-Lota 2B 199 DK91
Santa-Maria-Figaniella 2A 203 DI103
Santa-Maria-Poggio 2B 201 DL95
Santa-Maria-Poggio 2B 201 DJ95
Santa-Reparata-di-Balagna 2B 198 DG93
Santa-Reparata-di-Moriani 2B 201 DL95
Sant'Andréa-di-Bozio 2B 201 DK96
Sant'Andréa-di-Cotone 2B 201 DL96
Sant'Andréa-d'Orcino 2A 200 DG99
Santans 39 98 CD45
Sant'Antonino 2B 198 DG93
Sant'Appiano (Cathédrale) 2A 200 DF98
Santeau 45 59 BC34
Santec 29 29 J25
Santenay 41 75 AU39
Santenay 21 97 BV47
Santeny 94 40 BF27
Santes 59 4 BI6
Santeuil 95 38 BB22
Santeuil 28 58 AZ30
Santigny 89 80 BR39
Santilly 71 112 BV50
Santilly 28 58 BA33
Santo-Pietro-di-Tenda 2B 199 DJ92
Santo-Pietro-di-Venaco 2B 201 DJ96
Santoche 25 84 CJ41
Santosse 21 97 BV46
Santranges 18 78 BH40
Sanvensa 12 149 BB76
Sanvignes-les-Mines 71 96 BS49
Sanxay 86 104 AL54
Sanzay 79 89 AI46
Sanzey 54 44 CD26
Saon 14 25 AG20
Saône 25 99 CG43
Saonnet 14 25 AG20
Saorge 06 173 CT78
Saosnes 72 56 AO31
Saou 26 154 BZ72
Le Sap 61 36 AP25
Le Sap-André 61 36 AP25
Le Sapey 38 141 CF67
Sapignicourt 51 43 BW27
Sapignies 62 8 BH11
Sapogne-et-Feuchères 08 19 BV16
Sapogne-sur-Marche 08 20 BZ17
Sapois 88 66 CK34
Sapois 39 99 CF48
Saponay 02 17 BM21
Saponcourt 70 83 CF36
Le Sappey 74 114 CH55
Le Sappey-en-Chartreuse 38 141 CE65
Saramon 32 180 AR84
Saran 45 58 BA35
Saraz 25 99 CF45
Sarbazan 40 159 AI79
Sarcé 72 74 AO38
Sarceaux 61 35 AM26
Sarcelles 95 39 BE24
Sarcenas 38 141 CE64
Sarcey 69 125 BV58
Sarcey 52 64 CA34
Sarcicourt 52 63 BY33
Sarcos 32 180 AQ86
Sarcus 60 15 BA16
Sarcy 51 18 BQ21
Sardan 30 166 BR80
Sardent 23 107 BA56
Sardieu 38 140 CA64
Sardon 63 123 BK57
Sardy-lès-Épiry 58 95 BO44
Sare 64 176 Y86
Sargé-lès-le-Mans 72 56 AO34
Sargé-sur-Braye 41 75 AS36
Sari-d'Orcino 2A 200 DG99
Sari-Solenzara 2A 203 DL101
Sariac-Magnoac 65 179 AP87
Sarlabous 65 179 AN89
Sarlande 24 134 AU63
Sarlat-la-Canéda 24 134 AV69
Sarliac-sur-l'Isle 24 133 AS65
Sarniguet 65 179 AL87
Sarnois 60 15 BA16
Saron-sur-Aube 51 41 BO28
Sarp 65 193 AP90
Sarpourenx 64 177 AF85
Sarragachies 32 160 AK82
Sarrageois 25 99 CH48
Sarraguzan 32 179 AN86
Sarralbe 57 23 CM23
Sarraltroff 57 45 CN26
Sarran 19 135 BA64
Sarrance 64 177 AF89
Sarrancolin 65 193 AN90
Sarrans (Barrage de) 12 150 BH70
Sarrant 32 161 AS82
Sarras 07 140 BX66
Sarrazac 46 135 AY68
Sarrazac 24 134 AT63
Sarraziet 40 159 AH82
Sarre-Union 67 23 CM23
Sarrebourg 57 46 CM26
Sarrecave 31 179 AP88
Sarreguemines 57 23 CM21
Sarreinsberg 57 23 CO23
Sarreinsming 57 23 CM22
Sarremezan 31 180 AQ88
Sarrewerden 67 23 CM23
Sarrey 52 64 CA34
Sarriac-Bigorre 65 179 AL86
Sarrians 84 168 BZ78
Sarrigné 49 73 AJ40
Sarrogna 39 113 CD51
Sarrola-Carcopino 2A 200 DG99
Sarron 60 16 BF20
Sarron 40 159 AI83
Sarrouilles 65 179 AL88
Sarroux 19 136 BE63
Sarry 89 80 BO38
Sarry 71 111 BR53
Sarry 51 42 BT24
Le Sars 62 8 BH12
Sars-et-Rosières 59 4 BK7
Sars-le-Bois 62 7 BE9
Sars-Poteries 59 10 BQ10
Le Sart 59 9 BN12
Sartène 2A 203 DI104
Sartes 88 64 CC31
Sartilly 50 33 AB26
Sarton 62 7 BE11
Sartrouville 78 39 BC24
Sarzay 36 107 BA50
Sarzeau 56 69 R39
Sasnières 41 75 AT38
Sassangy 71 97 BV49
Sassay 41 76 AX41
Sassegnies 59 9 BO10
Sassenage 38 141 CE65
Sassenay 71 97 BV47
Sassetot-le-Malgardé 76 13 AT15
Sassetot-le-Mauconduit 76 12 AQ15
Sasseville 76 13 AR15
Sassey 27 37 AV23
Sassey-sur-Meuse 55 20 BY19
Sassierges-Saint-Germain 36 93 BA48
Sassis 65 192 AK91
Sassy 14 35 AL24
Sathonay-Camp 69 126 BX59
Sathonay-Village 69 126 BX59
Satillieu 07 139 BV66
Satolas-et-Bonce 38 126 BZ60
Saturargues 34 167 BS82
Saubens 31 181 AV85
Saubion 40 158 AA82
Saubole 64 178 AJ87
Saubrigues 40 176 AA83
Saubusse 40 158 AB82
Saucats 33 145 AG72
Saucède 64 177 AF87
La Saucelle 28 37 AU28
Sauchay 76 6 AV13
Sauchy-Cauchy 62 8 BJ10
Sauchy-Lestrée 62 8 BJ10
Sauclières 12 165 BM79
Saudemont 62 8 BI10
Saudoy 51 41 BO27
Saudron 52 64 CA29
Saudrupt 55 43 BY27
Saugeot 39 113 CE50
Saugnac-et-Cambran 40 158 AD82
Saugnacq-et-Muret 40 145 AF74
Saugnieu 69 126 BZ60
Saugon 33 131 AH66
Saugues 43 138 BN68
Sauguis-Saint-Étienne 64 177 AD88
Saugy 18 93 BC46
Saujac 12 149 BA74
Saujon 17 116 AE60
La Saulce 05 156 CH74
Saulce-sur-Rhône 26 154 BX71
Saulces-Champenoises 08 19 BT18
Saulces-Monclin 08 19 BT17
Saulcet 03 110 BL53
Saulchery 02 40 BL24
Saulchoy 62 7 BA9
Le Saulchoy 60 15 BC17
Saulchoy-sous-Poix 80 15 BB15
Le Saulcy 88 66 CM29
Saulcy 10 63 BW31
Saulcy-sur-Meurthe 88 66 CM31
Saules 71 97 BV49
Saules 25 99 CH44
Saulgé 86 106 AS53
Saulgé-l'Hôpital 49 73 AJ42
Saulges 53 55 AJ35
Saulgond 16 119 AR57
Sauliac-sur-Célé 46 149 AZ73
Saulieu 21 96 BS43
Saulles 52 82 CB37
Saulmory-et-Villefranche 55 20 BY18
Saulnay 36 92 AV47
Saulnes 54 21 CD17
Saulnières 35 53 AA36
Saulnières 28 37 AW27
Saulnot 70 84 CK39
Saulny 57 21 CF21
Saulon-la-Chapelle 21 97 BY43
Saulon-la-Rue 21 97 BY43
La Saulsotte 10 61 BM29
Sault 84 169 CC78
Sault-Brénaz 01 127 CB58
Sault-de-Navailles 64 177 AF84
Sault-lès-Rethel 08 19 BS18
Sault-Saint-Remy 08 18 BR19
Saultain 59 9 BM9
Saulty 62 8 BF10
Saulx 70 83 CH37
Saulx-en-Barrois 55 44 CB26
Saulx-en-Woëvre 55 44 CC22
Saulx-le-Duc 21 81 BY39
Saulx-les-Chartreux 91 39 BD27
Saulx-Marchais 78 38 BA25
Saulxerotte 54 64 CE29
Saulxures 67 66 CN29
Saulxures 52 64 CC35
Saulxures-lès-Bulgnéville 88 64 CD32
Saulxures-lès-Nancy 54 45 CG26
Saulxures-lès-Vannes 54 44 CD28
Saulxures-sur-Moselotte 88 66 CL34
Saulzais-le-Potier 18 108 BF50
Saulzet 03 109 BK55
Saulzet-le-Chaud 63 123 BJ60
Saulzet-le-Froid 63 123 BI61
Saulzoir 59 9 BL10
Saumane 30 166 BP78
Saumane 04 169 CE78
Saumane-de-Vaucluse 84 168 CA80
Sauméjan 47 146 AL76
Saumeray 28 58 AW32
Saumont 47 161 AO78
Saumont-la-Poterie 76 15 AY17
Saumos 33 130 AD68
Saumur 49 90 AL43
Saunay 37 75 AT39
La Saunière 23 107 BA55
Saunières 71 97 BY47
Sauqueuse-Saint-Lucien 60 15 BB18
Sauqueville 76 13 AU14
Saurais 79 104 AK50
Saurat 09 195 AX92
Sauret-Besserve 63 123 BH57
Saurier 63 123 BJ62
Sausheim 68 85 CP36
Saussan 34 185 BP84
Saussay 28 38 AX25
Saussay-la-Campagne 27 14 AX20
La Saussaye 27 14 AU21
Saussemesnil 50 24 AC17
Saussenac 81 164 BD79
Saussens 31 181 AY84
Sausses 04 171 CN78
Sausset-les-Pins 13 187 CA86
Sausseuzemare-en-Caux 76 12 AP16
Saussey 50 33 AC23
Saussey 21 97 BV45
Saussignac 24 146 AN70
Saussines 34 166 BR82
Saussy 21 80 BX41
Saut de la Mounine 12 149 BA74
Saut des Cuves 88 66 CL33
Sautel 09 195 AZ91
Sauternes 33 145 AI73
Sautet (Barrage du) 38 156 CG70
Sauteyrargues 34 166 BQ81
Sauto 66 196 BC96
Sautron 44 71 Z42
Sauvage-Magny 52 63 BV30
La Sauvagère 61 35 AJ27
Les Sauvages 69 125 BT58
Sauvagnac 16 119 AQ60
Sauvagnas 47 147 AR76
Sauvagnat 63 122 BG60
Sauvagnat-Sainte-Marthe 63 123 BK61
Sauvagney 25 83 CE42
Sauvagnon 64 178 AH85
Sauvagny 03 109 BH52
Sauvain 42 124 BQ60
Sauvan (Château de) 04 169 CF80
Sauvat 15 136 BE65
La Sauve 33 145 AI70
Sauve 30 166 BQ80
Sauvelade 64 177 AF85
Sauverny 01 114 CH53
Sauvessanges 63 138 BP64
La Sauvetat 63 123 BK61
La Sauvetat 43 152 BP70
La Sauvetat 32 161 AP81
La Sauvetat-de-Savères 47 161 AR77
La Sauvetat-du-Dropt 47 147 AO72
La Sauvetat-sur-Lède 47 147 AR74
Sauveterre 82 148 AV76
Sauveterre 81 183 BF85
Sauveterre 65 179 AL85
Sauveterre 32 180 AR85
Sauveterre 30 168 BX79
Sauveterre-de-Béarn 64 177 AD85
Sauveterre-de-Comminges 31 193 AQ90
Sauveterre-de-Guyenne 33 146 AK71
Sauveterre-de-Rouergue 12 164 BD77
Sauveterre-la-Lémance 47 148 AT73
Sauveterre-Saint-Denis 47 161 AQ77
Sauviac 33 146 AJ74
Sauviac 32 179 AO86
Sauvian 34 184 BL87
Sauviat 63 124 BN60
Sauviat-sur-Vige 87 121 AY58
Sauvignac 16 132 AK65
Sauvigney-lès-Gray 70 83 CD40
Sauvigney-lès-Pesmes 70 82 CC42
Sauvigny 55 64 CC29
Sauvigny-le-Beuréal 89 80 BR40
Sauvigny-le-Bois 89 79 BP40
Sauvigny-les-Bois 58 95 BL46
Sauville 88 64 CD32
Sauville 08 19 BV17
Sauvillers-Mongival 80 16 BE16
Sauvimont 32 180 AS85
Sauvoy 55 44 CB27
Saux 46 148 AT75
Saux-et-Pomarède 31 180 AQ89
Sauxillanges 63 123 BL62
Sauze 06 171 CN77
Le Sauze 04 157 CM74
Le Sauze-du-Lac 05 156 CJ73
Sauzé-Vaussais 79 105 AM55
Sauzelle 17 116 AB57
Sauzelles 36 106 AT50
Sauzet 46 148 AU75
Sauzet 30 167 BV79
Sauzet 26 154 BX72
La Sauzière-Saint-Jean 81 163 AY80
Sauzon 56 68 N40
Savagna 39 98 CC49
Savarthès 31 180 AR89
Savas 07 140 BW65
Savas-Mépin 38 126 BZ62
Savasse 26 154 BX72
Savenay 44 71 X41
Savenès 82 162 AU81
Savennes 63 122 BF62
Savennes 23 107 BA56
Savennières 49 73 AH41
Saverdun 09 181 AX88
Savères 31 180 AT86
Saverne 67 46 CO25
Saverne (Col de) 67 46 CO25
Saveuse 80 7 BD14
Savianges 71 97 BV49
Savières 10 61 BP30
Savigna 39 113 CC52
Savignac 33 146 AK73
Savignac 12 149 BA75
Savignac-de-Duras 47 146 AM71
Savignac-de-l'Isle 33 131 AJ68
Savignac-de-Miremont 24 133 AS68
Savignac-de-Nontron 24 119 AR62
Savignac-Lédrier 24 134 AV64
Savignac-les-Églises 24 133 AS65
Savignac-les-Ormeaux 09 195 AZ93
Savignac-Mona 32 180 AT85
Savignac-sur-Leyze 47 147 AR74
Savignargues 30 166 BR79
Savigné 86 105 AO55
Savigné-l'Évêque 72 56 AO34
Savigné-sous-le-Lude 72 74 AM39
Savigné-sur-Lathan 37 74 AO41
Savigneux 42 125 BR61
Savigneux 01 126 BX57
Savignies 60 15 BB18
Savigny 88 65 CG30
Savigny 74 114 CF56
Savigny 69 125 BV59
Savigny 52 82 CC37
Savigny 50 34 AD22
Savigny-en-Revermont 71 98 CB49
Savigny-en-Sancerre 18 78 BH41
Savigny-en-Septaine 18 94 BF45
Savigny-en-Terre-Plaine 89 80 BR40
Savigny-en-Véron 37 90 AN43
Savigny-le-Sec 21 81 BY41
Savigny-le-Temple 77 39 BF28
Savigny-le-Vieux 50 34 AE28
Savigny-lès-Beaune 21 97 BW45
Savigny-Lévescault 86 105 AP51
Savigny-Poil-Fol 58 96 BP48
Savigny-sous-Faye 86 90 AO47
Savigny-sous-Mâlain 21 81 BW42
Savigny-sur-Aisne 08 19 BV19
Savigny-sur-Ardres 51 18 BO21
Savigny-sur-Braye 41 75 AS36
Savigny-sur-Clairis 89 60 BJ34
Savigny-sur-Grosne 71 112 BV50
Savigny-sur-Orge 91 39 BD27
Savigny-sur-Seille 71 112 BZ50
Savilly 21 96 BS44
Savine (Col de la) 39 114 CG50
Savines-le-Lac 05 156 CK73
Savins 77 60 BK29
Savoillan 84 169 CC77
Savoisy 21 80 BT38
Savolles 21 82 CA41
Savonnières 37 74 AQ42
Savonnières-devant-Bar 55 43 BY26
Savonnières-en-Perthois 55 43 BY28
Savonnières-en-Woëvre 55 44 CC24
Savouges 21 97 BY43
Savournon 05 155 CF74
Savoyeux 70 83 CD39
Savy 02 9 BK14
Savy-Berlette 62 8 BF9
Saxel 74 114 CJ53
Saxi-Bourdon 58 95 BM45
Saxon-Sion 54 65 CF29
Sayat 63 123 BJ59
Saze 30 167 BW80
Sazeray 36 108 BB52
Sazeret 03 109 BI53
Sazilly 37 90 AO44
Sazos 65 192 AK91
Scaër 29 50 K33
Les Scaffarels 04 174 CM79
Scata 2B 199 DK94
Sceau-Saint-Angel 24 133 AR63
Sceautres 07 153 BV72
Sceaux 92 39 BD26
Sceaux 89 80 BO40
Sceaux-d'Anjou 49 73 AH39
Sceaux-du-Gâtinais 45 59 BF34
Sceaux-sur-Huisne 72 56 AQ33
Scey-en-Varais 25 99 CG44
Scey-sur-Saône-et-Saint-Albin 70 83 CF38
Schaeferhof 57 46 CN26
Schaeffersheim 67 67 CQ29
Schaffhouse-près-Seltz 67 47 CU23
Schaffhouse-sur-Zorn 67 46 CQ25
Schalbach 57 46 CN25
Schalkendorf 67 47 CQ24
Scharrachbergheim 67 46 CP27
Scheibenhard 67 47 CU22
Scherlenheim 67 47 CQ25
Scherwiller 67 67 CP30
Schillersdorf 67 46 CP24
Schiltigheim 67 47 CR27
Schirmeck 67 46 CN28
Schirrhein 67 47 CS24
Schirrhoffen 67 47 CS24
Schleithal 67 47 CT22
Schlierbach 68 85 CP37
Schlucht (Col de la) 88 66 CM33
Schmittviller 57 23 CN22
Schneckenbusch 57 46 CM26
Schnepfenried 68 66 CN34
Schnersheim 67 47 CQ26
Schœnau 67 67 CR31
Schœnbourg 67 46 CO24
Schœneck 57 22 CL20
Schœnenbourg 67 47 CS23
Schopperten 67 23 CM23
Schorbach 57 23 CO22
Schwabwiller 67 47 CS23
Schweighouse 68 66 CO34
Schweighouse-sur-Moder 67 47 CR24
Schweighouse-Thann 68 85 CO36
Schwenheim 67 46 CP26
Schwerdorff 57 22 CI19
Schweyen 57 23 CO21
Schwindratzheim 67 47 CQ25
Schwoben 68 85 CP38
Schwobsheim 67 67 CQ31
Sciecq 79 104 AI52
Scientrier 74 114 CI55
Scieurac-et-Flourès 32 179 AM84
Sciez 74 114 CI52
Scillé 79 104 AH50
Scionzier 74 115 CK56
Scolca 2B 199 DK93
Scorbé-Clairvaux 86 90 AP48
Scoury 36 106 AV50
Scrignac 29 30 L28
Scrupt 51 42 BV27
Scy-Chazelles 57 44 CF22
Scye 70 83 CF38
Séailles 32 160 AL82
La Séauve-sur-Semène 43 139 BS65
Sébazac-Concourès 12 150 BG75
Sébécourt 27 37 AS24
Sébeville 50 24 AD19
Seboncourt 02 9 BM13
Sebourg 59 9 BN9
Sébouville 45 59 BC33
Sébrazac 12 150 BG73
Séby 64 178 AH85
Secenans 70 84 CJ39
Séchault 08 19 BV20
Sécheras 07 140 BX66
Sécheval 08 11 BU14
Le Séchier 05 156 CH70
Séchilienne 38 141 CF67
Séchin 25 83 CH41
Seclin 59 4 BI6
Secondigné-sur-Belle 79 104 AJ55
Secondigny 79 104 AI50
Secourt 57 45 CG23
Secqueville-en-Bessin 14 26 AJ21
Sedan 08 19 BW16
Sédeilhac 31 179 AP88
Séderon 26 155 CD76
Sedze-Maubecq 64 178 AJ86
Sedzère 64 178 AJ86
Seebach 67 47 CT22
Sées 61 36 AN28
Séez 73 129 CM60
Le Ségala 11 181 AZ87
Ségalas 65 179 AL86
Ségalas 47 147 AP73
La Ségalassière 15 136 BC69
Séglien 56 51 O32
Ségny 01 114 CG53
Segonzac 24 133 AP66
Segonzac 19 134 AV65
Segonzac 16 117 AJ61
Ségos 32 159 AI83
Ségoufielle 32 162 AU83
Segré 49 73 AF38
Ségreville 31 181 AZ85
Ségrie 72 56 AM32
Ségrie-Fontaine 61 35 AJ25
Segrois 21 97 BX44
Ségry 36 93 BB47
La Séguinière 49 88 AF45
Le Ségur 81 163 BB78
Ségur 12 150 BH76
Ségur-le-Château 19 134 AV63
Ségur-les-Villas 15 137 BH66
Ségura 09 181 AY90
Séguret 84 168 BZ77
Ségus 65 178 AK89
Séhar (Pointe de) 22 30 M25
Seich 65 193 AO90
Seichamps 54 45 CG26
Seichebrières 45 59 BD35
Seicheprey 54 44 CD25
Seiches-sur-le-Loir 49 73 AJ39
Seignalens 11 182 BA89
Seigné 17 118 AK57
Seignelay 89 79 BN36
Seigneulles 55 43 BZ25
Seignosse 40 158 Z82
Seigny 21 80 BT39
Seigy 41 92 AW43
Seilh 31 162 AV83
Seilhac 19 135 AZ64
Seilhan 31 193 AP90
Seillac 41 75 AV40
Seillans 83 174 CM82
Seillonnaz 01 127 CC59
Seillons-Source-d'Argens 83 188 CG84
Sein (Île de) 29 48 C32
Seine (Sources de la) 21 81 BV40
Seine-Port 77 59 BF29
Seingbouse 57 22 CK21
Seissan 32 179 AP85
Seix 09 194 AU92
Le Sel-de-Bretagne 35 53 AA35
Selaincourt 54 64 CE29
Selens 02 17 BK18
Sélestat 67 67 CP31
Séligné 79 104 AJ55
Séligney 39 98 CC46
Selincourt 80 7 BA14
La Selle-Craonnaise 53 72 AE36
La Selle-en-Coglès 35 54 AC29
La Selle-en-Hermoy 45 60 BI35
La Selle-en-Luitré 35 54 AE31
La Selle-Guerchaise 35 54 AD35
La Selle-la-Forge 61 35 AI26
La Selle-sur-le-Bied 45 60 BI34
Selles 70 65 CF35
Selles 62 2 BA5
Selles 51 19 BS20
Selles 27 27 AQ20
Selles-Saint-Denis 41 76 BA42
Selles-sur-Cher 41 92 AX43
Selles-sur-Nahon 36 92 AX46
Sellières 39 98 CC47
Selommes 41 75 AV37
Seloncourt 25 84 CL40
Selongey 21 82 BZ39
Selonnet 04 156 CJ74
Seltz 67 47 CU23
La Selve 12 164 BF78
La Selve 02 18 BP17
Selvigny 59 9 BL12
Sem 09 195 AX93
Sémalens 81 182 BC84
Semallé 61 56 AN29
Semarey 21 97 BV43
Sembadel 43 138 BO65
Sembadel-Gare 43 138 BO65
Sembas 47 147 AQ76
Semblançay 37 74 AQ40
Sembleçay 36 92 AY43
Sembouès 32 179 AM85
Séméac 65 179 AL88
Séméacq-Blachon 64 178 AK84
Semécourt 57 21 CF21
Sémelay 58 96 BP47
Semène 43 139 BS64
Semens 33 146 AJ72
Sementron 89 79 BL39
Sémeries 59 10 BP11
Semerville 41 58 AW35
Semezanges 21 97 BX43
Sémézies-Cachan 32 180 AQ85
Semide 08 19 BU20
Semillac 17 131 AG63
Semilly 52 64 CB31
Semmadon 70 83 CE37
Semnoz (Montagne du) 74 128 CH59
Semoine 10 41 BQ27
Semond 21 81 BU38
Semondans 25 84 CK39
Semons 38 140 CA63
Semousies 59 10 BP11
Semoussac 17 131 AG63
Semoutiers 52 63 BY34
Semoy 45 58 BA35
Sempesserre 32 161 AQ79
Sempigny 60 17 BI17
Sempy 62 2 BA7
Semur-en-Auxois 21 80 BS40
Semur-en-Brionnais 71 111 BR54
Semur-en-Vallon 72 57 AR34
Semussac 17 116 AE61
Semuy 08 19 BU18
Le Sen 40 159 AH77
Sénac 65 179 AM86
Senaide 88 64 CD34
Sénaillac-Latronquière 46 149 BB70
Sénaillac-Lauzès 46 149 AY72
Senailly 21 80 BS39
Senan 89 79 BL36
Sénanque (Abbaye de) 84 168 CA80
Senantes 60 15 BA18
Senantes 28 38 AY27
Senard 55 43 BX23
Sénarens 31 180 AS86
Senargent 70 84 CJ39
Senarpont 80 6 AZ14
Sénart 11 39 BF28
Sénas 13 168 BZ82
Senaud 39 113 CB52
Senaux 81 164 BG82
Sencenac-Puy-de-Fourches 24 133 AR65
Senconac 09 195 AY93
Sendets 64 178 AI87
Sendets 33 146 AK74
Séné 56 69 R38
Sène (Mont de) 71 97 BV46
Sénéchas 30 153 BR75
Sénèque (Tour de) 2B 199 DK89
Sénergues 12 150 BF73
Senesse-de-Senabugue 09 181 AZ90
Sénestis 47 146 AN74
Séneujols 43 138 BP68
Senez 04 170 CK79
Sénezergues 15 150 BE71
Sengouagnet 31 180 AR90
Séniergues 46 148 AX71
Senillé 86 91 AQ48
Seninghem 62 2 BB5
Senlecques 62 2 BB5
Senlis 62 3 BC7
Senlis 60 16 BF21
Senlis-le-Sec 80 8 BF12
Senlisse 78 38 BB27
Senneçay 18 93 BE46
Sennecé-lès-Mâcon 71 112 BX53
Sennecey-le-Grand 71 112 BX50
Sennecey-lès-Dijon 21 81 BY42
Sennely 45 77 BC38
Sennevières 37 91 AU45
Senneville-sur-Fécamp 76 12 AQ15
Sennevoy-le-Bas 89 80 BS37
Sennevoy-le-Haut 89 80 BS37
Senon 55 20 CB20
Senonches 28 37 AU28
Senoncourt 70 83 CF36
Senoncourt-les-Maujouy 55 43 BZ23
Senones 88 66 CM29
Senonges 88 65 CF32
Senonnes 53 72 AD36
Senonville 55 44 CB24
Senots 60 15 BB21
Senouillac 81 163 BA80
Sénoville 50 24 AA18
Senozan 71 112 BX52
Sens 89 60 BK32
Sens-Beaujeu 18 78 BG42
Sens-de-Bretagne 35 53 AB30
Sens-sur-Seille 71 98 CA48
Sentein 09 194 AS92
Sentelie 80 15 BB16
Sentenac-de-Sérou 09 195 AW91
Sentenac-d'Oust 09 194 AU92
Sentheim 68 85 CN36
Sentilly 61 35 AL26
La Sentinelle 59 9 BM8
Sentous 65 179 AN87
Senuc 08 19 BW20
Senven-Léhart 22 31 P29
La Séoube 65 193 AM90
Sépeaux 89 60 BK35
Sepmeries 59 9 BM9
Sepmes 37 91 AR45
Seppois-le-Bas 68 85 CO39
Seppois-le-Haut 68 85 CO39
Sept-Fons (Abbaye de) 03 110 BO51
Sept-Forges 61 55 AI29
Sept-Frères 14 34 AE25
Sept-Meules 76 6 AX13
Sept-Saulx 51 42 BR22
Sept-Sorts 77 40 BJ24
Sept-Vents 14 34 AG22
Septème 38 126 BY62
Septèmes-les-Vallons 13 187 CB85
Septeuil 78 38 AZ25
Septfonds 89 78 BJ38
Septfonds 82 149 AY77
Septfontaines 25 99 CH45
Septmoncel 39 114 CF52
Septmonts 02 18 BM20
Septsarges 55 20 BY20
Septvaux 02 17 BL17
Sepvigny 55 44 CC28
Sepvret 79 104 AL53
Sepx 31 180 AR88
Sequedin 59 4 BI6
Sequehart 02 9 BL13
Le Sequestre 81 163 BC80
Serain 02 9 BL12
Seraincourt 95 38 BA23
Seraincourt 08 18 BR17
Sérandon 19 136 BD64
Séranon 06 174 CN81
Serans 61 35 AL26
Serans 60 38 BA22
Séranville 54 65 CI29
Séranvillers-Forenville 59 9 BK11
Seraucourt 55 43 BZ24
Seraucourt-le-Grand 02 17 BK15
Seraumont 88 64 CC29
Serazereux 28 38 AX28
Serbannes 03 110 BL56
Serbonnes 89 60 BK31
Serches 02 17 BM20
Sercœur 88 65 CJ31
Sercus 59 3 BE5
Sercy 71 112 BV50
Serdinya 66 196 BD95
Sère 32 180 AQ86
Sère-en-Lavedan 65 192 AJ90
Sère-Lanso 65 178 AK89
Sère-Rustaing 65 179 AN87
Serécourt 88 64 CE34
Séreilhac 87 120 AU59
Serémange-Erzange 57 21 CF19
Sérempuy 32 161 AR82
Sérénac 81 164 BD80
Sérent 56 69 T36
Sérévillers 60 16 BE16
Séreyrède (Col de la) 30 166 BN78
Serez 27 37 AW24
Sérézin-de-la-Tour 38 127 CB61
Sérézin-du-Rhône 69 126 BX61
Sergeac 24 134 AU68
Sergenaux 39 98 CB47
Sergenon 39 98 CB46
Sergines 89 60 BK31
Sergy 01 114 CG54
Sergy 02 40 BN22
Séricourt 62 7 BD9
Sériers 15 137 BJ68
Sérifontaine 60 15 AZ20
Sérignac 82 162 AT80
Sérignac 46 148 AU74
Sérignac 16 132 AL65
Sérignac-Péboudou 47 147 AP72
Sérignac-sur-Garonne 47 161 AP77
Sérignan 34 184 BL87
Sérignan-du-Comtat 84 168 BX77
Sérignan-Plage 34 184 BM87
Sérigné 85 103 AF51
Sérigny 86 90 AO47
Sérigny 61 56 AQ30
Sérilhac 19 135 AZ67
Seringes-et-Nesles 02 17 BM21
Séris 41 76 AX37
Serley 71 98 BZ48
Sermages 58 96 BP45
Sermaise 91 59 BC29
Sermaise 49 73 AK40
Sermaises 45 59 BC31
Sermaize 60 17 BI17
Sermaize-les-Bains 51 43 BW26
Sermamagny 90 84 CL37
Sermange 39 98 CD43
Sermano 2B 201 DJ96
Sermentizon 63 124 BM60
Sermentot 14 35 AI22
Sermérieu 38 127 CB60
Sermersheim 67 67 CQ30
Sermesse 71 97 BY47
Sermiers 51 41 BP22
Sermizelles 89 79 BQ40
Sermoise 02 17 BM19
Sermoise-sur-Loire 58 95 BK46
Sermoyer 01 112 BY51
Sermur 23 122 BE57
Sernhac 30 167 BV80
Serocourt 88 64 CE33
Séron 65 178 AK86
Serques 62 3 BC4
Serqueux 76 15 AY17
Serqueux 52 64 CD34
Serquigny 27 37 AS22
Serra-di-Ferro 2A 202 DG102
Serra-di-Fiumorbo 2B 201 DK99
Serra di Pigno 2B 199 DK91
Serra-di-Scopamène 2A 203 DI102
Serrabone (Prieuré de) 66 197 BG95
Serralongue 66 196 BF97
Serrant (Château de) 49 72 AG41
Serraval 74 128 CI58
La Serre 12 164 BG80
Serre (Col de) 15 136 BG67
La Serre-Bussière-Vieille 23 108 BD56
Serre-Chevalier 05 143 CL68
Serre-les-Moulières 39 98 CC43
Serre-les-Sapins 25 99 CF43
Serre-Nerpol 38 141 CB65
Serre-Ponçon (Barrage et Lac de) 05 156 CJ73
Serres 54 45 CI26
Serres 11 196 BD91
Serres 05 155 CE74
Serres-Castet 64 178 AI86
Serres-et-Montguyard 24 147 AO72
Serres-Gaston 40 159 AG83
Serres-Morlaàs 64 178 AI86
Serres-Sainte-Marie 64 178 AG85
Serres-sur-Arget 09 195 AX91
Serreslous-et-Arribans 40 159 AF83
Serriera 2A 200 DF96
Serrières 71 112 BV53
Serrières 54 45 CG25
Serrières 07 140 BW64
Serrières-de-Briord 01 127 CC59
Serrières-en-Chautagne 73 127 CF58
Serrières-sur-Ain 01 113 CB55
Serrigny 89 79 BP36
Serrigny-en-Bresse 71 98 BZ48
Serris 77 40 BH25
Serrouville 54 21 CD19
Serruelles 18 93 BE47
Sers 65 192 AL91
Sers 16 119 AO61
Servais 02 17 BL17
Serval 02 18 BN20
Servance 70 84 CK36
Servanches 24 132 AM66
Servant 63 109 BI55
Servas 30 167 BS77
Servas 01 112 BZ55
Servaville-Salmonville 76 14 AW18
Serverette 48 151 BM71
Serves-sur-Rhône 26 140 BX66
Servian 34 184 BL86
Servières 48 151 BM73
Servières-le-Château 19 135 BB67
Serviers-et-Labaume 30 167 BU79
Serviès 81 163 BB83
Serviès-en-Val 11 183 BF89
Servignat 01 112 BY52
Servigney 70 83 CH37
Servigney 25 83 CH40
Servigny 50 33 AC22
Servigny-lès-Raville 57 22 CH22
Servigny-lès-Sainte-Barbe 57 21 CG21
Serville 28 38 AX26
Servilly 03 110 BN54
Servin 25 84 CJ42
Servins 62 8 BG8
Servion 08 11 BT15
Servon 77 39 BF27
Servon 50 33 AC27
Servon-Melzicourt 51 19 BW21
Servon-sur-Vilaine 35 53 AB33
Servoz 74 129 CM57
Sery 89 79 BO39
Sery 08 19 BS17
Séry-lès-Mézières 02 17 BL15
Séry-Magneval 60 16 BH21
Serzy-et-Prin 51 18 BO21
Sessenheim 67 47 CT24
Sète 34 184 BO86
Setques 62 3 BC5
Les Settons 58 96 BQ44
Seudre (Pont de la) 17 116 AC58
Seugy 95 39 BE22
Seuil 08 19 BT18
Seuillet 03 110 BM55
Seuilly 37 90 AN44
Seur 41 76 AW40
Le Seure 17 117 AI59
Seurre 21 98 BZ46
Seux 80 7 BC14
Seuzey 55 44 CB23
Sevelinges 42 111 BT56
Sevenans 90 84 CL38
Sévérac 44 70 W39
Sévérac-le-Château 12 151 BJ76
Sévérac-l'Église 12 150 BH75
Seveux 70 83 CD39
Sevi (Col de) 2A 200 DG97
Sévignac 22 52 V30
Sévignacq 64 178 AI85
Sévignacq-Meyracq 64 178 AH89
Sévigny 61 35 AM26
Sévigny-la-Forêt 08 10 BT14
Sévigny-Waleppe 08 18 BQ17
Sévis 76 14 AV16
Sevrai 61 35 AL27
Sevran 93 39 BF24
Sèvres 92 39 BC26
Sèvres-Anxaumont 86 105 AP50
Sevrey 71 97 BX48
Sévrier 74 128 CH58
Sévry 18 94 BH44
Sewen 68 84 CM36
Sexcles 19 135 BB68
Sexey-aux-Forges 54 44 CF27
Sexey-les-Bois 54 44 CE26
Sexfontaines 52 63 BY32
Seychalles 63 123 BL59
Seyches 47 146 AN73
Seyne 04 156 CJ74
La Seyne-sur-Mer 83 188 CG89
Seynes 30 167 BT78
Seynod 74 128 CH57
Seyre 31 181 AY86
Seyresse 40 158 AC82
Seyssel 74 127 CF57
Seyssel 01 127 CE57
Seysses 31 181 AV85
Seysses-Savès 32 180 AT85
Seyssinet-Pariset 38 141 CE66
Seyssins 38 141 CE66
Seyssuel 38 126 BX62
Seythenex 74 128 CI59
Seytroux 74 115 CK53
Sézanne 51 41 BO27
Sézéria 39 113 CC51
Siarrouy 65 179 AL87
Siaugues-Saint-Romain 43 138 BO67
Sibiril 29 29 I25
Sibiville 62 7 BD9
La Sicaudais 44 86 X43
Siccieu-Saint-Julien-et-Carisieu 38 127 CB59
Sichamps 58 95 BL44
Sickert 68 84 CM36
Sideville 50 24 AA16
Sidiailles 18 108 BD51
Siecq 17 118 AK59
Siegen 67 47 CT23
Les Sièges 89 61 BM33
Sièges 39 113 CD53
Sierck-les-Bains 57 22 CH18
Sierentz 68 85 CQ37
Siersthal 57 23 CO22
Sierville 76 13 AU17
Siest 40 158 AB83
Sieurac 81 163 BC81
Sieuras 09 181 AV88
Siévoz 38 141 CF69
Siewiller 67 46 CN24
Sigale 06 174 CP80
Sigalens 33 146 AK74
Sigean 11 183 BJ90
Sigean (Réserve africaine de) 11 183 BI90
Sigloy 45 77 BD37
Signac 31 193 AP91
Signes 83 188 CG86
Signéville 52 63 BZ31
Signy-l'Abbaye 08 19 BS16
Signy-le-Petit 08 10 BR13
Signy-Montlibert 08 20 BZ17
Signy-Signets 77 40 BJ24
Sigogne 16 118 AK60
Sigolsheim 68 66 CO32
Sigonce 04 169 CG79
Sigottier 05 155 CE74
Sigoulès 24 147 AO71
Sigournais 85 88 AE49
Sigoyer 05 156 CG73
Sigoyer 04 156 CG75
Siguer 09 195 AX93
Sigy 77 60 BK29
Sigy-en-Bray 76 14 AX18
Sigy-le-Châtel 71 112 BV51
Silfiac 56 51 P32
Silhac 07 139 BV69
Sillans 38 141 CB64
Sillans-la-Cascade 83 170 CJ83
Sillars 86 106 AR52
Sillas 33 146 AK75
Sillé-le-Guillaume 72 55 AL32
Sillé-le-Philippe 72 56 AP33
Sillegny 57 44 CF23
Sillery 51 18 BR21
Silley-Amancey 25 99 CG45
Silley-Bléfond 25 84 CI41
Sillingy 74 128 CG57
Silly-en-Gouffern 61 36 AN26
Silly-en-Saulnois 57 45 CG23
Silly-la-Poterie 02 17 BJ21
Silly-le-Long 60 40 BH22
Silly-sur-Nied 57 22 CH22
Silly-Tillard 60 15 BC20
Silmont 55 43 BZ26
Siltzheim 67 23 CM22
Silvacane (Ancienne Abbaye de) 13 169 CC82
Silvarecio 2B 199 DK94
Silvarouvres 52 63 BW34
Simacourbe 64 178 AJ85
Simandre 71 112 BY50
Simandre-sur-Suran 01 113 CB54
Simandres 69 126 BX61
Simard 71 98 BZ49
Simencourt 62 8 BG10
Simeyrols 24 134 AW69
Simiane-Collongue 13 187 CD85
Simiane-la-Rotonde 04 169 CD79
Simorre 32 180 AQ85
Simplé 53 72 AG36
Le Simserhof (Fort) 57 23 CO22
Sin-le-Noble 59 8 BJ8
Sinard 38 141 CE68
Sinceny 02 17 BK17
Sincey-lès-Rouvray 21 80 BR41
Sindères 40 158 AD78
Singles 63 122 BF62
Singleyrac 24 147 AP71
Singly 08 19 BV16
Singrist 67 46 CP26
Sinsat 09 195 AY93
Sinzos 65 179 AM88
Sion 54 65 CF29
Sion 32 160 AL82
Sion-les-Mines 44 71 AA37
Sion-sur-l'Océan 85 86 W48
Sioniac 19 135 AZ68
Sionne 88 64 CC30
Sionviller 54 45 CJ27
Siorac-de-Ribérac 24 133 AO66
Siorac-en-Périgord 24 148 AT70
Siouville-Hague 50 24 Z17
Sirac 32 161 AS82
Siracourt 62 7 BD8
Siradan 65 193 AP91
Siran 34 183 BG87
Siran 15 136 BC69
Siran (Château) 33 131 AG67
Sireix 65 192 AJ90
Sireuil 24 134 AT69
Sireuil 16 118 AL61
Sirod 39 99 CF48
Siros 64 178 AG86
Sisco 2B 199 DK90
Sissonne 02 18 BP17
Sissy 02 17 BL15
Sistels 82 161 AR78
Sisteron 04 156 CG76
Sivergues 84 169 CC81
Sivignon 71 111 BU52
Sivry 54 45 CG25
Sivry-Ante 51 43 BW23
Sivry-Courtry 77 60 BG29
Sivry-la-Perche 55 43 BZ22
Sivry-lès-Buzancy 08 20 BX19
Sivry-sur-Meuse 55 20 BZ20
Six-Fours-les-Plages 83 188 CG89
Sixt-Fer-à-Cheval 74 115 CM55
Sixt-sur-Aff 35 70 W36
Sizun 29 29 I28
Smarves 86 105 AO51
Smermesnil 76 6 AX14
Soccia 2A 200 DG97
Sochaux 25 84 CL39

STRASBOURG

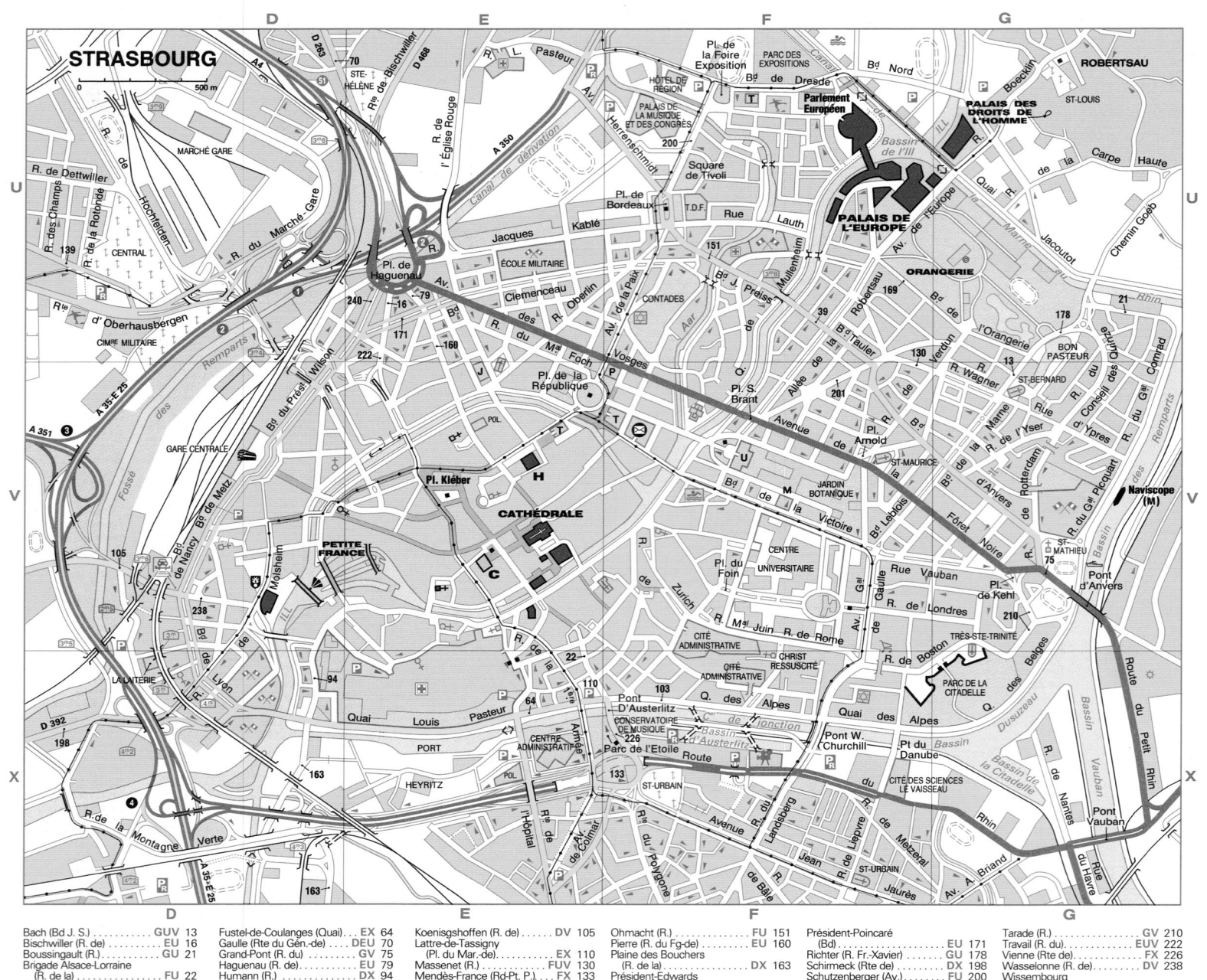

500 m

Bach (Bd J. S.) .... GUV 13
Bischwiller (R. de) .... EU 16
Boussingault (R.) .... GU 21
Brigade Alsace-Lorraine (R. de la) .... FU 22
Dordogne (Bd de la) .... EX 39

Fustel-de-Coulanges (Quai) ... EX 64
Gaulle (Rte du Gén.-de) ... DEU 70
Grand-Pont (R. du) .... GV 75
Haguenau (R. de) .... EU 79
Humann (R.) .... DX 94
Koenig (Quai du Gén.) .... FX 103

Koenigshoffen (R. de) .... DV 105
Lattre-de-Tassigny (Pl. de Mar.-de) .... EX 110
Massenet (R. de) .... FUV 130
Mendès-France (Rd-Pt. P.) ... FV 133
Mittelhausbergen (Rte de) ... DU 139

Ohmacht (R.) .... FU 151
Pierre (R. du Fg-de) .... EU 160
Plaine des Bouchers (R. de la) .... DX 163
Président-Edwards (Bd du) .... FU 169

Président-Poincaré (Bd) .... EU 171
Richter (R. Fr.-Xavier) .... GU 178
Schirmeck (Rte de) .... DX 198
Schutzenberger (Av.) .... FU 200
Schweighaeuser (R.) .... FV 201

Tarade (R.) .... GV 210
Travail (R. du) .... EUV 222
Vienne (Rte de) .... FX 226
Wasselonne (R. de) .... DV 238
Wissembourg (R. de) .... EU 240

Socoa 64 .... 176 X85
Socourt 88 .... 65 CG30
Socx 59 .... 3 BE2
Sode 31 .... 193 AP92
Sœurdres 49 .... 73 AI37
Sognes 89 .... 61 BM31
Sognolles-en-Montois 77 .... 60 BK29
Sogny-aux-Moulins 51 .... 42 BT25
Sogny-en-l'Angle 51 .... 43 BW25
Soignolles 14 .... 26 AL23
Soignolles-en-Brie 77 .... 39 BG27
Soilly 51 .... 41 BN23
Soindres 78 .... 38 AZ24
Soing 70 .... 83 CE39
Soings-en-Sologne 41 .... 76 AX41
Soirans 21 .... 98 CA43
Soissons 02 .... 17 BL19
Soissons-sur-Nacey 21 .... 98 CB43
Soisy-Bouy 77 .... 60 BK29
Soisy-sous-Montmorency 95 .... 39 BD24
Soisy-sur-École 91 .... 58 BD24
Soisy-sur-Seine 91 .... 58 BD24
Soizé 28 .... 57 AT33
Soize 02 .... 18 BL16
Soizy-aux-Bois 51 .... 41 BN25
Solaize 69 .... 126 BX61
Solaro 2B 203 DK100
Solbach 67 .... 66 CN29
Soleilhas 04 .... 174 CM80
Solemont 25 .... 84 CK41
Solente 60 .... 16 BH16
Solenzara 2A 203 DL101
Le Soler 66 .... 197 BH94
Solérieux 26 .... 154 BX75
Solesmes 53 .... 73 AK36
Solesmes 59 .... 9 BK18 (?)
Soleymieu 38 .... 127 CB60
Soleymieux 42 .... 125 BR62
Solférino 40 .... 158 AD77
Solgne 57 .... 45 CG23
Soliers 14 .... 26 AK22
Solignac 87 .... 124 AV60
Solignac-sous-Roche 43 .... 138 BD65
Solignac-sur-Loire 43 .... 138 BC62
Soligny-la-Trappe 61 .... 36 AB28
Soligny-les-Étangs 10 .... 61 BM30
Sollacaro 2A 203 DH102
Sollières-Sardières 73 .... 143 CM64
Solliès-Pont 83 .... 188 CI88
Solliès-Toucas 83 .... 188 CH87
Solliès-Ville 83 .... 188 CI88
Sologny 71 .... 112 BV53
Solomiac 32 .... 161 AS81
Solre-le-Château 59 .... 10 BQ10
Solrinnes 59 .... 10 BQ10
Solterre 45 .... 78 BG36
Solutré-Pouilly 71 .... 112 BW53
Somain 59 .... 9 CH46
Sombacour 25 .... 99 CH46
Sombernon 21 .... 81 BN44
Sombrin 62 .... 8 BF10
Sombrun 65 .... 179 AL85
Somloire 49 .... 89 AH45
Sommaing 59 .... 9 BM9
Sommaisne 55 .... 43 BY24
Sommancourt 52 .... 63 BX29
Sommant 71 .... 95 BS45
Sommauthe 08 .... 20 BX18
Somme-Bionne 51 .... 42 BU22
Somme-Suippe 51 .... 42 BU22
Somme-Tourbe 51 .... 42 BU22
Somme-Vesle 51 .... 42 BV24
Somme-Yèvre 51 .... 42 BV24
Sommecaise 89 .... 78 BK36

Sommedieue 55 .... 43 CA22
Sommeilles 55 .... 43 BX24
Sommelans 02 .... 40 BK22
Sommelonne 55 .... 43 BX24
Sommerance 08 .... 20 BX20
Sommerécourt 52 .... 64 CC32
Sommereux 60 .... 16 BH17
Sommeron 02 .... 10 BP13
Sommervieu 14 .... 25 AI20
Sommerviller 54 .... 45 CH27
Sommery 76 .... 14 AX17
Sommesnil 76 .... 13 AR16
Sommesous 51 .... 42 BR26
Sommet-Bucher 05 .... 157 CN70
La Sommette 25 .... 100 CJ43
Sommette-Eaucourt 02 .... 17 BJ15
Sommeval 10 .... 62 BQ33
Sommeville 52 .... 63 BY28
Sommières 30 .... 167 BS81
Sommières-du-Clain 86 .... 105 AO54
Somport (Col du) 64 .... 191 AI67
Sompt 79 .... 104 AL55
Sompuis 51 .... 42 BS27
Somsois 51 .... 42 BT28
Son 08 .... 18 BR17
Sonac 46 .... 149 BA71
Sonchamp 78 .... 38 AB28
Soncourt 88 .... 64 CB30
Soncourt-sur-Marne 52 .... 63 BY32
Sondernach 68 .... 66 CN34
Sondersdorf 68 .... 85 CP39
La Sône 38 .... 141 BB66
Songeons 60 .... 15 BA18
Songeson 39 .... 99 CE49
Songy 51 .... 42 BT26
Sonnac 17 .... 117 AJ58
Sonnac 12 .... 149 BC73
Sonnac-sur-l'Hers 11 .... 182 BB90
Sonnay 38 .... 140 BY64
Sonnaz 73 .... 127 CF61
Sonneville 16 .... 118 AK59
Sons-et-Ronchères 02 .... 18 BN15
Sonthonnax-la-Montagne 01 .... 113 CC54
Sonzay 37 .... 74 AP40
Soorts-Hossegor 40 .... 158 Z82
Sophia-Antipolis 06 .... 174 CP82
Soppe-le-Bas 68 .... 85 CN37
Soppe-le-Haut 68 .... 85 CN37
Sor 09 .... 194 AT91
Soraga (Col de) 2B 201 DJ98
Sorbais 02 .... 10 BP13
Sorbets 40 .... 160 AK82
Sorbets 32 .... 160 AK82
Sorbey 57 .... 45 CH22
Sorbey 55 .... 20 CB19
Sorbier 03 .... 110 BO53
Sorbiers 42 .... 125 BU62
Sorbiers 05 .... 155 CD75
Sorbollano 2A 203 DJ102
Sorbon 08 .... 19 BS17
Sorbs 34 .... 165 BM80
Sorcy-Bauthémont 08 .... 19 BT16
Sorcy-Saint-Martin 55 .... 44 CC26
Sorde-l'Abbaye 40 .... 177 AC84
Soréac 65 .... 179 AM87
Sorède 66 .... 197 BI96
Sorel 80 .... 8 BJ12
Sorel-en-Vimeu 80 .... 7 BA12
Sorel-Moussel 28 .... 38 AW25

Sorèze 81 .... 182 BB85
Sorgeat 09 .... 195 AZ93
Sorges 24 .... 133 AS65
Sorgues 84 .... 168 BY79
Sorigny 37 .... 91 AR43
Les Sorinières 44 .... 87 AA43
Sorio 2B 199 DJ93
Sormery 89 .... 61 BO34
Sormonne 08 .... 10 BT14
Sornac 19 .... 122 BC61
Sornay 71 .... 112 BZ50
Sornay 70 .... 83 CD42
Sornéville 54 .... 45 CH26
Sorquainville 76 .... 13 AR16
Sorrus 62 .... 2 AZ7
Sort-en-Chalosse 40 .... 158 AD82
Sortosville 50 .... 24 AC18
Sortosville-en-Beaumont 50 .... 24 AA18
Sos 47 .... 160 AM79
Sospel 06 .... 175 CT79
Sossais 86 .... 90 AP47
Sost 65 .... 193 AO91
Sotta 2A 203 DJ104
Sottevast 50 .... 24 AB17
Sotteville 50 .... 24 AA17
Sotteville-lès-Rouen 76 .... 14 AB19
Sotteville-sous-le-Val 76 .... 14 AV20
Sotteville-sur-Mer 76 .... 13 AT14
Soturac 46 .... 148 AT74
Sotzeling 57 .... 45 CJ24
Souain-Perthes-lès-Hurlus 51 .... 19 BT21
Soual 81 .... 182 BC84
Souancé-au-Perche 28 .... 57 AS32
Souanyas 66 .... 196 BD95
Souastre 62 .... 8 BF11
Soubès 34 .... 165 BM82
Soubise 17 .... 116 AG56
Soublecause 65 .... 178 AK84
Soubran 17 .... 131 AH64
Soubrebost 23 .... 121 BA57
Soucé 53 .... 55 AH29
Soucelles 49 .... 73 AJ39
La Souche 07 .... 153 BS72
Souché 79 .... 104 AL53
Souchez 62 .... 8 BG8
Soucht 57 .... 23 CD23
Soucia 39 .... 113 CE50
Soucieu-en-Jarrest 69 .... 126 BW60
Soucirac 46 .... 148 AX71
Souclin 01 .... 127 CB58
Soucy 89 .... 61 BL32
Soucy 02 .... 17 BJ20
Soudaine-Lavinadière 19 .... 121 AZ62
Soudan 79 .... 104 AL52
Soudan 44 .... 72 AE37
Soudat 24 .... 119 AO61
Soudé 51 .... 42 AS34
Soudeilles 19 .... 122 BC61
Soudorgues 30 .... 166 BP78
Soudron 51 .... 42 BS25
Soueich 31 .... 180 AR90
Soueix-Rogalle 09 .... 194 AU91
Souel 81 .... 163 BA79
Soues 80 .... 7 BB10
Soues 65 .... 179 AL88
Souesmes 41 .... 77 BC41
Souffelweyersheim 67 .... 49 CR26
Soufflenheim 67 .... 49 CT24
Souffrignac 16 .... 119 AP61
Le Sougé 36 .... 108 BA57
Sougé 72 .... 78 AX46
Sougé-le-Ganelon 72 .... 56 AM41
Sougéal 35 .... 33 AB28
Sougères-en-Puisaye 89 .... 79 BL40

Sougères-sur-Sinotte 89 .... 79 BN36
Sougraigne 11 .... 196 BE93
Sougy 45 .... 58 AZ34
Sougy-sur-Loire 58 .... 95 BL47
Les Souhesmes 55 .... 43 BZ22
Souhey 21 .... 80 BN40
Le Souich 62 .... 8 BE10
Souilhanels 11 .... 182 BA86
Souilhe 11 .... 182 BA86
Souillac 46 .... 135 AX69
Souillé 72 .... 56 AN33
Souilly 55 .... 43 BZ23
Soula 09 .... 195 AY91
Soulac-sur-Mer 33 .... 116 AC62
Soulages 15 .... 137 BL67
Soulages-Bonneval 12 .... 150 BH72
Soulaincourt 52 .... 64 CC32
Soulaines-Dhuys 10 .... 63 BV30
Soulaire-et-Bourg 49 .... 73 AI39
Soulaires 28 .... 38 AY29
Soulan 09 .... 194 AU91
Soulanges 51 .... 42 BU26
Soulangis 18 .... 94 BF44
Soulangy 14 .... 35 AL24
Soulatgé 11 .... 196 BF92
Soulaucourt-sur-Mouzon 52 .... 64 CC32
Soulaures 24 .... 147 AS72
Soulce-Cernay 25 .... 84 CM41
Soulgé-sur-Ouette 53 .... 54 AI34
Le Soulié 34 .... 183 BG84
Soulières 51 .... 41 BP25
Soulièvres 09 .... 89 AK47
Soulignac 33 .... 146 AJ71
Souligné-Flacé 72 .... 56 AM35
Souligné-sous-Ballon 72 .... 56 AO33
Soulignonne 17 .... 117 AF55
Souligny 10 .... 62 BQ34
Soulitré 72 .... 56 AP34
Soullans 85 .... 88 X47
Soulles 50 .... 34 AE23
Soulom 65 .... 192 AK91
Soulomès 46 .... 149 AY72
Soulor (Col du) 65 .... 192 AJ91
Soulosse-sous-Saint-Élophe 88 .... 64 CD30
Soultz-Haut-Rhin 68 .... 85 CN36
Soultz-les-Bains 67 .... 48 CO27
Soultz-sous-Forêts 67 .... 49 CS23
Soultzbach-les-Bains 68 .... 66 CN34
Soultzeren 68 .... 66 CN33
Soultzmatt 68 .... 85 CL21
Soulvache 44 .... 71 AC36
Soumaintrain 89 .... 61 BP34
Soumans 23 .... 109 BD54
Soumensac 47 .... 147 AN71
Soumont 34 .... 165 BM81
Soumont-Saint-Quentin 14 .... 35 AL24
Soumoulou 64 .... 178 AJ87
Soupex 11 .... 182 BA86
Soupir 02 .... 18 BN19
Souppes-sur-Loing 77 .... 60 BG33
Souprosse 40 .... 159 AF81
Le Souquet 40 .... 158 AC79
Sourans 25 .... 84 CK40
Sourcieux-les-Mines 69 .... 125 BV59
Le Sourd 02 .... 18 BO14
Sourdeval 50 .... 34 AF26
Sourdeval-les-Bois 50 .... 34 AD24
Sourdon 80 .... 16 BE16
Sourdun 77 .... 60 BL32

Le Sourn 56 .... 51 Q33
Sournia 66 .... 196 BE93
Sourniac 15 .... 136 BD65
Sourribes 04 .... 170 CH77
Sours 28 .... 58 AY30
Soursac 19 .... 136 BC65
Sourzac 24 .... 133 AO67
Sous-la-Tour 22 .... 31 S28
Sous-Parsat 23 .... 108 BB56
Sousceyrac 46 .... 135 BB69
Sousmoulins 17 .... 131 AI64
Souspierre 26 .... 154 BY73
Soussac 33 .... 146 AL71
Soussans 33 .... 131 AF67
Soustelle 30 .... 166 BP77
Soustons 40 .... 158 AA81
Souternon 42 .... 125 BR60
La Souterraine 23 .... 107 AX54
Soutiers 79 .... 104 AL50
Souvans 39 .... 99 CD45
Souvignargues 30 .... 167 BS81
Souvigné 79 .... 104 AK52
Souvigné 37 .... 74 AP40
Souvigné 16 .... 118 AM57
Souvigné-sur-Même 72 .... 57 AR32
Souvigné-sur-Sarthe 72 .... 73 AJ36
Souvigny 03 .... 110 BK51
Souvigny-de-Touraine 37 .... 91 AU41
Souvigny-en-Sologne 41 .... 77 BC41
Souyeaux 65 .... 179 AM87
Souzay-Champigny 49 .... 90 AM43
Souzy 69 .... 125 BU60
Souzy-la-Briche 91 .... 59 BC29
Soveria 2B 201 DI95
Soyans 26 .... 154 BZ72
Soyaux 16 .... 118 AN61
Soye 25 .... 84 CJ40
Soye-en-Septaine 18 .... 94 BF46
Soyécourt 80 .... 17 BH13
Soyers 52 .... 83 CC33
Soyons 07 .... 140 BX69
Spada 55 .... 44 CB24
Sparsbach 67 .... 46 CP24
Spay 72 .... 56 AN35
Spechbach-le-Bas 68 .... 85 CO37
Spechbach-le-Haut 68 .... 85 CO37
Speloncato 2B 198 DH93
Spelunca (Gorges de) 2A 200 DF97
Spéracèdes 06 .... 174 CO82
Spézet 29 .... 50 K31
Spicheren 57 .... 22 CL21
Spin'a Cavallu (Pont génois) 2A 203 DI103
Spincourt 55 .... 44 CC19
Sponville 54 .... 44 CD22
Spoy 21 .... 82 BZ41
Spoy 10 .... 62 BU32
Spycker 59 .... 3 P26
Squiffiec 22 .... 30 N26
Staffelfelden 68 .... 85 BB63
Stains 93 .... 39 BE24
Stainville 55 .... 43 BY42
Stangala (Site du) 29 .... 49 I32
Staple 59 .... 3 CR79
Stattmatten 67 .... 49 CT24
Stazzona 2B 201 DK95
Steenbecque 59 .... 3 BE7
Steene 59 .... 3 BE5
Steenvoorde 59 .... 3 BE6
Steenwerck 59 .... 3 BE6
Steige 67 .... 66 CN30
Steinbach 68 .... 85 CN36
Steinbourg 67 .... 48 CP26
Steinbrunn-le-Bas 68 .... 85 CP37

Steinbrunn-le-Haut 68 .... 85 CP37
Steinseltz 67 .... 47 CS22
Steinsoultz 68 .... 85 CP39
Stella-Plage 62 .... 2 AY7
Stenay 55 .... 43 BY18
Sternenberg 68 .... 85 CN37
Stetten 67 .... 85 CO38
Stigny 89 .... 80 BS37
Still 67 .... 48 CP27
Stiring-Wendel 57 .... 22 CL20
Stival 56 .... 51 Q32
Stonne 08 .... 19 BW17
Storckensohn 68 .... 66 CM35
Stosswihr 68 .... 66 CN33
Stotzheim 67 .... 67 CO29
Strasbourg 67 .... 49 CR27
Strazeele 59 .... 3 BG4
Strenquels 46 .... 135 AY68
Strueth 68 .... 85 CN38
Struth 67 .... 48 CN38
Stuckange 57 .... 45 CG19
Stundwiller 67 .... 47 CT23
Sturzelbronn 57 .... 47 CO26
Stutzheim-Offenheim 67 .... 47 CQ26
Suarce 90 .... 85 CO38
Suaucourt-et-Pisseloup 70 .... 83 CD38
Suaux 16 .... 119 AP58
Le Subdray 18 .... 93 BD46
Sublaines 37 .... 91 AT43
Subles 14 .... 25 AH20
Subligny 89 .... 60 BK33
Subligny 50 .... 33 AC26
Subligny 18 .... 78 BH41
Suc-au-May 19 .... 122 BA63
Suc-et-Sentenac 09 .... 195 AW93
Succieu 38 .... 126 CB62
Sucé-sur-Erdre 44 .... 71 AA41
Sucy-en-Brie 94 .... 39 BF26
Suèvres 41 .... 75 AX38
Sugères 63 .... 124 BM61
Sugny 08 .... 19 BU19
Suhescun 64 .... 177 AB87
Suilly-la-Tour 58 .... 78 BJ42
Suin 71 .... 112 BT52
Suippes 51 .... 42 BT22
Suisse 57 .... 22 CI23
Suizy-le-Franc 51 .... 41 BO24
Sulignat 01 .... 113 BY55
Sully 71 .... 97 BU46
Sully 14 .... 25 AH20
Sully-la-Chapelle 45 .... 59 BC35
Sully-sur-Loire 45 .... 78 BE37
Sulniac 56 .... 53 X29
Sum 39 .... 113 CF47
Sumène 30 .... 166 BO79
Sundhoffen 68 .... 67 CP31
Sundhouse 67 .... 67 CR31
Super-Besse 63 .... 123 AL91
Super-Bolquère 66 .... 196 BB92
Super-Lioran 15 .... 136 BH67
Super-Sauze 04 .... 172 CM64
Superbagnères 31 .... 193 AO91
Superdévoluy 05 .... 156 CG71
Supeyres (Col des) 63 .... 124 BP61
Supt 39 .... 100 CG47
Sur 33 .... 131 AF67
Surat 63 .... 124 BM59
Surba 09 .... 195 AX92
Surbourg 67 .... 49 CS23
Surcamps 80 .... 7 BC12
Surdoux 87 .... 121 AY61
Surfontaine 02 .... 18 BM15
Surfonds 72 .... 56 AP34
Surgères 17 .... 103 AG55

Surgy 58 .... 79 BM40
Suriauville 88 .... 64 CC32
Surin 86 .... 105 AO56
Surin 79 .... 104 AI51
Suris 16 .... 119 AO59
Surjoux 01 .... 113 CC56
Surmont 25 .... 84 CK42
Surrain 14 .... 25 AG19
Surtainville 50 .... 24 AA21
Surtauville 27 .... 14 AU21
Survie 61 .... 36 AO25
Surville 27 .... 14 AU20
Surville 50 .... 24 AA21
Survilliers 95 .... 39 BE23
Sury 08 .... 19 BU15
Sury-aux-Bois 45 .... 59 BD35
Sury-en-Vaux 18 .... 78 BH42
Sury-ès-Bois 18 .... 78 BH40
Sury-le-Comtal 42 .... 125 BS62
Sury-près-Léré 18 .... 78 BH40
Surzur 56 .... 69 S38
Sus 64 .... 177 AD86
Sus-Saint-Léger 62 .... 8 BE9
Suscinio (Château de) 56 .... 69 R39
Susmiou 64 .... 177 AE86
Sussac 87 .... 121 AY61
Sussargues 34 .... 167 BR82
Sussat 03 .... 109 BJ55
Sussey 21 .... 81 BT43
Susville 38 .... 141 CF68
Sutrieu 01 .... 127 CD57
Suzan 09 .... 181 AW90
Suzanne 08 .... 3 BU18
Suzanne 80 .... 8 BG13
Suzannecourt 52 .... 63 BY29
Suzay 27 .... 14 AX21
Suze 26 .... 154 BZ70
Suze-la-Rousse 26 .... 154 BX76
La Suze-sur-Sarthe 72 .... 74 AM36
Suzette 84 .... 168 BZ77
Suzoy 60 .... 17 BI17
Suzy 02 .... 18 BM17
Syam 39 .... 100 CF49
Sylvains-les-Moulins 27 .... 37 AX26
Sylvanès 12 .... 165 BI81
Le Syndicat 88 .... 66 CK34

T

Tabaille-Usquain 64 .... 177 AD86
Tabanac 33 .... 145 AI71
La Table 73 .... 128 CH62
Le Tablier 85 .... 102 AB50
Tabre 09 .... 182 AZ90
La Tâche 16 .... 119 AO58
Tachoires 32 .... 180 AL83
Tacoignières 78 .... 38 AA25
Taconnay 58 .... 79 BM42
Taden 22 .... 32 V28
Tadousse-Ussau 64 .... 178 AJ84
Taglio-Isolaccio 2B 199 DL94
Tagnon 08 .... 19 BS19
Tagolsheim 68 .... 85 CO37
Tagsdorf 68 .... 85 CP38
Tailhac 43 .... 137 BH65
Taillades 84 .... 168 BX80
Le Taillan-Médoc 33 .... 131 AG69
Taillancourt 55 .... 64 CC28
Taillant 17 .... 117 AG58
Taillebois 61 .... 35 AJ25

Taillebourg 47 .... 146 AM74
Taillebourg 17 .... 117 AG58
Taillecavat 33 .... 146 AM72
Taillecourt 25 .... 84 CL39
La Taillée 85 .... 103 AE52
Taillefontaine 02 .... 17 BJ20
Taillepied 50 .... 24 AB19
Taillet 66 .... 197 BG96
Taillette 08 .... 10 BT13
Tailleville 14 .... 26 AJ20
Taillis 35 .... 54 AD32
Tailly 80 .... 7 BB13
Tailly 21 .... 7 BW46
Tailly 08 .... 20 BX18
Tain-l'Hermitage 26 .... 140 BX67
Taingy 89 .... 79 BL39
Taintrux 88 .... 66 CL31
Taisnières-en-Thiérache 59 .... 9 BO11
Taisnières-sur-Hon 59 .... 9 BO9
Taissy 51 .... 18 BM15
Taïx 81 .... 163 BC79
Taizé 79 .... 90 AL46
Taizé 71 .... 112 BV51
Taizé-Aizie 16 .... 118 AN56
Taizy 08 .... 19 BR18
Tajan 65 .... 179 AO88
Talairan 11 .... 183 BG90
Talais 33 .... 116 AD62
Talange 57 .... 45 CF20
Talant 21 .... 81 BY42
Talasani 2B 199 DL94
Talau 66 .... 196 BC95
La Talaudière 42 .... 139 BU63
Talazac 65 .... 179 AL86
Talcy 41 .... 76 AX37
Talcy 89 .... 80 BO39
Talence 33 .... 145 AG70
Talencieux 07 .... 140 BX65
Talensac 35 .... 53 Y33
Talissieu 01 .... 127 CE58
Talizat 15 .... 137 BJ67
Tallans 25 .... 84 CJ40
Tallard 05 .... 156 CH73
Tallenay 25 .... 83 CF42
Tallende 63 .... 123 BK61
Taller 40 .... 158 CI58
Talloires 74 .... 128 CI58
Tallone 2B 201 DL96
Le Tallud 79 .... 104 AJ50
Tallud-Sainte-Gemme 85 .... 88 AF49
Talmas 80 .... 7 BD12
Talmay 21 .... 82 CB41
Talmont-Saint-Hilaire 85 .... 102 Z51
Talmont-sur-Gironde 17 .... 116 AE62
Talmontiers 60 .... 15 AZ19
Taloire 04 .... 174 CL80
Talon 58 .... 79 BM42
Talus-Saint-Prix 51 .... 41 BO25
Taluyers 69 .... 126 BW61
Tamaris-sur-Mer 83 .... 188 CG89
La Tamarissière 34 .... 184 BM72
Tamerville 50 .... 24 AC17
Tamié (Abbaye de) 73 .... 128 CI60
Tamnay-en-Bazois 58 .... 95 BO45
Tamniès 24 .... 134 AU68
Tanavelle 15 .... 137 BJ68
Tanay 21 .... 82 CA41
Tancarville (Pont de) 76 .... 12 AQ18
Tancarville 76 .... 12 AQ18
Tancoigné 49 .... 89 AJ44
Tancon 71 .... 111 BS55
Tanconville 54 .... 46 CL27
Tancrou 77 .... 40 BJ24
Tangry 62 .... 3 BE7
La Tania 73 .... 129 CL62
Taninges 74 .... 115 CK55
Tanis 50 .... 33 AC27
Tanlay 89 .... 80 BQ36
Tannay 58 .... 79 BM42
Tannay 08 .... 19 BW17
Tanneron 83 .... 174 BD82
Tannerre-en-Puisaye 89 .... 78 BJ38
La Tannière 53 .... 54 AF30
Tannières 02 .... 17 BM20
Tannois 55 .... 43 BZ26
Tanques 61 .... 35 AM27
Tantonville 54 .... 45 CG29
Le Tanu 50 .... 34 AD25
Tanus 81 .... 164 BD78
Tanville 61 .... 35 AM28
Tanzac 17 .... 117 AG61
Taponnat-Fleurignac 16 .... 119 AO59
Tappa (Site préhistorique) 2A 203 DK104
Tarabel 31 .... 181 AY85
Taradeau 83 .... 189 CL64
Tarare 69 .... 125 BU60
Tarascon 13 .... 167 BW81
Tarascon-sur-Ariège 09 .... 195 AX92
Tarasteix 65 .... 179 AL86
Tarbes 65 .... 179 AL88
Tarcenay 25 .... 99 CG43
Tardais 28 .... 37 AU28
Tardes 23 .... 108 BD55
Tardets-Sorholus 64 .... 177 AD89
La Tardière 85 .... 89 AG49
Tardinghen 62 .... 2 AY3
Tarentaise (Belvédère de la) 73 .... 129 CO62
Tarentaise 42 .... 139 BU64
Targassonne 66 .... 196 BB96
Target 03 .... 109 BJ54
Targon 33 .... 146 AJ71
Tarnac 19 .... 121 BB61
Tarnès 33 .... 131 AI68
Taron-Sadirac-Viellenave 64 .... 178 AI84
Tarquimpol 57 .... 45 CK25
Tarrano 2B 201 DK95
Tarsac 32 .... 160 AK83
Tarsacq 64 .... 178 AI86
Tarsul 21 .... 81 BX40
Tart-l'Abbaye 21 .... 82 BZ43
Tart-le-Bas 21 .... 82 BZ43
Tart-le-Haut 21 .... 82 BZ43
Tartaras 42 .... 126 BV61
Tartas 40 .... 159 AE81
Tartécourt 70 .... 83 CD38
Tartiers 02 .... 17 BK19
Tartigny 60 .... 16 BF16
Tartonne 04 .... 170 CK78
Le Tartre 71 .... 99 CA48
Le Tartre-Gaudran 78 .... 38 AY27
Tarzy 08 .... 10 BR14
Tasdon 17 .... 103 AF55
Tassé 72 .... 73 AL36
Tassenières 39 .... 99 CE46
Tassillé 72 .... 56 AL35
Tassin-la-Demi-Lune 69 .... 126 BW59
Tasso 2B 203 DI100
Tatinghem 62 .... 3 BC6
Le Tâtre 16 .... 131 AI63
Taugon 17 .... 103 AF53
Taulé 29 .... 29 J26
Taulignan 26 .... 154 BY75
Taulis 66 .... 197 BG96
Taupont 56 .... 52 U34
Tauriac 81 .... 162 AX80
Tauriac 46 .... 135 AY69
Tauriac 33 .... 131 AI66

Tauriac 33 ...131 AH67
Tauriac-de-Camarès 12 ...165 BJ82
Tauriac-de-Naucelle 12 ...164 BD78
Tauriers 07 ...153 BT73
Taurignan-Castet 09 ...180 AT90
Taurignan-Vieux 09 ...180 AT90
Taurinya 66 ...196 BG95
Taurize 11 ...183 BF89
Taussac 12 ...150 BG70
Taussac-la-Billière 34 ...184 BK83
Taussat 33 ...144 AC71
Tautavel 66 ...197 BH92
Tauves 63 ...122 BG62
Tauxières-Mutry 51 ...41 BD22
Tauxigny 37 ...85 AS43
Tavaco 2A ...200 DH99
Tavant 37 ...90 AP44
Tavaux 39 ...98 CB45
Tavaux-et-Pontséricourt 02 ...18 BP15
Tavel 30 ...167 BW79
Tavera 2A ...200 DH99
Tavernay 71 ...96 BS46
Tavernes 83 ...170 CH83
Taverny 95 ...39 BD23
Tavers 45 ...76 AY37
Tavey 70 ...84 CL39
Taxat-Senat 03 ...109 BK55
Taxenne 39 ...98 CD43
Tayac 33 ...132 AL68
Taybosc 32 ...161 AR81
Tayrac 47 ...161 AR77
Tayrac 12 ...164 BD77
Tazilly 58 ...96 BP48
Le Tech 66 ...196 BF97
Tèche 38 ...141 CB66
Técou 81 ...163 BA81
Teghime (Col de) 2B ...199 DK92
Le Teich 33 ...144 AD72
Teigny 58 ...79 BN42
Le Teil 07 ...154 BW73
Teilhède 63 ...123 BJ57
Teilhet 63 ...109 BH56
Teilhet 09 ...181 AZ89
Teillay 35 ...71 AA36
Teillay-le-Gaudin 45 ...59 BB33
Teillay-Saint-Benoît 45 ...59 BB34
Teillé 72 ...56 AN33
Teillé 44 ...72 AC40
Teillet 81 ...164 BD81
Teillet-Argenty 03 ...108 BF54
Le Teilleul 50 ...34 AG28
Teillots 24 ...134 AV65
Teissières-de-Cornet 15 ...136 BE68
Teissières-les-Bouliès 15 ...150 BF70
Télégraphe (Col du) 73 ...142 CK65
Telgruc-sur-Mer 29 ...29 G30
Tellancourt 54 ...20 CB17
Tellecey 21 ...82 CA42
Tellières-le-Plessis 61 ...36 AP28
Téloché 72 ...74 AD36
Le Temple 33 ...144 AF46
Le Temple 41 ...57 AT35
Le Temple 33 ...130 AD69
Le Temple-de-Bretagne 44 ...71 Y41
Temple-Laguyon 24 ...134 AU65
Le Temple-sur-Lot 47 ...147 AP75
Templemars 59 ...4 BJ6
La Templerie 35 ...54 AE31
Templeuve 59 ...4 BJ7
Templeux-la-Fosse 80 ...8 BI13
Templeux-le-Guérard 80 ...8 BJ13
Tenaille (Ancienne Abbaye de la) 17 ...131 AH63
Tenay 01 ...127 CC57
Tence 43 ...139 BT67
Tencin 38 ...142 CG64
Tende 06 ...173 CU77
Tende (Col de) 06 ...173 CT76
Tendon 88 ...66 CK33
Tendron 18 ...94 BH46
Tendu 36 ...107 AX50
Teneur 62 ...3 BD7
Tennie 72 ...55 AL33
Tenteling 57 ...22 CL21
Tercé 86 ...105 AO51
Tercillat 23 ...108 BB52
Tercis-les-Bains 40 ...158 ACB2
Terdeghem 59 ...3 BF4
Térénez 29 ...30 K25
Térénez (Pont de) 29 ...29 G30
Tergnier 02 ...17 BK16
Terjat 03 ...109 BG55
Termes 48 ...151 BK70
Termes 11 ...183 BF90
Termes 08 ...19 BW20
Termes-d'Armagnac 32 ...160 AK83
Termignon 73 ...143 CN64
Terminiers 28 ...58 AZ34
Ternand 69 ...125 BU57
Ternant 96 ...96 BP49
Ternant 21 ...97 BW43
Ternant 17 ...117 AH57
Ternant-les-Eaux 63 ...137 BK63
Ternas 62 ...3 BE9
Ternat 52 ...63 BY35
Ternay 01 ...45 AL45
Ternay 69 ...126 BX61
Ternay 41 ...75 AS38
Ternay (Barrage du) 07 ...140 BW65
Les Ternes 15 ...137 BJ68
Ternuay-Melay-et-Saint-Hilaire 70 ...84 CK36
Terny-Sorny 02 ...17 BL19
Terramesnil 80 ...7 BE11
Terrans 71 ...98 BZ47
Terrasse 38 ...142 CG64
Terrasse (Panorama de la) 69 ...112 BV55
La Terrasse-sur-Dorlay 42 ...139 BV63
Terrasson-Lavilledieu 24 ...134 AV67
Terrats 66 ...197 BH95
Terraube 32 ...161 AP80
Terre-Clapier 81 ...164 BD81
Terrebasse 31 ...180 AS88
Terrefondrée 21 ...81 BW37
Terrehault 72 ...56 AP32
Terrenoire 42 ...139 BU63
Les Terres-de-Chaux 25 ...84 CL41
La Terrisse 12 ...150 BH71
Terroles 11 ...196 BD91
Terron-sur-Aisne 08 ...19 BV18
Terrou 46 ...149 BB70
Tersanne 26 ...140 BY65
Tersannes 87 ...106 AU54
Terssac 81 ...163 BB80
Le Tertre Rouge (Parc zoologique) 72 ...74 AM38
Le Tertre-Saint-Denis 78 ...38 AY24
Tertry 80 ...8 BJ14
Terves 79 ...89 AI48
Terville 57 ...21 CF19
Tessancourt-sur-Aubette 78 ...38 BA23
Tessé-Froulay 61 ...55 AJ29
Tessé-la-Madeleine 61 ...35 AJ28
Tessel 14 ...33 AI21
Tessens 73 ...129 CL61
Tesson 17 ...117 AG63
Tessonnière 79 ...89 AK48
La Tessoualle 49 ...88 AF45
Tessy-sur-Vire 50 ...34 AF23
La Teste-de-Buch 33 ...144 AC72
Tétaigne 08 ...20 BI19

Téthieu 40 ...158 AD81
Teting-sur-Nied 57 ...22 CJ22
Teuillac 33 ...131 AH67
Teulat 81 ...163 AY83
Le Teulet 19 ...136 BC68
Teurthéville-Bocage 50 ...24 AC16
Teurthéville-Hague 50 ...24 AA16
Teyjat 24 ...119 AQ61
Teyran 34 ...185 BO83
Teyssières 26 ...154 CA74
Teyssieu 46 ...136 BA69
Teyssode 81 ...163 BA83
Thaas 51 ...41 BP27
Thairé 17 ...103 AF61
Thairy 58 ...95 BO47
Thal-Drulingen 67 ...46 CN24
Thal-Marmoutier 67 ...46 CO26
Thalamy 19 ...122 BG62
Thann 68 ...85 CN36
Thannenkirch 68 ...66 CO31
Thanvillé 67 ...67 CP30
Thaon 14 ...26 AJ20
Thaon-les-Vosges 88 ...65 CI31
Tharaux 30 ...153 BT76
Tharoiseau 89 ...79 BO41
Tharon-Plage 44 ...86 V43
Tharot 89 ...89 BP40
Thaumiers 18 ...94 BG48
Thauron 23 ...121 AZ57
Thauvenay 18 ...78 BH42
Thèbe 65 ...193 AP91
Théding 57 ...22 CL21
Thédirac 46 ...148 AV72
Thégra 46 ...149 AZ70
Théhillac 56 ...70 W39
Le Theil 61 ...57 AR32
Le Theil 50 ...24 AC16
Le Theil 03 ...109 BK53
Le Theil 15 ...136 BE67
Le Theil-Bocage 14 ...34 AH25
Le Theil-de-Bretagne 35 ...53 AB35
Le Theil-en-Auge 14 ...27 AO20
Le Theil-Nolent 27 ...37 AO22
Theil-Rabier 16 ...105 AM56
Theil-sur-Vanne 89 ...61 BM33
Theillay 41 ...77 BB42
Theillement 27 ...37 AS20
Theix 56 ...69 U38
Theizé 69 ...125 BV57
Thel 69 ...111 BT55
Théligny 72 ...57 AS33
Thélis-la-Combe 42 ...139 BV64
Thélod 54 ...44 CF28
Thelonne 08 ...19 BW16
Thélus 62 ...3 BH9
Théméricourt 95 ...38 BA23
Thémines 46 ...149 AZ71
Théminettes 46 ...149 BA71
Thénac 24 ...147 AO71
Thénac 17 ...117 AG60
Thenailles 02 ...10 BP14
Thenay 41 ...58 AV41
Thenay 36 ...107 AW50
Thenelles 02 ...9 BM14
Thénésol 73 ...128 CL59
Theneuil 37 ...90 AP45
Theneuille 03 ...109 BH50
Thénezay 79 ...90 AL49
Thénioux 18 ...93 BA43
Thenissey 21 ...81 BV40

Thénisy 77 ...60 BK29
Thennelières 10 ...62 BR31
Thennes 80 ...16 BE15
Thenon 24 ...134 AT66
Thénorgues 08 ...19 BW19
Théoule-sur-Mer 06 ...174 CP84
Thérdonne 60 ...16 BC19
Thérines 60 ...15 BA17
Thermes-Magnoac 65 ...179 AP87
Thérondels 12 ...137 BH69
Thérouanne 62 ...2 BD5
Thérouldeville 76 ...12 AO15
Thervay 39 ...98 CA43
Thésée 41 ...76 AV41
Thésy 39 ...99 CF16
Theuley 70 ...83 CD38
Théus 05 ...156 CI73
Theuville 95 ...38 BB22
Theuville 28 ...58 AY31
Theuville-aux-Maillots 76 ...12 AO15
Thevet-Saint-Julien 36 ...108 BB50
Théville 50 ...24 AC16
Thevray 27 ...37 AS24
They-sous-Montfort 88 ...64 CE32
They-sous-Vaudemont 54 ...44 CF30
Theys 38 ...142 CG64
Thèza 66 ...197 BI94
Thézac 47 ...148 AT74
Thézac 17 ...117 AF60
Thézan-des-Corbières 11 ...183 BH89
Thézan-lès-Béziers 34 ...184 BK86
Thèze 64 ...178 AI85
Thèze 04 ...156 CG75
Thézey-Saint-Martin 54 ...45 CG24
Théziers 30 ...167 BW80
Thézillieu 01 ...127 CF19
Thézy-Glimont 80 ...16 BE15
Thiais 94 ...39 BE29
Thiancourt 90 ...84 CM39
Thianges 58 ...95 BM47
Thiant 59 ...9 BL9
Thiat 87 ...106 AT54
Thiaucourt-Regniéville 54 ...44 CD24
Thiaville-sur-Meurthe 54 ...66 CK29
Thiberville 27 ...37 AO22
Thibie 51 ...42 BR24
Thibivillers 60 ...27 AS22
Thibouville 27 ...37 AS22
Thicourt 57 ...22 CI23
Thiéblemont-Farémont 51 ...42 BV27
Thiébouhans 25 ...84 CM42
Thieffrain 10 ...81 BT32
Thieffrans 70 ...83 CH40
Thiéfosse 88 ...66 CK34
Thiel-sur-Acolin 03 ...110 BN51
Thiembronne 62 ...2 BB6
Thiénans 70 ...83 CH40
Thiennes 59 ...3 BE5
Thiepval 80 ...8 BG12
Thiergeville 76 ...12 AO15
Thiernu 02 ...9 BN13
Thiers 63 ...124 BN58
Thiers-sur-Thève 60 ...39 BE27
Thierville 27 ...27 AS21
Thierville-sur-Meuse 55 ...20 BZ21
Thiéry 06 ...171 CP78
Thiescourt 60 ...16 BH17
Thiétreville 76 ...12 AO16
Thieuloy-la-Ville 80 ...15 BA15
Thieulloy-l'Abbaye 80 ...15 BB14
Thieulloy-Saint-Antoine 60 ...15 BB17
La Thieuloye 62 ...7 BE8
Thieux 77 ...39 BG23
Thieux 60 ...16 BD18
Thiéville 14 ...26 AM23
Thièvres 62 ...7 BE11
Thignonville 45 ...59 BC32
Thil 54 ...20 CD18
Thil 31 ...162 AU82
Thil 51 ...41 BP20
Thil 10 ...63 BW31
Thil 01 ...126 BY59
Thil-Manneville 76 ...13 AU14
Thil-sur-Arroux 71 ...96 BR48
Thilay 08 ...11 BV14
Le Thillay 95 ...39 BE24
Les Thilliers-en-Vexin 27 ...15 AY21
Thillois 51 ...18 BP21
Le Thillot 88 ...66 CL35
Thillot 55 ...44 CC23
Thilouze 37 ...91 AO43
Thimert 28 ...37 AV40
Thimonville 57 ...22 CH23
Thimory 45 ...77 BF36
Thin-le-Moutier 08 ...19 BT15
Thiolières 63 ...124 BO62
Thionne 03 ...110 BN52
Thionville 57 ...21 CF19
Thionville-sur-Opton 78 ...38 AY26
Thiouville 76 ...13 AS15
Thiraucourt 88 ...65 CF31
Thiré 85 ...103 AE50
Thiron Gardais 28 ...57 AU31
This 08 ...10 BU15
Thivars 28 ...58 AX30
Thivencelle 59 ...9 BN8
Thiverny 60 ...16 BE21
Thiverval-Grignon 78 ...38 BA25
Thivet 52 ...63 BZ34
Thiviers 24 ...133 AS63
Thiville 28 ...58 AW34
Thizay 37 ...90 AN44
Thizay 36 ...93 BA47
Thizy 89 ...80 BQ39
Thizy 69 ...111 BT56
Thoard 04 ...170 CI77
Thodure 38 ...140 CA64
Thoigné 72 ...56 AO31
Thoiras 30 ...166 BQ78
Thoiré-sous-Contensor 72 ...56 AO31
Thoiré-sur-Dinan 72 ...74 AP37
Thoires 21 ...63 BV35
Thoirette 39 ...113 CC53
Thoiria 39 ...113 CD50
Thoiry 78 ...38 AZ25
Thoiry 73 ...114 CF54
Thoiry 01 ...114 CF54
Thoissey 01 ...125 BW55
Thoissia 39 ...113 CB52
Thoisy-la-Berchère 21 ...96 BT43
Thoisy-le-Désert 21 ...97 BU43
Thoix 80 ...15 BB16

Thol-lès-Millières 52 ...64 CB33
Thollet 86 ...106 AU52
Thollon-les-Mémises 74 ...115 CL52
Le Tholonet 13 ...187 CD84
Le Tholy 88 ...66 CK33
Thomer-la-Sôgne 27 ...38 AX25
Thomery 77 ...60 BH30
Thomirey 21 ...97 BV45
Thônac 24 ...134 AU68
Thônes 74 ...128 CF32
Thonnance-lès-Joinville 52 ...63 BY29
Thonnance-les-Moulins 52 ...63 BZ30
Thonne-la-Long 55 ...20 CA17
Thonne-le-Thil 55 ...20 BZ17
Thonne-les-Près 55 ...20 BZ17
Thonnelle 55 ...20 BZ17
Thonon-les-Bains 74 ...114 CJ52
Les Thons 88 ...64 CE34
Thonville 57 ...22 CI23
Le Thor 84 ...168 BZ80
Thorailles 45 ...60 BH34
Thoraise 25 ...99 CE43
Thorame-Basse 04 ...170 CL77
Thorame-Haute 04 ...170 CL77
Thorame-Haute-Gare 04 ...171 CL77
Thoras 43 ...152 BN70
Thoré-la-Rochette 41 ...75 AT37
Thorée-les-Pins 72 ...74 AM38
Thorenc 06 ...171 CN80
Thorens-Glières 74 ...114 CI56
Thorey 89 ...80 BR36
Thorey-en-Plaine 21 ...98 BZ43
Thorey-Lyautey 54 ...44 CE29
Thorey-sous-Charny 21 ...97 BT42
Thorey-sur-Ouche 21 ...97 BV44
Thorigné 79 ...104 AJ53
Thorigné-d'Anjou 49 ...73 AH38
Thorigné-en-Charnie 53 ...55 AJ34
Thorigné-Fouillard 35 ...53 AA32
Thorigné-sur-Dué 72 ...56 AO34
Thorigny 79 ...104 AH55
Thorigny-sur-Marne 77 ...39 BG25
Thorigny-sur-Oreuse 89 ...61 BL31
Le Thoronet 83 ...189 CK84
Thoronet (Abbaye du) 83 ...189 CJ84
Thorrenc 07 ...140 BW65
Thors 17 ...117 AJ59
Thors 10 ...62 BV32
Thory 89 ...79 BP40
Thory 80 ...16 BE16
Thoste 21 ...80 BS41
Le Thot 24 ...134 AU68
Le Thou 17 ...103 AE56
Thou 01 ...112 BY57
Thou 18 ...78 BI39
Thouarcé 49 ...88 AH42
Thouars 79 ...89 AK46
Thouars-sur-Arize 09 ...180 AS90
Thouars-sur-Garonne 47 ...146 AN70
Thouarsais-Bouildroux 85 ...103 AF50
Le Thoult-Trosnay 51 ...41 BN25
Le Thour 08 ...18 BQ17
Le Thoureil 49 ...73 AK41
Thourie 35 ...53 AC33
Thouron 87 ...120 AV57
Thourotte 60 ...16 BH18
Thoury 41 ...76 AY41
Thoury-Férottes 77 ...60 BI31
Thoux 32 ...162 AT83

Thubeuf 53 ...55 AJ29
Le Thuel 02 ...18 BQ16
Thuellin 38 ...127 CC61
Thuès-entre-Valls 66 ...196 BG96
Thueyts 07 ...153 BS72
La Thuile 73 ...128 CG61
Les Thuiles 04 ...157 CL74
Thuilley-aux-Groseilles 54 ...44 CE28
Thuillières 88 ...64 CF32
Thuir 66 ...197 BH94
Le Thuit 27 ...14 AW21
Le Thuit-Anger 27 ...14 AW21
Le Thuit-Hébert 27 ...27 A520
Le Thuit-Signol 27 ...14 AT21
Le Thuit-Simer 27 ...14 AT21
Thulay 25 ...84 CM40
Thumeries 59 ...4 BJ7
Thumeréville 54 ...44 CD24
Thun-l'Évêque 59 ...9 BK10
Thun-Saint-Amand 59 ...9 BL7
Thun-Saint-Martin 59 ...9 BK9
Thurageau 86 ...90 AN48
Thuré 86 ...90 AO48
Thuret 63 ...123 BL57
Thurey 71 ...98 BY45
Thurey-le-Mont 25 ...83 CG41
Thurins 69 ...125 BV60
Thury 89 ...79 BL39
Thury 21 ...97 BV44
Thury-en-Valois 60 ...40 BI22
Thury-Harcourt 14 ...35 AI25
Thury-sous-Clermont 60 ...16 BD20
Thusy 74 ...127 CF57
Thuy 65 ...179 AM87
Thyez 74 ...128 CH56
Thyl 73 ...142 CK65
Tibiran-Jaunac 65 ...193 AP90
Ticheville 61 ...36 AO24
Tichey 21 ...98 CA45
Tieffenbach 67 ...46 CN24
Tiercé 49 ...73 AI39
Tiercelet 54 ...21 CD18
Le Tiercent 35 ...54 AC30
Tierceville 14 ...26 AI19
Le Tignet 06 ...171 CN81
Tignécourt 88 ...64 CE32
Tignes 73 ...129 CN62
Tignes (Barrage de) 73 ...129 CN62
Tigny-Noyelle 62 ...6 AZ9
Tigy 45 ...77 BC37
Til-Châtel 21 ...82 BY42
Tilh 40 ...159 AE83
Tilhouse 65 ...179 AN89
Tillac 32 ...179 AM87
Tillay-le-Péneux 28 ...58 AZ33
Tillé 60 ...16 BC19
Tillenay 21 ...98 CA43
Le Tilleul 76 ...12 AO16
Tilleul-Dame-Agnès 27 ...37 AT23
Tilleul-Lambert 27 ...37 AT23
Le Tilleul-Othon 27 ...37 AS22
Tilleux 88 ...64 CD31
Tilloloy 80 ...16 BG16
Tilloy-et-Bellay 51 ...42 BU23
Tilloy-Floriville 80 ...15 BC15
Tilloy-lès-Conty 60 ...15 BC15
Tilloy-lès-Hermaville 62 ...8 BH9
Tilloy-lez-Cambrai 59 ...9 BK9
Tilloy-lez-Marchiennes 59 ...9 BK8
Tilly 78 ...38 AY25
Tilly 36 ...106 AV52
Tilly 27 ...14 AV15
Tilly-Capelle 62 ...3 BC8
Tilly-la-Campagne 14 ...26 AJ20
Tilly-sur-Meuse 55 ...43 CA23
Tilly-sur-Seulles 14 ...25 AI19
Le Titre 80 ...6 BA9
Tincey-et-Pontrebeau 70 ...83 CD40
Tinchebray 61 ...34 AH26
Tincourt-Boucly 80 ...8 BI13
Tincques 62 ...3 BF8
Tincry 57 ...45 CH24
Tinténiac 35 ...53 Y30
Tintry 71 ...97 BN46
Tintury 58 ...95 BN46
Tirepied 50 ...54 AF27
Tissey 89 ...80 BP36
Tiuccia 2A ...200 DF99
Tivernon 45 ...59 BC33
Tiviers 15 ...137 BK67
Tivolaggio 2A ...202 DH104
Tizac-de-Curton 33 ...146 AJ70
Tizac-de-Lapouyade 33 ...131 AJ67
Tizzano 2A ...202 DH104

Torcé-Viviers-en-Charnie 53 ...55 AK33
Torcenay 52 ...82 CB36
Torchamp 61 ...34 AH28
Torchefelon 38 ...127 CB62
Torcheville 57 ...45 CK24
Torcieu 01 ...127 CB57
Torcy 71 ...97 BU48
Torcy 77 ...39 BG25
Torcy 62 ...2 BB7
Torcy-en-Valois 02 ...40 BK23
Torcy-et-Pouligny 21 ...80 BS40
Torcy-le-Grand 76 ...14 AV15
Torcy-le-Grand 10 ...62 BR29
Torcy-le-Petit 76 ...6 AV14
Torcy-le-Petit 10 ...62 BR29
Tordères 66 ...197 BH95
Tordouet 14 ...27 AP23
Torfou 91 ...59 BD30
Torfou 49 ...88 AD45
Torigni-sur-Vire 50 ...24 AF23
Tornac 30 ...166 BR79
Le Torp-Mesnil 76 ...13 AT16
Les Tines 74 ...115 CN56
Tingry 62 ...2 AZ6
Torpes 71 ...98 BZ44
Torpes 25 ...99 CE43
Le Torpt 27 ...27 AP20
Le Torquesne 14 ...27 AO21
Torreilles 66 ...197 BJ93
Torsac 16 ...118 AN62
Torsiac 43 ...137 BK64
Tortebesse 63 ...122 BG60
Tortefontaine 62 ...7 BA9
Tortequesne 62 ...8 BJ9
Torteron 18 ...94 BI46
Torteval-Quesnay 14 ...34 AG24
Tortezais 03 ...109 BH52
Tortisambert 14 ...36 AN24
Le Tortoir 02 ...17 BL17
Torvilliers 10 ...62 BQ32
Torxé 17 ...117 AG57
Tosny 27 ...14 AW21
Tossiat 01 ...113 CA55
Tostat 65 ...179 AL86
Tostes 27 ...14 AU21
Totainville 88 ...64 CE31
Tôtes 76 ...13 AU16
Touchay 18 ...93 BC49
La Touche 26 ...154 BY73
Touche-Trébry (Château de la) 22 ...52 T30
Les Touches 44 ...71 AB40
Les Touches-de-Périgny 17 ...117 AJ58
Toudon 06 ...171 CP79
Touët-de-l'Escarène 06 ...175 CS80
Touët-sur-Var 06 ...174 CP79
Touffailles 82 ...148 AT76
Toufflers 59 ...4 BK5
Touffou (Château du) 86 ...105 AX20
Touffréville 14 ...26 AK21
Touffreville 76 ...13 AR18
Touffreville-la-Cable 76 ...13 AR18
Touffreville-la-Corbeline 76 ...13 AS17
Touffreville-sur-Eu 76 ...13 AS13
Touget 32 ...161 AR82
Touille 31 ...180 AS89
Touillon 21 ...80 BT38

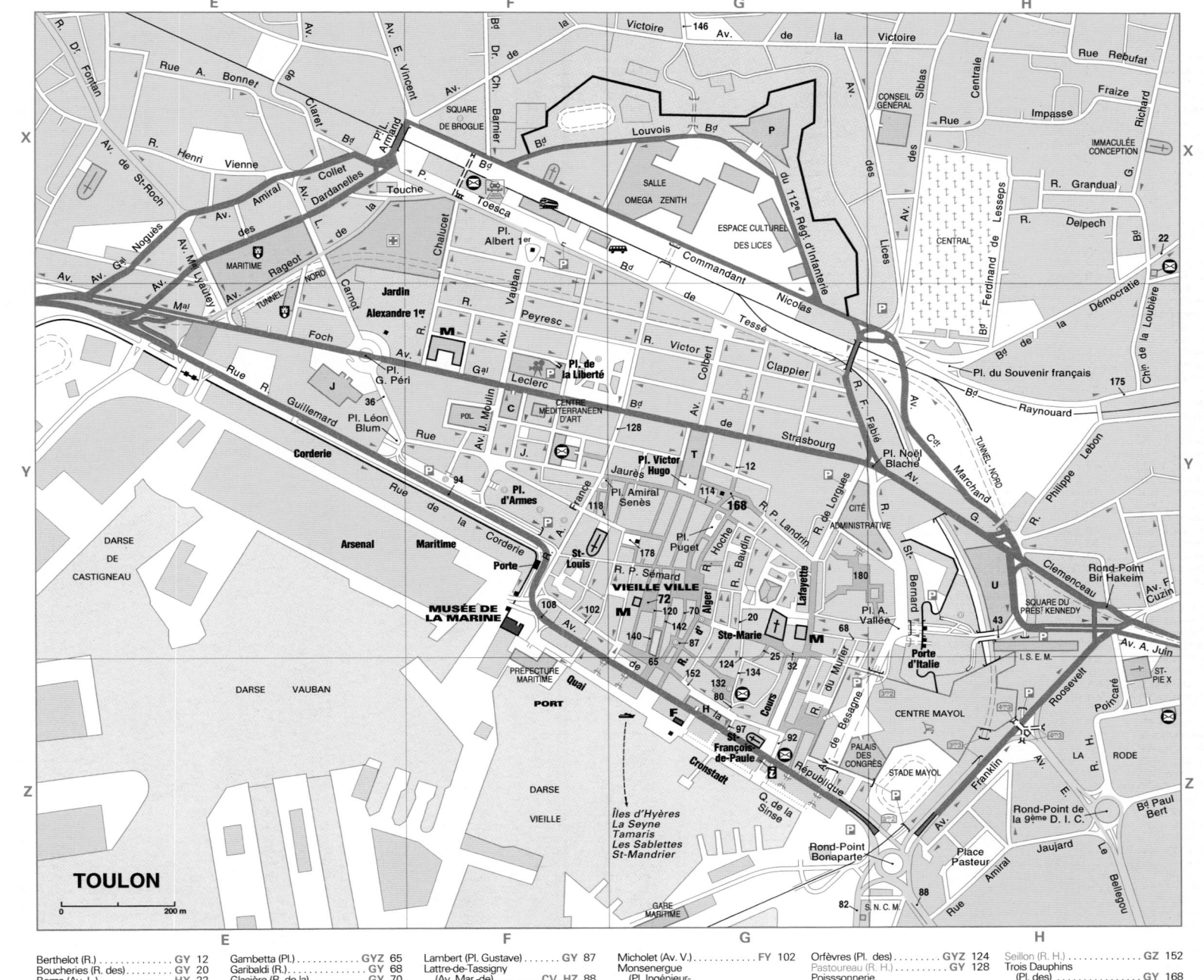

TOULON
0   200 m

Berthelot (R.) ...GY 12
Boucheries (R. des) ...GY 20
Bozzo (Av. L.) ...HX 22
Brunetière (R. F.) ...GY 70
Cathédrale (Traverse) ...GYZ 32
Churchill (Av. W.) ...EY 36
Daudet (R. Alphonse) ...HY 43
Gambetta (Pl.) ...GYZ 65
Garibaldi (R.) ...GY 68
Glacière (R. de la) ...GY 70
Globe (Pl. du) ...GY 72
Huile (Pl. à l') ...GY 80
Infanterie de Marine (Av. de l') ...CV, GZ 82
Lambert (Pl. Gustave) ...GY 87
Lattre-de-Tassigny (Av. Mar.-de) ...CV, HZ 88
Louis-Blanc (Pl.) ...GY 92
Magnan (Av. Gén.) ...FY 94
Méridienne (R.) ...GY 97
Michelet (Av. V.) ...FY 102
Monsenergue (Pl. Ingénieur-) ...FY 108
Muraire (R.) ...GY 114
Notre Dame (R.) ...GY 118
Noyer (R. du) ...GY 120
Orfèvres (Pl. des) ...GYZ 124
Pastoureau (R. H.) ...GY 128
Poissonnerie (Pl. de la) ...GZ 132
Pressencé (R. F. de) ...GY 134
Raimu (R.) ...GY 140
Riaux (R. des) ...GY 142
Seillon (R. H.) ...GZ 152
Trois Dauphins (Pl. des) ...GY 168
Vert Coteau (Av.) ...HY 175
Vezzani (Pl. César) ...GY 178
Visitation (Pl. de la) ...GHY 180
9e D.I.C. (Rond-Point de la) ...HZ 188

TOULOUSE

Alsace-Lorraine (R. d') .... EXY
Arnaud-Bernard (R.) ...... EX 4
Astorg (R. d') .... EY 9
Baronie (R.) .... EY 9
Boulbonne (R.) .... EY 18
Bouquières (R.) .... FZ 19
Bourse (Pl. de la) ...... EY 20
Cantegril (R.) .... EY 23
Capitole (Pl. du) ...... EY
Cartailhac (R. E.) ..... EX 26
Chaîne (R.) .... EX 31
Cujas (R.) .... EY 36
Daurade (Quai de la) .... EY 38
Esquirol (Pl.) .... EY 54
La-Fayette (R.) .... EY
Fonderie (R. de la) ..... EZ 60
Frères-Lion (R. des) .... EY 62
Henry-de-Gorsse (R.) ... EZ 76
Jules-Chalande (R.) .... EY 79
Lapeyrouse (R.) .... EY
Magre (R. Genty) ...... EY 91
Malcousinat (R.) ...... EY 92
Marchands (R. des) .... EY 95
Merclé (R. A.) .... EY 103
Metz (R. de) .... EY
Peyras (R.) .... EY 113
Pleau (R. de la) ...... FZ 114
Poids-de-l'Huile (R.) .... EY 115
Polinaires (R. des) ..... EZ 116
Pomme (R. de la) ...... EFY 117
Rémusat (R. de) ...... EX
Riguepels (R.) .... FY 127
Romiguières (R.) ..... FY 129
Roosevelt (Allées) .... FXY 130
Ste-Ursule (R.) ...... FY 137
St-Antoine-du-T. ..... FY
St-Rome (R. de) ..... EY
Suau (R. J.J.) ...... EY 146
Tourneurs (R.) ...... EY 147
Trinité (R. de la) .... EY 149
Vélane (R.) .... FZ 158
Wilson (Pl. Prés.) ... FY
3-Piliers (R. des) .... EX 164
3-Journées (R. des) ... FY 162

Tourtouse 09 ....180 AU89
Tourtrès 47 ....147 AU73
Tourtrol 09 ....181 AZ90
Tourves 83 ....188 BU35
Tourville-en-Auge 14 .....27 A020
Tourville-la-Campagne 27 ...38 AT21
Tourville-la-Chapelle 76 ....6 AW13
Tourville-la-Rivière 76 ....24 A020
Tourville-les-Ifs 76 ......6 AP16
Tourville-sur-Arques 76 ....6 AV14
Tourville-sur-Odon 14 ....26 AJ22
Tourville-sur-Pont-
Audemer 27 ....27 A020
Toury 28 ....58 BA32
Toury-Lurcy 58 ......95 BM49
Toury-sur-Jour 58 .....95 BK49
Tourzel-Ronzières 63 ...123 BK62
Toussaint 76 ....12 AQ15
Toussieu 69 ....126 BY60
Toussieux 01 ....124 BY50
Tousson 77 ....59 BE31
La Toussuire 73 .....142 CI64
Toussus-le-Noble 78 ....39 BC26
Toutainville 27 ....12 AQ19
Toutenant 71 ....98 BZ47
Toutencourt 80 ....8 BE12
Toutens 31 ....181 AZ85
Toutes Aures (Col de) 04 ..174 CM79
Toutlemonde 49 ......89 AG45
Toutry 21 ....80 BK40
Touvérac 16 ....131 AJ64
Touville 27 ....142 CG63
Le Touvet 38 ....142 CG63
Touvois 44 ....87 ZA56
Touvre 16 ....118 AN60
Touzac 16 ....148 AT74
Touzac 46 ....148 AK62
Tox 2B 201 DL96
Toy-Viam 19 ....121 BA64
Trabuc (Grotte de) 30 ...166 BO78
Tracol (Col de) 43 ....139 BU65
Tracy-Bocage 14 .....34 AH22
Tracy-le-Mont 60 ......17 BI18
Tracy-le-Val 60 ......17 BI18
Tracy-sur-Loire 58 ....78 BI42
Tracy-sur-Mer 14 .....25 AI19
Trades 69 ....112 BV54
Tragny 57 ....22 CH23
Traînel 10 ....61 BM30
Traînou 45 ....59 BC35
Le Trait 76 ....13 AS18
Traitiéfontaine 70 .....83 CG41
Traize 73 ....127 CE60
Tralaigues 63 ......122 BF58
Tralonca 2B 201 DJ95
Tramain 22 ....52 U29
Tramayes 71 ....112 BV53
Trambly 71 ....111 BU55
Tramecourt 62 ....7 BC7
Tramery 51 ....37 BN60
Tramezaïgues 65 .....193 AN42
Tramolé 38 ....126 CA62
Tramont-Émy 54 ......64 CE30
Tramont-Lassus 54 ....64 CE30
Tramont-Saint-André 54 ..64 CE30
Tramoyes 01 ......126 BY58
Trampot 88 ....64 CA30
Trancault 10 ....61 BM31
La Tranche-sur-Mer 85 ..102 AA52
La Tranclière 01 ....113 CA55
Trancrainville 28 .....58 BA32
Trangé 72 ....56 AN34
Le Tranger 36 ....92 AV46
Trannes 10 ....62 BU31
Tranqueville-Graux 88 ...64 CD29
Trans 53 ....55 AK31
Trans-en-Provence 83 ..189 CL84
Trans-la-Forêt 35 .....53 AA29
Trans-sur-Erdre 44 ....71 AD40
Le Translay 80 ....6 AZ13
Le Transloy 62 ....8 BH12
Tranzault 36 ....107 BA50
La Trappe (Abbaye de) 61 ..36 AQ28

Trappes 78 ....38 BB26
Trassanel 11 ......182 BE87
Trauchy-les-Bas 68 ....85 CN37
Traubach-le-Haut 68 ...85 CN37
Trausse 11 ....183 BF87
Travaillan 84 ......168 BY77
Travecy 02 ....17 BL16
Traversères 32 ....180 AQ84
Traves 70 ....82 CF38
Le Travet 81 ......164 BD50
Le Trayas 83 ......174 CP84
Trayes 79 ....89 AA49
Tréal 56 ....70 V36
Tréauville 50 ....24 Z17
Trébabu 29 ....28 D28
Tréban 03 ....109 BK52
Tréban 81 ....164 BD78
Trébas 81 ....164 BF80
Trébédan 22 ....52 W29
Trèbes 11 ....182 BE88
Trébeurden 22 ......30 M25
Trébons 65 ....179 AL89
Trébons-de-Luchon 31 ..193 AP92
Trébons-sur-la-Grasse 31 .181 AY85
Tréboul 29 ....49 G31
Tréboul (Pont de) 15 ..151 BI70
Trébrivan 22 ....50 M30
Trébry 22 ....52 T30
Tréclun 21 ....98 CA43
Trécon 51 ....38 BQ25
Trédaniel 22 ....52 T30
Trédarzec 22 ....31 P25
Trédias 22 ....52 W30
Trédion 56 ....70 W53
Trédrez-Locquémeau 22 ..30 M25
Tréduder 22 ....30 M26
Trefcon 02 ....17 BJ14
Treffay 39 ....114 CF48
Treffendel 35 ....53 X33
Treffiagat 29 ....48 G35
Treffieux 44 ....71 AB28
Treffléan 56 ....69 S37
Treffort 38 ....141 CE68
Treffort-Cuisiat 01 ...113 CB53
Treffrin 22 ....50 M30
Tréflaouénan 29 .....29 I26
Tréflévénez 29 ......29 H28
Tréflez 29 ....29 H26
Tréfols 51 ....61 BM26
Tréfumel 22 ....52 X30
Trégarantec 29 ....29 G27
Trégarvan 29 ....29 H30
Trégastel 22 ....30 M24
Trégastel-Plage 22 ....30 M24
Tréglamus 22 ....31 O27
Tréglonou 29 ....29 F26
Trégomar 22 ....52 U28
Trégomeur 22 ....31 R27
Trégon 22 ....52 W27
Trégonneau 22 ....31 P27
Trégourez 29 ....49 J32
Trégrom 22 ....30 N27
Tréguennec 29 ......49 G34
Trégueux 22 ....52 S28
Tréguidel 22 ....31 Q27
Tréguier 22 ....31 P25
Trégunc 29 ....49 J35
Tréhet 41 ....75 AR38
Tréhorenteuc 56 .....52 V34
Le Tréhou 29 ....29 I28
Treignac 19 ....121 AZ62
Treignat 03 ....108 BD53
Treigny 89 ....78 BK40
Treilles 11 ....183 BI91
Treilles-en-Gâtinais 45 ..60 BG34
Treillières 44 ....72 Z41
Treix 52 ....63 BZ33
Treize-Arbres (Les) 74 ..114 CH55
Treize-Septiers 85 ....87 AC45
Treize-Vents 85 ......88 AF46
Tréjouls 82 ....148 AV76
Trélans 48 ....151 BJ74
Trélazé 49 ....73 AI41
Trélechamp 74 .....115 CN56
Trélévern 22 ....30 N24

Trelins 42 ....124 BQ60
Trélissac 24 ....133 AN66
Trélivan 22 ....52 W29
Trelly 50 ....33 AC23
Trélon 59 ....10 BQ12
Trélou-sur-Marne 02 ...41 BN23
Trémaouézan 29 .....29 H27
Trémargat 22 ....51 R31
Trémauville 76 ......12 AQ16
Tremblade 22 ....28 D28
La Tremblade 17 ....116 AC59
Le Tremblay 49 ......72 AE38
Tremblay 35 ....53 AB29
Le Tremblay-
les-Villages 28 ....37 AW28
Le Tremblay-Omonville 27 .37 AT22
Le Tremblay-
sur-Mauldre 78 .....38 BA30
Tremblecourt 54 .....44 CC25
Le Tremblois 70 .....82 CC41
Tremblois-lès-Carignan 08 ..20 BZ16
Tremblois-lès-Rocroi 08 ...10 BT14
Tréméheuc 35 ......53 AA29
Tréméloir 22 ....31 R27
Trémentines 49 .....89 AG44
Tréméoc 29 ....49 H34
Tréméreuc 22 ....52 X28
Trémery 57 ....22 CG20
Trémeur 22 ....52 V30
Tréméven 29 ....50 M34
Tréméven 22 ....31 Q26
Trémilly 52 ....63 BV30
Tréminis 38 ....155 CF70
Trémoins 70 ....84 CK39
Trémolat 24 ....133 AR69
Trémons 47 ....147 AS75
Trémonzey 88 ......65 CH34
Tremont 61 ....36 AO28
Trémont 49 ....89 AI44
Trémont-sur-Saulx 55 ..43 CA26
Tricot 60 ....17 BF18
Trie-Château 60 ......15 BA20
Trie-la-Ville 60 ......15 BA20
Trie-sur-Baïse 65 ...179 AN87
Triel-sur-Seine 78 ....38 BB24
Triembach-au-Val 67 ..66 CO30
Trieux 54 ....21 CE19
Trigance 83 ....174 CL81
Trignac 44 ....70 V41
Trigny 51 ....18 BP20
Triguères 45 ....61 BI35
Trilbardou 77 ....40 BH24
Trilla 66 ....196 BF93
Trilport 77 ....40 BI24
Trimbach 67 ....67 CT23
Trimer 35 ....53 Y30
Le Tremblay 37 .....133 AN63
Trinité (Chapelle de la) .49 F33
Trinité
(Ermitage de la) 2A ..203 DJ106
La Trinité 27 ....27 AT19
La Trinité 73 ....127 CH62
La Trinité 50 ....34 AD25
La Trinité 27 ....37 AV24
La Trinité 06 ......175 CN58
La Trinité-
de-Thouberville 27 ...13 AT19
La Trinité-des-Laitiers 61 .36 AP26
La Trinité-du-Mont 76 ..12 AQ17
La Trinité-Langonnet 56 .50 M31
La Trinité-Porhoët 56 ...52 T33
La Trinité-sur-Mer 56 ...P38
La Trinité-Surzur 56 ....69 S38
Triors 26 ....140 BZ67
Le Trioulou 15 ......149 BC72
Tripleville 41 ....58 AX35
Triquerville 76 ......13 AR18
Triqueville 27 ....42 AQ20
Trith-Saint-Léger 59 ....9 BM57

Trets 13 ....188 CF85
Treux 80 ....8 BF13
Treuzy-Levelay 77 ....60 BH32
Trévans 04 ....170 CJ79
Trévé 22 ....51 R31
Trévenans 90 ......84 CM39
Tréveneuc 22 ....31 R26
Tréveray 55 ....43 CA28
Trévérec 22 ....31 Q26
Trévérien 35 ....53 Y30
Trèves 69 ....126 BW62
Trèves 30 ....165 BM78
Trèves-Cunault 49 ....73 AK42
Trévey 70 ....83 CH39
Trévezel (Roc) 29 ....29 J28
Trévien 81 ....163 BC78
Trévières 14 ....25 AG20
Trévignin 73 ......128 CG60
Tréville 11 ....182 BA86
Trévillers 25 ....84 CM43
Trévilly 89 ....80 BD40
Trevol 03 ....110 BL50
Trévou-Tréguignec 22 ..31 O24
Le Trévoux 29 ....49 K35
Trévoux 01 ....126 BW57
Trévron 22 ....52 X30
Trézelles 03 ....110 BN53
Trézény 22 ....30 N25
Tréziers 11 ....182 BA90
Trézilidé 29 ....29 I26
Trézioux 63 ....124 BM60
Triac-Lautrait 16 ....116 AK60
Le Triadou 34 ......166 BO22
Triaize 85 ....103 AC52
Triaucourt-en-Argonne 55 .43 BY24
Tribehou 50 ....24 AD21
La Trichère 86 ....90 AP49
Trichey 89 ....62 BR35
Trilochon 28 ....3 BE66
Trizay 17 ....116 AE58
Trizay-Coutretot-
Saint-Serge 28 .....57 AS31
Trizay-lès-Bonneval 28 ..58 AW32
Troarn 14 ....26 AL21
Troche 19 ....134 AV64
Trochères 21 ....81 CA48
Trocy-en-Multien 77 ...40 BI23
Troësnes 02 ....17 BJ21
Troguéry 22 ....31 P25
Trogues 37 ....90 AP44
Les Trois-Communes
(Pointe des) 06 ....175 CS78
Les Trois-Épis 68 ....85 CO32
Trois-Fonds 23 .....108 BD34
Trois-Fontaines-
l'Abbaye 51 ....43 BX26
Trois-Maisons 57 ....46 CO25
Trois-Monts 14 ......26 AJ22
Les Trois-Moutiers 86 ..90 AM45
Trois-Palis 16 ......117 AO17
Les Trois-Pierres 76 ...12 AQ17
Trois-Puits 51 ....37 BP21
Trois Termes (Pic des) 66 .197 BI96
Trois-Vèvres 58 .....95 BM47
Trois-Villes 64 .....177 AD88
Troischamps 52 ......82 CB36
Troisfontaines 57 .....46 CN26
Troisfontaines 52 .....83 BX28
Troisgots 50 ....34 AG23
Troissereux 60 ......16 BB18
Troissy 51 ....41 BN23
Troisvaux 62 ....7 BD7
Troisvilles 59 ....9 BM11
Tromarey 70 ....82 CD42
Tromborn 57 ....22 CJ20
Troncais (Forêt de) 03 .109 BG50
La Tronche 38 .....141 CE65
Le Tronchet 72 .....56 AN32
Le Tronchet 35 ......53 AA29
Tronchoy 89 ....79 BP36
Tronchoy 80 ....64 CA35
Tronchy 71 ....97 BY49
Le Troncq 27 ....14 AT21
Tronget 03 ....109 BJ52
Tronjoly (Château de) 29 .29 I25
Le Tronquay 27 ......14 AX19
Le Tronquay 14 ......25 AG21
Tronsanges 58 ......95 BJ45
Tronville 54 ....44 CC22
Tronville-en-Barrois 55 ..43 BZ26
Trosly-Breuil 60 .....17 BI19
Trosly-Loire 02 ......17 BK18
Trouans 10 ....39 BR28
Troubat 65 ....193 AO92
La Trouche 88 ......66 CL29
Trouans 21 ....98 CA44
Trouhaut 21 ....81 BW41
Trouillas 66 ....197 BH95
Trouley-Labarthe 65 ..179 AM84
Troumouse
(Cirque de) 65 .....192 AL94
Troussencourt 60 .....16 BD17
Troussey 55 ....44 CC26
Troussures 60 ....15 BB19
Trouvans 25 ....84 CI40
Trouville 76 ....13 AR19
Trouville-la-Haule 27 ...13 AR19
Trouville-sur-Mer 14 ...27 AN19
Troye-d'Ariège 09 ...182 AY90
Troyes 10 ....62 BQ31
Troyon 55 ....43 CA27
La Truchère 71 .....112 BX51
Truchtersheim 67 ....67 CO26
Trucy 02 ....18 BN18
Trucy-l'Orgueilleux 58 ..79 BM41
Trucy-sur-Yonne 89 ...79 BN39

TOURCOING

Allende (Bd Salvador) ...BY 2
Anges (R. des) ....BYZ 3
Austerlitz (R. d') .....ABZ 4
Bienfaisance (R. de la) ..BY 6
Brun Pain (R.) ....AY
Buisson (R. Ferdinand) ..BZ 7
Chateaubriand (R.) .....CZ 8
Cherbourg (Quai de) ....BZ 9
Clavell (Pl. Miss) .....BY 10
Cloche (R. de la) .....BY 12
Condorcet (R.) ....BY 13
Courbet (R. de l'Amiral) ..BY 15
Croix Blanche (R. de la) .CX 16
Croix Rouge (R. de la) ...CXY
Delobel (R.) ....BY 18
Douanier (R. du) ......BY 19
Dron (Av. Gustave) ....BZ
Duguay-Trouin (R.) ....CY 21
Faidherbe (R.) ....BZ 22
Famelart (R.) ....BZ 24
La-Fayette (R.) ....BZ 33
Froissart (R. Jean) ....AY 25
Gambetta (Bd) ....BZ 27
Gand (R. de) ....BXY
Grand'Place ....BZ 28
Hassebroucq (Pl. V.) ...BY 30
Hénaux (R. Marcel) ....BXY 31
Leclerc (R. du Paul) ....BY 19
Lefrancq (Av. Alfred) ...CZ 37
Marne (Av. de la) .....BZ 39
Marseille (Quai de) ....BZ 40
Menin (R.) ....BXY
Millet (Av. Jean) .....AY 42
Moulin Fagot (R. du) ...AY 43
Nationale (R.) ....ABY
Péri (R. Gabriel) ......BY 45
Petit Village (R. du) ....AY 46
Pompidou (Av. G.) .....BZ 48
Pont de Neuville (R. du) .CX 49
Résistance (R. de la) ...BY 51
Ribot (R. Alexandre) ...BY 54
Roosevelt (R. F.) ......BY 55
Roussel (Pl. Ch.-et-A.) ..BY 57
St-Jacques (R.) ....BY 58
Sasselange (R. Ed.) ....BZ 60
Testelin (R. A.) ....CX 61
Thiers (R.) ....BY 63
Tournai (R. de) ....BY 64
Turenne (R.) ....BY 66
Ursulines (R. des) .....BYZ 68
Victoire (R. de la) .....BZ 69
Wailly (R. de) ....CX 70
Wattine (R. Ch.) ......BZ 72

WATTRELOS

Vaneslander (R. M.) ....CZ 67

Touillon-et-Loutelet 25 ..99 CI47
Toujouse 32 ....160 AJ81
Toul 54 ....44 CE27
Toul Goulic
(Gorges de) 22 .....51 O30
Toulaud 07 ....140 BX69
Toulenne 33 ....146 AJ73
Touligny 08 ....19 BU16
Toulis-et-Attencourt 02 ..18 BO16
Toullaëron (Roc de) 29 ...50 L31
Toulon 83 ....188 CH88
Toulon-la-Montagne 51 ..41 BP25
Toulon-sur-Allier 03 ...110 BL51
Toulon-sur-Arroux 71 ...96 BR49
Toulonjac 12 ......149 BB75
Toulouges 66 ......197 BH94
Toulouse 31 ....181 AW84
Toulouse (Croix de) 05 .143 CL68
Toulouse-le-Château 39 ..98 CC47
Toulouzette 40 .....159 AF81
Toulx-Sainte-Croix 23 .108 BC54
Touques 14 ....26 AN20
Le Touquet-Paris-Plage 62 .AY7
Touquettes 61 ......36 AP26
Touquin 77 ....40 BJ27
La Tour 74 ....114 CJ55
La Tour 06 ....175 CQ79
La Tour-Blanche 24 ...133 AP64
La Tour-d'Aigues 84 ..169 CB82
La Tour-d'Auvergne 63 .122 BG62
Tour-de-Faure 46 .....149 AY74
La Tour-de-Salvagny 69 .126 BW59
La Tour-du-Crieu 09 ..181 AY89
La Tour-du-Meix 39 ...113 CD51
La Tour-du-Parc 56 ....69 S39
La Tour-du-Pin 38 ...127 CC61
Tour-en-Bessin 14 .....25 AH20
La Tour-en-Jarez 42 ..125 BT62
Tour-en-Sologne 41 ....76 AX40
La Tour-Fondue 83 ...188 BI12
La Tour-Saint-Gelin 37 ..90 AP45
La Tour-sur-Orb 34 ...184 BK83
Les Touraines 61 .....35 AJ26
Tourailles 41 ....75 AV38
Tourailles-sous-Bois 55 ..64 CA29
Tourbes 34 ....184 BL80
Tourcelles-Chaumont 08 ..19 BU19
Tourch 29 ....49 J33
Tourcoing 59 ....4 BY3
Tourdun 32 ....179 AM84
La Tourette 42 .....139 BR63
La Tourette 19 .....122 BD62
Tourette-Cabardès 11 ..182 BD86
Tourette-du-Château 06 .175 CQ79
Tourgéville 14 ....26 AN20
La Tourlandry 49 .....89 AG44
Tourlaville 50 ....24 AB16
Tourliac 47 ....147 AR71
Tourly 60 ....15 BB21
Tourmalet (Col du) 65 .192 AL91
Tourmignies 59 ....4 BJ7
Tourmont 39 ....98 CD47
Tournai-sur-Dive 61 ...36 AN25
Touman 32 ....180 AR85
Tournan-en-Brie 77 ....40 BH26
Tournans 25 ....84 CI40
Tournavaux 08 ....11 BV14
Tournay 65 ....179 AM88
Tournay-sur-Odon 14 ...35 AI22
La Tourne 33 ....145 AI71
Tournebu 14 ....35 AK24
Tournecoupe 32 .....161 AR81
Tournedos-Bois-Hubert 27 .37 AU23
Tournedos-sur-Seine 27 ..14 AW21
Tournedoz 25 ....84 CK41
Tournefeuille 31 ....181 AW84
Tournehem-sur-la-Hem 62 ..3 BB4
Tournemire 15 ......136 BF68
Tournemire 12 ......165 BJ80
Tournes 08 ....19 BU15
Le Tourneur 14 ......34 AG24
Tourneville 27 ......37 AU22
Tourniac 15 ....136 BC66
Tournières 14 ....25 AG21
Tourmignies 59 ....4 BJ7
Tourniol (Col de) 26 ..140 CA69
Tournissan 11 ......183 BG89
Tournoël (Château de) 63 .123 BJ58
Tournon 73 ....58 AY35
Tournon 07 ....140 CI60
Tournon-d'Agenais 47 .148 AT75
Tournon-Saint-Martin 36 .91 AT49
Tournon-Saint-Pierre 37 ..91 AT49
Tournon-sur-Rhône 07 .140 BX67
Tournous-Darré 65 ...179 AM84
Tournous-Devant 65 ..179 AO87
Tournus 71 ....112 BX50
Tourny 27 ....38 AY22
Tourouvre 61 ....36 AR28
Tourouzelle 11 .....183 BH88
Les Tourreilles 31 ...179 AP89
Tourreilles 11 ......182 BC90
Tourrenques 32 .....161 AQ82
Tourrette
(Château de la) 07 ..140 BW69
Tourrette-Levens 06 ..175 CR80
Les Tourrettes 26 ...154 BX72
Tourrettes-sur-Loup 06 .174 CP82
Tourriers 16 ....118 AN59
Tours 37 ....75 AR41
Tours-en-Savoie 73 ...128 CJ60
Tours-en-Vimeu 80 .....6 AZ12
Tours-Saint-Symphorien
(Aéroport) 37 .....75 AR41
Tours-sur-Marne 51 ....41 BQ23
Tours-sur-Meymont 63 .124 BN61
Tourtenay 79 ....90 AL45
Tourteron 08 ....19 BU17
Tourtoirac 24 ......134 AT65
Tourtour 83 ....188 CJ83

TOURCOING

TOURS

Amandiers (R. des) .... CY 4
Berthelot (R.) .... BCY 7
Bons Enfants (R. des) ..... BY 8
Bordeaux (R. de) .... CZ
Boyer (R. Léon) .... AZ 10
Bricçonnet (R.) .... AY 13
Carmes (Pl. des) .... BY 16
Châteauneuf (Pl. de) ...... BY 17
Châteauneuf (R.) .... AY 18
Coeur-Navré (Passage du) . CY 21
Commerce (R. du) .... BY
Constantine (R. de) .... CY 25
Corneille (R.) .... CY 25
Courier (R. Paul-Louis) .... AY 28
Courteline (R. G.) .... AY
Cygne (R. du) .... CY 29
Descartes (R.) .... BZ 33
Dolve (R. de la) .... BZ 35
Favre (R. Jules) .... BY 38
Fusillés (R. des) .... BY 41
Gambetta (R.) .... BZ 43
Giraudeau (R.) .... AZ 46
Grammont (Av. de) .... CZ
Grand-Marché (Pl. du) .... AY 49
Grand Passage .... CZ 50
Grégoire-de-Tours (Pl.) .... DY 52
Grosse-Tour (R. de la) ..... AY 55
Halles (R. des) .... AZ
Halles (R. des) .... BY
Herbes (Carroi aux) .... CY 57
Lavoisier (R.) .... DY 60
Manceau (R.) .... DY 61
Marceau (R.) .... BYZ
Merville (R. du Prés.) ...... BY 65
Meusnier (R. Gén.) .... DY 66
Monnaie (R. de la) .... AY 71
Mûrier (R. du) .... AY 71
Nationale (R.) .... BYZ
Paix (R. de la) .... BY 73
Petites-Boucheries
  (Pl. des) .... DY 80
Petit-Cupidon (R. du) ...... DY 77
Petit-St-Martin (R. du) ..... AY 78
Racine (R.) .... DY 84
Rapin (R.) .... AZ 85
St-Pierre-le-Puellier
  (Pl.) .... ABY 93
Scellerie (R. de la) .... BCY
Sully (R. de.) .... BZ 96
Victoire (Pl. de la) .... AY 103
Vinci (R. Léonard de) ...... BZ 104

Le Truel 12 .... 164 BH79
Trugny 21 .... 98 BZ46
Truinas 26 .... 154 BZ72
Trumilly 60 .... 16 BH21
Trun 61 .... 36 AN25
Trungy 14 .... 25 AH21
Truttemer-le-Grand 14 ... 34 AG26
Truttemer-le-Petit 14 .... 34 AG26
Truyes 37 .... 91 AS43
Tubersent 62 .... 2 AZ7
Tuchan 11 .... 197 BH92
Tucquegnieux 54 .... 21 CD20
Tudeils 19 .... 135 AZ68
Tudelle 32 .... 160 AN83
Tuffé 72 .... 56 AQ33
Tugéras-St-Maurice 17 ... 131 AI64
Tugny-et-Pont 02 .... 17 BJ15
Les Tuileries 42 .... 131 BR56
La Tuilière 42 .... 124 BP57
Tuilière (Roche) 63 ...... 123 BH61
Tulette 26 .... 154 BY76
Tulle 19 .... 135 AZ65
Tullins 38 .... 141 CC64
Tully 80 .... 6 AY12
Tupigny 02 .... 9 BN13
Tupin-et-Semons 69 ..... 126 BX62
La Turballe 44 .... 69 T41
La Turbie 44 .... 175 CS81
Turcey 21 .... 81 BV41
Turckheim 68 .... 66 CO33
Turenne 19 .... 135 AX67
Turgon 16 .... 119 AO57
Turgy 10 .... 62 BU34
Turini (Col de) 06 .... 173 C578
Tumy 89 .... 61 BO34
Turquant 49 .... 90 AM43
Turqueistein-Blancrupt 57 . 46 CN27
Turquville 50 .... 24 AD19
Turretot 76 .... 12 AO17
Turriers 04 .... 156 CI74
Tursac 24 .... 134 AT68
Tusson 16 .... 118 AM57
Tuzaguet 65 .... 179 AO89
Le Tuzan 33 .... 145 AG74
Tuzie 16 .... 118 AM57

U

Uberach 67 .... 47 CQ24
Ubexy 88 .... 65 CH30
Ubraye 04 .... 174 CM79
Ucciani 2A 200 DH99
Ucel 07 .... 153 BU72
Uchacq-et-Parentis 40 ... 159 AG80
Uchaud 30 .... 167 BT82
Uchaux 84 .... 168 BX77
Uchentein 09 .... 194 AS91
Uchizy 71 .... 112 BX51
Uchon 71 .... 96 BS48
Uchon (Signal d') 71 .... 96 BS48
Uckange 57 .... 21 CF20
Ueberkumen 68 .... 85 CO37
Ueberstrass 68 .... 85 CO39
Uffheim 68 .... 85 CO37
Uffholtz 68 .... 85 CO36
Ugine 73 .... 128 CJ59
Uglas 65 .... 179 AO89
Ugnouas 65 .... 179 AL86
Ugny 54 .... 21 CC18
Ugny-le-Gay 02 .... 17 BJ16
Ugny-l'Équipée 80 ...... 17 BJ15
Ugny-sur-Meuse 55 ..... 44 CC27
Uhart-Cize 64 .... 176 AA88
Uhart-Mixe 64 .... 177 AC87
Uhlwiller 67 .... 47 CR24
Uhrwiller 67 .... 47 CR24
Ukoll 79 .... 89 AJ45
Les Ulis 91 .... 39 BC27
Ully-St-Georges 60 ..... 16 BD21
Les Ulmes 49 .... 89 AK43
Umpeau 28 .... 58 AY29
Unac 09 .... 195 AZ93
Uncey-la-Franc 21 ...... 81 BU42
Unchair 51 .... 18 BO20
Ungersheim 68 .... 67 CP35
Unias 42 .... 125 BS61
Unienville 10 .... 62 BU31
Unieux 42 .... 139 BS63
L'Union 31 .... 162 AX83
Untermuthal 57 .... 23 CO23
Unverre 28 .... 57 AU32
Unzent 09 .... 181 AX88
Upaix 05 .... 156 CG75
Upie 26 .... 154 BY70
Ur 66 .... 195 BA96
Urau 31 .... 180 A590
Urbalacone 2A 202 DH101
Urbanya 66 .... 188 BD94
Urbeis 67 .... 66 CO30
Urbeis (Col d') 67 ...... 66 CN30
Urbès 68 .... 66 CM35
Urbise 42 .... 110 BP54
Urçay 03 .... 108 BF50
Urcel 02 .... 17 BM18
Urcerey 90 .... 84 CL38
Urciers 36 .... 108 BC51
Urcuit 64 .... 176 AA84
Urcy 21 .... 97 BW43
Urdens 32 .... 161 AO81
Urdès 64 .... 178 AG85
Urdos 64 .... 191 AG91
Urepel 64 .... 176 ZB9
Urgons 40 .... 159 AH83
Urgosse 32 .... 160 AK82
Uriage-les-Bains 38 .... 141 CF66
Uriménil 88 .... 65 CI33
Urmatt 67 .... 66 CO28
Urost 64 .... 178 AJ86
Urou-et-Crennes 61 .... 35 AM26
Urrugne 64 .... 176 X85
Urs 09 .... 195 AY93
Urschenheim 68 .... 67 CO33
Urt 64 .... 176 AA84
Urtaca 2B 199 DI93
Urtière 25 .... 84 CM42
Uruffe 54 .... 44 CD28
Urval 24 .... 147 A570
Urville 88 .... 64 CD32
Urville 14 .... 26 AK23
Urville 10 .... 62 BE12
Urville-Nacqueville 50 .. 24 AA15
Urvillers 02 .... 17 BK15
Ury 77 .... 59 BF31
Us 95 .... 38 BD45
Usclades-et-Rieutord 07 . 153 BS70
Usclas-d'Hérault 34 .... 186 BM84
Usclas-du-Bosc 34 ..... 165 BM82
Usinens 74 .... 116 CF76
Ussac 19 .... 135 AX66
Ussat 09 .... 195 AY92
Ussé (Château d') 37 ... 90 AO43
Usseau 86 .... 90 AM47
Usseau 79 .... 104 AH55
Ussel 46 .... 148 AX73
Ussel 19 .... 122 BD62
Ussel 15 .... 137 BD60
Ussel-d'Allier 03 ...... 109 BK55
Usson 63 .... 123 BL62
Usson-du-Poitou 86 .... 105 AP54
Usson-en-Forez 42 ..... 138 BO64
Ussy 14 .... 35 AK24
Ussy-sur-Marne 77 ..... 40 BJ24

V

Vaas 72 .... 74 AO38
Vabre 81 .... 164 BE83
Vabre-Tizac 12 .... 149 BC76
Vabres 30 .... 166 BQ79
Vabres 15 .... 137 BK68
Vabres-l'Abbaye 12 .... 164 BH80
Vacherauville 55 ...... 20 BZ21
Vachères 04 .... 169 CE79
Vachères-en-Quint 26 . 155 CB70
La Vacheresse 74 ...... 115 CL53
La Vacheresse-
  et-la-Rouillie 88 ..... 64 CD33
Vacheresses-les-Basses 28 . 38 AX28
La Vacherie 27 .... 37 AV22
Vacognes 14 .... 35 AJ24
Vacon 55 .... 44 CB27
Vacquerie 34 .... 44 BC11
La Vacquerie 14 .... 34 BG41
La Vacquerie-et-St-Martin-
  de-Castries 34 ...... 165 BM81
Vacqueriette-Erquières 62 . 7 BC9
Vacqueville 54 .... 45 CK28
Vacqueyras 84 .... 168 BZ77
Vacquières 34 .... 166 BN74
Vacquiers 31 .... 162 AW82
Vadans 70 .... 98 CD46
Vadelaincourt 55 ..... 43 BZ22
Vadenay 51 .... 42 BS23
Vadencourt 80 .... 7 BE12
Vadencourt 02 .... 8 BM13
Vadonville 55 .... 44 CB25
Vagnas 07 .... 152 BU75
Vagney 88 .... 66 CK34
Vahl-Ebersing 57 ...... 22 CK22
Vahl-lès-Bénestroff 57 . 22 CK24
Vahl-lès-Faulquemont 57 . 22 CJ22
Vaiges 53 .... 54 AI34
Vailhan 34 .... 184 BL84
Vailhauquès 34 .... 185 BP83
Vailhourles 12 .... 149 BA76
Vaillac 46 .... 148 AX72
Vailly 74 .... 115 CK53
Vailly 10 .... 62 BR30
Vailly-sur-Aisne 02 ... 17 BM19
Vailly-sur-Sauldre 18 .. 78 BG41
Vains 50 .... 33 AC27
Vairé 85 .... 87 Y49

Vaire-Arcier 25 .... 83 CG42
Vaire-le-Petit 25 ...... 83 CG42
Vaire-sous-Corbie 80 .. 8 BF13
Vaires-sur-Marne 77 ... 39 BG25
Vaison-la-Romaine 84 .. 154 BZ75
Vaïssac 82 .... 162 AX79
Vaïté 70 .... 83 CD39
La Vaïvre 70 .... 83 CE41
Vaivre-et-Montoille 70 . 83 CG38
Le Val 83 .... 188 CI85
Le Val (Château de) 15 . 136 BF63
Le Val-André 22 ...... 32 T27
Val-Claret 73 .... 129 CN62
Le Val-d'Ajol 88 ...... 65 CI35
Val-d'Auzon 10 .... 62 BS30
Le Val-David 27 .... 37 AV24
Val-de-Bride 57 .... 45 CJ25
Val-de-Chalvagne 04 .. 174 CN79
Val-de-Fier 74 .... 127 CF57
Val-de-la-Haye 76 .... 13 AU19
Val-de-Mercy 89 ...... 79 BN38
Le Val-de-Reuil 27 .... 14 AV21
Val-de-Roulans 25 .... 83 CH41
Val-de-Saône 25 ...... 99 BC23
Le Val-de-Vesle 51 .... 18 BR21
Val-de-Vière 51 .... 43 BU25
Val-d'Épy 39 .... 113 CB52
Val des-Prés 05 .... 143 CM68
Val d'Esquières 83 .... 189 CN86
Valady 12 .... 150 BE74
Valailles 27 .... 36 AR22
Valaire 41 .... 75 AV41
Valanjou 49 .... 89 AI43
Valaurie 26 .... 154 BX74
Valay 70 .... 82 CC42
Valbeleix 63 .... 137 BI63
Valbelle 04 .... 169 CG77
Valbonnais 38 .... 142 CG69
Valbonne 06 .... 174 CP82
La Valbonne 01 ...... 126 BZ58
Valbonne (Ancienne
  Chartreuse de) 153 BV76
Valcabrère 31 .... 193 AP90
Valcanville 50 .... 24 AD16
Valchevrière
  (Calvaire de) 38 .... 141 CC67
Valcivières 63 .... 124 BP61
Valcourt 52 .... 43 BW28
Valdahon 25 .... 83 CI43
Valdampierre 60 ...... 15 BB20
Valdeblore 06 .... 173 CO77
Le Valdécie 50 .... 24 AA18
Valderiès 81 .... 163 BC77
Valderoure 06 .... 174 CN80
Valdieu-Lutran 68 .... 85 CN38
Valdivienne 86 .... 105 CL37
Valdoie 90 .... 84 CL37
Valdrôme 26 .... 155 CD79
Valdurenque 81 ...... 182 BD84
Valeille 42 .... 125 BT60
Valeilles 82 .... 147 AS75
Valeins 01 .... 112 BX55
Valempoulières 39 .... 99 CE47
Valence 26 .... 140 BY69
Valence 16 .... 119 AO58

Valence-d'Agen 82 .... 161 AS78
Valence-d'Albigeois 81 . 164 BE79
Valence-en-Brie 77 .... 60 BI30
Valence-sur-Baïse 32 .. 161 AO80
Valenciennes 59 ...... 9 BM6
Valencin 38 .... 126 BY61
Valencogne 38 .... 127 CG62
Valennes 72 .... 57 AS39
Valensole 04 .... 170 CH80
Valentigney 25 .... 84 CL40
Valentine 31 .... 180 AQ89
La Valentine 13 ...... 187 CB85
Valenton 94 .... 39 BE26
Valergues 34 .... 185 BR83
Valernes 04 .... 156 CG76
Valescourt 60 .... 16 BE18
Valescure 83 .... 189 CN84
La Valette 42 .... 125 BT59
La Valette 04 .... 141 CF68
Valette 15 .... 136 BG65
La Valette-du-Var 83 . 188 CH88
Valeuil 24 .... 133 AQ64
Valeyrac 33 .... 130 AE63
Valezan 73 .... 129 CL61
Valff 67 .... 66 CO29
Valfin-lès-St-Claude 39 . 113 CC62
Valfin-sur-Valouse 39 .. 113 CB62
Valflaunès 34 ...... 166 BQ81
Valfleury 42 .... 139 BU63
Valframbert 61 ..... 56 AN29
Valgorge 07 .... 152 BS73
Valhey 54 .... 45 CI26
Valhuon 62 .... 7 BE8
Valière 38 .... 21 AF58
Valières 23 .... 121 BB58
Vallières 37 .... 75 AU44
Vallières 10 .... 62 BU55
Vallières-les-Grandes 41 . 75 AU41
Valliguières 30 ...... 167 BV79
Valliquerville 76 ..... 13 AR17
Valloire (Abbaye de) 80 . 7 BA9
Les Vallois 88 .... 65 CG32
Vallon 25 .... 83 CJ29
Vallon-en-Sully 03 ... 108 BF51
Vallon-Pont-d'Arc 07 . 153 BU74
Vallon-sur-Gée 72 ... 55 AL35
Vallorcine 74 .... 115 CN55
Vallouise 05 .... 142 CK69
Valmagne
  (Abbaye de) 34 .... 184 BN85
Valmanya 66 .... 196 BF95
Valmascle 34 .... 184 BL84
Valmeinier 73 ...... 142 CK65
Valmestroff 57 ..... 21 CG19
Valmigère 11 ...... 196 BC93
Valmondois 95 ..... 38 BD24
Valmont 76 .... 12 AO15
Valmont 57 .... 22 CJ22
Valmorel 73 .... 128 CJ60
Valmy 51 .... 43 BU27
Valognes 50 .... 24 AC17
Valojoulx 24 ...... 134 AU68
Valonne 25 .... 84 CK41
Valorgue 07 .... 153 BS73
Valoreille 25 ...... 84 CL42
Valouse 26 .... 154 CA74
Valprionde 46 ..... 148 AU75
Valprivas 43 .... 139 BR64
Valpuiseaux 91 .... 59 BD30
Valras-Plage 34 .... 184 BL88
Valréas 84 .... 154 BX75
Valros 34 .... 184 BM86
Vals 09 .... 181 AY73
Vals-le-Gier 42 .... 144 AF58
Vals-les-Bains 07 .. 153 BT72
Vals-près-le-Puy 43 . 138 BO68
Valsemé 14 .... 36 AN21
Valsenestre 38 ..... 142 CH68
Valserres 05 .... 156 CI73
Valuéjols 15 .... 137 BI67
Valvignères 07 ..... 153 BV73
Valz-sous-Châteauneuf 63 . 123 BM69
Van (Pointe du) 29 . 48 D32
Vanault-le-Châtel 51 . 43 BV25
Vanault-les-Dames 51 . 43 BV25
Vançais 79 .... 104 AM53
Vancé 72 .... 57 AR36
La Vancelle 67 .... 66 CO30
Vandeins 01 ...... 112 BX55
Vandelainville 54 . 44 CE23
Vandelans 70 ..... 83 CE41
Vandeléville 54 ... 64 CC29
Vandélicourt 60 .. 16 BH18
Vandenesse 58 ... 96 BO47
Vandenesse-en-Auxois 21 . 97 BV43
Vandeuil 51 ...... 18 BO20
Vandières 54 ..... 44 CD24
Vandières 51 ..... 41 BJ22
Vandoncourt 25 .. 84 CL42
Vandré 17 .... 103 AF56
Vandy 08 .... 19 BT19
Vanlay 10 .... 61 BN77
Les Vanels 48 .... 166 BN77
Vannaire 21 ...... 62 BS34
Vanne 70 .... 83 CE39

Vallet 17 .... 131 AI64
Valletot 27 .... 36 AR19
Vallica 2B 198 DH94
Vallière 23 .... 121 BB58
Vallières 37 .... 75 AU44
Vallières 10 .... 62 BU55
Vallières-les-Grandes 41 . 75 AU41
Valliguières 30 .... 167 BV79
Valliquerville 76 ... 13 AR17
Valloire (Abbaye de) 80 . 7 BA9
Les Vallois 88 ..... 65 CG32
Vallon 25 .... 83 CJ29
Vallon-en-Sully 03 . 108 BF51
Vallon-Pont-d'Arc 07 . 153 BU74
Vallon-sur-Gée 72 . 55 AL35
Vallorcine 74 ..... 115 CN55
Vallouise 05 ...... 142 CK69
Le Vanneau-Irleau 79 . 104 AH53
Vancourt 27 .... 45 CI24
Vannecrocq 27 .... 27 AP20
Vannes 56 .... 69 R37
Vannes-le-Châtel 54 . 44 CD28
Vannes-sur-Cosson 45 . 77 BC38
Vanosc 07 .... 139 CF48
Les Vans 07 .... 153 BS75
Vantoux 57 .... 21 CG21
Vantoux-et-Longevelle 70 . 83 CE40
Vanvey 21 .... 61 BH33
Vanvey 21 .... 81 BV36
Vanville 77 .... 60 BJ29
Vanxains 24 ...... 132 AN65
Vany 57 .... 21 CG21
Vanzac 17 .... 131 AJ64
Vanzay 79 .... 105 AM54
Vanzy 74 .... 114 CF56
Vaour 81 .... 163 AZ78
Varacieux 38 ..... 141 CB65
Varades 44 .... 72 AE61
Varages 83 .... 170 CH83
Varaignes 24 .... 119 AP61
Varaire 46 .... 149 AZ75
Varaize 17 .... 117 AI57
Varambon 21 .... 113 CA56
Varanges 21 ..... 98 BZ43
Varangéville 54 .. 45 CH27
Varaville 14 ..... 26 AL21
Varces-Allières-
  et-Risset 38 .... 141 CE67
Vareilles 71 ..... 111 BS54
Vareilles 23 ..... 107 AS55
Varen 82 .... 163 BA77
Varengeville-sur-Mer 76 . 13 AP15
Varenguebec 50 .. 24 AC19
La Varenne 49 ... 72 AC42
Varenne-l'Arconce 71 . 110 BR53
Varenne-St-Germain 71 . 111 BO52
La Varenne-
  St-Hilaire 94 ... 39 BF26
Varennes 89 ..... 79 BO36
Varennes 86 .... 90 AM48
Varennes 82 .... 162 AX80
Varennes 37 .... 91 AT45
Varennes 31 .... 181 AY65
Varennes 24 .... 147 AO70
Varennes-Changy 45 . 78 BG36
Varennes-en-Argonne 55 . 20 BX21
Varennes-le-Grand 71 . 97 BX49
Varennes-lès-Mâcon 71 . 112 BX52
Varennes-lès-Narcy 58 . 94 BJ43
Varennes-
  Saint-Honorat 43 . 138 BO66
Varennes-sous-Dun 71 . 111 BT54
Varennes-sur-Allier 03 . 110 BM53
Varennes-sur-Amance 52 . 82 CC35
Varennes-sur-Fouzon 36 . 92 AY43
Varennes-sur-Loire 49 . 90 AM43
Varennes-sur-Morge 63 . 123 BK58
Varennes-sur-Seine 77 . 60 BI31
Varennes-sur-Tèche 03 . 110 BN54
Varennes-sur-Usson 63 . 123 BL62
Varennes-Vauzelles 58 . 95 BK45
Varès 47 .... 147 AO74
Varesnes 60 ...... 17 BJ17
Varetz 19 .... 134 AW66
Varilhes 09 .... 181 AY77
Varinfroy 60 ..... 40 BJ22
Variscourt 02 .... 18 BQ18
Varize 28 .... 58 AX34
Varize 57 .... 21 CI21
Varmonzey 88 ... 65 CH30
Varneville 55 .... 20 BX21
Varneville-Bretteville 76 . 13 AS16

Varney 55 .... 43 BY25
Varogne 70 .... 83 CG37
Varois-et-Chaignot 21 . 81 BY42
Varouville 50 ..... 24 AD15
Varrains 49 .... 90 AL43
Varreddes 77 ..... 40 BJ24
Vars 16 .... 118 AM59
Vars 05 .... 157 CM71
Vars (Col de) 05 .. 157 CM70
Vaudeville 88 .... 65 CJ31
Vaudeville 54 .... 65 CG29
Vaudeville-le-Haut 55 . 44 CC29
Vaudherland 95 .. 39 BF24
Vaudigny 54 ..... 65 CG29
Le Vaudioux 39 .. 99 CF49
Vaudoncourt 88 .. 64 CD32
Vaudoncourt 57 .. 22 CH21
Vaudoncourt 55 .. 20 CB20
Le Vaudoué 77 .. 59 BF31
Vaudoy-en-Brie 77 . 40 BJ27
Vaudreching 57 .. 22 CI20
Vaudrecourt 52 .. 64 CC32
Vaudrémont 52 .. 63 BW33
Le Vaudreuil 27 .. 14 AV21
Vaudreville 50 .. 182 BB86
Vaudricourt 62 .. 2 AY11
Vaudricourt 80 .. 6 BF7
Vaudrimesnil 50 . 24 AC21
Vaudringhem 62 . 2 BB5
Vaudrivillers 25 .. 84 CI42
Vaudry 14 .... 34 AG25
Vaudrey 14 ...... 84 CM41
Vaugines 84 ..... 169 CC81
Vaugneray 69 ... 125 BV60
Vaugrigneuse 91 . 39 BC28
Vauhallan 91 ... 39 BC27
Vaujany 38 ..... 142 CH66
Vaujours 93 .... 39 BF24
Vaux 31 .... 181 AI39
Le Vaulmier 15 . 136 BF66
Vaulnaveys-le-Bas 38 . 141 CF66
Vaulnaveys-le-Haut 38 . 141 CF66
Vaulry 87 ...... 120 AU57
Vault-de-Lugny 89 . 79 BP40
Vaulx 74 .... 127 CG57
Vaulx 62 .... 7 BC10
Vaulx-en-Velin 69 . 126 BY59
Vaulx-Milieu 38 .. 127 CC61
Vaulx-Vraucourt 62 . 8 BH11
Le Vaumain 60 .. 15 BA20
Vaumas 03 ...... 110 BN52
Vaumeilh 04 .... 156 CG75
Vaumoise 60 ... 16 BH18
Vaumort 89 .... 61 BM33
Vaunac 24 ..... 133 AS64
Vaunaveys-la-Rochette 26 . 154 BZ70
Vaunoise 61 .... 56 AO32
Vaupillon 28 .... 57 AT30
Vaupoisson 10 .. 62 BR29
Vauquois 55 .... 20 BX21
Vauréal 95 ..... 38 BD23
Vaureilles 12 ... 149 BC74
Vaurezis 02 .... 17 BK19
Vauroux 60 ... 15 BA19
Vausse (Prieuré de) 89 . 80 BR39
Vaussieux 14 ... 34 AK51
Vautebis 79 .... 104 AK51
Vauthiermont 90 . 85 CM37
Vautorte 53 .... 54 AG31
Vauvenargues 13 . 188 CE84
Vauvert 30 ..... 185 BT82
Vauville 50 ..... 24 Z16
Vauville 14 ..... 26 AN20
Vauvillers 80 ... 8 BG14
Vauvillers 70 ... 65 CF35
Vaux 89 .... 79 BN37
Vaux 57 .... 21 AZ85
Vaux 03 .... 108 BF52

VALENCE

Alsace (Bd d') .... DY
Arménie (R. d') .... DY 4
Augier (R. Émile) .... CYZ
Balais (R. des) .... BCY 5
Bancel (Bd) .... CY 6
Barrault (R. J.-L.) .... DY 7
Belle Image (R.) .... CY 9
Bonaparte (R. du Lieutenant) .... BCY 12
Chambaud (R. Mirabel) .... BZ 15
Championnet (Pl.) .... BCZ 16
Chapeliers (Côte des) .... BY 17
Clercs (R. des) .... BCZ 23
Clerc (Bd M.) .... CYZ 22
Docteur-Schweitzer (R. du) .... BY 25
Dragonne (Pl. de la) .... DY 26
Dupré-de-Loire (Av.) .... DY 27
Farre (R. du Gén.) .... CZ 29
Félix-Faure (Av.) .... DZ
Gaulle (Bd du Gén.-de) .... CY 32
Huguenel (Pl. Ch.) .... CY 36
Jacquet (R. V.) .... BZ 37
Jeu-de-Paume (R. du) .... CYZ 39
Lecardonnel (Pl. L.) .... CY 42
Leclerc (Pl. Gén.) .... DY 43
Liberté (Pl. de la) .... CY 45
Madier-de-Montjau (R.) .... BZ 50
Mistral (Pont Frédéric) .... DY 51
Montalivet (Pl. des) .... BZ 55
Ormeaux (Pl. des) .... BZ 56
Palais (Pl. du) .... CZ 56
Paré (R. Ambroise) .... BY 57
Pérollerie (R.) .... BY 59
Petit Paradis (R.) .... BY 60
Pierre (Pl. de la) .... BY 62
Repenties (R. des) .... BZ 65
République (Pl. de la) .... CZ
Sabaterie (R.) .... BY 68
St-Didier (R.) .... BCZ 71
St-Estève (Côte) .... BY 72
St-Jacques (Faubourg) .... DY 75
St-Martin (Côte de) .... BY 77
St-Nicolas (Q.) .... BY 78
Saunière (R.) .... CZ 80
Semard (R.) .... CZ
Sylvante (Côte) .... BY 84
Temple (R. du) .... BCY 85
Université (Pl. de l') .... CZ 88
Vernoux (R.) .... CY 90
Victor-Hugo (Av.) .... CZ

Vaux (Château de) 49 .... 73 AI37
Vaux-Andigny 02 .... 9 BM12
Vaux-Champagne 08 .... 19 BU18
Les Vaux de Cernay 78 .... 38 BB27
Vaux-devant-Damloup 55 .... 20 CA21
Vaux-en-Amiénois 80 .... 7 BD13
Vaux-en-Beaujolais 69 .... 112 BV56
Vaux-en-Bugey 01 .... 122 CB57
Vaux-en-Dieulet 08 .... 20 BX18
Vaux-en-Pré 71 .... 112 BV50
Vaux-en-Vermandois 02 .... 8 BJ14
Vaux-et-Chantegrue 25 .... 99 CH47
Vaux-la-Douce 52 .... 83 CD36
Vaux-la-Grande 55 .... 43 CA27
Vaux-la-Petite 55 .... 43 CA27
Vaux-Lavalette 16 .... 132 AN63
Vaux-le-Moncelot 70 .... 83 CE40
Vaux-le-Pénil 77 .... 60 BG29
Vaux-le-Vicomte
(Château de) 77 .... 39 BG28
Vaux-lès-Mouron 08 .... 19 BV20
Vaux-lès-Mouzon 08 .... 20 BY16
Vaux-lès-Palameix 55 .... 44 CB23
Vaux-lès-Prés 25 .... 99 CE43
Vaux-lès-Rubigny 08 .... 18 BR16
Vaux-lès-Saint-Claude 39 .... 113 CE52
Vaux-Marquenneville 80 .... 6 AZ13
Vaux-Montreuil 08 .... 19 BU17
Vaux-Rouillac 16 .... 118 AG60
Vaux-Saules 21 .... 81 BW40
Vaux-sous-Aubigny 52 .... 82 CA38
Vaux-sur-Aure 14 .... 25 AH20
Vaux-sur-Blaise 52 .... 63 BX29
Vaux-sur-Eure 27 .... 37 AW23
Vaux-sur-Lunain 77 .... 60 BI32
Vaux-sur-Mer 17 .... 128 AD60
Vaux-sur-Poligny 39 .... 98 CC44
Vaux-sur-Risle 27 .... 36 AR25
Vaux-sur-Saint-Urbain 52 .... 63 BZ30
Vaux-sur-Seine 78 .... 38 BB24
Vaux-sur-Seulles 14 .... 25 AI20
Vaux-sur-Somme 80 .... 7 BF13
Vaux-sur-Vienne 86 .... 91 AO47
Vaux-Villaine 08 .... 19 BT15
Vauxaillon 02 .... 17 BL18
Vauxbons 52 .... 83 CD34
Vauxbuin 02 .... 17 BK20
Vauxcéré 02 .... 18 BN20
Vauxrenard 69 .... 112 BV54
Vauxtin 02 .... 18 BN19
Vavincourt 55 .... 43 BZ25
Vavray-le-Grand 51 .... 42 BV26
Vavray-le-Petit 51 .... 42 BV26
Vaxainville 54 .... 45 CK28
Vaxoncourt 88 .... 64 CI31
Vaxy 57 .... 45 CG24
Vay 44 .... 71 Z39
Vaychis 09 .... 195 AZ93
Vaylats 46 .... 149 AY75
Vayrac 46 .... 135 AY69
Vayres 33 .... 119 AS60
Vayres 87 .... 131 AI60
Vayres (Château de) 86 .... 90 AO49
Vayres-sur-Essonne 91 .... 59 BE30
Vazeilles-Limandre 43 .... 158 BO67
Vazeilles-
près-Saugues 43 .... 138 BN69
Vazerac 82 .... 162 AV77
Veauce 03 .... 109 BJ55
Veauche 42 .... 135 BT62
Veauchette 42 .... 125 BS62
Veaugues 18 .... 94 BH43
Veaunes 26 .... 140 BQ57
Veauville-lès-Baons 76 .... 13 AS16
Veauville-lès-Quelles 76 .... 13 AS15
Vèbre 09 .... 195 AY93
Vebret 15 .... 136 BF64
Vebron 48 .... 156 BN76
Vecchio (Pont du) 2B 201 DJ97
Veckersviller 57 .... CN24
Veckring 57 .... 22 CH19
Vecoux 88 .... 64 CJ34
Vecquemont 80 .... 7 BE14
Vecqueville 52 .... 63 BX29
Vedène 84 .... 179 BY79
Védènes-Saint-Loup 15 .... 137 BL67
Védrines-Saint-Loup 15 .... 137 BL67
Vel 55 .... 43 BY26
Véhennes 19 .... 135 AZ68
Vého 54 .... 45 CK27
Veigné 37 .... 91 AR43
Veilhes 81 .... 181 AZ84
Veillac 15 .... 136 BF63

Veilleins 41 .... 76 AY41
Veilly 21 .... 97 BV44
Veix 21 .... 121 AZ62
Velaine-en-Haye 54 .... 44 CF26
Velaine-sous-Amance 54 .... 45 CH26
Velaines 55 .... 43 BZ27
Velanne 38 .... 127 CD62
Velars-sur-Ouche 21 .... 81 AH59
Velaux 13 .... 187 CB84
Velennes 60 .... 15 BL15
Velennes 80 .... 15 BC18
Velesmes 70 .... 83 CD41
Velesmes-Essarts 25 .... 99 CE43
Velet 70 .... 82 CC41
Vélieux 34 .... 183 BH86
Vélines 24 .... 132 AM69
Velle-le-Châtel 70 .... 83 CF39
Velle-sur-Moselle 54 .... 45 CG28
Vellèches 86 .... 91 AO46
Vellechevreux-
et-Courbenans 70 .... 84 CJ39
Velleclaire 70 .... 83 CE40
Vellefaux 70 .... 83 CG39
Vellefrey-et-Vellefrange 70 .... 83 CE41
Vellefrie 70 .... 83 CH37
Vellemoz 70 .... 83 CD40
Velleminfroy 70 .... 83 CG39
Velleron 84 .... 168 BZ79
Velleron 84 .... 168 BZ79
Velles 36 .... 104 AV47
Velles 52 .... 83 CD36
Velles 36 .... 92 AY49
Vellescot 90 .... 85 CN38
Vellevans 25 .... 84 CJ42
Vellexon-Queutrey-
et-Vaudey 70 .... 83 CE39
Velloreille-lès-Choye 70 .... 83 CD41
Velluire 85 .... 103 AF52
Velogny 21 .... 80 BT41
Velone-Orneto 2B 201 DL95
Velorcey 70 .... 83 CH36
Velosnes 55 .... 20 CA18
Velotte-et-Tatignécourt 88 .... 63 CG31
Vélu 62 .... 8 BI11
Velving 57 .... 22 CJ20
Vélye 51 .... 41 BP25
Velzic 15 .... 136 BF68
Vémars 95 .... 39 BF23
Venables 27 .... 14 AW21
Venaco 2B 201 DJ97
Venansault 85 .... 87 AA49
Venanson 06 .... 173 CR77
Venarey-les-Laumes 21 .... 80 BT40
Venarsal 19 .... 135 AY66
Venas 03 .... 109 BH52
Venasque 84 .... 168 CA79
Vence 06 .... 175 CQ81
Vence (Col de) 06 .... 175 CQ81
Vendargues 34 .... 185 BR83
Vendat 03 .... 110 BL55
Vendays-Montalivet 33 .... 130 AD64
Vendegies-au-Bois 59 .... 9 BM10
Vendegies-sur-Écaillon 59 .... 9 BM10
Vendeix (Roche) 63 .... 123 BH62
Vendel 35 .... 80 AC31
La Vendelée 50 .... 33 AC22
Vendelles 02 .... 8 BJ13
Vendémian 34 .... 184 BN80
Vendenesse-
lès-Charolles 71 .... 111 BS52
Vendenesse-sur-Arroux 71 .... 111 BP50
Vendenheim 67 .... 47 CR26
Vendes 14 .... 25 AI22
Vendes 15 .... 136 BE65
Vendeuil 02 .... 18 BL16
Vendeuil-Caply 60 .... 16 BB16
Vendeuvre 14 .... 26 AM23
Vendeuvre-du-Poitou 86 .... 90 AO49
Vendeuvre-sur-Barse 10 .... 62 BT32
Vendeville 59 .... 4 BK12
Vendhuile 02 .... 8 BK13
Vendin-le-Vieil 62 .... 4 BH8
Vendin-lès-Béthune 62 .... 3 BF6
Vendine 31 .... 181 AZ84
Vendœuvres 36 .... 92 AW48
Vendoire 24 .... 132 AN63
Vendôme 41 .... 75 AU33
Vendranges 42 .... 125 BQ57
Vendrennes 85 .... 88 AD47

Vendres 34 .... 184 BL87
Vendresse 08 .... 19 BV17
Vendresse-Beaulne 02 .... 18 BN19
Vendrest 77 .... 40 BJ23
La Vendue-Mignot 10 .... 62 BR33
Vénéjan 30 .... 167 BW77
Venelles 13 .... 187 CB83
Vénérand 17 .... 117 AH59
Vénère 70 .... 83 CD41
Vénérieu 38 .... 126 CA60
Vénérolles 02 .... 9 BN13
Venerque 31 .... 181 AW85
Vénès 81 .... 182 BC82
Vénestanville 76 .... 13 AT15
Venette 60 .... 16 BH19
Veneux-les-Sablons 77 .... 60 BH31
Véningles (Manoir de) 72 .... 74 AM48
Veney 54 .... 66 CL29
Vengeons 50 .... 34 AZ26
Venise 25 .... 83 CG41
Venisey 70 .... 83 CF36
Vénissieux 69 .... 126 BX60
Venizel 02 .... 17 BL20
Venizy 89 .... 80 BO34
Vennans 25 .... 83 CH41
Vennecy 45 .... 58 BB35
Vennes 25 .... 100 CJ43
Vennezey 54 .... 45 CG29
Venon 38 .... 141 CF66
Venon 27 .... 37 AU22
Venosc 38 .... 142 CH67
Venouse 89 .... 79 BN36
Venoy 89 .... 80 BN37
Vensac 33 .... 130 AD63
Vensat 63 .... 109 BK56
Ventabren 13 .... 187 CB84
Ventadour (Ruines de) 19 .... 136 BC64
Ventavon 05 .... 156 CG74
Ventelay 51 .... 18 BO20
Ventenac 09 .... 181 AY90
Ventenac-Cabardès 11 .... 182 BD87
Ventenac-en-Minervois 11 .... 183 BI85
Venterol 26 .... 154 BZ74
Venterol 04 .... 156 CH74
Les Ventes 27 .... 37 AU24
Les Ventes-de-Bourse 61 .... 56 AO29
Ventes-Saint-Rémy 76 .... 14 AW16
Venteuges 43 .... 138 BN68
Venthon 73 .... 128 CJ60
Ventiseri 2B 203 DK100
Ventouse 16 .... 119 AO58
Ventoux (Mont) 84 .... 168 CB77
Ventron 88 .... 66 CL34
La Ventrouze 61 .... 37 AR28
Venzolasca 2B 199 DL94
Ver 50 .... 33 AC24
Ver-lès-Chartres 28 .... 58 AX30
Ver-sur-Launette 60 .... 39 BG22
Ver-sur-Mer 14 .... 25 AJ20
Vérac 33 .... 119 AS60
Véranne 42 .... 140 BW64
Vérargues 34 .... 167 BS82
Véraza 11 .... 182 BD90
Verberie 60 .... 16 BG20
Verbiesles 52 .... 63 BZ34
Vercel-Villedieu-
le-Camp 25 .... 99 CI43
Verchain-Maugré 59 .... 9 BM9
Verchaix 74 .... 115 CL55
Vercheny 26 .... 154 CA71
Les Verchers-sur-Layon 49 .... 89 AJ44
Verchin 62 .... 3 BC7
Verchocq 62 .... 2 BB6
Vercia 39 .... 113 CB50
Verclause 26 .... 155 CC44
Vercoiran 26 .... 155 CB75
Vercourt 80 .... 6 AZ9
Verdaches 04 .... 156 CJ75
Verdalle 81 .... 182 BC85
Verdelais 33 .... 149 AS59
Verdelles (Château de) 72 .... 73 AK36
Verdelot 77 .... 40 BK25
Verderel 54 .... 15 BC18
Verderonne 60 .... 16 BF20
Verdes 41 .... 58 AX35
Verdèse 2B 201 DK95
Verdets 64 .... 177 AE85
Le Verdier 81 .... 163 AZ79
Verdière 83 .... 169 CG83

Verdigny 18 .... 78 BH42
Verdille 16 .... 118 AK58
Verdilly 02 .... 40 BL23
Verdon 51 .... 41 BN24
Verdon 24 .... 147 AQ70
Verdon
(Grand Canyon du) 93 .... 170 CK81
Le Verdon-sur-Mer 33 .... 116 AD61
Verdonnet 21 .... 80 BS38
Verdun 55 .... 20 CA21
Verdun 09 .... 193 AY93
Verdun-en-Lauragais 11 .... 182 BB85
Verdun-sur-Garonne 82 .... 162 AV81
Verdun-sur-le-Doubs 71 .... 97 BY47
Verdus (Musée de) 97 .... 153 BV71
Vereaux 18 .... 94 BI47
Verel-de-Montbel 73 .... 127 CE61
Verel-Pragondran 73 .... 128 CG61
Véretz 37 .... 75 AS42
Vereux 70 .... 82 CC40
Verfeil 82 .... 163 BA77
Verfeil 31 .... 163 AY83
Verfeuil 30 .... 167 BU77
Vergaville 57 .... 45 CK25
Vergéal 35 .... 54 AD34
La Vergenne 70 .... 84 CJ38
Le Verger 53 .... 73 Y33
Le Verger (Château) 49 .... 73 AJ39
Verger-sur-Dive 86 .... 90 AM48
Vergeroux 17 .... 116 AE57
Verges 39 .... 98 CD49
Vergetot 76 .... 12 AP17
Vergezac 43 .... 138 BO68
Vergèze 30 .... 167 BT82
Vergheas 63 .... 122 BG57
Verges 80 .... 7 BA13
Vergio (Col de) 2B DG96
Vergisson 71 .... 112 BW53
La Vergne 17 .... 117 AH57
Vergné 17 .... 117 AH57
Vergoignan 32 .... 160 AJ82
Vergoncey 50 .... 34 AD28
Vergongheon 43 .... 137 BL64
Vergons 04 .... 174 CM79
Vergranne 25 .... 84 CI41
Vergt 24 .... 133 AR68
Vergt-de-Biron 24 .... 147 AS72
Le Verguier 02 .... 8 BJ13
Véria 39 .... 113 CB51
Vérignon 83 .... 170 CJ82
Vérigny 28 .... 58 AW29
Vérin 42 .... 140 BW63
Vérines 17 .... 118 AE54
Vérissey 71 .... 112 BZ49
Vérizet 71 .... 112 BX52
Verjon 71 .... 113 CB53
Verjux 71 .... 97 BX47
Verlhac-Tescou 82 .... 162 AX80
Verlin 89 .... 60 BK35
Verlincthun 62 .... 2 AZ5
Verlinghem 59 .... 4 BI5
Verlus 32 .... 160 AJ83
Vermand 02 .... 8 BJ13
Vermandovillers 80 .... 8 BH14
Vermanton 89 .... 80 BO38
Vermelles 62 .... 3 BE7
Vermenton 89 .... 80 BO38
Vern-d'Anjou 49 .... 72 AG39
Vern-sur-Seiche 35 .... 54 BG48
Vernais 18 .... 94 BI45
Vernaison 69 .... 140 BX60
Vernajoul 09 .... 181 AX90
Vernancourt 51 .... 43 BX27
Vernantes 49 .... 74 AM41
Vernantois 39 .... 113 CB52
Vernarède 30 .... 153 BR76
Vernas 38 .... 126 CA59
Vernassal 43 .... 138 BO66
Vernaux 09 .... 195 AY93
Vernay 69 .... 112 BU55
La Vernaz 74 .... 115 CL55
Verne
(Chartreuse de la) 83 .... 189 CK87
Verneiges 23 .... 108 BG52
Le Verneil 73 .... 128 CH62
Verneil-le-Chétif 72 .... 74 AO37
Vernet 09 .... 181 AV93
Vernet 31 .... 181 AW85

La Vernelle 36 .... 92 AX43
Le Vernet 43 .... 138 BO68
Vernet 09 .... 181 AX88
Le Vernet 04 .... 156 CK75
Le Vernet 03 .... 110 BM56
Vernet-la-Varenne 63 .... 138 BM63
Vernet-les-Bains 66 .... 196 BE95
Le Vernet-
Sainte-Marguerite 63 .... BI61
Verneugheol 63 .... 122 BF60
Verneuil 58 .... 95 BN47
Verneuil 16 .... 119 BN47
Verneuil 51 .... 41 BN22
Verneuil 18 .... 94 BF48
Verneuil 18 .... 119 AR59
Verneuil-
en-Bourbonnais 03 .... 109 BK53
Verneuil-en-Halatte 60 .... 16 BF21
Verneuil-Grand 55 .... 20 CA17
Verneuil-le-Château 37 .... 90 AP45
Verneuil-l'Étang 77 .... 40 BH28
Verneuil-Moustiers 87 .... 106 AU53
Verneuil-Petit 55 .... 20 CA17
Verneuil-sous-Coucy 02 .... 17 BK18
Verneuil-sur-Avre 27 .... 37 AT26
Verneuil-sur-Igneraie 36 .... 108 BB50
Verneuil-sur-Indre 37 .... 91 AU45
Verneuil-sur-Serre 02 .... 18 BM18
Verneuil-sur-Vienne 87 .... 120 AU59
Verneusses 27 .... 36 AQ25
Vernéville 57 .... 21 CE21
Vernie 72 .... 56 AM32
Verniolle 09 .... 181 AY89
Vernierfontaine 25 .... 99 CH44
Vernines 63 .... 123 BI61
Verniolle 09 .... 181 AY89
Vernioz 38 .... 140 BX63
Vernix 50 .... 34 AD26
Vernoil 49 .... 74 AM41
Le Vernois 39 .... 98 CC48
Vernois-lès-Fol 25 .... 84 CM41
Vernois-lès-Belvoir 25 .... 84 CK41
Vernois-lès-Vesvres 21 .... 82 BZ38
Vernois-sur-Mance 70 .... 83 CD36
Vernols 15 .... 137 BI66
Vernon 86 .... 105 AP52
Vernon 27 .... 37 AX23
Vernon 07 .... 153 BS73
Vernonvilliers 10 .... 63 BV31
Vernosc-lès-Annonay 07 .... 140 BW65
Vernou-en-Sologne 41 .... 76 AB33
Vernou-la-Celle-
sur-Seine 77 .... 60 BH30
Vernou-sur-Brenne 37 .... 75 AS41
Vernouillet 28 .... 38 BA24
Vernouillet 78 .... 38 AW27
Vernoux 01 .... 112 BZ51
Vernoux-en-Gâtine 79 .... 104 AI50
Vernoux-en-Vivarais 07 .... 140 BW64
Vernoux-sur-Boutonne 79 .... 104 BJ54
Vernoy 89 .... 60 BJ34
Le Vernoy 25 .... 84 CK38
Vernusse 03 .... 109 BI54
Verny 57 .... 45 CF23
Vero 2A 200 DH99
Véron 89 .... 60 BK36
Véronne 26 .... 154 CA71
Véronnes 21 .... 82 BR22
Vesvres 21 .... 81 BV71
Vesaignes-
sous-Lafauche 52 .... 64 CA31
Vesaignes-sur-Marne 52 .... 63 BZ33
Vesancy 01 .... 114 CG52
Vescemont 90 .... 84 CL37
Vescheim 57 .... CN25
Vescles 39 .... 113 CD52
Vescours 01 .... 112 BY51
Vescovato 2B 199 DL94
Vesdun 18 .... 108 BE51
Vésigneul-sur-Marne 51 .... 42 BT25
Vésines 45 .... 60 BI34
Vésines 01 .... 112 BX53
Le Vésinet 78 .... 38 BC26
Vesles-et-Caumont 02 .... 18 BO15
Veslud 02 .... 18 BN18
Vesly 27 .... 14 AX20
Vesly 50 .... 24 AB20
Vesoul 70 .... 83 CG37
Vessancourt 95 .... 38 BB23
La Vespière 14 .... 36 AP24
Vesseaux 07 .... 153 BU72
Vessey 50 .... 33 CH15

Vestric-et-Candiac 30 .... 167 BT82
Vesvres 21 .... 81 BU41
Vesvres-sous-Chalancey 52 .... 82 BZ38
Vétheuil 95 .... 38 AZ23
Vétraz-Monthoux 74 .... 114 CI54
Vétrigne 90 .... 84 CM37
Veuilly-la-Poterie 02 .... 40 BK23
Veuil 36 .... 92 AX44
Veules-les-Roses 76 .... 13 AS14
Veulettes-sur-Mer 76 .... 13 AR14
Le Veurdre 03 .... 94 BJ49
Veurey-Voroize 38 .... 141 CD65
La Veuve 51 .... 42 BS23
Veuves 41 .... 75 BA42
Veuvey-sur-Ouche 21 .... 97 BV44
Veuxhaulles-sur-Aube 21 .... 63 BW35
Vevy 39 .... 98 CD49
Vexaincourt 88 .... 46 CM28
Le Vey 14 .... 35 AJ24
Veynes 05 .... 155 CF73
Veynes 87 .... 120 AU58
Veyrac 87 .... 119 AT59
Veyras 07 .... 153 BV71
Veyre-Monton 63 .... 123 BK61
Veyreau 12 .... 165 BQ73
Veyrier-du-Lac 74 .... 128 CH58
Veyrières 15 .... 136 BE63
Veyrières 19 .... 136 BE65
Veyrignac 24 .... 148 AV70
Veyrines-de-Domme 24 .... 148 AV70
Veyrines-de-Vergt 24 .... 133 AR68
Veyrins 38 .... 127 CC61
Les Veys 50 .... 25 AE20
Veyssilieu 38 .... 126 CA60
Veyziat 01 .... 113 CD53
Vez 60 .... 17 BI21
Vézac 24 .... 148 AU70
Vézac 15 .... 136 BF69
Vézannes 89 .... 79 BP36
Vézaponin 02 .... 17 BK18
La Vèze 25 .... 99 CG43
Vèze 15 .... 137 BJ65
Vézelay 89 .... 79 BO41
Vézelise 54 .... 65 CF29
Vézelois 90 .... 84 CM38
Vézels-Roussy 15 .... 150 BF70
Vézénobres 30 .... 167 BS79
Vézeronce-Curtin 38 .... 127 CC60
Vezet 70 .... 83 CE39
Vézézoux 43 .... 137 BL64
Le Vézier 51 .... 41 BM26
Vézières 86 .... 90 AM45
Vézillon 27 .... 14 AX21
Vézilly 02 .... 18 BN21
Vezin-le-Coquet 35 .... 53 Z33
Vézinnes 89 .... 79 BP36
Vezins 50 .... 34 AD28
Vezins 49 .... 89 AG44
Vézins (Barrage de) 50 .... 34 AD28
Vézins-de-Lévézou 12 .... 151 BJ73
Vezot 72 .... 56 AO31
Vezzani 2B 201 DJ97

Viella 65 .... 192 AK91
Viella 32 .... 160 AJ83
Vielle-Adour 65 .... 179 AL88
Vielle-Aure 65 .... 193 AN92
Vielle-Louron 65 .... 193 AO92
Vielle-Saint-Girons 40 .... 158 AH82
Vielle-Soubiran 40 .... 160 AJ78
Vielle-Tursan 40 .... 159 AJ80
Vielmanse-
de-Navarrenx 64 .... 177 AE86
Vielmur-sur-Agout 81 .... 163 BB83
Vielprat 43 .... 152 BO70
Viels-Maisons 02 .... 40 BL25
Vielverge 21 .... 82 CB42
Viennay 79 .... 89 AK39
Vienne 38 .... 140 BW62
Vienne-en-Arthies 95 .... 38 AZ23
Vienne-en-Bessin 14 .... 25 AI20
Vienne-en-Val 45 .... 77 BC37
Vienne-la-Ville 51 .... 19 BW21
Vienne-le-Château 51 .... 19 BW21
Viens 84 .... 168 CD80
Vienville 88 .... 65 CL32
Vier-Bordes 65 .... 192 AK90
Vierville 50 .... 24 AD19
Vierville 28 .... 58 BE54
Vierville-sur-Mer 14 .... 25 AG19
Vierzon 38 .... 93 BB43
Vierzy 02 .... 17 BK20
Viesly 59 .... 9 BL11
Viessoix 14 .... 34 AG25
Viéthorey 25 .... 84 CI40
Vieu 01 .... 127 CD58
Vieu-d'Izenave 01 .... 113 CC58
Vieugy 74 .... 128 CH58
Vieure 03 .... 109 BI51
Vieussan 34 .... 183 BJ84
Vieuvicq 28 .... 57 AV32
Vieuvy 53 .... 54 AG29
Vieux-Berquin 59 .... 3 BG5
Vieux 81 .... 163 BA79
Vieux 14 .... 25 AJ22
Vieux-Boucau-
les-Bains 40 .... 158 AG81
Le Vieux-Bourg 22 .... 31 Q29
Vieux-Bourg 14 .... 27 AO20
Le Vieux-Cérier 16 .... 119 AP57
Vieux Chambord
(Château du) 03 .... 110 BN53
Vieux-Champagne 77 .... 40 BJ28
Vieux-Charmont 25 .... 84 CL39
Le Vieux Château 85 .... 86 T48
Vieux-Château 21 .... 80 BR40
Vieux-Condé 59 .... 5 BM7
Vieux-Ferrette 68 .... 85 CP39
Vieux-Fumé 14 .... 26 AL23
Vieux-lès-Asfeld 08 .... 18 BQ18
Vieux-Lixheim 57 .... 46 CN25
Vieux-Maisons 77 .... 40 BL27
Viabon 28 .... 58 AZ32
Viala-du-Pas-de-Jaux 12 .... 165 BJ80
Viala-du-Tarn 12 .... 165 BI78
Vialas 48 .... 152 BO75
Vialer 64 .... 192 AK91
Viam 19 .... 121 BA61
Viane 81 .... 164 BF82
Vianges 21 .... 96 BS44
Vianne 47 .... 161 AO78
Viâpres-le-Grand 10 .... 41 BO28
Viâpres-le-Petit 10 .... 41 BO28
Viarmes 95 .... 39 BE22
Vias 34 .... 184 BM87
Viazac 46 .... 149 BB72
La Vibaie 76 .... 14 AV18
Le Vibal 12 .... 150 BH76
Vibersviller 57 .... 46 CL24
Vibeuf 76 .... 13 AT16
Vibrac 16 .... 118 AL61
Vibraye 72 .... 57 AR34
Vic 36 .... 108 BB50
Vic 09 .... 194 AU92
Vic (Roche de) 19 .... 135 AZ67
Vic-de-Chassenay 21 .... 80 BS40
Vic-des-Prés 21 .... 97 BV44
Vic-en-Bigorre 65 .... 179 AL86
Vic-Fezensac 32 .... 160 AN82
Vic-la-Gardiole 34 .... 185 BP85
Vic-le-Comte 63 .... 123 BL61
Vic-le-Fesq 30 .... 166 BR81
Vic-sous-Thil 21 .... 80 BT42
Vic-sur-Aisne 02 .... 17 BJ19
Vic-sur-Cère 15 .... 136 BG68
Le Vigan 46 .... 148 AW71
Le Vigan 30 .... 166 BO79
Le Vigean 15 .... 136 BF65
Le Vigeant 86 .... 105 AO54
Le Vigen 87 .... 120 AV60
Vigeois 19 .... 135 AX64
Viger 65 .... 192 AK89
Vigeville 23 .... 108 BB55
Viggianello 2A 202 DH103
Viglain 45 .... 77 BD38
Vignacourt 80 .... 7 BC12
Vignage (Rochers du) 61 .... 56 AN29
Vignale 2B 199 DK93
Vignats 14 .... 26 AM25
Vignaux 31 .... 162 AT83
Les Vigneaux 05 .... 143 CL69
Vignec 65 .... 193 AN92
Vignely 77 .... 40 BH24
Vignemont 60 .... 16 BH18
Les Vignères 84 .... 168 BZ80
Vignes 89 .... 80 BR40
Vignes 64 .... 178 AH84
Vignes-la-Côte 52 .... 63 BZ31
Vignéux-
sous-Montmédy 55 .... 20 BZ18
Vigneux 03 .... 45 CH28
Vigneulles-
lès-Hattonchâtel 55 .... 44 CC23
Vigneux-de-Bretagne 44 .... 71 Z41
Vigneux-Hocquet 02 .... 18 BP15
Vigneux-sur-Seine 91 .... 39 BE27
Vigneville 11 .... 183 BF90
Vignieu 38 .... 127 CB61
Vignoc 35 .... 53 Z31
Vignol 58 .... 79 BN42
Vignols 19 .... 97 BX65
Vignols 16 .... 118 AK62
Vignonet 33 .... 149 AK69
Vignot 55 .... 44 CB27
Vignoux-sous-les Aix 18 .... 93 BG44
Vignoux-sur-Barangeon 18 .... 93 BE42
Vigny 95 .... 38 BA23
Vigny 57 .... 45 CG23
Vigoulant 36 .... 108 BB52
Vigoulet-Auzil 31 .... 181 AW85
Vigoux 36 .... 107 AX51
Vigueron 82 .... 162 AU80
Vigy 57 .... 21 CG21
Vihiers 49 .... 89 AH44
Vijon 36 .... 108 BC52
Vilbert 77 .... 40 BJ27
Vilcey-sur-Trey 54 .... 44 CE24
Vildé-Guingalan 22 .... 52 W29
Le Vilhain 03 .... 109 BH51
Vilhonneur 16 .... 119 AN59
Vilhosc (Prieuré de) 04 .... 156 CH76
Villa-Algérienne 33 .... 144 AB71
Villabé 91 .... 39 BE28
Villabon 18 .... 94 BG45

VERSAILLES

Street	Grid
Carnot (R.)	Y
Chancellerie (R. de la)	Y 3
Clemenceau (R. Georges)	Y 7
Cotte (R. Robert de)	Y 10
États-Généraux (R. des)	Z
Europe (Av. de l')	Y 14
Foch (R. du Mar.)	XY
Gambetta (Pl.)	Y 17
Gaulle (Av. du Gén.-de-)	YZ 18
Hoche (R.)	Y
Indép.-Américaine (R. de l')	Y 20
Leclerc (R. du Gén.)	Z 24
Mermoz (R. Jean)	Z 27
Nolhac (R. Pierre-de-)	Y 31
Orangerie (R. de l')	YZ
Paroisse (R. de la)	Y
Porte-de-Buc (R. de la)	Z 34
Royale (R.)	YZ
Rockfeller (Av.)	Z 37
Satory (R. de)	YZ 42
Vieux-Versailles (R. du)	YZ 47

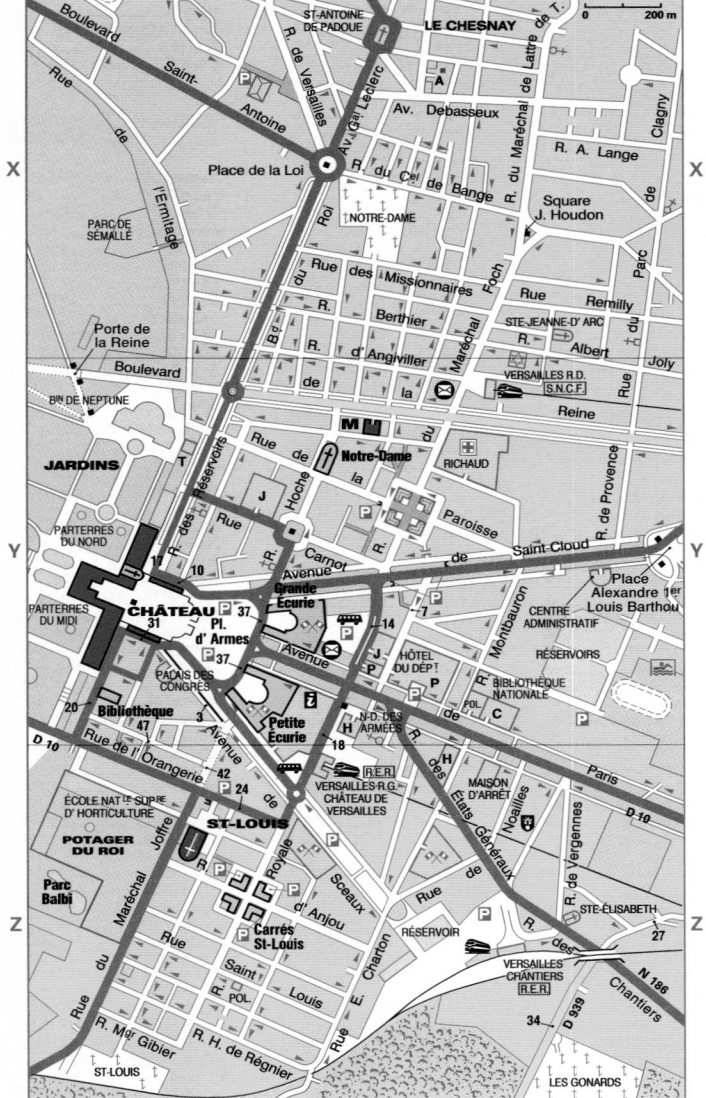

Map of Versailles (scale 200 m)

Vouglans
(Barrage et lac de) 39....113 CD52
Vougrey 10....62 BR34
Vougy 74....115 CK55
Vougy 42....111 BR56
Vouharte 16....118 AM59
Vouhé 79....104 AK51
Vouhé 17....103 AK55
Vouhenans 70....84 CJ38
Vouillé 86....105 AN50
Vouillé 79....104 AJ53
Vouillé-les-Marais 85....103 AE52
Vouillon 36....93 BA48
Vouilly 14....25 AF20
Voujeaucourt 25....84 CL40
Voulaines-les-Templiers 21....81 BW36
Voulangis 77....40 BI25
Voulême 86....105 AN56
Voulgézac 16....118 AM62
Voulon 86....105 AN53
Voulpaix 02....9 BO14
La Voulte-sur-Rhône 07....154 BX70
Voultegon 79....89 AI46
Voulton 77....40 BL28
Voulx 77....60 BI32
Vouneuil-sous-Biard 86....105 AO50
Vouneuil-sur-Vienne 86....91 AQ49
Vourey 38....141 CC64
Vourles 69....126 BW60
Voussac 03....109 BJ53
Voutenay-sur-Cure 89....79 BO40
Voutezac 19....134 AW65
Vouthon 16....119 AP60
Vouthon-Bas 55....64 CC29
Vouthon-Haut 55....64 CC29
Voutré 53....55 AK33
Vouvant 85....103 AG50
Vouvray 37....75 AS41
Vouvray 01....113 CE55
Vouvray-sur-Huisne 72....56 AQ34
Vouvray-sur-Loir 72....74 AP38
Vouxey 88....64 CD30
Vouzailles 86....90 AM49
Vouzan 16....119 AO61
Vouzeron 18....93 BD43
Vouziers 08....19 BV19
Vouzon 41....77 BB39
Vouzy 51....41 BQ24
La Vove (Manoir de) 61....57 AR30
Voves 28....58 AY32
Vovray-en-Bornes 74....114 CH56
Voyenne 02....18 BN15
Voyennes 80....17 BI15
Voyer 57....46 CM26
La Vraie-Croix 56....69 T37
Vraignes-en-Vermandois 80....8 BJ14
Vraignes-lès-Hornoy 80....7 BA14
Vraincourt 52....63 BY32

Vraiville 27....14 AU21
Vrasville 50....24 AD15
Vraux 51....42 BR23
Vrécourt 88....64 CC32
Vred 59....9 BK8
Vregille 70....83 CE42
Vregny 02....17 BL19
Vrély 80....16 BG15
Le Vrétot 50....24 AA18
Vriange 39....98 CC43
Vrigne-aux-Bois 08....19 BW15
Vrigne-Meuse 08....19 BW15
Vrigny 61....35 AM27
Vrigny 51....18 BP21
Vrigny 45....59 BD34
La Vrine 25....99 CI45
Vritz 44....72 AE39
Vrizy 08....19 BU19
Vrocourt 60....15 BA18
Vroil 51....43 BW25
Vron 80....6 AZ9
Vroncourt 54....65 CF29
Vroncourt-la-Côte 52....64 CB33
Vroville 88....65 CG31
Vry 57....21 CG21
Vue 44....86 X43
Vuillafans 25....99 CH44
Vuillecin 25....99 CI46
Vuillery 02....17 BL19
Vulaines 10....61 BN32
Vulaines-lès-Provins 77....40 BK28
Vulaines-sur-Seine 77....60 BH30
Vulbens 74....114 CF55
Vulmont 57....45 CG24
Vulvoz 39....113 CE53
Vy-le-Ferroux 70....83 CF39
Vy-lès-Filain 70....83 CG39
Vy-lès-Lure 70....84 CI38
Vy-lès-Rupt 70....83 CE38
Vyans-le-Val 70....84 CL39
Vyt-lès-Belvoir 25....84 CK41

W

Waben 62....6 AZ8
Wackenbach 67....46 CN28
Wacquemoulin 60....16 BF18
Wacquinghen 62....2 AZ4
Wadelincourt 08....19 BW16
Wadimont 08....18 BR16
Wadonville-en-Woëvre 55....44 CC22
Wagnon 08....19 BT16
Wahagnies 59....4 BI7
Wahlbach 68....85 CP38
Wahlenheim 67....47 CR25
Wail 62....7 BC9

Wailly 80....15 BC15
Wailly 62....8 BG10
Wailly-Beaucamp 62....6 AZ8
Walbach 68....66 CO33
La Walck 67....47 CO24
Waldersbach 67....66 CO29
Waldhambach 67....47 CQ23
Waldighofen 68....85 CP39
Waldolwisheim 67....46 CP25
Waldweistroff 57....22 CI19
Waldwisse 57....22 CI18
Walheim 68....85 CO38
Walibi Rhône-Alpes
(Parc d'attractions) 38....127 CD61
Walibi-Schtroumpf 57....21 CF20
Walincourt 59....9 BL12
Wallers 59....9 BL8
Wallers-Trélon 59....10 BR12
Wallon-Cappel 59....3 BE4
Walschbronn 57....23 CQ21
Walscheid 57....46 CN26
Waltembourg 57....46 CN25
Waltenheim 68....85 CO37
Waltenheim-sur-Zorn 67....47 CQ25
Waly 55....43 BY23
Wambaix 59....9 BK11
Wambercourt 62....7 BB8
Wambez 60....15 BA18
Wambrechies 59....4 BI5
Wamin 62....7 BB8
Wanchy-Capval 76....6 AW14
Wancourt 62....8 BH10
Wandignies-Hamage 59....9 BK8
Wanel 80....7 BA12
Wangen 67....46 CP27
Wangenbourg 67....46 CO27
Wannehain 59....4 BK6
Wanquetin 62....8 BF9
La Wantzenau 67....47 CS26
Warcq 55....21 CC21
Warcq 08....19 BU15
Wardrecques 62....3 BD5
Wargemoulin-Hurlus 51....42 BV22
Wargnies 80....7 BD12
Wargnies-le-Grand 59....9 BN9
Wargnies-le-Petit 59....9 BN9
Warhem 59....3 BF2
Warlaing 59....9 BK8
Warlencourt-Eaucourt 62....8 BH12
Warlincourt-lès-Pas 62....8 BF11
Warloy-Baillon 80....7 BF12
Warluis 60....15 BC19
Warlus 80....7 BB13
Warlus 62....8 BG9
Warluzel 62....7 BE10
Warmeriville 51....18 BR20
Warnécourt 08....19 BU15

Warneton 59....4 BI4
Warsy 80....16 BG16
Warvillers 80....16 BG15
Wasigny 08....19 BS16
Wasnes-au-Bac 59....9 BK9
Wasquehal 59....4 BJ5
Wasselonne 67....46 CP26
Wasserbourg 68....66 CN34
Wassigny 02....9 BM12
Wassy 52....63 BX29
Le Wast 62....2 BA4
Watigny 02....10 BR13
Watronville 55....44 CB22
Watten 59....3 BD3
Wattignies 59....4 BI6
Wattignies-la-Victoire 59....10 BP10
Wattrelos 59....4 BK5
Wattwiller 68....66 CO35
Wavignies 60....16 BE18
Waville 54....44 CE23
Wavrans-sur-l'Aa 62....3 BC5
Wavrans-sur-Ternoise 62....7 BD8
Wavrechain-
sous-Denain 59....9 BL9
Wavrechain-
sous-Faulx 59....9 BK9
Wavrille 55....20 CA20
Wavrin 59....4 BI6
Waziers 59....9 BJ8
Wé 08....20 BY16
Weckolsheim 68....67 CO33
Wegscheid 68....84 CM36
Weinbourg 67....46 CP24
Weislingen 67....23 CN23
Weitbruch 67....47 CR25
Weiterswiller 67....46 CP24
Welles-Pérennes 60....16 BF17
Wemaers-Cappel 59....3 BE4
Wentzwiller 68....85 CO38
Werentzhouse 68....85 CP39
Wervicq-Sud 59....4 BI4
West-Cappel 59....3 BF2
Westbécourt 62....3 BB4
Westhalten 68....66 CO34
Westhoffen 67....46 CP27
Westhouse 67....66 CO29
Westhouse-
Marmoutier 67....46 CP26
Westrehem 62....3 BD6
Wettolsheim 68....66 CO33
Weyer 67....46 CN24
Weyersheim 67....47 CS25
Wickersheim 67....47 CP32
Wickerswihr 68....67 CO25
Wicquinghem 62....7 BB6
Wicres 59....4 BH6
Widehem 62....2 AZ6
Widensolen 68....67 CO33
Wiège-Faty 02....9 BN14

Wiencourt-l'Équipée 80....8 BF14
Wierre-au-Bois 62....2 AZ5
Wierre-Effroy 62....2 AZ4
Wiesviller 57....23 CN22
Wignehies 59....10 BP12
Wignicourt 08....19 BU17
Wihr-au-Val 68....66 CO33
Wihr-en-Plaine 68....67 CP33
Wildenstein 68....66 CM34
Wildersbach 67....66 CO29
Willeman 62....7 BC9
Willems 59....4 BK5
Willencourt 62....7 BC10
Willer 68....85 CP38
Willer-sur-Thur 68....66 CN35
Willeroncourt 55....43 CA26
Willerval 62....8 BH8
Willerwald 57....23 CM22
Willgottheim 67....47 CO26
Williers 08....20 BZ16
Willies 59....10 BO11
Wilshausen 67....47 CO25
Wilwisheim 67....46 CP25
Wimereux 62....2 AY4
Wimille 62....2 AY4
Wimmenau 67....23 CP23
Wimy 02....10 BP13
Windstein 67....47 CR22
Windstein
(Château de) 67....47 CR22
Wingen 67....47 CR22
Wingen-sur-Moder 67....23 CO23
Wingersheim 67....47 CQ25
Wingles 62....4 BH7
Winkel 68....85 CP40
Winnezeele 59....3 BF3
Wintersbourg 57....46 CN25
Wintershouse 67....47 CR25
Wintzenbach 67....47 CU23
Wintzenheim 68....66 CO33
Wintzenheim-
Kochersberg 67....47 CO26
Wintzfelden 68....66 CO34
Wirwignes 62....2 AZ5
Wiry-au-Mont 80....7 BA13
Wisches 67....46 CO28
Wisembach 88....66 CN31
Wiseppe 55....20 BY18
Wismes 62....3 BC5
Wisques 62....3 BC4
Wissant 62....2 AZ3
Wissembourg 67....47 CS22
Wissignicourt 02....17 BL18
Wissous 91....38 BD27
Witry-lès-Reims 51....18 BQ20
Wittelsheim 68....85 CO36
Wittenheim 68....85 CP36
Witternesse 62....3 BE6
Wittersheim 67....47 CR30

Wittersdorf 68....85 CO38
Wittisheim 67....47 CR25
Wittes 62....3 BE5
Wittisheim 67....67 CO31
Wittring 57....23 CN22
Wiwersheim 67....47 CQ26
Wizernes 62....3 BD5
Woël 55....44 CC23
Woelfling-
lès-Sarreguemines 57....23 CN22
Woellenheim 67....46 CP26
Woerth 67....47 CR23
Woignarue 80....6 AX11
Woimbey 55....43 CA23
Woincourt 80....6 AY12
Woinville 55....44 CC24
Woippy 57....21 CF21
Woirel 80....7 BA13
Wolfersdorf 68....85 CN38
Wolfgantzen 68....67 CO33
Wolfisheim 67....47 CR27
Wolfskirchen 67....46 CM24
Wolschheim 67....47 CP26
Wolschwiller 68....85 CO39
Wolxheim 67....47 CQ27
Wormhout 59....3 BE3
Woustviller 57....23 CM22
Wuenheim 68....66 CO35
Wuisse 57....45 CJ24
Wulverdinghe 59....3 BD3
Wy-dit-Joli-Village 95....38 BA22
Wylder 59....3 BF2

X

Xaffévillers 88....65 CJ29
Xaintrailles 47....160 AN77
Xaintray 79....104 AI51
Xambes 16....118 AM59
Xammes 54....44 CD23
Xamontarupt 88....66 CK32
Xanrey 57....45 CJ26
Xanton-Chassenon 85....103 AG52
Xaronval 88....65 CG30
Xermaménil 54....45 CH24
Xertigny 88....65 CI33
Xeuilley 54....44 CF28
Xirocourt 54....65 CG29
Xivray-et-Marvoisin 55....44 CC25
Xivry-Circourt 54....21 CC19
Xocourt 57....45 CH24
Xonrupt-Longemer 88....66 CM33
Xonville 54....44 CD22
Xouaxange 57....46 CM26
Xousse 54....45 CK27
Xures 54....45 CJ26

Y

Y 80....17 BI15
Yainville 76....13 AS18
Yaucourt-Bussus 80....7 BB11
Le Yaudet 22....30 M25
Ychoux 40....144 AD75
Ydes 15....136 BE64
Yèbleron 76....13 AQ16
Yèbles 77....40 BH28
Yenne 73....127 CE60
Yermenonville 28....58 AY29
Yerres 91....39 BF27
Yerville 76....13 AT16
Yeu (Île d') 85....86 T48
Yèvre-la-Ville 45....59 BD33
Yèvre-le-Châtel 45....59 BD33
Yèvres 28....57 AV32
Yèvres-le-Petit 10....62 BT29
Yffiniac 22....31 S28
Ygos-Saint-Saturnin 40....159 AF79
Ygrande 03....109 BI51
Ymare 76....14 AV20
Ymeray 28....58 AZ32
Ymonville 28....58 AZ32
Yoncq 08....20 BX17
Yonval 80....6 AZ11
Youx 63....109 BH55
Yport 76....12 AP15
Ypreville-Biville 76....12 AQ16
Yquebeuf 76....14 AW17
Yquelon 50....33 AB25
Yronde-et-Buron 63....123 BL61
Yrouerre 89....79 BP37
Yssac-la-Tourette 63....123 BJ58
Yssandon 19....134 AW66
Yssandon (Puy d') 19....134 AW66
Yssingeaux 43....139 BR66
Ysson (Puy d') 63....123 BK62
Ytrac 15....136 BE69
Ytres 62....8 BI12
Yutz 57....21 CF19
Yvecrique 76....13 AS16
Yvernaumont 08....19 BU16
Yversay 86....90 AN49
Yves 17....103 AD56
Les Yveteaux 61....35 AK27
Yvetot 76....13 AS17
Yvetot-Bocage 50....24 AC17
Yvias 22....31 Q25
Yviers 16....132 AL65
Yvignac-la-Tour 22....52 W30
Yville-sur-Seine 76....13 AT19
Yvoire 74....114 CI52
Yvoy-le-Marron 41....76 BA39
Yvrac 33....131 AH69

Yvrac-et-Malleyrand 16....119 AP60
Yvrandes 61....34 AH26
Yvré-le-Pôlin 72....74 AN37
Yvré-l'Évêque 72....56 AO34
Yvrench 80....7 BB10
Yvrencheux 80....7 BB10
Yzengremer 80....6 AY12
Yzernay 49....89 AG45
Yzeron 69....125 BV60
Yzeure 03....110 BL51
Yzeures-sur-Creuse 37....91 AS48
Yzeux 80....7 BC13
Yzosse 40....158 AC82

Z

Zaessingue 68....85 CP38
Zalana 2B....201 DK96
Zarbeling 57....45 CJ24
Zegerscappel 59....3 BE3
Zehnacker 67....46 CP26
Zellenberg 68....66 CO32
Zellwiller 67....67 CO29
Zermezeele 59....3 BE3
Zérubia 2A....203 DI102
Zetting 57....23 CM22
Zévaco 2A....203 DI101
Zicavo 2A....203 DJ100
Zigliara 2A....202 DH101
Zilia 2B....198 DG94
Zilling 57....46 CN25
Zillisheim 68....85 CP37
Zimmerbach 68....66 CO33
Zimmersheim 68....85 CP37
Zimming 57....22 CI21
Zincourt 88....65 CI31
Zinswiller 67....23 CQ23
Zipitoli
(Pont génois de) 2A....202 DH100
Zittersheim 67....46 CO24
Zoebersdorf 67....47 CQ25
Zollingen 67....46 CM24
Zommange 57....45 CK25
Zonza 2A....203 DJ102
Zoteux 62....2 BA6
Zouafques 62....3 BB3
Zouffigen 57....21 CF18
Zoza 2A....203 DI102
Zuani 2B....201 DK96
Zudausques 62....3 BC4
Zutkerque 62....3 BC3
Zutzendorf 67....47 CQ24
Zuydcoote 59....3 BF1
Zuytpeene 59....3 BE4

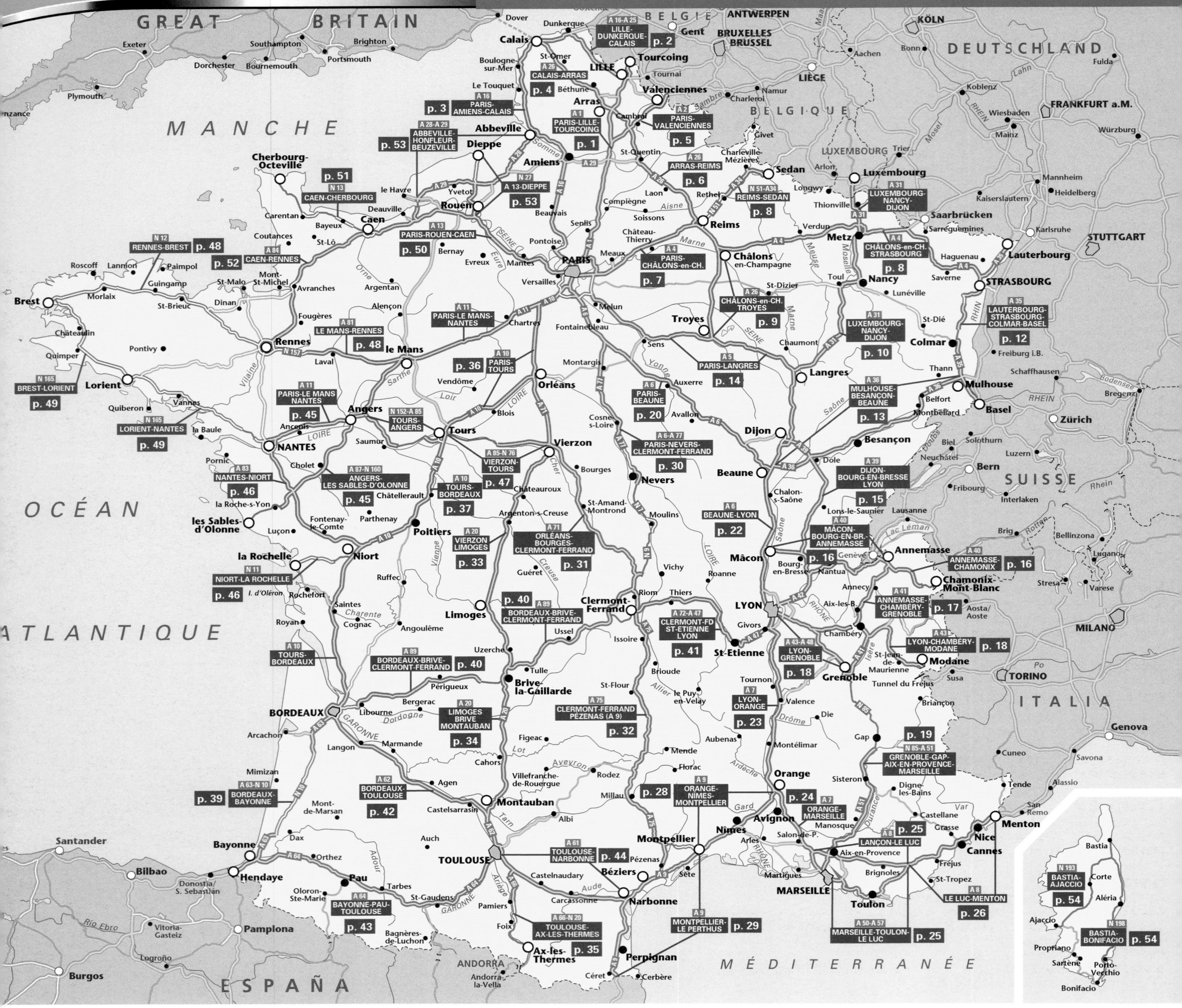

Long drives can often be tiresome or stressful in heavy traffic ... Hungry for a meal or a snack? If you are ready to take a break for a meal or a good night's rest, Bibendum has the answers.

In the following pages, you will find one thousand addresses for restaurants, hotels and guest houses, for all budgets, along 60 of the most travelled routes in France.
So that you can find the information you need quickly:
- each establishment is located less than 10 miles from the motorway interchange or national road
- the majority of addresses are outside the town centres.

List of chain hotels and restaurants on page 55

Colours to identify the type of establishment
Restaurant
Hotel
Guest house

Prices
Restaurants		Hotels
€	< 16€	< 40€ (<60€)
€€	16€-25€ (16-30€)	40€-65€ (60-90€)
€€€	25€-45€ (30-50€)	65€-100€ (90-130€)
€€€€	> 45€	> 100€

Driving directions:
These help you get an overview of the itinerary on the pages of the 1:200 000 Atlas in order to find the establishment more quickly.

Services
- **P** Customer parking
- Meals served outdoors
- Garden
- Exceptional view
- Air conditioning

Distance from the motorway

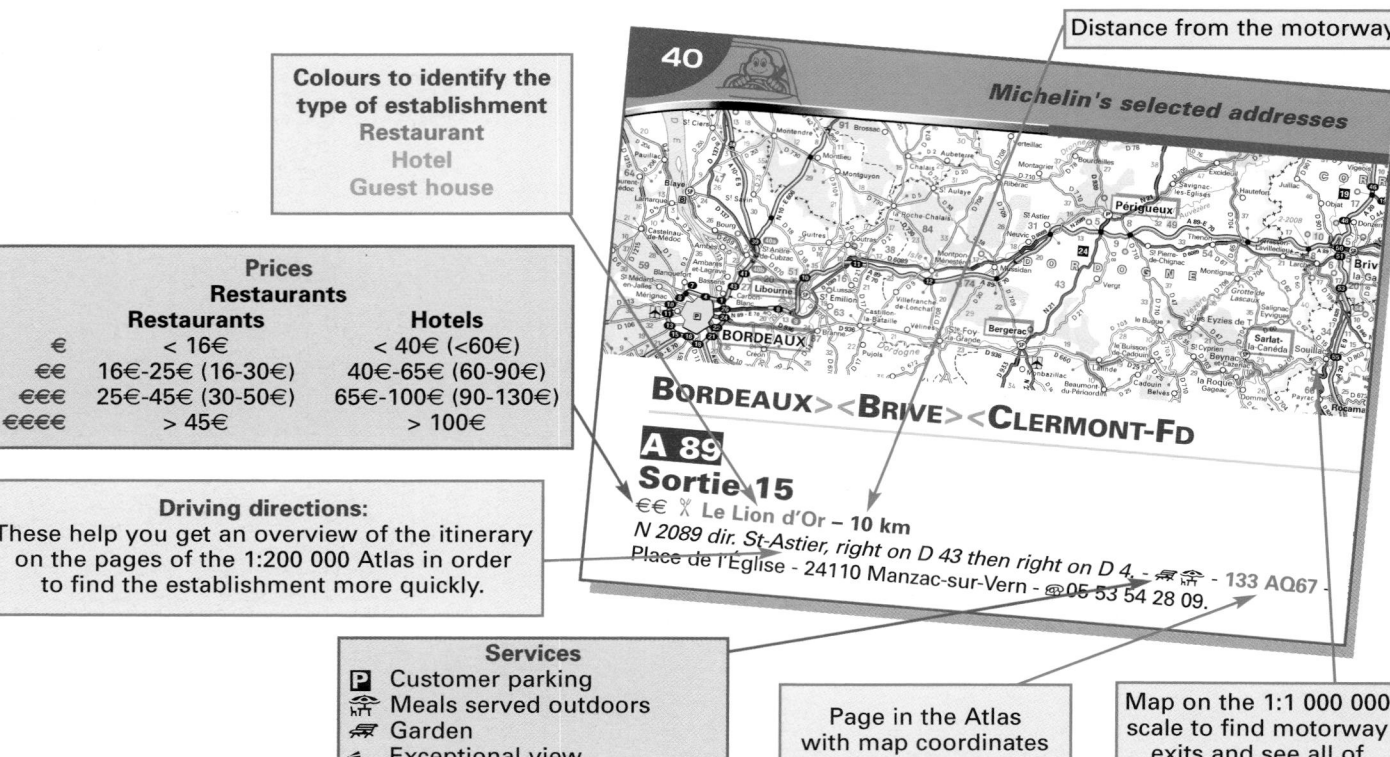

40

Michelin's selected addresses

BORDEAUX>‹BRIVE›‹CLERMONT-FD

A 89
Sortie 15
€€ ✕ Le Lion d'Or – 10 km
N 2089 dir. St-Astier, right on D 43 then right on D 4 – 133 AQ67 –
Place de l'Église - 24110 Manzac-sur-Vern - ☎ 06 53 54 28 09.

Page in the Atlas with map coordinates for the destination city

Map on the 1:1 000 000 scale to find motorway exits and see all of the itinerary

PARIS >< TOURCOING

A 1

Sortie 7

€€ ⌂ **Chambre d'hôte Mme Trevaux – 2 km**
D 607 dir. Thiers-sur-Thève then left on rue de Mortefontaine. - 🅿 ☂ - **39 BF22** -
2 r. Mortefontaine - 60520 Thiers-sur-Thève - ☎03 44 54 98 43.
€€€ ✗ **Auberge Les Étangs – 11 km**
D 16 dir. Chantilly, right on N 17, left on r. du Stade then D 118. - ☂ - **39 BE22** -
1 rue du Clos-des-Vignes - 60580 Coye-la-Forêt - ☎03 44 58 60 15 -
francoise.colagiacomo@wanadoo.fr.

Sortie 8

€€ ✗ **Auberge des Trois Canards – 5 km**
N 330 dir. Senlis, right on D 932, right on D 26 then right on r. de la Forêt. - ☂☂ - **16 BG21** -
3 pl. de l'Église - 60810 Ognon - ☎03 44 54 41 21 - www.troiscanards.fr.
€€€ ⌂ **Hôtel Ibis – 5 km**
N 330 dir. Senlis, right on D 932, right on D 26 then right on r. de la Forêt. - 🅿 - **16 BF21** -
60300 Senlis - ☎03 44 53 70 50 - www.ibishotel.com.

Sortie 9

€€ ✗ **Auberge de Normandie – 3,5 km**
*D 155 dir. Verberie, right on D 26, left on r. du Port, right on r. Jean-Dhours, right on
r. St-Pierre then right on r. de la Pêcherie.* - ☂ - **16 BG20** - 26 rue de la Pêcherie -
60410 Verberie - ☎03 44 40 92 33 - christiane.maletras@wanadoo.fr.
€€ ✗ **La Maison du Gourmet – 8 km**
D 200 dir. Compiègne then left on D 98. - 🅿☂ - **16 BG20** - 1 rue de la République -
60880 Le Meux - ☎03 44 91 10 10.

Sortie 12

€€ ✗ **Le Florentin et Hôtel Central – 1,5 km**
D 934 dir. Roye then D 34. - **16 BH16** - 36 rue d'Amiens - 80700 Roye - ☎03 22 87 11 05.

Sortie 13.1

€€ ✗ **Hostellerie des Remparts – 8 km**
D 938 dir. Péronne-centre. - ☂ - **8 BI13** - 23 r. Beaubois - 80200 Péronne - ☎03 22 84 01 22 -
hotel-des-remparts2@wanadoo.fr.

Sortie 14

€€ ✗ **La Paix – 1 km**
N 17 dir. Bapaume. - **8 BH11** - 11 avenue Abel-Guidet - 62450 Bapaume - ☎03 21 73 95 70.

Sortie 16

€€€ ✗ **Air Accueil – 7 km**
N 50 dir. Brebières. - 🅿☂☂ - **8 BI9** - Route Nationale 50 - 62117 Brebières -
☎03 21 50 01 02.

Sortie 17

€€ ✗ **Au Turbotin – 8,5 km**
*N 43 dir. Douai, r. d'Esquerchin, left on r. St-Samson/r. de la Cloche then right on r. de la
Massue.* - **8 BJ8** - 9 r. de la Massue - 59500 Douai - ☎03 27 87 04 16.

Sortie 19

€€ ⌂ **Hôtel L'Escale des Flandres – 4 km**
*D 549 dir. Seclin, D 952, right on pl. de Stalingrad, right on r. Maurice-Bouchery then left
on r. Marx-Dormoy.* - 🅿☂ - **4 BI6** - 59 r. Carnot - 59113 Seclin - ☎03 20 90 09 59 -
www.escaledesflandres.com.
€€€ ✗ **Aux Rois Fainéants – 5 km**
D 549 dir. Seclin then D 952. - 🅿☂ - **4 BI6** - 4 r. Seclin - 59139 Noyelles-les-Seclin -
☎03 20 90 10 73 - www.lesroisfaineants.fr.

Sortie 20

€€ ⌂ **As Hôtel – 0,5 km**
D 48 dir. Ronchin, right on r. Louis-Braille. - 🅿 - **4 BJ6** - 98 r. Louis-Braille - 59790 Ronchin -
☎03 20 53 05 05 - www.ashotel.com.

N 356

Sortie 6

€€€ ✗ **La Salle à Manger – 0,5 km**
Exit Marcq-en-Baroeul, et bd Clemenceau left on. - ☂ - **4 BJ5** - 99 rue Delcenserie -
59700 Marcq-en-Baroeul - ☎03 20 65 21 19.

A 22

Sortie 9

€ ⌂ **Chambre d'hôte Abri du Passant – 4 km**
r. Jean-Jaurès dir. Roubaix-centre then left on N 450 (av. de Flandre) then left on r. Vauban. - ☂ -
4 BJ5 - 14 r. Vauban - 59100 Roubaix - ☎03 20 11 07 62 - www.ifrance.com/abri-du-passant/.
€€ ✗ **L'Auberge de Beaumont – 5 km**
*r. Jean-Jaurès dir. Roubaix-centre, right on av. de Flandre, right on r. d'Hem, left on
av. de Flandre, left on r. Verte, r. de Barbieux, right on r. de Dammartin then right
on r. de Beaumont.* - ☂ - **4 BJ5** - 143 r. Beaumont - 59100 Roubaix - ☎03 20 75 43 28.

Sortie 10

€ ✗ **L'Impératrice Eugénie – 2,5 km**
*av. Pierre-Boileau dir. Roubaix, right on bd de la République, left on r. d'Alsace/
av. des Nations-Unies, right on r. Jean-Monnet then right on pl. de la Liberté.* - 🅿☂ -
4 BJ5 - 22 pl. de la Liberté - 59100 Roubaix - ☎03 28 33 75 95.

Sortie 15

€€ ✗ **La Baratte – 1 km**
*av. d'Amsterdam dir. Tourcoing-centre, right on roundabout "du Forest",
chemin du Beau-Séjour/r. Beau-Séjour then left on r. du Clinquet.* - ☂ - **4 BJ4** - 395 r. Clinquet -
59200 Tourcoing - ☎03 20 94 45 63 - la.baratte@wanadoo.fr.

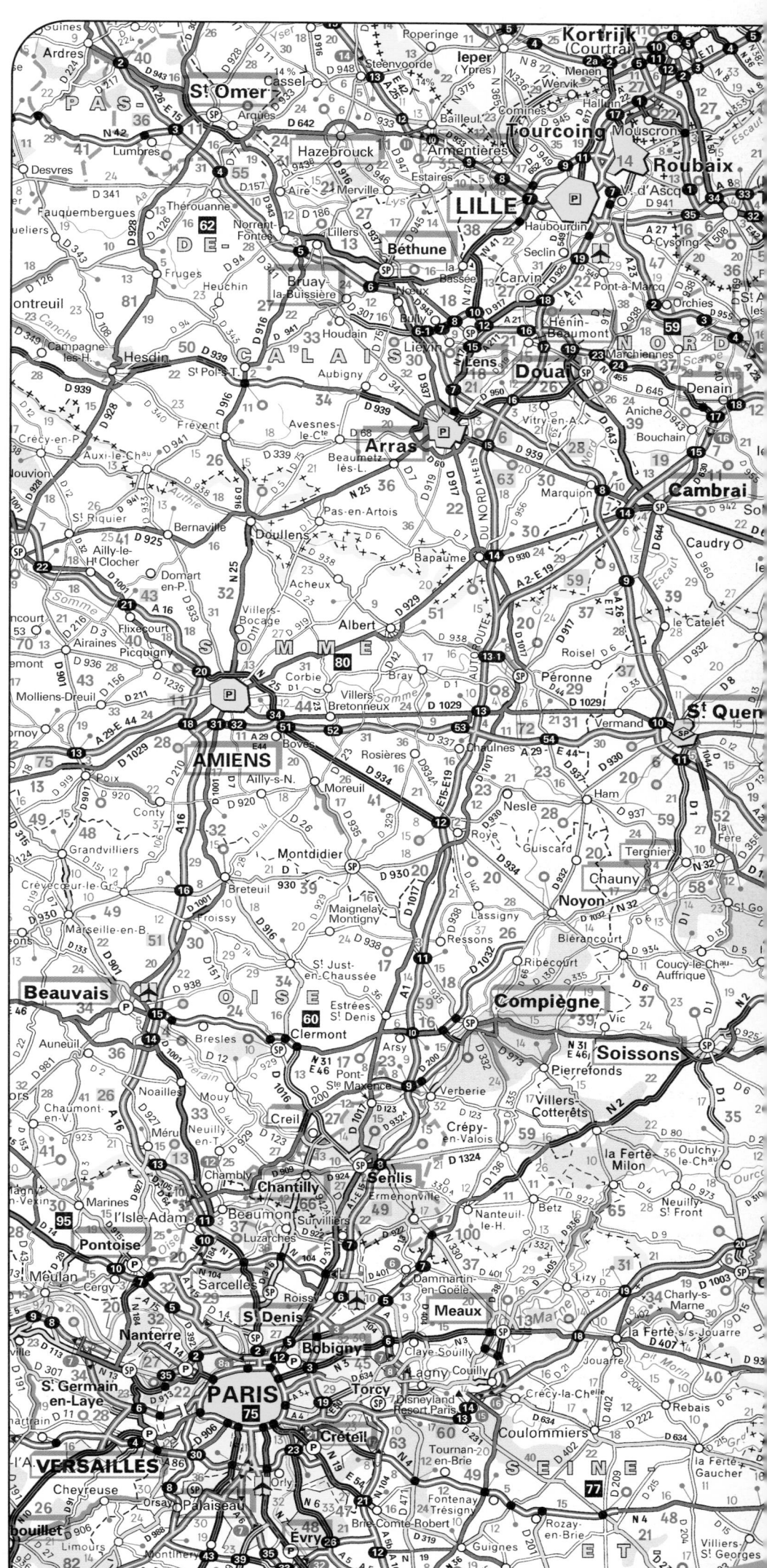

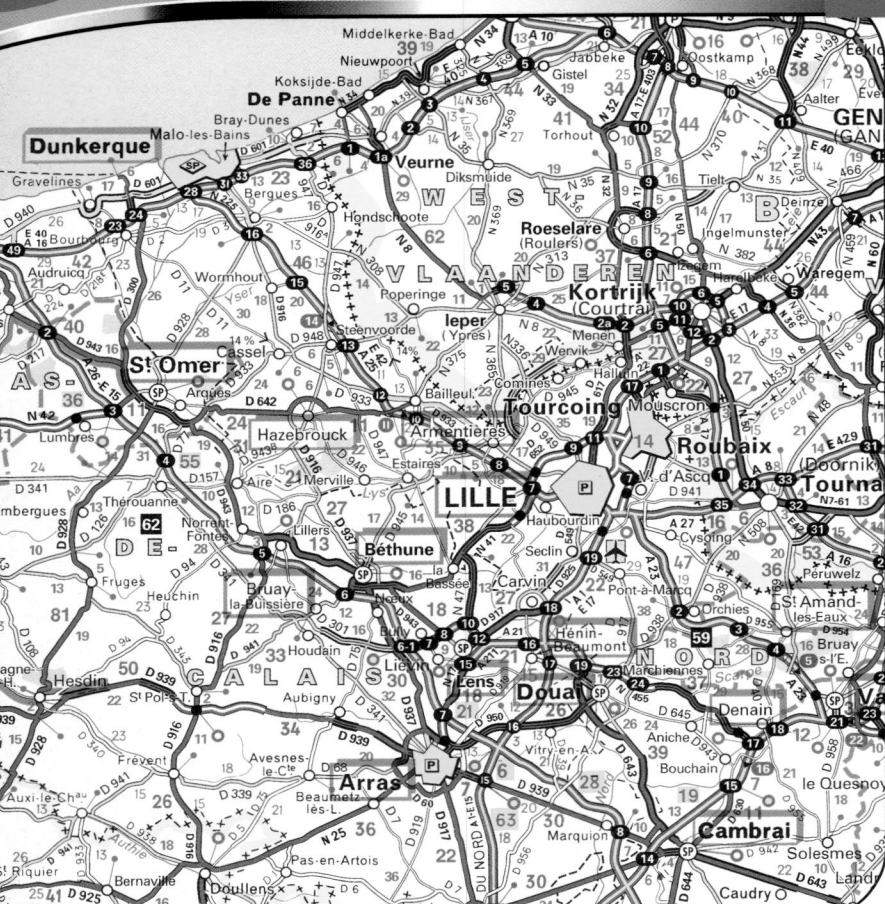

LILLE><DUNKERQUE><CALAIS

A 25
Sortie 3
€€€ 🏠 **Nord Hôtel – 1,5 km**
in Lille D 750 then D 549 - 🅿 *- 4 BJ5 - 48 r. du Fg-d'Arras - 59000 Lille - ☎03 20 53 53 40 -*
www.nord-hotel.com.

€€€ 🍴 **Le Bistrot de Pierrot – 2,5 km**
in Lille bd Victor-Hugo, right on r. de Cambrai, left on bd Jean-Baptiste-Lebas, left on bd de la Liberté then right on pl. Richebé. - 4 BJ5 - 6 pl. de Béthune - 59000 Lille -
☎03 20 57 14 09 - pierrot@bistrot-de-pierrot.com.

€€ 🍴 **Omnia – 3 km**
in Lille bd Victor-Hugo, right on r. de Cambrai, left on bd Jean-Baptiste-Lebas/bd Papin, right on pl. Simon-Vollant, r. de Paris, right on r. des Ponts-de-Comines, left on r. Faidherbe, left on r. des Manneliers, right on pl. du Gén.-de-Gaulle then right on r. Esquermoise. - 4 BJ5 - 9 r. Esquermoise - 59800 Lille - ☎03 20 57 55 66 - omnia-restaurant.com.

A 16
Sortie 31
€€€ 🍴 **Soubise – 1,5 km**
D 916 dir. Coudekerque-Branche, left on r. des Forts then left on rte de Bergues. - 🅿 *-*
3 BE1 - 49 rte de Bergues - 59210 Coudekerque-Branche - ☎03 28 64 66 00 -
restaurant.soubise@wanadoo.fr.

€€€ 🍴 **L'Estouffade – 4 km**
D 916 dir. Dunkerque, N 1, r. de l'Écluse de Bergues, r. des Fusiliers-Marins, quai des Hollandais, left on pl. du Minck then right on r. du Leughenaer/r. de la Petite-Chapelle. -
🍽 *- 3 BE1 -* 2 quai de la Citadelle - 59140 Dunkerque - ☎03 28 63 92 78.

€€€ 🍴 **Le Corsaire – 4 km**
D 916 dir. Dunkerque, N 1, r. de l'Écluse de Bergues, r. des Fusiliers-Marins, quai des Hollandais, left on pl. du Minck then right on r. du Leughenaer/r. de la Petite-Chapelle. - 🍽 *-*
3 BE1 - 6 quai de la Citadelle - 59140 Dunkerque - ☎03 28 59 03 61 - corsairedk@free.fr.

€ 🍴 **Taverne Le Bruegel – 7 km**
D 916 dir. Bergues, left on D 3, left on quai des Maçons then right on pl. du Marché-aux-Fromages. - 3 BE2 - 1 r. du Marché-aux-Fromages - 59380 Bergues - ☎03 28 68 19 19 -
www.lebruegel.com.

€€ 🏠 **Hôtel Au Tonnelier – 7 km**
D 916 dir. Bergues then left on D 3 (r. de l'Arsenal/r. Faidherbe). - 🅿 *- 3 BE2 -*
4 r. du Mont-Piété - 59380 Bergues - ☎03 28 68 70 05 - www.autonnelier.com.

Sortie 24
€€€ 🍴 **Middel Houck – 7 km**
D 600 dir. Brouckerque then D 17. - 3 BD2 - Place du Village - 59630 Brouckerque -
☎03 28 27 13 46 - middelhouck@wanadoo.fr.

Sortie 23
€€ 🛏 **Chambre d'hôte Le Withof – 4 km**
D 11 dir. Bourbourg, D 1, right on r. du Château then right on chemin du Château. - 🅿 🚲
3 BC2 - Chemin du Château - 59630 Bourbourg - ☎03 28 62 32 50.

€€€ 🛏 **Chambre d'hôte Château de St-Pierre-Brouck – 9 km**
D 11 dir. Bourbourg, D 1, right on r. de la Chapelle then r. de la Bistade. - 🅿 *- 3 BC2 -*
287 rte de la Bistade - 59630 St-Pierre-Brouck - ☎03 28 27 50 05 - www.lechateau.net.

Sortie 22
€€ 🍴 **Le Turbot – 5 km**
D 218 dir. Gravelines, right on D 119, left on bd Salomé/r. de Calais, right on r. André-Vanderghote, left on r. Catrice, right on r. de la République then left on r. Carnot . -
3 BC2 - 26 r. de Dunkerque - 59820 Gravelines - ☎03 28 23 08 54 - www.leturbot.com.

Sortie 20
€€ 🍴 **La Boudinière – 8,5 km**
D 940 dir. Oye-Plage, left on rte d'Offekerque then left on rte de Waldam. - 🅿 *- 2 BB2 -*
2691 rte de Waldam - 62215 Oye-Plage - ☎03 21 85 93 14 - www.laboudiniere.com.

Sortie 19
€€ 🛏 **Chambre d'hôte Le Manoir du Meldick – 4,5 km**
D 247 dir. Transmarck-Ouest, right on av. de Calais, left on av. de Verdun then right on av. du Gén.-de-Gaulle. - 🅿 *- 2 BB2 -* 2528 av. du Gén.-de-Gaulle, Fort-Vert - 62730 Marck -
☎03 21 85 74 34 - www.manoir-du-meldick.com.

Sortie 31
€ 🏠 **Camping Le Bois des Forts – 7 km**
D 916 dir. Bergues then left on D 3 (r. de l'Arsenal/r. Faidherbe). - 3 BE1 - 59380 Coudekerque -
☎03 28 61 04 41.

PARIS >< AMIENS >< CALAIS

A 115

Sortie 3
€€ ✕ Le Petit Castor – 1,5 km
in Saint-Leu-la-Forêt bd André-Bremont, right on av. Jean-Rostand then left on D 928. -
39 BD23 - 68 r. de Paris - 95320 St-Leu-la-Forêt - ☎01 39 32 94 13.

Interchange N 184
€€€ ✕ Auberge Ravoux (Maison de Van Gogh) – 4 km
N 184 dir. Auvers-sur-Oise then D 928. - **39 BC23** - Across from the town hall (mairie) -
95430 Auvers-sur-Oise - ☎01 30 36 60 60 - info@vangoghfrance.com.

A 16

Sortie 3
€€ ✕ Epicure – 5 km
D 96 dir. Wimereux then right on D 940. - **2 AY4** - 1 rue de la Gare - 62930 Wimereux -
☎03 21 83 21 83.

Sortie 7
€€ ✕ La Sirène – 8,5 km
D 191 dir. Audinghen then D 940. - ☐ ⟨ - **2 AY3** - Rte du Cap - 62179 Audinghen -
☎03 21 32 95 97.

Sortie 10
€€ ⌂ Chambre d'hôte La Grand'Maison – 5 km
D 243 dir. Peuplingues then left on pl. de la Mairie. - ☐ 🚘 - **2 AZ2** - hameau de la
Haute-Escalles - 62179 Escales - ☎03 21 85 27 75 - lagrandmaison@infonie.fr.

Sortie 11
€€€ ✕ Le Relais Fleuri – 4 km
D 922 dir. L'Isle-Adam then right on ruelle St-Pierre. - 🚘 - **39 BD22** - 61 bis r. St-Lazare -
95290 L'Isle-Adam - ☎01 34 69 01 85.

Sortie 13
€€ ✕ Les Trois Toques – 4 km
D 125 dir. Méru, bd de l'Esches, right on r. Marcel-Coquet, left on r. Johannes-
Gutenberg, right on r. Paul-Vaillant-Couturier, right on av. Victor-Hugo then left on r. des
Martyrs-de-la-Résistance/r. Pierre-Curie. - **15 BC21** - 21 r. Pierre-Curie - 60110 Méru -
☎03 44 52 01 15.

Sortie 14
€€ ✕ Les Dunes – 3 km
D 940 dir. Blériot-Plage. - ☐ - **2 BA2** - 48 route Nationale - 62231 Blériot-Plage -
☎03 21 34 54 30 - p.mene@les-dunes.com.
€ ⌂ Hôtel Victoria – 3,5 km
D 940 dir. Calais-centre, r. de Verdun, right on av. Pierre-de-Coubertin, left on bd du 8-Mai,
right on bd de la Résistance, right on bd des Alliés, right on du Cdt-Charcot, left on
r. de Thermes then r. du Cdt-Bonningue. - **2 BA2** - 8 r. du Cdt-Bonningue - 62100 Calais -
☎03 21 34 38 32 - hotel-victoria-calais.activehotels.com.
€€€ ✕ Aquar'aile – 3,5 km
D 940 dir. Calais-centre, bd Du Gén.-de-Gaulle, left on r. du Mar.-Juin then r. Jean Moulin. -
⟨ - **2 BA2** - 255 r. J.-Moulin - 62100 Calais - ☎03 21 34 00 00 - f.leroy@aquaraile.com.

Sortie 15
€€ ✕ La Baie d'Halong – 2,5 km
N 31 dir. Beauvais-centre. - **15 BC19** - 32 r. de Clermont - 60000 Beauvais - ☎03 44 45 39 83.

Sortie 16
€€ ✕ Le Globe – 8 km
D 930 dir. Breteuil, left on r. des Écoles, right on r. d'Amiens then right on r. de la République. -
🚘 - **16 BD17** - 12 rue de la République - 60120 Breteuil - ☎03 44 07 01 78.

Sortie 22
€€ ✕ L'Escale en Picardie – 3,5 km
N 1 dir. Abbeville, chaussée du Bois, right on pl. Clemenceau, left on r. des Capucins
then left on r. des Teinturiers. - **7 BA11** - 15 r. des Teinturiers - 80100 Abbeville -
☎03 22 24 21 51.

Sortie 24
€ ✕ Au Relais de la Maye – 6 km
N 1 dir. Berck-Plage, D 32, D 85 (rte d'Abbeville) then left on D 938. - ☐ 🚘 - **6 AY10** -
R. Principale, in St-Firmin - 80550 Le Crotoy - ☎03 22 27 10 84.
€€ ⌂ Auberge de la Dune – 10,5 km
N 1 dir. Berck-Plage, D 32, D 940 then left on D 4. - ☐ - **6 AY10** - 80550 St-Firmin -
☎03 22 25 01 88.
€€ ✕ La Clé des Champs – 11 km
N 1 dir. Le Crotoy, D 32, right on D 940 then left on D 140. - ☐ - **6 AZ10** -
Pl. des Frères-Caudron - 80120 Favières - ☎03 22 27 88 00.

Sortie 25
€€ ⌂ Chambre d'hôte La Chaumière – 5,5 km
D 303 dir. Verton, right on r. de la Laiterie, left on D 143, right on D 142 then left on
r. de la Tourberie. - ☐ 🚘 - **6 AZ8** - 19 r. du Bihen - 62180 Verton - ☎03 21 84 27 10 -
www.alachaumiere.com.

€€ ✕ Le Darnétal – 8 km
D 330 dir. Montreuil, left on N 1, left on D 901, right on av. du Gén. Leclerc/porte de France,
left on pl. du Gén.-de-Gaulle/r. Pierre-Ledent then right on pl. Darnétal. - **2 AZ7** -
Place de la Poissonnerie - 62170 Montreuil-sur-Mer - ☎03 21 06 04 87.
€€ ⌂ Hôtel L'Écu de France – 8 km
D 330 dir. Montreuil, left on N 1, left on D 901 then right on av. du Gén. Leclerc/
porte de France. - ⟨ - **2 AZ7** - 5 porte de France - 62170 Montreuil - ☎03 21 06 01 89 -
www.ecudefrance.fr.

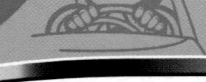

€€ ✗ **La Verrière – 10 km**
D 303 dir. Berck-sur-Mer, right on D 940, bd de Paris, right on av. du 8-Mai-1945 then left on r. de l'Impératrice. - 🌳 - 6 AY8 - Pl. du 18-Juin, àin Berck-Plage - 62600 Berck-sur-Mer - ☏03 21 84 27 25 - casino-62berck@wanadoo.fr.

Sortie 26

€ ✗ **Aux Pêcheurs d'Étaples – 3,5 km**
N 39 dir. Étaples-centre, right on r. d'Hérambault then right on pl. du Gén.-de-Gaulle. - 🅿 - 2 AY7 - Quai de la Canche - 62630 Étaples - ☏03 21 94 06 90.

€€ 🏨 **Hôtel des Pelouses – 7 km**
N 39 dir. Le Touquet-Paris-Plage-centre. - 🅿 - 2 AY7 - Bd Edmond-Labrasse - 62520 Cucq - ☏03 21 94 60 86 - hotel.des.pelouses@wanadoo.fr.

Sortie 27

€€ ✗ **Les Cèdres – 7 km**
D 308 dir. Camiers, left on D 940, r. de Ste-Cécile then right on r. du Vieux-Moulin. - 🅿🚗🌳 - 2 AY6 - 64 rue du Vieux-Moulin - 62176 Camiers - ☏03 21 84 94 54 - hotel-cedres@wanadoo.fr.

€€ ✗ **Brasserie L'Océan – 7,5 km**
D 308 dir. Hardelot-Plage, right on D 940, D 119, left on av. John-Whitley, left on av. François-1er, right on pl. de la Concorde, left on av. Fernand-Lesage, left on r. des Cygnes, av. de la Lande then right on bd de la Mer. - 🌳 - 2 AY5 - 100 bd de la Mer - 62152 Hardelot-Plage - ☏03 21 83 17 98 - www.brasserie-ocean.fr.

Sortie 28

€€ ✗ **Auberge Chez Mémère Harlé – 9,5 km**
N 1 dir. Desvres, left on D 240, right on D 341 then left on D 238. - 2 AZ5 - Rte de Desvres - 62240 Wirwignes - ☏03 21 87 34 87 - memere-harlé@wanadoo.fr.

€ ✗ **Ferme-auberge du Blaisel – 10 km**
N 1 dir. Desvres, left on D 240 then right on D 341. - 🅿🚗 - 2 AZ5 - Chemin de la Lombarderie - 62240 Wirwignes - ☏03 21 32 91 98 - www.fermeaubergedublaisel.com.

Sortie 29

€€ ✗ **Le Doyen – 5 km**
N 416 dir. Boulogne-sur-Mer, right on N 1, D 940, right on r. de la Lampe/Grande-Rue then right on pl. Dalton. - 2 AY4 - 11 r. du Doyen - 62200 Boulogne-sur-Mer - ☏03 21 30 13 08.

Sortie 30

€€ 🏨 **Hôtel Faidherbe – 4 km**
rte de Desvres dir. St-Martin-Boulogne, left on rte de St-Omer/av. du Mar.-de-Lattre-de-Tassigny, right on r. de la Porte Neuve, right on bd Auguste-Mariette, right on r. de la Tour-Notre-Dame then left on r. du Tertre/r. Faidherbe. - 2 AY4 - 12 r. Faidherbe - 62200 Boulogne-sur-Mer - ☏03 21 31 60 93 - www.hotelfaidherbe.fr.

€€ 🏠 **Chambre d'hôte Le Clos d'Esch – 4,5 km**
D 341 dir. Desvres then right on D 234. - 🅿 - 2 AZ5 - 126 r. de l'Église - 62360 Echinghen - ☏03 21 91 14 34 - jp-boussemaere@wanadoo.fr.

Sortie 31

€€€€ ✗ **Ferme-auberge de la Raterie – 10,5 km**
N 42 dir. St-Omer, right on D 232, right on D 233, left on D 242 then right on D 238. - 🚗 - 2 AZ4 - 1744 hameau de la Maloterie - 62720 Wierre-Effroy - ☏03 21 92 80 90 - www.ferme-auberge-laraterie.com.

Calais ><Arras

A 26

Sortie 2

€€ ✗ **Le François 1ᵉʳ – 8 km**
D 217 dir. Calais, left on N 43 then left on D 231. - 2 BB3 - Place d'Armes - 62610 Ardres - ☏03 21 85 94 00 - lewandowski@lefrancois1er.com.

Sortie 3

€€ 🏨 **Hôtel Le Vivier – 11 km**
N 42 dir. St-Omer, right on D 928, r. St-Eloi, right on r. Henri-Duthen, left on r. des Deux-Cantons, left on r. du Minck then right on r. Louis-Martel. - 3 BD4 - 22 r. Louis-Martel - 62500 St-Omer - ☏03 21 95 76 00 - www.au-vivier-saintomer.com.

€€ ✗ **Le Cygne – 11 km**
N 42 dir. St-Omer, right on D 928, av. Léon-Blum, left on r. de la Libération, right on r. d'Amiens/r. d'Arras, left on r. Gambetta, right on r. du Lycée then right on r. Caventou. - 3 BD4 - 8 r. Caventou - 62500 Saint-Omer - ☏03 21 98 20 52.

Sortie 5

€€ ✗ **Le Buffet – 9 km**
D 916 dir. Amiens, N 43, D 188, D 186 then right on D 187 (r. Jean-Jaurès). - 🚗 - 3 BE6 - 22 r. de la Gare - 62330 Isbergues - ☏03 21 25 82 40.

Sortie 6

€€ ✗ **La Ripaille – 3,5 km**
D 86 dir. Béthune, right on N 43, D 937, left on r. Émile-Zola, left on r. d'Arras, right on r. Aristide-Briand, left on av. Jean-Jaurès then left on Grand-Place . - 3 BG7 - 20 Grand'Place - 62400 Béthune - ☏03 21 56 22 33.

Sortie 7

€€ 🏨 **Hôtel Diamant – 1,5 km**
N 17 dir. Arras, right on square Léon-Jouhaux, left on Grand'Place, right on r. des Trois-Marteaux, left on r. de la Batterie then left on pl. des Héros. - 🅿 - 8 BH9 - 5 pl. des Héros - 62000 Arras - ☏03 21 71 23 23 - www.arras-hotel-diamant.com.

€€€ ✗ **La Table du Troubadour – 1,5 km**
N 17 dir. Arras, left on r. Gambetta then right on pl. du Mar.-Foch. - 8 BH9 - 43 bd Carnot - 62000 Arras - ☏03 21 71 34 50.

€€ ✗ **Auberge du Cabaret Rouge – 6,5 km**
D 49 dir. Arras, right on D 937. - 🅿🚗 - 8 BG8 - 1 r. Carnot - 62153 Souchez - ☏03 21 45 06 10 - aubergebeaucamp@wanadoo.fr.

€€ 🏠 **Chambre d'hôte Le Clos Grincourt – 8 km**
D 260 dir. Arras, N 25, right on D 60, N 39 then D 56. - 🅿 - 8 BG9 - 18 r. du Château - 62161 Duisans - ☏03 21 48 68 33 - www.leclosgrincourt.com.

€€ ✗ **Restaurant Lyonnais – 9,5 km**
N 17 dir. Lens then right on av. de la Glissoire. - 🅿🚗 - 8 BH8 - Parc de la Glissoire - 62210 Avion - ☏03 21 70 04 03 - http://restaurantlyonnais.com.

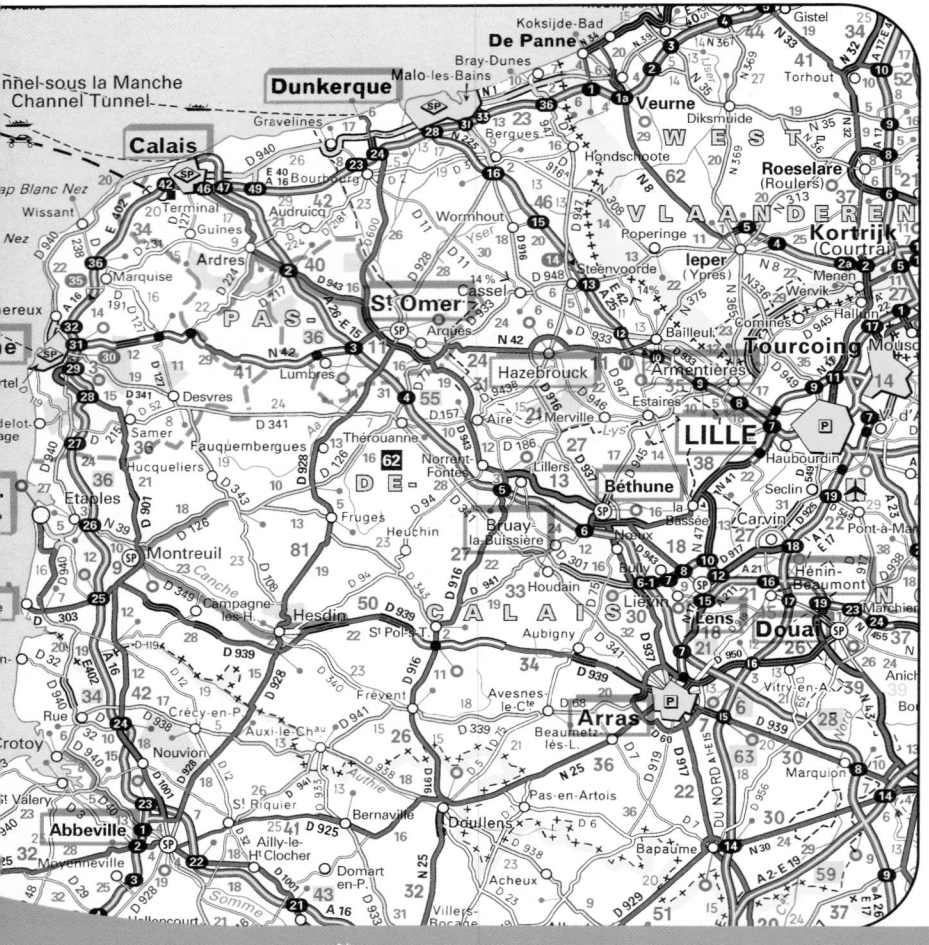

PARIS><VALENCIENNES

A 2

Sortie 14

€€ ✕ **Auberge Fontenoise** – 3,5 km
N 30 dir. Fontaine-Notre-Dame-centre. - 8 BJ11 - Route Nationale 30 -
59400 Fontaine-Notre-Dame - ☎03 27 37 71 24 - auberge.fontenoise@wanadoo.fr.
€€ ✕ **L'Escargot** – 4 km
*N 30 dir. Cambrai, av. Georges-Pompidou, right on bd de la Liberté, left on
pl. de la Porte-de-Paris, right on av. de la Victoire, right on pl. Aristide-Briand then right on
r. du Gén.-de-Gaulle.* - 9 BK10 - 10 r. du Gén.-de-Gaulle - 59400 Cambrai - ☎03 27 81 24 54 -
restaurantlescargot@wanadoo.fr.

Sortie 20

€ ✕ **Au Vieux Saint-Nicolas** – 4,5 km
N 30 dir. Valenciennes, right on pl. Carpeaux, left on r. Ferrand then right on r. de Paris. -
9 BM8 - 72 r. de Paris - 59300 Valenciennes - ☎03 27 30 14 93.

Sortie 21

€€€ ✕ **L'Endroit** – 3 km
*In Aulnoy-lez-Valenciennes r. Jules-Mousseron, av. Georges-Pompidou, right on
pl. du Canada, bd Carpeaux, pl. Cardon then left on r. du Quesnoy.* - ☎ - 9 BM8 -
69 rue du Quesnoy - 59300 Valenciennes - ☎03 27 42 99 23 - lionel.coint@wanadoo.fr.

Sortie 22.a

€€ ⌂ **Chambre d'hôte Château d'En Haut** – 8,5 km
N 49 dir. Bavay then left on D 934. - **P** - 9 BN9 - Château d'en Haut - 59144 Jenlain -
☎03 27 49 71 80 - www.chateaudenhaut.fr.st.

Sortie 23.a

€€ ✕ **Clos de la Perrière** – 6 km
D 350 dir. Sebourg then D 287. - 9 BN9 - 32 rue Verimetz - 59990 Sebourg -
☎03 27 26 53 33 - www.lecolsdelapeniere.com.

Sortie 25

€€€ ✕ **Le Manoir de Tombelle** – 3,5 km
D 50 dir. Quiévrechain then left on N 30. - **P** 🍴 🌳 - 9 BN8 - 137 avenue Jean-Jaurès -
59920 Quiévrechain - ☎03 27 35 12 30.

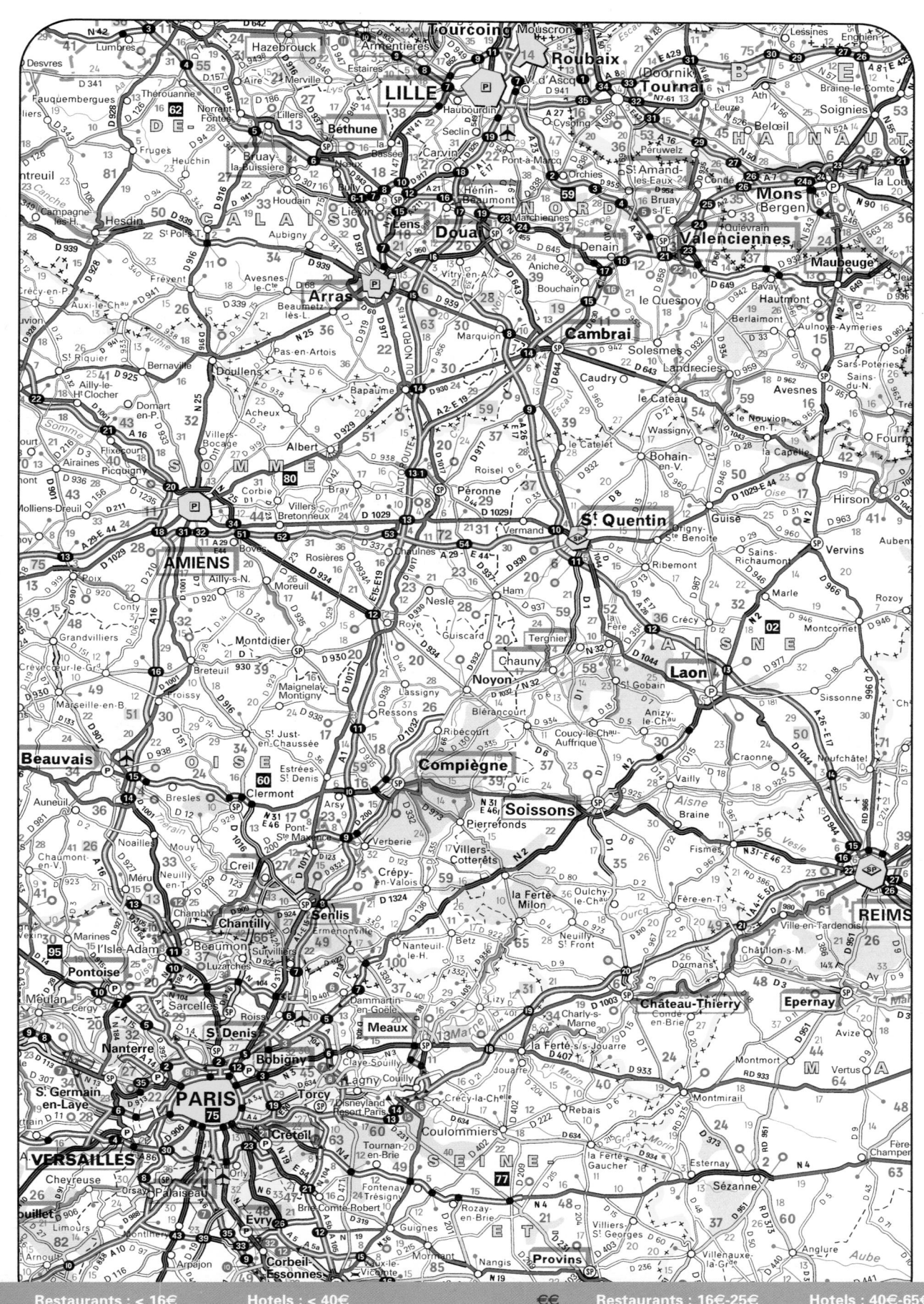

ARRAS><REIMS

A 26
Échangeur A 1
€€ 🏨 **Hôtel Le Manoir – 3,5 km**
A 1 exit 16, N 50, left on r. d'Oppy then right on D 33. - 🅿 🍴 - **8 BH9** - 35 rte Nationale - 62580 Gavrelle - ☎03 21 58 68 58 - lemanoir62.com.

Sortie 9
€€ ⌂ **Chambre d'hôte Delcambre – 3,5 km**
D 917 dir. Banteux, right on D 96 then left on r. d'en-Haut. - **9 BK12** - Ferme de Bonavis - 59266 Banteux - ☎03 27 78 55 08 - www.bonavis.fr.

Sortie 10
€€ 🍴 **Le Pot d'Étain – 2,5 km**
N 29 right on dir. Amiens then left on D 681. - 🅿 🚲🍴 - **9 BK14** - Route Nationale 29 - 02760 Holnon - ☎03 23 09 34 35 - info@lepotdetain.fr.
€ 🏨 **Hôtel de France et d'Angleterre – 4 km**
N 29 dir. Saint-Quentin-centre, D68 (r. de La Chaussée-Romaine), left on r. de Paris, right on av. Faidherbe then right on r. Émile-Zola. - 🅿 - **9 BK14** - 28 r. Émile-Zola - 02100 St-Quentin - ☎03 23 62 13 10 - hotel-france-angleterre@wanadoo.fr.

Sortie 11
€€€ 🏨 **Hôtel du Château – 3 km**
D 1 dir. Saint-Quentin-Sud, N 442, N 44 right on, left on D 573 then left on D 12. - 🅿 - **9 BL14** - 11 r. Fontaine - 02100 Neuville-St-Amand - ☎03 23 68 41 82 - www.chateauneuvillestamand.com.

Sortie 13
€ 🏨 **Hostellerie Les Chevaliers – 7,5 km**
N 2 dir. Maubeuge, right on D 181, D 967 (pl. Victor-Hugo), D5, right on r. Méchain, left on r. du Père-Marquette-et-Louis-Joll, left on r. du Bourg, pl. du Gén.-Leclerc, then left on r. Sérurier. - **18 BN17** - 5 r. Sérurier - 02000 Laon - ☎03 23 27 17 50 - hotelchevaliers@aol.com.
€€€ 🍴 **La Petite Auberge – 7,5 km**
N 2 dir. Maubeuge then right on D 181. - **18 BN17** - 45 bd Brossolette - 02000 Laon - ☎03 23 23 02 38 - w.marc.zorn@wanadoo.fr.

Sortie 14
€€ 🍴 **Le Jardin – 8,5 km**
D 925 dir. Guignicourt, then right on D 966 (r. Principale). - 🚲🍴 - **18 BQ19** - 22 rue Principale - 02190 Neufchâtel-sur-Aisne - ☎03 23 23 82 00 - lejardin@wanadoo.fr.

Sortie 13
€ 🍴 **Bistrot Le Saint-Amour – 7,5 km**
N 2 dir. Maubeuge then right on D 181. - **18 BN17** - 45 bd Brossolette - 02000 Laon - ☎03 23 23 31 01 - w.marc.zorn@wanadoo.fr.

🍴 **Restaurant**   🏨 **Hotel**   ⌂ **Guest house**   🅿 **Customer parking**   🍴 **Meals served outdoors**   🚲 **Garden**   ▦ **Air conditioning**

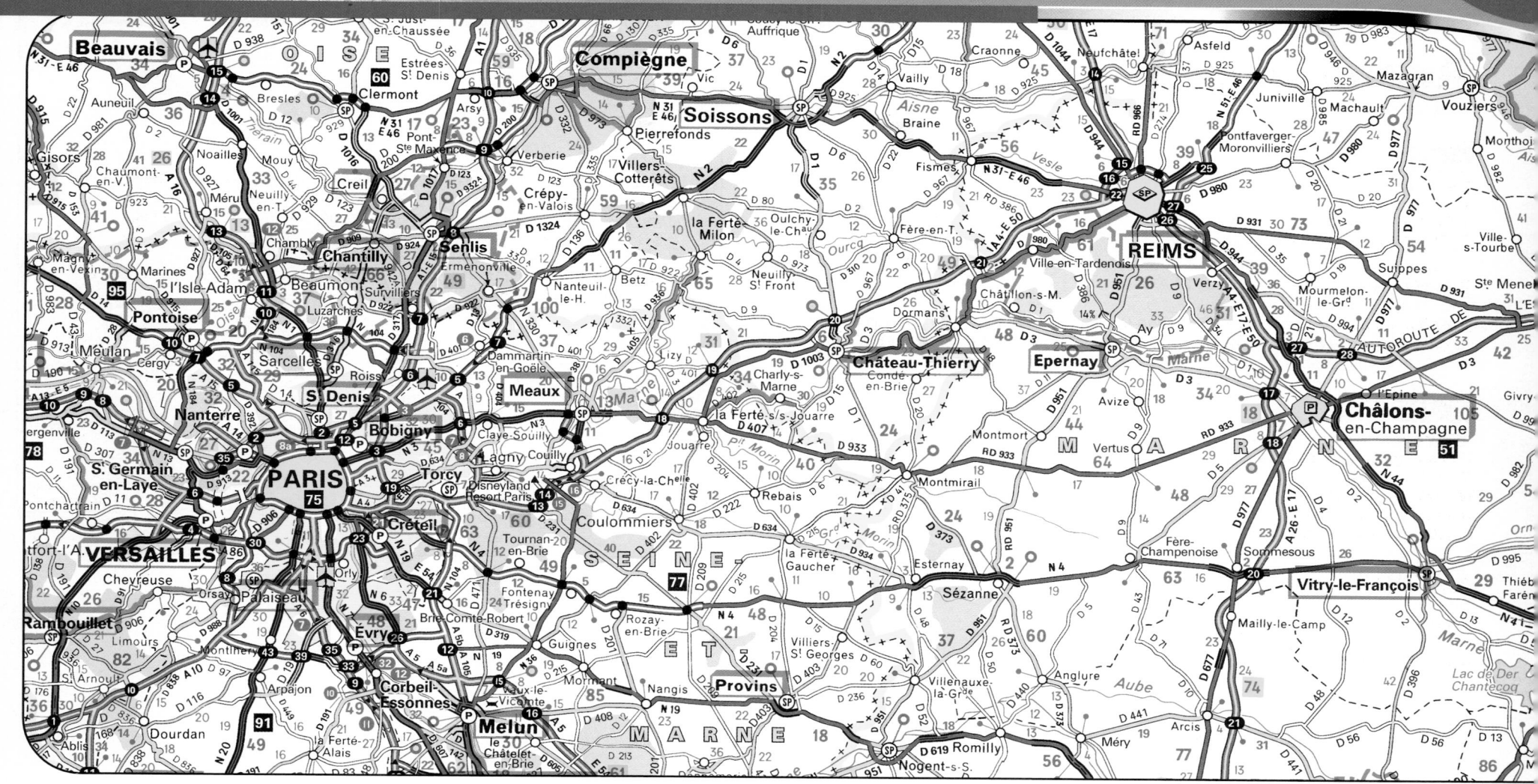

PARIS >< CHÂLONS-EN-CHAMPAGNE

A 4

Échangeur N 104
€€€ ✕ **Golf – 11 km**
N 104 (la Francilienne) sortie 18 then D35. - **P** - 39 BF26 - Ferme-des-Hyverneaux - 77150 Lésigny - ☎01 60 02 25 26 - reservation@parisgolfhotel.

Échangeur A 141
€€ ✕ **Le Marinone – 9,5 km**
A 140 dir. Meaux, r. François-de-Tessan, N 6, right on r. Mme-Dassy, left on r. du Cdt.-Berge then left on pl. du Marché. - 40 BH24 - 30 pl. du Marché - 77100 Meaux - ☎01 64 33 57 37.

Échangeur A 140
€€€ ✕ **La Grignotière – 10,5 km**
A 140 dir. Meaux, r. François-de-Tessan, N 36, right on r. des Fusiliers, left on D 405, r. Aristide Briand, left on r. des Marronniers then right on r. de la Sablonnière. - 40 BH24 - 36 r. de la Sablonnière - 77100 Meaux - ☎01 64 34 21 48.

Sortie 12
€€€ 🏠 **St-Rémy – 1,5 km**
D 35 dir. Ferrières-en-Brie-centre. - 39 BG26 - 77164 Ferrières-en-Brie - ☎01 64 76 74 00 - rkhater@hotel-st-remy.fr.

Sortie 16
€€ 🏠 **Chambre d'hôte La Hérissonière – 4 km**
N 34 dir. Coulommiers, right on r. de Bouleurs, left on r. du Marché then left on D 235. - 🚲 - 40 BI25 - 4 r. du Barrois, (près de l'église) - 77580 Crécy-la-Chapelle - ☎01 64 63 00 72 - laherissoniere@free.fr.
€€ ✕ **Auberge de la Veillée – 4 km**
D 33 dir. Bouleurs-centre. - 40 BI25 - 13 rue de l'Église - 7580 Bouleurs - ☎01 64 63 62 05.
€€€ 🏠 **Chambre d'hôte Les Hauts de Montguillon – 2 km**
N 33 dir. St-Germain-sur-Morin-centre. - **P** 🚲 - 40 BH25 - 22 r. de St-Quentin, in Montguillon - 77860 St-Germain-sur-Morin - ☎01 60 04 45 53 - www.les-hauts-de-montguillon.com.

Sortie 18
€ ✕ **Le Bec Fin – 6,5 km**
N 3 dir. La Ferté-sous-Jouarre, D 402 then left on r. du Faubourg. - 40 BJ24 - 1 quai des Anglais - 77260 La Ferté-sous-Jouarre - ☎01 60 22 01 27 - www.restaurant-lebecfin.fr.
€€ 🏠 **Plat d'Étain – 6,5 km**
N 3 dir. La Ferté-sous-Jouarre-centre. - **P** - 40 BJ24 - 77640 Jouarre - ☎01 60 22 06 07 - hotel-le-plat-d-etain@wanadoo.fr.

Sortie 20
€€€ ✕ **Auberge Jean de La Fontaine – 6 km**
D 1 right on dir. Château-Thierry, right on D 967 (rte de Verdilly), right on (r. du Faubourg de La-Barre), left on (r.du Château), left on (r. de La-Barre), right on (av. Joussaume-Latour), right on D 3 (r. Carnot), right on (Quai Amédée-Couesnon), left on (r. des Écoles), left on (pl. Thiers), left on (ruelle du Gravier) then left on D 3 (r. Carnot). - 40 BL23 - 10 r. des Filoirs - 02400 Château-Thierry - ☎03 23 83 63 89 - infos@auberge-jean-de-la-fontaine.com.
€€ ✕ **L'Estoril – 6 km**
Right on D 1 dir. Château-Thierry, right on D 967 (rte de Verdilly), right on (r. du Faubourg-de-La-Barre), left on (r. du Château), left on (r. de La-Barre), right on (av. Joussaume-Latour), right on D 3 (r. Carnot), right on (quai Amédée-Couesnon), left on (r. des Écoles), left on (pl. Thiers) then right on (r. des Granges). - 40 BL23 - 1 pl. des Granges - 02400 Château-Thierry - ☎03 23 83 64 16 - norberto.fran@wanadoo.fr.

Sortie 21
€€ 🏠 **Chambre d'hôte Ferme du Grand Clos – 8 km**
D 980 dir. Ville-en-Tardenois, right on r. de Geronde, right on r. d'En Bas then right on r. de Blanchette. - **P** - 18 BO21 - r. Jonquery - 51170 Ville-en-Tardenois - ☎03 26 61 83 78.

Sortie 23
€€ 🏠 **Hôtel Crystal – 1 km**
In Reims bd Louis-Roederer, right on r. de Bir-Hakeim, left on bd du Gén.-Leclerc then right on pl. Drouet-d'Erlon. - 🚲 - 18 BQ21 - 86 pl. Drouet-d'Erlon - 51100 Reims - ☎03 26 88 44 44 - www.hotel-crystal.fr.
€€ ✕ **Grand Hôtel Continental – 1 km**
In Reims bd Louis-Roederer, right on r. de Bir-Hakeim, left on bd du Gén.-Leclerc then right on pl. Drouet-d'Erlon. - 🚲 - 18 BQ21 - 93 pl. Drouet-d'Erlon - 51100 Reims - ☎03 26 47 01 47 - www.le-continental.fr.

Sortie 25
€€ 🏠 **Reflets Bleus – 3 km**
In Reims av. de Champagne, left on r. Albert-Thomas, right on av. du Gén.-Giraud, av. Henri-Farman then r. Gabriel-Voisin. - 18 BQ21 - 12 r. G.-Voisin - 51100 Reims - ☎03 26 82 59 79 - info-lesrefletsbleus@wanadoo.fr.

Sortie 26
€€ ✕ **Le Relais de Sillery – 9,5 km**
av. Nicéphore-Niépce dir. Reims, right on N 44 then N 8. - 🚲 - 18 BR21 - 3 r. de la Gare - 51500 Sillery - ☎03 26 49 10 11.

REIMS><SEDAN

A 34
Sortie 9
€€ ⚱ **Amorini – 4,5 km**
N 43 dir. Charleville-Mézières-centre, left on D 989 (r. de Montjoly), right on bd Gambetta, right on av. Jean-Jaurès, left on r. du Prés.-Kennedy/pl. Winston Churchill, left on r. Pierre-Plateau, left on av. du Petit-Bois then right on pl. Ducale. - 19 BV15 - 46 pl. Ducale - 08000 Charleville-Mézières - ☎03 24 37 48 80.
€€ ⚱ **Le Val Fleuri – 6,5 km**
N 43 dir. Charleville-Mézières-centre, left on D 989 (r. de Montjoly) then right on D 59 (pl. des-Droits-de-l'Homme/quai Arthur-Rimbaud). - 19 BV15 - 25 quai Arthur-Rimbaud - 08000 Charleville-Mézières - ☎03 24 59 94 11.

A 203
Sortie 3
€€ 🏠 **Auberge du Port – 1,5 km**
right on D 764 dir. Bazeilles (av. de la Dernière-Cartouche/r. Flamanville) then right on pl. de l'Infanterie de Marine. - 🅿 - 20 BX16 - rte de Remilly - 08450 Bazeilles - ☎03 24 27 13 89 - www.auberge-du-port.fr.

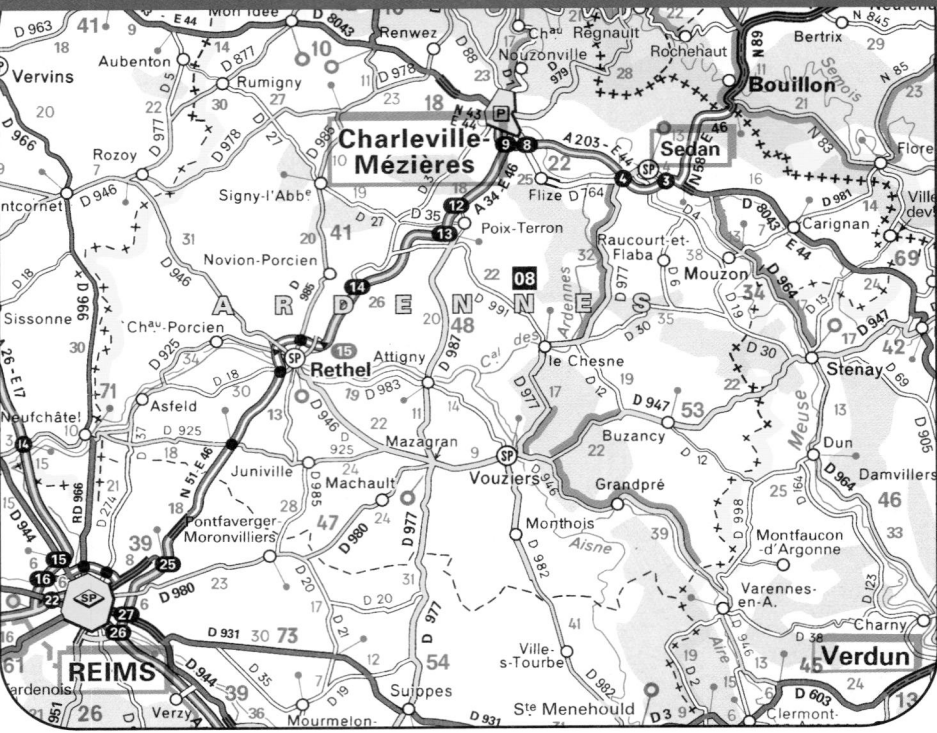

CHÂLONS-EN-CHAMP.><STRASBOURG

A 4
Sortie 29
€ 🏠 **Hôtel L'Argonnais – 2 km**
D 85 dir. Ste-Menehould, left on D 982, right on av. Kellermann then r. Florion. - 43 BW22 - 2 r. Florion - 51800 Ste-Menehould - ☎03 26 60 70 84.
€€ ⚱ **Aux Berges de la Biesme – 2 km**
D 85 dir. Ste-Menehould, left on D 982, right on av. Kellermann then N 3.- 🅿 - 43 BW22 - D 3, la Vignette - 51800 Ste-Menehould - ☎03 26 60 09 22.
€€ ⚱ **Le Cheval Rouge – 2 km**
D 85 dir. Ste-Ménehould, left on D 982, right on av. Kellermann then N 4. - 43 BW22 - 1 rue de Chanzy - 51800 Ste-Ménehould - ☎03 26 60 81 04 - rouge.cheval@wanadoo.fr.

Interchange A 315
€ ⚱ **Chambre d'hôte Bigare – 8,5 km**
A 315 dir. Metz-Est, N 431 then right on D 999. - 🅿 - 45 CG22 - 23 r. Principale - 57530 Ars-Laquenexy - ☎03 87 38 13 88.

Sortie 44
€€ ⚱ **Des Vosges – 6 km**
N 4 dir. Phalsbourg, right on D 38 then r. Charles-Ackermann. - 🅿 - 46 CO25 - 2 r. Ackermann - 57820 Lutzelbourg - ☎03 87 25 30 09 - www.hotelvosges.com.

Sortie 45
€€ ⚱ **Caveau de l'Escale – 5 km**
N 404 dir. Saverne, right on D 6, right on r. de l'Orangerie, right on D 219 then quai du Canal. - 46 CO25 - 10 quai du Canal - 67700 Saverne - ☎03 88 91 12 23 - www.escale-saverne.fr.
€€ ⚱ **Le Clos de la Garenne – 5 km**
N 404 dir. Saverne, right on D 6, right on r. des Clés, right on N 4 then left on r. du Haut-Bar. - 🅿 - 46 CO25 - 88 rte de Haut Barr - 67700 Saverne - ☎03 88 71 20 41 - clos-garenne@wanadoo.fr.

Sortie 47
€ ⚱ **Krebs'Stuebel – 6,5 km**
D 421 dir. Mommenheim, D 58, left on D 30 then right on av. de Strasbourg. - 🅿 - 47 CR25 - 4 avenue de Strasbourg - 67170 Brumath - ☎03 88 51 11 08 - ecrevisse@wanadoo.fr.

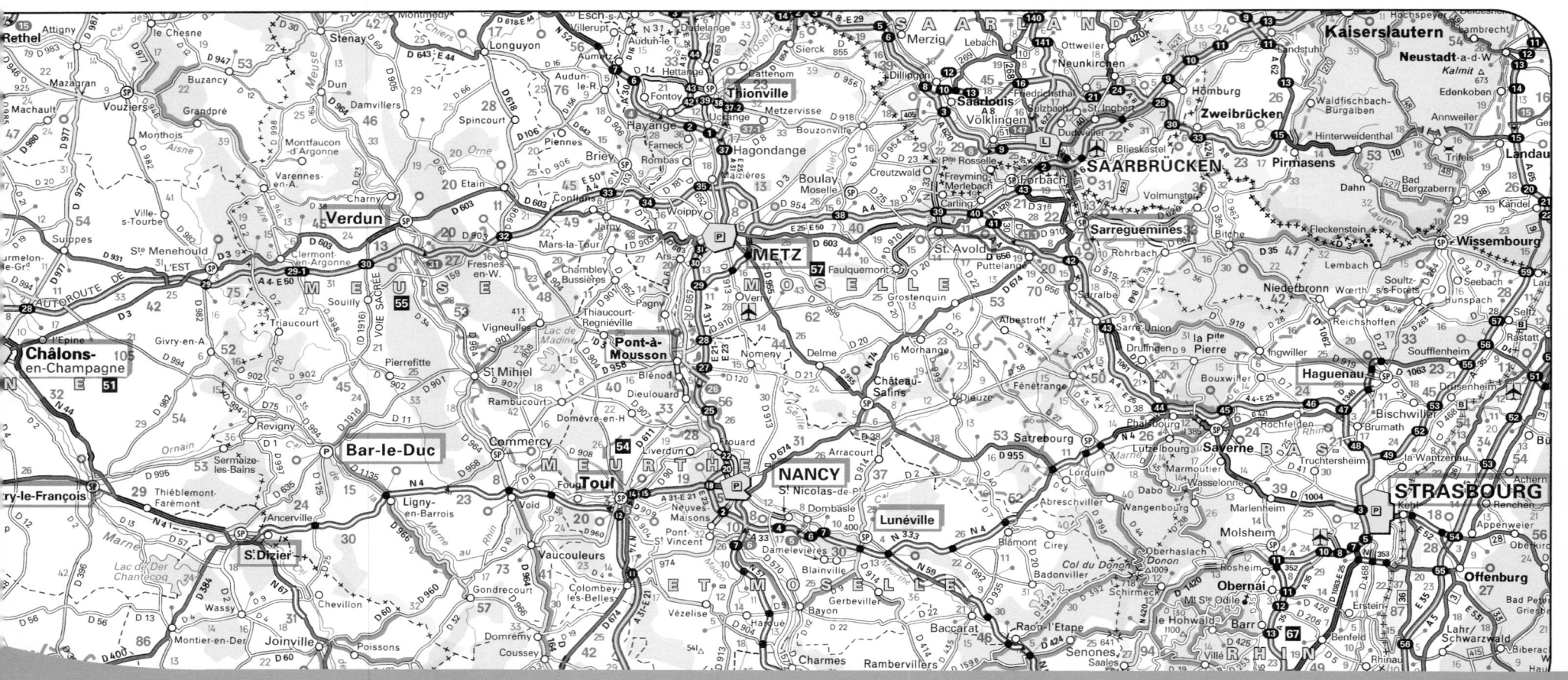

CHÂLONS-EN-CHAMP.><TROYES

A 26

Sortie 17

€€ ⌂ **Chambre d'hôte La Grosse Haie – 5 km**
D 3 dir. Matougues then left on chemin de St-Pierre. - 🅿 🚲 - **42 BR24** - Chemin de St-Pierre -
51510 Matougues - ☎03 26 70 97 12 - songy.chambre@wanadoo.fr.
€€€ ✗ **À l'Auberge des Moissons – 5 km**
D 3 dir. Matougues-centre. - 🅿 🚲 - **42 BR24** - 8 rte Nationale - 51510 Matougues -
☎03 26 70 99 17 - www.des-moissons.com.

Sortie 18

€€ ✗ **Les Ardennes – 8 km**
*D 5 dir. Châlons-en-Champagne-centre, right on N 77, left on av. Jeanne-d'Arc/r. du Lt-Loyer,
right on r. Jean-Jaurès, right on r. de la Marne, right on r. de l'Hôtel-de-Ville, right on
r. Edmond-Michelet, right on r. des Fripiers, left on r. Gambetta, right on r. Émile Leroy
then left on pl. de la République.* - 🍴 - **42 BS24** - 34 place de la République -
51000 Châlons-en-Champagne - ☎03 26 68 21 42 - lesardennes-restaurant.com.
€ 🏠 **Hôtel Pasteur – 9 km**
*D 5 dir. Châlons-en-Champagne-centre, N 3, left on pl. Ste-Croix, D 1 then right on
r. Pasteur.* - 🅿 - **42 BS24** - 46 r. Pasteur - 51000 Châlons-en-Champagne - ☎03 26 68 10 00 -
www.hotel-pasteur.fr.

Sortie 23

€€ ⌂ **Chambre d'hôte Mme Jeanne - Les Colombages Champenois – 5 km**
N 19 dir. Thennelières, D 48 then right on r. du Haut. - 🅿 🚲 - **62 BR31** - 33 r. du Haut -
10270 Laubressel - ☎03 25 80 27 37 - aux.colombages.champenois@wanadoo.fr.
€ 🏠 **Hôtel Les Comtes de Champagne – 8,5 km**
*N 19 dir. Troyes-est, N 2019 (av. du Mar.-de-Lattre-de-Tassigny/carr. de l'Europe/
av. du 1er-Mai/cours Jacquin/bd Danton), left on N 19 (quai de Dampierre), right on
bd Gambetta, left on r. Jaillant-Deschaînets then left on r. de la Monnaie.* - 🅿 - **62 BQ31** -
56 r. de la Monnaie - 10000 Troyes - ☎03 25 73 11 70 - www.comptesdechampagne.com.
€€€ ✗ **Le Royal Hôtel – 8,5 km**
*N 19 dir. Troyes-est, N 2019 (av. du Mar.-de-Lattre-de-Tassigny/carr. de l'Europe/
av. du 1er-Mai/cours Jacquin/bd Danton), left on N 19 (quai de Dampierre), right on
bd Gambetta then left on N 360 (bd Carnot).* - **62 BQ31** - 22 boulevard Carnot - (BZ) -
10000 Troyes - ☎03 25 73 19 99 - reservation@royal-hotel-troyes.com.

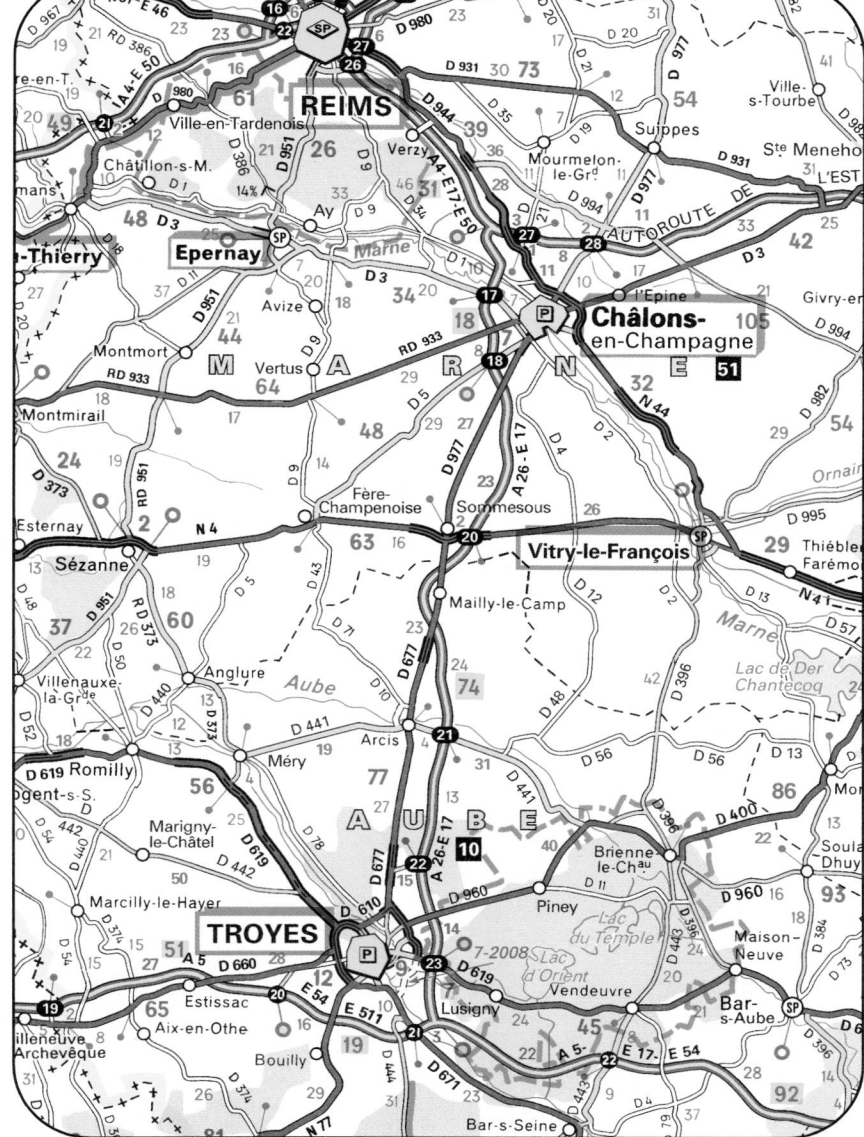

€	Restaurants : < 16€	Hotels : < 40€	€€	Restaurants : 16€-25€	Hotels : 40€-65€
€€€	Restaurants : 25€-45€	Hotels : 65€-100€	€€€€	Restaurants : > 45€	Hotels : > 100€

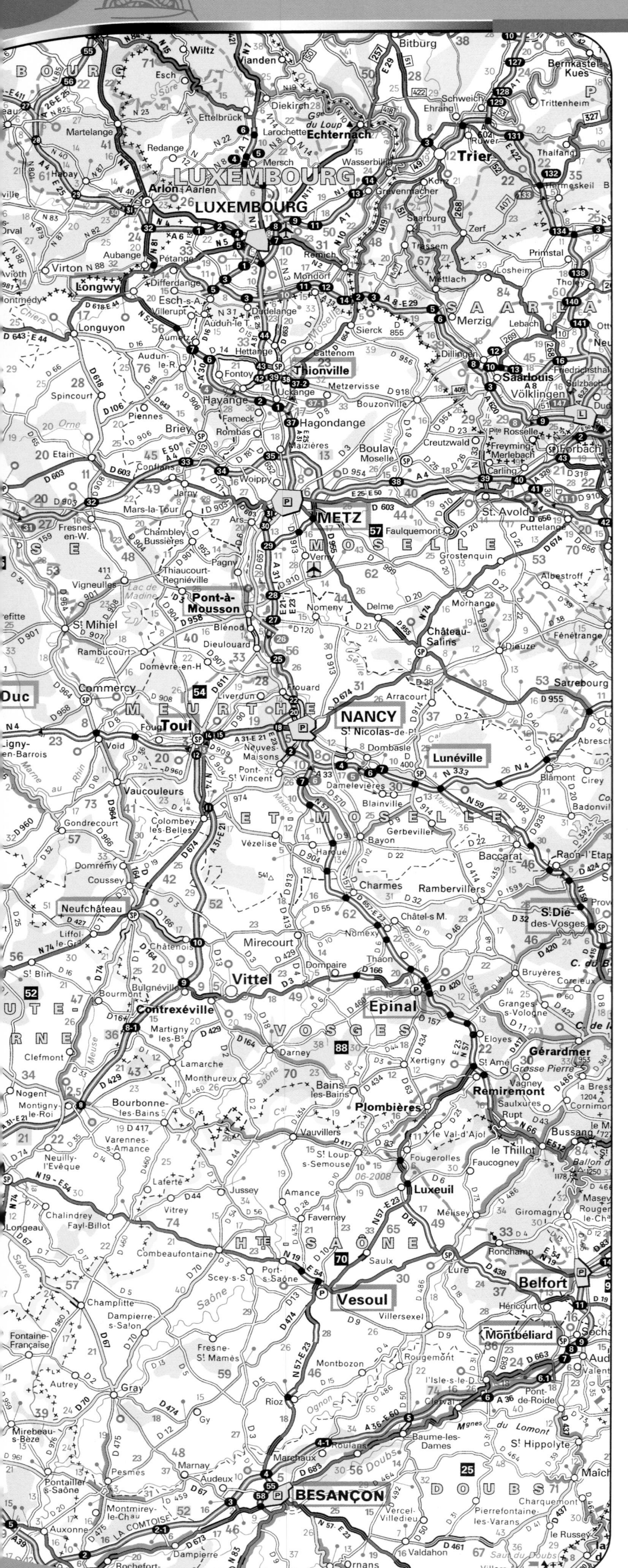

LUXEMBOURG><NANCY> <DIJON

A 31

Sortie 40

€€€ ✗ Auberge du Crève-Cœur – 3 km

D 14 dir. Thionville-centre, chaussée d'Afrique, left on rte de Guentrange, left on imp. Barthélémy-Dinot, left on boucle Michel-Quarante, left on r. Nicolas-Probst, left on rte des Romains/r. de Saintignon/rte du Crève-Cœur then left on le Crève-Cœur. - 🅿 🍽 - 21 CF19 - 9 le Crève-Cœur - 57100 Thionville - ☎03 82 88 50 52 - aubergeducrevecoeur@wanadoo.fr.

Sortie 38

€€ ✗ Les Alérions – 3 km

N 153 dir. Yurst-centre, D 1Bis, left on D 918 then left on D 953. - 21 CF19 - 102 r. Nationale - 57970 Yutz - ☎03 82 56 26 63.

Sortie 37

€€ 🏨 Hôtel Orion – 4 km

D 8 dir. Amnéville, r. de la République then r. des Romains. - 🍽 - 21 CF20 - Au parc de loisirs du Bois de Coulange - 57360 Amnéville - ☎03 87 70 20 20 - http://www.accueil-amneville.com//5-fr-orion.html.

€€ ✗ La Forêt – 4 km

D 8 dir. Amnéville, r. de la République then r. des Romains. - 🍽 - 21 CF20 - Au parc de loisirs du Bois de Coulange - 57360 Amnéville - ☎03 87 70 34 34 - www.restaurant-laforet.com.

Interchange A 4

€ ✗ Restaurant du Fort St-Jean – 7,5 km

A 4 exit 37, D 1 dir. Metz, D 69, left on D 2 then left on allée du Fort. - 🅿 🍽 - 21 CG21 - Allée du Fort, lieu-dit le Fort - 57070 St-Julien-lès-Metz - ☎03 87 75 71 16 - restaurantdufort@wanadoo.fr.

Sortie 32

€€€ ✗ Le Chat Noir – 2 km

in Metz left on av. de Lattre-de-Tassigny, left on r. Paul-Verlaine, left on av. Leclerc-de-Hauteclocque, left on pl. Jean-Moulin then left on r. Pasteur. - 🍽 - 44 CF22 - 30 rue Pasteur - (not on map) - 57000 Metz - ☎03 87 56 99 19.

€€ ✗ Le Bistrot des Sommeliers – 2 km

in Metz left on av. de Lattre-de-Tassigny, left on r. Paul-Verlaine, left on av. Leclerc-de-Hauteclocque, left on pl. Jean-Moulin then left on r. Pasteur. - 44 CF22 - 10 r. Pasteur - 57000 Metz - ☎03 87 63 40 20.

€€ ✗ L'Aloyau – 2,5 km

in Metz av. Joffre, left on pl. Raymond-Mondon, av. Foch, left on r. des Augustins, left on r. du Neufbourg, left on pl. St-Nicolas then left on r. de la Fontaine. - 44 CF22 - 3 r. de la Fontaine - 57000 Metz - ☎03 87 37 33 72.

Sortie 28

€€€ ✗ Le Fourneau d'Alain – 6,5 km

D 910 dir. Pont-à-Mousson then left on N 57. - 44 CF24 - 64 pl. Duroc - 54700 Pont-à-Mousson - ☎03 83 82 95 09.

€€ ✗ Ferme-auberge Les Verts Pâturages – 8 km

D 910 dir. Château-Salins, left on D 110 then D 70. - 🅿 🍽 🍽 - 44 CF24 - 14 r. St-Christophe - 54610 Éply - ☎03 83 31 30 85 - www.fermeaubergedesvertspaturages.eu.

€€€ 🏨 Auberge des Thomas – 9 km

D 910 dir. Pont-à-Mousson then left on N 57. - 🍽 - 44 CF24 - 100 avenue Victor-Claude - 54700 Blénod-lès-Pont-à-Mousson - ☎03 83 81 07 72.

Sortie 23

€€ 🏠 Chambre d'hôte Ferme de Montheu – 10,5 km

D 321 dir. Nancy, left on D 32, left on D 913 then left on D 37. - 🅿 🍽 - 45 CG26 - 54770 Dommartin-sous-Amance - ☎03 83 31 17 37 - mgranddidier@wanadoo.fr.

Sortie 18

€€ ✗ Les Chanterelles – 1,5 km

rte de Mirecourt dir. Nancy, left on r. Catherine-Opalinska then left on av. de la Malgrange. - 45 CG27 - 27 avenue de la Malgrange - 54140 Jarville-la-Malgrange - ☎03 83 51 43 17.

€€ ✗ Les 3 Marches – 2 km

av. de la Résistance dir. Nancy, left on av. de Boufflers then left on r. Marie-Odile. - 45 CG26 - 8 bis r. St-Léon - 54000 Nancy - ☎03 83 41 33 00.

€€ ✗ Les Pissenlits – 3,5 km

rte de Mirecourt dir. Nancy, left on bd Louis-Barthou, pl. Gérard-d'Alsace, bd Georges-Clemenceau/bd Jean-Jaurès, left on r. Victor-Prouvé, left on r. de Mon-Désert, left on pont des Fusillés, left on pl. Alexandre-1er, left on r. Cufflé then left on r. des Ponts. - 45 CG26 - 25 bis r. des Ponts - 54000 Nancy - ☎03 83 37 43 97 - pissenlits@wanadoo.fr.

€€ 🏨 Portes d'Or – 4 km

rte de Mirecourt dir. Nancy, left on bd Louis-Barthou, pl. Gérard-d'Alsace, bd Georges-Clemenceau, left on av. du Gén.-Leclerc, left on pl. des Vosges/r. St-Dizier then left on r. Stanislas. - 45 CG26 - 21 r. Stanislas - 54000 Nancy - ☎03 83 35 42 34 - contact@hotel-lesportesdor.com.

Sortie 15

€€ ✗ La Belle Époque – 5,5 km

D 400 dir. Toul-centre. - 44 CE27 - 31 av. Victor-Hugo - 54200 Toul - ☎03 83 43 23 71.

Sortie 11

€€ ✕ **Les Tilleuls – 9,5 km**
D 974 dir. Colombey-les-Belles then left on N 74. - **64 CD29** *- 6 route de Neufchâteau -*
88300 Autreville - ☎03 83 52 84 50 *- restolestilleuls@aol.com.*

Sortie 9

€€€ ⌂ **Chambre d'hôte M. Breton Benoît – 2 km**
D 164 dir. Bulgnéville, r. François-de-Neufchâteau, left on D 14 then left on r. des Récollets. -
🅿 *-* **64 CD32** *- 74 r. des Récollets - 88140 Bulgnéville -* ☎03 29 09 21 72 *-*
benoitbreton.chambresdhotes@wanadoo.fr.

€€ 🏠 **Hôtel de France – 8 km**
D 164 dir. Contrexéville, left on D 17, left on D 13 then r. du Roi Stanislas. - 🅿 *-* **64 CE32** *-*
av. du Roi-Stanislas - 88140 Contrexéville - ☎03 29 05 05 05 *- www.lefrance-contrex.com.*

Sortie 7

€€ ✕ **Auberge des Voiliers – 10,5 km**
N 19 dir. Langres then left on D 284. - 🅿🕌 *-* **82 CA36** *- Au Lac de la Liez - 52200 Langres -*
☎03 25 87 05 74 *- www.hotel-voiliers.com.*

Sortie 6

€€ ⌂ **Chambre d'hôte Japiot – 3,5 km**
D 6 dir. Longeau. - 🅿🕌 *-* **82 BZ37** *- 52250 Flagey -* ☎03 25 84 45 23 *-*
www.fermedusoleildelangres.com.

Sortie 1

€€ ✕ **La Toute Petite Auberge – 6 km**
D 8 dir. Dijon, left on N 74 then left on D 115. - 🕌 *-* **97 BX44** *- Rte Nationale 74 -*
21700 Vosne-Romanée - ☎03 80 61 02 03.

€€€ ✕ **Le Chambolle Musigny – 8 km**
D 8 dir. Dijon, left on N 74 then D 112. - **97 BX43** *- 28 r. Basse - 21220 Chambolle-Musigny -*
☎03 80 62 86 26.

Interchange A 4

€ ✕ **Les Vins s'enchaînent – 7,5 km**
A 4 exit 37, D 1 dir. Metz, D 69, left on D 2 then left on allée du Fort. - **44 CF22** *-*
8 r. des Piques - 57000 Metz - ☎03 87 36 19 01.

LAUTERBOURG><COLMAR>
<BASEL

A 4

Sortie 49

€ ⌂ **Chambre d'hôte La Maison du Charron – 7,5 km**
D 263 dir. Brumath, left on D 64 then right on D 31. - 🕌 *-* **47 CQ26** *- 15 r. Principale -*
67370 Pfettisheim - ☎03 88 69 60 35 *- www.maisonducharron.com.*

Sortie 49.1

€€ ✕ **Au Tilleul – 4,5 km**
D 184 dir. Niederhausbergen, left on D 63 then right on D 31. - 🅿 *-* **47 CR27** *-*
5 route de Strasbourg - 67206 Mittelhausbergen - ☎03 88 56 18 31 *- info@autilleul.fr.*

N 83

Sortie 20

€€ ✕ **À la Truite – 3,5 km**
D 106 dir. Illhaeusern. - 🕌 *-* **67 CP31** *- 17 r. du 25-Janvier - 68970 Illhaeusern -*
☎03 89 71 83 51.

€€ ✕ **Wistub du Sommelier – 4 km**
D 106 dir. Bergheim then D 42. - **67 CP31** *- 68750 Bergheim -* ☎03 89 73 69 99 *-*
www.wistub-du-sommelier.com.

Sortie 21

€ ✕ **Au Relais des Ménétriers – 6 km**
D 3 dir. St-Dié-des-Vosges, right on D 416 then right on r. du Gén.-de-Gaulle. - **66 CO31** *-*
10 av. Gén.- de -Gaulle - 68150 Ribeauvillé - ☎03 89 73 64 52.

A 35

Sortie 2

€€ ✕ **L'Ami Fritz – 2 km**
tunnel Wodli Sébastopol dir. pl. des Halles, right on r. de Sébastopol/pont de Paris/r. du Noyer/
pl. de l'Homme-de-Fer, right on r. du Fossé-des-Tanneurs then r. des Dentelles. - **47 CR27** *-*
8 rue des Dentelles - (JZ) - 67000 Strasbourg - ☎03 88 32 80 53 *- www.ami-fritz.com.*

Sortie 4

€€ ✕ **Au Pont du Corbeau – 3,5 km**
N 4 dir. Strasbourg-centre, right on rd-pt Mendès-France, left on N 4, left on quai du Gén.-
Koenig, right on r. de la 1ère-Armée, right on r. des Bouchers, left on pl. du Corbeau then left
on quai St-Nicolas. - **47 CR27** *- 21 quai St-Nicolas - 67000 Strasbourg -* ☎03 88 35 60 68 *-*
corbeau@reperes.com.

€€ ✕ **Caveau Gurtlerhoft – 4 km**
N 4 dir. Strasbourg-centre, right on rd-pt Mendès-France, left on N 4, left on quai du Gén.-
Koenig, right on r. de la 1ère-Armée, right on r. des Bouchers, left on pl. du Corbeau,
r. Vieux-Marché-aux-Poissons, right on r. Mercière then left on pl. de la Cathédrale. - **47 CR27** *-*
13 pl. de la Cathédrale - 67000 Strasbourg - ☎03 88 75 00 75 *- www.gurtlerhoft.com.*

€€€ ✕ **S'Staefele – 4 km**
N 4 dir. Strasbourg-centre, right on rd-pt Mendès-France, left on N 4, left on quai du Gén.-
Koenig, right on r. de la 1ère-Armée, right on r. des Bouchers, left on pl. du Corbeau,
left on quai St-Nicolas, right on quai Charles-Frey, right on pont St-Thomas/
r. Martin-Luther King then right on pl. St Thomas. - **47 CR27** *- 2 pl. St-Thomas -*
67000 Strasbourg - ☎03 88 32 39 03.

€ ✗ **Zum Strissel – 4 km**
N 4 dir. Strasbourg-centre, right on rd-pt Mendès-France, left on N 4, left on quai du Gén.-Koenig, right on r. de la 1ère-Armée, right on r. des Bouchers, left on pl. du Corbeau, r. Vieux-Marché-aux-Poissons then right on pl. de la Grande-Boucherie. - **47 CR27** - 5 pl. de la Gde-Boucherie - 67000 Strasbourg - ☎03 88 32 14 73.

Sortie 7

€€ ✗ **Auberge du Bruchrhein – 4,5 km**
N 83 dir. Sélestat then left on r. de Lyon. - 🍴 - **47 CR28** - 24 rue de Lyon - 67640 Fegersheim - ☎03 88 64 17 77.

Sortie 9

€€ ✗ **Steinkeller – 2,5 km**
A 352 exit 9 dir. Schirmeck then D 392. - 🅿🍴 - **47 CR28** - 34 route de Strasbourg - 67960 Entzheim - ☎03 88 68 98 00 - hotel.perebenoit@wanadoo.fr.

Sortie 11

€€€ ✗ **La Cour des Tanneurs – 3,5 km**
D 426 dir. Obernai, left on D 422 then r. du Gén.-Gouraud. - **46 CP28** - Ruelle du Canal-de-l'Ehn - 67210 Obernai - ☎03 88 95 15 70.

Sortie 12

€€ 🏠 **Hôtel Château d'Andlau – 5,5 km**
N 442 dir. Sélestat, D 42, left on r. du Dr-Sultzer then right on r. de l'Église. - **67 CP29** - 113 vallée St-Ulrich - 67140 Barr - ☎03 88 08 96 78 - www.hotelduchateau-andlau.fr.

Sortie 13

€€ ✗ **Au Boeuf Rouge – 5,5 km**
D 62 dir. Andlau, right on r. du Gén.-de-Gaulle, right on r. du Dr-Stoltz. - 🍴 - **67 CP29** - 6 r. du Dr-Stoltz - 67140 Andlau - ☎03 88 08 96 26 - auboeufrouge@wanadoo.fr.

Sortie 15

€€€ ✗ **Des Deux Clefs – 3,5 km**
D 210 left on, N 83 left on then right on D 210. - **67 CQ30** - 72 r. du Gén.-Leclerc - 67600 Ebersmunster - ☎03 88 85 71 55.
€€ ✗ **Vignoble – 5 km**
D 210 dir. Dambach-la-Ville, D 35, left on r. des Ours, right on pl. du Marché then left on r. de l'Église. - 🅿 - **67 CP30** - 1 r. de, l'Église - 67650 Dambach-la-Ville - ☎03 88 92 43 75.

Sortie 17

€ 🏠 **Hôtel Dontenville – 3,5 km**
D 424 dir. Châtenois, left on N 59 then D 35. - **67 CP31** - 94 r. du Mar.-Foch - 67730 Châtenois - ☎03 88 92 02 54 - rolland.dontenville@wanadoo.fr.
€€ ✗ **Auberge de la Paix – 6 km**
DD 424 dir. Sélestat then left on D 159 (r. du Prés.-Poincaré). - **67 CP31** - R. du Président-Poincaré - 67600 Sélestat - ☎03 88 92 14 50.
€€ 🏠 **Hôtel Fief du Château – 6 km**
D 424 dir. Colmar, D 159 then left on D 201. - 🅿 - **67 CP31** - 67600 Orschwiller - ☎03 88 82 56 25 - www.fief-chateau.com.
€€ ✗ **Auberge à l'Illwald – 9 km**
D 424 left on, dir. Heidolsheim. - 🅿🍴 - **67 CQ31** - 67600 Le Schnellenbuhl - ☎03 88 85 35 40 - contact@leschnellenbuhl.com.

Sortie 23

€€ ✗ **Hôtel À l'Arbre Vert – 5 km**
N 415 dir. Ammerschwihr, left on r. de la 5-eme-Division-Blindée then left on r. des Cigognes. - **66 CO32** - 7 r. des Cigognes - 68770 Ammerschwihr - ☎03 89 47 12 23 - www.arbre-vert.net.
€€ 🏠 **Chambre d'hôte Domaine Bouxhof – 6 km**
D 4 dir. Bennwihr, right on D 1 then left on r. du Bouxhof. - 🅿🍴 - **66 CO32** - r. du Bouxhof - 68630 Mittelwihr - ☎03 89 47 93 67 - www.bouxhof.com.
€€ 🏠 **Chambre d'hôte Maison Thomas – 6 km**
N 415 dir. Ammerschwihr, right on r. de Kientzheim, right on r. des Jonquilles, left on r. des Violettes then right on imp. des Roses - 🅿🍴 - **66 CO32** - 41 Grand-Rue - 68770 Ammerschwihr - ☎03 89 78 23 90 - www.maisonthomas.fr.
€€€ 🏠 **Inter Hôtel Le Colbert – 6,5 km**
N 83 dir. Colmar, rte de Strasbourg, r. de la 1ère-Armée-Française, left on r. de la Cavalerie, right on r. 4ème-Bataillon-des-Chasseurs, right on r. Golbéry, left on r. de Ribeauvillé/ D 30, right on r. Stanislas, left on pl. Jean-de-Lattre-de-Tassigny, left on r. Stanislas, right on av. Jean-de-Lattre-de-Tassigny then right on r. Jacques-Preiss. - **67 CP33** - 2 r. des Trois-Épis - 68000 Colmar - ☎03 89 41 31 05 - www.le-colbert.fr.
€€ ✗ **Chez Hansi – 6,5 km**
N 83 dir. Colmar, rte de Strasbourg/rte de Sélestat, rte de Neuf-Brisach, right on r. du Nord, left on r. Étroite/r. des Prêtres, left on pl. de la Cathédrale, left on r. de l'Église, right on Grand'Rue then right on r. des Marchands. - 🍴 - **67 CP33** - 23 r. des Marchands - 68000 Colmar - ☎03 89 41 37 84.

€€ ✗ **La Vieille Forge – 7,5 km**
N 415 dir. Kaysersberg, right on r. de l'Ancienne-Gare, left on allée Stoecklin/r. du Gén.-Rieder, left on r. de l'Ancienne-Gendarmerie, right on r. de l'Ancien-Hôpital, right on r. de la Commanderie then left on r. du Père-Kohlmann. - **66 CO32** - 1 r. des Écoles - 68240 Kaysersberg - ☎03 89 47 17 51.
€€ ✗ **La Grappe d'Or – 9 km**
D 4 dir. Bennwihr, right on D 1, right on D 3, left on av. Méquillet, right on cour du Château then left on r. du Gén.-de-Gaulle. - **66 CO32** - 1 r. des Écuries-Seigneuriales - 68340 Riquewihr - ☎03 89 47 89 52 - rest.grappe.or@wanadoo.fr.
€€ 🏠 **Chambre d'hôte Schmitt Gérard – 9,5 km**
D 4 dir. Bennwihr, right on D 1, right on D 3, left on r. Mandle, right on rte de Mittelwihr, left on chemin de Kientzheim, right on r. des Tuileries then right on chemin des Vignes. - 🅿 - **66 CO32** - 3 r. des Vignes - 68340 Riquewihr - ☎03 89 47 89 72.
€ 🏠 **Chambre d'hôte Les Framboises – 10 km**
N 83 dir. Kaysersberg, D 1, D 10, right on N 415, left on D 10 then r. des Trois-Épis. - **66 CO32** - 128 r. des Trois-Épis - 68230 Katzenthal - ☎03 89 27 48 85 ou 06 82 21 76 31 - www.gites-amrein.com.

Sortie 25

€€ 🏠 **Hôtel Turenne – 2 km**
D 13 dir. Colmar-sud, left on av. de Fribourg then right on rte de Bâle. - **67 CP33** - 10 rte de Bâle - 68000 Colmar - ☎03 89 41 12 26.
€€ ✗ **Aux Trois Poissons – 2,5 km**
D 13 dir. Colmar-sud, left on av. de Fribourg, right on rte de Bâle/r. de Turenne, right on r. Wickram then left on r. des Écoles. - **67 CP33** - 15 quai de la Poissonnerie - 68000 Colmar - ☎03 89 41 25 21.
€€ 🏠 **À la Vigne – 7 km**
D 13 dir. Freibourg, right on D 45 then left on D 1. - **67 CP33** - 5 Grande-Rue - 68280 Logelheim - ☎03 89 20 99 60 - restaurant.alavigne@calixo.net.

Sortie 33

€€ 🏠 **Chambre d'hôte Le Clos du Mûrier – 2 km**
Rixheim then left on Grand'Rue. - 🅿🍴 - **85 CP36** - 42 Grand-Rue - 68170 Rixheim - ☎03 89 54 14 81.

Sortie 34

€€ ✗ **Les Écluses – 7,5 km**
D 19 dir. Lörrach, right on D 468, left on r. des Acacias, left on r. du Moulin then r. de Rosenau. - 🅿🍴 - **85 CQ37** - 8 r. Rosenau - 68680 Kembs-Loéchlé - ☎03 89 48 37 77 - restaurant.les.ecluses@freesbee.fr.

Sortie 35

€ ✗ **Au Lion d'Or – 5 km**
D 66 dir. Lörrach then left on D 21. - 🅿🍴 - **85 CQ37** - 5 rue de Village-Neuf - 68128 Rosenau - ☎03 89 68 21 97 - baumlin@auliondor-rosenau.com.

Sortie 37

€ ✗ **Au Cerf – 3,5 km**
D 105 dir. Lörrach, left on r. de Mulhouse then D 21. - 🍴 - **85 CR38** - 72 rue du Général-de-Gaulle - 68128 Village-Neuf - ☎03 89 67 12 89.
€ ✗ **À la Couronne – 8,5 km**
D 105 dir. Altkirch, left on D 201, right on D 149, left on D 473, right on D 21 then right on r. Wilson. - 🍴 - **85 CQ38** - 13 rue Wilson - 68220 Attenschwiller - ☎03 89 68 76 96.

Sortie 50

€€ ✗ **Au Pont de l'Ill – 4 km**
D 223 dir. La Wantzenau, right on D 468, left on r. du Gén.-de-Gaulle then D 223. - 🍴 - **47 CS26** - 2 rue du Général-Leclerc - 67610 La Wantzenau - ☎03 88 96 29 44 - aupontdelill@wanadoo.fr.
€€ ✗ **Au Cheval Noir – 4,5 km**
D 223 dir. La Wantzenau, left on D 468, right on r. du Lt-de-Brettignies then left on r. Courbée. - 🅿🍴 - **47 CS26** - 1 rue du Sous-Lieutenant-Maussire - 67840 Kilstett - ☎03 88 96 22 01.

Sortie 53

€€ ✗ **Auberge du Gourmet – 5 km**
D 29 dir. Drusenheim, left on D 468, left on r. de la Gare then right on r. de l'Église. - 🅿🍴 - **47 CT25** - Route de Strasbourg - 67410 Drusenheim - ☎03 88 53 30 60.

Sortie 55

€ ✗ **Au Boeuf – 3,5 km**
N 63 dir. Soufflenheim. - 🍴 - **47 CT24** - 48 Grand'Rue - 67620 Soufflenheim - ☎03 88 86 72 79 - www.boeuf-soufflenheim.com.

Sortie 56

€€€ ✗ **Auberge Au Vieux Couvent – 6,5 km**
D 4 dir. Forstfeld, D 468, right on 197 then left on D 348. - 🅿🍴 - **47 CT24** - 4 rue de Koenigsbruck - 67480 Leutenheim - ☎03 88 86 39 86 - hirschel.vieux-couvent@wanadoo.fr.

✗ Restaurant   🏠 Hotel   🏠 Guest house   🅿 Customer parking   🍴 Meals served outdoors   🌿 Garden   ▦ Air conditioning

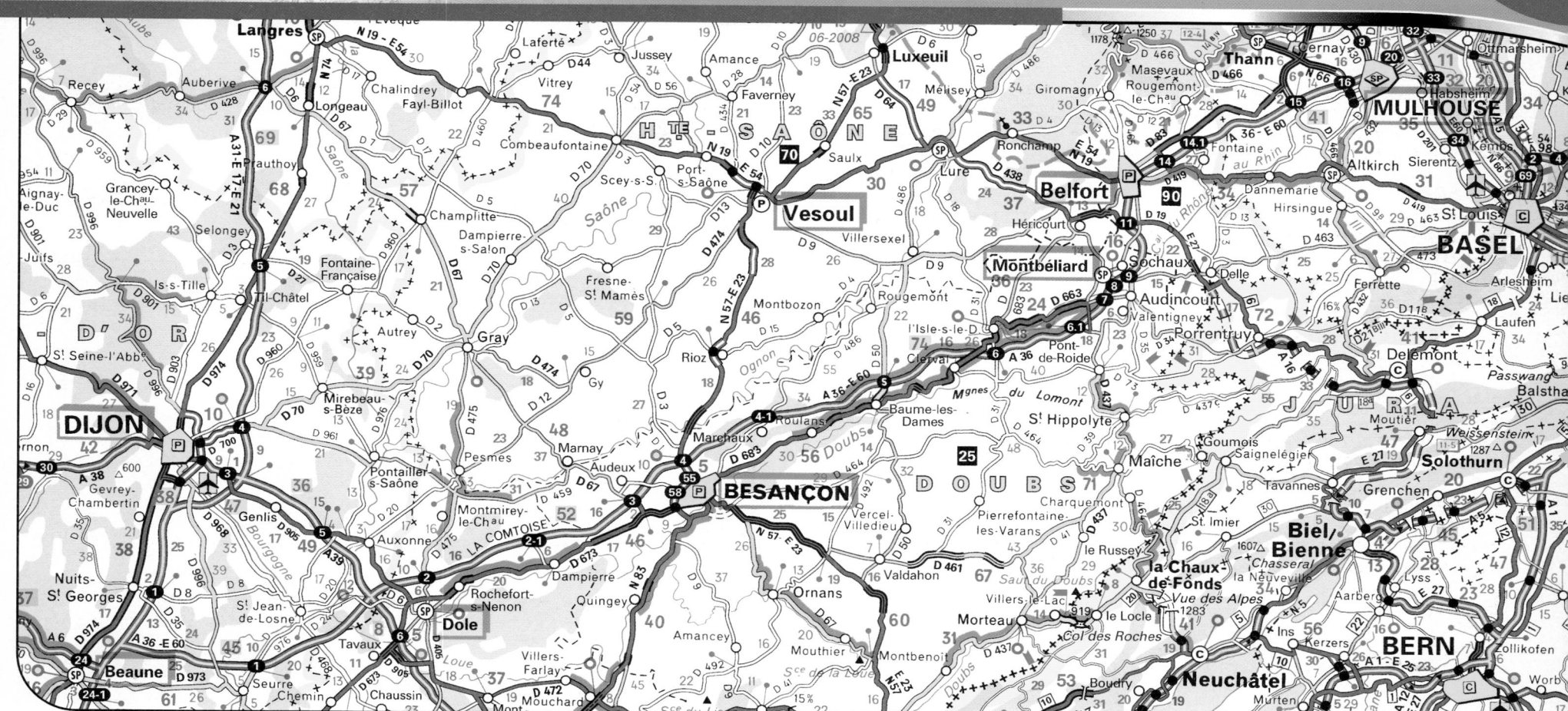

MULHOUSE><BESANÇON><BEAUNE

A 36

Sortie 18

€€€ ✗ **Poincaré II – 4 km**

D 430 dir. Mulhouse, right on av. Robert-Schuman, left on r. du Capit.-Alfred-Dreyfus, right on bd de l'Europe, left on N 66 then right on porte-de-Bâle. - 85 CP36 - 6 porte de Bâle - (FY) - 68100 Mulhouse - ☎03 89 46 00 24.

Sortie 17

€ 🏠 **Hôtel St-Bernard – 4 km**

r. de Thann dir. Mulhouse-centre, left on av. Aristide-Briand, right on r. des Fabriques/ r. Paul-Schutzenberger/r. Jacques-Preiss, left on r. des Trois-Rois, right on r. de la Synagogue, left on r. du Mittelbach then right on r. des Fleurs. - 85 CP36 - 3 r. des Fleurs - 68100 Mulhouse - ☎03 89 45 82 32 - www.hotel-saint-bernard.com.

€€ ✗ **L'Estérel – 5 km**

dir. Mulhouse-ouest. - 85 CP36 - 83 avenue de la Première-Division-Blindée - (not on map) - 68100 Mulhouse - ☎03 89 44 23 24 - esterelweber@msn.com.

Sortie 15

€€ ✗ **Ferme-auberge Paradisvogel – 5 km**

N 466 dir. Altkirch then D 466. - 🅿 - 85 CO37 - 6 r. Louis-Werner - 68210 Bernwiller - ☎03 89 25 31 07.

Sortie 14

€€ ✗ **La Pomme d'Argent – 4,5 km**

D 419 dir. Mulhouse, left on D 25, D 53 then right on D 22. - 84 CM37 - 13 r. de la Noye, Les Errues - 90150 Menoncourt - ☎03 84 27 63 69.

Sortie 13

€€ ✗ **La Fontaine des Saveurs – 1,5 km**

D 419 dir. Belfort, bd Pierre-Mendès-France/av. Cpt.-de-la-Laurencie, left on r. des Mobiles-de-1870, left on r. de la Grande-Fontaine then right on pl. de la Grande-Fontaine. - 84 CL38 - 1 pl. de la Grande-Fontaine - 90000 Belfort - ☎03 84 22 45 38.

Sortie 12

€€ 🏠 **Hôtel Les Capucins – 3 km**

N 19 dir. Belfort then fg de Montbéliard. - 84 CL38 - 20 fg de Montbéliard - 90000 Belfort - ☎03 84 28 04 60 - hotel-des-capucins@wanadoo.fr.

Sortie 10

€€ ✗ **Au Fil des Saisons – 3 km**

D 61 dir. Étupes, right on r. du Breuil, right on r. de Fesches-le-Châtel, left on r. de Dampierre then right on r. de la République. - 🅿 - 84 CL39 - 3 r. de la Libération - 25600 Étupes - ☎03 81 94 17 12 - aufildessaisons@clubinternet.fr.

Sortie 9

€€ ✗ **Le Monarque – 9 km**

N 437 dir. Besançon then left on D 34. - 🅿 - 84 CL40 - 23 rue de Berne - 25230 Séloncourt - ☎03 81 37 12 39.

Sortie 8

€€ ✗ **Baltica – 3 km**

Ludwigsburg roundabout dir. Montbéliard-centre, av. de Ludwigsburg, right on Helvétie roundabout, N 463, right on av. Aristide-Briand, left on r. Henri-Mouhot then right on r. de Belfort. - 84 CL39 - 8 r. de Belfort - 25200 Montbéliard - ☎03 81 91 43 75.

€€ 🏠 **Hôtel des Remparts – 3 km**

Ludwigsburg roundabout dir. Montbéliard-centre, av. de Ludwigsburg, right on Helvétie roundabout, N 463, right on av. Aristide-Briand/av. des Alliés, left on r. de l'Étuve then left on r. du Gén.-Leclerc. - 99 CG48 - 3 r. de l'Agriculture - 39250 Nozeroy - ☎03 84 51 13 44 - www.hotel-nozeroy.com.

€€ ✗ **Le Relais Médiéval – 3 km**

Ludwigsburg roundabout dir. Montbéliard-centre, av. de Ludwigsburg, right on Helvétie roundabout, N 463, right on av. Aristide-Briand/av. des Alliés, left on r. de l'Étuve then left on r. du Gén.-Leclerc. - 99 CG48 - 33 Grande-Rue - 39250 Nozeroy - ☎03 84 51 16 81 - http://lerelaismedieval.ifrance.com.

€€ 🏠 **Hôtel Bristol – 3 km**

Ludwigsburg roundabout dir. Montbéliard-centre, av. de Ludwigsburg, right on Helvétie roundabout, N 463, right on av. Aristide-Briand/av. des Alliés then left on r. Georges-Cuvier. - 🅿 - 84 CL39 - 2 r. Velotte - 25200 Montbéliard - ☎03 81 94 43 17 - www.hotel-bristol-montbeliard.com.

€€€ ✗ **Le St-Martin – 3 km**

Ludwigsburg roundabout dir. Montbéliard-centre, av. de Ludwigsburg, right on Helvétie roundabout, N 463, right on av. Aristide-Briand/av. des Alliés, left on r. de l'Étuve then left on r. du Gén.-Leclerc. - 84 CL39 - 1 r. du Gén.-Leclerc - 25200 Montbéliard - ☎03 81 91 18 37.

Sortie 6.1

€€ ✗ **La Tannerie – 9,5 km**

D 53 dir. Pont-de-Roide, left on D 438 then D 437. - 🍴 - 84 CL41 - 1 place du Général-de-Gaulle - 25150 Pont-de-Roide - ☎03 81 92 48 21.

Sortie 4

€€ ✗ **Le Chaland – 5,5 km**

D 108 dir. Besançon-centre then N 57. - 83 CF42 - Prom. Micaud, près du Pont Brégille - 25000 Besançon - ☎03 81 80 61 61 - chaland@chaland.com.

€€ 🏠 **Citotel Granvelle – 7,5 km**

D- D 108 dir. Besançon-centre, N 57 then right on N 83. - 🅿 - 83 CF42 - 13 r. du Gén.-Lecourbe - 25000 Besançon - ☎03 81 81 33 92 - www.hotel-granvelle.fr.

€€ 🏠 **Hôtel Foch – 7,5 km**

D 108 dir. Besançon-centre, N 57 then right on N 83. - 83 CF42 - 7 bis av. Foch, près de la gare SNCF - 25000 Besançon - ☎03 81 80 30 41 - www.hotel-foch-besancon.com.

Sortie 2

€€ 🏠 **Chambre d'hôte À la Thuilerie des Fontaines – 5 km**

D 475 dir. Menotey then right on D 79. - 🅿 🍴 - 98 CC44 - 2 r. des Fontaines - 39700 Châtenois - ☎03 84 70 51 79 - http://perso.orange.fr/hotes-michel.meunier.

Interchange A 31

€€ ✗ **Les Terrasses de Corton – 11 km**

A 31, A 6 exit 24 then right on N 74. - 🅿 - 97 BX45 - Route Nationale 74 - 21550 Ladoix-Serrigny - ☎03 80 26 42 37 - patrice.sanchez3@wanadoo.fr.

€ Restaurants : < 16€	Hotels : < 40€	€€ Restaurants : 16€-25€	Hotels : 40€-65€
€€€ Restaurants : 25€-45€	Hotels : 65€-100€	€€€€ Restaurants : > 45€	Hotels : > 100€

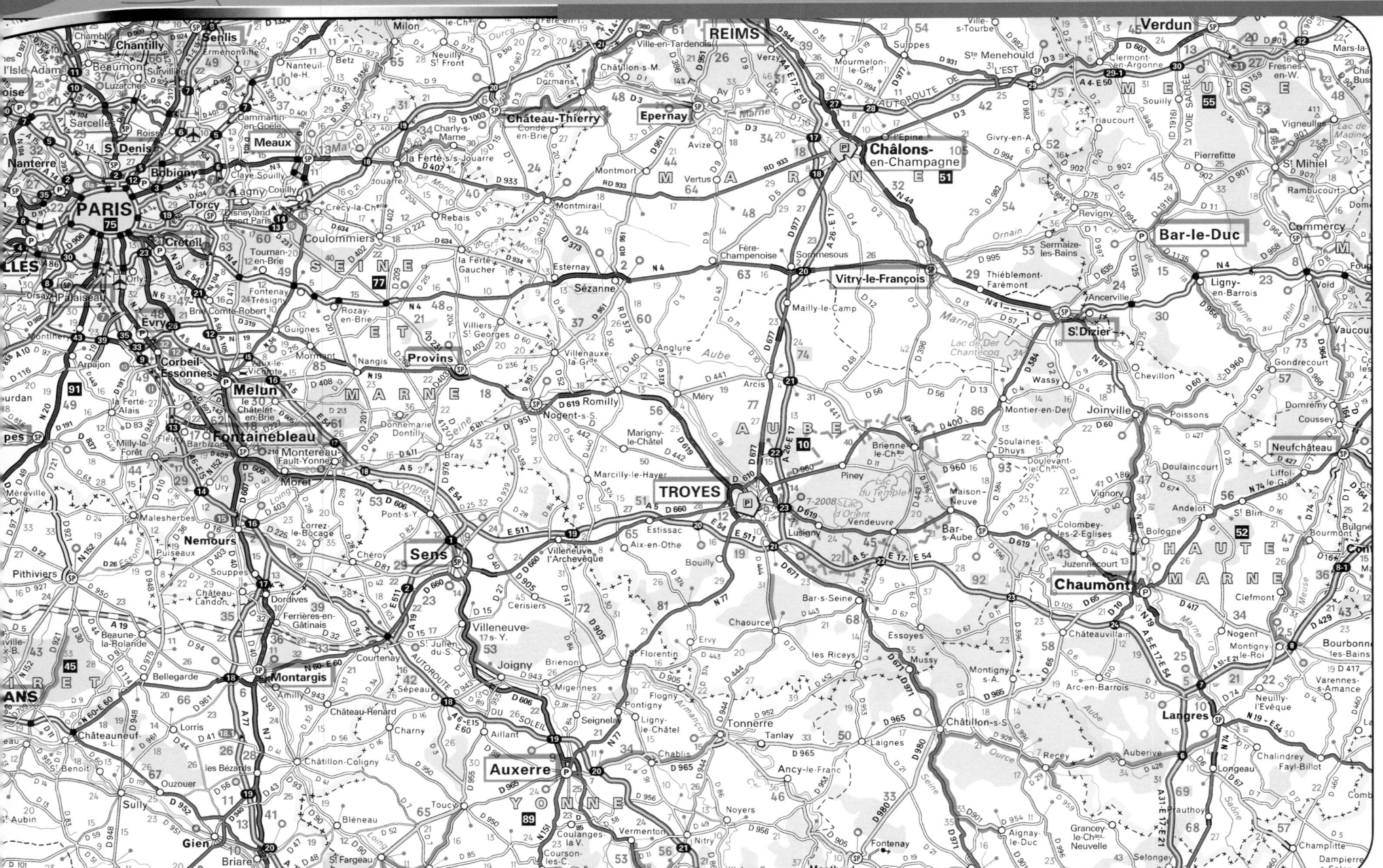

PARIS>‹LANGRES

A 5a
Sortie 10.b
€€ ✕ **Le Flamboyant – 1,5 km**
D 406 dir. Lieusaint, left on D 306 then D 50. - **39 BF28** - 98 r. de Paris - 77127 Lieusaint -
☎01 60 60 05 60 - www.leflamboyant-hotel.com.

A 5
Sortie 12
€€€ ✕ **La Mare au Diable – 2,5 km**
D 402 dir. Moissy-Cramayel, right on av. Pierre-Aubergé, av. Pasteur then D 402. - 🅿🏡 -
39 BF28 - Parc du-Plessis-Picard - 77550 Le Plessis-Picard - ☎01 64 10 20 90 -
mareaudiable@wanadoo.fr.

Sortie Melun
€€€ ✕ **Mariette – 5 km**
N 105 dir. Melun, D 414, right on D 408, left on D 39 then right on D 415. - **60 BG29** -
31 r. St-Ambroise - 77000 Melun - ☎01 64 37 06 06.

Sortie 15
⌨⌨ ✕ **Auberge de Crisenoy – 2 km**
N 36 dir. Crisenoy then right on r. des Noyers . - 🏡 - **39 BG28** - 23 r. Grande -
77390 Crisenoy - ☎01 64 38 83 06.

Sortie 16
€€ **Chambre d'hôte La Ferme du Couvent – 7,5 km**
D 408 dir. La Chapelle-Gauthier then left on D 227. - 🏡 - **40 BH28** - in Bréau - 77720 Bréau -
☎01 64 38 75 15 - www.lafermeducouvent.com.
€€ **Chambre d'hôte Labordière – 3,5 km**
D 408 dir. Châtillon-la-Borde then right on D 47. - 🏡 - **60 BH29** - 16 r. Grande,
Hameau de la Borde - 77820 Châtillon-la-Borde - ☎01 60 66 60 54 / 06 82 06 80 70 -
www.bonadresse.com/iledefrance/chatillon.la.borde.htm.

Sortie 17
€€ **Chambre d'hôte et Ferme-auberge de la Recette – 5,5 km**
D 210 dir. Nangis, left on D 67 then left on pl. de la Résistance. - **60 BI30** - Au hameau
d'Échou - 77830 Échouboulains - ☎01 64 31 81 09 - www.fermedelarecette.com.

Interchange A 19
€€€ ✕ **Au Crieur de Vin – 9,5 km**
A 19 sortie 1 dir. Sens, N 6, N 360, right on D 939, right on N 60 then left on pl. des Héros. -
60 BK32 - 1 r. Alsace-Lorraine - 89100 Sens - ☎03 86 65 92 80.

Sortie 19
€€€ ✕ **Auberge des Vieux Moulins Banaux – 5 km**
N 60 dir. Villeneuve-l'Archevêque then D 84. - 🅿🏡 - **61 BM32** -
18 route des Moulins-Banaux - 89190 Villeneuve-l'Archevêque - ☎03 86 86 72 55 -
contact@bourgognehotels.fr.
€ **Chambre d'hôte Capitainerie de St-Vallier – 3 km**
left on dir. Villeneuve-l'Archevêque then left on D 79 - 🅿🏡 - **62 BS33** - r. du Pont -
10110 Bourguignons - ☎03 25 29 84 43.
€ ✕ **Le Commerce – 4 km**
N 60 (r. Breard) dir. Villeneuve-l'Archevêque then left on r. de la République. - 🅿 -
62 BT33 - 30 pl. de la République - 10110 Bar-sur-Seine - ☎03 25 29 86 36 -
hotelducommerce.bar-sur-seine@wanadoo.fr.

Sortie 21
€€ **Citôtel La Bonne Fermière – 6 km**
N 71 dir. Troyes then av. du Mar.-Leclerc. - 🅿 - **62 BQ32** - Pl. de l'Église -
10450 Bréviandes - ☎03 25 82 45 65 - www.hotel-troyes.net.
€€ ✕ **Grill – 7 km**
N 71 dir. Troyes then av. du Mar.-Leclerc. - **62 BQ32** - Hôtel Pan-de-Bois - 35 avenue
du Général-Leclerc - 10450 Bréviandes - ☎03 25 49 22 78 - www.hoteldupandebois.fr.

Sortie 23
€ **Chambre d'hôte Les Trémières – 7 km**
D 396 dir. Châteauvillain then D 12. - 🅿🏡 - **63 BW33** - 2 Grande-Rue-Outre-Aube -
10310 Lonchamp-sur-Aujon - ☎03 25 27 80 17 - gilberte.bresson@wanadoo.fr.

DIJON>‹BOURG-EN-BRESSE

A 39

Sortie 2
€€ ✕ **Le Grévy – 5,5 km**
D 475 dir. Dole-nord, right on av. de la Paix then right on pl. Jules-Grévy. - ☎ - 98 CB44 -
2 avenue Eisenhower - (BY) - 39100 Dole - ☎03 84 82 44 42.

Sortie 6
€€ ✕ **Les Mangettes – 6,5 km**
D 52 dir. St-Étienne-du-Bois then right on sur N 83. - 🅿🕌 - 113 CA53 -
Rte de Lons-le-Saunier - 01370 Saint-Étienne-du-Bois - ☎04 74 22 70 66.
€€ ✕ **Les Jardins Fleuris – 7 km**
N 5 dir. Tavaux, right on r. des Prés, right on r. de Dole then right on r. de la Gare. - ☎ -
98 CB45 - 35 Route Nationale 5 - 39100 Parcey - ☎03 84 71 04 84.

Sortie 7
€€ ⌂ **Chambre d'hôte La Ferme du Château – 3 km**
D 192 dir. Bersaillin. - 🅿 - 98 CC47 - r. de la Poste - 39800 Bersaillin - ☎03 84 25 91 31.
€ ✕ **La Maison du Haut – 9 km**
A 391 dir. Poligny, N 83 then right on D 57. - 🅿🕌 - 98 CD47 - Les Bordes - 39230 St-Lothain -
☎03 84 37 35 19 ou 03 84 37 31 08 - www.maisonduhaut.com.
€€ ✕ **Le Chalet – 11 km**
A 391 dir. Poligny, N 83 then right on N 5. - 98 CD47 - 7 rte de Genève - 39800 Poligny -
☎03 84 37 13 28 - restaurant.lechalet-monsite.wanadoo.fr.

Sortie 8
€€ 🏨 **Nouvel Hôtel – 10,5 km**
*N 76 dir. Lons-le-Saunier, rte de Besançon, r. Georges-Trouillot, right on pl. Perraud/
r. Lafayette then right on r. Lecourbe.* - 🅿 - 98 CC49 - 50 r. Lecourbe -
39000 Lons-le-Saunier - ☎03 84 47 20 67 - www.nouvel-hotel-lons.fr.
€€ ✕ **La Comédie – 10,5 km**
*N 76 dir. Lons-le-Saunier, rte de Besançon, right on r. Désiré-Monnier, right on r. Richebourg
then right on pl. de l'Ancien Collège/r. Sebile* - 39000 Lons-le-Saunier - ☎03 84 24 20 66.

Sortie 9
€€ ✕ **Vuillot – 8 km**
D 972 dir. Cuiseaux, right on r. de l'Enfer then right on r. Ecce-Homo. - 🅿 - 113 CB51 -
36 r. Édouard-Vuillard - 71480 Cuiseaux - ☎03 85 72 71 79 - hotel.vuillot@wanadoo.fr.

A 42

Sortie 8
€€ ✕ **Auberge de Campagne du Mollard – 6,5 km**
D 67 right on dir. Ambérieu-en-Bugey, right on D 904 then right on D 984. - 🅿 -
126 CA51 - 01320 Chatillon-la-Palud - ☎04 74 35 66 09 - www.aubergedumollard.com.

Sortie 7
€€ ⌂ **Chambre d'hôte M. et Mme Debeney-Truchon – 11 km**
D 124 dir. Meximeux, D 65, N 84, then right on D40. - 🅿 - 126 CA58 - « L'Hôpital » -
01150 Chazey-sur-Ain - ☎04 74 61 95 87.

Sortie 6
€€ ✕ **Chez Nous – 8 km**
*N 84 dir. Saint-Maurice-de-Gourdans, right on r. du Loup, D 61 right on
rte de Sainte-Croix.* - 🅿🕌 - 126 BY58 - Lieu-dit le Bourg - 01120 Sainte-Croix -
☎04 78 06 61 20.
€€ ✕ **Auberge du Coq – 10 km**
N 84 dir. Saint-Maurice-de-Gourdans, right on D 4 then right on r. des Rondes. - 126 BZ58 -
R. des Rondes - 01800 Pérouges - ☎04 74 61 05 47 - www.membres.lycos.fr/aubergeducoq.

Bd Périphérique
Sortie Porte de la Pape
€€ ✕ **La Brunoise – 4,5 km**
*N 383 sortie 6a, right on r. de la Feyssine, right on av. Roger-Salengro, right on
r. Gervais-Bussière, right on r. d'Alsace then right on cours Émile Zola.* - 126 BX59 -
4 rue Alexandre-Boutin - 69100 Villeurbanne - ☎04 78 52 07 77 - www.labrunoise.fr.

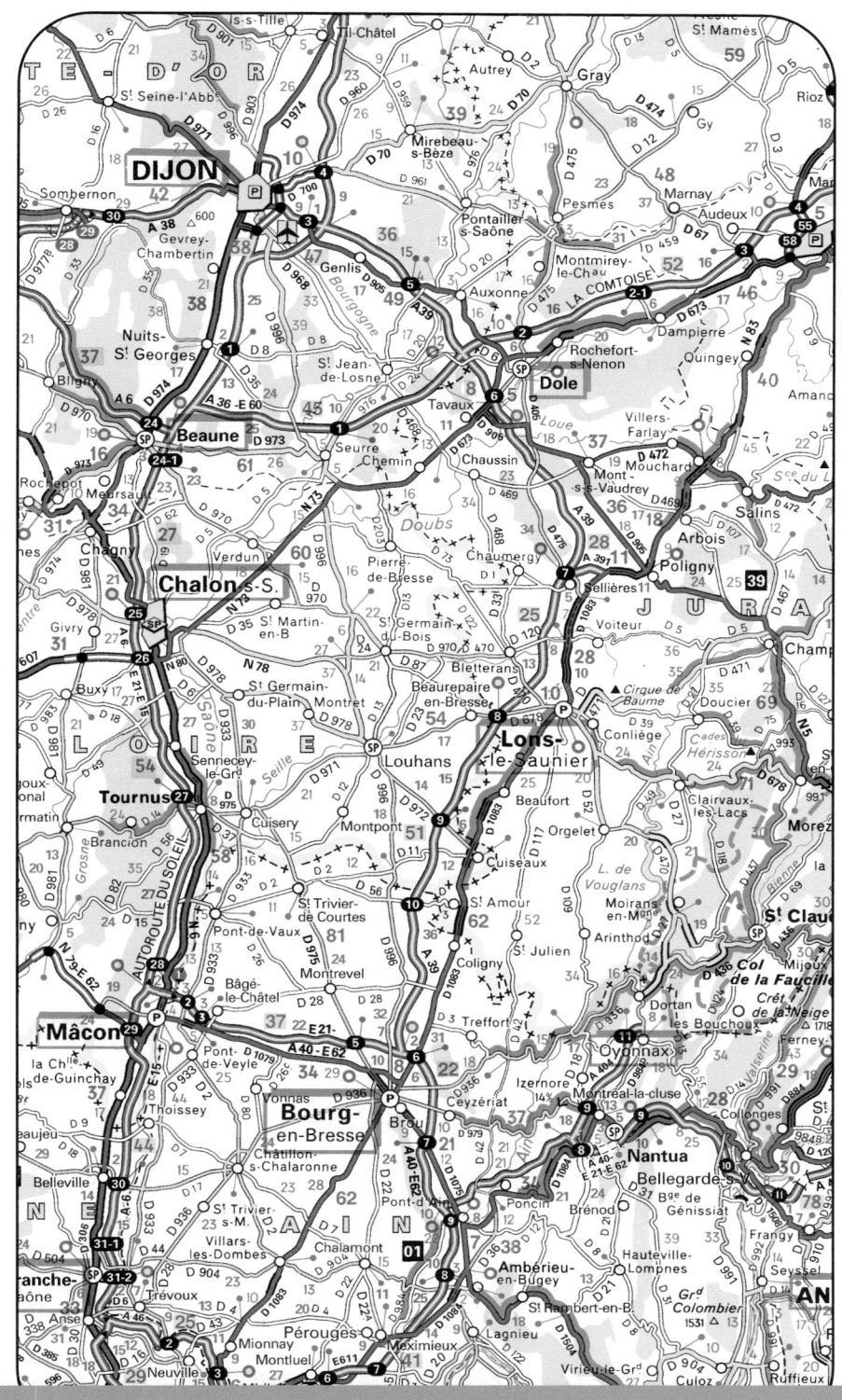

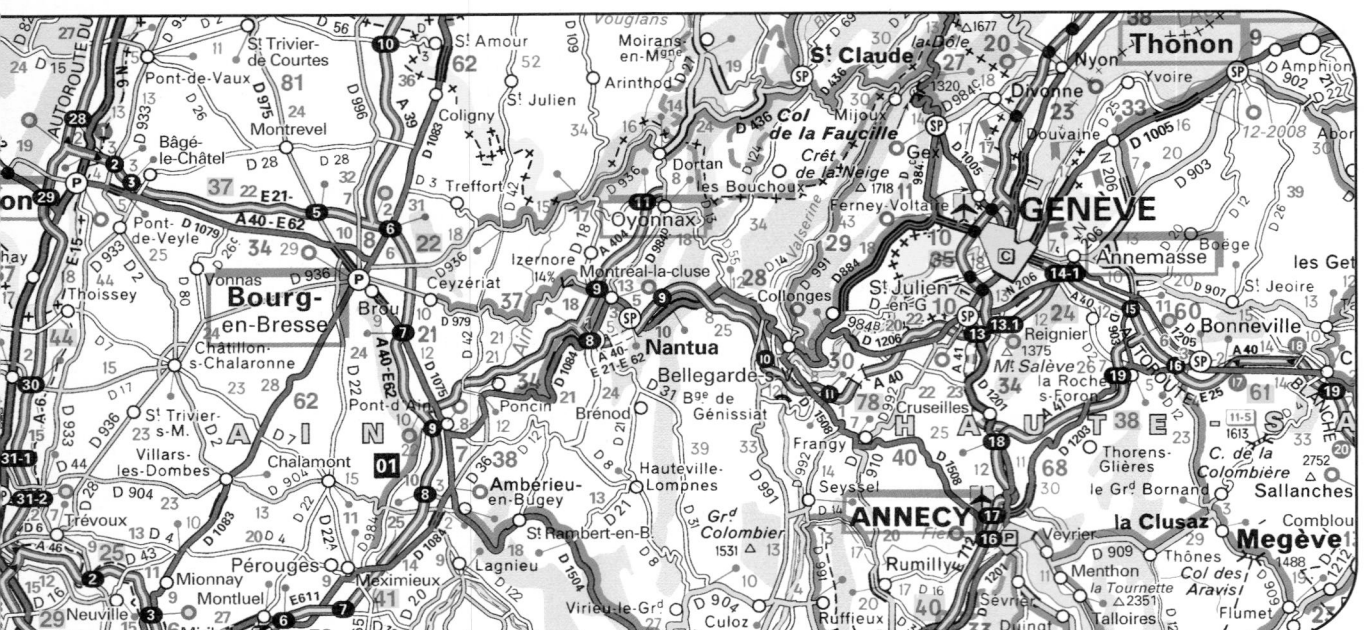

€€ ✕ **Le Chalet de Brou – 6 km**
D 52 dir. rte de Meillonas N 83, then left on bd de Brou.- ⌂ -
113 CA54 - 168 bd de Brou - 01000 Bourg-en-Bresse -
☎04 74 22 26 28.

Sortie 8
€€ ✕ **Bernard Charpy – 6,5 km**
A 404 dir. Oyonnax exit 9, right on D 979 then left on D 18. -
P - 113 CC55 - 1 r. Croix-Chalon - 01460 Brion -
☎04 74 76 24 15.

Sortie 9
€€ 🏠 **Hôtel L'Embarcadère – 5,5 km**
N 84 dir. rte de Genève then av. du Lac. - P - 113 CD55 -
av. du Lac - 01130 Nantua - ☎04 74 75 22 88 -
www.hotelembarcadere.com.
€ ✕ **Auberge du Lac Genin – 6 km**
N 84 dir. rte de Genève, D 49 left on et D 95 right on. - P⌂ -
113 CD54 - 01130 Charix - ☎04 74 75 52 50 -
auberge@lacgenin.com.
€€ ⌂ **Chambre d'hôte de Bosseron – 8,5 km**
*D 984 right on r. du 1er-Septembre-1944, N 75 right on
(r. Brillat-Savarin/ Gabriel-Vicaire) then left on N 84. -* P -
113 CB56 - 325 rte de Genève - 01160 Neuville-sur-Ain -
☎04 74 37 77 06 - arivoire.free.fr.

MÂCON><BOURG-EN-BRESSE> <ANNEMASSE

A 40
Sortie 5
€€€ 🏠 **Pillebois – 9,5 km**
D 975 dir. Montrevel-en-Bresse then left on r. de L'Église. - P⌂ - 112 BZ53 -
rte de Bourg-en-Bresse - 01340 Montrevel-en-Bresse - ☎04 74 25 48 44.
€€ ✕ **Place – 10 km**
N 479 right on dir. Viriat, right on N 79 then left on D 26 (r. du petit bourg). - P - 112 BZ54 -
51 pl. de la Mairie - 01310 Polliat - ☎04 74 30 40 19.

Sortie 6
€€ 🏠 **Logis de Brou – 6 km**
D 52 dir. rte de Meillonas N 83 then left on bd de Brou. - P - 113 CA54 - 132 bd de Brou -
01000 Bourg-en-Bresse - ☎04 74 22 11 55.

Sortie 10
€€ ✕ **Reygrobellet – 11 km**
D 101 right towards Vouvray, D 991 (r. du Bugey), left on N 84, then right on D 33. - P -
113 CE54 - 01130 Saint-Germain-de-Joux - ☎04 50 59 81 13.

Sortie 11
€€ ✕ **Belle Époque – 7,5 km**
N 508 dir. Bellegarde-centre right on, right on N 206, then left on N 84 (r. Paul-Painlevé). -
113 CE55 - 10 place Gambetta - 01200 Bellegarde-sur-Valserine - ☎04 50 48 14 46 -
contact@hotel-labelleepoque.com.
€€ ✕ **Auberge de la Cave de la Ferme – 9 km**
N 508 dir. Frangy. - 114 CF56 - R. du Grand-Pont - 74270 Frangy - ☎04 50 44 75 04.
€€ 🏠 **Hôtel Le Sorgia – 10 km**
*N 508 dir. Bellegarde-centre, right on N 206, left on N 84 (r. Paul-Painlevé) then right
on D 991. -* P⌂ - 113 CE55 - 39 Grande-Rue - 01200 Lancrans - ☎04 50 48 15 81.

Sortie 13
€€ ✕ **Clef des Champs – 3 km**
N 201 dir. St-Julien-en-Genevois. - ⌂ - 114 CG55 - Route d'Annecy - au col du Mont-Sion -
74160 Saint-Julien-en-Genevois - ☎04 50 44 13 11.

ANNEMASSE><CHAMONIX

A 40
Sortie 15
€€ ✕ **Tourne Bride – 2,5 km**
N 503 dir. Findrol, D 903, left on rte de Findrol then left on Rte d'Annemasse. -
129 CM58 - 94 rte d'Annemasse - 74130 Contamine-sur-Arve - ☎04 50 03 62 18 -
hotel-tourne-bride@wanadoo.fr.
€ ✕ **Buffet de la Gare – 4 km**
N 503 dir. Findrol, D 903, left on D 198, av. de Faucigny, left on av. du Léman. - ⌂ -
114 CI54 - 181 avenue Léman - 74380 Bonne - ☎04 50 39 20 15 - info@hotel-baud.com.
€€€ ✕ **Pré d'Antoine – 4,5 km**
N 503 dir. Findrol, D 903 then left on rte du Chef-Lieu. - P⌂ - 114 CI54 - Route Boëge,
au Pont-de-Fillinges - 74250 Fillinges - ☎04 50 36 45 06 - lepredantoine@aol.com.
€ 🏠 **Hôtel Les Afforets – 8 km**
*N 503 dir. Thonon-les-Bains, left on av. Victor-Hugo, left on fg St-Martin then left on
r. de l'Égalité. -* 114 CI55 - 101 r. de l'Égalité - 74800 La Roche-sur-Foron - ☎04 50 03
35 01.

Sortie 18
€€ ✕ **Cercle des Songes – 1 km**
D 304 dir. Cluses then left on av. de la Sardagne. - ⌂ - 115 CK55 -
28 avenue Sardagne - 74300 Cluses - ☎04 50 98 01 96 - www.le-bargy.com.
€€ ⌂ **Chambre d'hôte La Ferme de Béatrix – 6,5 km**
*D 304 dir. Cluses, left on av. Georges-Clemenceau, left on r. des Grands-Champs,
av. de Châtillon, left on D 90 then left (chez Devant). -* P⌂ - 115 CK55 -
Chef-lieu - 74300 Châtillon-sur-Cluses - ☎04 50 89 43 97.
€€€ ✕ **Crémaillère – 10,5 km**
*D 304 dir. Cluses, left on av. Georges-Clemenceau, left on r. des Grands-Champs,
av. de Châtillon then left on D 902. -* P⌂ - 115 CK55 - Au lac de Flérier -
74440 Taninges - ☎04 50 34 21 98.

Sortie 20
€ ⌂ **Chambre d'hôte La Bérangère – 1 km**
N 205 dir. Sallanches-centre. - P - 129 CL57 - 283 r. d'Anterne -
74480 Le Plateau-d'Assy - ☎04 50 93 87 68 ou 06 07 30 08 15 -
www.berangeremb.com.

€€€ ✕ **La Chaumière – 1 km**
*N 205 dir. Sallanches, left on N 212, left on pl. Grenette then left on ancienne
rte de Combloux. -* P - 129 CL57 - 73 ancienne-rte-de-Combloux -
74700 Sallanches - ☎04 50 58 00 59.
€€ 🏠 **Hôtel Gorges de la Diosaz – 3 km**
N 205 dir. Sallanches-centre. - 129 CM57 - 74310 Servoz - ☎04 50 47 20 97 -
infos@hoteldesgorges.com.

Sortie 21
€€ 🏠 **Hôtel Val d'Este – 6,5 km**
D 339 dir. Le Fayet, left on N 205 then D 902. - 129 CL57 - Pl. de l'Église -
74170 St-Gervais-les-Bains - ☎04 50 93 65 91 - www.hotel-valdeste.com.

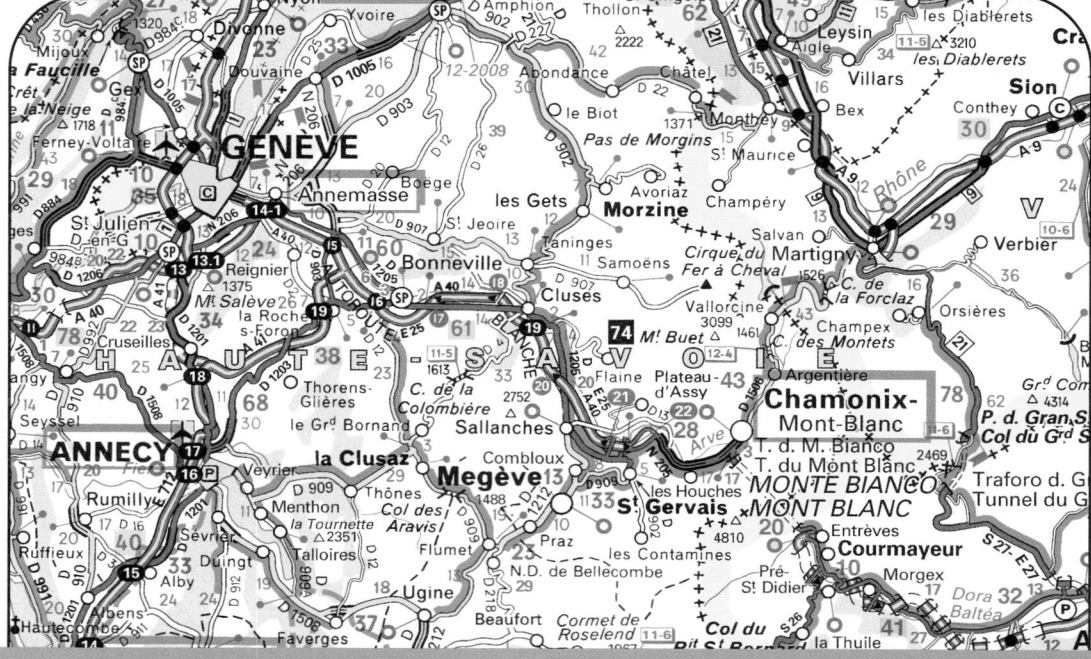

✕ **Restaurant**   🏠 **Hotel**   ⌂ **Guest house**   P **Customer parking**   ⌂ **Meals served outdoors**   ⌂ **Garden**   ▦ **Air conditioning**

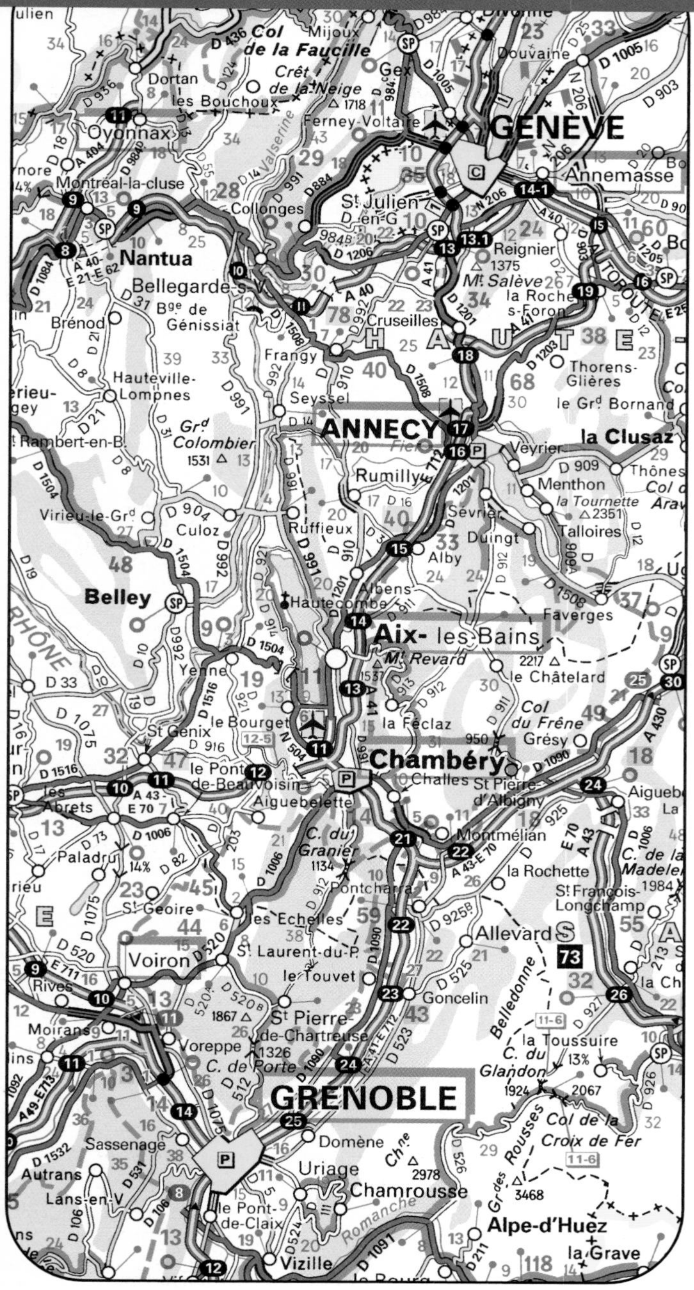

ANNEMASSE><GRENOBLE

A 41

Sortie 13

€€ Hôtel Curial – 6,5 km
N 201 sortie 18 dir. Chambéry then left on N 6. - P - 127 CF61 - 371 r. de la République - 73000 Chambéry - ☎04 79 60 26 00 - www.curial.antaeus.fr.

€€ Art Hôtel – 4 km
N 201 sortie 16 dir. Chambéry, r. du Dr-Vernier, right on chemin de la Rotonde, right on chemin de la Cassine, right on fg Reclus then right on r. Sommeiller. - P - 127 CF61 - 154 r. du Sommeiller - 73000 Chambéry - ☎04 79 62 37 26 - www.arthotel-chambery.com.

€€ Auberge Bessannaise – 1,5 km
N 201 sortie 17 dir. Chambéry, right on r. Franklin-Roosevelt, left on av. de Bassens/ r. Jules-Ferry, right on r. Pasteur, left on r. de la Banque then right on N 6. - 127 CF61 - 28 pl. Monge - 73000 Chambéry - ☎04 79 33 40 37.

€€ L'Hypoténuse – 7 km
N 201 sortie 18 dir. Chambéry, left on N 6, r. André-Jacques, r. Michaud then right on Carré-Curial. - 127 CF61 - 141 Carré Curial - 73000 Chambéry - ☎04 79 85 80 15 - resto-hypo@wanadoo.fr.

€€ Le Bouchon d'Hélène – 7 km
D 17 dir. Viviers-du-Lac, left on rte d'Aix, right on r. Antoine-Montagnole, right on pl. de la Fontaine, left on rte du Lac, right on N 201, N 211 then left on N 504. - 127 CF60 - Résidence Van-Gogh - Technolac - 73370 Le Bourget-du-Lac - ☎04 79 25 00 69.

€ Chambre d'hôte Montagnole – 1,5 km
D 17 dir. Viviers-du-Lac, left on rte d'Aix, right on r. du Coteau-de-Boiss then left on chemin de Boissy. - P - 127 CF60 - 516 chemin de Boissy - 73420 Viviers-du-Lac - ☎04 79 35 31 26.

Sortie 14

€€ Les Oliviers – 8 km
D 911 dir. Brison-St-Innocent, imp. des Mésanges, left on rte de Corsuet, right on chemin de Corsuet, left on chemin du Bettait/chemin des Lapins, right on chemin de Beauregard/ chemin ce Corsuet, right on chemin de la Grotte-des-Fées, right on chemin de la Côte then right on chemin de Chérins - P - 127 CF60 - Au village de Brison - 73100 Brison-St-Innocent - ☎04 79 54 21 81 - www.restaurant-les-oliviers.com.

€ Hôtel La Croix du Sud – 4,5 km
D 911 dir. Aix-les-Bains, left on N 201, D 991, left on av. Charles-de-Gaulle then right on r. du Dr-Louis-Duvernay. - 127 CF60 - 3 r. du Dr-Duvernay - 73100 Aix-les-Bains - ☎04 79 35 05 87 - www.hotel-lacroixdusud.com.

€€ Auberge du Pont Rouge – 4,5 km
D 911 dir. Aix-les-Bains, left on N 201 then D 991 - 127 CF60 - 151 av. du Grand-Port - 73100 Aix-les-Bains - ☎04 79 63 43 90.

Sortie 15

€ L'Arcadie – 2 km
Rte d'Herry dir. Alby-sur-Chéran, left on rte des Marantins then right on D 63. - 128 CG58 - 8 pl. du Trophée, dans le vieux bourg - 74540 Alby-sur-Chéran - ☎04 50 68 15 78 - eric.berthier@wanadoo.fr.

Sortie 16

€€ Chambre d'hôte Au Gîte Savoisien – 6 km
N 508 dir. Corbier, right on av. de Prélevet, right on D 16 then rte du Corbier. - P - 128 CG58 - 98 rte de Corbier - 74650 Chavanod - ☎04 50 69 02 95 - www.gite-savoisien.com.

Sortie 17

€€ Le Chalet Savoyard - Le Matafan – 5 km
N 201 dir. Annecy, right on N 201, left on bd du Lycée, right on r. Guillaume-Fichet, right on r. de la Paix, left on r. Jean-Jaurès, right on av. d'Albigny, right on quai Eustache-Chapthen, right on r. du Lac, left on r. du Collège-Chathenien, right on r. Joseph-Blanc, right on r. Grenette then right on r. Jean-Jacques Rousseau. - 128 CH57 - 33 r. Ste-Claire - 74000 Annecy - ☎04 50 45 45 05.

€ Auberge de Savoie – 5 km
N 201 dir. Annecy, right on N 201, left on bd du Lycée, right on r. Guillaume-Fichet, right on r. de la Paix, left on r. Jean-Jaurès, right on av. d'Albigny, right on quai Eustache-Chapthen, right on r. du Lac, left on r. du Collège-Chathenien, right on r. Joseph-Blanc, right on r. Grenette then pl. St-François-de-Sales. - 74000 Annecy - ☎04 50 45 03 05.

€€ Auberge de la Caille – 4,5 km
N 201 dir. Annecy-centre. - P - 128 CG57 - 18 chemin de la Caille - 74330 La Balme-de-Sillingy - ☎04 50 68 85 21 - www.aubergedelacaille.com.

Sortie 18

€ Auberge la Ferme de Ferrières – 6 km
D 172 dir. Ferrières then rte des Burnets - P - 128 CG57 - 800 rte des Burnets - 74370 Ferrières - ☎04 50 22 04 00 - letondal.m@numero.fr.

Sortie 21

€€ Auberge Au Pas de l'Alpette – 6 km
N 90 dir. Les Marches, rte du Grésivaudan then right on r. de Bellecour. - P - 128 CG52 - in Bellecombe - 38530 Chapareillan - ☎04 76 45 22 65 - www.alpette.com.

€ Ferme de Champlong – 1,5 km
N 90 dir. Les Marches-centre. - 128 CG52 - 73800 Les Marches - ☎04 79 28 11 57 - fermedechamplong@wanadoo.fr.

Sortie 23

€€ Auberge des Paletières – 8,5 km
D 29 dir. Goncelin, right on D 523, left on D 29 then D 30. - P - 142 CG64 - Mont-Farcy - 38570 Theys - ☎04 76 71 17 07.

Sortie 27

€€ Chambre d'hôte La Chantournelle – 4,5 km
N 90 dir. Meylan, left on chemin des Buclos, right on D 512, left on chemin St-Bruno, right on rte de la Chartreuse, left on chemin de la Tour-des-Chiens then right on chemin des Tilleuls. - P - 141 CE65 - 6 chemin des Tilleuls - 38700 Corenc - ☎04 76 88 06 25 - la.chantournelle@wanadoo.fr.

N 87 GRENOBLE RING ROAD (Périphérique Sud)

Sortie 2

€€ L'Écureuil – 8,5 km
D 523 dir. Uriage-les-Bains, av. Henri-Duhamel then D 254. - 141 CF66 - Au Recoin - 38410 Chamrousse - ☎04 76 89 90 13.

€	Restaurants : < 16€	Hotels : < 40€	€€	Restaurants : 16€-25€	Hotels : 40€-65€
€€€	Restaurants : 25€-45€	Hotels : 65€-100€	€€€€	Restaurants : > 45€	Hotels : > 100€

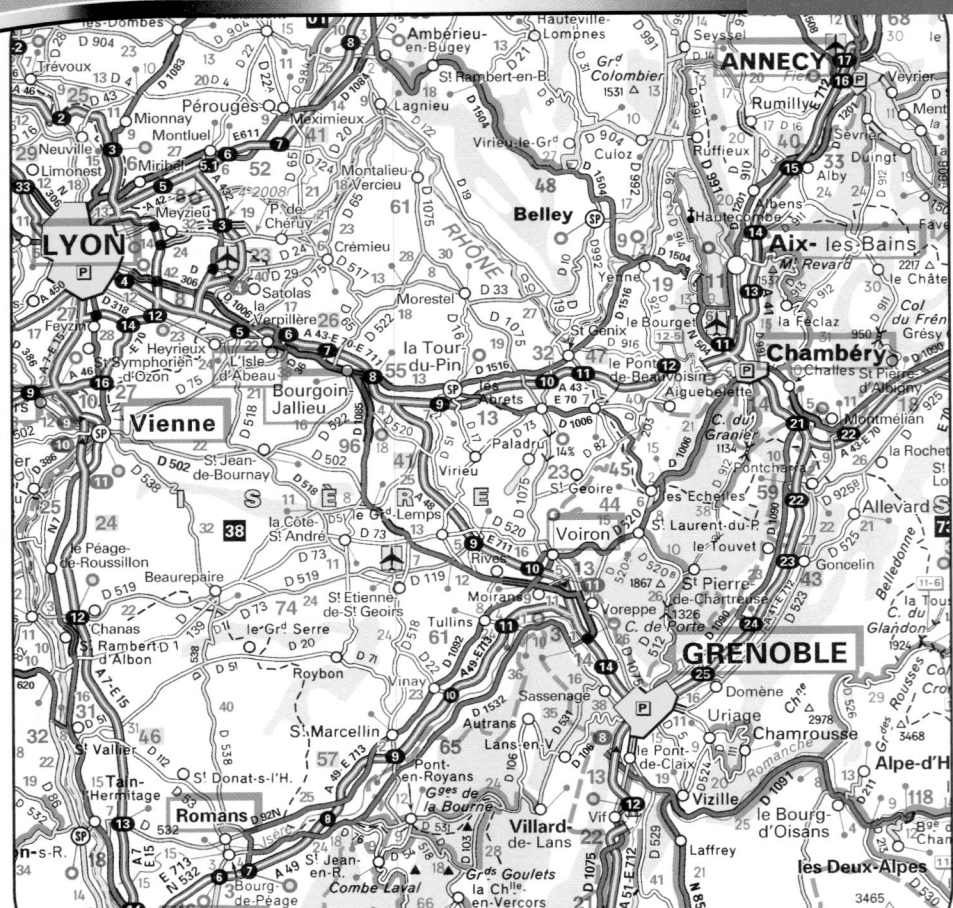

LYON><GRENOBLE

A 48
Sortie 10
€€ ✗ **Chaumière – 1,5 km**
chemin des Essarts dir. Voiron, right on r. du Placyre, right on r. du Lavoir-de-Ciel, left on bd de la République then right on r. de la Chaumière. - 🅿️ 🍽️ - **141 CD63** - Rue Chaumière - 38500 Voiron - ☎04 76 05 16 24.
€€ ✗ **Le Panoramic – 2,5 km**
dir. Voiron-centre. - 🍽️ - **141 CD64** - 38500 Coublevie - ☎04 76 05 17 40.

Sortie Grenoble-centre
€€ ✗ **Chasse-Spleen – 1,5 km**
Take the left bank (quais de la Rive gauche) following signs for Musée, then right on pl. de Lavalette. - **141 CE65** - 6 pl. Lavalette - 38000 Grenoble - ☎04 38 37 03 52.

Sortie 3a
€€ 🏨 **Hôtel Patinoires – 3 km**
In Grenoble, take bd J. Vallier, Bd Maréchal Foch av. Jeanne d'Arc then turn left on r. Marie-Chamoux. - 🅿️ - **141 CE65** - 12 r. Marie-Chamoux - 38000 Grenoble - ☎04 76 44 43 65 - www.hotel-patinoire.com.

A 480
Sortie 2
€€€ ✗ **Bistrot Lyonnais – 4,5 km**
Follow signs to Gares Europole then turn right on r. Diderot and right on cours Berriat. - 🍽️ - **141 CE65** - 168 cours Berriat - 38000 Grenoble - ☎04 76 21 95 33.

LYON><CHAMBÉRY><MODANE

A 43
Sortie 6
€€ ✗ **Auberge du Ru – 5 km**
N 6 dir. Frontonas then D 126. - 🅿️ 🍽️ - **126 CA60** - Au Bergeron-les-Quatre-Vies - 38290 Frontonas - ☎04 74 94 25 71 - aubergeduru.fr.

Sortie 7
€€ ✗ **Bernard Lantelme – 2 km**
N 6 dir. St-Alban-de-Roche, montée de la Croix-Blanche, left on rte de Lyon, right on montée du chemin-Neuf, right on chemin du Mur-de-Bise then left on r. des Templiers. - 🅿️ 🍽️ - **126 CA61** - In La Grive - 38080 Saint-Alban-de-Roche - ☎04 74 28 19 12.
€€ ✗ **Bruno Chavancy – 4,5 km**
N 6 dir. Bourgoin-Jallieu, right on bd Frédéric-et-Irène-Joliot/D 312, then D 54. - **126 CA61** - 1 avenue Tixier - 38300 Bourgoin-Jallieu - ☎04 74 93 63 88.

Sortie 10
€€€ 🏨 **Vieille Maison – 2,5 km**
D 592 dir. Aoste then left on rte des Moulins. - 🅿️ 🚗 - **127 CD61** - 38490 Aoste - ☎04 76 31 60 15 - www.lavieillemaison.net.

Sortie 12
€€€ ✗ **Novalaise-Plage – 4,5 km**
D 41 dir. Les Gollets then right on D 921. - 🅿️ 🚗 🍽️ ≼ - **127 CE61** - In Novalaise-Lac - 73470 Novalaise - ☎04 79 36 02 19 - www.novalaiseplage.com.

Sortie 22
€€ ✗ **Auberge St-Vincent – 1,5 km**
D 204 dir. Montmélian, right on D 923, right on N 6, left on r. de la Chaîne then left on r. du Dr-Veyrat. - 🍽️ - **128 CG62** - Le Gaz - 73190 Apremont - ☎04 79 28 21 85.

Sortie 27
€€ 🏨 **Hôtel du Nord – 2,5 km**
D 906 dir. St-Jean-de-Maurienne, r. Florimond-Girard then right on r. du Rocheray. - 🅿️ - **142 CJ64** - pl. Champ-de-Foire - 73300 St-Jean-de-Maurienne - ☎04 79 64 02 08 - info@hoteldunord.net.

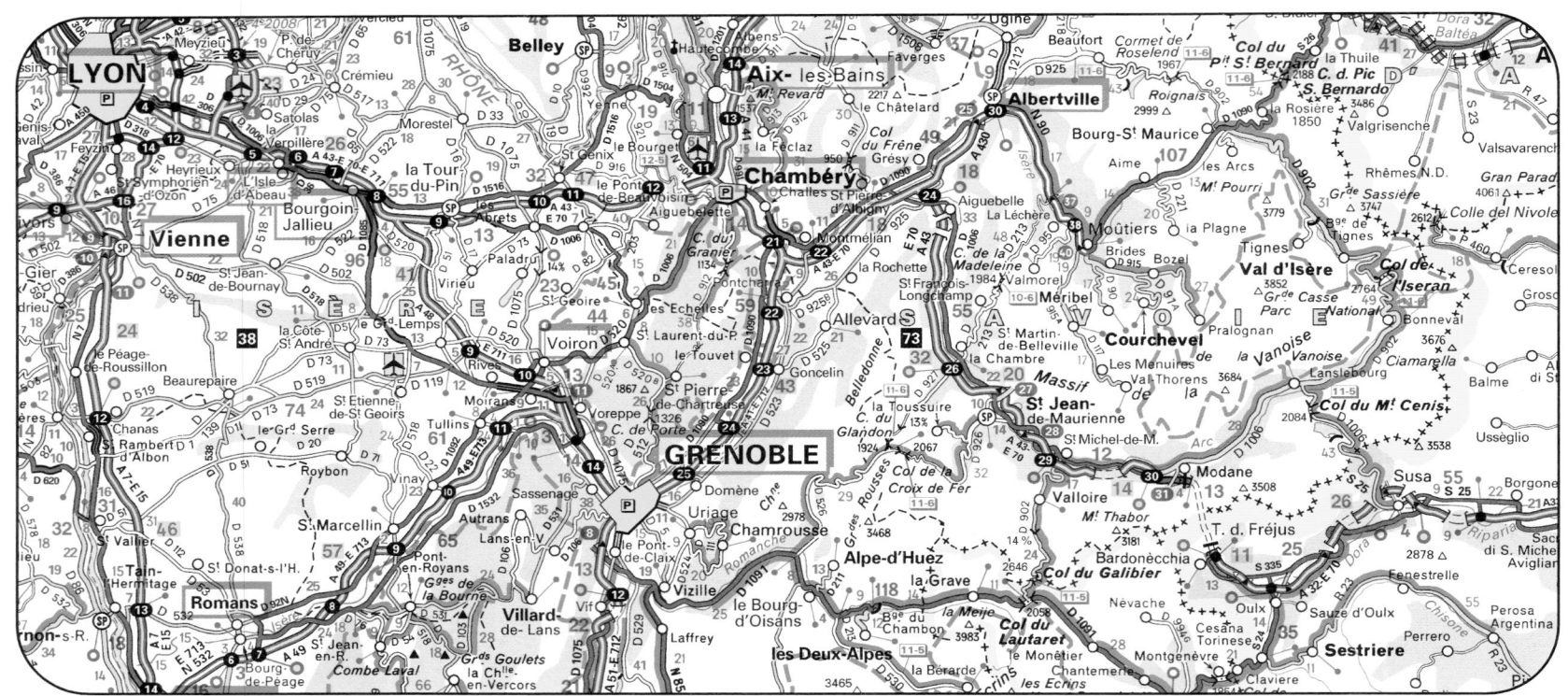

GRENOBLE><AIX><MARSEILLE

N 75
Sortie au Pont-de-Claix
€€ ✗ Le Provençal – 0,5 km
right on r. Paul-Breton then left on cours St-André. - **141 CE66** - 16 cours St-André - 38800 Pont-de-Claix - ☎ 04 76 98 01 16.

N 85
In Vizille
€ 🏠 Hôtel Sandra – 1 km
follow rte de Laffrey/r. Jean-Jaurès, right on av. Aristide-Briand then left on r. du Dr-Bonnardon. - 🅿 - **141 CE67** - 46 r. des docteurs-Bonnardon - 38220 Vizille - ☎ 04 76 68 10 01 - www.hotelsandra.fr.

In Laffrey
€€ ✗ Pacodière – 2,5 km
In Laffrey D 115 then left on le Lac-Mort. - 🅿🐟🌳 - **141 CE67** - Route du Lac - 38220 Laffrey - ☎ 04 76 73 16 22.

In Corps
€€ ✗ Poste - 🌳 - **142 CG69** - rte Napoléon - 38970 Corps - ☎ 04 76 30 00 03 - delas-hotel-restaurant@wanadoo.fr.
€€ 🏠 Le Tilleul - **142 CG69** - 38970 Corps - ☎ 04 76 30 00 43 - jourdan@hotel-restaurant-du-tilleul.com.

In St-Jacques-en-Valgodemard
€€ 🏠 Ferme-auberge Les Clarines – 1,5 km
D 16 dir. Lallée then D 316. - 🅿🐟 - **156 CH70** - In Entrepierres - 05800 St-Jacques-en-Valgodemar - ☎ 04 92 55 20 31 - www.auberge-clarines.com.

In Laye
€ ✗ Laiterie du Col Bayard - 🅿🌳 - **156 CH71** - 05500 Laye - ☎ 04 92 50 50 06 - colbayard@wanadoo.fr.

In Gap
€€ ✗ La Grangette – *Au carref. du Musée, to the left on l'av. du Maréchal-Foch (N 94 dir. Briançon).* - **156 CH72** - 1 av. Foch - 05000 Gap - ☎ 04 92 52 39 82.

A 51
Sortie 22
€ ✗ Café-Restaurant de la Paix – 4 km
D 4 right on dir. Sisteron, right on N 85, right on r. Droite then left on r. de la Saunerie. - **156 CG76** - 04200 Sisteron - ☎ 04 92 62 62 29.

Sortie 21
€€€ ✗ L'Oustau de la Foun – 2 km
In Château-Arnoux-centre, right on (r.du Milieu) then r. de La Riaille. - 🅿🌳 - **170 CH78** - Route Nationale 85 - 04160 Château-Arnoux-St-Auban - ☎ 04 92 62 65 30 - loustaoudela-foun@wanadoo.fr.

Sortie 19
€€ 🏠 Chambre d'hôte La Maurissime – 6 km
D 4 left on dir. Villeneuve, left on N 96, right on (chemin du Moulin), right on (chemin du Pigeonnier de L'Ange), left on (chemin de La Bastie) then left on D 216 (chemin Des Oliviers). - 🅿🐟🌳 - **169 CG80** - chemin des Oliviers - 04180 Villeneuve - ☎ 04 92 78 47 61.
€€ ✗ Bello Visto – 7 km
D 4 dir. La Brillanne, right on rte d'Oraison, right on N 96 then left on D 12. - **169 CG79** - Pl. du Château - 04700 Lurs - ☎ 04 92 79 95 09.
€€ 🏠 Chambre d'hôte Jas des Nevières – 10 km
D 4 dir. La Brillanne, right on rte d'Oraison, right on N 96, left on N 100, right on D 116, D 12 then right on D 212. 🅿 - **169 CF79** - Rte de St-Pierre - 04300 Pierrerue - ☎ 04 92 75 24 99 - www.jas-des-nevieres.com.

Sortie 18
€€ 🏠 Hôtel du Terreau – 3 km
3 km - right on D 907 dir. Manosque (av. Jean-Giono/av. Mestre-Raoul-Arnaud), right on (r. des Potiers), right on (bd Élémir-Bourges), left on (r. de La Liberté), left on (r. Hoche) then left on (pl. du Terreau). - **169 CF80** - Pl. du Terreau - 04100 Manosque - ☎ 04 92 72 15 50 - www.hotelmanosque.fr.
€€ ✗ Le Petit Lauragais – 3 km
right on D 907 dir. Manosque (av. Jean-Giono/av. Mestre-Raoul-Arnaud), right on (r. des Potiers), right on (bd Élémir-Bourges), left on (r. de La Liberté), left on (r. Hoche) then left on (pl. du Terreau). - 🌳 - **169 CF80** - 6 pl. du Terreau - 04100 Manosque - ☎ 04 92 72 13 00.
€€ ✗ Le Luberon – 3 km
right on D 907 dir. Manosque (av. Jean-Giono/av. Mestre-Raoul-Arnaud), right on (r. des Potiers), right on (bd Élémir-Bourges), left on (r. de La Liberté), left on (r. Hoche) then left on (pl. du Terreau). - **169 CF80** - 21 bis pl. du Terreau - 04100 Manosque - ☎ 04 92 72 03 09.
€€€ 🏠 Chambre d'hôte Bastide St-Donat – 10,5 km
D 907 dir. Gréoux-les-Bains, right on D 4 then left on D 82. - 🅿🐟🌳 - **169 CG81** - Rte de Vinon - 04800 Gréoux-les-Bains - ☎ 04 92 78 01 77 - www.bastidesaintdonat.com.

Sortie 14
€€ ✗ Le Mirabeau – 9,5 km
N 96 dir. Manosque. - **169 CE83** - D 96, le Plan - 13860 Peyrolles-en-Provence - ☎ 04 42 67 11 78.

N 296
Sortie Puyricard, Aix-en-Provence
€€ ✗ Aux Plaisirs des Anges – 4 km
av. de la 1ère Division-Français dir. Aix-en-Provence-centre, right on rte du Puy-Sainte-Réparade, right on D 14 (av. Fernand-Benoît/av. Philippe-Solari, right on av. Jean Jaurès, left on cours Sextius, left on r. des Cordeliers, right on r. du Félibre-Gaut then right on r. de l'Annonciade. - **187 CD84** - 3 rue de l'Annonciale - (BY) - 13100 Aix-en-Provence - ☎ 04 42 93 45 78 - www.auxplaisirsdesanges.com.

Sortie Aix-en-Provence-Centre
€€ ✗ La Cigale – 2 km
av. du Mar.-de-Lattre-de-Tassigny then right on D 17. - **187 CD84** - 48 r. Espariat - 13100 Aix-en-Provence - ☎ 04 42 26 20 62.

A 51
Sortie 2
€ ✗ La Grignote – 9 km
D 6 dir. Gardanne, av. Philémon-Lieutaud, right on bd Carnot/pl. de Gueydan/bd Bontemps/ bd Forbin, right on r. Borély then left on r. Mignet. - **187 CD85** - 22 r. Mignet - 13120 Gardanne - ☎ 04 42 58 30 25 - lagrignote2@wanadoo.fr.

PARIS >< BEAUNE

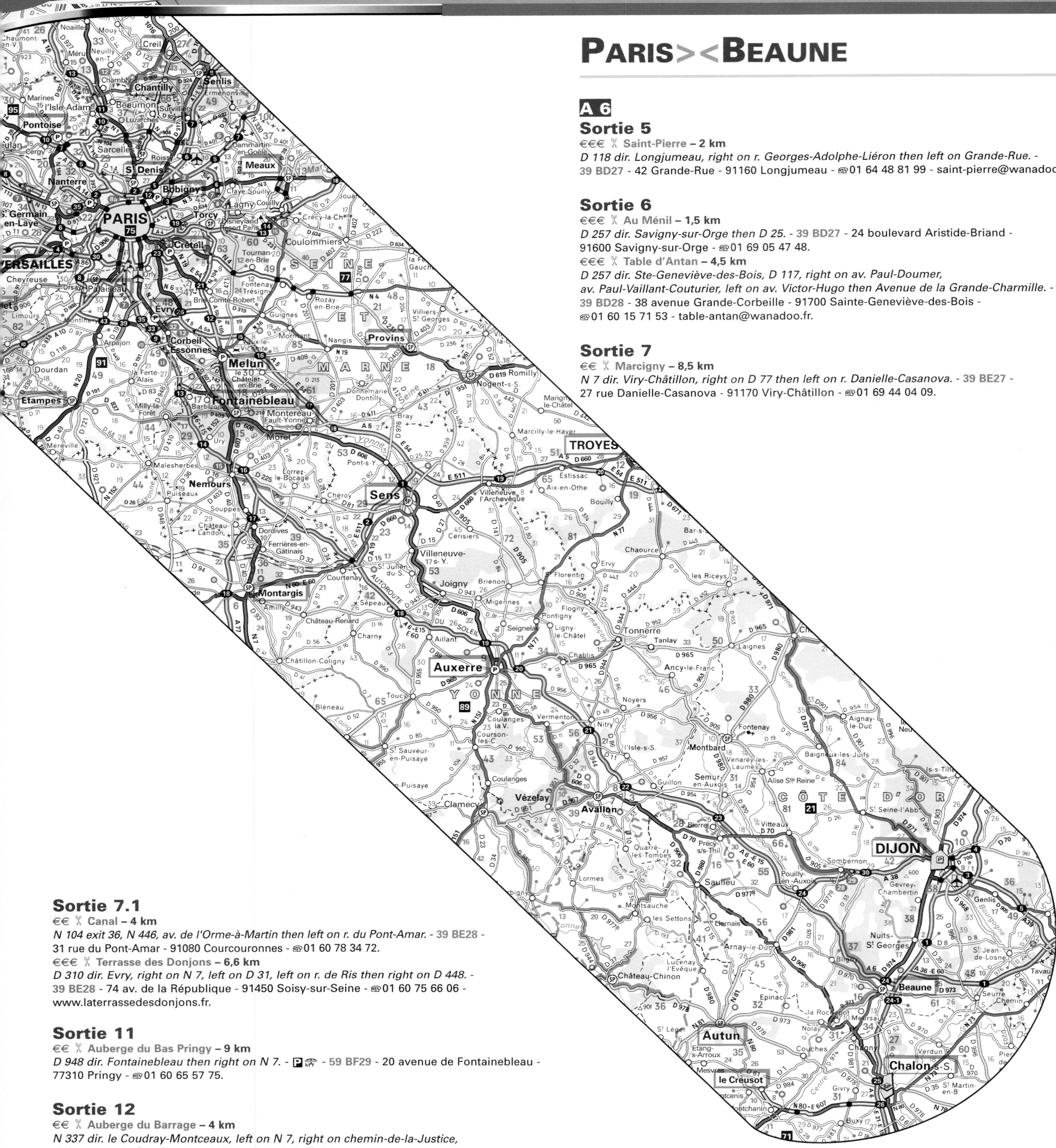

A 6

Sortie 5

€€€ ✕ **Saint-Pierre – 2 km**
D 118 dir. Longjumeau, right on r. Georges-Adolphe-Liéron then left on Grande-Rue. -
39 BD27 - 42 Grande-Rue - 91160 Longjumeau - ☎01 64 48 81 99 - saint-pierre@wanadoo.fr.

Sortie 6

€€€ ✕ **Au Ménil – 1,5 km**
D 257 dir. Savigny-sur-Orge then D 25. - **39 BD27** - 24 boulevard Aristide-Briand -
91600 Savigny-sur-Orge - ☎01 69 05 47 48.
€€€ ✕ **Table d'Antan – 4,5 km**
D 257 dir. Ste-Geneviève-des-Bois, D 117, right on av. Paul-Doumer,
av. Paul-Vaillant-Couturier, left on av. Victor-Hugo then Avenue de la Grande-Charmille. -
39 BD28 - 38 avenue Grande-Corbeille - 91700 Sainte-Geneviève-des-Bois -
☎01 60 15 71 53 - table-antan@wanadoo.fr.

Sortie 7

€€ ✕ **Marcigny – 8,5 km**
N 7 dir. Viry-Châtillon, right on D 77 then left on r. Danielle-Casanova. - **39 BE27** -
27 rue Danielle-Casanova - 91170 Viry-Châtillon - ☎01 69 44 04 09.

Sortie 7.1

€€ ✕ **Canal – 4 km**
N 104 exit 36, N 446, av. de l'Orme-à-Martin then left on r. du Pont-Amar. - **39 BE28** -
31 rue du Pont-Amar - 91080 Courcouronnes - ☎01 60 78 34 72.
€€€ ✕ **Terrasse des Donjons – 6,6 km**
D 310 dir. Evry, right on N 7, left on D 31, left on r. de Ris then right on D 448. -
39 BE28 - 74 av. de la République - 91450 Soisy-sur-Seine - ☎01 60 75 66 06 -
www.laterrassedesdonjons.fr.

Sortie 11

€€ ✕ **Auberge du Bas Pringy – 9 km**
D 948 dir. Fontainebleau then right on N 7. - P ☂ - **59 BF29** - 20 avenue de Fontainebleau -
77310 Pringy - ☎01 60 65 57 75.

Sortie 12

€€ ✕ **Auberge du Barrage – 4 km**
N 337 dir. le Coudray-Montceaux, left on N 7, right on chemin-de-la-Justice,
right on av. du Coudray then left on allée de la Guiche. - **39 BF28** - 40 chemin de Halage -
91850 Le Coudray-Montceaux - ☎01 64 93 81 16.
€€ ⌂ **Chambre d'hôte La Ferme de Vosves – 8,5 km**
N 7 dir. Vosves, D 142 then r. de la Gare. - P ☂ - **59 BF29** - 155 r. de Boissise -
77190 Vosves - ☎01 64 39 22 28 - www.fermedevosves.com.

Sortie 13

€ ⌂ **Chambre d'hôte M. Lenoir – 6,5 km**
D 372 dir. Moigny-sur-École, right on r. de la Grange-Rouge, right on r. du Château,
D 901, left on D 948 then r. du Souvenir. - ☂ - **59 BE30** - 9 r. du Souvenir -
91490 Moigny-sur-École - ☎01 64 98 47 84 / 06 76 95 56 87 - www.compagnie-des-clos.com.
€€€ ✕ **Auberge du Bois Rond – 7,5 km**
D 372 dir. Cély, D 11 then D 50. - **59 BF30** - Rte d'Achères (D 64) on the edge of
d'Arbonne-la-Forêt - 77630 Arbonne-la-Forêt - ☎01 60 66 44 38 - www.aubergeduboisrond.fr.
€€ ✕ **Le Relais de Barbizon – 8 km**
59 BF30 - 2 av. du Gén.-de-Gaulle - 77630 Barbizon - ☎01 60 66 40 28.

Sortie 14

€€ ⚹ **Auberge d'Auvers Galant – 7,5 km**
N 152 dir. Fontainebleau then left on D 63. - ⌂ - 39 BF25 - 7 r. d'Auvers -
77123 Noisy-sur-École - ☎01 64 24 51 02 - aubergeauversgalant@wanadoo.fr.

Sortie 15

€€ ⚹ **Chambre d'hôte M. Gicquel – 7 km**
N 7 dir. Montigny-sur-Loing then D 104 (Montigny-sur-Loing-centre). - 60 BG31 -
46 r. René-Montgermont - 77690 Montigny-sur-Loing - ☎01 64 45 87 92.

Sortie 17

€ ⚹ **Le Raboliot – 4 km**
*N 60 dir. Montargis, left on D 232, D 162, left on r. de la Levrette, right on
r. des Boucheries then left on ruelle du Marché-aux-Fruits.* - 60 BJ34 - 34 place du Marché -
45320 Courtenay - ☎02 38 97 44 52.

Sortie 19

€€ ⚹ **La P'tite Beursaude – 8 km**
*N 6 dir. Monéteau, av. Charles de Gaulle, left on bd de la Chaînette, right on
quai de la Marine, right on r. Sous-Murs, left on r. Joubert.* - 79 BN37 - 55 r. Joubert - 89000
Auxerre - ☎03 86 51 10 21 - auberge.beursaudiere@wanadoo.fr.

Sortie 20

€€ ⚹ **Le Moulin de la Coudre – 1,5 km**
D 965 dir. Venoy, left on D 97, right on r. du Moulin then left on r. des Gravottes. - P⚹⌂ -
79 BN37 - 2 r. Gravottes - 89290 Venoy - ☎03 86 40 23 79 - moulin@moulindelacoudre.com.

Sortie 21

€€€ ⚹ **Auberge la Beursaudière – 2 km**
D 944 dir. Nitry then left on D 49. - P⌂ - 79 BP38 - 9 chemin de Ronde - 89310 Nitry -
☎03 86 33 69 69 - auberge.beursaudiere@wanadoo.fr.
€€ ⚹ **Chambre d'hôte Les Vieilles Fontaines – 7 km**
D 944 dir. Nitry, left on D 4, r. de la Charrière, then Grande-Rue. - P⚹ - 79 BP38 -
89270 Sacy - ☎03 86 81 51 62 - http://lesvieillesfontaines.free.fr.

Sortie 22

€€ ⚹ **Dak'Hôtel – 8 km**
N 146 dir. Avallon, left on D 50 then N 6. - P⚹ - 79 BP40 - rte de Saulieu -
89200 Avallon - ☎03 86 31 63 20 - dakhotel@voila.fr.
€€ ⚹ **Le Gourmillon – 8 km**
N 146 dir. Avallon , left on D 50 then N 6. - 79 BP40 - 8 r. de Lyon - 89200 Avallon -
☎03 86 31 62 01.

Sortie 23

€€ ⚹ **Le Calibressan – 8,5 km**
*D 980 dir. Semur-en-Auxois, D 954, right on r. de Varenne, right on r. du Renaudot then right
on r. des Remparts.* - 80 BS40 - 16 r. Févret - 21140 Semur-en-Auxois - ☎03 80 97 32 40 -
le.calibressan@wanadoo.fr.
€€ ⚹ **Cymaises – 8,5 km**
D 980 dir. Semur-en-Auxois, D 954, right on r. de Varenne then right on r. du Renaudot. -
P⚹ - 80 BS40 - 7 r. Renaudot - 21140 Semur-en-Auxois - ☎03 80 97 21 44 -
hotel.cymaises@libertysurf.fr.

Interchange A 38

€€€ ⚹ **Chambre d'hôte Péniche Lady A – 9 km**
A 38 dir. Exit 24, N 81 dir. Meilly-sur-Rouvres, D 977bis, then D18. - ⌂ - 97 BV43 -
Canal de Bourgogne - 21320 Vandenesse-en-Auxois - ☎03 80 49 26 96 ou 06 21 89 00 90 -
ladyabarge@yahoo.fr.

Sortie 24

€€ ⚹ **La Ciboulette – 2,5 km**
N 74 dir. Beaune then r. de Lorraine. - 97 BW45 - 69 r. de Lorraine - 21200 Beaune -
☎03 80 24 70 72.
€€ ⚹ **La Cuverie – 4,5 km**
*N 74 dir. Savigny-lès-Beaune, left on D 2, left on D 18, right on r. Charles -de-Gaulle,
left on r. Jean-Moulin/av. des Combattants, right on r. Chanoine-Donin.* - 97 BW45 -
5 r. Chanoine-Donin - 21420 Savigny-lès-Beaune - ☎03 80 21 50 03.
€€ ⚹ **Le Grill du Castel – 9,5 km**
A 38 dir. Exit 24, N 81 dir. Meilly-sur-Rouvres, D 977bis, D18 then r. de la Porte du Bas. -
97 BV43 - Grande-Rue - 21320 Châteauneuf-en-Auxois - ☎03 80 49 26 82.
€€ ⚹ **Chambre d'hôte Mme Bagatelle – 9,5 km**
A 38 dir. Sortie 24, N 81 dir. Meilly-sur-Rouvres, D 977bis, D18 then r. de la Porte du Bas. -
97 BV43 - r. des Moutons - 21320 Châteauneuf-en-Auxois - ☎03 80 49 21 00 -
www.chateauneuf.net/bagatelle.

Sortie 24.1

€€ ⚹ **Auberge des Vignes – 7,5 km**
av. Charles-de-Gaulle dir. Volnay, right on N 74, D 973 then right on dir. Volnay-centre. - P⚹ -
97 BW46 - Rte Nationale 74 - 21190 Volnay - ☎03 80 22 24 48 - elisabeth.leneuf@free.fr.
€€ ⚹ **La Garaudière – 4 km**
*av. Charles-de-Gaulle dir. Volnay, right on D 113, right on D 970, left on D 111
(rte de Beaune) then left on Grande-Rue.* - P⚹⌂ - 97 BX46 - Grande-Rue -
21200 Levernois - ☎03 80 22 47 70.
€€ ⚹ **Hôtel Le Grillon – 3 km**
av. Charles-de-Gaulle dir. Volnay, right on D 113, left on D 973 then rte de de Seurre. - P⚹ -
97 BW45 - 21 r. Seurre - 21200 Beaune - ☎03 80 22 44 25 - www.hotel-grillon.fr.

€	Restaurants : < 16€	Hotels : < 40€	€€	Restaurants : 16€-25€	Hotels : 40€-65€
€€€	Restaurants : 25€-45€	Hotels : 65€-100€	€€€€	Restaurants : > 45€	Hotels : > 100€

BEAUNE >< LYON

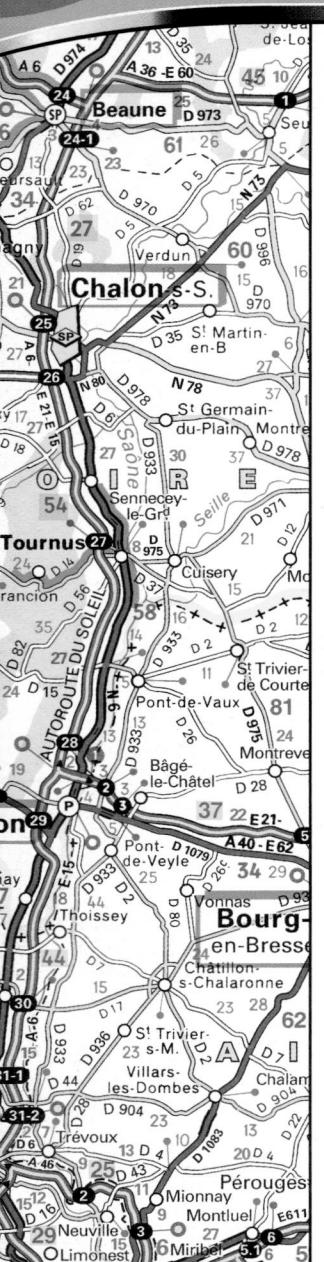

A 6

Sortie 25

€€ 🏠 **Hôtel St-Jean – 3,5 km**
N 6 dir. Chalon-sur-Saône then left on quai Gambetta. - 97 BX48 -
24 quai Gambetta - 71100 Chalon-sur-Saône - ☎03 85 48 45 65.
€€ ✗ **Ripert – 3,5 km**
*N 6 dir. Chalon-sur-Saône, right on D 978/D 5, left on
r. du Palais-de-Justice, right on pl. de Beaune/Grande-Rue
then right on r. Saint-Georges.* - 97 BX48 - 31 r. St-Georges -
71100 Chalon-sur-Saône - ☎03 85 48 89 20.
€€ ✗ **Le Magny – 9 km**
*N 6 dir. Chalon-sur-Saône, D 318, right on r. Louis-Jacques-Thenard
then right on D 5.* - 97 BX47 - 29 Grande-Rue - 71530 Sassenay -
☎03 85 91 61 58.

Sortie 26

€€ ✗ **Le Saint Loup – 5 km**
*N 80 dir. St-Loup-de-Varennes, right on r. du Lavoir then
right on av. de l'Église.* - 🅿 - 97 BX49 - Route Nationale 6 -
71240 St-Loup-de-Varennes - ☎03 85 44 21 58 - sylparo@wanadoo.fr.

Sortie 27

€ ⌂ **Chambre d'hôte Domaine de l'Arfentière – 10,5 km**
N 6 dir. Macon, right on D 163 then right on D 210. - 🅿🚲 -
112 BX51 - rte de Chardonnay - 71700 Uchizy - ☎03 85 40 50 46.
€€ ⌂ **Chambre d'hôte Le Tinailler du Manoir de Champvent –
10 km**
N 6 dir. Chardonnay then right on D 56. - 🅿🚲 - 112 BX51 -
Lieu-dit Champvent - 71700 Chardonnay - ☎03 85 40 50 23.
€€ ✗ **Le Terminus – 1,5 km**
N 6 dir. Tournus-centre. - 🅿🚲 - 112 BX50 - 21 av. Gambetta -
71700 Tournus - ☎03 85 51 05 54 - www.hotel-terminus-tournus.com.

Sortie 28

€€ 🏠 **Hôtel Concorde – 8 km**
*D 205 dir. St-Jean-Le-Priche, N 72, right on N 6, right on
r. du 28-Juin-1944, right on cours Moreau, right on
r. du 11-Novembre-1918, left on r. de l'Heritan, right on D 82
then right on r. Lacretelle.* - 112 BX53 - 73 r. Lacretelle -
71000 Mâcon - ☎03 85 34 21 47 - hotel.concorde.71@wanadoo.fr.
€€ ✗ **Au P'tit Pierre – 7,5 km**
*D 205 dir. St-Jean-Le-Priche, N 72, right on N 6 then right on
r. Gambetta.* - 112 BX53 - 10 r. Gambetta - 71000 Mâcon -
☎03 85 39 48 84.
€€ 🏠 **Vieille Ferme – 3 km**
*D 205 dir. St-Jean-Le-Priche, N 72, right on N 6 then
bd du Gén.-de-Gaulle.* - 🅿 - 112 BX53 - Bd du Gén.-de-Gaulle -
71000 Sancé - ☎03 85 21 95 15 - vieil.ferme@wanadoo.fr.
€€ ⌂ **Chambre d'hôte Mme Noblet – 11 km**
N 72 dir. Macon, D 103, then D 403 then right on D 15. - 🅿🚲 - 112 BX52 - Les Cochets -
71260 Viré - ☎03 85 33 92 54.
€€ ✗ **Le Relais de Montmartre – 11 km**
N 72 dir. Macon, D 103, right on D 403 then right on D 16. - 112 BX52 - Pl. André-Lagrange -
71260 Viré - ☎03 85 33 10 72 - relais-de-montmartre@wanadoo.fr.

Sortie 29

€€ ✗ **Le Saint-Laurent – 8 km**
*D 205 dir. St-Jean-Le-Priche, N 72, right on N 6, N 79 (quai Jean-Jaurès) then D 68
(r. de L'Hôtel-de-Ville).* - 🚲 - 112 BX53 - 1 quai Bouchacourt - 01750 Saint-Laurent-sur-Saône -
☎03 85 39 29 19 - saintlaurent@georgesblanc.com.
€€ 🏠 **Hôtel Les Vignes – 10 km**
D 169 dir. Juliénas then D 17. - 🅿🚲 - 112 BW54 - rte de St-Amour - 69840 Juliénas -
☎04 74 04 43 70 - www.hoteldesvignes.com.
€€ ✗ **Le Coq à Juliénas – 10 km**
D 169 dir. Juliénas then D 17. - 🚲 - 112 BW54 - Pl. du Marché - 69840 Juliénas -
☎04 74 04 41 98 - leon@relaischateaux.com.
€€€ ✗ **Table de Chaintré – 4,5 km**
D 169 dir. Juliénas then right on D 209. - 112 BW54 - Au bourg - 71570 Chaintré -
☎03 85 32 90 95.
€€ ✗ **Pouilly Fuissé – 7 km**
N 79 dir. Moulins, left on D 54 then right on D 172. - 🚲 - 112 BW54 - Au bourg -
71960 Fuissé - ☎03 85 35 60 68.

Sortie 30

€ ✗ **Le Buffet de la Gare – 2,5 km**
D 37 dir. Belleville-centre, left on r. de la Gare then right on r. du Mar.-Foch. - 🚲 -
112 BW55 - Pl. de la Gare - 69220 Belleville - ☎04 74 66 07 36 - lebuffetdelagare@wanadoo.fr.
€€ ✗ **La Maison des Beaujolais – 4 km**
D 109 dir. St-Jean-d'Ardières, D 37 then N 6 (av. de Bourgogne). - 🅿🚲 -
112 BW55 - 441 av. de l'Europe, RN 6 - 69220 St-Jean-d'Ardières - ☎04 74 66 16 46 -
www.lamaisondesbeaujolais.com.

Sortie 31

€ ✗ **Ferme-auberge La Bicheronne – 6 km**
D 70 dir. Villefranche-sur-Saône, D 44, left on D 933 (r. Hector-Berlioz) then right on D 75. -
🅿 - 112 BW56 - Le Bicheron - 01480 Fareins - ☎04 74 67 81 01.
€€€€ 🏠 **Hôtel La Ferme du Poulet – 2,5 km**
D 70 dir. Villefranche-sur-Saône, r. des Frères-Bonnet then right on r. Georges-Mangin. -
126 BW57 - 180 r. Georges-Mangin - 69400 Villefranche-sur-Saône - ☎04 74 62 19 07 -
la.ferme.du.poulet@wanadoo.fr.
€€ ✗ **Juliénas – 2,5 km**
*D 70 dir. Villefranche-sur-Saône, bd Henri-Barbusse, right on r. Jean-Michel-Savigny
then right on r. Jean-Cottinet.* - 126 BW57 - 236 rue Anse - 69400 Villefranche-sur-Saône -
☎04 74 09 16 55.

Sortie 32

€€ ✗ **Vieux Moulin – 9 km**
*N 6 dir. Anse, right on av. de la Libération, left on r. St-Pierre, left on r. du Père-Ogier,
left on D 30, left on D 39, left on D 76, to D 607 then right on D 76.* - 🅿🚲 - 125 BV58 -
chemin du Vieux Moulin - 69380 Alix - ☎04 78 43 91 66 - lemoulindalix@wanadoo.fr.
€€ 🏠 **Hôtel Saint-Romain – 3 km**
*N 6 dir. Anse, right on av. de la Libération, r. Nationale, av. de la Gare, left on
r. des Pépinières then right on rte de Graves.* - 126 BW57 - rte de Graves - 69480 Anse -
☎04 74 60 24 46 - www.hotel-saint-romain.fr.

Sortie 33

€€ ✗ **L'Orangerie de Sébastien – 10 km**
N 6 dir. la Tour-de-Salvagny, right on D 73 then left on D 30. - 🚲 - 126 BW59 - Domaine
de Lacroix-Laval - 69280 Marcy-l'Étoile - ☎04 78 87 45 95.

Sortie 36

€€ ✗ **L'Ouest – 1,5 km**
*Porte du Valvert, then Tunnel de la Duchère (Bd Périphérique – ring road) to exit 2.
Then rue Mouillard, then left on rue Emile Duport.* - 126 BX59 - 1 quai du Commerce
(9e arrondissement) - (BP) - 69009 Lyon - ☎04 37 64 64 64.
€€ ✗ **L'Est – 2,5 km**
*Pont Raymond-Poincaré dir. Lyon-centre, bd de la Bataille-de-Stalingrad/
r. Waldeck-Rousseau, left on av. du Gén.-Brosset then left on pl. Jules-Ferry.* - 🚲 -
126 BX59 - 14 pl. Jules-Ferry, gare des Brotteaux - 69006 Lyon - ☎04 37 24 25 26.
€€ ✗ **Auberge de la Vallée – 4 km**
*Av. Victor-Hugo dir. Francheville/pl. Pierre-Vauboin/av. Charles-de-Gaulle then left
on D 42.* - 126 BW60 - 39 avenue Chater - 69340 Francheville - ☎04 78 59 11 88 -
patricia.porteneuve@cegetel.net.

Sortie Vieux Lyon

€€ 🏠 **Hôtel St-Pierre-des-Terreaux – 2,5 km**
*Montée-de-Choulans dir. Vieux-Lyon, left on quai Fulchiron, left on D 406, right on
pont-de-la-Feuillée, right on quai-de-la-Pêcherie, left on r. de la Platière then pl. Meissonier.* -
126 BX59 - 8 r. Paul-Chenavard - 69001 Lyon - ☎04 78 28 24 61.
€ ✗ **Au Petit Bouchon "Chez Georges" – 2,5 km**
*Montée-de-Choulans dir. Vieux-Lyon, left on quai Fulchiron, left on quai Romain-Rolland,
right on pont-du-Maréchal-Juin, r. Grenette, left on r. du Prés.-Edouard-Herriot, right on
r. du Bât-D'Argent then left on r. du Garet.* - 126 BX59 - 8 rue Garet - 69001 Lyon -
☎04 78 28 30 46.
€€ ✗ **Restaurant de Fourvière – 0,5 km**
Montée-de-Choulans dir. Vieux-Lyon then right on tunnel-Routier-de-Fourvière. - 🚲 -
126 BX59 - 9 pl. de Fourvière - 69005 Lyon - ☎04 78 25 21 15 - www.latassee.fr.
€€€ ✗ **Le Contretête – 0,5 km**
Montée-de-Choulans dir. Vieux-Lyon, left on quai Fulchiron then left on D 406. -
126 BX59 - 55 quai Pierre-Scize - 69005 Lyon - ☎04 78 29 41 29 -
restaurant@tetedoie.com.

Sortie 39b Lyon-Perrache

€€ 🏠 **Hôtel Bellecordière – 1,5 km**
*Quai du Dr-Gailleton dir. Gares de Perrache, left on r. de la Barre then right on
r. Bellecordière.* - 126 BX59 - 18 r. Bellecordière - 69002 Lyon - ☎04 78 42 27 78 -
www.hotel-bellecordiere.com.
€€€ 🏠 **Hôtel La Résidence – 1,5 km**
Quai du Dr-Gailleton dir. Gares de Perrache then left on r. Sala. - 126 BX59 -
18 r. Victor-Hugo - 69002 Lyon - ☎04 78 42 63 28 - hotel-la-residence@wanadoo.fr.
€€ ✗ **Le Jura – 1,5 km**
*Montée-de-Choulans dir. Vieux-Lyon, left on quai Fulchiron, left on
quai Romain-Rolland, right on pont-du-Maréchal-Juin, r. Grenette, right on
r. de Brest then left on r. de Tupin.* - 🚲 - 126 BX59 - 25 r. Tupin - 69002 Lyon -
☎04 78 42 20 57.
€€ ✗ **La Brasserie Georges – 1,5 km**
Take quai de Perrache then turn right on r. du Bélier as far as the Cours de Verdun-Perrache. -
🚲 - 126 BX59 - 30 cours de Verdun - 69002 Lyon - ☎04 72 56 54 54.

Sortie Vieux Lyon

€€€ ✗ **Le Contretête – 0,5 km**
Montée-de-Choulans dir. Vieux-Lyon, left on quai Fulchiron then left on D 406. - 126 BX59 -
55 quai Pierre-Scize - 69005 Lyon 05 - ☎04 78 29 41 29 - restaurant@tetedoie.com.

✗ Restaurant   🏠 Hotel   ⌂ Guest house   🅿 Customer parking   🚲 Meals served outdoors   🚲 Garden   ▦ Air conditioning

Lyon>‹Orange

A 7

Sortie 9

€€ ✕ **La Chamade** – 1,5 km
N 7 dir. Vienne, left on pl. St-Maurice, right on r. Boson then left on r. de la Juiverie. -
126 BX62 - 24 r. Juiverie - 38200 Vienne - ☎04 74 85 30 34.

€ ✕ **L'Estancot** – 1 km
N 7 dir. Vienne, left on pl. St-Louis, right on pl. du Jeu de Paume then left on r. de la Table-Ronde. - **126 BX62** - 4 r. de la Table-Ronde - 38200 Vienne - ☎04 74 85 12 09.

Sortie 10

€€ ⌂ **Chambre d'hôte La Margotine** – 10 km
N 86 dir. Condrieu, left on barrage de Vaugris/D 4, left on r. du Château d'Eau, left on r. Victor Hugo, left on montée du Pré-Margot/chemin du Pré-Margot. - **P** -
140 BX63 - 883 chemin de Pré-Margot, Les Roches de Condrieu - 38370 St-Prim -
☎04 74 56 44 27 - www.chambredhotelamargotine.com.

€€ ✕ **Bistrot à Vins de Serine** – 3 km
N 86 dir. Amthen then left on pl. de L'Église. - 🍽 - **126 BX62** - Pl. de l'Église -
69420 Ampuis - ☎04 74 56 15 19.

€€ ✕ **La Reclusière** – 7,5 km
N 86 dir. Condrieu then left on chemin-des-Dames. - **140 BW63** - 39 Grande-Rue -
69420 Condrieu - ☎04 74 56 67 27 - www.lareclusiere.free.fr.

Sortie 12

€€ 🏠 **Hôtel des Nations - Restaurant L'Hysope** – 11 km
N 7 dir. Vienne. - **140 BX63** - RN 7, lieu-dit Clonas-sur-Varèze - 38550 Auberives-sur-Varèze -
☎04 74 84 90 24 - hoteldesnations@club-internet.fr.

Sortie 13

€€ 🏠 **Hôtel Les Amandiers** – 3,5 km
D 532 dir. Tournon right on (av. du Vercors-et-de-la-Résistance), right on av. Jules-Nadi, left on N 7 (av. Jean-Jaurès/av. du Président-Roosevelt), right on N 95 (av. des Comtes-de-Larnage/pont Gustave-Toursier) then left on N 86 then left on av. de Nîmes. -
P - **140 BX67** - 13 av. de Nîmes - 07300 Tournon-sur-Rhône - ☎04 75 07 24 10 -
info@hotel-amandiers.com.

€€€ ✕ **Le Chaudron** – 3,5 km
D 532 dir. Tournon right on (av. du Vercors-et-de-la-Résistance), right on av. Jules-Nadi, left on N 7 (av. Jean-Jaurès/av. du Président-Roosevelt), right on N 95 (av. des Comtes-de-Larnage/pont Gustave-Toursier), left on N 86 then left on av. de Nîmes, left on D 219 (pl. Stéphane Mallarmé/r. Thiers) then right on r. du 14-Juillet. - 🍽 - **140 BX67** -
7 r. St-Antoine - 07300 Tournon-sur-Rhône - ☎04 75 08 17 90.

Sortie 15

€€ ✕ **L'Origan** – 2 km
N 7 Valence ring road (Rocade), exit 31 then left on av. de la Libération, right on r. Paul-Gataud, then right on av. des Baumes. - **P**🍽 - **140 BY69** - 58 avenue Beaumes -
26000 Valence - ☎04 75 41 60 39 - squashorigan@aol.com.

€€€ ✕ **L'Auberge du Pin** – 2 km
N 7 Rocade de Valence, exit 30 dir. Valence-centre par av. Victor-Hugo. - **P**�🍽 - **140 BY69** -
285 bis av. Victor-Hugo - 26000 Valence -
☎04 75 44 53 86 - pic@relaischateaux.com.

€€ ⌂ **Chambre d'hôte La Mare** – 11 km
N 7 exit 32, D 261, right on D 269, left on D 111, right on chemin des Donnays then left on bd de la Puya. - **P**� - **154 BY70** - Rte de Montmeyran -
26800 Étoile-sur-Rhône - ☎04 75 59 33 79 -
http://la.mare.free.fr.

Sortie 16

€€€ ✕ **Treille Muscate** – 8 km
N 304 dir. Montélimar, right on N 7, left on D 57 then left on D 554. - **P**🍽 -
154 BX71 - 26270 Cliousclat - ☎04 75 63 13 10 -
latreillemuscate@wanadoo.fr.

Sortie 18

€€ ✕ **Relais du Vivarais** – 11 km
N 7 dir. Viviers, D 607, right on D 844, left on D 126, left on D 73, av. Pierre-Mendès-France then N 86. - 🍽 - **154 BW74** - 31 D 86, quartier les Sautelles - 07220 Viviers - ☎04 75 52 60 41 -
relais.viviers@wanadoo.fr.

Sortie 19

€€ ✕ **L'Esplan** – 11 km
D 26 dir. Pont-St-Esprit, D 8, left on D 160/ D 59, right on D 859, D 218, left on D 859 then left on D 59. - 🍽 - **154 BX75** - Pl. l'Esplan -
26130 Saint-Paul-Trois-Châteaux - ☎04 75 96 64 64 -
www.esplan.provence.com.

€€ 🏠 **De Chabrières** – 1,5 km
D 26 dir. Bollène. - **154 BX76** - 7 bd Gambetta -
84500 Bollène - ☎04 90 40 08 08.

Sortie 22

€€ ✕ **La Mère Germaine** – 11 km
N 7 dir. Avignon, right on D 72, D 68, r. Alphonse-Daudet, left on pl. Jean-Moulin, left on av. du Gén.-de-Gaulle, right on chemin des Consuls then la Fontaine du Pape. -
P🍽 - **168 BX78** - Place de la Fontaine -
84230 Châteauneuf-du-Pape - ☎04 90 83 54 37 -
resa@lameregermaine.com.

	Restaurants : < 16€	Hotels : < 40€		Restaurants : 16€-25€	Hotels : 40€-65€
€			€€		
€€€	Restaurants : 25€-45€	Hotels : 65€-100€	€€€€	Restaurants : > 45€	Hotels : > 100€

ORANGE >< MARSEILLE

A 7

Sortie 15

€€ ⚐ **Chambre d'hôte du Château du Petit Sonnailler – 8 km**
D 572 dir. Aurons, left on carr.-des-Allées, right on av. Jean-Moulin, left on chemin de la Petite-Brûlière, left on D 68, left on av. Gaston-Cabrier then right on Grand'Rue. -
168 CA83 - Chemin départemental 16 - 13121 Aurons - ☎04 90 59 34 47 - www.petit-sonnailler.com.

€€ ✗ **Hostellerie de la Reynaude – 8 km**
D 572 dir. Aurons, left on carr.-des-Allées, right on av. Jean-Moulin, left on chemin de la Petite-Brûlière, left on D 68, left on av. Gaston-Cabrier then right on Grand'Rue. - 168 CA83 - 13121 Aurons - ☎04 90 59 30 24 - domaine.reynaude@wanadoo.fr.

€€ ✗ **Le Craponne – 1,5 km**
D 572 dir. Salon de Provence then N 538 (allée de Craponne). - 🌳 - 168 CA83 - 146 allée de Craponne - 13300 Salon-de-Provence - ☎04 90 53 23 92.

€€ ✗ **Le Moulin de Dodé – 4 km**
D 572 dir. Pélissanne then D 68 left on (rte de Saint-Jean/r. des Passadouires/ r. Georges-Clemenceau). - 168 CA83 - 41 r. Georges-Clemenceau - 13330 Pélissanne - ☎04 90 55 44 93 - le.moulin.de.dode@wanadoo.fr.

€€ ✗ **La Touloubre – 6,5 km**
D 572 dir. Pélissanne, D 15 then D 22. - 🅿🌳 - 168 CA83 - 29 chemin Salatier - 13330 La Barben - ☎04 90 55 16 85.

Sortie 23

€€€ ✗ **Le Moutardier – 9 km**
D 972 dir. Avignon-centre, N 7 then r. de Morières/r. Carnot. - 🌳 - 168 BX80 - 15 pl. du Palais-des-Papes - 84000 Avignon - ☎04 90 85 34 76 - moutardier@wanadoo.fr.

Sortie 24

€€ ✗ **Les Glycines – 7 km**
N 7 dir. Châteaurenard, right on D 28, left on av. de la Libération, av. Léo-Lagrange, right on cours Carnot then right on av. Victor-Hugo. - 🌳 - 168 BY80 - 14 avenue Victor-Hugo - 13160 Châteaurenard - ☎04 90 94 10 66.

Sortie 25

€€ ⌂ **Hôtel L'Oustau di Vins – 6,5 km**
D 99/D 938 dir. Cheval-Blanc, right on D 2, Ancien chemin du Bout-des-Vignes then left on D 31. - 🅿🌳 - 168 BZ81 - La Font du Pin - 84460 Cheval Blanc - ☎04 90 72 90 90.

Sortie 26

€ ⚐ **Chambre d'hôte Canto Cigalo – 8,5 km**
N 7 dir. Sénas, left on D 538, right on D 72 then left on D 569. - 🅿🌳 - 168 BZ82 - Quartier du Pin - 13430 Eyguières - ☎04 90 59 89 85 - http://perso.wanadoo.fr/cantocigalo.

€€€ ✗ **Le Relais du Coche – 8,5 km**
N 7 dir. Sénas, left on D 538, right on D 72 then left on D 570. - 🌳 - 168 BZ82 - Pl. Monier - 13430 Eyguières - ☎04 90 59 86 70.

€€ ✗ **Le Donjon – 9,5 km**
N 7 dir. Alleins, right on D 16, right on D 17 then right on cours Victor-Hugo. - 168 CA82 - Cours Victor-Hugo - 13980 Alleins - ☎04 90 57 34 02 - ledonjon13@wanadoo.fr.

Sortie 27

€ ⌂ **Hôtel Vendôme – 5 km**
N 538 dir. Salon de Provence then Salon-de-Provence-centre. - 168 CA83 - 34 r. du Mar.-Joffre - 13300 Salon-de-Provence - ☎04 90 56 01 96 - www.hotelvendome.com.

€€€ ✗ **L'Ô – 3 km**
N 538 dir. Salon de Provence, left on r. des Frères-Kennedy/r. des Frères-Jourdan then left on cours Victor-Hugo. - 168 CA83 - 1 pl. Crousillat - 13300 Salon-de-Provence - ☎04 90 44 70 82 - poissonnerie.du.marché@wanadoo.fr.

€€ ⌂ **Hôtel Angleterre – 4,5 km**
N 538 dir. Salon de Provence, right on N 572, left on pl. du Gén.-de-Gaulle, right on r. des Fileuses-de-Soie, left on pl. Eugène-Pelletan then left on cours Carnot. - 168 CA83 - 98 cours Carnot - 13300 Salon-de-Provence - ☎04 90 56 01 10 - hoteldangleterre@wanadoo.fr.

Interchange A 54

€€ ✗ **Le Planet – 7,5 km**
A 54 exit 14, right on chemin des Paluns, left on D 16, right on r. Pasteur then left on pl. Jean-Jaurès. - 🌳 - 168 BZ83 - 12 pl. Jean-Jaurès - 13450 Grans - ☎04 90 55 83 66.

Sortie 32

€ ⌂ **Hôtel Saint-Louis – 1 km**
N 8 dir. pl. de l'Hôtel-des-Postes, r. Henri-Barbusse, right on r. Henri-Fiocca, left on r. de la République, right on quai des Belges, right on la Canebière then right on r. des Récollettes. - 187 CC87 - 2 r. des Récollettes (cours St-Louis) - 13001 Marseille - ☎04 91 54 02 74 - www.hotel-st-louis.com.

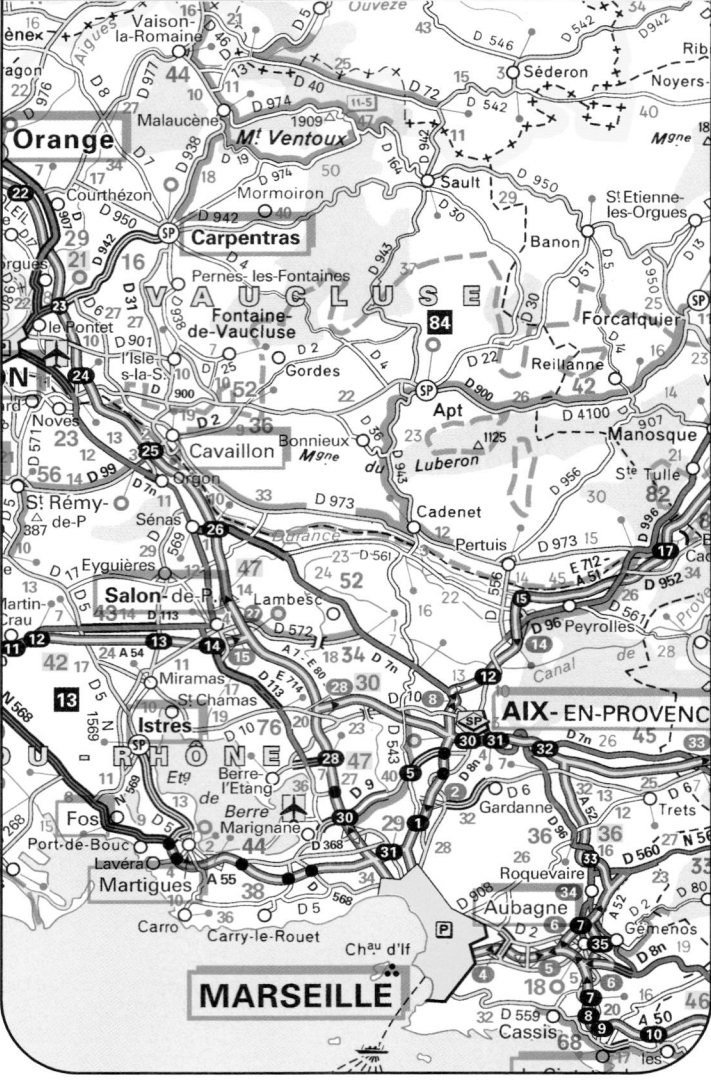

€€€ ✗ **Chez Vincent – 1 km**
N 8 dir. pl. de l'Hôtel-des-Postes, r. Henri-Barbusse, right on r. Henri-Fiocca, left on r. de la République, right on quai des Belges then right on r. Glandèves. - 187 CC87 - 23 r. de Glandevès - 13001 Marseille - ☎04 91 33 96 78.

€€€ ✗ **La Ferme – 1 km**
N 8 dir. pl. de l'Hôtel-des-Postes, r. Henri-Barbusse, right on r. Henri-Fiocca, left on r. de la République, right on quai des Belges, right on quai de Rive-Neuve, left on cours Jean-Ballard/r. de Breteuil, left on r. de Grignan, left on r. Lulli then left on r. Sainte - 187 CC87 - 23 r. Sainte - 13001 Marseille - ☎04 91 33 21 12.

€ ⌂ **Hôtel Benidorm – 3 km**
A 55 dir. St-Henri, right on av. André-Roussin, right on r. Rabelais, right on r. du Dr-Zamenhof, left on bd Fenouil then right on N 568 chemin du Littoral. - ⚘ - 187 CC87 - 734 chemin du Littoral (Estaque) - 13016 Marseille - ☎04 91 46 12 91.

Sortie 36

€€€ ✗ **Les Arcenaulx – 1 km**
bd Charles-Livon dir. centre-ville, quai de Rive-Neuve, right on pl. aux Huiles then left on cours Honoré-d'Estienne-d'Orves. - 🌳 - 187 CC87 - 25 cours d'Estienne-d'Orves - 13001 Marseille - ☎04 91 59 80 30 - restaurant@les-arcenaulx.com.

€€€€ ✗ **Chez Fonfon – 2 km**
bd Charles-Livon dir. centre-ville, left on r. des Catalans, right on corniche du Prés. John-Fitzgerarld, left on bd Augustin-Cieussa, bd des Dardanelles then right on r. du Vallon-des-Auffes. - 187 CC87 - 140 r. du Vallon-des-Auffes - 13007 Marseille - ☎04 91 52 14 38 - chezfonfon@aol.com.

Sortie Gare Saint-Charles

€€ ⌂ **Hôtel Azur – 1 km**
av. du Gén.-Leclerc dir. gare Saint-Charles, bd Maurice-Bourdet/pl. des Marseillaises, right on bd d'Athènes, left on bd de la Liberté, right on r. de la Grande-Armée/ sq. Stalingrad then left on cours Franklin-Roosevelt. - 187 CC87 - 24 cours Franklin-Roosevelt - 13001 Marseille - ☎04 91 42 74 38 - www.azur-hotel.fr.

✗ Restaurant　　⌂ Hotel　　⚐ Guest house　　🅿 Customer parking　　🌳 Meals served outdoors　　⚘ Garden　　▦ Air conditioning

LANÇON><LE LUC

A 8

Sortie 28
€€€ ✗ **La Table de Ventabren – 6,5 km**
D 10 dir. Ventabren, right on D 65, left on chemin du Moulin/chemin de Cassad, right on av. Charles-de-Gaulle, left on r. de Provence then left on r. de la Liberté. - 🅿 - 187 CB84 - 1 rue Frédéric-Mistral - 13122 Ventabren - ☎04 42 28 79 33 - contact@lemistral.com.

Sortie 32
€€ ✗ **L'Auberge Provençale – 3 km**
D 58 dir. Meyreuil. - 🅿 - 187 CD84 - D 7n - Au Canet - 13590 Meyreuil - ☎04 42 58 68 54 - www.auberge-provencale.fr.
€ ✗ **Ferme-auberge du Mont Venturi – 8,5 km**
N 7 dir. St Maximin-la-Ste Baume, right on D 58 (rte de Beaurecueil), left on D 46 then right on D 17. - 188 CE84 - Lieu-dit l'Étang - rte de Rousset - 13100 St-Antonin-sur-Bayon - ☎04 42 66 91 04.

Sortie 33
€€ ✗ **Hôtel-restaurant Le Relais de Saint-Ser – 11 km**
N 7 dir. Pourrières then right on D 12. - ☎ - 188 CE84 - Chemin départemental 17 - 13100 Puyloubier - ☎04 42 66 37 26.

Sortie 34
€ ✗ **Du côté de chez nous – 2 km**
N 7 dir. St-Maximin-la-Ste-Baume then right on pl. Malherbe. - 🅿☎ - 188 CG85 - Pl. Malherbes - 83470 St-Maximin-la-Ste-Baume - ☎04 94 86 52 40.

Sortie 35
€€€ ⌂ **Chambre d'hôte Château de Vins – 8,5 km**
av. Jean-Moulin dir. Le Luc, av. des Martyrs-de-la-Résistance, right on rte Théodore-Linari then D 24. - 🅿 🚾 - 188 CI85 - Les Prés du Château, au bourg - 83170 Vins-sur-Caramy - ☎04 94 72 50 40 - www.chateaudevins.com.

Interchange A 57
€€ ⌂ **Chambre d'hôte La Haute Verrerie – 3,5 km**
A 57 exit 13 dir. Cannet-des-Maures then D 558. – 🅿 🚾 - 189 CK85 - La Haute-Verrerie, rte de St-Tropez - 83340 Le Cannet-des-Maures - ☎04 94 47 95 51 - lahauteverrerie@aol.com. A 57 sortie 13 dir. Cannet-des-Maures puis D 558.
€€€ ⌂ **Chambre d'hôte Le Hameau de Charles-Auguste – 4 km**
A 57 exit 13 dir. Le Luc, N7, bd Charles-Gaudin then left on av. Pierre-de-Coubertin. - 🅿 🚾 - 189 CK85 - R. de Baraouque - 83340 Le Luc - ☎04 94 60 79 45 - www.provenceweb.fr/83/charles-auguste.
€€ ✗ **Le Gourmandin – 4,5 km**
A 57 exit 13 dir. Le Luc, N7, D 33, left on r. de la République then left on r. Louis-Brunet. - 189 CK84 - Pl. Louis-Brunet - 83340 Le Luc - ☎04 94 60 85 92 - gourmandin@wanadoo.fr.
€€ ✗ **Le Tournesol – 9 km**
A 57 exit 13 dir. Cannet-des-Maures then D 17. - ☎ - 189 CK84 - 9 r. des Trois-Ormeaux - 83340 Le Thoronet - ☎04 94 73 89 81.

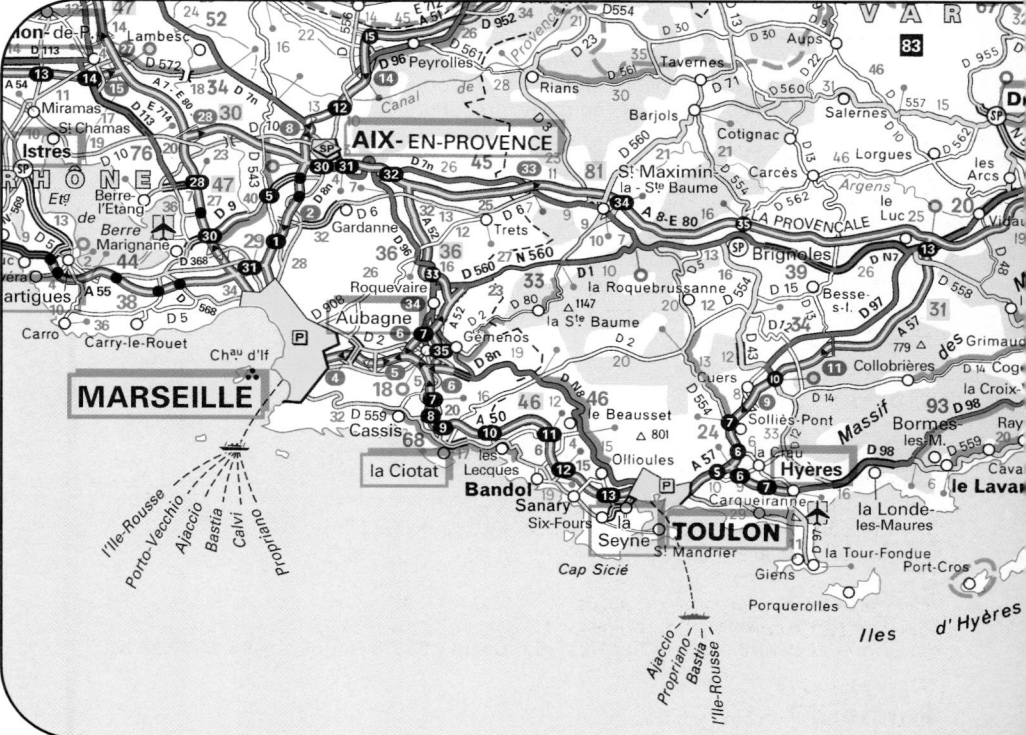

MARSEILLE><TOULON> <LE LUC

A 50

Sortie 4
€€ ✗ **Le Relais de Passe-Temps – 7 km**
D 4 dir. Allauch, Allauch-centre. - 🅿🚾☎ - 187 CD86 - Vallon de Passe-Temps - 13190 Allauch - ☎04 91 43 07 78 - www.lepassetemps.com.

Sortie 6
€€ ✗ **La Cardeline – 1,5 km**
D 2 dir. Aubagne-ouest, av. Simon-Lagunas, left on N 8, left on r. Moussard then right on r. Torte. - ☎ - 188 CE87 - 4 r. Torte - 13400 Aubagne - ☎04 42 84 02 99 - www.lacardeline.com.
€€ ✗ **Ferme-auberge Le Vieux Pressoir – 2 km**
dir. Aubagne-centre. - 188 CE87 - St-Pierre-les-Aubagne - 13400 Aubagne - ☎04 42 04 04 30.

Sortie 7
€€ ⌂ **Chambre d'hôte Mme Anderegg – 3 km**
N 96 dir. Aubagne-nord, left on D 44 then right on chemin des Arnauds. - ☎ - 188 CE87 - Chemin des Arnauds - 13400 Aubagne - ☎04 42 84 94 43 - www.fleurs-soleil.tm.fr.
€ ✗ **La Restanque – 7,5 km**
N 96 dir. Roquevaire then left on bd de l'Église. - ☎ - 188 CE86 - R. de La Treille - 13360 Roquevaire - ☎04 42 04 21 78.

Sortie 8
€€€ ✗ **Le Clos des Arômes – 3,5 km**
D 559 dir. Cassis, left on av. de Provence, right on av. du 11-Novembre-1918/av. Joseph-Liautaud, left on prom. Vence, right on av. de l'Abbé-Cabrol then right on av. de la Marne. - ☎ - 187 CD87 - 10 rue Paul-Mouton - 13260 Cassis - ☎04 42 01 71 84.
€€ ⌂ **Hôtel du Grand Jardin – 4,5 km**
D 559 dir. Cassis, left on av. de Provence, right on av. du 11-Novembre-1918/av. Joseph-Liautaud, left on prom. Vence, right on av. Jules-Ferry, av. Emmanuel-Agostini, right on av. de la République then left on r. Raphaël-Ponson. - 🅿 - 187 CD87 - 2 r. Pierre-Eydin - 13260 Cassis - ☎04 42 01 70 10.
€€€ ✗ **Fleurs de Thym – 5 km**
D 559 dir. Cassis, left on av. de Provence, right on av. du 11-Novembre-1918/av. Joseph-Liautaud, left on prom. Vence, right on av. Jules-Ferry, av. Emmanuel-Agostini, right on r. Lazare-Abeille then right on r. de l'Abbé-Paul-Mouton. - 187 CD87 - 5 r. La Martine - 13260 Cassis - ☎04 42 01 23 03.

Sortie 9
€€ ⌂ **Hôtel La Closeraie – 3 km**
In La Ciotat D 559, av. de St-Jean then right on av. André-Rellon. - 188 CE88 - 8 av. Bellon - 13600 La Ciotat - ☎04 42 71 32 80 - http://hotelcloseraie.com.
€€ ✗ **La Fresque – 3 km**
In La Ciotat D 559, D 141/av. Émile Bodin, right on av. Fernand-Gassion, right on bd de la République, left on bd Guérin, left on quai de Gaulle then r. des Combattants. - ☎ - 188 CE88 - 18 r. des Combattants - 13600 La Ciotat - ☎04 42 08 00 60 - lafresque@aol.com.
€ ⌂ **Hôtel de La République indépendante de Figuerolles – 4,5 km**
In La Ciotat D 559, D 141/av. Émile Bodin, right on av. Fernand-Gassion, right on bd de la République, left on bd Guérin, left on quai François-Mitterrand, right on quai Lapérousse, right on av. du Pré, left on av. du Cardinal-Maurin, right on chemin de la Garde, right on chemin du Sémaphore then left on traverse de la Garde. - 🚾 - 188 CE88 - Calanque de Figuerolles - 13600 La Ciotat - ☎04 42 08 41 71 - www.figuerolles.com.

Sortie 10
€€€ ⌂ **Hôtel des Pins – 3 km**
in St-Cyr-sur-Mer D 559, D 66, left on allée des Pins, right on r. du Gén.-Onofri, left on allée des Pins, left on D 87 then rte de la Madrague. - 188 CF88 - Port de la Madrague - 83270 St-Cyr-sur-Mer - ☎04 94 26 28 36 - www.villalespins.com.
€ ✗ **Restaurant La Calanque – 3 km**
in St-Cyr-sur-Mer D 559, right on D 87, left on chemin du Pont-des-Anges, right on D 559 then right on rte de Port d'Alon. - 188 CF88 - Port-d'Alon - 83270 St-Cyr-sur-Mer - ☎04 94 26 20 08 - lacalanque83@aol.com.

Sortie 11
€€ ✗ **Restaurant La Farigoule – 3 km**
D 66 dir. Le Castellet, D 82, right on chemin de la Pinède, right on montée des Costes, right on montée du Château, left on chemin du Cros-du-Loup, left on le Portalet then right on r. du Jeu-de-Paume. - 188 CG88 - 2 pl. du Jeu-de-Paume - 83330 Le Castellet - ☎04 94 32 64 58.
€€€ ⌂ **Auberge La Cauquière – 4 km**
D 66 dir. Le Beausset, left on D 559, left on bd de la Libération then left on pl. du Puits-d'Isnard. - 🅿🚾 - 188 CG88 - Puits d'Isnard - 83330 Le Beausset - ☎04 94 98 42 75.
€€€ ⌂ **Chambre d'hôte Les Cancades – 4,5 km**
D 66 dir. Le Beausset, left on D 559, right on roundabout Georges-Pompidou, N 8 then right on chemin de la Fontaine-de-Cinq-Sous. - 🅿🚾 - 188 CG88 - 1195 chemin de la Fontaine-de-Cinq-Sous - 83330 Le Beausset - ☎04 94 98 76 93 - www.les-cancades.com.

26 *Michelin's selected addresses*

Sortie 12

€€ 🏨 Hôtel Bel Ombra – 2,5 km
D 559 dir. La Ciotat, left on r. Perrault then right on r. Molière. - **188 CF88** - r. La Fontaine - 83150 Bandol - ☎04 94 29 40 90 - www.hotelbelombra.com.

€€€ 🍽 Le San Lazzaro – 5 km
D 559 dir. Sanary-s-Mer, left on corniche du Soleil, right on av. du 2ème-Spahis, right on av. Joseph-Lautier then right on r. Guy-Môquet. - 🌳 - **188 CG88** - 10 place Albert-Cavet - 83110 Sanary-sur-Mer - ☎04 94 88 41 60.

€€€ 🏨 Hôtel Synaya – 4,5 km
D 559 dir. Sanary-s-Mer, left on corniche du Soleil then right on av. du 2ème-Spahis. - 🚗 - **188 CG88** - 92 chemin Olive - 83110 Sanary-sur-Mer - ☎04 94 74 10 50 - www.hotelsynaya.fr.

€€ 🏨 Hôtel du Parc – 11 km
D 559 dir. Sanary-s-Mer, right on corniche de Solviou, D 616, right on quai St-Pierre then left on r. Marius-Bondil. - 🚗 - **188 CG88** - 112 r. Marius-Bondil, le Brusc - 83140 Six-Fours-les-Plages - ☎04 94 34 00 15.

€€ 🍽 Saint-Pierre - Chez Marcel – 11 km
D 559 dir. Sanary-s-Mer, right on corniche de Solviou then D 616. - 🌳 - **188 CG88** - 47 r. de la Citadelle, le Brusc - 83140 Six-Fours-les-Plages - ☎04 94 34 02 52 - www.lesaintpierre.fr.

Sortie 13

€€€ 🍽 Fleur de Sel – 4,5 km
dir. La Seyne-sur-Mer-centre. Sortie Toulon-centre - 🌳 - **188 CG89** - Place Henri-Boeuf - Aux Sablettes - 83500 La Seyne-sur-Mer - ☎04 94 94 92 34 - mic-boussemart@netcourrier.com.

Sortie Toulon-centre

€ 🏨 Hôtel Les Trois Dauphins – 1,5 km
In Toulon N 8, right on r. Molière then left on r. Corneille. - **188 CH88** - 9 pl. des Trois-Dauphins - 83000 Toulon - ☎04 94 92 65 79.

€€ 🏨 Grand Hôtel Dauphiné – 1,5 km
In Toulon N 8, right on r. Molière then left on r. Corneille. - **188 CH88** - 10 r. Berthelot - 83000 Toulon - ☎04 94 92 20 28 - contact@grandhoteldauphine.com.

€€€ 🍽 Au Sourd – 1,5 km
In Toulon N 8 then right on r. Molière. - 🌳 - **188 CH88** - 10 rue Molière - (GY) - 83000 Toulon - ☎04 94 92 28 52.

€€ 🏨 Hôtel Bonaparte – 1,5 km
In Toulon N 8, right on r. Molière then left on r. Corneille. - **188 CH88** - 16 r. Anatole-France - 83000 Toulon - ☎04 94 93 07 51 - www.hotel-bonaparte.com.

€€€ 🍽 L'Eau à la Bouche – 3 km
In Toulon N 8, r. Robert-Guillemard, allées Amiral-Courbet, av. du Gén.-Magnan, right on r. Anatole-France, left on av. de la République, right on av. du Mar.-de-Lattre-de-Tassigny, right on bd de Bazeilles then left on r. Muiron. - **188 CH88** - 54 r. Muiron - 83000 Toulon - ☎04 94 46 33 09.

A 57

Sortie 5

€€ 🏨 Val Hôtel – 0,5 km
In La Valette-du-Var av. René-Cassin. - **188 CH88** - Av. René-Cassin, ZA Paul-Madon - 83160 La Valette - ☎04 94 08 38 08 - www.monalisahotels.com.

Sortie 6

€€€ 🍽 Auberge du Fenouillet – 3 km
D 554 dir. La Crau. - **188 CI88** - 20 avenue du Général-de-Gaulle - 83260 La Crau - ☎04 94 66 76 74.

Sortie 10

€€ 🏠 Chambre d'hôte Le Mas des Oliviers – 6 km
N 97 dir. Puget-Ville, right on r. du Fouloir then left on allée Rhin-et-Danube. - 🅿🚗🌳 - **188 CI86** - Chemin les Ferrières - 83390 Puget-Ville - ☎04 94 48 30 89 - www.masdesoliviers.sup.fr.

Sortie 11

€€ 🍽 La Tuilière – 1,5 km
N 97 dir.Carnoules, right on r. Ambroise-Croizat, left on r. Jeanne d'Arc, right on montée de l'Escalade, right on r. Pierre-Curie, left on pl. Gabriel-Péri then left on r. Henri-Barbusse. - 🅿🚗🌳 - **189 CJ86** - Route Nationale 97 - 83660 Carnoules - ☎04 94 48 32 39 - astesiano@infonie.fr.

le LUC>< MENTON

A 8

Sortie 35

€€ 🍽 Le Resto – 1 km
dir. Brignoles-centre. - 🌳 - **170 CH83** - 5 r. Boeuf - 83670 Barjols - ☎04 94 77 29 87.

Sortie 37

€€ 🍽 Les Potiers – 5 km
N 7 dir. Frejus, av. de Verdun, right on r. Henri-Vadon, right on r. Joseph-Aubenas, right on r. de Craponne then right on r. des Potiers. - **189 CN85** - 135 r. des Potiers - 83600 Fréjus - ☎04 94 51 33 74.

€€ 🏠 Chambre d'hôte Les Vergers de Montourey – 6,5 km
N 7 dir. Frejus-centre. - 🅿🚗 - **189 CN85** - Vallée du Reyran, quartier Montourey - 83600 Fréjus - ☎04 94 40 85 76 - http://perso.wanadoo.fr/vergers.montourey.

€€ 🍽 La Sarriette – 8,5 km
N 7 dir. St-Raphaël, av. de Verdun, right on r. Martin-Bidoure, right on r. Edmond-Poupe/ av. Aristide-Briand/D 98, right on r. Marius-Allongue then right on r. de la République. - 🌳 - **189 CN85** - 45 r. de la République - 83700 St-Raphaël - ☎04 94 19 28 13.

€€ 🍽 La Glycine – 10,5 km
N 7 dir. Fréjus, right on av. du 8-Mai-1945, right on N 98 then right on bd Honoré-de-Balzac. - **189 CN85** - 400 boulevard Honoré-de-Balzac - 83370 St-Aygulf - ☎04 94 81 30 23.

Sortie 40

€€ 🏨 Hôtel Villa Parisiana – 4 km
right on N 7 dir. Mandelieu, right on D 92, right on N 98 (av. du Gén.-de-Gaulle), right on N 98 (av. Henry-Clews), right on r. Jean-Honoré-Carle then right on r. Argentière. - **174 CP83** - r. Argentière - 06210 Mandelieu-La-Napoule - ☎04 93 49 93 02 - villa.parisiana@wanadoo.fr.

€€€ 🍽 L'Écluse – 8 km
N 7 dir. Mandelieu, D 109 (av. des Anciens-Combattants/av. Frédéric-Mistral) then right on chemin de l'Écluse. - 🅿🚗 - **174 CP83** - Chemin de l'Écluse - 06580 Pégomas - ☎04 93 42 22 55.

€€ 🏨 Auberge de Nossi-Bé – 10,5 km
N 7 dir. Pégomas, D 109, right on D 9 , D 509, right on chemin de la Calade, right on pl. Léon Mallet then right on rte du Village. - 🌳 - **174 CO83** - 66 rte du Village - 06810 Auribeau-sur-Siagne - ☎04 93 42 20 20 - info@nossi-be.net.

Sortie 42

€€ 🍽 Le Pézou – 2,5 km
dir Cannes-Centre, right on N 285 (rte du Cannet), right on chemin des Campelières, right on chemin de Font-Graissan, right on rte de Valbonne, right on r. du Pas-de-Gallou, right on r. Forville, right on Traverse-de-la-Mairie then right on r. Saint-Sauveur. - 🌳 - **174 CP83** - 346 rue St-Sauveur - 06110 Le Cannet - ☎04 93 69 32 50.

€€€ 🏨 Hôtel Bellevue – 3,5 km
N 285 dir. Cannes-centre, N 85 (bd Carnot), right on av. de Grasse, right on Traverse-de-la-Colline then right on r. Henri-Paschke. - **174 CP83** - 47 av. de Grasse - 06400 Cannes - ☎04 93 39 17 13.

€€€ 🍽 L'Auberge Fleurie – 11 km
N 85 dir. Grasse, av. de Notre-Dame-de-Vie, right on D 35, right on chemin de Font-Neuve, right on chemin-de-Pigranel, right on allé-de-la-Pinchinade, right on traverse de la Pinchinade then right on D 3. - 🅿🚗 - **174 CP82** - Rte de Cannes - 06560 Valbonne - ☎04 93 12 02 80.

Sortie 44

€€€ 🍽 Oscar's – 3 km
D35 dir. Antibes right on (rte de Grasse), right on av. des Martyrs-de-la-Résistance, right on chemin des Combes. - 🌳 - **175 CQ83** - 8 r. Rostan - 06600 Antibes - ☎04 93 34 90 14.

€€ 🍽 La Gousse d'Ail – 4 km
D 35 dir. Antibes, right on D 435, right on chemin de Saint-Bernard then right on D 135 (av. de Grasse). - **175 CQ83** - 11 av. de Grasse - 06220 Vallauris - ☎04 93 64 10 71.

€€ 🏨 Hôtel Bleu Marine – 7 km
right on D 35 dir. Antibes, N 7 (bd du Gén.-Vautrin), D 704 then chemin des Quatre-Chemins. - 🅿 - **175 CQ83** - 2,5 km du centre-ville, chemin des 4-Chemins (près de l'hôpital) - 06600 Antibes - ☎04 93 74 84 84 - www.bleumarineantibes.com.

€€ 🏨 Hôtel Les Charmettes – 7 km
D 35 dir. Juan-les-Pins (rte de Grasse), right on N 7 (bd du Gén.-Vautrin), right on N 7 (rte de la Badine), right on r. Pierre-Loti then right on Vieux-chemin-de-la-Colle. - 🅿 - **175 CQ83** - 25 Vieux Chemin de la Colle - 06160 Juan-les-Pins - ☎04 93 61 47 41.

€€ 🍽 Le Café de la Poste – 7,5 km
dir. Antibes right on (rte de Grasse), right on D 535, right on D 504 (carr. des chappes), right on D 704 (rte d'Antibes), right on D 4 (chemin Neuf) then right on allée Saint-Sébastien. - 🌳 - **175 CQ82** - 24 r. St-Sébastien - 06410 Biot - ☎04 93 65 19 32.

€€€ 🍽 L'Amiral – 8 km
D 35 dir. Juan-les-Pins (rte de Grasse), right on N 7 (bd du Gén.-Vautrin) then right on av. de L'Amiral-Courbet. - **175 CQ83** - 7 av. de l'Amiral-Courbet - 06160 Juan-les-Pins - ☎04 93 67 34 61.

€ 🏨 Auberge de la Vallée Verte – 7,5 km
dir. Antibes via rte de Grasse, right on D 535, right on D 504 (carr. des chappes), right on D 704 (rte d'Antibes), right on D 4 (chemin Neuf) then right on allée Saint-Sébastien. - **175 CQ83**.

Sortie 46

€€€ 🍽 Daniel – 1 km
D 241 dir. Villeneuve-Loubet-Plage, N 98 then right on av. des Anciens-Combattants. - **175 CQ82** - Marina-Baie-des-Anges - 06270 Villeneuve-Loubet-Plage - ☎04 93 73 41 66.

€€ 🏨 Hôtel Le Mas d'Azur – 4,5 km
D 241 dir. Bouches-du-Loup, right on N 98, right on D 341 (bd John-Fitzgerald-Kennedy) then right on N 7 (av. de Nice). - 🅿🚗 - **175 CQ82** - 42 av. de Nice - 06800 Cagnes-sur-Mer - ☎04 93 20 19 19.

€€ 🍽 L'Auberge du Palmier – 4,5 km
D 241 dir. Bouches-du-Loup, right on N 98, right on D 341 (bd John-Fitzgerald-Kennedy) then right on N 7 (av. de Nice). - **175 CQ82** - 34 av. de Nice (D 6007) - 06800 Cagnes-sur-Mer - ☎04 92 02 86 05.

🍽 Restaurant   🏨 Hotel   🏠 Guest house   🅿 Customer parking   🚗 Meals served outdoors   🚗 Garden   ▦ Air conditioning

€€€ ✗ **La Villa du Cros – 5 km**
D 241 dir. Bouches-du-Loup, right on N 98, right on D 341 (bd John-Fitzgerald-Kennedy), right on N 7 (av. de Nice), right on av. des Oliviers. - 175 CQ82 - Port du Cros - 06800 Cros-de-Cagnes - ☎04 93 07 57 83.

Sortie 49

€€ ✗ **Aigue Marine – 2 km**
right on dir. Saint-Laurent-du-Var (rd-pt Maïcon), D 95 (bd Pompidou/av. Pierre-de-Coubertin), right on av. François-Bérenger then right on D 2209 (av. du Gén.-Leclerc). - 175 CR82 - 167 promenade des Flots-Bleus - 06700 St-Laurent-du-Var - ☎04 93 07 84 55 - marine.aigue@libertysurf.fr.

Sortie 54

€€ ✗ **Au Rendez-vous des Amis – 2 km**
dir. Nice-nord/Nice-centre. - 🕿 - 175 CR81 - 176 av. de Rimiez, aire St-Michel - 06100 Nice - ☎04 93 84 49 66 - rdvdesamis@msn.com.
€ 🏠 **Villa St-Hubert – 2,5 km**
right on dir. Nice-nord (bd Paul Raymond), right on bd du Comte-de-Falicon/bd de Gorbella, right on sq. Roger-Boyer/bd Auguste-Raynaud then right on r. Michel-Ange. - 175 CR81 - 26 r. Michel-Ange - 06000 Nice - ☎04 93 84 66 51 - www.villasainthubert.com.
€€ 🏠 **Star Hôtel – 4 km**
right on dir. Nice-nord (bd Paul-Raymond), right on bd du Comte-de-Falicon/ bd de Gorbella, right on sq. Roger-Boyer/bd Auguste-Raynaud, right on bd Joseph-Garnier, right on pl. du gén.-de-Gaulle, right on av. Malausséna/av. Jean-Médecin, right on r. Emma-et-Philippe-Tiranty, right on r. Lamartine then right on r. Biscarra. - 175 CR81 - 14 r. Biscarra - 06000 Nice.
€ 🏠 **Hôtel Au Picardy – 4 km**
dir. Nice-centre. - 175 CR81 - 10 bd Jean-Jaurès - 06300 Nice - ☎04 93 85 75 51.

Sortie 55

€€ ✗ **Auberge de Théo – 3 km**
D 204 dir. La Trinité-sur-Mer (bd de L'Ariane), right on D 19 (av. Joseph-Raybaud), right on r. Maurice-Maccario, right on voie Romaine, right on av. de Valombrose then right on av. du Capitaine-de-Croix. - 175 CR81 - 52 avenue Cap-de-Croix - (hors plan) - 06100 Nice - ☎04 93 81 26 19 - aubergedetheo@wanadoo.fr.
€€ ✗ **La Zucca Magica – 4 km**
dir. Nice-est, right on pont du Garigliano/voie express la Pénétrante, right on rte de Turin/ av. de da République/pl. Garibaldi/r. Catherine-Ségurane, right on r. Antoine-Gauthier, then right on N 98 (quai Papacino). - 175 CR81 - 4 bis quai Papacino - (JZ) - 06300 Nice - ☎04 93 56 25 27 - www.lazuccamagica.com.

Sortie 56

€€ 🏠 **Hôtel Miramar – 5 km**
N 7 dir. Cap-d'Ail, right on D 37 (av. du Gén.-de-Gaulle), then N 98. - 🅿 ≼ - 175 CS81 - 126 av. du 3-Septembre - 06320 Cap d'Ail - ☎04 93 78 06 60 - www.monte-carlo.mc/ hotel-miramar-capdail.
€€ ✗ **Polpetta – 7,5 km**
N 7 dir. Monte Carlo, D 53, right on bd du Jardin-Exotique, right on carr. du Pont-Ste-Dévote/ bd de la Princesse-Charlotte, right on av. du Berceau, right on r. Bellevue then right on av. Roqueville. - 175 CS81 - 2 r. Paradis - 98000 Monaco - ☎00 377 93 50 67 84.
€ ✗ **Costa à la Crémaillère – 8,5 km**
N 7 dir. Monte Carlo, D 53, right on bd du Jardin-Exotique, right on carr. du Pont-Ste-Dévote, right on bd Rainier-III, right on r. Louis-Auréglia then N 98. - 175 CS81 - Pl. de la Crémaillère - 98000 Monaco - ☎(00 377) 93 50 66 24.

Sortie 57

€€ 🏠 **Hôtel de l' Hermitage du Col d'Èze – 2 km**
dir. La Turbie (rte de Laghet), right on D 2564 (rte de Nice/de-la-Victoire-du-8-Mai-1945), right on D 37, right on r. Edward-Tuck. - 🅿 🛏 - 175 CS81 - Grande Corniche - 06360 Èze - ☎04 93 41 00 68 - www.ermitage.com.

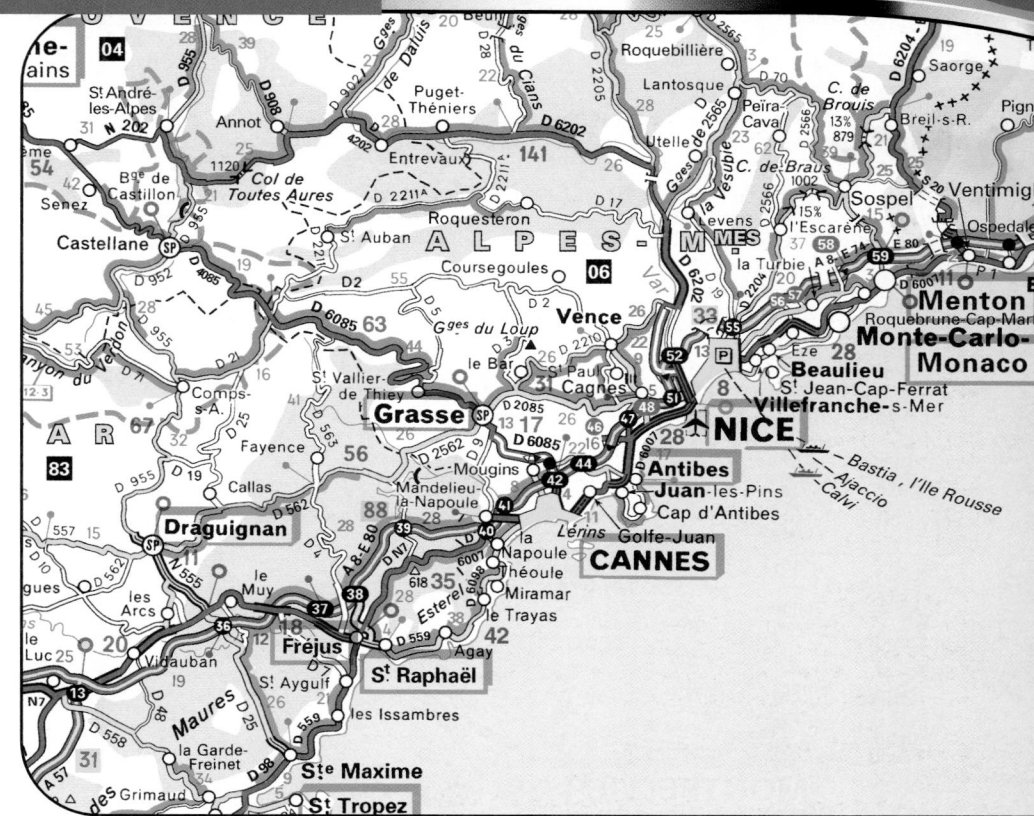

€€€ ✗ **Le Troubadour – 2 km**
dir. La Turbie (rte de Laghet), right on D 2564 (rte de Nice/de-la-Victoire-du-8-Mai-1945), right on D 37, right on r. Edward-Tuck. - 175 CS81 - 4 rue du Brec - 06360 Èze - ☎04 93 41 19 03 - troubadoureze@wanadoo.fr.

€€ ✗ **Au Grand Inquisiteur – 9 km**
dir. Roquebrune-Cap Martin (rte de Laghet), left on D 2564 (rte de Nice), right on av. Raymond-Poincaré, right on r. Lascaris then right on r. du Château. - 175 CT80 - 18 r. du Château (au vieux village - accès piétonnier) - 06190 Roquebrune-Cap-Martin - ☎04 93 35 05 37.
€€ 🏠 **Chambre d'hôte Les Lavandes – 11 km**
D 2564 dir. La Turbie, right on rte du Mont-Agel then right on rte de Peille. - 🚗 🍴 ≼ - 175 CS80 - 247 rte de la Turbie - 06440 Peille - ☎04 92 10 86 23.

Sortie 59

€€ 🏠 **Le Globe – 4 km**
dir. Menton via corniche André-Tardieu then right on D 2566. - 🅿 - 175 CT80 - 21 av. de Verdun - 06500 Menton - ☎04 92 10 59 70.
€€ 🏠 **Hôtel de Londres – 4 km**
dir. Menton via corniche André-Tardieu, right on D 2566 then right on N 7 (av. Carnot). - 🍴 - 175 CT80 - 15 av. Carnot - 06500 Menton - ☎04 93 35 74 62 - www.hotel-de-londres.com.
€€€ ✗ **Auberge Pierrot-Pierrette – 4 km**
dir. Menton via corniche André-Tardieu, right on D 2565, right on N 7 (av. Félix-Faure), right on r. Pasteur, right on prom. du Soleil then right towards Menton-centre. - 🅿 - 175 CT80 - Pl. de l'Église, Monti - 06500 Monti - ☎04 93 35 79 76 - pierrotpierrette@aol.com.

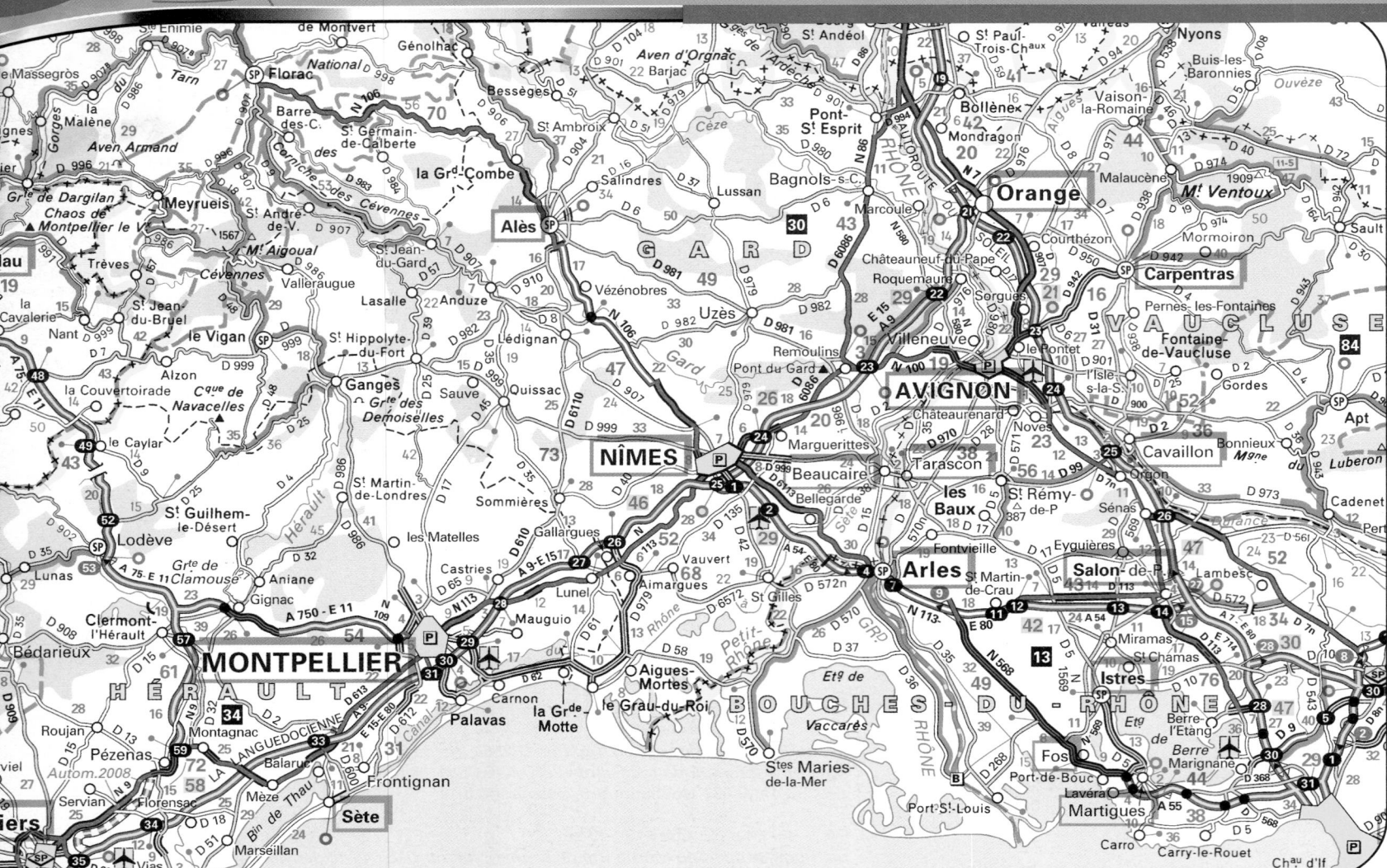

ORANGE>‹MONTPELLIER

A 9

Sortie 21

€€ **Le Parvis – 2 km**

🍽️ 🖼️ - 168 BX77 - 55 cours Pourtoules - 84100 Orange - ☎ 04 90 34 82 00.
av. Charles-de-Gaulle dir. Orange, right on 7N, left on r. St-Florent then right on bd Édouard-Daladier.

€ **Hôtel St-Florent – 1,5 km**

168 BX77 - 4 r. du Mazeau - 84100 Orange - ☎ 04 90 34 18 53 -http://hotelsaintflorent.free.fr.
av. Charles-de-Gaulle dir. Orange, right on r. St-Martin, right on r. Tourgayranne, left on pl. André-Bruey, left on r. de l'Ancien-Collège, right on r. St-Martin, right on r. Stassart then left on r. du Mazeau.

€€ **Rom'antique – 1,5 km**

🍽️ - 168 BX77 - Pl. Silvain - 84100 Orange - ☎ 04 90 51 67 06 - restau.rom@wanadoo.fr.
av. Charles-de-Gaulle dir. Orange-centre.

€€ **St-Jean – 2 km**

🅿️ - 168 BX77 - 1 cours Pourtoules - 84100 Orange - ☎ 04 90 51 15 16 -
hotel.saint-jean@wanadoo.fr. *av. Charles-de-Gaulle dir. Orange, right on 7N, left on r. St-Florent then right on bd Édouard-Daladier.*

Sortie 25

€ **Hôtel Amphithéâtre – 4,5 km**

167 BU81 - 4 r. des Arènes - 30000 Nîmes - ☎ 04 66 67 28 51 - hotel-amphitheatre@wanadoo.fr.
A 54 sortie Nîmes-Ouest, N 113, right on D 13, left on r. Albert-Soboul, left on av. Jean-Jaurès, right on r. de la République/pl. des Arènes, left on bd des Arènes then right on r. des Arènes.

€€ **Aux Plaisirs des Halles – 4,5 km**

🍽️🖼️ - 167 BU81 - 4 r. Littré - 30000 Nîmes - ☎ 04 66 36 01 02. *A 54 sortie Nîmes-Ouest, N 113, right on, D 13, right on r. Albert Soboul, left on av. Jean-Jaurès, right on r. de Sauve, left on r. Grétry, left on r. Rabaud-St-Etienne, right on pl. Aristide-Briand, left on r. Gaston-Boissier, left on r. Molière, left on pl. de la Maison-Carrée/ r. du Gén.-Perrier, left on r. Guizot then left on r. Littré.*

€€€ **Le Bouchon et L'Assiette – 3,5 km**

167 BU81 - 5 bis r. de Sauve - 30000 Nîmes - ☎ 04 66 62 02 93. *A 54 sortie Nîmes-Ouest, N 113, right on D 13, right on r. Albert-Soboul, left on av. Jean-Jaurès then right on r. de Sauve.*

Sortie 26

€€ **Passiflore – 9 km**

🅿️ - 167 BT82 - 1 r. Neuve - 30310 Vergèze - ☎ 04 66 35 00 00. *N 113 dir. Codogan, left on D 104 then right on r. du Soleil-Couchant.*

Sortie 29

€€ **Hôtel de la Comédie – 5 km**

185 BQ83 - 1 bis r. Baudin - 34000 Montpellier - ☎ 04 67 58 43 64 -
hoteldelacomedie@wanadoo.fr. *av. du Prés.-Pierre-Mendès-France dir. Montpellier, right on carr. de l'Aéroport-International/av. Jean-Mermoz, right on allée Henri-de-Montmorency then r. du Jeu-de-Ballon.*

€€ **Le Petit Jardin – 6,5 km**

🍽️ - 185 BQ83 - 20 r. Jean-Jacques-Rousseau - 34000 Montpellier - ☎ 04 67 60 78 78 - contact@petit-jardin.com. *av. du Prés.-Pierre-Mendès-France dir. Montpellier, right on carr. de l'Aéroport-International/av. Jean-Mermoz, left on r. du Prof. Léon-Vallois/ quai du Verdanson, left on pl. Albert-Ier/bd du Peyrou/bd Henri-IV, right on plan d'Aviler, left on r. de la Blottière, left on r. Foch, left on r. du plan du Palais then left on r. Jean-Jacques-Rousseau.*

MONTPELLIER>< LE PERTHUS

A 9

Sortie 31

€€ ✗ Le Bistrot d'Ariane – 3,5 km

D 132 dir. Lattes then right on av. de Montpellier. - 🏠 - 185 BQ84 - In Port Ariane - 34970 Lattes - ☎04 67 20 01 27.

Sortie 33

€€ ✗ La Palangrotte – 11 km

N 300 dir. Sète, right on rte de Montpellier, right on av. du Mar.-Juin, r. Honoré-Euzet, left on pont de la Civette, N 112 then rampe de l'École de Joute de la Marine. - 184 BO86 - Rampe Paul-Valéry, quai Marine - 34200 Sète - ☎04 67 74 80 35 - kiefferbern@wanadoo.fr.

Sortie 35

€ 🏠 Hôtel Champ de Mars – 6 km

N 1112 dir. Béziers, D 28, right on av. Pierre-Verdier, av. Émile-Claparède, av. Camille-St-Saëns, right on av. du 22-Août-1944, right on bd Frédéric-Mistral then right on r. de Metz. - 184 BL86 - 17 r. de Metz - 34500 Béziers - ☎04 67 28 35 53 - www.hotel-champdemars.com.

€€ ✗ Le Val d'Héry – 7 km

N 1112 dir. Béziers, D 28, left on bd du Mar.-Leclerc/carr.-Gausselet, left on bd du Mar. de Lattre de Tassigny, right on N 112 then av. du Prés.-Wilson. - 184 BL86 - 67 av. du Prés.-Wilson - 34500 Béziers - ☎04 67 76 56 73 - www.valdhery.com.

Sortie 37

€€ 🏠 Hôtel de France – 3 km

right on av. de la Côte-des-Roses, right on D 168, right on av. de la Mer, right on av. Domitius/quai Victor-Hugo, left on pont de la Liberté then left on r. Rossini. - 183 BJ88 - 6 r. Rossini - 11100 Narbonne - ☎04 68 32 09 75.

€€ ✗ L'Estagnol – 3 km

right on av. de la Côte-des-Roses, right on D 168, right on av. de la Mer, right on av. Domitius/quai Victor-Hugo, left on pont de la Liberté then right on cours Mirabeau. - 🏠 - 183 BJ88 - 5 bis cours Mirabeau - 11100 Narbonne - ☎04 68 65 09 27 - fabricemeynadier@wanadoo.fr.

Sortie 38

€€€ ✗ Le Portanel – 6,5 km

N 9 right towards Narbonne-Sud (roundabout "Évadés de France"/rte de Perpignan), left on D 105 then right on Bages-centre. - 〱 - 183 BJ89 - 11100 Bages - ☎04 68 42 81 66.

Sortie 40

€€ ✗ Le Village – 7 km

D 627 dir. Leucate then right on D 327 (Leucate-centre). - 197 BJ91 - 129 avenue Jean-Jaurès - 11370 Leucate - ☎04 68 40 06 91 - andrieu.eric@free.fr.

€€ ✗ Jouve – 7 km

D 627 dir. Leucate then right on D 327 (Leucate-centre). - 197 BJ91 - Bd du Front de Mer - 11370 Leucate - ☎04 68 40 02 77 - jouveleucate@ifrance.com.

€€ ✗ Cave d'Agnès – 8,5 km

D 627 dir. Leucate, N 9 then right on D 50. - 🅿 - 197 BJ92 - 29 r. Gilbert-Salamo - 11510 Fitou - ☎04 68 45 75 91.

Sortie 41

€€ 🏠 Hôtel Alexander – 11 km

N 9 dir. Perpignan, cours Lazare-Escarguel, left on square Jeantet-Violet, pl. Jean-Payra, r. de la République, left on r. Paul-Courty then right on bd Georges-Clemenceau. - 197 BI94 - 15 bd Clemenceau - 66000 Perpignan - ☎04 68 35 41 41 - www.hotel-alexander.fr.

€€ ✗ La Galinette – 11 km

N 9 dir. Perpignan, cours Lazare-Escarguel, left on square Jeantet-Violet, pl. Jean-Payra, r. de la République, left on r. Paul-Courty, right on bd Georges-Clemenceau, pl. de la Résistance, right on quai François-Batllo, left on r. des Variétés then left on r. Jean-Payra. - 197 BI94 - 23 r. Jean-Payra - 66000 Perpignan - ☎04 68 35 00 90.

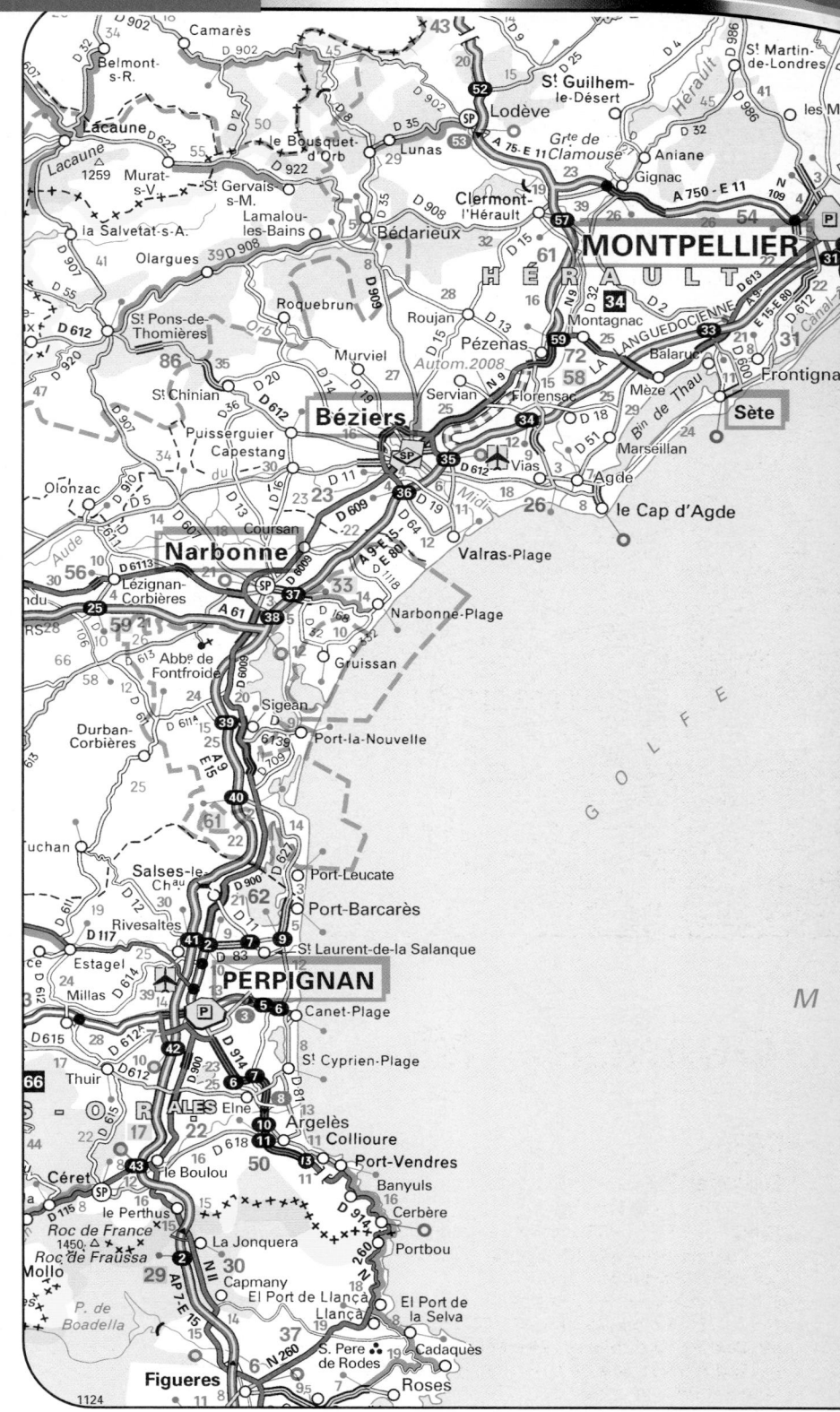

Sortie 43

€€€ ✗ Belladona – 2,5 km

D 115 dir. Céret, D 618 then right on N 9. - 🅿 - 197 BH96 - Mas d'En Baptiste - 66480 Maureillas - ☎04 68 83 41 65.

€€ 🏠 Hôtel Les Arcades – 8,5 km

D 115 dir. Céret, r. du Pont-Neuf, left on D 618, right on bd Jean-Jaurès then left on pl. Picasso. - 197 BH96 - 1 pl. Picasso - 66400 Céret - ☎04 68 87 12 30 - hotelarcades.ceret@wanadoo.fr.

€	Restaurants : < 16€	Hotels : < 40€	€€	Restaurants : 16€-25€	Hotels : 40€-65€
€€€	Restaurants : 25€-45€	Hotels : 65€-100€	€€€€	Restaurants : > 45€	Hotels : > 100€

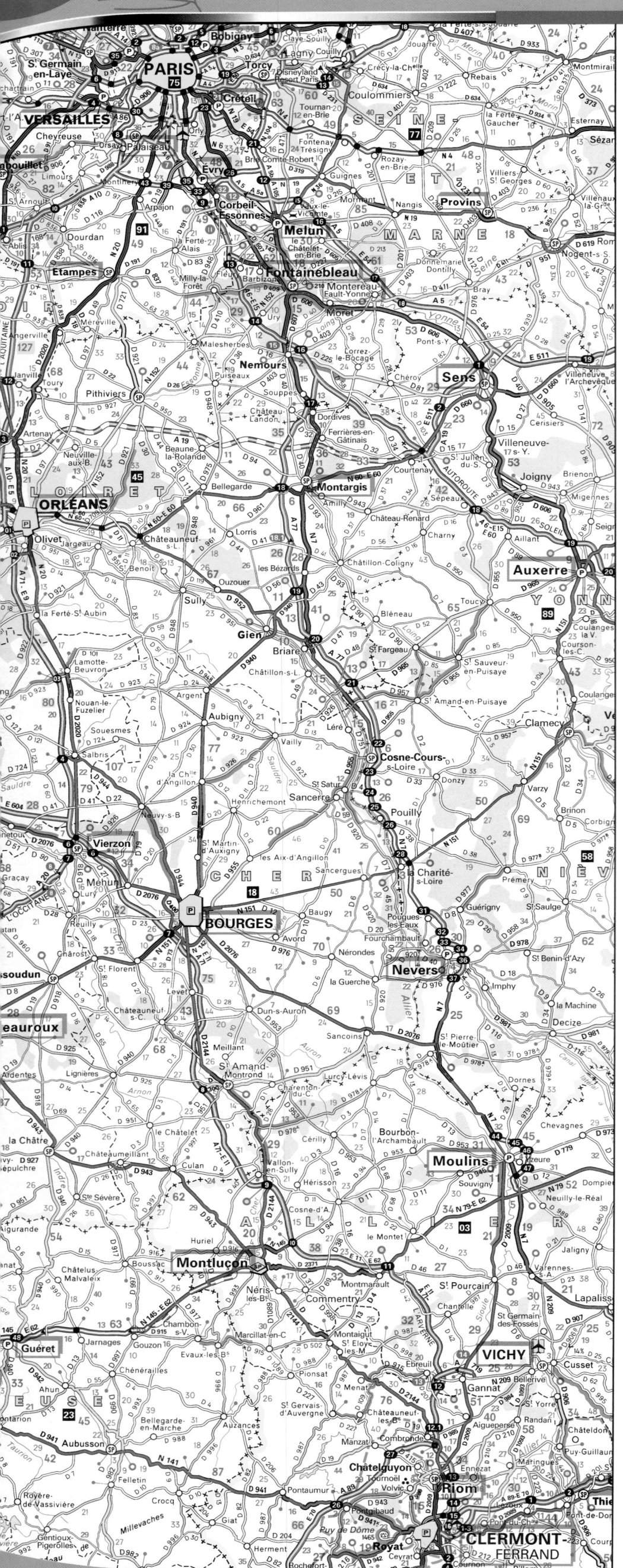

PARIS><NEVERS> <CLERMONT FD

A 77

Sortie 18

€€ ⚍ Le Coche de Briare – 3,5 km
N 60 dir. Montargis, right on D 961, right on av. de la Libération then av. Henri-Barbusse. -
60 BG35 - 72 place de la République - 45200 Montargis - ☏02 38 85 30 75.

€ ⚍ Mademoiselle Blanche – 5,5 km
N 60 dir. Montargis, right on D 961, right on av. de la Libération, av. Henri-Barbusse,
left on r. de la Libération/av. Gaillardin, left on r. Jean-Jaurès, right on bd des
Belles-Manières, left on r. du Moulin-à-Tan, right on r. Raymond-Laforge, left on bd Durzy
then left on r. du Loing. - 60 BG35 - 5 r. du Loing - 45200 Montargis - ☏02 38 89 00 87.

Sortie 20

€€ ⌂ Chambre d'hôte Madame François-Ducluzeau - Domaine de La Thiau – 3,5 km
D 952 dir. Briare, right on av. Yver-Bapterosses then left on D 957. - 🅿 - 78 BG39 -
Rte de Gien, Lieu-dit La Thiau - 45250 Briare - ☏02 38 38 20 92 - http://lathiau.club.fr.

€€ ⚍ Auberge du Pont Canal – 6,5 km
D 952 dir. Briare, N 7, right on D 121, right on av. de Lattre-de-Tassigny then left on
r. du Pont-Canal. - 🅿 - 78 BG39 - 19 r. du Pont-Canal - 45250 Briare - ☏02 38 31 24 24 -
www.auberge-du-pont-canal.com.

Sortie 21

€€ ⚍ Voyageurs – 3 km
D 965 dir. Bonny-sur-Loire/r. du Puits-Veneau, right on r. du 14-Juillet, right on Grande-Rue. -
🅿 - 78 BH40 - 10 Grande-Rue - 45420 Bonny-sur-Loire - ☏02 38 27 01 45.

€€ ⚍ Le Relais des Sources – 6 km
D 965 dir. Bonny-sur-Loire, left on D 907 then right on D 926. - 🅿🥗 - 78 BH40 -
Rue du Canal - 45630 Beaulieu-sur-Loire - ☏02 38 37 17 77 - relaisdessources@aol.com.

Sortie 22

€€ ⚍ La Panetière – 5,5 km
N 7 dir. Cosne-sur-Loire, D 955, right on r. du Stade, left on r. des Sables, right on
quai du Sanitas then right on pl. de la Pêcherie. - 78 BI41 - 18 pl. de la Pêcherie -
58200 Cosne-Cours-sur-Loire - ☏03 86 28 01 04.

Sortie 22.1

€€ ⌂ Chambre d'hôte Croquant – 2 km
D 14 dir. Cosne-sur-Loire then right on r. de la Mairie. - 🅿🚜🥗 - 78 BI41 -
L'Orée des Vignes Croquant - 58200 St-Père - ☏03 86 28 12 50 - www.loreedesvignes.com.

Sortie 24

€€ ⚍ La Pomme d'Or – 9,5 km
D 4 dir. St-Satur, left on av. de la Résistance, rte de Ménétréol, right on D 920, right on
r. Porte-Oison, right on r. des Degrés, left on r. du Collège-Ribaton, right on r. St-Père,
right on r. du Pavé-Noir then left on r. du Vieux-Prêche. - 78 BH42 - Pl. de la Mairie -
18300 Sancerre - ☏02 48 54 13 30.

Sortie 25

€€€ ⚍ Relais de Pouilly – 2,5 km
D 28 dir. Pouilly-sur-Loire, left on r. Marcel-Labaume then av. Laubespin. - 🅿🚜 - 94 BI43 -
58150 Pouilly-sur-Loire - ☏03 86 39 03 00 - sarl.relais-de-pouilly@wanadoo.fr.

Sortie 28

€ ⚍ Seyr – 3,5 km
N 151 dir. La Charité-sur-Loire, left on r. du Pont, left on r. des Hôtelleries then left on
pl. du Gén.-de-Gaulle. - 94 BJ44 - 4 Grande-Rue - 58400 La Charité-sur-Loire -
☏03 86 70 03 51.

€€ ⌂ Bon Laboureur – 4 km
N 151 dir. La Charité-sur-Loire, left on quai Romain-Mollot. - 🚜 - 94 BJ44 -
quai Romain-Mollot (île de la Loire) - 58400 La Charité-sur-Loire - ☏03 86 70 22 85 -
www.lebonlaboureur.com.

Sortie 32

€€ ⚍ Le Relais du Bengy – 1 km
D 148 dir. Varennes-Vauzelles-centre. - 🥗 - 95 BK45 - D 907 - 58640 Varennes-Vauzelles -
☏03 86 38 02 84 - relaisdubengy@wanadoo.fr.

Sortie 34

€€ ⚍ La Cour Saint-Étienne – 3,5 km
av. du 8-Mai-1945, left on D 977, right on pl. de la Croix-Joyeuse/r. Jean-Jaurès,
left on r. de la Barre then r. St-Etienne. - 95 BK46 - 33 r. St-Étienne - 58000 Nevers -
☏03 86 36 74 57.

€€ ⌂ Domaine de Trangy – 5,5 km
av. du 8-Mai-1945, right on D176 then left on r. de Trangy. - 🅿🚜 - 95 BK46 -
8 rte de Trangy - 58000 Trangy - ☏03 86 37 11 27 - http://chambreshotestrangy.free.fr.

Sortie 36

€€ ⚍ Le Moulin de l'Etang – 5,5 km
D 978 dir. Sauvigny-les-Bois then right on D 18. - 🅿🥗 - 79 BP40 - 64 route de l'Étang -
58160 Sauvigny-les-Bois - ☏03 86 37 10 17.

Sortie 37

€€ ⚍ La Gabare – 1 km
N 7 dir. Challuy. - 🅿🚜 - 95 BK46 - 171 route de Lyon - 58000 Challuy - ☏03 86 37 54 23 - la-
gabare58000@yahoo.fr.

⚍ Restaurant   ⌂ Hotel   ⌂ Guest house   🅿 Customer parking   🥗 Meals served outdoors   🚜 Garden   ▦ Air conditioning

€ ✗ **Auberge du Pont-Canal – 10 km**
D 976 dir. La Guerche-sur-l'Aubois. - 🐾 - **94 BJ46** - Route Départementale 976 -
18150 Le Guétin - ☎02 48 80 40 76.

N 7

In St-Pierre-le-Moûtier

€€ ✗ **La Vigne – 0,5 km**
In St-Pierre-le-Moûtier left on r. du fg de Nevers then left on r. de Decize. - 🅿🐾 - **94 BJ48** -
Route de Decize - 58240 St-Pierre-le-Moutier - ☎03 86 37 41 66 - www.hotellavigne.com.

Sortie 44

€€ 🏠 **La Grande Poterie – 8,5 km**
*D 707 dir. Moulins, right on (r. Jean-Baron), left on (allée des Soupirs), right on N 9, right on
D 945 (av. de La Libération) then left on D 401.* - 🅿🐾 - **109 BK51** - 9 r. de la Grande-Poterie -
03000 Coulandon - ☎04 70 44 30 39 ou 06 68 22 20 73 - www.lagrandepoterie.com.
€€ ✗ **Montégut – 8,5 km**
*D 707 dir. Moulins, right on (r. Jean-Baron), left on (allée des Soupirs), right on N 9 then
right on D 945 (av. de La Libération).* - 🅿🐾 - **109 BK51** - D 945 - 03000 Coulandon -
☎04 70 46 00 66 - hotel-chalet@cs3i.fr.
€€ ✗ **Chambre d'hôte La Grande Poterie – 8,5 km**
*D 707 dir. Moulins, right on (r. Jean-Baron), left on (allée des Soupirs),
right on N 9, right on D 945 (av. de La Libération) then left on D 401.* - 🅿🐾 -
109 BK51 - 9 r. de la Grande-Poterie - 03000 Coulandon - ☎04 70 44 30 39 -
www.lagrandepoterie.com.

Sortie 45

€€ ✗ **La Toquée – 2,5 km**
D 979 (rte de Decize) dir. Moulins-centre. - **110 BL51** - 97 rue de l'Allier - (DY) -
03000 Moulins - ☎04 70 35 01 60.
€€ 🏠 **Hôtel le Parc – 3 km**
*D 979 dir. Moulins, right on (r. de Decize), left on (r. de Vigenère), right on
(av. Victor-Hugo).* - 🅿 - **110 BL51** - 31 av. du Gén.-Leclerc - 03000 Moulins - ☎04 70 44 12 25 -
www.hotel-moulins.com.

N 9

In St-Pourçain-s-Sioule

€€ ✗ **Chêne Vert** - 🅿🐾 - **110 BL54** - Boulevard Ledru-Rollin -
03500 Saint-Pourçain-sur-Sioule - ☎04 70 47 77 00 - hotel.chenevert@wanadoo.fr.

A 71

Sortie 12

€ ✗ **Cinq Mars – 10,5 km**
A 719 dir. Vichy, N 209, right on D 272, D 437 then right on D 984. - **110 BL56** -
R. du Cinq-Mars - 63260 Effiat - ☎04 73 63 64 16.

ORLÉANS><CLERMONT-FD

A 71

Sortie 3

€€ 🏠 **Tatin – 4,5 km**
D 923 dir. Lamotte-Beuvron, right on N 20 then right on r. Lecouteux. - 🅿🐾 - **77 BB39** -
Across from the station - 41600 Lamotte-Beuvron - ☎02 54 88 00 03.
€ ✗ **Bretagne-Sologne – 11 km**
D 923 dir. Neung-sur-Beuvron, right on D 48, left on D 35 then left on r. de Romorantin. -
76 BA39 - 7 r. Romorantin - 41600 Chaumont-sur-Tharonne - ☎02 54 88 55 04 -
michelsaintmarc@wanadoo.fr.
€€€ ✗ **Le Dahu – 11 km**
*D 923 dir. Lamotte-Beuvron, right on N 20, left on av. de la Mairie, right on
r. du Bourg-Neuf then left on r. Henri-Chapron.* - 🅿🐾 - **77 BB40** - 14 r. Henri-Chapron -
41600 Nouan-le-Fuzelier - ☎02 54 88 72 88.

Sortie 4

€ ✗ **Les Copains d'Abord – 5 km**
D 724 dir. Salbris then right on N 20. - 🅿🐾 - **77 BB41** - 52 av. d'Orléans - 41300 Salbris -
☎02 54 97 24 24 - www.lescopainsdabordasalbris.clan.st.
€€ 🏠 **Hôtel Sauldraie – 5 km**
D 724 dir. Salbris then right on N 20. - 🅿 - **77 BB41** - 81 av. d'Orléans - 41300 Salbris -
☎02 54 97 17 76 - www.hotellasaudraie.com.
€€ ✗ **Auberge du Cheval Blanc – 5 km**
D 724 dir. Selles-St-Denis-centre. - 🅿🐾 - **76 BA42** - pl. Mail - 41300 Selles-St-Denis -
☎02 54 96 36 36 - auberge@chevalblanc-sologne.com.
€€ 🏠 **Chambre d'hôte Les Atelleries – 9 km**
D 923 dir. Selles-St-Denis, left on D 49, left on D 73 then right on D 146. - 🐾 - **76 BA42** -
Les Atelleries - 41300 Selles-St-Denis - ☎02 54 96 13 84 - www.lesatelleries.com.

Sortie 6

€€ 🏠 **Chambre d'hôte Villemenard – 5 km**
N 76 dir. Bourges then left on D 30. - 🅿 - **93 BC44** - 18500 Vignoux-sur-Barangeon -
☎02 48 51 53 40 / 06 72 79 79 37 - www.villemenard.com.

Sortie 7

€€ 🏠 **Chambre d'hôte Domaine de l'Ermitage – 9 km**
N 142 dir. ZI, right on D 400 then left on D 60. - **93 BD45** - L'Ermitage - 18500 Berry-Bouy -
☎02 48 26 87 46 - domaine-ermitage@wanadoo.fr.
€ ✗ **Le Bourbonnoux – 9,5 km**
*N 142 dir. ZI, right on D 400, right on D 23, left on bd de l'Avenir, right on r. du Pré-Doulet,
left on r. du Champ-de-Foire, left on pl.-de-Juranville, right on bd de Juranville,
right on r. Gambo/pl.-Henri-Mirpied/r. Antoine-Cambournac, left on cours Avaricum,
right on bd-de-la-République/bd Georges-Clemenceau, right on r. de Croisy, right on
r. Joyeuse then left on r. Bourbonnoux.* - **93 BE45** - 44 r. Bourbonnoux - 18000 Bourges -
☎02 48 24 14 76 - restaurant.bourbonnoux@wanadoo.fr.

Sortie 8

€€ 🏠 **Chambre d'hôte La Trolière – 2 km**
D 925 dir. Orval. - 🅿 - **94 BF49** - 18200 Orval - ☎02 48 96 47 45.
€€ ✗ **Auberge de l'Abbaye de Noirlac – 7,5 km**
D 925 dir. Orval, D 300, left on N 144 then left on D 36. - 🐾 - **93 BE49** - 18200 Noirlac -
☎02 48 96 22 58 - aubergeabbayenoirlac@free.fr.
€€ ✗ **Les Tilleuls – 9 km**
D 925 dir. Orval, D 300, left on N 144 then left on D 35. - 🅿🐾 - **93 BE48** - Route de Noirlac -
18200 Bruère-Allichamps - ☎02 48 61 02 75.

| € | Restaurants : < 16€ | Hotels : < 40€ | €€ | Restaurants : 16€-25€ | Hotels : 40€-65€ |
| €€€ | Restaurants : 25€-45€ | Hotels : 65€-100€ | €€€€ | Restaurants : > 45€ | Hotels : > 100€ |

Sortie 9

€€ ⚄ **La Table de Reugny – 5 km**
N 144 dir. Montluçon, rte de Paris. - ⚄⚄ - 109 BG52 - 25 rte de Paris - 03190 Reugny -
☎04 70 06 70 06 - www.restaurant-reugny.com.

€€ ✕ **Le Lion d'Or – 9,5 km**
N 144 dir. Montluçon. - 🅿⚄⚄ - 109 BG52 - D 2144 - 03190 Estivareilles - ☎04 70 06 00 35 -
www.hotel-leliondor.net.

Sortie 12.1

€€€ ⌂ **Chambre d'hôte Mme Beaujeard – 5 km**
144 dir. Clermont Ferrand then left on D 985. - ⚄ - 123 BJ57 - 8 r. de la Limagne,
lieu-dit Chaptes - 63460 Beauregard-Vendon - ☎04 73 63 35 62.

Sortie 13

€€ ✕ **Magnolia – 4 km**
D 447 dir. Ennezat, N 9, D 446 then right on D 986. - 123 BJ58 - 11 avenue du
Commandant-Madeline - 63200 Riom - ☎04 73 38 08 25 - magnolia-gastronomie@wanadoo.fr.

€ ⌂ **Hôtel Beau Site – 7,5 km**
*D 447 dir. Ennezat, N 9, D 446, right on D 986, left on bd Desaix/r. du Lac then right on
imp. du Chalusset.* - 123 BJ58 - R. Chalusset - 63140 Châtelguyon - ☎04 73 86 00 49 -
hotel.beau-site@wanadoo.fr.

Interchange A 711

€€ ✕ **Poids de Ville – 6 km**
*A 711 exit 1.3 dir. Lempdes, av. de Thiers, right on r. de la Croix-Basse, right on
r. de Clermont, left on imp. des Sans-Soucis/r. René-Laurent, right on pl. du Poids-de-la-Ville
then r. du Caire.* - 123 BK59 - 6 r. du Caire - 63800 Lempdes - ☎04 73 61 74 71.

€€ ✕ **L'Estredelle – 10 km**
A 711 exit 1.4 dir. Pont-du-Château then N 89. - 🅿 - 123 BL59 - 24 rue du Pont -
63430 Pont-du-Château - ☎04 73 83 28 18 - estredelle@wanadoo.fr.

CLERMONT-FD ><PÉZENAS (A9)

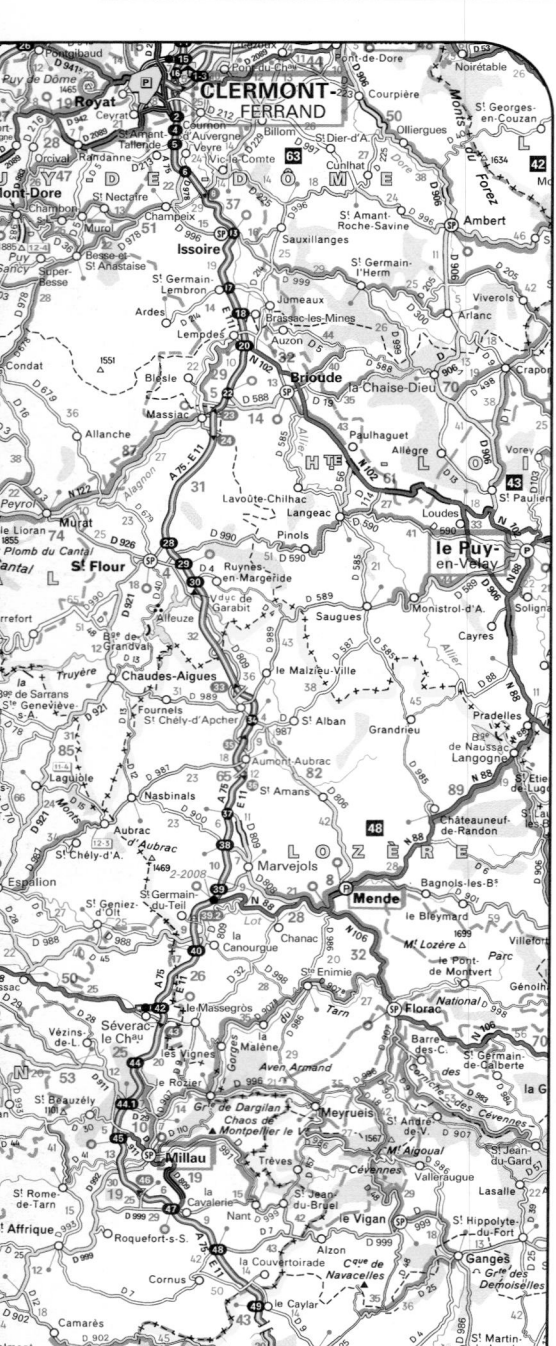

A 75

Sortie 2

€€€ ✕ **Pescalune – 4 km**
*D 797 dir. Beaumont, left on D 3, left on
r. de la Résistance, left on r. de Gergovie,
right on espl. des Chauffours,
right on pl. Notre-Dame-de-la-Rivière
then left on r. du Terrail.* - ⚄ - 123 BK60 -
19 rue Jean-Jaurès - 63170 Pérignat-lès-
Sarliève - ☎04 73 79 11 22 - le.pesca-
lune@wanadoo.fr.

Sortie 4

€€ ✕ **Les Veillées d'Auvergne – 6 km**
D 978 dir. Veyre-Monton. - 123 BK61 -
17 avenue du Docteur-Presle -
63960 Veyre-Monton - ☎04 73 69 75 33.

Sortie 6

€€ ✕ **La Promenade – 10 km**
*D 797 dir. Champeix, right on D 978,
right on quai de Beaugeix then left on
r. de la Halle.* - 123 BK62 - 3 rue de la Halle -
63320 Champeix - ☎04 73 96 70 24 -
h.r.lapromenade@wanadoo.fr.

Sortie 7

€€€ ⌂ **Chambre d'hôte Les Pradets –
2 km**
D 797 dir. Montpeyroux-centre. - ⚄⚄ -
123 BK61 - Les Pradets - 63114
Montpeyroux - ☎04 73 96 63 40 -
www.auvergne.maison-hotes.com.

Sortie 11

€ ✕ **Le Relais – 1,5 km**
*D 716 dir. Issoire, left on bd Jules-Cibrand
then bd Triozon-Bayle.* - 123 BK62 - 1 av. de la
Gare - 63500 Issoire - ☎04 73 89 16 61 -
lerelais-issoire@laposte.net.

€€ ⌂ **Chambre d'hôte Maison Gebrillat –
8 km**
Issoire-centre then D 996. - 🅿⚄ -
123 BK62 - chemin de Siorac - 63500 Perrier -
☎04 73 89 15 02 - www.maison-gebrillat.com.

€€€ ✕ **La Cour Carrée – 8 km**
Issoire-centre then D 996. - 🅿⚄⚄ -
123 BK62 - R. Tramot - 63500 Perrier -
☎04 73 55 15 55 - www.cour-carree.com.

Sortie 15

€€ ✕ **Le Boudes La Vigne – 9,5 km**
*D 909 dir. St-Germain-Lembron, right on
D 48 then left on r. de Rome.* - ⚄ -
137 BK63 - Pl. de la Mairie - 63340 Boudes -
☎04 73 96 55 66.

Sortie 18

€€ ✕ **Le Florina – 5 km**
*D 76 dir. Ste-Florine, D 35, left on D 76
then right on D 14.* - 137 BL64 -
Place de l'Hôtel-de-Ville - 43250 Sainte-
Florine - ☎04 73 54 04 45.

Sortie 25

€€ ⌂ **Chalier Maryse et Bernard – 5,5 km**
D 909 dir. St-Mary-le-Plain then left on D 410. - ⚄ - 137 BK66 - Nozerolles -
15500 St-Mary-le-Plain - ☎04 71 23 05 80.

Sortie 28

€€ ✕ **Grand Hôtel de l'Étape – 3 km**
D 909 dir. Clermont-Ferrand. - 124 BM60 - 18 avenue de la République - 15100 Saint-Flour -
☎04 71 60 13 03 - info@hotel-etape.com.

Sortie 30

€€ ⌂ **Le Beau Site – 4 km**
D 74 dir. Viaduc-de-Garabit then left on D 909. - 🅿⚄⚄ - 124 BM60 - 15320 Garabit -
☎04 71 23 41 46 - info@beau-site.fr.

Sortie 32

€€ ✕ **Le Rocher Blanc – 4 km**
D 70 dir. Albaret-Ste-Marie then left on D 8. - 🅿⚄ - 137 BL69 - À La Garde -
48200 Albaret-Ste-Marie - ☎04 66 31 90 09 - hotel@lerocherblanc.com.

Sortie 33

€€ ✕ **Les Portes d'Apcher – 2,5 km**
*N 9 dir. St-Chély-d'Apcher, left on rte de Sarroul, right on av. de la République then right on
r. Théophile-Roussel.* - 🅿⚄⚄ - 151 BL70 - Avenue de St-Flour - 48200 Saint-Chély d'Apcher -
☎04 66 31 00 46.

Sortie 35

€€ ✕ **Le Compostelle – 1,5 km**
rte Nationale dir. Aumont-Aubrac then left on av. du Gévaudan. - 🅿⚄ - 151 BL71 -
2 route du Languedoc - 48130 Aumont-Aubrac - ☎04 66 42 80 07 - www.prouheze.com.

Sortie 38

€€ ✕ **« L'Auberge » Domaine de Carrière – 7,5 km**
D 900 dir. Marvejols then right on N 9. - 🅿⚄ - 151 BL73 - Quartier de l'Empery -
48100 Marvejols - ☎04 66 32 47 05 - laubergedomainedecarriere@wanadoo.fr.

Sortie 39.1

€€ ✕ **Auberge des Violles – 3 km**
N 9 dir. Chirac then left on r. d'Entraygues. - 🅿⚄ - 151 BL73 - 48100 Chirac -
☎04 66 32 77 66 - www.lesviolles.org.

Sortie 44.1

€€ ⌂ **Ferme-auberge de Quiers – 7 km**
D 29 dir. Aguessac/Compeyre. - 🅿 - 165 BK77 - Hameau de Quiers - 12520 Compeyre -
☎05 65 59 85 10 - www.ifrance.com/quiers.

€€ ✕ **Le Rascalat – 7 km**
D 29 dir. Aguessac/Compeyre. - 🅿⚄⚄ - 165 BK77 - Route de Séverac-le-Château -
12520 Aguessac - ☎05 65 59 80 43.

Sortie 45

€ ⌂ **Hôtel de la Capelle – 7 km**
*D 911 dir. Millau-centre, right on pl. du Mandarous, bd de Bonald, right on
pl. de la Capelle then left on r. de la Fraternité.* - 165 BJ78 - 7 pl. de la Capelle -
12100 Millau - ☎05 65 60 14 72 - www.hotel-millau-capelle.com.

€€ ✕ **Capion – 9 km**
D 911 dir. Millau-centre then left on r. Jean-François-Almeras. - 165 BJ78 -
3 r. Jean-François-Alméras - 12100 Millau - ☎05 65 60 00 91.

€ ✕ **Auberge de la Borie Blanque – 9 km**
D 911 dir. Millau-centre. - 165 BJ78 - Rte de Cahors - 12100 Millau - ☎05 65 60 85 88.

✕ **Restaurant**   ⌂ **Hotel**   ⌂ **Guest house**   🅿 **Customer parking**   ⚄ **Meals served outdoors**   ⚄ **Garden**   ▦ **Air conditioning**

Sortie 49

€€ ⌂ **Chambre d'hôte Le Barry du Grand Chemin – 2 km**
Fg St-Martin dir. le Caylar. - 🅿 - 165 BL81 - 88 fg St-Martin - 34520 Le Caylar -
☎04 67 44 50 19 - www.le-barry.fr.

Sortie 53

€€ ✕ **Le Petit Sommelier – 7 km**
N 9 dir. Lodève, right on pont de Celles then left on av. de la République. - 🏠 - 165 BL82 -
3 pl. de la République - 34700 Lodève - ☎04 67 44 05 39.

Interchange N 109

€€ ✕ **La Diligence – 4 km**
N 109 dir. St-André-de-Sangonis - 184 BN83 - 2 avenue de Lodève -
34725 Saint-André-de-Sangonis - ☎04 67 63 04 29.

Sortie 57

€€€ ✕ **Le Fontenay – 3 km**
*D 2 dir. Clermont-Herrault-centre, av. Raymond-Lacombe, left on D 908 then right on
bd Gambetta.* - 🅿🏠 - 184 BM83 - Rte du Lac de Salagou - 34800 Clermont-l'Hérault -
☎04 67 88 04 06 - www.fontenay.net.

Sortie 59

€€ ✕ **La Pomme d'Amour – 2,5 km**
N 9 dir. Pézenas, right on fg des Cordeliers, right on pl. des Etats-du-Languedoc. - 🏠 -
184 BM85 - 2 bis r. Albert-Paul-Allies - 34120 Pézenas - ☎04 67 98 08 40.
€€ ✕ **Après le Déluge – 3 km**
*N 9 dir. Pézenas, right on fg des Cordeliers, left on av. François-Hue then right on
pl. du Marché-des-Trois-Six.* - 🏠 - 184 BM85 - 5 r. du Mar.-Plantavit - 34120 Pézenas -
☎04 67 98 10 77 - www.apres-le-deluge.com.
€€ ⌂ **Chambre d'hôte Monsieur Gener – 4,5 km**
N 113 dir. Montagnac. - 184 BN85 - 34 av. Pierre-Sirven - 34530 Montagnac - ☎04 67 24 03 21.

VIERZON ><LIMOGES

A 20
Sortie 5

€€ 🏨 **Hôtel Le Chalet de la Forêt – 1 km**
D 320 dir. Vierzon-centre. - 🅿 - 93 BB43 - 143 av. Édouard-Vaillant - 18100 Vierzon -
☎02 48 75 35 84 - www.logis-de-france.fr.

Sortie 6

€€ ✕ **Le Champêtre – 1 km**
N 76 dir. Vierzon-village. - 🅿🏠 - 93 BB43 - 89 route de Tours - 18100 Vierzon -
☎02 48 75 87 18.

Sortie 9

€€ ✕ **La Grange aux Dîmes – 6 km**
D 83 dir. St-Outrille, D 922 then left on D 68. - 🏠 - 93 BA44 - Place de l'Église -
18310 St-Outrille - ☎02 48 51 12 13.

Sortie 12

€€ ✕ **Relais Saint-Jacques – 4 km**
N 151 dir. ZI, D 151 then right on pl. Lafayette/pl. Carnot. - 🅿🏠 - 92 AZ48 - Zone Industrielle
Nord - 36130 Déols - ☎02 54 60 44 44 - saint-jacques@wanadoo.fr.
€€ ⌂ **Chambre d'hôte Claudine Daguet-Rault – 6 km**
N 151 dir. Coings, N 20 then left on D 80. - 🅿 - 92 AZ47 - Villecourte, Le Moulin de Notz -
36130 Coings - ☎02 54 22 12 56 - claudine.daguet2@wanadoo.fr.
€€ ✕ **Le Lavoir de la Fonds Charles – 6,5 km**
*D 956 dir. Châteauroux, left on av. du pont-Neuf, left on r. de la Seine, right on
r. Grande-St-Christophe then r. des Ponts.* - 🏠 - 92 AZ48 - 26 r. du Château-Raoul -
36000 Châteauroux - ☎02 54 27 11 16.

Sortie 17

€€ ✕ **Le Boisseau – 4 km**
D 137 dir. St-Marcel, right on D 927 then r. de Verdun. - 🅿🏠 - 107 AX50 -
Rte de Châteauroux - 36200 St-Marcel - ☎02 54 24 12 33.
€€ 🏨 **Le Cheval Noir – 4 km**
D 137 dir. St-Marcel then left on r. Auclert-Descottes. - 🅿 - 107 AX50 - 27 r. Auclert-Descottes -
36200 Argenton-sur-Creuse - ☎02 54 24 00 06.
€€ ✕ **La Source – 4 km**
D 137 dir. Argenton-sur-Creuse. - 🏠 - 107 AX50 - 9 rue Ledru-Rollin -
36200 Argenton-sur-Creuse - ☎02 54 24 30 21.

Sortie 20

€€ ⌂ **Chambre d'hôte Le Portail – 8 km**
*D 36 dir. St-Benoît-du-Sault, left on r. de Beauregard, right on pl. de l'Enchère then
left on pl. de la République.* - 107 AW52 - r. Émile-Surun - 36170 St-Benoît-du-Sault -
☎02 54 47 57 20.

Sortie 23

€€€ 🏨 **Hôtel La Porte de St-Jean – 10 km**
*N 145 dir. La Souterraine, left on av. de la Libération, rte de Limoges, right on r. Fontfroide
then r. St-Jacques.* - 107 AX53 - 2 r. des Bains - 23300 La Souterraine - ☎05 55 63 90 00 -
www.hotelrestau-portesaintjean.com.

Sortie 26

€€ ✕ **Les Voyageurs – 11 km**
D 5 dir. Ambazac then left on D 914. - 120 AW57 - 27 av. du Gén.-de-Gaulle -
87240 Ambazac - ☎05 55 56 60 31 - hotel-ambazac@aol.com.

Sortie 30

€€ ✕ **Le Boeuf à la Mode – 5,5 km**
In Limoges N 520 then right on N 20. - 120 AV59 - 60 r. François-Chénieux - 87000 Limoges -
☎05 55 77 73 95.

Sortie 33

€€ 🏨 **Hôtel de la Paix – 2 km**
*In Limoges right on port du Naveix, right on av. Jean-Gagnant/av. des Bénédictins then right
on pl. Jourdan.* - 120 AV59 - 25 pl. Jourdan - 87000 Limoges.
€€ ✕ **Chez Alphonse – 2,5 km**
*In Limoges right on port du Naveix/N 520, right on N 20, right on r. Léonard-Limosin then
right on pl. de la Motte.* - 120 AV59 - 5 pl. de la Motte - 87000 Limoges - ☎05 55 34 34 14 -
bistrot.alphonse@wanadoo.fr.

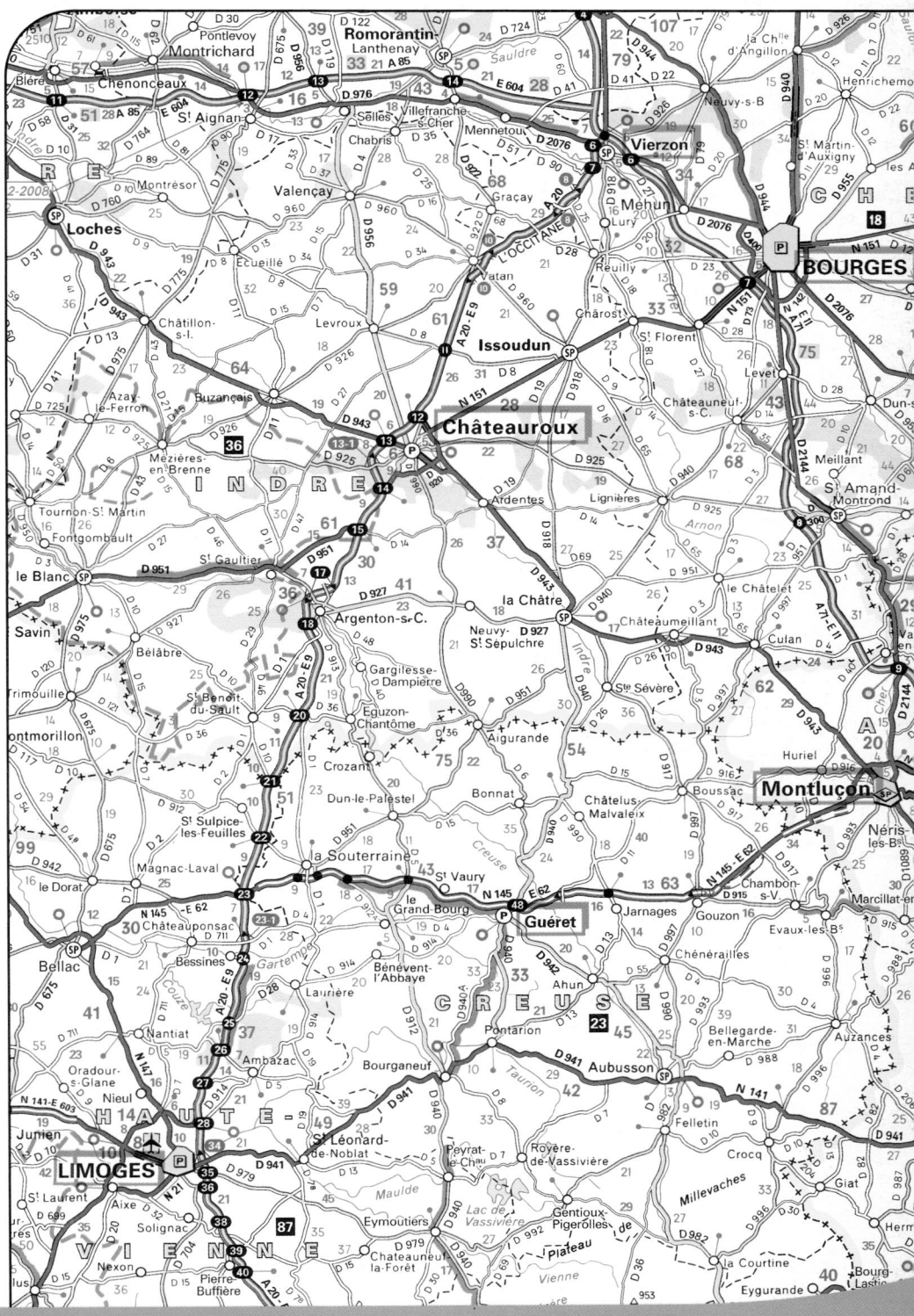

€	Restaurants : < 16€	Hotels : < 40€	
€€€	Restaurants : 25€-45€	Hotels : 65€-100€	
€€	Restaurants : 16€-25€	Hotels : 40€-65€	
€€€€	Restaurants : > 45€	Hotels : > 100€	

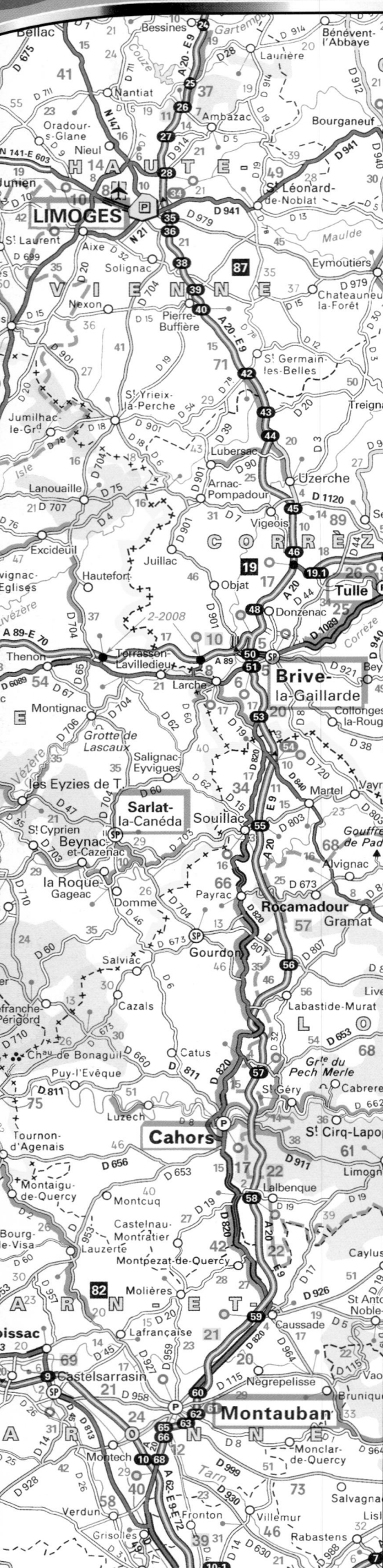

LIMOGES>< MONTAUBAN

A 20

Sortie 35
€€ ↑ Chambre d'hôte
M. et Mme Brulat – 1,5 km
*D 979 dir. Feytiat then right on
r. Jean-Mermoz.* - 🅿 - **120 AW59** -
Imp. du Vieux-Crézin - 7220 Feytiat -
☎ 05 55 06 34 41.

Sortie 44
€ ✕ Auberge Saint-Roch **– 5 km**
*D 20 dir. Saint-Ybard, left on D 902 then
D 54.* - 🍴 - **135 AX63** - Le Bourg -
19140 Saint-Ybard - ☎ 05 55 73 09 71.
€€ 🏠 Teyssier **– 8,5 km**
*D 920 dir. Uzerche-centre,
right on r. Gabriel-Furnestin,
r. Jean-Gentet then r. Pierre-Chalaud.* -
🅿 - **135 AX63** - r. du Pont Turgot -
19140 Uzerche - ☎ 05 55 73 10 05 -
hotel-teyssier@ifrance.com.

Sortie 46
€€ ↑ Chambre d'hôte Ferme
de la Borde **– 6 km**
*D 7 dir. Perpezac-le-Noir, right on D 920,
left on D 9 then left on D 156.* - 🅿 -
135 AX65 - La Borde - 19410 St-Bonnet-
l'Enfantier - ☎ 05 55 73 72 44 -
www.fermedelaborde.fr.

Sortie 48
€€ 🏠 Relais du Bas Limousin **– 2 km**
*D 25 dir. Donzenac-centre then right on
r. Marcel-Lagane.* - 🅿🍴 - **135 AX66** -
19270 Donzenac - ☎ 05 55 84 52 06 -
relais-du-bas-limousin@wanadoo.fr.

Sortie 49
€€ ✕ Chez Francis **– 5,5 km**
*D 170 dir. Brive-la-Gaillarde, right on
D 57, right on av. Pasteur then right on
av. de Paris.* - **135 AX 66** - 61 av. de Paris -
19100 Brive-la-Gaillarde - ☎ 05 55 74 41 72 -
chezfrancis@wanadoo.fr.

Sortie 50
€€ ✕ Auberge du Château **– 8 km**
*N 89 dir. Malemort-sur-Corrèze, right on
D 141, right on D 921 then chemin du
Peyroux.* - 🅿🍴 - **135 AX66** - Le Peyroux -
19360 Malemort-sur-Corrèze -
☎ 05 55 92 07 59.

Sortie 52
€€€ ✕ La Maison des Chanoines **–
9,5 km**
*D 73 dir. Jugeals-Nazareth, right on D 8
then left on D 150.* - 🍴 - **135 AX67** -
19500 Turenne - ☎ 05 55 85 93 43 -
www.maison-des-chanoines.com.

Sortie 53
€€ ↑ Chambre d'hôte À la Table de la Bergère **– 0,5 km**
D 19 dir. Nespoul-centre. - 🅿 - **135 AX68** - Belveyre - 19600 Nespouls - ☎ 05 55 85 82 58.
€€ ✕ Ferme-auberge de Baudran **– 0,5 km**
D 19 dir. Nespoul-centre. - 🅿 - **135 AX68** - Rte d'Estivals - 19600 Nespouls -
☎ 05 55 85 81 45.

Sortie 54
€€ ↑ Chambre d'hôte La Cour au Tilleul **– 11 km**
N 140 dir. Martel then right on fossés du Capitanie. - **135 AY69** - Av. du Capitani -
46600 Martel - ☎ 05 65 37 34 08 - www.la-cour-au-tilleul.com.
€ ✕ Ferme-auberge Le Moulin à Huile de Noix **– 11 km**
N 140 dir. Martel then right on fossés du Capitanie. - 🅿 - **135 AY69** - Rte de Bretenoux -
46600 Martel - ☎ 05 65 37 40 69.

Sortie 55
€€ ✕ Les Ambassadeurs **– 3,5 km**
D 703 dir. Souillac-centre. - **135 AX69** - 12 av. du Gén.-de-Gaulle - 46200 Souillac -
☎ 05 65 32 78 36 - www.ambassadeurs-hotel.com.
€ 🏠 Hôtel Belle Vue **– 4 km**
D 703 dir. Souillac, D 15, left on r. de la Recège then right on av. Jean-Jaurès. - 🅿🚗 -
135 AX69 - 68 av. Jean-Jaurès - 46200 Souillac - ☎ 05 65 32 78 23 -
www.hotelbellevue-souillac.com.
€€ ↑ Chambre d'hôte et gîte Le Manoir **– 7,5 km**
D 703 dir. Souillac then D 15. - 🅿 - **135 AX69** - La Forge - 46200 Souillac - ☎ 05 65 32 77 66 -
www.lemanoir.net.
€ 🏠 Hôtel M. et Mme Lelièvre **– 3,5 km**
D 703 dir. Souillac-centre. - 🅿 - **135 AX69** - 21 av. du Gén.-de-Gaulle - 46200 Souillac -
☎ 05 65 32 75 19.

Sortie 59
€€ ✕ Clos Monteils **– 8 km**
N 20 dir. Caussade, D 117, D 926 then D 17. - 🍴 - **162 AX77** - Gasherbes - 82300 Monteils -
☎ 05 63 93 03 51.
€€ ↑ Chambre d'hôte Les Brunis **– 10 km**
N 20 dir. Caussade, D 117 then D 64. - 🅿 - **162 AX78** - 4965 rte de Montricoux -
82800 Nègrepelisse - ☎ 05 63 67 24 08 - www.chambres-aveyron.com.

N 20

Sortie 64
€€ ✕ Au Chapon Fin **– 3 km**
in Montauban D 21, left on quai Adolphe-Poult then right on pl. St-Orens. - **162 AW79** -
1 pl. St-Orens - 82000 Montauban - ☎ 05 63 63 12 10.

Sortie 61
€€ ✕ Celyn et Ric **– 4 km**
*in Montauban av. de Toulouse, right on quai Adolphe-Poult, right on r. du Gén.-Sarrail,
right on D 959, left on côte des Bonnetiers/pl. Victor-Hugo/r. Mary-Lafon, left on
pl. Lefranc-de-Pompignan/pont des Consuls/r. St-Jean-Villenouvelle, right on
r. Léon-Cladel, left on D 959 then left on av. de Falguières.* - 🍴 - **162 AW79** -
110 av. de Falguières - 82000 Montauban - ☎ 05 63 63 77 73.

TOULOUSE>< BOURG-MADAME

A 66

Sortie 1
€€ ⌂ **Ferme-auberge Pagnard – 6 km**
D 19 dir. St-Léon. - ⌕ - 181 **AX86** - 31560 St-Léon - ☎05 61 81 92 21.

N 20

Sortie Pamiers-Centre
€€ ✗ **France – 3,5 km**
N 20 dir. Pamiers, D 11, left on D 624 (bd Delcassé), right on r. de Loumet, right on r. Saint-Antonin then left on cours Joseph-Rambaud. - 🅿 - 181 **AY89** - 5 cours Rambaud - 09100 Pamiers - ☎05 61 60 20 88 - www.hoteldefrancepamiers.com.

Sortie Foix-Centre
€€€ ✗ **Le Phoebus – 5 km**
In Foix, D 919 then av. du Gén.-Leclerc/cours Irénée-Cros. - 195 **AX91** - 3 cours Irénée-Cros - 09000 Foix - ☎05 61 65 10 42.
€ 🏠 **Lons – 5 km**
in Foix, D 919, av. du Gén.-Leclerc/cours Irénée-Cros, right on pont Vieux, left on r. Théophile-Delcassé, left on r. Labistour/pl. Georges-Dutilh. - 195 **AX91** - 6 pl. Georges-Dutilh - 09000 Foix - ☎05 34 09 28 00 - www.hotel-lons-foix.com.

In Ax-les-Thermes
€€ ⌂ **Chambre d'hôte Adret** - 🅿 🚲 - 195 **AZ93** - Les Bazerques - 09110 Ax-les-Thermes - ☎05 61 64 05 70.
€€ ✗ **L'Auzeraie** - 195 **AZ93** - 1 avenue Théophile-Delcassé - 09110 Ax-les-Thermes - ☎05 61 64 20 70 - www.auzeraie.com.

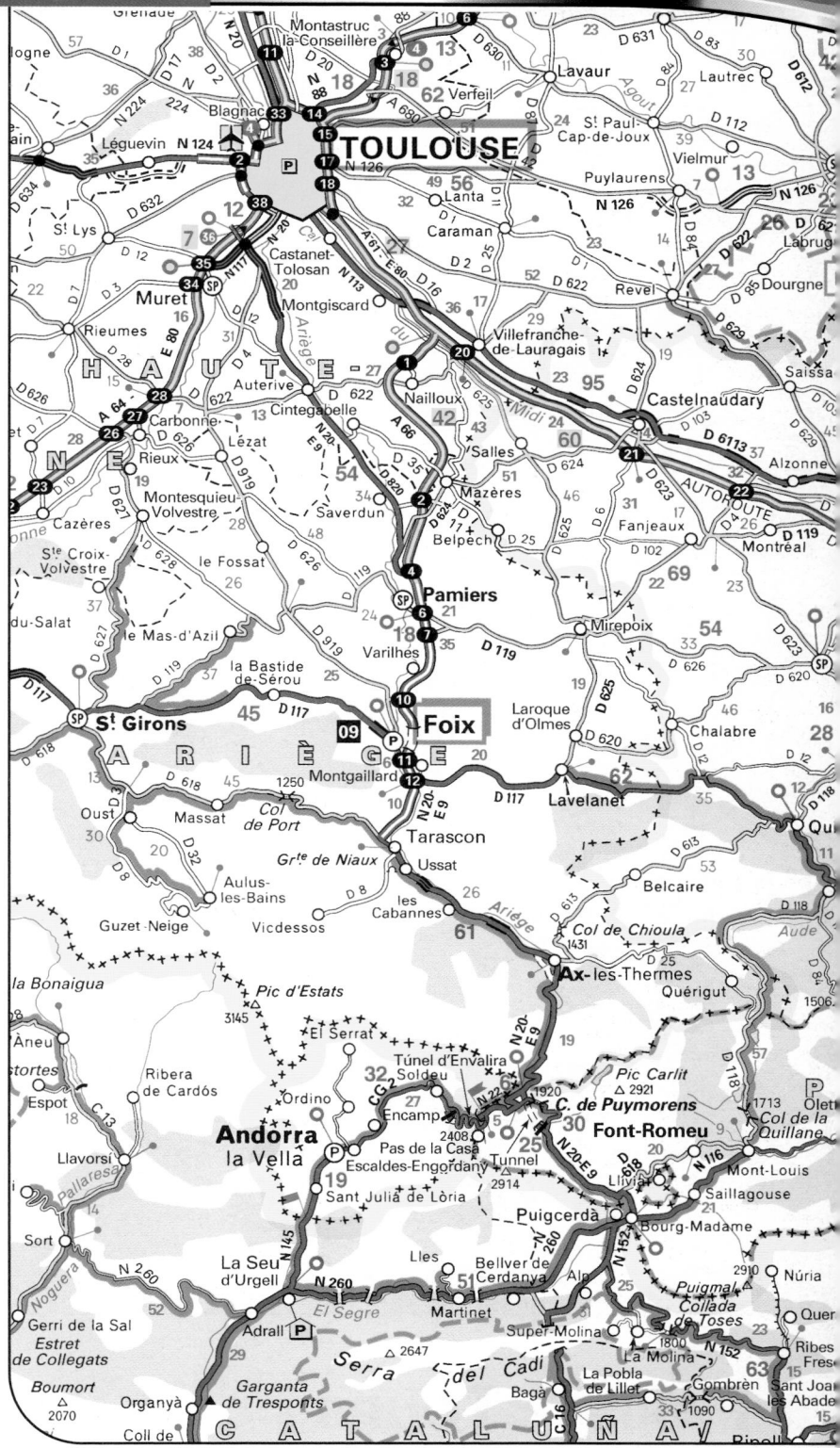

€	Restaurants : < 16€	Hotels : < 40€	€€	Restaurants : 16€-25€	Hotels : 40€-65€
€€€	Restaurants : 25€-45€	Hotels : 65€-100€	€€€€	Restaurants : > 45€	Hotels : > 100€

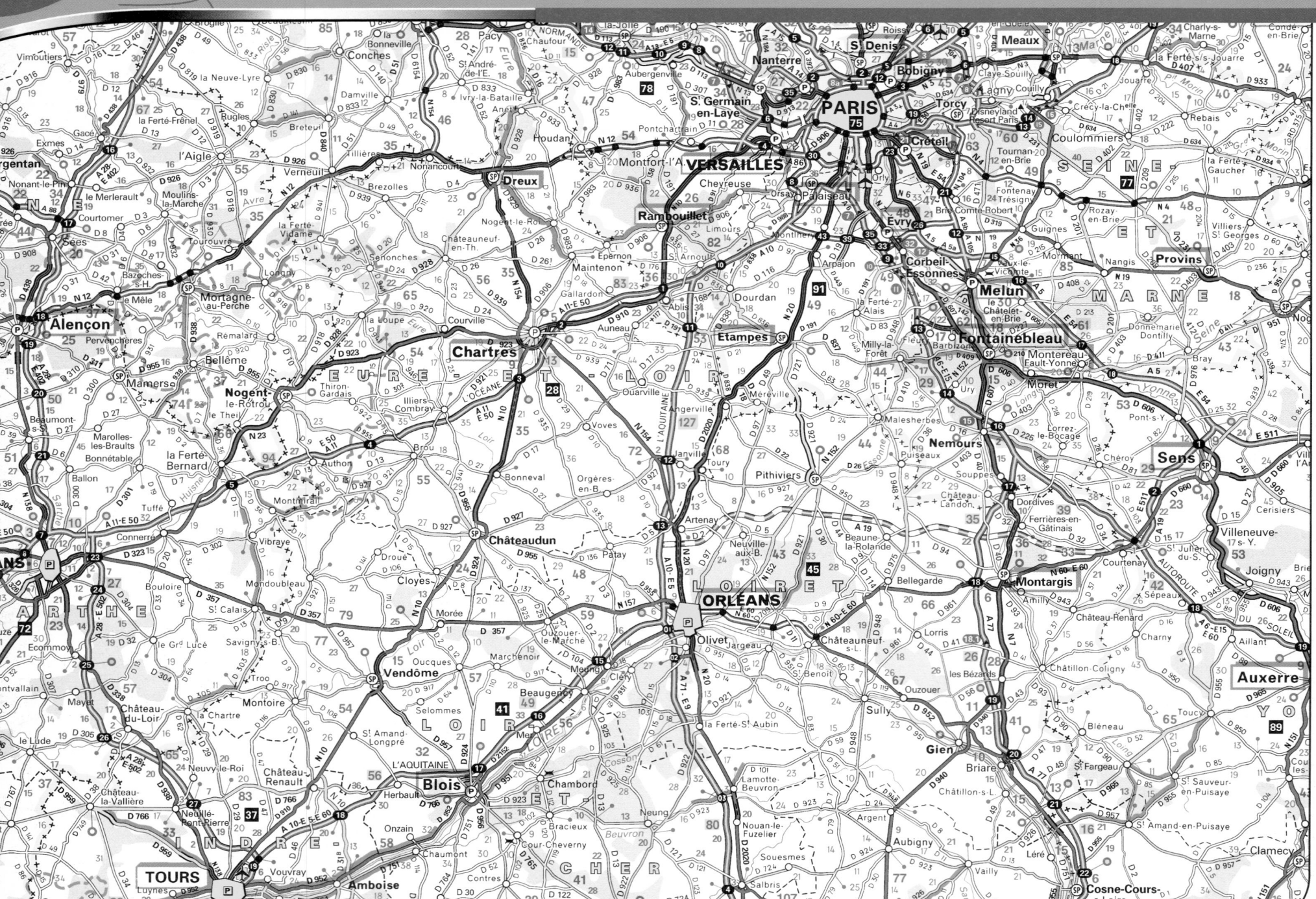

PARIS><TOURS

A 10

Interchange N 104
€€€ ✗ **Les Colombes de Bellejame – 11 km**
N 104 (la Francilienne) dir. Linas-Montlhéry, N 20 left on then N 446 left on. - 39 BD28 -
97 r. Alfred-Dubois - 91460 Marcoussis - ☎01 69 80 66 47.

Sortie 10
€€ ✗ **Auberge de l'Angélus – 6,5 km**
D 149 dir. Dourdan, left on D 836, r. du Faubourg-de-Chartres, left on r. Sarcey, right on
av. Carnot, left on r. de Chartres, right on r. du Marché-aux-Grains, left on
r. de l'Abbé-Gérard, left on r. Jubé-de-la-Pérelle then right on r. du carr. d'Étampes. - ☎ -
59 BB29 - 4 pl. Chariot - 91410 Dourdan - ☎01 64 59 83 72 - angelus-gourmet@wanadoo.fr.

Sortie 14
€€ ✗ **La Dariole – 8 km**
A 701 dir. Orléans, N 20, D 97, right on pl. Halmagran/r. Théophile-Chollet, left on
pl. de l'Étape, right on pl. Ste-Croix/r. Parisie then right on r. Etienne-Dolet. - ☎ - 76 BA36 -
25 r. Etienne-Dolet - 45000 Orléans - ☎02 38 77 26 67.

Sortie 15
€€ 🏠 **Hôtel Sologne – 9 km**
D 2 dir. Beaugency, right on N 152, left on D 925, left on quai de l'Abbaye, right on
r. de l'Évêché then right on r. Porte-Tavers. - 76 AY37 - pl. St-Firmin - 45190 Beaugency -
☎02 38 44 50 27 - hotel-de-la-sologne.beaugency@wanadoo.fr.
€€€ ✗ **Le P'tit Bateau – 9 km**
D 2 dir. Beaugency, right on N 152 then left on D 925. - ☎ - 76 AY37 - 54 r. du Pont -
45190 Beaugency - ☎02 38 44 56 38.

Sortie 16
€€ ✗ **La Chanterelle – 6 km**
N 152 dir. Blois, in Mer left towards Muides then D 112. - 76 AX38 - 21 av. de la Loire - 41500
Muides-sur-Loire - ☎02 54 87 50 19.
€€€ ✗ **Auberge du Bon Terroir – 6 km**
N 152 dir. Blois, in Mer left towards Muides then D 951. - ☎P☎ - 76 AX38 - 20 r. du 8-Mai -
41500 Muides-sur-Loire - ☎02 54 87 59 24.

€€ 🏠 **Chambre d'hôte du Moulin de Choiseaux – 7,5 km**
N 152 dir. Suèvres then right on Les Bonneaux. - P☎ - 76 AX38 - 8 r. de Choiseaux,
Diziers - 41500 Suèvres - ☎02 54 87 85 01 - www.choiseaux.com.

Sortie 17
€ ✗ **Les Banquettes Rouges – 6 km**
N 252 dir. Blois, right on N 152, right on r. des Jacobins then left on r. St-Lubin/
r. des Trois-Marchands. - 76 AW39 - 16 r. des Trois-Marchands - 41000 Blois - ☎02 54 78 74 92.
€€ 🏠 **Hôtel Anne de Bretagne – 6 km**
N 252 dir. Blois, right on av. du Mar.-Maunoury/r. d'Angleterre, left on r. du Bourg-Neuf,
right on r. Gallois, right on r. du Père-Monsabré, left on r. Jean-Moulin then left on
av. du Dr Jean-Laigret. - 76 AW39 - 31 av. Jean-Laigret - 41000 Blois - ☎02 54 78 05 38 -
annedebretagne@free.fr.
€€€ ✗ **Côté Loire – 6 km**
N 252 dir. Blois, right on N 152 then right on r. de Lauricard. - 76 AW39 - 2 pl. de la Gréve -
41000 Blois - ☎02 54 78 07 86 - www.coteloire.com.

Sortie 19
€€ ✗ **L'Arche de Meslay – 3 km**
N 10 dir. Parçay-Meslay then r. des Ailes. - P - 75 AR41 - 14 rue des Ailes -
37210 Parçay-Meslay - ☎02 47 29 00 07.
€€ ✗ **Au Soleil Levant – 6,5 km**
N 10 dir. Monnaie. - 75 AS40 - 53 rue Nationale - 37380 Monnaie - ☎02 47 56 10 34.

Sortie 21
€€ ✗ **Le Petit Patrimoine – 1,5 km**
av. Georges-Pompidou dir. Tours-centre, left on D 571, left on pl. Foire-Le-Roi then right on
r. Colbert. - 75 AR41 - 58 r. Colbert - 37000 Tours - ☎02 47 66 05 81.
€€ ✗ **Le Trébuchet – 2 km**
av. Georges-Pompidou dir. Tours-centre, left on D 571/r. de Constantine, right on
r. du Commerce, left on r. du Prés.-Merville then right on r. de la Monnaie. - P - 75 AR41 -
18 r. de la Monnaie - 37000 Tours - ☎02 47 64 01 57.
€ ✗ **Bistrot de la Tranchée – 2,5 km**
av. Georges-Pompidou dir. Tours-centre, left on D 571, right on N 10 then right on
r. Raymond-Poincaré. - 75 AR41 - 103 av. Tranchée - 37000 Tours - ☎02 47 41 09 08 -
charles-barrier@yahoo.fr

✗ Restaurant   🏠 Hotel   🏠 Guest house   P Customer parking   ☎ Meals served outdoors   🚗 Garden   ▥ Air conditioning

TOURS>< BORDEAUX

A 10

Sortie 24

€€ ✕ **Auberge de la Courtille – 6 km**
N 585 dir. Montbazon, right on N 10 then left on r. de la Vennetière. - 91 AR43 -
13 avenue de la Gare - 37250 Montbazon - ☎02 47 26 28 26 - j-mauny@club-internet.fr.

Sortie 24.1

€€ ✕ **Auberge du Moulin – 5,5 km**
D 84 dir. Monts, left on r. Jean-Colin, right on r. de l'Église then right on r. Jean-Colin. -
91 AQ43 - 2 rue Jean-Colin - 37260 Monts - ☎02 47 26 76 86.

Sortie 25

€€ ✕ **La Ciboulette – 2,5 km**
D 760 dir. Noyant-de-Touraine. - 🅿🍽 - 91 AQ44 - 78 rte de Chinon -
37800 Noyant-de-Touraine - ☎02 47 65 84 64 - www.laciboulette.fr.
€ ✕ **Au Gardon Frit – 6,5 km**
D 760 dir. Chinon then left on D 58. - 🅿🍽 - 91 AQ45 - 16 pl. de l'Église - 37800 Pouzay -
☎02 47 65 21 81 - www.au-gardon-frit.com.

Sortie 28

€€ ⌂ **Chambre d'hôte La Ferme du Château de Martigny – 5,5 km**
av. Jean-Monet, right on bd René-Descartes then right on D 18. - 🍽 - 90 AO49 -
39 rte de Chasseneuil - 86170 Avanton - ☎05 49 51 04 57 - www.lafermeduchateau.fr.
€€ ✕ **Le Clos Fleuri – 10 km**
D 62 dir. St-Georges-les-Baillargeaux then left on D 4. - r. de l'Église - 86130 Dissay -
☎05 49 52 40 27.

Sortie 29

€€€ ⌂ **Chambre d'hôte Château de Vaumoret – 9 km**
*N 147 dir. Poitiers, left on D 6 (rte de Bignoux), left on r. des Raimonières then right on
r. du Breuil-Mingot.* - 🅿 - 105 AO50 - R. du Breuil-Mingot - 86000 Poitiers - ☎05 49 61 32 11 -
www.chateaudevaumoret.fr.
€€€ ✕ **Les Saisons de la Norée – 9,5 km**
N 147 dir. Poitiers, right on D 10, right on D 6 then r. de Vauloubière. - 105 AO50 -
4 r. de l'Ermitage, aux Grottes de la Norée - 86580 Biard - ☎05 49 37 27 16 -
les-saisons@la-noree.com.
€€ ✕ **Vingelique – 9 km**
*N 147 dir. Poitiers, left on D 6 (rte de Bignoux), left on r. des Raimonières then right on
r. du Breuil-Mingot.* - 🍽 - 105 AO50 - 37 r. Carnot - 86000 Poitiers - ☎05 49 55 07 03.

Sortie 30

€€ ✕ **La Chênaie – 1 km**
N 10 dir. Croutelle-centre then right on Grande-Rue. - 🅿🍽🍽 - 105 AO50 -
Route Nationale 10 - 86000 Poitiers - ☎05 49 57 11 52 - www.la-chenaie.com.
€€ ⌂ **Hôtel Gibautel – 7 km**
N 10 dir. Poitiers-sud, right on D 162 then left on rte de Nouaillé. - 🅿 - 105 AO50 -
rte de Nouaillé - 86000 Poitiers - ☎05 49 46 16 16.

Sortie 32

€€ ⌂ **Ambassadeur – 7 km**
D 948 dir. Niort, left on r. Mazagran then right on r. de la Gare. - 104 AI53 - 82 r. de la Gare -
79000 Niort - ☎05 49 24 00 38 - hotel-ambassadeur2@wanadoo.fr.
€€ ✕ **Restaurant du Donjon – 8 km**
*D 948 dir. Niort, right on r. du 14-Juillet, left on av. des Martyrs-de-la-Résistance,
left on av. de la République, right on r. Ricard then right on r. Victor-Hugo.* - 🍽 - 104 AI53 -
7 r. Brisson - 79000 Niort - ☎05 49 24 01 32 - www.borehweb.com/ledonjon.
€€ ⌂ **Hôtel Le Moulin – 8 km**
*D 948 dir. Niort, left on r. Mazagran, right on r. de la Gare, right on pl. du Roulage,
right on r. du 24-Février, right on r. du Gén.-Largeau then right on r. de l'Éspingole.* -
104 AI53 - 27 r. Espingole - 79000 Niort - ☎05 49 09 07 07.
€€ ✕ **La Table des Saveurs – 8 km**
*D 948 dir. Niort, right on r. du 14-Juillet, left on av. des Martyrs-de-la-Résistance, left on
av. de la République, right on r. Ricard, right on r. Victor-Hugo then left on r. Thiers.* -
104 AI53 - 9 r. Thiers - 79000 Niort - ☎05 49 77 44 35 - tablesaveurniort@wanadoo.fr.

Sortie 34

€€ ✕ **Le Scorlion – 3,5 km**
D 939 dir. St-Jean-d'Angély then right on r. Griffon. - 🍽 - 117 AH57 - 5 r. de l'Abbaye -
17400 St-Jean-d'Angély - ☎05 46 32 52 61.
€ ✕ **Restaurant de la Place – 3,5 km**
*D 939 dir. St-Jean-d'Angély, right on N 150, r. de Niort, left on r. de l'Orme-Vert then right on
r. de l'Hôtel-de-Ville.* - 🍽 - 117 AH57 - Pl. de l'Hôtel-de-Ville - 17400 Saint-Jean-d'Angély -
☎05 46 32 69 11 - infobox@hoteldelaplace.net.

Sortie 35

€€ ✕ **Le Bistrot Galant – 3 km**
*N 137 dir. Saintes, cours du Mar.-Leclerc, cours Lemercier, right on cours National,
right on r. des Messageries, right on r. du Gros-Raisin, left on r. Victor-Hugo then right
on r. St-Michel.* - 117 AG59 - 28 r. St-Michel - 17100 Saintes - ☎05 46 93 08 51 -
bistrot.galant@club-internet.fr.
€€ ⌂ **Hôtel Avenue – 3,5 km**
*N 137 dir. Saintes, cours du Mar.-Leclerc, cours Lemercier, right on cours National,
pont Bernard-Palissy then av. Gambetta.* - 🅿 - 117 AG59 - 114 av. Gambetta - 17100 Saintes -
☎05 46 74 05 91 - contact@hoteldelavenue.com.
€€ ⌂ **Chambre d'hôte Anne et Dominique Trouvé – 7 km**
N 137 dir. Rochefort then left on D 127. - 🍽 - 117 AG59 - 5 r. de l'Église - 17810 St-Georges-
des-Coteaux - ☎05 46 92 96 66 - adtrouve@yahoo.fr.

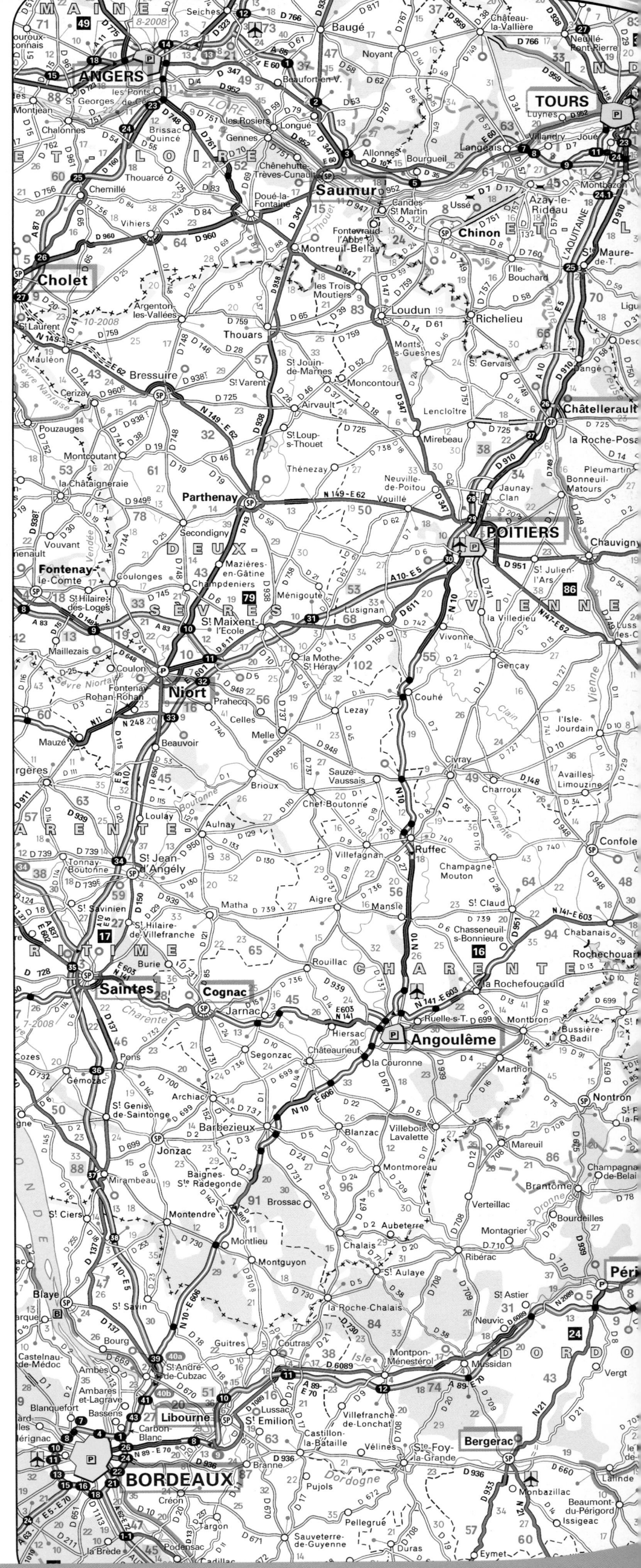

€	Restaurants : < 16€	Hotels : < 40€	
€€€	Restaurants : 25€-45€	Hotels : 65€-100€	
€€	Restaurants : 16€-25€	Hotels : 40€-65€
€€€€	Restaurants : > 45€	Hotels : > 100€

€€ ⚒ **Auberge des Glycines – 12 km**
N 137 dir. Rochefort, right on D 119, right on D 236 then D 127. - 🚗🍴 -
117 AG58 - 4 quai des Gabarriers - 17350 Taillebourg - ☎05 46 91 81 40 -
auberge-des-glycines@wanadoo.fr.

Sortie 36
€ ⚒ **Auberge Pontoise – 6,5 km**
D 732 dir. Royan, left on N 137, right on D 249 then right on av. Gambetta. - 🍴 -
117 AH61 - 23 r. Gambetta - 17800 Pons - ☎05 46 94 00 99 - aubergepontoise@wanadoo.fr.

Sortie 38
€€ 🏠 **L'Escale Chez Olga Hôtel – 10 km**
D 254 dir. Étauliers, right on D 136, left on N 137 then left on D 134. - 🅿️🍴 - 131 AG66 -
D 137 - 33390 Cartelègue - ☎05 57 64 71 18.

Sortie 39
€€ ⚒ **Au Sarment – 9 km**
N 137 dir. Saintes, left on D 127, left on D 119 then right on D 237. - 🍴 - 131 AH67 -
50 r. de la Lande - 33240 St-Gervais - ☎05 57 43 44 73 - www.au-sarment.com.

Sortie 41
€€ ⚒ **Coq Sauvage – 4 km**
D 115 dir. Saint-Loubès (chemin de Cavernes). - 🍴 - 131 AI69 - in Cavernes -
33450 St-Loubès - ☎05 56 20 41 04 - www.lecoqsauvage.com.

A 630
Sortie 1
€€€ ⚒ **La Cape – 4,5 km**
N 230 sortie 26, N 10 dir. Cenon, left on D 241 then right on allée de la Morlette. - 🍴 -
131 AH69 - Allée Morlette - 33150 Cenon - ☎05 57 80 24 25.
€€€ ⚒ **Café de l'Espérance – 11 km**
N 230 sortie 23, D 10, left on côte de Bouliac, right on r. du Bourg then r. de l'Esplanade. -
🍴 - 145 AH70 - 10 rue de l'Esplanade - 33270 Bouliac - ☎05 56 20 52 16 -
reception@saintjames-bouliac.com.

Sortie 4
€ 🏠 **Hôtel Clemenceau – 8 km**
*dir. Bordeaux-centre, N 210, left on r. Lucien-Faure, right on cours Louis-Fargue/
cours St-Louis/cours Portal/cours de Verdun/pl. de Tourny then cours Georges-Clémenceau.* -
131 AG69 - 4 cours Georges-Clemenceau - 33000 Bordeaux - ☎05 56 52 98 98 -
clemenceau@hotel-bordeaux.com.
€€ 🏠 **Hôtel Notre-Dame – 8 km**
*dir. Bordeaux-centre, N 210, left on r. Lucien-Faure, right on cours Louis-Fargue/
cours St-Louis/cours Portal/cours de Verdun, left on r. Constantin then left on r. Notre-Dame.* -
131 AG69 - 36 r. Notre-Dame - 33000 Bordeaux - ☎05 56 52 88 24 - hotelnotredame@free.fr.
€€ ⚒ **Gravelier – 7,5 km**
*dir. Bordeaux-centre, N 210, left on r. Lucien-Faure, right on cours Louis-Fargue/
cours St-Louis/cours Portal then cours de Verdun.* - 131 AG69 - 114 cours de Verdun -
33000 Bordeaux - ☎05 56 48 17 15 - amgravelier@yahoo.fr.

Sortie 4a
€€ ⚒ **Les Restaurants de l'Atrium – 8,5 km**
dir. Bordeaux-Lac then bd du Parc-des-Expositions. - 🅿️ - 131 AG69 - r. du Card.-Richaud -
33300 Bordeaux-le-Lac - ☎05 56 69 49 00 - casino-bordeaux.com.

⚒ Restaurant   🏠 Hotel   🏠 Guest house   🅿️ Customer parking   🍴 Meals served outdoors   🚗 Garden   ▤ Air conditioning

BORDEAUX><HENDAYE

A 63

Sortie 22

€€ ⌂ **Chambre d'hôte Les Tilleuls – 10 km**
A 660 sortie 1 dir. Arcachon, D 216, right on r. de l'Avenir then right on r. des Écoles. -
🅿🚲 - **144 AD72** - 17 bis r. des Écoles - 33380 Mios - ☎05 56 26 67 85 - www.gitemios.free.fr.

Sortie 21

€€ ⌂ **Chambre d'hôte Mme Boschetti – 2,5 km**
D 3 dir. Salles-centre. - 🅿🚲 - **145 AE73** - 46 rte de Badet - 33770 Salles - ☎05 56 88 47 24.

N 10

Sortie 18

€€ ⌂ **Chambre d'hôte La Maranne – 4 km**
N 134 dir. Saugnacq-et-Muret then left on D 348. - 🅿 - **145 AF74** - Le Muret -
40410 Saugnacq-et-Muret - ☎05 58 09 61 71 - la-maranne@wanadoo.fr.
€€ ✗ **Le Haut-Landais – 7 km**
N 134 dir. Pissos. - 🚲 - **145 AF75** - pl. du Bourg - 40410 Moustey - ☎05 58 07 77 85 -
www.lehautlandais.com.

A 63

Sortie 21

€€ ⌂ **Hôtel Au P'tit Creux – 2,5 km**
D 3 dir. Salles-centre. - 🅿🍴 - **144 AD75** - 3 r. Brémontier - 40160 Ychoux -
☎05 58 82 38 38 - www.auptitcreux.fr.

Sortie 8

€€€ ✗ **Bleu Marine – 3,5 km**
in Capbreton D 28, right on D 512/av. de Verdun, left on r. Madan then right on D 652. -
176 Z83 - 26 r. du Gén.-de-Gaulle - 40130 Capbreton - ☎05 58 72 12 02.
€€€ ✗ **Le Cottage – 8,5 km**
*D 28 dir. Capbreton, right on D 152, right on av. de Paris, left on r. de la Paix, right on D 652,
D 79 then left on Jean-Moulin.* - 🅿🍴 - **158 Z82** - 1 av. Jean-Moulin - 40150 Seignosse -
☎05 58 43 31 39.
€€ ✗ **Hôtel Brasserie de l'Océan – 3,5 km**
in Capbreton D 28, right on D 512/av. de Verdun, left on r. Madan then right on D 652. -
🍴 - **176 Z83** - 85 av. Georges-Pompidou - 40130 Capbreton - ☎05 58 72 10 22 -
www.hotelcapbreton.com.

Sortie 6

€€ ✗ **Le Bayonnais – 2 km**
*N 117 dir. Bayonne, right on r. du Moulin-de-Castéra, left on av. du Mar.-Juin/
bd Alsace-Lorraine then right on N 10.* - 🍴 - **176 Z84** - 38 quai des Corsaires -
64100 Bayonne - ☎05 59 25 61 19.
€€ ✗ **François Miura – 3 km**
*N 117 dir. Bayonne, right on chemin de Glain, left on quai Augustin-Chaho/quai Galuperie,
right on r. de Coursic, r. du Trinquet, left on r. des Visitandines then left on r. de Marengo.* -
176 Z84 - 24 r. Marengo - 64100 Bayonne - ☎05 59 59 49 89.

Sortie 5

€€ ⌂ **Hôtel Altica – 3,5 km**
*N 263 dir. Anglet, right on rd-pt de Compagnet, N 263, D 203, left on allée de l'Avenir then
right on allée du Cadran.* - **176 Z84** - 10 allée du Cadran - 64100 Bayonne - ☎05 59 52 11 22 -
altica-anglet@altica.fr.
€€ ⌂ **Chambre d'hôte Maison Bereterraenea – 9 km**
N 263 dir. Anglet, right on rd-pt de Compagnet then D 932. - 🅿🚲 - **176 Z85** - Quartier
Arrauntz - 64480 Ustaritz - ☎05 59 93 05 13 - http://perso.wanadoo.fr/bereterraenea/.

Sortie 4

€€ ✗ **La Parrilla – 3,5 km**
N 10 dir. Bidart. - 🅿🍴 - **176 Y85** - D 810, « Le Plateau de Bidart » - 64210 Bidart -
☎05 59 54 78 94.
€€ ⌂ **Chambre d'hôte Itsas Mendi – 4 km**
N 10 dir. Bidart then r. Erretegia. - 🅿🚲🍴 - **176 Y85** - Av. de Biarritz, Lieu-dit Ilbarritz -
64210 Bidart - ☎05 59 23 36 54 - http://itsas.mendi.free.fr.
€€€ ✗ **Chez Albert – 4,5 km**
N 10 dir. Biarritz-centre. - 🍴 - **176 Y84** - au port des Pêcheurs - 64200 Biarritz -
☎05 59 24 43 84 - www.chezalbert.fr.

Sortie 3

€€€ ✗ **Olatua – 2,5 km**
*av. de Lahanchipia dir. St-Jean-de-Luz, left on av. André-Ithurralde, right on N 10/
r. Gambetta then right on bd Thiers.* - 🍴 - **176 X85** - 30 bd Thiers - 64500 Saint-Jean-de-Luz -
☎05 59 51 05 22 - olatua@wanadoo.fr.
€€ ⌂ **Chambre d'hôte Villa Argi-Eder – 3 km**
av. de Lahanchipia dir. St-Jean-de-Luz then left on av. André-Ithurralde. - 🅿🚲🍴 -
176 X85 - Av. Napoléon III, Plage Lafitenia - 64500 St-Jean-de-Luz - ☎05 59 54 81 65 -
www.chambresdhoes-argi-eder.com.
€ ⌂ **Chambre d'hôte Arrayoa – 9 km**
*av. de Lahanchipia dir. Ascain, right on rte de Baléon, right on chemin Irachabal,
right on rte de St-Pée, right on chemin de Bordazahar, left on av. de Chantaco, D 918,
right on D 504 then right on D 4.* - **176 X86** - À la sortie du village - 64310 Ascain -
☎05 59 54 06 18.
€€ ⌂ **Villa Argi-Eder – 3 km**
av. de Lahanchipia dir. St-Jean-de-Luz then left on av. André-Ithurralde. - 🅿🚲 - **176 X85** -
av. Napoléon III, Plage Lafitenia - 64500 Saint-Jean-de-Luz - ☎05 59 54 81 65 -
villa-argi-eder@wanadoo.fr.

Sortie 2

€€ ✗ **Auberge Chez Maïté – 2,5 km**
N 10 dir. Urrugne then right on r. Clément-Laurencenea. - Place de la Mairie - **176 X85** -
64122 Urrugne - ☎05 59 54 30 27.

Sortie 1

€ ✗ **La Cidrerie – 1,5 km**
D 258 dir. Biriatou-centre. - 🅿 - **176 W86** - D 810 - 64700 Biriatou - ☎05 59 20 66 25.
€ ⌂ **Hôtel de Paris – 3,5 km**
N 111 dir. Hendaye, right on N 10 then left on N 111/r. de Hapetenia. - 🅿🍴 - **176 W85** -
68 bd du Mar.-Leclerc - 64700 Hendaye - ☎05 59 20 05 06 - www.hoteldeparis-hendaye.com.

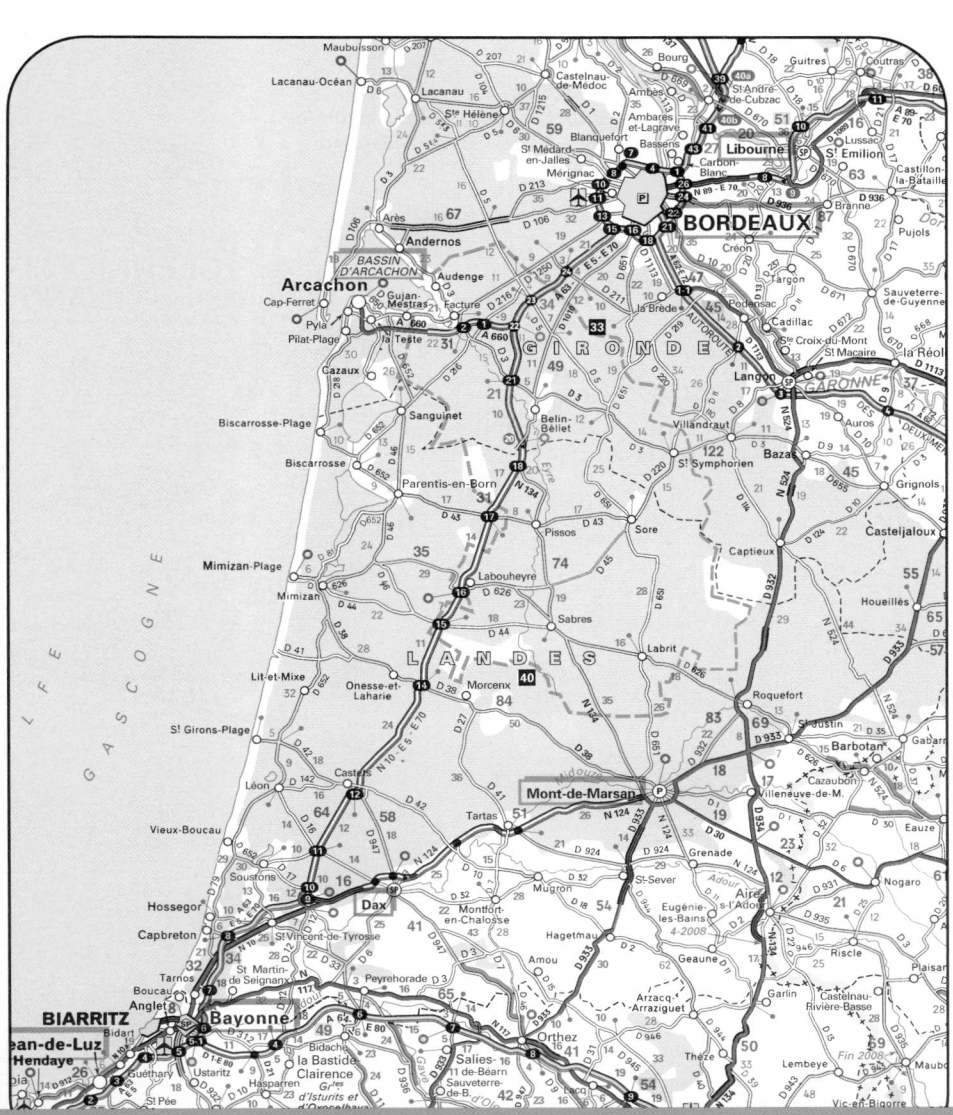

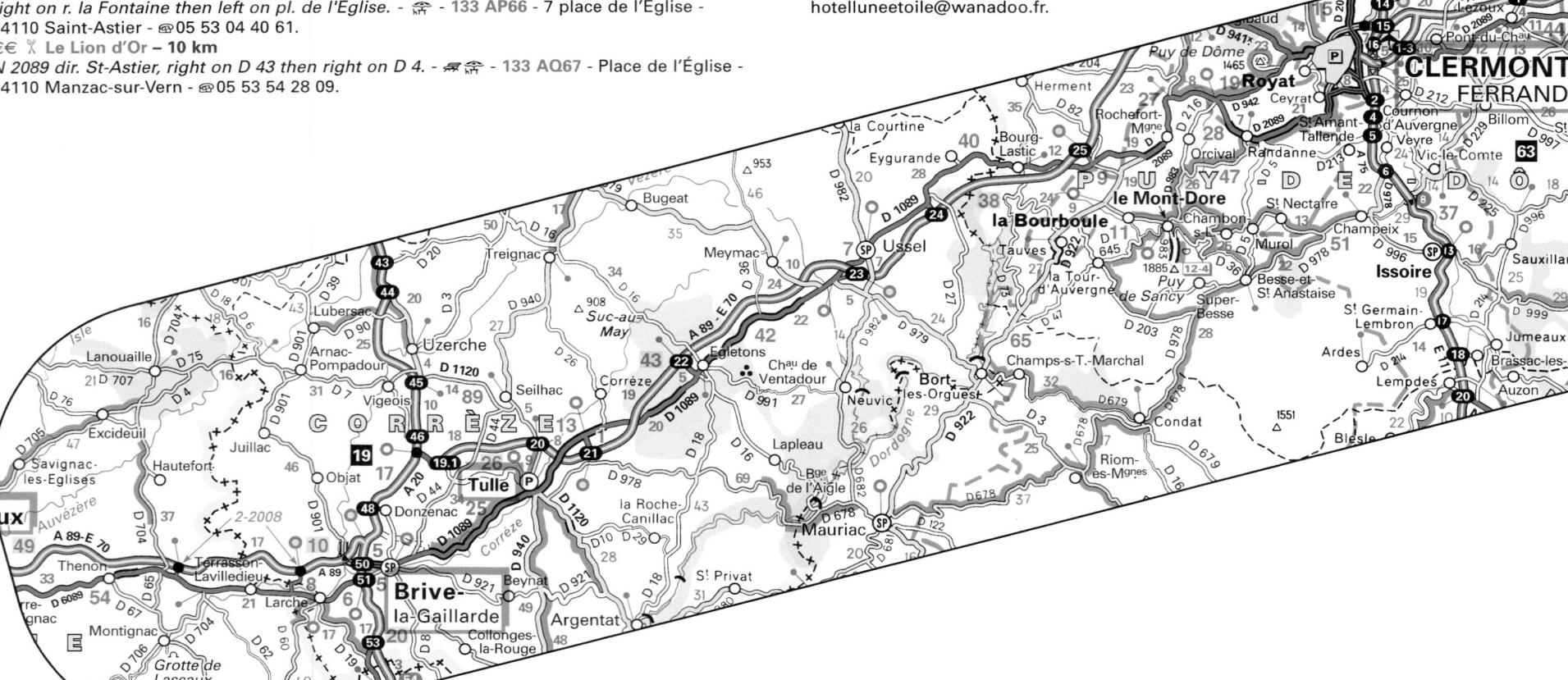

BORDEAUX>‹BRIVE›‹CLERMONT-FD

A 89

Sortie 5
€€ ✗ **Auberge la Forêt – 11 km**
D 13 dir. Sallebœuf. - **131 AI69** - Rte de la Forêt - 33370 Sallebœuf - ☎05 56 21 25 49 -
www.aubergelaforet.com.

Sortie 8
€€ 🏠 **Hôtel La Tour du Vieux Port – 8,5 km**
*D 242 dir. Libourne, N 2089, right on r. Jules-Ferry, left on r. des Chais, right on
r. du Prés.-Carnot, left on r. Waldeck-Rousseau then left on quai de l'Isle.* - 🌿 - **131 AJ69** -
23 quai Souchet - 33500 Libourne - ☎05 57 25 75 56 - http://latourduvieuxport.fr.
€€ ✗ **Chez Servais – 9 km**
D 242 dir. Libourne, N 2089 then right on D 670. - **131 AJ69** - 14 pl. Decazes -
33500 Libourne - ☎05 57 51 83 97.
€€ ✗ **Le Bord d'Eau – 10 km**
*D 242 dir. Arveyres, N 2089, right on r. Jules-Ferry, left on r. des Chais, right on r. du Prés.-
Carnot, left on D 670 then right on Poinçonnet.* - 🅿 - **131 AJ69** - 4 Poinsonnet - 33126 Fronsac -
☎05 57 51 99 91.

Sortie 11
€€ 🏠 **Henri IV – 5,5 km**
N 89 dir. Périgueux, D 247, right on D 17 then left on D 10. - **132 AK67** - pl. du 8-Mai-1945 -
33230 Coutras - ☎05 57 49 34 34 - hotel-henriIV.gironde@wanadoo.fr.

Sortie 13
€€ ✗ **Le Relais de Gabillou – 5 km**
*D 709 dir. Mussidan, left on D 38, right on r. de la Libération then right on
rte de Périgueux.* - 🅿🌿 - **133 AO67** - Rte de Périgueux - 24400 Mussidan - ☎05 53 81 01 42 -
relaisdegabillou@hotmail.com.

Sortie 14
€€ ✗ **La Table d'Eugénie – 4 km**
N 89 dir. Sourzac. - **133 AO67** - Le Bourg - 24400 Sourzac - ☎05 53 82 45 23 -
arletteponte@free.fr.

Sortie 15
€€ ✗ **La Palombière – 3,5 km**
*N 2089 dir. St-Astier, right on D 43, left on r. du Cdt Boisseuilh, left on r. Albert-Claveille,
right on r. la Fontaine then left on pl. de l'Église.* - 🌿 - **133 AP66** - 7 place de l'Église -
24110 Saint-Astier - ☎05 53 04 40 61.
€€ ✗ **Le Lion d'Or – 10 km**
N 2089 dir. St-Astier, right on D 43 then right on D 4. - 🚜 - **133 AQ67** - Place de l'Église -
24110 Manzac-sur-Vern - ☎05 53 54 28 09.

Sortie 16
€€ ✗ **La Taula – 6,5 km**
*N 21 dir. Périgueux, N 2089, right on bd Georges-Saumande, left on av. Daumesnil then
r. Denfert-Rochereau.* - **139 BS63** - 3 r. Denfert-Rochereau - 24000 Périgueux -
☎05 53 35 40 02 - la.taula@wanadoo.fr.
€€ 🏠 **Comfort Hôtel Régina – 7,5 km**
N 21 dir. Périgueux, N 2089, right on r. St-Gervais then left on r. Denis-Papin. - 🅿 -
139 BS63 - 14 r. Denis-Papin (face gare SNCF) - 24000 Périgueux - ☎05 53 08 40 44 -
comfort.perigueux@wanadoo.fr.

Sortie 18
€€€ ✗ **Sautet – 5 km**
N 89 dir. Le Lardin-St-Lazare. - **134 AV67** - 16 rue Georges-Haupinot -
24500 Le Lardin-St-Lazare - ☎05 53 51 45 00 - contact@hotelsautet-dordogne.com.
€€€ ✗ **Château de la Fleunie – 5 km**
N 89 dir. Le Lardin-St-Lazare. - 🅿🌿 - **134 AV67** - La Fleunie - 24570 Le Lardin St-Lazare -
☎05 53 51 32 74 - lafleunie@free.fr.
€€€ 🏠 **Hostellerie La Commanderie – 7 km**
N 89 dir. Le Lardin-St-Lazare then left on D 62. - 🅿🌿 - **134 AV67** -
24570 Condat-sur-Vézère - ☎05 53 51 26 49 - www.best-of-perigord.tm.fr.

Sortie 20
€ 🏠 **Chambre d'hôte Chez M. et Mme Perrot – 4,5 km**
N 120 dir. Tulle. - 🅿 - **135 AZ65** - Gourdinot - 19460 Naves - ☎05 55 27 08 93 -
www.hotes-naves-correze.com.
€ 🏠 **Hôtel Bon Accueil – 7,5 km**
N 120 dir. Tulle then right on r. d'Alverge. - **135 AZ65** - 10 r. Canton - 19000 Tulle -
☎05 55 26 70 57.

N 89

In Clermont-Ferrand
€ 🏠 **Hôtel Lune Étoile La Pardieu – 9,5 km**
*N 189 dir. Clermont-Ferrand, D 799, right on av. du Roussillon then
bd Gustave-Flaubert.* - 🅿 - **123 BJ59** - 89 bd Gustave-Flaubert -
63000 Clermont-Ferrand - ☎04 73 98 68 68 -
hotelluneetoile@wanadoo.fr.

✗ Restaurant   🏠 Hotel   🏠 Guest house   🅿 Customer parking   🌿 Meals served outdoors   🚜 Garden   ▤ Air conditioning

BORDEAUX><HENDAYE

A 63

Sortie 22
€€ ⌂ **Chambre d'hôte Les Tilleuls – 10 km**
A 660 sortie 1 dir. Arcachon, D 216, right on r. de l'Avenir then right on r. des Écoles. -
🅿 - **144 AD72** - 17 bis r. des Écoles - 33380 Mios - ☎05 56 26 67 85 - www.gitemios.free.fr.

Sortie 21
€€ ⌂ **Chambre d'hôte Mme Boschetti – 2,5 km**
D 3 dir. Salles-centre. - 🅿 - **145 AE73** - 46 rte de Badet - 33770 Salles - ☎05 56 88 47 24.

N 10

Sortie 18
€€ ⌂ **Chambre d'hôte La Maranne – 4 km**
N 134 dir. Saugnacq-et-Muret then left on D 348. - 🅿 - **145 AF74** - Le Muret -
40410 Saugnacq-et-Muret - ☎05 58 09 61 71 - la-maranne@wanadoo.fr.
€€ ✗ **Le Haut-Landais – 7 km**
N 134 dir. Pissos. - 🅿 - **145 AF75** - pl. du Bourg - 40410 Moustey - ☎05 58 07 77 85 -
www.lehautlandais.com.

A 63

Sortie 21
€€ 🏨 **Hôtel Au P'tit Creux – 2,5 km**
D 3 dir. Salles-centre. - 🅿 - **144 AD75** - 3 r. Brémontier - 40160 Ychoux -
☎05 58 82 38 38 - www.auptitcreux.fr.

Sortie 8
€€€ ✗ **Bleu Marine – 3,5 km**
in Capbreton D 28, right on D 512/av. de Verdun, left on r. Madan then right on D 652. -
176 Z83 - 26 r. du Gén.-de-Gaulle - 40130 Capbreton - ☎05 58 72 12 02.
€€€ ✗ **Le Cottage – 8,5 km**
*D 28 dir. Capbreton, right on D 152, right on av. de Paris, left on r. de la Paix, right on D 652,
D 79 then left on Jean-Moulin. -* 🅿 - **158 Z82** - 1 av. Jean-Moulin - 40150 Seignosse -
☎05 58 43 31 39.
€€ ✗ **Hôtel Brasserie de l'Océan – 3,5 km**
in Capbreton D 28, right on D 512/av. de Verdun, left on r. Madan then right on D 652. -
- **176 Z83** - 85 av. Georges-Pompidou - 40130 Capbreton - ☎05 58 72 10 22 -
www.hotelcapbreton.com.

Sortie 6
€€ ✗ **Le Bayonnais – 2 km**
*N 117 dir. Bayonne, right on r. du Moulin-de-Castéra, left on av. du Mar.-Juin/
bd Alsace-Lorraine then right on N 10. -* - **176 Z84** - 38 quai des Corsaires -
64100 Bayonne - ☎05 59 25 61 19.
€€ ✗ **François Miura – 3 km**
*N 117 dir. Bayonne, right on chemin de Glain, left on quai Augustin-Chaho/quai Galuperie,
right on r. de Coursic, r. du Trinquet, left on r. des Visitandines then left on r. de Marengo. -*
176 Z84 - 24 r. Marengo - 64100 Bayonne - ☎05 59 59 49 89.

Sortie 5
€ 🏨 **Hôtel Altica – 3,5 km**
*N 263 dir. Anglet, right on rd-pt de Compagnet, N 263, D 203, left on allée de l'Avenir then
right on allée du Cadran. -* **176 Z84** - 10 allée du Cadran - 64100 Bayonne - ☎05 59 52 11 22 -
altica-anglet@altica.fr.
€€ ⌂ **Chambre d'hôte Maison Bereterraenea – 9 km**
N 263 dir. Anglet, right on rd-pt de Compagnet then D 932. - - **176 Z85** - Quartier
Arrauntz - 64480 Ustaritz - ☎05 59 93 05 13 - http://perso.wanadoo.fr/bereterraenea/.

Sortie 4
€€ ✗ **La Parrilla – 3,5 km**
N 10 dir. Bidart. - - **176 Y85** - D 810, « Le Plateau de Bidart » - 64210 Bidart -
☎05 59 54 78 94.
€ ⌂ **Chambre d'hôte Itsas Mendi – 4 km**
N 10 dir. Bidart then r. Erretegia. - 🅿 - **176 Y85** - Av. de Biarritz, Lieu-dit Ilbarritz -
64210 Bidart - ☎05 59 23 36 54 - http://itsas.mendi.free.fr.
€€€ ✗ **Chez Albert – 4,5 km**
N 10 dir. Biarritz-centre. - - **176 Y84** - au port des Pêcheurs - 64200 Biarritz -
☎05 59 24 43 84 - www.chezalbert.fr.

Sortie 3
€€€ ✗ **Olatua – 2,5 km**
*av. de Lahanchipia dir. St-Jean-de-Luz, left on av. André-Ithurralde, right on N 10/
r. Gambetta then right on bd Thiers. -* - **176 X85** - 30 bd Thiers - 64500 Saint-Jean-de-Luz -
☎05 59 51 05 22 - olatua@wanadoo.fr.
€€ ⌂ **Chambre d'hôte Villa Argi-Eder – 3 km**
av. de Lahanchipia dir. St-Jean-de-Luz then left on av. André-Ithurralde. - 🅿
176 X85 - Av. Napoléon III, Plage Lafitenia - 64500 St-Jean-de-Luz - ☎05 59 54 81 65 -
www.chambresdhoes-argi-eder.com.
€ ⌂ **Chambre d'hôte Arrayoa – 9 km**
*av. de Lahanchipia dir. Ascain, right on rte de Baléon, right on chemin Irachabal,
right on rte de St-Pée, right on chemin de Bordazahar, left on av. de Chantaco, D 918,
right on D 504 then right on D 4. -* **176 X86** - À la sortie du village - 64310 Ascain -
☎05 59 54 06 18.
€€ 🏨 **Villa Argi-Eder – 3 km**
av. de Lahanchipia dir. St-Jean-de-Luz then left on av. André-Ithurralde. - 🅿 - **176 X85** -
av. Napoléon III, Plage Lafitenia - 64500 Saint-Jean-de-Luz - ☎05 59 54 81 65 -
villa-argi-eder@wanadoo.fr.

Sortie 2
€€ ✗ **Auberge Chez Maïté – 2,5 km**
N 10 dir. Urrugne then right on r. Clément-Laurencenea. - Place de la Mairie - **176 X85** -
64122 Urrugne - ☎05 59 54 30 27.

Sortie 1
€ ✗ **La Cidrerie – 1,5 km**
D 258 dir. Biriatou-centre. - 🅿 - **176 W86** - D 810 - 64700 Biriatou - ☎05 59 20 66 25.
€ 🏨 **Hôtel de Paris – 3,5 km**
N 111 dir. Hendaye, right on N 10 then left on N 111/r. de Hapetenia. - 🅿 - **176 W85** -
68 bd du Mar.-Leclerc - 64700 Hendaye - ☎05 59 20 05 06 - www.hoteldeparis-hendaye.com.

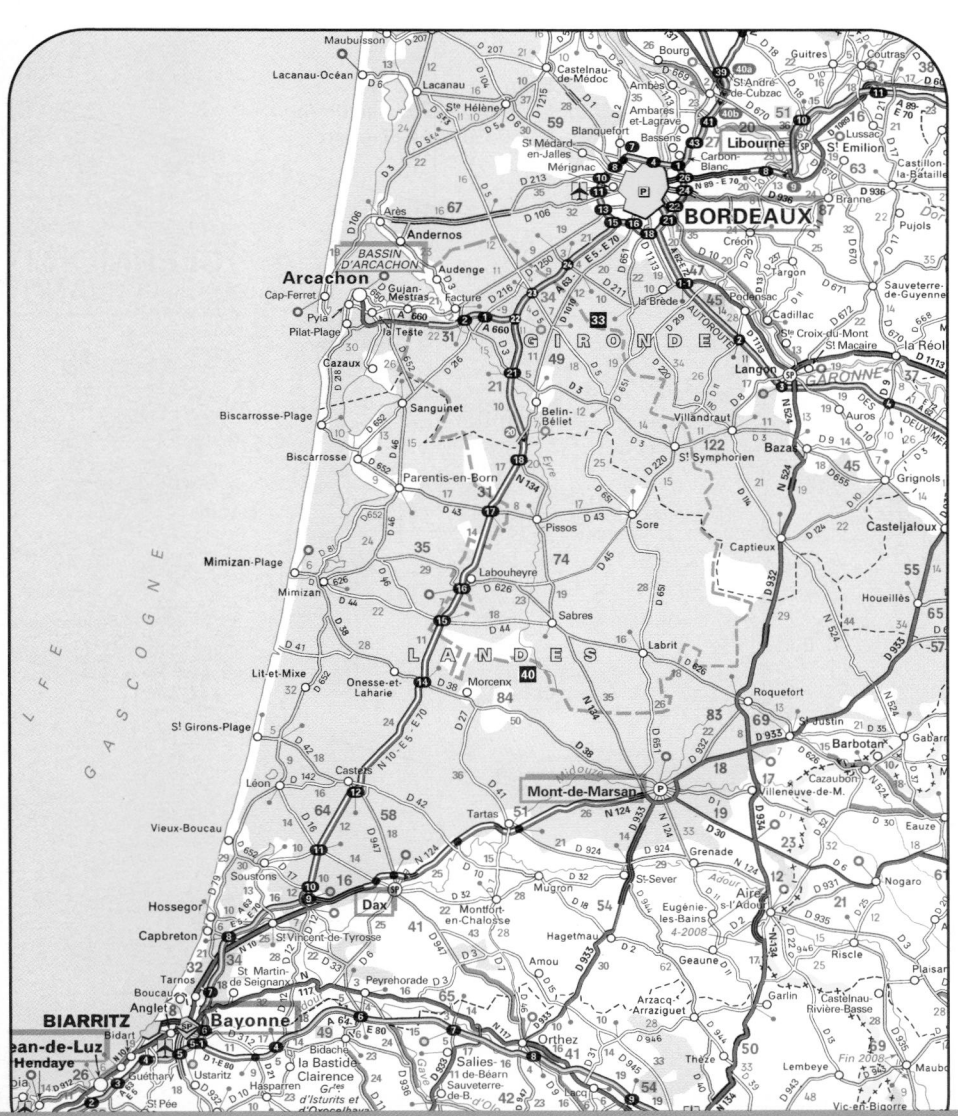

€ Restaurants : < 16€	Hotels : < 40€	€€ Restaurants : 16€-25€	Hotels : 40€-65€
€€€ Restaurants : 25€-45€	Hotels : 65€-100€	€€€€ Restaurants : > 45€	Hotels : > 100€

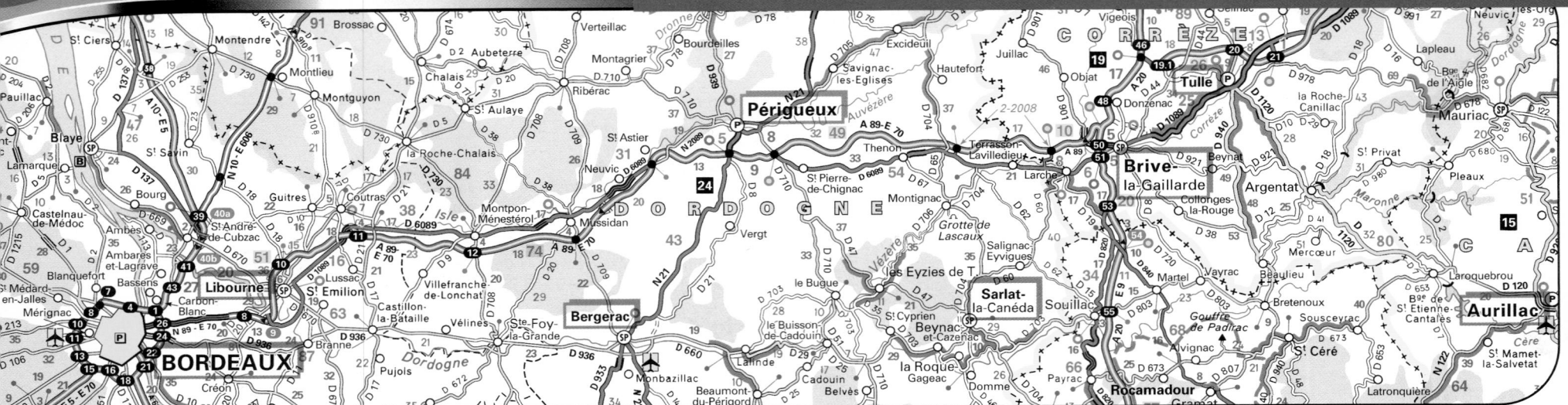

BORDEAUX><BRIVE><CLERMONT-FD

A 89

Sortie 5
€€ ✗ **Auberge la Forêt – 11 km**
D 13 dir. Sallebœuf. - **131 AI69** - Rte de la Forêt - 33370 Sallebœuf - ☎ 05 56 21 25 49 -
www.aubergelaforet.com.

Sortie 8
€€ 🏨 **Hôtel La Tour du Vieux Port – 8,5 km**
*D 242 dir. Libourne, N 2089, right on r. Jules-Ferry, left on r. des Chais, right on
r. du Prés.-Carnot, left on r. Waldeck-Rousseau then left on quai de l'Isle.* - 🍽 - **131 AJ69** -
23 quai Souchet - 33500 Libourne - ☎05 57 25 75 56 - http://latourduvieuxport.fr.
€€ ✗ **Chez Servais – 9 km**
D 242 dir. Libourne, N 2089 then right on D 670. - 🍽 - **131 AJ69** - 14 pl. Decazes -
33500 Libourne - ☎05 57 51 83 97.
€€ ✗ **Le Bord d'Eau – 10 km**
*D 242 dir. Arveyres, N 2089, right on r. Jules-Ferry, left on r. des Chais, right on r. du Prés.-
Carnot, left on D 670 then right on Poinçonnet.* - 🅿 - **131 AJ69** - 4 Poinsonnet - 33126 Fronsac -
☎05 57 51 99 91.

Sortie 11
€€ 🏨 **Henri IV – 5,5 km**
N 89 dir. Périgueux, D 247, right on D 17 then left on D 10. - **132 AK67** - pl. du 8-Mai-1945 -
33230 Coutras - ☎05 57 49 34 34 - hotel-henriIV.gironde@wanadoo.fr.

Sortie 13
€€ ✗ **Le Relais de Gabillou – 5 km**
*D 709 dir. Mussidan, left on D 38, right on r. de la Libération then right on
rte de Périgueux.* - 🅿🍽 - **133 AO67** - Rte de Périgueux - 24400 Mussidan - ☎05 53 81 01 42 -
relaisdegabillou@hotmail.com.

Sortie 14
€€ ✗ **La Table d'Eugénie – 4 km**
N 89 dir. Sourzac. - **133 AO67** - Le Bourg - 24400 Sourzac - ☎05 53 82 45 23 -
arletteponte@free.fr.

Sortie 15
€€ ✗ **La Palombière – 3,5 km**
*N 2089 dir. St-Astier, right on D 43, left on r. du Cdt Boisseuilh, left on r. Albert-Claveille,
right on r. la Fontaine then left on pl. de l'Église.* - 🍽 - **133 AP66** - 7 place de l'Église -
24110 Saint-Astier - ☎05 53 04 40 61.
€€ ✗ **Le Lion d'Or – 10 km**
N 2089 dir. St-Astier, right on D 43 then right on D 4. - 🚗🍽 - **133 AQ67** - Place de l'Église -
24110 Manzac-sur-Vern - ☎05 53 54 28 09.

Sortie 16
€€ ✗ **La Taula – 6,5 km**
*N 21 dir. Périgueux, N 2089, right on bd Georges-Saumande, left on av. Daumesnil then
r. Denfert-Rochereau.* - **139 BS63** - 3 r. Denfert-Rochereau - 24000 Périgueux -
☎05 53 35 40 02 - la.taula@wanadoo.fr.
€€ 🏨 **Comfort Hôtel Régina – 7,5 km**
N 21 dir. Périgueux, N 2089, right on r. St-Gervais then left on r. Denis-Papin. - 🅿 -
139 BS63 - 14 r. Denis-Papin (face gare SNCF) - 24000 Périgueux - ☎05 53 08 40 44 -
comfort.periguex@wanadoo.fr.

Sortie 18
€€€ ✗ **Sautet – 5 km**
N 89 dir. Le Lardin-St-Lazare. - **134 AV67** - 16 rue Georges-Haupinot -
24570 Le Lardin-St-Lazare - ☎05 53 51 45 00 - contact@hotelsautet-dordogne.com.
€€€ ✗ **Château de la Fleunie – 5 km**
N 89 dir. Le Lardin-St-Lazare. - 🅿🍽 - **134 AV67** - La Fleunie - 24570 Le Lardin St-Lazare -
☎05 53 51 32 74 - lafleunie@free.fr.
€€€ ✗ **Hostellerie La Commanderie – 7 km**
N 89 dir. Le Lardin-St-Lazare then left on D 62. - 🅿🍽 - **134 AV67** -
24570 Condat-sur-Vézère - ☎05 53 51 26 49 - www.best-of-perigord.tm.fr.

Sortie 20
€ 🏠 **Chambre d'hôte Chez M. et Mme Perrot – 4,5 km**
N 120 dir. Tulle. - 🅿 - **135 AZ65** - Gourdinot - 19460 Naves - ☎05 55 27 08 93 -
www.hotes-naves-correze.com.
€ 🏨 **Hôtel Bon Accueil – 7,5 km**
N 120 dir. Tulle then right on r. d'Alverge. - **135 AZ65** - 10 r. Canton - 19000 Tulle -
☎05 55 26 70 57.

N 89

In Clermont-Ferrand
€ 🏨 **Hôtel Lune Étoile La Pardieu – 9,5 km**
*N 189 dir. Clermont-Ferrand, D 799, right on av. du Roussillon then
bd Gustave-Flaubert.* - 🅿 - **123 BJ59** - 89 bd Gustave-Flaubert -
63000 Clermont-Ferrand - ☎04 73 98 68 68 -
hotelluneetoile@wanadoo.fr.

✗ Restaurant   🏨 Hotel   🏠 Guest house   🅿 Customer parking   🍽 Meals served outdoors   🚗 Garden   ▥ Air conditioning

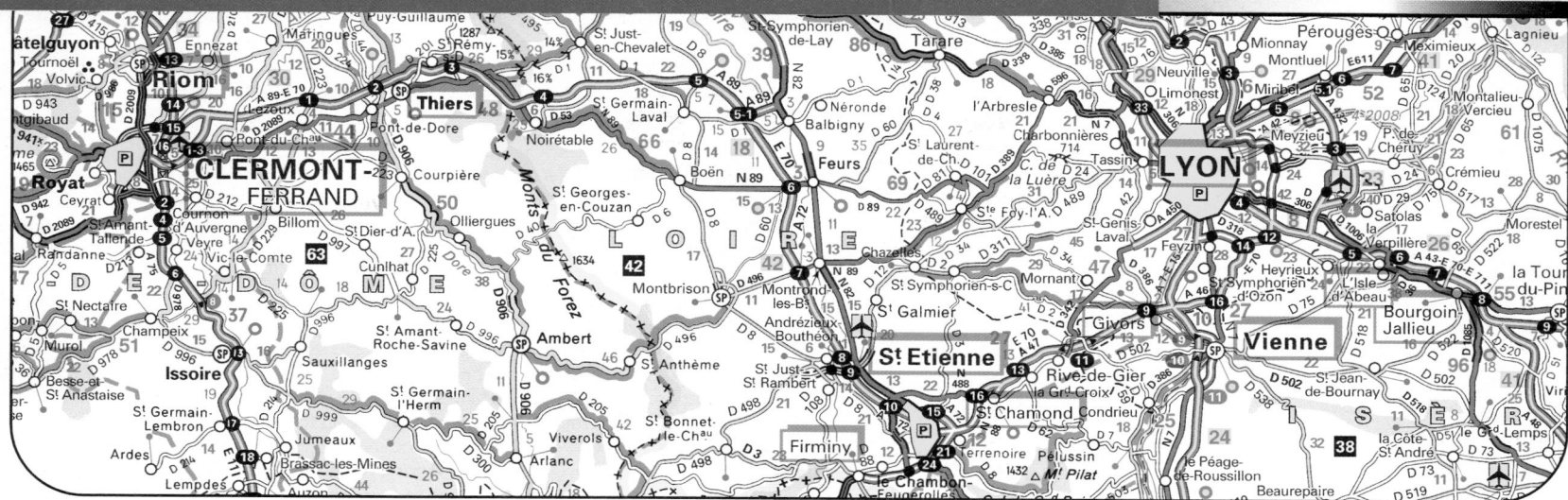

CLERMONT-FERRAND>‹ST ETIENNE>‹LYON

A 72

Sortie 1
€€ ⚄ Les Voyageurs – 2,5 km
D 223 dir. Lezoux then D 336. - 124 BM59 - Pl. de la Mairie - 63190 Lezoux - ☎04 73 73 10 49.

Sortie 2
€€ ⚄ Parc de Geoffroy – 3,5 km
D 906 dir. Thiers-ouest, N 89, left on rte-de-Baruptel then left on N 89. - 🅿☂ - 124 BN58 - Avenue du Général-de-Gaulle - 63300 Thiers - ☎04 73 80 87 00 - www.parcdegeoffroy.com.
€€ ⌂ Éliotel – 3,5 km
D 906 dir.Thiers-Ouest, N 89 then right on rte de Maringues. - 🅿☂ - 124 BM59 - rte de Maringues - 63920 Pont-de-Dore - ☎04 73 80 10 14 - www.eliotel.fr.
€€ ⚄ La Ferme des Trois Canards – 5 km
D 906 dir.Thiers-Ouest, N 89 then D 224. - 124 BM59 - À Biton - 63920 Peschadoires - ☎04 73 51 06 70 - www.lafermedestroiscanards.com.
€€ ⌂ Hôtel L'Aigle d'Or – 6 km
D 906 dir. Thiers-ouest, D 94, right on av. Jean-Jaurès, right on r. Ernest-Grange/ D 906 then left on r. de Lyon. - 124 BN58 - 8 r. de Lyon - 63300 Thiers - ☎04 73 80 00 50 - aigle.dor@wanadoo.fr.

Sortie 6
€€ ⌂ Chambre d'hôte La Bussinière – 3 km
N 89 dir. Feurs, left on r. Victor-de-Laprade, right on r. de l'Hôtel-de-Ville then right on r. Camille-Pariat. - 🅿☂ - 125 BS60 - Rte de Lyon, Bussin - 42110 Feurs - ☎04 77 27 06 36 - www.labussiniere.com.
€ ⚄ Assiette Saltoise – 8,5 km
N 89 dir. Feurs, right on r. Philibert-Mottin, left on r. Duverney, left on r. Victor-Hugo, right on D 89 then left on D 10. - ☂ - 125 BT60 - Le Bourg - 42110 Salt-en-Donzy - ☎04 77 26 04 29.
€€ ⚄ Auberge Cheval Blanc – 10,5 km
N 89 dir. Feurs, right on grande r. de Randan, left on bd de l'Hippodrome, right on N 82 then right on D 115. - 🅿☂ - 125 BS60 - Route de Feurs - 42210 Saint-Laurent-la-Conche - ☎04 77 28 98 90.

Sortie 7
€€ ⚄ Vieux Logis – 3 km
D 496 dir. Montrond-les-Bains then r. de Lyon. - ☂ - 125 BS61 - 4 route de Lyon - 42210 Montrond-les-Bains - ☎04 77 54 42 71.

€€ ⌂ Marytel – 9 km
D 496 dir. Montbrison. - 🅿 - 125 BR61 - 95 rte de Lyon - 42600 Savigneux - ☎04 77 58 72 00.

Sortie 8
€€ ⚄ Voyageurs – 6,5 km
D 12 dir. Bonson, right on r. de la Chapelle, right on r. Roger-Lorisson, right on D 498 then left on D 8. - 125 BS62 - 4 av. de Saint-Ambert - 42160 Bonson - ☎04 77 02 09 47.

Sortie 10
€€ ⚄ L'Escargot d'Or – 11 km
D 201 dir. St-Etienne-Bellevue, N 201, D 201, r. du Père-de-Thoisy, right on r. de la Croix-de-Mission, right on r. Montmartre, left on r. Paillon, left on r. Soleysel, right on r. St-Ennemond, left on r. Beaubrun, right on av. du Prés.-Émile-Loubet/pl. Boivin/ r. du Théâtre, left on r. Ronsard, right on pl. des Ursules, pl. Waldeck-Rousseau, right on r. Gambetta then right on r. Antoine-Roule. - 139 BT63 - 5 cours Victor-Hugo - 42000 St-Étienne - ☎04 77 41 24 04.

Sortie 12
€ ⌂ Hôtel Carnot – 2 km
r. Claude-Verney-Carron/bd Thiers then right on bd Jules-Janin - 139 BT63 - 11 bd Jules-Janin - 42000 St-Étienne - ☎04 77 74 27 16.

A 47

Sortie 13
€€ ⌂ Pierre et Myriam Marquet – 7,5 km
D 106 dir. St-Etienne, right on D 88 then D 7. - 🅿 - 139 BV63 - Le Moulin Payre - 42740 La Terrasse-sur-Dorlay - ☎04 77 20 91 46.

Sortie 16
€€ ⚄ Valjoly – 8 km
rte de St-Etienne dir. Sorbiers, left on N 88, right on N 498, right on r. de la Brayetière, right on r. de la République then D 3. - 🅿 - 125 BU62 - 9 r. de l'Onzon - 42290 Sorbiers - ☎04 77 53 60 35.

| € | Restaurants : < 16€ | Hotels : < 40€ | €€ | Restaurants : 16€-25€ | Hotels : 40€-65€ |
| €€€ | Restaurants : 25€-45€ | Hotels : 65€-100€ | €€€€ | Restaurants : > 45€ | Hotels : > 100€ |

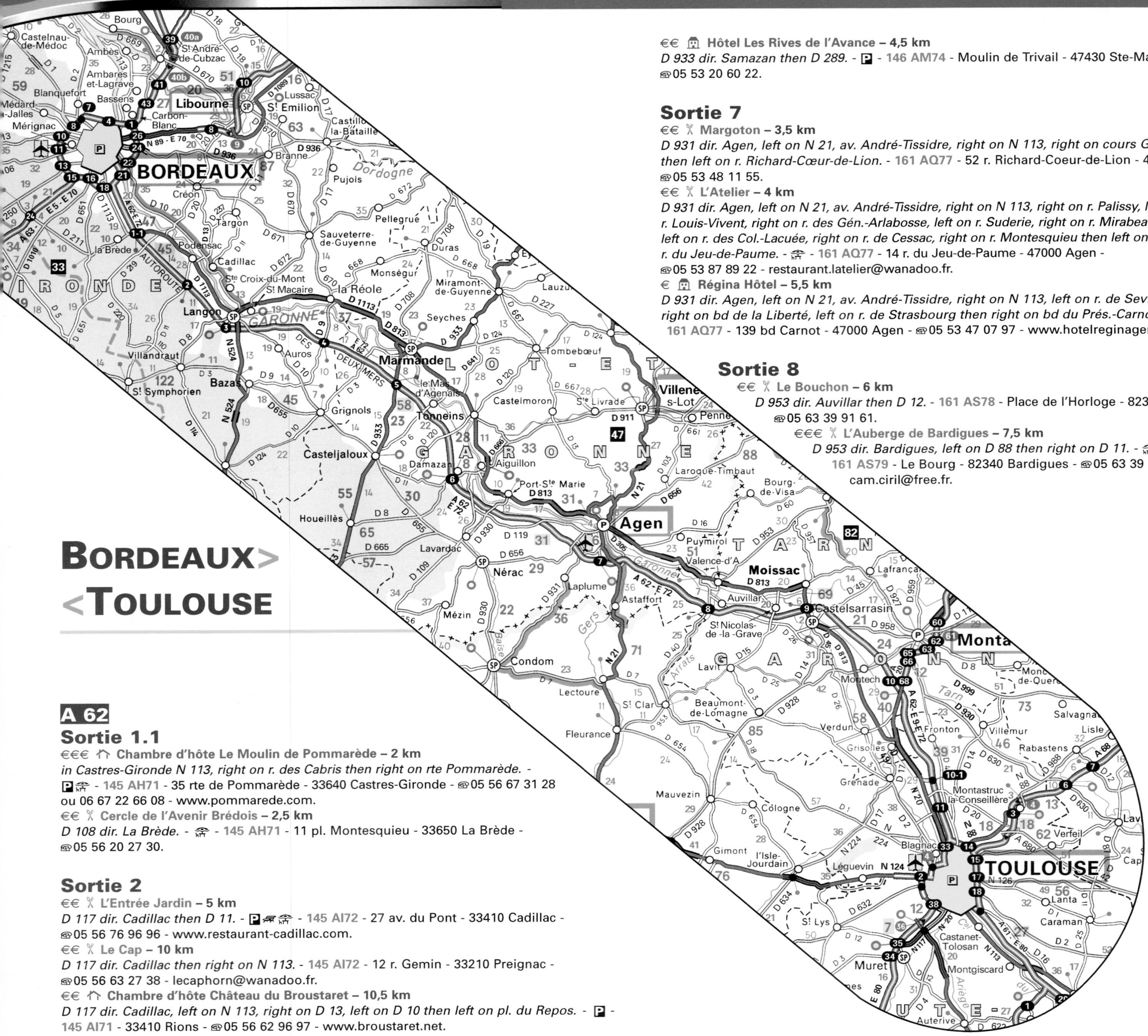

€€ 🏨 **Hôtel Les Rives de l'Avance** – 4,5 km
D 933 dir. Samazan then D 289. - 🅿 - **146 AM74** - Moulin de Trivail - 47430 Ste-Marthe -
☎05 53 20 60 22.

Sortie 7
€€ 🍴 **Margoton** – 3,5 km
*D 931 dir. Agen, left on N 21, av. André-Tissidre, right on N 113, right on cours Gambetta
then right on r. Richard-Cœur-de-Lion,* - **161 AQ77** - 52 r. Richard-Coeur-de-Lion - 47000 Agen -
☎05 53 48 11 55.
€€ 🍴 **L'Atelier** – 4 km
*D 931 dir. Agen, left on N 21, av. André-Tissidre, right on N 113, right on r. Palissy, left on
r. Louis-Vivent, right on r. des Gén.-Arlabosse, left on r. Suderie, right on r. Mirabeau,
left on r. des Col.-Lacuée, right on r. de Cessac, right on r. Montesquieu then left on
r. du Jeu-de-Paume.* - 🍽 - **161 AQ77** - 14 r. du Jeu-de-Paume - 47000 Agen -
☎05 53 87 89 22 - restaurant.latelier@wanadoo.fr.
€ 🏨 **Régina Hôtel** – 5,5 km
*D 931 dir. Agen, left on N 21, av. André-Tissidre, right on N 113, left on r. de Sevin,
right on bd de la Liberté, left on r. de Strasbourg then right on bd du Prés.-Carnot.* - 🅿 -
161 AQ77 - 139 bd Carnot - 47000 Agen - ☎05 53 47 07 97 - www.hotelreginagen.com.

Sortie 8
€€ 🍴 **Le Bouchon** – 6 km
D 953 dir. Auvillar then D 12. - **161 AS78** - Place de l'Horloge - 82340 Auvillar -
☎05 63 39 91 61.
€€€ 🍴 **L'Auberge de Bardigues** – 7,5 km
D 953 dir. Bardigues, left on D 88 then right on D 11. - 🍽 -
161 AS79 - Le Bourg - 82340 Bardigues - ☎05 63 39 05 58 -
cam.ciril@free.fr.

BORDEAUX>
<TOULOUSE

A 62

Sortie 1.1
€€€ 🏠 **Chambre d'hôte Le Moulin de Pommarède** – 2 km
in Castres-Gironde N 113, right on r. des Cabris then right on rte Pommarède. -
🅿🍽 - **145 AH71** - 35 rte de Pommarède - 33640 Castres-Gironde - ☎05 56 67 31 28
ou 06 67 22 66 08 - www.pommarede.com.
€€ 🍴 **Cercle de l'Avenir Brédois** – 2,5 km
D 108 dir. La Brède. - 🍽 - **145 AH71** - 11 pl. Montesquieu - 33650 La Brède -
☎05 56 20 27 30.

Sortie 2
€€ 🍴 **L'Entrée Jardin** – 5 km
D 117 dir. Cadillac then D 11. - 🅿🍽 - **145 AI72** - 27 av. du Pont - 33410 Cadillac -
☎05 56 76 96 96 - www.restaurant-cadillac.com.
€€ 🍴 **Le Cap** – 10 km
D 117 dir. Cadillac then right on N 113. - **145 AI72** - 12 r. Gemin - 33210 Preignac -
☎05 56 63 27 38 - lecaphorn@wanadoo.fr.
€€ 🏠 **Chambre d'hôte Château du Broustaret** – 10,5 km
D 117 dir. Cadillac, left on N 113, right on D 13, left on D 10 then left on pl. du Repos. - 🅿 -
145 AI71 - 33410 Rions - ☎05 56 62 96 97 - www.broustaret.net.

Sortie 3
€€ 🏨 **Apparthôtel Les Tilleuls restaurant Le Médiéval** – 5 km
*av. de la République dir. St-Macaire, av. du 8-Mai-1945, right on N 113 then right
on D 672.* - 🅿🍽 - **146 AJ73** - 16 allée des Tilleuls - 33490 St-Macaire - ☎05 56 62 28 38 -
www.tilleul-medieval.com.
€€ 🍴 **L'Abricotier** – 5 km
*av. de la République dir. St-Macaire, av. du 8-Mai-1945, right on N 113 then right on
r. François-Bergoeing.* - 🅿🍽 - **146 AJ73** - 2 r. François-Bergoeing - 33490 Saint-Macaire -
☎05 56 76 83 63.
€ 🏠 **Chambre d'hôte Chassagnol** – 9 km
*av. de la République dir. Ste-Croix-du-Mont, av. du 8 Mai 1945, right on N 113, right on D 19,
D 10 then right on D 229.* - 🍽 - **146 AJ72** - lieu-dit Peyrat - 33410 Ste-Croix-du-Mont -
☎05 56 62 00 58.
€€€ 🍴 **Le Saprien** – 11 km
rte de Fargues dir. Villandraut puis D 125. - 🅿🍽 - **146 AI73** - R. Principale - 33210 Sauternes -
☎05 56 76 60 87 - saprien@tiscali.fr.

Sortie 4
€€ 🍴 **Les Fontaines** – 9,5 km
*D 9 dir. La Réole, left on av. de la Victoire, left on chemin de Ronde, left on r. du Gén.-
Leclerc, left on r. Gambetta then right on r. de Verdun.* - 🍽 - **146 AL72** - 8 r. Verdun -
33190 La Réole - ☎05 56 61 15 25.

Sortie 5
€€ 🏠 **Chambre d'hôte Château Cantet** – 2,5 km
D 933 dir. Samazan then right on D 289. - 🅿 - **146 AM74** - 47250 Samazan - ☎005 53 20 60 60
- www.dansnosmaisonsdefamille.com.
€ 🍴 **La Réserve** – 2,5 km
D 933 dir. Samazan then right on D 289. - **146 AM74** - Le Bourg - 47250 Samazan -
☎05 53 64 91 90.

Sortie 9
€€€ 🍴 **Le Moulin de Moissac** – 6,5 km
N 113 dir. Moissac then right on r. Ste-Catherine. -
162 AT78 - Esplanade du Moulin - 82200 Moissac -
☎05 63 32 88 99 - www.lemoulindemoissac.com.

Sortie 11
€€ 🍴🍽 **Le Barry** – 3,5 km
🅿🍽 – *D 63 dir. Gratentour, D 4 (av. du Brugue), right on r. du 8-Mai-1945 then right
on r. du Barry.* - **162 AW82** - Rue du Barry - 31150 Gratentour - ☎05 61 82 22 10 -
le-barry@wanadoo.fr.

Sortie 14
€€ 🍴 **La Bonne Auberge** – 3 km
N 88 dir. Albi, left on av. des Vents-D'Autan then right on r. de l'Autan-Blanc. -
🅿🍽 - **162 AX83** - 2 bis rue Autan-Blanc - 31240 L'Union - ☎05 61 09 32 26 -
la-bonne-auberge@wanadoo.fr.
€€ 🍴 **Le Clos du Loup** – 6 km
N 88 dir. Albi. - 🅿 - **162 AX83** - N 88 - 31180 Rouffiac-Tolosan - ☎05 61 09 28 39.

Sortie 31
€ 🍴 **Le Bistrot Gourmand** – 3 km
*av. d'Élche dir. Blagnac, right on Rd-Pt Pierre-Dugon, r. Salvador-Dali, right on
rte de Blagnac, D 1, right on r. Lavigne then left on bd Firmin-Pons.* - 🍽 -
162 AW83 - 1 boulevard Firmin-Pons - 31700 Blagnac - ☎05 61 71 96 95 -
le-bistrot-gourmand@wanadoo.fr.
€€ 🍴 **Le Grand Noble** – 7,5 km
av. d'Élche dir. Blagnac, right on D 2 then left on av. de Cornebarrieu. - 🅿🍽 - **162 AW83** -
90 avenue de Cornebarrieu - 31700 Blagnac - ☎05 34 60 47 47 - contact@le-grand-noble.com.

🍴 **Restaurant** 🏨 **Hotel** 🏠 **Guest house** 🅿 **Customer parking** 🍽 **Meals served outdoors** 🚗 **Garden** ▦ **Air conditioning**

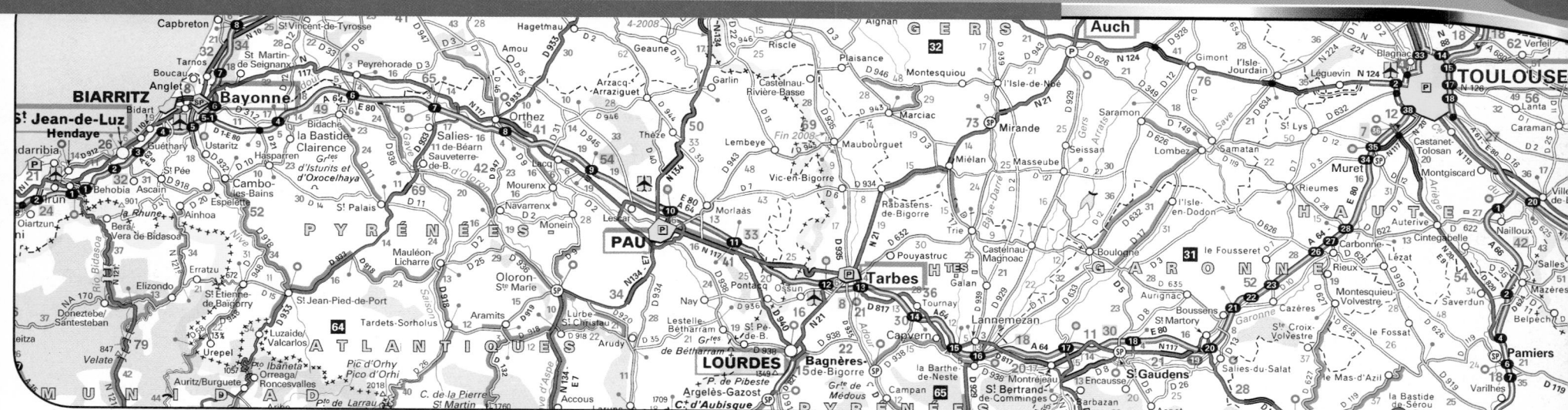

BAYONNE>< PAU>< TOULOUSE

A 64

Sortie 3

€€ ⚹ **Les Tilleuls – 9,5 km**
D 21 dir. Hasparren then right on D 10. - **176 AA85** - Place de Verdun - 64240 Hasparren - ☎05 59 29 62 20.

Sortie 4

€€ ⌂ **Chambre d'hôte La Croisade – 6,5 km**
D 936 dir. La Bastide-Clairence then D 123. - ℗ 🚲 - **176 AA85** - rte de St-Palais - 64240 La Bastide-Clairence - ☎05 59 29 68 22 - www.la-croisade.com.

Sortie 6

€€ ⌂ **Chambre d'hôte La Maison Bel Air – 5 km**
R. de l'Arriou dir. Belus, left on D 417 then left on D 75. - ℗ 🚲 - **158 AC83** - rte de Cagnotte - 40300 Bélus - ☎05 58 73 24 17 / 06 15 41 63 84 - www.maison-belair.com.
€ ⚹ **Ferme-Auberge « Cout de Ninon » – 9 km**
D 19 dir. Peyrehorade, D 33, right on quai du Sablot then right on D 29. - 🚲 - **177 AC84** - 40300 Sorde l'Abbaye - ☎05 58 73 06 66.

Sortie 7

€ ⚹ **La Terrasse – 4,5 km**
D 430 dir. Salies-de-Béarn, right on D 330, left on D 17 then right on pont de Loume. - 🍴 - **177 AD85** - 2 r. de Loumé - 64270 Salies-de-Béarn - ☎05 59 38 09 83.
€€ ⌂ **Chambre d'hôte La Closerie du Guilhat – 5 km**
D 430 dir. Salies-de-Béarn, right on D 330 then left on D 17. - ℗ - **177 AD85** - Le Guilhat - 64270 Salies-de-Béarn - ☎05 59 38 08 80 - www.holidayshomes.com/guilhat.

Sortie 8

€€ ⚹ **Auberge Saint-Loup – 3,5 km**
D 9 dir. Orthez, left on av. du pont-Neuf then right on r. Gaston-Planté. - **177 AE84** - 20 r. du Pont-Vieux - 64300 Orthez - ☎05 59 69 15 40 - contact@auberge-saint-loup.com.

Sortie 10

€€ 🏨 **Hôtel Central – 4,5 km**
Rd-pt François-Mitterrand dir. Pau, allées Catherine-de-Bourbon, right on rd-pt Éric-Tabarly, allées Condorcet, right on rd-pt de la Commune-de-Paris/av. Dufau/r. Carnot, left on r. Serviez, left on r. du Mar.-Foch then right on r. Valéry-Meunier. - **178 AH87** - 15 r. Léon-Daran - 64000 Pau - ☎05 59 27 72 75 - www.hotelcentralpau.com.
€€ ⚹ **La Planche de Boeuf – 4,5 km**
Rd-pt François-Mitterrand dir. Pau, allées Catherine-de-Bourbon, right on rd-pt Éric-Tabarly, allées Condorcet, right on rd-pt de la Commune-de-Paris/av. Dufau/r. Carnot, right on r. Carrère, left on r. de Laussat then right on r. Pasteur. - **178 AH87** - 30 rue Pasteur - (EY) - 64000 Pau - ☎05 59 27 62 60.

Sortie 12

€€€ ⚹ **Le Petit Gourmand – 5,5 km**
N 21 dir. Tarbes, av. Aristide-Briand, left on av. du Régt-de-Bigorre, right on r. de Cronstadt, left on allées du Gén.-Leclerc/cours Gambetta, right on pl. de Verdun, right on r. Georges-Lassalle then right on av. Bertrand-Barère. - 🍴 - **179 AL88** - 62 av. Bertrand-Barère - 65000 Tarbes - ☎05 62 34 26 86.

€€ ⚹ **Le Fil à la Patte – 5,5 km**
N 21 dir. Tarbes, av. Aristide-Briand, left on av. du Régt-de-Bigorre, right on r. de Cronstadt, left on allées du Gén.-Leclerc/cours Gambetta, right on pl. de Verdun then right on r. Georges-Lassalle. - **179 AL88** - 30 r. Georges-Lassalle - 65000 Tarbes - ☎05 62 93 39 23 - resto.lefilalapatte@laposte.net.

Sortie 16

€€ ⌂ **Chambre d'hôte Domaine de Jean-Pierre – 6 km**
DD 939 dir. Lannemezan, right on D 929 then N 117. - **179 AO89** - 20 rte de Villeneuve - 65300 Pinas - ☎05 62 98 15 08 - www.domainedejeanpierre.com.
€€ ⌂ **Chambre d'hôte Domaine Véga – 9 km**
D 939 dir. Arreau, right on D 929, left on r. de la Poste/pl. de la Mairie, left on av. de l'Église, right on D 142 then right on D 26. - ℗ 🚲 - **193 AO90** - 65250 St-Arroman - ☎05 62 98 96 77.

Sortie 17

€ ⚹ **Le Citron Bleu – 3 km**
N 117 dir. Montréjeau. - **179 AP89** - 8 r. du Barry - 31210 Montréjeau - ☎05 61 89 08 38 - pattyjose@wanadoo.fr.
€€ ⚹ **Hostellerie de l'Aristou – 5 km**
D 8 dir. St-Bertrand-de-Comminges, left on N 125 then right on D 26. - ℗ 🚲 - **193 AP90** - Route de Sauveterre - 31510 Barbazan - ☎05 61 88 30 67.
€€ 🏛 **Hôtel L'Oppidum – 5,5 km**
D 8 dir. St-Bertrand-de-Comminges, left on N 125, right on D 26, right on N 125 then right on D 26. - **193 AP90** - R. de la Poste - 31510 St-Bertrand-de-Comminges - ☎05 61 88 33 50 - www.oppidum.com.

Sortie 18

€€ ⚹ **La Connivence – 3 km**
N 117 dir. St-Gaudens-centre. - **180 AQ89** - Rte d'Encausse-les-Thermes - 31800 Saint-Gaudens - ☎05 61 95 29 31.

Sortie 20

€ ⚹ **Ferme-auberge Chez Angeline – 8,5 km**
D 117 dir. St-Martory, right on r. du Picon, left on N 117, right on pl. de la Mairie, left on pl. de la Bascule, right on r. du Barrerat/D 52, left on D 88 then left on D 33. - ℗ 🚲 - **180 AS88** - R. Principale - 31360 Auzas - ☎05 61 90 23 61.
€€ ⌂ **Chambre d'hôte Domaine de Menaut – 8,5 km**
D 117 dir. St-Martory, right on r. du Picon, left on N 117, right on pl. de la Mairie, left on pl. de la Bascule, right on r. du Barrerat/D 52, left on D 88 then left on D 34. - 🍴 - **180 AS88** - Menaut - 31360 Auzas - ☎05 61 90 21 51.

Sortie 21

€€ ⌂ **Chambre d'hôte Le Poupat – 10 km**
N 117 dir. Martres-Tolosane, left on D 13 then D 10. - ℗ 🚲 - **180 AS88** - Rte de Bachas - 31420 Alan - ☎05 61 98 98 14.

TOULOUSE>
<NARBONNE

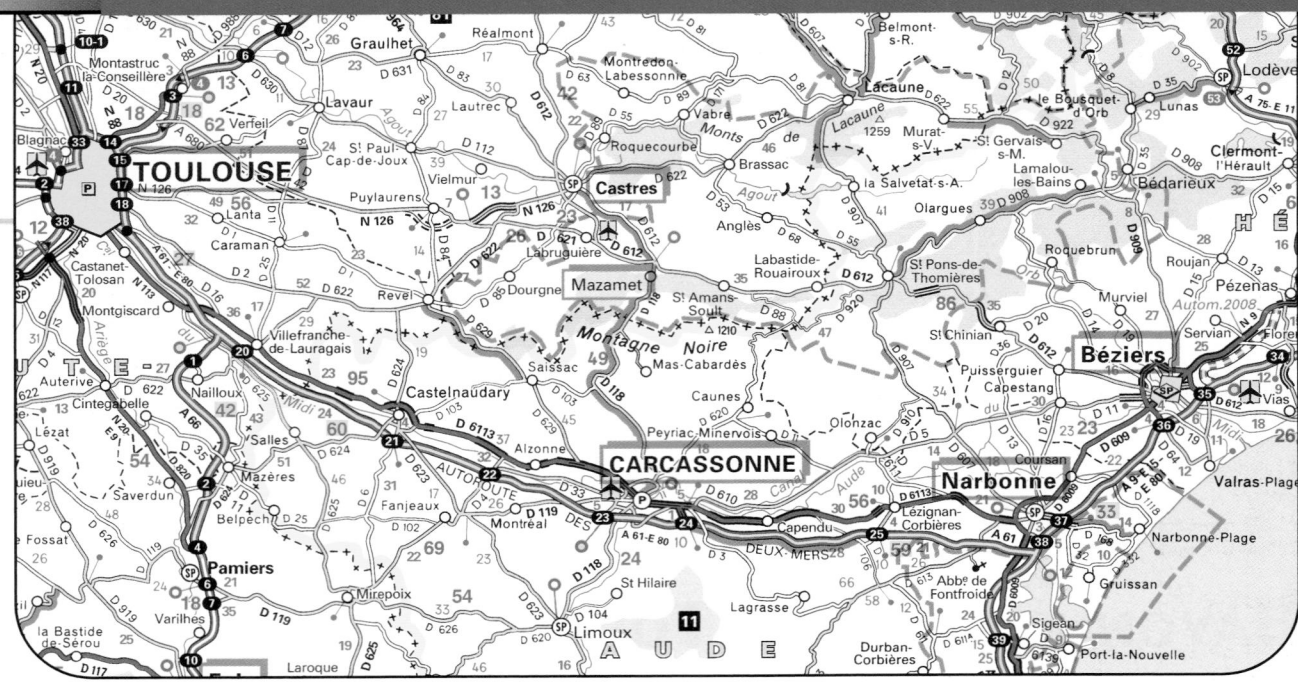

A 620

Sortie 24
€€€ ✗ **Au Gré du Vin** – 3 km
av. Jules-Julien dir. Toulouse-centre, right on av. de l'U.r.s.s./Grande-Rue St-Michel/pl. Auguste-Lafourcade/ pl. du Parlement, right on pl. du Salin then right on Grande-Rue-Nazareth. - 181 AW84 *- 10 r. Pléau -* 31000 Toulouse - ☎05 61 25 03 51.
€€ ✗ **Brasserie de l'Opéra** – 4 km
av. Jules-Julien dir. Toulouse-centre, right on av. de l'U.r.s.s./Grande-Rue St-Michel/pl. Auguste-Lafourcade/pl. du Parlement, right on pl. du Salin/ r. du Languedoc/pl. Rouaix/r. d'Alsace-Lorraine, left on r. la Fayette then left on pl. du Capitole. - 181 AW84 *- 1 pl. du Capitole - 31000 Toulouse -* ☎05 61 21 37 03.
€€ ✗ **La Cave des Blanchers** – 4,5 km
av. Jules-Julien dir. Toulouse-centre, right on av. de l'U.r.s.s./Grande-Rue St-Michel/pl. Auguste-Lafourcade/pl. du Parlement, right on pl. du Salin/r. du Languedoc/pl. Rouaix/r. d'Alsace-Lorraine, left on pl. Ésquirol/r. de Metz, right on r. de la Bourse, left on r. Cujas, right on r. du Prieuré, left on r. Peyrolières, right on r. Boyer-Fonfrède then left on pl. de la Daurade/r. des Blanchers. - 181 AW84 *- 23 r. des Blanchers - 31000 Toulouse -* ☎05 61 22 47 47.
€€ 🏨 **Hôtel St-Sernin** – 4,5 km
av. Jules-Julien dir. Toulouse-centre, right on av. de l'U.r.s.s./Grande-Rue St-Michel/ pl. Auguste-Lafourcade/pl. du Parlement, right on pl. du Salin/r. du Languedoc/ pl. Rouaix/r. d'Alsace-Lorraine, left on r. John-Fitzgerald-Kennedy, left on r. du Sénéchal, right on r. du Taur, left on r. des Trois-Renards then right on pl. St-Sernin. - 🅿 *-* 181 AW84 *- 2 r. St-Bernard, pl. St-Sernin - 31000 Toulouse -* ☎05 61 21 73 08 *-* www.hotel-saint-sernin-new.fr.

Sortie 21
€€ ✗ **Bon Vivre** – 4 km
bd de la Méditerranée dir. Toulouse-centre, left on av. de St-Éxupéry, right on allée des Demoiselles, right on allée Frédéric-Mistral, right on square Boulingrin, allée Forain-Francois-Verdier/bd Lazare-Carnot, right on pl. Roland, left on r. d'Aubuisson, right on r. Maurice-Fonvieille then right on r. St-Antoine. - 181 AW84 *- 15 bis pl. Wilson - 31000 Toulouse -* ☎05 61 23 07 17 - www.lebonvivre.com.
€€ ✗ **Colombier** – 4 km
bd de la Méditerranée dir. Toulouse-centre, left on av. de St-Éxupéry, right on allée des Demoiselles, right on allée Frédéric-Mistral, right on square Boulingrin, allée Forain-Francois-Verdier/bd Lazare-Carnot/bd de Strasbourg then right on r. de Bayard. - 181 AW84 *- 14 r. Bayard - 31000 Toulouse -* ☎05 61 62 40 05 - www.restaurantlecolombier.com.
€€€ 🏨 **Hôtel Castellane** – 4 km
bd de la Méditerranée dir. Toulouse-centre, left on av. de St-Éxupéry, right on allée des Demoiselles, right on allée Frédéric-Mistral, right on square Boulingrin, allée Forain-Francois-Verdier/bd Lazare-Carnot then right on r. Gabriel-Péri. - 🅿 *-* 181 AW84 *- 17 r. Castellane - 31000 Toulouse -* ☎05 61 62 18 82.
€ ✗ **Maison Chiche** – 4 km
bd de la Méditerranée dir. Toulouse-centre, left on av. de St-Éxupéry, right on allée des Demoiselles, right on allée Frédéric-Mistral, right on square Boulingrin, allée Forain-Francois-Verdier/bd Lazare-Carnot, right on pl. Roland, left on r. d'Aubuisson, right on r. Maurice-Fonvieille then right on r. St-Antoine. - 181 AW84 *- 3 r. St-Pantaléon - 31000 Toulouse -* ☎05 61 21 80 80.

Sortie 19
€€ ✗ **La Table des Merville** – 6 km
av. Pierre-Georges-Latecoère dir. Castanet-Tolosan, left on N 113, right on r. Jean-Marie-Arnaud then right on pl. Pierre-Richard. - 🍽 *-* 181 AX85 *- 3 place Richard - 31320 Castanet-Tolosan -* ☎05 62 71 24 25.

A 61

Sortie 21
€€ ✗ **Le Tirou** – 4 km
D 6 dir. Castelnaudary, right on D 623 av. des Pyrénées then right on D 1113 (av. Mgr-de-Langle). - 🅿🍽 *-* 182 BA87 *- 90 av. Mgr-de-Langle - 11400 Castelnaudary -* ☎04 68 94 15 95.

€€ 🏨 **Hôtel du Canal** – 5 km
D 6 dir. Castelnaudary, right on D 623 av. des Pyrénées, left on D 33 av. du Dr-Guilhem then right on D 624 (av. du Dr René-Laennec/av. Arnault-Vidal). - 🅿🚗 *-* 182 BA87 *- 2 ter av. Arnaut-Vidal - 11400 Castelnaudary -* ☎04 68 94 05 05.
€ 🏨 **Domaine de Douanes** – 5 km
D 6 dir. Castelnaudary, right on D 623 av. des Pyrénées, left on D 33 av. du Dr-Guilhem then right on D 624 (av. du Dr René-Laennec/av. Arnault-Vidal). - 182 BA87.
€€€ 🏠 **Domaine de Douanes** – 5 km
D 6 dir. Castelnaudary, right on D 623 av. des Pyrénées, left on D 33 av. du Dr-Guilhem then right on D 624 (av. du Dr René-Laennec/av. Arnault-Vidal). - 182 BA87 *- 11400 Mas-Saintes-Puelles -* ☎04 68 23 58 65 ou 06 08 69 43 10 *-* www.domainededouanes.com.

Sortie 22
€€ ✗ **Ferme-auberge du Pigné** – 2 km
D 533 dir. Villasavary, D 218 (av. du Lauragais), left on D 4 (av. du Gén.-de- Gaulle) then left on r. Pasteur. - 🅿🚗🍽 *-* 182 BC88 *- 11150 Bram -* ☎04 68 76 10 25 / 06 85 40 01 99 *-* www.ferme-auberge-du-pigne.com.
€€ 🏠 **Chambre d'hôte Abbaye de Villelongue** – 9 km
D 533 dir. Villasavary, D 218 (av. du Lauragais), left on D 4 (av. du Gén.-de- Gaulle) then right on D 34. - 🅿 *-* 182 BC87 *- 11170 St-Martin-le-Vieil -* ☎04 68 76 92 58 ou 06 61 44 36 24.

Sortie 23
€€ ✗ **L'Écurie** – 4 km
N 161 right on dir. Carcassonne-Ouest, left on D 118 (rte de Limoux), left on D 119 (av. du Dr-Goût) then N 113 (bd Barbès). - 182 BE88 *- 43 bd Barbès - 11000 Carcassonne -* ☎04 68 72 04 04.
€€ ✗ **Chez Fred** – 4,5 km
N 161 right on dir. Carcassonne-Ouest, left on D 118 (rte de Limoux), left on D 119 (av. du Dr-Goût), N 113, left on r. Jules-Sauzède, right on r. Aimé-Ramond, left on r. Chartran/r. Armagnac then left on D 118 (bd Omer-Sarraut). - 182 BE88 *- 31 bd Omer-Sarraut - 11000 Carcassonne -* ☎04 68 72 02 23 - contact@chez-fred.fr.
€€ 🏨 **Hôtel Espace Cité** – 7,5 km
N 161 right on dir. Carcassonne-Ouest, left on D 118 (rte de Limoux), right on D 104, right on D 32 (rd-pt Charlemagne/voie Médiévale), right on r. Gustave-Nadaud, right on montée Gaston-Combeléran then right on r. Trivalle. - 182 BE88 *- 132 r. Trivalle - 11000 Carcassonne -* ☎04 68 25 24 24 - www.hotelespacecite.fr.

Sortie 25
€€ ✗ **Le Tournedos** – 4 km
D 611 dir. Lézignan-Corbières, av. du Mar.-Joffre, right on r. Guynemer then right on D 611 (cours de Lapeyrouse/bd de Châteaudun). - 🅿 *-* 183 BH88 *- Pl. de Lattre-de-Tassigny - 11200 Lézignan-Corbières -* ☎04 68 27 11 51 - tournedos@wanadoo.fr.
€€ ✗ **La Balade Gourmande** – 5 km
D 611 dir. Lézignan-Corbières, av. du Mar.-Joffre, right on r. Guynemer, left on cours de la République, right on bd Marx-Dormoy, left on av. des Pins then right on N 113. - 183 BH88 *- Bd Léon-Castel - D 6113 - 11200 Lézignan-Corbières -* ☎04 68 27 22 18.

PARIS ><LE MANS ><NANTES

A 11

Sortie 5

€€ ✗ La Perdrix – 5,5 km

D 1 dir. La Ferté-Bernard, right on D 273, r. de Châteaudun, right on N 23, left on r. Denfert-Rochereau then left on r. Robert-Garnier. - 57 AR33 - 2 rue de Paris - 72400 La Ferté-Bernard - ☎02 43 93 00 44 - restaurantlaperdrix@hotmail.com.

€€ ✗ Le Dauphin – 5,5 km

D 1 dir. La Ferté-Bernard, right on D 273, r. de Châteaudun, right on N 23, left on r. Denfert-Rochereau then left on r. d'Huisne. - 57 AR33 - 3 r. d'Huisne - 72400 La Ferté-Bernard - ☎02 43 93 00 39.

Sortie 7

€€ ⌂ Chambre d'hôte Mme Bordeau – 6 km

N 138 dir. Le Mans, D 313, D 300 then right on le Monnet. - P 🚗 - 56 AN34 - Le Monet - 72190 Coulaines - ☎02 43 82 25 50.

Sortie 8

€ 🏠 Hôtel L'Escale – 7 km

N 157 dir. Le Mans-centre, right on r. Montoise/pl. Gambetta/r. Gambetta, right on r. Paul-Courboulay, bd Demorieux then left on bd de la Gare. - 56 AN34 - 72 r. Chanzy - 72000 Le Mans - ☎02 43 50 40 00 - escale.hotel@wanadoo.fr.

€€ ✗ Le Saint-Lô – 7 km

N 157 dir. Le Mans-centre, right on r. Montoise/pl. Gambetta/r. Gambetta, right on r. Barbier, right on r. d'Arcole, pl. de Stalingrad, left on Auvray, right on r. d'Iéna then right on av. du Gén.-Leclerc. - 56 AN34 - 97 av. du Gén.-Leclerc - 72000 Le Mans - ☎02 43 24 71 85.

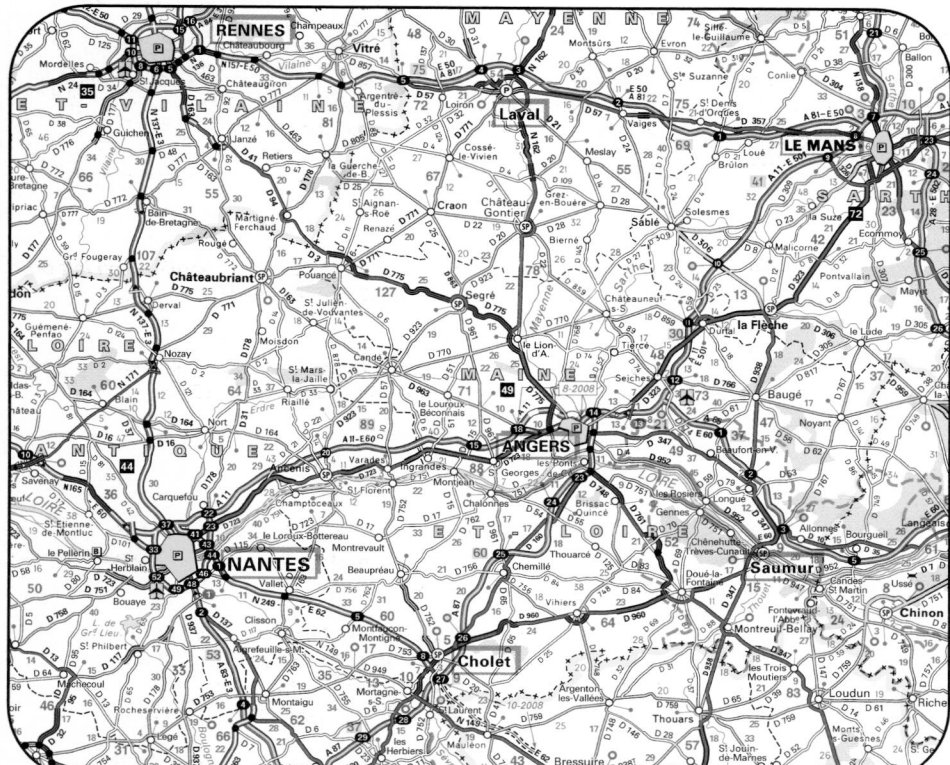

Sortie 14

€€ ✗ Auberge de la Lieue – 1 km

N 23 dir. St-Sylvain-d'Anjou. - P - 73 AI40 - Rte de Paris - 49480 St-Sylvain-d'Anjou - ☎02 41 43 84 71.

Sortie 15

€€ 🏠 Hôtel Le Progrès – 3,5 km

N 23 dir. Angers-centre, D 952, right on pl. de l'Académie/r. Marceau then left on r. Sarret-Terrasse/r. Jules-Dauban. - 73 AI40 - 26 r. Denis-Papin - 49000 Angers - ☎02 41 88 10 14 - info@hotelleprogres.com.

€€ ✗ Le Relais – 3,5 km

N 23 dir. Angers-centre, D 952, right on pl. de l'Académie, right on r. Hoche then right on r. de la Gare. - 73 AI40 - 9 r. de la Gare - 49100 Angers - ☎02 41 88 42 51 - le.relais@libertysurf.fr.

€€ ⌂ Chambre d'hôte Le Grand Talon – 6,5 km

In Angers N 23 sortie 16, bd Charles-Barange, left on bd de l'Abbé-Édouard-Chauvat, bd Jacques-Portet, bd Jacques-Portet, left on r. Pierre-Brossolette then right on r. de Salpinte. - P - 73 AJ40 - 3 rte des Chapelles - 49800 Andard - ☎02 41 80 42 85.

€€ ✗ Provence Caffé – 10 km

In Angers N 23, r. Plantagenêt, left on r. de la Parcheminerie, right on r. de la Roë then left on pl. du Ralliement. - 73 AI40 - 9 pl. du Ralliement - 49000 Angers - ☎02 41 87 44 15.

Sortie 20

€€ ✗ Les Terrasses de Bel Air – 5,5 km

D 923 dir. Ancenis. - P 🚗 - 72 AD41 - Route d'Angers - 44150 Ancenis - ☎02 40 83 02 87.

€€ ✗ La Toile à Beurre – 5,5 km

D 923 dir. Ancenis then right on r. St-Pierre. - 🚗 - 72 AD41 - 82 r. St-Pierre - 44150 ANCENIS - ☎02 40 98 89 64 - latoileabeurre@wanadoo.fr.

Sortie 22

€€€ ✗ Auberge du Vieux Gachet – 1,5 km

D 37 dir. Carquefou, r. du Marquis-de-Dion then left on pl. St-Pierre. - P 🚗 - 71 AA42 - Au Vieux-Gachet - Route de Gachet - 44470 Carquefou - ☎02 40 25 10 92.

€€ ✗ La Divate – 7 km

D 37 dir. le Bout-des-Ponts then left on D 751. - P 🚗 - 71 AB42 - 28 Levée de la Divatte - In Boire-Courant - 44450 St-Julien-de-Concelles - ☎02 40 54 19 66.

€€ ✗ Restaurant du Pont – 11 km

A 811 dir. Nantes-centre sortie 44, D 844 sortie 45 then D 119. - P - 87 AB43 - 147 rue Grignon - 44115 Basse-Goulaine - ☎02 40 03 58 62.

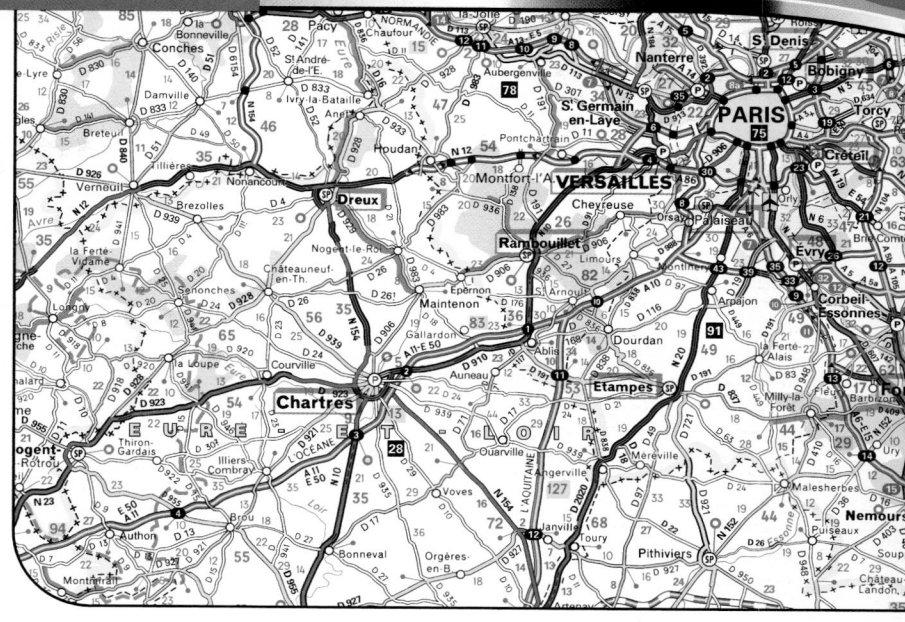

ANGERS ><LES SABLES D'OLONNE

A 87

Sortie 24

€ ✗ Le Bignon – 5 km

N 160 dir. St-Lambert-du-Lattay. - P 🚗 - 73 AH42 - 37 r. de la Belle-Angevine - 49750 St-Lambert-du-Lattay - ☎02 41 78 41 15 - lebignon@club-internet.fr.

€€€ ⌂ Chambre d'hôte du Domaine des Chesnaies – 8,5 km

N 160 dir. Angers, left on D 123, right on chemin du Clos-du-Plessis then right on chemin de la Noue. - P 🚗 - 73 AH41 - La Noue - 49190 Denée - ☎02 41 78 79 80 ou 06 84 00 77 89 - www.domainedeschesnaies.com.

Sortie 27

€€ ✗ Au Passé Simple – 6 km

N 249 dir. Angers, N 160, left on r. de la Vendée, r. Maindron, right on r. Jean-Baptiste-Kléber, right on r. Jean-Jaurès then right on r. Nationale. - 88 AF45 - 181 r. Nationale - 49300 Cholet - ☎02 41 75 90 06.

€€ ✗ L'Ourdissoir – 6 km

N 249 dir. Angers, N 160, pl. du 15-Août-1944, right on av. de la Libération, D 258, right on r. de l'Hôtel-de-Ville then right on r. St-Bonaventure. - 88 AF45 - 40 r. St-Bonaventure - 49300 Cholet - ☎02 41 58 55 18 - ourdissoir@wanadoo.fr.

Sortie 28

€€ ⌂ Chambre d'hôte La Métairie du Bourg – 5,5 km

D 755 dir. Les Herbiers, left on D 23, right on N 160, rte de Beaurepaire then right on D 755. - P 🚗 - 88 AE47 - 85500 Les Herbiers - ☎02 51 67 23 97.

€ ✗ Mont des Alouettes – 5,5 km

D 755 dir. Les Herbiers, left on D 23, right on N 160, rte de Beaurepaire then right on D 756. - 88 AE47 - Au Mont-des-Alouettes - 85500 Les Herbiers - ☎02 51 67 02 18.

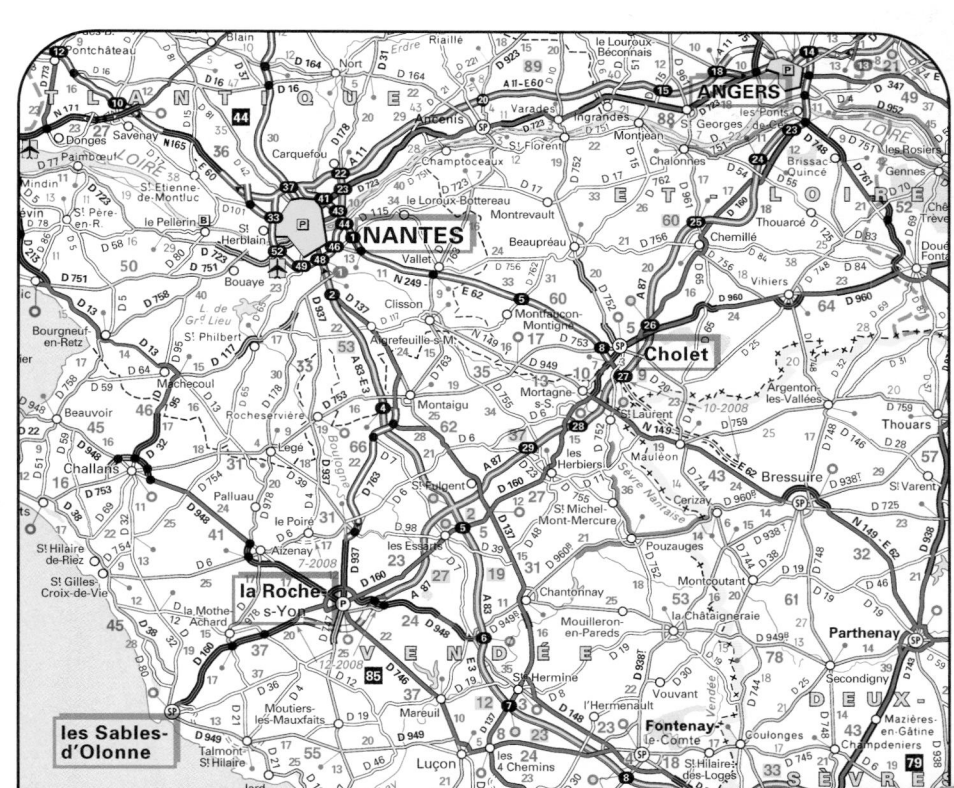

€	Restaurants : < 16€	Hotels : < 40€	€€	Restaurants : 16€-25€	Hotels : 40€-65€
€€€	Restaurants : 25€-45€	Hotels : 65€-100€	€€€€	Restaurants : > 45€	Hotels : > 100€

NANTES><NIORT

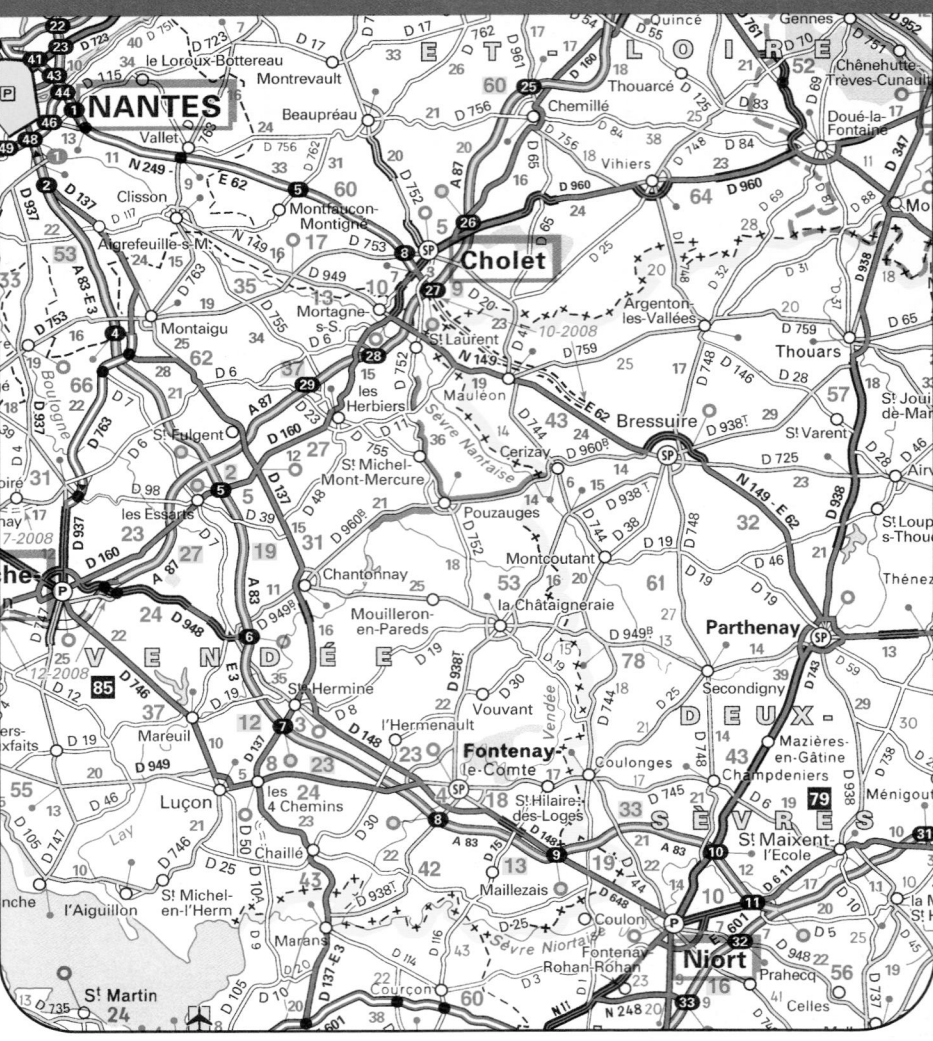

A 83

Sortie 1
€€ ✗ **La Maison – 7,5 km**
D 178 dir. La Roche-sur-Yon then D 11. - **87 AA44** *- 10 rue du Pays-de-Retz -*
44860 Pont-St-Martin - ☎*02 40 32 75 44.*
€€ ✗ **Le Pélican – 10 km**
D 178 dir. La Roche-sur-Yon then D 937. - **87 AA45** *- 13 place Georges-Gaudet -*
44140 Geneston - ☎*02 40 04 77 88.*

Sortie 4
€€ ✗ **Pont de Sénard – 7 km**
D 1763 dir. La Roche-sur-Yon, right on N 137 then left on r. des Jardins. - 🅿 🚗 🏡 *-*
87 AC45 *- 85600 St-Hilaire-de-Loulay -* ☎*02 51 46 49 51 - hotel.pont.senard@wanadoo.fr.*

Sortie 8
€€€ 🏨 **Hôtel Fontarabie et restaurant la Glycine – 4 km**
D 938 dir. Fontenay-le-Comte. - 🅿 🏡 *-* **103 AF51** *- 57 r. de la République -*
85200 Fontenay-le-Comte - ☎*02 51 69 17 24 - www.hotel-fontarabie.com.*
€€ ✗ **Aux Chouans Gourmets – 4 km**
D 938 dir. Fontenay-le-Comte then left on allée des Tilleuls. - **103 AF51** *- 6 r. des Halles -*
85200 Fontenay-le-Comte - ☎*02 51 69 55 92.*

Sortie 9
€€ ✗ **Le Central – 11 km**
N 148 dir. Niort jusqu'à Benet then D 1 vers Coulon. A Coulon, right on D 123, left on
r. du Marais then left on r. de l'Église. - 🅿 🏡 *-* **104 AH53** *- Pl. de l'Église - 79510 Coulon -*
☎*05 49 35 90 20 - le-central-coulon@wanadoo.fr.*

NIORT><LA ROCHELLE

N 11

In Bessines
€€ ✗ **La Tuilerie (Coq'corico) – 0,5 km**
N 11 (rte de La Rochelle). - 🅿 🚗 🏡 *-* **104 AI53** *- Route de la Rochelle - 79000 NIORT -*
☎*05 49 09 12 45 - tuilerie@tuilerie.com.*

In Benon
€€€ ✗ **Le Relais de la Forêt – 2,5 km**
D 116 dir. Benon then left on D 207. - 🅿 🚗 *-* **103 AF54** *- Les Quatres Routes - RN 11 -*
17170 Benon - ☎*05 46 01 61 63 - www.relaisdelaforet.com.*

In Dompierre-s-Mer
€ 🏠 **Chambre d'hôte Margorie – 1,5 km**
av. de la Libération dir. Dompierre-sur-Mer then D 107. - 🅿 🚗 *-* **103 AD54** *-*
17139 Dompierre-sur-Mer - ☎*05 46 35 33 41.*

In La Rochelle
€€ ✗ **L'Estran – 1 km**
In La Rochelle av. Léopold-Robinet, right on r. de Dompierre, left on bd Arthur-Verdier,
right on av. de Rompsay, right on r. Jean-Philippe-Rameau then left on r. des Sauniers. -
103 AC55 *- 59-61 r. de Périgny, Canal de Rompsay - 17000 La Rochelle -* ☎*05 46 67 19 43 -*
www.l-estran.fr.
€ ✗ **Le Mistral – 4,5 km**
In La Rochelle av. Léopold-Robinet, right on r. de Dompierre, left on bd Arthur-Verdier,
right on bd Joffre, right on av. du Gén.-de-Gaulle, av. de Colmar, left on av. du
13ème-Régt-d'Infanterie, left on quai Louis-Prunier, r. de Roux, left on av. Jean-Monnet,
right on roundabout "de l'Europe", av. Marillac, right on r. de la Sauvagère then right
on imp. de Coureilles. - **103 AC55** *- 10 pl. Coureauleurs, au Gabut - 17000 La Rochelle -*
☎*05 46 41 24 42 - restaurantlemistral@club-internet.fr.*

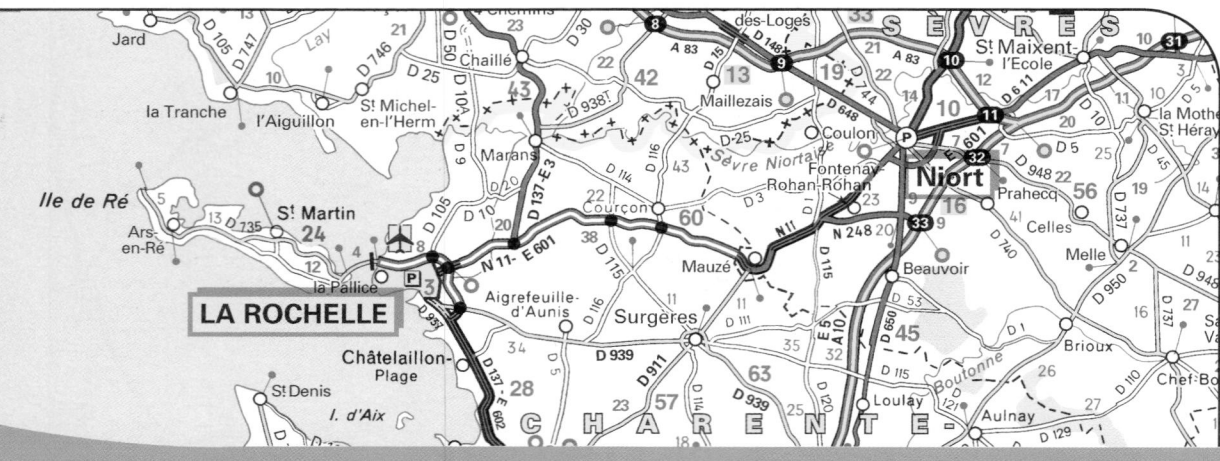

✗ **Restaurant**   🏨 **Hotel**   🏠 **Guest house**   🅿 **Customer parking**   🏡 **Meals served outdoors**   🚗 **Garden**   ▦ **Air conditioning**

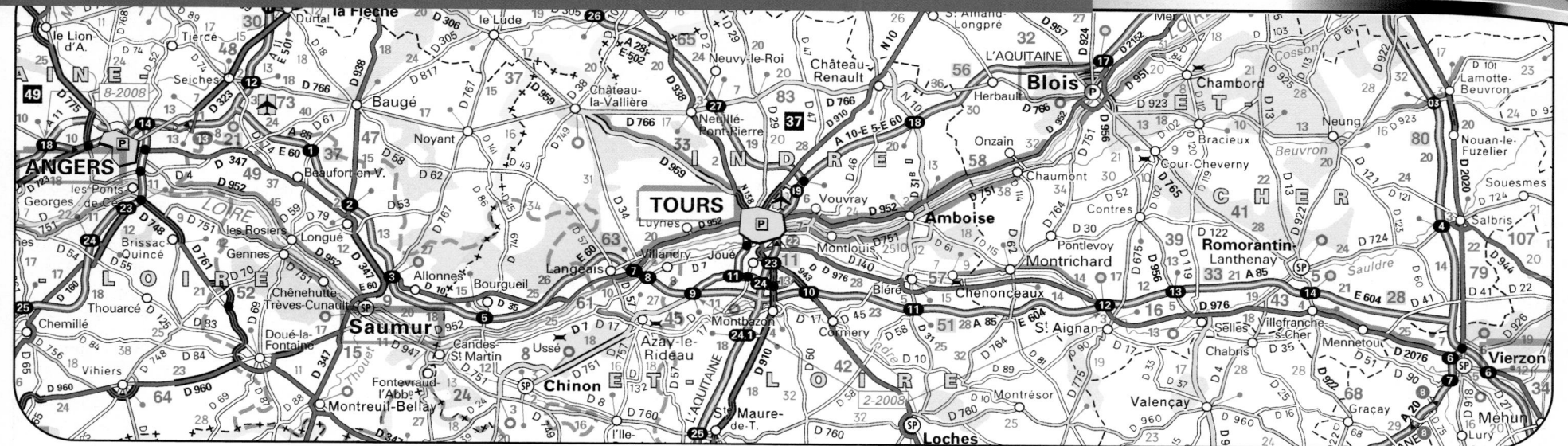

VIERZON><TOURS><ANGERS

N 76

In Thésée

€€ 🏠 **Hôtel Le Moulin de la Renne** - N 76 dir. Thésée, right on D 176 then left on rte de Vierzon. - 🅿️🐾🍴 - 76 AW42 - 11 rte de Vierzon - 41140 Thésée - ☎02 54 71 41 56 - www.moulindelarenne.com.

Sortie par Montrichard

€€ 🍴 **L'École – 8,5 km**
D 158 dir. Contres, left on D 176, right on D 62 then right on right on rte de Montrichard. - 🅿️🐾🍴 - 75 AV41 - 12 rue de Montrichard - 41400 Pontlevoy - ☎02 54 32 50 30.

Sortie près de Chenonceaux

€€ 🍴 **Auberge du Cheval Rouge – 3,5 km**
D 27 dir. Le Port, left on D 176 then D 40. - 🍴 - 75 AU42 - 30 rue Nationale - 37150 CHISSEAUX - ☎02 47 23 86 67.
€€ 🏠 **Chambre d'hôte La Marmittière – 2 km**
D 81 dir. Civray-de-Touraine then right on D 40. - 🅿️🐾🍴 - 75 AU42 - 22 Vallée de Mesvres - 37150 Civray-de-Touraine - ☎02 47 23 51 04 - marmittiere.chez-alice.fr.

Exit at St-Martin-le-Beau

€€ 🍴 **Auberge de la Treille – 3,5 km**
D 83 dir. Amboise - 75 AT42 - 2 rue d'Amboise - 37270 St-Martin-le-Beau - ☎02 47 50 67 17 - auberge-de-la-treille@wanadoo.fr.

D 751

In Joué-lès-Tours

€ 🍴 **Noble Joué – 2,5 km**
Right on bd de Chinon, after the N 10 - D 751 intersection. - 75 AR42 - 86 boulevard de Chinon - 37300 Joué-lès-Tours - ☎02 47 53 57 97.

A 85

Sortie Romorantin

€€ 🍴 **La Cabrière – 4,5 km**
D 922 dir. Romorantin-Lanthenay. - 76 AZ42 - 30 av. Villefranche - 41200 Romorantin-Lanthenay - ☎02 54 76 38 94.
€€ 🍴 **Auberge Le Lanthenay – 4,5 km**
D 922 dir. Romorantin-Lanthenay, D 765, D 922 then left on r. Notre-Dame-du-Lieu. - 🐾 - 76 AZ42 - 9 r. Notre-Dame-du-Lieu - 41200 Romorantin-Lanthenay - ☎02 54 76 09 19.
€€€ 🍴 **Les Deux Pierrots – 5 km**
D 922 dir. Villefranche-sur-Cher then left on D 51. - 92 AZ43 - 9 rue Nationale - 41320 St-Julien-sur-Cher - ☎02 54 96 40 07.

Sortie St-Aignan

€€ 🏠 **Chambre d'hôte Le Sousmont – 3,5 km**
N 76 dir. St-Aignan then left on D 675. - 🐾< - 92 AW43 - 66 r. Maurice-Berteaux - 41110 St-Aignan - ☎02 54 75 24 35.

Sortie 3

€ 🏠 **Hôtel Volney – 1,5 km**
N 147 dir. Saumur, r. de la Fidélité, left on r. Daillé, left on r. Dacier then right on r. du Portail-Louis. - 90 AL43 - 1 r. Volney - 49400 Saumur - ☎02 41 51 25 41 - www.levolney.com.
€€ 🍴 **Le Gambetta – 1,5 km**
N 147 dir. Saumur, pl. Kléber, r. des Carabiniers-de-Monsieur, r. Chanzy then r. Gambetta. - 🐾 - 90 AL43 - 12 r. Gambetta - 49400 Saumur - ☎02 41 67 66 66.
€€ 🏠 **Auberge Saint-Pierre – 1,5 km**
N 147 dir. Saumur, r. Montesquieu, right on pl. Ste-Jeanne-Delanoue then r. des Patenôtriers. - 🐾 - 90 AL43 - 6 pl. St-Pierre - 49400 Saumur - ☎02 41 51 26 25 - auberge.st.pierre@wanadoo.fr.
€€ 🍴 **Le Pyrène – 9 km**
D 767 dir. Saumur then N 147. - 90 AL43 - 42 r. du Mar.-Leclerc - 49400 Saumur - ☎02 41 51 31 45 - lepyrene-saumur@wanadoo.fr.

Village hôtelier Le Bois de Terrefort – 11 km

€€ 🏠 **Village hôtelier Le Bois de Terrefort – 11 km**
D 767 dir. Saumur, right on N 347, av. Georges-Pompidou, right on r. Ackerman, left on r. Martineau, right on r. de L'Abbaye/rte de Marson, left on r. des Justicions, right on rte du Trésor then left on r. de l'École-Nationale-d'Équitation. - 🅿️🐾 - 90 AL43 - Av. de l'Éducation-Nationale-d'Équitation - 49400 St-Hilaire-St-Florent - ☎02 41 50 94 41 - www.villagehotelier.com.
€€€€ 🏠 **Château des Essards – 3,5 km**
N 152 dir. Langeais then right on r. Charles-VIII. - 74 AP42 - Rte de St-Michel - 37130 Langeais - ☎02 47 96 94 60 - http://www.chateaudesessards.com.

Sortie 8

€€ 🍴 **Le Fournil – 2 km**
D 7 dir. Lignières-de-Touraine then left on D 39. - 74 AP42 - 22 rue du Val-de-Loire - 37190 Valleres - ☎02 47 45 43 06 - le.fournil@wanadoo.fr.
€€€ 🍴 **La Cave St-Antoine – 5 km**
D 7 dir. Lignières-de-Touraine. - 🅿️ - 74 AP42 - 12 Les Perruches - 37130 Lignières-de-Touraine - ☎02 47 96 39 87 - www.la-cave-saint-antoine.com.

Sortie 9

€€ 🏠 **Chambre d'hôte La Petite Loge – 8,5 km**
D 751 dir. Azay-le-Rideau then D 57. - 🅿️🐾 - 90 AP43 - 15 rte de Tours, par la D 751 - 37190 Azay-le-Rideau - ☎02 47 45 26 05 - http://lapetiteloge.free.fr.
€ 🍴 **La Ridelloise – 8,5 km**
D 751 dir. Azay-le-Rideau then D 57. - 90 AP43 - 34-36 r. Nationale - 37190 Azay-le-Rideau - ☎02 47 45 46 53.
€€ 🏠 **Hôtel des Châteaux – 8 km**
D 751 dir. Azay-le-Rideau then D 57. - 🅿️ - 90 AP43 - 2 rte de Villandry - 37190 Azay-le-Rideau - ☎02 47 45 68 00 - www.hoteldeschateaux.com.

Sortie fin A 85 (pont sur la Loire)

€€ 🏠 **Chambre d'hôte La Meulière – 3 km**
N 152 dir. Cinq-Mars-la-Pile, left on r. de la Loire then left on r. de la Gare. - 🅿️🐾 - 74 AP42 - 10 r. de la Gare - 37130 Cinq-Mars-la-Pile - ☎02 47 96 53 63 - lameuliere.free.fr.
€ 🍴 **Le Pont-Levis – 3,5 km**
N 152 dir. Langeais then right on r. Charles-VIII. - 74 AP42 - 12 r. Charles-VIII (au pied du château) - 37130 Langeais - ☎02 47 96 82 23 - lepontlevis@wanadoo.fr.

Exit, end A 85 (bridge over the Loire)

€€ 🏠 **Chambre d'hôte Le Moulin Hodoux – 10 km**
N 152 dir. Luynes-centre. - 🅿️ - 74 AQ41 - Le Moulin Hodoux - 37230 Luynes - ☎02 47 55 76 27 - www.moulin-hodoux.com.

N 152

Sortie au pont de Port-Boulet

€€€ 🍴 **L'Atlantide – 5 km**
D 749 dir. Avoine. - 🅿️🐾 - 90 AN43 - 17 rue Nationale - 37420 Avoine - ☎02 47 58 81 85.

In Montsoreau

€€ 🏠 **Hôtel Le Bussy – 9,5 km**
D 749 dir. Montsoreau, right on D 7, right on D 751, left on quai Alexandre-Dumas then left on ruelle de la Chalibaude. - 🅿️ - 90 AM43 - 4 r. Jeanne-d'Arc - 49730 Montsoreau - ☎02 41 38 11 11.
€€ 🍴 **Diane de Méridor – 10 km**
D 749 dir. Montsoreau, right on D 7, right on D 751, left on quai Alexandre-Dumas then quai Philippe-de-Commines. - 90 AM43 - 12 quai Philippe-de-Commines - 49730 Montsoreau - ☎02 41 51 71 76 - dianedemeridor@wanadoo.fr.

In La Guignière

€ 🏠 **Du Manoir – 9 km**
A 10 sortie 21 Tours-centre, suivre les quais de Loire as far as the bridge over the ring road (Rocade Ouest) then left on N 152. - 🅿️ - 75 AR41 - 37230 La Guignière - ☎02 47 42 04 02.

€ ✗ **Crêperie La Gavotte – 6 km**
*D 178 dir. Vitré, r. de la Guerche, right on D 777,
right on r. de la Liberté, left on D 857 then right on
r. des Augustins.* - 54 AD33 - 7 r. des Augustins
(dir. Fougères) - 35500 Vitré - ☎02 99 74 47 74 -
la.gavotte-vitre@wanadoo.fr.

€€ ✗ **Le Potager – 6 km**
D 178 dir. Vitré, r. de la Guerche then right on D 777. -
54 AD33 - 5 pl. du Gén.-Leclerc - 35500 Vitré -
☎02 99 74 68 88.

Sortie Louvigné-Janzé
€€ ✗ **Ferme-auberge la Garde – 9 km**
D 777 dir. Louvigné then right on D 33. - P -
54 AC33 - La Garde - 35220 St-Didier -
☎02 99 00 90 09 - www.aubergeetfermeauberge.com.

LE MANS><RENNES

A 81
Sortie 1
€€ ✗ **Auberge de la Grande Charnie – 7,5 km**
D 4 dir. Rennes then left on N 157 - 55 AK34 - 35 avenue de la Libération -
72350 St-Denis-d'Orques - ☎02 43 88 43 12.

Sortie 3
€€ ✗ **L'Antiquaire – 7 km**
*N 162 dir. Laval, D 900, D 104, left on r. des Déportés, right on
r. du Jeu-de-Paume then right on r. des Béliers.* - 54 AG34 - r. Béliers - 53000 Laval -
☎02 43 53 66 76.
€€€ ✗ **Le Bistro de Paris – 7 km**
*N 162 dir. Laval, D 900, D 104, left on r. du Gén.-de-Gaulle, left on r. de Verdun, right on
quai Jean-Fouquet then right on r. du Val-de-Mayenne.* - 54 AG34 - 67 r. Val-de-Mayenne -
53000 Laval - ☎02 43 56 98 29 - bistro.de.paris@wanadoo.fr.
€€ ✗ **À La Bonne Auberge – 7,5 km**
N 162 dir. Laval, D 900, bd Bertrand-du-Guesclin then left on r. de Bretagne - P - 54 AG34 -
170 r. de Bretagne - 53000 Laval - ☎02 43 69 07 81 - labonneauberge@free.fr.

N 157
Sortie Vitré
€ 🛏 **Hôtel du Château – 6,5 km**
*D 178 dir. Vitré, r. de la Guerche, right on D 777, right on r. de la Liberté, left on D 857,
right on pl. St-Yves then left on r. Rallon.* - 54 AD33 - 5 r. Rallon - 35500 Vitré -
☎02 99 74 58 59 - http://perso.wanadoo.fr/hotel-du-chateau/.

Sortie Châteaubourg
€ ✗ **Bistrot du Moulin – 2 km**
D 857 dir. Châteaubourg. - 🞾 - 54 AC33 - 30 rue de Paris - 35220 Châteaubourg -
☎02 99 00 30 91 - www.armilin.com.

Sortie Noyal-s-Vilaine
€€ ✗ **Hostellerie Les Forges – 2 km**
D 292 dir. Noyal-s-Vilaine-centre. - P - 53 AB33 - 22 avenue du Général-de-Gaulle -
35530 Noyal-sur-Vilaine - ☎02 99 00 51 08.

N 136
Sortie 2
€€ ✗ **Sarment de Vigne – 9,5 km**
N 136 sortie 15, D 97 then left on N 12. - 53 AA33 - 54 route de Fougères -
35510 Cesson-Sévigné - ☎02 99 62 00 13.

Sortie 4
€€ 🛏 **Arvor Hotel – 4 km**
N 136 dir Rennes, r. de Châteaugiron, right on r. St-Hélier then left on av. Louis-Barthou. -
53 Z33- 31 av. Louis-Barthou - 35000 Rennes - ☎02 99 30 36 47 - arvorhotel.com.
€€€ 🛏 **Garden Hôtel – 8 km**
*N 136 dir Rennes, bd des Alliés/av. des Préales/av. François-Château/av. Aristide-Briand/
quai Dujardin, left on pl. Pasteur, left on av. Jean-Janvier then left on r. Jean-Marie-Duhamel.* -
53 Z33 - 3 r. Duhamel - 35000 Rennes - ☎02 99 65 45 06 - www.hotel-garden.fr.
€€€ ✗ **Léon le Cochon – 8 km**
*N 136 dir Rennes, bd des Alliés/av. des Préales/av. François-Château/av. Aristide-Briand/
quai Dujardin, left on quai Chateaubriand, right on pl. St-Germain, left on r. du Vau
St-Germain then left on r. Jean-Jaurès.* - 53 Z33 - 1 rue du Maréchal-Joffre - (BY) -
35000 Rennes - ☎02 99 79 37 54.

RENNES><BREST

N 12
Sortie St-Brieuc-centre
€€ 🛏 **Hôtel Le Duguesclin – 1 km**
In St-Brieuc av. Corneille, right on av. d'Armor then left on D 786. - 31 S28 - 2 pl. Duguesclin -
22000 St-Brieuc - ☎02 96 33 11 58 - www.hotel-duguesclin.com.
€ ✗ **Le Chaudron – 2,5 km**
*In St-Brieuc av. Corneille, right on av. d'Armor, left on D 787, left on r. St-Gilles, left on
r. Henri-Servain then right on pl. du Gén.-de-Gaulle.* - 31 S28 - 19 Fardel - 22000 St-Brieuc -
☎02 96 33 01 72 - lepetitcasset@yahoo.fr.

Sortie Plouigneau
€€ ✗ **La Grange de Coatélan – 8 km**
*D 64 dir. Plougonven, right on D 712, D 37, right on r. de la Lande, left on D 9 then r. Joseph-
Lécuyer.* - P 🞾 - 30 L27 - 29640 Plougonven - ☎02 98 72 60 16 - www.lagrangedecoatelan.com.

Sortie Morlaix-centre
€€ ✗ **La Marée Bleue – 3,5 km**
D 712 dir. Morlaix, left on D 109, r. de Paris, right on D 46 then right on rampe St-Melaine. -
30 K26 - 3 rampe St-Mélaine - 29600 Morlaix - ☎02 98 63 24 21.

Sortie St-Thégonnec
€€ ⌂ **Ar Presbital Koz – 1,5 km**
D 118 dir. St-Thégonnec, D 712 then right on r. Lividic. - P 🞾 - 29 J27 - 18 r. Lividic,
près de la maison de retraite Ste-Bernadette - 29410 St-Thégonnec - ☎02 98 79 45 62 -
andre.prigent@wanadoo.fr.

€€ ✗ **Auberge Saint-Thégonnec – 3,5 km**
D 118 dir. St-Thégonnec, right on Pénétrante, D 712 then right on av. de Ker-Izella. -
P - 29 J27 - 6 place de la Mairie - 29410 Saint-Thégonnec - ☎02 98 79 61 18 -
aubergesaintthegonnec.com.
€ ⌂ **Chambre d'hôte Ty-Dreux – 9 km**
D 118 dir. Loc-Eguiner-St-Thégonnec, D 18 then left on D 111. - 🞾 - 29 J28 -
29410 Loc-Eguiner-St-Thégonnec - ☎02 98 78 08 21 - gites-peche-saint-thegonnec.com.

Sortie Landerneau
€€ ✗ **L'Amandier – 5,5 km**
D 770 dir. Landerneau then right on D 712. - 29 H28 - 55 rue de Brest - 29800 Landerneau -
☎02 98 85 10 89.

Sortie Brest-centre
€€€ 🛏 **Hôtel Center – 2 km**
*In Brest av. Georges-Pompidou, right on r. Jules-Lesven/r. Bertrand-d'Argentré
then left on bd Léon-Blum.* - P - 29 F28 - 4 bd Léon-Blum - 29200 Brest - ☎02 98 80 78 07 -
www.hotelcenter.com.
€€ ✗ **Ma Petite Folie – 1,5 km**
follow dir. Oceanopolis. - 🞾 - 29 F28 - Plage du Moulin-Blanc, à côté du Port de plaisance -
29200 Brest - ☎02 98 42 44 42.
€€ ⌂ **Chambre d'hôte La Châtaigneraie – 1,5 km**
*r. Ernestine-de-Trémaudan dir. Brest, right on r. de l'Amiral-Romain-Desfossés,
left on r. Marcellin-Duval, left on r. du Calvaire then left on r. Émile-Augier.* - P - 29 G28 -
Keraveloc - 29490 Guipavas - ☎02 98 41 52 68 - http://site.voila.fr/la.chataigneraie.

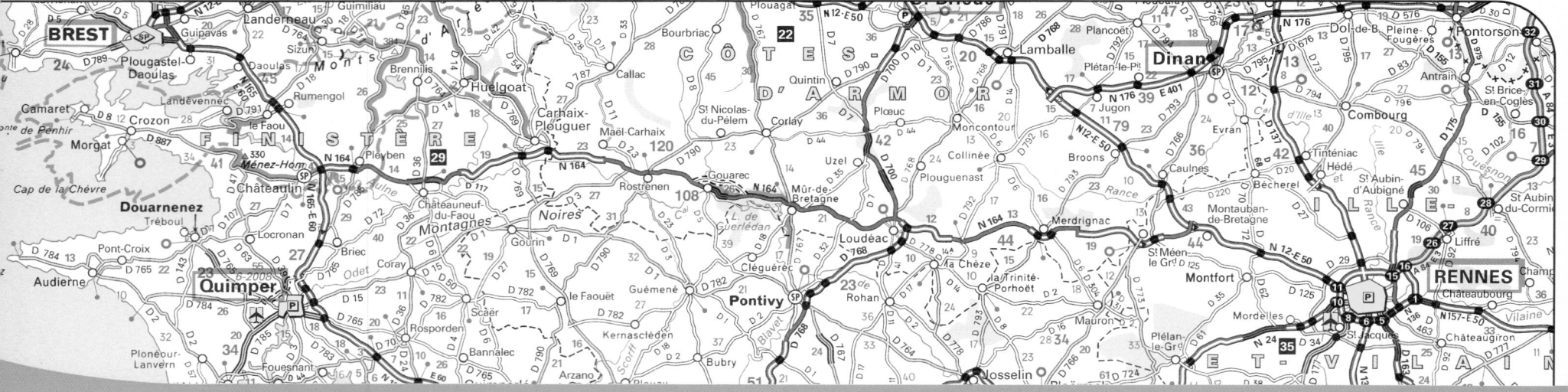

BREST><LORIENT

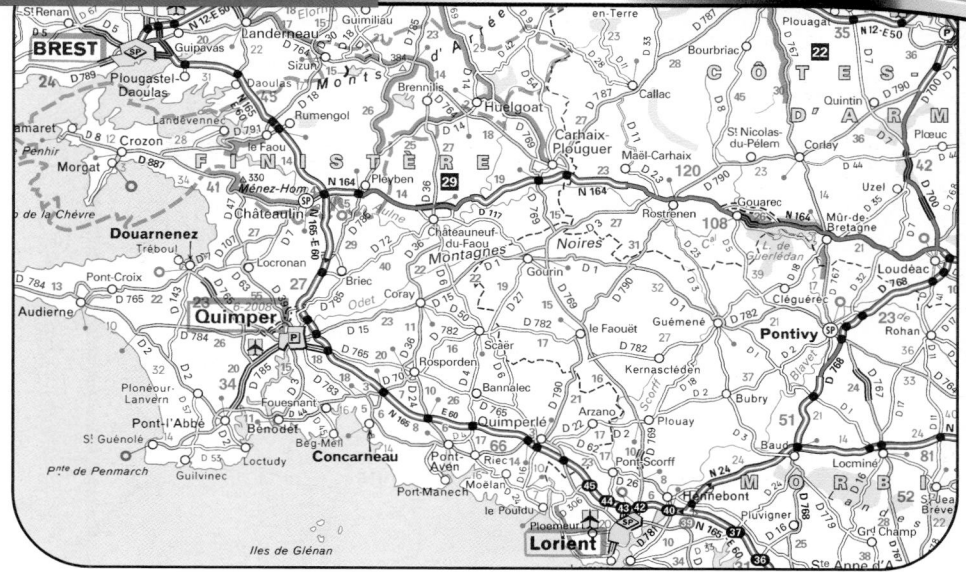

N 165

Sortie Le Faou
€€ ✗ Ferme-auberge du Seillou – 5 km
D 42 dir. Le Faou, right on D 770, right on D 791 then left on D 47. - 🅿 🚲 - 29 H30 -
In Seillou - 29590 Rosnoen - ☎02 98 81 92 21 - www.gites-finistere.com.

Sortie Briec
€€ ✗ Auberge de Quilinen – 5,5 km
D 61 dir. Landrévarzec then left on D 770. - 49 I32 - *In Quilinen - 29510 Landrevarzec -*
☎02 98 57 93 63.

Sortie Quimper-centre
€€ 🏠 Hôtel de la Gare – 4,5 km
in Quimper D 15, right on D 783, av. de la Libération then av. De La Gare. -
🅿 🚲 🏡 - 49 H33 - 17 av. de la Gare - 29000 Quimper - ☎02 98 90 00 81 -
www.hoteldelagarequimper.com.

Sortie Quimper-Sud / St-Yvy
€ 🏠 Chambre d'hôte La Vallée du Jet – 6,5 km
D 765 dir. Saint-Yvy. - 🅿 - 49 J33 - *Lieu-dit Kervren - 29140 St-Yvi -* ☎02 98 94 70 34.

Sortie Concarneau / Rosporden
€€ 🏠 Chambre d'hôte Le Manoir de Coat Canton – 7,5 km
D 70 dir. Rosporden, right on D 765 then right on r. de Reims. - 🅿 - 49 J33 - *Grand Bois -*
29140 Rosporden - ☎02 98 66 31 24.
€€ ✗ Océan – 6 km
D 70 dir. Concarneau, right on D 783, r. de Quimper, av. de la Gare then left on
r. Nicolas-Appert. - 🅿 🏡 - 49 J34 - *At La Plage des Sables-Blancs - (not on map) -*
29900 Concarneau - ☎02 98 50 53 50 - hotel-ocean@wanadoo.fr.
€€ ✗ Chez Armande – 6 km
D 70 dir. Concarneau, right on D 783, r. de Quimper, av. de la Gare then left on
r. Nicolas-Appert. - 🏡 - 49 J34 - *15 bis av. du Dr-Nicolas - 29900 Concarneau -*
☎02 98 97 00 76.
€ 🏠 Hôtel L'Orée du Bois – 11 km
D 70 dir. Croas-Avalou, left on r. Neuve, left on D 44, right on D 45, r. de l'Odet,
left on r. de Cornouaille then right on r. Ar-Mor. - 49 I34 - *4 r. Kergoadig - 29170 Fouesnant -*
☎02 98 56 00 06 - www.hotel-oree-du-bois.fr.st.
€€ ✗ Pointe du Cap Coz – 11 km
D 70 dir. Croas-Avalou, left on r. Neuve, left on D 44, right on D 45, r. de l'Odet, left on
r. de Cornouaille, right on r. Ar-Mor, left on passage du Penker then left on r. de Cornouaille. -
🏡 ✦ - 49 I34 - *153 av. de la Pointe, à La Plage du Cap-Coz - 29170 Fouesnant -*
☎02 98 56 01 63 - bienvenue@hotel-capcoz.com.

Sortie Pont-Aven
€€ 🏠 Chambre d'hôte Kermentec – 5 km
D 24 dir. Pont-Aven. - 🅿 - 50 K35 - *Kermentec - 29930 Pont-Aven -* ☎02 98 06 07 60 -
http://hanoi.michel.free.fr/1.htm.
€€ 🏠 Hôtel Les Ajoncs d'Or – 6 km
D 24 dir. Pont-Aven, right on r. de la Belle-Angèle, right on r. du Gén.-de-Gaulle then
left on pl. de l'Hôtel-de-Ville. - 50 K35 - *1 pl. de l'Hôtel-de-Ville - 29930 Pont-Aven -*
☎02 98 06 02 06 - www.ajoncsdor-pontaven.com.

Sortie Quimperlé
€€ 🏠 Chambre d'hôte La Maison d'Hippolyte – 4 km
D 765 dir. Quimperlé. - 50 L35 - *2 quai Surcouf - 29300 Quimperlé -* ☎02 98 39 09 11.
€ ✗ Ty-Gwechall – 1,5 km
in Quimperlé D 16, left on bd de la Gare, right on D 783 then right on r. de Mellac. -
50 L35 - *4 r. Mellac - 29300 Quimperlé -* ☎02 98 96 30 63.

Sortie 45
€ 🏠 Chambre d'hôte Ty-Horses – 4,5 km
D 765 dir. Guidel. - 🅿 - 50 M35 - *Le Rouho - 56520 Guidel -* ☎02 97 65 97 37.

Sortie 44
€€ ✗ Crêperie du Gaillec – 6,5 km
D 163 dir. Ploemeur-centre. - 🅿 - 68 M36 - *Hameau de Gaillec - 56270 Ploemeur -*
☎02 97 83 00 26 - creperie-gaillec@wanadoo.fr.
€€ 🏠 Chambre d'hôte Libeurtheu – 9,5 km
D 163 dir. Kerroch then left on anse du Stole. - 🅿 🚲 - 68 M36 - *23 r. de l'anse de Stole,*
in Lomener - 56270 Ploemeur - ☎02 97 82 86 22 ou 06 82 65 18 76.
€€ ✗ Les Mouettes – 11 km
D 163 dir. Ploemeur, D 162, right on r. de Larmor, right on D 185 then left on
r. de Kerguelen. - 🅿 🏡 - 68 N36 - *At l'Anse de Kerguélen - 56260 Larmor-Plage -*
☎02 97 65 50 30 - info@lesmouettes.com.
€€ 🏠 Chambre d'hôte Les Camélias – 11 km
D 163 dir. Ploemeur, D 162, right on r. de Larmor, right on D 185, left on
r. de Kerguelen then r. des Roseaux - 🅿 🚲 - 68 N36 - *9 r. des Roseaux -*
56260 Larmor-Plage - ☎02 97 65 50 67.

Sortie 43
€€ 🏠 Le Rex-Hôtel – 4 km
in Lorient N 465, right on r. de St-Armel, left on r. Émile-Auguste Chartier-Dit-Alai,
left on D 765/r. Paul-Guieysse then right on cours Louis-de-Chazelles. - 68 N36 -
28 cours de Chazelles - 56100 Lorient - ☎02 97 64 25 60 - www.rex-hotel-lorient.com.
€€ ✗ Jardin Gourmand – 4 km
in Lorient N 465, right on r. de St-Armel, left on r. Émile-Auguste Chartier-Dit-Alai,
left on D 765/r. Paul-Guieysse then left on r. Jules-Simon. - 🏡 - 68 N36 -
46 r. Jules-Simon - 56100 Lorient - ☎02 97 64 17 24.
€€ 🏠 Central Hôtel – 4,5 km
in Lorient N 465, right on r. de St-Armel, left on r. Émile-Auguste Chartier-Dit-Alai,
left on D 765, right on bd d'Oradour-sur-Glane, right on bd Emmanuel-Svob, right on
bd du Gén.-Philippe-Lecle, left on r. du Dr-Louis-Waquet, right on r. Léo-le-Bourgo,
right on pl. Aristide-Briand, left on r. Auguste-Nayel then right on r. Cambry. - 68 N36 -
1 r. Cambry - 56100 Lorient - ☎02 97 21 16 52.
€€ ✗ Le Pécharmant – 4,5 km
in Lorient N 465, right on r. de St-Armel, left on r. Émile-Auguste Chartier-Dit-Alai, left on
D 765, right on bd d'Oradour-sur-Glane, right on bd Emmanuel-Svob, right on
bd du Gén.-Philippe-Lecle, right on av. du Faouëdic, right on av. Anatole-France,
left on av. de la Marne then r. de Carnel. - 68 N36 - *5 rue Carnel - (AZ) - 56100 Lorient -*
☎02 97 21 33 86.

LORIENT><NANTES

N 165

Sortie 40
€€ 🏠 Chambre d'hôte La Chaumière de Kervassal – 7,5 km
D 781 dir. Riantec. - 🅿 🚲 - 68 N36 - *Lieu-dit Kervassal - 56670 Riantec -* ☎02 97 33 58 66 -
gonzague.watine@wanadoo.fr.

Sortie Auray-Ouest
€€€ 🏠 Chambre d'hôte M. et Mme Malherbe – 7 km
D 22 dir. Ploemel then left on D 105. - 🅿 🚲 - 68 P37 - *Kerimel - 56400 Ploemel -*
☎02 97 56 84 72 - http://kerimel.free.fr.

Sortie Vannes-Ouest
€€ ✗ Le Médaillon – 5,5 km
follow D 101 en direction d'Arradon. - 🏡 - 69 R38 - *10 r. Bouruet-Aubertot -*
56610 Arradon - ☎02 97 44 77 28. *Suivre D 101 en direction d'Arradon.*

Sortie Auray-centre
€ 🏠 Hôtel Le Cadoudal – 2,5 km
D 22 dir. Auray, D 768, right on r. Louis-Billet, right on r. Foch, left on pl. Gabriel-Deshayes then
right on pl. Notre-Dame. - 🅿 - 68 P37 - *9 pl. Notre-Dame - 56400 Auray -* ☎02 97 24 14 65.
€€ ✗ La Chebaudière – 2,5 km
in Auray r. De L'Abbé Joseph Martin. - 68 P37 - *6 rue de l'Abbé-Joseph-Martin -*
56400 Auray - ☎02 97 24 09 84.

€€ 🏠 Chambre d'hôte Mme Gouzer – 10 km
D 28 dir. St-Philibert, D 781 then right on rte de Quehan. - 🅿 🚲 ✦ - 68 P38 -
17 rte de Quéhan (C 203) - 56470 St-Philibert - ☎02 97 55 17 78 - http://chrisgouzer.free.fr.

Sortie Plougoumelen
€ 🏠 Chambre d'hôte Guerlan – 3,5 km
D 101 dir. Plougoumelen then right on D 127. - 🅿 🚲 - 69 Q37 - *In Guerlan -*
56400 Plougoumelen - ☎02 97 57 65 50 - www.bedbreak.com/guerlan.

Sortie Vannes-centre
€€ 🏠 Hôtel de France – 2 km
in Vannes right on D 767/av. Georges-Pompidou, right on r. du Capit.-Jude/
av. Jean-Monnet, right on roundabout at Palais-des-Arts/bd de la Paix, left on
av. St-Symphorien then left on av. Victor-Hugo. - 69 R37 - *57 av. Victor-Hugo -*
56000 Vannes - ☎02 97 47 27 57 - hotelfrance-vannes.com.
€€ 🏠 Hôtel Le Marina – 2 km
in Vannes right on D 767/av. Georges-Pompidou, right on r. du Capit.-Jude/
av. Jean-Monnet, right on r. Joseph-le-Brix, left on pl. Maurice-Marchais/r. Thiers then
left on pl. Gambetta. - 69 R37 - *4 pl. Gambetta - 56000 Vannes -* ☎02 97 47 22 81 -
lemarinahotel@aol.com.
€€ ✗ Le Gavroche – 2 km
in Vannes right on D 767/av. Georges-Pompidou, right on r. du Capit.-Jude/
av. Jean-Monnet, right on roundabout at Palais-des-Arts/bd de la Paix then
right on r. de la Fontaine. - 69 R37- *17 r. de la Fontaine - 56000 Vannes -*
☎02 97 54 03 54.

€	Restaurants : < 16€	Hotels : < 40€	€€	Restaurants : 16€-25€	Hotels : 40€-65€
€€€	Restaurants : 25€-45€	Hotels : 65€-100€	€€€€	Restaurants : > 45€	Hotels : > 100€

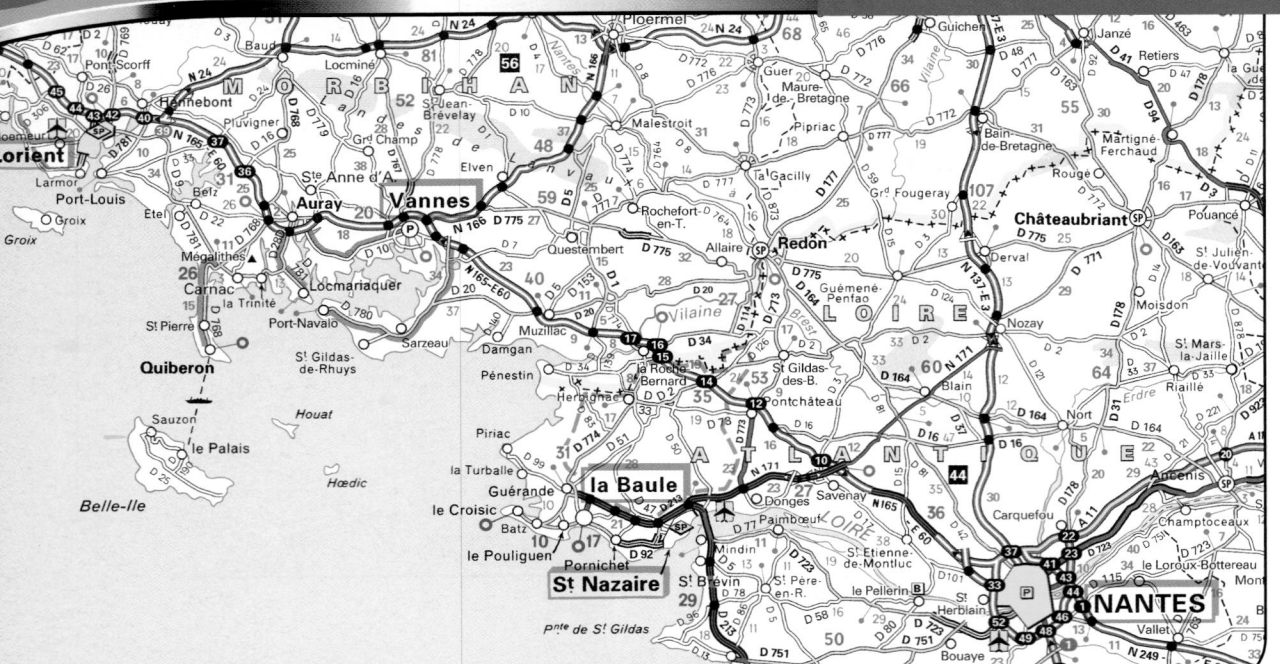

€€ ✗ **Rive Gauche – 2 km**
*in Vannes right on D 767/av. Georges-Pompidou, right on
r. du Capit.-Jude/av. Jean-Monnet, right on r. Joseph-le-Brix,
left on pl. Maurice-Marchais* - **69 R37** - 5 place Gambetta - (AZ) -
56000 Vannes - ☎02 97 47 02 40.

Sortie 16
€€ ⌂ **Chambre d'hôte Le Moulin du Couedic – 8 km**
D 34 dir. Nivillac then D 176. - ▣ - **70 V39** - Saint-Cry - 56130 Nivillac -
☎02 99 90 62 47.

D 201
Sortie St-Etienne-de-Montluc
€ ✗ **Le François II – 6,5 km**
*Right on D 101 dir. St-Etienne-de-Montluc, left on D 26 as far as
Couëron then r. Henri-Gautier, left on r. Joséphine-Even, right on
r. du Professeur-Jean-Bernard then right on pl. Aristide-Briand.* -
87 Z43 - 5 place Aristide-Briand - 44220 Couëron - ☎02 40 38 32 32.

Sortie St-Herblain
€€ ✗ **Les Caudalies – 0,5 km**
rte de Vannes dir. Saint-Herblain. - **87 Z43** - 229 route de Vannes -
44800 St-Herblain - ☎02 40 94 35 35.

PARIS><ROUEN><CAEN

A 13
Sortie 5
€€€ ✗ **Auberge des Trois Marches – 10 km**
*D 182 dir. Vaucresson, left on av. de Verdun, right on D 321, left on D 121, right on
av. de la Princesse/av. du Gén.-de-Gaulle, left on r. Ernest-André then right on
r. Jean-Laurent.* - **39 BC25** - 15 r. Jean-Laurent - 78110 Le Vésinet - ☎01 39 76 10 30.

Sortie 6
€€ 🏠 **Havre Hôtel – 10 km**
*N 186 exit St-Germain-en-Laye, left on av. de St-Germain, right on r. Jean-Jaurès,
left on av. Simon-Vouet, N 13, right on r. du Prés.-Roosevelt then left on r. Léon-Desoyer.* -
39 BC25 - 92 r. Léon-Desoyer - 78100 St-Germain-en-Laye - ☎01 34 51 41 05 -
www.hotel-du-havre.com.
€€ ✗ **Top Model – 10 km**
*N 186 exit St-Germain-en-Laye, left on av. de St-Germain, right on r. Jean-Jaurès,
left on av. Simon-Vouet, N 13, right on D 98, right on pl. Mareil then left on r. St-Pierre.* -
39 BC25 - 24 r. St-Pierre - 78100 Saint-Germain-en-Laye - ☎01 34 51 77 78.

Sortie 7
€€€ ✗ **Le Bon Vivant – 5,5 km**
N 13 dir. Poissy, right on D 153, left on av. Meissonier then left on av. Émile Zola. - 🍴 -
38 BB24 - 30 av. Émile-Zola - 78300 Poissy - ☎01 39 65 02 14.

Sortie 14
€€ ⌂ **Chambre d'hôte Le Bon Maréchal – 10,5 km**
*N 15 dir. Bonnières-sur-Seine, right on r. Thiers, left on r. Jacques-Deschamp,
right on r. Marcel-Honoré then right on r. Marcel-Sembat, right on D 201, right on
r. de Gommecourt, left on r. de Limetz, r. de Bennecourt, r. des Femmes-Fraîches,
right on r. de la Mairie, left on D 201, left on r. de Falaise, D 5 then right on r. du Colombier.* -
▣ 🍴 - **38 AX23** - 1 r. du Colombier - 27620 Giverny - ☎02 32 51 39 70 -
marieclaire.boscher@wanadoo.fr.
€€ ✗ **Restaurant-Musée Baudy – 10,5 km**
*N 15 dir. Bonnières-sur-Seine, right on r. Thiers, left on r. Jacques-Deschamp,
right on r. Marcel-Honoré then right on r. Marcel-Sembat, right on D 201, right on
r. de Gommecourt, left on r. de Limetz, r. de Bennecourt, r. des Femmes-Fraîches,
right on r. de la Mairie, left on D 201, left on r. de Falaise, D 5 then right on r. des
Grands-Jardins.* - 🍴 - **38 AX23** - 81 r. Claude-Monet - 27620 Giverny - ☎02 32 21 10 03 -
restaurantbaudy@yahoo.fr.
€€ ✗ **Au Bon Accueil – 4 km**
*N 15 dir. Bonnières-sur-Seine, right on r. Thiers, left on r. Jacques-Deschamp,
right on r. Marcel-Honoré then right on r. Marcel-Sembat/r. Georges-Herrewyn.* - ▣ -
38 AY23 - Route Nationale 13 - Chauffour-lès-Bonnières - 78270 Bonnières-sur-Seine -
☎01 34 76 11 29.
€€ 🏠 **Hôtel d' Évreux – 6,5 km**
D 181 dir. Vernon-centre. - ▣ - **38 AX23** - 11 pl. d'Évreux - 27200 Vernon - ☎02 32 21 16 12 -
hotel.devreux@libertysurf.fr.
€€ ✗ **Le Bistro – 6,5 km**
D 181 dir. Vernon-centre. - **38 AX23** - 73 rue Carnot - 27200 Vernon - ☎02 32 21 29 19.
€€ ✗ **Les Fleurs – 6,5 km**
D 181 dir. Vernon-centre. - **38 AX23** - 71 r. Carnot - 27200 Vernon - ☎02 32 51 16 80.

Sortie 17
€€ ⌂ **Chambre d'hôte Manoir de la Boissière – 8,5 km**
D 316 dir. Autheuil-Authouillet, right on D 75, left on D 10 then right on r. de Louviers. -
▣ 🍴 - **37 AV22** - Hameau « La Boissaye » - 27490 La Croix-St-Leufroy - ☎02 32 67 70 85 -
www.chambres-la-boissiere.com.

Sortie 19
€ ✗ **Le Jardin de Bigard – 1,5 km**
*A 154 exit 2 dir. Louviers, chaussée du Vexin, right on r. des Anciens-Combattants-d'Afrique,
right on pl. de la Porte-d'Eau, bd de Crosne, left on pl. Ernest Thorel/r. Pierre-Mendès-France
then left on r. Au Coq.* - 🍴 - **14 AV21** - 39/41 r. du Quai - 27400 Louviers - ☎02 32 40 02 45.

Sortie 24
€€ ✗ **La Poste – 3,5 km**
N 138 dir. La Bouille, right on D 132, left on D 64 then left on r. du Dr-Magalon. - 🍴 -
14 AT20 - 44 Grande-Rue - 76530 La Bouille - ☎02 35 18 03 90.
€€ ⌂ **Chambre d'hôte Château de Boscherville – 6,5 km**
N 138 dir. Bourgtheroulde-Infreville-centre. - ▣ - **14 AT20** - 27520 Bourgtheroulde -
☎02 35 87 62 12.

Sortie 25
€€€ ✗ **L'Amandier – 2 km**
D 313 dir. Bourg-Achard then left on r. de Rouen. - **27 AS20** - 581 rte de Rouen -
27310 Bourg-Achard - ☎02 32 57 11 49.
€€ ✗ **L'Écurie – 9 km**
D 313 dir. Jumièges, left on D 101 then left on D 90 (pl. de l'Église). - **13 AS19** -
Pl. de la Mairie - 27350 Routot - ☎02 32 57 30 30 - resto.ecurie@wanadoo.fr.

Sortie 26
€€ ✗ **Risle Seine – 1,5 km**
D 89 dir. Bourneville-centre. - 🍴 - **13 AR19** - Au bourg - 27500 Bourneville -
☎02 32 42 30 22.
€€ ✗ **Erawan – 10,5 km**
D 179 dir. Pont-Audemer, D 139 then D 810. - 🍴 - **27 AQ20** - 4 rue de la Seüle -
27500 PONT-AUDEMER - ☎02 32 41 12 03.
€€ ⌂ **Chambre d'hôte Les Sources Bleues – 6 km**
D 89 dir. Bourneville then D 139. - ▣ 🍴 - **13 AR19** - Rte du Vieux-Port - 27500 Aizier -
☎02 32 57 26 68 - www.les-sources-bleues.com.
€€ ✗ **Le Parc – 6 km**
D 89 dir. Bourneville puis D 139 - ▣ 🍴 - **13 AT18** - 721 r. du Pdt-Coty - 76480 Duclair -
☎02 35 37 50 31 - www.restaurant-leparc.fr.
€ ⌂ **Château du Bourg Joly – 6 km**
D 89 dir. Bourneville then D 139. - 🍴 - **13 AT18** - 76480 St-Pierre-de-Varengeville.

Sortie 28
€€ ✗ **Auberge du Cochon d'Or – 2,5 km**
N 175 dir. Beuzeville-centre. - **27 AP20** - Place du Général-de-Gaulle - 27210 Beuzeville -
☎02 32 57 70 46 - www.le-cochon-dor.fr.

Sortie Pont-l'Évêque
€€€ 🏠 **Eden Park – 1 km**
N 175 dir. Pont-l'Évêque-centre then r. St-Melaine. - **27 AO20** -In the recreational area
(base de loisirs) - 14130 Pont-l'Évêque - ☎02 31 64 64 00 - info@edenparkhotel.com.
€€ ✗ **Auberge de la Touques – 1 km**
N 175 dir. Pont-l'Évêque-centre then right on r. de l'Église. - 🍴 - **27 AO20** - Pl. de l'Église -
14130 Pont-l'Évêque - ☎02 31 64 01 69.

Sortie 29.a
€€ ✗ **La Haie Tondue – 1,5 km**
N 175 dir. Lisieux then D 16. - ▣ 🍴 - **26 AN20** - À La Haie-Tondue - 14130 La Haie-Tondue -
☎02 31 64 85 00.

✗ Restaurant   🏛 Hotel   ⌂ Guest house   ▣ Customer parking   🍴 Meals served outdoors   🚪 Garden   ▤ Air conditioning

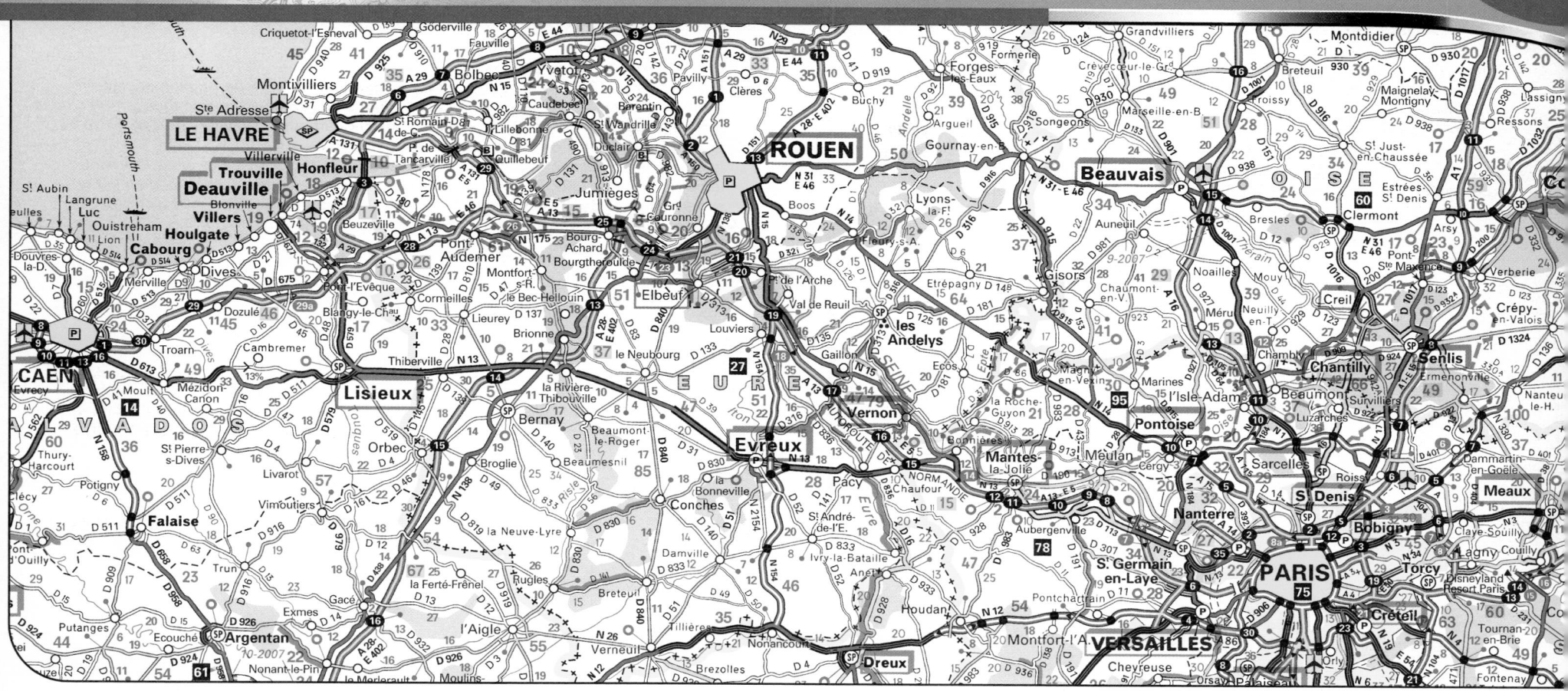

Sortie 29.b

€€ ✗ **Auberge de la Boule d'Or – 6,5 km**
D 400 dir. Lisieux, left on N 175 then right on D 49. - **26 AM21** - Pl. Michel-Vermughen -
14430 BEUVRON-EN-AUGE - ☎02 31 79 78 78.

€€ ✗ **Chez le Bougnat – 7,5 km**
D 400 dir. Dives-sur-Mer, Bd Maurice-Thorez then right on av. Secrétan/r. Gaston-Manneville. -
34 AM20 - 27 r. Gaston-Manneville - 14160 Dives-sur-Mer - ☎02 31 91 06 13 -
chezlebougnat@aol.com.

Sortie 31

€€ 🏠 **Hôtel Quatrans – 7 km**
*N 814 exit 3.a, in Caen D 515, left on r. du Vaugneux, left on av. de la Libération,
right on r. Montoir-Poissonnerie, right on r. Cattehoole then left on r. du Tour-de-Terre.* -
26 AK21 - 17 r. Gemare - 14000 CAEN - ☎02 31 86 25 57 - www.hotel-des-quatrans.com.

€€ 🏠 **P'tit B – 3,5 km**
*N 814 exit 2, in Caen cours Montalivet, right on pont de Vendeuvre, right on
quai de Vendeuvre/pl. Courtonne, right on bd des Alliés, right on av. de la Libération
then right on r. du Vaugneux.* - **26 AK21** - 15 r. Vaugueux - 14000 CAEN - ☎02 31 93 50 76 -
leptitb@wanadoo.fr.

CAEN>‹CHERBOURG

N 13
Sortie 37

€€ ✗ **Le Bistrot de Paris – 3 km**
*D 5 dir. Bayeux, right on r. de Verdun, right on r. Robert-Schumann, pl. Charles-de-Gaulle/
r. Royale, right on pl. St-Patrice.* - **25 AH20** - Pl. St-Patrice - 14400 BAYEUX - ☎02 31 92 00 82.

€€€ ⌂ **Chambre d'hôte Le Moulin de Hard – 4 km**
D 572 dir. Subles then left on D 99. - 🅿 🐾⬏ - **25 AH20** - Lieu-dit « Le Moulin de Hard » -
14400 Subles - ☎02 31 21 37 17 ou 06 13 30 53 28.

Sortie Formigny

€€ ⌂ **Chambre d'hôte Ferme du Mouchel – 1,5 km**
D 30 dir. Formigny. - 🅿 🐾 - **25 AG19** - Lieu-dit « Le Mouchel » - 14710 Formigny -
☎02 31 22 53 79 ou 06 15 37 50 20 - www.ferme-du-mouchel.com.

Sortie Grandcamp-Maisy

€€ ✗ **La Marée – 8 km**
*D 113 dir. La Cambe, left on D 613, right on D 113, right on D 199, left on r. Haute-Voie,
right on r. du Petit-Maisy then left on quai Henri-Chéron.* - 🐾 - **25 AF19** -
5 quai Henri-Chéron - 14450 Grandcamp-Maisy - ☎02 31 21 41 00.

Sortie Isigny-s-Mer

€ ✗ **La Flambée – 1 km**
D 197 dir. Isigny-s-Mer-centre. - **25 AE20** - 2 r. Émile-Demagny - 14230 Isigny-sur-Mer -
☎02 31 51 70 96 - la.flambee.isigny@wanadoo.fr.

Sortie Ste-Mère-Église

€€ ✗ **Le John Steele – 1,5 km**
D 67 dir. Ste-Mère-Église then r. Cap-de-Laine. - 🅿 - **24 AD18** - 4 r. du Cap-de-Laine -
50480 Ste-Mère-Église - ☎02 33 41 41 16 - www.aubergejohnsteele.com.

Sortie Valognes-centre

€ ✗ **Le Moulin de la Haulle – 1 km**
D 902 dir. Yvetot-Bocage. - 🅿 🐾⬏ - **24 AC17** - Lieu-dit « Le Tapotin » - 50700 Yvetot-Bocage -
☎02 33 40 21 37.

€€ 🏠 **Grand Hôtel du Louvre – 1,5 km**
D 902 dir. Valognes then left on r. des Religieuses. - 🅿 - **24 AC17** - 28 r. des Religieuses -
50700 Valognes - ☎02 33 40 00 07 - www.grandhoteldulouvre.com.

In Tourlaville

€€ ⌂ **Chambre d'hôte Manoir St-Jean – 8 km**
*D 56 dir. La Croix Luce, left on D 121, right on D 322, right on D 122 then left on Hameau
St-Jean.* - 🅿 - **24 AB16** - Le hameau St-Jean - 50110 Tourlaville - ☎02 33 22 00 86.

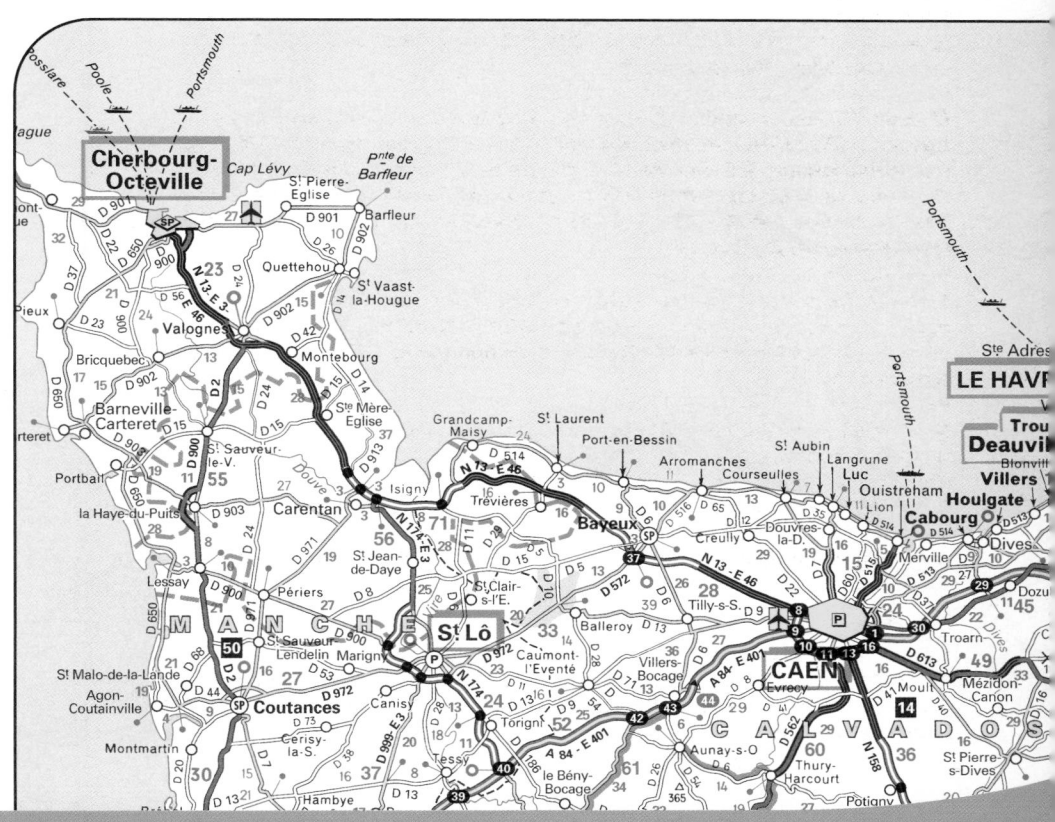

In Cherbourg

€€€ ✕ **Café de Paris – 3 km**
in Cherbourg r. Lucet/av. de Paris, left on D 901, right on bd Robert-Schuman, left on r. Albert-Mahieu, left on pl. de la Fontaine, right on r. François-Lavieille, right on pl. de la République then right on pl. Napoléon/av. de Cessart/quai de Caligny. - 24 AB16 - 40 quai Caligny - 50100 Cherbourg-Octeville - ☎02 33 43 12 36 - cafedeparis.res@wanadoo.fr.

€€ 🏨 **Hôtel Angleterre – 2,5 km**
in Cherbourg r. Lucet/av. de Paris, left on D 901, right on bd Robert-Schuman, left on r. Albert-Mahieu, left on pl. de la Fontaine, right on r. François-Lavieille then left on r. de la Grande-Vallée. - 24 AB16 - 8 r. P.-Talluau - 50100 Cherbourg-Octeville - ☎02 33 53 70 06.

€ 🏨 **Hôtel La Croix de Malte – 2,5 km**
in Cherbourg r. Lucet/av. de Paris/av. Carnot, left on r. du Val-de-Saire, pont Tournant, left on quai de Caligny, left on quai Alexandre-III, right on r. des Tribunaux then left on r. des Halles. - 24AB16 - 5 r. des Halles - 50100 Cherbourg-Octeville - ☎02 33 43 19 16 - hotel.croix.malte@wanadoo.fr.

CAEN><RENNES

N 814

Sortie 11

€€€ ✕ **Auberge de l'Île enchantée – 7,5 km**
dir. Fleury-sur-Orne, D 562, left on Grande-Rue, left on r. Serge-Rouzière, chemin-du-Bac-d'Athis, right on chemin-Latéral then left on chemin du Pré-Armand-André. - 26 AK22 - 1 r. St-André - 14123 Fleury-sur-Orne - ☎02 31 52 15 52.

N 175

Sortie Avranches

€€ ✕ **La Croix d'Or – 4 km**
sortie Avranches, D 2175, right on D 7 then right on r. de la Constitution. - 🅿️🍴 - 33 AC27 - 83 rue de la Constitution - 50300 Avranches - ☎02 33 58 04 88.

€€ ✕ **Auberge du Terroir – 7,5 km**
sortie Avranches then right on D 107. - 🅿️🍴🚗 - 33 AC27 - 3 place St-Martin - 50170 Servon - ☎02 33 60 17 92 - aubergeduterroir@wanadoo.fr.

A 84

Sortie 43

€ ✕ **P'tit Zinc – 2,5 km**
D 6 dir. Villers-Bocage, right on r. d'Aunoy then right on D 675. - 35 AI22 - 44 r. Georges-Clemenceau - 14310 Villers-Bocage - ☎02 31 77 82 22 - j-m.leopold@orange.fr.

€€ ✕ **Les Trois Rois – 1,5 km**
D 6 dir. Villers-Bocage then left on r. de Vire. - 🅿️🚗 - 35 AI22 - 2 place Jeanne-d'Arc - 14310 Villers-Bocage - ☎02 31 77 00 32.

Sortie 41

€€ ⌂ **Chambre d'hôte Château de Dampierre – 3,5 km**
D 185 dir. Dampierre then left on D 107. - 34 AG23 - 14350 Dampierre - ☎02 31 67 31 81 - www.chateau-de-dampierre.com.

Sortie 38

€€ ✕ **Manoir de l'Acherie – 2,5 km**
in Villedieu-les-Poêles D 999, D 554 then left on l'Acherie. - 🅿️🚗 - 34 AD25 - In l'Acherie - 50800 Villedieu-les-Poêles - ☎02 33 51 13 87 - www.manoir-acherie.fr.

Sortie 37

€€ ✕ **Le Fruitier – 2,5 km**
r. des Costils dir. Villedieu-les-Poêles. - 34 AD25 - Place des Costils - 50800 Villedieu-les-Poêles - ☎02 33 90 51 00 - hotel.le.fruitier@wanadoo.fr.

€ ⌂ **Chambre d'hôte La Gaieté – 9 km**
D 924 dir. Beauchamps. - 🅿️🚗 - 33 AC25 - 2 r. St-Georges - 50320 Beauchamps - ☎02 33 61 30 42.

€€ ⌂ **Chambre d'hôte Le Prieuré – 9 km**
D 924 dir. Beauchamps. - 🅿️ - 25 AG20 - R. Rétot - 14330 Le Molay-Littry - ☎02 31 51 91 97.

Sortie 33

€€ 🏨 **Auberge de la Sélune – 3,5 km**
N 176 dir. Ducey then right on r. St-Germain. - 🅿️🚗 - 34 AD27 - 2 r. St-Germain - 50220 Ducey - ☎02 33 48 53 62 - info@selune.com.

Sortie 29

€ ⌂ **Chambre d'hôte Ferme de Mésauboin – 11 km**
D 18 dir. Vitré. - 🅿️ - 54 AD31 - 35133 Billé - ☎02 99 97 61 57 - www.ferme-de-mesauboin.com.

€€ ✕ **Les Voyageurs – 8 km**
D 18 dir. Fougères then N 12. - 54 AD30 - 10 place Gambetta - 35300 Fougères - ☎02 99 99 14 17.

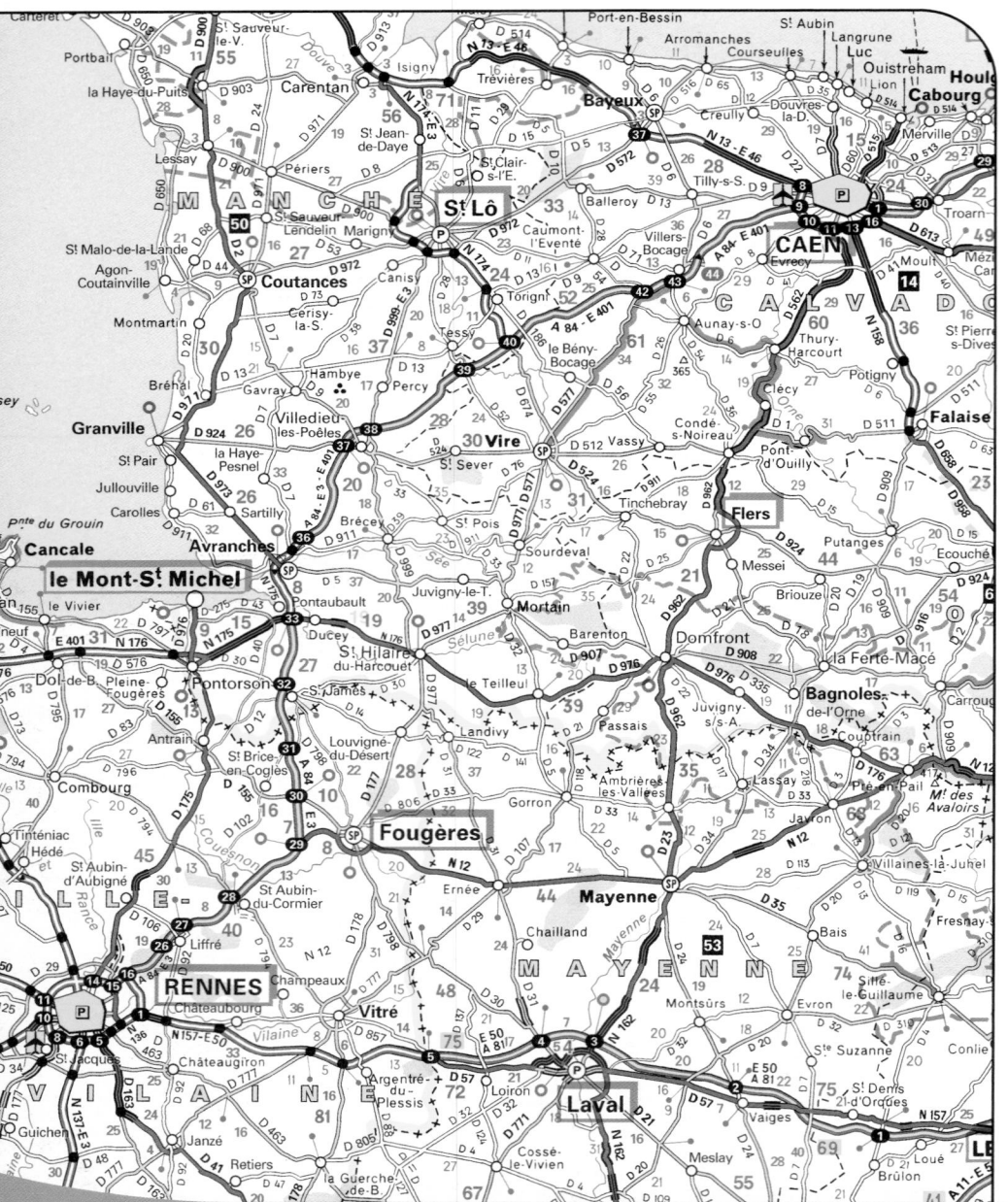

A13><Dieppe

N 338
In Rouen
€€ ✗ **La Couronne – 2,5 km**
D 982 dir. Rouen-centre, left on quai Gaston-Boulet, left on bd des Belges, right on r. de Crosne then left on pl. du Vieux-Marché. - **13 AU19** - 31 pl. du Vieux-Marché - 76000 Rouen - ☎02 35 71 40 90.

€ ✗ **Pascaline – 4 km**
D 982 dir. Rouen-centre, right on N 15, right on r. Jeanne-d'Arc, right on r. de la Ganterie then right on r. de la Poterne. - **13 AU19** - 5 r. de la Poterne - 76000 Rouen - ☎02 35 89 67 44 - pascaline.rouen@numericable.fr.

€€ 🏠 **Hôtel des Carmes – 4 km**
D 982 dir. Rouen-centre, right on N 15, left on r. Jeanne-d'Arc, right on r. de la Ganterie, right on r. de la Poterne, left on r. des Fossés-Louis-VIII then right on pl. des Carmes. - **13 AU19** - 33 pl. des Carmes - 76000 Rouen - ☎02 35 71 92 31 - www.hoteldescarmes.com.

A 150
Sortie 2
€€ ✗ **Les Elfes – 6 km**
DD 1043 dir. Notre-Dame-de-Bondeville then N 27. - **P** - **13 AU18** - 76960 Notre-Dame-de-Bondeville - ☎02 35 74 36 21.

Abbeville><Honfleur><Beuzeville

A 28
Sortie 3
€€ ✗ **Auberge du Colvert – 5 km**
D 928 dir. Abbeville. - **P** 🚲 - **7 BA12** - 4 route de Rouen - 80132 Mareuil-Caubert - ☎03 22 31 32 32.

Sortie 4
€€ ✗ **Auberge Picarde – 8 km**
D 29 dir. Le Tréport then right on D 65. - **P** - **6 AY12** - 95 rue Briqueterie - 80210 Chépy - ☎03 22 26 20 78 - auberge-picarde@wanadoo.fr.

Sortie 5
€€ ✗ **Les Pieds dans le Plat – 1,5 km**
D 49 dir. Blangy-sur-Bresle-centre. - **6 AY13** - 27 r. St-Denis - 76340 Blangy-sur-Bresle - ☎02 35 93 38 36.

Sortie 9
€€ ✗ **Les Airelles – 2,5 km**
D 928 dir. Neufchâtel-en-Bray-centre. - **14 AX15** - 2 Passage Michu (near the church) - 76270 Neufchâtel-en-Bray - ☎02 35 93 14 60 - les-airelles-sarl@wanadoo.fr.

Sortie 10
€€ ⌂ **Chambre d'hôte Ferme de Bray – 9,5 km**
D 915 dir. Dieppe then left on D 48. - **P** 🚲 - **14 AX17** - 76440 Sommery - ☎02 35 90 57 27 - www.ferme.de.bray.free.fr. *D 915 dir. Beauvais then right on D 1.*
€€ ✗ **Ferme-auberge Eawy – 10 km**
D 915 dir. Dieppe then left on D 48. - **P** 🚲 - **14 AW15** - 2 pl. de l'Église - 76680 Ardouval - ☎02 35 93 02 42.

€ ✗ **La Boussole – 10 km**
D 915 dir. Dieppe then left on D 48. - 🚲 - **13 AS14** - 76460 St-Valery-en-Caux - ☎02 35 57 16 28.

Sortie 11
€€ ✗ **Auberge de la Varenne – 5 km**
D 12 dir. St-Saëns, right on D 41 then right on D 928. - 🚲 - **14 AW16** - 2 route de la Libération - 76680 St-Martin-Osmonville - ☎02 35 34 13 80.

Sortie 12
€€€ ⌂ **Chambre d'hôte Le Château – 8 km**
D 919 dir. Gournay-en-Bray - **P** 🚲 - **14 AX17** - 2 r. du Château - 76750 Bosc-Roger-sur-Buchy - ☎02 35 34 29 70 - preterrerieux@aol.com.

A 29
Sortie 3
€€€ ✗ **Au Vieux Honfleur – 3 km**
D 580 dir. Honfleur-centre then right on quai St-Étienne. - 🚲 - **12 AO19** - 13 quai St-Étienne - 14600 Honfleur - ☎02 31 89 15 31.
€€€ ✗ **Entre Terre et Mer – 3,5 km**
D 580 dir. Honfleur, quai de la Tour, left on quai de la Quarantaine then right on pl. Hamelin. - 🚲 - **12 AO19** - 12 place Hamelin - 14600 Honfleur - ☎02 31 89 70 60 - entreterreetmer@wanadoo.fr.
€€ 🏠 **Hôtel Le Belvédère – 3,5 km**
D 580 dir. Honfleur-centre. - 🚲🚲 - **12 AO19** - 36 r. Émile-Renouf - 14600 Honfleur - ☎02 31 89 08 13 - www.hotel-belvedere-honfleur.com.
€€ ✗ **Au Moulin Saint-Georges – 9 km**
D 580 dir. Honfleur, quai de la Tour, left on quai de la Quarantaine then right on D 512. - 🚲 - **12 AO19** - Chemin de la Mer - 14600 Pennedepie - ☎02 31 81 48 48.

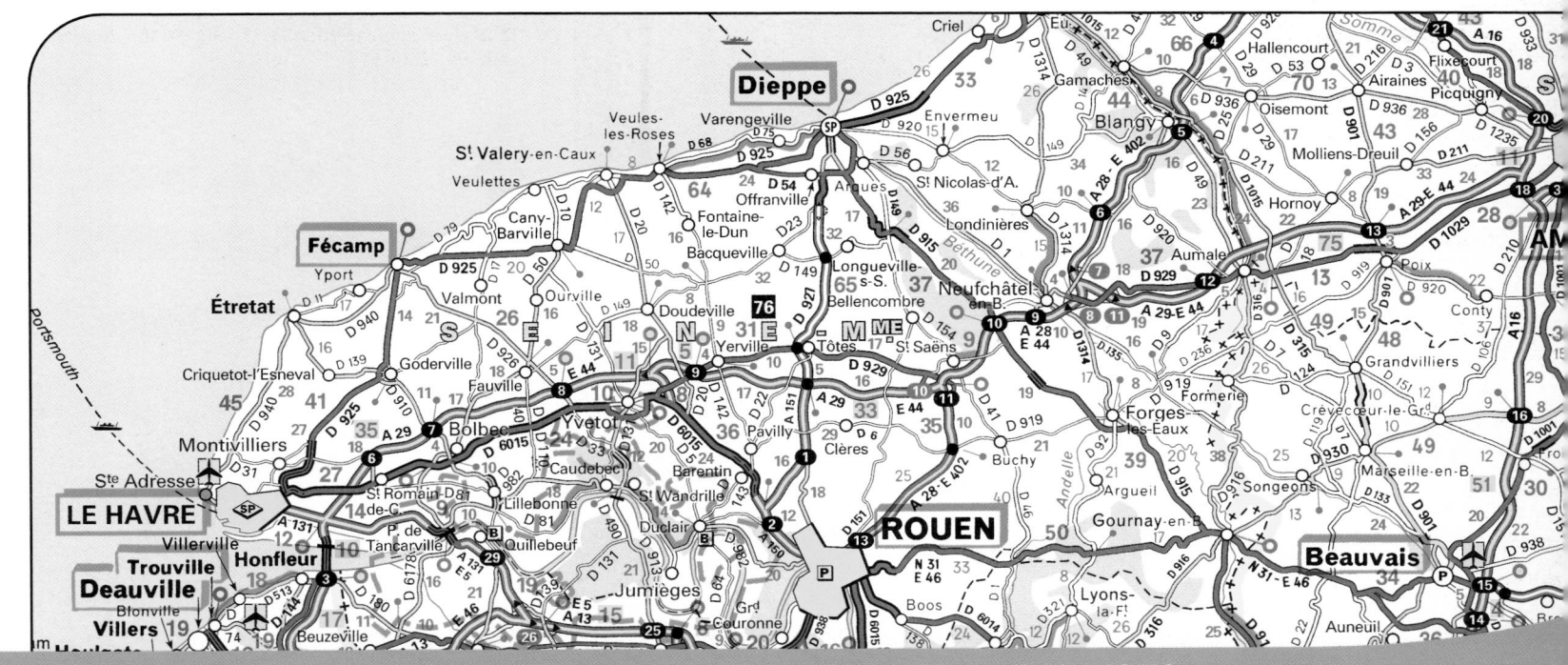

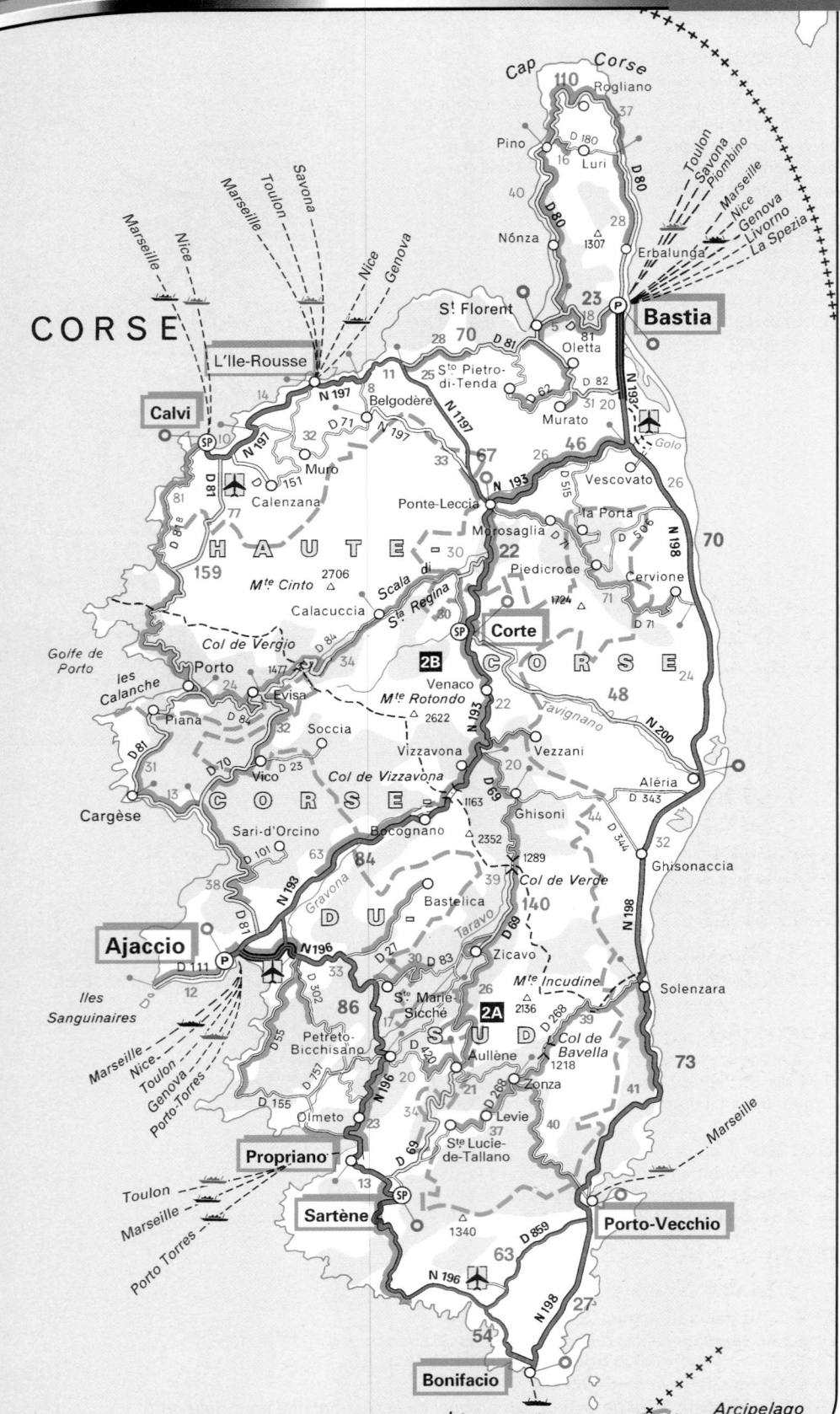

BASTIA><AJACCIO

N 193

In Bastia

€€€ ⚓ A Casarella - 🌳 - 199 DK91 - R. Ste-Croix - 20200 Bastia - ☎04 95 32 02 32.

€€ ⚓ Lavezzi - 🌳 - 199 DK91 - 8 r. St-Jean - 20200 Bastia - ☎04 95 31 05 73.

€€€ 🏠 Hôtel Les Voyageurs - 🅿 - 199 DK91 - 9 av. du Mar.-Sébastiani - 20200 Bastia - ☎04 95 34 90 80 - www.hotel-lesvoyageurs.com.

€€ 🏠 Hôtel Posta Vecchia - 199 DK91 - R. Posta-Vecchia - 20200 Bastia - ☎04 95 32 32 38 - hotel-postavecchia@wanadoo.fr.

€€ ⚓ La Table du Marché - 🌳 - 199 DK91 - Pl. du Marché - 20200 Bastia - ☎04 95 31 64 25.

In Corte

€€ ⚓ Auberge de la Restonica - 201 DI96 - Vallée de la Restonica - 20250 CORTE - ☎04 95 46 09 58 - www.aubergerestonica.com.

€€€ 🏠 Hôtel du Nord - 🅿 - 201 DI96 - 22 cours Paoli - 20250 Corte - ☎04 95 46 00 68 - www.hoteldunord-corte.com.

€€ 🏠 Hôtel de la Poste - 🅿 - 201 DI96 - 2 pl. Padoue - 20250 Corte - ☎04 95 46 01 37.

In Ajaccio

€€ ⚓ Au Bec Fin - 202 DF100 - 3 bis bd du Roi-Jérôme - 20000 Ajaccio - ☎04 95 21 30 52.

€€ ⚓ Le Grand Café Napoléon - 202 DF100 - 10 cours Napoléon - 20000 Ajaccio - ☎04 95 21 42 54 - cafe.napoleon@wanadoo.fr.

€€€€ 🏠 Hôtel Impérial - 🌳 - 202 DF100 - 6 bd Albert-1er - 20000 Ajaccio - ☎04 95 21 50 62.

€€€ 🏠 Hôtel Kallisté - 202 DF100 - 51 cours Napoléon - 20000 Ajaccio - ☎04 95 51 34 45 - www.cyrnos.net. .

€€ ⚓ L'Estaminet - 202 DF100 - 7 r. du Roi-de-Rome - 20000 Ajaccio - ☎04 95 50 10 42.

€€€ 🏠 Hôtel Spunta di Mare - 🅿 - 202 DF100 - Quartier St-Joseph - 20090 Ajaccio - ☎04 95 23 74 40 - www.hotel-aspuntadimare-corse.com.

BASTIA><BONIFACIO

N 198

In Porto-Vecchio

€€ ⚓ L'Antigu - 🌳 < - 203 DK104 - 51 r. Borgo - 20137 Porto-Vecchio - ☎04 95 70 39 33.

€€ 🏠 Hôtel San Giovanni - 🅿 - 203 DK104 - 20137 Porto-Vecchio - ☎04 95 70 22 25 - info@hotel-san-giovanni.com.

€€ ⚓ Le Troubadour - 🅿🌳 - 203 DK104 - 13 r. du Gén.-Leclerc - 20137 Porto-Vecchio - ☎04 95 70 08 62.

In Bonifacio

€€ ⚓ Stella d'Oro - 203 DJ106 - 7 r. Doria (ville haute) - 20169 Bonifacio - ☎04 95 73 03 63 - stella.oro@bonifacio.com.

€ 🏠 Le Golfe - 🅿 - 203 DJ106 - À Gurgazu - 20169 Bonifacio - ☎04 95 73 05 91 - golfe.hotel@wanadoo.fr.

For those who prefer restaurants and hotels that are part of a chain, here is a list of the major chains with the central reservations number for each one:

RESTAURANTS

Autogrill	04 91 76 93 81	
Buffalo Grill	01 60 82 54 00	
Café Route	01 41 90 29 26	
Courtepaille	08 26 88 22 88	(0,15 € / mn)
Flunch	03 20 43 59 59	
L'Arche	01 41 90 29 26	
Le Boeuf Jardinier	01 41 90 29 26	
Mc Donald's	01 30 48 65 26	
Pizza Hut	08 25 03 00 30	(0,15 € / mn)
Quick	08 92 68 10 05	(0,34 € / mn)

HOTELS

B & B	0 892 782 929	(0,34 € / mn)
Balladins	0 825 088 453	(0,15 € / mn)
Best Western	0 800 904 490	N° vert
Campanile	0 825 003 003	(0,15 € / mn)
Comfort Inn	0 800 912 424	N° vert
Etap Hotel	0 892 688 900	(0,34 € / mn)
Formule 1	0 892 685 685	(0,34 € / mn)
Holiday Inn	0 800 905 999	N° vert
Ibis	0 892 686 686	(0,34 € / mn)
Kyriad	0 825 003 003	(0,15 € / mn)
Mercure	0 825 883 333	(0,15 € / mn)
Novotel	0 825 884 444	(0,15 € / mn)
Première Classe	0 825 003 003	(0,15 € / mn)
Quality Inn	0 800 912 424	N° vert
Sofitel	0 825 012 011	(0,15 € / mn)